(영미법)

형사재판의 역사

JAMES FITZJAMES STEPHEN 저

김용진 역

A HISTORY OF

THE CRIMINAL LAW
OF ENGLAND

圖書出版 오래

이 책을 번역하면서

우리의 형사재판제도에 그동안 많은 변화가 있었다. 그 주된 이유는 우리의 형사재판이 영미의 당사자주의재판제도를 전면적으로 도입한 결과라 할 것이다. 하지만 기존 형사사법제도의 틀을 그대로 유지한 채 영미 당사자주의의 법률제도만을 그대로 받아들인 결과, 우리의 형사재판제도 나아가 전체 형사사법제도 및 그 운용은 다른 나라들에서 찾아보기 힘든 아주 특이한 형태를 취하고 있다 하여도 지나친 말은 아닐 것이다.

종래 대륙법계국가에서 인정되고 있는 검사의 모든 권한을 거의 그대로 유지하고 있는 우리 검사가 당사자주의재판의 일방 당사자로 내몰리게 되면서, 준사법관으로서 마땅히 진력해야 할 실체진실발견이나 인권보장이라는 본래의 기능에 전념하기 보다는, 대륙법계 검찰제도 본래의 정체성을 잊어버리고, 스튜어트 시대 영국의 치안판사처럼, 범인의 색출과 검거 그리고 유죄입증을 위한 증거의 수집이라는 공적 소추당사자의 모습으로 점점 빠져들고 있는 것이 아닌가 하는 의구심을 지울 수가 없다.

또한 밀실수사의 폐해를 방지하고 인권보장을 강화하기 위하여 보다 민주적인 제도라 할 수 있는 영미의 당사자주의 그리고 공판중심주의를 우리 형사재판제도에 전면적으로 도입한 것이라 할 것임에도 우리 수사기관의 수사는 점점 더 밀실화되어 가는 반면에 오히려, 법원 형사재판의 현실은 과거의 제도에서 보다도 더 수사기관의 조서에 의존하고 있는 것이 아닌가 하는 의구심 또한 지울 수 없다.

당초 영미의 형사재판제도를 받아들임에 있어서 그 제도의 정확한 취지 및 내용을 전제로 하는 것이 무엇보다도 중요하다는 생각에서, 영미의 형사재판제도를 소개하기 위해, 2009년도에 본인의 졸저 '영미법 해설(형사소송)'을 출간한 바 있다. '영미법 해설'의 출간을 위한 사전준비를 하면서 이 책 즉, James Fitzjames Stephen의 'A History of the Criminal Law of England'를 접하게 되었고, 이 책을 읽어본 결과 영미의 형사재판제도를 제대로 이해하기 위해서는, 영미법 국가들에서는 교과서라 불리고 있는, 이 책이 우리에게 있어서도 너무나 중요한 책이라는 느낌을 받게 되었다.

나아가 우리가 영미의 형사재판제도를 도입한 이상 우리 형사재판실무에 종사하는 수사관, 검사, 판사 그리고 변호사들도 반드시 이 책 정도는 읽어 보아야 한다는 생각이 들었고, 그러한 이유에서 본인의 능력에 부치는 일이라는 것을 알면서도 감히 이 책 번역에 착수하게 되었던 것이다.

실제 이 책의 번역은 본인의 능력으로는 감당하기 어려운 작업이었고 특히, 중세시대 영어와 라틴어 또는 불어로 되어 있는 일부 내용(이 책에 이탤릭체로 번역되어 있는 부분), 그 중에서도 중세 노르만 불어 부분은 본인의 인내심을 시험하는 어려운 일이었으며, 그에 따라 상당한 오역도 불가피할 것이라는 각오를 하지 않을 수 없었다. 다만 이 책 제15장에 나와 있는 불어 부분은 현재 대검찰청에 근무하고 있는 한제희 검사님의 도움을 받았으며, 이 자리를 빌어서 감사의 표시를 전한다.

이 책의 번역이 우리의 형사재판 내지 형사사법제도의 발전에 조금이라도 보탬이 되고 판사, 검사 그리고 변호사는 물론 우리의 모든 형사사법 종사자들이 올바르게 업무를 수행하는 데 있어서 그 길잡이가 될 수 있을 것이라는 충정에서 이루어진 것이라는 점을 독자들이 이해해 준다면 본인으로서는 그 이상 더 바랄 것이 없을 것이다.

출판을 허락한 도서출판 오래의 황인욱 사장님께 감사를 드린다.

2015. 3. 31. 역자 김 용 진

서   문

영국 형법의 역사를 서술하고자 하는 이 책은 또한 그 자신의 역사를 가지고 있다. 1863년에 나는 어떤 의미에서 이 책의 첫판이라고도 부를 수 있는 내용을 형법 개관(A General View of the Criminal Law)이라는 제목으로 출판했었다. 1869년 나는 인도 총독부의 법률담당관으로 부임하여 2년 반 근무하였는데 당시 나의 관심사항은 입법자의 관점에서 본 형법에 집중되어 있었고 특히, 그 법전화에 관심을 가지고 있었다. 여러 가지 일 중에서 우선 나는 입법위원회를 통하여 1872년도 형사절차법(the Code of Criminal Procedure)을 입안하여 법제화하였고, 이 법은 약간의 수정을 거쳐 1882년도 형사절차법으로 개정되어 그 적용범위가 상급 법원들(High Courts)에까지 확대되었다.

1873년인가 1874년에 나는 나의 "형법 개관"의 제2판 발행이 필요하다는 통보를 받고 이를 준비하게 되었는데, 이 때 나는 내가 기술하고자 하는 법률에 관한 권위 있는 주석(authoritative statement of the law)의 부족으로 매 구절마다 많은 어려움을 겪었다. 그러나 그러한 주석이 없다는 점에 착안하여 나는 법률규정을 역사적으로 그리고 비평적으로 논함에 있어 무엇이 법인가에 대한 내 자신의 의견을 나름대로 피력해 볼 수 있다는 생각이 들었다.

서 문

이러한 생각에 따라 나는 "형법 요해(Digest of the Criminal Law)"라는 책을 저술하여 1877년에 출판하였고, 이제 막 그 책의 제3판이 나오게 되었다. 그러나 이 책에서 나는 절차법에 관한 문제는 다루지 아니하였다. 이 책의 저술을 완성함과 동시에 독자들로 하여금 체계적으로 설명된 범죄와 그 처벌에 관한 법은 물론 그와 관련된 형사절차에 관한 법을 설명하기 위하여 (장남의 도움을 받아) "형법 요해"의 동반자라고 할 수 있는 "형사절차법 요해(A Digest of the Law of Criminal Procedure)"를 저술하게 되었고 이 책은 위 "형법 요해"와 동시에 출판되게 되었다.

"형법 요해"를 쓰고 나자 이 책의 내용에 약간의 수정을 가하면 그 자체가 "형법의 초안(a Draft Penal Code)"이 될 수 있겠다는 생각이 들었다. 이러한 생각을 Cairns 판사(당시 대법관)와 고인이 된 John Holker 항소법원 판사(당시 법무장관)에게 전달하였고, 그들의 승인 하에 1878년 형법초안을 작성하였으며 이 초안은 John Holker경에 의하여 그 해 회기 중 의회에 제출되었다. 내가 알기로 John Holker경은 과거 형법의 법전화에 관심을 기울인 일이 전혀 없었지만 그는 형법초안의 내용을 단번에 이해하고 이를 의회에 제출하였다. 이 과정에서 그의 뛰어난 실력에 크게 힘입어 법안은 아주 우호적으로 의회에 접수되었지만 의회는 이를 심의할 시간을 갖지 못했다. 그 대신 의회는 Blackburn 상원의원, Barry 판사, Lush 대법관 그리고 나를 구성원으로 하여 이 법안을 검토하여 심의하고 보고할 위원회를 설치하였다. 그에 따라 우리는 1878년 11월부터 1879년 5월까지 약 5개월 동안 이를 검토하였다. 이 기간 동안 우리는 거의 매일 만나 법안의 모든 행 그리고 모든 조문의 거의 모든 단어들을 논의하였다. 위원회의 보고서에 첨부되어 있는 법안에 이러한 내용이 그대로 실려 있다. 이 법안은 1878년 법안과는 약간 상이하다. 그 구체적인 차이점은 1879년 법안 서두에 서술되어 있는 보고서에 기재되어 있다. 주제에 대한 모든 내용을 검토하는 과정에서 나는 위 두 개 법안의 기초가 되는 나의 "형법 요해"에 아무런 결함이나 내용의 누락이 없다는 것을 알게 되었다.

서 문

그러나 위 보고서는 너무 늦게 제출되어 1879년에는 의회를 통과할 수 없었다. 그 후 1880년에는 내각의 변경이 있었고, 1882년에는 절차에 관련된 법안 부분이 여왕의 담화문에 의해 정부법안으로 발표되었다. 하지만 이 또한 다른 많은 것들과 마찬가지로 다른 긴급한 현안에 밀려 연기가 되었다. 이 책에서 자세히 언급하는 바와 같이 나는 이 법안이 실체법과 절차법의 두 부분으로 분리된 것을 매우 아쉽게 생각한다. 그러한 분리과정은 혼란을 초래하고 이 법안이 갖고 있는 중요한 가치를 손상시킬 수 있다고 생각한다.

이 법안의 분량이 너무 방대하여 이를 하나의 의안으로 취급하여 한 회기 내에 처리하는 것이 어렵다고 말하지만, 이 법안보다 분량이 더 많은 개별법도, 예컨대 1854년의 상선법(the Merchant Shipping Act), 있다는 사실을 상기할 필요가 있다. 더욱이 이 법의 대부분은 새로운 입법이 아니라 기존 법률의 단순한 법전화에 불과하여 십중팔구 특별한 심의를 필요로 하지 않는 내용이다.

여하튼 이 법이 두 개의 법안으로 분리되어 처리된다면 먼저 처리된 법안은 나머지 부분이 입법될 때까지 그 시행을 연기하는 것이 바람직할 것이다. 이들은 서로 간에 긴밀한 연관성을 갖고 있어 하나만 먼저 시행을 한다는 것은 매우 불편한 결과를 초래하게 된다. 간단한 예를 들어보자. 절차법에서 중죄와 경죄의 구별을 철폐하고서도 어떻게 실체법의 일부분으로서 그 구별을 계속 유지할 수 있겠는가. 그 구별이 절차법에서 사라지고 난 뒤 어떻게 이를 실체법의 일부분으로 인정할 수 있을까. 이 문제는 그렇게 서두를 이유가 없다. 성문화되어 있지 아니한 지금 현재대로의 법도 그 내용이 완벽하게 잘 알려져 있고 실제에 있어 거의 변경을 요하는 것이 아니다. 법률의 법전화라고 하는 것이 그의 성문화에 불과한 것이고 그에 관심을 갖는 모든 사람들이 일반적으로 쉽게 그에 접근하도록 하는 것에 지나지 않는다. 이러한 법전화의 기본적인 가치를 훼손하는 방식으로 법전화를 한다는 것은 현명한 일이 아니다.

서 문

형법제정위원회의 일이 끝나자 나는 바로 1878년과 1879년의 형법초안 준비와 그 수정을 위해 미루어 놓을 수밖에 없었던 이 책 저술을 다시 시작하였다. 1863년 출판된 책을 검토해 본 결과, 그 간의 경험에 비추어 그 내용의 대부분이 제대로 기술된 것으로 입증되었지만 책의 많은 부분에 난삽함과 불완전한 내용이 있었고 심지어 어떤 경우에는 더 이상 나의 견해라고 보기 어려운 부분도 있었다.

따라서 제2판을 출간하면서 사실상 책을 다시 써야만 했고, 그 결과 나온 것이 이 책이다. 나는 이 책에도 여러 가지 오류가 있음을 알고 있다. 이 점에 대하여 심심한 사과를 드리며 한편 나의 사법상의 직분을 수행하면서 그 틈틈이 이 책을 쓸 수밖에 없었다는 사정을 변명 삼아 밝혀둔다. 이 책은 내가 애초에 생각했던 것 보다 훨씬 더 길어졌고 내용도 더 정치해졌다고 할 수 있지만, 나는 이 주제를 전체적으로 그리고 역사적인 관점에서 본격적으로 연구하기 전에는 이 주제가 우리 역사상 가장 흥미 있는 부분들과 밀접한 관련을 가지고 있다는 것을 알지 못하였다. 그리고 13세기의 조잡하고 불완전한 개념들이 어떻게 이 지구상에서 가장 완벽하고 알기 쉬운 형법체계로 점차 발전하였는지, 또한 13세기의 투박한 제도들이 어떻게 오늘날의 법원조직으로 서서히 발전하였는지, 그리고 모든 것이 변한 시대에 어떻게 소송절차는 실질적으로 변하지 아니하고 그대로 남아있고, 그 주요부분에 대한 변화의 요구조차 받지 아니하고 있는지를 알게 되면서 이 주제에 대한 흥미는 더욱 커져갔다.

최근에 정치적인 문제들 그리고 법적 문제들에 대한 역사적인 접근방식에 기초한 논의와 저술이 많았고 이는 아주 오래된 고대의 제도와 법률들에 매우 밝은 빛을 비쳐주었음은 분명하다. 하지만 비교적 가까운 시기의 법과 제도에 대한 연구는 거의 이루어지지 않았다. 우리 제도 일부에 대한 역사가 헌법의 역사와 법률이라는 제목으로 매우 심도 있게 연구되어 왔다. 그러나 현재의 우리 삶과 더욱 밀접하게 관련을 가질 수 있는 다른 법 분야에 대한 역사 서술은 비교적 많지 않았다.

서 문

그러한 분야 중에서도 형법이 가장 중요하고 특징적인 것의 하나라고 할 수 있다. 다른 어떤 법도 특정한 행위를 법률의 목적에 따라 자세하게 그리고 정확하게 범죄로 규정하고 이를 위반하여 적발되는 경우에 씻을 수 없는 불명예를 안겨주며 경우에 따라서는 개인의 생명, 재산 또는 자유를 박탈하는 형법보다 도덕적으로 더 중요하다고 할 수 없다. 범죄 일반이나 특정 범죄에 대한 사회의 도덕 감정의 점진적인 변화는 그 행위에 대한 입법 특히, 형벌의 역사에 뚜렷이 나타난다. 그 주제에 대한 정치적, 헌법적인 관심은 그에 대한 도덕적 관심보다 결코 못하지 않다. 모든 중요한 헌법적인 문제들은 형사절차에는 물론 범죄의 정의에도 영향을 미쳐왔다.

예컨대, 탄핵의 역사, 추밀원(Privy Council)의 형사사건 관할의 역사, 현대적인 소송제도의 점진적인 발달의 역사, 반란과 관련한 법률의 역사 그리고 명예훼손에 관한 법률의 역사가 이를 말해 준다. 심지어 어떤 주제들은 정치학에서 보다 오히려 형법과 관련하여 더 큰 관심을 끌고 있다.

종교와 관련된 범죄에 관한 문제들을 제외한 형법의 역사는 완전한 것이라고 말할 수 없다.

그러나 그러한 역사라 하더라도 약 5세기의 과정을 거치면서 바뀌어 온 입법제도의 변천과정 즉, 중세 교회이론에 입각한 실질적으로 다른 이론이 있을 수 없는 신앙심에 기초한 입법제도가 어떤 사람들에게 있어서는 입법에 있어서 많은 종교는 동일하게 진실인 것으로 간주되어야 한다는 원칙에 근거한 제도로(이는 아마 종교적 평등주의원칙으로 부를 수 있다), 그리고 다른 사람들에 있어서는 모든 종교는 틀린 것이라는 원칙에 기초한 제도로 변화되어 온 과정을 대체적으로 말해주고 있다. 형사책임의 문제와 정신질환과 범죄와의 관계는 윤리학, 생리학, 심리학 사이의 논란의 여지가 많은 문제들을 제쳐놓고는 논의될 수 없다.

그리고 서로 다른 시기에 유행하였던 상이한 사회적, 정치·경제적 견해들이 무엇보다도 상거래위반행위규제법, 부랑방지법 그리고 수렵법에 그 흔적을 남기고 있다. 심지어는 두 가지 형태의 살인이나 절도처럼 범죄이

서 문

외에는 아무 것도 아니라고 할 수 있는 범죄의 역사도 아주 흥미로운 분야이다. 왜냐하면 그것은 서로 다른 시기의 폭력과 부정에 대한 겉으로 드러나지 아니한 견해들을 설명해주기도 하지만 한편 그러한 역사는 법률의 어떤 부분에서도 발견될 수 있는 변화과정 즉 초기의 소박하고 단순한 법률들이 체계적인 입법을 위한 최고의 가치요소를 그대로 간직한 채 너무나 화려하고 정제된 제도로 서서히 발전되어 가는 과정을 가장 잘 설명해 주기 때문이다.

마지막으로 형법은 다른 모든 중요한 법률분야와 마찬가지로 다른 제도와 관련을 갖게 되며 그것도 여러 방식으로 관련을 갖는다.

첫째, 형법의 지역적 적용범위의 문제로 이는 국제법상의 문제들과 크게 관련을 갖는다.

둘째, 우리의 형법은 다른 제도의 모법이 되어 왔는데, 그 중의 하나는, (인도의 형법), 그 자체만으로도 독립하여 아주 흥미로운 연구대상이 될 수 있지만, 만일 이를 계수한 모법을 합리적으로 발전시킨 제도라고 본다면, 또한 마땅히 그렇게 보아야 하겠지만, 그 흥미는 배가될 것이다.

셋째, 우리의 형법을 소위 말하는 위대한 라이벌 제도 즉 어느 면에 있어서는 로마 형법을 합리적으로 발전시킨 것이라고 볼 수 있는, (비록 양자 모두 로마의 형법 중 일부를 삭제하고 있지만) 프랑스와 독일 형법에 들어있는 제도와 비교하지 아니하고서는 우리 제도에 대한 적절한 비판이나 우리제도의 정신을 이해하기는 어렵다고 할 수 있다.

나는 이러한 문제들을 다룸에 있어 지금까지 기록되지 않은 영국 역사의 한 장을 쓰는 마음으로 임하였고, 동시에 현존하는 법 중에서 가장 중요한 부분을 설명하고 그리고 성문화과정에 있는 형법이 어디에 근거를 두고 있는지를 보여주려고 노력하였다.

J. F. STEPHEN. 1882. 10. 19.

차 례

차 례

제 1 장   이 책의 주제와 관련하여

어떠한 법률의 분야를 막론하고 그 법률을 완벽하게 설명하기 위해서는 그 법률의 과거, 현재 그리고 미래의 상황에 각 상응한 세 개의 부분으로 구분하여 이를 설명하여야 한다. 그 세 개의 부분은,

(1) 그의 역사,

(2) 현재의 제도로서의 그 내용의 기술,

(3) 그 제도의 개선을 위한 견지에서, 그 각 구성부분에 대한 비판적인 논의라고 볼 수 있다.

나의 "형법 요해(Digest of the Criminal Law)"와 그의 동반서로서 지금 출간된 "형사소송법 요해(Digest of the Law of Criminal Procedure)"는 형법의 가장 중요한 부분을 현재의 모습에서 체계적으로 설명하기 위한 것이다. 반면 이 책은 그의 역사를 설명하고 그 개선을 위하여 그 구성부분을 비평하기 위한 것이다. 비평이라고 하는 것은 대부분의 경우 그의 역사와 서로 밀접한 연관을 갖는다. 이러한 형법의 역사를 설명하고 그 개선을 위한 구성부분의 비평에 앞서 먼저 형법(criminal law)이 무엇인지부터 정의해볼 필요가 있다. 우리가 형법이라고 말할 때 그 가장 분명한 의미는 범죄와 그에 대한 처벌에 관련된 법률의 분야를 말한다고 하겠다. 그리고 범죄(crime)는 어떤 행위를 하거나 하여야 할 일을 하지 아니하는 사람에게 법률상의 처벌이 부과되는 작위나 부작위로 정의될 수 있다.

형법의 정의

그러나 이러한 개념 정의는 현실적으로 너무 포괄적이라고 할 수 있다. 이러한 형법의 정의를 그대로 적용한다면 법이 도덕과 구별되는 하나의 특이한 요소가 강제력이고 그리고 모든 강제력은 어느 정도 형벌의 가능성을 내포하고 있기 때문에 강제력을 갖고 있는 법은 어떤 법이든 형법의 범주에 속하는 것으로 보는 결론에 이르게 된다. 이러한 사례는 법언(legal maxim)이나 상속의 원칙과 같이 일반적으로 우리가 형법과는 아무런 관련이 없다고 생각하는 문제들을 예로 들어보면 쉽게 수긍이 간다. 만일 판사가 의도적으로 확립된 법언에 따라서 재판하기를 거부한다면 그는 탄핵을 당하게 될 것이다. 소유권은 재산권침해를 처벌하는 법률에 의해 보호되고 소유권의 내용 또한 그러한 법률에 의하여 결정된다. 만일 절도죄나 부동산강제침입(forcible entry), 재물손괴 등의 죄가 없다면, 그리고 다른 사람의 소유권을 존중할 것을 강제하는 수단이 없다면 법률에 의하여 보호되는 재산이라는 것은 존재할 수 없다.

그러나 이러한 결론은 실제와는 너무 거리가 있고 추상적인 것이라고 볼 수밖에 없다. 이러한 결론의 문제점은 다음과 같은 더 명확하고 중요한 사례에 의하여 잘 드러난다. 우리는 일반적으로 혼인의 방식과 관련한 법률(law relating to the celebration of marriage), 또는 상선과 관련한 상선법(Merchant Shipping Act), 출생신고에 관련된 법률을 형법의 한 분야라고 말하지 않는다. 그러나 이러한 문제들을 규제하는 각 법률들은 모두 다소간에 제재규정(sanctioning clause)들을 가지고 있고, 이러한 제재규정들은 그들이 속해 있는 전체 법률규정을 참고로 할 때에만 그 이해가 가능하다. 따라서 예를 들면, 1823년과 1837년 의회를 통과한 법률의 규정에[1] 의하지 않는 다른 방식의 혼인방식은 중죄(felony)가 되고, 그리고 이러한 법규들은 이 문제와 관련한 보통법(common law)을 참고하지 아니하고서는 이해할 수 없는 일련의 제도를 구성한다. 이러한 설명에 의하면, (이를 무한대로 확대 해석할 수도 있다), 위에서 본 바와 같은 형법의 개념은 이를 과감하게 좁혀서 해석하든지 아니면 본래 형법이라고 말할 수 없는 다수의 법률 분야를 형법에 포함시킴으로써 우리의 일반적인 언어사용 방식을 수정하여야 한다는 것을 말해 준다.

---

1) Digest of the Criminal Law, p. 259, 260.

형법에 대한 설명

한편, 현실적인 측면만을 강조하여 본다면 "형법"이라는 표현이 일반적으로 적용될 수 있는 주제-문제(subject-matter)에 대한 간단한 설명이, 형법이 다른 법률분야와 어떻게 구별되는가를 기준으로 하여 그 특수성을 몇 마디의 말로 종합해보려는 의도보다, 훨씬 더 유용하다고 할 수 있다. 그러한 방식으로 형법을 정의한다면 다음과 같은 내용이 된다. 즉, 형법은 어떤 행위나 부작위에 대한 정의와 그의 처벌과 관련된 법률의 분야를 말하는데, 그러한 행위나 부작위가 처벌되는 이유는 (1) 공중질서에 대한 내부적 또는 외부적 침해행위이기 때문에, 또는 (2) 공권력을 남용하거나 공권력의 행사를 방해하는 행위이기 때문에, 또는 (3) 공중에 일반적으로 해로운 행위이기 때문에, 또는 (4) 개인에 대한 공격행위, 또는 개인의 권리에 대한 공격행위이기 때문에, 또는 (5) 개인의 재산에 대한 침해행위 또는 재산권과 관련된 그리고 그와 유사한 권리에 대한 침해행위이기 때문이라고 할 수 있다.

형법의 분야에 속한다고 볼 수 있는 법률들은 이를 다시 다음 세 개의 제목으로 분류해 볼 수 있다.

첫째, 이러한 모든 주제에 관련되는 일반이론으로, 이러한 이론들을 총칭해서 범죄화의 요건(condition of criminality)이라 부를 수 있다. 일반이론은 적극적인 요건과 소극적인 요건으로 구성되어 있고, 적극적인 요건의 일부는 거의 모든 범죄행위와 다소간에 관련을 맺고 있다. 그러한 적극적인 요건의 중요한 예로는 범의(malice), 사의(fraud), 과실(negligence), 인식(knowledge), 목적(intention), 의도(will) 등을 들 수 있다. 또한 일반이론에는 범죄행위와 관련하여 면책사유(excuse)의 문제로 총칭될 수 있는 소극적인(negative) 요건 또는 묵시적으로 인정되는 예외가 있다.

둘째, 범죄행위의 규정과 형벌의 부과.

셋째, 개별 사건에 있어서 형벌규정에 따라 범인을 처벌하는 절차.

영국에서 형법의 일부분을 구성하고 있는 것으로 볼 수 있는 모든 법률들은 위 세 개의 부류 중 어느 하나에 속하게 된다.

여기에서 형법의 범위를 더욱 좁은 의미의 개념으로 제한한 것은 이론적인 면에서 뿐만이 아니라 우리 일상생활의 언어상식으로도 당연히 "형법"의 범주에 포함시켜야 하는 크고 중요한 두 부류를 형법에서 제외하기

약식 범죄와 징벌적인 소송행위

위한 의도에서이다. 그들 중 하나는 약식 범죄(summary offence) 또는 경찰 범죄(police offence)에 관한 법이고, 다른 하나는 범죄의 피해자나 제재금소송담당자(common informer)에 의한 민사소송에 의해 배상이 가능한 경우에, 그 범인에 대하여 벌금형을 부과하는 법률을 말한다. 약식 범죄는 최근에 너무 많이 증가하여 이와 관련된 법이 영국 법체계에 있어서 새로운 한 분야를 형성하였다고 할 수 있다. 이러한 약식 범죄는 많은 중요한 부분에서 우리가 일반적으로 범죄라고 부르는 공중이나 개인에 대한 심한 불법행위들(gross outrages)과는 다른 특색을 갖고 있다. 자기 집 문밖의 눈을 쓸지 아니하거나 자기 집 굴뚝으로 불을 낸 행위를 범죄라고 부른다면 이는 언어의 남용이라고 할 것이다. 반면 근자에 이르러 개인의 권리나 재산권을 침해하는 많은 일반 범죄가 법원의 약식절차에 의하여 형벌이 부과되고 있지만, 그러한 사건들과 그러한 사건을 재판하는 법원에 대하여는 이 책의 주제에 포함시켜 각 해당되는 부분에서 설명하고자 한다.

또한 일반 개인이 자신의 특정한 권리를 보호받기 위하여 행하는 징벌적인 소송행위(penal action)도 형사소추의 문제와는 달리 보아[1] 이 책에서는 다루지 아니한다. 강사의 허락 없이 강의내용이 출판된 경우, 강사는 일정한 사전조치를 취한 뒤 출판된 모든 책을 압수하고 손해배상을 청구할 권리를 갖게 된다. 그러나 그러한 권리를 행사하는 절차는 민사적 행위이고 비록 위반자에게 무거운 벌금형을 부과하는 것과 실질적으로 같은 효과를 거둘 수 있지만, 이는 많은 점에서 형사절차와는 구별된다. 그러나 약식 범죄와 관련된 법률이나 징벌적인 행위와 관련되는 법률에 대한 설명을 이 책에서 완전히 생략한 것은 아니고, 필요한 경우 이 부분에 대한 언급도 한다.

나는 형법의 특성(characteristics of criminal law)을 추상적으로 종합하는 방식으로 형법을 정의하는 대신에 의도적으로 실재 존재하고 있는 법률의 내용을 간단히 설명하는 방식으로 형법의 정의를 대치하였다. 그 이유는 법률에 관한 실재하는 사실과 어떤 경우에도 일치하는 추상적인 개념 정의만으로는 그 범위가 너무 넓어 그러한 개념에 실질적인 내용을 부여하기 어렵기 때문이다.

---

1) 5 & 6 Will. 4, c. 65 법률.

형벌권에 대한 논의

Austin의 법에 관한 정의에 따른다면 범죄라고 하는 것은 법률에 의하여 형벌이 과해지는 작위나 부작위에 불과하고, 그리고 이는 위에서 언급한 바와 같이 그 범위가 너무 넓어 실제로는 불편한 개념 정의이다. 하지만 이러한 이유만으로 Austin의 정의 즉, 법이라고 하는 것은 어느 사회에서나 그 사회의 집단적 힘에 의하여 그 복종이 강제된다는 점에서 다른 규범과는 구별되는 행위규범이 존재하고 있다는 사실의 인정과 그 기록에 불과한 것이라는 법에 관한 개념 정의가 믿을 수 없는 것이라고 볼 수는 없다. "법(law)"이라는 말을 그러한 규범에 국한시키고, 그 규범의 선악이나 유래를 따지지 아니하는 것이 형법 주제에 관한 논의에 있어 최우선적으로 명백히 하여야 할 조건이다. 그에 대한 단 하나의 대안은 법의 정의에서 선과 지혜의 실체를 찾아내려고 하는 것이지만, 이는 결국 모든 법률 문제에 도덕성에 관한 논의에서 수반되는 불확실성만을 주게 될 뿐이다. 그러나 우리가 일반적으로 "범죄(crime)"나 "범인(criminal)"이라는 말을 쓸 때에 이는 Austin의 법에 대한 정의와 같이 단순한 법률에 대한 위반이 아니라 그 이상의 도덕적 죄의식이 내포되어 있음은 물론이다. 우리가 보통 "범죄"나 "범인"이라고 말할 때의 그 의미와 Austin이 법률을 정의할 때 당연히 뒤따르는 넓은 의미의 그 말뜻에 어떠한 차이가 있는지는 "형법"이라는 말의 뜻을 위에서 설명한 바와 같이 제한적으로 해석함으로써 알 수 있다.

형법과 관련이 있다고 하여 많은 논의가 되어 왔지만, 이러한 논의가 무익할 뿐 아니라 결론을 낼 수도 없는 것으로 생각하여 한쪽으로 제쳐놓고 있는 주제가 하나 있다. 문제의 주제는 바로 "형벌권(right to punish)"[1]이라고 보통 부르는 것이다. 즉, 사회는 어떠한 근거로 어떠한 제약에 따라 개인을 처벌할 수 있는 권리를 갖고 있는가라는 문제다. 하지만 나는 이러한 문제들은 전혀 의미가 없거나 중요하지 아니한 것으로 본다. 사회란 그를 구성하는 개인보다 훨씬 더 강한 존재이고 실제에 있어 그 구성원의 행위나 부작위에 대하여 다양한 방법으로 조직적으로 그들을 해치고 있다. 이러한 사회의 관행은 일정한 요건이 충족된 경우에는 유익한 것이고 그렇지 아니한 경우 해로운 것이 된다. 그 요건들을 결정하는 것은 입

---

1) Rossi의 Traité du Droit Criminel은 주로 이 주제와 관련한 논의로 되어 있다.

법률의 역사를 서술하는 어려움

법자들의 문제이다. 입법자들이 모든 사정을 고려하여 특정한 행위를 일정한 방식에 따라 처벌하는 것이 상당하다고 생각하고 있는 경우 비록 형벌을 부과하는 권한을 갖고 있지 않다고 하더라도 그러한 자를 처벌하지 아니한다면 그 연약함으로 인하여 비난을 받게 될 것이다. 그러나 아무리 훌륭한 형사적 처벌의 권한을 갖고 있는 경우라 하더라도, 모든 사정을 고려하여 처벌하지 아니하는 것이 합당한 경우 이를 처벌하는 것은 그 잔인성의 발로에 불과한 것이다. 이러한 관점에서 보아 처벌권한에 관한 모든 논의는 불필요한 것으로 보인다. 이 문제의 본질을 제대로 이해한다면 형사적 처벌의 권한을 부여하고 있는 법률에 선행해서 그리고 그러한 법률과 독립하여 형사적 처벌의 권한이 존재한다는 결론은 자의적이고 공상에 불과한 것이라고 아니할 수 없다.[1]

형법을 구성하고 있는 요소들을 이러한 관점에서 본다면 그 다음의 문제는 어떠한 방식으로 형법의 역사를 설명하느냐이다.

법률체계에 대한 역사를 서술함에 있어서는 주제의 성질에 따라 당연히 따르는 어려움 이외에도 역사를 서술하는 두 가지 절차방식 중에 하나를 선택해야 하는 어려움이 있다. 하지만 그 두 방식 중 어느 하나도 전체적으로는 만족스러운 것이 아니다.

영국의 전체 법체계는 물론 심지어는 형법도 전체적으로는 체계적인 역사를 가지고 있다고 말하기 어렵다. 역사라는 말이 의미하는 바와 같은 일련의 지속적이고 체계적인 변화, 발전이 전체 법체계에 있어서 존재하지 않았다. 하지만 서로 다른 각자의 법률 분야가 그러한 변화의 주제가 되어 왔다. 위증에 관한 법률이나 살인죄의 정의에 관한 법률이 그 각자의 역사를 따로 가지고 있다. 하지만 전체적으로 본 형법의 체계는 이를 그 각 구성부분이 각기 다른 시기에 다른 양식으로 그리고 다른 목적으로 건축된 하나의 건축물에 비유할 수 있다. 형법의 각 분야는 그의 기초에서 시작하여 현재의 모습에 이르러 완성되는 각자의 역사를 가지고 있지만, 형법 전체로는 그것이 어떤 통일적 유기체를 형성하고 있는 것이 아니기 때문에

---

[1] [역주] 국가의 형벌권을 인정하는지 여부에 따라 형법과 형사소송제도는 그 본질을 달리하고, 그 결과 영미의 형사재판과 대륙법계의 형사소송이 그 궤도를 완전히 달리하면서 발전해 왔다고 보는 것이 역자의 생각이다. 이 책 저자의 견해는 이러한 국가의 형벌권을 인정하지 않는 영미법의 전통에 충실한 주장이라고 생각된다.

이 책의 서술 구조

그 자신의 역사를 갖고 있지 않다. 그렇다면 그러한 각자의 역사는 전체적으로 서로 어떠한 관련을 갖고 있을까. 만일 어떤 한 분야에 영향을 미치고 있는 계속적인 변천의 내용만을 시간순서대로 모으면 이를 그 분야에 대한 역사라고 말할 수가 없고, 이러한 역사는 단순히 서로 관련 없는 단편들의 축적에 불과한 것이 되고 만다. 반면에 각 분야에 대한 역사를 빠짐없이 계속하여 기술하기만 한다면 이는 같은 내용을 반복하게 되는 위험성을 갖게 된다. 나는 이 주제에 대하여 심사숙고 끝에 전체적으로는 두 번째 방법이 비교적 이의가 적은 것으로 보았다.

따라서 나는 이 책에서 다루는 주제를 다음의 순서로 기술하였다. 첫째, 나는 로마의 형법 내용을 설명하였다. 왜냐하면 로마의 형법은 우리 자신의 법에 다양한 면에서 영향을 끼쳤기 때문이다. 다음으로, 노르만 정복 이전 영국의 형사실체법과 형사재판절차를 설명하였다. 그 다음, 현재의 영국 형법의 역사를 설명하기 전에 먼저 법원의 역사를 다루어 보았다. 이를 설명함에 있어 먼저 통상의 형사법원이라 할 수 있는 고등법원 여왕좌부(Queen's Bench Division of the High Court), 순회법원(Assize Court), 사계법원(Court of Quarter Session), 특권 법원(Court of the Franchise) 그리고 웨일스 법원(Welsh Court)의 역사를 추적해 보았다. 그리고 나서 예외적인 형사법원이라고 할 수 있는 의회(Parliament)와 귀족원임시의장법원(Court of the Load High Steward)을 설명하고 그리고 마지막으로 추밀원(Privy Council)이 갖고 있는 형사재판권의 역사를 살펴보았다.

법원의 역사를 살펴본 뒤 법원의 형사재판절차를 각 장으로 나누어 기술하였다. 즉, 첫째 장에서는 혐의자에 대한 체포절차, 예비심문절차, 구속 또는 보석절차의 역사를, 둘째 장에서는 여러 가지 형태의 고소·고발의 역사와 재판의 역사 특히, 배심재판의 역사와 그 부수 사항(incidents)을, 셋째 장에서는 현재의 제도가 형성되었다고 말해질 수 있는 Mary 여왕시대로부터 George 3세 시대까지의 배심재판 발달의 역사를, 넷째 장에서는 현재의 배심재판의 내용을, 다섯째 장에서는 형벌의 역사를, 그리고 여섯째 장에서는 형사소추(prosecution)의 수행방식과 그 비용의 배상에 관하여 살펴보았다. 결론 부분으로 우리의 형사재판절차와 관련된 제도를 전체적인 면에서 개관하였고, 그리고 특별히 형사재판절차와 관련한 1879년도의 법안(Draft Code of 1879) 내용과 그 법안에 포함되어 있는 현행법의 개정내용을 소개하였다. 또한 나는 우리 자신의 제도와 현재 프랑스에서 시행되고 있는 형사소송법(Code d'Instruction Criminelle)을 비교해 보았다.

제2권에서는 지금까지 별로 다루어지지 아니한 주제로서 형사실체법과 형사절차법을 연결하는 연결고리라고 할 수 있는 형법의 시간, 장소, 인적 적용의 한계를 먼저 고찰하였다.

그 다음으로 형사실체법을 설명하였다. 그 내용은 첫째, 형사책임의 이론과 행위책임의 일반이론에 대한 예외, 둘째로는, 전체적으로 보아 형법의 일반 역사에 나타나는 주된 쟁점, 셋째, 그 분류방식에 따라 형법이 나누어질 수 있는 기본적인 범죄유형의 역사이다.

이러한 주제들은 영국 자체의 형법에 관해서 논의될 수 있는 모든 내용을 포함하고 있다. 그러나 영국의 법은 많은 면에서 로마법과 유사하다. 실제 로마법이 그 나라에서보다는 그 이외의 많은 나라에서 크게 통용되고 있고 특히, 다른 어떤 법률의 분야보다도 형법의 분야가 더욱 그러하다는 것은 너무나 명백한 사실이다. 그러한 이유로 영국 형법의 내용에 인도에서 변형 발전된 로마법제도 내용을 추가하였고, 로마법에 기초를 둔 그 이외 다른 나라들의 제도도 소개하였다.

이 책은 결론 부분으로 영국과 프랑스의 실제 형사절차에서 있었던 몇 개의 자세한 형사재판 내용을 예시적으로 소개하였다.

이러한 주제들을 다루는 순서와 관련하여, 현존하는 법체계를 체계적으로 설명함에 있어서는 먼저 실체법을 설명하고 그리고 나서 실체법이 구체적인 사건에서 적용되는 절차법을 설명하는 것이 자연스러워 보인다. 하지만 주제를 역사적으로 취급함에 있어서는 각종 법원과 그 이외 사법업무에 종사하는 사람들을 먼저 다루는 것이 더 타당한 것으로 보였다. 왜냐하면, 실체법은 그것이 명시적인 성문의 법으로 모양을 갖추기에 앞서 그 규칙과 원칙에 대한 그들 사법업무종사자들의 결정과 묵시적 적용에 의하여 그 내용의 상당 부분 내지는 대부분이 발전되었기 때문이다.

제 2 장 로마의 형법

가장 오래된 로마의 형법은 12 동판법(twelve tables)에 그 내용이 담겨 있다. 12 동판법은 그 내용이 그대로 전해 내려오지 않고 남아 있는 내용의 편린들을 근거로, 또한 일부는 추측에 따라, 여러 학자들이 그 내용을 재구성한 것이다. 다음은 M. Ortolan이[1] 재구성한 12 동판법 중 제8조에 해당하는 "불법행위(de delictis)"의 내용이다.

1. 명예훼손을 하거나 모욕적인 노래를 부른 자는 사형에 처한다.
2. 다른 사람의 손발을 훼손한 경우 합의가 되지 아니하면 같은 내용의 보복형에 처한다.
3. 자유인의 이빨이나 뼈를 부러뜨린 경우 300아시(asses)의 벌금형에 처하고, 피해자가 노예인 경우에는 15아시의 벌금형에 처한다.
4. 다른 사람을 모욕한 경우 25아시의 벌금형에 처한다.

---

1) Ortolan, Explication Historique des Instituts, 1. 114-118. Pothier와 관련한 참조문헌은 Pothier의 Pandectœ Justinianeœ 4 vols. Paris, 1818에 나와 있다. 이 책에는 로마법에 관한 모든 주제들이 포함되어 있고, Pothier가 생각하고 있는 자연계의 질서에 입각하여 정리되어 있다. 이는 말할 수 없이 유용한 책이다.
[역주] Joseph Louis Elzéar Ortolan(1802-1873)은 프랑스의 법학자로, 파기법원의 보조 사서로 출발하여 사무국장으로 승진하였고, Sorbonne 대학에서 헌법학을 강의하였다. 1827년에 위 책을, 1828년에 Historie de la legislation romaine를 출판하였다.
[역주] Robert Joseph Pothier(1699-1772)는 프랑스의 법학자이다. 1720년 그의 할아버지와 아버지의 뒤를 이어 Presidial Court of Orléans의 판사로 임명된 이후 52년간 판사로 근무하면서 Digest의 오류를 시정하는 데 관심을 가지고 Pandectœ Justinianeœ in novum ordinem digestæ를 출간하였고, 이는 로마법 연구의 고전으로 평가되고 있다. 그는 1749년 University of Orleans의 교수로 임명되기도 하였다.

5. 부당하게 다른 사람의 재물을 손괴한 경우,[1] 그것이 사고인 경우에는 부서진 물건을 수리해주어야 한다.

6. 네 발 달린 동물이 남의 재물을 부술 때에는 그 동물의 소유자는 부서진 물건을 수리해 주거나 그 동물의 소유권을 포기하여야 한다.

7. 다른 사람의 농경지에서 가축을 방목한 경우 배상을 하여야 한다.

8. 주술에 의해 타인의 농작물에 손해를 가하거나 주술에 의해 농작물을 다른 장소로 옮긴 자도[2] 처벌된다(처벌내용은 알려지지 아니함).

9. 다른 사람이 경작한 농작물을 밤에 몰래 베어가거나 가축으로 하여금 뜯어먹게 한 자는 농사의 신인 Ceres에게 재물로 바쳐져 그가 성인인 경우에는 사형에 처해지고,[3] 미성년자인 경우에는 법무관(prætor)의 재량에 따라 채찍질을 당하고 손해의 2배를 배상케 한다.

10. 고의로 그리고 악의로 집에 불을 지르거나 집 부근에 있는 곡식더미를 불태운 자는 포박하여 매질을 가한 뒤 불태워 죽인다. 그러나 과실로 그러한 행위를 한 경우에는 그 손해를 배상하여야 하고, 가난하여 손해를 배상할 수 없는 경우에는 약간의 채찍질을 당한다.[4]

11. 다른 사람의 나무를 불법적으로 자른 사람은 나무 1그루에 25아시의 손해배상을 하여야 한다.

12. 야간에 재물을 훔치다 살해된 사람은 적법하게 살해된 것으로 본다.

13. 절도가 주간에 체포된 경우에 무기를 들고 대항하지 아니하였다면 죽임을 당하지는 않는다.

14. 현행범(fur manifestus)으로 붙잡힌 도둑은 태형에 처한 뒤 피해자에게 (노예로) 주어진다. 노예인 경우, 태형에 처해진 뒤 Tarpeian 바위산 아래로 떨어뜨려 죽인다. 미성년자인 경우, 정무관의 재량에 따라 태형에만 처해지고, 그리고 손해에 대한 배상을 명령받는다.

15. 쟁반과 허리띠(plate and girdle)라는 방식을 통해 붙잡힌 도둑은[5]

---

1) 이와 관련해 남아 있는 12 동판법 내용은 "Rupitias(손궤) ... Sarcito(수리)"이다.
2) Pothier, 1 120.
3) Pothier(1. 121)는 교수형이라 하고 있다.
4) Levius Castigator(가벼운 징벌).
5) "Lance licioque conceptum" - 엄격한 수색이 특정한 상징적 의식을 통해 행해졌다. [역주] 은쟁반을 들고 거들 이외 거의 옷을 입지 않은 상태에서 실시하는 이상한 방식의 수색을 Lance licioque conceptum(쟁반과 허리띠 수색)이라고 말한다. 옷을 입

현행범으로 간주된다. 훔친 물건(쟁반과 허리띠를 통한 방식에 의한 것이 아닌)을 소지하고 붙잡힌 도둑과 훔친 물건을 제3자의 집에 숨겨 둔 도둑은 훔친 물건의 3배를 배상해주어야 한다.

16. 현행범이 아닌 도둑에게 소송이 제기된 경우, 도둑은 훔친 물건의 2배를 배상하여야 한다.

17. 절취한 재산은 시효취득의 대상이 될 수 없다.

18. 금전의 이율은[1] 연 8⅓퍼센트이다. 이보다 더 고리로 금전을 대출한 자는 그 4배를 몰수당한다.

19. 신뢰를 배신하여 보관시킨 돈을 횡령한 경우에는 손해 금액의 2배로 처벌된다.

20. 피보호자의 재산을 착복한 후견인은 그 금액의 2배를 몰수한다.

21. 법정 변호인이 그의 고객을 속인 경우에는 신에게 재물로 바쳐진다 (그리고 누구에 의해서도 살해될 수 있다).[2]

22. 거래행위나 계약에 증인이[3] 된 사람이 후에 그 증인이 되기를 거부하면 공민권을 박탈당하고 유언을 할 수 없게 된다.

23. 거짓 증거를 제출한 자는 Tarpeian 바위산에서 떨어뜨려 죽인다.

24. 고의로 또는 악의로 자유인을 살해한 자는 사형에 처해진다. 사악한 주술을 한 자 또는 독약을 만들거나 타인에게 교부한 자는 살인과 동일하게 보아 처벌한다.[4]

25. 부모를 살해한 자는[5] 머리에 두건을 씌우고 자루에 넣어 꿰맨 다음 강물에 던져 죽인다.

26. 누구도 죽음의 고통을 감수하지 아니하고는 야간에 도심지에서 소란을 피울 수 없다.

이러한 규정들이 지나치게 간결하다는 것은 법을 집행하는 자에게 무한

지 않고 수색을 하는 것은 옷에 물건을 감추고 들어가 수색을 한 뒤 그 물건을 수색의 결과 발견한 것이라고 주장하는 것을 방지하기 위한 것으로 보이다.
1) "Si quis unciario fœnore amplius foenerassit quadruplione luito(12분의 1 이상의 이자를 받은 사람은 그 4배를 배상하여야 한다)." Unciarium fœnus는 Pothier에 의하면 연 1퍼센트이고, Ortolan에 의하면 8⅓퍼센트이다. "Fœnus"라는 구절의 의미와 관련한 논란의 내용은 Dictionary of Antiquities 참조.
2) Pothier, 1. 127.   3) Libripens.   4) Pothier. 1. 129.   5) Pothier, 1, 131.

정의 재량권이 있었다는 것을 의미한다. 우리는 다른 여러 자료들을 통하여 고대 로마에 있어서는 법원(court)과 정무관(magistrate)이 사실상 그들 자신의 법률을 상당한 정도 만들었다는 것을 잘 알고 있다.

그러나 12 동판법은 로마법 발전의 역사에 있어서 그 법을 집행한 여러 제도보다 더 중요하다고 볼 수 없다.

형사사건에 대한 관할권은 본래 켄투리아 민회(Comitia Centuriata)나 트리부스 민회(Comitia Tributa)가 가지고 있었고, 그 이외 일부 사건의 경우에는 원로원(Senate)이 갖고 있었다. 켄투리아 민회는[1] 사형판결을 할 수 있었고, 트리부스 민회는 추방형을 선고할 수 있었다. 원로원의 형사사건관할권의 내용은 분명하지 않지만 보통은 극형으로 처벌할 사건 이외의 사건을 담당하였다. 중요한 사건의 경우에는 민회나 원로원이 직접 형사재판을 주재하기도 하였지만, 그 이외의 사건에 있어서는 그들의 권한을 검찰관(quæstor)에게 위임하였다. 검찰관은 처음에는 특정한 개별 사건을 처리하기 위하여 선임되었으나 나중에는 특정한 부류의 사건들을 맡아 처리하도록 임명되었다. 아주 초기에도[2] 상설의 존속살인 내지 반역사건 담당 검찰관(quæstores parricidii)의 흔적이 있다. 나중에, 아직은 초기시대이지만, 특정 시기에 일상적으로 발생하고 있던 개별 범죄를 처리하기 위한 주술사건담당 검찰관, 독살사건담당 검찰관, 살인사건담당 검찰관 등의 이야기를 들어보았다.[3] 시간이 지나면서 이들은 특정 부류의 사건들을 처리하기 위한 목적으로 설치된 상설법원(quæstione perpetuæ)으로 발전되었다.

상설법원은 모두 개개의 특별법에 의해 설치되었고 매년 선출되는 1명의 법무관이 재판업무를 담당하였다. 그는 일종의 배심이라고 할 수 있는 심판원들(judices)의 보조를 받아 업무를 처리하였고, 심판원은 개별 사건마다 소환되었는데, 때로는 100명의 심판원이 소환되는 경우도 있었다.

이러한 법원들, 로마의 입법기관 그리고 그 후로는 로마의 국왕들이 수세기에 걸쳐 법률의 체계, Digest 제47권과 제48권을 메우고 있는 법률에 대한 주석(comment) 또는 편린들(fragments), 그리고 Theodosian Code 제9권을 만들어 내었다. 이러한 권위 있는 책들로부터 우리는 범죄의 개념과 그 처벌절차에 관한 로마 형법의 지식을 얻을 수 있다.

---

1) Ortolan, 1. 216.　　　2) Ortolan, 1. 182 - 3.　　　3) Ortolan, 1. 217.

공적 범죄

유스티니아누스 시대 로마의 법률가들은 범죄를 그 소추의 방식에 따라 세 종류 즉, 공적 범죄, 특별 범죄 그리고 사적 범죄로 분류하였다. 이들 범죄를 차례대로 살펴본다.

1. 공적 범죄(Publica Judicia)

원래 Publica Judicia는 과거 "상설배심재판소(quæstiones perpetuæ)"의 대표자들이었다. 그들은 특정 행위를 금지하고 있는 개개의 법률에 규정되어 있는 범죄들을 다루었는데, 그들 법률에는 극형(사형이나 추방) 또는 그 이외의 형과 같은 형벌의 내용이 미리 정하여져 있었다.

특별 범죄(Extraordinaria Crimina)는 그에 대한 처벌을 위하여 특정의 재판관(quæstio)이나 특정한 형벌의 내용이 정하여져 있지 아니한 범죄를 말한다. 특별 범죄에 대한 처벌은 (일정한 범위 내에서) 판사의 재량에 맡겨졌고, 피해당사자는 소추를 할 수 있었지만, 그러한 경우 자신의 사익보다는 공익(public interest)을 위해서 소추하는 것으로 간주되었다.

사적 범죄(Privata Delicta)는 그 범죄행위에 대하여 금전적 손해배상 등 피해 당사자의 구제를 위한 특별한 소송절차(special action) 예를 들어, 절도 소송(actio furti)이나 명예훼손 소송(actio injuriarum)과 같은 별도의 소송절차가 마련되어 있었던 범죄를 말한다.

이러한 범죄 분류방식은 영국의 방식 즉, (1) 반역죄 또는 중죄(felony) (2) 보통법상의 경죄(misdemeanour) (3) 불법행위(tort)로 분류하는 것과 약간은 유사하다. 또한 세월이 흐르면서 공적 범죄와 특별 범죄가 모두 그 처벌에 있어 다소간의 재량권이 인정된다는 의미에서 하나의 부류로 통합되었다는 점과 영국에서 입법과정을 통하여 중죄와 경죄의 거의 모든 실질적인 구별이 서서히 소멸되었다는 점도 서로 비슷하다.

공적 범죄의 부류에 속하는 범죄는 다음과 같은 특별법에 의하여 그 행위가 금지된 것들 즉, 대역죄처벌법,[1] 간통죄처벌법,[2] 공적 폭력행위처벌법과[3] 사적 폭력행위처벌법,[4] 자살과 독살처벌법,[5] 근친살해처벌법,[6] 유언

---

1) Digest. 48, Title 4. 2) Digest. 48, Title 5. 3) Digest. 48, Title 6.
4) Digest. 48, Title 7. 5) Digest. 48, Title 8. 6) Digest. 48, Title 9.

위조처벌법,[1] 뇌물처벌법,[2] 곡물가격관리법,[3] 국유재산침해처벌법,[4] 부정선거처벌법,[5] 약취사범처벌법[6] 등에 규정되어 있는 범죄들을 말한다.

비록 Digest에 인용된 여러 법률가들의 주석스타일에 비추어 보면 법률가들은 여러 사안에서 법률이라는 바로 그 말을 사용하고 있기는 하지만, 이러한 법률의 내용은 어떤 경우에도 보전되어 있지 않다, 그 대신 Digest의 주된 내용은 위 법률들에 입각한 판례에 대한 의견이나 주석을 내용으로 하고 있다. 그 이외에 우리는 다른 고전기 로마법학자들의 저술을 통해 위 법률들이 로마법사에서 차지하는 위치를 평가하거나, 평가에 이르지는 못한다 하더라도 그에 대한 추론을 할 수 있다. 그러한 점에서 그들 법률은 우리시대의 통합 법률(Consolidation Act)과 전혀 다른 것으로는 보이지 않는다. 그들 법률의 용어사용도 우리 자신의 의회에서 제정된 법률의 용어사용과 마찬가지로 세밀하고 그 내용이 정확한 것으로 보인다. 하지만 그들이 기본적인 법률용어를 정의함에 있어 우리 의회가 1861년의 통합 법률을 제정할 때 살인이나 절도를 정의한 것보다 더 잘 하였을 것이라는 데 대하여는 의문이 있다.

따라서 예컨대, 자살(stabbing)처벌법, Coventry 법, Waltham Black 법, George 4세의 통합 법률 그리고 다른 많은 법률들이 발전하여 대인범죄처벌법이 되었듯이, 12 동판법의 규정, Gabinia 법, Apuleia 법, Varia 법과 Cornelia 법이 발전하여 대역죄처벌법이 되었다고 할 수 있다.[7]

로마의 형법은 Digest 편집자들이 당대의 권위자들(authorities)로 본 법률가들에 의하여 일정한 형식을 갖춘 특정한 법률의 형태로 발전된 것으로는 보이지는 않는다. 각 제목에 일정한 순서가 있었던 것이 아니고, 그 내용도 식별이 가능한 범위 내에서 제멋대로 정리되었다. Digest에 언급된 순서대로 각 범죄들을 살펴본다.

대역죄처벌에 관한 Julia 법

Cicero는 다음과 같이 말한다.[8] "대역죄는 원칙적으로 로마 시민에 대한 범죄이다. 로마 시민 또는 로마 시민이 권한을 부여한 자에 대한 권위,

---

1) Digest. 48, Title 10.   2) Digest. 48, Title 11.   3) Digest. 48, Title 12.
4) Digest. 48, Title 13.   5) Digest. 48, Title 14.   6) Digest. 48, Title 15.
7) Pothier, 4. 407-8.   8) Pothier, 4. 408.

위엄, 권한을 어떤 식으로든 침해한 자는 이 처를 범한 것이라 할 수 있다." 대역죄(Majestes)는 "반역죄(perduellio)"와 "권위침해(læsa majestas)"의 죄로 나누어진다. 반역죄에는 전쟁을 일으키거나 혹은 적군을 원조하는 행위 또는 폭동을 선동함으로써 성립하는 현재의 반란죄와 아주 유사한 범죄가 포함된다. 여기에는 또한 지방 영주가 그 지방의 관할권이나 군대 지휘권을 왕에게 헌납하기를 거부하는 행위와 현재의 폭동처벌법(Mutiny Act)으로 규율될 수 있는 행위들이 포함된다.

권위침해에는 공적권위가 무시되거나 개인에 의하여 침해되는 경우 또는 황제에게 불경을 저지르는 모든 행위가 여기에 포함된다. 여기에서 어떤 행위가 권위침해에 해당하는가의 해석문제에 있어서는 국왕의 성품에 따라 그 해석이 상이했다. 어떤 경우에는 이 문제를 오늘날 우리가 상상할 수 없을 정도로 엄격하게 해석하기도 했다. 예컨대, "오래되어 훼손된 황제의 상을 보수하는 것은 대역의 처를 범한 것이 아니다"는[1] 규정은 사람에 따라서 달리 해석될 여지가 있다는 것을 의미한다. 반면에 그들은 종종 지나친 너그러움을 보이기도 하였다. Theodosius 황제는 다음과 같이 썼다.[2] "어떤 자가 절제할 줄 모르고 수치심도 잊은 채 후안무치하고 뻔뻔스럽게 짐의 이름을 공격하고 비난하는 경우나 술에 취하여 짐의 치세를 비난한 경우에 짐은 그를 형벌이나 가혹한 그 무엇으로도 제재하지 않을 것이다. 왜냐하면, 그가 경솔함에 의하여 그러한 행위를 한 경우 그러한 잘못은 경시되어야 하고, 정상이 아닌 정신 상태에서 그러한 행위를 하였다면 동정을 받아 범처를 행하였다는 멍에로부터 해방되어야 하기 때문이다." 하지만 Theodosius 황제가 그와 같이 썼다고 하더라도 그것이 말 그대로를 의미하는 것은 아니라고 할 것이다.

12 동판법에 의하면 대역죄는 채찍질로 사형에 처하였다. 공화정에서는 추방형에 처하여지기도 했다. 그 뒤로는 사형으로 처벌하였다.

간통에 관한 Julia 법

간통처벌법은 단순히 간통만이 아니라 모든 종류의 성범죄를 규율하기 위한 법으로 보인다. 이 법으로 간통(간통한 부인만을 처벌하였고 남편은

---

1) Digest, 48, 4, 5.　　　　　2) Theodosian Code. 9. 7.

간통에 관한 Juria 법

처벌대상이 아니었다), 특정한 경우의 간음, 근친상간, 축첩, 변태행위 그리고 윤락알선을 처벌하였다. 이 주제에 관해 깊이 있게 언급할 필요는 없지만 현재의 영국법과 관련을 가질 수 있는 로마법 내용 중 한두 가지 점은 설명할 필요가 있다. 아버지는 결혼한 딸이 자신의 집이나 그녀 남편의 집에서 간통을 하다가 붙잡힌 경우 그 딸과 간부 모두를 죽일 권리를 갖고 있었다. 하지만 남편은 어떠한 경우에도 간통한 그의 부인을 살해할 수 없었고, 간부를 살해할 수는 있었지만, 간부가 공민권을 박탈당한 자나 노예인 경우[1] 그리고 간통현장이 장인의 집이 아니라 그 자신의 집인 때에만 이 권리를 행사할 수 있었다. 다만, 남편이 간부를 이 원칙에 반하여 살해한 경우에도 그 처벌은 일반 살인죄의 경우보다 가볍게 처벌되었다. 즉, *"남편이 야간에 간통 현장을 발견하고 슬픈 감정에 의하여 성급하게 간부를 살해한 경우 비록 살인으로 인한 법의 권위에 대한 침해는 있었지만 야간이라는 사정과 정당한 슬픔에 의한 행위이므로 사형이 아닌 유배형으로 감경될 수 있다."*[2] 로마의 신칙법(Novel 117) 중 하나에 의하면 남편이 다른 남자에게 자기의 부인을 만나지 말라고 세 번에 걸쳐 서면으로 그리고 3명의 증인 앞에서 경고했음에도 불구하고 그 사람이 그의 집이나 남편의 집 또는 여관이나 로마 교외의 별장에서 자신의 부인과 동석한 것이 발견되는 경우 남편은 그를 간부로 간주하여 살해할 수 있었다.

아버지의 간부살해권(jus occidendi)은 상당히 넓게 인정되었지만, 실제 그 내용은 상당히 제한되어 있었다. *"딸과 간통한 자가 그녀의 아버지의 집이나 사위의 집에서 붙잡힌 경우 간부의 신분 여하에 불구하고 아버지는 그가 양부이건 친부이건 관계없이 자신의 손으로 간부를 살해하는 것이 허용된다."* 그러나 아버지 자신이 아직 부권으로부터 독립되어 있지 아니한(not emancipated) 경우에는 문제의 이 권한을 가질 수 없었다. 또한 이 권한은 간통이 그 자신의 집이나 사위의 집에서 범하여진 경우에만 행사할 수 있었다. 그리고 범인은[3] 현장에서 잡힌 현행범이어야 했다.

---

1) Pothier, 4. 427. "infames et eos qui corpore quæstum faciunt(시민권을 박탈당한 자 또는 노예가 된 자)". 그들은 다른 곳에서는 포주, 흥행사, 무희, 가수, 판사로부터 유죄판결을 받은 사람, 자유인이 된 남편, 처, 부, 모, 아들과 딸로 열거되어 있다.
2) Pothier, 4. 428.
3) 책의 내용은 매우 기묘하다. *"법률의 규정은 '그는 그의 딸을 즉시 살해할 수 있다'*

간통에 관한 Juria 법

그 이외에 그 권리행사는 동시에 이루어져야 했다. 간부와 딸 중 누구를 먼저 살해하였는지는 중요하지 않지만 만일 간통한 남자만을 살해하고 그의 딸을 살려 준 경우 그 아버지는 Cornelia 법에 의하여 살인죄의 책임을 진다. 그러나 간통한 남자는 살해하였지만 그의 딸은 살해하려고 하였으나 상처만 입고 죽지 아니한 경우에 "그 아버지는 법률의 문언에 의하면 살인죄의 책임을 면할 수 없지만 신황 Marcus 황제와 Commodus 황제는 칙령으로 그 책임을 면하여 주었다." 따라서 간통한 딸의 아버지에게 큰 권한을 준 이유는 다음과 같이 말할 수 있다.[1] "일반적으로 아버지의 가족사랑은 자식을 위하여 가장 분별력 있게 행동하게 한다. 그러나 쉽게 판단해버리는 남편의 열정과 정열은 제한되어야 한다." 이러한 이유로 간부를 함부로 죽이는 것이 금지된다. 아버지의 간부 살해에 관한 권리를 규정하고 있는 이러한 법은 입법자가 그 자신의 이익을 위하여 제정하였다고 보기는 어렵고, 이에 대하여는 약간의 역사적인 고찰이 필요하다. 아마도 이 법은 부인을 그 남편의 딸로 생각하고 모든 아버지에게 그 자녀에 대한 생사여탈권을 인정하고 있는 고대법의 잔재로 보여 진다. 이러한 관념이 그대로 남아있는 동안 남편에게 간통한 부인을 살해할 권리를 주었지만, 이러한 권한은 남편의 아버지로서의 지위에서 유래하는 것이고 따라서 나중에는 이러한 권한이 딸의 생부에게만 인정되는 것으로 제한되었다. 내가 이 법률을 특별히 언급하는 이유는 도발(provocation)에 의한 살인의 경우 이를 모살(murder)에서 고살(manslaughter)로 감경하고 있는 영국법과의 유사성을 밝히기 위해서다. 간통에 대한 처벌은[2] 섬으로의 "유배(relegation)", 그리고 간통한 여자의 경우 그녀의 유산 절반과 재산의 3분의 1을 잃는 것이고, 남자의 경우는 재산의 절반을 잃는 것이다.

고 규정하고 있는데 이는 이미 간부를 살해한 아버지는 계속하여 그의 딸을 살해할 권리를 보유할 수 없다는 것으로 이해되어야 한다. 왜냐하면, 아버지는 한 번의 가격으로 그리고 한 번의 공격으로 둘을 동시에 살해하여야 하고, 그리고 두 사람에 대한 분노를 동시에 표출하여야 하기 때문이다. 그러나 만일, 아버지가 간부를 살해하고 있는 동안 아버지의 묵인 없이 딸이 도망을 한 경우 딸을 추적한 아버지는 몇 시간 내에 딸을 잡아서 죽일 수 있고, 이러한 경우 그는 즉시 딸을 살해한 것으로 간주된다." Digest, 48. 5, 23, 4.

1) Digest. 48. 5, 22, 4.   2) Pothier, 4. 425.

공적 또는 사적 폭력

공적 또는 사적 폭력에 관한 Julia 법

공적폭력행위처벌법은 한편으로는 대역죄처벌법에 포함되지 않는 범죄행위를, 다른 한편으로는 자살(sicariis)과 독살(veneficiis) 처벌법에 해당하지 않는 범죄행위를 처벌하는 초기의 여러 법률들을 통합한 것이다. 이 법에 담겨있는 공사폭력이라는 모호한 표현에 대하여 이를 구체적으로 정의해보았다는 흔적은 없다. 또한 이 법이 본래 두 개의 주제에 관한 하나의 법률인지 아니면 두 개의 서로 다른 법률인지 여부도 분명치 않다. 그러나 Digest의 여러 원문 구절을 살펴보면 "공적 폭력행위(Vis Publica)"라는 말은 본래는 처벌대상이 아니지만 다음과 같은 이유 즉, 범인이나 피해자의 신분 또는 폭력이 행사된 목적 등으로 인해 공중이 이해관계를 갖기 때문에 처벌되는 위법한 폭력행위라는 사실을 암시하고 있다.

이러한 범죄의 사례로서 들 수 있는 것은, 상소심 재판이 계속되고 있음에도 불구하고 로마 시민에게 1심 판결에 따른 사형이나 체형을 집행한 공무원의 범죄, 외국사절에 대한 폭력행위나 모욕행위, 권한 없이 새로운 세금을 부과하는 행위 등이다.

중세 영국의 법률체계에서 불법소송원조행위(maintenance)로 규율될 행위나 휘장과 복장을 규제하는 법률에 의하여 규율되었을 행위도 "공적 폭력행위"라고 볼 수 있다. 따라서 "악의로 심판원의 판결이 원만하게 이루어지지 않도록 하거나 심판원으로 하여금 심판할 바를 하지 못하게 한 경우",[1] "소란과 폭동을 일으키려 한 경우, 그리하여 노예나 자유인을 무장시킨 경우"도[2] 공적 폭력행위로 볼 수 있다. 하지만 여기에는 예외가 인정되었다. 즉, "사냥을 위해 맹수들과 싸워야 하는 노예나 관리를 위한 시종 노예를 무장시키는 것은 예외적으로 허용된다." 또한 공적 폭력은 무장한 사람에 의한 부동산강제침입행위도 포함한다. 즉, "무장한 사람들을 동원하여 부동산 점유자를 그의 가택이나 토지 또는 선박으로부터 쫓아내거나 싸워서 때려눕힌 자"도[3] 공적 폭력행위자가 된다. 또한 여러 종류의 폭동도 여기에 포함되었다. 즉, "단체를 이용하여 방화를 한 자, 다른 사람의 매장을 방해한 자",[4] "비록 치사에 이르게는 하지 아니하였다 하더라도 군중 속에서 다른 사람에게 폭력을 행사한 자"는[5] 공적 폭력행위자가 된다.

---

1) Digest. 48. 6, 10.   2) Pothier, 4. 436.   3) Digest, 48. 6. 6.
4) Digest, 48, 6, 5.   5) Digest, 48, 6, 10. 1.

공적 또는 사적 폭력

강간(rape)은 간통에 관한 Julia 법으로 처벌된 것이 아니라 공적 폭력행위로 처벌되었다.

사적 폭력행위(Vis Privata)는 공적 폭력행위의 완화된 형식이다. 하지만 위에서 인용한 Digest의 원문 어디에서도 그러한 언급을 하지 않고 있다는 것은 참으로 의문이 가는 일이다. 사적 폭력행위에 대한 법률의 특징은 일정한 원칙 없이 재량에 따라 이 법을 적용한 데 있는 것으로 보인다. Marcus Antoninus 황제는 칙답서(rescript)에서 "너는 단지 다른 사람이 상해를 당한 경우에만 폭력이 존재한다고 생각하는가? 폭력은 어떤 자가 자신의 것으로 생각하는 것을 판결을 통하여 구하지 않는 경우 언제나 존재하는 것이다"고[1] 말한다.

공적 폭력행위에 대한 형벌은 추방이었으나 일정한 경우 사형에 처하기도 하였고, 사적 폭력행위의 경우에는 범인 재산의 3분의 1 몰수와 특정한 시민이 갖고 있는 권리 중 일부를 박탈하는 것이었다.

자살(sicariis)과 독살(veneficiis)에 관한 Cornelia 법

자살과[2] 독살에 관한 Cornelia 법은 Sylla에 의하여 입법화되어 Digest가 편찬될 때까지 약 600년 동안 시행되었다. 이 법의 적용 대상은 나중에 방화범에게까지, 그리고 Diocletianus 황제 시대에는 주술가나 이와 비슷한 점성가들에게까지도 확대되었다.

이 법의 주된 내용은 살인에 관한 것이다. 이 법의 제목을 문자 그대로 번역하면 "자살자들과 독살자들"로[3] 번역될 뿐 아니라, 주석을 붙인 자들에 의하여 그 적용범위가 크게 확장되고 또한 Digest 원문에 아무런 체계적인 내용정리가 되어 있지 아니한 점에 비추어 이 법의 최초 규정 자체는 매우 간단하고 일반적인 것으로 추측할 수 있다. 이 법이 어떤 체계적인 절차를 거쳐 발전되어 온 것으로 보이지는 않지만 훨씬 뒤에 영국 법률가들에게 문제가 되었던 논점들은 당시의 법률가나 황제들에게도 중요한 쟁점들이었고, 그들은 이 쟁점들에 대하여 비록 단편적이고 소극적이긴 하지만 영국 법원이 제시한 해결책과 유사한 해결책을 갖고 있었다.

---

1) Digest, 48, 7, 7.   2) [역주] 여기서 자살은 칼로 사람을 죽이는 것을 말한다.
3) "Sicarii라고 하는 것은 겉옷 속에 감추기 쉽도록 굽은 단도(sicas)를 가지고 다닌다고 로마 사람들이 말하는 그러한 사람들 즉, 단도를 가지고 다니는 사람들의 무리를 말한다." - Pothier, 4. 439.

살 인

이 법의 인적 적용범위와 관련하여 Antonius 시대에는 자유인뿐 아니라 노예에게도 적용된 것으로 보인다. 즉, "사람을 살해한 자는 처벌된다. 살해된 자의 법적 지위는 고려되지 않는다."[1] 그러나 어린이가 몇 살 때부터 이 법의 적용대상이 될 수 있는 사람(a human being)이 되는지에 관하여는 논란이 계속되어 왔다.

영국의 법률가들이 매우 큰 관심을 갖고 있는 흥미로운 논점 즉, 살인죄 성립에 필요한 사망을 초래한 행위와 그러한 행위에 의한 사망 사이에 필요한 인과관계의 성질에 관하여 로마의 법률가들은 큰 관심을 두지 않은 것으로 보인다. 그러나 Digest에는 고의적인 살인행위가 정당화될 수 있는 주요한 사례들이 다양하게 수록되어 있다. 이러한 문제들은 모두 정당방위나 범인의 체포 또는 처벌의 문제로 귀착될 수 있다.

살인의 등급과 관련한 로마시대 원칙은 Hadrianus의 칙답서(rescript)에 간단히 요약되어 있다. 그 원칙에 의하면 살인의 등급은 살인행위의 정상관계에서 드러나는 범인의 의도에 따라서 결정된다. "사람을 살해한 자가 만일 살해의 의사로 행한 것이 아니라면 살인죄의 책임을 면할 수 있다. 그러나 사람을 죽이지는 아니하였으나 살해의 의사로 상해만을 가한 경우에는 살인죄로 처단되어야 한다. 그리고 이러한 살해의 의사는 사실관계에 따라 결정되어야 한다. 칼을 뽑아 찌른 자는 의심할 여지없이 살해의 의사로 범죄를 범한 것이다. 그러나 말다툼 중 열쇠나 냄비로 때린 경우에는 비록 철제품을 이용하였지만 살해의 의사가 있었던 것은 아니다. 말다툼 중 우연히 사람을 살해한 경우에는 형이 감경되어야 한다."[2]

부주의(negligence)에 의한 살인(killing)의 경우에는 범인이 "특별 심리 소송(extraordinarium judicium)"에서 재판을 받기는 하였지만 이 법률 즉, Lex Cornelia의 적용대상은 아니었다. 형벌을 감경할 수 있는 근거가 되는 도발에 의한 살인은 이미 언급한 간통의 경우가 유일한 경우이다.

독살범에 대하여는 특별한 처벌규정이[3] 마련되어 있었다. 그에 의하면 독살범에 대한 처벌은 극히 엄중했고 "사람을 살해할 목적으로 독약을 제조하거나 판매한 자"에게도 이 법이 동일하게 적용되었다. 자연과학이 제대로 발달하지 아니하고 주술이나 기타 "마녀(maleficia)"에 대한 믿음이

---

1) Digest. 48. 8, 1, 2.   2) Digest, 48, 8, 1, 3.   3) Digest, 48, 8, 3.

근친살해

지배하였던 시기에 있어서 독살이라는 것이 사람들에게 극도로 공포의 대상이 된 것은 지극히 자연스러운 일이라 할 것이다. 영국의 Henry 8세 시대 의회에서 제정한 법률에 의하여 삶아 죽이는 방식의 사형에 처해진 요리사에 관한 유명한 사례나 Sir E. Coke경의 "유명한 독살 관련 재판(Great Oyer of Poisoning)"에 대한 내용도 비슷한 사례라고 할 수 있다. 프랑스 형법은 독살을 특별한 범죄로 보아 보통의 살인과 구별하고 있다.[1]

근친살해에 관한 Pompeia 법

근친살해(parricide)라고 하는 것은 4촌(first cousin)이나 4촌 이내의 친족을 살해하는 것을 말한다.

독살과 마찬가지로 근친살해도 자살(sicariis)처벌법에 의하여 규율되었음이 분명하지만, 그 구별은 영국의 법률을 유추하여 생각해 보면 된다. 그것은 1828년 9 Geo. 4, c. 31 법률 제52조의 시행에 따라 모살과의 구별이 폐지된 소역죄(petty treason)와 비교될 수 있다.

살인에 대한 처벌은 공화정에서는 재산의 몰수와 섬으로의 유배였지만 Antonius 시대에는 "당사자가 법률에 복종하지 않아도 될 정도의 고위층이 아니면"[2] 사형에 처해졌다. 일반인의 경우 살인죄의 처벌방식은 맹수에게 먹이로 던져지는 것이었다. 독살범 그리고 특히 근친살해범에 대한 특별한 처형의 방식은 없었다. 다만, 살해된 피해자가 범인의 아버지나 어머니인 경우 범인은 고대의 존속살해범 처형방식이었던 닭, 뱀 그리고 개와 함께 수장하는 방식에서 대체된 화형에 처해졌다. 화형은 또한 방화범에 대한 처형방식이었다.

위조에 관한 Cornelia 법

위조사범처벌에 관한 법은 두 부류로 나누어지는데, 하나는 유언위조에 관한 법(lex testamentaria)으로 주로 유언장의 위조와 유언장을 은닉하는 것을 규율하는 것이고, 다른 하나는 화폐위조(nummaria)에 관한 것으로

---

1) 제301조. "다소간 빠른 시간 내에 사람의 죽음을 초래할 수 있는 물체로 사람의 생명을 해치려고 하는 모든 시도는, 그러한 물체를 어떠한 방법으로 구하고 마련하였는지의 여부와 관계없이 그리고 그 효과가 어떠한지의 여부에 관계없이 독살(empoisonnement)로 간주한다."

2) Digest. 48. 8, 3, 5.

주로 통화위조를 규율하는 것이다. 이 법의 적용범위에 관한 Paulus의 언급 즉, "유언장을 도용하거나, 은폐하거나, 강취하거나, 삭제하거나, 훼손하거나 또는 대체하고 봉인을 파괴한 자 또는 유언장을 위조하고, 위조유언장을 봉인하고 위법하게 공포한 자 또는 악의로 이러한 사태를 만든 자"라는[1] 말이 이 법의 적용범위를 잘 말해주고 있다. 이 법의 적용범위는 나중에 다른 범죄들로 확대되었다. Claudius 황제에 의하여 또는 Tiberius 시대 원로원 칙령으로 다른 사람의 유언장이나 유언 보족서(codicil)를 작성하는 자가 그 유산이 작성자 자신이나 또는 (위 법률의 해석에 따른다면) 그의 지배하에 있는 사람에게 상속되는 것으로 유언 내용을 작성한 경우에는 이 Cornelia 법으로 처벌토록 하는 규정이 제정되었다. 이들 법률의 규정 취지는 유언사기를 방지하기 위한 것으로 보여지고, 심지어는 유언자의 지시에 의하여 작성자가 그러한 내용을 삽입한 경우에도 변명이 되지 않았다. "원로원 의결과 황제 Claudius의 칙령에 의하면 유언장의 작성에 관여한 자는 유언자의 유언에 의하더라도 유언장 작성자 자신에게 이익이 되도록 유언장을 작성하는 것이 금지된다. 그러나 Cornelia 법에 의하면 유언자의 무지를 이유로 그러한 유언장 작성의 허가를 요구할 수 있지만 최고위 계층과 황제들은 이에 대한 허가를 부여하지 않는 것이 보통이었다."[2] 이러한 Digest의 내용으로 보아 특정한 경우에 있어서는 유언자의 요구에 의한 특별한 예외가 허용되었다는 추론도 할 수 있다.

　시간이 지나며 유언장위조에 관한 법의 적용범위는 유언장 이외의 모든 종류의 법률문서에까지 확장되었다. Ulpianus는[3] 일반적으로 "Cornelia 법의 형벌은 유언장 이외의 문서를 악의로 허위 봉인하거나 허위의 봉인이 되도록 한 자는 물론 그 이외에 허위 증언을 하도록 사람을 데려온 자나 소송당사자 일방을 위하여 거짓 증거를 만든 자에게도 가해진다"고 말한다. Paulus와 Marcianus도 문서가 봉인이 되어 있는지 여부를 불문하고

---

1) Digest, 48. 10. 2. 24 & 25 Vic. c. 98 법률 제2조의 규정 즉, "사기의 목적으로, 유언이나 유언장 또는 유언 보족서 또는 유언에 관한 문서가 위조되었거나 변조된 것을 알면서도, 이를 위조하거나 변조 또는 제공, 언급, 처분 또는 떠맡긴 자는" 이라는 문언과 비교해 보라. 24 & 25 Vic. c. 96 법률 제29조는 "유언장" 등을 "삭제하거나 지우거나 또는 은닉하는 것을" 범죄로 규정하고 있다.
2) Theodosian Code. 9. 23, 3. 그리고 법률 4, 법률 6과 비교.
3) Digest. 48. 10, 9, 3.

상업장부, 회계장부, 계약서 또는 그 이외의 다른 서류들을 위조하는 모든 사람들에 관하여 동일한 이야기를 하였다.

진정한 문서에 그 작성날짜를 허위로 기재하거나 실제의 내용과 다르게 변조하는 경우도 "위조범죄(crimen falsi)"로 인정되었다.[1] 또한 이 법은 허위의 증거를 제출하거나 위증을 교사한 경우에도 적용되었고, 판사의 독직행위에도 적용되었다. Modestinus는 이 법의 적용범위를 더욱 넓혔다. 그는 "스스로 서명한 진술 내용과 다른 증언을 한 경우 위조죄의 책임을 진다. 또한 두 당사자 모두에게 이익이 되도록 상반되는 증언을 한 자의 신의가 이중적이고 종잡을 수 없는 경우 그의 파렴치함이 위조죄로 규율된다는 것은 의심의 여지가 없다"고[2] 말한다.

이 법은 또한 특정 내용의 부정한 계약행위, 허위 성명을 이용한 부정한 취득행위에 적용되었고, 그리고 Paulus가 말한 바와 같이 Hadrianus의 칙법에 따라 "하나의 물건을 두 사람에게 매도한 자에게도" 적용되었다.

Antoninus 시대에 있어서 "위조죄(falsum)"의 처벌은 하위 계급의 사람에게는 동굴징역형, 상위 계급의 사람에게는 재산의 몰수와 섬으로의 유배형이었다.

유언장위조사범처벌법과 마찬가지로 화폐위조사범처벌법도 영국의 같은 죄에 관한 제정법의 규정과 유사한 것으로 언급되어 있다. 즉, "금화와 은화를 변조하거나 각인을 삭제한 자, 용해한 자, 긁어낸 자, 훼손한 자"는 이 법에 의하여 처벌된다.[3] 법 대전(Corpus Juris)에서 불량화폐의 유통과 관련한 명시적인 언급을 발견할 수는 없지만, 양화 수취의 거절과 관련하여 그에 관한 특이한 내용을 볼 수 있다. 불량주화의 유통은 군주의 초상이나 서명에 불명예를 가하는 불량주화의 제조와 동일하게 취급되었다. 위에서 인용한 원문은 결론적으로 "형상이 각인된 주화를 변조에 의하여 모독한 자"가 여기에 해당한다고 하고 있다. Constantinus는[4] "진의 얼굴과 존엄이 하나로 되어 있는 모든 주화는 하나의 값으로 평가하여야 한다.

---

1) 이것은 영국법의 경우에도 마찬가지이다. R. v. Ritson, L. R. 1 C. C. R. 200 참조.
2) Digest. 48. 10, 27, 1.
3) Pothier, 4. 455. 24 & 25 Vic. c. 99 법률 제4조 즉, "여왕의 금화나 은화를 손상, 축소 또는 감쇄시키는"이라는 규정과 제3조 즉, "금화나 은화의 일부를 세척, 케이스 달기 또는 색을 입히는"이라는 규정과 비교.　　　　　4) Pothier, 4. 456.

표면에 높은 값이 새겨져 있다고 더 높은 가치를 갖는 것이 아니다. 또는 무게가 동일하다면 좁게 만들어져 있다고 적은 가치를 갖는 것도 아니라고 멀어야 한다"고 말했다.

부정한 도량기구의 사용, 존엄표시의 부정한 사용, 어린이를 교환하는 행위도 "위조범죄"의 일종 내지는 그와 유사한 것으로 간주되었다.

독직(Repetundarum)에 관한 Julia 법

독직에 관한 Julia 법은 공무원이 범하는 모든 종류의 금품 관련 범죄를 처벌하는 법으로서 그 이전 5개의 법률을 대체하는 일종의 통합 법률이다. 이 법률에 의하면 그 누구도 사법명령이나 행정명령을 발하거나 또는 발하지 아니하는 것과 관련하여 어떠한 명목의 대가도 받지 못하도록 규정하고 있다. 즉, "일정한 권한을 갖고 있으면서 판결이나 결정의 대가로 금전을 받는 자는 처벌된다."[1]

이 법은 또한 인도에서 근무하고 있는 영국의 공무원들에게 적용되는 독직 관련 제정법과 아주 유사한 규정들을 갖고 있었던 것으로 보인다. 인도의 공무원규칙에 의하면 공무원은 그가 근무하고 있는 관할구역 내에서 토지를 소유하지 못하며, 의회 제정법은 종류를 불문하고 공무원에게 선물을 주는 것을 불법으로 규정하고 있다. 독직에 관한 Julia 법도 "자신이 관리하는 속주에서 속주 총독 자신이나 그의 재산관리인 또는 그의 대리인을 통하여 법률행위를 한 경우 그 계약은 무효가 되고 그 가액은 국고로 환수된다"고[2] 규정하고 있다.

Antoninus 시대에 이르러 "독직" 관련 범죄는 아주 예외적인 경우 예컨대, 판사가 뇌물을 받고 무고한 사람을 사형에 처한 경우와 같이 그 명령이 부정하고 그 결과가 매우 중한 때가 아니면 공중소추 대상인 "공적 범죄"가 아닌 "특별 범죄"로 변경되었다. 그러한 예외적인 경우에 있어서 그에 대한 처벌은 사형이었다. 그러나 그 이외의 경우에는 손해 금액의 4배 배상으로 처벌하였다.

---

1) Digest. 48. 11, 3. Marcian. 그는 다른 곳에서 훨씬 더 길게 즉, "그 누구도 판결이나 결정을 한다는 이유로, 판결이나 결정을 하지 아니한다는 이유로 아무 것도 받을 수 없다" 등으로 열거하고 있다. 그리고 Pothier, 4. 457 참조.
2) Pothier, 4. 458.

공금횡령, 신성모독, 신물절도

곡물가격(Annona)에 관한 Julia 법

이 법률은[1] 영국의 법에서 매점·매석행위로 불리는 행위 즉, 시장에서 곡물가격의 상승을 예견하고 그 가격을 올리는 행위에 대한 처벌법이다.

공금횡령, 신성모독, 신물절도에 관한 Julia 법

이들 세 종류의 범죄는 공무원의 부정행위에 대한 다른 형태의 것이다. "공금횡령자"에 관한 법률은[2] "누구도 신물, 종교 관련 물건, 공물로부터 발생하는 금전에 대하여 이를 취거하거나, 횡령하거나, 자신의 것으로 전용하거나 또는 다른 사람으로 하여금 취거, 횡령, 전용 등을 하도록 할 수 없다. 다만 법률에 의하여 그러한 행위가 허용된 경우에는 그러하지 아니하다. 누구도 공공의 금, 은, 동에 부가하거나, 혼합하거나 또는 가치가 떨어질 것을 알면서 악의로 부가, 혼합되도록 할 수 없다"고 규정하고 있다. 달리 말하면 공금횡령은 신에게 바쳐진 물건, 또는 공공재산에 대한 절도나 침해행위를 말하고, 다음의 예들 즉, 화폐주조소에서 일하는 자가 정량 이상의 화폐를 주조한 뒤 여분을 착복하는 행위, 국가 소유의 토지에 대한 권리증서의 탈취행위, 그러한 권리증서의 부정한 변조행위,[3] 국가 회계에 관한 다양한 형태의 부정행위나 불법행위가 여기에 해당한다.

공금횡령에 대한 처벌은 범죄자의 지위에 따라 동굴징역형이나 추방 또는 재산을 몰수하는 형이었다.

신성모독(sacrilege)은 공공의 소유이면서 신성한 물건이나 종교적인 목적에 바쳐진 물건을 절취하는 행위이다. 그러나 Quintilianus의 인용문에 의하면 신성모독에 관한 위와 같은 정의는 의심의 여지없이 분명한 것은 아니다.[4] 신성모독은 화형이나 맹수들의 먹이로 던져지는 방식의 사형에

---

1) Digest, 48, 12.   2) Digest. 48, 13. 1.
3) "토지의 경계나 그 이익 내용을 수록하고 있는 동판을 제거하거나 이를 변조하는 자는 국유재산침해에 관한 Julia 법으로 처벌된다." - Digest. 48. 13, 8.
4) "신전에서 사적 재물을 절취한 사람은 신성모독에 해당한다. 이러한 고발에 법처성이 있어야 한다는 것은 양 당사자에 의해 모두 긍정되는 일이다. 그러나 문제는 이러한 행위가 법률에서 규정하고 있는 신성모독에 해당하는 범처인가 하는 점이다. 고발인은 신전에서 재물을 도난당했기 때문에 그에 해당한다고 말한다. 피고인은 그 재물이 사적인 것이기 때문에 그의 범처는 신성모독이 아니고 절도라고 이를 부인한다. 따라서 소추인의 개념에 의하면 신성한 장소에서 훔치면 모두 신성모독이 되고, 피고인의 정의에 의하면 신성한 물건을 훔쳤을 때에만 신성모독이 된다." - Quintilian, Institutio Oratoria, 7. 3.

처해졌다. 신전의 일부는 특히 신성한 것으로 간주되었다. Ulpianus는 "주·
야을 불문하고 신성한 장소에 침입하여 신물을 가지고 나온 자는 그의 눈
을 멀게 한다. 그러나 신전에서 신물 이외의 물건을 가지고 나온 경우에
는 채찍질당하고 머리를 깎이고 구타 후 추방된다"고[1] 하였는데, 그의 이
말은 그가 극형에 관하여 이전에 말한 바와 일치하는 것은 아니다.

Theodosius 황제와 다른 사람들은 또한 이단(heresy)을 신성모독에 흡
수하였다. 그들은 또한 황제의 결정에 의심을 품는 행위, 그리고 (특이하게
도) 자신이 태어난 지역의 지방관으로 임명되려고 시도하는 행위도 신성모
독과 같은 것으로 보았다.

"신물절도(De Residuis)"에 관한 법은 공중을 위하여 회계책임을 맡은
자가 그가 수취한 것을 제대로 계산하지 아니한 경우에 적용된다.

부정선거(Ambitus)에 관한 Julia 법

이 법은 부정선거에 관한 기존의 10개 법률의 규정들을 통합한 것으로
보인다.[2] 이 법은 Augustus 황제에 의하여 제정되었다. 그것은 일종의 부
정선거방지법이라고 할 수 있다. 그러나 선거제도가 국왕에 의한 관리 임
명으로 대체되자, 이 법 또한 쓸모없게 되었다.

약취(Palgium)에 관한 Fabia 법 – 약취라고 하는 것은[3] 사람을 약취
하는 범죄 특히, 자유인을 노예로 매매하는 행위를 말한다. 그 처벌은 처
음에는 벌금형이었으나 이후 동굴징역형이나 사형에 처해졌다.

2. 특별 범죄(extraordinaria Crimina)

범죄의 분류에 있어서 그 두 번째 부류는 특별 범죄로서, 이를 번역함에
있어 "crimen"이라는 말은 고발(accusation)이라는 뜻이지 범죄(offence)를
뜻하는 것이 아니고, "extraordinarium"이라는 말은 절차의 성질에 관한 것
이지 범죄의 성질을 의미하는 것이 아니라는 점을 명심해야 한다. 이러한
말뜻으로 보아 특별 범죄는 본래 공적 범죄에 대한 공중소추의 경우에 적
용되는 엄격한 형식적 절차보다 다소 완화된 형식의 절차를 의미한다고

---

1) Pothier. 4, 462.　　2) Digest. 48. 14, Pothier, 4. 463.　　3) Digest, 48, 15.

볼 수 있다. 하지만 소추절차를 설명하는 장에서 더 자세히 설명하겠지만, Digest of Pandects가 편찬될 당시에 이르러 이 두 종류의 범죄는 실무상 그 구별의 중요성을 상실하게 되었다. "특별 범죄"로 Digest 제47권에서 기술하고 있는 것은 다음과 같은 범죄들이다.

가족 범죄[1)

"결혼한 여자를 유혹하는 자, 또는 혼인관계를 파괴하는 자" 즉, 결혼한 여자를 유혹하거나 결혼한 여자를 이혼하도록 부추긴 자가 여기에 해당한다. 또한 소년·소녀를 타락시킨 자도 마찬가지이다.

새로운 신앙의 도입[2)] - "사람들의 경박한 정신이 신력에 관한 미신에 의하여 두려움에 떨게 되는 그 무엇인가를 만들어 낸 자", "관습이나 이성에 알려지지 않은, 사람들의 정신을 동요시키는 새로운 종교를 도입한 자"들이 여기에 해당한다. 이 법률과 불법단체를 규제하는 법률에 의하여 기독교도들이 박해를 받았다. 빌립보 사람들이 사도 Paul과 Silas를 고발할 때에도 이 법에 근거하였을 것이다. "유대인인 이 사람들이 우리 로마 사람들로서는 지키거나 받아들이기 어려운 불법적인 관습을 전파하여 도시를 극도로 혼란시키고 있다"(사도행전. 제16장, 21-22절).

매점행위(Engrossing)[3)] - 곡물(corn)의 가격을 올리는 행위는 특별 범죄로 규율되었다. 그러나 이 범죄와 곡물에 관한 Julia 법에 해당하는 범죄와의 구별은 분명치 않다.

낙태행위[4)] - 임신한 여자 자신이 스스로 낙태를 한 경우에는 살인에 관한 Julia 법(Lex Julia against homicides)으로 처벌되는 것이 아니고 "특별 범죄"로 처벌되었다. 태아는 사람으로 간주되지 않았다.

부랑자(Vagabonds)[5)] - 뱀을 갖고 다니며 이를 사람들에게 보여주어 그 공포감으로 사람을 다치게 한 자는 특별 소추의 대상이 되었다. 이것은 영국의 부랑자처벌법과 어느 정도 유사한 내용이다.

---

1) Digest, 47. 11, 1. 이들은 Digest에서 "특별 범죄"라는 일반적인 표제로 나온다.
2) Pothier. 4 . 375.　　　　　　　　3) Digest, 47. 11, 6.
4) Digest, 47, 11, 4.　　　　　　　5) Digest, 47, 11, 11.

묘지 - 공갈

특정 지방에서의 특수한 범죄[1] - Digest에서 이러한 종류의 범죄로 다루고 있는 것은 다음의 두 종류이다. 그 하나는 아라비아 지방의 특수한 범죄로 적의 토지 위에 협박의 표시 즉, 만일 토지 소유자가 그 땅을 경작한다면 "그는 돌을 놓은 자의 음무에 걸려 죽음을 당할 것이다"라는 의미로 돌을 갖다 놓는 Scopelismus 범죄이다. 이는 Ireland에서 지금도 종종 일어나고 있는 편지를 통한 협박행위 즉, 토지로부터 쫓겨난 임차인이 임대인의 토지점유를 막기 위한 협박편지와 유사한 원시적 형태의 협박편지라고 할 수 있다. 이집트에서는[2] chomata 즉, 나일강의 둑을 훼손하는 행위가 특별 범죄가 되었다.

돌을 갖다 놓는 행위는 사형에 처해졌고, 제방을 훼손하는 행위는 처음에는 동굴징역형이었으나 나중에는 산채로 화형에 처해졌다. Digest가 수많은 다른 지방의 고유한 지방 범죄를 제외하고 이러한 범죄만을 언급하고 있는 것은 다소 이상한 일이다. 로마제국의 광활한 영토에서 다수의 지방 범죄를 규율하는 법률들이 있었음에 틀림없고 또한 그러한 법률들은 충분히 주목할 가치가 있었다고 보는 것이 자연스러운 일이라 하겠다.

묘지에 관한 범죄 - Digest 제47권 제12장에는 묘지침해와 관련하여 그 민사적 처리방안과 함께 형사소추와 관련된 규정들이 복잡하게 뒤엉켜 설시되어 있다.

묘지침해행위는[3] 다른 사람의 묘지에 사체를 매장하는 행위, 묘지를 주거지로 사용하는 행위나 기타 여러 가지 형태로 행해지고, 범인은 대부분 100아우레이(aurei) 또는 200아우레이로 처벌되는 벌금형의 대상이 되었다. 그러나 사체를 약탈한 때 특히, 무장상태로 그러한 범행을 범한 경우에는 극형이나 동굴징역형에 처해졌다.

공갈(Concussio)

concussio는 Cujas에 의하여 "타인의 금전이나 물건을 탈취하기 위하여 사용된 협박"으로 정의된다.[4] 이것은 사실상 영국 법률에 있어서 공무원의 금품강요죄(extortion by a public officer)에 대응하는 것이다.

---

1) Digest, 47, 11, 9. 2) Digest, 47, 11, 10.
3) "집정관은 말한다. -- 묘지를 다듬어 거주하려고 하는 자는." Digest. 47. 12, 3.
4) Pothier, 4. 379.

가축절도

Macer의 원전에 의하면 이 범죄는 "공중소추의 대상"인 "위조범죄"와 유사하다고 한다. "공직자 공갈처에 대한 소추는 공적인 것이 아니지만 어떤 자가 형사고발을 하겠다고 위협하여 다른 사람으로부터 금전을 받은 경우에는 원로원 결의에 따라 소추행위가 공적인 것이 될 수 있다. 그에 의하면 무고한 자에 대한 고발에 참여하거나, 고발하거나 고발하지 않는 대가로, 또는 증언을 하거나 하지 않는 대가로 금전을 받은 자는 위조사범처벌법인 Cornelia 법에 의하여 처벌받는다."[1] 여기에서 Macer는 독직에 관한 Julia 법을 언급하고 있지는 않지만, 그가 다른 곳에서 이 법에 관하여 언급하고 있는 내용에 의하면, 그는 같은 시대 사람인 Marcianus보다 이를 더 좁게 해석하고 있다. Macer는 "어떠한 사람도 판결이나 재결을 내리거나, 변경하거나, 판결을 내리도록 명령하기 위하여, 또는 판결이나 재결을 하지 못하게 하거나, 변경하지 못하게 하거나, 하여야 할 판결을 내리지 못하도록 하기 위하여, 또는 사람을 투옥시키거나, 사슬에 매이거나, 풀려나도록, 또는 사람에 대하여 유죄판결을 하거나, 형벌을 면제시키거나, 벌금형을 내리거나 그 반대로 하지 않도록, 또는 사형을 선고하기 위하여 어떤 대가를 받아서는 안 된다"는[2] 말로 독직에 관한 Julia 법을 설명하고 있다.

대체적으로 보아 "공갈(concussio)"은 오늘날의 공무원의 일반적인 금품강요죄(common extortion)에 해당하고, "재판관의 독직죄(repetundarun)"는 사법상의 부정행위(judicial corruption)에 해당한다고 볼 수 있다.

가축절도(Abigei)

절도는 일반적으로 사법상의 불법행위로 처리되었지만, 몇몇 특정한 종류의 절도 범인은 "공중 소추" 또는 "특별 소추절차"의 대상이 되었다. 그들 중에서 특별 소추절차의 대상이 된 특별 범죄가 "abigei", "drivers" 또는 가축절도이다.

가축절도는 "가축을 목장이나 그 무리로부터 끌고 가거나 일정한 방식으로 이용하는 자 또는 이러한 행위를 직업으로 하는 자 예컨대, 말이나 소를 그 무리로부터 끌고 나오는 자를 말한다. 그러나 길을 잃은 소 또는

---

1) Digest. 47. 13, 2.　　　　　　　　2) Digest. 48. 11, 7.

혼로 넘겨진 말을 끌고 나온 경우에는 가축절도처에 해당하지 않고 단순 절도에 해당한다."[1] 한 마리의 말이나 소를 절취하는 것도 가축절도가 될 수 있으나 4마리 미만의 돼지나 10마리 미만의 양을 절취하는 것은 가축절도가 아니다.[2] 하지만 동시에 4마리 이상의 돼지나 10마리 이상의 양을 절취하여야 되는 것은 아니다. 이러한 사정에서는 3마리의 돼지 절도행위나 8마리의 양 절도행위가 흔한 일이 될 수도 있었을 것이다. Hadrianus 법에 의하면 가축절도는 동굴징역형에 처해졌고, 가축절도범이 무장한 경우에는 극형에 처해졌다.

소송결탁(Prevarication)

소송결탁(prevarication)은 형사사법(administration of justice)과 관련된 범죄이다.[3]

"소송결탁자는 다리가 굽은 사람처럼(a man with bandy legs) 자신의 이익을 배신하면서 상대방 당사자를 돕는 자이다"라고 Ulpianus는 말한다. 소송결탁은 피고발인을 공중소추절차로 고발한 자에게만 엄격히 적용되었다. 의뢰인을 배신한 변호사는 특히 "proditor" 즉, 배반자로 불렀다. 소송결탁을 한 자는 무고사범과 동일하게 처벌하였다.

장물취득

강도나 절도로부터 장물을 취득한 자는 강도나 절도와 같이 처벌되었다. "범인비호행위는 가장 나쁜 부류의 범처이다. 왜냐하면, 그들 없이는 어떠한 범인도 오래 숨어 있을 수 없기 때문이다. 그들은 법률에 의해 절도나 강도와 같이 처벌되도록 규정되어 있다. 절도나 강도를 잡을 수 있음에도 돈을 받거나 장물의 일부를 받고 그들을 놓아주었을 때에는 절도나 강도와 같은 부류로 처벌되어야 한다."[4] 완전한 형의 면제는 아니지만 절도나 강도와 일정한 관계를 가진 자에게도 형벌의 감경이 확대 적용되었다. "절도와 친족관계에 있는 자는 형이 면제되는 것은 아니지만 가혹하게 처벌되지도 않는다. 그들의 범처는 절도와 아무런 관련이 없는 자들의 범처만큼 중하지 않기 때문이다."

---

1) Digest. 47. 14, 1, 1.
3) Digest, 47, 15, 1.

2) Digest, 47, 14, 3.
4) Paulus. Digest, 47, 16, 1.

가중 절도

일정한 가중 요소를 갖고 있는 절도의 경우에는 특별 범죄로서 처리되었다.[1] 가중 요소로 들고 있는 것은 다음과 같다.

(a) Balnearii, 공중목욕탕에서 목욕중인 다른 사람의 옷을 절취한 경우.

(b) 야간(야간의 정의에 관한 규정은 없다)에 절도를 하거나 절도범이 무기를 들고 자신을 방어한 경우.

(c) 주거침입절도(effractores)의 경우.

(d) "약탈절도는 가중 절도이다." 그러나 무엇이 약탈절도인지는 분명하지 않다. 약탈절도의 성격과 관련하여 어떤 이는 (절묘하게도) "약탈절도는 피해자의 몸에 아무 것도 남기지 않는다"라고 하기도 하고 다른 사람은 "야간에 여행자로부터 외투와 의복을 빼앗는 자"라고 설명하기도 한다.

(e) Saccularii, 요술과 같은 속임수에 의한 절도의 경우.

(f) Directarii, "절도의 의사로 타인의 주거에 잠입하는 경우".

이러한 모든 가중 절도범죄는 판사의 재량에 따라 가중하여 처벌되었고, 가장 무겁게 처벌되는 경우는 채찍형과 동굴징역형이었다.

상속재산탈취범죄 - 죽은 사람의 재산을 탈취한 이방인은 특별 범죄를 범한 것이 되어 "특별 심리절차"에서 재판을 받았다.[2]

사기(Stellionatus)

stellionatus는 Pothier에 의해 "자신의 고유한 명칭을 가지고 있지 않은 모든 중한 악의"로 정의된다.[3] 이 말은 이상하게도 "stellio" 즉, 얼룩도마뱀으로부터 유래되었다고 말해진다. Pliny가 특이하게 관찰한 바에 의하면 얼룩도마뱀은 "다른 어떤 동물보다도 더 사람에게 사악한 눈길을 던진다고 말하여지는 동물"이라고 한다. 사기죄의 개념에 대하여 적절한 정의를 한다는 것은 어느 시대를 막론하고 어려운 일이었던 것 같다. 그러한 어려움을 피하기 위한 하나의 방편으로 어느 경우에나 편리하게 사용할 수 있는 "stellionatus"나 "dolus(간계)"와 같은 개념이 모호한 말을 만들어 내기도 하고, 사기죄에 관한 우리 자신의 관념으로는 범죄행위가 될 수 없는 두

---

1) Digest, 47, 17 - 18.   2) Digest, 47, 19.   3) Pothier. 4. 384.

개의 행위를 조합하여 그것에다 범죄로서의 성격을 부여하는 계책을 쓰기도 하였다. 그러한 어려움은 인간 행위의 성질 자체에 기인하는 것이라고 할 수 있다. "사기죄(stellionatus)"의 실례로 들고 있는 것은 다음과 같다.[1] 즉, "판매한 물건과 다른 물건을 배달하는 경우, 인도의무가 있는 물건을 없애거나 훼손하는 경우"이다. 우리 자신의 법률에 의하면 두 사람이 사기의 목적으로 모의를 한 경우 이들은 모두 기소 가능한(indictable) 범죄인 사기공모로 유죄판결을 받게 되지만, 공모한 두 사람 중 한 사람만이 범행을 실행한 경우에는 기껏해야 그 사람만이 기소가능범죄인 사기죄를 범한 것이 된다.

경계의 변경(De Termino Moto)

토지의 경계표시를 옮기거나 훼손하는 것은 범죄행위였다.[2] 그렇게 하는 이유는 농지 관련법에 있어서 경계표시의 중요성 때문이다.

불법단체

황제나 원로원의 특별 승인 없이는 어떠한 단체도, (약간의 예외가 있기는 하였지만), 허용되지 않았다.[3] 그러한 단체를 구성한 자는 무장을 하고 공공의 장소나 신전을 점거한 자와 마찬가지로 처벌되었다. 종교적 목적의 모임은 그 종교가 국가로부터 승인을 받은 경우에만 인정되었고, 그 이외의 경우에는 절대 인정되지 않았다. 이 법이 기독교를 금지한 여러 중요한 법률 중의 하나이다.

3. 사적 범죄(Privata Delicta)

시간이 흘러 나중에 이르러서 범죄로 간주된 것으로 보이기는 하지만 초기에는 내가 형법의 범주에 속하는 것으로 규정하고 있는 사람과 재산에 관한 가장 보편적이고 또한 실무상 가장 중요한 범죄들이 로마 법률가들에 의해서는 단순한 "privata delicta"로 취급되었다. Ulpianus의 다음 두 글귀가 이를 잘 말해주고 있다. 그는 그의 두 번째 책인 총독의 직무(De Officio Proconsulis)에서 "형사법처를 근거로 소송을 하려는 자가 자신의

---

1) Digest. 47. 20, 3, 1.   2) Digest. 47. 21.   3) Digest, 47, 22, 1, 1.

불법행위로서의 절도

금전적 이익을 위하여 그러한 소송행위를 하려는 경우 그는 통상의 재판 절차를 통하여 소송행위를 하여야 하고, 형사소송을 통하여 범인을 소추하도록 강요되지 않는다. 하지만 그가 비상심리절차를 통한 형사처벌을 원하는 경우에는 고소장에 서명을 하여야 한다"고[1] 말한다. 또한 Ulpianus는 그의 시대에는 절도가 일반적으로 범죄로 인정되어 형사소추의 대상이 된다고 다른 구절에서 말하면서,[2] (그의 칙령에 관한 38번째 책에서) "절도는 일반적으로 형사소추의 대상이 된다는 점과 이 때 형사절차에 의하여 소추를 하는 자는 고소장에 서명을 하여야 한다는 점을 명심하여야 한다. 고소장에 서명을 하는 이유는 절도처에 대한 판결이 공적인 것이 되어서가 아니라 소추인의 대담함이 없는 형벌에 의하여 제한되어야 하기 때문이다. 하지만 민사소송으로 처리하기를 원하는 자는 민사소송도 제기할 수 있다"고 하고 있다. 절도에 대하여 형사소추를 인정하는 한 가지 분명한 이유는 절도는 손해를 배상해 줄 능력이 없는 자에 의하여 범해지는 것이 보통이기 때문일 것이다.

Digest에 언급되어 있는 "privata delicta"는 다음과 같은 것들이다.

절도(Fortum)

절도는 Paulus에 의하여 다음과 같이 정의된다. "절도는 이득을 목적으로 하는 물건에 대한 부정한 접촉행위이다. 물건 자체 또는 그 물건의 사용 또는 점유가 자연법에 의하여 금지되어 있는 경우에 적용된다."[3] 이러한 정의는 Digest의 다른 문맥을 통하여 반드시 포함되어야 할 요소 즉, "소유자의 의사에 반하여"라는 말을 생략한 것이 된다. 절도죄와 관련하여 영국법과 로마법 사이에는 많은 차이점이 있는 것도 사실이지만, Digest에서 절도에 관련된 주제들을 다루는 방식은 영국의 법률에서 이를 다루는 방식과 상당히 유사하다. 절도와 관련하여 여러 시대에 걸쳐 영국의 판사들과 법원에 문제가 되었던 거의 모든 논점은 로마의 법률가들에게도 그대로 문제가 되었다. 그러한 이유로 이 두 법률을 비교하는 것은 매우 흥미 있는 일이라 할 수 있다.

---

1) Digest. 47. 1, 3.　　　　　　　　2) Digest, 47, 2, 92.
3) Digest. 47. 2, 1, 3. fortum(절도)이라는 말은 "검다는 것을 뜻하는 furvo에서 유래하였는데, 절도는 통상 야간에 다른 사람 모르게 그리고 어둠속에서 행해지기 때문이다." 다른 멋진 파생어도 여기서 생겼다.

불법행위로서의 절도

로마법에 있어서[1] 절도는 현존하는 물건이거나 또는 가동성 있는 물건은 어떤 물건도 그 대상이 되었다. Sabinus 학파는 한때 부정하게 매도된 토지나 건물도 절도의 대상이 될 수 있다고 주장하였으나 Proculus 학파는 이 주장에 반대하였고, 그들의 주장이 우세하였다. 그러나 토지의 일부를 구성하거나 토지에 부착하여 자라고 있는 나무나 돌, 모래, 과일은 절도의 대상이 되었다. 로마의 법학자들은 특정 물건을 절도(larceny)의 대상에서 제외하고 있는 보통법(common law)의 이상한 원칙들을 전혀 모르고 있었음에 틀림없다. 이러한 원칙들은 절도를 엄하게 처벌하고 있는 보통법의 가혹성을 회피하기 위해 만들어졌을 것이다. 그 중에서 가장 특이한 원칙(소송중인 물건 예를 들어, 회계장부나 어음은 절도의 대상이 될 수 없다는 것)은 로마법과는 정면으로 배치되는 것이다.[2] "채무증서나 기타 서판을 취거하는 자는 채무증서 자체에 대해서뿐 아니라 그 증서와 관련하여 소유자가 가지고 있는 이익 부분까지 책임을 진다. 즉, 채무증서와 관련하여 그에 기재되어 있는 금액에 대하여도 책임을 진다." 이러한 내용은 유가증권을 절취한 자를 그 가액의 동산을 절취한 것과 마찬가지로 처벌하고 있는 영국의 제정법 24 & 25 Vic. c. 96 법률 제27조와 유사하다.

절도범죄 자체의 성격과 관련하여서는 로마법이 보통법보다 훨씬 더 엄격하였다는 것이 하나의 중요한 특징이다. 보통법에서는 소유자로부터 영구히 절취한 물건을 빼앗는다는 의사를 절도의 구성요건으로 들고 있다. 그러나 로마법에서는 절취한 물건의 일시 사용이나 점유도 절도로 보고 있다. 따라서 "채권자가 질물을 사용한 경우 절도죄의 책임을 지고",[3] "세탁이나 수선의 목적으로 옷을 받은 세탁업자나 양복업자가 이 옷을 타에 사용한 경우 그는 절도죄를 범한 것으로 간주된다. 왜냐하면 옷은 그러한 목적으로 받은 것이 아니기 때문이다."[4] 또한 "물건을 실어 나르는 가축을 빌린 자가 애초 약정보다 더 멀리 가축을 끌고 간 경우 또는 다른 사람 소유의 물건을 그의 동의 없이 사용한 경우 절도죄의 책임을 진다."[5] 아마도 보통법에서는 절도죄를 가혹하게 처벌한 관계로 여러 미묘한 점에

---

1) Pothier, 4. 327.
2) Digest, 47. 2, 27.
3) Digest. 47. 2, 57.
4) Digest, 47, 2, 84.
5) Digest. 47. 2, 41. 그리고 Pothier, 4. 329 참조.

서 절도죄의 적용에 많은 제한을 둔 것 같고, 절도를 단순한 민사상의 불법행위로 간주하였던 로마법의 원칙에 따라 로마 법률가들은 절도죄의 개념을 넓게 해석하였다고 볼 수 있다.

　로마 법률가들에 있어서 "접촉(contrectatio)"이라는 개념은 영국법에 있어서 절도의 정의에 포함되는 "취득(taking)"보다는 다소 넓은 의미를 갖고 있다. 영국법에서는 애초의 취득행위가 합법적이라면 그 후의 어떠한 불법행위도 절도죄를 구성하지 않는다는 특별한 예외가 인정되었다. 하지만 로마 법률가들도 절도죄에 있어서 실질적인 접촉을 절도죄의 필요적 구성요건으로 보긴 하였지만, (Ulpianus는 "접촉에 의하지 않으면 절도가 되지 않는다는 것이 우리가 적용하고 있는 일반적으로 승인된 원칙이다"라고[1] 말한다), 위와 같은 영국법의 예외는 알지 못한 것으로 보인다. 그러나 그러한 접촉이 있었다면 그 접촉이 범인의 절취한 물건 취득 이전에 발생하였는지 아니면 그 이후에 발생하였는지 여부는 중요하지 않았다.

　이러한 이유로[2] 타인에게 신탁된 물건을 그 사정을 알면서 수취하는 행위를 절도가 아니라고 보기 어려웠고, 물건을 받은 뒤 자기 자신의 용도에 사용할 의도로 이를 은닉하는 행위도 절도로 보았다. 또한 "타인의 물건을 사정을 알면서 매도한 자는 그 물건에 실제적으로 접촉하였으므로 절도를 범한 것이 된다."[3] 이러한 결론에 따르면 절도죄와 보통법에서 처벌하지 아니하고 있는 특정한 경우의 부정한 신탁위반행위와의 구분이 불필요하게 된다. 나아가 영국의 법률가들이 부정한 재산 착복행위를 절도로 의율하여 처벌함에 있어서 존재하였던 장애물을 제거한 것이 된다. 이러한 이론은 또한 짧고 평범한 과정을 거쳐 나중에 형사유보문제처리법원(Court for Crown Cases Reserved)의 판례(R. v. Middleton)로[4] 발전하였다. 이 사건에서는 A가 B에게 1실링을 주어야 함에도 1파운드를 준 경우, B가 이를 알고 수령하여 가졌다면 절도죄가 된다고 결론이 났다. 위 판례에서 보는 바와 같이 영국에서는 이 문제가 아주 어려운 것이었지만, 로마의 법학자들에게 있어서 이러한 결론은 아주 자연스러운 것이었다. "만일 내가 나의 물건을 너의 것으로 너에게 인도한 경우, 네가 그 물건이 나의 것임을

---

1) Digest. 47. 2, 52, 19.
3) 이는 Pothier의 추론이다. 4. 321 참조.
2) Digest, 47, 2, 12.
4) L. R. 2 C. C. R. 38.

알고 부정한 이득의 의사로 이를 수령하였다면 너는 절도처를 범한 것이라고 보는 것이 더 나은 견해이다."1)

이러한 사건에 있어서 로마의 법학자들이 특히 어려워했던 것은 "접촉(contrectatio)"이 아니라 "소유자의 의사에 반하여(invito domino)"에 관한 것이었다. 한편 Digest를 통해 본 로마 법학자들의 견해에 따르면 그들은 절도죄가 성립하는 정확한 시기의 결정에 관하여 영국의 법률가들이 갖고 있던 그러한 큰 어려움을 갖지 않았던 것으로 보인다. 그 이유는 절도죄에 관한 두 제도의 차이에서 오는 것이라고 할 수 있다. 제도 성립 초기에 절도죄를 사형에 처할 수 있는 범죄(capital crime)로 보았던 영국제도에 있어서는 절도죄 실행착수의 정확한 시기를 구분해 낸다는 것이 반드시 필요한 일이었다. 그러나 절도죄를 단순한 민사상의 불법행위로 간주하는 제도에서는 이것이 그렇게 큰 의미가 있는 문제가 아니었다. 왜냐하면, 어떠한 사람도 단순한 형식적인 절도행위(formal theft)를 가지고 다른 사람을 상대하여 절도로 소송을 하지는 않을 것이기 때문이다.

절도죄와 관련하여 로마법의 매우 기술적인 분야에서도 동일한 이론이 적용되고 있지만 영국의 법률에서는 이러한 내용이 전혀 문제가 되고 있지 않다. Digest는 특정 행위에 의하여 특정 물품의 어느 정도까지 절취당한 것으로 보아야 하는가라는 문제에 관하여 많은 내용을 수록하고 있다. 접시의 일부를 잘라간 사람은(qui lancem rasit) 접시 전체를 절취한 것으로 간주되었다.2) 그러나 밀 더미나 곡간에서 1부셀의3) 밀을 절취한 경우, 밀 더미나 곡간에 있는 전체의 밀을 절취한 것인지 아니면 1부셀만을 절취한 것으로 보아야 하는지는 논란거리였다.

이러한 쟁점은 스토익철학이 로마법에 미친 영향을 설명함에 있어서 Gibbon이4) 지적한 내용 중 하나이다. 피해 수량을 측정하는 문제는 절도죄와 아무런 연관성을 갖고 있지 않다고 볼 수 있을까? "절도 소권(actio furti)"에 의한 처벌은 절도범이 "현행범(manifestum)"인지 또는 "현행범이 아닌지(nec manifestum)"에 따라 피해액의 4배 내지 2배의 배상이다. 배상액은 절도의 피해가액이 밝혀지지 않는 한 정해질 수 없다는 것은 명백하

---

1) Digest, 47. 2, 45, 1. 2) Digest, 47, 22, 2.
3) [역주] 약 36리터, 약 2말. 4) Gibbon, ch. 44.

고 따라서 배상액은 다시 말해, 어느 정도의 분량을 절취하였는지의 문제에 의존할 수밖에 없었다.

이 문제와 관련하여서는 사안의 성질상 법률가들에게 항상 인기가 있을 수밖에 없는 논쟁 방식 즉, 사안을 설명하고 유추하는 방식으로 논쟁하는 훌륭한 예시로서 Ulpianus의 글귀가 당연히 인용되어야 한다. "만일 어떤 이가 적재된 선박으로부터 곡물 6분의1을 가져간 경우, 그는 적재물 전부에 대하여 절도를 한 것인가? 아니면 전체 곡물 중 6분의1만을 절취한 것인가? 이 사안은 가득 찬 곡물 창고의 경우 더 쉽게 적용될 수 있다. 이 경우 모든 곡물의 절도가 있었다고 하면 너무 가혹하다. 포도주 저장창고의 경우에는 어떠한가? 또는 물을 담고 있는 저수조의 경우에는? 많은 경우 포도주가 쏟아지기도 하는 포도주 저장 선박은 어떠한가? 그 포도주 중에서 일부를 마신 자에 대하여 전체 포도주에 대한 절도로 규율할 수 있는가? 그 사람이 전체에 대하여 책임지지 않는다고 하는 것이 더 나은 견해이다."[1]

영국의 법률은 물론이고 로마법에 의하면 절도죄의 개념에는 정신적 요소가 포함되어 있다. 영국 법률의 경우 중죄(felony)를 구성하는 취득이 되기 위해서는 다른 사람으로부터 그의 재산을 영구히, 악의로 그리고 권리를 주장함이 없이 탈취해 가려는 의도가 있어야 한다. 로마법에 있어서의 "접촉(contrectatio)"은 "악의로 그리고 이득을 얻을 목적(fraudulosa et lucri faciendi gratia)"이어야 한다. 물론 어떤 자가 자신의 소유가 아닌 물건을 그 소유자로부터 탈취하려는 의도로 이를 취득하는 경우 일단 악의를 가지고 하였다고 인정된다. 그러한 취득행위가 무죄라는 것은 어느 제도에서나 예외적인 경우일 수밖에 없다. 로마법에서 인정되었던 예외는 영국법상 인정되고 있는 예외 사유와 크게 다를 바 없다.

영국법의 경우 권리의 주장은 악의의 의도를 배제하게 된다. 마찬가지로 로마법에 있어서도 "소유자의 동의가 있었다고 생각하고 남의 물건을 취득한 자는 절도가 아니라고 하는 것이 정당하다."[2] "임차한 물건이나 위임된 물건을 애초의 목적과 달리 사용한 경우라도 소유자의 의사에 반하지 않는 것으로 믿었다면 절도죄의 책임을 지지 않는다."[3] "실제 살아있는

---

1) Digest, 47, 2, 21. 5.　　2) Digest, 47, 2, 46, 7.　　3) Digest, 47, 2, 78.

절도에 관한 로마법과 영국의 법

사슴을 죽은 것으로 생각하고 그의 상속인으로서 그의 재산을 취득하더라도 절도처를 범한 것이 아니다."[1] 이러한 모든 규정과 사안에 있어서 그 원칙은 동일하다. 즉, 권리의 주장이 있는 경우에는 절도죄가 성립하지 않는다.

재물의 부정한 목적의 사용행위(misappropriation)가 절도죄를 구성하기 위해서는 이득을 얻을 목적이 있어야 한다는 로마법의 원칙은 몇몇 사안에 걸쳐 영국의 법률에서 절도죄를 규정함에 있어서는 명시적으로 부인되어 왔다. 그것은 확실히 부적절하고 적용되기 어려운 원칙이다. Digest는 이 점에 관하여 많은 설명을 하지 않고 있고, 설명을 하는 경우에도 그 내용 또한 논리일관하고 있는 것도 아니다. Ulpianus는 말한다. "만일 어떤 이가 다른 사람의 여자 노예인 창녀를 데리고 가거나 숨긴 경우 절도처가 성립하지 않는다고 보는 것이 옳다. 실제 발생한 행위가 아니라, 그러한 행위를 하게 된 동기가 문제되기 때문이다. 이 일의 원인은 욕정이기 때문에 절도가 아니다."[2] 그러나 Paulus는 말한다. "창녀가 아닌 여자 노예를 정욕 때문에 데리고 간 경우 절도소권에 의하여 책임을 진다."[3] 이러한 상이한 내용의 조화를 위한 시도가 없었던 것은 아니지만, 나는 이 내용이 분명히 서로 모순되는 것이라고 생각한다. "이득을 얻을 목적으로"라는 말을 절도죄의 개념에 삽입한 이유는 아마도 재산위해죄(mischief)와 절도죄를 구별하기 위한 것이 주된 목적이었던 것 같다.

로마법에서는 절도죄로 인하여 절도범 자신이 이득을 취하였는지 아니면 다른 사람이 이득을 보았는지에 관하여는 어떠한 경우에도 아무런 차이를 두지 않았다. "만일 어떤 이가 제3자가 습득하여가게 할 의도로 다른 사람의 손을 쳐서 그 손에 있던 금화, 은화 또는 다른 물건을 떨어뜨려 제3자가 이를 가져 간 경우 절도처의 책임을 진다."[4]

그 적용에 있어 두 제도가 약간 상이하긴 하지만, 절도죄가 성립하기 위해서는 "invito domino" 즉, 도난당한 재물 소유자의 의사에 반하는 것이어야 한다는 원칙은 로마법과 영국의 법률이 동일하다. 영국 법률의 경우에는 물건의 취득에 있어 소유자의 동의가 있다고 하더라도 그 동의가 기망

---

1) Digest, 47, 2, 85.
3) Digest, 47, 2, 82, 2.

2) Digest. 47. 2, 40.
4) Digest, 47, 2, 53, 13.

에 의한 것이고 또한 소유자의 의도가 그 점유만을 이전하려고 한 때에는 절도죄가 성립한다. 그러나 소유자의 동의에 의하여 물건을 취득한 경우 그 동의가 기망에 의하여 이루어졌다 하더라도 소유자가 물건의 점유뿐 아니라 그 소유권까지 이전하려고 한 경우에는 절도죄가 성립하지 않는다. 로마법의 경우에는 절도죄와 사기에 의한 물건의 취득은 소유자의 동의가 소유권을 이전하려고 한 것인지 아니면 점유의 이전만을 의도하였는지에 따라 구별되는 것이 아니고 소유자가 기망을 당한 방법에 의하여 구분된다. 어떤 자가 다른 사람을 성명 사칭의 방법이나 그에 상응하는 것으로 간주되는 방식으로 기망하여 재물을 취득한 경우 그러한 범죄는 절도죄를 구성한다. Ulpianus는 말한다. "채권자로 가장한 위장 채권자가 채무이행을 받은 경우 그는 절도의 책임을 지며 받은 금전도 그의 것이 되지 않는다."[1] 그는 또한 "내가 인품이 훌륭하고 자력이 있는 titius에게 돈을 빌려주기를 원하는 경우, 만일 네가 가난한 다른 titius를 데려와 그가 부유한 titius라고 하면서 그에게 돈을 빌려주게 하여 그 돈을 네가 나누어 가졌다면 너는 절도의 책임을 진다. 왜냐하면, 이 범처는 너의 원조와 조언에 따라 범해졌기 때문이다. 가난한 titius도 절도처의 책임을 진다"고 말한다.[2] 이와는 반대로 "어떤 이가 자신의 인격에 대하여 속인 점은 없으나 말로써 사해적인 행위를 하였다면, 그는 절도라기보다는 사기의 책임을 진다. 예컨대, 자신이 부유하다거나 자기가 받은 금전을 상업에 투자하겠다거나, 적절한 담보를 주겠다거나, 즉시 지급을 하겠다고 한 경우 등이다".[3] 여기에서 분명한 것은 위에서 본 사례 중 아마도 첫 번째 사례를 제외하면 어떠한 경우도 현존하는 사실에 대한 완전한 기망에는 이르렀다고 보기 어렵다는 것이다. 로마 법률가들은 아마 사람의 동일성 이외의 다른 현존하는 사실에 대한 기망의 경우 이를 절도죄로 보았을 것이다. 그렇다면 비록 로마법이 영국의 법과는 달리 절도와 사기를 구별하고 있지는 않지만, 그들의 법과 우리의 법은 거의 같은 범주에 속하는 것이라고 할 수 있다. 기망에 의하여 점유를 취득한 뒤 그 소유권을 변경시키는 행위 (예컨대, 말에 한번 올라 타보겠다고 거짓말을 하여 허락을 받아 말에 올라탄 뒤 말을 몰고 가버리는 행위)가 절도죄에 해당하는지의 문제와 관련

---

1) Digest. 47. 2, 44.   2) Digest, 47, 2, 53, 21.   3) Digest, 47, 2, 44, 3.

하여 로마의 법률가들은 별로 큰 어려움을 겪지 않았다. 왜냐하면, 말에 올라타는 행위가 소유자의 의사에 반하지는 않았지만 말을 타고 가버리는 행위는 분명 "부정한 접촉"이기 때문이다.

여기에서 분명히 해 두어야 할 것은 로마의 법률가들에게 있어서 "소유자의 의사에 반한다(invito domino)"는 말은 매우 엄격하게 적용되었기 때문에 이 문제는 모든 경우에 제기되었다는 점이다. 예컨대, 물건의 소유자가 강도의 협박에 의하여 그 물건을 포기한 경우 이 물건은 절취된 것이라고 할 수 있을까? Labeo는 말한다.[1] "만일 어떤 이가 자신의 물건이 절취되는 것을 알면서 막지 않은 경우, 절도의 소를 제기할 수 없다. Paulus는 이에 반대한다. 왜냐하면, 만일 어떤 이가 자신의 물건이 절취된다는 것을 알았지만 막을 수 없기 때문에 침묵한 경우 절도의 소를 제기할 수 있기 때문이다."

절도죄가 성립하기 위해서는 항상 부정한 취득이 있어야 한다는 원칙으로 말미암아 생기는 문제점을 회피하기 위하여 영국의 법률에 많은 의제(fiction)가 도입되어 있는 것과는 달리 로마법은 "접촉(contrectatio)"이라는 더욱 합리적인 원칙을 적용함으로써 그러한 의제를 필요로 하지 않지만, 절취물의 점유와 관련한 문제들에 있어서 로마법과 영국의 법률은 서로 다르지 않다. 로마법에 있어서 절도의 목적물이 되기 위해서는 그것이 누군가 소유하고 있거나 누군가가 그것을 소유하려고 하여야 한다. 소유자에 의하여 버려진 물건이나 누구의 소유에도 이르지 못한 물건은 절도죄의 객체가 될 수 없다. "소유자가 자신의 물건을 포기한 경우 비록 내가 절도의 의사를 가지고 있었다 하더라도 나는 그것을 절취한 것이 아니다. 왜냐하면, 절도의 대상이 없는 경우에는 절도죄가 성립하지 않기 때문이다."[2] "만일 야생의 벌들이 너의 토지 위 나무에 벌집을 짓고 있는데, 어떤 이가 그 벌들이나 벌집을 가져간 경우, 그는 너에게 절도의 책임을 지지 않는다. 왜냐하면 그것들은 너의 것이 아니기 때문이다. 그것들은 대지, 바다, 창공에서 잡히는 무리들에 속한다는 것이 정설이다."[3]

로마법과 영국의 법률은 누구에 의해서 절도죄가 범해질 수 있는가와 같은 약간의 특정한 문제에 대해 견해를 같이한다.

---

1) Digest, 47, 2, 93.   2) Digest. 47. 2, 44, 5.   3) Digest, 47, 2, 26.

절도에 관한 로마법과 영국의 법

결혼한 부부 상호간에는 절도죄가 성립하지 아니하고 또한 다른 사람이 자신의 남편이나 부인으로부터 절도행위를 함에 있어 이를 도왔다고 하여 절도죄의 책임을 지지 않는다. 로마법의 경우 공동 소유자는 상호간에 절도죄가 성립할 수 있다. "만일 조합원 중 한 명이 공동의 물건에 대하여 절도를 범한 경우 (공동의 물건에 절도가 행하여질 수 있기 때문에) 의심의 여지없이 절도 소권이 성립한다고 말하여야 한다."[1] 이는 Russell Gurney 법, 31 & 32 Vic. c. 116, 제1조와 정확히 일치하는 내용이다.

최근 절취물의 점유(recent possession)에 관한 영국의 증거법칙 또한 로마법에서도 인정되었다. 즉, 테오도시우스 칙법(Code) 제6권 제2항 제5호는 다음과 같이 말하고 있다. "너의 상대방이 너로부터 요구하는 것 즉, 네가 가지고 있다고 말한 그 물건의 매도인을 네가 제시하는 것은 적법하다. 왜냐하면 네가 좋은 평판의 사람에게는 따라 붙지 않는 그와 같은 혐의를 피하려 한다면, 네가 알지 못하는 지나가던 자로부터 매수하였다고 하는 것은 적절하지 않기 때문이다." "너는 네가 가지고 있는 물건을 너에게 팔았다고 하는 사람을 밝혀야 한다. 왜냐하면, 정직한 성격의 사람이라면 그러한 물건을 길에서 알지도 못하는 사람으로부터 매수하였다고 말하지 않을 것이기 때문이다." 이와 같이 낯선 사람으로부터 매수하였다는 진술은 영국 법원에서 종종 볼 수 있는 변명이긴 하지만, 증거법칙에 의해 "좋은 평판의 사람에게 낯선은 그러한 혐의를 피하는 것"은 거의 기대하기 어려운 일이다.

절도죄에 관한 이러한 일반적인 소권 이외에도 비슷한 유형의 절도범죄에 대한 보조적인 소권들이 여러 개 인정되고 있었다. 그 내용은 다음과 같다.

건축물에 부착된 건축자재의 절취(De Tigno Juncto)

이 절도 소권은 12 동판법만큼이나 오래된 것으로서, 건축 중인 건물에 부착된 또는 포도밭의 비계로 사용된 물건이 절취된 경우에 인정되는 구제책이다.[2] 이 소권이 다른 경우와 구별되는 이유는 "이러한 경려로 건물이 무너지거나 포도밭의 포도재배가 방해받지 않도록"하기 위한 것이다.

---

1) Digest, 47, 2, 46.　　　　　　2) Digest. 47. 3.

상속과 관련한 절도

유언으로 자유민이 된 자의 범행

이는 노예가 그 주인의 유언에 의해 자유민이 된 경우 주인의 사망과 상속의 개시 사이에 상속인이 상속으로 갖게 되는 물건을 노예가 부정하게 처분하는 행위에 대비한 특별 소권이다. 이 소권은 노예제와 상속에 관한 로마법의 독특한 제도에서 그 필요성이 인정되었다. 피상속자의 사망 후 상속의 개시까지 노예는 현존하지 아니하는 가공인물의 재산 즉 상속재산 그 자체가 된다. 그러나 상속이 개시됨과 동시에 노예는 유언에 의하여 자유인이 된다. 자유인이 됨으로써 그는 더 이상 노예로서 처벌되지 아니하고 자유인이 되기 전에는 자유인으로서 처벌되지 않는다. 따라서 그가 노예로서 행한 상속재산침해에 대하여 처벌할 길이 없게 된다.

이러한 모순을 해결하기 위하여 법무관(prætor)이 해결책으로 "처벌받지 않는다는 기대로 오만해지는 자를 처벌하지 않은 채로 방치하지 않는 것이 공정한 자연의 이치이다. 그러한 자는 머지않아 자유신분을 취득한다는 희망을 가지면서, 노예로서 처벌받지 않는다는 것과 자유인으로서도 처벌받지 않는다는 점을 알고 있기 때문이다. 이것은 주인의 재산에 대하여 절도가 행하여진 것이기 때문에 그러하다. 주인이나 여주인은 자신의 노예가 이후에 자유신분을 취득하더라도 그에 대하여 절도의 소를 제기할 수 있다"고[1] 고시하였다.

이 제도는 유산관리절차가 개시되기 전에 발생한 유산 절도행위를 소추함에 있어서 사망한 자의 재산을 과거에 교구 주교에 맡겨야 할 필요성, 그리고 현재에는 검인법원(Court of Probate)에 맡겨야 할 필요성과 조금은 유사하다고 볼 수 있다.

선주, 숙박업자, 마구간 주인에 대한 절도소권

이는 선주나 숙박업자, 마구간 주인에게 고용되어 있는 자들이 절도행위를 한 경우 그 주인에 대하여 인정되는 소권이다.[2] "선주는 그의 선원이 자유인인지, 노예인지를 불문하고 그가 저지른 잘못에 대하여 책임을 져야 한다." 선주는 그들 자신의 책임과 부담을 전제로 선원을 고용하였기 때문에 이러한 주장은 옳다. 다만, 선주는 선원의 위법행위가 선주의 선박 내

---

1) Digest, 47, 4, 1   2) Digest. 47. 5.

에서 일어난 경우에만 책임을 지고, 선원이 다른 장소에서 위법행위를 한 경우에는 책임을 지지 않는다. 선주가 승객에게 승객의 물건은 그들 자신이 책임져야 하고 선주로서는 책임이 없다고 사전에 고지하고 승객이 이를 받아들였을 때에는 선주로서 책임을 지지 않는다.

위법행위가 노예에 의하여 저질러진 경우 선주는 그 노예를 포기함으로써 책임을 면할 수 있지만, 선주가 고용한 선원이 자유인인 경우에는 그 선원의 잘못에 대한 선주의 책임은 절대적인 것이었다. Ulpianus는 그 이유에 대하여 다음과 같이 말하였다. "배의 선주는 노예에 의하여 일어난 손해에 대하여 그 배상으로 노예를 제공함으로써 그 책임을 면할 수 있다. 그렇다면 그런 나쁜 노예를 배에 머물게 한 주인은 어떤 이유로 그 비난을 면하게 되는가? 왜 자유인의 경우에는 전적으로 책임을 지면서 노예의 경우에는 책임을 면하는가? 자유인을 고용하는 경우에는 그가 어떤 성격의 사람인지를 확인할 의무가 있기 때문이다. 노예의 경우에는 마치 집안의 나쁜 가축처럼 노예를 배상으로 제공하면 책임을 면하게 된다. 그러나 선주가 다른 사람의 소유인 노예를 고용한 경우에는 자유인의 경우와 같은 책임을 진다."[1]

Digest 제47권 제6장은 "노예가 절도를 범했다고 일컬어지는 경우"라는 제목으로 노예가 절도나 그 이외의 범죄를 범한 경우 그 주인의 책임에 관하여 더 많은 설명을 하고 있다.[2] 제6장의 내용은 매우 상세하게 되어 있지만, 여기에서는 노예의 범죄행위가 주인의 묵인 하에 행해진 경우가 아니라면 주인은 그 손해배상으로 노예를 피해자에게 인도하는 대신 노예의 범죄행위로 인한 손해를 배상해 주는 것으로 끝낼 수 있는 권리를 갖고 있다는 점을 알아두면 충분하다.

임목절도(Arborum Furtim Cæsarum)
이는 자라고 있는 나무를 잘라 절취한 행위로 발생한 손해에 대한 특별 소권이다.[3]

폭력과 위법한 무리에 의한 재물 탈취, 선박의 소훼, 파괴
여기에서 언급하고 있는 제목들은 공적 폭력행위나 사적 폭력행위 그리

---

1) Digest. 47. 5, 1, 5.　　2) Digest, 47, 6.　　3). Digest, 47, 7.

고 방화죄에 해당하는 행위들에 대한 민사적 구제방법에 관한 것이다.[1] 그러나 여기에는 부수적으로 재난과 화재와 관련된 특정한 행위가 범죄로 다루어지는 여러 개의 원로원 의결(Senatus Consulto)이 언급되어 있다. 이 가운데 몇 개는 영국의 제정법과 너무나 동일한 내용이다. 따라서 "원로원 의결에 규정되기를, 사의(fraude)와 방조로써 난파를 발생시킨 자가 폭력으로 다른 이를 압도하여 선박 또는 선상에서 위험에 빠진 자들이 원조되는 것을 방해한 경우 자살(sicarris)과 모살(pœnis)에 관한 Cornelia 법에 의하여 처벌된다."[2] 이 규정을 조난선, 난파선, 좌초선, 해안표류선에 타고 있거나 또는 그러한 배나 선박에 타고 있다가 배나 선박을 포기한 자가 그의 생명을 구하려고 함에 있어 이를 막거나 방해한 자, 또는 그러한 상황에 처해 있는 자를 구조하려고 하는 것을 막거나 방해한 자는 무기징역형에 처하도록 규정하고 있는 24 & 25 Vic. c. 100 법률 제17조와 비교해 보면 그 내용이 동일하다.

불법행위(Injuria)

Digest 제47권 제10장의 제목은 "De injuriis et libellis famosis(불법행위와 악의적 명예훼손)"로 되어 있다. 로마법에 있어서 "Injuria"라는 표현은 영어의 "wrong"이나 "tort"라는 표현만큼이나 그 뜻이 분명하지 않아 넓은 의미에서는 "omne quod non jure fit(적법하지 않은 모든 것)"을[3] 포함하고 좁은 의미에서는 "contumelia(모욕)" 또는 "damnum culpa datum(과실에 의한 손해)"를 말한다. 하지만 Digest에는 네 종류의 Injuria, 즉 사람에 대한 것, 품위에 대한 것, 평판에 대한 것 그리고 자유에 대한 Injuria를 언급하고 있다. 사람에 대한 불법행위는 주먹으로 때리는 것뿐 아니라 위협적인 자세를 취하는 것 또는 사람의 마음을 해치는 모든 것 그리고 "어떤 자가 약물이나 그 이의 다른 수단을 통하여 사람의 정신을 혼란케 한 경우"도[4] 불법행위가 된다.

"품위"에 대한 침해행위는 예외적으로 "명예심에 반하여 가모로부터 시종을 떼어놓을 때"에만 유일하게 인정되었다.[5] 로마의 풍습에 의하면 정숙한 부인이 공개석상에 갈 때에는 그녀의 보호역할을 해주는 보호자를 항

---

1) Digest, 47, 8 & 9.   2) Digest. 47. 9, 3, 8.   3) Digest. 47. 10, 1.
4) Digest. 47. 10, 15.   5) Digest. 47. 10, 1, 2.

상 데리고 다녔다. 그러한 보호자로 하여금 그녀의 여주인을 버리게 하는 행위는 "injuria ad dignittatem pertinens(품위에 관련된 권리침해)"가 되었다. 권리를 침해한 자가 한 걸음 더 나아가게 되면 그러한 행위는 "injuria ad infamiam pertinens(불명예에 관련된 권리침해)"가 된다. 다시 말해 그가 어떤 관심을 표명함으로써 그 대상자가 "정조 있는 사람으로부터 부정한 사람이 되는 경우"가 여기에 해당한다.[1) 그 특별한 사례의 하나로 "어떤 이가 부녀에게 말을 거는 경우"를 들 수 있고, 여기에서 "말을 건다"는 뜻은 "아첨하는 언사로 정숙한 사람의 덕성을 공격하는 것"을 말한다.[2] Ulpianus는 "이러한 행위는 큰 소리로 사람을 비방하는 것은 아니지만 선량한 풍속에 반하는 것이다"고 말하고 있다. 이러한 범죄행위는 성직자들의 범죄행위로서 이론적으로는 아직 영국에 남아있는 정숙한 여자 유혹행위보다 약간 넓은 개념으로 보인다. 여자를 단순히 뒤따라가는 것도 "불법행위(injuria)"로 보았다. 즉, "정숙한 부녀를 아무 말 없이 계속 뒤따라가는 것도 때로는 불명예스러운 일이 된다."[3] 하지만 그러한 관심 표명 행위는 그것이 "선량한 풍습에 반하는 것"이어야 한다. Ulpianus는 "만일 어떤 이가 명예로운 봉사를 위한 목적으로 그러한 행위를 한 경우에는 고시에 의하여 소추되지 않는다"고 조심스럽게 설명하고 있다.

Digest가 편찬된 시기에 있어서는 아직도 명예훼손이나 비방에 관한 법률이 제대로 발전되어 있던 상태가 아니었다. 아래에서 보는 Digest의 내용에 의하면 명예훼손행위는 그것이 말로 하는 것이건 글로 하는 것이건 모두 "injuria"에 해당하는 것으로 간주되었고, 이때 그 내용이 진실에 부합하는 경우에는 그 정당화 사유가 되었다. "만일 어떤 이가 다른 사람의 명예를 훼손하는 글을 쓰거나, 취합하거나, 편집하는 경우 또는 악의로 이러한 사태를 야기하였다면 비록 다른 사람의 이름으로 편집되었거나 또는 이름이 없었다 하더라도 소추대상이 된다."[4]

"비방(convicium)"도 "injuria"의 한 형태였다. "비방"은 "집단의 목소리(collatio vocum)" 내에서 성립하는 것이라고 말해진다. "여러 목소리가 하나로 모일 때 비방은 '다수의 목소리'로 볼 수 있다."[5]

---

1) Digest. 47. 10, 10.　　2) Digest. 47. 10, 15, 20.　　3) 47. 10. 15. 22 & 23.
4) Digest. 47. 10. 15. 9.　　5) Digest, 47, 10, 15, 4.

그러나 여기에서 말하는 "비방"이 되려면 vociferatio(큰 소리로 떠드는 것)가 "선량한 풍습에 반해야" 하고 "타인의 불명예나 그에 대한 증오로" 행하여진 경우여야 한다. 혼자서 큰 소리로 떠드는 경우뿐 아니라 다른 사람들을 선동하여 그렇게 하게 하는 경우도 이 범죄를 범한 것이 되고 또한 비방행위가 "집회에서(in coetu)" 공개적으로 행해졌다면 그러한 행위를 혼자서 한 것이건 2인 이상이 한 것이건 관계없이 "비방"으로 보았다. 그러나 사적으로 비방행위를 한 경우는 "비방이 아니라 다른 사람을 비난하는 단순한 언사일 뿐이다."[1]

로마시대에 있어서 명예훼손의 가장 흔한 형태는 억압하는 상대방에 대한 항의의 표시로 상복을 입거나, 수염을 깎지 않거나, 머리를 산발하는 등의 상징적인 행위였던 것으로 추측된다.[2]

명예훼손과 관련한 그 정당화 문제(question of justification)는 Paulus의 다음과 같은 몇 마디의 말 이외에는 거의 언급되어 있지 않고, 그 말조차도 매우 부적절한 내용이다. "허물 지은 자에 대하여 나쁜 말을 하였다고 책임을 묻는 것은 적절하지도 정당하지도 않다. 왜냐하면, 허물 지은 자의 범허내용을 알리는 것은 필요한 일일뿐 아니라 마땅한 일이기 때문이다."[3]

다른 사람이 살고 있는 주거나 토지에 침입하는 것과 같이 타인의 재산에 대한 침해행위(trespasser on property)도 "injuria"가 되는 경우가 있다. "신황 Pius는 새 사냥꾼에게 다음과 같이 칙답하였다. 너희가 소유자의 의사에 반하여 타인의 토지에서 새 사냥을 한 것은 이치에 반한다."[4] 마찬가지로 이웃집 방에 연기가 들어가게 한 경우도 "injuria"가 될 수 있다. "건물의 낮은 층에 사는 사람이 연기를 피워 높은 층의 사람에게 영향을 미친 경우 또는 높은 층의 사람이 아래층으로 물건을 던지거나 물을 쏟아 부어도 injuria가 성립하는 것은 아니다. 하지만 그러한 행위가 다른 사람을 해칠 의사로 행해졌다면 injuria가 성립한다."[5] 그러나 여기에 대하여는 약간의 의문점이 있다.

---

1) Digest. 47. 10, 15, 12.   2) Digest. 47. 10, 15, 27.
3) Digest. 47. 10, 18.   4) Pothier, 4. 363.
5) Digest. 47. 10, 44.

4. 형사재판절차

여기에서 공화정시대 로마의 형사재판절차를 설명한다거나 또는 다양한 종류의 형사법원의 조직체계 그리고 그 권한과 관련하여 여러 시기에 걸쳐 이루어진 수많은 변천과정을 구체적으로 밝힌다는 것은 나의 의도와는 거리가 있는 일이라고 하겠다. 우리 자신의 형법에 영향을 끼칠 수 있는 유일한 형태가 있다면 그것은 제정시대에 실시되었던 형사사법제도이다. 영국이 로마의 속주일 당시 영국에서도 시행되었을 것이라고 생각되는 이 제도의 자세한 내용을 알아본다는 것은 현재로서도 불가능한 일이 아니다.

콘스탄티누스 시대의 로마제국은 다음과 같이 분할되어 통치되었다.[1]

우선 정무총감(præfectus praetorio)이 관할하는 4개의 영(præfectura)이 있었다. 동부 아프리카와 시리아, 소아시아를 관할하는 동부; 남동부유럽 전체를 관할한 Illyricum; 이탈리아, 독일 남서부, 서아프리카를 관할하는 이탈리아; 갈리아 지방, 스페인, 영국을 관할하는 갈리아 등이 그것이다. 다만 현재의 로마 시와 콘스탄티노플 그리고 그들 도시의 부속 지역은 이러한 영에 소속되지 않고 자치 도시로 통치되었다.

이들 영은 다시 13개의 성(diocese)으로 나누어졌는데 1. 동부 2. 이집트 3. 아리아나 4. 폰티카 5. 트레이서 6. 마케도니아 7. 다키아 8. 파노니아 9. 이탈리아 10. 아프리카 11. 갈리아 12. 스페인 13. 영국 등이다. 이러한 각 성들은 태수(vicar)나 정무차감(vice-præfect)이 통치하였고 다만, 이집트와 동부의 성만은 예외적으로 다루어졌는데, 이집트는 Augustal Præfect로 불리는 자에 의해, 동부는 Count of East로 불리는 자에 의하여 통치되었다. 성은 다시 116개의 속주(province)로 나누어졌는데, 그 중 3개의 지역은 전임 집정관(proconsul), 37개의 지역은 집정관(consular), 5개의 지역은 감찰관(corrector) 그리고 나머지 71개의 지역은 속주 총독(president)에 의하여 각 통치되었다. Digest에서는 이들을 보통 præses로 불렀다.

각 속주는 각각의 속지(territoria)를 갖고 있는 크고 작은 여러 개의 도시로 구성되었다. 도시들은 그 등급에 따라 식민 도시로 통치되기도 하고

---

1) Gibbon, ch. 17.

제국의 통치구조

자치 도시로 통치되기도 하였지만 모두 그들 자신의 정무관(magistrate)을 갖고 있었다. 관할 속지에는 군사조직으로 구성된 stationarii milites 또는 경찰이 배치되었고 그들의 최고 감독자는 통상 백부장(centurion) 또는 centenarii로 호칭되었다. stationarii는 오늘날의 치안판사로 번역하는 것이 불가능하다고는 할 수 없는 princeps pacis 또는 eirenarcha라고 불리는 상급자의 지시에 따라야 했다.

이러한 로마의 통치구조는 신기하게도 영국이 인도를 지배할 당시의 식민지인 인도 특히, 북부 인도의 통치구조와 너무도 흡사하다. 로마의 4개 영 어느 것보다 훨씬 더 클 뿐 아니라 그들 중 어떤 2개를 합한 것보다도 더 크다고 할 수 있는 인도이지만, 그 통치방식의 유사성으로 본다면 로마의 다섯 번째 영(a fifth Præfecture)이라고 가정할 수도 있을 것이다. 정무총감(Prætorian Præfect)은 인도의 총독(Governor-General)과 정확히 일치하며, 태수(Vicar)는 인도 각 지방의 총독(Governor)과 부총독(Lieutenant Governor) 그리고 지사(Chief Commissioner)와 일치한다. 로마의 각 속주 통치자는 인도의 주지사(commissioner of division)와 동일하다. 속지를 갖고 있는 로마의 도시(civitas)는 인도의 지방(district)과 일치한다. 로마의 도시 관원은 인도의 지방 관원이나 그들의 하위 관원과는 상당히 달랐다. 왜냐하면, 그들은 그 도시 출신들이고, 그 도시에 계속 거주하는 자들이었기 때문이다. 하지만 eirenarcha 또는 princeps pacis는 인도 각 지방의 치안판사(magistrate) 임무의 일부를 수행하였고, milites stationarii는 그들의 십부장(decurion)이나 백부장과 함께 인도의 Thannahdar 또는 경찰관서의 관원과 정확히 동일한 임무를 수행했다.

로마시대에는 공소추(public prosecution)와 사인소추의 두 가지 소추방식이 있었다. 이 두 가지 소추방식 중 역사상 큰 흔적을 남긴 것은 사인소추였다. 로마사의 초기에 있었던 역사적으로 중요한 정치 사건이나 키케로의 변론이 기념비적으로 남아있는 사건들이 대부분 사인소추의 방식으로 소추되었기 때문이다. 그러나 제정시대 로마의 형사사법에 있어서 통상적인 소추방식이 공소추였다는 것은 의심의 여지가 없다. 통상적인 소추방식이었기 때문에 역사적으로 기념비적인 사건의 소추가 아니었고, 그러한 이유로 그 내용은 망각의 세계로 떨어져 버렸다. 그러나 로마의 형사사법제도 중 우리 자신의 제도에 영향을 끼친 것이 있다면, 그것은 바로 이 공소추제도임이 틀림없다. 이 제도부터 먼저 살펴보기로 한다.

제정시대의 공소추[1]

범죄가 발생하여 공공의 안녕이 침해된 경우에 혐의자를 검거하고, 그를 영국의 치안판사와 매우 유사한 임무를 수행하는 eirenarcha에게 데려가는 것은 milites stationarii의 직무였다. eirenarcha가 치안판사와 동일한 임무를 수행하였다는 것은 Marcianus의 다음과 같은 중요한 글이[2] 이를 말해 주고 있다. "Hadrianus 황제가 Julius Secundus에게 보낸 칙답서에 의하면 '치안판사(magistrate)가 속주 총독에게 범인을 송치하면서 그가 마치 유죄판결을 받은 것처럼 서면을[3] 작성하여 보냈다고 하더라도 이를 결론으로 삼아서는 안 된다. Antoninus Pius가 아시아의 총독일 때 포고령의 형식으로 반포한 명령 즉, eirenarcha가 강도를 검거하였을 때에는 그의 공모자와 장물취득자를 심문하여야 하고, 그 심문 결과를 동봉한 서면을"(이 또한 elogium으로 불렀다) "봉함하여 총독에게 보고를 하여야 한다는 명령의 근거가 된 규정의 일부가 아직도 남아 있다. elogium과 함께 송치된 자들은 비록 그들이 eirenarcha의 서면과 함께 송치되었거나 또는 심지어 eiren-archa가 직접 그들을 데려가 송치한 경우에도 처음부터 다시 정식의 재판을"(예컨대, 새로운 심문) "받게 된다. 따라서 Pius와 다른 총독들은 형사처벌을 받아야 한다고 보고된 자들이라 하더라도[4] 그들은 이미 유죄판결을 받은 것과 같은 상태에서 재판을 받는 것이 아니라 처음으로 재판을 시작하는 상태 즉, 하나의 고발인이 있는 것에 불과한 상태에서 재판을 받게 된다고 명하였다. 따라서 그들을 재판하는 자는 누구나 eirenarcha를 불러 그로 하여금 그의 보고 내용을 입증하도록 하여야 한다. eirenarcha가 그러한 직무를 부지런히 그리고 성실하게 수행하였을 때에는 그는 칭찬을 받게 된다.[5] 만일 그가 성급하게 일을 처리하고 그리고 조심스럽게 심문하

---

1) 이 주제와 관련, 가장 권위 있는 언급은 Pothier의 Digest 제47권에 대한 머리말과 Godefroy의 테오도시우스 법전 제9권에 대한 서문이다.
2) Digest. 48. 3. 6.   3) 이를 elogium, notoria 또는 notaria로 불렀다.
4) Qui requirendi annotati sunt(형벌이 요구되는 경우에도).
5) "승인을 받는다(confirmed)"는 말이 맞는 것이 아닌지 의문이 간다.

지 아니하였다면[1] 그는 공식적으로 성급하게 일을 처리하였다고 기록된다. 더욱이 eirenarcha가 피고인을 악의적으로" (예컨대, 고문 등을 통하여) "심문한 경우나 피고인이 말하지 않은 것을 마치 피고인이 진술한 것처럼 보고한 경우에는 장래 이러한 일의 재발을 방지하기 위한 시범케이스로 그는 처벌을 받게 된다'고 되어 있다."

이러한 중요한 구절을 토대로 당시 일반 형사범죄에서 채택되고 있던 형사절차의 개관을 파악할 수 있다. milites stationarii나 그의 하급 관리가 범인의 체포를 담당한다. eirenarcha가 예비심문을 하고, (경우에 따라서는 고문도 행하면서), 예비심문 후 재판을 위하여, (아래에서 언급하는 다른 문헌들로부터 알 수 있는 바와 같이), 범인을 그 도시의 감옥에 수감하게 되는데, 여기에서 그 도시라고 하는 것은 범죄가 발생한 지역의 도시로 설명될 수도 있다. 그는 어느 면에 있어서는 Stuart 왕조 시절 영국의 치안판사가 수행하였던 업무나 인도의 치안판사가 현재까지도 많은 사건에서 수행하고 있는 업무와 비슷한 검사(public prosecutor)로서의 업무를 수행하는 것이다. 재판은 총독(præses)의 면전에서 행해지는데, 그는 인도 일부 지방과 최근까지 북부 인도 모든 지역에 존재하였던 인도의 순회형사법원 판사와 같은 역할을 수행했고, 그의 업무를 수행하기 위하여 여러 도시를 순회하기도 하였다. præses는 참고 문헌에서 보는 바와 같이 eirenarcha의 보고서를 받아 보았고, 영국 순회형사법원의 판사가 치안판사 면전에서 작성된 진술서를 받아 보는 것과 마찬가지로 진술서(deposition)의 사본을 제공받았다. præses는 eirenarcha와 그의 예비심문절차에 대하여 영국의 치안판사에 대한 어떠한 통제나 감독보다 더 엄격한 통제와 감독권을 행사한 것으로 보이고, 심지어는 통제와 감독이 상소나 감독 양면에서 특이하게 엄하다는 인도의 치안판사에 대한 것보다 더 엄격한 통제와 감독권을 행사한 것으로 보인다.

제정시대의 사인소추

공화정시대는 물론 제정시대에도 범죄는 사소추인(private prosecutor)에 의해서 소추될 수 있었다. 그러한 경우의 소추절차는 순수한 민사소송의

---

1) Non exquisitis argumentis(논쟁을 추구하지 않고).

소추방식과 매우 유사하였다. 예를 들어, 보통법상 절도죄의 소추와 같은 사적 범죄(privatum delictum)에 대한 소추방식은 민사소송과 아주 유사하여, 그 차이점이라고 할 수 있는 것은 각각의 민사소송이 서로 간에 차이가 있는 것 정도에 불과하였다.

사인에 의한 공범죄(public crime)에 대한 소추와 관련하여 그 제도는 다음과 같이 설명될 수 있다. 여자나 미성년자, 군인, 범죄로 유죄판결을 받은 사람 그리고 다른 일부 사람들을 제외하고는 누구나 고발인(accuser)으로 나설 수 있었다. 그러나 이러한 고발부적격자들도 그들이 이해관계를 갖고 있는 사건에 대하여는 소추를 할 수 있었다. 즉, "자신의 인격침해에 대한 소추나 근친자의 죽음을 막기 위한 경우에는 소추담당자로부터 배제되지 않고 소추권을 행사할 수 있다."[1] 임기 중에 있는 속주의 총독과 공적 임무를 수행하기 위하여 선의로 부재중인 정무관(magistrate)을 제외한 그 누구도 소추의 대상이 되었다.[2]

제정시대 범죄에 대한 고발은 로마에서는 각 도시 시장(præfect)의 면전에서, 속주에서는 총독(præses) 면전에서 행하여졌다. 어떠한 경우이든 판사는 그 관할구역 내에서 일어난 범죄에 대하여만 심리를 하였다. 고발인은 피고인을 총독 앞에 소환하여 총독으로부터 소추에 대한 허가를 받았다.[3] 양 당사자는 판사 앞에 출석하게 되고 고발인은 그의 고발이 무고가 아니라는 것을 선서하고 고발 내용을 진술했다. 고발 내용이 진실하다는 것을 피고인이 부인하지 아니하는 경우, 그는 유죄판결을 받은 것으로 간주된다. 만일 그가 고발 내용을 부인하면, 그의 이름이 피고인명부에 등재되고 고발인은 기소장(libellus)을 제출하게 된다.

기소장의 형식은 다음과 같았다. "집정관과 기일. 법무관 또는 속주 총독 면전에서 Lucius-Titius는 Mæviam을 간통에 관한 Julia 법에 의하여 고발하였다는 사실을 선언한다. 그녀는 Gaio Leio와 아무개의 집에서, 모 집정관 재직기간에 간통하였다는 것을 나는 주장한다."[4] 우리가 전해 듣기로는 장소, 사람 그리고 범죄가 발생한 달을 기재하는 것은 필요하였지만, 그 날자나 시간은 기재할 필요가 없었다. 범죄와 관련한 형의 가중사

---

1) Digest. 48. 2, 11.   2) Digest. 48. 2, 12.
3) Pothier, 4, 397.   4) Digest. 48. 2, 3.

유가 기소장에 기재되어야 하고 기소장에 고발인이 서명을 하여야 했다. 고발인이 소추에 실패하면 그에 대한 동해보복의 형벌(poena talionis)을 받아야 했다. 그러나 이러한 규정이 엄격하게 적용되었다면 실질적으로 사인소추는 소멸되었을 것이다.[1] 그러나 소추에 실패한 경우에도 실제에 있어 동해보복의 형사처벌은 판사의 재량에 따라 벌금형으로 감경될 수 있는 가벼운 형벌에 불과하였다는 증거가 있다.

기소장변경을 위하여 판사가 기일의 연장을 허가한 경우에는 기소장의 수정이 가능하였음은 분명하다. 고발인은 또한 소추의 책임을 져야 했다. 그가 법정에 나타나지 않는 경우 그는 판사의 재량에 따라 형벌을 받는 것은 물론 피고인의 여비를 포함한 그의 모든 소송비용을 배상해 주어야 했다. 그리고 나서 재판일자가 지정되고 공화정에서는 심판관(judice)이 임명되었는데, 그 절차는 오늘날의 배심원임명절차와 유사하였다. 이러한 제도가 얼마나 오래 계속되었는지, 심판관들은 특히, 제정 하에서 그들이 누구였는지 말하기는 어렵다.

재판

법정이 구성되고 난 후에도 증인의 소환과 서류준비를 위하여 재판기일까지는 일정한 기간이 인정되었고, 증인은 주신문과 반대신문에 모두 응하여야 했다. 양 당사자가 사실인정을 위하여 모두 증인을 소환할 수 있었는지 여부는 말하기 어렵다. Quintilianus의 글을 인용하고 있는 Pothier의 견해에 의하면 양 당사자는 모두 증인을 부를 수 있지만 증인의 출석을 강제할 수 있는 것은 소추인뿐이었다고 한다. "증인은 두 종류가 있는데 그 하나는 자발적인 증인이고 다른 하나는 판사가 공적소송절차에서 법률에 의해 공포하는 증인이다. 전자는 양 당사자 모두 이용할 수 있으나 후자는 원고 측에서만 이용할 수 있다"는[2] 것이 Quintilianus의 글이다.

우리의 정의 관념에 비추어 형사소추절차에 있어서 한 쪽 당사자가 그가 원하는 증인을 부를 수 없다면 이는 너무도 유쾌하지 못한 일이어서 어느 정도 개화된 사회에서는 이러한 규칙이 있을 수 있는 일이라고 상상

---

1) Coote의 "Romans in Britain" p. 307, 308.
2) Institutes. 5. 7.

하기도 어려운 일이다. 그러나 다음에서 보는 바와 같이,[1] 반드시 그러한 것은 아니다. 즉, 원래 모습의 배심재판에서는 증인이 전혀 없이 재판을 하였고, 최근에 이르기까지 유럽 대륙 전역에서 통용된 로마법(civil law) 에서는 소추인만이 증인을 소환할 수 있었으며, 영국에서도 구속된 피고인 이 국왕과 동일한 조건으로 증인을 부를 수 있는 권리가 인정된 것은 Anne 여왕 시대에 이르러서이다. 증인신문이 종료되면[2] 양 당사자나 그들 의 변호사(patroni)가 피고인의 성품에 관하여 진술을 한다. 그러한 진술로 는 Cicero의 변설(orations)과 Quintilianus의 법학입문(Institutes)으로부터 많은 것을 배울 수 있기 때문에 여기서는 더 이상의 설명이 필요 없다고 생각된다. 피고인도 자신의 성품(laudatores)과 관련한 증인을 소환할 수 있었다.[3] 마지막으로 심판관이 임명되어 있는 경우에는 심판관의 투표에 의하여 판결의 내용이 결정되었지만 아마 후일이나 또는 심판관이 없는 경우에는 재판장인 총독(præses)에 의하여 판결 내용이 결정되었다.

피고인이 무죄판결을 받고, 판사의 심리 결과 고발인이 부적절한 동기로 고발을 하였다고 인정되는 경우에는 고발인은 무고죄로 유죄판결을 받을 수 있었다. "주장하는 바를 입증하지 못하였다고 바로 무고를 하였다고 볼 수 없다. 왜냐하면 그 사안의 심리는 심판관의 재량에 위임되어 있기 때 문이다. 그는 피고인이 석방된 경우에 소추자의 의도와 어떤 마음에 이끌 려 소추하게 되었는지 추궁하기 시작한다. 그리하여 정당한 오류를 발견 하게 되면 그를 석방한다. 그러나 그에게서 명백한 무고의 점이 발견되면 법률에 정한 형벌을 부과한다."[4] 소추인의 행위가 무고로 인정되었을 때, 원래의 형벌은 범인의 얼굴에 "K"자를 새기는 것이었다. 그러나 Constan- tinus 황제는 이 법을 개정하여 얼굴에 글자를 새기는 대신 손과 장딴지에 새기도록 하였다. 무고한 자는 또한 동해보복의 대상이 되었다.

---

1) 이 책 p. 381-386(저자의 잭 제1권 p. 349-353) 참조.
2) Trollope가 그의 재미있는 "Cicero의 생애"에서 관찰한 바에 의하면 구금된 피고인은 증인을 소환하는 것이 허용되지 않았다는 것이다. 그는 그가 Cicero의 변설을 면밀히 연구하고 난 후 갖게 된 의견을 내가 말할 수 있도록 허용하였는데, 그에 의하면 이 주제와 관련한 법규의 내용과 관계없이 구속된 피고인이 실제 증인을 소환하였다는 것은 변설의 어디에도 그 흔적이 없다는 것이다. 이러한 견지에서 내 자신이 연구한 것은 없다.
3) Pothier, 4. 399.   4) Digest. 48. 16, 1, 3.

노예 등에 대한 고문

고문

로마의 형사절차에서 하나 더 살펴보아야 할 부분이 있다면 그것은 고문에 관한 것이다. 비록 Digest에 고문은 조심스럽게 행하여졌다는 구절이 있고, 또한 대부분의 경우 고문은 노예에게만 가하여졌지만, 고문은 제정하의 형사절차에서 필수적인 한 부분을 구성했다.

고문과 관련한 일반원칙을 정하고 있는 Augustus의 칙령이 아직도 남아 있다.[1] "고문이 모든 사안과 모든 사람에 대하여 가해져야 하는 것이라고 생각하지 않는다. 그러나 노예에 대한 고문 이외의 방법으로는 극형을 받을 중범처의 진상규명이 불가능한 때에는 고문을 할 수 있다. 나는 이것이 진실을 발견하는 데 가장 효과적이라고 믿으며, 그렇게 실행되어야 한다고 본다." 고문이 가장 보편적으로 행해진 것은 노예의 경우로서, 그 주인에게 범죄혐의가 있을 때 그 노예를 고문하는 것이었다. "노예를 고문하는 것은 피고인이 혐의가 있고, 다른 증거에 의하여 범처의 입증이 있으나 노예의 자백만이 없는 경우에 한하여 인정된다."[2] 그러나 예외적으로 피고인의 주장에 반하는 증거가 매우 뚜렷한 경우에는 피고인 자신에 대한 반복적인 고문도 가능하였다. 하지만, 그 이외의 경우에는 피고인에 대한 고문은 인정되지 않았다. "확정적인 증거들에 의하여 압도된 피고인은 고문을 재차 받을 수 있다. 특히 그가 고문의 고통으로 정신과 육체를 더욱 강인하게 단련하였을 때 그러하다. 그러나 증거에 의하여 입증된 바 없는 사안에서 고문이 쉽게 행해져서는 안 된다. 오히려 소추인 측에서 자신이 주장한 바를 입증하고 확신시키도록 요구받아야 한다."[3] 고문을 하는 자는 유도신문을 하여서는 안 되었다. "고문을 하는 자는 'Lucius Titius가 살인을 하였는가'처럼 특정하여 질문을 해서는 안 되고, 일반적으로 '살인을 한 자는 누구인가'로 물어야 한다. 특정하여 질문하는 것은 질문하는 것이 아니라 하나의 암시로 보이기 때문이다."[4] 고문을 통하여 취득한 증거는 신중히 취급되었다. "고문의 결과에 항상 신뢰가 주어져서는 안 되는 반면, 전적으로 부정되어서도 안 된다고 칙법에 선언되어 있다. 사안이 약하고, 위험하고, 진실과 거리가 있을 때 특히 그러하다. 왜

---

1) Digest. 48. 18, 8.   2) Digest. 48. 18, 1. 1.
3) Digest. 48. 18, 18, 1.   4) Digest. 48. 18, 1, 21.

로마 형법이 영국에 미친 영향

나하면, 대부분의 사람들이 인내심이나 고문의 가혹함에 의해 고문을 멸시하게 되고 그리하여 그들로부터 진실을 끌어낼 수 없기 때문이다. 다른 이들은 인내심이 부족하여 고문을 참고 견디지 못하고 오히려 거짓 자백을 하게 된다. 그리하여 그들은 여러 가지를 말하게 되어 자기 자신만이 아니라 다른 사람들까지 위협하게 된다."[1]

이상에서 살펴본 것이 범죄의 정의와 그 처벌절차에 관한 로마법이다. 비록 로마의 형법이 다른 어느 분야의 로마법보다도 입법을 통한 수정이 광범위하게 이루어진 것은 사실이지만, 로마의 형법은 유럽 모든 나라의 각 상응하는 법에 어느 정도 모두 영향을 미쳤다. 아마도 로마의 형법이 별 수정 없이 다른 어느 곳에서보다 가장 잘 보전된 곳은 Grotius의[2] 언급과 Voet의[3] 주석서에서 보는 바와 같이 네덜란드이다. 비록 유럽 대륙의 다른 나라들에서처럼 네덜란드에서도 현대적인 입법을 통하여 로마 형법이 그 모습을 감추어 버렸지만, 아직도 로마 형법이 살아 숨을 쉬고 있는 곳은 영국이 네덜란드로부터 취득한 식민지에서이다.

Digest에 서술되어 있는 로마의 형사사법제도가 어느 정도 영국에서 효력을 갖고 있었는지는 절대로 풀 수 없는 문제로 보인다. 게르만 정복은 5세기에 일어났고 서기 409년에 로마 병력이 영국에서 마지막으로 철수했다(Gibbon, ch. 31). 테오도시우스 법전은 그로부터 오래되지 아니하여 편찬되었고 우리가 알고 있기로 Digest는 530년과 533년 사이에 편찬되었다. 이들 두 법전은 로마 제국에서 통용되는 법을 기초로 편찬되었고, 영국이 다른 속주들과 달리 취급될 이유가 없었을 것이므로 위에서 설명한 로마 형사사법제도는 다른 곳에서와 마찬가지로 영국에서도 그대로 시행되었던 제도라고 보는 것이 자연스러운 결론이라고 할 수 있다.

이러한 로마의 제도 중에서 어떠한 부분이 게르만 정복 이후에도 살아남아 초기 영국의 법률에 영향을 미치고 궁극적으로는 오늘날의 영국 법률에 영향을 미치고 있는가 하는 것은 순수한 골동품연구의 흥미밖에 없

---

1) Digest. 48. 18, 1, 23.
2) [역주] Hugo Grotius(1583-1645)는 네덜란드의 법률가로 자연법에 기초한 국제법의 토대를 쌓은 사람이다.
3) [역주] Johannes Voet(1647-1713)도 네덜란드 법률가로 대학 교수를 역임하면서, 유명한 Commentarius Pandectas를 저술하였다.

는 문제이다. 게르만 정복 이전에 만들어진 법률 중에는 로마법으로부터 받아들인 표현들이 들어있는 것이 있다. 하지만 로마의 법률이 영국의 법률에 중요한 영향을 미친 것은 노르만 정복 훨씬 이후의 일로, 영국의 보통법(common law) 창시자들에 의하여서이다. Glanville과 Bracton, 그 중에서도 특히 Bracton은 로마법을 완벽하게 참조하였고, 비록 로마법이 절차 형식(modes of procedure)에는 거의 영향을 미치지 아니하였지만, 그들 형법상의 개념과 원칙들 대부분은 로마법에서 따온 것이다. 절차 형식은 다른 곳(sources)으로부터 유래되었다.

　　로마법과 영국의 법률이 발전해온 방식 사이에는 매우 커다란 유사성이 있다는 Rossi의[1] 관찰은 매우 진실에 부합하는 것이다. 양 제도는 초기에는 모두 원시적이고 불확실한 개념에서 출발하여 점차 입법 과정 특히, 재판을 통한 입법(judicial legislation)과정을 통하여 하나의 정제된 제도로 다듬어져 왔다. 어느 면에 있어서나 권위자로 간주될 수 있는 Bracton을 최초의 법률가로 본다면 현재에 이르러 영국의 제도도 약 600년의 역사를 갖게 되었다. 12 동판법과 유스티니아누스법전 편찬 사이에는 약 1,000년의 간격이 있지만, 로마 형법의 역사는 우리 자신의 역사에서보다 훨씬 더 광범위하게 그리고 훨씬 이른 시기부터 입법 활동에 의지해 왔다. 수많은 Juria 법(leges Juliœ)을 1861년의 통합 법률과 비교하는 것이 전혀 부당하다고 할 수 없을 것이다. 그들 법률은 12 동판법 이후 3세기에 걸쳐 통과된 법률들이다. 앞에서 권위 있는 법전들로부터 로마법의 내용을 추출해 보았지만, 그로부터 추출한 로마 형법에는 로마법이 특이하게 완벽하고 과학적이라는 어설픈 일반관념을 정당화시킬 수 있는 어떤 내용도 들어 있지 않다고 생각된다. 법률의 원문이 보존되어 있지 아니한 상태에서 이러한 주제에 관하여 의견을 제시한다는 것은 어려운 일이다. 하지만 일정한 순서도 없이 아무렇게나 모아 수록되어 있는 Digest 발췌물(extract)의 내용을 심지어 Russell의 범죄론만큼이나 볼품없는 편찬물과 비교하는 것 또한 무익한 일일 것이다.

---

1) traité du Droit Pénal, p. 49. VOL. 1. [역주} Pellegrino Rossi(1787-1848)는 이탈리아 출신의 경제학자, 정치가 그리고 법률가이다. 프랑스와 스위스에서 교수, 정치인 등으로 활동하다가 프랑스의 교황청 대사로 이탈리아에 파견되었고, 교황 Pius 9세 아래에서 법무장관을 역임하기도 하였다. 그는 1829년에 위 책을 출간하였다.

그것은 또한 절대적으로 분량이 많은 것도 아니다. 그것은 또한 자세히 연구한 결과도 아니며, 비록 Russell의 범죄론만큼 그렇게 잘못 정리되어 있는 것은 아니지만, 제대로 정리되어 있다고 볼 수도 없다. Russell의 범죄론이 영국의 법률에 관한 학자들의 글을 단순히 한데 모아 놓은 거대한 집적물에 불과하듯이 Tribonianus와[1] 그의 보조자들에 있어서도 법학자들의 저작물에서 명쾌하고, 제대로 서술되고, 정당하게 자격을 갖춘 원리들을 추출한 다음 이들을 통일적인 전체 체계에서 그들의 성질 순서에 따라 정리한다는 관념은 존재하지 않았던 것으로 보인다. 영국의 법률과 로마법 사이에는 매우 가까운 유사성이 있다. 그 유사성이 특히 신기하고 흥미를 끄는 것은 초기의 제도가 후기의 제도에 직접적으로는 거의 영향을 미치지 않았다는 것을 아직도 추적할 수 있는 반면, 그들 제도의 장점은 물론 그 단점은 최소한 매우 분명하게 추적할 수 있다는 것이다.

---

1) [역주] Tribonianus(500-547)는 로마의 유명한 법률가이다. Digest를 편찬하기 위해 유스티니아누스 황제가 임명한 17명의 법률가로 구성된 편찬위원회의 책임자였다. 그는 철학과 정치 그리고 천문학에 관한 많은 시를 썼다고도 한다.

제 3 장   초기 영국의 형법

초기 영국에서 시행되었던 형법의 내용을 완전히 그리고 체계적으로 설명한다는 것은 매우 어려운, 아니 사실상 불가능한 일이다. 그에 대한 권위 있는 전거(original authority)는 거의 없고 우리가 알고자 하는 내용은 단순히 추측에 의할 수밖에 없다. 초기 왕들의 법이나 우리 자신의 법령집은 불문법(unwritten law)의 지식을 전제로 하고 있다. 우리 자신의 불문법은 아직 확인이 가능하지만 초기 불문법은 그것이 불문법이기 때문에 완전히 사라져 버리고 없다.

기록장관(Record Commissioners)의 지휘에 따라 Thrope가[1] 발간한 영국 고대의 법과 제도(Ancient Laws and Institutes of England)의 모음에는 14명의 각기 다른 통치자[2] 이름으로 되어 있는 모두 47개의 법령집이 들어 있는데, 그 일부는 교회법에 관한 것이고 다른 일부는 세속의 법률에 관한 것이다. 이들 중 Leges Henrici Primi는 비록 진정성이 가장 낮기는 하지만 아마도 가장 유익하고 도움이 되는 것이다. 아마 그들은 틀림없이 Henry 1세 시대에 당시 영국 사람들 사이에서 시행되고 있거나 시행되고 있는 것으로 추정되는 법률들을 어떤 개인이 집대성한 것이다.

---

1) [역주] Benjamin Thorpe(1782-1870)는 영국의 Anglo-Saxon 학자로서, 1840년에 위 책 The collection of Ancient Laws and Institutes of England를 출간하였다.

2) 1. Æthelbirht.　2. Alothhære and Eadrie.　3. Wihtræd.　4. Alfred.　5. Ina.　6. Edward(the Elder).　7. Ethelstan.　8. Edmund.　9. Edgar.　10. Ethelred.　11. Cnut. 12. Edward the Confessor.　13. William the Conqueror.　14. Leges Henrici primi. Thrope에 관한 참고문헌은 8절지 크기의, 왼손방향 페이지로, 2권으로 되어 있다.

그들은 초기 입법과정에서 나타나지 않은 많은 법률들은 물론 초기 입법과정에서 나타나는 많은 법률들을 하나의 체계로 모은 일종의 요약 법률집(digest)으로 구성되어 있다. 그들 대부분은 물론 로마법(Civil Law)과 교회법(Canon Law)에서 발췌한 것들이다. 그에는 또한 살리카 법(Salic Law)에 관한 몇 개의 명시적인 언급과 Ripuarian Franks 법도 포함되어 있다. 그것은 깔끔하지 못한 구성, 논리 일관성의 완전한 결여, 반복, 상호간에 불필요한 구분 그리고 이내 그러한 구분의 무시로 되어 있다. 그러나 이러한 모든 단점에도 불구하고 아마도 이 법률집은 초기 영국 사람들 사이에서 시행되었던 법률의 성질에 관한 의견을 제시함에 있어 다른 어떤 현존하는 수단보다 더 좋은 수단이 되고 있다. 이 법률집에 대한 일반적인 인상은[1] 그들은 실질적인 목적을 위하여 그 존재가 잘 확인된 풍부한 관습과 법률을 수록하고 있기는 하지만, 법원칙의 성질이나 개념에 관한 어떤 것이 문제가 되면 그들은 학식 있는 사람이라고 그들이 존경하는 자 그리고 그러한 법원칙이나 개념에 대하여 어떤 권위를 가지고 또는 아무런 권위 없이 대답해줄 준비가 되어 있는 자에게 곧잘 의존하곤 하였다는 것이다.

로마법이 그러한 개념이나 원칙을 도출해내는 중요한 원천이 되었음이 틀림없다. 왜냐하면, 다른 아무런 근원이 당시에는 존재하지 않았기 때문이다. 어느 시기에, 누구에 의하여 그리고 어느 정도로 이러한 원칙과 개념들이 처음 도입되었는지, 어느 지방까지 그것이 적용되었고 그리고 어느 정도 그들이 서로 상이하였는지는 아마 영원히 풀 수 없는 문제일 것이고 또한 아무런 중요성도 없는 의문점이다.[2]

---

1) 그 제목이 말해주는 바와 같이 참해왕(Edward the Confessor)의 법은 노르만 정복 후 4년째 해에 수집된 것이다. 그 해에 William은 "현명한 사람들로 구성된 영국의 귀족회의에서 조국의 정상이 되었고, 박식한 사람들을 통하여 그리고 그가 직접 들은 것을 가지고 영국의 관습을 수집하였다."

2) 초기 영국 법률의 원칙과 개념을 설명함에 있어 밝은 빛을 비쳐주는 것으로 간주되고 또한 그러한 것들이 로마법에서 기원하고 있다는 것을 보여주는 "거울(Mirror)"이라고 불리는 책이 있다. 이 책은 분명히 신기한 책이지만, 나는 이 책에 그러한 중요성을 부여할 수 없다. 이 책은 Edward 1세 13년(1285년) 이후에 쓰여진 것이다. 왜냐하면 이 책은 그 해에 통과된 법률을 언급하고 있기 때문이다. 하지만 이 책은 Alfred에 관한 모든 주장을 싣고 있다. 그리고 특히, 40명의 판사들을, 그들이 여러 다른 사람들을 부당하게 사형에 처했다는 이유로, 살인자로 몰아 교수형에 처했다는 Alfred의 말을 싣고 있다. 이 책은 또한 무엇이 기소(indictment)인지 또는 저자의 호

전체적인 체계(general outline)에 있어서 서로 다른 왕들의 법률은 매우 유사하다. 또한 그들은 덧붙임과 변경은 있지만 상당한 정도에 있어서 서로간의 재입법(re-enactment)에 불과하다. 그리고 그들 대부분은 다소간에 있어 도덕과 종교적 훈계의 혼합으로 되어 있다. 예를 들어, Alfred 법은 십계명, 상당한 부분의 출애굽기 개작(adaptation), 사도행전의 요약 그리고 기독교 전파에 관한 역사적 언급으로부터 시작한다. 이러한 자료들로부터 완벽하고 체계적인 어떤 것을 추출해내고자 하는 것은 분명 불가능한 일이다. 이 주제와 관련하여서는 참으로 풍부한 분량의 현대문학작품이 있기는 하지만, 이러한 작품을 읽음에 있어서는 그 작품들에 있어서 도출된 결론들은 상당한 정도 추측에 의한 것이고 대부분의 학식 있고 명민한 저작자들은 명확한 정보의 근거를 제시하기보다는 그들 자신의 지식, 근면성 그리고 천재성을 자주 대중에게 제시해왔다는 것을 전제로 하지 아니하고는 제대로 읽을 수 없다. 더욱이, 인기 있는 우리의 정부제도, 의회제도 그리고 배심재판제도의 기원과 관련한 초기 영국제도의 문제는 모든 정치적 논쟁에 흔히 따라 붙게 마련인 열띤 논쟁의 대상이 되어 왔다.

1. 초기 영국의 범죄

미리 정한 주제의 분류방식에 따라, 그리고 내가 할 수 있는 범위 내에서, 먼저 범죄와 관련한 이론부터 설명하고 그러고 나서 당시 시행되었던 형사절차에 관하여 설명하려고 한다. 초기 법률에서 범죄의 개념을 찾아보려고 하였지만 찾을 수가 없었다.

칭대로 무엇이 청원(appeal)인지를 기술하고 있다. 그러나 적어도 내가 생각하기로는 400년 전에 처리되었던 사건에 대한 설명인데다, 아무런 근거도 제시하지 않고 있을 뿐 아니라 다른 어떤 사람도 알지 못하고 있는 사건에 대한 13세기 말 이 책 저자의 주장에 어떤 무게가 있다고 이해하기는 어렵다. Alfred의 법은 위와 같은 판사에 대하여는 심지어 언급조차 하지 아니하고 있을 뿐 아니라, Mirror의 이상한 주장을 어느 면에서도 확인하지 않고 있다. 내 추측으로는 Mirror의 Alfred 법에 관한 부분은 단순한 가공의 이야기로 보인다. 저자의 목표 중 하나는 사법 부정에 대한 그리고 그 시대 다른 직권남용에 대한 항의의 표시였다. 그리고 Alfred가 40명의 특정한 판사들을 특정한 범죄행위로 처형하였다는 그의 주장은 아마도 사법 부정에 대하여 어떻게 처리하는 것이 합당한가를 예시적으로 제안하는 것이라고 생각된다. 이 책에 관한 참고 문헌으로는 F. Palgrave. 2, 113 참조.

그러나 초기의 법률들도 현대 형법에 규정될 수 있는 일종의 범죄와 관련된 규정들을 상당히 많이 갖고 있다. 다음에서 보는 범죄들이 당시의 법률들에 언급되어 있는 정부(government)에 대한 주된 범죄들이다. 그 법률들에 나오는 말들로는 "국왕 본인의 생명에 대하여 음모를 꾸미는," "추방당한 자나 그 부하를 숨겨줌으로써,"[1] "군주에 대항하여 음모를 꾸미는,"[2] "교회 또는 왕궁에서 싸움을 하는,"[3] "국왕의 안녕(frith 또는 grith)이나 보호(mundbryce)를 침해하는"[4] 등이다. 몇 개의 법률에는 overseunesse 또는 oferhynes라는 말이 언급되어 있다.[5] 이 말은 우리가 모욕이라고 불러야 하는 모든 것을 포함하고 있을 뿐 아니라 합법적인 권위, 특히 공무원의 명령에 복종하지 않는 것을 가리키는 일반적인 표현으로 보인다. 따라서,[6] "일상적으로 행하여지고 적법하게 성립된 정당한 소송절차를 거부하는 자에게는 overseunesse를 선고한다. 주지사의 명령을 거부한 경우, 왕실법정에 만족하지 못하고 추밀원으로 간 경우, 그리하여 자신의 처목에 대하여 응답하지 아니한 경우에는[7] 20마르크 또는 overseunesse의 처책을 진다."

형사사법에 대한 범죄 중 위증이[8] 여러 군데에서 언급되고 있다. 종교와 도덕에 관한 범죄는 교회법에서 상세하게 다루어지고 있지만 그러한 내용은 세속의 법에서도 자주 언급되고 있다. 우상숭배(heathenism)는 다음과 같이 정의되고 있다. "우상숭배는 사람들이 우상을 숭배하는 것으로서 다시 말해 우상의 신이나 해, 달 또는 불, 샘, 돌이나 기타 숲속의 나무 등을 섬기는 것을 말한다."[9] 또한 다수의 법률은 여러 형태의 부정, 간통, 근친상간 그리고 심지어는 단순한 간음(fornication)에 관한 규정들도 갖고 있었다. Cnut 법에[10] 의하면 간통한 부인은 코와 귀를 잘라내어야 했다.

---

1) Alfred 4; Thorpe, 1. 63.　　　　　2) Ethelstan 4; Thorpe, 1. 203.
3) Ethelred, 7. 9; Thorpe, 1. 331; Cnut, 60; Thorpe, 1. 409.
4) 이 부분은 거의 모든 법에 언급되어 있다. 예컨대, Ethelred, 7. 11; Thorpe, 1. 331; Cnut, 12; Thorpe, 1. 383.
5) Thrope, 1. 537; Hen. 1, 34. 3; Thorpe, 1. 551, 593; Hen. 1, 53. 1; 87. 5.
6) Thorpe, 1. 537.　　　　　　　　7) Thorpe, 1. 538; Hen. 1, 48. 1.
8) Edw. 3; Eth. 5. 25; 6. 28, &c. Hen. 1, 11. 6; Thorpe, 1. 521.
9) Cnut, 5; Thorpe, 1. 379, 그리고 Edward와 Guthrum 2 참조; Thorpe, 1. 169.
10) Cnut, 54; Thorpe, 1. 407.

낙태행위는 종교적 범죄로만 간주된 것으로 보인다.[1] 주술(witchcraft)과 "악마(evil)에게 재물을 바치는" 행위에 대한 규정도[2] 있다. 공적 불법행위 (public nuisance)와 비슷한 것으로 볼 수 있는 유일한 범죄는 stredbreche 인데, 이는 Leges Henrici Primi 법률에 다음과 같이 정의되어 있다. 즉, "stredbreche는 누군가가 도로를 폐쇄하거나, 방향을 바꾸거나 파내는 방법으로 이를 훼손하는 경우이다."[3]

개인에 대한 범죄는 몇몇의 법률에 아주 상세하게 나와 있는데 살인과 여러 종류의 상해, 강간과 강제추행에 관한 규정들이 여기에 해당한다. 이들 범죄에 대한 정의는 추측될 수 있을 뿐이지만 오늘날의 모살(murder)과 과실치사(killing by negligence)를 구분하는 것과 어느 정도 유사한 구별을 하고 있는 문맥들이 더러 있다. 우리가 알고 있기로는 오늘날의 모살과 고살(manslaughter)의 구분은 상당히 최근의 일로 생각된다. Alfred의 법은 출애굽기 21장 12절부터 15절까지를 법제화하고 있다. 그들 법은 또한 우연한 사고나 과실에 의하여 발생한 사건에 대하여도 규정하고 있다. "통상의 작업을 공동으로 하던 중 한 사람이 다른 사람을 악의 없이 죽인 경우에는 나무를 피해자의 친족에게 주고 친족들로 하여금 그 나무를 30일 이내에 잘라내게 하거나 또는 친족으로 하여금 수풀의 소유권을 취득하도록 한다."[4] 이러한 내용은 임목 벌채작업 중 쓰러지는 임목에 치어 일어나는 가장 통상적인 사망사고에 대한 규정으로 추측된다. "어떤 사람이 창을 어깨에 메고 다니다가 다른 사람이 여기에 찔린 경우 그(창을 가진 사람)는 wite(왕에 대한 벌금)를 물지 아니하고 were(상대방에 대한 배상금)을 지불하여야 한다."[5] 따라서 Henry 1세 법률에 있어서는 "모르는 사이에 잘못을 한 자가 (후에) 알면서 (그 잘못을) 교정한다"는 일반원칙이 확립되었다.[6] 그러한 이유로 어떤 사람이 다른 사람을 게임이나 연습 중 우연한 사고로 죽이거나 또는 다른 사람을 놀라게 하여 그가 도망을 가다

---

1) Hen. 1, 70. 16; Thorpe, 1. 574. 2) Wiht. 12, 13, &c.; Thorpe, 1. 41.
3) Hen. 1, 80. 5; Thorpe, 1. 586. 4) Alf. 13; Thorpe, 1. 71.
5) Alf. 36: Thorpe, 1. 85. 나는 여기에서 창의 모양에 관한 애매한 표현들은 생략했다. 다른 여러 부분은 명확하지 않지만, 이 법에 관한 내용은 Leg. H. 1, c. 88에 더 상세하게 설명되어 있다. Thorpe, 1. 595.
6) Hen. 1, 88. 6; Thorpe, 1. 595.

살 인

넘어져 죽게 한 경우에 사망을 초래한 자는 배상(were)을 하여야 한다. 또한 살인을 정당화시킨 것이 분명한 사례가 언급되어 있다. 그 하나가 매우 주목할 만한 것인데, 그 이유는 특정한 사안과 관련하여 로마법이 영국의 법률에 영향을 미친 과정을 설명하는 분명한 사례로 들 수 있기 때문이다. "누구든 두 번 내지 세 번의 금지 후에 여관 등에서 자신의 약혼한 여자와 같이 있는 것을 발견한 자는 그와 결투하여 살해할 수 있다."[1] 이 규정은 이미 언급한 로마 신칙법의 규정(novel 117)에서 받아들인 것이 명백하다.[2] Leges Henrici Primi 법에서는 살인죄를 정의해 보려는 어설픈 시도가 있었지만, 그것은 단지 살인죄의 등급에 관한 그럴듯한 분류에 그치고 있다. 이 문언은 살인죄 등급의 분류와 관련하여 매우 훌륭한 견본을 제시하고 있다. 즉, "살인은 여러 가지 방식으로 행해진다.[3] 살인에 있어 그 사안과 사람에 따라 커다란 편차가 존재한다. 어떤 때에는 애정에 의하여 또는 일시적인 말다툼에 의하여 또는 주취에 의하여 또는 다른 이의 명령에 의하여 또는 국방과 정의를 위하여도 살인이 행하여진다. 그에 관하여는 성인 아우구스티누스도 '살인이라는 것이 사람을 죽이는 것이지만 어떤 때에는 살인행위가 존재함에도 불구하고 군인이 적군을, 판사가 죄인을 죽이는 것처럼 죄가 되지 않을 수 있다. 예컨대, 경솔한 손으로부터 무기가 떠난 경우이다. 이 때 사람들을 살해하긴 하지만 이러한 것들이 나에게 죄로 보이지 않는다.[4] - - - 살인은 경우에 따라 계획적으로 이루어진다'고 언급하였다."

다른 사람의 신체를 해하는 범죄에 대하여는 몇몇 법률에서 거의 외과 수술식의 정확성을 가지고 기술되어 있다. Alfred의 77개 법률 중 34개 이상의 법률이 위법한 폭력행위로 발생할 수 있는 여러 가지 상해의 내용을 정의하고 있다. 여기에 그 견본 하나가 있다. "만일 엄지발가락이 떨어져 나간 경우에는 그 배상(bot)으로 20실링을 물도록 한다. 만일 두 번째 발가락인 경우에는 15실링, 가운데 발가락인 경우에는 9실링, 네 번째 발가락인 경우에는 6실링, 새끼발가락인 경우에는 5실링을 물도록 한다."[5]

---

1) Hen. 1, 82. 8; Thorpe, 1. 591.
2) 이 책 p. 16(저자의 책 제1권 p. 15) 참조.
3) Hen. 1, 72. 1; Thorpe 1. 577.
4) 여기서부터는 Jerome와 성경에서 인용한 부분이 이어진다.
5) Alf. 64; Thorpe, 1. 97.

절도와 재산에 대한 범죄

재산범죄와 관련하여서는 절도죄가 가장 일반적으로 언급되고 있다. 절도죄와 관련한 주제들이 가장 자주 언급되었을 것으로 생각되기는 하지만 어떠한 법률에도 절도죄의 정의에 관한 규정은 찾아볼 수 없다. 그러나 절도범죄에 대한 가중 형태의 범죄는 절도죄와 구분되었다. 강도(roberia)가 자주 언급되지만 강도의 정의에 관하여는 아무런 규정이 없다고 생각된다. 이와 관련하여 Forestel과 Hamsocna는 다음과 같이 정의된다. "Forestel은 어떤 이가 옆길로부터 달려 나오거나, 길에서 기다리고 있다가 그의 적을 공격하는 것이다."[1] 그러나 이는 결투를 위한 도발과는 구분된다. "어떤 이가 적이 그에게 오도록 기다리거나 도발한 경우에 적이 자신을 방어하게 되므로 forestel이 아니다." Hamsocna는 주거침입절도(burglary)의 초기 형태임이 분명하다. "라틴어로 가택침입이라 불리는 hamsocna는[2] 여러 가지의 방식으로 행해진다. hamsocna는 어떤 이가 자기의 집 또는 제3자의 집에서 단체를 이루어(haraido)[3] 문이나 건물에 활을 쏘거나 돌을 던지는 등의 방법으로 타인을 공격하거나 추적하는 경우이다. 즉, 명시적인 공격이 있는 경우이다. hamsocna는 머리 가택에 침입하여 있는 그의 적을 주간에 공격하거나 야간에 공격하는 것이다. 양의 우리 등으로 도망가는 사람을 추적, 공격하면 그는 hamsocna를 범한 것으로 판결된다. 공회당이나 가택에서 소요를 일으켜 전투가 발생하였을 때, 그 후에 이들이 다른 집으로 도망가서 그곳에 숨어 있던 경우에도 hamsocna가 성립한다. infiht나 insocna는 가택의 공동거주인 사이에 성립한다."

재산에 해를 가하는 범죄로 bernet 또는 방화죄가 여러 번 언급되고 있지만[4] 자세한 내용은 없다. 사기범죄와 관련하여 중요하고 흥미 있는 것이 있다면 그것은 주화위조이다. 거의 모든 법률에서 화폐위조에 관한 범죄가

---

1) Hen. 1, 80. 4; Thorpe, 1. 586, 이는 Thorpe의 fore, before 그리고 stellan, to leap or spring에 대한 용어풀이로부터 유래한다.
2) Hen. 1, 80. 10; Thorpe, 1. 587.
3) Haraidum = heri reita. Bavaria 법(Bavarian Law)은 heri reita와 heimzucht를 구별하고 있다. heri reita가 성립하기 위해서는 최소한 42명 이상의 무장한 사람이 있어야 한다. 만약 그 미만의 사람이 있었다면 이는 heimzucht이다(Thorpe의 용어풀이). Ina의 법에 의하면(13 Thorpe, 48) 7명까지를 도적떼라고 부르고, 7명 이상 35명까지를 hloth, 그 이상을 here라고 부른다.
4) Hen. 1, 66. 9; Thorpe, 1. 570 등.

개괄적으로 언급되어 있고, 그 내용에 의하면 화폐위조에 대한 이해가 매우 잘 되고 있었던 것 같다. 이러한 것들이 Anglo-Saxon 법에 알려진 범죄들이었다. 그들 범죄들에 대한 처벌은 벌금이나 체형이었고, 체형의 종류는 사형이나 신체절단형 또는 일정한 경우 채찍형이었다. 징역형은 비록 보증금을 낼 수 없는 자에 대한 신병 확보수단으로 언급되고[1] 있기는 하지만 처벌의 방식으로 법에 규정되어 있지는 않았던 것으로 보인다.

벌금은 wer, bot, wite로 일컬어졌다. wer는 한 사람에게 그의 사회적 등급에 따라 매겨진 금액이었다. 그가 살해된 경우에는 그의 친족에게 wer가 지불되어야 했다. 만일 그가 절도죄로 유죄판결을 받았다면 그는 일정한 경우 그의 wer에 해당하는 금액을 그의 주인이나 왕에게 지불해야 했다. 만일 그가 법적 무능력자라면 그의 보증인(borhs)이 그의 wer를 지불하여야 했다. bot는 범죄로 인하여 손해를 입은 자에 대한 배상이었다. 그것은 그 금액이 고정되어 있거나(angild) 아니면 도난당한 물품의 시장가격에 의하여(ceaf-gild) 결정되었을 것이다. wite는 범죄와 관련하여 왕이나 기타 군주에게 지불하는 벌금이었다. 일반적으로 모든 범죄는 초범인 경우에는 wer나 bot 그리고 wite로 처벌될 수 있었다. 피해자가 살해되었고 피해자의 친족에게 배상금이 지불되어야 하는 경우와 같이 때로는 wer가 bot 또는 배상의 수단으로 이용되었고, 도둑이 법률상 무능력자이어서 그의 보증인이 그의 벌금을 왕이나 군주에게 지불하여야 하는 것과 같이 때로는 wite의 수단으로도 이용되었다. 대부분의 법률이 여러 계급의 국민들에게 각 적용되는 벌금의 금액과 특정한 사건의 경우에 물어야 하는 bot의 금액을 미리 특정해 놓은 규정들을 갖고 있었다.

정복자(Conqueror)의 법과[2] Leges Henrici Primi 법에[3] 모두 wer가 언

---

1) "친구가 없는 자나 멀리서 온 자가 친구가 없음으로 인해서 극도의 궁핍 상태에 빠져 첫 기소일까지 보증금을 내지 못하는 경우에는 그를 구치소에 유치하여 신판일까지 구금하고 그 후 그가 원하는 바에 따라 석방한다." Cnut, 2. 35, Thorpe, 1. 397.

2) "살해된 자의 미망인에게 우선 10sol과 이빨을 were로 지급하고, 살아남은 친족은 이를 분배한다. 20sol에 대한 were 대신에 거세하지 않은 숫말을 지급하여 해결할 수 있고, 10sol에 대해서는 황소를, 5sol에 대해서는 돼지를 대신 줄 수 있다." (Will. 1, 7, 9. Thorpe, 1. 471.)

3) Hen. 1, 76은 "청원을 좋아하는 사람에게"라는 제목으로 "만일 사람이 태어날 때와 마찬가지로 속허를 하고 죽는다면"으로 시작한다. (Thorpe, 1. 581.)

급되어 있고, 또한 Henry 1세의 영국시민헌장(Charter to the citizens of London)에도 등장한다.[1] 유죄판결의 전과가 있는 경우에는 더 이상 bot가 인정되지 않았다. "첫 번째인 경우에는 고발인에게 bot를 지불하게 하고 군주에게 그의 wer를 내게 한다. 그리고 다시는 어떠한 악행도 범하지 않는다는 진정한 서약(borhs)을 하게 한다. 그 이후 재차 범행을 한 경우에는 bot가 아니라 그의 목을 바치게 한다."[2] 일정한 사건의 경우에는 아예 bot 또는 배상이 인정되지 아니하였고, 따라서 그러한 사건들에 대한 처벌은 초범인 경우에도 사형이나 신체절단형이었다.

Leges Henrici Pimi의 규정은[3] 범죄를 그 처벌에 따라 분류하고 있다. 또한 Cnut 법에도 "주거침입과 방화, 날치기(open Theft), 공개 살인(open morth)과 군주에 대한 반란죄는 세속의 법에 의하면 bot가 인정되지 않는다."[4] 이러한 내용은 "살인을 통하여 교회의 평화와 국왕의 권위를 침해하는"이라는 부가적인 규정을 갖고 있는 Leges Henrici Primi 법에서도 반복되고 있다.[5] 거의 대부분의 범죄에 있어 두 번째 유죄판결에 대한 처벌은 사형이나 신체절단형이었다. Ethelred 법에 의하면[6] 피고발인이 최종적으로 유죄판결을 받게 되면 "그의 목이 부러지도록 때려주라"고 되어 있다.

Cnut 법은 형벌절차를 규율하고 그리고 또한 법원의 실무지침을 규율하는 내용의 일반원칙들을 규정하고 있다. 일반원칙의 하나는 다음과 같다. "비록 사람이 죄를 짓고 그리고 자신을 깊이 멸망시켰다 하더라도 그를 교정시켜 신 앞에 어울리는 사람이 되고 세상이 참을 수 있는 사람이 되도록 하여라. 그리고 판결의 권한을 갖고 있는 자는 그가 '그리고 우리가 우리에게 빚진 사람을 용서하듯이 우리의 빚을 용서하여 주시고'라고 말할 때 그 자신이 무엇을 원하고 있는지를 매우 진심으로 명심하여야 한다. 그리고 기독교인은 어떠한 경우에도 사형에 처하는 판결을 하지 않도록 명

---

1) "런던 사람은 그 자신의 were 즉, 100sol보다 많은 금액의 벌금으로 처벌받지 아니한다. 나는 벌금에 관한 형벌을 말하는 것이다." - Stubbs, Charters, 108.
2) Ethel. 6. 1, Thorpe, 1. 281.　　　　　3) Hen. 1, 12. Thorpe, 1. 522.
4) Cnut, 2. 65. Thorpe, 1. 411. "morth"라는 말의 뜻이 엄밀한 살인(secret murder)임에 비추어 "open morth"라는 용어는 모순되는 말이다. 아마도 살인계획의 발표 이후에 살인을 하는 것을 의미하는 것으로 보인다.
5) Hen. 1, 12. Thorpe, 1. 522.　　　　　6) Ethel. 3. 4. Thorpe, 1. 295.

한다. 차라리 사람들의 이익을 위하여 가벼운 처벌이 선고되어야 한다. 그렇게 함으로써 하느님이 능숙한 솜씨로 빚은 작품인 인간, 하느님이 비싸게 사들인 그 자신의 소유물을 파괴하지 않도록 하여야 한다."

법원의 실무지침은 다음과 같은 법률에 의하여 규율되었다. - "죄질에 따라 범인의 손과 발 그리고 양자를 잘라버린다. 범인의 행위가 더 나쁜 것이라면 그의 눈을 뽑아 버리고, 그리고 그의 코를, 귀를, 윗입술을 잘라버리거나 머리 가죽을 벗겨버린다. 이 중 어떠한 형벌을 가하는 경우에도 그에 관한 협의가 임무인 자와 상의를 하여야 한다. 그렇게 함으로써 형벌이 가해지더라도 그의 영혼은 구제되기 때문이다."

정복자 William이 사형을 금지하는 것이 필요하다고 인정하고, 그에 따라 그 남용에 주의를 주고 있지만, Cnut 이후에는 사형이 일반적으로 통용된 것으로 보인다. 실무상의 적용 결과는 거의 비슷하지만 William의 원칙은 Cnut의 원칙과 달랐다. 그는 "죄를 지은 사람들의 발과 고환 그리고 손을 잘라버림으로써, 살아서 남아 있는 그들의 몸통이 그들의 배신과 악에 대한 징표를 눈으로 바라볼 수 있도록, 그들에 대한 사형을 금지하고 이를 정지시킨다"고[1] 말한다.

2. 초기 영국의 재판절차

초기 영국의 형사절차로는 두 종류가 있었다. 그 하나는 너무나 약식절차이어서 절차라고 부르기도 어려운 약식처형의 법(infangthief) 그리고 다른 하나는 우리의 현대적 법체계를 향한 첫 발걸음이라고도 할 수 있는 무죄증명(purgation)과 신판(ordeal, urtheil)이다. 이 양자 중에서 좀 더 문명된 제도가 다른 제도를 점차적으로 잠식하고 그리고 그 지위를 대신하였다고 추정하는 것은 너무나 자연스러운 일이다. 양자의 관계를 설명하기 위해서는 초기에 있어서 폭력범죄에 대한 정말로 실효성 있는 억제장치는 사적인 복수에 대한 두려움이었다는 사실을 염두에 두어야 한다. 사적인 복수는 금방 사적인 전쟁이나 유혈투쟁 그리고 무정부상태로 이어지곤 하였다. wer 제도 자체가 이것을 의미한다.

---

1) Will. 3, 17; Thorpe, 1. 491.

사적 전쟁(Private War)

내가 그것을 처벌과 관련하여 서술하였지만, 그것은 범죄에 대한 공적인 형벌의 관념이 아직 익숙해지기 이전 시기에 속하는 제도라고 보는 것이 적절하다. 그 시기에 있어서 범죄는 대체로 전쟁행위로 간주되었고, 따라서 당시 입법자의 주제는, 우리가 이해하는 바와 같이, 형법의 체계를 확립하여 범죄를 진압하는 것에 있는 것이 아니라, 적대세력을 화해시키는 것이었다. 초기 영국의 법률과 관련하여 사적인 전쟁의 중요성을 보여주는 몇 개의 권위 있는 전거가 있다. Alfred 법에는 다음과 같이 입법화되어 있다. "그의 적이 집안에 있음을 아는 자는 그에 대한 재판을 요구하기 전에는 싸워서는 안 되며, 그가 적을 포위하여 집안에 가두어 놓을 능력이 있으면 7일 동안 기다려야 하고, 적이 집안에 남아 있을 의사를 갖고 있는 한 그를 공격하면 안 된다."[1] 또한 위 법률의 규정은 몇 개의 지체사유를 더 언급한 뒤 계속하여 "적이 무기를 내어주지 아니하면 그를 공격할 수 있다"고 설시하고 있다. 법률에 의하여 사적 전쟁에 부과된 제한에 대하여는 상당히 넓은 예외가 인정되었다. "어떤 자가 군주를 공격하는 경우 군주의 부하는 군주와 함께 orwige라는 싸움을 (즉, 전쟁을 치르지 않고) 할 수 있고, 또한 군주는 그의 부하를 위하여 싸울 수 있다."

대부분의 법률규정이 왕이나 군주 또는 교회의 평화나 보호(frith-bryce, mund-bryce)를 규정하고 있는 것으로 보아 평화라는 것은 예외적인 특권이었고, 전쟁의 의무가 일상적 상황이었음을 말해준다. 국왕의 평화는 특정한 시간이나 장소로 확장되어 인정되거나, 특정한 사람을 위하여 수여되기도 하였다. "정복(Conquest) 이후 일정 시간이 지나서부터 이러한 모든 특별 보호는 인정되지 않았다.[2] 그 대신 그러한 규정들은 사회가 새로운 군주의 왕위계승을 승인함에 있어 이루어지는 '국왕의 평화(King's Peace)'라는 일반적 선언으로 대치되었다. 그리고 이러한 첫 번째 선언은 왕의 일

---

1) Alf. 42; Thorpe, 1. 91.
2) Palgrave 1. p. 285. 신기한 법이 정복자의 법에 들어 있다(26.; Thorpe, 1. 479). "In tribus stratis regiis, id est Wateling Street, Ermonge Strete et Fosse(Stratis 부족의 왕국에는 Wateling 거너, Ermonge 거너 그리고 해자가 있다)" (불어판에 의하면 "Hykenild"를 더하여 "quatre chemins"로 되어 있다) "qui hominem per patriam transeuntem occiderit vel insultum fecerit, pacem regis infringit(조국을 등지고 떠나거나 모욕을 가하는 사람은 왕국의 평화를 침해하는 것이다)."

결투에 의한 재판

생동안 계속 효력을 발하는 것으로 간주되어 공공의 안녕을 교란하는 자는 여기에 근거하여 처벌을 받게 된다. 이러한 선언이라는 의식에 대단한 중요성이 인정되어 심지어 John 왕 치하에서는 공위 기간(interregnum) 또는 전왕의 사망일로부터 왕위계승의 승인까지 사이의 경과기간에 범해진 범행에 대하여는 왕으로부터 권한을 부여받는 법원에서의 처벌이 인정되지 않았다." 정복왕 William에 의하여 결투에 의한 재판(trial by combat)이 도입되었을 때 이 말은 사적 전쟁을 개선한 형태의 말로 사용되었음이 명백하다. "절도나 살인 또는 두 사람 사이에서 결투에 의한 재판이 있게 된 기타 사정에 의하여 두 사람은 결투를 할 수 있는 충분한 권한이 있다."[1] 참으로 결투에 의한 재판은 규칙에 입각한 사적 전쟁에 불과하였던 것이다. 이러한 현상들이 범죄의 중요성과 그리고 초기 시대에 범죄가 채우고 있던 공간의 중요성을 강하게 설명하고 있기는 하지만, 같은 추론을 초기 법률에 나타나고 있는 몇 개의 개별 규칙으로부터 더욱 분명하게 추출해낼 수 없다고는 단정하기 어렵다.

Ina의 법은 우리가 법률의 추정이라고 부를 수 있는 원칙을 다음과 같이 인정하고 있다.[2]

"멀리서 온 사람이나 이방인이 대로에서 떨어진 숲을 통하여 여행을 하면서 소리를 지르지도 아니하고 또한 그의 뿔피리를 불지도 아니하면 그는 도둑으로 간주되어 살해되거나 속죄금을 납부하여야 한다." 또한 여러 법률들은 이방인이 3일 동안 다른 사람의 집에 머문 경우 그 집 주인은 그에 대하여 설명을 할 수 있어야 한다고 규정하고 있다. "누구도 이방인이나 방랑인을 3일 넘게 안전대책 없이 데리고 있지 못한다."[3]

이러한 규칙들은 이방인과 "집주인"으로서의 적을 구별하는 고대의 신원판별법과[4] 정확하게 일치하는 내용들이다.

---

1) "Carta Regis Willelmi de appellatis pro aliquo maleficio. Franco vel Anglico(프랑스와 영국에서 중요한 죄를 지은 자들에 대한 청원과 관련한 William 국왕의 헌장)" (Will. 3, 1. Thorpe, 1. 488).
2) Ina, 20. Thorpe, 1. 117.　　　　　3) Hen. 1, 8. 5. Thorpe, 1. 516.
4) "우리 선조들에 의하여 적(hostis)으로 불리던 사람이 오늘날 이방인으로 불린다." - Cicero de Officiis, 1. 12. "Hostis"는 그 자체로 "perduellis(적군)"에 대하여 사용한 완곡한 어법이다.

약식 처형의 법 또는 Infangthief

아주 작은 발걸음이지만 사적 전쟁과 유혈투쟁으로부터 일보, 그야말로 일보, 진전이 이루어진 것은 사람들이 자신들에게 개인적으로 죄를 지은 자 즉, 비행을 저지른 자들에게 약식처벌을[1] 가할 수 있는 권리를 법률에 의하여 취득하면서부터이다. 법익을 침해당한 남편이나 재산 소유자의 권리를 인정하고 간부와 도둑을 현장에서 사형에 처한다는 것은, 일정한 금액의 지급으로 해결되는 강제적인 중재재판에 이르기까지 분쟁 당사자들이 서로 싸우게 하는 것보다, 법률에 한 걸음 더 가까이 다가선 것이다.

다음의 여러 발췌문이 보여주는 바와 같이 Saxon의 법은 이러한 약식 처형의 권리들로 가득 차 있다. "도둑이 잡혔을 때에는 그를 사형에 처하든가 아니면 속죄금(wer)을 내고 그의 생명을 되찾게 하여야 한다"라고 Ina의 법은[2] 규정하고 있다. 이는 도둑의 운명은 그 체포자의 재량에 달려 있다는 것을 분명하게 보여주는 것이다. Ina 법의 또 다른 규정은[3] "도둑을 살해한 자는 선서를 통해 그의 gild brethren을[4] 침해하지 않고 그를 살해하였다고 선언하여야 한다"고 규정하고 있다.

---

1) 이러한 예로 신비하고 현대적인 것이 Burnes의 "Travels into Bokhara"라는 책에 나온다. "우리가 Peshawur(1831년 당시 Afghan의 한 도시)를 여행할 때 정의실현의 한 견본으로서 마호메트 방식의 징벌을 보았다. 그 도시 교외를 지나갈 때 우리는 한 무리의 사람들을 보았고 가까이 다가가자 한 남자와 한 여자의 몸이 난도질당하여 있는 것을 보았는데, 남자는 아직 완전히 죽지 아니하고 똥 더미 위에 누워있었다. 군중은 즉시 추장과 우리 일행을 에워싸고 그 중 한 사람이 대표로 나와 떨리는 몸짓으로 추장 Sultan Mohammed Khan에게 자신이 그 부인의 부정행위를 발견하고 두 사람을 죽였다고 말했다. 그는 피가 묻은 칼을 손에 쥐고 어떻게 두 사람을 죽였는지 설명했다. 추장이 몇 마디를 물어보았지만 그것은 3분이 걸리지 않았다. 그러고 나서 추장은 큰 소리로 '너는 마호메트교도로서 할 일을 했고 정당한 행위를 하였다'고 말했다 그리고 추장이 앞으로 나아가자 군중이 브라보라고 소리를 쳤다. 그 남자는 즉시 석방되었다. 우리는 조사를 하는 동안 추장 옆에 서있었는데, 절차가 끝나자 그는 나에게로 다가와 자세하게 법을 설명해 주었다. 그는 '금요일에 저질러진 범죄는 반드시 발각된다'고 덧붙였다." Travels into Bokhara, 1. p. 93, 94.

2) Ina, 12. Thorpe, 1. 111.   3) Ina, 16. Thorpe, 1. 113.

4) Thorpe에 의하면 이러한 애매한 말은 살해자 자신이 도둑이 아니어야 한다는 의미로 추정된다고 한다. (Ina 법 제13조에 의하면 도둑은 7명까지를 말하는 것이므로) 살해자는 나머지 6명 중 1명이 아니어야 한다.

도둑에 대한 살해

매우 불확실한 법인 Ethelstan 법은 다음과 같이 시작한다. "12세 이상인 자가 8펜스 이상을 절취하여 손에 들고 있다가 붙잡힌 경우 용서받지 못한다."[1] 이 법의 다른 규정에는 일정한 경우 도둑을 감금형에 처한다는 것을 암시하는 규정도 있다. 같은 왕의 다른 법은[2] 도둑에 대한 자연스럽고 적정한 처리방안은 도둑을 죽이는 것이라고 암시하고 있다. "도둑이나 강도가 왕이나 교회 또는 주교에게 도망간 경우에는 그에게 9일의 유예기간을 준다. 그리고 도둑이 장로나 수도원장 또는 향사에게 도망간 경우에는 3일의 유예기간을 준다. 그 기간 내에 도둑을 살해한 자는 도둑이 도망가 있던 mund-byrd에게 속죄금(bot)을 물어야 한다." (즉, 도둑이 도망가 있는 사람의 보호권을 침해한 죄로 벌금을 무는 것이다) "도둑이 그가 도망가고자 하는 바에 따라 그러한 socn에게로 도망갔다면" (즉, 도둑은 어떠한 곳이든지 선택하여 도망갈 수 있다) "위에서 인정한 기간 동안은 목숨을 잃지 않는다. 그 기간 이후에 도둑을 보호하고 있는 자는 도둑의 간계를 몰랐거나 그가 도둑이라는 사실을 모르고 있었다는 것을 입증하지 않는 한 도둑과 마찬가지의 처벌을 받게 된다."

런던 시민헌장은 서두에서 "유죄가 인정되어 아무런 변명도 하지 못하는 도둑으로서 12펜스 이상을 절취한, 12세 이상의 자는 생명을 부지하지 못한다. 이러한 자는 살해하고 그가 가진 모든 것을 빼앗는다"고[3] 선언하고 있다. 도둑의 추적과 체포에 관한 다수의 규정들이 만들어졌는데, 그 제7조는 "다른 사람들 앞에서 도둑을 죽일 수 있는 경우는 그러한 계획과 그러한 행위가 우리의 통상적인 화폐가치기준으로 보아 12펜스보다 더 가치 있는 경우이어야 한다"고 규정하고 있다. 또한 참석자들이 함께 저녁을 먹는 월례 모임이 있는 자리에서 그곳에 참석한 어떤 사람들이 너무 강하

---

1) Ethel. 1; Thorpe, 1. 199. 　　　　2) Ethel. 4. 4; Thorpe, 1. 223.
3) 이와 관련하여 Mr. Coote의 신기하고 흥미 있는 언급 참조. 그의 의도는 이 자료가 도난당한 물건이나 노예의 반환 그리고 그러한 원상회복이 불가능한 경우의 소유주에 대한 배상을 목적으로 하는 로마 사회의 규칙들을 담고 있다는 것을 알려주기 위한 것이다. Romans in Britain, 394, &c. 이 자료에 관해서는 Thorpe. 229-243 참조. [역주] Henry Charles Coote(1815-1885)는 영국의 법률가이자 골동품연구가였다. 그는 1878년에 출판한 Romans in Britain에서 영국에 살고 있던 로마인들은 5세기 튜턴족의 침입에도 살아남았고, Anglo-Saxon 통치하의 법률과 관습 중 상당수는 로마에 기원을 둔 것이라고 주장했다.

고 위대하여 "그들이 우리의 권리를 부인하고 도둑을 옹호해서 나선다면 우리 모두는 그리로 말을 타고 나가 우리에게 저지른 잘못에 대하여 앙갚음을 하고, 도둑을 살해하고 그리고 도둑을 옹호하여 싸운 자들이 도둑과 결별하기를 거부하면 그들 또한 살해한다"고 규정하고 있다.

참해왕(Confessor Edward)의 법에는[1] 도둑으로 몰려 죽은 사람이 "*부당하게 살해되었는지 아니면 도둑으로 정당하게 살해되었는지*" 여부를 밝히려는 상세한 규정이 있다. 만일 사건의 진실이 사체를 발굴하여 재매장할 사안으로 드러나면 적정한 종교적 의식을 치르고 "sicut Christianum (그리스도인으로서)" 다시 매장한다. infangthief 법은 이러한 내용과 매우 유사하다. 일정한 경우에는 심지어 약식 처형으로 간주될 수도 있다. 또한 그것은 촌락의 영주에게 주어진 특권 중의 하나였기 때문에 참회왕 Edward의 법에서는 다음과 같이 정의되고 있다. "*절도범을 신려할 수 있는 권한은 절도범이 체포된 장소의 토지 소유자에게 있다.*"[2] 비록 그러한 권리의 행사는 제한을 받게 되었지만 infanfthief 법은[3] 노르만 정복 이후에도 오랫동안 존속되었다. Edward 1세 치세의 초기에 영국의 국세조사결과를 기록한 Hundred Rolls에[4] 의하면 영국의 수백 개에 이르는 대부분의 주(county)에서 영주에 의하여 행사되고 있는 infangthief 특권에 대한 보고가 있다. 이러한 보고서는 당시 이러한 특권이 일반적이었다는 것을 보여준다. 하지만 그것은 곧 사라지고 말았다.

Sir Francis Palgrave는[5] "기록이나 법률통계에 의하면 Anglo-Saxon의 관습에 기초를 둔 사법제도가 비교적 최근에 이르기까지 남아 있던 북부 도시 Halifax 하나를 제외하고는 Edward 3세 이후 영국에서 infangthief의 특권이 행사된 예는 전혀 없다"고[6] 말하고 있다. 이러한 범인처벌의 형식과 관련하여 Sir F. Palgrave는 "이와 같이 단순하고 신속한 형사처벌의

---

1) Edw. Conf. 36; Thorpe, 1. 460.   2) Edw. Conf. 22; Thorpe, 1. 452.
3) Palgrave. 1. p. 210.   4) 이 책 p. 137(저자의 책 제1권 p. 125) 참조.
5) [역주] Sir Francis Palgrave(1788-1861)는 영국의 공적기록보관인 그리고 역사가였다. 사무변호사로 오래 일하다 법정변호사의 자격도 취득하였다. 공문서보관인으로서 일하며 수많은 저술을 남겼다. 저자가 여기에서 인용하고 있는 것은 the Rise and Progress of the English Commonwealth로 보이고, 1832년 출판된 것이다.
6) Palgrave. 1. p. 213.

형태를 통상적으로 말하는 법적 절차라고 부르는 것은 어려운 일이다. 이러한 절차는 인간의 본성에 내재되어 있는 열정의 표현으로부터 나오는 행위에 불과하다. 그리고 법이 존재하는 이유는 이러한 자기보호와 자기방어의 힘이 무자비하고 이유 없는 잔인함으로 타락하는 것을 제한하는 데 있을 뿐이다"라고[1] 하면서, 이를 제대로 관찰하고 있다.

경찰조직, 무죄증명(Purgation), 신판(Ordeal)

위에서 언급한 투박한, 참으로 원시적인, 제도와 함께 초기의 법률에는 더 문명화된 제도로 서서히 발전하여 감에 있어 그 토대를 형성하는 규정들이 포함되어 있다.[2] 이러한 규정들을 설명하는 최상의 순서는 먼저 경찰권의 행사와 형사사법의 목적을 위한 국토의 지역적 분할을 설명하고, 이어 재판의 형식 그리고 나서 우리의 법감정에 비추어 형벌을 과하는 것이 합당한 경우에 있어서 그 과형에 대하여 설명하는 것이다.

초기 영국에 있어서 형사사법과 관련한 토지의 분할은[3] 왕국(kingdom), 주(shire 또는 county), 백인촌(hundred 또는 wapentake)과 10호반(tithing)이었고, 여기에서 10호반은 읍구(township 또는 parish)와의 구분이 쉽지 않았다. 대단위 읍구는 burhs로 불렸다. 형사사법업무는 왕의 중요한 특권 중의 하나였다. 각 주에는 한 사람의 백작(earl) 또는 주 장관(alderman) 그리고 한 사람의 주지사(sheriff 또는 viscount)가 있었다. 모든 백인촌에

---

1) Palgrave. 1. p. 211.
2) 초기 영국의 법원과 관할구역에 관하여는 Mr. Stubbs가 많은 노력을 들이고 풍부한 연구를 거쳐 정리하였으므로, 내가 여기에서 이 문제를 다룸에 있어 애초의 권위서들에 관하여 다시 힘든 연구를 하기보다는 그의 결론을 그대로 채택하는 것이 더 안전하고 쉬운 일이라고 생각한다. 비록 Stubbs가 Palgrave, Hallam과 Kemble의 과거 저작에 많은 부분을 첨가하긴 하였지만, 그가 그들의 기본적인 결론을 변경하였다고는 생각하지 않는다.
   [역주] William Stubbs(1825-1901)는 영국의 역사학자이자 옥스퍼드교구 주교이기도 하였다. 그는 1874-1878년에 3권으로 된 'the Constitutional History of England in its Origin and Development'를 출간하였다. 이 책은 튜턴 족의 영국 침입으로부터 1485년에 이르기까지 영국 헌법의 역사를 저술한 권위 있는 책이다. 저자가 단지 Stubbs라고만 인용하는 경우, 이 책을 말한다.
3) stubbs, 1. 101.

그 책임자가 있었는지의 여부는 명백하지 않지만, 일정한 경우 그러한 책임자가 있었던 것은 확실하다. 읍구나 10호반은 각 5명으로 구성되는 주민대표가 있었고, 이들을 읍장(reeve) 또는 four men이라고 불렀다.

후기 왕들, 그리고 정복왕 William과 그의 아들 시대에 "모든 사람들을 10명 단위로 조직하고 그 10명에 포함된 각자는 나머지 사람들의 선행을 보증하며, 만일 그 중 1명이 범죄로 소추된 경우에는 그를 찾아내어야 하고, 만일 그렇게 하지 못한 경우에는 그가 행한 해악에 대한 배상을 하여야 한다"는 내용의 법률들이 제정되었다.[1] 이 조직을 tithing, frith-borhs 또는 10인조(frank-pledges)라고 불렀다. 이러한 조직이 각 지방의 10호반과 어느 정도 연계가 되어 있었는지는 분명하지 않다. "이러한 '10인조에 대한 검증(view)' 즉, 이러한 조직이 그 조직이나 수에 있어서 완벽하게 보전되고 있는지 여부를 조사하고, 그러한 완벽한 보전을 위하여 벌금으로 이를 강제하는 것이 지방 법원(local courts)이 갖고 있는 임무의 하나였고, 이러한 것이 사소한 범죄를 범한 범인(petty criminal)들에 대한 수지가 맞는 관할권과 함께 궁극적으로는 오늘날에도 존재하는 영주 법원(court-leet)에서 행사되는 영주권(manorial right)의 하나가 되었다."[2]

10호반과 백인촌 이외 "Sac and soc, toll and team, and infang-thief"라는 말을 근거로 특권의 전부 또는 일부의 특권이 인정되는 특별 행정구도 있었다. 이러한 특별 행정구도 일종의 100인촌이나 10호반에 불과하지만 개인에게 특권을 주고 있었기 때문에 일반조직과는 별개로 취급되었을 뿐이다. 이들 조직은 명목상 아직도 남아있다. 주지사를 갖고 있는 주(주장관직은 유명무실해졌다), 1869년까지 지방행정관과 경찰서장 혹은 다른 공무원을 갖고 있던 백인촌, 그리고 parishes, townships, tithing이 아직도 우리 주위에 남아있다. 아직도 생생한 우리의 기억에 의하면 비록 그들의 경찰로서의 역할이 현대적인 조직에 의하여 대체되었지만, 1872년까지도 10호반에는 지서장, borsholder와 tithing-men이 남아 있었다. 또한 옛날 이름을 그대로 갖고 있는 특별 행정구가 아직도 있다. Peterborough의 형사사건관할권(soke)도 그 많은 사례의 하나라고 할 수 있다.

초기에 있어서는 이러한 제도들이 이 나라의 경찰조직을 구성하고 있었

---

1) stubbs, 1. 87.   2) stubbs, 1. 88.

고 그리고 법률상 여러 가지 다양한 의무를 지고 있었다. 그 중 가장 중요한 것이 위급한 경우, 도둑이야 하고 소리치는 것(raising the hue and cry)과 도둑이나 절취당한 가축을 추적하는 것이다. 초기의 법률들은 이러한 주제들에 관한 규정들로 가득 차 있고, 그 내용은 절취당한 가축의 자취가 다른 사람의 토지로 나있는 경우 그 토지 소유주는 계속 추적을 하게 하거나 아니면 배상을 하여야 했다.

런던 시민헌장에는 다음과 같은 구절이 나온다.[1] "어떤 자가 한 주에서 다른 주로 경계구역을 넘어 죄인을 추적하는 경우 추적자 주위에 있는 사람들은 그 추적의 책임을 지게 되어 읍장이 그 추적사실을 알 때까지 추적을 한다. 이후 읍장은 그의 manuncy(그 관할구역내의 사람들)와 함께 추적의 책임을 지고 추적이 가능한 경우에는 그 주내에서 추적을 하되 추적이 불가능한 경우에는 angyloe(were에 유사한 고정된 금액)라는 재산형에 처해지게 된다. 그리고 죄적이 있는 경우에는 그것이 어디에 있건 관계없이 또한 죄적이 관할구역 남쪽에서 북쪽으로 나있건 아니면 북쪽에서 남쪽으로 나 있건 관계없이 양 읍장은 모두 동일한 책임을 지게 된다. 모든 읍장은 국왕의 oferhyrnes 내에서 우리 모두의 공통의 frith(안녕)를 위하여 서로 협조하게 된다." (즉, 의무이행을 소홀히 한데 대하여 책임을 지게 되는 고통과 그리고 그러한 벌금형의 부담이라는 고통을 통하여 서로 협조하게 된다.) 따라서 초기의 경찰과 관련하여서는 다음과 같이 간단히 이를 설명할 수 있다. 주의 주지사, 백인촌의 지방행정관(bailiff) 그리고 읍구(township)의 읍장(reeve와 four men)이 경찰 관리였다. 그들의 책무는 범인을 검거하고 절취당한 물건을 원상회복시키는 것이었다. 이 때 경찰 관리는, 모든 사람들이 그들의 이웃에 대하여 책임을 지는 10인조(frank-pledge)라는 제도의 도움을 받았다.

초기의 절차와 관련하여 다음 단계로 알아볼 것은 형사법원의 제도를 설명하는 것이다. 역사상 초기 후반기에 이르러서는 형사사법은 국왕의 대권으로 간주되었고,[2] 오랫동안의 투쟁과정을 거치면서 국왕은 "정의의 근원(source of justice), 그 신민의 주인(lord)과 보호자(patron), 그리고 공유지의 소유자"로[3] 되었다.

---

1) Thorpe, 1. 237.　　　　2) Stubbs, 1. 90.　　　　3) Stubbs, 1. 207.

초기 영국의 법원

비록 국왕이 종종 그의 직무를 사적으로 처리하거나 아니면 그를 직접 시중들고 있는 관리를 통하여 처리하기는 하지만, 통상적이고 공식적인 업무처리방식은 그의 관리, 주 장관(ealdorman),[1] 주지사나 혹은 자신들의 영지 내에서 국왕으로부터 사법적 특권(sac and soc)을 인정받은 토지 소유주들을 통하여 처리하였다. 이들의 직무와 오늘날 판사의 직무 내용이 공통되는 부분이 거의 없기는 하지만, 이들 관리들을 당시 법원의 판사들이라고 대충 말할 수 있다. 법원은 다음에서 보는 바와 같이 경찰조직과 상응하여 설치되었다.

(1) 읍구 관리(township officer). 이들을 법원의 구성원이라 보기는 어렵지만, 상급 법원(superior court)의 집행관원이라고 말할 수 있다.

(2) 백인촌 법원(Hundred Court).

(3) 주 법원(County Court).

(4) 특권 법원(Court of Franchise). 이들 법원은 일종의 백인촌 법원이라고 할 수 있다.

이들 법원에는 그것이 공중의 모임(public meeting)이라는 성질로 인하여 특정한 제소자(suitor)나 멤버들이 참여했다. 이는 우리 시대의 사계법원이 주 치안판사의 모임이고, 이러한 모임이 치안판사를 제소자로 볼 수 있는 법정을 구성하는 것과 마찬가지이다. 백인촌 법원에 있어서 제소자는 백인촌 내 읍구의 목사, 읍장 그리고 four men이었다. 주 법원에 있어서는 주 안에 있는 각 읍구 출신의 동일한 사람들, 지주들 그리고 관리들이 또한 제소자들이었다. 모든 법원은 민사와 형사 사건 모두에 관할권을 갖고 있었다. 형사적인 측면에서 법원은 주지사의 순회재판으로 불렸다. 백인촌 법원과 주 법원 사이에 있어서 형사재판관할과 관련한 구별은 없었던 것으로 보인다. 왜냐하면, 주지사의 순회재판은 단순히 특정의 백인촌에서 그 백인촌의 사건을 심리하기 위하여 개정되는 주 법원이기 때문이다. 법원은 처음에는 제소인들 전체로 구성되었지만[2] 점차 "12명으로 구성된 대표단이 법원의 사법위원회로 제도화되었다."

---

1) 주교(bishop) 또한 지방 법원의 재판을 맡아 보았지만, 이 부분에 관하여는 다른 부분에서 다루겠다.

2) Stubbs, 1. 103. 자세한 내용은 Leges Henrici Primi, v. De causarum preprietatibus 참조. Thorpe, 1. 505.

이러한 내용이 초기 법원에 관한 것이다. 다음의 문제는 법원의 재판절차에 관한 것이다. Sir Francis Palgrave에 의하면 당시의 재판은 완전한 구두주의였다.[1] 재판은 분교구(district)를 통한 구두 통지나 혹은 아마도 증표(token)에 의하여 소집되었을 것이다. "이러한 모임의 모든 절차는 그 성질상 거칠고 단순한 성격을 띠고 있었다. 서기 또는 기록관은 주나 백인촌의 이러한 모임에 참석할 필요가 없었고, 법원의 기록은 판결을 선고하는 판사 즉, Witan의 기억에 맡겨져 있었다. 소송기록(Legal archives)이라는 것은 말뜻 그대로만 본다면 Anglo - Saxons에는 존재하지 않았다. 아주 드물게 백인촌이나 주의 평결이 주위에 있는 대성당의 missal[2] 여백에 기록되는 수가 있었다. 하지만 이와 같은 판결결과를 보존하는 방식이 채택되었다 하더라도 그 기록은 법률상의 효력이 없었다. 변론은 인정되지 아니하였고 엄격하고 적정한 입증의 방식은 증인의 증언에 호소하는 것이었다. 이전 재판 결과에 대한 증거가 필요한 경우 백인촌이나 주가 단체의 지위에서 증거자료를 제공하였으며, 그 방식은 제소자들이 그들 자신이나 그들의 전임자들이 선고한 결정내용을 입증해주는 방식을 취하였다."

절차 자체는 고발(accusation)과 재판(trial)으로 구성되었던 것으로 보인다. 고발은 후일의 대배심의 전신이라고 할 수 있는 위에서 언급한 위원회에 의하여 행해지거나 four men에 의하여 행해졌고, 그리고 읍구의 읍장 혹은 마지막으로 개인에 의한 고발도 있었다.[3] 이러한 내용은 Etheldred 법에[4] 나오는 12인의 향사에 관하여도 등장한다. "그리고 gemot는 모든 wapentake에서 열렸고, 그리고 12명의 고위 향사가 읍장과 함께 앞으로 나가 성물(relic) 위에 손을 얹고 무고한 사람을 고발하지 아니하며, 또한 죄지은 자를 숨기지 않겠다고 선서한다."

four men과 읍장이 고발의 권한도 가지고 있었다는 것은, Sir Francis Palgrave가 Cnut 법을 설명하는 문맥에서도 유추될 수 있다.[5] 즉, "만일 어떤 자가 백인촌에서 진실하지 못하고 tiht-bysig(나쁜 평판의)한 경우에는 세 사람(three men)이 함께 그를 고발한다. 그러한 경우 고발당한 자는

---

1) Palgrave. 1. 143.
2) [역주] 1년 내내 성당의 미사에서 말한 내용과 부른 노래를 기록한 서책을 말한다.
3) Palgrave. 1. 213.　　　　　　　　　4) Ethel. 3. 3; Thorpe, 1. 294-295.
5) Cnut, 30; Thorpe, 1. 393.

고 발

다른 대안이 없이 반드시 세 번의 신판(ordeal)을 감당해야 한다." 이러한 내용은 또한 정복왕 William의 법에서도 발견된다. "백인촌에서 법처를 범한 것으로 4명의 사람에 의하여 고발을 당한 자는 12번의 선서를 통하여 자신의 처를 씻어야 한다."[1]

이러한 법률에 나오는 몇몇 문맥을 보면 1인의 사람도 다른 사람을 고발할 수 있었던 것으로 보인다. 그 중 가장 중요한 것이 Ina 법에[2] 나오는데 그 법이 흥미로운 것은 고발된 사람은 보석으로 석방될 수 있고, 보석이 인정되지 아니하면 재판 때까지 구금되어야 한다는 의미가 그 법률에 내포되어 있기 때문이다. 즉, "(A)가 범죄로 고발되어 보증(pledge)을 하여야 함에도 스스로 보증을 할 수 없어 다른 사람인 (B)에게 찾아가고, (B)가 그를 위하여 보증을 서면서 (A)가 그의(B의) 보증이 끝날 때가지 출석을 담보하기 위해 (A)를 (B)의 손안에 두는 조건을 달았다. 그러고 나서 다시 두 번째로 (A)가 고발을 당하여 보증을 하여야 되는 경우, 그가 이전에 보증을 한 사람에게 기대지 않으려고 하는 때에는 (B가 더 이상 A를 위하여 보증을 하지 않으려고 하는 경우) 그리고 그가 (마지막 고발인이) 그를 구금하는 경우에는 이전에 (A)를 위하여 보증을 섰던 (B)의 보증금을 몰수한다."

이 내용은 불명확하기는 하지만 다음과 같은 의미로 보여진다. 즉, (A)가 범죄행위로 고발되어 (B)가 보석보증금을 지급하는데 그 조건으로 (B)는 (A)가 고발에 대한 답변을 위하여 출석할 때까지 그를 자신의 보호 아래 두게 된다. 그 뒤 (A)에 대한 다른 고발이 있고 이때 (B)가 더 이상의 보증을 거부하게 되면 (A)는 두 번째 고발인에 의하여 구금된다. 이 경우 (B)는 첫 번째 범죄행위와 관련하여 (A)의 출두를 보증하기 위하여 제공한 보석금을 몰수당한다. 이 내용은 서로 다른 법원에 고발된 범죄와 관련된 것이 분명하다. A가 런던에서 고발되어 B가 그의 런던 법원에의 출석을 보증하기 위하여 보석보증금을 지불한다. 이후 A가 Bristol에서 고발을 당하고 이로 인하여 그곳에서 구금이 되면, 그 구금으로 인하여 A는 런던 법원에 출석할 수 없게 되므로, B는 런던에서의 보석보증금을 몰수당하게 된다.

---

1) Thorpe, 1. 487. 2) Ina, 62; Thorpe, 1. 141-142.

무죄선서

고발인 개인으로부터 받는 고발선서가 여러 형태로 아직 남아 있다. 이로 미루어 보아 당시 사인고발(private accusation)이 통상적이었음을 알 수 있다.[1] "거룩한 신의 이름으로 나는 거짓이나 기망 또는 간계 없이 나의 가축을 절취하여 간 N을 상대로 정당하게 고발을 제기한다. 신에게 맹서컨대, 나는 증오나 질투 또는 위법한 욕망의 충족을 위하여 N을 고발하는 것이 아니고, 또한 내가 알고 있는 것은, 나에게 알려준 사람의 말에 따라, 내 자신이 진실로 그가 나의 재산을 절취한 도둑이라고 믿고 있다." 선서의 형태는 지은 죄의 성질에 따라 달랐음이 분명하다.

재판의 형태는 여러 왕들의 법률로부터 상당히 명료하게 추적할 수 있다. 여러 왕들의[2] 법률은 약간의 차이는 있지만 대부분 동일한 내용의 반복에 불과하고, 그 중 가장 완결된 형태를 갖고 있는 것이 Ethelred 법과 Cnut 법이라 할 수 있다. 고발된 자는 통상의 말로 범행을 부인하고, 그리고 혐의를 받고 있는 죄에 대하여 전체적으로 그리고 선서로써 범행을 부인하였다. 그의 선서는 "신의 이름으로 N이 나를 상대로 고발한 내용은 행위나 음모 어느 면에 있어서도(both in deed and counsel) 무죄임을 맹서합니다"로 한다.[3] 피고인의 무죄선서가 있고 나면 그의 유죄 여부는 그의 성품에 따라 lad 즉, 면책선서에 의하여 또는 신판에 의하여 결정된다. 만일 그가 훌륭한 성품의 사람이라면 그는 lad 혹은 "oathworthy"에 의하여 유무죄를 가릴 자격이 주어진다. 만일 그가 lad에 실패하거나 법의 명문규정이 있는 경우 또는 "선서가 깨어지거나" 그가 tiht bysig 즉, 나쁜 성품의 사람이라면 그는 신판에 의하여 유무죄를 가리게 된다. 따라서 이러한 재판에 있어 가장 중요한 첫 번째 문제는 피고인의 성품에 관한 것으로, 그것은 borhs 혹은 보증제도에 의하여 결정되며, 그 내용은 다음과 같다.

"Ethelstan 왕은 영주(lord)나 영주의 집사(steward)는 그의 모든 주민에 대하여 책임을 져야 한다는 법을 제정했다."[4] "모든 사람들은" (모든 영주로 해석해야 할 것이다) "그의 주민들의 모든 절도행위에 대하여 자신을 담보로 제공한다. 그가 그 모두를 감독할 수 없을 만큼 많은 사람을 데러

---

1) Thorpe, 1. 179-185.
2) Ethelred, 1. 1: Thorpe, 1. 283: Cnut, 2. 30; Thorpe, 1. 393; Hen. 1, 41. 6; 59. 6; 64. 9; 65. 3; Thorpe, 1. 515-541.　　　　　　3) Thrope. 1. 181.
4) Æthelstan 2. Thorpe, 1. 217.

고 있는 경우, 몇몇 마을의 믿을 수 있는 대리인에게 사냥들을 위탁한다. 그리고 그 사람이 대리인에게 그의 사냥들을 위험을 무릅쓰고 위탁하기를 원하지 않는다면, 그의 친척 12인을 담보로 제시하여야 한다.”[1] “모든 자유인은 적법한 보증인(borh)을 갖고 있고, 보증인은 그 자유인이 고발을 당하게 되면 그를 법정에 출두시키게 된다.”

Cnut 법은[2] “우리는 12세 이상의 자유인으로서 다른 사람이 그를 살해하려는 경우에 lad나 wer의 보호를 원하면 그러한 자들 모두를 백인촌이나 10호반으로 데려오려고 한다. 그 후 그가 heath-fœst(그 자신의 집에 그대로 사는 것)[3] 이거나 그의 추종자들인 경우에는 위와 같은 무상의 권리(free right)로 보호하지 않는다. 즉, 모든 사람을 백인촌에 데려와 보증인(borh) 아래 두고 보증인이 그를 보호하면서 그의 모든 소송(plea)에 대응하여 나간다. 그 방법이 무엇이든 간에 자신이 보호하는 자를 자유인으로서 또는 노예(theow)로서 쉽게 방어할 수 있는 것처럼 보이고 또한 그것이 가능한 경우라면 그러한 피보호자를 방어하려는 강력한 사람은 많다. 그러나 우리는 이와 같이 정의에 반하는 것을 허용할 수 없다”고 규정하고 있다. 이러한 내용은 후에 입법을 통하여 앞에서 언급한 10인조 법(frith - borh - peace - pledge)으로 발전하였다.

그런 다음 피고인은 그의 보증인(borh)에 의하여 “유무죄 답변(plea)으로 인도되고,” 보증인은 피고인이 일정 기간 유죄판결을 받은 일이 없다는 것을 선서하여야 했다. Ethelred 법의 선서는 “Bromudun에서의 gemot 이래 그는 선서(in oath)나 신판(ordeal)에 빠진 일이 없다”로 되어 있다.[4] Cnut 시대에는[5] “Winchester에서의 gemot 이래로”와 같이 하였다. 이러한 법률에 있어서 선서는 피고인의 주인(즉, lord가 있는 경우)뿐만이 아니라 피고인이 thief-gild를 지불한 적이 없다는 것도 또한 선서하여야 하는 2명의 적법한 백인촌 향사나 읍장에 의하여 행해졌다. 이러한 선서가 있고 나면 피고인은 1회의 신판(single ordeal)이나 30펜스 이상 300펜스 이내의 가치가 있는 선서 중에서 하나를 선택할 자격을 갖게 된다. 1회의 신판은[6] 빨갛게 달군 1파운드 무게의 쇠를 만지거나 끓는 물에 손목까지 손을 담

---

1) Ethelred, 1. 1. Thorpe, 1. 281.
2) Cnut. 2. 20. Thorpe, 1. 387.
3) Thorpe's note.
4) Ethelred, 1. 1. Thorpe, 1. 281.
5) Cnut. 2. 30. Thorpe, 1. 393.
6) Edgar, 9; Thorpe, 1. 261.

구는 방식으로 행해졌다. 얼마나 많은 수의 증인이 1파운드의 가치가 있었는지는 알려져 있지 않다.[1] 또한 누가 증인이 되는지를 어떻게 결정하는지, 그리고 특히 피고인이 그가 부르기를 원하는 증인을 부를 수 있었는지, 피고인의 증인에 대한 기피신청권을 전제로 주지사가 사실관계를 잘 알고 있다고 믿고 있는 자를 소환할 수 있었는지 여부는 잘 알려져 있지 않다고 나는 생각한다. 그러나 그 내용과 관계없이 선서보증인(lad) 또는 면책선서인(compurgator)은 특정 사실관계에 관하여 선서를 한 것은 아니고, 피고인의 결백에 관하여 일반적인 믿음을 선서했다. 이것은 선서의 내용을 보아도 알 수 있다. 선서의 내용은 "그(피고인)와 뜻을 같이하는 그(피고인)의 동료(companion)의 선서 - 신의 이름으로 N이 하는 선서는 순수하고 거짓이 없다(clean and unperjured)"고 되어 있다.

특정 사실에 관한 증언이 이루어졌는지, 이루어졌다면 절차의 어느 단계에서 어떠한 방식으로 행해졌는지를 지금 말한다는 것은 불가능하다. 매우 이른 초기에도 사실에 관한 증언의 필요성이 인정되지 않았다고 보기는 어렵고 또한, 면책선서인이 법률에 규정되어 있는 표현을 사용하기 위하여 "감히(dared)" 선서하기 이전에 (단순한 추측에 불과하지만) 사실관계에 관한 증인을 불러 증언시킬 수 있는 권리를 갖고 있지 않았다고 보기는 어렵다. 여기서 확실히 확인될 수 있는 것은 Henry 1세의 법에는 아래에서 보는 바와 같이 증인들이[2] 언급되고 있고 선서의 형식이[3] 보존되고 있다는 것으로서, 이는 절차의 일정한 단계에 이르러서는 우리가 보통 말하는 증거가 제출되거나 제출될 수 있었다는 것을 의미한다. "다른 증인과 조화를 이룰 수 있는 선서는 어떻게 행해질까. 전지전능한 신의 이름으로 나는

---

1) 여러 법률에 사람들의 상이한 계급과 직업에 따른 선서의 상대적 가치에 대한 규정들이 많이 있다. 예컨대, "미사를 드리는 목사(mass priest)의 선서는 영국의 법률에서 세속 향사의 선서와 같은 값어치로 간주되고, 미사를 드리는 목사가 신의 자비로 취득한 7개의 교회 학위(church degrees)로 인하여 그는 향사와 같은 권리를 가진다. 사슴 12마리(twelf-hynde)의 가치를 갖고 있는 사람의 선서는 6명의 자유농민(ceorl)이 한 선서와 그 가치가 같다. 왜냐하면, 만일 어떤 자가 사슴 12마리의 가치가 있는 사람에게 앙갚음(avenge)을 하였다면, 그는 자유농민 6명의 가치에 해당하는 앙갚음을 받게 되고, 그의 속죄금(wer-gild)은 자유농민 6명의 속죄금과 같기 때문이다." - Thorpe, 1. 183.
2) Hen. 5, 1; Thorpe, 1. 505. 3) Thorpe, 1. 181.

신판(Ordeal)

자벌적으로 그리고 매수되지 아니한 채 적법한 증인인 N을 대리하고 있으므로 내가 그와 함께 내 귀로 듣고 내 눈으로 본 것을 말한다."

그 내용이 어떠하든 간에 선서(oath)가 성공하면 피고인은 무죄가 된다. 만일 선서가 실패하거나 "깨어진(burst)" 경우에는 예컨대, 증인을 찾아내지 못하거나 증인이 선서를 거절하는 경우 또는 피고인이 나쁜 성품의 사람이라면 피고인은 3배의 신판(triple ordeal; urtheil)을 거쳐야 한다. 그것은 3파운드 무게의 빨갛게 달군 쇠를 만지거나[1] 끓는 물에 팔을 팔꿈치까지 집어넣는 것이다.

신판의 정확한 의식내용을 설명하는 것은 불필요한 일이다. 신판에는 다양한 종류가 있었지만, 그 일반적인 성질은 전부 같은 것이었다. 그들은 피고인의 무고함을 입증함에 있어 신에게 기적을 내려달라고 호소하는 것이었다. 뜨거운 쇠를 만지거나 끓는 물에 손이나 팔을 다치지 아니하고 넣는 것이 통상적인 방식이었다. 물을 통한 신판은 매우 기묘한 관습이었다. 물속에 가라앉는 것은 무죄의 표시였고 물위로 떠오르는 것은 유죄의 표시였다. 물위로 떠오르는 것을 이해하지 못하는 경우가 아닌 한 누구나 물속으로 가라앉으려 할 것이고, 또한 고의적으로 그렇게 하기 때문에 이 방식으로 유죄인정을 받은 자를 찾아낸다는 것은 어려운 일이다. 이러한 신판 또는 죄인판별법은 일본 사람들의 할복(happy dispatch)과 마찬가지로 명예로운 자살의 한 형태로 보는 것이 가능하지 않을까? 거의 대부분의 경우 피고인은 물속으로 가라앉게 될 것이다. 이것은 그의 무고함을 증명하는 일이 될 것이지만, 그를 물 밖으로 끄집어낼 필요가 없어진다. 그래서 그는 명예스럽게 죽게 된다. 만일 우연히 그가 물위로 떠오르게 되면, 그는 불명예스럽게 사형에 처해지게 될 것이다.

신판에서 성공하지 못하면 피고인은 유죄로 인정되고 그 결과는 다음에서 보는 바와 같다. - Ethelred 법은 다음과 같이 규정하고 있다.[2]

"그가 처음 유죄가 된 경우에는 그로 하여금 고발인에게 2배의 배상금(bot)을 물게 하고 영주에게 속죄금(wer)을 내게 하며, 그리고 앞으로 어떠

---

1) Edgar, 9; Thorpe, 1. 261. 불을 이용한 신판의 자세한 내용은 Ethelstan 법률 4. 7에 있다. Thorpe, 1. 227.
2) Ethelred, 1. 1, Thorpe, 1. 282-283; Cnut, 2. 30, Thorpe, 1. 393-394.

한 죄악으로부터도 멀리하겠다는 적법한 보증인(borhs)을 세우게 한다. 그리고 두 번째 유죄가 인정된 때에는 배상금이 아니라 목숨을 빼앗는다. 만일 피고인이 도망을 가 신판을 회피한다면 보증인으로 하여금 고발인에게 그의 ceap-gild(도난당한 물품의 시장가격)를 지불하게 하고 벌금(wite)을 받을 자격이 있는 영주에게 그의 속죄금을 내게 한다.[1] 어떤 자가 그가 도주한 것은 영주의 권유에 따라 도주하였고, 그 이전에 영주가 위법한 행위를 하였다고 고발해오는 경우에는 영주로 하여금 5명의 향사(thanes)를 통해 그리고 그 자신이 여섯 번째 향사가 되어 그에 대한 무죄의 입증을 하도록 한다. 무죄입증이 성공한 경우에는 영주에게 속죄금(wer)을 받을 자격을 준다. 무죄입증이 성공하지 못한 경우에는 왕이 속죄금을 취득하게 되고, 도둑은 모든 사람들에 대하여 법익박탈자(outlaw)가 된다."

Cnut 법도 동일한 취지로 되어 있지만, 그에 대한 처벌은 이미 언급한 바와 같이 달랐다.

---

1) 즉, 범인의 속죄금(were)은 그 범죄와 관련하여 벌금을 받을 자격이 있는 영주에게 지급된다. 여기에서 were는 피해자가 살해되었을 때 그의 친척에게 지급하는 금액과 범인이 범죄를 저지른 경우 지급해야 하는 금액을 모두 의미한다.

제 4 장 통상의 형사법원

- 고등법원 여왕좌부, 순회법원, 사계법원,
약식사건 법원, 특권 법원, 웨일즈 법원 -

오늘날 영국에서 통상의 형사재판업무는[1] 고등법원 여왕좌부, 순회법원, 중앙형사법원 그리고 주(County)와 도시(Borough)의 사계법원에 의하여 처리된다. 나는 이 장에서 이들 법원과 이들 법원들이 대체해 버린 법원들의 역사를 서로 관련시켜 설명하려고 한다. 형사법원으로서의 역할과 관련한 의회의 역사, 추밀원의 형사재판 관련 역사와 성실법원(Court of Star Chamber)의 역사는 다른 장에서 설명하기로 한다. 해사(admiralty)사건의 관할과 관련하여서는 다른 제목으로 설명하려고 한다.[2]

아주 적은 몇 마디의 말로 통상의 형사법원에 대한 역사를 설명하려고 하면 다음과 같다. 노르만 정복 이전의 일반적인 형사법원은 주 법원이나 백인촌 법원이었지만 이들 법원은 왕실법원(King's Court)의 일반적인 감독을 받았고 관할도 왕실법원과 동일하였다. 정복왕과 그 아들들은 이러한 사정을 변경하지 않았지만, 왕실법원의 감독을 강화하고, 경합하는 관할권을 직접 행사함에 있어서 그 엄격함과 행사 빈도를 대폭 증가시켰으며, 따라서 시간이 흐름에 따라 지방 법원(local court)의 관할은 줄어들고 그 중요성 또한 감소되었다. 그 과정에서 왕실법원은 왕좌법원(Court of King's Bench)과 Court of Justice of Assize, Oyer and Terminer and Gaol

---

1) 체계적으로 설명된 현재의 법원조직은 Dig. Crim. Proc. p. 9-16 참조.
2) 저자의 책 제16장, 제2권, p. 1. 참조.

Delivery, 혹은 일반적인 통상의 표현으로 말하면 순회법원(Assize Court)으로 발전되어 갔다. 그리고 주 법원은 형사재판에 관한 한 그 중요성의 대부분을 잃게 되었다. 이러한 변화는 노르만 정복 이후의 여러 치세를 통하여 서서히 일어났고, Edward 1세 즉위와 함께 완성되었다.

Edward 3세 치세 중에 치안판사(Justices of the Peace) 제도가 도입되었고, 시간이 지남에 따라 치안판사는 법원에서 담당하던 범인들에 대한 재판업무를 맡아하게 되었으며 그것이 오늘날의 사계법원이다. 하지만 주 법원은 그 제도가 비록 완전히 폐지된 것은 아니지만, 사실상 그것이 폐지된 Edward 4세의 초기까지 별도로 명맥을 유지했다. 주 법원이 그대로 유지되고 있었다는 흔적은 영주 법원(Court Leet)에서 지금도 찾을 수 있다. 지난 몇 년 사이에 경미한 사건처리를 위한 법원이 설치되었다. 위에서 언급한 법원들이 영국에서 형사사법업무를 처리하기 위한 통상의 법원을 구성하였고 현재에도 구성하고 있지만, 이들 이외에도 특정한 지역 안에서의 형사사법권은 일종의 특권(franchise)으로서 특정한 사람들에게 주어지기도 했다. 이 경우 그 개인에게 이를 부여하거나 아니면 그 개인이 속해있는 법인에게 형사사법권을 주었다. 이들 법원의 주요한 역사는 간단히 다음과 같이 설명할 수 있다.

장원(manor)에 부여되었던 사법권(judicial authority)은 오래 전에 축소되어, 비록 그 잔재가 남아있기는 하지만, 거의 유명무실한 것이 되었다. 이들 특권 법원의 일부는 (특히 Palatine, Chester, Durham과 Lancashire 주 법원) 왕실법원에 흡수되었고, 아주 최근까지 그 이름만 전해 내려 왔다. 런던 시 특권 법원(franchise of the City of London)은 1834년에 설치된 중앙형사법원에 흡수되었다. 다른 도시나 촌락의 특권 법원들은 그 성격이 매우 다양했다. 형사사법의 문제에 관한 한 대부분의 특권 법원들은 1834년의 지방자치법(Municipal Corporations Act)에 의하여 규율되었고, 이 법의 규율을 받지 않는 다른 특권 법원들은 비록 공식적으로 폐지된 일은 없지만, 쓸모없어지고 기억에서 사라지게 되었다. 마지막으로 Wales 가 정복왕의 치세 이후 여러 연속적인 단계를 거쳐 영국의 일부가 되었다. 이상이 내가 지금부터 상세하게 설명하려고 하는 역사의 개관이다.

초기의 주 법원

주 법원(County Court)

치안법원(court of justice)이라는 단어가 우리에게 주는 이미지보다 더 분명한 이미지는 없다. 우리는 이 표현을 가지고 특정한 방식으로 정리된 큰 방실을 연상하게 된다. 그리고 그 절차는 잘 알려진 통상의 길을 따라 가다가 일정한 결과로 끝나게 되어 있다.

그러나 이러한 연상이 초기 왕들의 법원과 그 신하나 관리들에 대한 우리들의 개념에 영향을 주려고 한다면, 그러한 연상은 잘못된 것이라고 할 수 있다. 당시의 법원은 모든 종류의 거래(business)가 이루어지는 장소로 제공되었고, 현대적 개념으로 보아 형사법원이라기보다는 아마도 공중의 집회 장소와 더욱 큰 유사성을 갖고 있었다. 이러한 사정은 종류에 관계없이 모든 법원에 해당하는 것이지만 특히, 주 법원이 그러하였다. 주 법원은 우리 역사의 초기부터 Edward 1세 치세에 이르기까지, 비록 그 후는 아니라고 하더라도, 계속하여 훨씬 더 중요한 공공업무, 사법업무, 재정업무 그리고 군사 관련 업무들을 처리하는 "Folkmoot[1] 또는 주민총회"로서의 기능을 갖고 있었다. 주지사(sheriff)는[2] 초기에 "국왕의 집사(steward), 그 주의 사법장관(judicial president), 왕실소유지의 관리자 그리고 법의 집행자"였다. 주지사가 주 장관(ealderman)과 어떠한 관계에 있었는지, 교구 주교(bishop)가 주지사의 업무수행에 어느 정도 관여하고 통제하였는지를 정확하게 알아보는 것은 불가능하다. 노르만 정복 이래로 모든 업무처리에 있어 주 장관의 업무는 유명무실한 귀족의 권위로 변해버렸고, 교구 주교는 William 1세의 헌장에 따라 일반 법원으로부터 분리된 그 자신의 사법적 관할권을 획득하였기 때문에, 그러한 문제들은 실제적인 관점에서 보아 아무런 중요성이 없다. 또한 형사재판에 있어서 주지사의 역할이 어떠한 성격의 것이었는지에 대한 정확한 설명을 한다는 것도 역시 어려운 일이다. 주지사가 재판을 열었다. 주지사가 법원의 결정에 크게 영향을 미친 것은 의심의 여지가 없지만 정확하게 말해서 제소자들(suitors)이 판사였지 주지사는 판사가 아니었다.[3] 주지사의 역할이 무엇이었든지 간에 그리고

---

1) Stubbs, 2. 205.　　　　　　　2) Stubbs, 1. 113.
3) Stubbs, 1. 393-394.

주 법원에 대한 설명

지켜진 절차의 성질이 어떠하였든지 간에 법정 그 자체는 주의 영주나 그들의 집사, 교구 목사 그리고 각 읍구의 지방관(reeve)과 four men으로 구성된 대표자모임이었다. 법정의 성격과 법정의 지대한 중요성, 그리고 국왕과 그의 관리가 통상적인 재판의 주재자인 주지사와 병행하여 재판에 대한 관할권을 갖고 있었다는 사실은 그 절차와 관련하여 얼마 남아있지 아니한 보고서로부터 알아볼 수 있다.

"정복왕 William 1세의 치세 중에서 가장 훌륭하게 기록된 재판이라고 할 수 있는 Canterbury 대주교 Lanfranc와 Kent 백작 Odo 사이의 유명한 소송은[1] 국왕의 대리인인 Coutances의 대주교 Gosped가 참석한 가운데 Kent 주 법원에서 열렸다. 왕의 대리인의 출석, 그리고 왕국에서 유명한 대부분의 사람들이 출석함으로써 재판은 일종의 Witenagemot가[2] 된 것으로 짐작이 된다. 대주교는 3일간의 재판에서 Pennenden Heath에 대한 교회의 소송이유를 개진하였다. 국왕의 명령에 따라 연로한 South-Saxon의 대주교 Ethelric과 함께 고대의 법과 관습에 정통한 영국인 몇 사람이 불려나와 그 법률에 관한 고대의 관습을 설명하였다. 이 모든 훌륭하고 현명한 사람들이 주교의 주장을 지지하였고, 그 결정은 주 전체에 의하여 동의를 받게 되었으며, 주 전체에 의하여 결정된 것으로 되었다."[3]

예외적인 흥미와 엄숙함을 보여주는 이러한 사례들은 물론 역사가들이 기록한 것이다. 일상적인 도둑이나 살인범이 재판을 받은 통상적인 재판절차를 우리가 흘끔이라도 볼 수 있는 것은 우연한 경우에만 가능하다. 하지만 나는 다행히도 Henry 2세 치세 당시 일상적인 도둑의 재판에 관한 기록을 언급할 수 있게 되었다. 그것은 "Thomas Becket의 생애에 관한 자료"에[4] 나오는 것으로 수많은 기적에 관한 이야기로 되어 있으며 Thomas

---

1) [역주] 이 소송은 "Trial of Penenden Heath"라고 하기도 하는데, 본래 교회 소유이던 Penenden Heath 등 Kent 주의 토지를 Kent 백작 Odo가 불법적으로 소유하고 있다고 하면서, 그 회복을 구하는 내용이다. 노르만 법과 영국의 법률 사이의 관계를 말해주고 있다는 의미에서 영국 역사 초기에 있었던 매우 중요한 사건이다.
2) [역주] witenagemot는 "현명한 사람들의 모임"이라는 뜻으로 7세기 이전부터 11세기까지 영국에서 운용되었던 정치적 모임이다. 　　　　　　　3) Stubbs, 1. 277.
4) 기록장관에 의하여 간행되었다, 1. 155-7. 내 친구 Mr. Froude가 이 신기한 이야기에 관심을 가지라고 했다. 이것은 또한 Mr. Bigelow의 "Placita Anglo-Normannica"에도 실려 있다.

Henry 2세 시대의 절도사건

Becket이 살해된 이후 그가 생전에 관여한 것을 토대로 기록된 것으로 전해 내려온다. 그것은 아마도 현대의 소설가가 형사법정에서 실제 벌어진 재판내용을 작품화한 것과 마찬가지로, 실제 사실에 관한 내용이라고 볼 수 있을 것이다. 그것은 Ailward라는 사람이 Bedford 주 법원의 판결에 의하여 신체절단형에 처해진 뒤 그의 눈과 다른 기관들이 부활하였다고 말해지는 신비로운 영혼의 구제와 관련된 것이다. 그 내용은 다음과 같다.

"Ailward의 이웃이 Ailward에게 빚을 지고 있었다. 그는 빚을 갚으라는 요구를 받고 이를 거절했다. 이에 격분한 Ailward가 그의 채무자가 술집에 술을 마시러 가면서[1] 자물쇠로 밖에서 시정을 하여둔 채무자의 집을 부수고 들어갔다. Ailward는 자신의 채권에 대한 담보로 자물쇠와 그 집의 지붕에 걸려 있는 숫돌, 도래송곳과 공구를 가지고 가버렸다. 그 집 아버지에 의하여 집안에 갇혀 놀던 아이들이 아버지에게 집이 어떻게 부수어져 열렸고 도둑이 물건들을 어떻게 가져갔는지를 말했다. 아이들의 아버지가 Ailward를 추적했고 그를 붙잡아 팔을 비틀어 그의 손에서 숫돌을 빼앗고, 걸어가는 그의 머리를 숫돌로 때려 상처를 나게 했다. 이어 그는 칼을 꺼내 그의 팔에 자상을 가하고 그가 부수고 들어간 집으로 끌고 가서 절도현행범으로[2] 훔친 물건과 함께 묶어놓았다. 군중이 모였고 그들 중 하나가 집행리(apparitor)인 Fulco라는 사람으로, 그는 1실링 이하의 물건을 훔친 자는 신체절단형에 처할 수 없으므로 다른 물건들도 도난당한 것으로 하여 도난품을 늘리자고 제안하였다. 그에 따라 그 죄수 옆에는 한 묶음의 속옷과 겉옷 그리고 보통 volgonum으로 불리는 철제 연장이 놓여졌다."

"다음 날 그는 위에서 말한 묶음과 함께, 이를 그의 목에 걸고, Richard라는 주지사와 다른 기사들 앞으로 보내졌다. 그러나 사건내용에 의심스러움이 있어 성급한 판결을 내리는 것을 피하기 위해 판결의 선고는 연기되었다. 그는 Bedford에 있는 감옥에 1개월간 유치되었다."[3]

---

1) "Ad tabernam digressus(이웃 술집에 술을 마시러 가면서)".
2) "Quasi furem manifestum cum concepto furto(마치 절도 현행범인 것처럼 생각하여 집으로 끌고 가)." 여기에서는 로마법상의 기술적인 용어를 사용한 것이 주목된다.
3) 지금 다루고 있는 문제와 관련이 없기는 하지만, 그가 감옥에서 그의 시간을 보낸 방식에 관한 내용은 기묘하다. "그러는 동안 그는 이교도 목사를 몰래 불러 태어난 이래 저지른 그 자신의 모든 죄를 고백했다. 그리고 마리아와 성인들의 축복을 기원하

Henry 2세 시대의 절도사건

　　그 후 "그는 Leighton Buzzard로 이송되어 그곳에서 치안판사를 만났다. 그 자리에서 그는 고발인인 Fulco와의 결투나 불을 통한 신판(ordeal)을 요청했지만, 이미 위 고발행위로 황소 한 마리를 받은 Fulco의 동의에 따라[1] 그는 물을 통한 신판에 처해지게 되었고, 따라서 그는 빠져나갈 여지가 전혀 없게 되었다. 그로 인하여 그는 Bedford로 다시 이송되었고, 그곳 감옥에서 다시 1개월을 보내게 되었다. 그곳에서 판사를 만나게 되었고, 그가 물을 통한 신판에 의한 심리를 포기하였기 때문에 그는 슬픈 유죄의 판결을 받고[2] 처형장소로 끌려가 다중이 보는 앞에서 두 눈이 뽑히고 신체절단형이 집행된 뒤 절단된 그의 각 기관들은 땅속에 묻혔다." 그 이야기의 나머지 부분은 신비스러운 각 신체기관의 부활을 서술하고 있다.

　　이러한 이야기는 통상의 절도사건과 관련한 과거 주 법원의 재판절차를 선명하게 보여주고 있다. 도둑은 그가 절취한 물건과 함께 체포된다. 도둑은 주지사와 다른 기사들에게 송치되고 Bedford 감옥에 유치된다. 한 번은 Leighton에서 다른 한 번은 Bedford에서와 같이, 주 법원에서 두 번의 순회재판(tourn)과 휴정(adjournment)이 연속한 두 달 사이에 거행된다. 그들

도둑 조언을 받았다. 그리고 무엇보다도 축복받은 토마스의 영광을 위해 주님의 영광을 나타내는 덕과 징표를 내려주시기를 겸허하게 탄원했다. 또한 모든 분노와 충동, 증오를 떨쳐내고 용기를 내려달라고, 그리고 하느님을 의심하지 않도록 자비를 베풀어달라고 탄원했다. 지은 죄를 용서받는 데 평정심을 갖는 자 그리고 오순절에 깨어있는 자는, 일반 사람들의 생각과는 달리, 물속에 빠지고 불에 태워져도 어린이로 다시 부활한다. 만일 판사가 사실과 달리 판결을 하게 되면 이는 5일 동안의 업무를 통하여 자비로운 하느님의 가르침에 도전하는 것이다. 그는 그의 육신이 약속의 삶인 순교에 바쳐진 뒤, 그의 오른쪽 어깨 위에 불에 달군 쇠를 얹어 놓은 상태에서 십자가를 상징하는 그 자신의 옷이 찢어지는 것을 두려워하면서 운명의 식에 대한 경고를 즐겁게 들었다."

1) 아마 'Fulco의 제안에 의하여'라는 뜻일 것이다. 여기에서 왜 Fulco가 그의 적을, 당시 가장 두려운 것으로 간주된 것으로 보이는, 신판에 처함에 있어 뇌물을 필요로 했는지는 이해하기 어렵다.

2) "Damnationis suae tristem excepit sententiam(슬픈 유죄의 판결을 받고)" 이 말은 아마 신판이 그에게 불리하게 결정되었다는 것을 의미한다고 하겠다. 이 말은 그가 신판을 포기하고 유죄를 인정한 것으로 볼 수 있지 않을까? 전체 취지로 보아 물에 의한 신판이 불에 의한 신판보다 더 공포의 대상이 되었다는 것을 의미하고, 이는 아마 물에 의한 신판의 경우 속임수를 쓸 여지가 더 적었기 때문일 것이다.

은 치안판사(magistrate)나 판사(judge)의 모임으로 설명된다. 여기서 말하는 "치안판사(magistratus)"나 "판사(judices)"라는 단어는 아마 통상의 용어로 사용된 것이고, 실제 주 법원의 재판에 참여한 사람들은 귀족의 가신이나 지방의 유력자임이 명백하다. 피고인은 결투에 의한 재판을 주장하였지만 (의심의 여지없이 그의 유죄가 명백한 것으로 간주되었기 때문에)[1] 물에 의한 신판으로 결정되었다. 여기에서 그는 유죄로 판명되거나 그의 죄를 자백하게 되고, 그 자리에서 두 눈이 멀게 된 뒤 신체절단형을 당했다. 이러한 방식으로 열리는 주 법원의 재판 또는 모임에서 모든 종류의 재정적, 군사적 업무가 처리된다는 사실, 그리고 그곳에서 헌장(charter)이 발표되고[2] 포고들(proclamations)이 반포된다는 사실, 그곳에서 주지사의 군사에 관한 명령이[3] 내려지고, 병역을 조건으로 하는 군사적 토지소유권(military tenure)에 부수되는 의무사항이 집행된다는 사실, 그리고 마지막으로 그곳에서 지방세의 산정과 징수가 결정된다는 사실을 염두에 둔다면, 그러한 모임을 주재하는 주지사는 정부의 큰 두 부문 즉, 재정부문과 사법부문의 수장이라는 것이 명백해진다.

그리고 그러한 부문들이 국왕이나 국왕의 대리인과 독립되어 있었다면, 주지사들은 그 각자의 주에서 사실상 소국의 왕(petty kings)이라 할 수 있었다.

정복왕과 그의 아들들 치세에서 그들은 사실상 그와 같은 지위를 가지고 있어서 왕실법원의 사법업무가 주지사의 주 법원에 통합된 사례가 다수 있었다.[4] 이러한 현실은 압제와 부정을 통하여 그 남용으로 나아가게 되었고, 그 결과 1170년 Henry 2세의 명령에 의한 "주지사들에 대한 사문(Inquest of the Sheriffs)"을[5] 발생케 했다. 그 사건으로 인하여 영국 내 모든 주지사들은 면직되고, 이 사건 조사를 위하여 임명된 특별재판부가 그들의 행위를 조사하게 되었다. 하지만 이러한 일은 단발적인 조치에 불과한 것이고, 주지사의 법적 지위를 변화시킨 것으로 보이지는 않는다.

---

1) 기록자는 집행리 Fulco와 절도 피해자를 재물로 하여 그를 최상의 영웅으로 만들려고 하였음이 명백하지만, 그러나 우리는 그러한 문제를 중요하게 생각지 않는다. 만일 그 죄수가 진정 무고한 자라면 그의 지극한 참회는 이해하기 어렵다.

2) Stubbs, 576.　　　　　　　　　3) Stubbs, 2. 212, 3.

4) Stubbs, 1. 192, 3.　　　　　　　5) Stubbs, Charters, 147.

국왕의 재판권

오래된 주 법원에서 사법업무담당자는 그 후 다른 위원회로 완전히 대체되었기 때문에 그 심리가 어떻게 진행되었는지 또는 그 심리가 실제 중요한 의미를 갖고 있었는지에 대한 명확한 내용을 알 수 없다. 하지만 법원은 일반적인 목적을 위하여 매달, 아마도 읍구(county town)에서, 개정된 것으로 보이고, 형사재판을 위해서는 주지사의 순회재판(sheriff's tourn 또는 circuit)이라는 이름으로 주의 모든 백인촌에서 1년에 2회 재판이 열린 것으로 보인다. 또한 국왕의 승인 하에 많은 주 자치구 예컨대, 읍구, 장원(manor) 등은 순회재판(tourn)을 면제받았고 leet라고 불린 그들 자신의 순회재판을 한 것으로 보인다. leet 재판은 주지사 앞에서는 열리지 않았고, 특권 행정구(franchise)의 영주(lord)나 그의 집사(steward) 앞에서 개최되었다. 이러한 leet 법원은 오늘날에도 많이 남아 있고, 그 법원의 재판절차가 아마 책에서 얻는 것보다 더 나은 고대 형사절차에 관한 지식을 제공해준다. 이 법원에 관하여는 그 주제와 관련하여 다시 설명하겠다.

주 법원의 형사재판에 대한 관할권이 거의 쓸모없게 되어간 단계는 아직도 상당히 완벽하게 추적할 수 있다. 아주 초기에 왕들이 형사 재판권을 양도함에 있어 특정한 부류의 사건들에 대한 재판권은 그들 자신에게 유보하였다. 적어도 Cnut 법에 대한 Mr. Stubbs의[1] 해석에 의하면 그러한 결론이 나온다. "이러한 것들은[2] 국왕이 Wessex의 모든 사람들에 대하여 누리고 있는 권리이다. mund-bryce(국왕의 평화나 특별 보호에 대한 침해), hamsocn(주거침입절도), forstal(계획적인 폭행),[3] flymena-firth(법률 무시) 그리고 fyrd-wite(병역의무를 소홀히 한 데 대한 벌금)가 그것으로 국왕이 이러한 권리를 다른 사람에게 폭넓게 양도하고 동의하지 않는 한 이는 국왕의 권리이다." Stubbs는 이러한 것들이 고유한 "국왕의 소송업무 (pleas of Crown)"라고 생각했다. 그 내용이 어떠하든 간에 Glanville이[4] (Henry 2세 시대에) 서술할 당시에는 국왕의 소송업무와 주지사의 소송업

---

1) Stubbs, 1. 187.   2) Thorpe, 1. 383; Cnut, Secular Laws, 12.
3) 이 책 p. 63(저자의 책 제1권 p. 56).
4) [역주] Ranulf de Glanville(1112-1190)은 Henry 2세 치세(1154-1189) 당시 영국의 수석재판관(Chief Justiciar of England)이다. 영국의 법률에 관한 최초의 보고서라고 할 수 있는 'Tractatus de Legibus et Consuetudinibus Regni Angliae(Treatise on the Laws and Customs of the Kingdom of England)'를 저술하였다.

무의 구별이 잘 알려져 있었다는 것은 분명하다. 그는 그의 책 제1권 서문에서 이를 기술하고 있다. "소송의 일부는 형사적인 것이고, 일부는 민사적인 것이다. 형사소송의 일부는 국왕의 법원에 관련된 것이고, 일부는 지방의 주지사에 관련된다."[1] 그는 이어 국왕의 소송사무로 반역죄, 발굴매장물의 은닉, 국왕의 평화에 대한 침해, 살인, 방화, 강도, 강간, 위조 범죄(crimen falsi) 등을 열거한 뒤 "이러한 여러 가지의 처도 그 형벌은 비슷하다. 즉 극형에 의하여 처벌되거나 신체절단형을 받는다"고 쓰고 있다. 절도 범죄는 (비록 사형이나 신체절단형에 처해지지만) 주지사의 소송업무에 속했고, "고발인이 국왕의 평화에 반하는 범죄라고 주장하지 않는 한" 언쟁 중 폭행과 상해에 대한 심리도 "pro defectu dominorum(관할이 없는 때에는)", (이 말은 특권 법원 즉, franchise가 없는 경우를 말하는 것으로 추측된다), 주지사에게 속했다.

Clarendon 순회법원규칙은 어떤 자가 "robator vel murdrator vel latro vel receptor eorum(강도, 살인, 절도 또는 장물취득자로서)" 주지사에게 고발되면, 그는 최종처분을 위하여 치안판사에게 송치되고, 치안판사가 그 주에 곧 올 수 없는 경우에는 주지사가 가장 가까이에 있는 치안판사에게 이를 전하고 치안판사가 지정한 장소로 죄수를 보낸다고 규정하고 있다.[2] 또한 Northamton 법률 제12조(서기 1176년)는[3] 붙잡힌 도둑은 주지사가 구속하며, 주지사가 없는 곳에서는 가장 가까운 곳의 castellanus(성채의 수비대원)가 구속하지만 "de latronibus iniquis et malefactoribus terrae(절도범과 그 지방에서 처음 지은 사람들)"(제7조)에 대한 순회재판은 치안판사가 행한다고 규정하고 있다. 위 법률의 나머지 부분 문언의 내용은 치안판사가 "minutis furtis et roberiis quae facta fuerunt tempore guerrae sicut de equis et bobus et minoribus rebus(강도와 일시 싸우고 있는 힘이 센 사람, 기사, 귀족 그리고 까다로운 문제)"를 제외한 모든 중한 범죄행위로 고발된 죄수들을 재판한다는 의미로 보인다.

이 규정들은 주지사의 권한에 관한 분명한 설명을 하고 있지는 않지만, 대부분의 중요한 사건의 처리는 치안판사에게 유보되어 있다는 것을 암시하고 있다.

---

1) Glanville, p. 1.   2) Stubbs, Charters, p. 143.   3) Stubbs, Charters, p. 157.

주 법원의 쇠퇴

대헌장(Magna Charta) 제24조는 다음과 같이 되어 있다. "Nullus vice-comes constabularius coronatores vel alii ballivi nostri teneant placita coronæ nostræ(주지사, 치안관, 검시관 그리고 다른 우리의 관리들은 우리 국왕의 소송업무를 관장할 수 없다)." 1215년 당시에 "국왕의 소송업무(placita coronæ)"가 무엇을 뜻하는지 정확하게 말할 수는 없다. 적어도 중대한 범죄라는 의미임은 틀림없다. 그리고 이러한 법제정으로 인하여 주지사의 중요 사건에 대한 형사재판권을 사실상 박탈한 것이 되어 버렸다. 하지만 주지사의 순회재판이 대헌장에 의하여 명시적으로 폐지된 것은 아니었다. 그 이후에도 수 세기 동안 이는 계속되었다. 그러나 죄수를 재판하기 위한 것이 아니고 기소장을 제출하기 위해서였다.

고대에 있어서 기소장(indictment)은 오늘날 검시관(coroner)의 면전에서 조사가 이루어지는 방식과 마찬가지로 순회재판을 하는 주지사에게 제출되던 것이었다. 지금까지도 효력이 있는 법률에 의하면, 누구든지 검시관의 조사결과보고서(coroner's inquisition)에 의하여 모살이나 고살 사건의 피고인으로서 법정에 설 수 있다. 주지사가 재판관으로서의 지위를 그만두고 난 후에도 오랫동안 그들은, 비록 재판을 하는 것은 아니지만, 기소(indictment) 여부를 결정하는 상당수 소규모 지방법원(local court)의 주재자로서의 지위를 계속 수행했다. 실제 치안판사(justices of the peace)제도가 창설될 때까지 주지사와 검시관 그리고 형사법원의 대배심(grand jury)이 기소 여부를 결정하는 치안판사(committing magistrate)의 직무를 수행하였음이 분명하다. 이와 관련하여 그 절차의 여러 흔적들이 법령집에서 발견되고 있다. Westminster 법령집(2nd, 13 Edw. 1, c. 13 법률. 1285년)에 의하면 주지사들이 순회재판을 함에 있어 적법하게 기소되지 않은 사람들을 기소가 되었다는 구실로 자주 감옥에 감금하고 돈을 강요하기 때문에 앞으로 그러한 기소장(indictment)은 적어도 조사결과보고서에 서명을 한 적법한 사람 12명에 의하여 작성되어야 한다고 규정하고 있다.

다른 법령집(1 Edw. 3, st. 2, c. 17 법률. 1330년)에 의하면 기소장은 한 장의 종이에 원본과 사본의 2부로 작성함으로써 "과거에 그랬던 바와 같은 기소장의 착복을 방지하고 따라서 배심원(inquest) 중 1명은 평결을 함에 있어 톱니자국으로 자른 원본과 사본 중 하나(one part of the indenture)

를 판사(justices)에게 제시하여야 한다"고 규정하고 있다. 다음 세기가 지나가면서 주지사의 판사로서의 권한이나 기소 여부를 결정하는 치안판사로서의 권한이 모두 순회법원이나 사계법원 그리고 치안판사에 의하여 사실상 모두 대체되었고, 그로 인하여 순회재판(tourn)은 단순한 금품갈취의 수단이 되고 말았다. "중죄(felony)나 종교·도덕상의 범죄(trespasses) 그리고 다른 범죄들과 관련하여 터무니없는 기소나 고발이 순회재판이나 법의 날(law day)에 수없이 주지사나 그들의 하급 관료에게 제기되고, 이들 기소장은 양심이 없고 훌륭하지 못한 배심원들(jurors)에 의하여, 그리고 때로는 전술한 주지사의 하급 관료나 집행관에 의하여 자주 승인되었다."[1] 그러고 나면 기소된 사람들은 체포되고 감옥에 감금되며 그들의 자유를 담보로 "가혹한 벌금이나 배상금이 강요되었고," 그에 따르게 되면 그들의 기소는 철회되었다.

이러한 악습을 근절시키기 위하여 주지사나 그의 집행관은 그러한 기소장이나 고발장으로는 그 누구도 체포할 수 없게 되었고, 다만 다음 사계법원의 법정에 그들을 데려가도록 요구받게 되었다. 이때부터 주지사의 순회재판은 사실상 쓸모없게 되었고, 더 이상 재판이나 고발을 할 수 없게 된 관계로 지금까지 살아남아 있는 주 법원의 고대 형사사건관할의 잔재는 이미 언급한 leet 법원의 경우가 유일하다.

이제 주 법원을 대체한 법원, 그리고 아직도 이 나라의 모든 통상의 형사사건과 관련한 형사사법권을 행사하고 있는 법원으로 눈을 돌리겠다. 이들은 고등법원 특히, 고등법원 여왕좌부, 순회법원 그리고 사계법원이다.

고등법원 여왕좌부

영국의 왕들은, 노르만 정복 훨씬 이전부터, 정의의 원천으로서 국왕의 대권을 주장하고 행사해 왔으며 그들의 법정은 대부분의 중요한 국가대사가 처리되는 중심지였다. 특히, 모든 경우에 있어서 모든 사법권의 행사는 국왕의 권위로부터 유래되는 것이었다. 위에서 언급한 바와 같이, 국왕은 그 자신이 직접 또는 그가 임명한 특별한 대표를 통하여 그가 적절하다고

---

1) 1 Edw. 4, c. 2 법률.

생각하는 때마다 주 법원을 주재했고, 그의 사법권을 특정의 법원이나 특정인에게 양도함에 있어서도 그가 적절하다고 생각하는 일정 부류의 사건에 관한 권한은 그에게 유보하였다. Stubbs는 말한다. "후반기 법률에 있어서 국왕은 권한을 국왕에게 유보하여 그 자신이 처리하고 이익을 얻는 형사사건의 범위를 특정했다. 그러한 사건의 명세는 Canute 법에 규정되어 있다. 그것은 국왕의 보호를 침해하는 행위, 주거침입, 폭행, fyrd(병역의무)의 태만 그리고 법익박탈(outlawry)이다. 이들은 본질적으로 국왕의 소송업무(pleas)이고, 따라서 지방의 법원(local court)에서 국왕의 관리들에 의하여 처리되었다."[1]

노르만 왕들의 치하에서 국왕의 궁정(King's Court, Curia Regis)의 중요성과 영향력은 매우 크게 증가되었다. 비록 서로 간에 구별이 되어 있지는 않았지만, 국왕의 궁정은 현재의 정부조직 내에 들어있는 모든 중요한 기관들의 배아를 가지고 있는 것으로 보인다. 노르만과 Angevin[2] 왕들 치하의 Curia Regis에 대한 명확한 개념을 설정하기 위해서는, 그 말이 형사재판을 위한 법정을 뜻하는 것인지 아니면 국사를 논하기 위한 법정이라는 뜻인지와 관련하여, 그것이 우리가 알고 있는 법정(court)이라는 더 근대적인 기구와는 크게 다르다는 점에서 다음의 두 가지 점을 명심하여야 한다. 첫 번째는, Curia Regis는 나라의 업무뿐 아니라 사교의 커다란 중심 무대였다는 것이다. 자주 인용되는 것으로 "Saxon Chronicle"의[3] 저자는 정복왕에 관해 다음과 같이 말하고 있다. "그가 England에 올 때마다 매년 세 번씩 왕관을 쓰고 국왕의 업무를 보았다. 부활절에는 Winchester와 Westminster에 있는 Pentecost에서 왕관을 썼고, 동지에는 Gloucester에서 왕관을 썼다. 그 장소에는 국왕과 함께 영국 전역으로부터 모든 부자들,

---

1) Stubbs, Charters, 147.
2) [역주] 12세기와 13세기 영국 왕가를 말한다. 즉, Henry 2세, Richard 1세 그리고 John 왕을 가리켜 angevins라고 한다.
3) [역주] Anglo-Saxon Chronicle은 영국의 고대사를 연대기로 작성한 역사책이다. 저자가 따로 드러나 있는 것은 아니고, 시저가 영국을 침략한 기원전 60년부터 시작하여 Anglo-Saxon의 역사를 연대기 형식으로 작성한 것으로서 9세기 말 처음 작성되었다. 처음 작성된 연대기는 영국 전역에 있는 수도원으로 배분되었고, 그곳에서 각자 독립하여 새로운 내용이 추가되었다. 가장 최근에 그 내용이 추가된 것은 1154년이다. 현재 9개의 연대기가 전부 또는 일부의 형태로 남아 있다.

대주교(archbishop), 교구 주교(diocesan bishop), 대수도원장(abbot), 그리고 백작, 향사와 기사들이 참석했다."[1] Curia Regis에 대한 다음과 같은 설명은 Madox에[2] 의한 것인데, 그는 다양한 자료로부터 그 법원과 그리고 그 법원의 절차에 관한 거의 모든 내용을 수집했다.

"국왕의 법정에서, 특히 일 년 중 몇몇 신성한 때에 국왕은 그의 성대한 회의(council)를 열고, 통상의 경우에는 매우 중요한 문제들이나 당시의 관습에 따라 화려함과 신성함이 요구되는 일들을 처리했다. 그 자리에는 국왕과 함께 전쟁이나 원정에 동행하는 귀족이나 기사들이 출석했다. 그곳에서 국왕의 대관식, 국왕 자녀들의 결혼식이나 작위수여식 그리고 신성하고 거대한 축제가 거행되었다. 그 자리에 국왕의 또는 주권자의 사법에 관한 통상의 법정(ordinary court of judicature)이 들어섰고, 국왕이나 그의 재판관에 의하여 사법업무가 처리되었다. 그곳에서 국왕 주위에 있는 귀족이나 고위 성직자들의 회의가 열렸다. 또한 그곳에서 국왕의 세입에 관한 일들이 국왕 자신이나 또는 (대부분의 경우) 국왕의 명령에 의하여 임명된 그의 귀족재판관과 고위 성직자에 의하여 처리되었다."

---

1) p. 294. 초기 연대기에 나오는 다음과 같은 문맥은 법정의 사교적 측면에 관한 생생한 모습을 보여주고 있다. "헨리 국왕의 아들은" (Henry 2세의 아들) "bur Baiocis에서 태어났고, 그곳 노르망디에서 개정된 최초의 법정이었기 때문에, 그는 아주 화려한 축제로 이를 빛내려고 하였다. 주교들과 수도원장들 그리고 백작들과 남작들이 참석하였고 그는 위대한 많은 것들을 그들에게 수여했다. 그리고 그들 다수가 참석한 가운데 William 국왕의 아들, William 국왕, 노르망디 세인트 John의 John 그리고 영국을 대표하는 관리인 Geoffrey of Herman이 그의 상사인 영국의 집사와 함께 임종의 큰 방에서 식사를 했다. 그리고 같은 방에서 군인들이 함께 식사를 하는 것이 금지되었기 때문에 William 국왕은 식사를 마친 사람들을 모두 방에서 나가게 한 뒤 117명의 군인 전부와 그 이외 사람들을 그 방으로 불러들여 국왕과 같이 식사를 하게 했다." (R. de Monte, 520). 또한 Froissart의 연대기 3권에 나오는 Count of Foix 법정에 대한 내용을 참조.

2) History of Exchequer. 1. p. 1-153, chapters 1. 2. 3. 또한 Stubbs, Constitutional History. 1. 11. 참조.
[역주] Thomas Madox(1666-1727)는 중세 영국의 기록과 헌장을 주로 연구하여 출판한 고대법 연구가, 역사가이다. 그의 저서 중 이 책에서 언급하고 있는 History of the Exchequer는 노르만 정복으로부터 시작하여 Edward 2세 치세까지 위 직위에 대한 그 기능과 기록을 추적한 것으로 중세 역사연구의 표준이 되고 있다.

Curia Regis의 이동성

"이러한 내용이 국왕의 법정에 대한 일면을 설명하는 데 도움이 되었을 것이다. 조망을 달리해서 그의 다른 면을 살펴보자. England 왕국은 고대로부터 하나의 거대한 봉건영주국 또는 주권국가로 간주되었고, 국왕이 주권자 또는 수석 영주(chief lord)였다. 국왕 아래로 많은 귀족 또는 위대한 영주들 그리고 많은 기사들과 군사적 수봉자들 그리고 soccagers(지대를 내지 않는 지주)와 burgesses(자유 시민) 그리고 다른 사람들이 있었다. 이 왕국 즉, terra Angliæ에 있어서 이러한 수석 영주의 법정을 살펴보기 위해서는 그가 궁전에 살고 있고 귀족이나 국가 관리에 의하여 둘러싸여 있다는 점을 고려하여야 한다. 국왕을 시중드는 귀족들이 그 법정의 상당한 부분을 구성하고 있었다. 그들은 국왕의 신하였다. 그들은 국왕으로부터 귀족의 지위를 받은 자들이다. 국왕은 그들의 주권자였고 수석 영주였으며 그들은 생명, 수족, 세속적인 명예와 관련하여 국왕의 사람이었다. 그들은 국왕의 법정에서 상호간에 동료들(peers 또는 convassales)이었고, 그들 모두 수석 영주인 국왕의 신하였기 때문에 Pares 또는 Peers로 불렸다. 동료로서 그들은 국왕의 법정과 직접적인 관계를 갖고 있었다. 이러한 관점에서 그들은 국왕의 신하(fideles)와 하인(familiares), 그리고 barones curiæ regis로 불리어지기도 했다. 국왕은 매우 중대한 문제들을 그들과 상의하였고, 그들 면전에서, 그리고 그들의 동의를 받아 많은 신성한 일들을 처리했다. 그들 또는 국왕의 명령에 의하여 통상 국왕의 법정에 출석하는 자들이 (주교들과 고위 성직자들과 함께) 국왕의 세입업무와 국왕의 법정에 제소된 소송사건들에 대한 사법업무를 처리하게 되었다. 시간이 지나면서 이러한 모임은 conciliarii 또는 concilium regis 즉, 국왕의 평의회(King's Council)로 불리게 되었고, 그들 중 일부는 정부 각 부처 장관(ministeria)의 지위를 갖고 그 업무 또는 국왕 법정의 중요한 일들을 수행했다."

국왕의 법정과 관련하여 기억해야 할 다른 하나의 중요한 점은 그의 이동성이다. 초기의 영국 왕들은 이 나라에서 가장 큰 지주였고, 토지 이외에도 영국 내 거의 대부분의 중요한 도시들에 대하여 권리를 갖고 있었으며[1] 그러한 권리는 현지에서만 행사될 수 있었다. 그들은 세입의 일부를

---

1) "예컨대, 참회왕 Edward 시대 Hereford에서는 왕이 사냥을 오면 모든 가정에서 1명씩이 숲속의 주둔지로 동원되었다. 온전한 수단을 갖고 있지 아니한 다른 시민들은

현물로 소비하거나 사냥 또는 싸움을 위해 한 장소로부터 다른 장소로 끊임없이 이동하였다. 그들이 어디로 가든 그들 법정의 위대한 관리들과 특히, 서기를 동반한 대법관 그리고 여러 명의 사법관들이 그들을 따라가야만 했다.[1] 소송사무가 "국왕을 따라 다녔고" 사법기관이 그들을 따라다녔다고 그 구절은 말하고 있다. 과거 법정들의 이러한 성격과 그들의 제소자들에 대한 영향을 아주 잘 말해주는 두 개의 사례가 있다.

Sir Thomas Hardy는 특허등기부(Patent Rolls)로부터 John 국왕의 통치일지를 작성했다. 그에 의하면 John 왕은 1213년 5월 23일부터 12월 말까지 다음과 같이 움직인 것으로 보인다. 5. 23, Ewell; 26, Wingham; 28, Dover; 30, Wingham; 6. 3, Chilham; 5, Ospring; 6, Rochester; 10, Ospring; 11, Chilham; 13, Battle; 16, Pochester; 17, Bishopstoke; 21, Corfe; 25, Camford; 27, Beer Regis; 29, Corfe; 30, Bishopstoke. 7월에 국왕은 Dorchester에 있었다. 8월에 왕은 다른 여러 장소 중에서도 Marlborough, Clarendon, Winchester와 Northamton을 순회했고, 9월에는 Nottingham, Southwell, York, Darlington, Durhan, Knaresborough와 Pontefract, 10월에는 Westminster, Rochester, Clarendon을 순회했다. 그리고 11월과 12월의 경로는 Oxford, Gloucester, Reading, Guildford, St. Albans, Waltham과 런던탑이었다. 크리스마스에는 Windsor에 있었다. 그리고 런던탑으로 다시 돌아간 뒤 12월 30일에는 다시 Waltham에 있었다.

이러한 생활양식이 제소자들이나 사법기관에 준 영향은 왕실법정에 있어서의 Richard d'Anesty의 소송 이야기를 보면 알 수 있다.[2] 그 이야기는 "이 내용은 나, Richard de Anesty가 나의 삼촌 William으로부터 토지를

국왕이 그 도시를 방문할 때 그를 호위하기 위한 인원 3명을 구해야 했다. 대장장이 6명은 국왕의 쇠로 못 120개를 만들었다." 7명의 통화주조자들이 있었는데, "국왕이 그 도시를 방문할 때 그들은 그가 요구하는 수량의 은화를 주조하여야 했다." - Ellis's Introduction to Domesday, 2. 195.

1) 1300년에 대법관과 왕좌부판사들이 "국왕을 수행함으로써 국왕이 항시 그의 옆에 법률전문가를 두게 되고, 그렇게 함으로써 법정에 제출되는 모든 문제들에 대하여 필요한 모든 경우에 이를 처리할 수 있도록 하는" 법률(28 Edw. 1, c. 5)이 제정되었다. 인도의 행정장관과 지방행정관들도 그의 지역구 안에서 순회를 하는 경우 초기 영국의 왕들과 마찬가지로 종종 소송업무가 그들을 따라다녔다.

2) Palgrave, Commonwealth, 2. p. 9. - 27.

D'Anesty의 소송

회복하는 데 사용한 비용과 부담금에 관한 것이다"로 시작하여, 왕이나 재판관으로부터 주어지는 서류를 받고, 기일을 지정받으며 그 기일을 지키기 위하여 돌아다닌 수많은 여행을 일일이 열거하고 있다. 그 이야기는 거의 194페이지로 되어 있고, 소송은 5년 이상 계속되었다(1158-1163).

그 기간 동안 d'Anesty와 일행은 적어도 다음의 도시들 즉, Normandy, Salisbury, Southamton, Ongar, Northamton, Soutamton, winchester, Lambeth, Maidstone, Lambeth, Normandy, Canterbury, Avinlarium(F. Palgrave경에 의하면 Auvilar on the Garonne로 추정됨), Mortlake, Canterbury, London, Stafford, Canterbury, Wingham, Rome, Westminster, Oxford, Lincoln, Winchester, Westminster, Rumsey, Rome,[1] London, Windsor 그리고 마지막으로 Woodstock를 찾아다녔다. d'Anesty 사건에서의 주요 쟁점은 결혼예약을 이유로 하는 혼인의 무효 여부였다. 이러한 문제는 교회법관할사건으로 인정되었고, 따라서 교회법정에서의 문제점과 로마에의 항소가 걸려있었지만, 이 사건에서의 다른 진행과정은 소송(plea)을 "수행하고 다닌다는 것(following)"이 무엇을 의미하는지 강력하게 설명해 주고 있다. 이야기의 일부 내용은 다음과 같다.[2]

"내가 부담금을 내고 난 뒤 국왕의 명령에 의하여 내 사건 재판장이 된 Lord Richard de Lucy는 사순절 중 런던에서 변론할 날을 하루 정해 주었다. 그리고 그곳에서 회의(council)가 있었다. 나는 그 곳에 내 친구들 그리고 협조자들과 함께 갔다. 재판장이 왕의 일로 위 변론에 참여할 수 없었기 때문에 나는 그곳에서 4일간 묵어야 했고, 그로 인하여 50실링을 쓰게 되었다. 그곳에서 재판장은 부활절주일에 기일을 하루 정해 주었고, 그때 국왕과 재판장 Lord Richard de Lucy는 Windsor에 있었다. 그 날 나는 가능한 많은 수의 친구들 그리고 협조자들과 함께 갔다. 나의 재판장 Lord Richard de Lucy는 Henry de Essex 사건[3] 재판으로 위 변론기일에 참석

---

1) 교황은 그의 첫 칙서를 Chichester 주교와 Westminster 수도원장에게 보냈고, 국왕은 이를 자신에게 보내달라고 하면서 승인하지 않았다. D'Anesty는 그와 관련하여 이를 연락할 자를 보냈고 "그 여행에서 그 연락관은 50실링을 소비했다."

2) Palgrave, Commonwealth, 2. 9. 22.

3) 이 사건은 Henry de Essex의 반란사건 재판이다. 이 내용은 Mr. Carlyle의 "Past and Present"에 언급되어 있다.

할 수 없었기 때문에 판결은 국왕이 Reading으로 올 때까지 연기되었고, 그리고 Reading에서도 비슷한 이유로 지체되다가 국왕이 Wallingford에 올 때까지 연기되었다. 그곳에서 내 사건 재판장 Lord Richard는 국왕과 함께 Wales에 갔기 때문에 그는 내 사건을 런던에 있는 Earl of Leicester 법원으로 이송하였다. 그래서 그곳에 갔지만 내 소송과 관련하여 아무런 진척이 이루어지지 않아 나는 Wales에 있는 Lord Richard에게 내 사건이 지체되지 않도록 하는 명령을 내려달라고 사람을 보냈다. 그 후 그는 서면으로 Ogerus Dapifer와 Ralph Brito에게 내 사건을 지체 없이 재판하라고 명령했고, 그들은 런던에서 하루의 기일을 잡아 주었다. 나는 나의 기일을 지켰고, 그로부터 나의 상대방은 국왕과 Lord Richard의 서면 명령에 의하여 국왕 앞으로 출석하라는 소환을 당했다. 그래서 우리는 Woodstock에 있는 국왕을 찾아 갔고, 그곳에서 우리는 8일간 더 머물렀다. 마침내 나는 국왕의 은총과 그 법원의 결정에 의하여 삼촌의 토지를 나의 것으로 판결을 받게 되었다.”

그 이야기는 Anesty가 그의 소송을 위하여 소비한 비용을 - 대부분 여행경비 - 마련하기 위하여 유대인으로부터 빌린 돈의 내역으로 결론을 내고 있는데, 그 이율은 주당 1파운드에 4펜스로서, 그것은 거의 연리 87%에 해당하는 것이다.

이러한 유랑생활을 유도하고 때로는 그 사회의 모든 유력한 사람들과 현명한 사람들을 한데 모으기도 하는 왕실법원은 상설의 관리와 기관을 갖고 있었다. 그것은 두개의 커다란 부서, 즉 Curia Regis와 Exchequer로 나누어지지만, 이는 한 법원의 다른 측면(side) 또는 부서(departments)로 비유될 수 있다. Curia Regis에서는 사법업무가 처리되고 나라의 일이 토의되었으며 모든 종류의 공식행사가 거행되었다. Exchequer에서는 국가의 세입과 관련된 모든 업무가 처리되었다. 이 기관은 한 곳에 정착되어 있었던 것으로 보이고 적어도 그 소속 관리 다수는 한 장소에서 일을 보았으며 재보(treasure) 그 자체도 한 장소에 보관되어 있었다.[1] Exchequer는 그 자신의 조직을 갖고 있었지만 여기에서 설명할 필요는 없어 보인다.

---

[1] Madox의 책 제2권에 기재되어 있는 “Dialogue de Seaccario” 참조, 그리고 Stubbs의 “Select Charters” 참조.

형사법원으로서의 Curia Regis

두 기관은 상호 밀접한 관련성을 갖고 있었다. Curia Regis의 모든 훌륭한 관리들은 Exchequer에도 참여하였으며, 따라서 그들은 Barons of Exchequer로 일컬어졌다. 더욱이, 사법업무는, 특히 순회법원의 사법기능은, 부담금이나 벌금부과를 통한 재정수입에 크게 기여하였을 뿐 아니라 재정수입이 이루어지는 수단이기도 했다. 이러한 이유로 비록 이름이 분리되었고 어느 정도 기능도 상이했지만, Curia Regis와 Exchequer는 전체적으로 하나의 큰 기관을 구성하는 것으로 간주될 수 있었다. Exchequer와 Curia Regis 두 기관에서 가장 뛰어난 지위를 차지하는 위대한 관리들은 그 수가 모두 7명이다.[1] 그들은 수석재판관(Chief Justiciar), 보안무관장(Constable), 전례관(Marshal), 귀족원임시의장(High Steward), 시종 장관(Chamberlain), 대법관(Chancellor) 그리고 왕실회계 장관(Treasurer)이었다. 그 외에도 특별한 직함을 갖지 아니하고 숫자도 정해지지 않은 재판관(justice)이 있었다. "수석재판관은 왕실법원에서 첫 번째, 그리고 가장 위대한 관리였다. 국왕이 해외에 나가 있는 경우 그는 왕국을 부왕(viceroy)처럼 다스렸다. 국왕 다음으로 그는 형사재판과 민사재판 모두에서 수석재판관으로 왕실법원을 주재했다. 그는 마찬가지로 왕실의 재정수입에도 높은 관심을 갖고 이를 지휘하면서 국왕의 재정법원(King's Exchequer)을 주재했다." 이러한 위대한 수석재판관의 관직은 정복왕 치하에서는 Odo of Bayeux와[2] Wliilam Fitz Osborne, William Rufus 치하에서는 (다년간) William Flambard,[3] Henry 1세 치하에서는 Roger of Salisbury가 차지하고 있었고, Stephen과 Henry 2세 치하에서는 Richard de Rucy 그리고 또한 Henry 2세 시대에 Ranulf de Glanville이 차지하고 있었다. 마지막 수석재판관은 Henry 3세 치하에서의 Hubert de Burgh였다.

왕실법원(Curia Regis)에서 노르만 왕들은 아마 그들 선왕들의 가장 큰 특권 중의 하나라고 할 수 있는 민사사건뿐 아니라 형사사건에 대한 제1심 재판과 상소심 재판의 관할권을 행사했고, 아주 중요한 많은 소송이 그곳에서 이루어졌다. 예컨대, 1074년 크리스마스에 Waltheof는 정복왕이 Westminster에서 개정한 재판에서 사형선고를 받았다.

---

1) Madox, History of Exch. 제2장. p. 30-80.　2) Madox, Hist. Exch. 제2장. p. 31.
3) Madox, Hist. Exch. 제2장. p. 32.

민사법원(Court of Common Pleas)

1096년에 William Rufus 왕은 Windsor에서 왕실법원을 개정했다.[1] "그 법원에서 Godfrey는 국왕의 혈족인 William de Ou를 반역죄와 한 번의 전투에서 국왕을 이긴 일이 있었다는 이유를 들어 고발했다. 그에 따라 국왕은 William de Ou의 눈을 멀게 하거나 또는 사지를 절단하도록 명하고, (이름이 William인) 그의 식탁 심부름꾼을 교수형에 처하도록 했다. 또한 Champagne 백작으로서, 국왕의 사위인 Euda 등 많은 사람들이 토지를 몰수당했고, 그리고 일부 다른 사람들은 런던으로 끌려가 그곳에서 처형되었다." Henry 1세 치하에서는 유명한 Robert Belesme가 여러 종류의 불법행위를 근거로 45개 이상의 죄목으로 왕실법정에서 재판을 받았다.[2]

1184년(30 Hen. 2)에는 Gilbert de Plumtun Knight가 Glanville에 의하여 강간으로 왕실법원에 고발되었고, Hoveden에 의하면 국왕이 Glanville의 의도를 의심한 나머지 Gilbert de Plumtun Knight를 동정하지 않았다면 그는 교수형에 처해졌을 것이라고 한다.[3] 왕실법원(Curia Regis)의 관할권이 행사된 다른 사례들이 Madox의 책에 서술되어 있다. 이제 여기서부터는 현재의 거의 모든, 가장 중요한 형사법원이 유래하게 된 단계를 추적해보고자 한다. Madox의 노력으로 "Common Bench" 또는 "Bank"라는 표현은 John 왕의 치세보다 더 오래되었다는 것이 입증되었고,[4] 민사소송이 왕실법원의 한 부에 배정된 것과 같이 Curia Regis의 업무가 분배된 것은 왕실법원의 업무가 매우 증가하고, 사법개혁과 행정개혁의 정신이 매우 왕성했던 Henry 2세 치하에서 일어난 일일 가능성이 매우 높다.

---

1) Madox, 1. 89, Hoveden과 Saxon Chronicle를 인용하고 있다.
2) Madox, 1. 93; Stubbs, 1. 371. Robert de Belesme는 Ordericus Vitalis의 역사에 있어서 가장 유명한 인물 중 하나이다. 그의 경력은 당시 왕권이 대처해야 했던 무질서에 대한 훌륭한 견본을 제공하고 있다.
3) 같은 해 귀족 가문 출신의 기사인 Gilbertus de Plumtun이 강간처로 감옥에 갇히고 왕실법원 국왕의 면전에 고발이 되었다. 영국의 판사 Ranulf de Glanville이 그의 유처를 인정하고 교수형에 처하려고 했다. 국왕이 그에게 동정을 표시하고 그에 대하여 다른 지시를 할 때까지 법원으로 하여금 그에 대한 형의 집행을 유보하라고 (감금되어 있는 상태로) 지시했다. 왜냐하면, 국왕은 그들이 그에게 그렇게 하는 의도를 알고 있었기 때문이다. 그의 아내를 위해 그를 죽이려고 한 Ranulf de Glanville은 국왕이 죽을 때까지 그 기사의 죽음을 면해주었고 그는 Ranulf de Glanville에 의해 감옥에 감금되었다. Madox가 인용하고 있는 Hoveden, 1. 20.
4) History of Exchequer, 제1권 제19장 p. 787-801.

그러나 그 사정이 어떠하든지 간에 이러한 방향으로 위대하고 그리고 정말로 결정적인 진전이 있었던 것은 1215년의 대헌장(Magna Charta) 제17조에 의하여 이루어진 것이 명백하다. 대헌장의 내용은 다음과 같다. "민사소송은 왕실법정을 따라 이동됨이 없이 일정한 장소에서 개정된다." 이러한 입법의 이유나 그러한 입법으로 치유하고자 했던 폐단은 위에서 열거한 de Anesty의 소송이나 John 왕의 여정에서 충분히 설명하였다. 이것이 그때부터 지금(1882년)까지 Westminster Hall에서 개정되어 온 민사법원(Court of Common Pleas)의 연원이다.[1]

재정법원(Court of Exchequer)은 위에서 살펴본 바와 같이 나머지 Curia Regis로부터 항상 어느 정도 분리되어 있었고, 또한 어느 정도 정착되어 있었다. 이는 점차 별도의 법원으로 되었다.

왕좌법원(Court of King's Bench)은 왕실법원(Curia Regis) 관할 사건 중 민사법원(Common Pleas)이나 재정법원(Exchequer)에 적합하지 않은 수많은 일반사건에 대한 관할권을 갖고 있었다. 그것이 언제 분리된 기관이 되었는지, 그 시초는 명백히 알 수 없지만 그와 관련하여 다음의 논점은 주목할 만하다. Madox에 의하면 "Curia Regis"라는 명칭의 사용이 기록상 없어진 것은 대헌장(Magna Charta) 이후이고, 그 뒤로 Curia Regis에서 열렸다고 할 수 있는 소송은 coram ipso rege(왕의 면전에서)에서 열렸다고 말해지게 되었다고 한다.

이러한 표현 형식은 그 제도가 폐지될 때까지 여왕좌법원의 판사를 "여왕 자신의 면전에서 소송업무를 처리하는 여왕의 법관"이라고 부른 것과 일맥상통하는 것이다. 그것은 또한 국왕이 신비적인 방법으로 여왕좌법원(모든 상급 법원에 대하여 같은 말을 할 수 있을 것이다)에 몸소 출석하고 있다고 생각하는 이상한 법률상의 허구와[2] 일맥상통하는 것이고, 이러한

---

1) Madox가 관찰한 바에 의하면, 이러한 원칙이 규정된 대헌장 이후에도 그에 대한 약간의 예외가 있기는 하였지만, 이는 사실상 아무런 중요성도 없었다고 한다.
2) "그러나 오늘날까지 효력이 계속되고 있는 보통법(Common Law)에 의하면 왕이 몸소 참석하는 것이 아니라 그의 법관이나 행정관을 통하여 국민에게 사법권을 행사하는 Westminster Hall에서 폭력을 행사하는 것이 왕이 실제 임석하고 있는 다른 어느 장소에서의 폭력보다도 가벌성이 더 높다는 것은 확실하다. 왜냐하면, 후자의 경우에는 피를 보이지 않는 한 손을 잘리는 형벌을 받지 않을 뿐 아니라 토지나 재화의 몰

이유로 그러한 법정들에서의 법정모욕이 가장 엄중하게 처벌되었다고 할 수 있다.

Henry 3세의 유명한 대신인 Hubert de Burgh가 수석 또는 고위 재판관의 직위를 보유한 마지막 사람이라는 것을 또한 주목하여야 한다. 이 직위가 갖고 있는 권한이 정말로 터무니없이 막강했기 때문에 신하 한 사람이 맡기에는 너무 큰 권한이었고, 따라서 왕좌법원 수석재판관, 민사법원 수석재판관, 재정법원 수석재판관(Lord Chief Baron))의 지위가 원래 수석재판관(Chief Justiciar)에게 속하였던 직무 중 서로 다른 일부 업무를 수행하기 위하여 제도화되었다고, (비록 이 문제와 관련하여 이를 뒷받침할 만한 역사상의 증거는 전혀 없지만), 추측할 수 있다. 이러한 변화가 일어난 정확한 일시는 확실하지 않지만 3개의 법원이 서로 구별된 것은 Edward 1세 즉위 이전이다.[1] 왕좌법원과 민사법원 수석재판관 명단은 위 국왕 치세 초기로 거슬러 올라간다. 재정법원 수석재판관의 명단은 Edward 2세 치세 중기로부터 시작한다.

이렇게 하여 우리는 왕좌법원(Court of King's Bench)에 도달했다. 이 법원은 공화정(Commonwealth) 시절에 상좌법원(Upper Bench)으로 일시 불린 것을 제외하고는 Edward 1세 치세부터 1875년에 이르기까지 계속하여 그의 권한이나 조직에 있어서 언급할 만한 변화가 전혀 없는, 형사에 관한 이 나라 최고법원이었다.

1875년에 이르러 1873년의 '사법사무에 관한 법(Judicature Act)'이 효력을 발하게 되었고, 모든 것이 원래 왕실법원 또는 그 멤버 중 하나인 대법관의 권한으로부터 유래된 보통법 법원과 형평법 법원이 고등법원(High Court of Judicature)이라는 명칭으로 다시 합쳐졌다. 이로 인하여 여왕좌

수와 같은 처벌도 받지 않기 때문이다. 그러나 왕좌법원이나 Chancery 법원, 민사법원, 재정법원 또는 순회법원이나 oyer 법원, terminer 법원에서 판사에게 무기를 끄집어낸 경우 그가 실제 폭력을 행사했는지 여부와 관계없이 또는 무기를 가지고 혹은 무기를 갖지 않고 배심원이나 기타의 사람에게 폭력을 행사한 경우에, 만일 기소장이 국왕의 면전에서(coram domino rege) 범한 범죄라고 인정하면, 그의 손을 잘리고 재화와 그의 토지로부터 평생 얻는 수익을 몰수당하며 계속되는 징역형을 받게 된다." 1 Hawkins, p. 62(edition of 1824), 이와 관련해서 R. v. Lord Thanet and others 참조. 27 State Trials, 822.

1) Stubbs, Constitutional History. 2. p. 266-267.

고등법원과 Curia Regis

법원은 고래의 명칭을 잃고 여왕좌부(Queen's Bench Division)라는 이름으로 살아남게 되었고, 여왕좌부 수석재판관은 Lucy, Glanville, 그리고 de Burgh가 갖고 있던 지위를 거의 그대로 재현한 직책 즉, 영국의 수석재판관(Lord Chief Justice of England)이 되었다. 따라서 고등법원 특히, 고등법원 여왕좌부는 형사법원의 업무와 관련하여 왕실법원(Curia Regis)을 대표하게 되었다. 이러한 연유로 이어받게 된 이 법원의 특정한 관할내용을 간단히 열거하는 것도 흥미로운 일이다.

첫째, 왕실법원(Curia Regis)은 종류에 관계없이 모든 사건에 관한 일차적 관할권을 갖고 있었다. 고등법원도 마찬가지이다. 가장 중한 사건에서 가장 경미한 사건에 이르기까지, 반란죄에서부터 단순 폭행에 이르기까지 고등법원의 관할이 미치지 않는 범죄가 없었다.

둘째, 고등법원은 내가 개괄적으로 설명할 때 일반적으로 말한 바와 같이, 왕실법원의 항소심 관할법원으로서의 기능도 승계했다. 항소심 관할과 관련해서는 두 가지 기능이 있다. 고등법원은 오심명령(writ of error)을 발하고, 오심명령에 따라 재심을 심리하고, 재심 판결(귀족원에의 상고를 전제로)을 할 수 있다. 오심명령은 권리침해를 당한 당사자의 주장, 즉 소송기록을 보면 소송이 잘못되었다는 것을 알 수 있고, 따라서 이러한 이유로 소송은 파기되어야 한다는 일방 당사자의 주장을 근거로 하급 법원(inferior court)에서 이루어진 소송의 기록을 제출하라는 명령이다. 오늘날 이러한 소송절차는 절차에 관한 법률쟁송의 문제로 다루어지고 있고, 배심원에 대한 판사지휘의 정정문제나 증거능력의 허용 문제 또는 배심에 의한 사실인정의 오류 문제로는 다루어지지 않는다.

셋째, 고등법원은 그의 재량에 따라 이송명령(writ of certiorari)을 발할 수 있는데, 그에 의하면 하급법원에서 인정된 어떠한 기소장(indictment)도 이를 고등법원이 재판하거나 혹은 런던에 있는 고등법원 판사나 또는 순회재판중인 고등법원 판사가 재판할 수 있도록 고등법원으로 이송하라고 하급 법원에 명할 수 있다. 이러한 권한은 일부 특정한 경우 법률에 의하여 규율되기도 하였지만 이는 완전히 일반적인 것이었고, 어떤 이유로 통상의 절차에 의한 재판으로는 만족스럽지 못한 것으로 보이는 사건의 경우에 계속 이용되고 있다.

고등법원의 형사재판관할

오심명령이나 이송명령은 양자 모두 Common Law만큼 오래된 것이고, 그들의 바로 그 형식이나 내용의 성질은, 내가 이미 지적한 바와 같이, 노르만 정복 훨씬 이전부터 국왕의 특권 중 가장 중요한 한 분야를 구성하였고, 그리고 노르만 정복 이후부터 왕좌법원제도가 도입될 때까지 왕실법원에 의하여 행사된 하급 법원에 대한 감독권을 행사하는 방안으로 확립되었다는 것을 분명히 보여주고 있다.

비록 수고스럽게 알아보아야 할 만한 가치가 있는 문제는 아니지만, 역사의 각기 다른 시기에 있어서 왕좌법원이 이론상은 물론 실무상으로도 얼마나 오랫동안 일반 형사사건을 재판한 법원이었는지 알아보는 것은 흥미로운 일이다. 1872년까지 Middlesex의 대배심은 재판기일에 항상 소집되곤 하였지만, 대배심 앞으로 제출되는 기소장이 거의 없었기 때문에 그 해에 법률(35 & 36 Vic. c. 52)이 제정되어 형사소추서기(master of the Crown Office)가[1] 기소장안(bill of indictment)이 대배심에 제출된다는 사실을 통보하고 이로 인하여 대배심이 그 후에 소집되는 것을 제외하고는, 더 이상 대배심의 소집은 불필요하게 되었다. 중대한 공익문제가 걸려있고 중요한 사건의 경우에만 통상 이러한 방식으로 기소장안이 대배심에 제출되었다. 내가 알고 있기로는 이러한 방식의 마지막 소추는 Eyre 총독에 대한 것으로, 그는 1866년 Mr. Gordon으로 하여금 군사법원에서 재판을 받도록 하기 위해 그를 자메이카에 있는 Morant Bay로 보냈다는 혐의의 경죄로 소추를 당했다. 형사사건이 이송명령에 의하여 고등법원으로 이송되어 순회판사에 의한 배심재판(Nisi Prius)을 받는 것은 매우 흔한 일이었다. 그러나 이러한 사건들은 거의 대부분의 경우에 있어 명예훼손, 사기공모 또는 그와 유사한 사건들에 대한 기소장과 같이 다소간의 사적 불법행위의 성격을 갖고 있는 경죄(misdemeanour)들이었다. 그러나 고대에 있어서는 왕좌법원의 형사 사무가 매우 중요했고, 그 업무는 영국 전역으로부터 쇄도했다는 증거가 아직도 남아있다.

---

1) [역주] 여왕좌법원(Court of Queen's Bench)의 common informer(법규를 위반한 일반인에게 제재금 소송을 제기하는 자), 혹은 relator(고발인이 제기한 형사사건의 소추담당자)를 master of the Crown Office라 한다. 현재는 1879년 법률에 의하여 창설되어 최고 법원(supreme court)에서 기록관리, 경리사무를 처리하는 이외에 보조판사로서의 직무도 수행하는 master of the Supreme Court에 흡수되었다.

공문서보관소 부소장(Sir F. Palgrave)의 제3차 보고서 제2 부록에는 1477년(17 Edw. 4)부터 1547년(37 Hen. 8)까지 여러 개정기일에 걸쳐 왕좌법원에서 행해진 형사재판업무의 분량을 보여주는 상당수의 연중행사일람과 기록들이 기재되어 있다. 이 기록에 의하면 그 당시 왕좌법원에서는 전국 각지에서 일어나는 모든 종류의 형사사건을 재판하는 것이 그 업무의 큰 부분을 차지한 것으로 보인다. 몇 가지 예를 보기로 하자. 1477년의 Trinity 개정기일(4월 29부터 6. 20까지)에 영국의 각기 다른 지방에서 일어난 사건들의 재판을 위하여 16개의 이송명령이 각 발부되었다. 이들 중 4건은 Stafford, Warwick, Nottingham과 London에서 일어난 살인사건이었다. 5건의 강도사건이 있었는데 2건은 강제침입과 경합된 것이었고, 2건의 강제침입, 1건의 범죄모의, 2건의 절도 그리고 1건의 폭행사건이 있었다. 1501년(16 Hen. 7) 부활절 개정기일에는[1] 12건이 이송명령에 의하여 법정에 회부되었는데, 그에는 절도, 주거침입절도, 소란행위 그리고 강제침입이 포함되어 있었다. 따라서 당시 법원의 형사재판이 왕좌법원 업무의 상당 부분을 차지하고 있었다는 것은 명백한 사실로 보인다. 개정기일에 열린 그러한 재판들은 현재와 마찬가지로 법정에서의 재판(trial at Bar)으로 불렸다. 개정기일 이후에 열린 재판이나 민사사건 목록에 끼워져 열린 재판은 순회배심재판(Nisi Prius)이라고 불렸다.

순회법원(the Courts of Assize)[2]

이제 순회법원의 역사를 알아볼 차례가 되었다. 이 법원은 Curia Regis 만큼 오랜 역사를 갖고 있기는 하지만 어떤 특정한 기관으로부터 유래된 것은 아니고, 국왕이 이미 살펴본 바와 같은 국왕의 대권 중 가장 중요하고 오래된 권한을 주 법원(county court)과 함께 행사한 수단으로 보인다. 국왕은 이러한 권한을 처음부터 제소자들을 궁정에 소환하는 방식으로 행사한 것이 아니라 대부분의 경우 지방의 재판을 주재하도록 궁정의 대표자를 보내는 방식으로 행사한 것으로 보인다. 이미 설명한 사례에서 본 바

---

1) [역주] 4월15일 이후 약 3주일 동안의 개정기일.
2) Digest of the Law of Criminal Procedure. 제23장.

와 같이 아주 오래전에는 특별한 사건에 있어서 국왕 자신이 주 법원에 출정하기도 하였으나 그러한 기능을 다른 사람들에게 더 자주 위임하였다고 보는 것이 자연스러운 일이다. 실제 국왕이 그렇게 하였음을 보여주는 증거가 아직도 남아있다.

  Mr. Stubbs는[1] Henry 1세 시기에 "Justiciarii"로 활동한 수석재판관들 이외에도 많은 사람들을 언급하고 있고, 그 이외의 다른 사례들이 Madox 에 의하여 언급되고 있다. 그 예로,[2] "1124년 국왕(Henry 1세)이 St. An- drew와 크리스마스 사이에 노르망디에 있었기 때문에 Ralf Basset와 국왕 의 향사들이 Leicestershire의 Hundhoge에서 귀족회의를 개최하고, 많은 범인들의 처형을 이끌어 내었다"는 것이 있다. 1130년의 재정법원 기록 (Pipe Roll)에는 (Mr. Stubbs에 의하면) Ralph와 또 다른 Basset를 포함하 여 10명의 재판관들을 언급하고 있다. 이러한 문제들을 가지고 더 이상 논 할 필요는 없지만, Bracton이[3] 그의 책 제3권에서 Henry 3세 시대 재판관 의 직위(office of justiciar) 내력에 관하여 아주 상세하고 정확하게 설명하 고 있어, 그 이외의 다른 설명서들이 불필요하게 되었다. 그는 분명하게 "국왕의 궁정(Aula regia)"과 "국왕 고유의 사안들을 종결시킬 수 있는 최 고재판관들" 그리고 "왕실법원과 벤치에 앉는 재판관들"을 언급하고 있지 만,[4] 그의 이야기를 전체적으로 보면 그들이 특정한 사건과 관련하여 어떠 한 특별한 직책을 갖고 있었든 간에 그들 재판관들은 때때로 그들에게 부 여된 임무에 따라 다양한 종류의 서로 다른 직무를 수행하도록 하기 위하 여 임명될 수 있었고, 또한 끊임없이 선발된 불특정의, 혹은 최소한, 숫자

---

1) Stubbs. Constitutional History. 2. p. 388-389.
2) Madox, 1. 12. Hoveden을 인용하며, "너무 많은 도둑이 붙잡혀 교수형에 처해졌다. 이전에는 짧은 기간에 그렇게 많은 도둑이 붙잡힌 일이 전혀 없었다. 모두 44명이 붙잡혔고, 6명의 눈과 고환을 제거했다. 이 해는 사정이 너무 심각했다."
3) [역주] Henry de Bracton(1210- 1268)은 영국의 법률가로 왕실법원의 판사로서 순회 형사법원의 판사를 역임했다. 그는 저자가 인용하고 있는 'De Legibus Et Consue- tudinibus Angliæ(On the Laws and Customs of England)'의 저자로 유명할 뿐 아니 라, 'mens rea(범의)'라는 개념을 창안한 것으로도 유명하다. 그는 범의와 행위가 결 합했을 때에만 범죄행위가 성립하는 것으로 보았다.
4) Bracton의 'De Legibus', 3 (소송에 관하여), 7. 2 (여러 재판관들에 관하여) 제2권, p. 160-207, (Sir H. Twiss 출판) 참조.

가 정해지지 않은 왕실관리집단이었다. 다수의 서로 다른 양식의 명령서를 예로 들고난 뒤 그는 다음과 같이 결론을 내리고 있다.[1] "재판관들이 결정하는 사안과 그 형식은 무한하다. 그러므로 여러 곳에서 낮은 등급의 사안도 보인다. 그러나 이러한 것들도 있을 수 있는 것이다." 그는 특정한 사건에 있어서 특정한 판사들에게 발행된 다양한 형식의 명령서를 예시하고 있다. 국왕은, 그는 말한다,[2] "순회판사들이 이 주에서 저 주로 순회하도록 하였고, 어떤 때에는 모든 소송에 대하여 어떤 때에는 특별한 사안만을, 어떤 때에는 수적으로 많지 않은 하나 내지 두 사안만을 심리한다." 다른 곳에서 그는 재판관의 권한은 그들의 임명장에 의하여 결정되지만, 직무의 수행이 판결과 그 집행까지 연장되는 소송이나 소송사건들과 관련하여 그 임명장은 (단편적인 것이 아니라) 완전한 것이라고 말한다.[3] 상황에 따라 재판관에게 다소간의 포괄적인 권한을 주는 다양한 형식의 명령서가 제시된다. 그 한 경우의 내용을 보면 "모든 주를 순회하면서, 또한 모든 주에서 왕실관련의 것과 그 이외의 것을 포함하는 모든 소송절차를 관장한다"고 되어 있다.[4] 다른 경우에 그 권한은 다음의 소송 즉, "우리의 재판관들이 주의 순회를 다 마친 후에 발생하는 소송들"로 제한된다. 어떤 경우에는 임명과 함께 미결수에 대한 형사재판의 권한을 주고, 어떤 경우에는 그러하지 않고 있다.

일반적으로 추측하기로는 Henry 2세에 의하여 창설된 것은 아니지만 그에 의하여 처음 유명하게 된 Eyre 순회법원(Court of the Justice in Eyre)은 다른 재판관들의 법원과는 그 성질에 있어서 다른 특별기관이라고 하는 것 같다.[5] 나는 이러한 견해는 잘못된 것이고 이러한 견해로 인하여 실제 단순한 문제가 혼란스럽고 애매모호한 것으로 되었다고 생각한다.

---

1) Bracton의 'De Legibus' 제2권, p. 206.
2) Bracton의 'De Legibus' 제2권, p. 160, 180. 같은 내용이 반복하여 나와 있다.
3) "그러나 소송에 관하여 그들의 권한을 정하는 하나 또는 그 이상의 임명장은 단순히 하나 또는 그 이상으로 그들의 소송에 대한 관할권을 확장하는 것이 아니라 완전한 권한에 관한 것이다. 이것 없이는 판결이나 판결의 집행을 할 수 없다."
4) Bracton의 'De Legibus' 제2권, p. 184.
5) 예컨대, fourth Institute, 제27, 28, 30, 33, 34장 참조. 순회재판과 관련된 모든 문제에 대한 상세한 역사는 Willes J.의 판결에 나와 있다. cx parte Fernandez, 10 C.B., N.S. 42-57.

Circuit의 기원

Eyre 순회법원이나 미결수 석방을 위한 형사법원(Court of the Justices of Gaol Delivery)으로 알려진 상설의 기관이 있었던 적은 없다. 그 차이는 국왕이 동일한 사람에게 발행하는 임명장의 조건이 사정에 따라 다른 데 있었다.

영국 역사의 아주 초기부터 국왕은 그의 사법에 관한 특권을 특정한 지역에서 특정한 소송이나 특정한 부류의 소송들을 재판할 수 있도록 권한을 부여받은 지방 장관들(commissioners)을 통하여 각 지방별로 행사했다. 재판할 수 있는 사건이나 각 지방의 관할구역은 임명장(commission)의 조건에 따라 결정되었다. 이러한 임명장은 오늘날 여왕 폐하에 의하여 고등법원 판사들에게 발부되는 것과 마찬가지로 정복왕과 그의 아들들 그리고 Henry 2세와 그의 아들들과 손자에 의하여 그들의 "재판관(justitiarii)"들에게 발부되었다.

오늘날에 있어서도 판사가 순회법원(Assize)에서 형사뿐 아니라 민사업무까지 보게 된다면 3개의 임명장(Assize와 Nisi Prius, Oyer와 Terminer, Gaol Delivery)을 받아 일하게 되고, 모든 형사사건만을 맡아 하는 경우에는 2개의 임명장(Oyer와 Terminer, Gaol Delivery)을 받게 되며, 보석에 의하여 석방된 피고인은 재판하지 않고 구금되어 있는 특정한 미결수만을 재판하는 경우에는 1개(Gaol Delivery)의 임명장만을 받게 된다. Henry 1세, Henry 2세, Henry 3세 시절에 재판관의 권한은 정확히 같은 방식으로 그 임명장의 내용에 의하여 제한되었다. 순회재판과 관련하여서도 특정한 장소에 파견된 모든 재판관은 "순회 중(in eyre)", 혹은 통상 말하는 바와 같이 "순회재판 중(on circuit)"인 재판관이라고 할 수 있다. 순회법원의 탁월한 재판관으로 일컬어지는 법관들이 있었음은 의문의 여지가 없으며, 또한 Henry 2세가 이러한 순회법원(eyre)을 최초로 조직화하고 전국을 각 순회재판구(circuit)로 분리하여 순회재판구마다 일단의 판사들(one set of judges)을 배치하였음은 분명한 일이고, 이러한 연유로 그가 순회재판의 창시자로 불리게 되었을 것이다. 그러나 국왕이 지방장관을 임명하고 그들로 하여금 순회법원을 개정하여 소송사건을 심리, 판결하고 구금되어 있는 미결수의 석방을 위한 재판을 실시하도록 한 지방사법제도와 관련하여 Henry 2세가 그 창시자는 아니다.

Circuit의 기원

이 제도는 아마 국왕이 정의의 원천이라는 이론만큼이나 오래 되었다. 적어도 순회재판구(circuit)의 설치보다는 오래되었다는 것은 확실하다. 순회재판구의 설치는 보통 Henry 2세가 나라를 6개 지역으로 나누고 그를 위하여 18명의 순회판사(itinerant justice)를 임명한 1176년으로 거슬러 올라가지만,[1] Madox는 재정법원의 기록(Exchequer Rolls)으로부터 1170년도 재판관 연수자의 긴 명단을 인용하고 있는데,[2] 그들 중 일부는 "형사소송 또는 민사소송을 담당하고 그리고 국왕의 영지에 대한 조례 또는 지대를 부과하고 정하는 것을 위하여" 임명되었고, 나머지 일부는 "형사소송과 민사소송 업무"만을 위하여 임명되었다. 더욱이, Clarendon 법률(1166년)의 규정을 보면, 재판관이 영국 전역을 방문하거나, (미결수재판이나 형사재판의 임무를 갖고 순회한 것이 명백하다), 아니면 짧은 기간 내에 접근할 수 있었음을 알 수 있다.

강도나 살인범의 체포를 규정한 뒤 계속하여 위 법률은 강도나 살인으로 사람이 체포된 때에 "만일 재판관들이 범인이 구금되어 있는 주로 바로 올 수 없는 경우에 주지사는 가장 가까이에 있는 재판관에게[3] 지적 능력이 있는 사람을 보내 자신들이 위와 같은 범인들을 체포하였다는 사실을 알리고, 재판관은 주지사에게 범인들을 데려오기를 바라는 장소를 알려주며, 그에 따라 주지사는 범인들을 그곳 재판관 앞으로 데려간다"고 규정하고 있다. 이러한 말은 비록 특정한 시기에 어떤 특정한 주에도 모두 재판관을 보내라고 하는 것은 아니지만, 항시 가까운 곳에 재판관이 존재한다는 것을 의미하고 또한 통상의 순회재판제도가 도입되기 최소 10년 전에 국왕의 재판관으로 하여금 각 지방의 형사사법업무를 수행하도록 하는 임명장 발부의 관행이 일반적이었다는 것을 뜻한다.

Henry 2세에 의하여 창설되고, 그의 사후 아주 오랜 기간 동안 계속된 순회재판의 커다란 특징은 그 판사들에게 부과된 업무의 다양성에 있다. 그들은 그들의 순회구역에서 민사나 형사소송만을 수행한 것이 아니라 국왕의 세수와 관련된 많은 분야를 주재하고 국왕의 모든 권리의 집행과 보

---

1) "Council의 일반적인 모습으로, 그는 왕국을 6개의 지역으로 나누고 6개의 각 지역에 3명씩의 순회판사를 임명했다. &c." Madox가 인용한 Hoveden, Ex. 1. 18, 1 그리고 Stubbs, Constitutional History. p. 602 참조.　　　　　2) 1. 123-140.
3) 이 구절 표현은 (단수로) 가장 가까운 재판관(propinquiori justitiœ)으로 되어 있다.

전을 감독하기도 하였다. 이러한 사실은 영국 형법의 상당한 토대를 이루고 있다고 간주되는 Bracton의 책 "De Corona"에서[1] 그가 설명하고 있는 일반 소환장의 목록을 통하여 분명히 알 수 있다.[2] 순회법원의 주지사에게로 출두하라는 일반 소환장이[3] 발부되었는데, 그에 의하면 주지사는 선량한 소환자의 명의로 모든 대주교, 주교, 대수도원장, 수도원부원장, 백작, 남작, 기사와 관할구역 전체의 자유부동산소유자 그리고 모든 마을에서 각 4명의 적법한 자, 장원관리인, 각 자치 도시로부터 12명의 적법한 시민을 즉, "순회재판중인 판사 앞으로 통상 오거나 와야 할 모든 다른 사람들을" 소환할 수 있었다. 한 마디로 말한다면 주지사는 순회판사에게 위임된 모든 업무를 처리하기 위한 완전한 주 법원의 개최를 맡고 있었다.

내가 여기에서 자세히 설명하려고 하는 절차방식에 의하면 순회법원에서 첫 번째로 행해진 일은 형사업무였다. 형사업무 다음으로는 국왕의 후견업무에 관한 조사가 이루어졌는데, 그 내용은 혼인, 성직수여, 상속인이 없는 상속재산의 몰수, 고등변호사직, 불법개간, 도량형, 포도주, 시민권, 고리대금업, 살해된 유대인의 동산, 화폐주조, 법익박탈, 시장, 새로운 세금 그리고 국왕의 수입이나 권리와 관련된 아주 많은 항목들에 관한 것이었다. 이들 항목의 열거가[4] Bracton의 책 여러 면들을 차지하고 있는데, 이러한 내용을 가장 적절하게 표현하자면 그들의 다양한 업무내용으로 보아 순회재판의 재판관들은 나라 전체의 행정업무에 대한 일반적인 심사를 하도록 요구받고 있었다. 그 항목들은 때때로 그리고 특정한 상황에 부합하도록 변경되었음은 물론이다. 그에 따라 Bracton은[5] Shipway에서의 법원을 개정함에 있어서 Cinque Ports 특권구를[6] 위한 판사 앞으로 출석할 것을 명하는 소환장의 형식을 제시하고 있다.

---

1) [역주] Bracton의 책 De Legibus Et Consuetudinibus Angliæ는 모두 5권으로 되어 있고, 그 중 제3권의 첫 부분은 계약에 관한 내용인 'De Actionibus' 그리고 나머지 부분은 'De Corona'로 되어 있다.
2) Twiss의 2 Bracton, p. 234-581.   3) 서식 참조, 2 Bracton, 188.
4) p. 241- 253(그 중 반은 T. Twiss경에 의해 영어로 번역되어 있다).
5) 2, p. 253.
6) [역주] Cinque Ports는 불어로 5개 항구를 말한다. 중세 영국의 연안 경비에 공헌함으로써 특권이 부여된 영국 남동부의 Hastings, New Rommey, Hythe, Dover 그리고 Sandwich 등 5개 항구를 말한다.

Eyre의 업무

소환장은 다른 무엇보다도 그들로 하여금 "전장에서 나포되어 윌리엄에 의하여 인도된 선박들에 대하여,[1] 그 선박들을 가지고 있던 자와 그들 중 어떤 것이 문제가 되었는지"에 관하여 심리할 권한을 부여하고 있다. 국왕의 수입과 관련하여 어떠한 절차가 계속하여 진행되었는지에 관하여 더 이상 설명할 수가 없다. 왜냐하면 Bracton은 이 주제와 관련하여 침묵하고 있기 때문이다. 하지만 추측컨대, 순회재판의 기록이 만들어져 재정법원에 제출되고, 그리고 이러한 기록은 "Dialogus de scaccario(재정법원과 관련한 대화)"에[2] 나오는 바와 같이 모든 주의 주지사가 매년 제출하는 엄격한 업무처리의 시말서를 위한 기초자료가 되거나 또는 모든 행사에 있어 중요한 자료의 일부가 되었을 것이다. 그러나 이러한 문제는 내가 언급할 주제가 아니다.

나로서는 Henry 2세에 의하여 제도화되고 일반적으로 "eyre"라는 이름으로 현저하게 구분되는 순회재판에 있어서 형사사법업무는 그 자체로서가 아니라 순회법원 판사의 상당한 감독 아래 놓여있는 나라의 일반 행정업무 중의 한 부문, 아마도 가장 현저하고 중요한 한 부문으로서 다루어졌다는 것을 지적함으로써 족하다고 할 것이다. 또한 우리가 상납금, 벌금 그리고 모든 종류의 몰수가 국왕의 수입과 관련하여 매우 중요한 항목이라고 본다면, 이러한 사정은 놀랄 일이 아니다. eyre 순회법원의 업무항목으로 그 재판관들에게 위임하고 있었던 국왕의 모든 특권과 다른 유익권의 활발한 집행은 자연히 형법집행자로서 재판관들의 의무와 관련되어 있고, 국왕은 그러한 재판관들의 의무수행이 그의 신민의 생명과 재산을 보호하는 일일 뿐 아니라 그의 수입에도 기여하고 있기 때문에 그에 깊이 관심을 갖고 있었다.

---

1) T. Twiss 경에 의하면 윌리엄은 유명한 해군제독으로, 항구를 방어하는 자였고, Henry 3세 2년 또는 3년에 사망했다. 1204년에 그는 Taunton의 부주교였고, John 왕 시대에는 King's Galley Keeper였다. T. Twiss경의 추측에 의하면 명령서는 Henry 3세 당시 general war가 종료되면서 Hastings 남작에게 처음 발부되었다고 한다.

2) [역주] Dialogus de Scaccario(Dialogue concerning the Exchequer)는 재정법원의 관할, 구성 그리고 실무관행에 관한 연속적인 질문과 연속적인 답변으로 구성된 문답집으로, 12세기 Henry 2세 치하에서 재정법원의 회계장관(Lord High Treasurer)으로 있던 Richard FitzNeal에 의해 대부분 작성된 것이다.

Eyre로부터 Assize로의 변천

Bracton이 기술하고 있는 eyre 순회법원으로부터 오늘날의 assize 순회법원으로의 변천은 아직도 그 추적이 가능하다. 내가 이미 밝힌 바와 같이 민사와 형사사법업무 수행의 기초가 되는 위임행위는 eyre 순회법원의 업무처리항목과는 달랐고, 아마 훨씬 더 오래되었다. 우리가 흔히 사용하는 말로 표현하면, eyre 순회법원은 단순히 오늘날도 발부되고 있는 (민사업무를 위해서는 assize와 nisi prius, 형사업무를 위해서는 oyer, terminer, gaol delivery) 재판관들에 대한 위임장의 내용을 제한하고, 그리고 eyre 순회법원의 업무항목에 포함되어 있던 재정적, 행정적 문제들을 제외하는 방식으로 간단히 순회법원(circuit)으로 탈바꿈했다고 말할 수 있을 것이다. 어떠한 단계를 거쳐 이러한 변화가 이루어졌는지 정확하게 확인하려고 하는 것은 노력의 낭비일 뿐이지만, 그러한 과정의 성격이나 이유는 그 자체로 명백하고 그러한 변화단계를 충분히 설명할 수 있는 자취는 아직도 남아 있다.

Bracton이 열거하고 있는 eyre 순회법원의 업무항목들을 충분히 집행하기 위하여 요구되는 그러한 심리가 극히 성가신 것이었고, 그것이 국왕을 위하여 이로운 정도에 정비례하여 일반 공중에게는 부담이 되었을 것이라는 점은 명백하다. 그러한 이유로 13세기 초에 이르러 eyre 순회재판이 7년에 한 번 씩 열리게 되었고, Henry 3세 치세를 통하여 Edward 1세까지 계속 그와 같이 열리게 되었다. 이러한 주제와 관련한 많은 언급들이 의회기록에 나오고 있는데, 그에 의하면 eyre 순회재판을 유지하는 것이 일반 공중에게 커다란 부담이 되었음을 입증하고 있다. 하원의 청원에 따라 Edward 3세와 Richard 2세는 다양한 이유로 상당한 기간 동안 이를 유예하는데 동의했다. 다음의 글들이 이를 충분히 입증하고 있다.

서기 1348년(22 Edw. 3세)에 하원은 프랑스에서의 전쟁을 위하여 다음의 원조조건을 만들었다. "순회재판은 그리고 토지를 제외한 인야에 대한 공적 그리고 일반적 조사는 당분간 중지한다."[1] 이들의 승인과 관련된 청원은 재정적 업무와 사법적 업무를 구별하고 있다. "전쟁 중에는 국왕이나 왕자가 산림에 대한 순회를 하지 말아야 한다. 기타의 순회도 마찬가지다. 같은 지방에서 형사재판을 위한 조사를 하거나 같은 지방에서 순회형

---

1) 2 Rot. Par. 200, a.

사재판을 하려는 경우에는 의회에 이를 요청하여야 한다.” 청원은 같은 쪽에서 계속된다. “의회가 그 설치를 보증하지 않는 일반적인 합동조사위원회 그리고 모든 종류의 순회형사재판은 3년간 정지되어야 한다고 요청한다.” (답) “만일 긴급한 조사의 필요가 있는 경우가 아니라면 사람들과 국왕의 의견에 따라 조사를 위한 위원회의 설치를 정지할 수 있다.”

전쟁 중인 때에는 즉, “fors qe en horrible cas(끔찍한 경우에는)” 국왕이 순회배심재판관(eyre) 또는 trailbaston을 임명하지 않는다는 청원이 1371년(45 Edw. 3)에 승인되었다[1] 1377년(1 Rich. 2)에 전쟁 중 또는 앞으로 20년 동안 순회배심재판이나 trailbaston을 임명하지 말아야 한다는 비슷한 청원이[2] 있었지만 이는 거절되었고, 그와 같은 내용의 또 다른 청원이[3] 1382년(6 Rich. 2)에 있었는데, 이는 2년간 허용되었다.

이 주제와 관련하여 내가 의회기록 중에서 발견한 가장 완벽하고 가장 교훈적인 내용은 1362년(36 Edw. 3) 의회기록[4] 중에 있다. 하원은 “토지소송, 권한개시영장(quo warranto), 반란, 강도 그리고 사형이나 신체절단형에 처해질 중죄를 제외한 모든 종류의 순회배심재판사항들”에 대한 대사면을 요구했다. 추밀원(concil)은, 이러한 청원은 국왕에게 해로운 것으로 간주한다고 말하였고, 그에 따라 하원은 예컨대, “상속재산몰수, 후견권, 혼인, 영지, 성직수여 권한, 고등변호사직, 지대, 병역, 귀족의 지위” 그리고 다른 많은 것과 같이 국왕의 권한을 영구적으로 침해할 수 있는 것을 국왕이 포기하기를 원하는 것이 아니고 “무단침입, 공무원의 비행, 과실범”과 당시의 의회에서 범한 “무지의 죄(ignorances)”, 그리고 “그 처벌내용이 상납금이나 배상금 또는 다른 금전적 처벌들인 경우의 모든 순회배심재판사항들, 주나 읍구의 벌금 부과 그리고 검시관이나 주지사 그리고 다른 국가관리의 상속인들에 대한 고발 등”을 사면해주기를 원한다고 해명했다. 그러한 순회배심재판사항 모두에 대한 일반사면이 1397년(21 Rich. 2)에 인정되었다.[5]

나는 이러한 임명장의 점진적 폐지의 역사를 정확하게 확인하려는 노력에 수고를 허비하지는 않겠다.

---

1) 2 Rot. Par. 305, a

2) 3 Rot. Par. 24, a, 그리고 p. 90-96 참조.

3) 3 Rot. Par. 138, b.

4) 2 Rot. Par. 272, a, b

5) 3 Rot. Par. 369.

Eyre 순회법원의 폐지

Coke의 fourth Institute에 의하면[1] 그러한 임명장은 이미 과거의 것으로 말해지고 있고,[2] 그의 first Institute에서는 "많은 의회 제정 법률에 의한 justices of assize의 권한과 다른 여러 임명행위가 증가함에 따라 이러한 순회재판(justices of itinerant)은 조금씩 사라져 갔다"고[3] 되어 있다. 내가 생각하기로는, 국왕이 재정수입과 관련하여 의회의 승인에 점점 더 의존하게 되고 반면, 그의 지대수입이나 일시적인 수입에 점점 덜 의존하게 되면서 순회형사재판관(Oyer and Terminer)이나 미결수재판관, 순회법원판사 그리고 순회배심재판관(Nisi Prius)의 임명이 재정수입사항을 다루는 자들의 임명을 압도하게 된 것 같다.

구금되어 있는 미결수에 대한 재판관(gaol delivery) 임명의 역사는 다음과 같다. 그 시초는 추측할 수 있을 뿐이다. 아마 이는 감옥(gaol)[4] 그 자체만큼이나 그리고 국왕의 관리에 의한 지방의 형사사법기관들만큼이나 오래된 것일 것이다. 여하튼간에 이는 Bracton에 의하여 반복적으로 언급되고 있다. 그러나 이러한 임명장들의 체계적이고 주기적인 발령은 Assize 재판관의 주기적인 임명제도의 확립에 따라 나타난 결과이다.

"Assize"라는 말은 매우 다양한 의미로 사용되었다. 어떤 경우에 있어서는 법률을 의미하는데, "Assize of Clarendon"이나 "Assize of Jerusalem" 같은 경우가 그것이다. 또한 "The Great Assize"와 같은 표현에서 보는 것처럼 배심을 뜻하기도 하였는데, 이는 Glanville이 사용하였던 것으로 여기에 대해서는 뒤에서 다시 설명하겠다. 그 이외에 이 말은 "The Assize of

---

1) [역주] Sir Edward Coke(1552-1634)는 영국의 법정변호사, 판사 그리고 야당 정치인을 지낸 당대의 대표적 법률가이다. 법정변호사로서 유명한 사건의 재판에 관여하였고, 나중에 법무차관, 하원 의장 그리고 법무장관으로 승진하여 Robert Devereux, Sir Walter Raleigh 그리고 Gunpowder Plot 사건 등 역사상 유명한 사건들에 대한 소추를 담당하였다. 민사법원과 왕좌법원 수석재판관을 역임하면서 국왕도 법률에 따라야 하고, 의회의 법률도 "common right and reason"에 위반되면 무효라고 주장했다. 그의 저서로는 13권으로 된 Law Report와, 이 책에서 인용하고 있는, 4권으로 된 Institute of the Laws of England 등이 있다.

2) Fourth Institute. 184.　　　　　　　　　　3) Co. Litt. 514.

4) gaol은 제대로 말한다면 새장을 말한다. Palgrave의 Commonwealth 166, 2 참조. Assize of Clarendon(ch. 7)에는 gaol이 없는 지역에서 이를 만드는 방식이 설명되어 있는데, 그 재목은 왕실 숲에서 제공되었다. Stubbs의 Charters, p. 144 참조.

Novel Disseisin", "The Assize of Mort d'Ancestor"과 같은 표현에서처럼 배심재판이 행해진 소송의 형태를 뜻하기도 했다. 대부분이 토지의 회복이나 토지와 관련된 권리의 회복과 관련된 이와 같은 소송들이 초기시대 소송의 중요한 부분을 형성했고, 최초의 Assize 재판관의 임명도 그러한 소송사건의 재판을 위한 것이었다. 이들은 eyre 순회재판업무와는 독립된 분야를 형성했고 훨씬 더 자주 개최되었다.

대헌장(Magna Charta) 제18조에는 국왕이나 또는 국왕이 해외에 있어 부재인 경우, 국왕의 수석재판관(Chief Justiciar)은 novel disseisin assize, mort d'ancestor assize 그리고 darrein presentment assize를[1] 개최할 수 있도록 1년에 4회에 걸쳐 모든 주에 재판관(justice) 2명을 보내야 한다고 규정되어 있다.[2] Mr. Stubbs에 의하면[3] 이 규정은 그 다음 해에 1년에 1회로 변경되었다. 아주 초기에 assize가 얼마나 자주 열려야 했는지에 관한 규정이 있었는지 여부는 알 수 없지만, 13 Edw. 1, c. 30 법률(1285년)에 의하여 assize는 1년에 최대한 3회 이내로 열려야 한다고[4] 입법화되었다. 그리고 1299년 27 Edw. 1, c. 3 법률에 의하여 assize 재판을 위하여 임명된 재판관은 "특별 자유구역(liberties)에 거주하는 죄수는 물론 종전에 사용되었던 그들 주의 감옥 형태에 따라 특별 자유구역 밖에 수감되어 있는 모든 죄수들에 대한 그 주의 미결수재판도 해야 한다"는 법률이 제정되었다. 이 법률은 1299년에 이미 미결수재판관임명이 잘 알려져 있었다는 사실을 보여주고 있고, 위 13 Edw. 1 법률에 의하여 Assize 임명장이 발부된 것과 마찬가지로 자주 즉, 1년에 3회 이내로 그 임명장발부가 보증되었다는 것을 말한다. 이들과 관련된 그 이후의 법률은 1328년에 통과된 2 Edw. 3 법률로 그에 의하면 "지위가 아니라 성품이 훌륭하고 신중한 사람은 만일 자격이 충분한 것으로 판명되면 영국의 모든 주에서 assizes 재판관, 배심원 그리고 증명서발급을 맡아 하거나 미결수재판을 하도록 임명되고, 이들 재판관들은 1년에 최소한 3회 그리고 필요한 경우에는 더 자주

---

1) [역주] 이들 3개의 Assize는 각 침탈부동산점유회복소송, 상속부동산점유회복소송 그리고 승직천거권회복소송을 말한다.
2) Stubbs, Charters, 299.   3) Stubbs, Charters, 141.
4) "Capiant assisas predictas et attinctas ad plus ter per annum(순회재판과 사권박탈 절차는 1년에 최대 3회 까지만 개최되어야 한다)."

assize 재판관, 배심원, 증명서발급의 업무를 보거나 미결수재판을 한다"고 되어 있다. 그때로부터 지금까지 미결수재판관 임명은 정기적으로 행해졌고, 순회법원의 판사들이 오늘날 그들의 업무를 수행하는 하나의 권원을 형성하고 있다.

Glanville이나 Bracton 중 누가 그러한 표현을 사용하였는지 인용할 수는 없지만, 순회형사재판관 임명서(commission of Oyer and Terminer)도 미결수재판관 임명서와 함께 존재하였던 것으로 나타나고 있다. 내가 알고 있기로는 순회형사재판관 임명에 관한 첫 명시적 언급은 13 Edw. 1, c 29 법률(1285년)에 나오는데, 이 규정은 그 후의 몇몇 권위 있는 자료들과 연관시켜 보면 그들의 성격 설명에 상당히 밝은 빛을 던져주고 있다. 그들은 일반적인 것도 있었고 특별한 것도 있었다. 순회형사재판관의 업무가 일정한 지역 내에서 발생한 범죄적 성격을 갖는 모든 문제에 관하여 청문하고 결정하는 것으로 임명장이 발령된 경우에는 일반적인 것이라 할 수 있고, 그 임무가 특정한 사건에 한정된 경우에는 특별한 것이 된다. 그러한 특별 임명장이 특정한 개인의 청원(prayer)에 의하여 자주 허용되었다. 기본적으로 순회형사재판관 임명은 "ad inquirendum, audiendum, et terminandum (조사하고, 듣고, 그리고 결정하기 위한 것)"이지만, 이와 달리 미결수재판관의 임명은 "ad gaolam nostram castri nostri de C. de prisonibus in eã existentibus hac vice deliberandam(현재 성안의 감옥에 갇혀있는 사람들을 풀어주기 위하여)"라는 점에서,[1] 달리 말하면 순회형사재판관은 그들 자신이 채택한 기소장만을 심리할 수 있는 반면에, 미결수재판관은 감옥에 갇혀있어 그들이 처리하여야 할 모든 미결수를 재판한다는 점에서 순회형사재판관의 임명과 미결수재판관임명은 서로 구별되었다. 따라서 보석으로 석방된 죄수는 미결수재판관에 의하여 재판을 받을 수 없었다. 왜냐하면 그는 더 이상 감옥에 있는 자가 아니기 때문이다. 하지만 석방된 그가 순회형사재판관 앞에 나타나게 되면, 그는 기소되고 그리고 재판을 받을 수가 있었다.

그러나 이러한 차이점은 매우 사소한 것이고 기술적인 것에 불과하여 본래 순회형사재판관의 임명은 일반적인 목적을 위해서가 아니라 특별한

---

1) Fourth Institute. p. 161, 167.

특별 순회형사재판관(Oyer and Terminer)

목적을 위하여 행해졌음이 분명하고, 따라서 그 임명은 특정한 사건의 경우에 공공치안담당자에 의하여 체포되지 아니한 범인이 범한 특별한 범죄로 피해를 입은 특정한 사람에게 허용되었다고 생각하고 싶다. 미결수재판관들에게는 이러한 종류의 일반적인 임명장을 주는 것이 자연스러웠을 것이다. 그렇게 함으로써 미결수재판관의 지위가 다르다고 하여 그들의 심리 대상에서 빠질 수 있는 사건까지 동시에 처리할 수 있었다. 나중에 그러한 사건들은 보통 성실법원(Court of Star Chamber)에 의하여 처리되었다.

이러한 내용은 13 Edw. 1, c. 29 법률과 그 후의 몇몇 권위 있는 전거들(authorities) 모두에 제시되어 있다. 법률의 문언은 "이제부터 청문하고 결정하기 위한 권리침해소송영장(writ of trespass)은 그것이 흉악한 권리침해로서 신속한 처분이 필요한 경우이거나 국왕의 특별한 은전으로서 그것이 허용되는 것이 옳다고 생각되는 경우가 아니라면, 상주 재판관이나 순회 재판관을 제외한 어떠한 재판관에게도 허용되어서는 안 된다"고 되어 있다. 이 내용은 물론 그 이전의 관행은 이와 달랐다는 것을 의미한다. 위 법률에 규정되어 있는 예외규정은 그것이 크게 남용되지 않았더라면 계속 남아 있었을 것이다. 이 내용은 1315년의 의회기록(위 법률보다 30년 뒤)에 기록되어 있는 청원에 나타난다. 청원의 내용은 다음과 같다.[1]

"보통법에 위반하여 적정한 수준을 넘어 훨씬 더 쉽게 그리고 자주 순회형사재판관의 임명을 허용함으로써 법률에 위반한 거악과 억압이 많은 사람들에게 자행되고 있다. 왜냐하면, 힘 있는 영주나 힘센 사람이 다른 사람을 해치려고 하는 경우 그는 다른 사람을 권리침해자라고 허위로 고소하거나"(il forge trespas vers luy) "또는 그가"(그의 적이) "다른 사람에게 권리침해행위를 가하였다고 주장하고, 그가 원하는 것은 무엇이든지 할 준비가 되어 있는 사람으로서[2] 그 자신에게는 호의적이고 상대방에 대하여는 적대적인 사람에게 순회형사재판관 임명장을 구입하여 주고, 그리고 재판기일을 정하면서 상대방은"(허위소송에 참가하도록 매수된) "주지사나 그의 집행관으로부터 기일의 통보를 받지 못하게 하거나 아니면 그가 참가할 수 없도록 짧은 통지기간을 주는 등의 방식을 사용한다. 그렇게

---

1) 1 Rot. Par. 290, a.
2) "Se dorront a faire tut ceo qil voet(그가 동의하는 것은 무엇이든 한다)."

하여 그는 원고의 의지에 따라 고통스럽게도 20파운드나 20마르크 혹은 10파운드의 벌금형을 받게 된다. 그러고 나면 그는 그의 적이 너무 막강하여 생명의 위험으로 말미암아 감히 출석할 수 없을 뿐 아니라 그러한 권력에 대한 두려움으로 변호인조차 구할 수 없는 처지에서 고지에 있는 가기가 어려운 땅으로 출석하라는 또 다른 지정 기일을 통지받게 된다.[1] 그렇게 하여 그는 그의 가재 가액의 3배 또는 4배의, 다시 말해 보통 사람의 경우 하루에 26파운드[2] 또는 100마르크 혹은 원고의 적극성에 따라 40파운드 내외의 벌금형을 받게 된다.[3] 그리고 피고인이 그 기일을 지키게 되면 그는 신체의 해를 당하게 되거나 그가 할 수 있는 것 이상을 하겠다고 동의하여야 하고 또는 침해행위의 내용에 관하여 아무 것도 모르는 먼 지방 출신의 배심원을[4] 매수하여 피고인이 무죄라 하더라도 그로 하여금 유죄판결을 받도록 할 것이다. 그리고 상대방의 의지에 의하여 부과되는 손해금은 가령, 그것이 20d의[5] 침해행위에 불과한 경우에도 족히 200파운드, 400파운드 그리고 때로는 1,000마르크까지 되는 수가 있다. 그리고 유죄판결을 받은 당사자가 붙잡히게 되면" (trapee) "그는 감옥에 가두어지고 그가 갖고 있는 모든 돈을 지불할 때까지 또는 그의 토지를 팔기로 동의할 때까지 그곳에 갇혀있게 되고, 혹은 그곳에서 나오기 위해서는 그의 친구가 그 돈을 지불하여야 한다. 그리고 그가 붙잡히지 않으면 그는 아주 궁박한 처지에 놓이게 되고" (무법자가 됨으로써) "영원히 그 사회로부터 추방된다."

이 청원에 대한 회답은, "앞으로 순회형사재판의 영장(writ of Oyer and Terminer)은 법률의 규정에[6] 따라 아주 중대한 권리침해에 한하여" (pro enormis transgressionibus) "허용될 것이고, 그 임무는 신중하게 선서한 재판관들(justices)에게 부여하며 불순한 사람으로 의심되는 자에게는 부여되지 않을 것이다"로 되어 있다.

---

1) "Et avera aultre jour en ville Duppelond ne mie convenable(그리고 다른 날 편리하지 않은 Duppelond 마을을 지정한다)."　　　2) 26. li.
3) "Mis as issues," 즉, 불출석으로 벌금형을 받고 주지사에 의해 기록에 오르게 되는데, 이를 근거로 동산압류영장(writ of distringas)을 받게 된다. 2 Madox, 234 참조.
4) "Ou serra procure une jure d'estrange pays qui rien soit du trespas(침해행위의 내용을 모르는 다른 지방의 배심원을 매수하여)."
5) "xx sontz." 20 shilling을 뜻한다.　　　6) 즉, 13 Edw. 1, c. 29.

특별 순회형사재판관(Oyer and Terminer)

이 청원은 심지어 Edward 2세 치세 시기까지도 형사사법의 성격이 임시적이고 개별적이었다는 것과 그 당시에는 배심재판에 있어서도 지나친 직권남용이 흔히 있었다는 것을 매우 명쾌하게 알려주고 있다. 7년마다의 순회재판(eyre)이나 그보다 더 빈번하게 이루어졌던 미결수재판관의 임명(commission of gaol delivery)으로는 형사사법의 적절한 운용에, 특히 범죄(crime)라고 하기보다는 (우리 자신의 시대 용어로) 불법행위(torts)로 간주되는 죄(offences)와 관련하여, 충분하지 않았다는 것을 확실하게 보여주고 있다. 이 주제는 너무나 흥미로운 것이기 때문에, 위에서 언급한 청원 이후에 발부된 사적인 순회형사재판관(Oyer and Terminer) 임명에 관한 몇몇 사례를 들어 더 자세히 설명할 필요가 있다.

청원이 제출된 같은 의회에서 특정한 사람들이[1] 순회형사재판관(justice of Oyer and Terminer)으로 임명되었고, 그들의 업무는 "John de Segrave와 그의 하인들이 Trent 너머에 있는 숲과 Nottingham과 Derby 성을 관리하면서 저지른 불법재산취득(prises), 불법운반(carriages)과[2] 그리고 다른 권리침해행위와 관련하여 누구나 제기하고자 했던 모든 고발을 처리하는 것이었다." 그와 동시에 Trent 저쪽 지역의 몰수지 관리관으로 Yorkshire 주지사인 Gerard de Salveyn의 행위와 관련하여 비슷한 임명장이 다른 사람들에게 발부되었다.[3]

1320년(14 Edw. 2)에[4] Luffenham 행정교구의 교구목사인 Ralph de Draiton이 Robert de Veer, Simon de Draiton과 John de Clifton의 행위를 조사하기 위한 순회형사재판관의 임명을 요청했다. 그의 말에 의하면 그들은 Northamton의 부주교인 Gilbert de Middleton의 지시에 따라 그가 성직자의 녹(living)을 포기할 때까지 그를 감옥에 투옥하고 그의 동산과 가재를 빼앗아 가버렸으며, Agnes de Aldenby라는 사람의 혀를 자르고 눈을 뽑아버렸고, 그리고 이문제와 관련하여서는 이미 York에서 순회재판관 임명장이 발부되었다는 것이다. 이 청원에 대한 회답은 청원자는 이전의 임명장을 대법관청(Chancery)에 제출하여야 하고, 그곳에서 답신을 받는다고 되어 있다.

---

1) 1 Rot. Par. 325, a.
3) 1 Rot. Par. p. 325, b.

2) 비축물자의 취득과 강제 운반행위.
4) 1 Rot. Par. 376, a.

Trailbaston

1321년 또는 1322년에[1] Robert Power가 Tickhill Castle 포위 기간 중 그를 감옥에 투옥하고, 그를 억류하여 몸값을 요구하고, 그리고 그의 많은 재산을 파괴한 여러 사람들에 대한 순회형사재판을 위한 재판관임명장을 요청한다. 그 청원에 대한 회답은 "Adeat legem communem(하원에서 임명하여 그곳으로 보내겠다)"이었다. 의회기록에는 이와 관련한 다양한 사례들이 기재되어 있다.

위에서 언급한 청원을 통하여 불평이 제기되고 있는 권한남용은 그 후에도 계속되었다. 이러한 사실은 Alisandr' de Berwiz라는 사람에 대한 형사재판영장과 관련하여 Scarborough 순회형사법원 판사(commissioner)이던 Robert de Scoresburgh라는 사람의 불법적이고 위법한 행위를 고발하고 있는, 1328년(2 Edw. 3)에 제출된, 청원에[2] 나와 있다. 그 청원은 받아들여졌고 그 결과가 2 Edw. 3, c. 2 법률인데, 그 법률은 "순회형사재판은 왕좌부나 여왕좌부 판사(justice) 혹은 수습중인 판사(justice errant)에게만, 그리고 범죄의 결과가 매우 중하거나 흉악한 범죄의 경우에 그리고 국왕의 특별한 자비가 있는 때에 한하여 전술한 조상시대의 법률에 규정된 형식에 따라 인정될 수 있을 뿐이고, 그 이외의 경우에는 결코 허용되지 않는다"고 규정하고 있다. 이 법률에 의하여 순회법원(assize)과 순회배심법원(Nisi Prius) 판사의 형사재판업무에 대한 오늘날의 토대가 마련되었다. 그들은 27 Edw. 1 법률의 규정에 의한 미결수석방법원(gaol delivery) 판사(commissioner)이어야 했고, 2 Edw. 3 법률의 규정에 의해 순회형사법원 판사(commissioner of Oyer and Terminer)일 수가 있었다. 오늘날 비록 미결수석방법원 판사의 임명장만을 발부하는 수가 종종 있기는 하지만, 실무상의 관행은 모든 순회법원 판사에게 2개의 임명장을 모두 발부하는 것이다.

통상의 순회형사법원 판사의 임명(commission of Oyer and Terminer)이외에, Coke에 의하면 순회형사법원의 일종이며, 그리고 Trailbaston이라는[3] 이상한 이름을 가지고 있는, 순회형사법원 판사의 임명이 Edward 1세

---

1) 1 Rot. Par. p. 410, a.　　　　　2) 3 Rot. Par. 28, b.
3) Sir Francis Palgrave에 의하면 이 단어는 법정(court)보다는 범죄와 관련된 것이라고 한다. "trailbaston"은 곤봉을 가지고 다니는 사람을 말한다. 곤봉을 뜻하는 "lathi"에서 온 말인 인도의 "latthiar(나무에 쇠를 입힌 곤봉)"과 같은 말이다.

와 몇몇 그의 후계자들에 의하여 이루어졌다. 그 임명장의 형식은 1 Rot. Par. 218-9(35 Edw. 1. 1306년)에 남아 있다. 그 내용은 특별히 다른 것이 없고 오로지 특정한 판사(justice)들이 38개 주를 포함한 5개 순회법원에서 "entendre les busoignes de traillebaston (traillebaston의 업무를 듣는다)" 고 되어 있다. 순회판사들의 의무를 규정하기 위한 것으로 보이는 특정한 조항들이 Trailbaston 임명장에 부가된다. 그 조항들은 위 순회법원업무의 간단한 요약으로 해석된다.

"그리고 당신의 수고와 당신의 협조 그리고 조언으로 그리고 당신의 모든 권한을 가지고 국왕과 검시관의 법률을 지키고 유지하며, 비행을 저지르지 않도록 잘못된 것을 쫓아버린다. 당신이 검시관의 업무를 보호하고 국왕의 법을 지키며 불법행위를 멀리하게 함으로써 국왕을 강건하게 보호한다. 그리고 검시관은 그러한 방식으로 당신의 업무를 보조한다."

그 임명장에는 형사재판의 권한에 관하여 아무런 언급이 없지만 Coke의 주장에 따르면 Trailbaston 순회판사는 그러한 권한을 갖고 있었고, 이러한 주장을 뒷받침하는 사례가 의회기록에 나온다. 1347년(25 Edw. 3)에[1] 하원은 "통상의 Trailbaston은 이전과 달리 정당하지 않다는 것이 의회에서 확인되었다. 왜냐하면, 그들은 모든 것을 파괴하고 사람들을 전멸시켰으며 법률에 대한 다양한 그리고 헛된 개정을 통하여 중죄 또는 권리침해에 대한 처벌을 훼손시켰기 때문이다"라고 청원했다.

Trailbaston 순회판사의 임명은 순회재판(eyre)의 장기간 또는 단기간의 형기 단축(remission)과 관련하여 이미 인용한 대부분의 자료들에 언급되어 있고 아마도 이들 둘은 다소간에 상호 밀접한 관련이 있는 것 같다. 그들의 성격이 어떠한 것이건 간에 그들은 이미 오래전에 없어져버렸고, 그들 성격에 대한 연구는 단순한 골동품연구의 흥미밖에 없는 일이다.

이렇게 하여 우리는 통상의 상급 법원 중 두 번째 법원인 순회법원의 창설에 도달하게 되었다. 이 법원은 창설 후 어떤 다른 역사를 가졌다고 말하기 어렵다. 순회법원의 수와 순회법원이 개정되는 장소에 관한 약간의 변화가, 특히 지난 몇 년 동안에, 있었지만 순회재판은 거의 변한 것이 없고, 그 법원의 조직도 Edward 3세 이래 거의 변한 것이 없다.

---

[1] 2 Rot. Par. 174.

치안유지자들

사계법원(the Courts of Quarter Sessions)

이제부터 주에 설치된 사계법원의 역사에 대하여 살펴본다. 사계법원의 기원과 그 조직을 설명하기 위해서는 치안판사라는 관직(office of Justices of the Peace)의 연원에 대하여 간단히 살펴볼 필요가 있다.

치안을 유지하는 것은 국왕의 특권중의 하나였고,[1] 그 임무는 영국 전역을 통하여 국왕의 위대한 관료에 의해서, 그리고 다양한 주와 읍구에서는 주지사, 검시관 그리고 치안관들에 의하여 수행되었다. 과거에는 왕좌법원의 판사들이, 그리고 현재에 있어서는 고등법원 판사들이 영국 전역의 치안유지 담당자들이고, 오늘날 판사가 치안판사로 직무를 수행하는 것은, 비록 그러한 일이 있다고 하더라도, 아주 희귀한 경우이지만 과거 수세기 간에 걸쳐 판사가 치안판사의 업무를 수행하는 것은 통상 볼 수 있었던 일이었다.[2] 인도에서 최고법원(Supreme Court)이 처음 창설되었을 때 판사들은 명시적으로 치안판사로 인정되었고, 또한 그들은 정기적으로 치안판사의 업무를 처리하곤 하였다. 그들의 직무에 의하여 당연히 치안유지자가 되는 이외에 오늘날의 검시관과 같이 특정한 지역의 치안유지를 위해 선출된 자들이 분명히 있었다. Edward 3세 치세 초기에, 그리고 의심의 여지없이 그로 하여금, 혹은 오히려 그의 어머니 Isabel 여왕으로 하여금, 그리고 그의 조언자들로 하여금 질서를 유지하고 그들의 권위를 지원하도록 하기 위해 1327년(1 Edw. 3, c. 16)에 "모든 주의 선량한 사람과 그 지방에서 악행을 하거나 소송교사자가 아닌 법률에 따라 행동하는 사람들은 치안을 유지하는 업무를 부담하게 된다"는 내용의 법률이 제정되었다.

---

1) Lambard, Eirenarcha, p. 3 - 22. Lambard는 Blackstone(Book 1. c. 9)과 다른 저술가들의 저술에 그 기초가 되었다. 또한 Dig. Crim. Proc. chap. 5. arts. 28-36 참조.
   [역주] William Lambarde(1536-1601)는 골동품연구가, 판사, 법률문제에 대한 저술가 그리고 정치인이었다. 그는 1581년에 위 Eirenarcha(of the Office of the Justice of Peace)를 출판하였다.

2) Lambard, fo. 13. 치안판사 역할의 판사와 관련해서는 Campbell의 Chief Justices, 3. 11 (holt의 생애), Spencer Cowper의 사례 (그곳에서 Holt가 진술을 하고 있다, 13 State Trials, 1142) 참조. 인도(India)와 관련해서는 13 George 3, c. 63 법률 제38조 참조. 'Sir William Jone의 생애'에는 그가 캘커타의 치안판사로서 저녁 시간에 재판을 하는 장면이 언급되어 있다.

치안판사(Justice of the Peace)

이 법률에 의하여 치안유지자의 선출이 종말을 고하게 되었고, 이 법률이 이후 치안판사 임명과 관련한 법률의 효시가 되었다. 최초 그들의 권한은 아마도 범죄의 진압과 범인의 검거에 국한되는 단순한 집행업무에 불과하여 그들은 보다 큰 규모의 경찰에 지나지 아니하였다. 3년 후인 1330년에 다음과 같은 법률(4 Edw. 3, c. 2)이 제정되었다. 그에 의하면 1년에 3회의 미결수석방재판이 개최되어야 하고, 치안유지자에게 그 임무를 부여함에 있어서는 "이른바 치안유지자에 의하여 기소되거나 붙잡혀온 자는 주지사(sheriffs)에 의하여 보석으로 석방되거나 조건부석방(mainprise)될 수 없다는 것을 명시하여야 하며" 그리고 미결수석방재판의 판사가 치안유지자(keeper of peace)에 의하여 기소되거나 잡혀온 자에 대한 석방처분을 한다. 따라서 이 시기부터 치안유지자의 권한은 기소장을 수취하는 것으로 확장되었다.

1344년에 "그 주에서 가장 평판이 좋은 사람 2-3명이 국왕의 임명에 의하여 치안유지자로서의 임무를 부여받는다. 그리고 다른 사람들이 더 필요한 경우에는 국왕의 임명에 따라 현명하고 법률을 배운 사람이 그 지방의 질서를 깨는 중죄와 권리침해죄를 청문하고 처리하며, 적정한 형벌을 가하는 임무를 부여받는다"는 내용의 법률(18 Edw. 3, st. 2. ch. 2)이 제정되었다. 이 법에 따라 최초로 치안유지자들이 사법적인 권한을 취득하게 되었다. 물론 그들 중 일부는 순회형사법원 판사나 미결수석방법원 판사와 연관이 있었다는 것은 분명하지만, 그들만으로 완전한 법원을 구성하지는 않았다. 1350년의[1] 노동자보호법(Statute of Labourers)은 그 법의 집행을 강제하기 위하여 치안판사들로 하여금 1년에 4회 법정을 개정하도록 규정하고 있다.

그리고 다시 10년이 지나 즉, 1360년에 법률(34 Edw. 3, c. 1)이 하나 통과되었는데, 그에 의하면 치안유지자들은 범인을 검거할 권한뿐 아니라 "국왕을 대리하여 같은 지방에서 일어난 모든 중죄와 권리침해죄에 대한 청문 및 결정의 권한을" 갖게 되었다. 이 법의 통과로 인하여 치안유지자들(Conservators of the Peace)이 최초로 판사(Justice)라는 고귀한 명칭을 얻게 되었다고 Lambard는 추측하고 있다. 그는 또한 그 법률의 서두에 나

---

1) 25 Edw. 3, st. 1, c. 7; 그리고 2 Rot, Par. 234 참조.

오는 몇 개의 단어들, 즉 "영국의 모든 주에 선임된다"는 말의 효과로서, 초기 시대에 항상 그렇게 하였던 바와 같이 여러 주들(counties)을 위한 법원(Commission)은 특정한 사람들에게 남겨둔 채, 모든 주에 독자적인 법원(a separate Commission)을 제공하게 되었다고 한다. 이 법률이 주를 위한 사계법원(Courts of Quarter Sessions)의 업무권한에 있어서 아직도 그 근거가 되고 있다.

1388년에 모든 치안법원의 판사 수를 순회법원의 판사를 제외하고 6명으로 고정시키는 새로운 법률이 통과되었다. 그들은 1년에 4회 법정을 개정하고 필요한 경우 3일간 심리를 하여야 했다. 그 법률은 또한 왕좌부 또는 여왕좌부 판사나 최고위의 법정변호사(serjeant-at-law)가 그 재판에 참가하는 경우에는 그 곳에 계속 거주하는 다른 판사들과 함께 재판을 할 필요는 없지만, 그러나 "그들이 재판에 참가하는 것이 상당한 경우에는 그렇게 할 수 있다"고 규정하고 있다. 그 후에 나온 몇 개의 법률들은 비록 판사의 수에 관한 제한을 제거하는 것으로 해석될 수가 있기는 하지만, 대부분 비슷한 취지로 되어 있다. 그들 법률은 13 Rich. 2, st. 1, c.7, 2 Hen. 5, st. 2, c. 1 & c. 4이다. 그리고 마지막 법률의 규정은 다시 법정이 개정되어야 하는 날짜를 규정하고 있다.

치안판사와 연관된 다양한 문제들과 관련하여 많은 법률들이 통과되었지만 사계법원의[1] 조직은 그 첫 설치로부터 현재에 이르기까지 실질적으로 변한 것은 없다. 오늘날 그 개정시간은 11 Geo. 4 법률과 1 Will. 4, c 70 법률 제35조에 의하여 규율된다.

사계법원의 관할은 부분적으로 법률에 의하여, 그리고 부분적으로는 이전에 제정된 법률에 의하여 발부된 임명장(commission)에 의하여 결정된다. 사계법원의 관할은[2] 1590년 미가엘 축일기간에 수석재판관 Wray와 그리고 다른 판사들에 의하여 처음으로 확정되었고, 비록 그 조항 중 일부가 완전히 구식이 되어 사용되지 않고 있기는 하지만, 그 이래 계속 이 내용이 유지되고 있다. 그 내용은 치안판사들은 "모든 중죄, 독살, 마법행위, 요술, 마술, 권리침해, 점술행위, 매점매석행위, 강탈행위 그리고 판사들이 적

---

1) Digest of the Law of Criminal Procedure. p. 23, 제6장.
2) Lambard, p. 43; 2 Stephen's Com. 646.

법하게 조사할 수 있거나 조사하여야 하는 그 이외의 모든 범죄나 범칙행위를 청문하고 결정한다"고[1] 되어 있다. 다만 여기에는 "왕좌부판사나 여왕좌부판사 혹은 순회법원판사가 관여하는 경우가 아니라면 어려운 문제가 있는 사건을 심리하여 판결을 하는 것은 허용되지 않는다"는 주의가 부가되어 있다. 이렇게 하여 사계법원의 관할은, 어려운 사건의 경우 상급법원의 판사가 참석하여야 한다는 조건을 전제로, 명목상 모든 중죄와, 반란죄를 제외한, 거의 모든 범죄로 확장되었다.

16세기 전체를 통하여 사계법원은 실제로 상당히 많은 수의 사람들에게 사형판결을 선고하였고, 그들은 그 판결에 따라 처형되었다. 이러한 내용들은 Exeter Castle의 기록으로부터 발췌하여 집대성한 Mr. Hamilton의 사계법원의 역사(History of the Quarter Sessions)에도 나온다. 하지만 사계법원은 원칙적으로 절도나 그와 비슷한 사건들로 그 권한을 스스로 제한했다. 시간이 지나면서 그 관할범위는 실무상 크게 좁아졌고 Chitty는 1826년 그의 글에서 "오늘날 이 법원에서 재판하는 것은 단순 절도나 경죄에 불과하다는 것은 일반관행이다"라고 말한다. 심지어 사계법원은 성직재판권(benefit of clergy)의 권리가 인정되는 범죄의 경우에도 그들이 사형에 처할 수 있는 범죄를 처리하는 것은 적절하지 않다고 생각하였다.

이와 같이 사계법원의 권한이 줄어들고 절름발이가 된 것은 사형에 관한 과거 법률의 특이한 간접적 효과라고 할 수 있다. 오늘날 사계법원의 범죄에 관한 관할은 사형에 관한 법률이, 비록 정확한 것은 아니지만, 거의 오늘날의 조건으로 제한된 직후인 1842년에 제정된 5 & 6 Vic. c. 38 법률에 의하여 규율된다.[2] 이 법률에 의하면 사계법원은 반란이나 모살 또는 사형에 해당하는 범죄, 혹은 첫 번째 유죄판결로 무기징역형에 처해질 수 있는 범죄로 고발된 피고인, 그리고 법률상의 혹은 헌법상의 중요한 문제가 제기될 여지가 있는 모든 범죄를 포함하는 18개의 특정한 범죄로 고발된 피고인을 재판할 수 없다고 소극적으로 규정하고 있다. 사계법원은 이러한 범죄를 제외한 모든 범죄를 위 법률에 의하여, 그리고 그들의 임명조건에 따라 재판할 수 있다.

---

1) Chitty, 138. [역주] Joseph Chitty(1775-1841)는 영국의 법률가로 형사재판의 실무와 관련된 책들을 많이 저술했다.
2) 이후의 법률에 의하여 하나 혹은 두개의 조그만 변화가 있을 뿐이다.

주 사계법원과 관련하여 유일하게 주목할 만한 것으로 남는 것은 그 관할의 지역적인 한계이다. 이 점은 치안판사임명을 위한 임명장에 따르며, 임명장에는 그들이 일할 수 있는 지역적 한계가 적시된다.

England와 Wales에는 다음과 같은 사계법원이 있다.[1]

York와 Lincoln을 제외한 각 주에 하나 -------------------- 50

York주의 각 Riding에 하나 ------------------------------- 3

Lincoln주의 세 지역(Lindsay, Holland, Kesteven)에 각 하나 - - 3

다음의 특권 자치주들에 각 하나 즉, Cawood, Cinque Ports, Ely, Ha-verfordwest, Peterborough, Ripon, St. Albans, Tower of London, Westminster --- 9

ㅤㅤㅤㅤㅤㅤㅤㅤㅤㅤㅤㅤㅤㅤㅤㅤㅤㅤㅤㅤㅤㅤㅤㅤㅤㅤㅤㅤ65

또한 사계법원은 도시와 읍으로 구성된 18개의 주에[2] 각 하나씩 있고, 그리고 자치 도시(municipal boroughs)에도 다수가 있다.

자치 도시 사계법원(Borough Quarter Sessions)[3]

이제 자치 도시의 사계법원을 살펴보기로 하는데, 그 역사는 주 사계법원의 역사보다 더 복잡하다.

영국에 있어서 도시 성장의 역사는 권위 있는 많은 문필가들에[4] 의하여 헌법적인 관점에서 고찰되어 왔다. 여기에서는 Henry 1세가 런던 시에 현존하는 첫 칙허장(charter)을 부여한 때로부터 오늘 우리 자신의 시기에 이르기까지 많은 수의 읍과 도시들에 자치도시설립의 칙허장이 부여되었다는 사실을 알아보는 것으로 충분하다고 생각된다.

---

1) 내 친구 Mr. Godfrey Lushington이 내무부로부터 이 자료를 구하여 주었다.
2) 도시로는 Bristol, Canterbury, Chester, Coventry, Exeter, Gloucester, Lincoln, Lichfield, Norwich, Worcester, York, 그리고 읍으로는 Caermarthen, Haverfordwest, Hull, Newcastle on Tyne, Nottingham, Poole, Southampton(5 & 6 Will. 4, c. 76 법률 제61조, 별표 A 참조).
3) Digest of the Law of Criminal Procedure. 제31, 38, 41장.
4) Hallam, Middle Ages, Constitutional History; Brady, History of Boroughs; Stubbs, Constitutional History.

자치 도시 사계법원

처음부터 이러한 칙허장(charter of incorporation)에는 중요도가 다양한 여러 법원에 대한 허가가 포함되어 있었다. 일부 경우에는 시장이나 부시장이 직무상 당연히 치안판사가 되고 그리고 사계법원을 개정할 권한을 갖고 있었다. 또한 이러한 칙허장에는, 사정에 따라 그렇지 아니한 경우가 있기는 하지만, "불개입조항(non intromittant clause)"이라고 불리는 조항이 부가되어 있어, 이를 근거로 주 치안판사의 관할권을 배제하였다. 일부 경우에는 읍들이 그들 스스로 주가 되기도 하였다. 그러한 읍들은 보통 그들 자신의 주지사(sheriff)를 임명하였다. 특정한 관리들이 그러한 읍을 기초로 하는 주를 위하여 발부된 임명장에 따라 모든 미결수석방재판과 순회형사재판의 임무를 맡아하는 경우도 종종 있었다. 예를 들어, 런던 시의 경우 Henry 1세 시대로부터 내려오는 일련의 칙허장에 의해 시장(Lord Mayor)과 부시장(Aldermen) 그리고 시 법원 판사(Recorder)가 Newgate 교도소의 모든 미결수재판과 London 시의 모든 순회형사재판업무를 맡아보았다. 일부 경우에는 읍의 사법관할의 한계와 관련하여 아무런 제한을 두지도 않았다. 그들은 모든 범죄에 대하여 재판을 할 수 있었고, 사형을 포함한 어떠한 형벌도 과할 수 있었다. 그러나 일부의 경우 그들의 권한은 매우 좁게 제한되었다. 나는 이러한 칙허장이 그 자체로는 주(county)로서 인정받지 못하고 법인격만을 취득하고 있는 읍이 위치하고 있는 그 주를 위하여 임명된 미결수재판 판사나 순회형사재판 판사가 갖고 있는 동일한 내용의 재판권한을 배척한 일이 있는지 혹은 국왕으로 하여금 시로 구성된 주나 법인격을 취득한 읍의 구역 내에서는 그 자신의 재판관을 임명하지 못하도록 한 일이 있는지의 여부는 알지 못한다. 그러한 칙허장이 발부된 거의 대부분의 경우에 있어서 칙허장을 받은 도시들은 사법관(judicial officer)을, 일반적으로 시 법원 판사(recorder)를, 임명할 수 있었고, 그들 사법관은 선행(good behaviour)을 조건으로 계속 그 직을 유지하면서 형사법원의 판사로서, 그리고 민사법원이 있는 경우에는 민사법원의 판사로서 일할 수 있었다.

시나 읍 그리고 도시로 구성된 주와 법인격을 취득한 읍은 이러한 방식으로 그들에게 부여된 사법권을 그들 각자의 칙허장을 받은 날로부터 그 취지에 따라 1834년까지 계속하여 행사했다.

Municipal Corporations Act

1834년에 그들의 다양한 조직을 조사하기 위한 위원회의 임명이 있었다. 위원회는 여러 차례 보고서를 작성하였는데, 그 첫 번째 보고서가 그해에 간행되었다. 이 보고서들은 England와 Wales 모든 도시에 허가된 것으로 알려진 모든 칙허장의 내용을 상세히 설명하고 있다. 이러한 보고서를 토대로 자치도시법(Municipal Corporations Act)이[1] 제정되었다(5 & 6 Will. 4, c. 76 법률). 이와 관련한 다른 문제에 대한 언급을 참조하지 않고 특히, 위원회 위원들의 보고서를 참조하지 않고 이러한 조치를 읽어보는 경우 그 조치의 효과는 분명하지 않을 것이다. 그 내용은 다음과 같다.

위원들은 모두 246개의 자치 도시들(corporate towns)이 "England와 Wales에 있다고 믿을 만한 충분한 근거를 발견하였다." 이들 도시 중 178개가 법률의 별표 두 곳에 언급되어 있고, 그들에게만 법률이 적용된다. 이들 178개의 도시 중에는 한편으로 런던 시가 속하지 아니하고, 다른 한편 다양한 시기에 걸쳐 법인격을 부여받았지만 그 중요성이 쇠퇴해버린 다른 88개의 조그만 도시들이 포함되지 않는다. 매우 중요한 다른 도시들도 그 명단에 포함되어 있지 않으며(예컨대, 맨체스터와 버밍엄), 그 이유는 이들 도시는 법률이 제정될 당시에는 법인격을 취득하지 못하였기 때문이다. 맨체스터와 버밍엄 그리고 상당한 수의 다른 도시들이 그 이후 법인격을 부여받았는데, 그 근거는 이미 언급한 이전의 법률을 폐지하거나 더 정교한 형식으로 개정한 7 Will. 4 법률 그리고 1 Vic. c. 78 법률 제49조 혹은 40 & 41 Vic. c. 69 법률이고,[2] 그에 따라 법인격을 부여받은 모든 자치 도시들에 자치도시법의 규정들이 확장적용된 것으로 믿어진다.

이렇게 하여 영국의 모든 도시들은 다음과 같이 분류될 수 있다.

1, 런던.

2, 법인격을 부여받고서도 자치도시법의 적용을 받지 않는 88개의 작은 도시들.

3, 자치도시법의 적용을 받는 178개의 도시들.

---

1) 1883. 1. 1.부터 1882년의 자치도시법(45 & 46 Vic. c. 50)이 시행되었다. 이 법은 과거의 모든 법을 폐지하고, 새로 제정하고, 통합하는 내용이었다.

2) 45 & 46 Vic. c. 50 법률의 전문에는 1835년의 법률은 이 법 제정 이후에 구성된 모든 단체에도 적용된다고 규정되어 있다. 1882년 법률 Sec. 210은 현재 40 & 41 Vic. c. 69 법률로 대체되었다.

4, 자치도시법 이후 법인격을 부여받았지만, 그 규정이 확장되어 적용되는 도시.

이러한 분류에 따라 그들 사이에는 서로 다른 모습이 드러난다.

1. 런던은 칙허장에 따라 그 스스로 하나의 주(county)를 구성한다. 런던 시장과 시 판사 그리고 부시장들은 여러 개의 칙허장에 의하여 New-gate 교도소의 모든 미결수재판, 런던 시 전체의 모든 순회형사재판업무를 맡아본다. 그러나 정확히 어떠한 권원에 의하여 그들이 Middlesex 교도소의 미결수도 재판하였는지 알 수 없고, 그것이 현재 별로 중요한 것도 아니지만, 그들이 실제로 그들을 재판한 것은 사실이다. 그들의 칙허장에 따라 그들은 런던 시와 Southwark 자치 시의 사계법원을 개정했다.

그들이 순회형사법원과 미결수석방법원의 판사로서 직무를 행할 수 있었던 근거가 된 칙허장의 규정들은 4 & 5 Will. 4. c. 36 법률에 의하여 창설된 중앙형사법원(Central Criminal Court)에 흡수되었다.[1] 이 법원은 당분간은 시장 그리고 대법관, 고등법원 판사 전원, 캔터베리와 요크의 지방법원 판사,[2] 런던 시 부시장, 런던 시 판사, 시 법무관, 런던 시 법원 판사, 그리고 대법관부, 국새상서의 모든 직원들, 또는 고등법원 판사, 그리고 여왕이 임명한 사람들로 구성된다. 실무에 있어서 이 법원의 사법업무는 여왕좌부 판사 그리고 3명의 시 사법관들에 의하여 수행된다.

때때로 이루어진 중앙형사법원 관내에서 발생한 모든 범죄와 관련한 순회형사재판 판사의 임명과 Newgate 교도소의 미결수석방재판 판사의 임명은 위에서 언급한 사람들 중에서 이루어졌다. 위 법원이 관할권을 갖고 있는 지역은 런던 시, Middlesex 주 그리고 Kent, Essex, Surrey 주의 특정 지역을 포함한다. 이 법원은 또한 해사사건에 대한 관할권도 갖는다.

2. 자치도시법의 적용을 받지 않는 소규모 읍은 그 수가 많지만, 대부분의 경우 사계법원의 관할권은 쓸모없는 것이 되었다. 일부의 경우 사계법

---

1) Digest of the Law of Criminal Procedure. 제25장.
2) 이는 1873년 Judicature Act의 결과라고 생각한다. 이 법 통과 이전 형평법원(Courts of Equity)의 판사는 중앙형사법원의 판사가 아니었다. 해사법원(Court of Admiralty)의 판사 그리고 Arches 법원 수석판사(Dean of the Arches)는 그 구성원이었다. 37 & 38 vic. c. 85 법률 제85조에 의하면 Public Worship Regulation법에 따라 임명된 판사는 당연직으로 Arches 법원 수석판사이다.

원의 관할이, 이론적으로는, 사형을 과할 수 있는 범죄에까지 확장되었고, 아직도 확장되어 있다. Kent에 있는 몇 개의 작은 마을들은 아직도 분명하게 생명형에 처할 수 있는 사건을 재판할 수 권한을 부여하고 있는 칙허장을 갖고 있지만, 주 판사나 순회판사가 항상 동일한 관할권을 갖고 있기 때문에 그러한 권한은 잊혀져버렸거나 실질적으로 쓸모없게 되어 버렸다.[1] 이러한 작은 마을의 상당수가 전혀 형사재판권을 갖고 있지 못하거나 아주 적은 관할권밖에 없고 또한 대부분의 경우 판사도 두고 있지 않다.

3. 자치도시법 별표 두 곳에 언급되어 있는 178개의 도시들은 두 부류로 나누어진다. 첫 번째 부류(별표 A)에는 128개의 도시가 포함되어 있고 이 도시들은 별도의 치안법원을 둘 수 있다고 되어 있다. 두 번째 부류(별표 B)에 속하는 도시들은 시위원회의 청원에 따라 국왕이 허가하는 경우에만 별도의 치안법원을 둘 수 있다.

사계법원을 별도로 갖기를 원하는 별표 A나 B에 기재되어 있는 모든 도시는 그들의 판사에게 지급할 급여의 내용을 기재하여 국왕에게 사계법원의 설치를 청원할 수 있고, 국왕은 그에 따라 그 도시 내에, 그 도시를 위한 별도의 사계법원의 개최를 허가해 줄 권한을 갖고 있었다.[2] 사계법원 판사를 임명할 수 있는 권한은 과거 대부분의 경우 자치 시에 부여되어 있었으나, 이 법에 의하여 그 권한이 국왕에게 이전되었다. 시 판사는 1년에 4회 그의 법원을 개정하여야 하나 필요한 경우에는 더 자주 개정할 수 있으며, 국왕은 필요한 경우 그렇게 하도록 지시할 수 있다.[3] 또한 시 판사는 그 법원의 유일한 판사이다.[4] 별표에 나와 있는 도시들에 별도의 사

---

1) 이렇게 된 이유는 자치도시법 제142조의 규정에 의한 "Borough"라는 말의 해석과 관련하여 나온 제107조의 결과로 보인다. 제107조에 의하면 1836년 5월 1일 이후에는 "모든 borough"에 부여된 반란죄, 생명형에 처해질 수 있는 중죄, 그리고 그 이외 모든 범죄에 대한 모든 관할권은 그것이 어떤 법이나 칙허장 또는 시장에 의하여 부여되거나 확인된 것에 불구하고 그 효력을 정지한다고 규정되어 있다. 제142조에 의하면 "'borough'는 city, borough, port, cinque port, 또는 별표(A와 B)의 하나에 이름이 나와 있는 법인격을 부여받은 도시를 의미한다." 그에는 178개의 도시가 언급되어 있다.

2) 제103조. 시 법원과 그 판사들에 관하여는 45 & 46 Vic. c. 50, part 8. 154-169 참조.
3) 제105조.
4) 제111조. 심지어는 그가 배석판사였던 경우에도 그러하다. 7 Will. 4 법률, 그리고 1 Vic. c. 78 법률 제34조 참조.

도시의 분류와 그 법원들

계법원이 허가된 모든 경우에 있어 이 법 통과 이전에 이들 도시들에 대한 주 법원 판사의 관할이 배제되어 있었다면, 그 판사의 관할은 배제된다. 1836년 5월 1일 이전에 별도의 사계법원이 허가되어 있지 않았던 별표 기재 도시들에 대하여는 비록 별도의 치안법원이 설치되어 있는 경우라 하더라도 주 법원 판사도 동일한 관할권을 갖는다.

이와 같이 이상하게 되어있는 규정의 정확한 효과를 확인하는 것은 별로 바람직한 일은 아니지만, 법조 명부에 나와 있는 별표 A 기재 128개 도시의 시 판사 명단을 비교해 보면 85개의 시가 시 판사를 가지고 있고, 나머지 43개의 시가 시 판사를 갖고 있지 않다. 별표 B 기재 50개의 도시 중 41개의 도시가 시 판사를 갖고 있지 않고 9개의 도시가 갖고 있다. 제107조에 따라 별표에 기재되어 있는 도시 중 별도의 사계법원을 갖고 있지 아니한 도시는 그들의 모든 형사재판관할권을 상실하게 되었고, 또한 별도의 치안법원을 갖고 있는 도시(별표 A에 나와 있는 도시들은 모두 갖고 있다)의 경우에도 주 법원 판사가 동일한 관할권을 갖는다.

별도의 치안법원과 시 판사를 갖고 있지 아니한 별표 기재 도시들은 별도의 사계법원을 가질 수 없지만, 그 반대가 인정되는 것도 아니다. 별도의 사계법원을 갖고 있지 아니한 많은 도시가 시 판사를 갖고 있고, 또한 일부 도시들은 시 판사와 별도의 치안법원을 갖고 있지만 별도의 사계법원은 갖고 있지 않은 것으로 보인다. 그러한 경우에 있어서 시 판사의 직위(recorder's office)는 단순한 명예직에 불과하다.

전체적으로 보아 자치도시법에 규정되어 있는 178개의 도시 중 약 85개의 도시가 별도의 사계법원을 갖고 있다고 생각된다.

4. 1836년 이래 43년이 지나면서 상당히 많은 수의 새로운 칙허장이 발부되었다. 그 중에는 맨체스터나 버밍엄처럼 매우 중요한 도시들에 대한 것도 있었다. 이들 중 일부에는 별도의 사계법원과 별도의 치안법원이 인정되었지만, 다른 일부의 경우에는 인정되지 않았다.

이런 모든 복잡함 그리고 이러한 문제와 관련된 의회제정법이나 다른 권위 있는 것을 이해하기가 어렵다는 것이 우리의 법률을 애매하고 싫증나는 것으로 만들고 있는 몇 가지 근거의 좋은 예가 되고 있다. 자치도시법 자체가 그 법에서 조차 해결책을 제시하고 있지 아니한 문제에 대한 많은 지식까지 습득한 후가 아니면 누구도 그 법의 진정한 성질이나 효과를 이해할 수 없을 것이다. 그리고 그러한 지식을 획득한 후라 하더라도 그 지식을 위 법률의 난삽한 배열이나 투박한 법률용어에 적용한다는 것은 매우 어려운 일이다.[1]

범죄에 대한 자치 도시(borough) 사계법원의 관할권은 주(county) 사계법원의 관할권과 동일하다.

약식사건관할법원(Court of a Summary Jurisdiction)

지금까지도 존속하고 있는 마지막 종류의 형사법원은 약식사건관할법원이다. 그 역사는 짧지만 아주 색다른 특징을 갖고 있는 법원이다.

치안법원제도의 첫 도입 이래 우리 자신의 시대에 이르기까지 때로는 한 명, 또는 두 명의 치안판사에게 아주 다양한 종류의 범죄자들에 대하여 여러 가지 종류의 형벌을 약식의 방식으로 부과할 수 있는 권한을 부여하는 여러 개의 법률이 통과되었다. 대부분의 경우 이러한 형벌은 다소간의 벌금형을 부과하는 것을 그 내용으로 하고 있지만, 때로는 징역형을 과하기도 하고, 그리고 어떤 경우에는 범인을 차꼬가 달린 대에 가두기도 한다. 이러한 종류의 법률에 의하여 인정되는 대부분의 범죄들은 행정적인 목적을 위한 규정에 대한 위반을 그 내용으로 하고, 따라서 이는 우리가 보통 이해하고 있는 형법에 속하기보다는 행정법에 속한다고 할 수 있다. 이러한 종류의 법률로는 노동자보호법(Statute of Labourers)이 그 효시이고, 빈민구호법(Poor Laws)이 그 또 다른 예의 하나이다. 그러나 약식처벌의 대상이 되는 범죄로 불리는 것이 적절하다고 보이는 범죄들 중에는 때로는 행정업무의 어느 부분을 강제하기 위한 목적으로 그러한 행위를 처벌하는 것이 아니라, 그 행위 자체가 사소한 비행(mischievous)으로 간주되기 때문에 처벌되는 것이 있다. 이러한 종류 중에서 거의 가장 오래된 법률로 아직 효력을 갖고 있는 것이, (비록 내가 알고 있기로는 사실상 사

---

1) 이러한 내용이 인쇄되어 출판된 이래 이 문제와 관련된 모든 법률이 45 & 46 Vic. c. 50 법률에 의하여 통합되었고, 이 법은 훨씬 더 세련되고 정리되었지만, 여전히 이를 이해하기 위해서는 이 문제와 관련한 역사에 대한 지식이 필요하다.

문화된 것이기는 하지만), "불경스러운 저주와 욕설을 효과적으로 방지하기 위한 법률인" 19 Geo. 2, c. 21(1745-6년)이다. 이 법률은 치안판사로 하여금 불경스러운 욕설을 한 자에 대하여 벌금형을 부과하도록 하고 있다. 범인이 그 벌금을 납부하지 아니하는 경우에는 교정기관에 보내어 10일간의 강제노역에 처하거나 그가 육군이나 해군의 사병인 경우에는 차꼬가 달린 대에 가두어 둔다. 그 다음 법률인 19 Geo. 2, c. 27은 다른 사례를 보여주고 있다. 이 법률에 의하면 치안판사는 항구나 배가 다니는 강에 모래주머니를 던지는 등의 방법으로 이를 오염시킨 선주에게 5파운드에서 50실링까지의 벌금을 부과할 수 있다. 많은 수의, (내가 알고 있기로는 명시적으로 폐지된 바가 없는), 법률들이 다양한 종류의 거래행위에서 보통법상의 절도죄에 해당하지 아니하는 방식으로 거래상 자신에게 위탁된 물건을 악의적으로 횡취("purloin"이라는 단어가 자주 사용된다)하는 노동자들을 처벌하는 규정들을 갖고 있다.

매우 일반적으로 말해서 치안판사에게 약식재판권을 부여하고 있는 법률들의 일반적인 성격은 오랜 기간에 걸쳐 중한 범죄에 대한 관할권은 배심원에게 맡겨둔 채 치안판사로 하여금 별로 중요하지 않은 문제들, 더 구체적으로 말한다면 사소한 권리침해의 성격을 갖고 있거나 선량한 질서를 위반하는 내용의 범죄들을 처리할 수 있는 권한을 주고 있었던 것이라고 할 수 있다. 이외에도 이러한 법률의 공통적인 특징은 절차의 문제를 규정하고 있지 않거나, 규정하는 경우에도 매우 일반적이고 불충분한 방식으로 규정하고 있다는 것이다. 예컨대, 19 Geo. 2, c. 21 법률은 피고인이 그 자신을 방어할 권한에 관하여, 심지어는 심문과정에서 그의 증거를 제출할 권한에 관하여서도 아무런 규정을 두고 있지 않다. 또한 이 법률에는 피고인이 치안판사 면전에 "출석하는 절차"에 관한 규정을 두고 있지 않을 뿐 아니라 증인의 출석이나 그 밖의 통상의 형사재판절차에 있어서 필수불가결한 여러 문제들에 대한 규정도 두고 있지 않다. 아마도 이러한 모든 문제들은 치안판사의 재량행위에 맡겨두는 것이 최상이라고 생각한 것 같다. 시간이 지나면서 이러한 애매함으로 인하여 치안판사의 관할권과 그 절차 양자에 관하여 여러 가지 문제가 발생하였다. 이러한 문제들은 유죄판결을 재심 또는 파기하기 위해 발부되는 왕좌부 법원의 이송영장(writ of certiorari)으로 제기되었고, 그에 따라 많은 유죄판결이 파기되었다. 이러한 사정으로 인하여 치안판사에게 약식재판권을 부여하는 법률에 이송영장을 금지하는 조항이[1] 삽입되는 일이 일상화되었지만, 그러한 법률의 효력과 그러한 조항이 적용된 사건의 효력에 관한 새로운 문제가 제기되었다. 이러한 사건의 절차에 영향을 미친 다양한 종류의 법률이, 특정해서 언급할 필요는 없지만, 제정되었다. 그러나 이 문제는 종국적으로, 비록 다양한 반대의견이 없는 것은 아니지만, 학문적 연구와 실무를 모두 고려하여야 이해될 수 있는 11 & 12 Vic. c. 43 법률에 의하여 포괄적으로 처리되었고 1848년 이래 이 법과 이 법을 수정한 법률에 의하여 치안판사 면전에서의 절차가 규율되고 있다.

이런 연유로 절차가 적용될 법원이 법원으로서 공식적으로 성립하기 이전에 그 절차가 하나의 제도로 성립되었다. 최근에 이르기까지 법률에 의하여 그렇게 규정되어 있지 않았지만, 이러한 법률에 의하여 직무를 수행하는 치안판사는 사실상 형사법원을 구성했다. 그러나 그들의 관할내용은 최근의 입법에 의하여 증가되었고, 그리고 공식적인 절차가 확립됨에 따라 그들은 약식사건 관할 법원으로서의 명칭을 얻게 되었다. 다음 내용은 그 명칭이 점차적으로 도입되게 된 역사와 그 도입에 이르게 된 이유이다.

1828년 사계법원은 6 Geo. 4, c. 43 법률에[2] 의하여 그들의 주(county)를 특별 법원(special session)을 개정하기 위한 여러 구역으로 분할할 수 있는 권한을 부여받았다.

1847년에 치안판사는 "간이재판(petty sessions)을 통하여 그리고 공개된 법정에서" 14세 미만의 범인들에 대한 단순한 절도사건을 재판할 권한을 부여받았다. "petty sessions"이라는 표현은, 12 & 13 Vic. c. 18 법률(1849년)이 그 서문에서 "petty sessions of peace라 불리는 특정한 치안판사들의 모임들이 petty sessional divisions라고 일컬어지는 England와 Wales의 여러 주의 특정한 구역에서 그 구역을 위하여 개최되었다"고 규정하고 있고, 그리고 최근에 중요한 임무가 그러한 petty sessions에 참여하는 치안판사에게 부여되었다고 이야기되는 바와 같이, 당시에는 법률적

---

1) 예컨대, 24 & 25 Vic. c. 97 법률 제69조. 이외에도 많은 예가 있다.
2) 6 & 7 Will. 4, c. 12 법률로 개정되었다.

인 것이라기보다는 통속적인 말이었음이 분명하다. 그 법률은 나아가 "모든 치안판사나 유급치안판사의 직무집행은 간이치안재판으로 간주되고, 그러한 치안재판이 개최되는 구역은 간이재판구역으로 간주된다"라는 입법으로 발전하고 있다. 주나 자치 도시 수준에서 간이재판이 개최되는 장소를 제공한다는 규정에 의하여 입법이 그 뒤를 따랐다.

중대한 범죄의 경우 치안판사의 약식재판권은 그 후의 몇 개 법률에 의해 상당히 광범위하게 확대되었다. 이러한 법률의 첫 번째 것으로는 통상 1855년의 형사사법법(Criminal Justice Act)으로 알려진 18 & 19 Vic. c. 126으로, (31 & 32 Vic, c, 116으로 개정된) 이 법률은 고발된 당사자가 동의하는 경우 치안판사에게 5실링 미만의 가치가 있는 물건에 대한 절도와 횡령에 관하여 약식재판의 관할권을 주고 있고, 또한 재산적 가치가 5실링을 초과하는 사건에 있어서 치안판사가 그렇게 하는 것이 상당하다고 생각하는 때에는 치안판사에게 유죄인정을 받을 수 있는 권한을 주고 있다. 이러한 내용은 그 후 1861년의 형사통합법(Criminal Law Consolidation Act)에 그대로 수용되었는데, 이들 법률은 (위조에 관한 법률을 제외하고) 치안판사에게 통상 형사사건이라고 불릴 수 있는 사건들에 대한 관할권을 부여하고 있는 많은 규정들을 갖고 있다. 이러한 관할권은 일부의 경우 (예컨대, 폭력의 경우와 같이) 상급 법원의 관할권과 경합하기도 하고 다른 일부의 경우에는 그에 보충적인 것이 되기도 한다.

10년 후인 1871년의 범죄방지법(Prevention of Crimes Act, 34 & 35 Vic. c. 112)은 다른 무엇보다도 당시 창설된 경찰에 대한 감독제도와 관련하여 치안판사에게 많은 권한을 부여하고, 그 개념을 이 법의 해석에만 적용된다고 한정하면서,[1] "약식사건 관할 법원(Court of Summary Juris-diction)"이라는 표현을, (처음 도입하는 것인지는 확신할 수 없지만), 도입하고 있다.[2] 그 뒤의 몇 개 법에서도 이러한 용어가 사용되었지만, 그 사정이 어떠하든지 간에 오늘날 약식사건관할법원은 정기적으로 구성되고, 그들의 관할과 그 재판절차는 1879년의 약식사건관할법(Summary Juris-diction Act, 42 & 43 Vic. c. 49)에 의하여 정의되고 규율된다.

---

1) 이 법은 비슷한 내용의 법률인 1869년의 상습범처벌법(32 & 33 Vic. c. 69)을 대체하는 것이다.
2) 제17조 참조. 그 개념 정의는 매우 정교하게 되어 있다.

이 법의 규정에 의하면 "약식사건관할법원은 그 명칭여하에 불구하고 약식사건관할법이나 그러한 종류의 법률에 의하여 관할권이 주어진, 또는 그러한 법률에 따라 직무집행의 권한을 부여받은 모든 치안판사를 뜻한다."[1] 이러한 법률들이 11 & 12 Vic. c. 43 법률 즉, 약식사건관할법 그 자체로 정의되고, 이들 법률 중 하나를 개정하는 과거나 미래의 모든 법률들도 그와 같이 정의된다. 이 법원은 부모나 보호자가 반대하지 않는 한 살인죄를 제외한 어떤 범죄로도 12세 미만의 어린이를 재판할 수 있다.[2]

이 법원은 또한 12세 이상 16세 이하의 자를, 그들이 동의한다면, 절도와 그와 유사한 범죄로 재판할 수 있고 성인의 경우에도, 그들이 동의한다면, 어느 정도 더 제한된 부류의 범죄로 재판할 수 있다.[3] 또한 이 법원은 12세 이상 16세 이하의 소년이 유죄인정을 할 수 있는 범죄와 관련하여 성인으로부터 유죄인정을 받을 수 있다.[4]

형벌을 부과함에 있어 이들 법원에 부여된 권한의 한계는 대부분의 경우 3개월의 징역형과 중노동형이다. 성인이 유·무죄 답변을 함에 있어 유죄인정을 하는 경우에 그 처벌의 한계는 6개월의 징역형과 중노동형이다. 12세 미만의 어린이의 경우에는 1개월의 징역형이고, 16세 미만의 소년에게는 12대에 해당하는 채찍질, 그리고 12세 미만의 소년에게는 자작나무 회초리로 6대를 때린다.

특권 법원(the Courts of the Franchises)

이제 역사적 사실이라는 의미 이외에 아무런 흥미도 있을 수 없는 법원들에 관하여 살펴보기로 한다. 영국 역사의 아주 초기부터 국왕은 그의 신민에게 다소간의 재판권을 허가할 수 있는 권한을 당연한 특권으로 주장하면서 이를 행사했다. 이 문제를 설명함에 있어서 이러한 종류 특권의 범위와 성질에 관한 주제를 상세하게 다룬다는 것, 혹은 실제에 있어 그러한 특권이 행사된 방식에 관한 자세한 역사를 설명한다는 것은 불가능한 일이라고 할 수 있다. 여기에서는 특권 법원의 세 가지 기본적인 부류를 언급하는 것으로 충분하다고 할 것이다.

---

1) 제50조.　　　2) 제10(1)조.　　　3) 제11(1)조.　　　4) 제13조.

  그것은 소위 (1) 장원이나 성, 기타 유사한 곳에 대한 법원의 허가, 그리고 영주 법원의 허가, (2) 왕권(Jura Regalia)과 영주령(County Palatine)의 허가, 그리고 (3) 산림법원(Forest Courts)이다. 아주 초기 토지소유에 재판권이 수반되는 방식에 관하여는 (다른 어떤 저자들 중에서도) Sir Francis Palgrave와 Mr. Stubbs가 가장 자세하게 다루었고, 따라서 나는 이 문제에 관한 그들의 저서를 참고하는 것으로 만족하겠다. 장원과 영주 법원의 정확한 성질과 그 기원이 무엇이든 간에 그들이 보통법 이전이나 그 형성 당시에 이 나라의 사법제도에 있어서 중요한 부분을 구성하고 있었다는 것은 의심의 여지가 없다. Bracton의 다음 구절은[1] 그 시대에 있어서 특권 법원의 사정을 완벽하게 설명해주고 있다.

  "wit, sock and sack, toll and team, infangenthef and utfangenthef에 대한 특권을 갖고 있는 귀족들과 기타의 사람들이 있다. 그들은 그들의 특권 구역 안에서 도난당한 물건을 실제 소지하고 있는 자를 발견하게 되면 그들의 법원에서 재판할 수 있다. 예컨대(sicut), handhabend 혹은 bark-barend와[2] saccabor에[3] 의하여 추적을 당하고 있는 자를 재판할 수 있다."(saccabor는 도난당한 물건에 대하여 권리를 가지고 있는 자를 말한다) "왜냐하면, 도난당한 물건을 실제 소지하고 있지 않은 자는, 비록 그가 도둑으로 추적을 당한다 하더라도"(아마 hue and cry에 의하여) "그가 유죄인지 무죄인지 여부와 관계없이 그 법원(즉, 특권 법원)이 그러한 절도에 대한 심리를 하거나 조사하는 것은 적절치 않기 때문이다."[4] "여기에서

---

1) 제2권, p. 538.
2) "Seysitus de aliquo latrocinio manifesto(절도 현행범으로 붙잡힌)."
3) 1 Stubbs, Constitutional History.
4) "Non pertinebit ad curiam hundreda vel wapentakia cognoscere de hujusmodi furtis(그러한 도둑은 백인촌 법원 또는 읍구 법원의 관할에 속하지 아니한다)." 나는 여기에서 hundreda vel wapentakia라는 말을 이해하지 못하겠다. Sir Horace Twisss는 이 단어를 "shall not pertain to the court, nor the hundred, nor the wapentake, to take cognizance"로 번역한다. 이는 옳은 번역이라고 하기 어렵다. 이 번역에 따르면 도난당한 물건을 소지하고 붙잡힌 자가 아니면 특권 구역에서는 도둑에 대하여 전혀 재판을 할 수 없다는 의미가 되기 때문이다. 이 말은 단어 그 자체의 뜻을 의미하는 것은 아니라고 보여진다. 아마 "it does not appertain to the court in the hundred or wapentake, i.e. acting as a hundred court, to take cognizance"로 번역하는 것이 상당하지 않을까?

말하는 infangenthef는 다른 사람에 의하여 붙잡힌 자로 그 특권 구역 내의 사람이어야 하고,[1] 도난당한 물건의 실제 소지자임을 뜻한다. Utfangenthef는 다른 지역으로부터 온 특권 구역 외부출신의 도둑을 말하며, 특권 구역 영주의 땅에서 붙잡힌 자를 말한다. 하지만 그 영주는 자신의 특권 구역 밖에서 붙잡힌 자신의 특권 구역 내의 사람을 데려와 그의 특권을 근거로 그를 재판할 수 있는 것은 아니다. 왜냐하면, 누구나 그가 범죄를 범한 장소의 법을 따라야 하기 때문이다. 특권 구역 영주는 관할내의 자가 범한 강도를 재판할 수 있고 그리고 관할구역 안에서 붙잡힌 외지인 강도를 재판할 수 있다. 또한 그들은 중죄나 국왕의 평화 혹은 주지사의 치안을 위반한 죄로 고발된 경우가 아니라면 잡다한 여러 죄나 폭행죄, 상해죄에 대하여 심리할 수 있다."

이렇게 하여 우리는 이러한 특권 법원의 정확한 성질과 내용을 밝힐 수 있는 수단을 갖게 되었다. Henry 3세 시대의 문제들로 인하여 귀족계급이 모든 종류의 권한을 탈취하게 되었고, 특히 형사사법권의 거의 대부분을 행사하게 되었다. Edward 1세가 그의 치세 2년 시기에 십자군원정으로부터 돌아와 왕실소유지 상태, 국왕의 권리와 수입, 주지사들의 행적을 조사하고 특히, 특권 법원을 조사하기 위한 순회법관의 성질을 갖는 판사들을 임명했다. 이러한 판사들의 업무처리지침을 위한 세부항목들은 순회판사들에게 발부된 것과 매우 유사했다. 그 중의 하나로서 특권법원에 관하여 "어떤 이들이 국왕에 상소하기을, 영장을 돌려받았다거나, 위법한 동산압류을 당하였다고 소을 제기하고, 낟파당한 것, 어떠한 특권과 권한을 가지는지, 교수대, 빵과 맥주의 재판, 그리고 왕실법정에 속하는 것이 어떤 것인지와 시기는 언제인지" 등과 같은 것을 특별히 언급하고 있다.

임명을 받은 판사들(commissioners)은 영국의 모든 주를 조사하였고, 모든 백인촌에 관하여 그곳에 어떠한 특권 법원이 있는지 그리고 어떠한 영장에 의하여 그 법원이 인정되었는지에 대한 상세한 내용을 보여주는 심사보고서를 채택했다. 그들의 보고서는 Rotuli Hundredorum으로 불렸고 이는 Domesday Book이 그 2세기 전 영국사회의 완전하고 진정한 하나의

---

1) "De hominibus suis propriis", Sir T. Twiss는 이를 "그 자신의 사람들에 의하여"라고 번역하고 있지만, 이는 그 뒤의 내용과 논리일관성이 없는 번역이라고 생각한다.

모습을 보여주는 것과 같이 1275-8년 사이의 영국생활에 대한 완전하고 진정한 다른 하나의 모습을 보여주고 있다. 그들 판사들이 작성한 보고서가 Gloucester 법률(Statute of Gloucester)의[1] 근거가 되었고, 이 법률은 특권 법원을 주장하려고 하는 자는 국왕이나 순회판사의 면전에 출석하여 그 근거를 입증해야 하며, 그렇게 하는 데 실패하면 특권 법원은 국왕의 수중으로 돌아간다고 선언하고 있다. 이 법률에 따라 권한개시영장(writ of Quo Warranto)이 창시되었고, 이는 오늘날까지도 그 성질여하를 불문하고 과도한 사법권행사에 대한 구제책으로 인정되고 있다.[2]

　　Hundred Rolls에 관하여는 여기에서 적절하다고 생각되는 것 이상으로 훨씬 더 신중하게 이를 살펴보는 것이 당연하다고 하겠지만, 나는 그 내용 중에서 칙허장에 의하여 인정된 법원의 역사를 설명하고 있는 부분만을 조금 살펴보고자 한다. 이 보고서가 전달하고 있는 일반적인 인상은 특권의 횡취가 비정상적으로 너무 심화되었다는 것이다. 모든 주에는 수많은 "habet furcas 즉, 그는 교수대를 갖고 있다"는 특권소유자가 있다. 그리하여 Bedfordshire에는 8개, Berkshire에는 35개가 있고, Newbury 백인촌의

---

1) 6 Edw. 1(1278년).
2) Coke는 그의 두 번째 Institute(p. 280)에서 Statute of Gloucester에 관해 언급하면서 위 법률을 가장 전제적인 것이라고 평하고 있는 Polydore Virgil의 글을 인용하고 있다. Coke는 "돈을 갈구하는 국왕"이라고 하면서 국왕의 권한을 다음과 같이 쉽게 설명하고 있다. "국왕의 전임자들로부터 특권을 부여받은 귀족이나 성직자 또는 단체의 거의 대부분이 그에 관한 권리를 갖고 있지 않았다. 왜냐하면, 그들 중 일부는 진정한 칙허장을 받지 못하였기 때문이고 다른 일부는 세월이 지나면서 또는 전쟁이나 반란의 상처로 혹은 불의의 사고로 그들의 칙허장을 없애버렸거나 잃어버렸기 때문이라고 하면서, 당시 국왕을 설득하였던 몇몇의 혁신자들이 있었다. 이에 따라, (새로운 발명은 새로운 방식을 취하는 보통의 경우와 같이), 국왕의 선조로부터 허가를 받아 특권 구역을 소유하고 있거나 다른 소유지를 갖고 있는 모든 자는 그 일을 위하여 임명된 특정한 선택된 사람들의 면전에 출석하여 '그들이 보유하고 있는 권리 또는 명칭'을 보여주어야 한다고 공개적으로 선언하고 있다. 그 결과 오랫동안 평온하게 소유를 계속하여 오던 것이 국왕의 수중으로 들어가게 되었다. 여기에서 그 이야기는 계속 된다. '이러한 칙령이 있은 뒤 아주 거친 싸움이 드러났다. 그에 항의하는 사람들 사이에서? 이는 그들 하나게 한 것인가? 얼마나 큰 적개심을 국왕은 갖게 되었을까.'" 만일 Coke가 Hundred Rolls(그는 이를 언급하지 않고 있다)를 알고 있었다면, 그는 아마 다른 견해를 가졌을 것이다.

경우에만 12개 이상이 언급되고 있으며, 다음의 기재 내용(entry)이 충분히 보여주는 바와 같이, (그 이외에도 다른 많은 사례가 있다), 이들 "교수대 (furcœ)"는 놀고 있는 것이 아니었다.[1] "Toltyntre 백인촌에서 캔터베리 대주교는 조난 화물, 교수대, 빵과 맥주의 법정가격 그리고 잘못된 동산압류에 관한 영장을 돌려받았다. 그 이유는 그들(심판원)이 어떠한 영장에 의하여 처리할지를 몰랐기 때문이다. 또한 Lord William de Monte Canis는 그의 영지인 Swaneschamp에 교수대를 갖고 있고, 그곳에서 3명의 도둑을 교수형에 처했다. 수사(monk)인 의료봉사자들이 그들을 수도원으로 데려갔는데, 그곳에서 그 중 1명이 살아있는 것이 발견되었다. 그 사람은 그가 원하는 동안 그 수도원에 머물러 있었고, 그가 원하는 시기에 그곳을 떠나 아직도 살아있다. 또한 그들은, 9년 전에 Adam Toxkemale이 같은 장소에서 Hertleye 법원의 판결에 의하여 오크나무 교수대에서 교수형을 당하게 되었는데, 그 법원의 모든 제소자들(suitors)이 그를 그곳으로 데려갔고, 그곳에서 교수대가 땅에 떨어져 넘어진 것을 발견하였지만, 그들은 이를 세우려고 하지 않았다고 말한다. 심판원들(juors)은 어떠한 영장에 의하여 처리하는지를 몰랐기 때문이다."

　동일한 특권에 관한 다음과 같은 이야기가 의회기록에도 나온다.[2] 1290년(18 Edw. 1)에 "국왕이 임명한 Montgomery의 지방행정관인 Bogo de Knowell은, 국왕의 관리 중 한 사람이 Montgomery에서 Hereford 주교의 아래 사람 중 하나를 살해하고 Wigmore에 있는 Edmund Mortimer의 땅으로 도망을 갔으므로 Bogo가 Edmund에게 위 중죄인을 국왕의 법정에서 재판할 수 있도록 인도하여 줄 것을 여러 차례 요청하였음에도, Edmund는 Wigmore에 있는 자신의 법정에서 살해당한 사람과 관련한 재판을 하고 그를 위 Montgomery 성의 특권을 침해하였다는 죄목으로 사형에 처했다는 이유로, Edmund Mortimer를 고발하고 있다." Mortimer가 이러한 사실을 자백함에 따라 Wigmore의 자치권은 몰수판결을 받게 되었지만, 국왕은 "Edmund가 국왕으로부터 받은 특권에 대한 반환의 표지로 국왕의 대리인 Bogo에게 중죄가 행해진 그 장소에 사람 모양의 일정한 형상을 만들어 달고 그리고 국왕께서 Bogo에게 그 형상을 허가할 것과 일정 기간 동

---

1) 1 Rot. Hund. 220.　　　　　　　　2) 1 Rot. Par. 45.

안 그곳에 그대로 매달려 있을 것을 명하는 것"을 조건으로, 특권을 그대로 유지하도록 허가했다. Mortimer는 이러한 형상을 만들어 매다는 것에 어려움이 있었고, 그래서 그렇게 할 때까지 그의 특권은 압류되었다.

　　Hundred Rolls에 기재되어 있는 수많은 특권 법원들은 특권 법원의 성질과 왜 그들이 그렇게 중요하였는지, 그 이유를 보여주고 있다. 그들은 특권 법원의 영주에게 고정적인 수입원이었고, 영주는 이를 집행관(bailiff)이나 집사(steward)에게 하청을 주었으며, 이들은 상납금이나 벌금으로 그들의 수입을 잡았지만 이는 종종 터무니없이 과대하였고, 그래서 항상 성가신 것이었음이 틀림없다. 수시로 법정을 개정하고 소송이나 소송업무를 담당하는 사람들 모두로 하여금 그 법정에 참가하도록 하며 모든 의무불이행자에게 벌금을 부과하는 권한은 남용될 가능성이 지극히 많았음이 분명하다. 그 결과로 모든 특권 구에 직업적 밀고자이면서 동시에 그 자신의 소송에서 있어서는 판사이기도 한 자를 배치하게 되었다. 예를 들어, Pontefract 읍의 경우 보고서에 의하면[1] Lincoln의 백작과 그의 집행관은 제소자들로 하여금 매일 또는 매주 법정에 출석하도록 강요하고, 그들이 원할 때마다 선서를 하게 하며,[2] 그리고 누구라도 이에 따르지 아니하면 그를 감옥에 가두고, 그가 여하튼 유죄인정의 답변을 할 때까지 감옥에 가두어 두는 방식으로 그들의 특권을 남용하고 있다는 것이다.

　　더욱이 특권 소유자의 대리인들은 그들의 권한을 남용하여 돈을 갈취하는 여러 방법을 갖고 있었다. Tenterden 백인촌에서는[3] 심판원들(jurors)이 아마도 특권소유자의 집행관이거나 치안책임자로 보이는 Hugo de Wey라는 사람을 고발하고 있는데 그 내용은, "그가 Josiah de Smaldene로부터 그를 재판업무(assize)에서 제외시켜 준다는 명목을 구실삼아 12펜스를 빼앗았다. 또한 그는 Gunnilda de M'skesh'm의 암말을 그의 직위를 이용하여 잡아가두고 그가 받아서는 되지 않는 2분의 1마르크를 받을 때까지 그녀에게 돌려주지 않았다. 또한 그는 그의 직위를 이용하여 Tenterden 백인촌에 구속되어 있던 죄수 1명이 Henry Miller의 도움으로 도망을 갔다고 거짓 주장을 하고, 이를 핑계로 그로부터 10실링을 받아내었다. 또한

---

1) 1 Rot. Hund. 119.　　　　　　　　　2) 즉, 배심원으로 봉사케 하는 것.
3) 1 Rot. Hund. 217.

그는 Joseph Askelin of Emsiden과 그의 아들 William과 딸을 같은 백인촌에 있는 William de la Feld의 집으로 오도록 강요하여 그들이 왔다. 그런데 그들이 이전에 Ralwinden 백인촌에 있는 그들 자신들의 집에서 강도들에게 잡혀 묶인 일이 있는데, 누구에 의하여 그런 일을 당하였는지 말하지 못한다는 이유로 그는 그들로부터 2분의 1마르크를 받아내었다. 또한 Hugh는 Tenterden의 Henry Smith로부터 부당하게 1마르크를 받았는데, 그 이유는 Henry라는 자가 그 자신의 마당에 이웃 여자가 그가 모르는 사이에 불법적으로 (falsa) 그곳에 걸어놓은 속옷과 수건을 밖으로 집어던졌다는 이유였다. 또한 Hugo는 위 Henry라는 사람이 병으로 앓아 누워있을 때 그를 고리대금업자라는 이유로 고발을 했고, 그렇게 되자 Henry는 그 Hugh에게 20실링을 약속하고 이를 지급했으며, 그리고 당시 주 장관이던 Lord William de Hevre를 이용하여(ad opus) 그가 고리대금업자인지 아닌지를 7개 백인촌을 통하여 심문하는 대가로 40실링을 지급했다. 그 심문결과 그는 무고하다는 판결을 받았다. 그리고 그(de Wey)는 직위를 이용하여 Lamberhurst 교구의 Nicholas Mason이라는 사람이 그의 누이 Beatrix로부터 그녀의 돈 20파운드를 빌리고서도 이를 변제하지 아니하여 그녀와 싸웠다는 이유로 그를 체포했다. 그리고 Hugh는 앞에서 말한 돈을 부당하게 받을 때까지 그 Nicholas를 Tenterden 백인촌에 잡아두었고, 그 돈을 받자 이를 모두 자신이 가졌으며, Beatrix는 그 돈을 받아야 하고, 받을 수 있지만, 한 푼도 받지 못했다"는 것이었다.

국왕의 지배 밑에 있던 Tenterden 백인촌은 다른 7개의 백인촌과 같이 Dover Castle에서 국왕에게 매년 10파운드를 지불했다. De Wey가 착취한 금액은 모두[1] 27파운드, 4실링, 4펜스로 다시 말해 국왕에게 지불해야 할 금액의 거의 3배에 해당한다.

Hundred Rolls는 이러한 지방자치사법(local jurisdiction)의 정신을 고양하고 있는 많은 사례들을 들고 있는데, 그들 중 하나를 인용하기로 한다. 보고서 내용은 다음과 같이 말하고 있다.[2] Yorkshire에 있는 Stayncliff 읍에서, "Stayncliff의", (이 읍은 Henry 3세에 의하여 허가를 받아 Lincoln

---

1) 간략하게 하기 위하여 일부 금액을 제외했다.
2) 1 Rot. Hund. 111.

공작의 지배 밑에 있는 곳이다), "집행관(ballivus)인 Gilbertus de Clifton 은 이 조사를 맡고 있는 판사 Willielmum de Chatterton을 상스러운 말 로 모욕하고, 판사들에게 Lincoln 주의 집행관에 대하여 진실을 폭로하겠 다고 겁을 주었다. Gilbertus는 그에게 말하기를 자신이 주의 전 지역 사 정을 잘 파악하고 있으며 6개월 이전에는 그 조사를 자신의 전 토지 내에 서 하지 않을 것이라 하였다."

"Reginald Blanchard de Wadinton이 친히 *12*명의 배심원을 준비하여 Lincoln 주 집행관들의 불법행위를 밝히려 하자 Gilbertus는 이것을 알고 자신의 손해를 주장하기 시작하였다. 그리하여 (Reginald가) 그 지역을 담 당하도록 워딘턴 판사들에게 신서하도록 하였는데, 그(Gilbertus)가 국왕의 특권 하에 집행관의 명의로 —[1] 하지 못하는 한, 모든 재산을 압류할 것 이라고 하였다."

이러한 조사가 행해진 방식은 다음과 같이 보인다.[2] 즉, Gloucester 법 이 통과된 이후에 이러한 조사결과보고서나 그 사본이 다음 차례 순회재 판의 판사에게 전달되었고, Hundred Roll에 "그들이 어떠한 특권을 갖고 있는지 모른다"는 보고가 기재되어 있는 모든 경우에 그 특권을 갖고 있는 자는 그의 권원을 보여 주어야 하고, 만일 그렇게 하지 못하는 때에는 특 권을 박탈당했다. 이러한 조치가 특권 법원에 매우 큰 충격을 주었음이 틀 림없지만, 의회기록에 의하면 백인촌에 관한 특권을 개인에게 허가하는 관 습은 그 후에도 오랫동안 계속되었다. 그 결과 백인촌 법원의 배상금이나 벌금은 일정 금액을 국왕에게 지불하는 것을 제외하고는 특권을 받은 사 람 자신의 용도로 사용되었다. 하지만 이러한 관습은 명백한 악습이었다. 1306년(35 Edw. 1)에 다음과 같은 기재 내용이 의회기록에 나온다.[3]

"국왕이 말하고 명령하기를 그가 Lincoln 백작에게 그가 평생 동안 두 개의 백인촌에 대한 영장집행의 보고를 받을 수 있는 권리를 부여한 후로 는 국왕 자신의 자녀를 제외하고는 그가 살아 있는 동안 그 누구에게도 그러한 특권을 다시는 허가하지 않을 것이라고 했다. 국왕의 이러한 결의

---

1) 내가 읽을 수 없는 말이 여기에 생략이 되어있다. 그 말은 "증명된(proved)" 또는 그 와 비슷한 말임에 틀림없다.
2) Mr. Illingworth의 "introduction to the Rotuli Hundredorum" 참조.
3) 1 Rot. Par. 111.

는 대법관부(Chancery)와 의상부(Wardrobe), 그리고 재정부(Exchequer)에 등록되어야 한다."

1328년 Northampton 법(2 Edw. 3, c. 12)에 의하여 도급에 맡겨졌던(let to farm) 백인촌과 읍구는 그들이 속했던 주로 되돌려져야 하고 앞으로는 이러한 도급은 인정되지 않는다는 내용이 법제화되었다.[1]

비록 내가 이미 언급한 바와 같이 특정한 장원이나 장소에 부속되어 있는 leet 법원이 특권 법원의 흔적으로 아직 남아있기는 하지만 백인촌 법원의 중요성이 감소되고, 권한개시영장(writ of Quo Warranto)과 North-ampton 법률의 효과로 확실히 많은 수의 특권 법원이 사라지게 되었다. 물론 모든 특권 법원의 역사에 대한 자세한 내용을 여기에서 알아볼 필요가 없을 뿐 아니라 또한 오랜 시간을 지나면서 특권 법원은 실질적으로 일반제도에 흡수되어버렸다고는 하지만, 아주 최근까지 명목상 남아있던 가장 중요한 특권 법원 중 일부에 관하여 간단히 언급하기로 한다.

이 중에서 가장 중요한 것은 3개의 영주령 법원으로서 이들은 Cheshire, Durham 그리고 Lancashire의 법원이다.

Coke에 의하면[2] 법률에 의하여 영주령이 된 Chester의 Palatine 영주령은 그의 시대에 "영국에 남아 있는 가장 오래되고 가장 영광스러운 영주령"이었다. 그것은 본래 정복왕에 의하여 그의 조카인 Hugh Lupus에게 허가되었던 것이고, 그 후 Wales 공의 영예로운 것 중 하나가 되었다.

Durham의 영주령은 그 다음으로 오래된 것이다. 그의 역사와 권리의 내용을 상당히 자세하게 설명하고 있는 여러 기록들이 의회기록에 나온다. 21 & 22 Edw. 1(1292년) 의회기록에는 Durham의 주교가 갖고 있는 특권과 관련하여 Gloucester 법에 근거하여 작성된 신기한 고발기록이 나온다. 그에 의하면 주교는 "자신의 집행관으로 하여금 판사들의 순회를 방해하였다. 자신의 편이었던 Chylewell, Fourstanes, Quakende 등의 도움으로 판사들이 들어오는 것을 막았다. 뉴캐슬에서는 첫날에 그들에게 재판 허가증을 요구하며 막았다"고 기재되어 있다. 기록에는 주교가 그 주의 특정한

---

[1] 1376년(50 Edw. 3) 의회기록의 기재 내용에는 이러한 법률규정이 항상 준수된 것은 아니라는 것을 보여주는 사실과 백인촌을 허가해주는 효과에 대한 자세한 설명이 나온다. 2 Rot. 349.　　　　　　　　　[2] 4th Inst. p. 211.

Palatine 영주령

장소에서 "그 자신의 대법관과 법관들을 통해 그리고 영장을 가지고 그 자신의 재판을 하였다"는 내용도 나온다. 영주령에 관한 그 후의 역사는 의회기록, 4. 제426-431페이지, 11 & 12 Hen. 6, 1433년에서 찾아볼 수 있다. 이 기록에 의하면 Durham은 노르만 정복 이전부터 영주령으로 되어 있었다. 이러한 이야기는 기록장관의 지시에 따라 T. D. Hardy 경의 편집으로 출판된 Registrum Dunelmense의 서문에서도 자세히 논의되고 있다. 영주령은 1836년에 Durham의 주교에게 귀속되었고, 그해 6 & 7 Will. 4, c. 19 법률에[1] 의하여 Durham 교구 주교의 사법권은 국왕에게 이전되었다.

Coke는 Lancaster 영주령에 관하여 다음과 같이 말한다. "50 Edw. 3(1376년)의 정기 국회에서 국왕은 Lancaster 주를 영주령으로 승격시키고 Lancaster 공작(John of Gaunt)에게 그가 평생 이를 보유할 수 있도록 수여하였다." Coke는 특허등기부(Patent Rolls)를 인용하여 그러한 권리양도의 효과를 설명하면서 Lancaster 공작은 Chester 백작과 마찬가지로 자유롭게 이를 지배할 수 있었다고 말한다. 이 공작령은 Henry 5세와 Henry 6세의 소유가 되었고, 그리고 1 Edw. 4(1461년) 당시 주목할 만한 법률의 대상이 되었는데, 그 법률에 의하여[2] "나중에 Henry 6세(King Henry the Sixt)로 불리는 Henry에 의하여 몰수되었다고 말해지는 특정 영지는 소위 'Duchie of Lancaster Corporate'가 되어 'Duchy of Lancaster'로 불리며, 그리고 Lancaster 주는 다른 곳과 동일한 실제의 법원서기와 판사 그리고 관리, 거기에다 Lancaster 공작령의 수석판사(seal)로 불리는 별도의 수석판사를 갖는 영주령(County Palatine)이 된다는 내용이 규정되고, 그에 따라 그러한 제도가 확립되었다." 이 법률에 의해 공작령은 영구적으로 국왕에게 귀속되었다.

고대에는 "영주령을 갖고 있는 자의 권력과 권위는 국왕의 그것과 비슷하였고,[3] 그런 이유로 그들은 반역, 살인, 중죄 그리고 법익박탈(outlawry)에 대하여 사면을 할 수 있었다. 그들은 또한 eyre 순회법원이나 assize 순회법원, 미결수재판법원과 치안법원의 판사를 임명할 수 있었다. 그리고 모든 소송개시영장이나 사법영장 그리고 반란이나 중죄에 관한 모든 기소

---

1) 또한 21 & 22 Vic. c. 45 법률 참조.   2) 5 Rot. Par. 478.
3) 4th Inst. 204.

장과 그에 관한 절차는 그러한 영주령을 갖고 있는 자의 이름으로 행해졌다. 그리고 영주령내에서의 모든 영장이나 기소장의 범죄사실은 영주령을 갖고 있는 그 사람의 치안을 해하는 것으로 추정되었다."

이러한 권한은 27 Hen. 8, c. 24 법률(1535년)에 의하여 크게 축소되었는데, 이 법률에 의하면 국왕을 제외한 그 누구도 영주령이나 그 밖의 어떤 자치 시에서도 assize 순회법원, 치안법원과 미결수재판법원의 판사를 임명할 권한을 가질 수가 없고, 모든 영장이나 기소장은 국왕의 이름으로 행해지며 국왕의 평화를 해하는 것에 대하여 제기되는 것으로 규정되어 있었다. 그러나 이 법률에는 Lancaster 주의 판사들(commissions)을 국왕의 통상적인 수석재판관인 Lancaster 주 형사법원 수석재판관(seal of Criminal Courts of Lancaster)의 휘하에 두는 규정을 두고 있었다.

그 결과 Durham과 Lancashire의 순회법원과 사계법원은 영국의 다른 지방 법원과 마찬가지의 입장이 되었고, 다만 Lancashire의 판사들만 다른 수석재판관의 휘하에 있게 되었다. Chester는 1830년까지 국왕에 의하여 임명되기는 하지만 자신의 수석재판관(Chief Justice)과 차석재판관(Second Justice)을 갖고 있었다. 이러한 관직은 폐지되었고, 11 Geo. 4 법률과 1 Will. 4, c. 70 법률 제14조와 제20조에 의하여 Chester와 Wales의 순회재판도 영국의 다른 지방과 마찬가지 방식으로 개정되어야 한다고 입법화되었다.

마지막으로 1873년의 Judicature Act(36 & 37 Vic. c. 66 법률 제99조)는 "Lancaster와 Durham의 영주령은, 각기 Assize 판사나 그와 유사한 판사의 임명과 관련하여, 영주령으로서의 지위를 모두 상실하며 더 이상 그러한 판사의 임명을 할 수 없다"고 규정하였다. 이렇게 하여 모든 위대한 특권 법원들은 다른 법원들과 마찬가지로 서서히 순회법원과 사계법원으로 바뀌게 되었다.

산림법원(Forest Courts)

산림법원은 한때 중요한 법원이었고, 그 재판절차는 호기심을 끄는 것이었다. 산림에 관한 권한은 국왕의 특권 가운데 최고 특권 중의 하나였다.

산림범죄에 대한 소추

Manwood는[1] 이를 다음과 같이 정의했다.[2] "산림은 수목으로 되어있는 토지와 유익한 목초지로서, 국왕의 휴식과 안전한 숙박을 위해서 야생동물과 가금에 제공된 그리고 가금의 사냥과 사육을 위한 장소이다." 이러한 지역 안에서는 산림법이 우선적으로 적용되고 산림법원이 이를 규율한다. 산림을 단순한 황무지로 보거나, 혹은 그 토지가 국왕의 소유라고 생각해서는 안 된다. 오히려 그 토지는 사유재산이고, 그곳에는 상당한 수의 사람들이 살고 있다. 이러한 사정으로 인해 산림법은 정말 어려운 법이 되었고, 실제 운용에 있어서도 당연히 많은 어려운 문제들을 제기하였다. 산림법의 주된 목적은 소유자가 산림 안에서 갖고 있는 모든 권리를 국왕의 사냥과 관련한 권리에 종속시키기 위한 것이다. "산림법은 모든 사람으로 하여금 그 자신의 산림에 있는 수목의 벌채를 금하고 있다"는 것이 Manwood의 책 제3장 제2절의 제목이고, 또한 이 규칙은 비록 예외가 인정되긴 하지만 가장 엄격한 규칙으로 시행되었음이 확실하다. 예컨대,[3] 수목의 벌채를 원하는 산림소유자는 산림법원 수석재판관(Lord Chief Justice of the Forest)을 찾아가 그가 원하는 것을 알리고 손해조사영장(a writ of ad quod damnum)을 받아야 했고, 그 영장에 따라 산림관리인이 배심원을 소집하면 배심원들은 대법관부의 국왕(King in Chancery)에게 선서를 한 뒤 "그에 따르는 10개의 쟁점에 관하여(these ten points following)" 증언을 하여야 했다. 오래된 목초지를 갈아 젖히는 것(ploughing up)과[4] 같은 소유자의 다른 많은 행위들이 산림훼손(waste)에 해당하였고 이는 산림범죄의 하나였다. 개간(assart)은[5] 산림훼손보다 훨씬 더 중한 범죄였다. 개간지는 나무를 잘라내고 경작하는 곳을 말한다. purpresture[6] 또는 불법 확장(encroachment)은 개간보다 더 중한 범죄였고, 그 이외에도 개를 키우거나, 산림에 많은 물건을 쌓아놓거나, 밀렵을 하거나, 허가 없이 다양한 종류의 가벼운 이익을 취하는 등의 많은 범죄가 일어날 수 있었다.

---

1) [역주] John Manwood(? - 1610)는 영국의 법정변호사로서, Waltham Forest의 game keeper, New Forest 순회법원의 판사를 역임했다. 저자가 이 책에서 인용하고 있는 forest law에 관한 그의 논문은 William Blackstone이 그의 Commentaries on the Laws of England에서 가장 권위 있는 내용으로 인정하고 있다.

2) Forest Laws, p. 40. 3) Forest Laws, 8. 3.
4) Forest Laws, 8. 5. 5) Forest Laws. 9. 2.
6) Forest Laws, 11.

Courts of Attachment and Swanimote

이러한 범죄를 처리하는 법원조직은 매우 정교했다. 산림법원의 관리는 주 법원의 검시관(coroner)과 같이 선출되는 왕실산림관리관(verderer), 산림감시관(regarder), 사냥터지기(forester)로 구성되었다. 사냥터지기는 경찰과 유사하다고 할 수 있다. 산림감시관은 수시로 산림을 방문하는 감독관이다. 왕실산림관리관은 그 지역 산림법원의 판사이고 그들 법원이 속해있는 산림의 책임자이다. 이들 관리들의 최상위에 순회산림법원 수석재판관(Lord Chief Justice in Eyre of the Forests)이 있었다. 산림법이 적용되는 세 개의 서로 다른 법원이 있었다. 40일에 한 번 씩 압류법원(a court of attachment)이 개정되었고, 1년에 3회에 걸쳐 Court of Swanimote(시골 젊은이들의 mote 혹은 모임)가 개정되었으며, 부정기적으로 산림법원 수석재판관이 주재하는 산림법원(Court of Justice Seat)이 개정되었다. 범죄가 저질러지고 사냥터지기가 이를 인지하게 되면 그 혐의자의 신병을 확보하는 것, 다시 말해 범죄에 대한 신문을 할 수 있도록 그 혐의자의 출석을 담보할 수 있는 조치를 취하는 것은 사냥터지기의 의무이다. 이러한 조치는 상황에 따라 달라질 수가 있었던 것 같다.[1] 즉, 혐의자의 소나 말 또는 그가 산림 안에 갖고 있는 다른 동산을 압류하는 것도 가능하고, 혹은 (그가 산림의 초목을 침범하다가 붙잡힌 경우와 같은 때에는) 보석석방이나 조건부석방(mainprised)이 될 수 있는 권리를 인정하면서 그의 신체를 억류하거나 혹은 그 이외 다른 특정한 상황에서 붙잡힌 경우에는 보석석방이나 조건부 석방을 인정하지 않는 즉, 구금의 방식으로 신체를 억류하는 것도 가능하였을 것이다. 압류법원에서의 그러한 모든 압류나 억류는 산림관리관의 지시에 따라 집행되고 기록되었으며, 그리고 그렇게 억류되고 압류된 사람과 물건 모두 부당압류소송을 통하여 원상회복이 가능했다.

1년에 3회 개정되는 Swanimote 법원에서는[2] 산림관리관이 판사였고, 산림관리관과 산림법원의 모든 관리들 그리고 산림지역 각 촌락의 four men과 reeve가 출석하여 산림범죄에 대한 기소장, 특히 사냥터지기에 의하여 압류법원에 억류되어 있는 혐의자에 대한 기소장을 접수하였다. Swanimote 법원은 그들이 알고 있는 사정에 따라 적정하다고 생각되는 유죄나 무죄결정을 했다.

---

1) Forest Laws, 22. 5.   2) Forest Laws, 23. 2.

Manwood에 의하면 "초목지에서 일어난 것이든 사냥터에서 일어난 것이든 관계없이 산림 안에서 일어난 모든 범죄에 대한 사냥터지기의 고발은 배심원에게 송부되고 배심원은 선서 후 이 문제에 대한 사실관계를 조사하게 된다. 만일 배심이 사냥터지기가 고발한 고발 내용이 사실이라고 평결하게 되면 고발당한 범인은 법률상 유죄인정의 상태가 되고 순회산림판사는 그러한 고발을 부인할 수 없다"고[1] 한다.

그러나 Swanimote 법원은 판결을 선고할 수는 없었다. 이 권한은 산림법원(Court of Justice Seat)에 배타적으로 부여되어 있었고, 이 법원은 국왕의 명령에 따라 순회산림법원 수석재판관이라고 불리는 아주 권위 높은 관리에 의하여 개정되었다. Swanimote와 산림법원에[2] 접수된 고발 내용들이 Manwood에 의하여 기록되어 있고, 또한 일반 공중이 산림법에 위반하여 범할 수 있는 범죄와 산림관리들이 공중의 이익에 반하여 범할 수 있는 범죄 등 모든 범죄들이 열거되고 있다. 그 내용은 매우 정교한데, 첫 번째에 45개가 기재되어 있고, 두 번째에 84개 항목이 기재되어 있다. 산림법원은 압류법원에 고발되어 Swanimote 법원에서 유죄인정을 받은 범인에게 판결을 선고하였고, 판결에 대한 상소는 인정되지 않았다. "산림법원 수석재판관은 초목지에서 일어난 것이건 사냥터에서 일어난 것이건 관계없이 국왕의 산림에서 저지른 범죄의 처리에 있어 절대적인 권한을 가지고 있고, 그러한 범죄는 그에 의하여 처리되고 다른 판사에 의에 의하여 처리되지 아니한다."[3] 이들 법원들과 관련하여 Blackstone은 다음과 같이 말한다. "이러한 순회법원은 서기 1184년 Henry 2세에 의하여 창설되었고, 이들 법원은 과거에는 매우 정기적으로 개정되었다.[4] 그러나 기록상으로 확인할 수 있는 마지막 산림법원(Court of Justice Seat)의 재판은 Charles 1세 당시 Holland 백작의 면전에서 행해졌고, 그 재판의 격렬했던 절차는 Sir William Jones에 의하여 보고되었다. 왕정복고 후에 Oxford 백작에 의하여 다른 법원 하나가 개정되긴 하였지만 단순히 형식적인 것이었고, 1688년의 명예혁명 시기 이후 산림법은 완전히 효력을 잃게 되었으며, 이로 인하여 국민은 커다란 이익을 보게 되었다."

---

1) Forest Laws, 23. 6.　　　2) Forest Laws, 23. 7, 24.　　　3) Manwood, p. 489.
4) 이와 관련, Gardiner의 Fall of the Monarch 제1권, p. 71, 그리고 Charles 1세의 개인 정부를 언급하고 있는 제2권, p. 73, 76, 172, 182 참조.

Wales 법원(the Welsh Courts)

지금까지 England의 형사법원을 살펴보았다. 오늘날에는 England와 동일한 제도가 Wales에도 시행되고 있지만 Wales 법원은 그 자신의 역사를 따로 갖고 있었다. 그것은 4단계 즉, (1) Edward 1세의 제도 (2) 지방 영주들(Lords Marchers)의 재판관할 (3) Henry 8세의 제도 (4) William 4세 치하의 변경된 제도로 구성된다.

Edward 1세는 Wales의 대부분을 정복한 뒤에 Wales 법률(Statutum Walliæ)라고 불리는 법률을 통과시켰고, 이 법은 그 시대 형사사법운영의 방식과 관련하여 지금까지도 남아있는 가장 주목할 만한 기념비적인 것이다. 그것은 일종의 형사법전, 그리고 Wales를 위하여 특별히 입안된 세입절차로 볼 수 있으며, Punjab을 합병함에 있어 Lord Lawrence의 지시에 따라 Punjab 정부를 위하여 입안된 법전, 또는 Lower Bengal 지역을 위하여 이미 제정되어 시행되던 것을 1801년 오늘날 북서 주로 불리는 지역을 정복함에 따라 그 지역을 위하여 다시 제정된 법규에 비교될 수 있다. 인도 행정기관의 용어를 차용하기 위하여 Statutum은 Wales의 상당한 지역을 정규의 주로 변경하였다. 그에 의하면 과거 봉건 법률(feudal law)에 의하여 국왕의 지배를 받아 온 Wales 땅을 영국 국왕 왕실조직의 일부로 병합하고 통합하는 것이 신의 섭리라는 것이다. 또한 그에 의하면 Edward가 Wales의 법과 관습을 조사하여 일부는 그대로 허용하고 나머지는 개정하였으며, 그기에 추가사항을 제정한 뒤 이들은 글자 그대로 지켜지고 준수되어야 한다고 규정하고 있다.

그 법률은 첫째로, 나라를 지역적으로 구분하는 것으로부터 출발하여 법원과 공무원 특히, 그 지역을 통치하는 주지사(sheriff)와 검시관(coroner)의 권한을 규정한 다음 제기될 수 있는 모든 소송에 관한 영장(writ)의 형식을 규정하고 있다. 이러한 입법과정의 마지막 단계에서는 문제의 영장이 그 기초가 되고 있는 영국의 보통법이 Wales에 소개되었다.

이러한 중요한 기록 중에서 현재의 주제와 관련하여 관심을 갖게 되는 것은 법원의 조직과 관계되는 부분이다. 그 내용은 다음과 같다. "우리는 Snowdon(Snaudon)의 치안판사가 Snowdon과 우리의 인근 Wales 지역에 있어서 우리 국왕의 치안을 관리하고 지키며 국왕의 애초 명령 그리고 법률과 확인된 관습에 따라 모든 형사업무를 처리하도록 조치함과 동시에 이를 명한다." "우리는 또한 Snowdon과 그러한 지역의 우리 땅에 주지사와 검시관 그리고 commotes의[1] 집행관(bailiff)을 두도록 명할 것이다." 이 법률은 나아가 6개 주에 각 1명씩의 지사를 두도록 규정하고 있는데, 그들 6개의 주는 Anflesea, Caernarvon, Merioneth, Flint, Caermarthen 그리고 Cardigan이다.

이 법률의 효과는 위 6개의 각 주에 England에서와 유사한 치안판사와 주지사, 검시관 그리고 법원제도를 도입한 것이었다. Wales의 나머지 지역 즉, Henry 8세 치세에 이르기까지 Monmouthshire를 포함하는 지역 그리고 오늘날의 Shropshire, Hereford 그리고 Gloucester 주들의 일부는, 그때 그리고 Henry 8세 치세에 이르기까지 계속해서, Lords Marchers라는 세습 지배자의 권능에 복종하는 "Lordships Marchers" 지역으로 분할되어 있었다. 비록 28 Edw. 3, c. 2 법률(1354년)에 의하여 "Wales의 모든 Lords of Marchers는 그들과 그들의 선조가 과거부터 항시 그래왔던 것처럼 영구적으로 영국 국왕을 섬기고 그에 복속되어야 하고, 현재 그리고 장래에 있어서 Wales 공이 Wales를 그 수중에 갖고 있다고 하더라도 그에 복속되는 것은 아니라고 규정됨에 따라" 그 권한이 제한되기는 하였지만 이러한 변경주의 성주들(Lordships Marchers)은 전제군주만이 행사할 수 있는 권한을 행사했다. Lord Herbert of Cherbury는[2] 그의 Henry 8세의 역사라는 책에서 Lordship Marchers에 관하여 다음과 같은 이야기를 하고 있다.

"지금까지 영국의 왕들이 그 나라(Wales)를 정복하기 위하여 어려 번에 걸쳐 군대를 파견하였으나 산과 용맹한 사람들에 의하여 지켜진 이 나라의 종국적이고 완전한 정복에 이르지 못하였기 때문에 왕들은 결국 이 나라에서 얻을 수 있는 모든 것을 이를 도전하는 자들에게 주기로 결심하였고, 그 결과 많은 용감하고 유능한 귀족과 gentlemen들이 Wales의 많은 땅을 차지하고 무력으로 취득하였으며, 그들이 국왕의 허가를 받은 것으로

---

1) commote는 백인촌과 같은 행정구역이다. 이것은 cantred의 하부 행정조직이다.
2) p. 369. 내가 변호사로 있을 때 나는 그 자신이 자신을 마지막 Lord Marcher라고 믿고 있는 매우 전통 있는 가문 출신의 신사로부터 그의 소송에 관하여 조언을 해줄 것을 부탁 받은 일이 있다.

인정된 이 땅을 몇 세대에 걸쳐 다스림에 있어 마치 정복왕(conqueror)들이 그들에게 시행한 것과 완전히 같은 방식으로 국왕의 법(Jura Regalia)을 그곳에서 시행했다. 그러나 국왕의 부담만으로(적은 부담이 아닌) 차지한 지역에 있어서는 더욱 정규의 법률이 준수되었다. 하지만 일반적인 통치 형태는 가혹하였을 뿐 아니라 여러 지역에서 다양하게 나타났다. 그에 따라 새로 취득한 약 141개의[1] Lordships Marchers 지역에서는 이상하고 상호 모순되는 많은 관습들이 실시되고 있었다."

Lord Herbert의 이야기는 남부 Wales와 관련하여 의심의 여지없이 사실에 부합하고, Pembroke 주와 Glamorgan 주에서 특히 그러하지만, 대부분의 Lordships Marchers 지역은 한 번도 정복당한 일이 없는, 그리고 그 나라 최초의 지배자들을 대표하는 웨일즈 토착 제후들의 수중에 있었음이 틀림없다.

Lords Marchers의 사법관할에 관한 자세한 내용은 Coke의 entries에서[2] 찾아볼 수 있다. 그는 권한개시영장(quo warranto)의 방식에 의한 소송절차와 관련한 과거의 판례, 즉, 42 Eliz.(1600년)를 통하여 Shropshire에 사는 Thomas Cornewell of Burford에 대하여 제기된 권한개시영장을 둘러싼 소송에서 나온 변론 내용을 자세히 소개하고 있다. 고발장에 의하면 Burford는 권한 없이 Hereford 주에 있는 Stapleton과 Lugharneys 장원에서 중죄인들의 가재도구를 취득하는 특권을 행사했다는 것이다.

이러한 고발장에 대하여 피고인은 27 Hen. 8 법률의 제정에 이르기까지 그리고 법률에 대한 기억의 초기로부터 Wales는 모든 문제와 관련하여, 그것이 토지와 건물 혹은 생명과 신체에 관한 것인가를 가리지 않고 모든 문제 그리고 모든 사물에 관하여, Wales 법과 Wales 관리들에 의하여 다스려졌다고 항변했다.[3] 또한 27 Hen. 8 법률이 제정되면서 일부 소수의 사람들이 "Wales에 있는 English Lordships Marchers라는 몇 개의 영주권(lordship)을 보유하게 되었으며, 생명과 신체는 물론 토지와 건물 그리고

---

1) 27 Hen. 8, c. 26 법률에는 137명의 영주(lordship)들이 열거되어 있다.
2) Coke's Entries, 549-551, No. 9, Quo Warranto.
3) "Wales의 소유권 그리고 모든 소유권은 . . . Wales의 법률에 따라 규율되었다. 현존하는 모든 Wales의 소유권은 Wales의 법률과 관례에 의해 다스려지는 것이지, 영국의 법률에 따라 다스려지는 것이 아니다." &c.

다른 모든 것들에 대한 국왕의 법률과 관할권은[1] 그들에게 적용되지 않고 보류되고 있었다. 따라서 그들은 사면을 할 수 있었고, 모든 반역행위나 중죄 그리고 어떠한 종류의 범죄에 대하여도 사면을 할 수 있는 완전하고 자유로운 권한을 갖고 있었다. 또한 그들은 전술한 그들의 독립된 영주관할구역 안에서는 어떤 일인가와 상관없이 모든 일을 마치 국왕이 그의 영토 안에서 할 수 있는 것과 마찬가지의 자유롭고 광범위한 방식과 형태로 모든 일을 수행하고 처리할 수 있었다. 더욱이 국왕은 사법권의 집행과 관련하여 다른 사람에게 속하는 이러한 영주지역의 업무에 간섭해서도 안되고 간섭할 수도 없었다." 항변은 계속하여 Lords Marchers는 Wales의 법과 관습에 따라 허가 없이도 중죄인의 재산이나 속죄물 등을 모두 몰수할 수 있는 권한을 보유하고 있었다고 주장하고 있다. 나아가 위 법률이 제정되기 이전까지는 국왕의 영장이 Lordships Marchers에 발부된 일도 없다고 항변하고 있다. 그러고 나서 항변은 문제의 장원들은 Cornewall과 그의 선조들이 27 Hen. 8, c. 26 법률 제정 당시 권한을 보유하고 있었던 Lordships Marchers이고, 이 법이나 Philip and mary c. 15 법률에 의하더라도 문제의 특정한 특권을 그로부터 박탈하지 않고 있으며, 오히려 그의 특권을 확인해 주고 있다고 주장한다. 이러한 항변에 대하여 법무장관(Attorney General)은 그 주장의 진실성을 인정하면서도 이를 받아들이지는 않았다.

위 항변 내용을 간단히 말한다면, Wales의 많은 지역들이 Edward 1세의 Wales 법 지배로 이전되지 않아 그 지역은 27 Hen 8(1535년)에 이르기까지 계속 Lords Marchers로 불리는 다수의 소부족장에 의하여 통치되었다는 것이다. 이들 소부족장은 아직도 Punjab과 북서지방 영토의 대부분을 지배하고 있는 인도의 작은 수장(Rajah)에[2] 비유할 수 있다.

---

1) "Regales leges et jurisdicdictiones(국왕의 법률과 관할권)."

2) 비록 인도 정부가 소송절차에 관하여 특히, 형벌권의 행사와 관련하여 Edward 1세로부터 Henry 8세에 이르는 영국의 왕들이 Lordships Marchers에 대하여 행사하였던 것 보다 훨씬 더 세심한 감독권을 행사하기는 하였지만, 그 규모나 중요성에 있어서 Lordships Marchers에 적절하게 비유될 수 있는 상당수의 작은 주들이 Simla 이웃에 존재하고 있다. Punjab Administration Report 1878-9, p 29와 Mr. Lepel Griffin의 Chiefs of Punjab 참조. 이러한 소부족장의 하나인 Rajah of Sirmur는 아프가니스탄 전쟁에 200명을 보냈고, 다른 많은 Rajah들도 돈이나 낙타 등으로 공헌을 했다.

Henry 8세의 법률

1535년과 1543년에 Henry 8세에 의하여 두 개의 법률이 제정되었고, (27 Hen. 8, c. 26은 Wales에서 시행될 법률들에 관한 것이고, 34 & 35 Hen. 8, c. 26은 왕국과 Wales 공국에 있어서 특정한 법령에 관한 것이다), 이들 법률은 위 Statutum Walliœ를 보완하는 것으로 형사사법제도와 관련한 영국의 제도를 Wales 모든 지역에 도입함에 있어 약간의 수정을 가하는 것이다. 이들 법률 중에서 그 첫 번째 법률(27 Hen. 8, c. 26)은 Wales 인과 영국인 사이의 모든 법률적 구분을 폐지하고(제1조), Lordships Marchers에서 일어나고 있는 무질서를 언급한 다음 소위 말하는 일부 Lordships은 이웃 영국 주들에 병합되고, 다른 일부는 이웃 Wales 주에 병합되며, 그 나머지는 다섯 개의 새로운 주, 다시 말해 Brecon, Radnor, Montgomery, Denvigh 그리고 Monmouth를 구성하는데, 이들 중에서 앞의 넷은 Wales 주이고 마지막 하나는 영국의 주가 되었다. 이 법률은 나아가 이러한 내용을 자세히 설명하고 있다(제4-19조). 이 법률은 Anglesea, Flint와 Carnarvon을 제외한 전체 Wales를 백인촌들로 분할하고(제26조), 그리고 국왕에게 그가 적절하다고 생각되는 형사법원을 Wales에 설치할 수 있는 권한을 부여하고(제37조) 있다.

두 번째 법률(34 & 35 Hen. 8, c. 26, 1543년)은 첫 번째 법률의 규정을 완성시키는 것을 내용으로 한다. 이 법은 Wales에 12개의 주를 설치하며, 그 중 8개(Glamorgn,[1] Caermarthen, Pembroke, Cardigan, Flint, Caernar-

---

1) Glamorgan과 Pembroke는 Statutum Walliæ에 언급되어 있지 않다. Glamorgan 주는 Wales에서 가장 오래된 주이다. 정복왕 William의 동료 중 하나인 Fitz Hamon이 본래 그 지역을 정복하고 그곳에 그 자체가 하나의 주로서 18개의 성과 36개와 절반의 기사영지(knights fees)를 포괄하는 Lordship Marcher를 설치했다. 그는 Cardiff에 그 자신의 대법관과 재정법원을 두고 있었고 그곳에는 그 주의 구성원이 되는 11개의 Lordships Marchers가 있었다. Pembrokeshire와 관련하여서는 정복왕 William이 Shrewsbury 백작의 아들인 Arnulf Montgomary에게 그가 정복할 수 있는 곳을 정복하도록 권한을 주었고, 그에 따라 그는 Pembroke와 그 주변지역 일부를 정복하였다. "정복지 Pembroke에서는 Westminster 법정으로부터 발부되는 국왕의 영장이 통용되었기 때문에 그나 그의 직근 후손들은 그 지역에서 다른 Lords Marcher가 행사할 수 있는 광범위한 권한을 행사할 수 없었다." 일부 Pembroke지역은 (특히, Tenby와 Haverfordwest에서는) Henry 1세 당시 Flemings에 의하여 식민지배가 이루어졌다. 1109년에 Strongbow라는 별명을 갖고 있는 Gilbert de Clare가 Henry 1세에 의하여 Pembroke백작의 지위를 받았고 1138년에 그가 지위를 부여받은 지역에 대한 모든 count palatine의 권한을 부여받게 되었고, 그에 따라 Pembroke는 palatine주가 되었다. 그러나 이러한 성격은 특정한 읍과 구를 이 주 소속으로 추가

von, Anglesea, Merioneth)는 기존의 주, 4개(Radnor, Brecknock, Mont-
gomery, Denbigh)는 새로운 주로, 이들 주는 다른 영국이나 Wales 주에
편입되지 않은 그러한 Lordships Marchers로 구성된다고 규정했다(제2조).
법률의 위임에 따라 만들어진 백인촌의 경계가 확정되었다(제4조). 그 법
률에[1] 따라 "King's Great Sessions in Wales"라고 불리는 통상의 법원이
설치되었고, 12개의 각 주에서 1년에 2회 개정되었는데, 그 내용은 다음과
같다.

The Justice of Chester ------ 〔 Denbigh
(제6조) 〔 Flint
〔 Montgomery

The Justice of North Wales[2] --〔 Caernarvon
(제7조) 〔 Merioneth
〔 Anglesea

영국의 법을 공부한 자로 국왕에 〔 Radnor
의하여 임명된 자가 맡는 주 - -〔 Brecknock
(제8조) 〔 Glamorgan

그 이외의 그러한 자가 맡는 주-〔 Caermarthen
(제9조) 〔 Pembroke
〔 Cardigan

하고 있는 27 Hen. 8, c. 26 법률 제37조에 의하여 퇴색되어버린 것으로 보인다. 참
고문헌으로 Lewis의 Topographical Dictionary of Wales의 항목 "Glamorgan"과
"Pembroke" 그리고 Pembroke에 관하여는 4th Inst. 22 참조.
1) "영국의 주들과 Wales 주들 사이에 있는 Wales 지방에는 많고 다양한 Lordships
Marchers들이 있고, 여기에는 혐오스러운 살인과 방화, 강도 절도, 주거침입 등등의
수많은 여러 범죄들이 범해지고 있음에도 이들은 법률과 적정한 형벌이 시행되고 있
는 다른 어떤 주에도 속하지 않기 때문에 이쪽 영주지역에서 다른 영주지역으로 도
망을 다니는 범인들은 처벌이나 교정을 받지 않고 계속 살아가고 있다." (제3조)
2) 이들은 Statutum Walliæ에 언급되고 있는 "justice of Snowdon"을 대체하고 있는 것
으로 추정된다.

이들 판사들의 관할은 영국의 상급 법원(Superior Courts)에서 처리되는 민사와 형사에 관한 모든 문제를 포함하며(제11-52조), 그 이외에 이러한 법원에 추가하여 영국에서와 같은 방식으로 임명되는 치안판사에 의하여 개정되는 사계법원이 있었고(제53-60조), 주지사의 순회재판(제75조) 그리고 영국에서와 마찬가지의 주 법원과 백인촌 법원(제73조)이 있었다. 제119조에 의하여 영국왕은 Wales에 관하여 제한받지 않는 입법권을 부여받았다. 이 조항은[1] 국왕의 후계자에 관하여는 언급을 하지 않고 있어 후일에 국왕 자신에게만 부여된 개인적 권한이라는 주장이 제기되기도 하였지만, 21 Jas. 1, c. 10 법률 제4조에 의하여 조항 자체가 폐지되었다.

이 법률과 관련하여, 비록 고등변호사 Runnington은 Barrington의[2] 주장에 대하여 몇 개의 약점이 없는 것은 아니라고 하지만, Barrington(그 자신 Wales의 판사)은 이 법이 매우 훌륭하게 제정되어 "그 어느 한 구절도 의문을 자아내게 하거나 설명을 필요로 하지 않는다"고 말하고 있다. 여하튼 이 법률에 의하여 설치된 법원들이 Wales의 법원들과 판사들 그리고 Chester 주의 영주권 관할(Palatine Jurisdiction)이 폐지된 1830년까지 Wales의 사법권을 계속하여 주재하였다. Westminster의 3개 상급 법원 모두에 각 1명씩의 판사가 추가되었고, 그리고 그들 법원의 관할권은 Wales와 Chester까지 확장되었으며, 영국의 다른 지역에서와 마찬가지 방식으로 그곳에서도 순회재판(assizes)이 개정되었다.[3]

---

1) 인도의 다양한 법률에 의하여 총독에게, 그리고 심지어 일부 경우에 있어 부총독에게 부여된, 특정한 법규미비구역에서 무엇이 법으로 효력을 발할 수 있는지를 결정할 수 있는 권한과 비교해 보라. 이러한 법률의 효력은 그 유효성에 의문이 있기는 하지만 R. v. Burah L. R. 5 Ind. App. 178에서 그 유효성이 인정되었다.
2) 참조, Hale's History of the Common Law, by Runnington(ed. 179). p. 203, quoting Barrington's observation, 324-329.
3) 11 Geo. 4, and 1 Will. 4, c. 70 법률, 제1- 2조, 그리고 제13-34조.

제 5 장   의회와 귀족원임시의장법원의 형사재판관할권[1)]

　지금까지 통상의 일반 형사사건을 처리하는 법원들의 역사를 살펴보았고, 이제 희귀한 사건이나 특별한 목적을 위해 활동하는 법원들에 대하여 보기로 한다. 여기에 해당하는 것으로 의회(High Court of Parliament)와 귀족원임시의장법원(Court of the Lord High Steward)이 있다.

　의회의 형사재판관할권은 아마도 Curia Reges의 권한으로부터 유래된 것 같다. John 왕의 치세를 설명하면서, Mr. Stubbs는 "상급 법원으로서 Curia Regis는 개인에 대한 국왕의 고발을 심리하고, 상류계급 사람들의 범죄에 대한 국왕의 결정을 받아들이고 승인하였다"고[2)] 말한다. Henry 3세 시대를 말하면서 그는, "그들의 사법적 권한은 실제에 있어 강화된 국가 법원조직에 의하여 축소되긴 하였지만, 그 권한은 상류계급 사람들의 범죄와 그들 사이의 소송과 관련하여서는 그대로 온전하게 남아 있었다. 즉, 귀족들이 갖고 있는 특권의 확장은 귀족들의 모임이라고 할 수 있는 의회(national council)에 그들의 동료에 대한 재판과 벌금부과를 위한 동료들에 대한 법원으로서의 성격을 부여하게 되었다"고[3)] 설명한다.

　Edward 1세 치하에 있어서 의회의 사법적 기능과 관련한 성격은 의회기록(Parliament Rolls) 제1권에 기재되어 있는 "Placita coram ipso domino rege et concilio suo in Parliamento(의회 추멸원의 국왕 면전에서 이루어진 소송)"으로부터 쉽게 알아볼 수 있다.

---

1) Digest of the Law of Criminal Procedure, 16-21장.
2) Stubbs, 2. 236, 237.　　　　3) Stubbs, 2. 37. 1권.

탄 핵

그러나 탄핵과 관련한 현재 법률의 역사를 추적해보는 데 필요한 이상으로 이러한 내용을 알아보는 것은 여기에서 의도하는 바가 아니다. 그에 관한 법률은 아마 다음과 같이 정리해볼 수 있을 것이다.

1. 귀족원(House of Lords)은 일종의 형사법원으로, 귀족원의원의 경우에는 어떠한 범죄로도 이 법원에서 재판을 받을 수 있었고, 하원의원(commoner)의 경우에는 반역죄나[1] 중죄가 아닌 어떠한 범죄로도 나라 전체의 대배심인 하원의 고발이나 또는 탄핵(impetitio)에 따라 이 법원에서 재판을 받을 수 있다.

2. 그러한 탄핵이 일단 이루어진 경우에는, 의회의 정회나 해산으로 그것이 무효가 되는 것이 아니고, 그에 대한 종국결정이 날 때까지 한 회기에서 다른 회기로, 그리고 의회 임기가 끝난 경우에는 다음 의회까지 계속하여 심리가 되어야 한다.

3. 국왕의 사면은 탄핵에 의한 재판에서는 정당한 항변이 될 수 없다.

이러한 내용은 긴 절차를 단순하게 본 것이고, 이러한 성격은 계속되는 의회의 사법적 절차에 관한 연구에 의해 이해될 수 있다.

이와 관련하여 언급되고 있는 최초의 사례는 도저히 의회의 재판절차라고 이름을 붙이기 어려운 것이다. 이 사례는 Llewellyn의 동생인 David의 Edward 1세에 대한 반역죄에 관한 재판이었다. 이 재판은 Shrewsbury에서 1283년 9월 30일 소집된 일종의 의회(parliament)에서 열렸다. "각 주의 주지사는 각 2명의 기사를 선출하여야 하고, 20개 도시와 읍구의 행정 주체는 각 2명의 대표를 선출하여야 했다. 11명의 백작과 99명의 남작, 그리고 19명의 다른 저명인사, 판사, 시의원 그리고 각 성(castle)의 치안관들이 특별영장에 의하여 소집되었다." "그에 따라 David는 Shrewsbury에서 재판을 받고, 유죄 판결을 받아 처형되었다. 이 재판에서 그를 유죄로 판결한 판사들은 John de Vaux 휘하에 있는 Curia Regis의 판사들로부터 선출된 집합체였다. 그곳에 소집된 귀족들은 그의 동료들(peers)로서 그 재판을 지켜보았고, 하원의원들은 그 재판절차에 도덕적 무게를 부여하고 있는 것으로 추정되었음에 틀림없다."[2]

---

1) 반역죄와 관련하여서는 약간 의문이 있다. 8 St. Tr. 236에 있는 Fitz Harris 사건의 note 참조.
2) 1 Stubbs, 116.

그리고 몇 년 후 즉, 21 & 22 Edw. 1(1291년)에 의회기록(Parliament Roll)에 기록되어 있는 소추절차가 있었다. 한 유대인이 추방형을 받고 그의 채권(debt)을 국왕에게 몰수당하였음에도, 그에게 추심권이 있는 채권을 매수하였다는 이유로 York의 대주교가 "*추밀원에서 국왕의 입회하에 피고인으로 서게*" 되었다.[1]

Edw. 1세 33(1304년)에는 국왕에 의하여 Nicholas de Segrave가 의회에 고발되었다. 그 이유는, 그가 John Crumbwell과 스코틀랜드에 대항하기 위한 군대에서 함께 복무하면서 그를 고발하였고, 그와 전투를 하였으며 그 후 프랑스 국왕 앞에서 그와 휴전하고, 떠나는 그를 소추하기 위해 국왕의 군대를 아직도 위험한 상황에 남겨둔 채 그리고 "*영국과 프랑스에 있는 국왕의 영토를 굴복시키고 복종시키나*"는 국왕의 명시적인 명령에 반하여 프랑스로 가버렸다는 것이다. 이러한 고발에 대하여 Segrave는 유죄인정을 하였고, 국왕은 어떠한 처벌을 하여야 할지에 관하여 의회, 의회라기보다는 국왕의 훌륭한 자문기관이라고 할 수 있는 추밀원(Council)의 자문을 요구했다. 그들은 "*그가 무고한 경우에만 형벌과 기타를*[2] *감면받을 수 있다*"라고 대답했다. 그러나 Segrave는 "*국왕이 정하는 장소와 시간 그리고 기간에 따라*" 감옥에 가는 것을 조건으로 용서를 받았다.[3]

Edward 2세를 살해한 죄로 4 Edw. 3(1350년)에 소추된 Sir Thomas

---

1) Rot. Par. 120. 대주교는 그 채권의 매수를 부인했다. 그 대신 그가 그 채권에 대하여 돈을 지급하게 되어 있는 Burlington에 있는 수도원을 방문하였을 때 비로소 채권의 존재를 알게 되었고, 그리고 그곳 수도원장과 수도회에 "*그 돈이 건전한 양심을 유지하게 할 수는 없지만, 그 돈으로 그의 삶을 영위할 수는 있다. 그러나 그렇게 해서는 그 자신 또는 다른 사람의 이름으로 위 유대인에게 변제할 돈을 절대 마련할 수 없을 것이다*"라고 말했음을 인정했다. 나아가 그는 그 전에 파리에서 유대인을 만났고, 그 유대인은 그에게 제발 자기의 돈을 그가 갖도록 해달라고 애원하였음을 인정했다. 대주교는 벌금형을 선고받게 되었는데, 그 이유는 그가 채권의 존재를 숨겼기 때문이고 또한 "*그들의 영혼을 구하기 위하여 이전에 국왕에게 한 서약을 위반한 것이고; 이는 위 유대인을 만족시킬 수 있을 만큼 강력한 것*"이기 때문이다. 이러한 사실에 비추어 유대인들로부터 돈을 빌린 채무자들이 국왕에게 그들의 채무를 지급하겠다는 선언이 지켜지기 위해서는 채무자들의 영혼에 약간의 위험을 각오했을 때만 가능하다는 것을 인정할 수 있다.
2) 여기서 말하는 "기타"는 아마 몰수를 의미할 것이다.
3) Rot. Par. 172, 이들 소송에서는 후일의 법무장관이 사용하는 형식이 된 "Nicholas de Warrewyk qui sequitur pro ipso domino lege(국왕 자신을 위하여 그를 따르는 Nicholas de Warrewyk)"라는 말이 언급되고 있다.

Berkeley와 관련하여 비록 이례적이긴 하지만 주목할 만한 소송이 있었다. 그 기록이[1] 의회의 기능뿐 아니라 그 절차와 배심재판의 초기 형태에 관하여 설명을 해주고 있다. 그 내용은 다음과 같다. "Sir Thomas Berkeley 는 의원 전원이 참석한 의회에서 국왕 앞에 나아가 질문을 받았다."(현안 연설에서) 질문 내용은, 그가 그와 John Maltravers의 보호 아래 들어와 있다가 Berkeley 성에서 살해당한 Edward 2세의 죽음과 관련하여 어떻게 그 자신을 무죄로 방면할 수 있겠는가 하는 것이었다. 그는 자신은 그러한 일에 동의한 일이 없고 의회에 나오기까지 그러한 사실을 알지도 못하였 다고 답변했다. 그는 그 성이 자신의 것이었고 왕의 안전한 보호를 위해 그곳으로 보내졌음에도 어떻게 자신을 변명할 수 있느냐고 질문을 받았다. 그는 그 성이 자신의 것이었고 왕의 안전보호를 위해 그와 Maltravers에게 왕이 보내진 것은 사실이지만 살인사건 당시에는 몸이 너무 아파 Bradley 에서 병상에 누어있었기 때문에 아무것도 기억할 수 없다고 대답했다. 그 러자 다시 그 수하에 경비병과 사관들을 가지고 있었음에도 어떻게 자신 을 변명할 수 있느냐고 신문을 받았다. 그는 자기 자신만큼이나 신뢰할 수 있는 경비병과 사관을 두고 있는 것은 사실이지만, 그들이 Maltravers와 함께 왕을 돌보고 있었기 때문에 그는 왕의 죽음에 아무런 잘못이 없을 뿐 아니라 그의 죽음을 방조하거나 교사한 죄도 없다고 대답했다. 그런 다 음 "이 전에 관하여 그 허우텃이 국가의 중대 사항이므로 배심원들이 왕실 에서 의회로 왔다"는 내용이 뒤따른다. 그 다음에 배심원들의 이름이 따르 고 이어 그들의 평결 결과가 나온다. "상기 Thomas는 어느 전에서도 허가 없음을 선언한다." "그리고 Edward 폐하의 사망 당시 그는 상기 성 밖의 Bradeleye에서 이미 중병에 시달리고 있었고 소생의 희망이 없었다. 그래 서 Thomas를 무죄로 방면한다." 이 기록은, 첫째 이와 같은 사건에서는 최소한 배심원들이 의회에 출석하였다는 것을 암시하고 있다. 그 다음으로 피고인은 특정한 주장사실에 근거를 두고 있는 피고인의 변명이 그 자신 에 의하여 입증될 때까지 신문을 받는다는 것이다. 그리고 마지막으로 배 심원들은 피고인이 전체적으로 유죄인지 무죄인지를 평결할 뿐 아니라 피 고인의 특정한 변소에 대하여도 평결을 하였다는 것이다.

---

[1] 2 Rot. Par. 57.

Edward 3세 시대의 탄핵들

Edward 3세 치세 말기에 소위 Good Parliament(50 Edw. 3, 1376년)라고 불리는 의회에서,[1] Hallam과 Mr. Stubb 양자에 의하여 알려진, 영국 역사상 그 단어가 의미하는 그대로의 최초의 탄핵(impeachment)이라고 간주되는 일련의 소송절차가 있었다. 비록 이미 언급한 사례들이 보여주는 바와 같이 의회에서의 형사소송이라는 것이 매우 오래되어 낡아빠진 것이긴 하지만, 만일 탄핵이라는 것이 하원의원들의 고발에 따라 귀족원의원들이 주재하는 재판이라고 한다면, 이 말은 의심의 여지없이 사실이라고 할 것이다. 당시 탄핵을 받은 사람들은 Richard Lyons, Yarmouth의 William Ellis, 런던 출신의 John Peake(Lyons의 대리인과 그 공모자), William Lord Latimer 그리고 John Lord Neville이었다. 이들 모두는 서로 다른 종류의 세입금사취와 횡령 혐의로 고발되었다.[2] 이 의회 기록에는 이러한 소송절차의 성격에 관하여 약간의 빛은 비쳐주고, 이후 오랜 기간을 두고 결정되어야 할 쟁점들을 어느 정도 미리 보여주는 청원이 기재되어 있다. 하원 의원들은 하원의 탄핵에 나와 있는 모든 내용들은 증거가 부족하여(par defaut de prove), 혹은 다른 이유로 재판이 이루어지지 않았던 사안으로, 이들 모든 탄핵사유들은 판사들 그리고 런던 및 그 이외의 적절한 도시에(autres lieux busoignables) 살고 있는 다른 귀족들로 구성되는 위원회에 의하여 심리되고 결정되어야 한다고 청원을 했다.[3] 국왕은 적절한 법관들을 배치해주기로 약속했다.

그 다음 의회에서[4] 이러한 약속에 따른 소송의 결과가 하나 기록되어 있다. 청원은 "Hugh Fastolf가 이전에 그가 제출한 의안과 그리고 지난 의회 회기 말경에 그가 행한 소란으로 인하여, 그의 일부 이웃 사람들의 악의와 증오심에 따라" 여러 가지 억압과 악행으로 고발되었다고 시작하고 있고, 그에 따라 순회형사재판부가 Suffolk과 Norfolk로 보내졌으며 "그리고 의회에 제출된 법안의 사본과 치안판사가 받은 진술서와 동일한 것이 밀봉되어 보내졌다." Fastolf는 적어도 17명 이상의 배심원(inquest)들에 의하여 재판을 받았고, 그들 모두에 의하여 무죄평결을 받았다.

---

1) [역주] 전통적으로 1376년의 영국 의회를 Good Parliament라고 부른다. 그해 4월 28일부터 7월 10일까지 계속된 의회로, 당시까지는 가장 장기간의 의회였다.
2) 2 Rot. Par. 323 - 326, 329.　　　　　　　3) Rot. Par. 385.
4) 51 Edw. 3(1376-7년), 2 Rot. Par. 375.

이러한 내용으로 보아 Edward 3세 시대의 탄핵과 관련한 이론은 앞으로 보는 바와 같이 상당히 불완전한 것이었다. 이러한 불완전성이 해소되었다면, 의회가 Warren Hastings에 대한 탄핵소추를 하고서도 의회 회기 말에 그를 특별위원회로 보내 배심원들에 의한 재판을 받게 하는 일은 일어나지 않았을 것이다.

Richard 2세 치세에 있어서 의회에서의 형사소송은 빈번한 일이었고 중요한 것이었다. 이러한 연유로 그 치세 초기에 여러 명이[1] 프랑스에서 마을들을 빼앗기고 그리고 다른 군사적인 실책을 범하였다는 이유로 탄핵을 받았다. 1386년에 대법관(Lord Chancellor)인 Michael de Pole이 그의 직무상 권한남용으로 탄핵되었고, 그에 대한 판결로 그에게 주어진 일정한 권한이 유보되고 날인증서들과 개봉칙허장(letters patent)들이 무효로 선언되었다.[2] 이러한 소송절차들과 관련하여서는 특별히 언급할 만한 것은 없다. 고발은 사안을 특정하여 이루어졌고, 그에 대한 변소도 마찬가지였으며, 때로는 그 내용이 매우 자세하게 되어 있다. 그리고 특정한 사건에 있어서는 목격자가 소환되어 충분한 신문이 이루어진 것으로 보인다.

이러한 사건 중에서 가장 주목할 만한 사안은 Alice Perrers[3] 사건으로, 그녀는 외견상 나타난 것으로만 보아서는 하원의원들이 아니라 국왕 측으로부터 고발을 받은 것으로 보이는데, 그 이유는 여자는 일반적으로 그리고 특히, 그 여자의 경우에는 급료를 받거나 생계의 수단으로 왕실법정에서 일을 할 수 없다는 금지규정을 위반하였다는 것이었다. 그럼에도 불구하고 그녀가 Edward 3세를 설득하여, 특정한 임무를 위하여 Ireland에 가도록 되어 있는 Sir Nicholas Dagworth의 임명을 철회하도록 하고, 그리고 Richard Lyons의 처벌과 관련하여 그를 사면하도록 하였다는 것이 그 죄목이었다.

---

1) John de Gomenys와 William Weston 사건, 3 Rot. Par. 10-12(1377년). Cressinghan 과 Spykesworth, p. 153 (1383년). Bishop of Norwich, p. 153 (1383년). Elmhan과 기타의 사람들, p. 156 (1383년).

2) 3 Rot. Par. 216-219.

3) 3 Rot. Par, 12. "Alice Perrers는 중간영장에 의하여 의회로 불려나와 고위 성직자와 귀족들 앞에 앉게 되었다. 그곳에서 국왕이 제기하는 몇 개의 사항들에 대하여 적절하다고 생각하는 그녀의 답변을 말하라는 요구를 받았다. 국왕의 궁정 집사인 거물 Richard le Scrop Chivaler가 의회에서 자세히 그 사정을 이야기 했다." &c.

Dagworth는 Alice Perrers의 남편인 William of Windsor에 대한 그의 Ireland에서의 공적 활동을 조사하기 위하여 그곳에 가도록 되어 있었고, 그녀는 Dragworth가 Windsor의 적이라는 이유로 이를 반대하였다. 이 사안과 관련하여 많은 증인들이 증언을 하였는데, 그 중 한 사람의 증인은 "이 문제와 관련하여 Dame Alice가 국왕에게 이야기하는 것을 듣지는 못하였지만 그녀가 궁궐에서 크게 불평을 하고, William de Windsor의 적인 Dagworth가 Ireland로 가서 그를 조사하고 그에 대하여 형벌권을 행사하도록 하는 것은 법에도 어긋날 뿐 아니라 사리에도 맞지 아니한다"고 말하는 것을 들었다고 증언했다. 이 사건에서는 모두 20명의 증인이 신문을 받았고, 주요한 진술내용은 의회기록에 기재되어 있다.

Richard 2세 시대에 있어서 의회의 형사소송과 관련하여 가장 주목할 만한 것은 형사사건 성격의 고소를 의회에 제기하여 의회에서 소송이 이루어지는 것이 일반인 심지어는 의회 의원이 아닌 일반인들이 선택하는 통상의 과정이었다는 것이다. 이와 관련하여, 그 한 예로, 1384년 런던의 생선장수인 John Cavendish라는 사람이 대법관(Chancellor)을 뇌물죄로 탄핵하였는데,[1] 그 내용은 돈 40파운드, 32실링 값어치의 주홍색 옷감 3야드를 대법관의 법정서기인 Otter에게 지급하고 그 사무원의 집에 공짜로 다량의 청어와 철갑상어 그리고 다른 종류의 고기를 배달하였다는 것이었다. 대법관은 Cavendish와 Otter사이에 무슨 일이 있었든지 간에 그는 그러한 사실을 모르고 있었으며, 생선이 배달되었다는 사실을 듣고 바로 그 생선 대금을 지급하도록 지시하였다고 주장하면서, 자신은 절대적으로 무고하다고 증언했다. 증인신문을 한 뒤 귀족원의원들은 대법관에게 무죄를 선고하였고, Cavendish는 명예훼손죄로 유죄판결을 받았다.

또한, 1381년에는 Clyvedon이 Bridgewater에서의 폭동과 St. John 병원의 원장으로 하여금 강제로 돈을 지불하게 하고, 강제로 업무를 수행하게 한 혐의로 Cogan을 고발하는 청원서를 의회에 제출하였다.[2]

---

1) 3 Rot. Par. 168. "런던의 생선장수인 John Cavendish는 스스로 의회에 처고위 관리를 고발했다. 하원은 일부 고위 성직자와 귀족들이 참석한 가운데 사건을 일단 동쪽에 있는 귀족원으로 보내기로 결의했다. 그리고 그 이후 귀족원에서 모든 고위 성직자와 귀족들이 참석한 가운데."

2) 3 Rot. Par. 106.

Richard 2세의 관리들에 대한 사건

청원서는 만일 Cogan이 혐의를 부인한다면 Clyvedon은 결투의 법(law of arms)에 따라 그의 몸으로 또는 배심의 평결 이외의 방법이라면(sinoun per verdict des jurrours) 법원이 원하는 어떠한 방식으로도 이를 증명할 것이나, 배심의 방식으로 하는 것이 부당한 이유는 "그 William (Cogan)은 부자이고 자신은 가난하기 때문에 비록 그의 주장이 하느님이 하늘에 있는 바와 마찬가지로 진실한 것이기는 하지만, 그가 배심원들로 하여금 절대로 그 William의 이익에 반하여 평결을 하도록 할 수 없기 때문"이라고 결론을 짓고 있다. 그러나 Cogan은 배심재판을 받겠다고 말했다. 그래서 양 당사자는 보통법의 절차를 따르게 되었다.

이러한 사건들은 Richard 2세의 치세 후반부에 발생하였던 기억할 만한 소송들에 관하여 약간의 빛을 비쳐주고 있고, 그의 폐위를 유발시켰을 뿐 아니라 오늘날의 기준에 부합하는 탄핵에 관한 법을 확립시킨 것으로 보인다. Richard 2세의 대신들이 서로 상대방에 대하여 제기한 3개의 "청원(appeals)" 또는 고발(accusations)을 살펴본다.

첫 번째 청원은 1387-8년에 있었고, 내용은 Gloucester 공작(국왕의 삼촌)과 몇몇 다른 "귀족 청원자들이" York의 대주교로서 아일랜드 공작인 Robert de Vere, Tressilian의 수석재판관(Chief Justice)인 Suffolk 백작 그리고 런던 시장인 Sir Nicholas Brember를 반란죄로 고발한 것이다.[1] 그들에 대한 고발 내용은 그들이 국왕 Richard 2세를 여러 가지로 잘못 인도하여 국정을 어지럽혔고, 특히 국왕을 유혹하여 국왕으로 하여금 국왕의 권한을 실질적으로 위원회(commission)에 부여하고 있는 1386년 제정의 법률에 저항하고 그 적용을 회피하도록 하였으며, 5명의 판사와 1명의 최고위 법정변호사(serjeant-at-law)로부터 이러한 위원회에서 발부한 위임명령은 무효이고 이러한 위임명령을 받은 사람은 반역죄로 처벌될 수 있다는 의견을 부당하게 받아내었다는 것이다. 이러한 내용은 39개의 죄목으로 자세히 다듬어졌다. 국왕은 "이러한 청원에 대한 소송을 적정하게 수행하기 위하여 이 고발장을 판사들과 법정변호사들 그리고 왕국의 법률에"(다시 말해 보통법에) "정통한 다른 여러 사람들은 물론 로마법(civil law)에 정통한 사람들에게도 보냈는데, 이들은 국왕에 의하여 이러한 청원에

---

1) 3 Rot. par. 229-244.

Richard 2세의 관리들에 대한 사건

대한 소송이 적절히 진행될 수 있도록 그들의 의견을 귀족원의원들에게 제시할 임무를 지고 있는 사람들이었다.[1] 이러한 판사들, 법정변호사들, 보통법에 정통한 사람들 그리고 또한 로마법에 정통한 사람들은 이 문제를 검토한 후 귀족원의원들에게 그들이 고발의 취지를 조사하고 심리해 보았지만, 이는 보통법이나 로마법 어느 법의 요건에도 부합하지 않는 것이라고 공언하였다. 이러한 의견을 바탕으로 귀족원의원들은 이 문제를 심리한 후 국왕의 동의와 귀족원의원들 전원의 동의 아래 이 청원에서 주장되고 있는 바와 같이 우리의 군주인 국왕과 같은 사람 그리고 국왕의 전체 통치 영역에 있어서의 국사를 문제 삼고 있는 최고위층의 범죄 그리고 귀족원의원과 기타의 귀족들이 범한 것이라고 알려진 범죄에 대해서는 의회 이외의 다른 장소에서 재판이 행해져서는 안 되는 것은 물론 의회에서 제정한 법률이나 의회의 방식 이외의 법률에 의하여 재판이 되어서도 안 된다고 선언하였다. 또한 귀족원의원들은 이와 같은 사건에 있어서 귀족원의원들이 판사가 되어 국왕의 동의하에 이들 사건을 재판하도록 하는 오래된 의회의 관행에 따라 이러한 재판을 하는 것은 귀족원의원들에게 속하는 것이며 또한 귀족원의원들의 특권이자 자유권이라고 선언했다. 이러한 사건이 로마법에 의하여 규율되고 처리된다는 것은 영국에서는 전혀 전례가 없었던 것이고 또한 국왕이나 귀족들의 의도한 바도 아니기 때문에, 따라서 이 사건에 있어서의 재판은 의회에서 행해져야 한다는 것이다. 더욱이 전술한 바와 같이 의회 이외에서 심리와 결정이 이루어진 일이 없는 이와 같은 중대한 청원이 영국 고래의 법률이나 관습 그리고 의회에서 제정한 법령이나 규칙만을 집행하는 하급 법원이나 장소에서 통용되는 방식이나 절차 그리고 순서에 의하여 규율되고 다루어진다는 것은 그들이 의도하는 바가 아니다."

그에 따라 청원은 유효한 것으로 인정되었고, 청원에 기재되어 있는 39개의 고발 내용 중 14개가 반역죄에 해당하는 것이라는 판결이 났다. 청원대상자들은 유죄평결을 받았고, 그에 따라 일부는 반역으로 처형되었으며

---

[1] P. 236. 이 문장은 Mr. Stubbs에 의하여 인용되고 있는 것이다. 그는 보통법과 민사법 또는 로마법 사이의 차이점을 간과하고 있는 것으로 보인다. 여기에서 그는 "civil"이라는 말을 의회의 특권에 반대되는 통상의 법률이라는 생각에서 사용한 것 같다. 그러나 이 문장의 의미는 그러한 것으로 볼 수 없는 것 같다.

다른 일부는 종신 추방과 재산의 몰수를 당했다. 당초의 청원대상자들 이외의 자들이 청원에 연루되기도 하였고, 그들 중 일부는 유죄평결을 받아 처형되기도 하였지만, 이는 단순히 나중에 일어난 일에 불과하고 이를 탄핵의 역사에 해당하는 것이라고 보기는 어렵다. 청원을 한 귀족들이 부담하여야 할 비용으로[1] 2만 파운드의 비용이 투표에 의해 결정되었으나, 회기 말에 보조금으로 비용을 충당하는 것이 허용되었다.

10년의 간격이 지난 뒤 이번에는 국왕 측에서 Gloucester 공작, Arundel 백작 그리고 Warwick 백작을[2] 상대로 그들이 국왕의 권력을 "침해하였다는(accroaching)" 이유를 달아서 반란죄로 청원(appeal) 또는 고발을 했다. Arundel 백작은 유죄평결을 받고 처형되었다. Gloucester 공작은 Calais에서 살해되었고, Warwick 백작은 재판을 받고 교수형과 끌고 가 신체절단형에 처하는 판결을 선고받았지만, 나중에 Isle of Man에서의 종신 징역형으로 변경되었다. 그에 대한 주된 고발 내용은 다음과 같은 것이었다. 첫 번째 청원귀족들(Lords Appellants)로부터 고발을 당하여 재판을 받고 있던 Simon Burley 경과 그 이외 다른 일단의 사람들에 대한 재판에 있어서 "Warwick과 다른 사람들이 국왕을 강제로 Westminster에 있는 비밀 장소로 오게 한 뒤" 국왕이 무죄로 생각하고 있고, 또한 그 전에 무죄라고 말한 일이 있음에도, 그의 판단에 반하여 유죄로 말하도록 강요하였다는 것이다. 이러한 재판들을 통해 보면 국왕은 적어도 개인적으로는 재판관의 일원으로 행동했던 것으로 보인다.

그 후 2년이 더 지나면서 국왕 Richard는 폐위되었고, Henry 4세의 첫 의회에서(1399년) 두 번째 청원을 한 귀족들이 그들의 청원을 이유로 하원의원들(Commons)로부터 탄핵소추를 받았다.[3] 그에 따라 청원 귀족들은 그들이 하였던 청원에 관하여 신문을 받고 그에 대한 답변을 하였는데, 이

---

1) 3 Rot. par. 245. "2만 명의 인원을 보조하고 비용과 수고를 들여 도움을 준 것이 영광스러운 이익을 가져오고, 나아가 국왕과 왕국 전체를 구원했다." 비용은 주로 군사적인 것이었다. 청원한 귀족들은 그들의 대의를 지지하기 위해 군인을 모집하여야 했기 때문이다. 여기에서 언급된 거래와 관련해서는 Stubbs, Constitutional History. 2. p. 476-482, p. 494-497, 그리고 3. 19, 20, 참조.

2) 3 Rot. par. 377.

3) 3 Rot. Par. 449. "Les Communes du Parlement monstrerent au Roy(하원은 국왕에게 추악한 거물을)" &c.

를 보면 그 소송의 성격이 잘 드러나 있다. 그들은 모두 강제로 청원을 하였다고 답변하였으며 그들 중 한 사람(Gloucester 백작)은 그의 행동을 생생하게 알려주었다. 그는 다음과 같이 말했다. "St. Oswald 날 폐위된 전 국왕이 Nottingham 성 큰 홀에서 식사를 하고 있을 때 그, Gloucester 백작, 역시 같은 홀 가장자리 좌석에서 식사를 하고 있었는데 국왕이 그에게 일어나 국왕에게 와보라는 전갈을 보냈다. 그에 따라 백작은 성의 본채에 있는 그의 방으로 가서 갑옷을 입고 칼을 찬 뒤 누군가를 체포하여야 할 것이라고 생각하면서 6명의 부하(vadletz)를 데리고 왔다. 그리고 그가 문 밖으로 나와 보니 다른 청원인들이 그곳에 있었다. 그들 중 William Le Scrop이 청원서의 초안을 읽고 있었는데, 그가 나타나기 전에 이미 그 대부분을 읽어 버린 상태였고 바로 그때 국왕이 전갈을 보내 왜 그렇게 지체하느냐고 재촉하면서 빨리 오라고 하였다. 그러한 상황에서 Gloucester 백작의 이름이 청원서에 기재되었지만 그는 누구로부터도 그에 대한 아무런 이야기도 듣지 못했다. 하지만 죽음에 대한 두려움 때문에 청원의 제기와 관련하여 전 국왕의 명령에 감히 반대하지 못했다."

이와 관련하여 수석재판관인 William Thyrning은 그들 청원인들의 소송은 너무나 비정상적인 것이어서 보통법에는 그에 관한 규정이 마련되어 있지 않고, 따라서 그들의 비행은 의회에서 국왕에 의하여 특별히 처리되어야 한다고 말하였고, 이는 의회기록에 기재되어 있다.[1] 그는 이어 의회의 결정은 그들의 지위를 강등하고 그 이외 다른 몰수의 벌을 가하는 것이어야 한다고 선언했다. 이들에 대한 소송은 1399년 10월 6일에 실시되었다. 11월 3일[2] 하원의원들은 청원을 통하여 "국왕에게, 의회에서의 결정은 하원의원들의 편의를 위하여 국왕이 특별한 자비로 기꺼이 이를 하원의원들에게 보여주지 않는 한"(이와 같이 그들은 말했다) "이들 결정은 국왕과 귀족원의원들에만 해당하는 것이고 하원의원들에게는 해당하지 않으며,

---

1) 3 Rot. Par. 451. 이 기록은 영어로 기재되어 있는데, 이는 당시 사용하던 언어의 변경과 관련하여 흥미로운 견본이다. "The Lords . . . deme and ajuggen and decreen that the Dukes of Aumarle, Surr, and Excestre, that bene here present less and forgo fro hem and her heirs," &c.
2) "Le Lundy en le Festde Seinte Feye la Virgine(동정녀 성 Feye의 축제일인 월요일에)." 3 Rot. Par. 449.

하원의원들의 이익에 반하는 어떠한 기록도 의회에서 기록되지 않고, 그리고 하원의원들은 의회에서 이루어진 결정 그리고 앞으로 이루어질 결정에 대한 당사자가 되어야 한다. 이러한 청원에 대하여 국왕의 명을 받아 캔터베리 대주교가 답변을 하였는데, 하원의원들은 청원자 또는 요구자가 되고"(원고 또는 고발인) "국왕과 귀족원의원들은 의회의 올바른 결정에 따라 과거에는 물론이고 현재에도 하원의원들이 제시하는 바와 같이 한다고 하였다. 그러나 법률을 제정하거나 구호나 보조금의 지급 그리고 왕국의 공동 이익을 위하는 그러한 일에 있어서 국왕의 특별한 의지는 하원의원들의 조언이나 동의를 받아야 할 것이다. 그리고 이러한 명령은 앞으로 영원이 준수되어야 할 것이라고 주장했다."[1]

같은 의회에서 Hen. 4, c. 14. 법률 1이 통과되었는데, 그 법률에[2] 의하면 국왕의 통치지역에서 제기되는 모든 청원(appeal)은 왕국의 법률(즉, 보통법)에 의하여 심리되고 결정되며 국왕의 통치지역 밖에서 제기되는 모든 청원은 치안관(constable)과 집행관(marshal)에 의하여 재판을 받게 되며 "앞으로는 절대 의회에 청원을 하거나 의회에서 청원에 의한 재판을 추구하는 것은 인정되지 않는다"는 것이다.

내가 이러한 소송에 대하여 자세히 설명하는 이유는 이들 소송이 법률적인 면에서 탄핵제도의 확립과 관련한 의회의 권한에 대한 현재의 이론을 잘 말해주고 있기 때문이다. 또한 이러한 논점과 관련하여 역사학자들은 과거 일어난 사건에 대해서는 그에 대한 법적인 역사보다는 정치적인 면에 더 관심을 가지고 있기 때문에 탄핵제도의 법률적인 발전과 같은 것은 명쾌히 설명하지 않고 있다. 그 역사를 간단히 말하면 다음과 같다. Curia Regis의 사법적 권한들은 의회가 현재의 성격을 갖게 되면서 되살아났다. 이러한 권한들은 Edward 1세 치세와 Edward 3세 치세를 통해서는 정기적으로 자주 행사되지는 않았다. Edward 3세 치세 말기에 이르러

---

1) 3 Rot. Par. 427.
2) 이 법률은 1863년의 Statute Law Revision Act(26 & 27 Vic. c. 125)에 의하여 폐기되었다. 이 법률에는 대단한 헌법적 그리고 역사적인 이정표가 들어있는 것으로 생각된다. 이 법률의 내용은 14줄에 불과하다. 하지만 법률이 폐기되었다고 하여 의회에서의 청원권이 부활된 것은 아니다. 형사사건에 있어서의 모든 청원이 59 Geo. 3, c. 46 법률에 의하여 폐지되었기 때문이다.

하원(House of Commons)은 고발자의 지위를 갖게 되면서 오늘날 우리가 국가의 대리인(minister of state)으로 부르는 것과 같은 방식으로 이들 소송에 대한 엄격한 통제를 하게 되었고, 그들의 권한이 발전하게 됨에 따라 어느 누구나 다른 사람을 상대로 어떠한 범죄에 대하여도 의회에서 재판을 받게 할 수 있는 "청원(appeal)" 또는 사적 고발의 관행이 생기게 되었다. 일부 사건에 있어서 이러한 관행은 오늘날 인정되는 무제한의 사적 고발권보다 더 나쁘게 작용하였고, 자신의 고발을 사적으로 보유하고 있는 군대를 통하여 강제할 수 있는 흉포하고 사나운 봉건귀족들에 의하여 남용되게 되었으며, 이러한 사정으로 인하여 Richard 2세가 폐위되고 Henry 4세가 왕위에 오르게 되는 주요한 계기가 되었다. 이는 또한 장미전쟁(Wars of Roses)과 봉건영주의 몰락 그리고 반전제적인(semi-despotic) Tudor 왕조 성립의 계기가 되었다. 이러한 사건에 있어서 의회가 재판을 진행한 절차와 관련한 원칙들을 기재한 의회기록의 내용을 읽으면서 사건을 이렇게 처리했어야 하는데 그렇게 하지 않았다는 것을 발견하는 것은 놀랄만한 일이 아니다. 서기 1388년 귀족원의원들은 의회가 사후(ex post facto) 심사를 통해 합리적인 것으로 판단하였다는 것을 의미하는 말인 "의회의 법률(Law of Parliament)"을 제외한 모든 법률의 권위를 분명하게 부인하였다. 다시 말해 그들의 주장은 그들에게 제기되는 실제의 또는 예상되는 특정 사건을 긴급히 처리함에 있어 그들이 고발자, 심판관이 되는 것은 물론 동시에 사후 입법자가 되어야 한다는 것이다. 이러한 주장의 실제 결과로 10년이 지나면서 고발자와 피고발자가 서로 자리를 바꾸게 되었고, 고발을 당하고도 살아남은 자와 왕권을 침해하였다는 이유로 사형을 당한 사람들을 대리하는 자들은 그들의 전임자들을 몰락시킨 자들을 동일한 범죄로 사형에 처하도록 하는데 성공했다.

1 Hen. 4, c. 14 법률은 이러한 커다란 악행에 종지부를 찍게 하였고, 하원의 고발이 있어야 하고 그에 따라 귀족원에서 재판을 하도록 하는 후일의 의회 탄핵제도를 확립하는 데 크게 기여하였다. 그때부터 의회에서 이루어지는 소추의 성격에 현저한 변화가 일어난다. 그러한 내용의 여러 소송이 있었고, 그들 중 일부는 도저히 완전한 의미에서의 탄핵 그리고 탄핵이라는 말에 적절하게 어울리는 탄핵으로 볼 수 없는 것도 있다.

이러한 사례로, 1400-1401년에 Thomas Erpyngham은 Norwich 주교를 범죄로 고발하였는데,[1] 이것이 어떠한 성격의 것인지는 드러나지 않았다. 그 이유는 국왕이 Norwich에 대하여는 그가 부주의로 잘못을 저지른 것이라고 말하면서 그를 사면하고, Erpyngham에 대하여는 감사를 표하면서 그가 업무에 대한 열정으로 그렇게 행동한 것이라고 확신한다고 하면서 그들에게 화해를 명했기 때문이다. 국왕은 이 소송을 그 이전 해의 법률에 반하는 것이라고 보았던 것이다.

북부지방에서의 반란과 관련된 Percies 사건(7&8 Hen. 4, 서기 1406)에서 Shrewsbury 전투를 종결함에 있어 어떠한 방식으로 소송을 진행할 것인지에 관하여 의문이 제기되었다. 귀족원의원들(peers)은 평의를 거쳐 그들이 "solonc la ley et usage d'armes(잔디밭에서 그리고 무기를 사용하여)" 재판을 하여야 한다고 결정했다. 기록에는 고발된 범죄들, 당사자들의 출두 그리고 Henry Percy와[2] Bardolf의 불출석에 관한 국왕의 포고와 그들에 대하여 반란죄로 유죄평결을 하고, 그러한 범죄에 대한 형을 부과한 절차들이 기록되어 있다.

서기 1450년에는 Suffolk 공작이[3] 반란죄로 탄핵을 받았으며, Tailboy[4]라는 사람이 Ralph Lord Cromwell에 대한 살인미수로 탄핵을 받았다. 마지막으로 1459년에는 Lord Stanley가 Bloreheath 전투에 그의 군대를 보내지 않았다는 이유로 탄핵을 받았다.[5]

---

1) "국왕은 Thomas 수사에게 성스러운 그 자신의 입을 가리켜 보여주면서 Thomas 수사에게 말했다. Thomas 수사가 여기에서 언급하고 있는 Evesque의 잘못 즉, 그가 강조하고 언급하였다는 어떤 내용의 이야기는 이 시간 이전에 Thomas 수사가 국왕의 면전에서 하품을 한 차례 한 것과 같은 것이다. 그리고 나는 Thomas 수사가 한 것과 관련하여 그에게 매우 감사하게 생각하고 있다. 나는 Thomas 수사가 그 자신의 업무에 관한 열정과 사상으로 그렇게 하였다는 사실을 잘 알고 있다." &c. 기록은 대주교가 주교와 Erpingham의 손을 잡으면서 끝이 난다. 그리고 "위대한 대주교는 그들 두 사람의 주먹을 잡고 영원한 사상이 언제까지나 계속되리라는 표시로 그들의 두 주먹에 키스를 했다." 또한 3 Rot. Par. 456. Shakespeare의 Henry 5세에서 Erpingham에 대한 언급 참조.

2) Thomas Percy는 Shrewsbury에서 살해되었지만, 그의 아버지는 그 전투 이후 3년간 더 살아남았다.

3) 5 Rot. Par. 176. 이는 Henry Ⅵ에서 Shakspeare가 말하는 Suffolk이다.

4) 5 Rot. Par. 200.   5) 5 Rot. Par. 369.

James 1세 시대의 탄핵제도 부활

이러한 모든 탄핵은 오늘날 인정되고 있는 정상적인 소송절차에 따라 진행된 것으로 보인다. 하지만 내가 관찰한 바에 의하면, 서기 1399년 또는 1400년에 사면과 관련하여 기존에 확립된 원칙에 반하는 소송사례가 있었다. 그것은 Bagot라는 사람이 하원에 의하여 "pleuseurs horrible faits et mesprisions(여러 번에 걸쳐 무시무시한 사건과 법처은닉처)"를 범하였다는 이유로 탄핵소추를 받은 서기 1400년의 청원에 나타나 있다.[1] 그는 귀족원에서 답변을 하게 되었고, 그곳에서 귀족원의원들에게 "일반사면장 (charte generale de pardon)"을 제출하였지만, 그들은 이 사면장에 대하여 "q le dit Monrs William ne deust etrw empesche ne mys a response par la loie(Monrs William이라고 불리는 사람이 출석하여 그 존재를 입증하지 않는 한 법에 따른 것이라고 볼 수 없다)"고 하였다. 이러한 모든 것을 종합하면 Edward 3세 치세 말기와 Richard 2세 치하에서 발생한 전술한 사건들의 처리를 통하여 의회의 탄핵에 관한 오늘날의 법과 관습이, 별로 중요하지 않은 일부 예외들을 제외하고, 확립된 것으로 보인다.

1459년부터 1621년까지, 162년의 기간 동안, 탄핵이 행해진 일이 없는 것으로 보인다. 의회기록(Parliament Rolls)과 Lords Journals에 관한 자세한 목록을[2] 통하여 보면 적어도 이들 기록에서 언급되고 있는 것은 없다. 그 이유에 대해서는, 몇 개의 명백한 이유가 없는 것은 아니지만, 이를 제대로 설명하기는 쉬운 일이 아니다. 성실법원(Star Chamber)에 소속되어 있던 추밀원(Privy Council)의 크게 향상된 사법적 권한이 하나의 이유를 제공한다. Cogan 사건과 같은 사건들의 경우 탄핵보다는 추밀원에서 훨씬 쉽게 그리고 신속하게 처리될 수 있었다는 것은 의심의 여지가 없다.

Tudor 시대의 엄청나게 강화된 왕권 또한 다른 하나의 이유가 될 것이다. 의회가 James 1세와 Charles 1세 치하에서 타락하고 억압적인 대신들을 처벌하기 위해 탄핵의 방법을 사용하는 것이 당연한 것이 되었다고, 그리고 가능한 하나의 방법이라고, 다시 주장하게 될 때가지 탄핵은 이용되지 않았다. 국왕 스스로 대신들의 처벌을 원하는 경우 탄핵보다는 사권박탈법(bill of attainder)이 더 편리한 것이었다. 왜냐하면, 사권박탈법의 경

---

1) 3 Rot. Par. 458.
2) 의회기록에 관한 목록은 2절지로 1036쪽 분량이다. Lords' Journals의 목록은 2개의 2절판 책으로 되어 있다.

우 재판의 필요가 없었기 때문이다. 우리가 알고 있는 초기 탄핵에 관한 내용은 부정확한 것이지만 그럼에도 불구하고 많은 사안에 있어서 적어도 증인들이 증언을 하고 그리고 일부 탄핵소추의 경우 소송의 형태를 띠었다는 것을 보여주는 자료는 충분히 남아 있다.

그 이유가 무엇이든 1459년에 있었던 Lord Stanley에 이어 다시 정상적인 탄핵이[1] 이루어진 것은 1621년에 있었던 Sir Giles Mompesson에 대한 탄핵이었다. 내가 Lords Journals의 목록으로부터 확인한 바에 의하면 그 때부터 현재까지 54개의 탄핵이 있었다. 그 리스트들은 아래 주)에서 보는 바와 같다.[2] 목록에 나와 있는 일부 사람들에 대한 소송은 우리의 일반 역사에 있어서는 가장 기억해야만 할 사건들 중 하나에 해당하지만, 우리의 법률분야 역사와 관련해서는 별로 언급할 만한 것이 되지 못한다. 이들 사건들은 대부분의 경우 정상적이고 우리에게 제대로 알려져 있는 제도의 작동을 그대로 보여주고 있다. Charles 1세 치하에서 두 번에 걸쳐 탄핵과 관련하여 확립된 기존이론에 대한 변경이 시도되었는데, 그 하나는 Bristol 공작 사건에서 국왕이 하원의 탄핵이나 대배심의 기소(indictment) 없이 그를 반란죄로 귀족원에 고발하려는 시도였고, 다른 하나는 다섯 사람에 관한 유명한 사건에서였다. 아래 주)에 기재되어 있는 리스트에서 보는 바

---

1) 고발 내용은 Wolsey, Lord Seymour of Sudeley 그리고 다른 여러 사람들에 대한 의회사건기록에 나와 있다.

2) 1621. Sir Giles Mompesson. Lord Bacon. Sir F. Mitchell. Sir H. Yelverton. 1625. The Earl of Middlesex. 1626. The Earl of Bristol. The Duke of Buckingham. 1640. The Earl of Strafford. The Lord Keeper Fynch. Sir R. Barkly and other judges. 1641. Sir G. Ratcliffe. 1642. Archbishop Laud. Dr. Cosens. Bishop Wren. Daniel O'Neale. Sir E. Herbert. Sir E. Dering. Mr. Strode. Mr. Spenser. Nine Lords. Sir R. Gurney. Mr. Hastings. Marquis of Hertford. Lord Strange. Mr. Wilde. Mr. Broccas. 1661. Mr. Drake. 1666. Lord Mordaunt. 1667. Lord Clarendon. 1668. Sir W. Penn. 1678. Lord Stafford and four other Roman Catholic lords. Lord Danby. 1680. Edward Seymour. Sir W. Scroggs. Earl of Tyrone. 1681. Fitz-Harris. 1689. Sir A. Blair and others. Lord Salisbury. Earl of Peterborough. 1695. Duke of Leeds. 1698. John Goudet and others. 1701. Lord Portland. Lord Somers. Lord Halifax. 1709. Dr. Sacheverell. 1715. Lord Oxford. Lord Bolingbroke. Duke of Ormond. Earl of Strafford. Lord Derwentwater. 1724. Lord Macclesfield. 1746. Lord Lovat. 1787. Warren Hastings. 1805. Lord Melville.

와 같이 탄핵에 관한 근래의 역사와 관련하여 정말 중요한 시기는 17세기였고, 특히 Charles 1세 치하에서였다. 탄핵을 할 수 있는 권한은 의회가 1640년부터 1642년에 이르기까지 전투를 함에 있어서 이용한 무기였다. 18세기에 이르러 탄핵의 중요성은 사라지게 되었고, 탄핵은 실질적인 중요성보다는 헌법적인 그리고 골동품적 호기심의 대상이 되었다. Warren Hastings에 대한 탄핵은 영국의 법률분야 역사와 관련하여 하나의 오명이라 생각된다. 그것은 일정한 간격을 두지 않고 7년간에 걸쳐 한 사람이 고문을 당해야 했던 괴물 같은 것이었다. 그렇게 한 이유는 Burke와 Sheridan이 기묘하고 자격도 없는 위원회를 흥분한 군중 앞에 설치하기 위한 것이었고, 당시 흥분한 군중은 소추는 형사법원에서 이루어져야 한다는 것을 지지하는 냉정함을 완전히 상실하고 있었다. 피고인에 대한 무죄평결은, 만일 실제 죄를 지은 사람이 도망하지 않았다면, 무고한 사람이 심하게 탄압을 당했을 것이라는 사정을 결론적으로 보여주고 있다.

이와 같이 성가시고 부적절한 소송의 방식에 다시 의지한다는 것은 사실상 어려운 일이었다. 대중의 신뢰를 받는 정부의 확립, 모든 공무원에 대한 의회의 밀착 감독과 즉시 통제로 말미암아 탄핵을 통하여 처벌을 받곤 하였던 범죄를 범하는 것이 사실상 사라지게 되었을 뿐 아니라 그러한 범죄를 범한다는 것이 매우 어려운 일이 되었다.

의회의 형사사건관할에 관한 설명을 마치기 위해서는 사권박탈법(bill of attainder)과 특정개인처벌법(bill of pains and penalties)에 대한 설명이 있어야 할 것이다. 이러한 법률은 개인을 사형에 처하거나 또는 통상적인 형태의 재판을 거치지 아니하고 개인을 처벌하기 위하여 의회에서 제정한 법률을 말한다. 이러한 종류의 법률 중에서 어떤 것이 그 최초의 법률인지 말하기는 불가능하지만, 내가 여기에서 제일 먼저 언급하고자 하는 법률은 1477년(17 Edw 4)에 통과된 Clarence 공작에 대한 사권박탈법이다.[1] 이 법은 그 내용이 매우 길고 웅변적으로 서술하고 있는데, 먼저 Clarence가 범하였다는 범죄의 내용을 자세히 나열한 뒤 "George Duke of Clarence라는 자는 유죄이고, 대역죄(high treason)로 그의 개인 권리는 박탈당한다"고 규정하였다.

---

1) 6 Rot. Par. 193.

사권박탈법(Acts of Attainder)

이 법에 따라 버킹검 공작(Duke of Buckingham)이 그 집행을 위하여 귀족원임시의장으로 임명되었다. Henry 8세 치하에서는 탄핵 대신에 사권박탈법이 이용되었다. 그러한 예로, Wolsey, Thomas Cromwell, Queen Katharine Howard, 노퍽 공작(Duke of Norfolk) 그리고 서리 백작(Earl of Surrey)에 대한 사건들을 들 수 있다. 이러한 사건들은 우리의 최근 역사에서도 때때로 발생하였다. 그러한 사건 중 가장 기억에 남는 것이 Lord Strafford에 대한 것이다. 그 이외에 Lord Danby, 몬머스 공작(Duke of Monmouth) 그리고 Sir John FenWick 등에 대한 사건들이 있다. 특정개인처벌법과 관련한 사건으로는 Atterbury 주교(Bishop)에 대한 법률과, 이러한 입법으로는 제일 나중에 나온 것으로서 오랫동안 계속하여 언급될 Queen Caroline에 대한 법률이 있다.

지금까지 어떤 의미에서는 나라 전체의 대배심이라 할 수 있는 하원의원들에 의한 탄핵소추를 통하여 그 활동을 개시하게 되는 의회의 형사재판관할에 대한 내용을 살펴보았다. 지금부터 귀족원(House of Lords)이 의회 동료 의원들(Peers of Parliament)에 대하여 갖고 있는 특별한 형사재판관할권을 살펴보도록 한다. 그것은 중죄(felony)의 경우에만 해당한다. 의원들이라 하더라도 경죄(misdemeanour)의 경우에는 일반인과 같이 재판을 받기 때문이다. 의회가 이러한 재판을 수행하는 경우 귀족원이 재판부(tribunal)가 되고, 반드시 그러한 것은 아니지만, 이 재판을 위하여 임명된 귀족원임시의장(Lord High Steward)이 보통 재판을 주재한다. 이러한 사건에서는 동료 의원 자신들이 판사가 되고, 귀족원임시의장은 단지 재판장이 될 뿐이다. 의회가 회기 중이 아니라 휴회 중인 경우 재판을 하는 법원은 귀족원임시의장법원(Court of the High Steward)으로 여기에서는 귀족원임시의장이 유일한 판사가 되며, 그 이외 참석하는 동료 의원들은 "Lords Triers"라는 이름하에 배심원으로서 재판에 참여한다.

이러한 법원들이 가장 오래된 골동품적인 것들이고, 8세기에 걸친 변천과정에서도 실질적인 변화 없이 그대로 살아남은 Curia Regis의 잔재로 확실히 인식될 수 있다. 이들 법원들이 어떤 특별한 역사를 가지고 있다고 말하기는 어렵지만, 그 역사와 관련하여 언급할 만한 가치가 있는 몇 개의 점들이 있다.

동료 귀족에 의한 귀족의 재판

내가 Curia Regis 그 자체의 법적 기능과 권한에 관해서는 지금까지 충분히 설명했다. 대헌장(Magna Charta)에 나오는 "legale judicium parium suorum(동료에 의한 적법한 판결)"이라는 유명한 구절은[1] 배심재판을 말하는 것이라기보다, 국왕의 법원(King's Court)에서 동료에 의한 재판을 말하는 것으로 보인다. Magna Charta 제21조에도 이와 유사한 표현이 있다. "백작과 남작은 그들의 동료에 의하고 또한 위법행위의 정도에 따르지 않고는 벌금형에 처해지지 않는다". 나는 John왕 시대에 "배심에 의한 재판"이라는 말이 사용되거나 지적으로 이해되고 있었다고는 생각하지 않는다. "vel per legem terræ(또는 이 땅의 법률에 따라)"라는 말은 그보다는 차라리 assize 또는 적법한 사람들에 의한 심문으로 보는 것이 더 합당한 것으로 보인다. 이들은 eyre, gaol delivery 그리고 oyer and terminer의 업

---

1) "Nullus liber homo capiatur vel imprisonetur ant dissaisiatur, aut utlagetur, aut exuletur, aut aliquo modo destruatur nec super eum ibimus nec super eum mittemis, nisi per legale judicium parium suorum vel per legem terræ(자유인은 동료의 적법한 판결에 의하거나 법률의 정당한 절차에 의하지 아니하고는, 또는 이 나라의 법률에 의하지 않고는 체포나 구금되지 않으며, 재산과 법익을 박탈당하지 않고, 추방되지 아니한다)." Stubbs, Charters, 301. 이 구절에 관한 다음과 같은 관찰이 Report on the Dignity of the Peer(1. 450)에 나와 있다. "권리장전에서 주장하고 있는 judicium parium(동료에 의한 판결)에 관한 권리는 아마도 왕국의 고대법이라 할 수 있고, 그에 따라 귀족이 동료에 의한 재판을 받을 법률상의 권리가 있는 어떤 범죄를 범하였다고 고발되는 경우 국왕은 그 귀족이 재판을 받는 치안법원에 그의 동료를 소환하여야 했다. 이들 사건에 출석하는 사람들은 일반적으로 proceres 또는 'magnates'로 불렀으며, 일반적인 말로 proceres 또는 'magnates'로 부르는 이외 이들을 더욱 특정하여 Archbishops, Bishops, Abbots, Priors, Earls 그리고 Barons로 부르기도 하였다. 많은 사람들이 이들 여러 가지 명칭에 따라 그들의 출석을 요구하는 예외적인 사건들에 출석하기도 하였을 것이다." 이와 같이 최고로 자세한 보고서는 대부분의 경우 귀족들의 입법기능을 주로 다루고 있고, 그들의 사법적 기능에 대해서는 거의 언급을 하지 않고 있다. 그러나 "judicium parium"이라는 말은 Magna Charta보다 더 오래된 것이다. leges Henrici Primi 31. 7 (Thrope 1. 534)의 한 단락에 이러한 문장이 나온다: "Unusquisque per pares suos judicandus est, et ejusdem provincie(모든 사람은 동료에 대해서 재판관이다. 이는 지방에서도 동일하다)." 그러나 이러한 내용은 이를 "barones comitatus"에 적용하기 위해 Thrope 1. 29에도 나온다. 또한 이 문제와 관련한 참고자료로는 1303년 Hugo에 대한 재판 p. 260 이하 참조.

무집행에 있어서 배심원(juror)들의 심문을 포함하는 것은 물론 Magna Charta 시대 법률 세계(lex terræ)의 한 부분이었던 결투재판이나 신판(ordeal)도 포함하는 것이다. 간단히 말해서 "nullus liber homo(자유인은 누구나)"라는 말을 나는 따로따로 해석하고 싶다. 즉, "자유인은, (만일 그가 왕실법원의 신하라면) 동료에 의한 적법한 판결에 의하지 아니하고는, 그리고 (그가 그러한 신하가 아니라면) 이 땅의 법률 다시 말해, 통상의 형사재판에 의하지 아니하고는"으로 해석하고 싶다. 그러나 그 내용이 어떠하든, 반역죄와 중죄의 경우 동료 귀족에 의한 재판을 받아야 한다는 귀족들의 권리는 영국 역사상 어떠한 경우에도 의문시되거나 침해당하지 않았으며, 약간의 예외를 제외하면, 어떠한 방식으로도 변경되지 않았다.

이러한 사실을 엄숙하게 인정하고 있는 하나 또는 두 개의 예를 제시하고자 한다. 1322년에[1] Thomas of Lancaster는 Edward 2세에 의하여 약식의 방식으로 처형되었다. 1327년 그에 대한 판결은 오심영장(writ of error)에 의하여 번복되었는데, 주된 오심 이유는 "quod cum predictus Thomas comes fuisset unus Parium et Magnatum regi, et in Magna Carta de Libertatibus Angl' contineatur quod(앞에서 말한 Thomas가 하였던 것은 국왕의 법은 물론 동시에 영국 사람의 자유권을 보장하기 위한 대헌장에도 부합하는 것이다)"이다. (매우 잘 알려진 구절은 여기에서 인용된다) "predictus Thomas comes .... morti adjudicatus est absque arenamento seu responsion seu legali judicio parium suorum(위 토마스에 대한 사형판결은 법률에 대한 유권해석이나 동료에 의한 적법한 판결 없이 모래위에서 행해진 것이다)." Edward 3세 4년(1330)에[2] Roger Mortimer와 그의 공모자인 Simon de Bereford가 반역죄로 의회에 고발을 당했다. "백작들과 남작들 그리고 기타의 귀족들이" Mortimer에 대한 고발 내용을 심리하여 반란죄로 유죄평결을 한 뒤 사형을 선고했다. Bereford에 대해서는 "우리의 주인인 국왕이 우리들 백작들과 남작들 그리고 기타의 귀족들에게 기사(knight)인 Simon de Bereford에 대하여 올바르고 적법한 판결을 하라는

---

1) 2. Rot. Par. 5, 6.
2) 2. Rot. Par. 53. 이 소송이 비정상적이라는 것에 대해서는 Report on Dignity of a Peer, 1. p. 299 참조. 그리고 (위에서 언급한) Berkely 사건에 대하여 더 언급하고 있는 것은 이 보고서 p. 301에 있다.

책임을 맡겼다." - - - "그리고 백작들과 남작들 그리고 동료들은 국왕에게 찾아가 한 목소리로 Bereford는 그들과 동료인 귀족이 아니기 때문에 동료로서의 재판을 할 수 없다고 말하였다. 그럼에도 불구하고 그는 흉악한 반역자이었기 때문에, 그들은 그에게 끌고 가서 교수형에 처하도록 하는 판결을 하였다."

의회에서 재판을 받을 귀족들의 권리는 1341년의 법률(15 Edw. 3)에[1] 의하여 확인되었는데, 이 법률은 과거에는 이 나라의 귀족들이 동료에 의한 심사판정도 없이 체포되고, 징역형에 처해지며, 몰수형의 대상이 된 것은 물론 어떤 경우에는 사형에 처해지기도 하였다고 지적하면서 앞으로는 "의회에서 동료에 의한 심사판정이 없이는" "이 나라의 어떤 귀족, 관리 또는 다른 사람들도 그의 관직 때문에 또는 그의 관직과 관련되는 일로" 재판을 받거나 처벌을 받지 아니한다고 규정하고 있다. 그리고 이 법률은 만일 귀족이 그 이외의 일로 판결을 받거나 심문을 받는다 하더라도 이는 다른 동료의 권리를 침해하는 것이 아닐 뿐 아니라, 그 다른 사건에 있어서 그 자신의 권리를 침해하는 것도 아니라고 규정하고 있다.

이 법률은 1343년에 폐지되었지만 다음과 같은 특이한 유보조항을 두고 있다.[2] "이 법률에 규정되어 있는 내용 중 일부가 합리적이고 법률과 조리에 부합하는 것이라면, 그러한 규정과 이 의회에서 합의된 것들은 새로운 법률로 입법화될 것이다." 이 법률의 폐지로 인한 효과가 어떤 것인지와 관계없이 이 법률에 의하여 인정된 원칙에는 아무런 영향을 미치지 못하였다. 하지만 한 가지 주목해야 할 점은 이 법률은 그때까지의 법률로 인정되어오고 있던 것보다 훨씬 더 멀리 나갔다는 것이다. 왜냐하면, 이 법률은 반란죄와 중죄로 제한하지 않고 종류에 관계없이 모든 범죄에 적용되었기 때문이다. 내가 귀족들의 특권이 반란죄와 중죄로 제한된 역사에 대하여 설명하는 것은 불가능하다. 하지만 그 역사가 1442년까지 거슬러 올라간다는 것은 분명하다. 왜냐하면, 그 해에 법률(20 Hen. 6, c. 9) 하나가 통과되었는데, 그 법률은 비록 대헌장(Magna Charta)이 "자유인은 그 누구도" 그의 동료에 의한 판결에 의하지 아니하고는 처벌되지 않는다고 규정하고 있지만, "n'est my mention fait coment femmes, dames de

---

1) 2 Rot. Par. 132.   2) 2 Rot. Par. 139.

graunde estate par cause de leurs barons peres de la terre covertez or soulez(소송의 방법으로 거대한 토지를 갖고 있는 여자나 부인을 그녀들의 귀족 아버지로부터 떼어 놓고 숨을 멎여 취하게 하는 사안으로서 내가 언급하는)" 경우에 반란죄와 중죄로 기소되어 재판을 받게 된다고 규정하고 있기 때문이다. 또한 이 법률은 그들은 왕국의 다른 귀족들처럼 재판을 받는다고 규정하고 있다. 이러한 점에 비추어 귀족(peer)이 경죄로 재판을 받는 경우에는 그의 동료들(peers)에 의한 재판이 인정되지 않았다는 것은 명백하다.

귀족원임시의장법원(Court of the Lord High Steward)은 적어도 노르만 정복시대로부터 아무런 손상을 받지 않고 살아남은 Curia Regis의 잔재로 보이지만, Curia Regis는 아마 노르만 정복 이전부터 존재하였던 것으로 보인다. 귀족원임시의장은 Curia Regis의 위대한 관리들 중의 하나였었다. Madox의 책에는[1] 역사학자들이 기록한 것으로, 이 직위를 가졌던 여러 다른 사람들 그리고 Normandy, 프랑스와 스페인에 설치되어 있었던 이와 유사한 직위와 관련된 수많은 기록과 언급들이 나온다. Arragon의 집사는 "대단한 사법적 권한을 갖고 있었다. 그는 국왕 자신의 관할에 유보된 특정한 사건들을 제외한 모든 소송과 분쟁에 대한 관할권을 갖고 있었다. 그가 어떤 도시나 마을에 머무는 경우, 그가 명령하는 때에는 다른 판사에 의한 모든 재판은 중단되어야 했다." 모든 장원(manor) 법원에서 사법업무를 담당하는 관헌은, 오늘날에도 역시 마찬가지이지만, 집사(steward)로 불리었다.

Coke에 의하면[2] Henry 4세에 이르기까지 집사(High Steward)의 직위는 세습되었고, 그 이후에는 동료 귀족에 대한 재판이나 국왕의 즉위식과 같이 집사의 직무가 필요한 사안이 생기는 경우 그에 상응하여(hâc vice) 그 직위를 부여했다.

---

1) History of Exchequer. p. 48.
2) Coke, 4th Inst. 58. Coke에 의하면 이 직위의 유래는 다음과 같다. Leicester의 백작들은 Simon de Montfort가 Henry 3세에 의하여 그 직위(office)를 박탈당할 때까지 High Steward이었다. Henry왕은 이 직위와 백작의 신분을 그의 차남인 Edmond에게 부여하였고, 그로부터 John of Gaunt의 아들로 상속인인 Henry of Bolingbroke으로 이 직위가 이어졌으며 이어 Henry 4세로 이어졌다.

귀족에 대한 재판절차

이들 법원과 관련하여 이루어진 유일한 입법은 7 & 8 Will. 3, c. 3 법률이다. 이 법률에 의하면 어떤 귀족이나 귀족부인에 대한 반란죄 또는 범인은닉(misprison) 재판의 경우에도, 의회에 참석하여 투표할 수 있는 권리를 갖고 있는 모든 귀족은 적어도 매 재판일 20일 전까지 정당하게 소환을 받으며, 그러한 소환을 받은 귀족은 재판이 열릴 때마다 그러한 재판에 참석하여 투표를 한다고 규정되어 있다. 이 법률의 목적은 과거 귀족원임시의장법원에서 하던 재판의 경우에 나타났던 권한남용을 방지하기 위한 것이었다. 귀족원임시의장은 그가 적절하다고 생각하는 많은 수의 귀족 재판관들(Lords Triers)을 소환하였고, 소환을 받지 못한 자는 재판에 참석할 권리를 갖지 못하였다.

귀족원이나 귀족원임시의장법원이 재판을 하게 되는 근거인 기소장은 다른 기소장과 마찬가지로 여왕좌부나 순회법원(circuit)에서 발부될 수 있었고, 발부되었다. 그리고 귀족이 사계법원에 관할이 있는 범죄를 범한 경우에는 사계법원에서도 기소장을 발부하였다고 추측된다. 그러한 방식으로 기소장이 발부된 귀족은 사건이송명령(certiorari)에 의하여 그들이 재판을 받게 되는 귀족원임시의장법원으로 이송된다.

George 2세 치세 말기 이래 귀족원에서 귀족(peer)에 대해 네 번의 재판을 하였다. 즉, 1760년의 Lord Ferrers에 대한 살인사건, 1765년의 Lord Byron에 대한 살인사건, 1776년의 Duchess of Kingston에 대한 중혼사건 그리고 1841년 Lord Cardigan 사건이 그것들이다. 1686년 Jeffreys가 주재한 Lord Delamere에 대한 반역사건 재판이 귀족원임시의장법원에서의 재판 중 제일 마지막의 것으로 보인다.

제 6 장 추밀원의 형사사건 관할

형평법 법원(Court of Equity)의 발전은 우리의 법률 역사상 가장 중요
한 부분을 구성한다. 이들 법원은 보통법(common law)에는 알려져 있지
않는 치유 방법을 통하여 그리고 보통법이 인정하고 있지 않는 의무이행
의 강제를 통하여 보통법을 구성하고 있는 미숙하고 빈약한 제도의 단점
을 보충하고 있다. 이러한 단점이 보충되어 온 과정을 설명하는 것은 여기
에서 다루어야 할 분야가 아니지만, 그 보충 과정은 형법과 관련하여서도
유사한 과정이 있었다는 것을 설명해주고 있다. 즉, 형법의 경우에도, 보통
법의 상당한 발전이 있은 후, 그것이 남용된 결과 법률에 의한 급작스러운
해결책이 도출되곤 하였다. 나는 성실법원(Court of Star Chamber)이라는
유명한 이름으로 행사된 추밀원(Privy Council)의 형사재판관할을 살펴본
다. 이와 유사한 몇 개의 다른 법원들이 특정의 장소에서 비슷한 형사재판
관할권을 행사했다. 이들 법원 중 가장 중요한 것이 북부 의장 법원(Court
of the President of the North)과 웨일즈 영주 법원(Court of the Marches
of Wales)이다. 그러나 이들 법원은 법률 그 자체나 역사적으로 자세하게
추적해 볼 만한 가치가 있는 흔적들을 남기지 않았다. 추밀원의 법적 권한
과 관련해서 그 사정은 다르다. 그의 결정들은 우리의 법이나 역사 모두에
깊은 흔적들을 남겼을 뿐 아니라, 오늘날 바다 건너 모든 영국 여왕의 영
토에서 일어나는 모든 형사사건에 대한 최고 법원으로서의 지위를 갖고
있는 기관 즉, 추밀원사법위원회(Judicial Committee of the Privy Council)
와 밀접한 관련을 갖고 있다.

추밀원 형사사건관할의 기원

추밀원의 역사는 다음과 같다.[1] 왕실법원(Curia Regis)의 성립과 그로부터 보통법 법원들(Courts of Common Law)이 유래하게 된 과정에 대해서는 이미 설명하였다. Curia Regis와 의회와의 관계에 대해서는 다른 사람들이 이를 추적해오고 있고, 여기에서 언급할 필요는 없을 것이다. 또한 추밀원의 위대한 관리들 중 하나라고 할 수 있는 대법관(Lord Chancellor)의 법적 권위의 원천과 그 점진적인 발전에 대하여 설명하는 것도, (내가 이미 언급한 바와 같이), 우리가 논의하는 주제에 속하지 않는다. 하지만 내가 이미 설명한 것에 다음 사실을 첨언하지 않을 수 없다. 이미 열거한 바와 같은 위대한 업무의 일부를 다른 기관에 넘겨 준 이후에도 Curia Regis는 내각(Cabinet) 또는 우리 시대 각료(Ministry)에 더 어울리는 지위를 계속 유지하고 있었고, 행정적인 기능뿐 아니라 법률적인 면에서도 그 기능을 수행하고 있었기 때문에 더 중요한 기관으로 남아 있었다. 이러한 권능에 비추어 Curia Regis를 평의회(Council)라 부르게 되었고, 세월이 흐르며 서로 다른 명칭을 가진 3개의 기관으로 분리되었다. 그 3개의 기관이 바로 (1) 나라의 위대한 평의회 또는 의회(Parliament), (2) 평의회(Council), (3) 추밀원(Privy Council)이다. 그들 역사의 초기 단계에서 이들 3개의 기관을 서로 구분하는 것은 매우 어려운 일이다. 평의회와 의회를 서로 구별하는 것이 어렵다는 것에 대하여 말할 필요는 없을 것이다. 또한 여기에서 평의회라 불리는 기관을 한편으로는 귀족원(House of Lords)과 구별하고 다른 한편으로는 추밀원과 구별하는 것이 어렵다는 것을 단순하게 지적하

---

1) 이와 관련한 권위 있는 자료는, Hallam, Middle Ages, 3. 138-147(ed 1855), Hallam, Const. 1. 48-55, 230-233, 그리고 2. 29-31, Palgrave의 Essay on the Original Authority of the King's Council, Hudson의 Collectanea Juridica 제2권에 있는 "Treatise on the Star-Chamber"이다. Hallam이 설명하는 것은 Palgrave나 Hudson이 설명하는 것보다 조금 더 추상적이다. 마지막으로 언급한 보고서(treatise)에 나오는 설명(note)에 의하면, 보고서에 기재되어 있는 서명 사본에는 민사법원 수석재판관 그리고 그 후에는 기록장관이었던 J. Finch가 서명한 비망록이 있는데, 그 비망록에는 "이 보고서는 실무경험이 아주 많고, 성실법원에서 위대한 경험을 하였으며 그리고 내가 매우 사랑하는 친구인 Grey Inn의 William Hudson 향사에 의하여 작성되었다"고 되어 있다. 문제의 그 설명에는 또한 Wilkes 사건에서, 4 Burr. 2554, 그에 관하여 Lord Mansfield가 말한 것도 언급되어 있다. 이 보고서는 특이하게 잘 쓰여진 것이고 신기한 정보로 가득 차 있다.

는 것 이상으로 더 나아가는 것은 불필요한 일일 것이다. 이러한 주제와 관련한 모든 내용은 내가 위에서 언급한 학자들의 저술에 모두 나온다.

평의회의 법적 권한에 관한 역사에서 중요한 점들은 다음과 같다. 평의회는 그 초기부터 사법작용에 참여하였고, 의회는 이러한 평의회의 사법작용을 매우 큰 의심의 눈을 가지고 바라보았으며, 14세기와 15세기를 거치면서 다양한 사건에 있어서 의원들에 의한 항의의 대상이 되었다. 이러한 항의에도 불구하고, 또한 이러한 주제에 관한 몇 개의 법률 규정에도 불구하고, 평의회의 관할권은 계속되고 증가하였으며 그리고 종국적으로는 나라에서 인정받는 기관의 하나가 되었다.

사법적 권한을 행사할 때 평의회는 '별로 장식된 방(Starred Chamber)'이라는 곳에서[1] 업무를 보았고, 이 방은 궁전 안뜰에서는 제일 가장자리에 있으면서 Thames 강 언덕에 붙어 있으며, 그에 따라 제소자들(suitors)이 쉽게 그곳에 출입할 수 있었기 때문에 마침내 평의회의 용도로 영구히 전용되었다. '성실법원에서 업무를 보는 귀족들(lords sitting in the Sterre Chamber)'이라는 말이 하나의 관용어구가 되었고, 이들 사정이 평의회가 그 권한을 유지하는 것을 돕는 데 기여하였다는 점을 의심하기는 어렵다.

성실법원(Court of Star Chamber)은 Henry 7세 치하에서 하나의 기관으로 확립되었다. 그 치세 초기에 성실법원의 일부 직원들에게 특별한 권한을 부여하는 법률(3 Hen. 7, c. 1)이 통과되었다. 이 법률에 의하여 성실법원이 창설된 것으로 종종 추측하기도 하지만, 실제 이 법률에 의하여 성실법원이 창설된 것은 아니다.

Elizabeth 치하에서 이 법원은 그 영향력이 최고조에 달하였다. James 1세 그리고 Charles 1세 치하에서 이 법원은 억압적인 법원으로 인식되었고, 1640년 Chas. 1, c. 10 법률에 의하여 폐지되었다. 이 유명한 법률은 이 주제와 관련된 서로 다른 여러 법률들을 열거한 뒤 소송, 징계(censure) 그리고 "법원의 명령은 우리의 경험에 의하면 국민에게 견디기 어려운 부담을 주었고, 자의적인 권력자와 정부를 만들어내는 수단이 되었다"고 선언한 뒤, 성실법원 그리고 그와 유사한 모든 법원 특히, Courts of the Council of the Marches of Wales, President and Council of the North,[1]

---

1) Palgrave, 38.

Duchy of Lancaster, Court of Exchequer of the County Palatine of Chester는 모두 폐지되며, 미래에도 이와 유사한 법원은 창설되지 못한다고 규정했다. 이 나라 일반 역사의 넓은 부분을 차지하고 있는 이들 사건과 관련된 장소에 머무는 것은 불필요한 일이다. 하지만 평의회의 초기 역사는 그의 종말을 가져온 이들 사건들보다는 덜 알려져 있다.

　　Sir F. Palgrave는 "Henry 3세 치하에서 평의회는 대헌장에서 규정하고 있는 동료 귀족들의 법원(Court of Peers)으로 간주된 것으로 보인다"고 말한다.[2] 그는 또한 "따라서 이들 법원에서, 최초의 관할법원으로서, 국왕으로부터 직접 수봉을 받은 또는 귀족들로부터 수봉을 받은 영지에 거주하는 소작인들의 권리가 심리되고 결정되었다. 그리고 의심의 여지없이 국왕의 신민이 아닌 다른 모든 사람들에 대한 직접적인 관할권을 행사했다. 공공의 안녕에 대한 중대한 침해도 이 법원에서 심리되었다"고 말한다. Sir F. Palgrave는 이 글의 주(note)에서 런던탑의 치안관(Constable of the Tower)인 Segrave에 대하여 그가 Mortimer의 도주를 묵인하였다는 혐의로 받게 된 재판을 언급하고, 그리고 "우리을 위해 목수을 할 수 있는 사람은 생명과 영리함 그리고 그 이외 모든 것을 목수할 수 있는 상황에서" Dalton이 강제로 납치한 Gerard De L'Ile의 부인 Margeria de la Beche를 평의회로 데려와 평의회가 발령하는 그러한 명령을 수행하고 받으라는(ad faciendum et recipiendum) 소환장을 Sir John Dalton에게 발부한다는 내용의 신기한 공판기록 하나를 인용하고 있다.

　　이러한 관할권 행사에 대해 Edw. 3. 25년(1350년)까지는 아무런 반대가

---

1) 법률(제4조)의 규정은 다음과 같다. "언급된 이들 법원에서 현재 사용되고 행사되는 관할권은 역시 폐지되고, 절대적으로 철회되며, 무효로 된다." 성실법원은 해체되었지만(제3조), 다른 법원들은 그 규정대로 해체되지 않았다. 이전에 "President and Council of the Marches of Wales"가 가지고 있던 권한을 행사하던 법원은 그 후 48년간 더 살아남은 것으로 보인다. 이 법원은 1688년 1 Will. & Mary, c. 27 법률에 의하여 폐지되었다.

2) Palgrave, p. 34. [역주] Francis Palgrave(1788-1861)는, 이 책 제3장에서 설명한 바와 같이, 영국의 기록보관인 그리고 변호사 자격을 갖고 있는 역사가이다. 그는 Public Record Office에 근무하면서 많은 저술을 한 것으로 유명하다. 이 책의 저자가 여기에서 인용하는 'An Essay on the Original Authority of the King's Council'은 1834년 출간된 책이다.

나타나고 있지 않지만, 그 해에 하원은 "정직한 사람은 그 누구도 자신의 생명과 신체에 관련이 있는 그의 보유재산을 지킬 수 없고, 평의회에 고발을 하는 방법으로는 국왕의 신하인 귀족이나 또는 그 어떤 국왕의 관리에 의해서도 권리의 회복이 불가능하며 다만, 이 나라에서 통용되는 소송절차에 의해서만 가능하다"라고 청원했다.[1] 이 청원에 대한 답변은 "왕국의 국왕 신하들에 의하여 법률이 엄숙하게 지켜지고 그리고 모든 사람들이 법률의 절차에 따라 그의 재산을 지킬 수 있다는 것은 즐거운 일이다. 내가 해야 할 일은 생명과 신체에 관계되는 법률을 경멸하거나 과도하게 집행하는 것을 이 나라의 법률에 따르게 하는 것이다"로 되어 있다.

이에 따라 대헌장(Magna Charta)) 이후 135년 동안 평의회의 형사사건 관할권은 다툼의 여지가 없었다는 사실이 명백하였던 것으로 보인다. 같은 해 또는 다음 해 의회에서 비슷한 청원이 아무런 제한 없이 허용되었고, 이것이 25 Edw. 3, st 5, c 4로 공포된 법률이 되었다.[2] 그와 유사한 법률이 1354년(28 Edw. 3, c. 3)에 그리고 1368년(42 Edw. 3, c. 3)에 통과되었다.[3] 평의회의 권한을 제한하기 위한 목적에서 Richard 2세 치하에서 2회, Henry 4세 치하에서 3회, Henry 5세 치하에서 2회 그리고 Henry 6세 치하에서 1회에 걸쳐 의회로부터 청원이 있었지만, 그 어느 것도 법률로 통과되지 못했다. 이에 대한 국왕의 답변은 반대의 의견이거나 조건부의 것이었다. 이러한 청원 중 일부와 그 답변들을 통하여 보면 평의회의 관할권을 옹호하는 근거는 많은 사건에 있어서 보통법상의 결함을 시정하는 것이 어렵다는 데 있었다는 것을 보여준다. 그에 따라 1399년(1 Hen. 4) 하원은 당사자 사이의 개인적인 소송은 평의회에서 재판하지 않아야 한다는 청원을 했고,[4] 여기에 대한 답변은 "Soit l'Estatut ent fait tenuz et gardez, la ou l'une partie est si graunt et riche, et l'autre partie si povre qu'il ne purra autrement avoir recoverer(법률을 유지하고 준수하며 (tenuz et gardez) 사건을 심리함에 있어서, 일방 당사자가 힘이 센데다 부자이고 상대방 당사자가 가난한 경우, 다른 방법으로는 권리를 회복할 수 없다)." 여기에는 "except"라는 말이(Sir F. Palgrav가 "gardez" 다음에

---

1) 2. Rot. Par. 228, 그리고 Palgrave, p. 25. 참조.　　2) 2. Rot. Par. 239.
3) 또한 11 Rich. 2, c. 10 참조.　　4) 3. Rot. Par. 446.

보충한)[1] 필요한 것으로 보인다. 개략적으로 볼 때, 1640년까지 성실법원의 법적 지위는 다음과 같은 것으로 볼 수 있다. 그것은 대헌장 이후 135년간 위법한 것이거나 대헌장에 반하는 것으로는 생각되지 않고 그대로 존재해 왔다. 1350년, 1354년 그리고 1368년에 연속적으로 3개의 의회 제정 법률이 통과되었는데, 그들은 첫눈에 보아도, 성실법원을 폐지하기 위한 의도였다. 1368년부터 1640년까지 (272년 동안) 의회의 청원에도 불구하고 성실법원은 그대로 유지되었고, 청원들은 법률로 제정되지 못하였다. 그 마지막 청원은 1640년으로부터 218년 전인 1422년에 있었다. 반면에 3 Hen. 7, c. 2 법률은, 비록 그것이 오래된 법원의 권한을 인정하는 것은 아니지만, 좌우간 그 구성원 중 몇 명으로 구성되고, 그리고 사실상 그와 동일한 관할권을 갖는 새로운 법원을 청설했다.

이러한 사정을 감안하면 Edward 3세의 법률을 해석함에 있어 1640년의 해석과는 약간 달리 해석하여야 한다고 생각하는 것은 자연스러운 일이다. Hudson은[2] "이들 법률들은 성실법원의 권한을 무효화시키기 위한 것이 아니라 혐의사실에 대한 답변을 강제하기 위해 사람들을 체포하는 권한남용을 방지하기 위한 것이었다"고 주장한다. 법률은 "그 누구도 치안판사 면전에서 대배심에 의한 기소(presentment), 기록사항(matter of record),[3] 고래의 법률에 따른 개시영장(writ original)[4] 없이는 국왕에게 또는 그의 평의회에 출석하여 답변을 강요당하지 않는다"고 규정하고 있다.

Hudson은[5] 적어도 다수 사건의 소송개시를 가능케 했던 letter of privy seal이 개시영장이고, 그리고 개선의 대상이 된 권한의 남용은 고소인의 단순한 주장을 근거로 문장단속관(pursuivant)에 의하여 행해지는 피고인 체포를 말하는 것이라고 주장한다. "위와 같은 요건이 충족되지 않는 한

---

1) Palgrave, p. 12. 　　　　　2) Hudson, Treatise on the Star-Chamber, p. 12.
3) [역주] 법원의 공식 소송기록에 기재되어 있는 것을 'matter of record'라 한다. 이를 증명하기 위해서는 그 기록의 사본을 제출하여야 한다.
4) [역주] 과거 영국 법원에서 소송을 시작하기 위한 문서를 'original writ'라고 했다. 개인이 소송을 개시함에 있어서는 국왕으로부터 이 영장을 발부받아야 했다. 실제 영장을 발부한 것은 대법관과 국새상서였다. 이 영장은 이후 소환장(summons)으로 대체되었고, 오늘날 민사소송에서는 소환장에 따라 소송이 개시된다. 오늘날 이 소환장을 original writ라고 부르기도 한다.
5) Hudson, Treatise on the Star-Chamber, p. 4. 또한 Coke, 4th Inst. 63 참조.

그 누구도 평의회에 출석하여 답변을 강요당하지 않는다"는 말은 평의회에서 이루어지는 합법적인 재판절차가 있었다는 것을 확실히 암시하고 있는 것으로 보인다. 사실이 이러하다면, 1640년의 법률조차도 평의회가 그 자체로 위법하고 그리고 그 권한은 박탈되어야 한다고 선언하고 있는 것은 아니라고 보아야 할 것이다. 오히려 이와 반대로, 그 법률은 평의회에서 심리할 수 있는 사안들은 보통법(common law)으로도 모두 제대로 처리될 수 있으며, 따라서 "그 법원의 창립과 존속을 가능케 한 이유와 동기는 이제 종료된다"는 것을 말한다.

이제 범죄의 정의에 대한 역사 그리고 그 법절차에 대한 역사와 관련하여 본 성실법원이라는 주제로 돌아가기로 한다. 그리고 성실법원의 일반적인 성격과 기능을 살펴봄으로써 현재 내가 말해야 할 부분에 대한 결론을 내기로 한다.

개인의 자유에 대한 보루로서의 배심재판에 대한 찬사는 우리에게 잘 알려진 주제이다. 배심제가 지역에서 영향력을 행사하는 사람들이 그의 가난한 이웃 주민들에 대하여 행하는 전제와 억압을 위한 넓은 문을 열어주었다는 것은 일반적으로 잘 알려져 있지 않지만, 그것이 사실이라는 것은 확실하다. 봉건시대에 있어서 순회재판에 배심원으로 출석하는 사람들에 대한 거대 지주들의 영향력은 실제 무제한에 가까웠다. 또한 이웃의 소문을 선서에 의해 단순히 보고하는 것에 불과한 대배심에 의한 기소제도는 잔인한 부정의로(cruel injustice) 작용할 가능성이 있었고, 실제 의심의 여지없이 그러하였던 것이 사실이다.[1]

---

1) 이와 관련하여 Sir F. Palgrave(p. 103, 289, &c)는 진기한 설명을 하고 있다. 다음의 것은 Edward 1세 시대의 "ballad or libel"에 나오는 시다.

Mes le male doseynes dount Dieu n'est ja piete(신도 동정하지 않을 게으름뱅이들),
Parmi lur fauce bouches me ont enditee(그들의 거짓 입으로 나를 고발하였네),
De males robberies e autre mavestee(나쁜 강도와 다른 비행을 이유로),
Qe je n'ose entre mes amis estre receptee(그래서 나는 친구들 사이에서 외면당했네).

Si ces maveis jurours ne se vneillent amender(사악한 배심원들의 행실을 못 고치면),
Qe je pus a mon pais chevalcher e aller(내가 평온을 찾아 갈 수 있도록),
Si je les pus ateindre la teste lur froi voler(내가 그들을 만나면 목을 날려 버리겠네),
De touz lur manaces ne dorroi un dener(그들의 협박에도 불구하고 한 푼도 못 주네).

배심재판의 결함

Vous qui estes endite je lou venez ci moi(기소된 사람은 나에게로 오게),
Cit vert bois de Belregard, la n'y a nul ploy(재판이 없는 Beauregard의 푸른 숲으로),
Forsque beste savage e jolyf umbroy(야생동물과 아름다운 나무들만 있는 곳),
Car trop est dotouse la commune loy(보통법은 너무나 무서운 것이므로).

다음의 글은 Dance of Death에 나오는 것으로, 죽은 자와 배심원 사이의 대화이다.

"Master jurrour, which that at assizes(저 순회재판에서 배심장은),
And at sheres quests didst embrace(배심의 지위에서 매수되었네),
Deper didst lond like to thy devises(그의 궁리에 따라 깊이),
And who most gave most stood in thy grace(그리고 그대 자비에 크게 매달린 사람),
The poor man lost both lond and place(그 불쌍한 사람은 돈과 지위를 모두 잃었네),
For gold thou couldest folk disherite(황금 때문에 그대는 민중을 괴롭히네),
But now let see with thy pale face(하지만 이제 그대 창백한 얼굴로 바라보게),
Tofore the judge how canst thee quite?(판사가 그대를 어떻게 생각하는지)."

배심원의 대답은 다음과 같다.

"Whilom I was cleped in my countrey(나는 나라의 부름을 받고 불려나왔다네),
The belweather, and that was not alight(배심장으로, 그리고 좋은 일은 아니었네),
Nought loved but drad of high and low degree(사랑은 없이 여러 두려움 속에서),
For whom the best by craft I could endite(음모로 기소된 자를 위해 최선을 다했네),
Hengen the true and the thef respite(교도소에는 정직한 자와 도둑이 같이 있다네),
All the countrey by my word was lad(나라 전체가 내 말을 따랐다네),
But I dare sein shortly for to write(그러나 간단히 내 이야기를 쓴다면),
Of my death many a man is glad(내 죽음을 많은 사람들이 기뻐할 것이네)."

위에서 인용한 의회기록에 나오는 Cogan 사건도 같은 내용을 설명하고 있다. 여하튼 그는 "sinoun par verdit de jurrours(배심원들의 평결을 통하지 않고서도)"그의 주장을 아주 잘 설명하고 있다, 하지만 그러한 내용을 인기 있는 ballad로 표현하는 것이 매우 많았다고 말할 수는 없다. 작자는 아마 대단한 장난꾸러기였을지도 모른다. 내가 젊었을 때 ballad를 부르곤 하였는데, 그야말로 그것은 다루기 거북한 사람들의 작품으로 알려졌었다. 그것은 다음과 같이 시작된다.

"My curse rest on you, Justice Bayley(내 저주는 당신, Bayley 판사에게 향하네),
And gentlemen of the jury also(그리고 배심원 여러분에게도),
For transporting me from the arms of my Polly(Polly로부터 나를 추방한 것 때문에),
For twenty long years as you know(당신들도 알다시피, 지나간 긴 20년 동안)."

이것은 위 첫 행의 "males doseynes dount Dieu n'est ja piete"와 꼭 같다. 그러나 초기 시대 배심재판의 결점은 이러한 것을 근거로 하는 것이 아니라 증거에 관한 것이다.

3 Hen. 7. 법률

소송당사자에 대한 불법원조(maintenance), 폭력과 불법집회 그리고 공모에 의한 사법방해로 오랫동안 법률에 등장하였던 범죄는 그 당시 가장 일반적이고 특징적인 범죄였다. 그들 중 가장 보편적이었던 형태가 배심의 부정과 배심에 대한 협박이었다. 이러한 점을 웅변적으로 보여주는 것이 이들 범죄에 대처하기 위한 반복적인 입법이다. 범죄 자체에 대한 성격 그리고 성실법원에서 처리되는 방식은 3 Hen. 7, c. 1 법률의 서문(preamble)과 첫 장에 완벽하게 설명되어 있다.

"우리의 군주인 국왕은 약정서, 전제, 선서, 서면 또는 군주의 신하인 배심원을 매수하거나, 배심을 구성하는 집행관의 품위를 진실과 다르게 떨어뜨리고 사실과 다른 보고를 하는 방식을 통하여 제복, 표시, 징표 그리고 고용을 제공함으로써 위법한 직무를 집행하는 방식, 배심의 금품수수로 인하여 그리고 엄청난 소요와 불법 집회 때문에 이 왕국의 정책과 훌륭한 규칙이 거의 무력화되었음을 기억한다. 그리고 서두에서 밝힌 그러한 이유로 이러한 폐해를 처벌하지 않음으로써 심문에 의하여" (즉, 심문을 하는 사람 또는 배심원에 의하여) "아무 것도 발견되지 않거나 아주 조금밖에 발견되지 않아, 이 땅의 법집행이 거의 효력을 발휘하지 못하게 되어 전지전능한 신의 뜻에 위반하여 살인과 강도, 위증이 늘어나고 사람들의 생활이 그 안전을 보장받지 못하며 그들의 토지와 재물에 대한 손해를 보고 있다. 이에 따라 서두에서 말한 것을 개혁하기 위하여 의회의 권능을 통해 다음과 같이 법을 제정한다. 당분간 대법관과 재무장관 그리고 국새상서 또는 그들 둘에 더하여 주교, 국왕의 가장 영예로운 평의회의 임시의장 그리고 당분간 왕좌법원과 민사법원의 수석재판관 또는 그들이 부재중인 때에는 다른 2명의 판사들은, 위에서 말한 대법관이 국왕이나 다른 사람을 위하여 앞에서 열거한 범죄를 범하였다는 사람을 상대로 제기한 기소장이나 고발장에 따라 영장이나 옥새를 통하여, 위 죄인들과 그리고 그들의 재량에 따라 진실을 알고 있는 다른 사람들을 그들 면전에 출석하도록 하여 심문할 권한을 갖게 되며, 그에 따라 잘못한 점을 발견한 경우에는, 그들이 마치 법률의 적법한 절차에 따라 유죄판결을 받은 것처럼, 법률이 정하는 형식과 효과에 따라 그들이 처벌을 받아야 하는 방식과 형식으로 그들의 죄과에 따라 처벌한다."

3 Hen. 7. 법률의 법적 효력

이 법률의 정확한 목적 또는 효과가 무엇이었는지 말하는 것은 극히 어려운 일이다. Coke는 성실법원으로 하여금 피고인을 심리할 수 있게 함으로써 성실법원의 절차를 변경한 이외 다른 효과는 없었던 것으로 보고 있는 것 같지만, 이는 불가능한 것으로 보인다. 왜냐하면, (Hudson에 의하면) 그러한 것은 성실법원에서 통상적으로 이루어지는 정식절차였고 또한 그러한 절차는 위 법률 이후에는 성실법원의 관할에 속하는 사건들에 한정되어 적용된 것으로 보이지 않기 때문이다.

Hudson은[1] 이 주제와 관련하여 "한 때 평의회(council)가 이 법률이 부여한 이외의 다른 형사사건관할권을 갖고 있었는지의 여부는 논의의 대상이 되었지만 평의회는 그러한 권한을 갖고 있다고 보았다"고 말한다.[2] Lord Bacon은 이 법률과 관련하여 "왕국의 고대 보통법에 근거하여 이전부터 존재해 온 성실법원의 권한이 특정한 사건의 경우 이 법률에 의하여 확인되었다"고 말한다.[3] 이는 매우 불명확한 언급인데다, 그러한 법률을 제정한 이유에 대하여 아무런 설명도 하지 않고 있다. 권위 있는 원전들을 정밀하게 검토한 것을 토대로 하는 Hallam의[4] 의견은 다음과 같다.[5]

---

1) [역주] William Hudson(1577-1635)은 영국의 법정변호사 그리고 저술가로서, 저자가 이 책에서 인용하고 있는 'A Treatise on the Court of Star Chamber' 등 많은 저술을 남겼다.
2) p. 80. "그 법원이 3 Hen. 7 법률에 명시되어 있는 사건 이외의 다른 사건에 관여하지 않아야 한다는 것은 일반적으로 받아들여지는 의견이다. 나는 대법관 Egerton이, 그가 학생일 당시 고등변호사인 Lovelace가 3 Hen. 7 법률에서 언급하고 있는 이외의 문제에 포함되어 있는 사안과 관련하여 처음 이 법원에 이의신청(demurrer)을 하였고 위대한 법률가인 Plowden이 최초로 여기에 가담하였으며 이어 Lovelace가 그 뒤를 쉽게 따라갔다고, 종종 말하는 것을 잘 기억하고 있다. 그러한 주장이 법정에서 제기되자, Lovelace는 젊은 사람이었기 때문에, 그의 선배인(ancient) Plowden이 그의 잘못에 대하여 답변을 하도록 요구받았고, 그에 따라 Plowden은 그가 그러한 주장을 처음 하였으며 이는 St. Augustine을 따른 것에 불과하다고 매우 신중하게 법정에서 변명을 하였다. 비록 그 주장은 기각을 당했지만, 30년 후 고등변호사인 Richardson이 같은 문제에 다시 봉착하게 되었고, 같은 취지로 신랄하게 비판을 받았다." 또한 Chambers 사건, 3 St. Tr. 380 참조.
3) Spedding의 History of Henry VII, Bacon's Works, 6. 85.
4) [역주] Henry Hallam(1777-1859)은 영국의 법정변호사, 역사가 그리고 정치인으로서 저자가 이 책에서 인용하고 있는 Constitutional History(Henry 7세로부터 George 3세 사이의 중세 영국의 역사) 등을 저술하였다.   5) Cons. Hist. 1. 55, note.

3 Hen. 7. 법률의 법적 효력

1. Henry 7세의 법률에 의하여 창설된 법원은 성실법원(Court of Star Chamber)이 아니었다.

2. 그 법률에 의한 법원은 Henry 8세 중엽이 지날 때까지 완전한 효력을 갖고 존재했지만, 그 후 얼마 되지 않아 폐지되었다.

3. 성실법원은 오래된 concilium ordinarium이고, Edward 3세 시대부터 그의 관할권에 반대하는 많은 법률들이[1] 제정되었었다.

4. 성실법원의 관할에 속하는 어떠한 부분도 Henry 7세의 법률을 권원으로 하여 유지된 것은 아니다.

이러한 애매한 주제와 관련하여 추측 그 이상을 하는 것은 불가능하다. 내가 추측하기로는, 별로 자신은 없지만, 그 법률은 제정 당시 가장 중요한 문제로 등장한 성실법원의 관할권에 관하여 다툼의 여지가 없는 법률상의 권한을 주기 위한 것으로 보인다. 그러나 이전 법원의 권한이 널리 묵인되고 있었으므로 법률은 효력을 잃게 되었다. 이러한 추측은 Henry 7세의 법률이, 15세기 말에는 상대적으로 중요성이 덜 했을지도 모르지만 16세기와 17세기 초에는 정부의 눈으로 볼 때 그 법원의 존재 의의에 주된 가치를 부여하고 있는 여러 범죄들에 대한 그 법원의 관할에 침묵을 지키고 있는 사정에 비추어 그 가능성이 높아 보인다. 이러한 범죄들 중 명예훼손(libel)이 가장 중요하다.

이러한 문제와 관련하여 어떠한 설명이 사실인지 여부와 관계없이 그 법원 자체의 성격과 기능에 관하여는 아무런 의문도 있을 수 없다. 민사문제에 대한 대법관의 관할권, 그리고 형사문제에 대한 평의회 또는 성실법원의 관할권은 서로 어깨를 나란히 하고 성장하였다.

Lord Bacon은[2] 보통법 법원들(common law courts)에[3] 관하여 언급한 뒤 "그럼에도 불구하고 시범적인 면에서 또는 결과론적인 면에서 영연방국가와 관련이 있는 사건들에 대해서는 칙선 변호사(king's counsel)에 항상 고도의 월등한 권한이 유보되고 있었다. 즉, 그 사건이 형사적인 것이라면

---

1) 이것은 약간 과장된 말이다.
2) [역주] Francis Bacon(1561-1626)은 역사가, 정치가, 과학자 그리고 철학자로서 유명할 뿐 아니라 법무장관(Attorney General)과 대법관(Lord Chancellor)을 지낸 법률가로서, 저자가 인용하고 있는 'the Elements of the Common Law of England' 등 법률에 관한 많은 Work를 남겼다.   3) Works, 6. 85.

counsel은 성실법원이라 불린 방에서 사건을 처리하였고, 민사문제였다면 White Chamber 또는 White-Hall에서 사건을 처리했다. 그리고 대법관 (Chancery)이 형평법에 대한 친위대적인 권한을 가지고 있었기 때문에 성실법원은 사형에 해당하는 이외의 범죄에 대한 검열관적인 권한을 갖고 있었다"고 말한다.

초기에 평의회(council)는, 내가 이미 언급한, 옥새(Privy Seal)라는 이름을 통하여 개인에게 순회법원(Oyer and Terminer)에서의 재판임무를 부여하는 데 익숙해 있었다.[1] 그러한 임무의 부여가 법률에 의하여 금지되자, 평의회가 스스로 그러한 사건들을 심리하였고, 그들은 범죄를 고발하는 영장(writ of premunire)으로,[2] 그리고 그 후에는 Edward 3세 시절 Sir John de Waltham(나중에 Salisbury의 주교)에 의하여 창안된 소환장(writ of subpoena)으로[3] 피고인의 출석을 강제했다. Sir Francis Palgrave는 이러한 영장들의 창시자들을, 왕좌법원과 재정법원이 민사사건에 대한 관할권을 행사하는 수단이 되었던 writ of Latitat and Quo Minus를[4] 창안한, 기억에서 사라진 자들과 비교하였다. 성실법원은 기소장과 그에 대한 답변을 통하여 소송을 진행하면서 고발된 당사자에 대한 신문을 하였는데, 신문을 할 때에는 선서를 받고 하였다. Hudson은 보통법으로도 그 명칭에 따라 처벌이 가능한 반란과 살인과 같은 통상의 범죄에 대하여 정확한 재판절차를 거치지 않고 그들이 무거운 형벌을 과한 여러 사례들을 제시하고 있다.[5] 예를 들어, Rutland 백작은 Essex 백작의 폭동에 관련이 있다는 이유로 3만 파운드의 벌금형을 받았다. "그리고 중죄를 지은 사람들을 몰래 후

---

1) Palgrave, p. 27 - 38.
2) 런던의 집행관인 Edward와 그 이외 사람들에게. 특정한 이유를 들어 당신들을 고발하는 일부 사람들의 명령에 따라 우리는 당신들에게 고등법원 즉, 우리의 평의회에 출석할 것을 권고한다. Palgrave, note 11, p. 131.
3) Edward와 다른 사람들 그리고 R. S에게. 우리는 당신들에게 우리 평의회에 출석할 것을 명한다. 이에 따르지 않을 경우, 100파운드의 벌금에 처한다. Palgrave, p. 41.
4) writ of Latitat는 피고인이 Bill of Middlesex라는 것에 제시되어 있는 불법행위에 답변하기 위해 왕좌법원의 서기에게 구금되어야 한다고 확인하는 것이다. Middlesex 이외의 주에서는 Latitat 대신 피고인이 "latitat et discurrit(숨고 도망)"이라 부르기도 하였다. writ of Quo Minus는 국왕의 채무자인 피고가 원고로부터 돈을 빌렸고, 이러한 경우 피고는 국왕에게 그의 빚을 갚을 능력이 줄어들었으며 따라서 이는 재정법원의 문제라고 말한다. (3 Blackstone. Com. 284-286).   5) p. 62.

원한 사람들이 여기에서 신문을 받은 것과 관련하여 100건 이상의 선례가 있다"고[1] Hudson은 말한다. 중죄로 심리를 하는 경우에는 선서에 의한 당사자신문은 인정되지 않았다.

그러나 이러한 것들은 성실법원이 일반적으로 처리하였던 사안들이 아니었다. Hudson이 열거하고 있는 것은 다음과 같다.[2] 즉, 위조죄, 위증, 소요죄, 불법소송원조, 사기, 명예훼손 그리고 그들에 대한 공모행위 등이다. Hudson은, 이러한 범죄들 이외에도, 보통법에서는 언급되지 않고 있거나 처벌할 수 없는 범죄들을 처벌하는 것도 성실법원의 권한으로 돌리면서,[3] 오래 전에 기억에서 사라진 법률에 의하여 성실법원에 관할권이 부여된 사례들을 열거하고 있다.[4]

이들 문제들에 대해서는 이 책의 다른 부분에서 다시 언급한다. 여기에서는 종국적으로 성실법원의 폐지에까지 이르게 된 원인이 되었던 정치적 사건에 대한 전제적 소송을 이유로 선량한 질서라는 대의명분 뿐 아니라 이 나라의 법률에 기여한 이 법원의 커다란 공적을 잊어버려서는 안 된다고 말하는 것으로 충분할 것이다. 보통법은 어느 모로 보나 가장 결함이 많은 제도였다. 그것은 불완전한 것이었다. 그 처벌은 변덕스러우면서 잔인했다. 그의 가장 특징적인 제도인 배심재판은 지방에서 영향력 있는 사람이 관심을 갖고 있는 모든 사건에서 남용의 여지가 있었다. 배심원 그 자신들도 종종 부패하였으며, 보통법상 잘못된 배심의 평결을 이의신청(impeachment)을 통하여 다투거나 부패한 배심원을 처벌할 수 있는 유일한 수단인 사권박탈절차(process of attaint)도 다른 형식의 배심재판과 마찬가지로 불확실하고 그리고 부정한 영향력에 노출되어 있었다.

다음과 같이 Hudson은 말한다.[5] "부패한 배심이 잘못된 평결을 하고, 그리고 그에 대한 시정방법은 다른 배심원들에 의한 배심원의 사권박탈 이외에 다른 방법이 없다면, 어떤 배심도 오랜 기간 동안 종전의 배심에 대한 사권박탈을 한 전례가 없다는 우리의 일반 경험에서 드러나는 바와

---

1) p. 64.
2) p. 71. Bacon은 (6. 85) 4개의 "무력, 기망, 여러 가지 종류의 사기 그리고 실행의 착수 또는 실제로 범죄가 행해지거나 실행되지 않은 것으로, 사형에 해당하는 혹은 흉악한 범죄"를 언급하고 있다.
3) p. 107.   4) p. 113.   5) p. 14

같이, 잘못된 평결을 받은 당사자는 구제의 여지가 거의 없었을 것이다. 오늘날 웨일스 공국(Principality of Wales)에서 그러한 바와 같이, 만일 사회적 유대관계가 좋은 사람이 재판을 받게 되는 경우, 비록 우호적인 위원들을 견제하기 위한 빈틈없는 법률이 제정되어 있다 하더라도, 소송이란 그렇게 간단한 것이 아니기 때문에, 그의 이익에 반하는 평결을 하는 배심원을 찾기는 불가능한 일이다. 또는 배심원들이 법원에서의 처벌을 무서워하고 있다 하더라도, 살인으로 재판에 회부된 사람이 유죄평결을 받는 것은 어려운 일이다." 우리의 근대적 견해에 의하면, 이들 결점에 대한 적절한 시정방법은 범죄와 처벌절차 양자에 대한 현명하고 포괄적인 입법이다. 그러나 많은 이유로 Tudor 시대 형법에 대한 그러한 시정은 실제 불가능하였을 것이다. 이러한 상황에서 성실법원은 영향력 있는 귀족과 일반인에 대한 통제를 통하여 형사사법절차에서의 압제적이고 부정한 간섭에 종지부를 찍도록 하였을 뿐 아니라 문서위조, 위증, 범죄에 대한 미수와 공모 그리고 많은 형태의 사기와 폭력과 같은 범죄와 관련하여 이들 범죄들이 실제 처벌을 받지 않고 넘어가고 있는 제도의 결점을 보완하였다.

성실법원의 역사 마지막 단계에 이르러 이 법원은 당파적인 법원이 되었고, 국왕과 그의 대신들의 감정을 상하게 하는 사람들에 대하여 잔인하고 무거운 형벌을 과하였다. Prynne 또는 Lilburne에 대한 것과 같은 그러한 재판에 관하여 어떠한 변명을 하는 것도 불가능하다. 그러나 여기서 주목해야 할 점은 성실법원에 대한 진정한 반대이유는 낙인찍기나 채찍질과 같은 처벌의 잔인함이 아니라 행위에 대한 처벌 그 자체에 있었던 것이다. 보통법에 의한 처벌은 많은 경우 성실법원의 처벌보다 더 잔인했지만, 그로 인하여 사람들의 분노를 자아낸 일은 거의 없었던 것으로 보인다. 또한 Charles 1세 치하에서 시행된 잔인한 형벌은 적어도 그 이전에 존재했던 법원의 관행에 대한 어느 정도의 개선이라고 볼 이유가 있다.

물론 관찰자들 중 한 사람은 보통법 법원들의 결점을 구실로 성실법원을 추켜세우려고 한 것은 아니었고, 그리고 비록 보통법 법원에 대한 그들의 항의는 너무 심한 것이어서 진정성이 결여된 것으로 보이는 점은 확실하지만, 성실법원이 몇몇 관찰자들의 상상력에 영향을 끼친 정도를 관찰한다는 것은 흥미로운 일이다.

Tudor 시대 성실법원

Bacon은[1] 성실법원을 "이 왕국에서 가장 슬기롭고 그리고 가장 훌륭한 기관 중 하나"라고 서술하고 있다. Coke는[2] "성실법원은 그 법원의 판사들 그리고 그들의 정당한 관할에 따라 행하는 그들의 영예로운 절차의 면에서 그리고 법원이 적용하고 있는 과거 그리고 현재의 법률의 면에서 볼 때 기독교 세계에 존재하는 가장 영예로운 법원(우리의 의회를 제외하고)이다", "이 법원은 정당한 기관이고 그리고 고래의 법률이 그대로 적용되고 있기 때문에 영국 전역을 평온하게 유지하고 있다"고 말한다. Hudson은[3] 이 주제와 관련하여 상당히 열정적이다. "위대한 로마 원로원은 모든 시대와 모든 나라를 통하여 너무나 유명하기 때문에 jure mirum orbis(공명정대하고 경탄할 만한 체계)라고 불리어지고 있다. 하지만 그들은 성실법원에 필적할 수 있는 영예와 관할권을 갖고 있는 법원을 갖고 있지 않았다. 확실히 성실법원 판사들은 명예롭고, 훌륭하고, 위엄 있고, 학식 있고, 이해심 있고, 정의롭고, 동정심 있고 그리고 동시에 자비로워서 많은 면에서, 기독교적 지식이 인간의 배움을 능가하는 것과 같이, 로마의 원로

---

1) Works, 6. 85.　　　　　　　　　　　2) 4th Inst. p. 65.

3) P. 17. 그의 열정은 이 법원 명칭의 유래에 관하여 대화하는 중에 기분 좋게 나타나 있다(p. 8). "나는 다음과 같은 견해에 있어서는 플라톤학파 사람이라는 것을 고백한다. 즉, 태어나면서 이름을 짓는 것은 이름을 짓지 않고 방랑자로 지내는 것보다 더 좋은 일이다. 확실히 Adam은 그의 타락 이전에는 사물의 성질에 관하여 무한정의 재주가 있었다. 그래서 신이 그에게 모든 물건에 대하여 이름을 붙이라고 데려왔을 때 그는 그 물건들의 성질에 맞는 이름을 붙여주었다. 그리고 나는 별들의 방 즉, 성실(Camera Stellata)이 가장 적절히 명명되었다는 데 대하여 전혀 의심을 하지 않고 있다. 일부 그렇게 생각하고 있기는 하지만, 성실법원이 도금을 한 별들로 장식되어 있다는 이유에서가 아니다. 물론 성실법원은 도금한 별들로 장식되어 있지만, 이는 법원의 seal(seat?)이기 때문이다. 그것이 적절히 불리어지고 있다는 것은 별은 빛을 발하지 않고 태양의 빛을 반사하고 있기 때문이다. 즉, 그의 대표기관이 되는 것을 반영하고 있기 때문이다. 그의 폐하 자신이 말하는 것이기 때문이다." 간단히 말한다면, 국왕은 태양이고 판사들은 별들이라는 것이다. 국왕과 Hudson은 그들 사이에서 이러한 기발한 생각을 짜내고 있는 것이다. 마치 Lady Margaret Bellenden이 Charles 2세의 아침식사에 관한 역사를 Tillietudlem에서 짜내는 것과 같이. 이 법원의 명칭과 관련하여 가장 널리 알려져 있는 이야기는 고대로부터 그곳에 보관되어온 starrs 또는 유대교 장전(Jewish charters)으로부터 그 이름이 유래되었다는 것이다. (Madox, Exch. 1. 237. 참조) 유대인들은 Edward 1세 치하에서 추방되었고 "starra"라는 말의 의미는 자연히 잊혀지고 다만, 그 이름만이 남게 되었다.

Tudor 시대 성실법원

원을 훨씬 능가하였다." 성실법원 수석재판관으로서 갖고 있는 대법관의
권한에 관하여 길고 흥미로운 설명을 마친 뒤 그는 다음과 같이 말한다.[1]
"왕국의 위대하고 고귀한 관리들, Lord Treasurer, Privy Seal 그리고
President of the Council과 관련하여 재판이 개정되고 난 후 이 법원에서
그들의 지위나 목소리는 다른 어떤 사람보다 더 무게를 갖는 것이 아니다.
따라서 이들 위대한 관리가 기분 나빠 하더라도 이는 소송 당사자에게 아
무런 놀라움을 줄 수 없다. 이는 단순히 그 한 사람의 의견에 불과하다는
것을 알고 있기 때문이고, 또한 이 법원은 고귀한 풍채로 이 법원에 출석
해야 하는 공작, 후작 부인, 백작, 남작들로 계속 보충될 뿐 아니라 정의와
자비, 정책, 정부의 결합체라고 할 수 있는 주교와 고위 성직자 그리고 정
부의 법률고문들이 상시 보충되고 있기 때문에 자비와 진리가 서로 만나
고 정의와 평화가 서로 입맞춤한다고 당당하게 그리고 진실로 말해질 수
있다." 그는 Henry 7세 그리고 Henry 8세 치하에서는 재판에 참석하는 사
람들이 때에 따라서는 30명 또는 심지어 40명이었고, 그리고 Elizabeth 시
대에도 또한 마찬가지였다고 덧붙이고 있다. "그러나 지금은 추밀원 의원
(privy councillor)이 아닌 남작과 백작들의 출석이 금지되고 있기 때문에
그 수는 많이 줄어들었다." 그는 또한 다음과 같이 설명하고 있다. Henry
7세와 Henry 8세 시대에는 그 이후보다 처벌이 훨씬 덜 가혹하였고, 벌금
은 대헌장(Magna Charta)에서 규정하고 있는 "salvo contenemento suo(생
계유지에 필요한 재산을 손대지 않고)"를 적절히 고려하여 부과되었으며,
"매질과 같은 야비한 형벌"은,[2] 보통법상의 위대한 사람, 달리 말하면
worthy justice가 재판에서 그의 위치를 잊어버리고 이 자리에 (그것을?)
도입하여 너무 많이 사용할 때까지 아직 도입되지 않았다.

이와 같은 기묘한 설명은, Tudor 시대 성실법원은 그의 구성이나 절차
진행이 통상의 형사법원이라기보다는 사려 깊은 위원회를 닮은 것으로서
다수의 사람으로 구성되었으며 그리고 비교적 온건한 기구였다는 것 그리
고 이 법원의 폐지로 나아가게 한 그리고 이 법원에 악명을 붙여준 절차

---

1) p. 35.
2) 책에는 "속삭이는 야비한 말(slavish speech of whispering)"이라 인쇄되어 있지만 이
   는 말이 되지 않는다. Hallam이 대영박물관에 있는 이 책의 권위 있는 필사본을 통
   하여 이 책의 교정을 보고 있다. (Hallam, Cons. Hist. 2. p. 34, ed., 1855. 참조).

는 그들의 정책에 대한 반대를 억누르기 위하여 그들의 권한을 남용한 사람들 즉, 내각 대신(cabinet minister)들이라고 부를 수 있는, 소수의 사람들로 이 법원이 구성되었을 때 이루어진 절차라는 것을 보여주기 위한 것으로 보인다. 이 법원의 폐지로 나아가게 한 이러한 권한의 남용과 관련하여 그 유명한 사례들을 여기에서 자세히 설명할 필요는 없다. 대신 다른 장에서 그에 관한 몇 개의 사례를 설시한다.1)

비록 성실법원 그리고 그와 더불어 평의회(Council)의 가장 중요한 사법적 권한은 1640년에 폐지되었지만, 그 형사 관할의 일부는 아직 그대로 남아 있고, 오늘날에도 추밀원(Privy Council)에 의하여 실제로 행사되고 있다. 칙허장(charter)을 통하여 새로운 법원을 창설하는 군주의 권한과 관련한 법이 어떻게 되어 있는지와 상관없이, 칙허장을 통하여 법원을 창설하는 권한이 존재한다 하더라도 국왕은 의회에서 제정된 법률의 규정에 의하지 않고는, (예컨대, 이미 언급한 법률 규정에 따라 자치 도시(borough)에 새로운 사계법원을 설치할 때와 같이), 이러한 권한을 행사한 일도 없고 행사하려고 하지도 않았지만 국왕이 새로운 영토에서, 정복 또는 이민을 통하여 획득하게 된 기존 왕국 이외의 영토에서, 형사법원을 창설하는 특권을 가지고 있었다는 것은 의심의 여지가 없는 것이고, 법령이나 칙허장에 의하여 금지되지 않는 한 이들 법원으로부터의 상소(appeal)는 군주에게 하게 되어 있다. 또한 모든 교회법원(ecclesiastical court)이나 해사법원(Court of Admiralty)으로부터 국왕에게 상소하는 것도 인정된다. 마지막으로 언급한 이러한 상소는 25 Hen. 8, c. 19 법률, 그리고 8 Eliz. c. 5 법률에 의하여 "King's Court of Chancery의 국왕폐하에게" 하게 되어 있었고, 이들 상소는 이러한 목적을 위하여 임명된 대표들로 구성된 기구에서 심리되었다. 2 & 3 Will. 4, c. 92 법률에 의하여 그러한 사건들에 대한 상소는 Council의 국왕에게 하게 되어 있었고, 3 & 4 Will. 4, c. 41 법률에 의하여 동인도와 이주 식민지, 북미 식민지 그리고 그 이외 해외 국왕의 지배지에 있는 다양한 법원들에서 올라오는 모든 상소(appeal)는 추밀원사법위원회(Judicial Committee of Privy Council)라 불리는 기구에서 심리되었으며, 사법위원회는 전체 추밀원위원회의 지위와 관련하여 의문이

---

1) 이 책 p. 369(저자의 책 제1권, p. 338) 참조.

있는 법률에 의하여 구성되었고, 그때까지 그러한 상소사건들을 심리하는 것은, (그 법률이 상술하고 있는 바와 같이), 관행적인 것이었다.

해외의 모든 국왕 영토에서 올라오는 민사는 물론 형사사건에 대한 상소를 심리할 권한은, 명시적으로 그러한 권한이 박탈되지 않은 모든 사건에서, 아주 최근에 이르기까지 일련의 사건들에서 엄숙히 확인되어 왔고 행사되어 왔다. 그에 관한 이론은 Sir J. Coleridge가 R. v. Bertrand 사건에서 다음과 같이 판결을 선고하면서 말해주고 있다.

"이 위원회의 결정에 대한 원리 그리고 논의와 관련하여 상소할 수 있는 장소에서 일어나는 민사는 물론 형사를 포함하는 모든 사건에 있어서 그리고 칙허장이나 법률에 의하여 그 권한이 떨어져 나간 경우가 아닌 한 상소심을 심리하는 것이 Council의 여왕이 갖고 있는 고유의 특권인 것은 물론 경우에 따라서는 여왕의 의무이기도 하다는 것은 부인하기 어려워 보인다. 그러나 이러한 특권은 여러 상황과 사안의 중요성을 고려하여 행사되어야 한다. 형사사건에 국왕이 관여하는 것이 아주 많은 사건에서 불행과 불편으로 귀결될 수 있기 때문에 국왕은 그 자신을 위한 그의 관리에 의한 상소 또는 개인에 의한 상소를 심리하는 데 매우 주저하게 될 것이다. 따라서 그러한 상소를 심리하는 경우는 매우 드문 일이다."[1]

이 보고서에는 많은 사건이 언급되어 있고, 보고서에 인용된 결론은 완전하게 확립된 것이다. 그 사건들 중 가장 일찍 있었던 사건이[2] 1835년에야 뒤늦게 결정되었다는 것은 주목할 만한 일이고, 법원이 그러한 관할권을 갖고 있는지 여부의 문제가 그 사건에서 제기되었는지는 보고서에 나와 있지 않다. 결국, 이 관할권은 의심의 여지없이 드물게 행사되어왔으며, 아주 최근의 몇 사례가 있을 뿐이다.[3] 이러한 관할권은 아주 제한적이고 드물게 행사되었으므로 형사절차에 관한 글을 쓰는 사람들에게 거의 주목

---

1) L. R. 1 P.C. 529. 이 사건에서는 보통법상 중죄(felony) 사건에서 재심(new trial)이 허용될 수 있는지의 문제가 논의되었다.
2) Pooneakhoty Modeliar v. the King, 3 Knapp, 348.
3) 예컨대, R. v. Burah, L.R. 3App Cases, 889 참조. 여기에서 문제가 되었던 것은 인도 정부가 갖고 있는 입법권한의 한계에 관한 것이었다. 그리고 R. v. Mont, L.R. 6 P.C. 283. 여기에서 문제가 되었던 것은 해사관할과 관련하여 오스트레일리아 법원이 선고할 판결에 관한 것이었다.

을 받지 못하였다. 하지만 역사적인 관점에서 보는 경우 그것은 전체 제도 중에서 가장 주목할 만한 부분의 하나이다. 그것은 성실법원을 통하여 우리 자신들 시대의 통상적인 형사사법의 운용과 Curia Regis를 연결시키고 있기 때문이다.

지금까지 자세하게 살펴본 역사의 결과를 몇 마디로 줄여 보면 다음과 같다. 아주 오래전부터 형사사법의 운용은 이 나라 군주의 가장 존귀한 특권이거나 그러한 특권들 중의 하나였고, 군주의 평의회(council)나 법원은 이러한 특권이 행사되는 기관이었다.

당초의 council이나 법원(court)은 세월이 흐르면서 왕좌법원(the Court of King's Bench), 민사법원(the Court of Common Pleas) 그리고 재정법원(the Court of Exchequer)으로 분화되었다. 이들 각 법원은 본래 그 자신 특유의 직분을 가지고 있었지만 어느 정도 다른 두 법원의 직역에 간섭하도록 되어 있었으며, 이들 세 법원의 협조로 그때까지 알려지거나 인정된 이 나라 법률이 운용되었다.

이와 같이 비교적 잘 정비된 관할과는 별도로 대법관(Lord Chancellor)의 (그렇게 불리어지게 된 바와 같이) 형평법 관할(equitable jurisdiction)과 민사와 형사 양자 모두에 걸쳐 Council 자신이나 성실법원(Court of Star Chamber)의 사법적 권한(judicial authority)이 서서히 성장하게 되었다. 대법관의 관할이 경험에 의하여 유익한 것으로, 그리고 현명하고 정당하게 행사된 것으로 판명되게 되자, 이것이 위대한 대법관 법원(the Court of Chancery) 창설의 기초가 되었고, 형평법(equity)이라는 이름을 가지게 된 우리 법률의 일부 또는 관할의 원천이 되었다.

민사와 형사 양자에 걸쳐 모두 인정되었던 평의회(Council)와 성실법원의 사법적 권한은 정치적 목적으로 인하여 억압적으로 행사된 결과 폐지되었다. 그러나 그 폐지 이후 군주의 권한은 인도 전역, 북미의 대부분, 오스트레일리아, 뉴질랜드, 남아프리카 Cape 주 그리고 많은 다른 지역을 포함하는 광대한 제국으로 확대되었다. 정의의 원천으로서 오래된 국왕의 특권(ancient prerogative)은 이러한 광대한 영토에 설치되어 있는 법원들로부터 올라오는 민사와 형사 등 모든 사건에 대한 최종 상소사건(ultimate appeal)을 처리하는 것이었고, 오래된 Curia Regis의 직계 후손이라 할 수 있는 추밀원의 한 위원회(committee)가 오늘날에 이르기까지 이러한 국왕의 특권을 행사하는 기관이다.[1]

추밀원(Privy Council)의 형사재판관할에 관하여 결론을 내면서 내가 언급해야 할 것은 피고인을 재판에 회부하는 치안판사(committing magistrate)로서 그들의 권한이다. 아주 초기의 시대로부터 그들은 형사고발사건에 대하여 심문을 하는 권한(power of inquiring)과 혐의자를 법원의 재판에 회부하는 권한을 행사해왔다. Blackstone은[2] "추밀원의 권한은 정부를 상대로 저지른 모든 범죄에 대하여 심문을 하고, 법을 집행하는 법원들에서 재판을 받을 수 있도록 범인의 신병을 안전하게 확보하여 재판에 회부하는 것"이라 말한다.

---

1) 정의의 원천으로서 국왕의 특권이 어느 정도 확대되었고 그리고 어느 지점에서 형사법원을 설립하는 국왕의 권한이 끝나는지 정확하게 설명한다는 것이 극도로 어렵다는 것은 주교 일부에게 다른 주교들에 대한 관할을 부여하기 위한 취지의 규정으로서 특정 식민지 주교에게 인정되고 있던 특허권의 규정이 유효한 것인지 여부에 관한 논의에 잘 설명되어 있다. 이 문제는 Natal 주교에 대한 사건과 관련하여 추밀원 사법위원회(Judicial Committee of the Privy Council)에서 아주 심도 있게 논의되었다. 이 논쟁에서 제기된 하나의 요점은 다음과 같다. Natal 주교의 변호사가 다투고 있는 견해에 의하면 Natal 주교는 그 어떤 관할에도 전혀 속하지 않는다는 터무니없는 결론이 포함되어 있다고 주장되었다. 이러한 주장에 대하여 그의 변호사는 국왕이 그를 재판에 회부할 수 있는 명령(commission)을 발할 수 있다고 답변했다. 이에 대한 답변은, 이러한 주장은 High Commission Court는 폐지되고 이와 유사한 법원의 창설은 앞으로 금지된다는 법률(16 Chas. 1, c. 11, 제5조)에 반한다는 것이다. 이 주장은 다시 반박을 받았는데, 만일 위 법률에 대한 이러한 해석에 따르게 되면 Canterbury 대주교가 교회법상의 죄를 짓게 되더라도 그는 전혀 재판을 받지 않게 되는 불합리한 결과를 가져오게 될 수 있다는 것이다. 왜냐하면, 그는 그 자신의 법원에서 그를 재판할 수 없을 뿐 아니라, 여왕이 그의 재판을 위한 명령을 발할 수 없다면, 그를 재판할 다른 법원이 없기 때문이라는 것이다. Natal 주교의 상대방 변호사는 이러한 주장에 대하여 다른 방법으로 반박하려고 했다. Sir Robert Phillimore는 그러한 경우 대주교는 교회의 일반위원회(general council of the church)에서 재판을 받을 수 있다고 하였고(이는 국왕의 최고성(supremacy)에 정면으로 반하는 것이다), Lord Cairns(당시는 Sir Hugh Cairns)는 그러한 경우 의회에서 탄핵을 당할 수도 있다고 하였는데, 이 또한, 비록 Charles 1세 치하에서 선례들이 있었다는 것이 의심의 여지가 없지만, 교회법위반사건의 절차에 있어서는 매우 이례적인 것으로 보인다.

2) 1 Blackstone. Commentaries. p. 230.

재판회부에 관한 추밀원의 권한

아주 오랜 기간 동안 모든 정치적인 범죄(political offence)에 대해서는 이러한 방식이 통상의 절차였다. 그러나 오늘날에는 심지어 정치범의 경우에도 통상의 절차에 따라 사건을 처리하도록 치안판사에게 범인을 인치하는 것이 일반적이다.

Oxford가 여왕을 저격하였을 때 그는 우선 추밀원에서 심문을 받았지만 이후 경찰이 고발한 사건을 처리하는 치안판사에게 인치되었다. 1882년 동일한 범죄를 저지른 Maclean의 경우 그는 아예 추밀원에 인치되지도 않았다. 대신 그는 Windsor에 있는 자치 도시 소속 치안판사에 의하여 통상의 방법으로 재판에 회부되었다.[1]

---

1) [역주] Edward Oxford(1822-1900)는 그가 1840년 6월 10일 임신 4개월의 몸인 여왕 Victoria를 권총 두 자루로 저격하여 암살하려고 하였을 때 18세의 무직 소년이었다. 런던의 Green Park 앞에서 마차를 타고 가는 여왕과 남편 Prince Albert를 향해 두 자루의 권총에서 각 한 발씩 쏘았지만 여왕을 맞추는 데는 실패하였다. 체포 당시 경찰에서 권총에 탄환을 장전하고 발사하였다고 자백하였지만 탄환은 발견되지 않았고, 그는 Old bailey 중앙형사법원에서 반역죄(treason)로 재판을 받으며 탄환을 장전하지 않고 화약만 넣어 발사한 것이라고 주장했다. 재판 결과 그는 정신이상으로 인한 무죄평결(not guilty by reason of insanity)을 받았다. 그는 정신병을 이유로 무기한 수용시설에 수용되었지만, 수용생활 중 각종 외국어에 능통하게 되고 예술적 재능까지 발휘하게 되어 정신병자가 아니라는 것이 밝혀졌다. 나중에 영국 식민지로 가는 것을 조건으로 석방되어 오스트레일리아에서 여생을 보냈다. 그는 Victoria 여왕의 오랜 치세 기간 중 발생한 여왕암살미수사건으로 재판을 받은 첫 번째 피고인이다.

1882년 3월 2일 Victoria 여왕을 암살하려는 여덟 번째 시도가 일어났다. 범인은 스코틀랜드 사람 Roderick Maclean이었다. 그는 대역죄(High Treason)로 재판을 받았고, 재판 결과 "무죄이지만 정신병자(not guilty but insane)"라는 평결을 받아 정신병원으로 보내졌다. 이러한 평결에 대하여 Victoria 여왕은 불쾌감을 드러냈고, 그에 따라 다음 해에 이러한 경우에 있어서 평결 형식을 "guilty but insane"으로 변경하는 법률이 제정되었다.

제 7 장 형사재판절차에 관한 법률의 역사
- 재판회부 또는 보석까지의 절차 -

이전 장(chapter)에서 형사사건관할 법원들의 역사를 살펴보았으므로, 이제부터는 범인의 처벌을 위한 절차에 관한 역사를 살펴본다. 각 절차 단계의 역사를 분리하여 설명하되 우선 이 장에서는 범인의 체포로부터 그의 석방 또는 재판회부까지의 절차를 다루기로 한다. 이 절차는 두 개의 단계로 구성된다. 즉, 범죄의 진압에 관한 법률과 밀접하게 연결되어 있는 범인의 검거 단계와 치안판사 면전에서의 예비심문단계로 구성되는데, 예비심문의 결과 피고인은 혐의가 없는 것으로 인정되어 석방되거나, 재판에 회부되며 고발된 범인에 대한 보석이 이루어지기도 한다.

각 사안에 있어서 그에 적용되는 법률 그 자체는 법을 집행하는 관리나 법원에 의하여 사실상 그 업무처리의 결과로서 만들어진 것이라고 말할 수 있다. 또한, 각 사안을 통하여 관리나 법원에 의하여 점진적으로 법이 형성된 이후 법률 그 자체는 물론 그 법률을 집행하는 관리나 법원과 관련한 규정에 대한 개정이 의회 제정법을 통하여 이루어졌다.

범인의 체포와 범죄의 진압[1]

정복왕 William과 그 아들들의 시대까지 존재하였던 범인의 체포와 범죄의 예방에 관한 제도에 대해서는 이미 앞에서 설명하였다.

---

1) 체포에 관한 현재의 법률에 대해서는 Digest of the Law of Criminal Procedure, 제12장, 제96-98항 참조.

초기 경찰

형사절차에 관한 모든 제도의 기초는 군주제도 그 자체만큼이나 오래된 것이고, 사회의 정상적인 상태를 말하는 법률상의 개념인 "국왕의 평화(King's Peace)"라는 표현에 체화되고 있었으며, 현재도 체화되어 있는, 치안을 유지하는 국왕의 특권(prerogative)이다. 이러한 국왕의 특권은 어느 시대를 막론하고 치안유지자(Conservators of the Peace)라는[1] 이름으로 통칭되는 관리들에 의하여 행사되었다. 영국 전체의 치안유지자는 국왕과 특정 위대한 관리들(대법관, 치안관, 집행관, 집사 그리고 왕좌법원의 판사들)이라 할 수 있지만, 통상의 치안유지자는 그들 각 지역의 주지사, 검시관, 치안판사와 경찰을 말한다. Henry 2세, Richard 1세, John 왕, Henry 3세 그리고 Edward 1세 치하에서 이들 치안유지자들에 의해, (치안판사는 예외이다. 치안판사제도는 Edward 3세 치세까지는 인정되지 않았다), 운영된 제도는 오랫동안 연속하여 제정된 법률에 의하여 노르만 정복 이전의 제도보다 더 정교해졌고 더욱 엄격해졌다.

이러한 법률 중 그 첫 번째 것이 노르만 정복으로부터 정확하게 100년 후 Henry 2세에 의해 발령된 Clarendon 법(Assize of Clarendon)이다.[2] 이 법률은 1176년에 Northampton 법(Assize of Northampton)으로[3] 다시 반포되었는데, 당시 "새롭게 획정된 순회재판구역을 방문하게 될 6명의 수임 판사들(committees of judges)"에 대한 지시(instruction)의 형태로 발령되었다. Clarendon 법이 Northampton 법보다, 여기에서 언급하고자 하는 주제들에 대하여, 더 직접적으로 그 내용을 밝히고 있다.

Clarendon 법에 의하면,[4] 주지사와 판사는 백인촌의 경우에 12명 그리고 읍구의 경우에는 4명으로부터 선서를 받은 뒤 그 도시에 있는 어떤 사람이 강도, 살인범, 도둑인지[5] 여부 또는 강도나 살인범 또는 도둑으로부터 장물을 취득한 자가 아닌지 여부를 알아보기 위해 심리를 하여야 했다.

---

1) 치안유지자에 관하여는 FitzHerbert의 Justices of the Peace 6. B, Coke의 2nd Inst. p. 538, Burn의 Justice에 수록되어 있는 방대한 양의 "Justices of the Peace"라는 제목의 판례, Hawking의 1814년판 Pleas of the Crown, bk, 2. ch. 7. vol 2 p. 38, 참조. 하지만 이 문제에 관한 가장 훌륭하고 교시적인 내용은 그에 대한 기념비적인 판결이라 할 수 있는 Entick v. Carrington 사건(서류압수사건)에서 내려진 Lord Camden의 판결에 나와 있다. 19 St. Trials, 1030. 또한 이전의 p. 110. &c 참조.
2) Stubbs, Charters, 140-146.   3) Stubbs, Charters, 150-153.   4) Arts. 2, 4.
5) "Robator vel murdrator vel latro(강도와 살인범 그리고 도둑)."

Assize of Arms

그에 따라 그러한 혐의로 고발을 당한 자는 붙잡혀 주지사에게 인치되어야 했고, 그리고 주지사에 의해 다시 판사 면전에 인치되어야 했으며, 특권 지역의 어떠한 성주도 "nec in honore etiam de Wallingeford(심지어 Wallingeford 성의 영예를 위해서도)"[1] 주지사가 고발된 자를 체포하거나 10인조(frank pledge)를 심사하기 위해 그리고 모든 사람이 10인조의 일원으로 편성되어 있는지를 확인하기 위해 그의 특권지역에 들어가는 것을 막지 못하도록 되어 있었다. Northampton 법은[2] 다른 무엇보다도 붙잡힌 강도는 주지사에게 인치되며, 주지사가 부재중일 때에는 주지사에게 인치될 때까지 가장 가까운 곳에 있는 "castellanus(성주)"에게 인치되어 억류된다고 규정하고 있다. 또한 이 법률은 neque in burgo neque in villa(도시나 시골에 거주하는) 어떠한 자도 합리적인 이유를 갖고 있지 않는 한,[3] 그 이유는 주인이 이웃에게 보여주어야 한다, 하룻밤 이상 그의 집에 손님을 받아들이는 것은 허용되지 않고, 그리고 손님이 떠날 때에는 반드시 주간에 이웃사람들의 면전에서 떠나야 한다고 규정하고(제2조) 있다.

1181년에 발령된 무기에 관한 법률(Assize of Arms)에[4] 의하면 모든 사람은 그의 재산에 비례하여 일정한 무기를 보유하도록 되어 있다. 순회 재판을 하는 치안판사는 백인촌과 읍의 대표들로부터 그 지역의 모든 사람들이 갖고 있는 재산과 그리고 그들의 재산에 따라 보유하게 되어 있는 무기들을 보여주는 대신 그에 대한 선서를 받도록 되어 있었다. 그러한 무기를 보유하고 있지 않은 사람들은 치안판사에게 소환되어 지정된 날짜까지 무기를 갖겠다고 선서를 하여야 했고, 그리고 "주를 순회하는 치안판사는 지정된 무기를 갖고 있지 않은 사람들에게 국왕은 그들의 토지나 가재를 몰수할 뿐 아니라 그들의 수족에 대해서도 보복을 할 것이라는 점을 선언한다."

이 규정의 주된 목적은 의심의 여지없이 군사력을 제공하기 위한 것이었지만, 다른 한편 지방 행정당국에 폭력범죄의 진압을 위한 수단을 제공하려는 의도도 있었다. 그렇게 무장한 사람들은 그 지방의 무력을 구성했

---

1) Arts, 9 -11. 2) Art. 12. Stubbs, Charters, 152.
3) "Essonium(법원에 출석하지 못한 데 대한 변명)", 이는 절차상 어떠한 조치도 취할 필요가 없는 경우, 그 변명(excuse)에 주어지는 기술적인 단어이다.
4) Stubbs, Charters, 154.

고, 이는 범인추적의 외침(hue and cry)을 발령하는 경우에 필요한 주지사의 의무이기 때문이었다.

이 내용은 순회재판을 하는 치안판사가 재판을 개정하면서 취하는 조치를 설명하고 있는 Bracton의 인용구에[1] 아주 잘 나타나 있다. 주(county)의 대표들이 모이고 나면 치안판사는 그들에게 연설을 했다. "첫 번째로, 우리 국왕의 평화와 관련하여, 그리고 이곳으로부터 저곳으로 여행하는 사람은 물론 자신의 침실에서 잠을 자고 있는 사람들에게도 낮과 밤을 가리지 않고, 그들의 악의를 행사하는 살인자, 강도, 주거침입절도범에 의한 국왕의 정의에 대한 침해와 관련하여, 우리의 국왕은 그의 모든 충성스러운 국민들에게, 국민 그 자신들도 그들의 치안과 정의를 유지하기를 바라고 있는 바와 같이, 치안과 정의를 유지하는 데 그리고 위에서 언급한 악당들을 쫓아내고 진압하는 데 효과적이고 부지런한 조언과 도움을 주라고 충심으로 명한다." 그 후 치안판사는 주요한 사람들을 따로 모이게 한 뒤 그들에게 다음과 같은 내밀한 정보를 주었다. "기사는 물론 그 이외 15세 이상의 모든 사람들은 법익보호를 박탈당한 사람, 살인자, 강도 또는 주거침입절도범을 받아들여서는 안 되는 것은 물론 그들이나 그들을 받아들인 자를 묵인하지 않는다는 것 그리고 그러한 사람들을 알고 있다면 그 사람들을 추적하고 그 정보를 주지사나 집행관에게 알려야 하고, 그 사람들에 대하여 범인추적의 외침이 발령된 경우에는 그 소리를 듣자마자 바로 그의 가족은 물론 그들 영지에 사는 사람들과 함께 그 명령에 따라야 한다고 선서하여야 한다." 만일 범인이 현장에서 붙잡히지 않은 경우에는 그를 추적하여야 한다. "그들 자신의 영지에서 추적하는 것은 물론 영지의 경계점에 이른 경우에는 다음 영지의 주인에게 범인을 추적하고 있다는 것을 알려주어야 하고, 범인이 검거될 때까지 최대한 부지런하게 추적하여야 하며," (읍구에서 읍구로) "밤이 되거나 다른 합리적인 이유로 인하여 어려움이 발생하지 않는 한 범인추적에 지체가 있어서는 안 되고, 그리고 치안판사나 주지사의 명령을 기다림이 없이, 그들의 권한에 따라 혐의자를 체포하여야 하며, 그리고 그들이 한 행위를 치안판사와 주지사에게 알려야 한다. 그들은 또한 어떤 사람이 마을이나 읍 또는 그 이외 다른 장소에 빵이

---

1) Bracton, 3. 1, 2권. p. 235-237(Twiss 판).

나 맥주 또는 다른 양식을 사러 오고, 그 사람이 범죄를 위하여 그렇게 하고 있는 것으로 의심이 가는 경우, 그를 체포하고 그를 체포한 뒤 주지사나 주지사의 집행관에게 그를 인계할 것이라고 선서하여야 한다. 그들은 또한 야간에는 어떠한 사람도, 잘 알고 지내는 사람이 아니라면, 그의 집에 손님으로 받아들이지 아니하고, 만일 모르는 사람을 자기 집에 받아들였다면 날이 밝은 다음날 이전에는 집을 떠나지 못하게 하여야 하며, 3-4명의 가장 가까운 이웃의 면전에서 집을 떠나도록 하겠다고 맹서하여야 한다."

Bracton은 Henry 3세 치하에서 글을 썼다. Henry의 아들과 그 승계자들 시대에는 이들 법률에 체화되어 있는 제도가 가장 엄격하게 집행되었다. 이러한 내용은 1285년에 제정된 Winchchester 법률(13 Edw. 1, st, 2, c. 1, 2, 4, 5, 6)에 나와 있다. 이 법률은[1] (2장에서) 다음과 같이 규정하고 있다. 강도가 발생한 경우 강도가 40일 이내에 검거되지 않으면 백인촌이 책임을 지고, 성벽으로 둘러싸인 읍의 경우에는 일몰로부터 일출 때까지 성문을 닫아야 하며, 모든 성문에는 보초를 세워야 하고, "어떤 사람도, 그의 주인이 보증을 하지 않는 한, 밤 9시부터 다음 날까지 교외에서 기숙하지 못한다." 야간에 초소를 지나는 모든 이방인은 다음 날 아침까지 체포되어 구금된다. 모든 도로는 양쪽 200피터 이내까지 깨끗이 정리가 되어야 하고, 그렇게 함으로써 사람이 잠복하여 다른 사람에게 해를 가할 수 있는 제방이나 덤불 또는 관목을 제거해야 한다. 마지막으로 모든 사람들은 "오래된 법률(Assize of Arms)에 따라 치안을 유지하기 위해 그의 집에 무기를 보유"하여야 한다. 1년에 2회 무기검사를 목적으로 임명된 치안관에 의하여 무기검사를 받아야 하고, 치안관은 무기를 갖고 있지 않은 자를 치안판사에게 고발하여야 했다. 주지사와 집행관은 범인추적의 외침이 있는 경우에는 언제나 적절한 수의 말과 무기를 가지고 그 외침에 따라야 했다.

---

1) 이 법률 이후 다른 법률들이 그 뒤를 따랐다. 예를 들어, 9 Geo. 1, c. 22 법률 제7조 (the Black Act). 이 법은 특정한 경우 범인에 의해 초래된 손해에 대한 배상책임을 백인촌에 부과하고 있다. 이러한 법률들은 7 & 8 Geo. 4, c. 27 법률에 의해 모두 폐지되었다. 하지만 오늘날에도 7 & 8 Geo. 4. c. 31 법률에 의해 책임이 부과되는 하나 또는 두 개의 사례가 있다. 이들은 폭동을 범한 자들(rioters)에 의해 초래된 손해와 관련된 것이다.

약식 체포에 관한 법률

이 시대에 이르러 10인조(frank pledge)는 쓸모없어지게 된 것이 명백하다. Winchester 법은 그에 관해 아무 언급도 하고 있지 않으며, Walliæ 법은 물론 그 이외 내가 알고 있는 어떤 법률도 치안을 유지하는 현실적인 제도로서 그를 다루지 않고 있다. 하지만 그 이름은 당시에도 계속 남아 있었고 지금도 그대로 유지되고 있다. 10인조에 대한 확인 즉, 10인조가 제대로 기능을 발휘하고 있고 그리고 모든 사람이 그 조직에 속해있다는 사실을 검증하는 것은 고래로부터 주 법원과 백인촌 법원 그리고 영주 법원의 의무 중 가장 중요한 것의 하나였다. 그에 따라, 주 법원과 백인촌 법원이 폐지되면서, "10인조에 대한 확인(the view of frank pledge)"이라는 표현은 영주 법원과 같은 뜻으로 되어버렸다. 이러한 10인조에 대한 검사 또는 영주 법원을 통하여 처리하는 주된 사무는 사소한 범죄, 특히 빵을 굽는 사람과 양조자가 빵과 맥주의 품질과 관련한 규정을 위반한 범인을 "assiza panis et cerevisiæ(빵과 맥주에 관한 법률)"로 고발하는 것이었다. 이러한 의미에서 10인조는 의회기록(Parliament Rolls)에도[1] 언급되어 있고, Coke에 의해서도 이 표현이 사용되었다. "10인조 검사에 관한 법률"(18 Edw. 2, 1325년)은 어떤 집사가 그들 영주 법원의 관할구역을 조사할 것인지에 관하여 34개항의 규정을 두어 이를 특정하고 있다.

지금까지 설명한 바를 간단히 요약하면 다음과 같다. 중죄(felony)가 발생한 경우 어느 누구도 범인을 체포할 수 있었다. 그리고 그렇게 하는 것은 모든 치안관(constable)의 의무였다. 범인이 현장에서 체포되지 않은 경우, 범인추적의 외침(hue and cry)이 발해질 수 있고 또한 발해져야 했다. 초기 단계부터 주지사와 집행관이, 그리고 Edward 3세 치세 초기부터는 치안판사도, 범인추적의 외침을 발하는 관리였다. 제도를 효과적으로 운영하기 위해 모든 사람들은 범인추적의 외침이 있을 때 범인을 추적할 수 있도록 무기를 보유하여야 했고, 모든 읍은 감시되었으며 성문은 야간에 닫혔고, 모든 여행은 엄격한 제한을 받았다.

---

1) 예컨대, 1377년(Richard 2세 1년) 청원 참조. "주요 생활필수품 공급에 대한 10인조 검사에 관한 법률조항에 따라 포도주가게에 다른 필수품을 공급하는 것과 같이 이들 위반하는 경우 정당하게 처벌되어야 한다." 그에 대한 대답은, "나의 10인조 검사에 관한 조항과 관련하여 이전에 제정된 합리적인 법률조항은 그대로 적용된다." 3 Rot. Par. 19. 그리고 4th Inst. 261 참조.

치안판사

무기에 관한 법(Assize of Arms)과 Winchester 법은[1] 폐지되었지만 중죄의 경우 인정되는 약식 체포의 권리는 오늘날까지 계속하여 이 나라의 법이 되었고, 비록 주지사의 그에 관한 개인적인 관여는 사실상 폐지되었지만, 치안판사와 치안관은 오늘날에도 이 제도를 운영하는 관헌이다.

지금까지 설명한 제도에 대한 위대한 변화가 14세기부터 17세기 사이에 이루어졌다. 그 기간 동안 소환장(summons)과 영장(warrant)이 과거의 범인추적의 외침을 대신하게 되었고, 범인추적의 외침은 사실상 폐지되었다. 이와 같이 대체된 역사는 흥미로운 것이다.

치안판사는 1326년에 처음 창설되었다. 그들의 의무는 가장 일반적인 용어로 기술되어 있다. 그들은 34 Edw. 3, c. 16 법률에 의해 "치안을 유지하는 임무를 부여받았다." 그들은 34 Edw. 3, c. 1 법률(1360년)에 따라 "고발이나 의심(suspicion)을 통하여 발견한 혐의자를 인수하거나 체포하고, 그들을 교도소에 감금할 수 있는" 권한을 부여받았다. 그러나 이들 법률은 물론 내가 알고 있는 그 이전의 어떤 법률에도 범죄 발생에 관한 정보를 받거나 소환장 또는 혐의자를 체포하기 위한 영장을 발부할 수 있는 권한을 치안판사들에게 직접 부여하고 있는 규정은 없다.

위에서 인용한 법률들은 치안판사에게 범인검거에 있어서 보통법이 모든 치안관은 물론 일반 사인에게도 부여하고 있는 보통법 본래의 권한 이외에 다른 특별한 권한을 부여하고 있지 않다. 하지만 점차 영장을 발부하는 관행이 인정되었다. 범죄와 관련한 모든 문제뿐 아니라 그야말로 국가의 모든 내정과 관련한 치안판사의 일반적인 권한이 여러 다양한 법률들에 의하여 확립되면서 범죄가 발생한 경우 치안판사의 지시가 그대로 받아들여진다는 것은 당연한 일이라 할 수 있을 것이다. 또한 치안판사가 범인을 그 스스로 체포하기보다는 치안관으로 하여금 현실적인 체포를 하도록 권한을 부여하는 것이 더 자연스러운 일이라 할 수 있었다. 그리고 범인이 한 방향 이상으로 추적당하고 있을 때에는, 범인을 체포하기 위한 서면상의 권한을 여러 사람에게 부여하는 것이 종종 편리하기도 하였다.

---

1) Winchester 법은 Coke의 2nd Instute에 언급되어 있지 않다. 이 법은 1828년까지 폐지되지는 않았지만, 수 세기 동안 거의 무시되어 왔다. Barrington의 Observations on the Statutes, p. 146 참조.

이러한 것은 특히 범인추적의 외침을 하는 경우에 특별히 유용한 것이었다. 범인이 읍구에서 다른 읍구로 추적을 당하고 있고, 그에 따라 각 읍구의 다른 치안관이 추적에 가담하는 경우, 치안판사와 같이 잘 알려진 관헌이 내어준 서면상의 권한은 매우 유용한 것이었다. 17세기에 "범인추적의 외침을 허가한다(grant hue and cry)"라는[1] 어구는 영장을 허가하는 경우에 일반적으로 통용되는 말이 분명했다. 하지만 이후 영장을 허가한다는 것은 다양한 법률에[2] 의하여 인정되었고, 마지막으로 1848년 11 & 12 Vic. c. 42, 22 1, 2, 8, &c 법률에 의하여 다툼의 여지가 없는 법률상의 근거가[3] 마련되었다. 이들 규정에 따라 치안판사가 어떤 사람이 기소 가능한 범죄를 범하였다는 고발을 받게 되면 그 사람에 대하여 소환장을 발부할 수 있고, 필요한 경우 그리고 고발이 선서를 통하여 서면으로 이루어진 경우에는 그의 체포를 위한 영장을 발부할 수 있다.

그러나 이러한 영장을 발부할 수 있는 치안판사의 권한은 수 세기 동안 논란의 대상이 되었다. Hawkins의 Pleas of the Crown에는[4] 이들 주제에 관한 많은 판례들이 언급되어 있고, 다음과 같이 매우 적절하면서도 주저하는 결론이 도출되어 있다. 즉, "오늘날 치안판사로부터 그의 관할 내에서 중죄나 경미한 범죄를 저지른 특정한 사람을 체포하라는 영장을 발부받은 치안관이나 사인은, 그 사람이 실제 범죄를 저지른 사람인지 아니면 무고한 사람인지 여부와 관계없이 그리고 그 사람이 그와 동일한 범죄로 기소되었는지 여부와 관계없이 또한 실제 그러한 중죄가 발생하였는지 여부와 관계없이, 적법하게 그 영장을 집행할 수 있을 것이다." 이렇게 주저하고 있는 것은 그 주제에 관한 Coke와 Hale 사이의 서로 다른 의견을 통하여 설명이 된다. Coke는,[5] 어떤 사람이 중죄로 체포된 경우 치안판사에게 증인들(witnesses)을 신문할 수 있는 권한을 부여하고 있는 Philip and Mary 법 이전에는, "혐의자가 중죄로 기소되어 있지 않은 이상 치안판사는 그

---

1) (Coningsmark 백작 친구들에 의한 그의 주인 살인에 관하여), "그날 밤 11시, 내가 잠을 자려고 할 때 Mr. Thynne의 시종이 범인추적의 외침을 허가받기 위해 나를 찾아 왔다." Sir J. Reresby의 Memoirs, p. 235.
2) 예컨대, 9 Geo. 1, c. 7, 제3조, 13 Geo. 3, c. 31, 44 Geo. 3, c. 92 법률 참조.
3) Digest of the Law of Criminal Procedure, 99-108항.
4) BK. 2. ch. 13. 2권, p. 129, 130(1824년판).   5) 4th Inst, p. 176, 177.

체포영장에 관한 Hale과 Coke의 견해

혐의자를 중죄로 체포할 수 있는 영장을 발부할 수 없었다"고 주장했다. 그는 또한 Philip and Mary 법에서 인정하고 있는 유일한 영장은, 비록 영장(warrant)이라는 직접적인 표현이 아니라 넌지시 영장을 의미하는 것으로 볼 수 있는 것이지만(영장에 관한 것은 전혀 규정되어 있지 않다), 어떤 사람이 범죄혐의자를 체포함에 있어서 국왕의 평화가 지켜졌는지 여부를 확인하기 위하여 치안관에게 발부한 영장이라고 주장했다. 나아가 Coke는 "이러한 체포는 법률상 그러한 정보나 의심을 갖고 있는 일방 당사자의 체포이기 때문에", 그러한 영장을 갖고 있는 경우에도 치안관이 문을 부수고 집 안으로 들어가는 것은 정당화될 수 없다고까지 주장했다.

이러한 Coke의 주장에 대하여 Hale은[1] Coke는 "나름대로 이론을 제시하고 있지만, 만일 그 이론대로 법을 적용한다면 치안판사의 권한은 상당히 축소될 것이고, 따라서 중죄를 범한 자들이 대부분의 사건에서 처벌을 받지 않고 빠져나가는 치안공백을 제공할 것"이라고 말한다. 이어 Hale은 Edward 3세의 법률들을 언급하면서, 보통법상 영장 없이 의심만으로 사인은 중죄혐의자를 체포할 수 있고, 치안관은 중죄혐의자를 체포하여야 하는 것과 같이, 치안판사는 법률의 전체적인 취지에 따라 fortiori(심지어 더 강한 이유를 가지고)로서 행세해야 하고, 또한 "비록 애초의 의심이 치안판사의 의심이 아니라 치안판사에게 영장을 청구하는 일방 당사자의 의심이라 하더라도 중죄혐의자로 의심받고 있는 자에 대한 체포영장을 발부할 수 있는데, 그렇게 할 수 있는 이유는 치안판사는 그에게 제공된 그러한 의심이 실제 사실과 부합할 수 있는지에 관한 가능성을 적절히 판단할 수 있기 때문이다"라고 한다. 이러한 의견은 그것이 이론상 합당한 근거가 있는지 여부가 문제가 되기 이전에는 실무상 오랫동안 지배적인 의견이었다.

---

1) 2 P. C. 107-110. [역주] Sir Matthew Hale(1609-1676)은 영국의 법률가로, 법정변호사, 판사 그리고 의회의원까지 역임하였다. 사형에 처할 수 있는 범죄를 다루고 있는 그의 History of the Pleas of the Crown은 영국 역사상 최고의 권위를 자랑하는 책이다. 보통법에 대한 그의 분석은 영국 법률의 역사와 관련한 최초의 출판물로서, 이는 Blackstone의 Commentaries on the Law of England에 매우 큰 영향을 미쳤다. 위 Hale의 책에 부부사이에는 강간죄가 성립하지 않는다는 그의 견해가 나와 있고, 이는 부부사이에도 강간죄가 성립한다는 1991년의 판례가 나올 때까지 영국의 법률이 되었다. 그는 1993년까지도 영국 법원의 판결에서 인용된 법률가이다.

치안판사가 영장을 발부함에 있어서 사법적으로 행동하는 것이 너무나 편리한 것이었기 때문에 그에 대한 의문이 전혀 제기되지 않았다. 치안판사 임명의 근거가 되는 법률이 제정될 당시 치안판사에게 이러한 일을 하도록 의도되었다고 보기는 어렵다. 만약 입법의 의도가 그러한 것이었다면 아마도 법률에서 그렇게 규정하였을 것이고, 적어도 검시관과 같은 방식으로 즉, 배심원(inquest)을 소환하는 방식으로 규정하였을 것이다. 하지만 이러한 모든 주제는 이미 언급한 법률에 의하여 현재 완전하게 정리가 된 상태이다. 일반 사인과 치안관 그리고 치안판사의 의무가 점차 확인되어가면서 중죄를 범한 자의 체포를 정당화하는 요건에 관한 법률도 정교해져 갔다. 이전의 장에서 내가 설명한 바와 같이, 아주 이른 초기에는 모든 종류의 범인, 그리고 특히 모든 도둑은 적으로 간주되어 마치 야생동물과 같이 사형에 처해졌다. 범인에 대한 이러한 일반적이고 유치한 생각이 오늘날의 모습으로 점차 발전되어 온 단계를 정확하게 추적하는 것은 별 의미가 없는 일이다. 체포에 저항하는 자를 죽인 자는 범죄를 범한 것인지 여부, 그리고 범죄를 범한 것이라면 그것이 모살(murder)에 해당하는 것인지 아니면 고살(manslaughter)에 해당하는지에 관한 문제가 계속 일어났다. 이러한 사안은 때때로 다양한 구체적인 사안의 사정에 따라 결정되어 왔고, 그에 관한 아주 길고 자세한 내용은, 비록 그 이후의 판례와 입법에 의하여 어느 정도 그 결론이 수정되기는 하였지만, 아직도 이 주제에 대한 일반 이론으로서 가장 권위가 있는 Hale의 Pleas of the Crown에[1] 나와 있다. 그의 연구결과에 의하면 다음과 같이 정리할 수 있다.[2]

1. 어떤 사람도 실제 범죄를 범하고 있는 사람 또는 지금 막 중죄를 저지른 사람을 체포할 수 있다.

2. 어떤 사람도, 실제 중죄가 발생한 경우에는, 합리적인 이유를 근거로 지금 막 중죄를 범했다고 의심되는 사람을 체포할 수 있다.

3. 치안관(constable)은, 실제 중죄가 발생하였는지 여부와 관계없이, 합리적인 이유를 근거로 지금 막 중죄를 범하였다고 의심되는 사람을 체포할 수 있다.

---

1) 2 Hale, 72-105.
2) 약식체포에 관한 현재의 법률에 대해서는 Digest of the Law of Criminal Procedure, 제12장, 제96-98항 참조.

체포에 관한 Common Law

보통법은 경죄(misdemeanour)를 범한 사람 또는 그 혐의를 받고 있는 사람에 대한 체포를 인정하지 않고 다만, 소란이나 개인에 대한 폭행으로 실제 평화로운 상태를 침해하는 경우에만 체포를 인정했다. 그러한 경우 인정되는 체포는 혐의자를 치안판사에게 데려가기 위한 것이 아니라 평화로운 상태를 유지하기 위한 것이기 때문에, 그 체포 권한은 범행 현장에서 또는 범행 직후에만 체포를 인정하는 것으로 제한되었다.

범인을 검거하기 위하여 사용되는 무력의 정도와 관련하여 많은 의문점들이 일어날 수 있지만 그에 대한 대답은 추측에 의할 수밖에 없다. 하지만 두 개의 주요한 원칙은 어느 정도 자신 있게 내놓을 수 있는데, 이는 또한 Hale로부터 수집한 것이다. 첫 번째는[1] 만일 중한 범죄를 저지른 자가 도망치거나 체포를 하려는 자에게 저항하는 경우 그리고 다른 방법으로는 체포를 할 수 없는 때에는 합법적으로 그를 살해할 수 있다. 두 번째로는[2] 체포를 하는 것이 그의 의무인 자의 경우에는, 그러한 의무가 없는 자의 경우보다 체포를 위한 무력의 사용이 더 쉽게 정당화된다. B가 실제 중죄를 범한 것이 아님에도, A가 합리적인 이유를 근거로 B가 중죄를 범한 것으로 의심하고 또한 다른 방법으로는 B를 체포할 수 없는 사정에서 A가 B를 살해한 경우, A가 일반 사인(a private person)이었다면 그는 아마도 고살(manslaughter)의 죄책을 지게 되지만, A가 hue and cry를 수행하는 치안관(constable)이었다면, 그의 행위는 법률상의 의무이행이기 때문에 정당화될 수 있다.

범인 체포와 관련한 보통법은 아주 오랜 세월동안 아무런 실질적인 변화 없이 그대로 남아 있다. 아래에서 설명할 약간의 수정을 제외하면 지금까지도 이 법은 그대로 효력을 갖고 있다.

---

1) 1 Hale, 481, 489. 그리고 Foster, 271 참조. 이 규칙은 사람을 산체로 체포하는 것과 그의 죽은 시체를 취득하는 것 사이의 구별을 간과하고 있는 것으로 보인다. 왜냐하면, 소매치기가 현장에서 총에 맞아 죽은 경우 이를 어떤 의미에서 체포한 것으로 보아야 하는지 판단하기가 어렵기 때문이다. 위 규칙은 다음과 같이 더 정확하게 표현하고 있다. 중죄인을 체포하기 위해서 필요한 경우 어떤 폭력도 정당화된다는 것은 상대방의 생명에 커다란 위험을 초래하는 것은 물론 치명적인 무기를 사용하거나 실제 그를 죽이는 것도 무방하다는 것을 의미한다.

2) 1 Hale, 490. Foster, 418.

지방경찰 - Parish Constable

바로 위에서 설명한 발전단계에 도달한 이래 이러한 법을 집행하는 관리의 지위와 관련하여 아주 중요한 변화가 있었다. 이 변화를 지금부터 살펴본다.

아주 오래된 시대로부터 오늘에 이르기까지 영국에는 2개의 경찰조직이 있었다. 그 하나는 지역 치안관인 parish constable과 high constable이라는 것이고, 다른 하나는 도시와 자치 도시(boroughs)의 순라군(watchmen)이라는 것이다. 아주 다양한 명칭(borsholders, headboroughs, tithingmen, chief pledges 등)을 갖고 있는 parish constable은[1] 아마 과거의 지방장관(reeve)을 계승한 것으로 보이는데, 지방장관은 우리 법률 역사의 시작에 있어서 그들의 four men과 함께 모든 사건을 통하여 읍구(township)를 대표했다. 또한 모든 백인촌과 많은 수의 특권 자치구에는 high constable 또는 그 명칭은 다르지만 그와 유사한 관리가 있었는데, 읍구에 있어서의 parish constable과 같은 지위가 백인촌과 특권 자치구에 있어서의 high constable이다. 이들 관리들은 지난 몇 년 전까지만 해도 계속 임명되어 왔다. high constable의 직무는 원칙적으로 서로 다른 법률에 근거하여 여러 종류의 통보서(notice)를 발부하는 것인데, 거의 명목상의 것이 되었고, 이마저도 1844년의 7 & 8 Vic. c. 33 법률 제7 & 8조에 의하여 그 권한을 잃게 되었다. 그 기관 자체는 1869년의 32 & 33 Vic. c. 47 법률에 의하여 실질적으로 폐지되었다. parish constable은 35 & 36 Vic. c. 72 법률에 의하여 그들의 임명이 불필요한 (일부 특별한 경우를 제외하고) 것이 될 때까지 계속 임명되었다. 그러나 Winchester 법과 무기에 관한 법(Assize of Arms)이 무용지물로 된 때로부터 1829년에 이르기까지 그들이 범인검거와 범죄예방의 의무를 지고 있는 유일한 기관이었고, 그에 대한 예외가 도시와 자치 도시의 순라군이었다.

도시에 있어서의 순라군은 Winchester 법에 의해 처음 설치되었고, 도시 치안판사의 권한은 원래 그들의 면허장(charter)에 의존하였는데, 면허장에는 순라군이라는 주제가 때로는 등장하지 않을 때도 있었다. 내가 정확하게 언제라고 말할 수는 없지만 Municipal Corporation Commission의

---

[1] Dalton의 Justice, p. 3. Burn의 Justice, 제목 "Constable". tithingman은 constable의 보조자로 보인다.

보고서 구절을 통하여 볼 때 지난 세기 말이라고 추측할 수 있는 시기에 각 지역의 지방공공사업법(Local Improvement Act)을 제정하는 것이 관행이 되었고, 이 법에 따라 도시의 경찰업무와 관련된 문제를 처리하는 것을 자치 도시 자체와 구별되는 별도의 수임단체나 위원들에게 위임하는 것이 일반적이었다.[1] 이러한 권한이 위임되는 방식에는 매우 큰 차이가 있었다. 위에서 언급한 보고서에는 다음과 같은 구절들이[2] 나온다. "아주 많은 수의 도시에 봉급을 받지 않는 치안관(constable) 이외에 순라군이나 다른 어떤 종류의 경찰관도 없다. 그들은 종종 영주 법원(court leet)에서 임명되기도 하지만 자치 도시 당국에 의하여 더 자주 임명된다. 경찰업무와 도로포장, 조명 그리고 도시를 감시하기 위하여 지방자치단체의 법률에 의하여 부여되는 권한은 배타적으로 자치 도시의 관할에 속하는 것이 아니다. 그들은 종종 자치 도시 당국과 감독관(commissioner)에 의하여 공유되기도 하지만, 때로는 감독관에게 전적으로 위임되기도 한다."

이러한 연유로 발생한 그 혼란을 아주 인상적으로 설명하고 있는 것이 Colquhoun의 Treaties on the Police of the Metropolis이다.[3] 그는 다음과 같이 그가 관찰한 바를 말한다. "오늘날 거의 8,000여개의 거리와 도시 전체 그리고 그 주변까지 포함하여 약 152,000 집들에 거주하는 사람들의 생명과 재산을 보호하고 있는 순라군은 70개 이상의 서로 다른 단체의 지휘를 받고 있으며, 아마도 그 두 배에 해당하는 수의 의회 제정 지방자치단체법(세밀한 부분에서 서로 상이한)의 규율을 받고 있고, 그 법률에서 규정하고 있는 직위를 담당하고 있는 자들 즉, 지휘자, 보호자, 통치자, 수탁자 또는 교구회는 오직 그들 자신의 특정한 구역에서만 활동하도록 되어 있다." 이 세상 어떠한 것도 치안관과 순라군의 비효율성을 능가할 수는 없다. 치안관과 관련하여 Dalton은, 그들은 (James 1세 치하에서) "대부분 가정의 남편으로서 종종 집을 비우고 낮에는 대부분의 시간을 밭에서 보낸다"고 말한다.

---

1) 첫 보고서, p. 17. 2) 첫 보고서, p. 29.
3) 1796년 출판. 1838년에 출판된 a Select Committee on the Police of the Metropolis 의 보고서에서 위원회는, 이 책과 관련하여 "제복을 입고 지속적으로 업무를 수행하는 예방 경찰제도의 필요성과 실효성을 최초로 지적하게 된 공적은 Treaties on the Police of the Metropolis의 저자인 Mr. Colquhoun의 덕택"이라고 말한다.

순라군에 대한 훌륭한 삽화가 없다 하더라도 Dogberry의[1] 고발(charge)을 통하여 Shakespeare가 아마도 어떤 종류의 순라군에 친숙해 있는지 알 수 있다. 이미 언급한 책에서 Colquhoun은 그의 시대에 있어서 순라군을 다음과 같이 보았다.[2] 즉, 급료가 너무 낮았기 때문에 "관리자들이 그들 각자의 구역에서 순라군을 선발함에 있어서 직무를 수행하기에 너무 나이가 많은 사람 그리고 때로는 노령으로 퇴직한 사람을 채용하는 이외 다른 대안이 없다. - - - 그러한 순라군으로부터 무엇을 기대할 수 있을까? 일반적으로 나이가 많고, 종종 연약하고, 그리고 거의 대부분의 경우 그들이 받는 낮은 급료로 인하여 반죽음 상태로 굶주리며, 그리고 일반 공중으로부터 어떤 이의도 제기당하지 않고 또는 아무리 훌륭한 일을 하더라도 아무런 대가도 기대하지 못하며, - - - 그리고 무엇보다도 거대한 조직에서 그렇게 많은 부분을 차지하면서도, 일반적인 감독도 없이, 그 조직의 성격과는 유리된 상태에서, 오늘날과 같은 시민을 위한 보호가 이루어지고 있다는 것은 경이로운 일 그 자체라 할 것이다."

이와 같은 사정으로 인한 단점은 특정 치안판사의 지시에 따라 생겨난 여러 개의 소규모 경찰관조직의 도입으로 조금씩 그리고 아주 조금씩 개선되었다. 1796년에 이르러 Bow Street(Bow-Street runners로 알려진)에는 8명의 경찰관이 있었고, 런던에는 7명의 경찰관으로 구성된 6개의 경찰서가 더 있어 경찰관은 모두 50명이 되었고, 이들은 경찰업무에만 전념하는 자들이었다. 또한 기마순찰대라고 불리는 67명의 말을 타는 경찰관이 있었는데, 이들은 노상강도를 잡기 위해 런던 근교의 도로를 순찰했다. 아마도 런던 이외의 다른 큰 도시에도 이와 유사한 제도들이 도입된 것으로 보인다. 이 문제와 관련하여 다양한 종류의 의회 청문회가 열리기는 하였지만,[3] 이 제도는 1829년까지 실질적인 변화 없이 계속 유지되었다.

---

1) [역주] Dogberry는 Shakespeare의 희곡 'Much Ado About Nothing'에 나오는 치안관이다. 그는 자기만족형의 사람으로, 우스꽝스럽게 순라군의 비행을 고발하고 있다.
2) Colquhoun, p. 232. [역주] Patrick Colquhoun(1745-1820)은 스코틀랜드 출신의 상인, 통계학자, 치안판사로 영국 최초의 정규 경찰인 'Thames River Police'를 창설한 자이다. 그는 사회문제와 관련한 많은 논문들을 발표하였는데, 그 중에서도 가장 유명한 것이 저자가 인용하고 있는 'A Treatise on the Police of the Metropolis'이다.
3) 위원회는 1816년, 1817년, 1818년, 1822년, 1828년에 보고서를 제출했다. 그들에게 제공된 증거들이 여러 보고서를 채우고 있는데, 그 내용은 신기하고 교훈적이다.

수도(Metropolitan) 경찰의 창설

1829년에 범인검거에 관한 법률의 집행을 상당히 새로운 토대위에서 하도록 하는 일련의 법률 중 첫 번째 법률이 제정되었다. 이것이 10 Geo. 4, c. 44 법률이다. 아래 주)에서 언급하고 있는 이후의 법률에 의하여[1] 개정된 이 법률에 따라 런던 주위에 다음과 같은 제도가 창설되었고, 현재에도 그대로 유지되고 있다. 웨스트민스터 시 그리고 미들섹스, 서리, 하트퍼드, 에식스, 켄트 주의 특정 지역은 "수도 경찰구역(Metropolitan Policy District)"으로 불리는 지역에 흡수된다. 여왕은 "수도 경찰국장"과 2명의 부국장을 임명할 권한을 부여받았는데, 부국장은 일정한 사건의 경우 국장의 대리인으로서 역할을 수행하기도 하지만, 다른 일정한 사건의 경우에는 국장의 지시를 받아 업무를 수행한다.[2]

국장과 부국장은 그들 임기 중에는 미들섹스, 서리, 하트퍼드, 에식스, 켄트, Berkshire와 Buckinghamshire의 치안판사들이 되지만 사계법원에서 재판을 할 수 없고, 치안유지와 범죄예방, 범인의 구금과 재판회부 그리고 그들을 임명한 근거가 된 법률의 집행 이외에는 다른 일을 할 수 없다.[3] 수시로 충분한 수의 적절하고 능력 있는 사람들이[4] 내무장관의 지시에 따라 경찰국장 지휘 아래 런던 전체 지역과 미들섹스, 서리, 하트퍼드, 에식스, 켄트, Berkshire와 Buckinghamshire 그리고 템스 강 지역의[5] 모든 주를 위한 경찰로 일할 수 있도록 임명되었고, 이러한 주 어디에서나 이들 경찰 구성원은 보통법상 정당하게 임명된 치안관이 그들의 관할구역 내에서 가지고 있었던 모든 권한을 그대로 갖고 있다.

경찰국장은[6] 내무장관의 승인을 받아 경찰의 업무처리와 규율에 관한 명령과 규칙을 정할 수 있다. 경찰의 예산은[7] 경찰국장이 8펜스를 초과하

---

1) 10 geo. 4, c. 44 법률 제4조. 이 법 별표에 따라 미들섹스, 서리와 켄트의 일정 지역이 Metropolitan Police District로 편입되었다. 이 법 34조에 따라 국무장관은 Metropolitan Police District를 Charing Cross 12마일 이내까지 확장할 수 있는 권한을 부여받았고, 이는 2 & 3 Vic. c. 47 법률 제2조에 따라 15마일까지 확장되었다.

2) 처음에는 2명의 치안판사가 있었다, 10 Geo. 4, c. 44 법률 제1조. 그들은 2 & 3 Vic. c. 47 법률 제4조에 의하여 경찰국장으로 불렸다. 1명의 경찰국장 그리고 2명의 부국장은 19 & 20 Vic. c. 2 법률에 의해 대체된 것이다.

3) 10 Geo. 4, c. 44, 제1조. 2 & 3 Vic. c. 47, 제4조. 19 & 29 Vic. c. 2, 제1조.

4) 10 Geo. 4, c. 44, 제4조. 5) 2 & 3 Vic. c. 47, 제5조.

6) 10 Geo. 4, c. 44, 제5조. 7) 10 Geo. 4, c. 44, 제23조.

지 않는 비율에 따라 수도 경찰국 관할 내의 지역민들로부터 구빈세와 함께 징수한다. 이 세금은 수도 경찰국 수납계원으로 불리는 사람이 징수하여 처리하는데,[1] 그는 아래에서 언급하는 여러 법률의 규정에 따라 이를 징수하고, 지출하며 그리고 그 내역을 보고한다. 재무부는 템스 지역 경찰을 위해 매년 2만 파운드를 초과하지 않는 범위에서 기부할 수 있다.[2]

이러한 규정들이 수도 경찰(metropolitan police)을 창설함에 있어서 필수적이었던 법률의 내용이다. 이들 규정에는 그 이외에도 경찰 법원과 경찰 범죄에 관한 수많은 중요한 규정들을 포함하고 있다.

경찰관의 임명과 관련한 다음 단계의 일반적인 조치는 지방자치단체법(Municipal Corporations Act)에[3] 규정되어 있었다. 이 법률에 따라 자치 도시 참사회는, 시장도 그 구성원이 되는, 자치 도시 공안위원회를 구성하는 데 필요한 충분한 수의 그 자체 인원을 임명할 수 있는 권한을 부여받았다. 공안위원회는 충분한 수의 적절한 사람을 경찰관으로 임명한다(자치 도시 치안판사 면전에서 선서를 통하여 임명한다). 경찰관은 그 자치 도시에서 뿐 아니라 그 자치 도시나 자치 도시의 일부가 속해 있는 주에서도 직무를 수행하며 나아가 자치 도시 경계로부터 7마일 이내에 있는 모든 주에서도 직무를 수행한다. 공안위원회는 경찰관의 직무태만 또는 직권남용을 방지하기 위하여 그리고 경찰관에게 그 직무를 수행함에 있어 충분한 보수를 주기 위하여 적절하다고 생각되는 규칙을 제정한다. 이러한 규정들은 이미 언급한 지방공공사업법(Local Improvement Act)에 통상적으로 삽입되는 형식에 의하여 일반화된 것으로 보이고, 또한 이 규정들에 의하면 공안위원회에 의하여 경찰관이 임명되는 즉시, 그리고 법률에 규정된 통보가 이루어지면 바로 경찰관의 직무 이외의 다른 행위는 그만두어야 했다.[4] 자치 도시(borough) 경찰의 경비는 지방세로부터 충당한다.

---

1) 10 Geo. 4, c. 44, 제10-17조, 제25-29조; 2 & 3 Vic. c. 71, 제7, 8, 47조; 20 & 21 Vic. c. 64, 제13-15조; 24 & 25 Vic. c. 124; 34 & 35 Vic. c. 35.

2) 2 & 3 Vic. c. 47, 제5조.

3) 5 & 6 Will. 4, c. 76, 제76-86조; 또한 45 & 46 Vic. c. 50, 제190조-200조 참조.

4) 제84조. 이 조항은 45 & 46 Vic. c. 50 법률에 의하여 개정된 것으로 보이지 않는다. 지방공공사업법은 아직도 법인화가 되지 않은 읍이나 인구밀접지역에서 입법화되고 있는데, 이러한 사정을 일반적으로 해결하기 위해 1847년에 "Town Police Clauses Act"(10 & 11 Vic. c. 19)라는 법이 제정되었다. 이 법은 이미 언급한 것과 비슷한 규정들을 갖고 있고, 통상 특별 법규들에 규정되어 있는 내용을 구체화한 것이다.

주 경찰의 창설

통상의 경찰제도를 향한 다음 단계의 규정이 나온 것은 1839년 제정된 Act 2 & 3 Vic. c. 93 법률에서이다. 이 법률은 내무장관의 승인을 전제로[1] 사계법원의 치안판사를 대표로 하는 주(county) 경찰조직의 창설을 허용하고 있다. 내무장관은 경찰의 운용, 급료, 피복과 복장에 관한 규칙을 제정한다.[2] 치안판사들이 주의 경찰서장(chief constable)을 임명하며, 경우에 따라서는 1명 이상의 경찰서장을 임명한다.[3] 경찰서장은, (간이 법원 치안판사 2명 이상의 승인을 전제로), 그 주의 다른 경찰관과 그 주 소속 각 지역 경찰의 책임자가 되는 지서장을 임명하고, 그들 전부나 일부를 마음대로 해임할 수 있다.[4] 경찰서장은 회기 중의 치안판사로부터 받게 되는 적법한 명령과 경찰의 직무집행을 위해 제정된 법규에 따라 위와 같이 임명된 경찰관의 일반적인 배치와 운용을 책임진다.

경찰관은 그들 자신의 지역과 모든 이웃 주에서 치안관(constable)이 보통법(common law)상 갖고 있던 모든 권한을 갖고 있고,[5] 수도 경찰과 관련하여 이미 언급한 바가 있는 통보(notice), 의무의 해태 등과 관련한 동일한 규정에 따라야 한다.[6]

예산은 치안판사에 의해 정해지는 지방경찰세로 충당되며 주 재무관에 의해 징수되고 집행된다.[7] 그러나 경찰관의 급료와 의복을 위한 비용 중 4분의 1은, 만일 국무장관에 의해 인원과 훈련의 면에서 효과적인 상황에 있다고 인정되면, 재무부에 의해 일반 국세로부터 지급된다.[8]

내무장관은 주와 자치 도시 경찰의 현황과 효율성을 조사하고, 경찰에 관한 법률의 규정들이 제대로 지켜지고 있는지 여부를 확인하기 위한 3명의 감사관을 임명할 권한을 갖고 있다.[9] 2 & 3 Vic. c. 93 법률이 시행된 이후 17년의 경험을 거쳐 1856년에 새로운 법률(19 & 20 Vic. c. 69)이 제정되었고, 그에 따라 아직 주 경찰(county police)이 창설되지 않은 영국 모든 지역에 주 경찰의 창설이 강제되었다.

---

1) 이들 모든 법률에 규정되어 있는 표현은 "여왕의 중요한 장관 중 하나"로 되어 있다. 실무에서 이 말은 내무장관(Secretary of State for Home Department)을 의미한다.
2) 2 & 3 Vic. c. 93, s. 3.　　　　3) 2 & 3 Vic. c. 93, s. 3. 그리고 20 Vic. c. 2 참조.
4) 2 & 3 Vic. c. 93, s. 60.　　5) 제8조.　　6) 2 & 3 Vic. c. 93, 제10조-14조.
7) 3 & 4 Vic. c. 88, 제3조-13조, 25조.　　8) 19 & 20 Vic. c. 69, 제16조.
9) 19 & 20 Vic. c. 69, 제15조.

군 병력에 의한 범죄의 진압

이러한 연속적인 4개의 단계 즉, (1) 1829년의 수도 경찰의 창설, (2) 1836년의 자치 도시 경찰의 창설, (3) 1839년의 임의적인 법률에 따라 부분적으로 창설된 주 경찰, (4) 1856년의 강제적인 법률에 따라 모든 지역에 있어서 주 경찰의 창설이라는 단계를 거쳐 영국 전역에서 범죄의 진압과 범인의 검거를 위한 상시 무력의 성격을 갖는 훈련된 경찰이 마련되는 결과가 되었다.

보통법에 따라 치안관에게 부여되었던 광범위한 약식체포의 권한은 특정한 범죄와 관련해서만 인정되게 되었다. 이 주제와 관련하여 여기에서 더 상세하게 살펴볼 것은 아니지만, 아래 주)에 나오는 것을 참고하면 누구나 깊이 있게 이를 이해할 수 있을 것이다.[1]

군 병력에 의한 범죄의 진압

지금까지 나는 일반적인 사안에서 범인의 검거와 관련된 법률의 규정들을 살펴보았지만, 자주 일어나는 사건이 아니고 그에 따라 그러한 사건이 발생할 때마다 특별한 규정의 제정이 필요한 또 다른 사건들이 있다. 이러한 범죄로 폭력을 동반한 다수인에 의하여 저질러지는 범죄를 들 수 있다. 이러한 범죄는 통상의 폭동으로부터 여왕에 대한 전쟁을 동반하는 반란에 이르기까지 그 비중에 있어서 여러 종류의 것이 있고, 이들 범죄는 즉시 진압되기도 하지만 내란으로 번지는 경우도 있다. 이러한 주제에 관한 법률은 역사적 그리고 헌법적으로 상당히 흥미가 있는 것이다.

이하에서는 치안이 붕괴되는 다양한 여러 범죄에 대한 정의를 살펴보겠지만, 우선 그들 범죄에 대한 진압을 규정하고 있는 법률의 효력에 관하여서 논해보고자 한다.

---

1) 야간에 기소가능범죄를 범한 사람들에 관해서는 14 & 15 Vic. c. 19 법률, 야간에 절도 범죄를 범하다 발견된 사람들에 관해서는 24 & 25 Vic. c. 96 법률 제103조, 마당에서 어슬렁거리다 발각된 사람에 대한 체포에 관해서는 제104조, 재물손괴 범죄에 관해서는 24 & 25 Vic. c. 97 법률 제57조, 다른 사람의 신체에 대한 범죄에 관해서는 24 & 25 Vic. c. 100 법률 제66조, 화폐제조와 관련된 범죄에 관해서는 24 & 25 Vic. c. 99 법률, 부랑방지법위반의 범죄에 관해서는 5 Geo. 4, c. 83 법률 제4조와 이를 개정한 34 & 35 Vic. c. 112 법률 제15조, 런던 경찰과 관련한 경찰 범죄에 대해서는 2 & 3 Vic. c. 47 법률 제55조 각 참조. 또한 Digest of the Law of Criminal Procedure, 제96장, 98장 참조.

폭동 진압

치안을 유지하고, 치안을 침해하는 자들을 해산시키거나 필요한 경우 그들을 체포할 수 있도록 치안을 담당하는 자는 물론 모든 사인들에게 인정되었던 (그들의 권한에 따라) 보통법상의 권리와 의무는 명백하고 잘 정비된 것이지만, 특별한 법률의 근거규정이 없이는 그러한 권한의 행사가 어렵다는 것도 명백한 사실이다. 우리 역사의 초기 단계에서 귀족계급의 권한과 그들 사이의 분쟁이 너무나 대단하였기 때문에 그들 개인 사이의 전쟁이 끊임없이 계속되었고, 그에 따라 모든 통치자의 첫 번째 의무는 무력을 통한 평화의 유지였다. 모든 형태의 폭력이 너무나 잦은 일이었고, 무력에 의한 무력의 진압은 너무나 단순한 문제였기 때문에, 아주 초기에는 이에 대한 특별한 법률의 제정이 필요한 것으로 보이지 않았다. 내가 언급하고 있는 이러한 사정과 관련하여 최초로 이를 명시적으로 인정한 법이 반란죄에 관한 법률(Statute of Treasons)이다.[1] 이 법률은 반란에 관한 개념을 적극적으로 정의한 다음 어떠한 것이 반란죄로 인정되지 않는가를 규정하고 있다. "그리고, 만일 이 나라의 어떤 사람이 다른 사람을 죽이거나, 강도를 하거나, 석방을 조건으로 대가나 몸값을 받을 때까지 사람을 납치하여 감금하는 등의 범죄를 저지르기 위하여 무장한 사람들과 함께 무장을 한 채 남몰래(covertly)," (이 말은 "공개적(openly)"이라는 의미로 번역되어야 할 것이다. 불어로는 "descovert"로 되어 있다), "또는 비밀리에 말을 타고 나아가는 경우, 이는 국왕이나 국왕의 평의회에 의하여 반란으로 인정되지 않고, 중죄(felony)나 오래전부터 통용되어온 이 나라 법률에 따라, 그리고 그 사안의 성질에 따라, 권리침해죄(trespass)로 인정될 뿐이다." 다시 말하면 개인 사이의 사전(private war)은 그것이 어떠한 성격의 것이든 반란죄가 되는 것은 아니다.

폭동을 진압하기 위한 최초의 확실한 법률의 제정은 1393년으로 거슬러 올라간다(17 Rich. 2, c. 8 법률).

이 법률은, 12년 전에 있었던 (1381년, Wat Tyler의 폭동이 있었던 날) 폭동의 금지에도 불구하고, Chester, Lancashire와 그리고 그 이외 지역(아마도 Lollards와 관련하여)에서 커다란 소요가 발생하였다고 열거하면서,

---

1) 그러나 무장을 한 채 의회로 오는 것에 관해서는, 7 Edw. 1, st. 1, 1279년 참조. 그리고 공모자의 정의에 관해서는 33 Edw. 1, st. 2(1304년) 참조.

폭동에 관한 법률

폭동이 발생한 경우 주지사는 "그러한 범죄에 대항하여 소요를 진정시키기 위해 주와 주들(county and counties)의 힘을 합치는 등 그의 모든 힘을 바쳐 범인을 검거하고 이들을 교도소에 보내야 한다"고 규정하고 있다. 이 법률은 다른 많은 법률에 의하여 보완이 되었다. 13 Hen. 4, c. 7 법률 (1411년)에 따라 폭동이 발생한 경우 적어도 2명의 치안판사와 주지사 또는 부지사가 "주(county)의 권한을 가지고 그들을 체포하거나," "그들의 면전에서 일어나는 상황을" 보고할 권한을 가지며, 범죄자들을 상대로 1개월 이내에 재판을 하거나 또는 그들의 "범죄 행위나 범죄 상황을" 국왕이나 그의 평의회에 서면으로 "증언하게" 된다. 이러한 "서면 증언은" "12명"의 고발장과 같은 효력을 갖게 되고, 범죄를 저지른 자들은 국왕과 그의 평의회의 재량에 따라 처벌을 받게 된다. 2 Hen. 5, st. 1, c. 8 법률에 따라 주지사나 치안판사가 그들의 업무를 제대로 처리하지 않는 경우 피해를 입은 당사자는 누구나 대법관(chancellor)으로 하여금 검시관에게 폭동에 대한 조사와 치안판사와 주지사의 직무유기 양자에 대해 조사하라고 명할 것을 의뢰할 수 있다는 내용이 추가되었다. 다른 한편 폭동을 진압하는 치안판사는 그들의 직무에 대한 급료를 지급받았다. 같은 법률의 다음 장(제9장)은 폭동을 일으킨 자가 도망가는 경우 그들에게 폭동을 일으킨 자라는 선언이 따르게 되고, 그러한 선언에 따라 출두하지 않는 경우 그들은 유죄평결을 받은 것으로 간주되는 것으로 규정하고 있다. Tudor 시대에 12명 또는 그 이상의 사람들이 치안판사에 의해 해산명령을 받고서도 1시간 이상 계속 소요를 일으키는 경우 이를 중죄(felony)로 규정하는 법률들이[1] 제정되었지만, 이들 법률 그 어느 것도 주지사나 치안판사에 의해 사용될 수 있는 주의 무력 이외 다른 어떤 특별한 무력도 인정하지 않고 있다.

17세기를 통하여 의회는 폭동에 대한 법률을 거의 제정하지 않았지만,[2] 18세기 초에 이르러 통상 Riot Act로 알려진 그리고 아직 효력을 갖고 있는 유명한 법률 즉, 1 Geo. 1, st. 2, c. 5 법률이 제정되었다. 이 법률은 치안판사가 해산을 선언한[3] 이후 1시간 동안 소요를 계속한 12명 이상의 사

---

1) 3 & 4 Edw. 6, c. 5 법률, 1 Mary, sess. 2, c. 12 법률, 1 Eliz. c. 16 법률.
2) 그러나 선동적 비밀집회를 진압하기 위한 법률인 22 Chas. 2, c. 1 법률 참조.
3) "우리의 주권자인 여왕은 소란과 폭동을 동반한 집회를 방지하기 위해 George 국왕 첫 해에 제정된 법에서 규정하고 있는 형벌을 근거로, 집회에 참가한 모든 자들에게

람들에 대하여 성직재판권을 인정하지 않는 중죄(felony)를 저지른 것으로 인정함으로써, Tudor Act(이 법은 Elizabeth 여왕의 사망으로 효력을 상실하였다)의 엄정성을 더욱 증가시켰다. 이어 이 법률은 치안판사로 하여금 소요를 계속하는 모든 사람들을 붙잡아 체포하도록 요구하고 있으며, 만일 이러한 집회에 참가한 사람이, "해산이나 검거 또는 체포하는 과정에서 그리고 그들을 해산시키거나 검거 또는 체포하려고 하는 과정에서, 살해되거나 손발이 잘려 병신이 되거나 또는 다치는 경우에도" 치안판사나 치안판사의 명을 받고 행위를 한 자는 법적 책임을 면한다고 규정한다. 이 법이 통과되기 이전에 상설의 군대가 창설되었고, 그에 따라 치안판사는 해산명령이 내려지고 1시간의 유예기간이 경과한 후에는 군대로 하여금 폭동을 일으킨 자들에게 발포를 하거나 총검을 들고 그들을 공격하도록 명령할 수 있었다. 이렇게 많은 단어를 사용하여 이와 같이 규정하고 있는 것은 의심의 여지없이 매우 기분 나쁜 일이기는 하지만, 이 법률에 의한 무력사용의 간접적 암시의 효과는 독특한 것이다.

　법률로 규정한다는 것은 긍정적인 면과 마찬가지로 부정적인 면도 있다고 일반적으로 이해되고 있는 것으로 보인다. 즉, 군대는 법률에서 규정하고 있는 조건이 충족되는 경우 폭도를 상대로 진압행위를 명령받을 수 있는 것은 물론이지만 그러한 조건이 충족되지 않는 경우에는 그러한 행위를 할 수 없게 되기도 한다. 법률에 대한 이러한 견해는 여러 경우에 있어서 아주 잘못된 것으로 판명되었다. 이러한 문제와 관련한 올바른 이론은 1780년의 Lord George Gordon's Riot 사건 그리고 1831년의 Bristol Riot 사건에서 심도 있게 다루어졌다. 이를 짧게 설명하면 다음과 같다. 군인들은 폭동진압법(Mutiny Act)에 따라 영원히 군율에 기속되어 이를 따라야 하고, 그리고 상급자의 적법한 명령에 복종하여야 한다는 사실만으로 군인들이 치안을 유지하고 불법집회를 해산시키기 위한 여왕의 현존하는 모든 과제와 관련한 의무로부터 면제되는 것이 아니다. 오히려 이 법률은 군인들에게 이와 반대로 이러한 의무를 이행함에 있어 특별하고 독특한 기능

즉시 해산하여 평화적으로 그들의 주거나 합법적인 생업으로 돌아갈 것을 명한다. 여왕 만세." 이러한 선언을 하는 것은 통상 Riot Act의 구절을 읽는 것이라고 일컬어지고 있지만, 이는 실제 사실과 매우 다른 것이다.

을 부여한다. 군인들은 아주 긴급한 비상상황에서 치안판사의 요구가 없는 경우에도 합법적으로 의무를 수행할 수 있다.

1832년 1월 2일 Bristol의 대배심에 보낸 수석재판관 Tindal의 고발장에 나와 있는 말은 다음과 같다. "법률은 군인과 일반 사인 사이의 구별을 인정하지 않고 있다. 군인은 다른 어떤 사람과도 동일한 의무를 지고 있으며, 국왕의 평화를 유지하는 데 있어서도 동일한 권한을 부여받고 있는 일반 시민의 한 사람이다. 만일 일반 사인이 문민 치안판사의 호출에 따라 출석할 의무가 있다면 군인 또한 마찬가지이다. 일반 사인이 사정에 따라 치안판사의 요구 없이도 치안을 유지하는 일에 참견할 수 있다면, 군인도 마찬가지이다. 이러한 목적을 위해 무기의 사용이 필요한 경우 일반 사인이 무기를 사용할 수 있다면, 군인도 마찬가지로 무기를 사용할 수 있다. 또한 일반 시민이, 의뢰를 받기에 앞서 그 자신의 권한으로서 임무를 수행하기 보다는, 치안판사에 소속되어 그리고 치안판사를 도와 임무를 수행함에 있어서 요구되는 무기를 사용할 수 있는 재량권의 행사도 군대의 경우에는 더 엄격하게 규율되어야 한다. 그러나 위험이 긴박하고 직접적인 경우에는 즉, 중죄가 실제 지금 막 범해지고 있거나 또는 다른 방법으로는 이를 방지할 수 없으며 그리고 사건과 관련한 제반 사정에 비추어 정당한 권한을 갖고 있는 당국으로부터의 요청을 받기 어려운 경우에는, 국왕의 군대는 일반 시민과 마찬가지로 난폭한 범죄의 발생을 방지하고 폭동과 소동을 진압하며 그리고 국민의 생명과 재산을 보전하기 위해, 그 자신의 권한을 사용하여 최상의 노력을 다할 수 있을 뿐 아니라 그렇게 해야 할 의무를 진다. 나아가 보통법에 따라 일반 사인이 그의 최선을 다할 의무가 있는 것은 물론이고, 모든 주지사, 치안관 그리고 기타 치안을 담당하는 관헌은 폭동을 진압하기 위해 필요한 모든 행위를 요구받으며, 그들 각자는 그들이 국왕의 휘하에서 그러한 행위를 함에 있어 다른 모든 국왕의 신하들로 하여금 그들을 돕도록 명령할 권한을 갖는다."[1]

이 문제에 대한 이러한 견해의 결과로, 상관의 명령에 따라 직분을 수행하는 군인들은 매우 곤란한 처지에 빠지게 된다. 보통법상의 일반 원칙에 따라 군인들은, 일반적으로 말하면, 폭동의 진압을 위하여 합리적인 이유

---

1) 5 C. & P. 261, &c.

군인의 처지

가 있을 때에만 무력의 사용이 정당화된다. 폭동진압법(Mutiny Act)과 전쟁에 관한 규정(Articles of War) 에 의하면, 군인들은 그의 상관으로부터 받는 어떠한 합법적인 명령도 수행하여야 하고, 그리고 군중에게 발포를 하는 것은 그러한 행위가 합리적으로 필요한 경우에만 합법적인 것이 된다. 폭동에 참가한 자들을 해산시키는 데 합리적으로 필요한 그 이상의 명령은 적법한 명령이라 할 수 없다. 군인들이 곤경에 처하는 이유는 군인이 그의 상관의 명령에 따라 사람을 사살한 경우 그러한 행위가 합리적으로 필요한 행위인지 아니면 그 이상의 행위인지 여부를 가리는 것은 배심에 의하여, 아마도 모살(murder) 사건의 재판에서, 가려진다는 데 있다. 반면에 그가 그러한 행위를 불법으로 판단하여 상관의 명령에 복종하지 아니한 경우 그러한 명령이 합리적으로 필요한 무엇을 명령하는 것이 아니어서 위법한 것인지의 여부를 결정하는 것은 명령에 불복종한 군인을 재판하는 군사 법정이 될 것이다. 이때 배심과 군사 법정은 합리적인 필요성에 관해, 그리고 그에 따르는 그러한 명령의 합법성에 관해 서로 다른 견해를 취할 것이라는 점은 명백하다.

그러나 상관의 명령이 어느 정도 시민을 공격하는 군인 또는 수병의 행위를 정당화시켜주는지에 관한 문제는 법정에서 충분히 심리되고 결정된 바가 없다고 나는 생각된다. 아마도 그러한 논쟁이 벌어지는 경우, 군 상관의 명령을 받는 부하가 상관의 명령에 충분한 이유가 있을 것이라고 믿고 그 명령을 수행하는 것으로 보아 부하의 행위를 면책하게 될 것이다. 군인들은 그들이 보기에 아직 위험한 행위에 나아가려는 것으로 보이지 않는다 하더라도 상관이 무질서한 군중에게 발포를 명하는 경우 그들 상관에게 그에 관한 충분한 이유가 있을 것이라고 합리적으로 생각하게 되지만, 아무런 혼란도 벌어지지 않고 있거나 그러한 혼란의 염려조차 없는 경우임에도 상관이 군중이 모여 있는 거리를 향해 일제사격을 명하는 경우 군인들은 그들의 상관에게 충분한 이유가 있다고 믿기 어려울 것이다. 군인들은 어떠한 상황에서도 상관의 명령에 복종하여야 한다는 이론은 군대의 규율 그 자체에 있어서도 치명적인 문제가 될 것이다. 왜냐하면, 이러한 이론에 따르게 되면 대위의 명령에 의하여 사병이 대령을 쏘는 것도 정당화시킬 것이고, 전장에서 적군과 전투를 하던 중 바로 위 상급자의 명령에 따라 도주하는 것도 정당화시킬 수 있기 때문이다. 상관의 명령이 평화로운 시기에 무고한 시민을 대량 학살하는 군인의 행위 또는 폭동 과정에서 여자와 어린이를 살육하는 것과 같은 잔혹한 행위를 정당화시킨다는 것은 터무니없는 일이라 아니할 수 없다. 내가 생각하는 기준은 상관의 명령이 충분한 근거를 갖고 있다고 합리적으로 믿을 수 있는 경우에만 군인들의 행위는 보호되어야 한다는 것이다. 서로 다른 관할에서 재판을 받게 되는 불편함은, 서로 다른 재판에서 나타나는 동정심은 서로 간에 상반되는 것이 아니라고 보기 어렵지만, 한편으로는 법의 권위를 보호하기 위하여 그리고 다른 한편으로는 군의 규율을 보호하기 위한 이중의 필요성에 따르는 결과로서 불가피한 것이다.

다행스럽게도, 이 나라에서 폭동을 진압하기 위해 군 병력을 사용하는 것은 매우 희귀하게 일어나는 일이다. 일반 제도 경찰이 다루기 곤란한 폭동의 위험이 감지되는 경우 그에 대한 일반적인 조치는 특별 경찰을 임명하는 것이다. 이러한 목적을 위하여 현재 효력이 있는 법률에 의하면[1] 모든 주(county)의 치안판사 2명은 소요나 폭동 그리고 중죄(felony)가 발생한 경우 또는 그들의 관할 내에서 그러한 범죄가 발생할 염려가 있는 경우에는 증인 한 명의 선서를 받아 원하는 자는 누구나 특별 경찰로 임명할 수 있고, 그렇게 임명된 자로부터 치안을 지키고 범죄를 예방하기 위해 그들의 최선을 다할 것을 선서받는다.

그렇게 임명된 자들은 치안관으로서의 모든 권한을 부여받는다. 필요한 경우 누구나 특별 경찰로 일할 것을 요청받게 되고, 그러한 업무를 수행할 것을 거부하거나 그 임명을 위한 소환에 불응하는 경우 5파운드의 벌금에 처해진다. 이러한 법률의 규정들은 전국적인 경찰 창설의 근거가 된 법률들보다 더 오래된 것이지만 오늘날 거의 이용되고 있지 않다. 폭동 사건의 경우 잘 훈련된 사람들보다 훈련되지 않은 사람들이 더 큰 해를 끼칠 우려가 있기 때문이다. 하지만 기억할 만한 사건으로 (1848년 4월 10일) 런던과 기타 지방에서 아주 대규모의 특별 경찰관 임명이 있었는데, 이는 폭

---

1) 5 & 6 Will. 4, c. 43 법률에 의하여 개정된 1 & 2 Will. 4, c. 41 법률. 철도와 운하 그리고 공공 토목공사에 대한 특별 경찰에 대해서는 1 & 2 Vic, c. 80 법률 그리고 5 & 6 Will. 4, c. 76 법률 제83조(the Municipal Corporations Act) 참조.

계엄법

력 혁명의 위협에 대응하여 당시 대다수의 주민이 정치적인 목적으로는 어떠한 폭력을 동원하는 것에도 반대한다는 사실을 과시하는 데 매우 유용한 방편이 되었다.

계엄법(Martial Law)

반란의 경우 취해지는 극단적인 조치가 계엄법의 선포와 그에 근거한 법률의 집행이다. 이 주제와 관련한 법률은 Nelson 제독과 Mr. Eyre에 대한 사건을 처리하면서 많이 논의되었는데, 두 사람은 Mr. Gorden이 1865년 자메이카에 있는 Morant Bay에서 발생한 흑인들의 반란에 공모하였다는 이유로, 계엄법을 근거로, 그를 처형하였다는 혐의로 소추되었다. 계엄법 선포의 법률적 의미와 효과에 대하여는 얼마 전에 작고한 Mr. Edward James와 나 자신의 견해가 발표되었다. 내가 의견을 작성했고 우리 둘이 그에 서명을 했다. 위 사건의 재판이 진행되었지만, 그와 관련하여 내 견해가 바뀐 것은 없고 다만, 수석재판관 Cockburn이 중앙형사법원의 대배심에 제출한 고발장(charge)은 내가 제시한 위 견해에 나오는 법률의 해석을 거의 그대로 따랐다는 것을 덧붙일 수 있다. 그에 따라 나는 이 법률 중 계엄법에 관한 부분을, 약간의 변경을 가하여, 다시 인쇄하여 반포하였는데, 이는 이 주제와 관련하여 내가 법이라고 믿고 있는 바를, 충분한 조사를 근거로, 말해주는 것이다.[1] "계엄법"이라는 표현은 시대를 달리해가면서 다음과 같이 4개의 서로 다른 의미로 사용되었는데, 그들 각자는 다른 것과 아주 세심하게 구별되어야 한다.[2]

1. 아주 초기에는 이 나라에 여러 종류의 법률제도 즉, 보통법, 교회법, 해사법원법(Law of the Court of Admiralty) 등이 존재하였다. 이들 여러 법률 중 하나가 law martial이었고, 치안관(constable)이나 집행관(marshal)

---

1) Lord Blackburn은 Mr. Eyre에 대한 재판에서 이 주제와 관련, 이는 영국의 보통법과 관련된 범위 내에서는, 여기에서 서술하는 것과 크게 다르지 않다는 식으로 Middle-sex의 대배심을 비난했다(R. v. Eyre 사건에 대한 Mr. Finlason의 보고서 68-73 참조). 하지만 나는 권리청원(Petition of Right)의 효력에 관한 Lord Blackburn의 견해에 전적으로 동의해야 한다고 확신할 수 없다.
2) 사안의 내용과 그에 대한 견해는 Forsyth의 Constitutional Law 551 페이지에 나와 있다. Mr. Finlason은 History of the Jamaica 그리고 이 주제와 관련한 다른 책들을 출간했다.

이 실제 복무 중인 군인, 특히 해외에서 복무 중인 군인들을 대상으로 이를 집행했다.[1]

2. 외국에 근무 중인 군인들을 상대로 또는 실제 전쟁을 통하여 이러한 계엄법제도가 존재한다는 것은 평시에 있어서의 긴급사태와 관련하여 특히, 치안침해에 대한 처벌과 관련하여서도 이 제도를 도입하려는 여러 주권자들의 시도를 촉발시켜왔다. 그러나 이러한 시도는 권리청원(Petition of Right)에 의하여 위법한 것으로 선언되었는데,[2] 여기에 대해서는 이하에서 더 상세히 설명하고자 한다.

3. 상설의 군대가 창설되자 치안관과 집행관의 권한은 무용화되었고, 군대의 규율은 이를 위한 명시적인 규정을 두고 있는 연례의 Mutiny Act에 의해 규제되었다. 이들 규제 내용은 현재 1879년 제정되어(42 & 43 Vic. c. 33 법률) 44 & 45 Vic. c. 57 법률에 의해 개정된 Army Discipline Act에 수용되어 있고, 1년 단위로 새롭게 효력을 발하고 있다. 이들이 하나의 법전을 이루고 있으며[3] 때로는 계엄(martial)으로, 더 적절하게 말한다면 군법(military law)으로 호칭되고 있다.

4. 비록 위 (1)의 의미의 계엄법은 쓸모없이 되어 버렸고, (2)의 의미의 것은 권리청원에 의하여 위법한 것으로 선언되었지만, 그 표현만은 살아남아 그와 아주 다른 것에 사용되고 있다. 즉, 침략이나 반란의 경우에 무력을 사용하여 무력을 격퇴할 수 있는 그리고 침략자에 대항하는 것과 마찬가지로 반란에 대항하여 행동할 수 있는 국왕 또는 그 대리인의 보통법상의 권리로 사용되고 있다.

계엄법에 대한 권리청원(3 Chas. 1, c. 1)의 규정들은 그 제7, 8, 9, 10조에 나와 있다. 이 조문들은 다음과 같이 열거하고 있다. 특정한 사람들에게 특정한 사건과 관련하여 "계엄법상의 판사가 주재하는" 소송절차에 참석하라는 내용의 국새가 날인된 명령서(commission)가 최근에 발부되었다. 그에 따라 그 재판에 참석한 사람들이 사형에 처해졌는데 그들은, 비록 그

---

1) 이와 관련해서는 "Statutes and Ordinances to be keped in time of Warre" - Black Book of the Admiralty, 1. 282 이하 참조. 또한 Mountague Bernard 교수의 "Laws of War" in the Oxford Essays for 1856 참조.
2) Hallam의 Constitutional History, 1권. p. 240, 7판 5장 시작 부분. 3권. p. 109 참조.
3) Grant v. Gould, 2 H. Blackstone, 69.

들이 죽을 만한 범죄를 저질렀다 하더라도, 통상의 방식으로 재판을 받았어야 했고, 반면에 다른 사람들은, 관할에 대한 항변을 하면서, 도주를 해버렸다. 그러한 명령서는 이후 "위 법률과 당신의 이 나라 법률에 완전히 그리고 직접적으로 위반되는 것으로" 선언되고, 그에 따라 그러한 성질의 명령서는 누구에게도 더 이상 발령될 수 없게 되었다.

명령서 그 자체는 권리청원이 금지시킨 제도의 성질을 잘 설명해 준다. 권리청원이 통과되기 직전 발령된 3개의 명령서가 17 Rymer's Fœdera(43, 246, 647페이지)에[1] 나와 있다. 그들은 1617년 11월 24일, 1620년 7월 20일, 1624년 12월 30일 발령된 것들이다. 첫 번째 명령서는 Wales 정부를 위하여 일하는 사람들과 Worcester, Hereford 그리고 Shropshire 주를 위하여 일하는 특정한 사람들에게 발령된 것이다. 이 명령서는 그들에게 주(county)의 소집(array)에 응하여 출동할 것을 명한 다음, 계속하여 그들에게 소집된 사람들을 지휘하여 다음과 같이 행할 것을 명한다.

"우리의 국왕과 고관들에 반대하는 우리의 모든 적에 대항하여, 또한 모든 반란군, 역적, 그리고 다른 범죄자들 및 그 추종자들에 대항하여, 우리의 속칭 웨일즈 공국, 북부 웨일즈와 남부 웨일즈 영토 그리고 웨일즈의 변경 지역과 이들 지역의 각 주(county)와 장소들에서, 때로는 위에서 말한 역적과 반란군과 함께 싸우고, 때로는 모든 수단을 강구하여 그대들의 재량에 따라 그들을 공격하고, 저항하고, 진압하고, 복종시키고, 살육하고, 살해하고, 처형하여야 한다."

"그리고 나아가 필요한 경우 그대들의 재량에 따라, 위에서 말한 적과 역적, 반역자 그리고 그 이외의 범죄자 및 그 추종자들에 대항하여 law martial에 의거하여 martiall lawe라고 불리는 법률을 집행하고 이용해야 한다. 그리고 검거된 범죄자 또는 굴복해온 자들에 대하여는 구제하는 것이 적당하다고 생각되는 사람은 구제하고, 그대들의 재량에 따라, 죽이고, 파멸시키고, 처형하는 것이 필요한 사람들에 대하여는 그에 상응하는 수의 사람을 처형하여야 한다."

---

1) [역주] Rymer's Fœdera(협정)는 18세기 초 Thomas Rymer가 집대성한 것으로, 1066년부터 18세기 초에 이르기까지의 영국 국왕들이 주변의 국가나 제후 등과 체결한 조약, 협정 등을 한데 모은 것이다. 대부분 라틴어로 작성되었으며 총 17권으로 되어 있다.

두 번째 명령서는 선박에 대한 해적행위를 진압할 목적으로 선원들을 규제하기 위한 권한을 Sir. Robert Maunsell에게 부여하고 있으며, 그리고 그에게 "계엄법의 형식과 명령에 따라 그들 또는 그 이외 사람들의 생명을 처형하거나 빼앗을 완전한 권한을 부여하고 있다."

세 번째 것은 Dover 시장과 기타의 다른 사람들에게 부여된 명령서로서 Dover에 주둔하고 있는 특정 군인들은 다음과 같은 권한과 자격을 갖고 있다고 열거하고 있다.

"위에서 언급한 명단에 나오는 그러한 군인들, 그리고 그들에게 참여하는 다른 방탕한 사람들에 대항하여 우리의 군대와 군인들은, 이 명령서 발령 이후로는, 다른 장소로 이동을 하지 아니하고 앞에서 말한 장소에 그대로 남아 계엄법의 정당성(justice of martial law)에 의거하여 강도와 중죄인, 반란자 또는 다른 범죄나 경범을 저지른 사람들을, 계엄법에 따라 계엄법이 정하고 있는 약식 절차와 명령에 따라, 사형에 처해야 하고, 전쟁에서 그렇게 하고 있는 바와 같이 다른 사람들에게 본보기로 보여주고 겁에 질려 복종을 하도록 그러한 비행자(delinquent)들과 범죄자들을, 계엄법에 따라, 재판에 회부하여 처형하여야 한다."

이들 모든 명령서의 분명한 특색은 의문의 여지없이 합법적인 것이라 할 수 있는 군사력에 의한 반란의 진압만을 인정하는 것이 아니라 불법적인 위원회에 의한 진압 이후의 형사처벌까지 인정하고 있다는 것인데, 이러한 관행은 권리청원에 의하여 금지된 것이다. 엘리자베스 여왕 시대에 있었던 어떤 육군 중장과 그의 헌병대장에 의한 절차가 이를 설명해 주고 있다. 1569년에 Northumberland와 Westmoreland의 백작들이 반란을 일으켜 Barnard 성을 포위 공격하여 점령하고, 공공연히 반란죄에 해당하는 다른 전투행위를 저질렀다. 반란은 12월에 일어나서 12월 중에 진압되었다. Sussex 백작은 여왕으로부터 이미 언급한 것과 아주 비슷한 명령서를 받았고, 그에 따라 Sir George Bowes를 그의 헌병대장으로 임명했다. Sir George Bowes는 1589년 1월 2일부터 20일까지 Durham과 Yorkshire를 순회하면서 여러 장소에서 600명을 처형했다.[1]

---

1) Sharpe의 Memorials of the Rebellion, No. 1569, p. 99, 113, 121, 133, 140, 143, 153, 163.

계엄법에 관한 법률의 규정

이러한 처벌의 법률적 성격과 관련하여 Lord Coke(3rd Inst. c. 7, p. 52)는 "육군 중장이나 그 이외의 사람이 평화로운 시기에, 계엄권한의 명령서를 갖고 있었다 하더라도, 계엄법의 색깔로 사람을 교수형에 처하거나 다른 방식으로 처형한다면 이는 바로 살인행위에 해당하는 것이다. 왜냐하면, 이것은 대헌장(Magna Charta) 제29조에 반하는 것이기 때문이다"라고 말한다.[1]

이러한 권위 있는 주장들은 국왕이 반란을 일으킨 자들을 처벌하는 특별한 방식으로 계엄법에 의존하는 것이 위법한 것이라는 점을 보여주기 위한 것으로 보인다.

그러나 일부 권위 있는 주장들은 이와 달리 보고 있다. 1799년에 아일랜드 의회는 법률(39 Geo. 3, c. 11)을 제정하였는데, 이 법률은 아직 반란이 계속되고 있는 이 나라의 일부 지역을, 위에서 설명한 바와 같은 제도에 의존하는, 군의 통제 하에 두도록 하고 있다. 법률의 서문은 다음과 같다. 즉, 반란은 이미 진압되었다. 1798년 5월 24일 Lord Camden은, 추밀원의 조언에 따라, 국왕의 군대를 지휘하는 모든 장군들에게 반란행위를 하거나 또는 어떤 형태로든지 반란에 가담한 자들을, 계엄법에 따라, 사형이나 또는 적정하게 생각되는 다른 형벌로 처벌할 것을 명하였고, 그리고 그의 선언을 통해 그 명령을 승인하였다. 서문은 나아가 "무장한 반란군을 격퇴하고, 해산시키고, 그리고 가장 신속하고 간단한 방식으로 여러 반란군과 역적을 처벌할 목적으로 계엄법을 집행함에 있어서 국왕의 다툼 없는 특권을 현명하고 유익하게 행사함으로써 보통법에 의한 법집행이 일부 가능할 정도로 왕국의 평화가 회복되었다"고 기술하고 있다. 그리고 법률의 본문(제6조)은 "이 법률의 어떤 규정도 공중의 안전을 위해 공공연한 적과 역적에 대항하여 계엄법의 적용에 의지하는 국왕의 다툼 없는 특권을 없애거나 생략 또는 줄이는 것으로 해석할 수 없다"고 규정하고 있다.

Insurrection Act라 알려진 3 & 4 Will. 4, c. 4(1833년) 법률에 이와 유사한 규정이 있다. 그 제40조는 이 법 어떤 규정도 "공중의 안전을 위해 공공연한 적과 역적에 대항하여 계엄법에 의지하는 국왕의 다툼 없는 특권을 없애거나 생략 또는 줄이는 것으로 해석할 수 없다"고 규정하고 있다.

---

1) 또한 Hale, History of Common Law, 34 참조.

Wolfe Tone 사건 - 폭동진압법

비록 이들 두 개의 법률이 그 표현에 있어서는 서로 모순되는 것으로 보이기는 하지만, 이와 같은 선언들이 아일랜드에서의 경우와 같이 권리청원(Petition of Right)을 무효화 시키는 것이라고 하는 것은 불가능한 일이다. 그러나 법률이 단순히 "국왕의 다툼 없는 특권"이라고 선언하고 있기 때문에, 이를 근거로 권리청원의 존재를 명시적으로 부인하는 것으로 볼 수는 없고, 다만 국왕은 계엄법을 가지고 정규군을 통해, 전쟁터에서 군인들이 통상 행하는 바와 같이, 무장한 반란군을 공격할 수 있는 다툼 없는 특권만을 가지는 것이라고 해석하여야 할 것이다. 이러한 해석은, 역적들은 공공연한 적군과 짝을 이루는 것이라는 사실에 의하여 더 보강된다. 오늘날 침략에 대항하여 군대를 사용하는 것은 처벌을 목적으로 하는 것이 아니라 정복을 위한 것이고 따라서, 아일랜드 법에서 규정하고 있는 것은, 국왕은 다만 침략군에 대항하는 경우와 마찬가지로 반란군에 대하여 전쟁을 하며, 반란군을 진압하는 데 필요한 그러한 모든 권한을 행사하고, 치안을 회복하여 보통법이 효력을 발휘할 수 있도록 하기 위해서만 그의 다툼 없는 특권을 행사는 것이라고 해석할 수 있다.

따라서 실제 분쟁이 종결됨과 동시에 검거한 수용자들을 민간 권력에 인계하는 것이 군사 당국의 의무라 할 것이다. 이러한 내용은 Wolfe Tone 사건에서[1] 확인되었다. Wolfe Tone은 프랑스가 항복했을 때 포로가 되어 Dublin에 있는 군막사로 보내졌고, 그곳 군법회의에서 재판을 받아 사형판결을 선고받았다. 왕좌법원은 즉시 인신보호영장을 발부했고, 주지사로 하여금 헌병대장과 직무를 집행한 장교를 구금하도록 지시하였으며, Tone의 사형집행이 있었는지를 확인하도록 하였다.

아일랜드 반란에 있어서 다수의 군사적 처형이 있었다는 것은 의심의 여지가 없지만, 이들 처형과 관련하여 사면법(Act of Indemnity)이 제정되었다. 그리고 전시 법률에 따라, (이는 법이라기보다는 사기(morals)의 한 분야이고 군인들보다는 서로 싸우고 있는 군대 사이에서 효력이 있는 법이다), 항복한 자의 살려달라는 애원을 거절하고 그들을 재량에 따라 처형하는 것과 같은 다수의 잔혹함이 정당화될 수 있다는 것을 항상 기억해야 할 것이다. 그에 따라 1798년의 전쟁과 같은 경우 계엄법의 이름으로 묵인

---

1) 27 St. Tr. 624, 625.

된 많은 것들이 행해졌을지 모르지만, 이는 현실에 있어서 비정상적으로 격렬하게 행해지는 통상의 전쟁(ordinary warfare)에 수반되는 일에 지나지 않을 것이다.

매년 제정되는 폭동진압법(Mutiny Act)으로부터 다른 논쟁거리가 발생한다. 이들 법률은 "평시에 이 왕국에서는 어떠한 사람도 계엄법에 의하여 생명과 신체에 대한 예단을 받지 않으며 어떠한 형벌의 대상도 되지 않는다"고 선언하고 있다. 이는 전시나 혼란기에는 계엄법이 적법하다는 것을 의미하는 것으로 해석될 수 있다. 그러나 이와 관련하여 "계엄법(martial law)"이라는 말의 본래 의미는 우리가 오늘날 군법(military law)이라고 이해하고 있는 부분도 포함된다는 것, 그리고 권리청원(Petition of Right)에 의하여 위법한 것으로 선언된 명령서(commission)의 주된 목적은 의회의 동의 없이 군법회의(military tribunal)를 창설하는 데 있었다는 것을 기억해야 할 것이다. 따라서 "평시에는(in peace)"이라는 말은, 이 말은 첫 번째 폭동진압법에는 나오지 않는 말이다, 아마도 평시에는 의회의 명시적인 승인을 받지 아니하는 한 상설의 군대(standing army)와 군사법원(military court)은 위법한 것이라는 의미일 것이다.

계엄법과 관련한 모든 이론이 하원(House of Commons)의 위원회에서 심층적으로 논의되었는데, 이 위원회는 Ceylon에서 일어난 어떤 사건을 조사하기 위하여 1849년 설치되었다. 당시 법무감이었던 Sir David Dundas는 그의 견해를 매우 자세히 설명하였고, 그에 대하여 Sir Robert Peel, Mr. Gladstone 그리고 기타의 사람들로부터 철저하게 검증을 받았다. 다음과 같은 대답이 다른 무엇보다도 이 주제와 관련하여 많은 도움을 준다.

"5437. 계엄법의 선언은 이 선언을 받는 모든 사람들에게, 지금부터는 이 선언 이전에 존재하였던 것과 다른 법률 수단과 다른 방식의 절차가 적용될 것이라는 통보이다."

"5459. 통치자는 그가 갖고 있는 민사적, 군사적 권한만으로는, 그리고 여왕의 신하로서 갖고 있는 건전한 양식으로부터 유래하는 그러한 조력만으로는 공중의 생명을 구하고 혼란을 진압할 수 없다고 정당하게 그리고 전적으로 믿는 경우에는, 이것(즉, 계엄법)이나 또는 다른 수단을 통하여 이를 진압할 의무를 진다."

Sir D. Dundas의 의견

"5476. 질문(Sir Robert Peel). 현명하고 용기 있는 사람, 식민지의 안전을 책임지는 사람은 법에 따르지 않고 자기의 판단에 따라 제재를 가하고, 그리고 무정부상태에 굴복하기보다는 그러한 상황에 대처하기 위한 새로운 법률을 만들어야 할 것이 아닌가? 대답. 현명하고 용기 있는 사람은, 필요한 경우, 그 자신의 법을 만들기는 하겠지만, 그보다는 이미 존재하고 있는 법을 선택할 것이라고 생각한다. 나는, 영국의 법은 국왕과 마찬가지로 통치자에게, 필요한 경우, 그것을 판단할 수 있는 권한과 이후의 일에 대한 책임을 지는 권한을 부여하고 있고, 그에 따라 이러한 모든 것을 대체할 수 있는 법률을 다루고, 그리고 식민지의 안전을 위해 계엄법을 선포할 수 있는 권한을 부여하고 있다고 생각한다."

"5477. (Mr. Gladstone에 대한 답변에서). 나는, 국도에서 나에게 강도를 하러 다가오는 사람에게 총을 쏜 데 대하여 책임을 지는 것과 마찬가지로 그가 책임을 진다고 말한다. 내가 총을 쏜 그 사람에게 잘못한 것이 있고, 그리고 나를 재판하는 판사나 배심의 생각에 비추어, 내가 변명을 할 것이 없다면, 나는 책임을 지게 된다."

"5506. 내 생각으로는 계엄법은 필요성에 따른 법이다. 그러한 권한을 부여받은 사람에 의해서 법률이 집행되고, 그 의무이행에 있어서 정직하게, 엄격하게, 단호하게 그리고 사정이 허락하는 범위 내에서 인정을 가지고 의무를 이행한 경우 그들은 모든 선량한 시민이 당연히 해야 할 일을 한 것이 된다."

그에 따라 계엄법은 여러 식민지에서 즉, Cape of Good Hope, Ceylon, 자메이카 그리고 Demerara에서 선포되어 왔다.

Sir David Dundas에 의해 표명된 이러한 견해는 본질적으로 옳은 것으로 보인다. 그 견해에 의하면 "계엄법의 선포(proclaiming martial law)"라는 표현에서 사용되는 바와 같은 "계엄법"이라는 말은 국왕의 관헌이 특정한 기간 동안 반란을 진압하거나 적의 공격을 저지할 목적으로 군대에 의하여 행사되는 절대적인 권한을 장악하는 것으로 정의될 수 있을 것이다. 이러한 의미에서 계엄법의 "선포(proclamation)"는 그러한 수단이 취해질 것이라는 것을 관련자 모두에게 통보하는 의미만을 갖는데 불과하다. 이와 같이 서술되고 설명될 수 있는 계엄법을 모든 사람에게 효력이 있는, 그리고 특히 모든 치안판사에게 효력이 있는 보통법상의 의무 즉, 폭력을 동반한 반란을 진압하는 데 요구되는 어떤 종류의 물리력도 사용할 수 있는 의무와 구별하는 것이 가능하다고는 생각되지 않는다. 이러한 의무는 군인은 물론 일반인도 지고 있는 것이고, 군인의 경우에는 복무기간 동안 특별한 군사적 의무도 지고 있다. 따라서 예를 들어, 1780년에 런던에 계엄법이 선포되었다 가정하더라도 그러한 계엄선포는 군대의 의무 또는 폭동을 일으킨 자들에 대한 책임과 관련하여 아무런 차이도 없는 것이 아닌가 하는 의구심이 든다. 그러한 계엄선포가 없다 하더라도 군대는 질서를 회복하기 위하여 필요한 만큼의 생명과 재산을 파괴할 수 있고 또한 그렇게 하여야 할 것이다. 그들이 사태진압 후 범인들을 처벌하는 이외 다른 어떤 권한을 갖고 있다고 보기 어려울 뿐 아니라, 이러한 처벌은 권리청원(Petition of Right)에 의하여 명시적으로 금지된 것이다.

계엄법에 관한 일반적인 내 견해를 정리하면 다음과 같다.

1. 계엄법은 국왕의 관헌에 의한 절대적인 권한의 장악이고, 이러한 권한은 반란을 진압할 목적으로, 그리고 질서회복과 합법적인 당국의 권한회복을 목적으로 군대에 의하여 행사된다.

2. 국왕의 관헌은 생명과 재산을 파괴하는 것은 물론 그 목적을 위하여 요구되는 어떠한 물리력을 사용하더라도 그의 행위는 정당화된다. 그러나 그들이 잔인하거나 과도한 방식을 사용하였을 경우에는 이것이 정당화되지 않고, 그 과도한 행위에 대하여 민사상, 형사상 책임을 진다. 저항이 진압되고 그에 따라 통상의 법원이 다시 개정될 수 있는 그 이후에 처벌을 하는 것은 정당화되지 않는다.

그들의 책임을 정하는 원칙은 Wright v. Fitzgerald 사건에[1] 잘 나타나 있다. Wright는 Clonmel의[2] 불어 교사였고, 1798년 아일랜드 반란이 진압된 뒤 Tipperary 주지사인 Mr. Fitzgerald가 정당한 심문을 거치지 않고 자신에게 잔인하게 매질을 하였다는 이유로 그를 상대로 소송을 제기했다. 진압행위 당시에는 계엄법이 완전하게 효력을 발휘하고 있었고, 반란의 진압과정에 있었던 위법행위에 대한 면책을 위한 사면법이 그 후 제정되어

---

1) 27 St. Tr. 765.
2) [역주] Clonmel은 아일랜드 남부 Tipperary 주에 있는 주(county)로, 1798년 아일랜드 반란이 일어난 지역 중 하나이다.

있었다. Chamberlain 판사는 위 사건의 결심절차에서 배심에게 다음과 같이 쟁점을 요약해주었고, 이는 Lord Yelverton도 동의한 내용이다. "비록 반란을 진압하기 위한 것이고 또한 사면법이 제정되어 치안판사들이 그들의 행위를 정당화시킬 수 있다 하더라도, 그들이 인정의 감정(feeling of humanity)에서 해방되고 그들의 권한을 제멋대로 사용하도록 허용되었다고 배심이 생각해서는 안 된다. 그들은 모든 사안에 있어서 범죄자로 추정되는 자들의 행위를 진지하게 그리고 엄중하게 조사하여야 하고, 모든 행위는 고문을 하려는 마음이 아니라 유죄를 밝히려는 마음으로 하여야 한다. 조사와 재판을 함에 있어서 그들이 지금 받고 있는 조사와 재판의 방식대로 할 필요는 없지만, 사안의 성격과 제반 사정이 허락하는 범위에서 최대한 성실히 하여야 한다. 이러한 것이 입법의 의도라는 것이 '치안판사와 그리고 다른 모든 사람들'이라는 표현에 나타나 있다. 그에 따르면 치안판사 여부와 관계없이 모든 사람은 반란을 진압할 권한을 가지며, 그 법률에 의하여 그의 행위가 정당화되지만, 그는 그러한 권한을 준 필요성을 초과해서는 안 되고, 그의 행위를 정당화시킴에 있어서 그가 처벌한 사람에 대한 유죄를 확인하기 위해 가용한 모든 수단을 사용했다는 것을 보여주어야 한다. 그리고 무엇보다도 그러한 행위를 함에 있어서 인간 본성에 관한 일반원칙(common principles of humanity)에서 벗어나지 않았다는 것을 보여주어야 한다."

Wright는 500파운드의 손해배상을 받았고, Mr. Fitzgerald가 아일랜드 의회(Irish Parliament)에 이에 대한 사면(indemnity)을 청구하였지만, 사면을 받지 못했다.

3. 이러한 말이 의미하는 바에 따라 우리는 계엄법(martial law)에 의해 운용되고 있는 법원을 통상 계엄법원(courts-martial)이라고 부르고는 있지만, 이를 제대로 적절하게 말한다면, 이는 계엄법원 또는 나아가 도저히 법원이라고 볼 수도 없는 것이다. 이들은 정부(Government)에 의하여 부여된 재량권(discretionary power)을 집행하기 위한 목적으로 구성된 단순한 위원회(committee)라 할 수 있다. 한편으로 그들은 폭동진압법(Mutiny Act)과 전쟁에 관한 법률(Articles of War)의 규정에서 지시하는 방식으로 재판을 진행할 의무를 지고 있지 않다. 다른 한편 그들이 그러한 방식으로

재판을 진행하였다 하더라도 그 재판이 선량한 방식으로 진행되었다는 것이 입증되지 않는 한 실제의 계엄법원 구성원이 보호받는 것과 같은 보호를 받는 것이 아니다. 그들이 반란을 진압하고, 치안과 법의 권위를 회복하는 데 필요한 경우에는, 어떠한 형식과 방식의 행위를 하더라도 이것이 정당화된다. 하지만 그들이 엄격하게 폭동진압법과 전쟁에 관한 법률의 규정에 따라 행동하였다 하더라도, 그러한 권한을 과도하게 사용한 경우에는 그에 대하여 개인적으로 책임을 진다.

예비심문(Preliminary Inquiry)[1]

치안판사제도가 도입되기 이전에는 사회적으로 중요한 사건에 대한 심문은, 내가 이미 말한 바와 같이, 추밀원에서 행해졌다. 하지만 통상의 사건과 관련해서는, 단 하나의 예외라고 할 수 있는 검시관의 심문을 제외하고는, 예비심문이 행하여지지 않았다. 애당초 치안판사는 보다 큰 규모의 조직에 속해 있는 치안관에 지나지 않았고, 치안판사의 권한, 심지어 범죄혐의자를 체포하기 위한 영장발부의 권한도 관행에 의하여 획득한 것이지 법률의 명시적 규정에 의하여 유래한 것이 아니다. 초기에는 공적인 고발이 종종, 아마도 통상, 절차의 첫 단계였고 혐의자는 기소가 되기까지는 체포되지 않았다. 현재의 법률에 따르면 아직도 이러한 절차를 따르게 되어 있지만, 통상 그렇게 되는 것은 아니다. 오늘날 거의 모든 사건에서 혐의자는 치안판사 앞으로 출두한다. 그 후 목격자에 대한 신문이 뒤따르고, 혐의자는 불기소처분을 받거나 보석으로 석방되든지 아니면 재판 때까지 교도소에 수감되며, 그리고 나서 기소가 되고 재판이 이루어진다.

뒤따르는 후속 절차를 염두에 두고 행해지는 범죄에 대한 일종의 예비심문이라 할 수 있는 최초의 사례가 검시관 심문(coroner's inquest)이다. 검시관은, Mr Stubbs에[2] 의하면 1194년에 처음 생겼지만, 그들의 의무와 관련하여 최초로 가장 권위 있게 언급하고 있는 것은 Bracton이다.

---

1) 이 주제에 관한 현재의 법률, 그리고 통상의 절차에 관해서는 Digest of the Law of Criminal Procedure. 제13장-17장, 제99-140항 참조.
2) Constitutional History. 1. 505. 오늘날의 법률 중 검시관의 임명과 면직에 관해서는 Digest of the Law of Criminal Procedure. 제7장 제43-60항, 심문과 절차 등에 관해서는 제207-232항 각 참조.

그는 검시관의 의무에 관하여 매우 완벽하게 설명하고 있고, 이로 미루어보아 그 당시 검시관의 직위는 비교적 현대적인 것이었다고 짐작된다.1) 검시관법(Statute de Officio Coronatoris, 4 Edw. 1, st. 2, 1276년)은 Bracton의 문장을 거의 그대로 베낀 것이나 다름없다. 이 법은 검시관의 의무를 매우 자세히 설명하고 있고, 그에 따라 오늘날까지 이 주제와 관련한 법률의 기초가 되었다. 다음의 내용이 그 법률의 주된 규정들이다.

"국왕의 검시관은 만일 그가 국왕의 관리나 또는 나라의 다른 정직한 사람들로부터 허락을 받는다면 다음과 같은 일들을 조사하여야 한다. 첫 번째로 그는 사람이 살해되거나 또는 갑자기 죽거나 부상을 당한 장소, 집이 파손되거나 귀중품이 발견되었다고 말해지는 장소를 찾아가야 하고, 그 곳에서 이웃 읍의 4명 또는 5명 또는 6명(즉, 읍장과 각 읍의 four men)에게 그 앞에 즉시 출두하라고 명령하여야 하며, 그들이 그 자리에 나타나면 검시관은 그들의 선서를 받은 뒤 다음과 같은 방식으로 심문을 한다. 즉, 사람이 살해된 장소를 그들이 알고 있는지, 그 장소가 집, 들, 침실, 여관, 상회인지 아닌지 그리고 그곳에 누가 있었는지를 심문한다. 마찬가지로 누가 그 행위나 폭력에 대한 혐의가 있는지, 그리고 누가 있었는지, 남자인지 여자인지, 그들의 나이는 얼마인지를 심문하고, 만일 그들이 말할 수 있거나 판단이 서고 그리고 이러한 방식으로 혐의가 있는 자가 드러나면 그러한 자들의 수가 얼마인지의 여부와 관계없이 그들을 붙잡아 주지사에게 인치하고 그리고 교도소로 보내야 한다."

만일 어떤 자가 살인죄로 유죄가 인정되면 검시관은 그의 재산이 "지금 바로 매도된 것처럼"2) 그의 재산을 평가하여 이를 읍구로 보내야 하고, 읍구는 치안판사에게 그에 대한 답변을 하여야 한다.

---

1) Bracton, lib. 3. (De Corona) 5장. Sir T. Twiss는 Bracton이 그 법률을 베꼈는지 아니면 그 법률이 Bracton을 베꼈는지에 관하여 논하고 있고, 후자의 견해를 지지하는 이유를 그의 저서 Bracton 2권 서문에서(p. 61) 제시하고 있다. 4 Edw. 1 법률의 규정들과 실질적으로 동일한 규정들이 웨일즈 법(Statutum Walliæ)에 실려 있다.

[역주] Statutum Walliæ 또는 Statute of Ruhddlan(Statutes of Wales)는 1284년에 제정된 법으로, 1284년부터 1536년까지 북 웨일즈 공국 정부의 헌법적 기초를 제공하였다.

2) "Sicut statim vendi possunt(지금 바로 매도된 것처럼)."

검시관이 작성한 진술서

법률에는 항소와 관련한 중요한 규정들이 있지만, 여기에서는 생략하기로 한다. 법률의 서문에서는 부서진 집에 관하여도 언급하고 있지만 법률은 그에 관한 절차에 대해서는 침묵을 지키고 있다. 형사실무에 있어서 검시관의 의무는 의심스러운 죽음과 그리고 귀중품 발견에 관한 사안들에 한정되어 왔다. Edward 1세 시대로부터 오늘날에 이르기까지 배심원과 증인의 소집 방식 그리고 다른 세부적인 것을 제외하면 의심스러운 죽음의 원인을 조사하는 것과 관련한 검시관의 의무는 거의 달라진 것이 없다. 법령집에는 심문과 관련하여 별로 중요하지 않은 다양한 규정들이 들어 있다. 여기에서 언급할 필요가 있는 유일한 법률은 Philip and Mary의 법(1 & 2 Phil. & Mary, c. 13, 제5조, 1554년)이고, 이 법률에 의하면 검시관은 물적 증거로 그의 면전에 제출된 증거의 효력을 서면으로 작성하여야 하고, 증인들로부터 고발된 자의 재판에 출석하겠다는 서약서를 받아야 했다. 이 법률은 7 Geo. 4, c. 64 법률 제4조에 의하여 대체된 1826년까지 효력을 그대로 유지하고 있었다. 대체된 법률에 의하면 고살이나 모살 또는 모살의 교사로 기소되는 자에 대한 심문을 실시한 모든 검시관은 그의 면전에서 배심에게 제출된 증거 또는 실질적으로 중요한 증거를 서면으로 작성하여야 하고, 증인들로부터 재판에 증거를 제공하겠다는 서약을 받을 권한을 가지며, 서면진술서(deposition)와 심문보고서(inquisition)가 사실에 부합하는 것인지 여부를 확인하고 이를 기소된 자가 재판을 받는 법정에 제출하여야 한다. 검시관의 심문보고서는 과거에는 물론 현재에 있어서도 심문 결과 모살이나 고살을 저질렀다고 인정된 자에 대한, 또는 귀중품을 발견하였거나 감춘 것으로 인정된 자에 대한 공식적인 고발장(formal ac-cusation)이고, 더 이상의 고발 없이 이러한 심문보고서만으로 그 사람에 대한 재판이 이루어질 수 있었다.

1276년 검시관에 관한 법률이 완전히 효력을 발휘하게 되었고, 그로부터 48년 후인 1324년에 치안판사가 임명되게 되었지만, 검시관에게 부여된 것과 같은 의무가 지금까지 치안판사에게 부여되지 않고 있다는 것은 특이한 일이다. 그 이유가 무엇이든지간에, 내가 종종 언급하고 있는 Philip and Mary의 법률 이전에 제정된 어떠한 법률에도 치안판사에 의한 예비심문이라는 것이 언급되고 있지 않았다는 사실은 확실하다. 하지만, 아주

치안판사 면전에서 작성된 진술서

초기시대부터 치안판사들이 범죄혐의자에 대한 체포나 보석 조치를 취하기에 앞서 어느 정도 공적 심문을 하였을 것이라 보여지고, 문제의 두 법률이 법률의 명시적인 근거 없이 관행적으로 행해지고 있는 이러한 예비심문에 법적 동의를 해주었다고 볼 수 없는 것은 아니다.

그 법률들의 내용은 다음과 같다. 1 & 2 Phil. & Mary, c. 13 법률(1554년)은 어떤 자가 법률에 의하여 보석이 가능한 고살(manslaughter)이나 중죄(felony) 또는 고살이나 중죄의 혐의로 체포되어 2명의 치안판사 면전에 인치되면, 그들은 "보석결정을 하기 전에 체포되어 온 자와 체포된 이유가 된 고발사실 및 그 상황에 대하여 심문을 하고 그리고 그와 관련하여 중죄를 입증하기에 중요한 증거들의 내용을 서면으로 작성하여야 한다"고 규정하고 있다. 심문 내용과 보석은 법원의 인증을 받아야 하고, "문제가 된 모살(murder)", (모살은 이 법의 이전 부분에서는 언급되고 있지 않다), "고살, 법령위반죄, 중죄 또는 이러한 범죄를 방조한 자나 방조한 자들의 범행을 입증하는 데 중요한 증거를 가지고 있다고 선언한 모든 자들은," ("증인"이라는 말이 사용되고 있지 않다는 것은 주목할 만하다), "미결수석 방법원에 출석하여 증거를 제공할 의무를 진다." 이 법률은 보석이 허가된 혐의자들에 대하여만 한정하여 적용되는 것이다. 다음 해(1555년)에 다시 법률(2 & 3 Phil. & Mary, c. 10)이 제정되었는데 이 법률은, 이전의 법률은 "고살이나 중죄로 치안판사의 면전에 인치된 자, 치안판사에 의해 고살이나 중죄 혐의로 교도소로 보내지고 보석이 인정되지 않은 자들에게는 적용되지 않는다. 그러한 사안에서 범죄혐의로 인치된 자들에 대한 심문은 보석이 허가된 자들의 경우와 마찬가지로 필요하며 오히려 그 필요성이 더 크다"고 규정하고 있다. 이 법률은 다시 개정되었는데, 이는 구속되는 피의자들에 대한 경우를 고려하여 보석으로 석방되는 피의자들과 관련한 그 이전 해의 법률 규정을 개정한 것이다.[1]

이들 법률은 1826년 폐지될 때까지 계속 효력을 유지하다가 다시 제정된 뒤 7 Geo. 4, c. 64 법률 제2조와 제3조에 의하여 그 적용범위가 경죄까지 확대되었지만, 이 법 또한 폐지되고 더욱 정교한 형식으로 그리고 중요

---

[1] 이들 법률의 개정에 대한 역사적인 이유는 이 책 p. 258(저자의 책 제1권, p. 236)에 기술되어 있다.

한 부분의 변경을 통하여 다시 제정되었다. 이 법률이 Sir John Jervis's Act라고 알려진 11 & 12 Vic. c. 42 법률(1848년)이다.

예비심문이라는 주제와 관련하여 Sir John Jervis 법률의 중요한 규정은 다음과 같다. 증인은 고발된 자의 면전에서 신문을 받아야 하고, 고발된 자는 증인에 대하여 자유롭게 반대신문을 한다.[1] 증언은 서면으로 작성되며 치안판사와 증인이 서명한다. 모든 증인의 증언이 종료되면 치안판사는 고발된 자에게 "증언을 들어본 결과 당신은 당신의 혐의에 대한 변명으로 하고자 하는 말이 있는가? 당신이 원하지 않는 경우 말을 하지 않아도 되지만 당신이 하는 모든 말은 서면으로 작성되어 당신의 재판에 당신에게 불리하게 증거로 제공될 수 있다"고 말한다. 피고인이 말하는 모든 것은 서면으로 작성되어 진술서와 함께 보고된다. 그러고 나면 피고인에게 증인의 소환을 원하는지, 만일 그가 원한다면, 그들 증인에 대한 신문과 반대신문이 이어져야 하고 그들의 증언은 소추인 측 증인의 경우와 마찬가지로 서면으로 작성되어야 한다.[2] 고발된 자를 재판에 회부하는 데 필요한 증거가 충분하지 않다고 생각되면 치안판사는 그에 대한 고발을 기각한다.[3] 만일 고발된 자에 대한 "유죄"의 추정이 강하게 또는 상당하게 드는 경우 그를 재판에 회부하거나 보석으로 석방한다. 고발된 자는 진술서의 사본을 받아 볼 수 있고,[4] 법정변호사나 사무변호사를 내세울 수 있는 권리는 이 법의 1개 조문에[5] 부수적으로 규정되어 있기는 하지만, 내 생각으로는, 실무상 이는 논란의 여지가 전혀 없었던 것으로 보인다.

이들 규정들을 Philip and Mary 법의 규정들과 비교하면 형사재판절차에서 가장 중요한 부분에서 몇 개의 말할 수 없이 중요한 변화가 보인다.

일반적으로 말해 16세기에 확립된 절차와 19세기 절차 사이의 차이는 16세기에는 치안판사(magistrate)가 공적 소추인(public prosecutor)의 역할을 수행한 것인데 반해, 19세기의 치안판사는 예심판사(preliminary judge)의 지위를 가지고 있었다는 데 있다. 이러한 차이는 모든 세부적인 것에 드러나 있다. Philip and Mary 법에 의하면 고발된 자는 심문을 받는다. 이는 그가 범했다고 말해지는 범죄와 관련하여 모든 사정에 대하여 완벽

---

1) 11 & 12 Vic. c. 42, 제17조. Digest. Criminal Procedure, 제109항 이하 참조.
2) 30 & 31 Vic. c. 35 법률 제3조. 3) 제25조.
4) 제27조. 5) 제17조.

하게 조사를 받는다는 것을 의미한다. Victoria 법률에 의하면 고발된 자는, 비록 그가 원하는 경우 그가 진술하는 것은 서면으로 작성되어 그에 대한 재판에서 그에게 불리한 증거로 제공될 수 있다는 주의 하에 진술을 요구받게 되기는 하지만, 어떠한 질문도 받지 않을 수 있다. Philip and Mary 법에 의하면 증인에 대한 신문과 그들 증언을 기록하는 것은 단지 법원을 위한 정보제공일 뿐이었다. 피고인은 그 신문에 참석할 권리가 없었고 참석한 일도 전혀 없었다. Victoria 법에 의하면 증인은 피고인의 면전에서 증언을 하여야 하고, 피고인이나 그의 변호인(counsel) 또는 대리인(attorney)에 의한 반대신문도 행해졌을 것이다. Philip and Mary 법에 의하면 증언을 기록한 진술서는 법원에 제출되었지만, 피고인은 심지어 진술서를 볼 수도 없었다는 것을 보여주는 증거가 있다. Victoria 법에 의하면 피고인은 진술서를 사본할 수 있다. 이러한 모든 구체적 사정을 종합하면 변화의 방향은 항상 동일한 것이다. 초기 법률의 목적은 유죄로 추정되는 사람을 노출시키고 찾아내는 것이다. 후기 법률의 목적은 고발된 자의 유죄 또는 무고함을 철저히 조사하는 것이다.

우리 자신의 나라 예비심문절차와 로마법(civil law)을 사용하는 나라들의 예비심문절차를 구별하는 데 있어서 아주 중요한 차이를 가져온 사정 하나를 여기에서 언급해야 할 것이다. 피고인이 구금되어 있는 동안 증거를 수집하는 방안으로 고문(torture)을 하는 일이 없었다는 것을 언급하고자 한다. 고문은 영국 법률의 일부로 인정받은 일이 전혀 없었고, 고문의 불법성은 영국제도에 대한 몇몇 최초의 찬양자들 특히, Fortescue, Smith 그리고 Coke에 의하여 많은 자랑거리가 되었다. 그러나 Henry 8세 치하와 그의 세 아들 그리고 James 1세와 Charles 1세 치하에서 증거를 획득할 목적으로 고문이 행해졌다는 증거가 있고, 이러한 고문은 정치적인 사건에서 뿐 아니라 일반적인 통상의 범죄사건에서도 행해졌다. 그에 대한 증거는 Jardine의 Reading on Torture에 나와 있다. 그 책의 부록에는 평의회 기록으로부터 발췌한 55개의 서신이 인쇄되어 있는데, 첫 번째는 1551년 11월 5일의 것이고 마지막은 1640년 5월 21일의 것으로, 다양한 사건에서 고문의 사용이나 그 위협을 승인하거나 또는 그와 관련된 것이다. 얼마나 많은 사건에서 그러한 승인 없이 고문이 행해졌는지, 그리고 그러한 관행

영국에서의 고문

이 언제부터 시작되었는지에 관해서는 현재 그 누구도 이를 그럴듯하게 추측하기조차 어렵다. 이 나라에서는 물론 다른 나라에서도 어떠한 이유로 고문이 수사의 방식으로 채택되지 않았는지 그 이유를 말하기는 어렵다. 초기 우리 재판의 방식이 극도로 약식의 성격을 갖고 있었다는 것 그리고 형벌이 너무 과도하게 부과되었다는 것이 대헌장의 일반원칙이나 어떤 특별한 인간적인 감정보다 더 이 문제와 관련이 있을 것이다. 12명의 이웃 사람들이 동네 소문을 보고하면서, 글을 읽을 줄도 모르는 사람이 또는 글을 읽기는 하지만 과부와 결혼한 사람이 2실링 상당의 옷을 훔쳤다고, 말한다는 이유만으로 사람들이 그를 주저 없이 교수형에 처하는 것을 양심적인 인성이라고 말할 수는 없다. 양심에 따라 고문을 통하여 그 자체만으로 범죄를 입증할 수 있는 자백을 받아낼 때까지 그를 교수형에 처하는 것을 보류하는 것이 차라리 더 인간적인 것이라 할 수 있지만, 이 또한 분명한 의문이 드는 것은 마찬가지이다.[1]

여하튼간에, 과거의 예심절차가 그 방식대로 작동하고 있었다는 증거를 제시하는 것은 아직도 가능한 일이다. Stuart 시대에 보고된 여러 재판에서 그 사건을 담당한 치안판사(justice)가 피고인의 유죄입증을 위한 주된 증인이었고, 그리고 그가 범인을 검거하기 위해 취한 조치들을 상세히 진술했었다. 다음이 그 사건들이다.

1664년에 Colonel Turner는 그의 부인 그리고 세 아들과 함께 주거침입 절도로 재판을 받았다.[2] 그 사건의 주된 증인은 그 도시의 부시장인 Sir Thomas Aleyn이었다. 그는 다음과 같이 말했다. "Mr. Francis Tryon(절도를 당한 사람)이 나에게 그 사건을 조사하는 일을 맡겼다. 나는 그 집으로 가서 2명의 하인 즉, 남자와 여자 하인을 조사했다. 그들을 조사한 결과 그들은 춤 교습소에서 저녁 외식을 했고 카드놀이를 했다는 것을 알았다. 남자 하인은 일 년 정도 전부터 약 20회 또는 30회에 걸쳐 Turner 집에서 저녁을 먹었다고 자백했다. 하녀는 그들이 그 집에 간일이 전혀 없다고 이를 부인했다. 그러나 그곳에서 저녁을 먹었다는 남자의 진술이(비록

---

1) 이 주제는 Mr. Lea의 Superstition and Force, Philadelphia, 1878, p. 371-522에 자세히 설명되어 있다. Mr. Lea에 의하면 고문은 14세기, 15세기 그리고 16세기를 통하여 점차적으로 대륙 전체에 도입되었다고 한다. 이는 로마법의 부활과 관련이 있다.
2) 6 St. Tr. 619, 630.

거짓말이기는 하지만) Colonel Turner에게 혐의점을 두게 된 첫 번째 이유였던 것은 사실이다. 이들 2명에 대한 조사를 마친 뒤 나는 Turner를 조사하기 위해 그의 집으로 갔다. 그는 그날 하루 종일 집에 있었다. 나는 그전날 저녁에는 어디에 있었느냐고 물어보았다. 그는 나에게 여러 장소와 선술집을 이야기하였고 9시에 잠자리에 들었으며, 잠자리에서 불려나온 것이라고 하였다. 그에 대한 의심을 지울 수 없었지만 나는 그에게 물러가라고 했다. 나는 Tryon에게 비록 Turner가 절도범인은 아니라 하더라도 그가 그 도난품이 어디에 있는지는 알고 있는 것 같다고 말했다." Aleyn은 그 후 Turner를 고발했다. "그는 범행을 부인했지만, 당당하게 부인하는 것이 아니었고, 그로 인하여 나는 그를 더 의심하게 되었다." 그는 그 후 Turner의 집을 수색했지만, 아무 것도 발견하지 못했다. 그러나 다음 날 다른 한 사람의 부시장이 그에게 정보를 주었고, 그에 따라 Turner를 추적하여 Minories에 있는 상점까지 따라간 결과, 그 상점에서 훔친 돈의 일부로 보여지는 돈을 Turner가 소지하고 있는 것을 알았다. 그는 Turner에게 그에 대한 설명을 하라고 압력을 가하면서 Tryon에게 모든 것을 실토하라고 종용했다. Tryon이 소추를 하지 않겠다고 하자 Turner는 훔친 물건이 어디에 있는지 알고 있다고 말했고, 모든 방법을 동원하여 다그치자 그는 그의 아내로 하여금 훔친 Tryon의 보석 여러 개를 내어놓도록 하였으며, 그에 따라 최종적으로 그와 그의 부인을 Newgate 교도소로 보냈다. 간단히 말한다면 Aleyn은 수사의 전 과정을 통해 과도한 열정으로 행동하였던 것이지, 치안판사의 권한으로 무장한 치밀한 탐정으로 행동한 것이 결코 아니었다. 그는 그가 취한 모든 절차과정을 상세히 적어 법원에 제출하였고, 이는 너무나 신속한 것이었다.[1] "목요일에", 판사 중 한 명이 말했다, "절도가 있었고, 금요일에 그가 조사를 받았으며, 토요일에 돈이 회수되고 그리고 그날 저녁 보석들이 회수되었으며, 그는 교도소로 보내졌다."

Mr. Thynne 살해로 재판을 받은 Coningsmark 백작과 그의 대리인이라는 자들에 대한 유명한 사건에서[2] 예심담당 치안판사인 Sir John Reresby가 비슷한 역할을 했다. 그가 막 잠을 자러 갈려고 할 때 "Mr. Thynne의

---

1) 6 St. Tr. 572-575.
2) 9 St. Tr. 1, 그리고 the Memoirs of Sir John Reresby, p. 235-241.

시종이 범인추적의 외침(hue and cry)을 허락해 달라고 하면서 나를 찾아왔고, 곧이어 Monmouth 공작의 심부름꾼이 찾아와 공작의 마차를 보낼테니 마차를 타고 Mr. Thynne의 숙소에 있는 그의 주인에게 가보라고 하였다." Reresby는 즉시 Mr. Thynne의 집으로 가 여러 명의 혐의자를 수색할 수 있는 영장을 발부했다. 마침내 스웨덴 사람 하나가 Reresby 앞으로 붙잡혀왔고, 그는 Thynne과 싸움을 한 독일인 선장을 시중들었다고 자백했다. 그 스웨덴 사람으로부터 들은 정보를 바탕으로 "나는 몇몇 집을 아침 6시까지 수색하는 등 범인을 추적하면서 거의 밤을 센 뒤 내 스스로 Leicester Fields에 있는 스웨덴 사람인 의사의 집으로 선장을 찾아가 먼저 방으로 들어갔다." 그 후 체포된 다른 혐의자들이 그 집으로 끌려와 심문을 받았고,1) 그들은 King in Council에서2) 몇 개 사항에 대하여 더 심문을 받은 뒤 마침내 Old Bailey3) 재판에 회부되었다.

Reresby의 자서전(memoirs)에는 그가 비슷한 역할을 담당하였던 다른 사건들이 언급되어 있다. 예컨대,4) 1683년 7월 6일의 경우에는 Rye House Plot에5) 관하여 언급한 뒤 그는 다음과 같이 말하고 있다. "런던을 출발하여 스코틀랜드로 가고 있던 스코틀랜드 사람 6명이 내무장관의 명령에 따라 Ferry Bridge에서 정지를 당한 뒤 치안판사로부터 가벼운 신문을 받았는데, 나는 그들로 하여금 나에게 더 많은 자백을 하게 했다. 나는 자백받은 것을 내무장관에게 보내고, York Castle로 보내진 다른 스코틀랜드 사람에 대한 신문사항도 보냈는데, 그는 매우 위험한 악한으로 밝혀졌다."

1681년에 George Busby가 가톨릭 사제가 되었다는 이유로 Derby 순회법원에서 재판을 받았다.6) 그의 혐의를 입증할 주된 증인은 그 주의 치안판사인 Mr. Gilbert로, 그는 Busby의 집에 여러 번 갔었고 그곳에서 Busby가 가톨릭 사제라고 의심하게 되었다고 하면서 그 내용을 장황하게 설

---

1) 9 St. Tr. pp. 122-124.
2) [역주] 추밀원에 자문하여 행동하는 국왕을 King in Council이라 하는데, 여기서는 추밀원을 가리키는 것으로 보인다.
3) [역주] 런던의 Old Bailey에 있는 중앙형사법원(Central Criminal Court)을 말한다.
4) Memoirs, p. 281.
5) [역주] 1683년 발생한 Charles 2세와 그 아우(후에 James 2세가 됨)에 대한 암살을 모의한 사건. 모의가 발각되어 Whig 당이 탄압을 받았다.
6) 8 St.Tr. 525.

명했다. 한번은 "그가 심홍색 능직천의 가톨릭 사제복을 입고 있었고, 그 집에는 접혀져 있는 가톨릭 사제의 영대, 수대(가톨릭 신자들은 이렇게 부른다), 성석, 가톨릭 중백의, 한 박스의 가톨릭 성체, 미사 책 그리고 다양한 다른 가톨릭 물건들이 있었다." 그는 이 모든 것을 가지고 Derby 순회법원으로 가져가 이를 판사에게 보여주었고, 판사는 이들을 불태우라고 하였지만, Mr. Gilbert는 "이들을 다시 같은 장소에 2-3일 더 보내 신부의 혐의를 더 확실하게 하기를 원한다고 판사에게 간청하였다." 그에 따라 그는 다시 돌아가 아주 세밀한 수색을 실시했다. 그 집에 있는 사람들을 따로 한 명씩 만나 대화를 하던 중 마침내 굴뚝 부근에 있는 기묘하게 꾸며진 은신처에서 범인을 찾아내 Derby로 데려갔다. "그곳에서 나는 그를 신문한 뒤 수감영장(mittimus)을 만들어 그를 Derby 교도소에 수감했다."

종종 형사로서의 역할까지 수행하는 치안판사가 혐의자를 약식으로 그리고 비밀리에 신문하여 재판에 회부하는 이러한 경우보다 더 혐의자를 거칠게 다룬 일은 과거 형사재판절차에서는 없었다고 나는 생각한다. 이러한 일은 가톨릭음모사건(Popish Plot)으로[1] 재판을 받은 피고인들이 늘 제기하였던 가장 자연스럽고 합리적인 불만의 주제였다. 그들은 아무런 경고도 없이 붙잡혔고, 그들이 체포된 때로부터 재판을 받기 위하여 법정에 끌려 나가는 그 순간까지 외부와 격리된 채 그들의 유죄입증을 위한 증거가 무엇인지도 모르고 있었다.

여기에 강렬한 밝은 빛을 비추어 준 것이 "반란죄와 반란범죄은닉죄에 대한 재판을 규제하기 위한" 유명한 법률(7 & 8 Will. 3, c. 3), 그리고 Act of Union with Scotland(7 Anne, c. 21) 제14조이다.[2] 이들 법률 중 첫 번째 법률은 반란죄로 고발된 사람은 누구나 재판을 받기 5일 전까지 기소장 전체의 사본을 송달받아야 한다고 규정하고 있다. 두 번째 법률은 기소장 사본의 송달기간을 재판 전 10일로 연장하고 그리고 기소장 사본이 송달됨과 동시에 "재판에서 기소장을 입증하기 위해 출석할 증인 그리고 배심원의 이름과 직업, 주소가 기재된 명단을 제공하여야 한다"고 규정하고 있다. 이는 공평무사를 위한 아주 예외적인 노력으로 평가되었다.

---

1) [역주] Titus Oates 등이 Charles 2세를 암살하고 가톨릭 부활을 꾀하였던 반란음모 사건으로, 이 책 p. 240 이하에서 사건 내용을 자세히 설명하고 있다.
2) 개정된 법률에서. 다른 판에서는 제11조이다.

초기의 업무관행

이러한 사실에 비추어 볼 때 심지어 18세기가 시작되고 Stuart 왕조 시대 국가 재판을 경험한 이후에도 필사의 노력을 경주하여 재판을 받는 피고인으로서는 그의 유죄를 입증할 증거가 무엇인지 미리 알아야 한다는 당연한 내용을 규정하는 입법이 이루어지지 않고 있었으며, 그리고 피고인에게 증인의 이름을 알게 하는 것조차도 너무나 큰 이익이기 때문에, 입법자 자신 또는 그들의 친구와 친척들도 고발될 수 있는 그러한 범죄로 고발된 피고인에게는 그러한 이익이 당연히 보장되어야 한다는 생각을 하지 못하고 있었다는 것을 반증한다. 많은 의회의원들이 정치적 성격을 띠고 있는 범죄에 대한 재판은 총체적으로 불공평해서는 안 된다는 것에 직접적인 이해관계를 갖고 있었지만, 그들은 양을 훔치거나 주거침입절도 그리고 살인죄로 고발된 사람들에 대한 운명에 관해서는 비교적 무관심했다.

그러나 실무를 맡고 있는 치안판사들의 업무관행은 치안판사에 따라 서로 상이하였을 것으로 보이고, 정치적인 이유 또는 다른 이유이건 간에 관계없이 피고인을 외부와 단절시킬 특별한 이유가 없었다면 피고인은 재판회부로부터 재판을 할 때까지 사이에 그의 친구를 만나고, 그리고 그가 할 수 있는 재판준비를 하는 것이 허용되었다. 청교도에 가담한 Colledge에 대한 재판에서 Sir John Hawles(William 3세 시대의 법무차관)는 살인과 그리고 다른 모든 범죄에서 피고인은 재판 전에 변호인과 상의하는 것이 항상 허용되고, 그리고 그러한 사건에서 모든 피고인은 변호인과 자유롭게 사적으로 접촉할 수 있으며, 이러한 사정은 17세기 정치적인 사건의 재판에서 준수되었던 방식들이 강력하게 반영된 것이라고 말했다.[1] 이러한 변칙적이고 체계적이지 못한 착한 품성에 따라 피고인은 그들의 불만을 표출함에 있어서 실무상 커다란 불이익을 감수하지 않아도 되었지만, 1849년까지도 피고인은 그에게 어떠한 불리한 증거가 제시될지 이를 미리 알 수 있는 법률상의 권리를 갖고 있지 못하였던 것이 분명하다. 이에 관한 하나의 사례를 설명하려고 하는데, 비록 이러한 사정을 알려주지 않고 있는 다른 많은 사건들보다 더 중요한 것이기는 하지만, 기록으로 남아 있지 않고 또한 사법적 판단의 주제도 되지 않은 그러한 통상의 형사절차 내용을 밝혀내는 것이 실제 기대하는 바와 같이 그렇게 쉽지는 않았다.

---

1) 8 St. Tr. 723-726, 732.

서면진술서에 관한 현대적 업무관행

John Thurtell은 1823년 10월 24일에 William Weare를 살해하였다는 범죄혐의로 1824년 1월 6일,[1] 그리고 7일에 재판을 받고 1월 9일에 처형되었다. 1823년 10월 31일 the Times 신문에 치안판사의 심문이 저녁 10시 30분에 시작되었다는 기사가 실렸다. "피고인들에 대한 모든 증거를, 적어도 잠시 동안만이라도, 피고인들에게 알려주지 않는 것이 최상의 방책이라고 생각하여 피고인들을 심문실 안으로 들여보내지 않았다." Thurtell은 그 후 불려 들어와 소추담당 사무변호사(solicitor)인 Mr. Noel로부터 많은 질문을 받았다. 그 후 Hunt(Thurtell의 공범)는 분리되어 심문을 받으면서 범죄 전부를 자백했다. 치안판사 면전에서 행해진 심문 내용은 신문에 그대로 게재되었고, 이 주제와 관련하여 판사(Mr. Justice) J. A. Park는 대배심을 비난(charge) 하면서 다음과 같이 그의 평을 내어놓았다.[2]

"이들 치안판사 면전에서 작성된 진술조서(deposition)는 그 많은 내용이 이미 언론에 공개되었고, 심지어 그에 대한 주석과 논평까지 나와 있다고 그는 이해하고 있다(그는 그 사실을 전혀 알지 못하고 있었다고 반복하고 있기 때문에 이런 식으로 말하고 있다). 그에게 첫 번째 잘못으로 보였던 것은, (그는 그것이 전혀 의도되지 않았다는 것에 대하여 아무런 의심도 하지 않았고, 또한 그러한 논평을 함에 있어 다른 사람의 감정을 상하게 하려는 의도는 전혀 없었다), 치안판사가 그가 진행하는 형사절차를 취재하기 위해 찾아온 사람을 그의 사적인 방에 들어오도록 허용했다는 것이다. 그는 치안판사의 권한 중 직권적인 권한과 사법적인 권한 사이에는 매우 큰 차이가 있다고 보았다. 즉, 치안판사가 사법적으로 그의 직무를 수행하는 경우에는 그 자신과 그의 학식 있는 법조 동료들의 행위와 마찬가지로 그의 직무를 일반 공중의 감시와 판단의 대상이 되도록 공개해야 했다. 그러한 공개에 대해서 그는 반대하지 않았다. 왜냐하면, 판사로서 그가 말하는 모든 것은 알려져야 하고 그리고 공평하게 공중의 토론에 부쳐지기를 희망했기 때문이다. 그는 그 자신이 가끔 실수를 한다는 것을 알고

---

1) Mr. Chitty가 개입하여, Epiphany 축제일에 재판의 일부가 개최되었다는 이유로 재판절차의 무효를 주장하며 판결 선고를 저지했다.
2) 그 내용은 1823년 12월 5일자 the Times에 게재되었고, 또한 당시 재판에 관한 2개의 인쇄물이 있는데, 그 중 하나가 Inner Temple 도서관에 있다. 이들 두 인쇄물은 실제 the Times에 게재된 것을 재인쇄한 것으로 보인다.

있었다. 그는 인간이었고 인간이면 누구나 실수로부터 빠져나올 수 없기 때문이다.[1] 그러나 그가 직권적으로 업무를 수행할 때, 그가 활발하게 직권적으로 심문을 할 때에도 이들 절차를 다른 사람들에게 알리고 세상에 공표하는 것이 적절한 것인가? 그는 조사를 하고 심문을 하여야 했다. 그의 조사와 심문이 비밀리에 행해져야 하는 것인가 아니면 공개적으로 행해져야 하는 것인가? 이러한 경우 어떠한 방식으로 하는 것인지에 관하여 이 나라 법률은 200년 이상 이를 규정하고 있다." (실제 269년이다) "Philip and Mary 법률은 치안판사 면전에서의 진술은 해당 주(county) 순회형사법원의 위임을 받아 해당 범죄에 대한 재판을 하는 판사에게 보낼 수 있도록 서면으로 작성되어야 한다고 규정하고 있다. 피고인이 진술조서를 보지 않았다는 것을 고려하여 이를 판사에게 보내지 않는 것이 올바른 방안인지 여부와 관련하여, 그는 그의 말을 듣게 되는 모든 사람들의 경험에 호소할 수 있고 그리고 판사로서의 그의 경험이 그에게 무엇을 가르쳐주었는지 알고 있다. 소추인이나 그의 변호사는 진술조서에 접근할 수 있지만, 고발당한 당사자는 아니다. 만일 후자가 그에 접근할 수 있다면 그 결과는 어떻게 될 것인가? 그는 그의 유죄를 입증할 증거로 제공될 모든 것을 알게 될 것이고, 이러한 이익은 전혀 의도된 것이 아님에도 왜 그에게까지 그것을 확장하여 적용하여야 하는가."

이러한 사정에 첫 변화가 생긴 것이 1836년 제정된 Prisoners' Counsel Act(6 & 7 Will. 4, c. 114 법률 제4조)에 의해서인데, 이 법률은 재판을 받는 모든 사람은 그의 범죄를 입증하기 위해 작성된 모든 진술조서를 그들의 재판에서 열람할 권리가 있다고 규정하고 있다. 1849년 11 & 12 Vic. c. 42 법률 제27조에 의하여 피고인은 진술조서를 사본할 수 있게 되었다. 이러한 변화는 아마 법률에 대한 점증하는 불공정 감정에 기인한 것으로 보인다. 또한 이러한 법률의 변화가 구체적으로 나타나기 이전에, 앞에서 자세히 설명한 바와 같은 정규 경찰의 창설로 치안판사가 사실상 새로운 지위를 갖게 된 것이 그 이유일 수 있을 것이다. 비록 불완전하기는 하지만 범죄를 수사하는 정규의 경찰이, 처음에는 도시에 그리고 이어 시골에 이

---

[1] 이러한 관찰은 꾸며낸 것으로 보기에는 너무나 특유한 성질의 것이고, 따라서 보고서의 진정성을 담보하는 것이다.

르기까지, 창설되면서 치안판사는 자연히 더욱더 사법적인 지위를 갖게 되었다. 이제 치안판사 앞에서의 심문은 본질적으로 사법적인 것이다. 물론 그것이 너무 사법적인 것이 아니냐 하는 의구심, 그리고 그것이 다른 또 하나의 재판을 의도하고 있는 것이 아닌가 하는 의구심도 당연히 받아들이고 있다. 하지만 이러한 경향은 피고인이 모든 증인을 치안판사 면전에 부를 수 있도록 하고 또한 피고인이 그들 증인을 그의 재판에 출석하도록 강제할 수 있게 하며 나아가 그 비용까지 나라에 부담시킬 수 있는 권한을 주고 있는 30 & 31 Vic. c. 35 법률에 의하여 더욱 확실하게 보강되었다. 피고인이 가난하여 증인을 부를 수 없다는 것은 곤란하다는 생각에 권한의 범위를 넓힌 것이다. 이러한 생각이 입법의 중요한 이유가 되었고, 또한 부수적인 편의도 가져왔으며, 또한 이로 인하여 법률은 과거의 것보다 더 정교한 것이 되었다.

지난 세기가 지나가면서 치안관(constable)의 지위 변화와 병행하여 그리고 그와 밀접한 관련을 가지고 치안판사의 지위에 변화가 발생했다.

모든 종류의 지방행정업무는 특히, 사법행정과 관련한 지방행정업무는, 다행히도 모든 시기를 통하여, 그리고 현재에도 마찬가지이지만, 교육과 사회적 지위를 통하여 이러한 행정업무를 수행하기에 적합한 자격을 갖고 있는 다수의 사람들이 명예로운 열정과 취미로 하는 업무였다. 그러나 누구도, 보수를 받지 않는 한, 그의 모든 시간을 치안판사의 직무에 헌신하기를 기대하지 않았고, 그리고 인구가 조밀한 지역의 경우 처리할 일이 너무 많아 자신의 시간을 모두 바쳐 일하는 자에 의하지 않고는 업무를 제대로 수행할 수 없다. 더욱이, 법률이 점점 더 정교해지고 사법적 입증의 기준이 올라가면서 치안판사의 업무를 제대로 수행하기 위해서는 전문지식이 계속 더 많이 요구된다. 그러나 이러한 고려사항들은 느린 걸음으로 서서히 인식되어 온데다, 무보수의 자발적 참여제도의 매력이 너무나 강했기 때문에 오늘날에 이르기까지 거의 모든 주와 대부분의 도시에서, 치안판사는 무보수로 일하고 있다. 하지만 대도시의 경우 그리고 몇몇 다른 지역에서 다음에서 보는 바와 같은 단계를 따라 다른 제도가 도입되었다.

18세기 대부분을 통하여 도시(City)에 포함되지 않았던 런던에서 치안판사의 업무는 수수료(fee)로 거의 대부분의 보수를 받는 치안판사에 의해 수행되었다. 수수료가 정확히 어떠한 것이었는지, 어떠한 법률에 의하여 그들의 보수 수령이 정당화되었는지에 관하여 나로서는 말하기 어렵고, 또한 알아볼 필요도 없는 일이다. 이 주제와 관련한 이후의 입법을 소개하면서 그 당시의 사정을 말해주는 한두 개의 이상한 기록을 소개하는 것이 의미 있는 일일 것이다.

1754년 Henry Fielding은[1] 그의 치안판사로서의 경력을 말하면서 다음과 같이 쓰고 있다. "문지기와 가난한 자들의 싸움을 부채질하기보다는 조정하는 방법으로(이 말을 하면서 내 얼굴이 붉어지는데, 이러한 일은 당시 보편적으로 행해지던 것이 아니었다), 그리고 의문의 여지없이 돈을 낼 능력이 전혀 없는 사람으로부터 돈을 받는 것을 거부함으로써, 이 세상에서 가장 더러운 돈이라 할 수 있는 연간 500파운드의 수입을 연간 300파운드로 감축했고, 이 돈의 상당 부분을 나의 서기(clerk)에게 남겨주었다. 하지만 이 돈을 전부 서기에게 주도록 되어 있는 바에 따라 설사 그렇게 한다 하더라도 하루 24시간 중 16시간을 이 세상에서 가장 메스꺼운 공기에다 가장 유해한 장소에서 일하고 있는 서기에게는 아주 적은 보수에 불과할 것이다. 그로 인하여 나의 서기는 그의 도덕심이 오염되지는 않았지만, 그의 건전한 몸을 해치게 되었다."

그는 그의 글 각주에서 다음과 같이 진술하고 있다. "내 전임자는 종종 연간 1,000파운드를 그의 사무실에서 벌었다고 자랑하곤 했다. 그러나 어떻게 그것이 가능했는지(실제 그가 그와 같이 벌었다면) 나에게는 불가사의한 일이었다.[2] 지금은 나의 서기인, 그의 서기가 나에게 말하기를 내가 그 어느 때 보다도 더 많은 일을 하고 있다고 말했다. 나는 내가 그 어떤 사람이 갖고 있는 일과 비교하더라도 그 사람만큼 많은 일을 갖고 있다고 확신한다. 진실은 이렇다. 수수료를 내게 되어 있는 사람의 수수료가 너무 적고, 그리고 별 대가도 없이 너무 많은 일을 하기 때문에 한 사람의 치안판사가 20명의 서기를 고용하여야 할 정도로 많은 일을 하더라도, 치안판사는 물론 서기들도 그들의 노력에 비해 많은 돈을 받을 수 없다. 따라서 내가 매년 정부의 공적자금으로 연금을 받고 있다는 것을 대중에게 말한

---

1) Introduction to Journal of a Voyage to Lisbon, Works, 7. p. 230, 1775년판.
2) 이는 그가 뇌물을 받은 것을 암시하는 것으로 읽혀진다.

다 하더라도 대중은 내가 비밀을 누설하지는 않았다고 생각할 것이다." 그는 그 후 항상 그의 업무를 보조해왔던 그의 동생에게 치안판사직을 물려주고 사임했다고 말한다.[1]

Fielding과 같은 사람이 그러한 지위에 있었다는 것은 참으로 우연한 일로서 희귀한 일이었다. 천재적인 사람은 어디에서나 예외적인 존재이지만, 치안판사는 적어도 신사 그리고 영예로운 사람이어야 하고 실제 오늘날 치안판사가 그러하다. 하지만 지난 세기 런던의 치안판사는 그러하지 아니했다. 유명한 Bow Street runner인[2] Townsend가, 당시 그는 1782년부터 34년 이상 경찰에 근무해오고 있었다, 1816년 의회 위원회에 "거래를 하는 치안판사(trading justice)"의 전형적인 모습에 관하여 보고했다.[3] "경찰 관련 법률이 제정되기 이전인 그 당시 그것은 수입이 발생하는 거래를 하는 일이었다. 그러한 이유로 그 당시에는 이런 치안판사(Justice This)와 저런 치안판사(Justice That)가 있었다. Litchfield Street의 Welch 치안판사는 당시 위대한 사람이었고, 나이가 많은 Hyde 치안판사, Girdler 치안판사, Clerkenwell Green에서 거래를 하는 판사인 Blackborough 그리고 나이 많은 철물상 판사가 있었다. 그 방식은 영장을 발부하여 거리의 모든 불쌍한 사람들을 잡아들인 다음 보석으로 석방하면서 그들로부터 각 2실링 4페니를 받아 치안판사가 갖는 것이었다. 따라서 100명의 매춘부를 잡아들이면 합계 11파운드 13실링 4페니를 만들 수 있었다. 그들 중 누구도 교도소로 보내지 않았고, 그들을 보석으로 석방하는 것이 훨씬 더 좋았다."

이러한 추문에 따라 32 Geo. 3, c. 53 법률이 제정되었고, 이 법률에 따라 각 3명의 치안판사가 배속되는 7개의 관청이 Middlesex와 Surrey에 설치되었다. 수수료는 수납계원이 받게 되었다. Middlesex와 Surrey에서는 다른 치안판사가 허용되지 않았고, 새로운 치안판사 관할구역에서 수수료

---

1) 이 동생이 장님 치안판사로 다년간 잘 알려진 John Fielding이다. Henry Fielding의 아들 William Fielding 또한 런던의 치안판사였다. 그는 Westminster에서 지난 50년 동안 치안판사로 일하였다고 1816년 하원의 한 위원회에서 증언했다.
2) [역주] Bow Street Runner는 런던에 처음 생긴 일종의 직업 경찰관을 칭하는 말이다. 치안판사인 Henry Fielding에 의해 1749년 창설되었고, 창설 당시 인원은 6명이었다. 경찰은 자신들을 폄하하는 말이라고 생각하여 Bow Street Runner라고 부르지 않았지만, 런던 시민들은 경찰의 별칭으로 이 말을 사용했다. 1839년 해체되었다.
3) Report of 1816, p. 139, 140.

를 받는 것은 무거운 형벌에 처해졌다. 치안판사들은 각자 400파운드의 보수를 받았다.

이러한 실험은 매우 성공적인 것으로 드러났다. 런던 지역의 유급치안판사(stipendiary)와 관련하여, 판사의 수, 보수 그리고 관할구역과 권한 모두가 반복하여 증가되었다. 그들은 이제 아래 주)에서 언급하고 있는 법률들에1) 의하여 규율된다. 이들 법률에 따라 여왕은 런던에 수석 치안판사는 연봉 1,800파운드, 그리고 그 이외의 치안판사는 연봉 1,500파운드로 하여 각 20명 이하의 치안판사를 갖는 13개의 경찰 치안법원을2) 설치할 권한을 갖게 되었다. 그들은 7년 이상의 경력을 갖고 있는 법정변호사(barrister)여야 한다. 이들 치안판사 각자는 Middlesex, Surrey, Kent, Essex 그리고 Hertfordshire의 치안판사이고, 수석 치안판사는 이외에도 Berkshire의 치안판사이기도 하다.3) 런던에서의 성공적인 실험에 따라 다른 큰 도시에도 비슷한 현상이 일어났다.

부속 법률에 기초한 자치 도시(borough)의 지방의회는 (5 & 6 Will. 4, c. 76 법률 제99조에 따라)4) 유급치안판사를 임명할 수 있고, 이때 지방의회는 치안판사가 받을 보수를 정하여 국무장관의 승인을 받아야 한다. 26 & 27 Vic. c. 97 법률에 의하여 비슷한 권한이 25,000명 이상의 주민이 살고 있는 지역의 지방자치단체에도 주어졌다.

그러나 심지어 읍구(town)의 경우에도 다수의 치안판사가 무급이었다. 런던 시(City of London)의5) 경우 시장과 부시장들이 헌장에 따라 치안판사였고, 또한 지방자치법의 적용을 받지 않는 88개의 소규모 지방자치단체에도 헌장에 의한 치안판사가 있다. 지방자치법(5 & 6 Will. 4, c. 76 법률)에 따라 자치 도시(borough)에서는 시장이 당분간 직권상 치안판사를 겸

---

1) 2 & 3 Vic. c. 71 제1, 3조, 11 & 12 Vic. c. 42 제31조, 33 & 39 Vic. c. 3(보수에 관해).
2) 현재는 11개가 있다. 즉, 1, Row Strrt 2, Clerkenwell 3, Lambeth 4, Marlborough Street 5, Marylebone 6, Southwark 7, Thames 8, Westminster 9, Worship Street 10, Hammersmith와 wandsworth 11, Greenwich와 Woolwich.
3) [역주] Middlesex, Surrey, Kent Essex, Hertfordshire와 Berkshire는 런던을 둘러싸고 있는 주들로서 이들 주의 각 일부가 런던(Greater London)에 포함되어 있었다.
4) 1883년 1월 1일 이후에는 45 & 46 Vic. c. 50 제161조에 따라.
5) [역주] City of London은 런던 중앙부 구 시가지를 말한다. 런던(Greater London)은 City of London 및 28개의 자치 도시(borough)로 구성되어 있다.

보 석

하며, 임시직 지방법원 판사(recorder)의 직위가 있는 경우에는(제57조) 그 지위까지 겸직한다(제104조). 그리고 여왕은 자치 도시로부터 7마일 이내에 거주하는 사람들 중에서 적절한 수의 치안판사를 임명할 권한을 갖는다(제98조).[1]

이러한 연유로 예비심문과 피고인의 재판회부 또는 보석에 관한 업무는, 대도시의 구 그리고 다수의 대규모 읍구와 인구가 많은 지역에서는 예심판사로 일하는 훈련받은 법률가들에 의하여, 자치 도시에서는 시장과 임명된 공무원, 그리고 국왕에 의하여 임명된 보수를 받지 않는 다른 치안판사들에 의하여 처리된다. 런던 시의 경우에는 헌장에 따라 시장과 부시장들에게 그 권한이 위임되고, 지방자치법의 적용을 받지 않는 자치 도시에서는 헌장이나 특정한 사람들 사이에서만 효력이 있는 법률의 규정에 따라 다양한 종류의 공무원이 임명되며, 그리고 지방의 나머지 지역에서는 국왕에 의하여 임명되어 보수를 받지 않고 직무를 수행하는 지역 유지들이 그 업무를 처리한다.

고발기각, 보석[2] 또는 재판회부

치안판사에 의해 행해지는 예비심문의 다음 단계는 혐의자에 대한 고발기각, 보석 그리고 재판회부(committal)이다. 혐의자에 대한 고발기각이나 재판회부에 대한 법률에 관해서는 자세히 설명할 필요가 없다. 치안판사가 예심을 담당하는 판사로 정해지고, 그에 따라 혐의자를 구금할 정당한 근거가 있는지의 여부에 대한 문제를 처리하는 임무를 맡게 되는 순간 그는 한편으로는 고발기각의 권한을, 다른 한편으로는 재판회부의 권한을 갖게 된다는 것은 명백한 일이다. 예비심문의 전체적인 목적은 고발기각 또는 재판회부를 결정하는 것이었고, 그에 따라 예비심문의 역사는 사실상 이러한 문제를 사법적 방식으로 결정하는 단계의 역사였다. 보석에 관한 법률은 별도의 독립된 역사를 갖고 있다.

특정한 사건에서 보석으로 석방될 수 있는 권리는 영국의 법률 그 자체만큼 오래된 것으로 이는 우리의 초기 저술가들에 의해서도 명시적으로 확인된 것이다. 형사사법이 아직 유치한 단계에 있을 때 체포라는 것은 적

---

1) 1883년 1월 1일 이후에는 45 & 46 Vic. c. 50 제155조.
2) Digest of the Law of Criminal Procedure, 제136-140항.

- 254 -

보 석

어도 주지사가 순회재판을 할 때까지, 그리고 더 중한 사건의 경우에는 순회판사가 도착할 때까지, 예심을 거치지 않고 혐의자를 구금하는 것을 의미하는 것인데다, 재판은 수년간 지체될 수 있었기 때문에 구금으로부터 임시로 석방될 수 있다는 것은 무엇보다도 더 중요한 문제였다.

이러한 권리는 Glanville에[1] 의해 간단하고 일반적인 용어로 인정되고 있다. 그는 다음과 같이 말한다.[2] "따라서 피고인의 운명은 국왕의 소추인에 의한 경우인지 아닌지에 따라 결정된다. 피고인이 출석하였지만 소추인이 이를 공적 고발인(publica accusat)에게만 보고하기로 결정한 경우 처음부터 피고인은 적절한 서약을 받고 석방되거나 또는 교도소에 감금된다." 만일 특정의 고발인이 있는 경우에는 "우리가 이전에 말한 바와 같이 소추인이라 불리는 사람을 위하여 통상 서약이 이루어진다. 그러한 서약이 없는 경우 교도소에 감금된다. 중죄로 고발된 피고인은 모든 경우에 석방되는 것이 일반적이다. 다만 법률에 대하여 위협이 되는 살인범에 대해서는 예외이다." Bracton은 여러 군데에서[3] 보석을 언급하고 있지만, 내가 보기로는 그의 논문 De Corona에서 말하고 있는 내용[4] 즉, 주지사는 피고인에 대한 보석을 결정함에 있어서 사안의 중요성, 피고인의 성격 그리고 증거의 비중을 고려하여 재량권을 행사하여야 한다는 것이 가장 일반적인 설명이다.

이러한 권위 있는 아주 오래된 고전들은 그 서술 내용이 조금 일반적인 것에 불과하기는 하지만, 그럼에도 Edward 1세 치세로부터 우리 시대에 이르기까지 보석에 관한 법률의 역사를 추적하는 것은 가능하다.

주지사(sheriff)는 그 지방에서 국왕을 대표하는 자였고, 특히 형사사법의 운용과 관련한 모든 행정업무의 집행에 있어서 그 책임자였다. 이러한 자격에서 주지사는, 내가 이미 설명한 바와 같이, 혐의자를 체포하여 구금하였고, 적절하다고 생각되는 경우에는 혐의자에 대한 보석도 받아들였다.

---

1) [역주] Ranulf de Glanville(1112-1190)은 King Henry 2세(1154-1189) 당시 영국의 수석재판관을 역임한 자로, Tractatus de Legibus et Consuetudinibus(Treatise on the Law and Customs of the Kingdom of England)의 저자이다.
2) Lib. 14. c. 1.
3) 반란의 경우, 2. 261 ; 살인, 2. 283 ; 보석 절도, 2. 287 ; 강간, 2. 289 ; 상해, 2. 288 그리고 293 참조.   4) p. 302.

보석에 관한 3 Edw. 1, c. 12 법률

주지사의 재량권은 정확하게 정의되지 않았고, 그로 인하여 커다란 권한의 남용이 초래되자, Westminster the First 법률(3 Edw. 1, c. 12, 1275년)이 제정되었다. 이 법률이 550년 동안 보석에 관한 법률의 주된 기초가 되었다. 이 법률은, 주지사나 기타의 사람은 "중죄(felony) 혐의를 받는 사람을 체포하여 구금한 뒤 보석으로 석방이 가능한 사람은 즉시 보석(replevin)으로 석방하고, 보석으로 석방하는 것이 불가능한 사람은 계속 구금하여야 한다. 왜냐하면 이들을 석방하는 것은 일방 당사자에게 이익을 주고 상대방 당사자에게는 고통을 주기 때문이다"고 규정하고 있다. 이 법률은 또한 이 시점까지는 누가 "보석석방이 가능하고 누가 불가능한지가 아직 결정되어 있지 않고 다만, 보석이 불가능한 자들로는 사람의 죽음과 관련된 죄로 잡혀온 자 또는 국왕이나 또는 그의 재판관의 명령에 의하여(by commandment of the king or of his justices)[1] 잡혀온 자 또는 산림을 침해한 죄로 잡혀온 자들이 있을 뿐"이라고 규정하고 있다. 이어서 이 법률은 일정 부류의 사람들은 "통상의 영장에 의하더라도" 보석이 불가능한 것은 물론 "영장 없이" 하는 보석도 불가능하지만, 그러한 부류에 속하지 않는 자들은 "충분한 보증금을 받고, 그들의 물건을 돌려주지 않은 상태에서, 석방하며 그에 대한 책임은 주지사가 진다"고 규정한다.

보석이 인정되지 않는 자는 (위 법률에서 분명하게 규정하고 있는 4부류의 사람들에 더하여) (1) 법률상의 보호를 박탈당한 피고인들 (2) 조국을 영원히 버릴 것이라고 선서한 자(그리고 그러한 죄로 유죄를 인정한 자) (3) 범죄를 시인 한 자(자백을 통하여) (4) 장원(manour)을 소유하고 있으면서 체포된 자 (5) 교도소를 부순 자 (6) 공공연히 비난받아 잘 알려진 도둑과, 절도를 시인한 자로부터 청원(고발)을 당한 도둑 (7) 중죄(felony)에 해당하는 방화죄로 체포된 자 (8) 위조화폐로 체포된 자 (9) 국왕의 인장을 위조한 죄로 체포된 자 (10) 주교의 요청에 따라 파문되어 체포된 자 (11) 현행범 (12) 국왕을 직접 해치는 반역죄를 범한 자들이다. 반면 보석으로 석방될 수 있는 자는, (1) 주지사나 직무를 집행 중인 집행관 앞에서

---

1) Coke는 수고스럽게도 이는 "by a court of justice"를 의미하고 국왕은 이를 통해서만 행위를 하는 것이라고 알려주고 있다(2nd Inst. p. 186). 그리고 Hale, P.C. 131 참조. 이는 매우 건전한 헌법상의 원칙으로 보이지만, 이는 "or of his justices"라는 말을 엉터리로 만들고 있다.

내려진, 다시 말해 주지사의 순회재판이나 영주 법원에서 내려진, 배심 (inquest)의 평결에 따라 절도죄로 기소된 자 (2) 가벼운 혐의 (추측컨대, 기소될 때마다) (3) 절도 전과가 없는 자로서, 12페니를 초과하지 않는 가치의 물건을 훔친 가벼운 절도범 (4) 중죄자로부터 물건을 받은 자 또는 중죄를 행함에 있어 이를 명령하거나 강제 또는 도와준 자(즉, 중죄의 전후를 통하여 이를 방조한 경우) (5) 생명 또는 손이나 발 등 신체의 일부를 잃는 것과 관계없는 범죄 즉, 일반적인 경죄(misdemeanour)로 유죄판결을 받는 자 (6) 입증할 자가 사망한 후 그 사람에 의하여 고발된 자(통상의 절도가 아니거나 시민권을 박탈당한 자가 아닌 경우)이다. 법률은 혐의만으로 (예컨대, 범인추적의 외침) 체포된 자에 대하여 보석이 인정되는지 여부에 관하여 명백히 규정하고 있지 않다. 법률은 주지사에 의해 잘못 석방된 중죄(felony) 범인이 "rettes"(이는 "detected(붙잡힌)"로 번역된다)[1] 된 경우에도 적용된다. 이 말은 피고인이 이미 기소되었다는 것을 의미하는 것인지, 아니면 일반적으로 고발을 받았다는 것을 뜻하는 것인지 그리고 이러한 권한을 행사함에 있어 주지사에게 재량권이 있었는지 여부에 관하여 나로서는 말할 수 없다.

후자의 법률은 판사는 모든 경우에 그가 주재한 재판에서 기소된 자에 대해서만 일차적으로 보석을 허가할 수 있다는 가정을 전제로 제정된 것으로 보이지만, 법률의 내용과 관계없이 지난 5세기 반 동안 Westminster 법률이 어떤 범죄가 보석이 가능한 범죄인지 여부를 결정하였다. 주지사의 보석에 관한 권한을 마지막으로 규율한 법률은 23 Hen. 6, c. 9 법률(1444년)이다. 이 법률은 보석을 거부하는 것은 잘 알려진 권한의 남용이라는 방식으로 특정한 사건에 대한 주지사의 보석을 요구한다. 이 규정은 같은 법 제7장과 관련하여 읽어야 하는데, 이 조문은 1년 이상의 주지사 직위를 부인하고 있는 법률들을 열거하면서, 이들 법률이 자주 무시되었지만 이를 다시 확인하며, 주지사가 이 규정을 위반하는 경우 일반 고발인으로부터 200파운드의 벌금에 처해질 수 있는 소송을 당할 수 있다고 규정한다.

---

1) Mr. Stubbs는 그의 용어풀이에서 "Retare, Rettare, to accuse, from the Norse rett, an imputation or accusation"이라 말한다. 이는 곧 rectum을 생각나게 하는 rectatus 와 만나게 되었다.

보석에 관한 치안판사의 권한

그러나 1275년과 1444년 사이에 주지사의 권한은 치안판사에게 상당히 많이 이양되었는데, 치안판사는 연속적인 법률에 의하여 피고인에 대한 보석 권한을 부여받았다. 4 Edw. 3, c. 1 법률(1330년)은 기소된 피고인이나 치안유지자(keeper of peace)에 의하여 체포된 피고인은 주지사에 의해 보석으로 석방될 수 없다고 규정하고 있다. 34 Edw. 3, c. 1 법률(1360년)은 치안판사에게 아주 일반적인 형식으로 보석의 권한을 부여하고 있다. 1 Rich. 3, c. 3 법률(1485년)은 매일 많은 사람들이 일부는 범의(malice)만으로 그리고 "때로는 가벼운 의심만으로" 체포되어 구금되고 있다고 하면서 "모든 치안판사들에게 이들을 마치 그들이 주재하는 재판에서 기소된 것인 양 보석으로 석방할 수 있다"고 규정하고 있다. 이 법률에 의하면 Edward 3세 법률은 마치 재판(session)에서 기소된(indicted) 사람들에게만 적용된 것으로 보인다. Richard 3세의 법률은 단지 3년 동안만 효력이 있었다. 3 Hen 7, c. 3 법률(1486년)에는 보석으로 석방될 수 없는 자들이 "종종 정당한 법률의 형식에 위반하여 치안판사들에 의하여 보석으로 석방되고 있다고 하면서 그로 인하여 많은 살인범들과 중죄인들이 도주하고 있다"고 되어 있다. 그러한 연유로 이 법률은 보석을 허가할 수 있는 권한은 2명의 치안판사에 의해서만 행사되어야 하고, 이때 치안판사는 다음 기일 또는 미결수재판일(gaol delivery)까지만 피고인을 보석으로 석방하며, "그러한 내용을 치안판사의 다음 기일 또는 다음 미결수재판기일에서 확인한다"고 규정하고 있다. 같은 법률에는 "중죄로 감옥(gaol) 또는 교도소에 수용되어 있는 피고인들을 관리하는 권한이나 권력을 갖고 있는 모든 주지사, 특권재판구의 집행관 그리고 다른 모든 사람들은" 다음 미결수재판법정에 그들이 구금하고 있는 모든 피고인들의 이름을 증언해주어야 하며, "그에 따라 이들 이름은 일람표로 만들어져야 한다"고 규정하고 있다. 이러한 조치가 Henry 7세에 의한 활발한 사법행정의 일부를 구성했고, 장미전쟁으로 인하여 발생한 혼란을 수습했다. 이들은 내가 이미 언급한 성실법원(Star Chamber)과 관련된 법률(3 Hen. 7, c. 1)이 그 일부로 되어 있는 법률에 포함돼 있다. 이들은 치안판사에게 위임된 권한이 얼마나 큰 것인지 그리고 그것이 남용되는 경우 얼마나 큰 불행한 결과가 초래되는지를 보여준다. 초기의 법률에 있어서는 1명의 치안판사가 어떤 범죄자도 보증금에 관계없이 보석으로 석방할 수 있었고, 보석을 허가한 순회법원(court of oyer and terminal)에 대한 경고 같은 것도 없었다. 그 결과 이는 범인에 대한 무죄방면으로 이어질 염려가 있었고, 실제 그러한 일이 종종 일어났다. 보석의 경우 2명의 치안판사가 관여하도록 한 것은, 비록 큰 것은 아니지만, 어느 정도 안전판 역할을 하였을 것이다.

이미 언급한 Philip and Mary 법률(Phil. & Mary, c. 13)에 의하여 확립된 제도는 훨씬 더 엄격했다. 그것이 사실상 예비심문의 기원이 되었는데, 예비심문은 실무상 우리의 전체 형사재판제도에 있어서 가장 중요하고 특징적인 것의 하나가 되었다. 하지만 그것은 본래 치안판사와 치안판사 면전에 끌려오는 형사 피고인들 사이의 공모(collusion)를 방지하기 위한 장치로 의도된 것이었다. 이 법률은 Henry 3세의 법률이 제정되기 이전에는 "한 사람의 치안판사가 보석을 결정하는 사안에 관하여 2명의 은밀한 협의체(privy)나 소위 말하는 판사 당사자(justice party)를 구성하지 않고 자신의 이름과 동료 치안판사의 이름으로, 이 나라의 법률에 의해서는 보석을 허가할 수 없는 그런 대단하고 가장 유명한 범인들에 대하여, 종종 사악한 노력과 수단을 통하여 마음대로 보석을 하였고, 그리고 그러한 과정에서 그들의 편견을 숨기고 그들 판단의 근거에 대하여 서명하였으며, 이는 오로지 중죄 혐의자를 위한 것으로, 이로 인하여 범인은 처벌을 받지 아니하고 도망을 가게 된다"고 열거하고 있다. 이어 이 법률은 피고인이 보석으로 석방될 경우에는 반드시 증인의 진술서가 작성되어야 하고, 이는 법원에 제출되어야 하며, 이러한 의무를 이행하지 않은 치안판사는 벌금에 처해진다고 규정한다.

이 법률은 주로 치안판사의 비행에 대한 안전판으로 의도된 것이라는 사실, 그리고 형사사법의 운용을 개선하기 위한 목적도 있었다는 것이 분명하긴 하지만 그로 인해 이루어진 그 운용의 개선이 이 법률의 주된 목적이 아니었다는 사실이 이 법률의 독특한 성격을 설명해주고 있다. 그것은 피고인이 보석으로 석방된 사안에만 첫 번째 법률이 적용되는 사정을 설명해준다. 피고인이 교도소에 수감되는 경우라면 치안판사가 그에게 부당하게 이익을 줄 것이라는 의심을 가질 이유가 없고, 따라서 그러한 이익을 줄 것을 염려하여 특별한 예방책을 강구할 필요가 없었다. 또한 그것은 런던과 법인격을 갖고 있는 다른 읍(corporate town)들 그리고 Middlesex 주가 이 법률의 적용에서 예외가 된 사정도 설명해 준다. 부시장 또는 헌장에 의한 다른 치안판사가 있는 대규모 읍과 인구가 상당히 많은 지역은 시골보다 공모(collusion)의 염려가 적었을 것이다.

이들 법률은 누가 보석이 가능하고 누가 불가능한 것인지에 관한 문제가 Edward 1세 법률에 의하여 정해져 있다고 보고 있다.[1] 물론 그들 사이에 특히, 내가 여기에서 설명할 필요가 없는 살인사건에 대한 보석과 관련하여, 약간의 불일치가 없는 것은 아니다. 특정한 범죄와 관련하여 17세기와 18세기에 수많은 법률들이[2] 제정되었지만, 1826년 형법을 통합하기 위한 첫 시도라고 할 수 있는 7 Geo. 4, c. 64 법률이 제정될 때까지 이 주제에 대한 일반적인 규정은 없었다. 이 법률은 위에서 언급한 모든 법률을, 그들 규정이 보석에 관한 것인 한, 폐지시키고 그 주제에 관한 다른 규정들을 두었는데, 이 규정들 또한 현재 효력을 갖고 있는 11 & 12 Vic. c. 42 법률 제23조 규정에 의하여 대체되었다. 이 법률은[3] 예심담당 치안판사는 그의 재량에 따라 중죄(felony)로 고발되거나 또는 아래 주)에서 언급하고 있는 경죄(misdemeanour)로[4] 고발된 그 누구도 보석으로 석방할 수 있다

---

1) 2 Hale, P. C. 138-140.
2) 이들 법률에 대하여는 이를 폐지시킨 조항인 7 Geo. 4, c. 64 법률 제32조 참조.
3) 이 법률에 따라 1인의 치안판사가 보석을 할 수 있다. 7 Geo. 4, c. 64 법률에 따라 복잡한 조절장치가 만들어졌지만, 여기에서는 주목할 필요가 없다.
4) 1. 중죄를 범할 의도의 폭행 2. 중죄미수 3. 사기 및 사기미수 4. 도품이나 사기 피해품을 취득한 경죄 5. 위증 또는 위증 교사 6. 어린아이 출생의 은폐 7. 고의적인 또는 외설적인 신체노출 8. 소요 9. 임금을 올리기 위하여 공모한 폭행 10. 직무집행 중인 경찰관에 대한 폭행 11. 치안을 담당하는 공무원으로서의 의무 해태 또는 위반 12. 소추비용을 지방세에서 부담하는 경죄.
  11 & 12 Vic. c. 42 법률이 제정될 당시(즉, 1848년) 비용에 관한 주제에 있어서 제일 중요한 법률은 7 Geo. 4, c. 64 법률 제23조이었다. 이 법률은 10개의 특정 경죄 즉, 11 & 12 Vic. c. 42 법률 제23조에서 규정하고 있는 경죄에 대하여는, 다만 어린아이 출생을 은폐하는 것은 제외하고, 법원이 그 소추비용을 허용할 수 있도록 규정하고 있다. 이로 미루어보아 1848년에는 법원이 11 & 12 Vic. c. 42 법률 제23조에서 언급하고 있는 이외의 경죄에 대해 소추비용을 지급할 수 있는 규정이 효력을 발하고 있었던 것으로 보인다.
  하지만, 나는 여기에 대하여 세세하게 그 내용을 알아볼 필요는 없다고 생각한다. 어찌되었건 7 Geo. 4, c. 64 법률에 규정되어 있는 구절의 의미는, 비록 이를 명시적으

보석에 관한 기타의 법률

(또는 보석을 허가하지 않고 교도소에 구금할 수 있다. 물론 이 내용은 명시적으로 언급되어 있지 않지만)고 규정하고 있다. 그 결과를 간단히 말한다면, 치안판사는 그의 재량에 따라 중죄 또는 명예훼손, 거명된 이외의 공모행위, 불법집회, 야간침입 그리고 치안방해죄를 제외한 통상의 경죄로 고발된 자를 보석으로 석방할 수 있고 보석을 거부할 수도 있다는 것이다. 이들 사안에서 그리고 특별법이 규정하고 있는[1] 경죄의 경우에는 보석이 거부될 수 없다. 반란죄의 경우에는 국무장관이나 고등법원의 명령 없이는 보석이 인정되지 않는다.[2] 이 법률에는 일반적인 사항이 충분히 잘 나와 있고, 재판에 회부된 이후 충분한 보증금을 낼 수 있다면, 예심판사의 생각으로는, 누구를 보석으로 석방하여야 하는지와 같은 보석 허부에 관한 일련의 규정들이[3] 들어 있다.

　이러한 내용들이 범죄로 고발되거나 범죄 혐의를 받고 있는 자에 대한 치안판사의 보석과 관련한 현행 법률의 역사이지만, 이러한 역사를 완성시키기 위해서는 현재는 효력이 없는 이들 법률의 파생물들을 간단히 언급할 필요가 있다. 우리는 오늘날 보석을 허가할 의무가 있는 치안판사가 정당한 사유 없이 이를 거부할 것이라고 두려워할 이유는 사실상 없다.

로 말하고 있지는 않지만, 당분간 효력을 발하고 있는 법률에 의하여 법원은 모든 경죄에 대한 소추비용을 인정할 수 있다는 것으로 추정된다. 1848년 이래 이러한 효력을 갖는 여러 법률이 제정되었다. George 4세의 14 & 15 Vic. c. 55 법률 제2조에 의하여 그 효력이 다음 경죄들까지 확장되었다.

1. 10세(현재 12세) 이상 12세(현재 13세) 미만의 소녀와의 불법적이고 육욕적인 성적 교섭과 능욕행위.
2. 16세 미만의 소녀 유괴행위.
3. 음모로 다른 사람을 중죄혐의로 고발하거나 중죄로 기소(indict)하는 행위.
4. 중죄를 범하기로 하는 모의행위.

24 & 25 Vic. c. 96, 제121조(절도), c. 97, 제77조(재물손괴), c. 98, 제54조(위조), c. 100, 제77조(대인범죄)에 의하여 법원은 이들 범죄로 처벌되는 자들에 대한 소추비용을 인정할 수 있게 되었다. Coinage Act, 24 & 25 Vic. c. 99, 제42조에도 이러한 내용의 더욱 특별한 규정이 있다.

1) 이 주제는 앞으로 살펴보겠다. 수많은 경죄들이 정신병에 관한 법 그리고 상선법 등에 있어서와 같이 행정조치위반에 대한 제재의 수단으로 만들어졌다.
2) 11 & 12 Vic. c. 47 법률 제23조(마지막에).
3) 제23조와 제24조. 이 법은 가장 유용한 법률이지만, 이 법을 읽다보면 절망에 빠지게 된다. 내용 배열의 원칙은 일관성이 없고 내용 또한 장황하고 핵심이 결여되어 있다.

그러나 형사사법의 초창기 주지사(sheriff)의 경우에는 사정이 그러하지 않았다. 불명확한 법률 그 자체가 주지사에게 광범위하고 분명치 않은 재량권을 부여하였을 뿐 아니라 그들의 권한이 너무나 막강하였기 때문에 그들은 심지어 평범한 사건에 있어서도 법률의 규정을 무시했다. 그에 따라 주지사로 하여금 그들의 의무를 수행하도록 명하는 국왕의 영장이 필요했다. 이러한 영장이 여러 개 있었는데 그들 중 가장 중요한 것들이 writ de homine replegiando(인신석방의 영장), writ de manucaptione(조건부석방의 영장) 그리고 writ de odio et atiâ(증오와 원한의 영장)이다.

이들 영장은 대법관부(chancery)에서 주지사나 검시관에게 발부되었다. 만일 첫 번째 영장이 집행되지 않는 경우에는 "alias"라 불리는 두 번째 영장이 발부되었고, 이 또한 집행이 되지 않으면 "pluries"라 불리는 세 번째 영장이 발부되었다. 마지막 조치는 구속영장(attachment)이었고, 그에 따라 명령을 이행하지 않은 주지사나 그러한 의무를 이행하지 않은 다른 관리가 구금되었다. 그는 "alias"나 "pluries"가 발부될 때까지 그 지체에 대하여 벌금형에 처해질 수도 있었다. writ de homine replegiando는,[1] 비록 구금할 법률적 권한을 갖고 있지 않은 사람에 의해 불법적으로 구금된 사람의 경우에도 적용되기는 하였지만, Statute of Bail(3 Edw. 1)에 의하여 보석이 가능한 범죄로 재판 전 구속된 피고인의 경우에만(적어도 3 Edw. 1 이후에는) 적용되는 것이었다. 불법 구금이 있는 경우 주지사는 구금된 사람이 "eloigned"(elongatus, 그가 발견될 수 없는 곳으로 멀리 끌려갔다)되었다고 보고하고, 그 보고를 근거로 영장이 발부되며 주지사는 이 영장에 따라 체포자를 "in Withernam", 다시 말해 그가 구금되어 있는 사람을 내어놓을 때까지 그를 구금할 수 있었다.

writ "de manucaptione"는 중죄 혐의로 체포되어 보석을 신청하였지만 불허된 사람이 "manucaptors" 또는 "mainpernors(보석)"를 신청한 사안에 적용되는 영장이다. 보석(bail)과 조건부석방(mainprise)의 차이는 오래전부터 쓸모없는 것이 되어버렸다. 그에 따라 Hale은 다음과 같이 말하기도 했다.[2] "보석과 조건부석방은 종종 같은 의미로 혼용되어 사용되곤 하며, 보

---

1) 그것은 여러 가지 형식 예컨대, 통상의 범죄를 위한 것, 산림범죄를 위한 것 등이 있었다. FitzHerbert의 De Natyrâ Brevium 그리고 2 Hale, Pleas of the Crown 참조.
2) 2 Hale, Pleas of the Crown, p. 124.

석은 traditus J. S. 조건부석방은 manucaptus per J. S. 등으로 사용되기는 하지만, 실제 그 말들은 거의 동일한 것을 의미한다. 그러나 적절히 그리고 법률적인 관점에서 보면 그들은 서로 다른 것이다. 1. 조건부석방은 항상 일정한 금액의 보증금을 전제로 하는 보증금석방(recognizance)이지만 보석은 항상 그러한 것은 아니다. 2. 조건부석방만으로 석방된 자는 구금에서 벗어나는 것이지만, 보석으로 석방된 자는 법률상 아직 구금되어 있는 것으로 간주되고, 따라서 보석을 허가한 당사자는 법률상 피고인의 간수(keeper)로서 그를 다시 구금하기 위하여 다시 체포할 수 있다." 두 영장에 대한 용도의 차이가 Hale에 의하여[1] 설명되어 있지만, 나에게는 매우 애매모호한 것이다.

writ de odio et atiậ는[2] 살인사건 사안에 적용되는 것이고, 그 영장 자체가 특이하고 세련되지 않은 절차이기 때문에 이상한 역사를 가지고 있다. Bracton은 다음과 같이 말한다.[3]

어떤 사람이 살인죄로 고발을 당하여 구금되면, "그러한 수사는 통상 구금된 자가 사람의 죽음에 대하여 유죄인지 여부 그리고 그러한 행위가 증오와 원한에 의하여 저질러진 것인지를 밝히는 방식으로 행해진다." 구금된 자가 유죄로 인정된 때에는 보석이 인정되지 않았다. 하지만 심문관(inquest)은 다음과 같이 말했다. "증오와 원한에 의한 살인의 경우에는 어떠한 증오나 원한을 가지고 있었는지 여부에 대하여 신중한 수사가 이루어졌다. 왜냐하면 그에는 여러 종류가 있기 때문이다. the &c[4] 그리고 집행관은 수사를 하면서 살인의 이유로 아무 것도 드러나지 않는 경우에는 그리고 그렇게 하는 것이 적절한 경우에는 사건을 기각할 수도 있다."

이러한 이상한 구절은 우리 자신들의 시대에 그렇게 많은 문제를 야기하고 있는 악의(malice)에 관한 문제가 우리 법률의 유아기에 있어서도 역시 문제가 되었다는 것을 암시하고 있다.

---

1) 2 Hale, Pleas of the Crown, p. 140.
2) Malice(악의). "Anglo-Saxon 용어로는 'hatung'으로 보이고, 이 말에서 영어의 'hate' 그리고 독일어의 'haet'. . . 또는 그리스어인 'ἅγη'이 유래되었다." (Ducange).
3) Bracton, 2. p. 292-296.
4) sheriff이나 coroner로 추측된다. 여기에서의 "the &c"는 vicecometes의 약자인 "vic"를 Sir T. Twiss 판에서 오기(misprint)한 것이다. 그래야 문맥이 명백해진다.

물론 형사소추를 하는 자에게 증오(hatred)나 원한이 있었다는 이유만으로 피고인에게 보석을 허가하는 것이 마땅하지 않다는 것은 명백한 일이다. 소추의 근거가 고려되어야 했다. 그 근거로서 성실하게 검증되어야 할 것은 아마도 피고인에 대한 유죄의 증거이다. 그리고 "odium et atya(증오와 원한)"는 의심을 하는 데 상당한 근거가 있었는지의 여부를 어렴풋이 나타내는 단순한 법률상의 허구일 뿐이었다. 만일 어떤 사람이 살인을 하는 것을 목격하고 그 살인자를 증오하게 되었다면 그의 증오는 그 살인범에 대한 소추를 저지하는 이유가 될 수 없을 것이다. 만일 소추인이 소추의 근거를 들지 못하는 경우 그가 증오로 인하여 피고인을 구금하였다고 말하는 것이 부자연스럽지 않을 것이다. 만일 범죄에 대한 증거가 있었다면 악의는 실체가 없는 것이다. 증거가 없었던 경우라면 악의가 추단되었다. 그에 따라 악의를 조사한다는 구실로 핵심 쟁점인 충분한 증거가 있는지의 여부에 대한 조사가 행해졌다.

사정이 어떠하든지 간에 살인의 경우에는 언제나 이러한 영장의 효력으로 예심재판이 이루어진 것이 명백하고, 예심의 결과에 따라 피고인을 최종 재판을 받을 때까지 보석으로 석방해야 할 것인지 아니면 교도소에 구금해 두어야 할 것인지가 결정되었다. 만일 그가 악의에 의하여 고발되었다는 것이 밝혀지면, 그는 12명의 보증을 전재로 보석으로 석방되었다. "보석으로 석방되려고 하는 자는 우선 우리의 재판관 앞에서 B의 죽음에 대하여 일응의 답변을 하여야 한다."[1]

writ de odio et atiâ는 대헌장(Magna Charta)에도[2] 언급되어 있지만, Foster는 이 영장이 1278년 6 Edw. 1, c. 9(Statute of Gloucester)법률에 의하여 폐지되었다는 의견이다(그에 대한 근거들에 비추어 볼 때 이는 정당한 것으로 보인다).

Coke는 어떤 책의 한 구절에서 이 영장이 28 Edw. 3, c. 9 법률에 의하여 개괄적으로 폐지되었다가 42 Edw. 3, c. 1 법률에 의하여 부활되었다고 하지만, 나는 그가 이를 잘못 알고 있는 것이라고 생각한다. 그는 다른 곳

---

1) Bracton, 2. p. 295-297.
2) "앞으로 생명과 신체를 조사하기 위한 영장의 발부에 있어서는 그 대가를 주거나 받을 수 없다. 이 영장은 대가 없이 발부되며 절대로 거부되지 아니한다." Stubbs, Charters, p. 301. Magna Charta, 제36조.

에서는 이 영장이 Gloucester 법률에 의하여 폐지되었다고 하는 등 그의 의견에는 모순이 있다. 좌우간 이 영장은 지난 수세기 동안 쓸모없는 것이 되었다.[1]

　　주지사와 검시관에게 발부되었던 이들 영장들은 단 한 번도 가장 중요한 영장으로 인정받지 못하였고, 아주 초기부터 (비교적 오래되지 않은 시기에 이들 영장의 사례가 몇 개 있었던 것은 사실이지만)[2] 사용되지 않았던 것이 명백하다. 아주 초기 시대로부터 상급 법원과 대법관은 인신보호영장을 발부할 수 있는 권한을 갖고 있었고,[3] 이 영장은 다른 어떤 영장들보다도 더 간단하고 직접적인 방법으로 그 영장들이 추구하는 목적을 달성할 수 있었기 때문이다.

　　위법한 구금에 대한 보호 장치로 간주되는 인신보호영장(writ of habeas corpus)의 역사는 형법의 역사에 포함되는 것이라고 보기 어렵다. 이는 매우 잘 알려진 것이고 우리의 역사상 가장 역동적인 시기와 관련이 있다. 따라서 여기에서 이를 자세히 설명할 필요는 없을 것이다. 상급 법원이 대역죄(high-treason)를 포함한 어떠한 범죄의 경우에도 보석을 할 수 있는 권한을 갖고 있었다는 것에 관하여는 특별한 역사가 없다. 그 권한이 논쟁의 대상이 되었다거나 그에 대한 수정이 있었다는 것을 나는 알지 못한다. 아주 오래 전부터 항상 있어 왔던 것이 정확하게 그 내용 그대로 현재에도 존재하고 있다.

---

1) 이 영장에 관해서는 2 Hale, P.C. 148, Coke, 2nd Inst. 421, on Magna Charta, c. 26, p. 315, on the Statute of Gloucester, c. 9, 그리고 Foster, 284-285 참조.

2) 예컨대, 8 State Trials, 1347에 있는 1682년 Witmore 납치사건, 그리고 1350-1385 쪽에 인쇄되어 있는 2개의 인신보호영장(writ de homine replegiando) 기록 참조. 또한 3 St. Tr. 95에 기재되어 있는 Hampden과 그 이외의 다른 사람들을 위하여 청구된 인신보호영장 사건에서 Selden의 주장에 나와 있는 진술 참조. Lord Grey of Werke 사건에서는 그가 유혹하여 데려간 처제 Lady Henrietta Berkeley를 석방하라는 명령의 writ de homine replegiando가 발부되었다. 9 St. Tr. 184 참조.

3) 민사법원과 재정법원(Courts of Common Pleas and Exchequer)은 원래 인신보호영장을 청구한 사람이 그러한 영장을 받을 수 있는 사람이거나 또는 인신보호영장을 발부하는 법원에 제소되어 있는 것으로 의제하여 영장을 발부해야 했다. 2 Hale, P.C. 144 참조. 그러나 16 Chas. 1. c. 10 법률 제6조에 따라 민사법원이 이 문제에 대한 고유한 관할권을 취득하였고, 31 Chas. 2, c. 2 법률에 따라 3개 법원 모두가 이 영장을 발부할 권한을 부여받았다.

여기에서 언급할 필요가 있는 이와 관련된 유일한 문제는 1679년의 Habeas Corpus Act(31 Chas. 2, c. 2)의 몇 개 규정들이다. 이 법률은 구금영장에 명백히 표시된 반란죄나 중죄 이외의 범죄로 구금된 자는 대법관(Lord Chancellor)이나 보통법 법원(Common Law Courts)의 판사로부터 인신보호영장을 발부받을 수 있다고 규정하고 있다.

영장은 교도관에게 제출되며, 영장에는 비용과 같은 것에 대한 조건이 첨부될 수 있고, 3일 이내에 이 영장에 대한 답변이 있어야 한다. 답변을 검토한 판사는 피고인을 보석으로 석방할 수 있다.

11 & 12 Vic. c. 42 법률에는 인신보호법에 관하여 아무런 언급이 없고 따라서, 많은 경우 예심담당 치안판사(committing magistrate)가 경죄를 범한 피고인에 대한 보석을 거부할 수 있기는 하지만, 그 사안에 관한 내용을 전혀 모르고 있는 판사(judge)는 경죄를 범한 자가 인신보호영장을 청구하는 경우 무조건 보석을 허가해야 하는 것처럼 보인다. 실제 제2조의 말미와 같은 사안에 대처하기 위한 모호한 규정이 있기는 하지만, 이 법률은 세상에 알려진 만큼 그렇게 제대로 제정된 법률이 아니다.

제 8 장 형사재판절차에 관한 법률의 역사
- 고발과 재판의 방식 -
- 청원, 신판, 배심재판 -

이번 장의 서술 주제는 영국에서 과거 풍미했던 고발과 재판의 방식에 관한 역사이다. 이들 고발의 방식은 사적 고발과 공적 고발이고 재판의 방식은 결투재판, 신판(trial by ordeal), 배심재판, 성실법원(Star Chamber)의 재판 그리고 내가 이미 말한[1] 유사한 법원에 의한 재판이다.

사적 고발인에 의한 고발-청원(appeal)

고발과 재판은 서로 밀접하게 연관되어 있기 때문에 실제 목적을 위해서는 이들을 동시에 고려하는 것이 편리하다.

노르만 정복 이래 형사사건에 있어서는 3개의 재판방식이 있었다. 신판, 결투재판과 배심재판이 그것이다. 그리고 또한 고발의 경우에도 3개의 방식이 있었다. 일반 사인에 의한 청원(appeal) 또는 고발(accusation), 대배심에 의한 기소(indictment) 또는 고발(accusation) 그리고 법무장관 또는 국왕의 형사소추담당자(Master of the Crown Office)에[2] 의하여 행해지는 고발(information)이 그것이다.[3]

---

1) 제6장 서술 참조.
2) [역주]고등법원 여왕좌부 서기(clerk)를 말한다. 일반 사인의 고발(information)에 기하여 국왕(Crown)이 명의상의 소추인이 되는 경우 그 소추를 담당하였다.
3) 만일 면책선서 재판(compurgation)까지 계산한다면, 4개의 재판 방식이 된다. 비록,

이러한 고발과 재판의 방식에 관한 역사는 편리하게 하나의 제목으로 관련시켜서 설명할 수 있을 것이다. 결투재판(trial by battle)은 청원의 경우에 행해지는 것이기 때문에, 일반 사인에 의한 청원 또는 고발의 역사와 결투재판의 역사는 함께 가는 역사이다.

초기에는 범죄로 피해를 입은 사람이 형사사법에 의지하게 되는 주된 이유가 그의 사적 복수심이었다는 사실이 영국 형법과 관련하여 가장 큰 특색이었고, 또한 이러한 사실은 형법이 어느 정도 개인 사이의 민사소송과 유사한 것인지와 관련하여 영국 형법의 명백한 특이성으로 간주되고 있는 것과 분명하고도 많은 관련성을 갖고 있다.

이러한 점이 아주 이른 초기에는 청원에 관한 법률이 형법의 가장, 또는 가장이라는 말에 가깝게, 중요하고 유명한 부분이었다는 사정을 보여준다. 그들과 관련된 정교한 절차의 내용이 Bracton의 책 De Corona의 많은 부분을 차지하고 있으며 또한 Briton의 첫 번째 책 상당 부분도 차지하고 있는데, 이 책은 주로 이와 같은 주제에 관하여 설명하고 있다. 이들 저자들, 특히 Bracton은 이 주제와 관련하여 아주 상세하게 설명하고 있는데, Bracton은 특히 서로 다른 청원의 종류를 각 장으로 나누어 설명한 뒤 청원을 할 수 있는 다양한 범죄의 정의, 주지사에 의한 영장의 형식 그리고 오늘날 관심을 모두 상실한 그 이외의 다른 문제들과 함께 섞어 이를 설명하고 있다.

반란, 살인, 치안과 상해(de pace et plagis)에 관한 죄, 신체훼손, 불법구금에 의한 치안방해, 강도, 방화 그리고 강간 사건에 있어서 청원 절차의 내용은 다음과 같다. 청원은 1명의 검시관(coroner) 면전에서 하거나 또는 2명 이상의 검시관 면전에서도 할 수 있었다. 청원을 하는 자는 검시관 면

이 재판의 흔적이 백인촌 법원이나 장원 법원(manor court)에 남아 있기는 하지만, 이 재판 방식은 노르만 정복 이후 살아남지 못하였다. 교회 법원의 경우에는, 앞으로 설명하는 바와 같이, 1640년까지 이 재판의 방식이 계속되었다. 민사소송에서는 "wager of law"라는 형식으로 명목상 남아 있다가 1834년 3 & 4 Will. 4, c. 42 법률 제13조에 의해 폐지되었다. 이 재판이 마지막으로 적용된 것은 King v. williams(2 B. and C. 538, 1824년) 사건이다. 단순한 계약위반에 관한 이 소송에서 피고는 11명의 "면책선서인(compurgator)을 소환하려고 하였고, 이에 원고는 그 소송을 취하했다." 이 주제와 관련해서는 Pike의 History of Crime에 많은 내용이 실려 있다. 참고문헌들이 색인에 수집되어 있다.

전에서 청원을 받는 자가 그 자신을 방어할 수 있도록, 시간과 장소 그리고 범죄의 상황에 관한 다양한 관련 사실과 특정한 범죄의 내용을 정확하게 그리고 엄격하게 형식을 갖추어 진술해야 했다.[1] 이 진술은 검시관에 의하여 기록되고 청원을 하는 자는 이후의 절차 단계에서 이 진술에 엄격하게 기속된 것으로 보인다. 다음 단계는 청원을 받은 자의 출석을 확보하는 것이다. 그 절차는 청원을 연속적으로 5개의 주 법원(county court)에서 공표하는 것이다. 다섯 번째 주 법원의 공표에도 나타나지 않는 경우, 그 결과로 그는 법익을 박탈당한 자(outlawry)가 되었다. 여기에 관한 정교한 규칙이 있었고, 또한 법익을 다시 부여받는(inlawry) 정교한 반대절차도 있었는데, 그에 따라 법익박탈의 효력이 상실되면 청원을 받은 자는 자기 자신을 방어하는 것이 허용되었다.

청원을 당한 자가 판사(justice) 면전에 출석하는 경우 그는 아주 다양한 항변이나 이의를 제기할 수 있었고, 그에 관한 자세한 내용이 Bracton의 책에 아주 많이 나와 있다. 그는 다음의 것들을 즉, "만일 다음과 같은 이유로 청원이 그 방식을 제대로 갖추지 못한 경우 즉, 책임을 질 사람이 누구인지, 누구에게 피해가 발생할 것인지, 누가 범인추적의 외침을 그때 즉시 발하였는지, 범인추적의 외침이 이웃 마을에까지 전달되었는지, 그곳에서 범행과 피해를 자백하였는지에 관해 청원인이 적절한 방식을 따르지 않은 경우", 이를 "ista generalis exceptio et prima(일반적이고 주된 항변)"으로 기술하고 있다.[2] 그 이외에도 많은 다른 항변들이 있고, 그들 중 하나에 해당하는 것이 특별한 설명 없이 그 장(chapter)의 중간에 소개되어 있는데, 이 항변이 실제로 인정되는 경우 청원은 상대적으로 의미 없는 것으로 귀결되었음이 명백하다. "청원자가 보거나 들은 것을 그대로 말하지 않는 경우 그는 패배한다".[3] 그러나 만일 이 내용이 Bracton 당시의 법률이었다면, 이는 그 후 효력을 상실한 것으로 보아야 할 이유가 있다.

청원을 받은 자가 청원을 인정하지 않거나, 인정을 하였다 하더라도 적절한 인정으로 보기 어려운 경우에는, 당사자 사이에 결투가 벌어졌다.[4] 그러나 판사는 직권으로 그 사건의 상황을 조사하여야 하고(어떻게 조사하

---

1) Bracton, De Corona, p 424-433. 2) Bracton, De Corona, 2. p. 425.
3) Bracton, De Corona, 2. p. 434. 4) Bracton, De Corona, 2. p. 442.

는지에 관하여는 명백하게 서술되어 있지 않다), 조사 결과 청원을 당한 자에 대하여 "상반되는 증거가 인정되지 않는 경우, 사체 옆에서 피가 묻은 칼을 갖고 있다가 체포된 경우, 사체가 발견된 경우, 이전에 살인의 전과가 있는 경우 또는 살인을 할 만한 성격의 소유자인 경우에는" 결투를 허용하지 말아야 했다.[1] 청원을 당한 자가 별이 뜨기 전에 결투에서 진 경우 그는 교수형에 처해졌다. 그가 이기거나 별이 뜰 때까지 자신을 방어하였다면 그는 청원에서 무죄가 되었다. 하지만 청원은 그에 대한 유죄의 추정으로 간주되었기 때문에, 그는 마치 기소된(indicted) 것과 마찬가지로 재판을 받아야 했다.[2]

Edward 1세 시대인 1291년 쓰여진 Britton의 Account of Appeals에는[3] 이와 약간 다른 내용이 있고 실무는 이와 약간씩 달랐을 것은 명백하지만, 이러한 내용을 여기에서 자세하게 설명할 필요는 없을 것이다. 이 법률에 관한 정교한 내용이 Hawkins의 Pleas of the Crown에[4] 나와 있는데, 이 책은 이러한 제도가 실질적으로 사라진 이후 나온 것이다. 다만 여기에서는 새로운 소송(fresh suit)이 아니라는 항변은 Gloucester 법률(6 Edw. 1, c)에 의하여 인정받지 못하게 되었고, 그에 따라 1년 1일의 기간 이내에는 청원이 허용되었다는 내용 정도를 언급할 수 있을 것이다.

청원의 역사에서 주된 요점은 다음과 같다. 반란사건에 있어서 청원은 의회(Parliament)로 가져가는 것이 적절했다(그렇게 보인다). 이에 대하여는 내가 이미 그들 내용과 방법을 소개했고, 이는 1 Hen. 4, c. 14 법률에 의하여 폐지되었다. 그 법률은 오직 왕국(realm) 내에서 일어난 반란의 경우에 한해서 적용된다. 왕국 외에서 일어난 반란에 대한 청원의 경우에는 그 법률에 의한 영향을 받지 않고, 이들 청원은 치안관(constable)이나 집행관(marshall)에게 하였다. Lord Rea가 David Ramsey를 상대로 하는 그러한 청원이 1631년 실제로 제기되었고,[5] 그에 대하여 결투가 명해졌지만

---

1) Bracton, De Corona, 2. p. 452. 2) Bracton, De Corona, 2. p. 448.
3) 1 Britton (by Nicholls), 97-125.
4) BK. 2. 제23장. 제2권. p. 223-281, ed 1824. 이 책은 18세기 초에 쓰여졌다.
5) 3 St. Tr. 483-519. 이 사건의 각주에 민사소송에 있어서의 다른 몇 개 결투재판이 언급되어 있다. 민사소송에 있어서 마지막 결투재판에 참가한 사람이 Liburn으로, 그는 Charles 1세와 Cromwell 치하에서 "Free-born John"으로 알려진 John Liburn의 아버지였다.

죽음과 관련한 청원

국왕이 치안관과 집행관에게 지시한 결투명령을 철회함으로써 그 문제는 종결되었다. 사형에 처할 수 없는 범죄에 대한 청원 특히, 폭행과 상해 그리고 불법구금에 대한 청원은 이들 행위로 인한 손해배상소송에 병합되었다. 신체훼손에 대한 청원은 조금 더 오래 지속되었지만, 결국 쓸모없는 것이 되었다. 보통법상 중죄로 빼앗긴 재산의 원상회복은 절도나 강도가 청원에 의해 유죄로 인정된 경우에만 허용되는 것이었기 때문에 강도와 절도에 대한 청원은 더 오래 지속되었지만, 이는 21 Hen. 8, c. 11 법률에 의하여 변경되었다. 이 법률은 기소(indictment)에 의해 중죄인이 유죄 인정을 받은 경우에도 실제 소유자에게 원상회복의 영장(writ of restitution)을 인정해 주었다. 방화에 대한 청원은 매우 이른 초기부터 계속되지 않은 것으로 보인다. 강간에 대한 청원과 관련해서는 그것이 다른 범죄의 청원과는 달리 기소(indictment)의 경우와 별로 다르지 않았다는 것, 그리고 몇몇 초기의 법률들이 이 주제와 관련하여 초점을 맞춘 범죄는 우리가 강간이라고 말하는 것뿐 아니라 혼인의 의도로 납치를 하는 범죄도 포함하고 있었다는 것 정도만 언급할 필요가 있다.

이러한 연유로 나름대로의 확실한 역사를 가지고 있으며, 그리고 이 나라 형사재판절차의 실질적인 부분을 형성했던 것이라고 말할 수 있는 유일한 청원은 모살(murder)에 대한 청원이다. 15세기 말까지 모살에 대한 청원은 통상적이고 확립된 모살에 대한 소추방식이었던 것으로 보인다. 실제 모살에 대한 청원은, 우리의 생각에 의하면, 너무나 이상한데다 부당하게 편애를 받고 있는 것이어서, 1482년(22 Edw. 4)에는 거의 전례가 없는 재판을 통한 입법행위(judicial legislation)의 주제가 되기도 했다. 이 주제와 관련하여 FitzHerbert는 다음과 같은 판사의 비망록을 갖고 있다.[1] "비망록(note)은 다음과 같다. 각 판사석에 있는 모든 판사들은, 사람의 죽음과 관련하여 기소된 사람은 그 해가 가기 전에는 재판정에서 죄상의 진위 여부를 묻는 재판의 개시가 이루어지지 않는다는 의견을 공통으로 가지고 있으며, 그에 따라 판사들은 당사자의 소송이 구제를 받을 수 있도록 모든 법률가들에게 이러한 점을 참작하여 차질 없이 소송을 수행하도록 조언한다." 판사들이 공개적으로 그리고 가장 명백한 말로 입법권을 행사하고 있

---

1) Corone, No. 44, H. 22 Edw. 4.

는 것이라 할 수 있는 이러한 판사들의 결의(resolution)는 공중에게 지대한 손해를 가하는 것이 분명하고, 그에 따라 6년 후 입법을 통하여 이 결의를 무효로 하는 것이 필요하게 되었다. 이를 규정하고 있는 것이 3 Hen. 7, c. 1 법률의 규정으로서, 이에 관해서는 성실법원과 관련하여 내가 이미 언급한 바 있다. 이 법률은 다음과 같이 규정하고 있다. "국왕의 신하인 국민을 모살하거나 살해하는 일이 매일 증가하고 있다. 그러한 모살이 일어난 도시의 사람들은", 법률에 그렇게 하게 되어 있음에도, "그 살인범을 체포하지 않을 것이다." 그리고 "어떤 죽음이나 모살 이후 1년 1일 이내에는 당사자의 청원(suit)을" (appeal) "들어주기 위한 그러한 중죄혐의자에 대한 결정이 나오지 않았다." "피해 당사자가 종종 능장을 부리기도 하고, 또는 능장 진행에 동의하기도 하며, 그리고 1년이 다 되어 가면 모든 것을 잊어버리게 되고, 그리고 다른 모살사건이 등장한다. 청원에 따라 소추를 하는 사람은 적절한 사람을 상대로 소송을 해야 하고, 이는 오랜 시간을 요하는데다 많은 비용이 들고 결국 소송을 하는 것이 귀찮은 것이 되어 버린다." 이러한 문제에 대한 해결책으로 모살(murder)로 기소된 경우에는 즉시 재판을 하도록 하였고, 기소에 대하여 무죄가 되더라도 청원(appeal)에 장애가 되지는 않도록 했다.

이 규정에 따라 결투재판을 인정하지 않는 기소(indictment)에 의한 재판이 통상 먼저 실시되고, 관련 당사자가 크게 불만족하는 상황에서 무죄가 나지 않는 한 그 재판 결과는 실질적으로 종국적인 것이 되었다. 시간이 지나면서 청원에 의지하는 일은 점차 줄어들긴 하였지만, 이러한 사정은 1819년까지 계속되었다. State Trials에는 모살에 대한 몇 개 청원의 견본이 보고되어 있으며,[1] 1768년과 1774년에 법률을 통하여 모살에 대한 청원제도를 폐지하려는 시도가 있었지만[2] 성공하지 못했다. 모살에 대한 마지막 청원이 이루어진 것은 Ashford v. Thornton[3] 사건이다.

---

1) Spencer Cowper's case, 13 St. Tr. 1190. 또한 Bambridge와 Corbet의 사건, 17 St. Tr. 395-7. Bigby v. Kennedy에는, 5 Bur. 2643, 청원의 희귀성과 관련하여 청원의 절차에 관한 조심스런 보고가 있다.
2) 이 내용에 관해서는 1777년 Horne Tooke의 명예훼손소추에 대한 답변서 참조. 20 St. Tr. 716, 717.
3) 1 Bar. and Ald. 405.

범죄를 시인하는 자에 대한 청원

Thornton은 Mary Ashford를 모살하였다는 강한 의심을 받아 Warwick 순회법원에서 그 죄로 재판을 받았고, 결국 무죄가 되었는데, 그녀의 오빠가 청원을 했다. 1818년 11월 2일 청원자는 왕좌법원에서 Thornton이 그의 여동생을 모살하였다고 하면서 그의 count(기소장과 같은 것)를 읽었다. 그에 대해 Thornton은 "자신은 무죄라고 답변하면서, 나의 신체로 이를 방어할 준비가 되어 있다"고 말했다. "그리고 나서 자신의 장갑을 벗어 이를 법정 바닥에 집어던졌다." 청원자는 이에 대해 다시 반대 답변을 하였는데, Thornton의 경우에는 결투가 허용되어서는 안 된다는 것이었다. 왜냐하면, 제반 사정이(그 내용은 반대 답변서에 자세히 나와 있다) 그의 유죄를 보여주기 때문이라고 하였다. 청원을 당한 자는 그에게 유리한 알리바이로 간주되는 것이라는 사정을 제시하면서, 그에 답변을 하였다. 여기에 대하여 다시 항변이 제기되었다. 이러한 문제에 대하여 논쟁이[1] 일어났고, 그 주제에 관한 모든 권위 있는 저술들이 검토되었다. 법원은 그 저술들의 결론에 따라, 청원을 당한 자가 무고하다는 것이 실질적으로 논리에 맞지 않는 것으로 드러나지 않는 한 그는 결투할 권리를 갖고 있는데, 그러한 사정이 이 사건에는 드러나지 않았다고 결정했다. 청원자는 결투할 준비가 되어 있지 않았기 때문에 더 이상의 판단이 나지 않는 결과가 되었다. 소송은 청원에 대한 Thornton의 범죄사실에 대한 인부절차로 종결되었는데, 그는 인부절차에서 이미 무죄판결을 받았다(autrefois acquit)고 답변했다. 이 소송의 영향을 받아 59 Geo. 3, c. 46 법률이 제정되었고, 이 법률에 따라 모든 청원이 형사사건에서 완전히 사라지게 되었다.

가장 일반적이면서도 가장 중요한 청원의 형태는 아마도 범죄를 시인하는 사람(approver)에 대한 청원일 것이다. 이 절차의 본래 모습은 다음과 같다.[2] 범죄, 특히 강도로 고발을 받은 자가 유죄를 인정하고 그의 공모자를 넘겨주면 그는 검시관에게 인계되고, 그는 검시관 앞에서 그의 유죄를 자백하며 특정한 수의 다른 사람들을 고발했다. 이를 기초로 국왕은 "그가 그의 신체로(즉, 전투를 통해 죄인들을 죽이는 방법으로) 또는 나라의 힘으로(즉, 배심재판을 통하여 죄인들에 대한 유죄를 받아내는 방법으로) 또

---

1) Mr. Chitty와 Sir N. Tindal이 이 사안을 가지고 논쟁을 했다. 실질적으로 Bracton이 가장 권위 있는 사람으로 드러날 것이다.
2) Bracton, De Corona, p. 523 이하.

는 적을 패주시키는 방법으로 일정한 수의 죄인들을 나라에 바치는 경우"
그의 생명을 살려주고 신체를 보존해줄 수 있었다. 그가 그에게 부여된 이
러한 조건을 충족시키지 못하는 경우, 그는 자신의 자백에 따라 교수형에
처해졌다. 고발을 당한 자가 좋은 성품의 사람이라면, 절차상 제공되는 조
건들은 그렇지 아니한 경우보다 더 유리하게 제공되었다.

범죄를 시인한 자가 부여된 조건을 이행하고 지시 받은 수의 공모자를
알려주면 그는 조국을 영원히 버리며 "왕국에 남아있지 않겠다고 서약을
하고"[1] 이를 선서해야(abjure the realm) 했다.

공적 보고서에 의한 고발 – 신판, 배심재판

노르만 정복 이전에 공적 고발이 행해지던 방식에 관해서는 내가 이미
설명하였다. 여기에서는 그 이후의 절차에 관해서 보기로 한다.

Glanville은 이 주제를 매우 간략하게 설명한다. 형사절차에 관한 그의
짧은 장(chapter)에서[2] 그는 각기 특정한 범죄에 적용되는 절차를 분리하
여 설명하고 있지만, 모든 사안에 있어서 특정한 고발인에 의한 고발과 공
적 고발만으로 하는 고발의 차이를 인정하고 있다.

이 주제에 대한 Glanville의 침묵은 그렇게 중요한 것은 아니다. 우리는
아직도 이 주제에 대한 Henry 2세 입법의 내용이라 할 수 있는 Clarendon
법률(1164년)과 Northampton 법률(1176년)의 원문을[3] 갖고 있기 때문이다.
Northampton 법률은 Clarendon 법률에 의하여 확립된 제도에 더욱 활기
를 주기 위해 이를 약간 변경하고 내용을 약간 추가하여 다시 반포한 것
이다. 그 내용은 다음과 같다. "어떤 사람이 백인촌의 기사(knight) 12명의
선서에 의하여, 기사가 없는 경우에는 12명의 자유인 내지 법률이 인정하
는 사람의 선서에 의하여 또는 각 백인촌 읍구(township)의 four men의
선서에 의하여, 모살, 절도, 강도, 이러한 범죄를 저지른 자를 숨겨준 범죄,
위조 또는 방화죄를 범하였다는 혐의로 국왕의 판사(justice)에게 고발을
받은 때에는 그에게 물에 의한 신판(ordeal of water)을 하도록 하여야 하
고, 그가 신판에서 패하는 경우 한쪽 다리를 자른다. 그리고 Northampton

---

1) Bracton, De Corona, p. 532.   2) Glanville, book 14.
3) Stubbs, Charters, 143, 150.

법률에는 그는 그의 발을 잃음과 동시에 오른 손도 잃게 되고, 조국을 영원히 버릴 것을 선서해야 하며, 40일 이내에 조국을 떠나야 한다고 아주 엄한 처벌이 (pro rigore justitiœ) 더해져 있다. 그리고 그가 신판에서 무죄로 드러나면, 그가 그 지방의 고발단체(body of country)나 그 지방의 적법한 기사(knight)에 의하여 모살이나 기타 야비한 중죄로 고발된 것이 아닌 한, 그로 하여금 보증인을 세우게 하고 왕국에 남도록 한다. 그러나 그가 위에서 말한 범죄로 고발된 경우에는 비록 그가 물에 의한 신판에서 무죄를 받았다고 하더라도 그는 40일 이내에 그의 가재도구를 가지고, 그의 주인이 허락한다면, 조국을 떠나야 하고 국왕의 자비에 따라 조국을 영원히 버릴 것을 선서해야 한다. 이 법률은 Clarendon 법률의 시기로부터 현재에 이르기까지, 그리고 현재로부터 모살과 반란과 방화 그리고 전시에 저지른 가벼운 말이나 소 그리고 별로 중요하지 않은 물건들에 대한 절도와 강도 이외의 모든 범죄에 있어서 우리의 국왕이 원하는 그때까지 계속하여 적용된다."

이렇게 확립된 제도는 간단하다. 지방의 단체(body of country)가 고발자이다. 그들의 고발은 물(water)에 의한 신판을 통한 유리한 사건 종결의 기회를 주기는 하지만, 실질적으로 유죄와 동일한 것이다. 신판에서 패하는 경우 고발을 당한 사람은 그의 한쪽 발과 한쪽 손을 잃게 된다.[1] 그가 신판에서 이기는 경우 그럼에도 불구하고 그는 추방을 당한다. 따라서 고발은 최소한 추방과 동일한 것이었다. 이러한 신판이 행해진 사건과 관련된 증거가 아직도 남아있다. Richard 1세와 John 왕 시대에 작성된 Rotuli Curiœ Regis에 이러한 증거가 기록되어 있는데, Sir F. Palgrave는 이것이 현존하는 가장 오래된 사법적 기록이라 말한다. 다음의 설명들이 (다른 무엇보다도) Sir F. Palgrave의 Proofs and Illustrations에[2] 발표된 것이다.

---

1) 인도에서는 그 지방의 고유한 법률에 따라 이러한 형벌이 강도에 대한 일반적인 형벌이었다. 나는 Lahore에서 절도죄로 Runjeet Singh에 의하여 그들의 손이 (그들 스스로 말한 바와 같이) 잘린 사람들을 보았다. Calcutta의 침례교 선교사인 Thomas의 전기(Life of Thomas)에는 Calcutta 근처에서 14명의 강도 단원이 처벌받은 내용이 있다. 강도 단원들은 모두 1789년 2월 15일 Calcutta 반대편에 있는 Hooghly 서안 강둑에서 그들의 손과 발을 잘렸다. Lewis의 Life of Thomas, p. 18.

2) Palgrave, 185 - 188.

신판의 사례들

"John 왕 5년 Stafford에 대한 순회 기록(Roll of Iter) - Elena라는 여자가 배심원들(jurors)에 의하여 의심을 받고 있는데, 그 이유는 그녀가 Reinalda de Henchenhe가 살해당할 때 그 자리에 있었고, 그녀의 도움과 승낙으로 Reinalda가 살해당했기 때문이다. 그녀는 이를 부인한다. 그녀에게 불(fire)에 의한 신판으로 자신의 무죄를 입증하라고 했다. 하지만 그녀가 병환 중이기 때문에 병이 나을 때까지 이를 유예한다."

"Andrew of bureweston은 배심원들로부터 Hervicus의 죽음에 대한 의심을 받고 있다. 그의 죽음을 보고 도망을 갔기 때문이다. 그래서 그에게 물(water)에 의한 신판으로 그 자신의 무죄를 입증하라고 했다."

"Richard 1세 10년 Wiltshire에 대한 순회 기록- 배심원들은 Radulphus Parmentarius가 목이 부러진 채 주검으로 발견되었다고 하면서, 그 죽음과 관련하여 과거 Ernaldus de Knabbewell의 부인이었던 Cristiana라는 여자를 의심한다고 말한다. Radulphus가 자기와 결혼하겠다고 한 약속을 위반하였다는 이유로 Cristiana를 종교 법원에 제소했기 때문이다. 그리고 남편 Ernaldus 사망 이후 교구 집사인 Reginald가 그녀와 교제를 하면서 그녀를 Radulphus로부터 빼앗아 갔으며, Reginald와 Cristiana는 Raduphus가 그녀를 제소했다는 이유로 그를 미워했고, 배심원들은 그 미움을 이유로 그녀와 교구 집사를 의심한다. 그리고 배심은 그녀를 의심한다고 말한다. 그에 따라 교구 집사와 Cristiana는 금요일에 출석하며, Cristiana로 하여금 불에 의한 무죄입증을 하도록 하는 것이 고려되고 있다."

신판(ordeal) 제도가 얼마나 오랫동안 계속되었는지 여부를 말하는 것은 불가능한 일이다. The Mirror에는 저자가 불만을 표시하고 있는 155개 법률 남용의 목록이 있다. 127번째의 것은 다음과 같다. "다른 증거가 없는 경우에 신의 기적에 의한 증거나 무죄입증을 인정하지 않는 것은 남용이다." The Mirror는 Edward 1세 시대에 쓰여진 것으로 보이고,[1] 따라서 신판은 13세기가 지나가면서, 아마 1216년의 Lateran Council 칙령의 결과로 더 이상 사용되지 않은 것으로 보인다.[2]

---

[1] Palgrave, 113.

[2] 내가 접한 이 제도에 대한 마지막 언급은 가톨릭음모사건(Popish Plot) 재판에 나와 있다. 1679년 Oates의 증언에 따라 재판을 받고 처형된 다섯 명의 제수이트 수사의 하나인 Gavan은 사형에 처해질 수 있는 범죄로 고발된 사람에게 그의 범죄 부인에

대배심의 기원

결국 현대적 법률용어인 시련(oredal)으로 "들리고", 그리고 그러한 시련을 통하여 끝나버린 이러한 고발제도는 그 이후 시대 그리고 오늘날 대배심의 기원이 되었다. 나는 형사법원의 역사를 설명하는 장(chapter)에서 Henry 3세 시대에 있었던 순회법원(justices' eyre)에 대한 Bracton의 서술을 소개했고,[1] 혐의를 받고 있는 자를 고발하는 것은 justices' eyre의 잡다한 의무 중의 하나였다는 것을 밝혔다. justices' eyre는 너무나 중요하고 다양하였기 때문에 그 당시 모든 지방 행정의 세세한 집행과 관련하여 일반적인 감독기관으로 구성되어 있었다고 말하는 것이 적절할 것이다. 점차 각 읍구(township)를 대표하는 지방장관(reeve)과 four men으로 구성되는 지방의회와 같은 과거의 회의체제도는 쓸모없는 것이 되었고, 주지사는 대배심을 구성하기에 필요한 충분한 수의 probi et legales homines(훌륭하고 적법한 사람들)만을 소환하는 습성에 젖게 되었으며, 민사와 형사사건의 재판을 위해 가능한 많은 수의 소배심(petty jury)이 필요하게 되었다. 배심(panel)을 구성하는 데 몇 명의 인원이 필요한지 그리고 그 자격은 어떠했는지에 관한 법률은, 특이하게도 과거에는 물론 현재에 있어서도, 명확하지 않다. 순회법원(assize)의 실무에 있어서는 주(county)의 치안판사들이 항상 주의 대배심을 구성하며, 법원 직원은 23명의 인원이 등장할 때까지 그들의 이름을 호명한다. 하지만 치안판사들은 법률상의 특별한 권리나 의무를 갖고 있지 않았다. 주(county)의 어떤 사람도 그가 선량하고 법을 준수하는 사람이라면 치안판사로 일할 수 있으며, 비록 치안판사로서의 결격 사유가 몇 개 있는 것은 사실이지만 특별한 자격요건을 필요로 하는 것은 아니다.[2] 역사적인 관점에서 이러한 주제와 관련한 입법행위는 흥미

대하여 고발인의 선서가 유일한 증거인 경우에는 신판을 하는 것이 교회 시작 당시의 관습이었고, 그 후 확립된 법이라고 주장하면서 "자신에게 신판을 허용해달라고" 간청했다. 실제 신판제도를 폐지하게 된 것은 그에 관한 교회 법률에 의한 것이었음에도 Gavan이 신판을 교회재판절차에 특유한 제도라고 생각하고 있었다는 것은 이상한 일이다.

1) 이 책 p. 114(저자의 책 제1권 p. 102).
2) 소배심과 관련된 문제는, 비록 세세한 부분까지 전부 그러한 것은 아니지만, 현재 대부분 법률에 의해 규율되고 있다(6 Geo. 4, c. 50과 그 이후의 법률들 특히, 33 & 34 Vic. c. 77 참조). 대배심에 관해서는 Digest of the Law of Criminal Procedure, 제22장, 제184-188항 참조.

있는 주제가 아니다. 오늘날에 이르기까지 대배심은 형사법정에서 배심재판을 받게 되는 모든 피고인을 고발한다. 대배심의 운용과 관련하여 가장 흥미 있는 점은 소배심의 권한이 성장하여 온 과정을, 만일 가능하다면, 추적하는 것 그리고 대배심의 권한행사방식을 추적하는 것이다.

소배심의 기원은 현재 상당히 확실히 드러나 있는 것으로 보인다. 소배심과 어느 정도 유사한 다양한 제도가 시대와 국가를 초월하여 존재해왔지만, 영국에 있어서 그 역사와 관련하여 다음의 점들은 논쟁의 여지없이 분명하며, 우리가 진정 관심을 가지고 알아야 할 점들이다.

신판(trial by ordeal)이 폐지되고 대배심에 의한 고발이 확립되자, 대배심의 고발이 진실인지의 여부를 확인하는 방식이 사라지게 되었다. 결투재판은 개인의 사적인 고발이 있는 경우 다른 말로 하면 청원(appeal)의 경우에만 적용되는 것이고, 따라서 대배심에 의한 고발은 실질적으로 유죄판결과 같은 것이 되었다. 이러한 사정에 따라 우리가 알고 있기로는 다음과 같은 단계를 거쳐 배심재판의 도입으로 이어진 것이다. 첫 단계로서 노르만인들이 알고 있고, 그리고 실제로 실행한 사실에 관한 문제(questions of fact)에 대한 통상의 결정 방식은 inquest였다. inquest는 일정 수의 읍구(township)나 다른 행정구(district)를 대표하는 사람들의 단체(body)였다. 읍구는 four men이나 지방장관(reeve)에 의하여 대표되었다. 그들은 사안에 따라 판사, 주지사 그리고 검시관과 같은 국왕의 권위를 대리하는 자에 의하여 소집되었으며, 그들에게 제시된 특정한 문제에 관하여 선서를 하고 답변을 했다. inquest와 관련하여 여기에서 인용할 수 있는 가장 중요한 사안들은 내가 이미 언급한 Domesday Book 그리고 Hundred Rolls에 기술되어 있는 보고서에 나와 있다.

inquest들이 선서를 하고 답변을 해야 하는 특정한 사실을 통보받는 방식은 기록되어 있지 않다. 그들은 그들이 처리해야 할 문제들에 관하여 사전에 통보를 받고 현장 조사를 하였을 것이다. 아마 현장에서 증거를 취득하기도 하였을 것이다. 내가 다른 목적으로 Hundred Rolls에서 인용한 문구에는[1] 지방 귀족의 비행에 대한 민사적 고소(complaint)가 나와 있는데, 그는 inquest에게 증언을 하지 못하도록 어떤 사람을 협박하였다는 것이

---

1) 이 책 p. 143(저자의 책 제1권 p. 130).

다. 하지만 이러한 점에 대하여 우리로서는 추측만 할 수 있을 뿐으로 아마 서로 다른 사안에서 서로 다른 목적을 위하여 서로 다른 방법이 사용되었을 것이다. 사정이 어떠하였든 간에 하나의 점은 확실하다. inquest는 무엇이 법인가를 심사함에 있어 그 증인들(witnesses)이었다는 것이다. 증명되어야 할 사실에 대한 사실의 확정은 그들의 정보원(informant)에 의한 선서가 아니라 그들의 선서에 의해서 행해졌고, 비교적 근대에 이르기까지 범죄로서 영국 법률에 알려진 유일한 위증의 형식은 허위의 평결(false verdict)을 하는 것이며, 이러한 위증죄는 사권박탈(attaint)이라고 알려진 절차를 통하여 처벌되었다.

사법행정에 있어서 inquest의 도입은 여러 단계를 거쳐 이루어졌음이 명백하다. 그것이 처음 도입된 것은 아주 초기에 있어서 가장 일반적이고 가장 중요한 민사소송 즉, 토지에 대한 권리를 결정하기 위한 재판에서였다. 노르만 정복 이후 이들 사건에 대한 재판의 형식은 범죄에 대한 사적 고발에 있어서와 마찬가지로 결투재판이었지만, Henry 2세 치하에서 "Great Assize"라고[1] 불렸던 제도가 도입되었다. Glanville은[2] 이 재판의 형식을 다음과 같이 묘사하고 있다. "이제 귀족들의 조언에 따른 황태자의 자비로 국민들에게 Great Assize라는 국왕의 은혜가 베풀어졌다. 여기에서는 생명과 재산이 너무나 안전하게 보호를 받기 때문에 누구나 결투재판의 기회를 피할 수 있고, 그들이 가지고 있는 권리를 자유롭게 보존할 수 있다. 그것으로 그들은 예기치 못한, 그리고 성급한 죽임이라는 최후의 처벌을 피할 수 있고, 그렇지 않다 하더라도 최소한 영속적인 오욕과 정복당한 사람의 입에서 나오는 슬픈 소리인 무시무시하고 부끄러운 말(비겁자)을 피할 수 있다. 이 제도는 최고의 형평성으로부터 나온다. 결투재판의 경우에는 장기간의 많은 지체 이후에도 권리가 제대로 입증되지 않지만, 이 제도의 장점을 이용하면 더욱 편리하고 신속하게 권리구제를 받을 수

---

1) [역주] 저자는 "Great Assize"라고 소개하지만 "Grnad Assize"가 정확한 표현으로 보인다. Grand Assize는 토지회복의 재판방식으로 16인의 배심원에 의한 배심재판이었다. 토지회복소송에 있어서 피고는 결투재판에 갈음하여 이 재판을 선택할 수 있었다. 실무에서는 오래 전에 폐지된 제도이지만 정식으로 폐지된 것은 1833년이고, 이러한 재판방식은 물론 그 배심까지도 Grand Assize라고 하였다.

2) Glanville, 2. 7, p. 35.

있기 때문이다. Assize는 결투재판에서와 같이 불출석의 변명(essoign)을 많이 받아들이지 않는다. 또한 사람들의 수고는 물론 가난한 사람들의 비용도 절약된다는 것이 금방 드러날 것이다. 그 이외에도 이 제도의 경우한 사람의 진술에 의존하기보다는 적절한 많은 사람들의 판단에 무게를 두기 때문에 결투재판보다 비례적으로 더 공정하다."

다음 장에서 이 제도의 성격이 기술되어 있다. - 피고인이 "assize를 신청하면" 결투에 의한 재판은 보류되고,[1] 주변에 있는 12명의 기사(knight)를 부르기 위하여 먼저 4명의 기사가 소환되며,[2] 이들 12명의 기사는 선서를 하고 어느 당사자가 토지에 대하여 가장 확실한 권리를 가지고 있는가를 말한다.[3] 이러한 사실을 밝히는 자(recognitor)들은 그들이 모여 행해지는 절차의 내용에서[4] 드러나는 바와 같이 증인임이 분명하다. 그들이 회합을 하게 되면, 그들 모두가 누구에게 권리가 있는지 알고 있다거나 일부는 알고 있고 일부는 모른다고 하거나 아니면 모두가 알지 못한다고 말한다. 그들 일부나 전부가 그 내용을 모르고 있고, 이를 선서를 통해 말하면 그들은 assize에서 제외된다. 일부는 한 쪽 당사자에게 권리가 있다고 하고 일부는 다른 쪽 당사자에게 있다고 말하는 경우에는 "*다른 12명이나 그보다 적은 수의 사람을 다시 부를 때까지 판결은 연기된다.*" 또한 그들은 자신들이 알고 있는 것 또는 "*자신이 직접 경험한 것 그리고 확실한 믿음을 통하여 알게 된 것*"을 가지고 선서해야 한다고 말해진다. 거짓 증언을 하는 경우에는 엄한 형벌이[5] 과해졌다. 만일 청구자가 자신의 권리를 입증해 줄 12명의 사람을 찾지 못하는 경우 그는 다시 결투재판의 방식으로 내몰리게 되었다.[6]

신판(ordeal)이 폐지되기 이전에도 오늘날의 대배심에서 고발에 대한 답변을 해야 하는 범죄로 고발된 사람이 국왕으로부터 그의 유죄 또는 무고함을 최종적으로 결정하는 소배심에서 재판받을 권리를 취득하려고 했던 것은 드문 일이 아닌 것으로 보인다. 이와 관련하여 Sir. F. Palgrave가 몇

---

1) Glanville, c. 8.   2) Glanville, c. 11.
3) "Quis eorum scilicet an tenens an petens majus jus habeat in sua demanda(어느 당사자가 그 토지에 대하여 필요한 권리를 가지고 있는지 밝히는 것이 요구된다)." (Glanville, c. 14).   4) Glanville, c. 17.
5) Glanville, c. 19.   6) Glanville, c. 21.

개의 예를 제시하고 있다.[1] 신판의 제도가 폐지되면서 아마도 소배심이 일
반적으로 통용되게 되었고, 이것이 그가 말하는 내용으로 보인다.

Bracton이 말하는 판사(justice) 면전에서의 절차내용은 지나치게 풍부하
지만 그 내용이 너무나 산만하여 그 의미를 확인하는 것이 결코 쉬운 일
은 아니다. 여하튼 그 내용은 다음과 같다. 먼저 판사들은 그들 앞에 나온
사람들에 대한 고발장을 받게 된다.[2] 다양한 협의와 설명이 있은 후 각 백
인촌으로부터 온 4명의 기사로 구성된 일종의 대배심이 들어와 선서를 하
고 그들에게 제시된 문제에 대한 답변을 한다. 그들은 "순회판사가 정의를
실현하도록" 주지사가 체포하여 판사 면전으로 데리고 온 범죄혐의를 받고
있는 사람들에 대한 목록을 제공받는다. 이렇게 말한 뒤 Bracton은 다른
주제로 갔다가 마지막으로 공적 고발의 문제로 돌아온다. 너무 긴 내용이
어서 깊이 있게 요약하는 것이 어려운 문맥에서 Bracton은 다음과 같은
절차 내용을 말해준다.[3] 어떤 사람이 기소된 경우 판사는 그를 기소한 12
명을(이는 대배심을 의미하는 것이 분명하다) 상대로 그들이 알고 있는 것
과 관련하여 신문(examine)을 한다.[4] 여기에서는 "그들 스스로 지득하여
알고 있는 것을 선서증언을 통해 그들의 평결에 반영하고 있는 1명 또는
대다수 배심원의 의견을 내가 말할 것이다." 그리고 이후의 보고서는 결국
추적될 수 있다. "신빙성이 희박하거나 없는 사람의 경우 그의 선서증언은
인정되지 않는다." 이 사안에서 무슨 일이 일어날 것인지에 대하여는 언급
이 없지만, 허위 고발과 악의에 의한 고발의 가능성 때문에 고발을 받은
사람은 개인 또는 읍구를 대표하는 사람에 대한 이의를 제기할 수 있는
것으로 관측된다. 결국 12명의 사람들이 들어와 선서를 하고, "진실에 따라
평결이나 유죄판결을 한다".[5] "판사들(justices)은 일반적으로 사람의 죽음
과 관련된 모든 inquest에서, 또한 크고 작은 모든 범죄에 있어서 피고인

---

1) Proofs and Illustrations, p. 176, p. 177과 p. 186, No. 17. 어떤 사람이 강도로 고발을
   했다. "국왕을 위해, 그 군인이 은화 1마르크를 강탈했는지 여부에 관하여 법률에 따
   른 신문을 하자는 제안이 있고 . . . 제안은 받아들여진다. 배심원들은, 위에서 말
   한 Robert의 정원사인 Osmund라는 사람과 그의 하인들 사이에서 싸움이 있었지만,
   Ranulf는"(피고인은) "그 자리에 없었고, 그가 강도를 하거나 그와 같은 나쁜 짓을
   하였다고 의심하지 않는다고 말한다."

2) Bracton, 2. 234-241.   3) Bracton, 22장. p. 450-462.
4) Bracton, 22장. p. 454.   5) Bracton, 22장. p. 456.

이 inquest에 의한 신문을 청구하는 경우에는 그것이 자발적인 것이거나 조심성에서 기인한 것이거나 또는 필요성에 의한 것이거나 관계없이 그 지방(country)을 대표하는 사람들에 의한 이러한 형식의 신문(inquisition)을 준수하여야 한다. 그러나 판사들은 필연적인 근거를 통하여 그것이 편리하다고 생각되는 경우와 큰 범죄가 밝혀지지 않고 숨어 있는 경우 그리고 배심원들이 사랑 또는 증오 또는 두려움으로 인하여 진실을 숨기려고 하는 경우에는 배심원들을 서로 분리시킨 뒤 그들로 하여금 진실을 충분히 밝힐 수 있도록 분리신문을 할 수 있다."

이러한 문맥으로부터는 그들이 두 개의 배심을 말하는 것인지, 아니면 한 개의 배심만을 말하는 것인지 확인하기 어렵다. 나는 두 개의 배심을 말하는 것으로 생각한다. 왜냐하면, 배심원들이 선서를 함에 있어서 두 개의 서로 다른 경우가 언급되고 있기 때문이다. 결국 이 문제는 커다란 의문 속에 남겨두어야 하겠지만, 이 주제에 관한 진실이 무엇이든 Bracton 시대 배심은 단순한 증인일 뿐 아니라 판사들로부터 신문과 반대신문을 받을 수 있는 또한 실제 늘 받아온 증인들이었다는 것은 분명하다.

Sir. H. Twiss에 의하면 Bracton의 저작은 서기 1258년 이전에 쓰여진 것으로 보인다. Bracton의 저작 상당 부분을 그 자신 저작의 토대로 채택하고 있는 Britton의 글은 서기 1291-2년에 쓰여진 것으로 보이는데,[1] 그 당시에는 틀림없이 두 개의 배심이 있었고, 이들 각자는 증인들로 구성되어 있었다. Britton은 대배심의 절차를 먼저 설명하고 있는데, 비록 간결하기는 하지만 Bracton과 거의 비슷하게 설명하고 있다.[2] 그러고 나면 고발을 당한 사람들이 법정 안으로 불려 들어와, 필요한 경우 강제로 끌려 들어와, 지방을 대표하는 배심원들에게 자신을 의지할 것인지 아니면 유죄를 인정할 것인지에 관하여 답변했다.[3] 그 다음에 방금 Bracton으로부터 인용한 것에 기초한 것이 명백한 한 문장이 나오는데, 이는 소배심의 기능에 관한 것이라는 데 의심의 여지가 없다.[4]

"이러한 절차를 거쳐 배심원들은 유·무죄를 결정하기 위한 사실관계 확정에 대한 책임을 지고 법정 밖으로 나와 자기들끼리 협의를 하며, 정리

---

1) Nicholls' Britton, 69.
2) Britton, 22-26.
3) Britton, 26-31.
4) Britton, 31, 32.

(bailiff)가 이들을 지킨다." - - - "배심원들이 전원일치가 되지 않는 경우 그들을 분리하여 어떤 이유로 의견이 일치하지 않는지 신문을 한다. 만일 배심원들의 다수가 진실을 알고 나머지가 모를 때 판결은 다수의 의견에 따른다. 만일 배심원들이 선서를 하고 자신들은 사실과 관련하여 아무 것도 모른다고 선언하면 사실관계를 알고 있는 다른 배심원들을 부른다. 그리고 처음에는 배심재판(inquest)을 신청하였던 피고인이 새로 구성되는 배심원들의 배심재판에는 응하려고 하지 않는 경우, 그가 새로운 배심재판에 동의할 때까지 감금하여 회개를 하게 한다. 사람의 생명, 신체와 관련된 범죄로 기소된 자가 자신이 신청한 배심의 평결이 그에게 불리하게 나올 것이라고 감지하고, 배심원 중 한 명이 피고인이 점유하고 있는 토지주인의 사주를 받아, 피고인이 유죄로 인정되는 경우 피고인의 영주는 피고인의 토지를 몰수(escheat)할 수 있고 이러한 영주의 탐욕을 통하여, 또는 다른 이유로 다른 사람의 사주를 받아 피고인에게 유죄를 선고하기 위한 위증을 한다고 말하는 경우 판사는 그러한 비방이 사실이라고 볼 만한 근거가 있는지 여부를 확인하기 위해 배심원들을 주의 깊게 신문하여야 한다. 그리고 배심원들이 그들 평결의 기초가 되는 사실관계를 어떻게 알게 되었는지에 대하여 신문을 하는 경우 엄격한 신문이 필요하다. 그들이 배심원 동료 한 명으로부터 들었다거나 우연히 선술집에서 다른 사람들이 말하는 것을 들었다거나 또는 다른 장소에서 입이 건 사람이나 믿을 수 없는 사람으로부터 들었다고 말하는 때, 또는 배심원들에게 정보를 제공한 사람이 영주나 기소된 사람의 적으로부터 피고인의 유죄판결을 위한 부탁을 받거나 위증교사를 받은 경우 그리고 판사들에 의하여 이러한 것이 사실이라고 밝혀진 때에는, 그러한 위증교사자는 체포되어 징역형이나 벌금형에 처해진다. 그리고 배심원들이 사실 관계에 관하여 확신을 하지 못하고 의문을 갖고 있다면 판결은 항상 피고인을 위한 것이어야 한다."

그러나 비록 배심원들 자신이 구금된 피고인의 운명을 결정하는 증인이 되는 것은 사실이지만, 이들 이외의 다른 증인들이 형사재판에 소환될 수 있었고 실제 소환되기도 하였다는 증거가 있다. 이러한 재판에 증인들이 참석하였다는 것은 Leges Henrici Primi에 분명하게 언급되어 있다.[1]

---

[1] Leges H. P. "De Causarum Proprictatibus." - Thrope, 1. p. 505.

더욱이, Sir F. Palgrave가 Henry 3세 5년의 Gloucester 순회재판 기록에서 다시 인쇄한 표제어(entry)에는 다음과 같은 내용이 들어 있다.[1]

"Matilda의 아들인 William은 그가 살해한 William Blund의 죽음을 이유로 하여 체포되었고, Gloucester 교도소에 수감되었다. Nicholas Church, Melisent의 아들인 John, Walter de Havena, Walter Smith, Richard de Herdeshelt 그리고 그가 살해될 때 그 자리에 있었던 다른 여러 사람들이, 그가 피해자를 살해할 때 보았다고 증언하였다. 그래서 그들은 피해자를 죽이는 데 사용한 막대기를 아직도 손에 들고 있는 그를 즉시 체포하였다고 증언하였고, 그 이외에도 4개의 이웃 읍구에서도 같은 증언을 하였다. 또한 그 이외에도 William Blund의 아내인 Dionysia도 그녀가 그 죽음을 보았다고 하면서 William을 고발했다. 그리고 그 이외에도 12명의 배심이 그가 유죄라고 말한다. 그럼에도 피고인은 이를 모두 부인한다. 그러나 그가 피해자를 죽인 막대기를 들고 있는 상태에서 체포되었고, 모든 사람들이 한 목소리로 그가 유죄라고 말하였기 때문에 그는 그 자신을 방어할 수 없는 것으로 판결을 받고, 교수형에 처해졌다."

이 사건에는 5명의 증인, 4개의 읍구 그리고 배심이 있었고, 그들 모두는 피고인이 유죄라고 말하였다.

배심재판의 역사를 상세하게 추적하려고 하는 것이 내가 의도하는 바는 아니다. 이미 보여준 권위 있는 저작들을 통하여 배심재판의 유래가 충분히 드러났지만, 배심원이 증인으로서의 지위를 잃어버리고 다른 사람들이 제공하는 증거를 판단하는 판결인(judge)의 지위를 취득하게 된 단계를 추적한다는 것은 쓸데없는 노력을 기울이는 것에 불과하다. 하지만 내가 이 주제와 관련하여 말할 수 있는 범위 내에서 아주 간단하게 이를 설명하고자 한다. Glanville로부터 인용한 글에 나오는 바와 같이, 배심원 전원 또는 그 일부가 그들이 선서하고 답변해야 할 사실관계에 관하여 잘 모르겠다고 말하는 경우 취하게 되는 절차가 "배심원 추가(afforcement)"로 불리는 것이다. 이는 필요한 인원이 충족될 때까지 증인을 추가로 보충하는 것이다. 이러한 절차는 실무상의 예가 되었고, 이는 그 이후 증인에 의하여 입증되어야 하는 증서(deed)나 특허장(charter)의 경우에도 적용이 되었다.

---

1) Palgrave, Proofs and Illustrations. 187. 21.

증인은 배심원에 대한 일종의 보좌역이었던 것으로 보이고, 이것이 아주 최근에 이르기까지 적용되고 있는 경직된 증거법 즉, 서면 증거의 경우에는 모든 사건에 있어서 이를 입증할 증인을 소환하거나 설명을 하도록 하는 증거법의 기원이 되었다. 배심원의 수가 줄어들고, 거래행위가 더 복잡해지면서 이러한 세련되지 않은 제도는 자연스럽게 배심이 증인의 증언을 판단하는 오늘날의 제도로 발전되었다.[1]

자연스럽게 이러한 결과 도출에 기여한 하나의 단계가 아직도 눈에 띄게 두드러지는 그 흔적을 남기고 있다. 초기 시대의 배심은 유죄 또는 무죄의 일반적인 평결을 하는 데 익숙하였을 뿐 아니라, 법적 효과로서의 판단의 기초가 되는 특정한 사실관계에 대한 질문에 대답하는 것에도 익숙해 있었던 것으로 보인다. 그에 관해 주목할 만한 사건이 30 & 31 Ed. 1(1303년)의 Year-book에[2] 나와 있다.

"사건은 12명의 이름이 알려지지 않은 사람들이 Hugo라는 사람을" 그가 강간을 하였다고 "고발한 것이다." Hugo는 Brian과 Nicholas에 의하여 붙잡혀 법정으로 끌려왔다. 판사(그의 이름은 나와 있지 않다)는 그들에게 물러나라고 말했다. 피고인은 국왕에 대항하여 변호인을 선임할 수 없으므로, 그에 따라 "국왕 측을 위해 말하는 모든 사람들도 그들의 조언을 그만두어야 한다고 명령한" 것이다. 그 후 Hugo는 그에 대한 고발에 대하여 어떤 말을 할 것인지 대답을 요구받았다. 그는 자신이 교구의 집사라고 대답했다. 판사는 Hugo는 과부와 결혼한 사람이기 때문에 "bigamus(중혼)"에 해당하고, 따라서 성직자로서의 그의 권리를 상실하였다고 말했다. Hugo는 그가 결혼할 당시 부인은 과부가 아니라고 말했다. "판사: 영예로운 12명의 배심은 Hugo가 그 여자와 결혼할 때 그 여자는 미망인이었다고 Hugo나 다른 사람들이 말하였는지 여부를 즉시 확인하여야 한다. 그러나," (즉, 배심원들은) "새로운 선서증언은 이전의 선서증언과 같지 않다는 것을 주목해야 한다." Hugo는 계속하여 질문에 답하라고 요구받았다. 그

---

[1] Bracton, 1. 298-300. Fortescue de Laudibus, 32장, 그리고 Selden의 note. Brook의 Abridgment Testmoignes. 현대의 법률과 관련해서는 나의 Digest of the Law of Evidence, 66, 67장 그리고 note 28 참조.
[2] 1863년 기록장관(Master of the Rolls)의 지시에 따라 발간되었다. 문제의 사건은 부록 2. p. 529-532에 나와 있다.

는 자신이 기사이지만 배심원들은 기사가 아니므로 그와 동등한, "기사로 볼려는", 사람이 아니라고 하면서 그 요구를 받아들이지 않았다. 그는 배심원들 중 누구에 대하여 이의신청을 할 것인지의 여부를 질문 받았다. 그는 동의할 수 없다고 말했다. 판사는 그 사안에서 Hugo는 참회를 해야 하고, 그리고 유죄를 인정하는 것이 나을 것이라고 말했다. 그리고 나서 Hugo는 그의 이의신청을 들어달라고 요구했다. 판사는 이에 동의했지만 Hugo는 자신이 글을 읽을 줄 모른다고 하면서 변호사를 요구했다. 판사는 글도 읽을 줄 모르면서 어떻게 성직자라고 주장하느냐고 그에게 물었다.[1] 변호사를 붙여달라는 요구는 거절당했지만, 글을 읽을 줄 아는 사람을 붙여주어 읽어주는 것은 허락받았다. 이어 그는 이의신청을 하였고, 이의신청은 받아들여졌다. 판사는 이어 다음과 같이 끝을 맺으면서 배심에게 고발 내용을 반복하여 알려주었다. "당신들은 Hugo의 말을 들었으므로 성경의 힘으로 그가 그 여자를 강간하였는지 또는 아닌지에 대해 우리에게 말해주어야 합니다. 12명: 우리는 그 여자가 Hugo에 의해 강제로 납치되었다고 말합니다. 판사: Hugo도 그 사실을 인정하는가요. 12명: 아닙니다. 판사: 강제로 육체관계를 가진 것은 아닌가요. 12명: 그렇습니다. 판사: 여자가 억지로 끌려간 것인가 아니면 동의한 것인가요. 12명: 동의에 대해서는 더 확인해봐야 한다고 믿고 있습니다. 판사: Hugo, 배심이 당신에게 무죄로 평결하였으므로, 우리도 당신에게 무죄를 선고한다."

Edward 2세 모살로 의회에서 재판이 이루어진 Berkeley 사건에서, 이는 다른 목적으로 이미 언급한 사건이다,[2] 배심은 같은 방법으로 자세히 신문을 받았고 그에 대해 개별적으로 대답을 했다. 같은 종류의 다른 사안들이 있을 수 있을 것이다.

동일한 배심이 서로 연관되지 않는 사실에 관하여, (위 사안에서 Hugo가 중혼을 하였는지 여부와 강간죄를 범하였는지 여부의 사실), 대답을 하여야 하였다면, 그들은 자신들의 지식에 의존하는 것이 아니라 다른 사람이 제공하는 증거에 의존하지 않을 수 없었을 것이라는 점은 명백하다. 또

---

1) 여기에 대해, "Hugo stetit inpace quasi confusus. Justiciarius : Non sitis stupefacti, modo est tempus loquendi(Hugo는 부끄러워하며 조용히 서 있었다. 수석판사: 말이 없이 가만히 있으면 되느냐, 말할 때가 있을 것이다)."

2) 이 책 p. 161-162(저자의 책 제1권, p. 147).

한 다소간에 서로 연관이 되어 있기는 하지만 서로 별개의 독립된 다양한 사실관계가 문제될 때 그들에게 법률이 어떻게 적용되는지를 설명하고 그들로부터 일반적인 평결(general verdict)을 받아내는 것이 더욱 편리하다는 것도 명백한 일이다. 예를 들어, Hugo 사건과 같은 경우 우리 시대 판사는 "당신들이 유죄의 평결을 하기 전에 당신들은 실제 일어났던 사실뿐 아니라 그 여자가 동의하지 않은 사실까지도 만족할 만큼 확신을 하여야 하고, 만일 이 두 가지 점에 관하여 하나라도 확신을 하지 못하는 경우 무죄평결을 하여야 한다"고 말할 것이다. 이러한 단계에 도달할 때마다 우리의 현재 제도는 원칙적으로 확립된 것이라 할 수 있다.

내가 발견한 사례 하나에 의하면[1] 배심(inquest)이 국왕의 차지인 중 한 사람이 특정 시점에 미성년자였다는 것을 알아낸 논거를 설명하는 것이 있다. 그 논거들은 다음과 같다. 배심에 참여한 몇 명의 기사와 기사의 종자(squire)들이 아이의 아버지가 Calais 성 포위 공격에 참가하였으며, 그 때 자신의 아들이 막 태어났다고 그가 말한 것을 기억하고 있었다. 당시 Canterbury에 있는 St. Augustine 대주교가 죽기 약 1개월 전이었는데, 그 아이의 대부(godfather)였다. 새로운 대수도원장을 위한 수도원 총회인 conge d'elire의 날짜를 근거로 수도원장의 죽은 날짜가 확인되었고, 그리고 Thomas Daldon의 회계담당자인 Sir Johan Freebody가 아이의 다른 대부인 Daldon을 상대로 아이에게 세례 선물로 은으로 된 찻잔과 물병을 주었다는 이유로 고발하였는데, 그에 의하면 특정한 날짜가 나와 있었다. 이 사건에서 inquest는 일부는 그들 자신의 경험에 따라 그리고 다른 일부는 증인에 의하여 증명된 사실에 따라 행위를 하였다.

Hundred Rolls와 Year-book 여기저기에 흩어져 나와 있는 설명들 그리고 단절된 힌트들로부터 어떤 추론이 가능한 것인지 여부와 상관없이 우리가 알고 있는 배심재판은, 적어도 민사소송에 관한 한, 그의 모든 핵심적인 모습이 15세기 중엽에 이르러 제대로 확립되었다는 것은 너무나 명백하다.

1460년과 1470년 사이에 쓰여진 것이 명백한 이 주제에 관한 Fortescue의 De Laudibus Legum Angliœ(영국 법 찬미)에 나와 있는 풍부한 내용

---

1) 2 Rot. Par. 291a, 292b (1366).

이 모든 의문을 불식시키고 있다. 재판의 예비단계에 대한 설명을 충실히 한 다음 Fortescue는[1] 다음과 같이 말하고 있다. 판사가 기록과 쟁점들을 배심에게 읽어준 다음 "각 당사자는 스스로 또는 법정에 출석한 변호사를 통해 다툼 있는 사실에 대한 진실과 관련하여 법정에 제출할 수 있는 모든 주장 내용과 증거를 배심에게 알리고 공개하며, 그 후 각 당사자는 다투고 있는 사실에 대하여 선서를 하고 진실과 관련된 그들이 알고 있는 모든 증거를 제공할 그러한 증인들을 법정에 출두시키거나 당사자를 위하여 법원으로 하여금 그들을 소환할 수 있도록 하는 자유를 갖는다."[2] 그는 이어 배심원 자신들에 관하여 말하고 있는데, "그들은 증거가 입증하고 있는 모든 사실과 그들 각자의 성격에 정통한 사람들"이라고 말한다. 형사재판과 관련하여 Fortescue는 증인들에 관하여 전혀 언급하고 있지 않다.[3] 그는 이유를 대지 않고 35명의 배심원까지 기피신청을 할 수 있는 피고인의 권한을 논하고 있다. 무고한 사람은 두려움을 느낄 필요가 전혀 없다. "정직하고 훌륭한 평판의 이웃 사람, 예외적인 사람이라고 볼 만한 상당한 근거가 없는 이웃 사람이 그에게 유죄의 평결을 할 이유가 전혀 없기" 때문이다. 또한 죄를 지은 사람이 처벌을 받지 않고 빠져나갈 수도 없다. "그러한 사람의 생활과 대화는 죄를 지은 사람을 무죄로 하려는 경향이 있는 사람들에 대한 충분한 억제와 위협이 될 수 있기 때문이다." 왕자(prince)는 그의 대법관(chancellor)과 논쟁을 하면서 비록 배심원이 증인이기는 하지만 다른 증인들을 실제 부르거나 부를 수 있다는 암시를 하고 있다.[4] "증인들이 증거를 제공하는 것이, 훌륭한 성품을 갖고 있는 사람들로서 범죄가 발생한 지역의 이웃 사람들이고 그리고 문제가 되고 있는 상황을 알고 있으며 특히, 이웃 사람으로서 증인의 생활과 대화에 정통한 그리고 그

---

1) [역주] John Fortescue(1394-1480)는 고등법원 왕좌부(King's Bench)의 수석재판관으로서, De Laudibus Legum Angliœ의 저자이다. Henry 6세가 폐위되자 그의 왕비, 왕자인 Edward와 같이 대륙으로 건너가 왕비 등과 함께 머물렀고, 그때 어린 왕자를 교육하기 위해 위 책을 저술했다. 폐위된 국왕에게 충성을 하다 사권박탈을 당하였고, 폐위된 국왕이 망명 중일 때 Chancellor(대법관)라는 명목상의 직함을 부여받았다. 이 책에서 대법관으로 인용하고 있는 이유이다.
2) Fortescue, 26장. p. 89(Amos's edition).
3) Fortescue, 27장. p. 92, 93.
4) Fortescue, 27장. p. 100. 이 부분 저작은 Fortescue와 Henry 6세의 아들인 Prince Edward 사이의 대화 형식으로 되어 있다.

들의 증언이 신뢰할 수 있는 것인지 아닌지를 확실히 알고 있는 12명의 배심이 출석하여 듣고 있는 공개 법정에서 이루어져야만 하는 경우에는 증인들이 그러한 사악한 장치(위증에 기초한 유죄평결과 같은)를 절대 가져올 수 없다. 배심원 각자의 경우에는 그들의 이웃에 의하여 또는 그들 이웃 사이에서 어떤 일이 일어났는지가 비밀로 남아 있을 수 없다. 나는 내가 살고 있는 지역인 Berry에서 이 시간에 무슨 일이 벌어지고 있는지를 잉글랜드에서 일어나고 있는 일보다 훨씬 더 확실히 알고 있고, 그러한 일이 비록 조금은 비밀스럽게 행해졌다 하더라도 사건이 일어난 이웃의 정직한 사람의 관찰과 지각으로부터 쉽게 도망가는 것이 가능하다고는 생각하지 않는다."

나아가 왕자는 배심에 관한 영국의 법률이 성서(Scripture)와 일치하지 않는다고 두려워하면서 이를 반대하고 있다.[1] "당신의 법에는 2명의 증언이면 진실한 것이라고 쓰여 있다. 2명 또는 3명 증인의 입에서 모든 말이 정해질 수 있다." 대법관은 이에 대해 다양한 사건에 있어서 성서에 쓰여 있는 것으로 보이는 규칙은 적용될 수 없고, 왕자는 오해를 하고 있다고 답변하고 있다.[2] 하지만 대법관의 가장 중요한 언급은 "영국의 법률은 12명의 배심이 결정할 수 있는 때로부터는 절대 증인에 의해서만 소송상 주장의 가부를 결정하는 것이 아니다"라는 것이다. 이러한 문맥을 통하여 15세기 중엽에는, 비록 완벽한 것은 아니지만, 형사사건에서 배심재판의 기본원칙이 상당한 정도로 확립되었다는 것을 넉넉히 알 수 있다.

조잡하고 폐물이 된 제도의 기능을 정확하게 설명한다는 것은 항상 어려운 일이지만, 아주 초기 그리고 조잡한 형태였던 배심재판의 성격에 약간의 빛을 비쳐줄 두 가지를 제시할 수 있다.

첫 번째의 것은 Halifax and its Gibbet-law라고[3] 불리는 진기한 팸플릿에서 구한 것인데, 여기에는 Gibbet-law of Halifax(Sir. Palgrave는 이

---

1) Fortescue, 31장. p. 11 이하. 2) Fortescue, 32장.
3) Halifax and its Gibbet-law는 읍(town)에 대한 묘사, 토양의 성질, 사람들의 성격과 성향, 그의 관습법에 대한 고대의 풍속 그리고 그들 사이의 유사성(그리고 다른 많은 것들과 함께)과 함께 진실한 빛을 비쳐주었다. Halifax는 (날짜는 나와 있지 않지만) 지난 세기 중반에 출판된 것이 분명하다. 내가 책을 구입한 서적상의 카탈로그에는 "Dr. Samuel Midgley"에 의하여 쓰여진 것으로 되어 있다. 위 재판에 대한 보고서는 실제 재판 이후 100년이 지나서 작성된 것이지만, 꾸며낸 이야기로 보기는 어렵다.

를 infangthief의 마지막 흔적이라고 말했다)에 대한 풍부한 내용뿐 아니라 Gibbet로[1] 처형이 실시된 마지막 사건에 대한 보고서도 포함되어 있다.

    Halifax는 Lancaster 왕실직할지와 Wakefield 장원의 일부로 Hardwick 산림 안에 위치하고 있다고 기재되어 있다. 그곳에는 고대 관습이 하나 있었는데, "Halifax 특권 자치구나 Hardwick 산림 경내에서 13펜스 2분의1 페니 이상의 옷과 기타 일용품에 해당하는 도품을 손에 들고 붙잡히거나 등에 지고 붙잡힌 경우 또는 이를 훔쳤다고 자백한 중죄인은 Halifax에서 체포된 날로부터 세 번의 장날(market-day) 또는 세 번째 모이는 날 이후에 Gibbet로 끌고 가라는 유죄판결을 받고, 그에 따라 그의 목을 몸으로부터 잘렸다." 이 진술은 문법적으로는 매우 부적절한 것이지만, 그 내용은 알기 쉬운 것이다. 저자는 비록 우리가 선뜻 동의하기는 어려운 것이지만, 이 관습의 지혜와 박애정신을 그 근거를 들면서 정당화하고 있다.[2] 하지만 그의 그 절차에 관한 자세한 내용은 너무나 진기한 것이어서 우리로 하여금 아주 오래 전 옛날로 되돌아가게 하는 것 같다. 그 특권 자치구 내에는 17개의 읍구와 작은 마을들이 있었고, 그들은 가장 부유하고 평판이 좋은 사람들을 그들의 배심원으로 선출하였다. 중죄인(felon)이 체포되면 그는 Wakefield 장원 영주의 집행관(bailiff)에게 인치되었다. 집행관은 피고인을 구금하는 구치소(gaol)를 갖고 있었다. 그는 이어 날짜와 장소를 정하여 네 개의 각기 다른 읍구의 치안관(constable)에게 그들 각 읍구의 작은 마을

---

1) [역주] 죄인을 참수하는 장치로 초기 형태의 단두대라 할 수 있다. 영국의 Halifax 읍에서만 사용되었기 때문에 보통 Halifax Gibbet라 부른다. 1286년 첫 처형기록이 나온 뒤 1650년 마지막 처형 때까지 100여 명이 Gibbet에 의해 참수를 당했다고 한다.

2) 그의 주장 하나는 다음과 같다. "보통법(common law)이 이성(reason)에 근거하고 있다는 것은 일반적으로 받아들여지는 격언이고, 이는 부인할 수 없는 일이다. 오늘날 보통법에 의하면 12펜스 이상의 가치가 있는 물건을 절취한 사람은 누구나 진술증거만으로 중죄에 해당되어 사형에 처해진다. 그렇다면 13펜스 2분의1 페니 이상을 절취한 사람을 중죄로 보고 사형에 처하여야 한다는 것도 부인하지 않고 받아들여야 한다. 더구나 범인이 현장에서 범인으로 확실하게 인정되어 붙잡히고, 도품이 그에 대한 증거로 함께 제출된 경우에는 더 말할 것도 없다." (보도(bricks)가 오늘날까지 그곳에 남아 있고 따라서 부인할 수 없다) "그리고 그에 관한 진실은 그 자신의 자백에 의하여 확인된다. 이는 사실에 관한 문제로서 다른 어떤 사려 깊고, 신중한 사람에 의해서도 부인될 수 없다."

Halifax에서의 재판절차

공민 4명을 지정한 날짜와 장소에 출석하게 해 달라는 소환장을 발부했다. "중죄인과 소추인 모두가 그들 앞에 출석하여 서로 얼굴을 마주 보고, 절취당한 물건이 그들이 볼 수 있도록 제시되면,"- - - "그리고 심문을 통하여 중죄인(felon)이 절취물에 대하여 유죄로 인정될 뿐 아니라 절취당한 물건이 13펜스 2분의1페니 또는 그 이상임이 인정되면 중죄인은 배심에 의해 유죄평결을 받는다. 그러한 사건에 있어서는 항상 요구되는 바와 같이 피고인 자신의 자백과 함께 그들 앞에 제시된 절취물을 증거로 하여 그들의 평결이 정해지고, 그들에 의해 유죄로 인정되면 오래된 관습에 따라 참수형에 처해진다." 유죄평결을 받은 피고인은 일주일이나 대략 1주일 정도 교도소로 보내진다. 1주일에는 세 번의 장날이 있고, 그는 각 장날마다 절취물을 등에 지거나 손에 들고 공중에게 공개된다. 그 이후 그는 초보적인 기요턴이라 할 수 있는 gibbet에 의해 머리가 잘려나가는 처형을 당하게 된다. 피고인이 "자백"을 해야 한다는 규칙은 그가 절취물을 소지하고 있는 것과 관련하여 만족할 만한 증거가 없는 경우, "그리고 어디에서 절취물을 발견하였는지 또는 어떻게 절취물을 갖게 되었는지에 대하여 질문을 받고도 피고인이 대답을 거절하는 경우, 그리고 그 절취물의 취득과 관련하여 피고인이 자신에게 유리한 증인을 대지 못하면서 사소한 변명이나 다양한 경위 설명 그리고 의심스러운 이야기를 통하여 그 문제에 관한 진실을 회피하려고 하는 때" 적용되었던 것으로 보인다.

이 관습을 설명하기 위하여 1650년 4월 관습이 마지막으로 적용되었던 사건인 "Abraham, Wilkinson, John Wilkinson 그리고 Anthony Mitchell에 대한 재판을 통하여 진실하고 편파적이지 아니한 대화 내용이" 소개되고 있다. Samuel Colbeck, John Fielden 그리고 John Cutforth에 의한 고발과 소추에 따라 위에서 말한 중죄를 범한 사람들이 1650년 "4월 말경" 체포되어 Halifax 수석 집행관의 구금 하에 놓이게 되었고, 수석 집행관은 Halifax, Sowerby, Warby 그리고 Kircoat의 치안관에게 소환장을 발부하여 이 사건에 대한 "청문과 심문 그리고 결정을" 위해 4월 27까지 Halifax에 있는 고등 집행관(high bailiff)의 집으로 그들 관할에서 각 4명씩을 출석시키라고 하였다.

그에 따라 16명의 배심원들(이름이 나와 있다)이 집행관의 집에 왔고,

그들은 그곳 "편리한 방에서" 피고인들 그리고 절취물과 함께 얼굴을 맞대게 되었다. 그러자 집행관은 다음과 같은 말로 짧은 고발 내용을 알려주었다. "이웃과 친구들, 당신들은 Hardwick 산림의 오래된 관습에 따라 여기로 소환되었다. 그에 따라 당신들은 앞에 놓여 있는 물건들과 관련된 중죄인들에 대한 고발 내용을 성실히 조사하고 심문하여야 하며, 신과 당신들의 양심에 대답하는 바와 같이 당사자 사이에서 정당하고, 공정하고 그리고 성실하게 결정을 해야 한다." 몇 개의 고발장이 소개되었고, 다음과 같은 방식과 형식으로 주장되었다.

"Warby의 Samuel Colbeck이 제기한 고발"

"고발인은 다음과 같이 말하며 이를 확인한다. 1650년 4월 19일 화요일에 그는 그가 사용 중인 재양틀(tenter)과[1] 16야드 길이의 황갈색 커지 천을 Abraham Wilkinsons, John Wlikinson 그리고 Anthony Mitchell에 의해 탈취당하는 중죄의 피해를 입었고, 위 커지 천 중 일부는 여기 당신들 앞에 있으며, 당신들은 그 가치와 값을 조사하여야 하고, 그에 대한 자백을 받아야 한다."

Cutforth의 고발은 망아지에 관련된 것이었다. Fielden의 고발은 옷에 관한 것이었는데, 그는 Mrs. Gibson이라는 여자가 말하기를 Abraham Wilkinson이 그녀에게 (그 중에서도 특히) 그 옷을 갖다 준 것이라고 하였다. 이러한 주장에 대해 Wilkson은 "자신은 Gibson 부인에게 그러한 내용의 자백을 하지 않았으며, 다만 Chesterfield에 있는 군인인 John Spencer가 문제의 그 옷을 Gibson 부인에게 갖다 줄 때 그 옆에 있었던 것뿐"이라고 말했다.

"마지막 고발에 대한 Abraham Wilkenson의 답변과 관련하여 배심원들은 약간의 토론을 하였는데, 어느 정도 심사숙고한 뒤, 그러한 사건의 경우 통상 하는 바와 같이, 4월 30일에 완전한 평결을 내리겠다고 하면서 그 날까지 재판을 연기하였다. 그에 따라 4월 30일 배심원들은 집행관(bailiff)의 집에 다시 모이게 되었는데, 그 방에는 고발인과 중죄인들 그리고 절취물이 그들 앞에 있었고, 그 나머지는 배심원들이 볼 수 있는 그런 편리한 장소에 있었다. 모든 문제에 대한 충분한 검토와 청문이 있은 뒤 배심은

---

1) [역주] 직물의 폭을 조정하며 건조시키는 장치.

만장일치의 의견에 따라 서면으로 된 평결을 내어놓았는데, 그 내용은 다음과 같다."

"첨부된 고발장에 대한 배심원들의 심문(inquisition)이 1650년 4월 27일과 30일에 Halifax에서 실시되었다."

"Samuel Colbeck 이라는 사람 등의 고발에 대하여"

"고대 관습(ancient custom)에 따라 소환되어 배심을 구성한 우리는, 이름은 아래에 서명되어 있다, Halifax 특권 자치구에서 체포되어 인치된 Warby의 Abraham Wilkinson의 자백을 근거로 그가, 위 Abraham Wilkinson이, 동생인 John Wilkinson의 도움을 받아 고발장에 기재되어 있는 옷을 취득하였음을 인정한다." 그리고 그들은 그 옷을 설명하면서 그 가치가 9실링이라 한다.

망아지에 대한 Cutforth의 고발(information)도 비슷한 방식으로 처리되었다. 그것은 다음과 같이 시작한다. "위에서 말한 바와 같이 배심을 구성한 우리는 Anthony Mitchell의 임의 자백을 근거로 John Wilkinson이 Durker Green에 있는 John Cutforth의 검은 망아지를 취득하였고, 그 당시 그 자신과 Abraham Wilkinson이 그 자리에 있었으며, Anthony Mitchell 그 자신이 위 망아지를 Simeon Helliwell에게 매도하였다는 것을 인정한다." "또한 우리는 위 Anthony Mitchell의 자백을 근거로 하여 Abraham Wilkinson이 Durker Green에 있는 Paul Johnson의 회색 망아지를 취득하였고, 당시 John Wilkinson은 형인 Abraham Wilkinson과 같이 있었으며, Abraham Wilkinson이 회색 망아지에 고삐를 달 때 위 Anthony Mitchell이 그 옆에 있었다는 것을 인정한다. 또한 그는 자신과 John Wilkinson이 위 망아지를 George Harrison에게 위탁하였다는 것도 자백했다." 망아지들은 각 48실링과 3파운드의 가치가 있는 것이었다.

이러한 절차를 거친 다음 "종국 판결"이 뒤따랐는데, 판결은 주된 쟁점들에 대하여 인정된 사실들을 열거한 뒤 다음과 선고한다. "사람들의 기억에 반하지 않는 Halifax 특권 자치구의 고대 관습에 따라 위 Abraham Wilkinson과 Anthony Mitchell은 Halifax gibbet에 의하여 목이 몸으로부터 잘려 떨어져나가는 사형에 처한다. 이러한 평결에 대하여 우리가 서명을 한다. 1650년 4월 30일." 그들은 그에 따라 처형된 것으로 보인다.

Halifax 재판에 대한 소견

나는 이러한 이상한 절차와 관련하여, 그 진귀한 내용을 설명하기 위해서는 물론 그 자세한 내용이 고대법의 많은 애매한 점을 설명해주고 있기 때문에 충실히 그 내용을 소개했다. 이 재판은 공화정(Commonwealth)[1] 치하에서 있었던 것이고, 그리고 앞으로 설명할 포괄적인 법률개혁안이 Barebones Parliament에[2] 제출되기 불과 3년 전에 있었던 것이라는 점을 반드시 기억해야 할 것이다. 하지만 이 재판은 초기 우리 법률제도의 형식에 대한 흔적을 모든 면에서 보여주고 있다. 읍구(township)는 각 4명의 사람들(four men)에 의해 대표되었고, 그들은 지방장관(reeve)을 대표하고 계승한 치안관(constable)에 의해 소환되었다. 집행관(bailiff)은 그들에게 마치 Bracton 시대의 판사가 배심(inquest)에게 임무를 부여하듯이 심문을 하게 했다. 그들은 "피고인들로부터 자백을 받기" 위하여 그들을 신문하였음이 분명하다. Abraham Wilkinson의 진술이 그의 행위로 기재된 진술서와 모순을 보이자 그들은 3일간 재판을 연기하고 그동안 개별적인 조사를 한 것으로 보인다. 재판이 속행되자 그들은 그것을 전부 다시 피고인들에게 말하고 더 진전된 자백을 받는다. 휴정 기간 동안에 그들은 아마도 Duker Green에 갔을 것이고 그곳에서 Simeon Helliwell과 George Harrison을 심문하고, 다른 장소와 사람을 보았으며, 이러저러한 조사를 하면서 그들은 John Wilkinson에게 유리한 결과를 얻었고, 그에 따라 그도 가담하였다고 하는 Mitchell의 자백에도 불구하고 그에게 무죄를 선고한 것으로 보인다. 마지막으로 배심원들은 모든 사실을 자세히 밝힐 뿐 아니라 과거 주 법원(County Court)의 제소자들(suitors)과 같이 판사 역할도 하였으며, 집행관은 그들의 판결을 단순히 등재하는 일만 한다. 반면에 고발장과 심문 결과(inquest)는 분명 법률가에 의해 작성되었고, 그 법률가가 아마도 집행관이었으며, 이로 미루어 보아 집행관은 배심의 평결에 매우 큰 권한을 갖고 있었고 또한 배심은 현대적인 의미의 증인과 내가 설명한 현대적인 의미의 배심 사이에서 그 중간에 있는 위치를 차지하고 있다는 것을

---

1) [역주] 왕정이 폐지되고 공화정이 유지되었던 1649년부터 1660년 사이를 말한다.
2) [역주] Little Parliament라고도 불리는 이 의회는 임명직 의원 140명(잉글랜드, 129명, 스코틀랜드 5명, 아일랜드 6명)으로 구성되어 1653. 4. 4. 개원하였다. 런던 시 대표였던 Praise-God Barebone의 이름을 따 Barebones Parliament라고 하였으며 1653. 12. 12. 해산되었다.

알 수 있다. 마지막으로 이 사건은 특권 자치구 법원의 집사(steward)와[1] 배심원들이, 범인은 손에 들고 있거나(handhabend) 또는 등에 지고 있어야 (backberand) 하며 그리고 심지어 "자백하여야 한다"는 규칙을 통하여 얼마나 자유롭게 "infangthief"의 권리에 가해진 제한을 해석하려고 하였는지를 보여준다. Abraham Wilkinson이나 Anthony Mitchell이 "손에 들고 또는 등에 지고" 붙잡혔는지 여부를 말해주는 것은 아무것도 없다. 하지만 절취물이 회수되어 배심원 면전에 제시되었다는 말은 모든 사건에 나와 있고, 이는 피고인이 그 물건을 취득했다는 증거가 되었다. "자백하였다 (confessand)"는 말과 관련해서는 이는 아마 만족할 만한 자백이 아니거나 배심원 이외의 다른 사람에게 범죄를 시인하는 말을 한 경우를 뜻하는 것으로 보인다.

두 번째의 것은 오늘날에도 아주 왕성하게 기능을 발휘하고 있는 제도 즉, Savoy 특권 자치구 법원(Court of the Liberty of Savoy)으로부터 나오는 설명이다. 이 법원의 절차는 우리의 고대 배심재판의 성격을 깨닫게 하고, 그리고 그들이 어떻게 증인 없이 재판을 할 수 있었는지를 이해하는 데 도움을 줄 것이다. Savoy 장원은 전에 Temple Bar가 있던 자리 바로 서쪽에서 출발하여 강둑을 따라 서쪽으로 일정 거리를 지나 Cecil Street 중간까지 (내가 믿기로는) 뻗쳐 있다. 이 장원은 4개의 구역으로 나누어지고, 하나의 영주 법원(court leet)이 있는데, 이 법원은 1년에 두 번 즉, 부활절 이후 1개월 이내에 그리고 미가엘 축일 이후 1개월 이내에 개정한다. 필요한 경우에는 특별히 기일을 잡아 개정될 수도 있다. 법원은 재판을 주재하는 집사(steward)와[2] 장원의 4개 구역으로부터 각 2명씩 선발된 8명의 시민(burgess)으로 구성된다. 16명으로 구성되는 그 해의 배심은 법원에 의하여 매년 선발된다. 집사가 날짜를 정하고, 집행관(bailiff)이 시민과 배심 그리고 다음 해 배심으로 선발할 적정한 수의 주민을 소환한다. 소환된 배심원은 호명을 받아 선서를 하고, 출석하지 않은 배심원이 있는 경우에는 벌금을 부과한다. 선서의 형식은 순회법원이나 사계법원의 대배심이

---

1) [역주] 장원의 사법사무 일체를 관장하고 기타 장원의 사무를 맡아 하는 사람이다.
2) 나의 오래된 그리고 귀중한 친구로서 Newark를 대표하는 전 국회의원이었으며, 현재는 Nottingham 주 법원 판사인 Mr. S. B. Bristowe도 집사(steward)이다. 나는 그로부터 이 책에 나오는 진귀한 정보를 얻었다.

하는 방식과 동일하다. 이어 그들은 서면으로 된 대배심의 고발장을 작성하고 배심원들이 그에 서명을 한다. 이들 고발장은 다음과 같이 작성된다.

어떤 주민이 생각하기로 그의 이웃집이 안전하지 못하거나 어떤 집이 난잡한 경우 또는 그와 유사한 때에는 그가 구두로 또는 다른 방법으로 그러한 사정을 배심장에게 고발을 할 수 있다. 배심장은 배심원들을 불러 모으고, 그들은 고발된 사안을 적절한 방식으로 처리한다. 만일 그러한 불법행위(nuisance)가 그들이 만족할 정도로 해소되지 않는다면 그 문제는 고발장의 형식으로 구체화되고, 고발장은 개정 중인 법원의 집사에게 제출된다. 집사는 고발장이 형식에 맞는 것인지 그리고 그 법원의 관할에 속하는 문제와 관련되어 있는 것인지를 조사한 뒤 그러한 요건에 부합하는 것이고, (그는 나에게 이러한 요건이 불비한 일은 한 번도 없었다고 알려준다), 그리고 배심이 고발된 당사자에게 벌금을 부과하여야 한다고 생각하면, 그들 중 4명이 "affeerers(금액을 정하는 자들)"로 지명되고, 그에 따라 이들이 벌금을 "affeer(금액을 정하다)" 또는 결정한다. 이로써 배심의 사실 인정은, 비록 그들이 증거조사를 하거나 증인을 신문하거나 재판의 성질을 갖고 있는 행위를 하지 않는다 하더라도, 종국적인 것이 된다. 따라서 영주 법원의 배심은 신판(ordeal)과 선서에 의한 무죄증명(purgation)이 폐지된 이후 역사적으로 그에 대한 대체 제도가 아직 나타나기 이전 단계를 보여주는 것이다.

나는 1880년 4월 26일에 개정된 법원에서 나온 고발장(presentment)들의 사본을 받아볼 수 있는 기회를 가졌다. 그 중 가장 중요한 고발장은 다음과 같이 가장 명료하고 가장 평범한 말로 되어 있다. 1879년 10월 배심은 어떤 이름이 나와 있는 여자가 관리하고 있는 무질서한 집에 관심을 갖게 되었고, 그에 따라 그 여자에게 1주일 이내에 하던 일을 그만두라고 통보하였으며, 그녀는 그에 따랐다. 하지만 그녀는 그 후 다시 돌아와 같은 일을 다시 계속하기 시작했다. 그에 따라 배심은 위에서 말한 그 여자가 문제의 일을 계속하였으며, 그리고 그 집은 보통법상의 불법행위(common nuisance)에 해당하는 집이라고 고발하였고, 배심은 그녀에게 "50 파운드의 벌금을 부과하였는데, 벌금 부과는 A, B, C 그리고 D에 의하여 결정되었다"고 되어 있다.

Savoy 법원의 재판절차

우리 사이에서 실제 있었던 이 사건은 배심이 유래된 방식과 관련하여 우리에게 아주 밝은 빛을 비쳐주고 있다고 생각된다. 이 제도는 모든 사람이 서로 모든 사람을 알고, 그에 따라 무슨 일이 일어나고 있는지를 보면서 그에 관한 의견을 내어놓을 수 있는 비교적 작은 관할구역에 적합한 제도이다. Savoy 특권 자치구를 이루고 있는 몇 개의 거리에서는 그러한 제도가 신기한 것일 만큼 유용하고 효율적인 것이라는 데 의문의 여지가 없다. 하지만 이를 큰 읍이나 주로 확대하면 이는 분명히 제대로 작동될 수 없는 제도이다.

심지어 Savoy에서도 이 제도는 벌금에 처할 수 있는 것보다 중한 사건에는 계속 적용되는 것이 허용되지 않았고, 집을 불결하게 관리하는 것보다 더 입증이 쉬운 범죄나 다른 보통법상의 불법행위 또는 경미한 범죄(petty offence)에만 적용되었던 것으로 보인다. 문제의 위 사건에서 집사(steward)는 집행관(bailiff)에게 벌금 집행장(estreat)을 발부하여 50파운드의 벌금을 집행하라고 지시하였고, 이에 대해 집행관은 문제의 그 인물은 관할 내에 아무런 재산도 갖고 있지 않다고 답변했다.

만일 이후에도 그녀가 비행을 계속하여 구금된다면, 비록 그녀가 소배심의 재판을 받을 권리를 갖고 있기는 하지만, 사계법원(quarter session)에 기소될 수도 있을 것이다.

제 9 장 형사재판절차에 관한 법률의 역사
- 형사재판에 부수하는 법률 요건 -
- 기소와 고발 - 범죄인부, 재판, 평결 -

이전 장(chapter)에서는 다양한 형태의 고발과 배심재판으로 종결된 재판에 관하여 알아보았으므로, 이 장에서는 형사재판에 부수하는 법률적인 요건들에 관하여 살펴보고자 한다. 이들은 기소와 고발, 피고인의 범죄인부 그리고 평결에 이르기까지의 재판과 판결이다.

기소장(Indictment)

기소장은 원래 대배심(grand jury)이 그들 자신이 알고 있는 사실을 근거로 제기하는 고발장이고, 그에 따라 고발된 사람은 그 범죄로 소추되었다. 하지만 이러한 의미의 기소장은 오래 전에 사라져버렸고, 오늘날 기소장은 다음과 같이 작성되어 제공된다.

어떤 사람이 재판에 회부되면 대부분 경찰관이 아닌 특정한 사람이 치안판사에 의해 소추자로서의 임무를 부여받게 되고, 순회법원에서 재판할 사건인 경우에는 순회법원 서기에게, 사계법원에서 재판할 사건인 경우에는 치안판사의 서기에게 진술서(deposition)가 송부된다. 실무에서는 거의 대부분의 경우 소추인(prosecutor)이 사무변호사(soliciter)를 고용하며, 사무변호사는 규칙에 따라 진술서를 가지고 순회법원의 서기 또는 치안판사 서기의 기소장작성을 지도한다. 하지만 소추인이 원하는 경우에는 법정변호사(counsel)나 소추인 자신의 사무변호사로 하여금 기소장을 작성하게 할 수 있고, 사건이 특이한 경우 법정변호사는 기소장 작성에 관하여 종종 판사로부터 문제점에 대한 설명을 듣기도 한다. 이렇게 작성되는 기소장에는 증인들의 이름이 기재되고, 소추를 하는 변호사는 이를 가지고 대배심의 방으로 가는데, 대배심이 적절하다고 생각하는 바에 따라 소추담당 변호사는 대배심의 방 안으로 들어갈 수도 있고 또는 참석이 거부될 수도 있다. 대배심의 배심원들은 자기들끼리 모여 증인을 한 명씩 신문하는데, 참석이 허가된 소추담당 변호사를 제외한 그 누구도 그 자리에 있을 수 없다. 배심장(foreman)은 대배심에서 신문을 받은 증인의 이름을 머리글자로 기재하고, 대배심은 충분한 신문 결과 피고인의 범죄에 대한 일응의 입증(prima facie case)이 되거나 그러한 입증이 되지 않은 때에는 사안에 따라 기소장에 "진정한 기소장 안(true bill)" 또는 "진정하지 않은 기소장 안(no true bill)"이라 기재하며(법률 용어를 라틴어로 사용할 당시에는 "Billa Vera" 또는 "Ignoramus"라고 기재하였다), 이를 가지고 법정으로 돌아와 순회법원의 서기 또는 치안판사의 서기에게 전달한다. 이를 받은 서기는 "신사 여러분, 사안에 따라, A, B의 중죄혐의에 관한, 또는 경죄에 관한, 기소장이 진정한 기소장으로 판명되었습니까, 아니면 진정하지 않은 기소장으로 판명되었습니까?"라고 물어본다. "진정하지 않은 기소장"으로 판명된 경우에는 그 사건은 기각되고 피고인은, 비록 다시 기소를 당할 수는 있지만, 소추를 면하게 된다. "진정한 기소장"으로 판명된 경우에는 재판절차가 시작되며 "기소장안(bill of indictment)"은 기소장(indictment)이 된다. 기소장은 대배심의 과반수에 의해 결정되고 또한 최소한 12명의 배심원이 찬성하여야 하기 때문에 대배심은 통상 23명으로 구성되지만, 최소 12명으로 구성될 수도 있다. 그러나 12명 미만으로는 구성할 수 없다.

기소장은 모든 형사사건기록의 기초이고 모든 사건의 재판과 관련하여 서면으로 작성되는 정말로 유일한 문서이다. 그것은 선서를 근거로 피고인이 소추를 당한 범죄를 범하였다는 대배심의 진술서 형식을 취한다. 과거 이러한 주장이 피고인의 유죄평결에 이르기까지는, (내가 이미 설명한 바와 같이), 오랜 여정을 거쳐야 했다. 하지만 오늘날 기소장은 단순한 고발에 불과하다. 오늘날 기소장은 아주 초기는 물론 심지어 현 왕조 초기보다도 훨씬 더 단순한 문서가 되었다.

기소장의 역사

기소장이 서면으로 작성되어야 한다는 법률이 언제 최초로 입법화되었는지에 대하여 나로서는 말할 수 없다. Reeve에 의하면[1] 그러한 취지의 법률이 Edward 1세 치하에서 제정되었다고 말하지만, 그 사정이 어떠하든, 기소장의 형식 그리고 그에 관한 규칙에서 관찰되고 있는 지나친 엄격함은 주로 청원(appeal)과 관련된 법으로부터 유래하는 것이라는 점은 명백하다. 내가 이미 말한 바와 같이, 청원을 하는 자는 그 사건에 대한 진술에 있어서 최상의 엄격한 형식과 구체성을 요구받았고, 이러한 진술서는 검시관(coroner)에 의하여 등재되었으며, 그러한 주장과 판사 면전에서 이루어진 주장이 서로 상이한 경우에 이는 치명적이었다. 두 개의 진술서(statement)를 서로 비교하는 것 그리고 다른 검시관에 의해 보관되는 기록과 주지사에 의해 보관되는 기록이 서로 상이한 경우에 이들 진술서를 조정하는 것에 관한 자세한 규정들이 Bracton에 나와 있다. 기소장의 역사는 특별한 소송절차에 관한 법률역사의 일부이다. 이러한 주제에 관하여 너무 깊게 들어가려고 하면 이 책의 내용이 산만해질 것이다. 따라서 통상의 모든 형사사건에 대한 재판절차는, 지금까지 늘 그래왔던 것은 물론 아직도, 양피지에 크게 정서된 기소장과 공개 법정에서 하는 피고인의 유죄 또는 무죄 답변으로 구성되어 있다는 것을 말하는 것만으로 충분하다.

보통법상 기소장에 기재하여야 할 사항은 초기 시대부터 우리 시대에 이르기까지 거의 다를 것이 없으며, 1827년까지 기소장에 많은 영향을 끼친 법률은 Statute of Additions(1 Hen. 5, c. 5)와 4 Geo. 2, c. 26 법률뿐으로 전자는 피고인의 성명 뒤에는 피고인의 재산, 계급, 직업, 피고인이 살고 있는 도시, 마을 장소와 주가 뒤따라야 한다고 규정하고 있고, 후자의 법률은 모든 기소장은 영어로 작성하여야 한다고 규정하고 있다. 이러한 변화를 제외하면 George 4세 시대의 기소장은 Edward 3세 시대의 기소장과 동일하고 아마도 Edward 1세 시대의 것과도 동일하였을 것이다.

---

1) History of England Law, 1. 424. 이와 관련하여 내가 찾아낸 유일한 법률은 13 Edw. 1, c. 13 법률인데, 이 법률은 순회재판에서 주지사가 기소한 경우에만 적용된다. 또한 1 Edw. 3, s. 2, c. 17 참조.
  [역주] John Reeves(1752-1829)는 영국의 판사로서 보수주의 활동을 한 사람이다. 1783년부터 1829년까지 5권으로 된 History of England Law를 출간하였는데, 이 책은 로마 시대로부터 엘리자베스 시대(1603년)까지 영국 법률에 대한 역사이다.

Venue

기소장에 기재하여야 할 필수적인 사항은 다음과 같았고, 최근의 일부 변경을 제외하면 현재에도 여전히 그 내용은 다음과 같다.

기소장은 서두(commencement)와 범죄사실(statement) 그리고 결론으로 이루어진다. 최근의 입법에 의하여 결론은 그 중요성을 상실하였지만, 재판의 장소(venue)와 범죄사실에 관한 규칙은 여전히 중요하고, 이들 모두 호기심의 대상이다.

Venue - 재판의 장소는 다음과 같은 형식을 취한다.

Hampshire
to wit;   }
or
Central Criminal
Court to wit; }
or
County of the Town
of Nottingham
to wit;   }

The jorors for our
Lady the Queen
upon their oaths,
present, &c.

이렇게 시작하는 목적은 법원이 재판을 하려는 범죄에 대한 관할권을 갖고 있다는 점을 보여 주기 위한 것이고, 따라서 재판의 장소는 재판의 권한을 위임하는 위임장(commission)에 따라 법원이 관할권을 갖고 있는 지역을 말한다. 위 3개의 예시에서 첫 번째의 것은 법원이 해당 주를 위한 미결수석방 순회법원 임명장에 의해 개정된다는 것을 보여준다. 두 번째의 것은 중앙형사법원이 관할권을 갖고 있는 지역 즉, Middlesex 전역, 런던 시 그리고 몇몇 이웃 주들의 일부 지역을 관할하는 법원임을 보여준다. 그리고 마지막의 것은 Nottingham 읍의 주(county)를 위한 미결수석방 순회 법원 임명장에 따라 법원이 개정한다는 것을 보여준다. 법원의 관할과 대배심이 고발을 받을 수 있는 지역은 겹치는 것으로 보인다. 여왕은 문제의 주에서 어떠한 범죄가 일어났는지 알아보기 위해 감독관을 보낸다. 대배심은 그 지역에서 인정한 고발을 근거로, 요구되고 있는 정보를 제공한다. 고등법원과 동료의원(peer)을 중죄로 재판하는 법원들은 범죄가 어디에서 발생하였는지 여부와 관계없이 관할권을 갖는 것은 사실이지만, 그러한 경우에도 관할권을 행사하기 위해서는 범죄가 발생한 지역의 대배심이 기소를 하거나 또는 하원에서 기소의 성격을 갖고 있는 탄핵을 하여야 한다.

Venue의 역사

고등법원 여왕좌부는 영국의 어느 주(county)에서도 순회재판을 할 수 있고 Westminster에서도 재판을 할 수 있으며, 나아가 사건이송명령에 의하여 범죄가 발생한 주로부터 사건을 가져와 다른 주에서 재판을 할 수도 있지만, 이러한 모든 경우 범죄가 발생한 지역에 소재한 주의 대배심이 기소(indictment)를 한 경우에만 재판을 할 수 있다. 간단히 말해서 이웃에 의하여(vicinetum-visne-venue)[1] 재판을 받는다는 이론은, 많은 예외가 있어 오기는 했지만, 융통성 없이 엄격하게 지켜졌다. 원래 보통법에서는, 그리고 1548년 2 & 3 Edw. 6, c. 24 법률이 제정되기까지, 어떤 사람이 한 주에서 부상을 입고 다른 주에서 죽었다면 폭행을 가한 사람은, 위 법률의 서문을 인용하면, "그에 대하여" 어느 주에서도 기소될 수 없었다. 위 서문은 "이 왕국의 관습에 의하면 그러한 폭행으로 그 당사자가 죽은 지역의 배심원들은 그러한 폭행에 대하여, 그것이 다른 주에서 일어난 일이기 때문에, 고발을 할 수 없고, 폭행이 있었던 주의 배심원들은 다른 주에서 죽은 사람에 대한 고발을 할 수 없다"고 되어 있다.

서문은 계속하여 "떠도는 도적(errant thieves)"과[2] 강도가 한 주에서 강도를 하거나 사람을 죽이고 약탈한 물건 또는 강취하거나 훔친 물건의 일부를 다른 주에 있는 사람에게 전달하고 이를 받은 자는 그러한 사정을 알고 받은 경우, 주된 중죄인(principal felon)이 한 주(county)에서 사권박탈을 당한 후라 하더라도 종범(accessory)은 다른 주에서 일어난 범죄를 방조한 것이기 때문에 처벌을 면할 수 있고, 그 다른 주의 배심원은 어떤 법률에 의하더라도 첫 번째 주에서 사권박탈을 당한 자를 고발할 수 없는 것이 이 왕국의 관습이다"라고 규정하고 있다. 어떠한 이유로 이러한 결함이 오랫동안 계속 허용된 것인지를 이해하기는 어려운 일이지만 그 이외에도, 다소 분명한 것은 아니지만, 신뢰하기가 상당히 어려운 많은 것들이 있다. 예컨대, 범죄 중에는 범죄가 어디에서 발생하였는지 입증하기가 일반적으로 어려운 것들이 있다. 위조 범죄의 경우 통상 어느 주에서 위조를 하였는지 알 수 없다.

---

1) [역주] vicinetum은 라틴어로서 이웃(vicinus)을 뜻하고, visne는 라틴어 vicinus에서 불어 visné를 거쳐 온 말로, 배심이 소환되는 범죄발생의 장소(주)를 뜻하며, 경우에 따라서는 범죄가 발생한 그 주에서 소집된 배심을 visne라고 부르기도 했다.
2) 이는 "errant rogue"라는 표현을 의미하고, rogue는 지방을 떠도는 사람을 말한다.

Venue에 관한 이론의 불편함

다른 장소에서 벌어진 행위로부터 공모(conspiracy)를 추정할 수는 있지만 어디에서 공모를 하였는지 말하기는 매우 어렵고, 그와 같은 사례가 너무 많다. 이러한 이유로 범죄를 정의하고 있는 많은 법률은 재판의 장소를 정하는 기준이 되는 장소에 관한 특별한 규정을 두고 있다.[1] 이러한 예외와 관련하여 말할 수 있는 유일한 관심은 많은 예외를 필요로 하는 원칙은 잘못된 것이 틀림없다는 것이다.

일반원칙과 관련하여 생기는 그 이외의 불편함은 다른 종류의 예외로부터 즉, 특정한 범죄의 성격으로부터가 아니라 범죄지의 불명확성 예컨대, 여행 중에 저지른 범죄 또는 주(county)의 경계선상에서 발생한 경우와 같이 범죄발생의 장소가 명확하지 않은 때에 일어난다. 이러한 사례에 대처하기 위하여 7 Geo. 4, c. 64 법률 제12조와 제13조가 제정되었는데, 그에 의하면 운송수단에 의하여 육지나 해상을 여행하는 자가 저지른 범죄의 경우에는 여행 중 운송수단이 통과한 주는 어느 주나 범인을 기소할 수 있고, 두 개 주의 경계로부터 500야드 이내에서 범죄를 범한 경우에는 어느 주도 범인을 기소하고 재판할 수 있다고 규정하고 있다.

절도의 경우 재판 장소와 관련한 법률이 너무 불편하였기 때문에 Hale[2] 시대 이전에 하나의 원칙이 개발되었는데, 그에 의하면 어떤 사람이 절도를 하고 그 훔친 물건을 가지고 이리저리 옮겨 다닌 경우 그가 그 물건을 소지하고 있는 한 그는 절도범죄를 계속 저지르고 있는 것으로 간주되어 그가 훔친 물건을 가지고 다닌 어떤 주도 그를 기소할 수 있다. 이 원칙은 그에 따르는 부속적인 입법에 의하여[3] 더욱 세련되게 되었지만, 여기에서 이를 언급할 필요는 없을 것이다.

18개의 입법상의 예외를 필요로 하는 규칙, 모든 범죄 중에서 가장 흔한 범죄인 절도죄와 관련하여 마지막에 언급한 그러한 응급 처방(evasion)을 필요로 하는 규칙은 분명 변명의 여지가 없는 것이다. 재판의 장소는 법원과 증인 그리고 피고인의 편의를 위하여 정해지는 것이기 때문에 어떤 이유로 재판권을 행사할 수 있는 법원은 범죄가 발생한 장소에 상관없이 그 범죄를 재판할 수 있어야 한다는 것은 명백한 일이다.

---

1) Digest of the Law of Criminal Procedure, 제244항, 그리고 제9장, 10장.
2) Hale, P. C. 507.　　　3) Digest of the Law of Criminal Procedure. 제82항.

Venue에 관한 법률

물론 일반적인 원칙으로는, 이러한 편의를 고려할 때 범죄가 발생한 지역의 주(county)가 가장 편리한 장소일 것이다.[1] 이 문제에 대한 설명을 마치기 전에 통상적인 법원의 지역관할권과 관련한 규칙을 변경하고 있는 몇 개의 법률을 언급하고자 한다.

많은 도시와 읍은 그 자체로 각 하나의 주가 된다.[2] 대부분의, 전부는 아니지만, 이들 도시와 읍은 또한 그들이 위치하고 있는 주에서 순회재판이 개정되는 주의 읍 소재지(county town)가 된다. 예를 들어, York는 그 자체로 주이지만 또한 East and North Ridings of Yorkshire 주의 읍 소재지이기도 하다. Hull은 그 자체로 주이기는 하지만 지금까지 오랫동안은 물론 지금도 그곳에서 순회재판(assize)이 개정된 일이 없다.

---

1) 1879년 법률 초안은 이러한 목적을 위하여 제504조의 규정을 두고 있다. "법원의 관할 - 잉글랜드와 아일랜드에서 재판할 수 있는 범죄에 대하여 관할권을 가지고 있는 모든 법원은 다음과 같은 경우 즉, 피고인이 그 법원의 관할 내에서 발견되거나 체포된 경우 또는 구금되어 있는 경우, 그 법원의 재판에 회부된 경우나 그 법원에서 재판을 받도록 명령이 난 경우, 당시 발효되고 있는 법률에 따라 권한이 있는 당국에 의하여 다른 법원의 관할이 처음 언급한 그 법원으로 이전된 경우에는 범죄가 어디에서 발생하였는지 여부와 관계없이 관할권을 갖는다. 이 법률에 따라 잉글랜드의 어떤 법원도 아일랜드에서 범한 범죄로 그 범인을 재판할 수 없으며, 아일랜드의 법원은 잉글랜드에서 범한 범죄로 그 범인을 재판할 수 없고, 잉글랜드와 아일랜드 법원은 스코틀랜드에서 발생한 범죄로 그 범인을 재판할 수 없다. 피고인이 관할위반으로 실질적인 불이익을 받지 않은 한 관할이 있는 지역 이외에서 재판을 하였다는 이유만으로 재판 절차가 무효로 되는 것은 아니다."

2) 다음의 것이, 내가 생각하기로는, 전체 명단이다. 읍의 명칭이 통상의 글체로 인쇄된 것은 그 주를 위한 순회재판이 개정되는 읍이고, 이탤릭체로 된 부분은 그렇지 않은 읍이다. 이들 중 Bristol이 지금도 미결수석방재판을 위한 위임장이 발부되는 유일한 읍이다. *Bristol*, *Canterbury*, Chester, *Coventry*, Exeter, Gloucester, Lincoln, *Litchfield*, Norwich, Worcester, York, Caermarthen, Haverfordwest, *Hull*, Newcastle-on-tyne, Nottingham, *Poole*, *Southampton*. 이 책에서 언급하고 있는 법률이 제정되기 이전에는 그러한 주를 위한 미결수석방재판을 위한 위임장이 아주 오랜 기간을 두고 발부되었기 때문에 도시들에 대하여 주가 갖고 있는 각자의 재판관할권은 매우 남용되고 있었다. 이는 Howard에 의하여 그의 State of the Prisons in England and Wales(4판, 1792, p. 15)에서 지적되기도 했다. 그의 말에 의하면, "Hull에서는 순회재판이 열리기는 하였지만 7년에 한 번씩 열렸다. 살인범인 Peacock은 거의 3년간 그곳 교도소에 구금되어 있었다. 그의 재판 전에 주된 증인이 죽었고, 살인범은 무죄가 되었다. 현재에는 3년에 한 번씩 재판이 열린다"고 한다.

Palmer 법

그들 자체로 주(county)가 되는 모든 도시와 읍과 관련하여 (1) 그들 도시에서 발생한 범죄에 대한 기소가 인근 주의 대배심에서 제기될 수 있고, (2) 그들 도시나 읍의 주 대배심이 제기한 기소와 그곳 검시관에 의해 인정된 검시결과보고서에 대한 재판을 인근 주의 법원에서 할 수 있도록 법원이 명령할 수 있는 내용의 입법이 이루어졌다.[1]

Hull은 Yorkshire와 Lincolnshire 양쪽에 인접하여 있고 또한 Newcastle은 Northumberland와 Durham 양쪽에 인접하여 있으므로 관할과 관련하여 법률은, Hull은 Yorkshire에, Newcastle-on-tyne은 Northumberland에 각 인접한 것으로 간주한다. 이 법은 런던에는 적용되지 않는다. 나아가 또 하나의 법률이 제정되었는데,[2] 그에 의하면 어떤 사람이 사계법원에서 재판할 수 없는 범죄로 1846년 이래[3] 별도의 위임장이 발부되지 않은 도시나 읍의 주 미결수석방재판에 회부된 경우, 그 재판은 1835년의 Municipal Corporations Act(5 & 6 Will. 4, c. 76) 별표 C에서 규정하는 바에 따라 바로 인근 주에서 행해져야 한다고 되어 있다.

고등법원 여왕좌부는 범죄가 발생한 주에서의 재판이 공정한 재판이 될 수 없는 경우 재판장소의 변경을 명할 권한을 보통법상 갖고 있다고 말해지는데, 실제 이러한 권한이 사용된 사례는 한 번도 없는 것 같다. 악명 높은 William Palmer의 독살사건에 대한 재판과 관련하여, 여왕좌부가 어떠한 범죄의 경우에도 중앙형사법원에서 재판을 할 수 있는 명령을 내릴 수 있도록 하는 법률(19 Vic. c. 16, 1856)이 제정되었다. 이 법은 매우 정교하게 되어 있지만 실제 그러한 명령이 내려진 일은 거의 없다.

1862년에 어떤 군인이, Aldershot이라 생각되는 장소에서, 그의 상관을 총으로 쏘았고, 많은 사람들이 그러한 범죄에 대한 처벌은 다른 사건보다 좀 더 빨리 진행되어야 군인들의 마음이 매우 감명을 받게 될 것이라고 주장함에 따라 위에서 마지막으로 언급한 법률을 모델로 하여 새로운 법률(25 & 26 Vic. c. 65)이 제정되었다. 이 법률에 의하면 Mutiny Act의 적용을 받는 자가 역시 같은 법률의 적용을 받는 다른 사람을 모살하거나

---

1) 38 Geo. 3, c. 52 법률 제2, 3, 9조 그리고 51 Geo. 3, c. 100 법률 제1조와 45 & 46 Vic. c. 50 법률 제188조에 의하여 대체된 5 & 6 Wil. 4, c. 76 법률 참조.
2) 14 & 15 Vic. c. 55 법률 제19조.
3) 이 법이 제정되기 전 즉, 1851년 8월 1일 이전 5년 동안.

고살한 경우 그는 중앙형사법원에서 바로 다음 개정일(next session)에 재판을 받을 수 있는 명령을 받을 수 있다고 되어 있다.

　이 법률은 영국 법률의 일시적이고 변덕스러움을 가장 잘 설명하고 있는 사례이다. 나는 이 법률이 실제 적용된 일이 있다는 것을 결코 들어본 일이 없다. 이 법률은 너무나 정교하여 재판의 장소와 관련한 전체 법률을 다섯 배 이상 합리적인 기초 위에 올려놓았다.

　범죄사실(statement)[1) - 범죄사실에는 피고인이 고발을 받은 범죄에 대한 모든 구성 요건 즉, 사실관계, 정황 그리고 범죄사실을 구성하고 있는 그 의도를 적시하여야 한다. 이러한 문제들은 명백하게 설명되어야 하고, 서로 사이에 모순이 없어야 하며 그리고 피고인은 직접적이고 능동적으로 그 범죄를 범하였다고 고발되어야 한다. 피고인의 이름은 올바르게 기재되어야 하고, 그의 사회적 계급과 직업(Statute of Additions 법률에 따라, 그러나 피고인이 현재 그러한 직업을 갖고 있는지의 여부는 문제가 되지 않는다) 또한 표시되어야 한다. 더욱이 피해를 입은 당사자 그리고 재산과 관련된 범죄라면 그 재산의 소유자 이름도 정확하게 기재되어야 하며, 그리고 그 소유자가 알려지지 않은 경우에는 소유자를 알지 못한다는 그러한 사실도 기재되어야 한다.

　보통법에 있어서는 범죄의 구성요소를 이루고 있는 모든 사실 즉, 모든 실질적인 사실(material fact)은 특정한 장소와 시간에 행해진 것이라고 주장되어야 했다. 이를 "특정한 장소(special venue)"라 부르고, 첫 번째 기재 이후에는 그 시간과 장소에 관한 주장이 나올 때마다 "그때 그곳에서(then and there)"라는 말로 이를 나타내는 것이 통상적이었으며, 첫 번째로 장소에 관하여 기재할 때에는 행위가 일어난 읍, 작은 마을, 교구, 장원, 성, 산림 또는 다른 장소와 같은 특별한 장소를 표시하는 것이 필요하였고, 이렇게 함으로써 재판을 받는 사람과 같은 장소에 사는 배심원들이 재판에 출석하게 되어 있었다. 이는 또한 배심원들이 본래 증인들(witnesses)로 간주되었다는 것을 설명하는 현저한 사례이기도 하다.

---

1) Digest of the Law of Criminal Procedure 제30장, 제242-253항 참조. 언급하고 있는 장에서 설명하고 있는 내용은, 이 책에서 설명하고 있는 범죄사실과는 약간 다르게 되어 있다. 나는 이 책을 서술하면서 일반적으로 정리되어 있는 내용을 따랐다.

주장사실과 관련한 원칙

범죄를 구성하는 모든 사실(fact)과 의도(intent)는 또한 명확하게 기재되어야 한다. 다시 말해 주변 상황과 관련하여 그 내용이 자세하고 특정되어야 한다. Coke는 명확성(certainty)이 무엇을 의미하는지에 관하여 다음과 같이 설명한다.[1] 명확성의 정도와 관련하여 세 개의 기준이 있다. 먼저 모든 구체적인 사실에 있어서 확실한 의도를 요구하는 명확성이다. 이러한 명확성이 요구되는 경우 법원은 소송당사자(pleader)가 명시적으로 긍정하지 아니하는 모든 것을 부정적으로 추정하게 되고, 그가 명시적으로 부정하지 않은 모든 것을 긍정하게 된다. 다시 말해 소송당사자는 그의 주장에 반하는 모든 결론을 명시적으로 배척하여야 한다. 가장 낮은 단계의 명확성은 통상적인 의도(common intent) 정도의 확실성이다. 이 정도의 명확성이 요구되는 경우 법원은 소송당사자의 이익을 위하여 그의 모든 주장에는 합리적인 의도(즉, 통상의 용어 사용례에 따라)에 따라 명시적으로 포함되지 않은 것이라 하더라도 묵시적으로 그에 포함되어 있다는 전제를 추정하게 될 것이다. 이들 둘 사이에 세 번째 명확성의 정도가 있는데 이를 "일반적으로 확실한 의도 정도의 명확성(certainty to a certain intent in general)"이라 부른다. 이는 모든 구체적인 사실에 관하여 확실한 의도를 요구하는 명확성의 경우만큼의 명시적인 진술을 요구하지는 않지만, 일반적으로 확실한 의도 정도의 명확성보다는 더 많은 진술을 요구하는 것이라 설명할 수 있다. 기소장에서 요구하고 있는 것은 이와 같은 중간 부류의 명확성이다. 이러한 명확성이 요구되는 경우에는 소송당사자가 주장하여야 했음에도 주장하지 않은 모든 것 그리고 명시적으로 주장하지 않은 것이나 그 주장하는 내용에 묵시적으로 반드시 포함되어 있다고 보이지 않는 것은 그의 이익에 반하는 것으로 간주된다. 그러나 이 경우 문장의 내용은 모든 구체적인 사실에 관하여 확실한 의도를 요구하는 명확성의 경우만큼 인위적이거나 기술적으로 작성될 필요는 없다.

예를 들어 설명한다면, 서면으로 된 법률문서는 말 그대로(verbatim) 서술하여야 하고, 가재도구는 정확하게 기술되어야 했다. 어떤 자가 양을 절

---

1) Co. Litt. 303a 그리고 Long 사건, 5 Rep, 121a 참조. Coke의 주장에 대한 설명 내지 부연설명은 Archbold p. 57에 나와 있다. Digest of the Law of Criminal Procedure 제242-243항 참조.

결론의 형식

취하였다고 고발된 경우 이는 살아있는 양을 절취한 것을 의미하는 것이지 죽은 양의 사체를 말하는 것은 아니다. 장화(boot)는 단화(shoe)로 불러서는 안 되고 금전의 경우에는 사안에 따라 현재 통용되고 있는 금화, 은화, 동전 그리고 실링, 펜스 등으로 각 구분하여 자세히 설시하여야 했다.

그 이외에 특정한 범죄를 고발하는 경우에 반드시 사용되는 특정의 기술적인 단어들이 있다. "모살하다(murder)", "강탈하다(ravish)", "절취하다(steal), 취득하다(take) 그리고 취거하다(carry away)" 또는 가축의 경우 "몰고가다(drive 또는 lead away)" 그리고 "주거침입절도로(burglariously)"와 같은 말은 다른 어떤 말과도 대체될 수 없다.

기소장의 작성과 관련해서는 다른 몇 개의 규칙들이 있기는 하지만, 여기에서는 그 중 하나만 언급하고자 한다. 기소장은 이중(double)으로 작성되어서는 안 된다는 것이다. 하나의 소인(count)으로는 하나 이상의 범죄를 소추할 수 없다.

결론(conclusion) - 기소장은 결론을 내는 것이 과거의 규칙이었다. 보통법위반범죄의 경우에는 "우리 여왕의 평화에 반하여(against the peace of our Lady the Queen)"라는 어구 뒤에, 비록 필수적인 것은 아니지만, "여왕과 여왕의 권위(her crown and her dignity)"라는 말이 항상 추가되었다. 만일 범죄가 제정법에 위반한 것인 경우, 그에 대한 적절한 결론은 "이러한 경우에 대비하여 제정된 법률(또는 법률들)의 규정에 위반하여"였다. 기소장을 라틴어로 작성할 때 항상 사용되었던 형식은 "contra forman statut(법률의 규정에 위반하여)"로 하였고, 이때 "statut(법률)"은 "statuti(법률들)" 또는 "statutorum(법률들)"으로 사용하는 것이 마땅한 경우에도 아무런 문제가 없었다. 그러나 영어로 기소장을 작성하도록 하고 있는 4 Geo. 2, c. 26 (1730년) 법률[1] 이후 이와 같은 편리한 모호성은 위법한 것이 되었고, 그에 따라 "법률" 또는 "법률들"로 구별하여 사용하는

---

1) 이 법률은 1733년부터 효력을 발하게 되었다. 이 법률은 42 & 43 Vic. c. 59, 별표 1에 의하여 폐지되었고, 이 법률 제4조(4)에 그 사정을 설명하고 있는 말이 전혀 나와 있지는 않지만, 보통법(common law)이 부활했다는 주장에 아무런 이의도 제기되지 않았다. 하지만 기소장이 라틴어로 되어야 한다는 규칙은 필요에 따른 "관습(usage)" "실무관행(practice)" 또는 "소송절차(procedure)"라고 나는 추정한다.

것이 필요하게 되었다. 마지막으로 "법률들(statutes)"로 기재하여야 함에
도 "법률(statute)"로 기재하였다고 또는 "법률"로 기재하여야 함에도 "법
률들"로 기재하였다는 이유로 이의신청을 할 수 없다는 법률(14 & 15 Vic.
c. 100 법률 제24조)이 제정되었다. 나아가 오늘날에는 "적절하고 형식적인
결론"을 내는 것이 전혀 필요 없게 되었다.

이러한 내용들이 기소장의 내용과 관련하여 과거에는 물론 현재에도 어
느 정도 요구되는 주된 요구사항들이다. 이 문제를 더욱 완전하게 이해하
기 위해서는 기소장에 기재되어 있는 주장들은 그 기재된 내용대로 입증
되어야 할 필요가 있다는 것을, 몇 개의 예외가 있기는 하지만, 명심하여
야 한다. 따라서 어떤 자가 John Smith를 모살한 죄로 기소가 되었음에도
재판에서 James Smith를 모살한 것으로 입증된 경우 이는 치명적인 "불일
치(variance)"라 할 것이고, 비록 후일 James를 모살한 죄로 다시 기소될
수 있기는 하지만, 이 결함이 보완되지 않는 한 피고인은 무죄를 받을 수
있다. 법률문언에 대한 최근의 변경(alteration)이 있기 이전에는, 기소장에
는 특정한 주장들이 들어 있어야 하고 그러한 모든 주장들은 기소장에 기
재되어 있는 그대로 입증되어야 한다는 두 개의 규칙으로 인하여, 몇 개의
예외가[1] 있기는 하지만, 형사사법에 자의적인 불확실성의 요소가 들어오게
되었다. 이는 로마의 점쟁이들이 그들의 예언을 통한 가상 지식을 로마의
공적인 업무에 끌어들인 것과 다르지 않다. 이에 대해서는 천 개의 사례도
더 들 수 있지만, 그 중 하나의 사례를 들어 보자. 단순한 변덕스러움으로
St. James Street에서 만난 숙녀에게 칼로 자상을 가하였던 어떤 자가[2]

---

1) 특별한 장소에 관한 것은 기소장에 기재되어 있는 대로 증명할 필요가 전혀 없고, 그
   러한 기소장의 기재 사실이 그 법원의 관할구역에서 일어났다는 것만 보여주면 충분
   하다. 예를 들어, 선물을 받은 혐의로 인도 공무원을 기소하는 기소장의 경우에
   Madras에서 일어난 사실을 주장하면서 Middle 소재 Bow 주에서 발생한 것으로 기
   소장에 기재하였다 하더라도 법원이 법률에 따라 Madras에 대한 관할권을 가지고
   있다면 실제 범죄가 Bow에서 일어난 것이 아니고 Madras에서 발생하였다는 사실만
   입증하면 충분하다.
2) Williams 사건(1 Leach, 529, 1790년). 사건 중 재미있는 부분은 Newgate Calendar,
   3. 161페이지에 들어있는데, 그곳에는 "통상 괴물이라 불리는 Renwick Williams"에
   관한 내용이 있다. 그의 수치스러운 특이한 별명은 그가 여러 장소에서 알지도 못하
   는 여자들에게 자상을 가한 그의 취미에 따른 것이다.

기소장에 나있는 흠

George 1세의 법률(6 Geo. 1, c. 23 제1조)에 따라 당시 사형에 처해질 수 있는 중죄(felony)였던 "그녀의 옷을 절단할 의도를 가지고 그녀에게 악의 적으로 폭행을 가한" 혐의로 기소되었다. 기소장에는 1790년 1월 18일 Williams는 Ann Porter의 옷을 절단할 의도로 그녀에게 폭행을 가하였고, 그리고 Williams는 위 1790년 1월 18일 위 Ann Porter의 옷을 절단하였는데(did cut clothes) [여기에는 then and there라는 말이 빠져 있다] 그 옷들은 실크 가운, 코르셋, 실크 페티코트, 무명 페티코트 그리고 무명 시프트 드레스라고 기재되어 있었다. 이 기소장에 대하여 기소장만으로는 폭력행위와 옷을 절단한 행위가 전체적으로 하나의 행위인지 여부, 폭력행위는 오전에 발생하였고 옷을 절단한 행위는 오후에 발생한 것인지 여부에 관하여 알 수 없다는 이유로 이의가 제기되었다. 이러한 하자는 "did"와 "cut" 사이에 "then and there"라는 말을 삽입함으로써 해결될 수 있는 것이었지만, 이러한 이의신청은 치명적인 것으로 받아들여졌다.

나는 이러한 사소한 기술적인 것에 중요성을 부여하는 것보다 더 법률을 불신하게 만드는 것은 없다고 생각한다. 이러한 추세가 계속되는 한 이는 사법행정을 엄숙한 소극(farce)으로 만드는 것이었다. 그러나 이러한 추문(scandal)이 인기가 없었던 것으로 보이지는 않는다. 사실 이러한 사정은, 비록 비이성적이고 변덕스러운 방법이기는 하지만, 과거 형법의 지나친 가혹함을 경감시켜주는 면도 있었기 때문에 인기가 없었다는 것에 대하여 의문을 갖게 된다.

이러한 주제에 대한 법률규정들과 관련하여 비합리적인 이익이 국왕 측과 피고인에게 교대로 주어지는 이상한 상호교환(alternation)이 하나 있었다. 피고인의 이익을 위한 것으로는, 비합리적인 기소장제도에서 요구되는 기재사항 중 아무리 사소한 것이 이행되지 않은 경우에도 이는 피고인의 범죄에 대한 실질적인 처벌면제(practical impunity)로[1] 귀결되는데 충분하다는 규정이 있었다. 반면에 국왕의 이익을 위하여, 중죄(felony)의 경우 피고인은 기소장의 사본을 받아볼 수 없고, 다만 피고인이 유·무죄답변을

---

1) 내가 실질적인 처벌면제라고 말하는 것은 피고인이 두 번째로 다시 기소될 가능성이 크지 않을 뿐 아니라, 소추인 또한 첫 번째 기소장의 하자로 인하여 피고인이 법률적으로 위험에 처한 일이 없고 따라서 피고인이 이미 무죄를 선고받았다는 항변을 할 수 없다는 점을 입증할 가능성이 크지 않기 때문이다.

1828년의 법률

함에 있어 기소장의 내용을 천천히 읽어주도록 되어 있는 규정이 있었다. 이 규칙에 의하면 피고인은 기소장의 하자로 인한 이익을 얻기가 지나치게 어렵게 되어 있었다. 또 다른 규정에 의하면 누구나 기소장의 하자를 지적할 수 있었고, 이는 어떤 의미에서는 피고인을 위한 변호인으로서의 지위도 갖고 있는 판사가 할 의무이기도 하였다. 한편 기소장의 하자는 피고인이 기소장에 대하여 유죄답변을 함으로써 포기되기도 하고, 그렇지 아니하기도 했다.

간단히 말해서, 아주 이른 시기부터 우리 시대에 이르기까지 기소장에 관한 법률은 유죄를 선고받은 피고인 중 아주 적은 일부만이 그들의 자유를 위한 동전던지기 내기를 하도록 허락받은 것과 마찬가지라고 말한다고 하여 이를 서투른 흉내(parody)라고 보기는 어렵다.

실무에 있어서 이러한 제도는 그 상당 부분이 과거의 것이 되어버렸다. 법률적으로는, 의회 제정의 몇몇 특정한 조항에 의하여 그 적용이 완화된 예외를 제외하고, 아직 그대로 완전한 효력을 발하고 있다. 다음의 조문들이 실질적으로 중요한 것들이다.

7 Geo. 4, c. 64 법률(1826년) 제14조-제18조에 의하여 (누구에게 속하는 물건인지 말하기 어려운) 여러 항목으로 된 재산의 경우 어떤 기소장에나 특정인의 소유라고 기재할 수 있고, 주(county)의 다리를 수리하기 위하여 여러 가지의 부속 물건으로 제공되는 재산은, 제15조에 의하여 소유자를 주의 주민이라 기재하면 되고 그 주민들의 이름을 기재할 필요는 없다. 이들 조문들은 사소한 문제를 상당 부분 해결하였다. 제19조에 의하여 인명 오기와 잘못된 직함 또는 직함의 기재를 하지 않은 것은 실질적으로 중요하지 않게 되었다.

9 Geo. 4, c. 15 법률(1828년)에 의하여 손으로 쓰거나 인쇄된 서류의 내용과 관련하여, 기소장의 주장과 재판에서 입증된 내용이 서로 다른 경우 그 사안이 경죄(misdemeanour)라면 이를 수정할 수 있고, 그에 따라 이는 중요하지 않게 되었다. 이는 11 & 12 Vic. c. 46 법률(1848년) 제4조에 의하여 중죄(felony)까지 그 적용이 확장되었다. 이 법률은 상급 법원에만 적용되었지만 1849년의 12 & 13 Vic. c. 45 법률 제10조에 의하여 사계법원까지 그 적용이 확장되었다.

1851년의 법률 - 법률의 개정으로 인한 효과

1851년에 기술적인 사항들을 더욱 많이 제거하는 법률이 제정되었는데, 제거하는 방식은 일람표를 만들어 하는 것이었고, 그들이 너무나 기술적이고 사소한 것들이었기 때문에 폐지하기로 한 기술적인 사항에 관하여 정통하지 않은 사람들은 그것이 무엇을 의미하는지 이해하기 어려운 것들이었다. 이 법률이 14 & 15 Vic. c. 100이다. 제1조는 법원으로 하여금 기소장과 증거 사이의 많은 특정한 불일치를 수정할 수 있도록 하였고, 특히 사람이나 물건 그리고 물건의 소유자에 관한 모든 서술의 차이를 수정하도록 하고 있다. 이 법률을 적용하게 되면, 어떤 자가 James Smith 소유인 양(sheep)을 절취하였다고 기소되었지만 재판 결과 John Smith 소유의 새끼 양(lamb)을 절취한 것으로 입증된 경우, 기소장의 수정이 실질적으로 중요한 것이 아니라면 즉, 기소장의 수정이 피고인을 오도하는 것이 아니라면, 법원은 이를 수정할 수 있게 된다. 이로 인하여 위에서 언급한 바 있는 "일반적으로 확실한 정도의 명확성"에 관한 규칙은 실질적으로 매우 크게 완화되었다.

제5조와 제18조에 의하여 문서의 경우 그 사본을 제시함이 없이 통상의 명칭으로 서술할 수 있게 되었고, 은행권은 돈으로 서술할 수 있으며, 은행권을 절취한 것으로 되어 있는 기소장에 있어서 동전을 절취한 것으로 입증하였다고 하여 양자 사이의 불일치가 있는 것은 아니게 되었다. 제23조에 의하여 특별한 장소가 폐지되었다. 제24조에 의하여 "소송기록에 의하면", "폭력에 의하여(with force and arms)", "평온을 해하는(against the peace)"과 같은 15개의 특정한 형식적인 어구의 하나를 사용하지 않았다고 하여 기소장에 하자가 있는 것으로 보지 않게 되었다. 그리고 "증명할 필요가 없는 문제에 대한 주장"이 누락되었다고 하여 이를 하자라 선언할 수 없게 되었다. 또한 "그의 눈에 신에 대한 두려움이 없는" 사람에 의하여 그리고 "악마의 특별한 사주에 의하여" 범죄가 저질러졌다는 것과 같은 진술도 폐지되었다. 제25조에 의하여 기소장의 문면에 명백하게 드러나 있는 형식적 하자에 대한 이의는 유·무죄 답변 이전에 이루어져야 하며, 법원은 그러한 하자에 대하여 수정할 권한을 갖는다. 그 결과 그러한 하자는 중요하지 않게 되었다. 왜냐하면, 오늘날 그러한 하자는 그것이 드러나는 것과 동시에 바로 수정이 가능하기 때문이다.

모살에 대한 기소장

이와 같이 복잡하고 아주 신중하게 개정을 한 결과 기소장에 관한 법률의 상당 부분은 석판 위에 새겨진 글의 상당 부분이 반 쯤 마모되어 없어진 것과 같이 더러워지고 외관이 손상된 상태로 남게 되었다.[1] 그들은 어떤 의미에서 얽히고설킨 복잡한 법률에 더 큰 복잡함을 추가하였다. 불문의 규칙(unwritten rule)을 다양한 성문의 예외(written exception)로 제한하려고 하는 제도보다 더 복잡한 것은 없기 때문이다. 예를 들어, 과거에는 특별한 장소(special venue)가 무엇을 의미하는지를 알면 충분했다. 하지만 오늘날 법률을 충분히 이해하기 위해서는 특별한 장소가 무엇을 뜻하는지는 물론 그에 관한 규정의 폐지가 어떤 효과를 가져왔는지 등 양자 모두를 알아야 한다. 한때는 일반적으로 확실한 의도 정도의 명확성이 무엇을 뜻하는지 그리고 기소장에는 모든 주장을 기재하는 것이 요구된다는 사실을 알고 있는 것으로 충분하였지만, 오늘날에는 이에 더하여 법령에 의하여 이들 규칙에 도입된 많은 예외에 관한 지식이 있어야 한다. 현실적으로 그 누구도 법률에 관하여 그렇게 정교하게 배우려는 어려움을 택하지 않는다. 기소장에 관한 구차스러운 변명이나 쓸데없는 비판이 종말을 고하게 되었다는 일반적인 사조가 생기게 되었다. 모양세가 좋은 것이 되기를 포기하였고, 만일 이를 추구하였다면 실패하였을 것이다. 실질적으로 편리한 것이 되었고, 반면 그 모양은 매우 꾀죄죄하게 되었다.

내가 언급한 규정들 이외에도 특정한 범죄에 대한 기소장과 관련하여 특정한 수의 특별 규정들이 만들어졌다. 과거 모살(murder)에 대한 기소장은 범죄의 모든 상황을 아주 자세하게 기재하게 되어 있었고, 그에 따라 기소장에 대한 입증 과정에서 나타날 수 있는 차이에 대처하기 위해 서로 다른 소인(count)으로 그 내용을 다양하게 하는 것이 통상적이었다. 그래서 하나의 소인으로는, A가 오른 손에 들고 있던 칼로 얼마의 길이와 깊이로 B를 공격하여 B에게 치명적인 상해를 가슴에 가했고, 그로 인하여 B는 아주 많은 날들을 시름시름 앓다가 그리고 "그 시름시름 앓는 것이 계속되다가" 어느 날 죽었다고 기소장에 기재할 수 있을 것이다. 그리고 다

---

[1] Digest of the Law of Criminal Procedure, 제30장이 이와 관련하여 내가 말할 수 있는 것과 마찬가지의 정확한 진술을 제공한다. 특히, 명확성에 대한 규칙에 관해서는 제242조, 예외에 관해서는 제243조. 서술(description)에 대한 규칙과 예외에 관해서는 제246조, 소유자에 관해서는 제249조, 수정 권한에 관해서는 제250조 각 참조.

른 소인으로는 이와 달리 그가 왼손에 칼을 들고 있었다는 주장을 기소장에 기재할 수 있다. 세 번째 소인으로는 오른 손 또는 왼손이라는 등의 말을 하지 않고 그냥 손에 들고 있었다고 할 수도 있다. 이러한 변종으로 인하여 기소장은 어마어마한 길이로 늘어나게 되었고, 기소장을 믿을 수 없는 괴물로[1] 만들었다. 이전의 법률을 개정한 24 & 25 Vic. c. 100 법률 제6조에 의하여 모살(murder)의 경우에는, 일반적으로 피고인이 중죄를 범할 의도로, 악의를 가지고 그리고 계획적인 예모를 통하여 피해자를 죽이고 모살했다고 기소하면 충분한 것으로 되었다.

또한 화폐위조에 대한 기소장의 경우에도 과거에는 사취할 의도뿐 아니라 사취당할 피해자를 특정하는 것도 필요하다고 하였다. 이는 종종 매우 어려운 문제였고, 그에 따라 서로 다른 사람을 사취당한 피해자로 특정하는 수많은 소인이 등장하곤 하였다. 지금은 24 & 25 Vic. c. 98 법률 제44조에 의하여 일반적인 형식으로 사취할 의도만 주장하면 충분하게 되었다. 여기에서 이러한 종류의 모든 법률규정을 열거하는 것은 내 목적에 맞지 않는 것이다. 다만, 과거 법률의 엄격함에 많은 편리한 예외가 인정되어오기는 하였지만, 기소장이 아직도 형사재판을 극도로 복잡하고 기술적인 것으로 만들고 있다는 말을 하는 것으로 충분하다고 본다. 이에 대해 조금 설명하고자 한다.

법률상의 예외가 적용되지 않는 사안에 있어서는, 범죄의 모든 요소를 기소장에 기재할 것을 요구하는 소송규칙이 아직도 그대로 효력을 갖고 있기 때문에, 기소장을 작성함에 있어서 지나친 복잡성과 정교함이 요구되고 있다. 예컨대, 위증에 대한 기소장의 경우에는 다음과 같은 문제들을 기재하여야 한다. 첫 번째로 해당 법원의 관할권, 두 번째로 피고인에 의한 선서는 정당하게 행해졌다는 것, 세 번째로 증언을 한 사실이 문제가

---

1) 나는 Daniel Good이 Roehampton에서 하녀를 모살하고, 그가 저지른 범행 방법을 불확실하게 하기 위한 확실한 방편으로 그녀의 사체를 태워버렸다는 사건의 기소장에는 거의 70개의 소인이 포함되어 있었다는 것을 통보받았다. 그 마지막 소인의 주장은, (이는 의심의 여지없이 사실이다), 그 여자는 배심원들이 알지 못하는 방법으로 모살되었다고 되어 있다. 이와 관련하여 기억해두어야 할 것은 순회법원의 서기나 기타 기소장을 작성하는 다른 공무원은 그 대가로 수수료를 받았고, 기소장에 기재되어 있는 소인들에 대하여 각 별도로 그 비용을 부과하였다는 것이다.

위증에 대한 기소장

되었고, 그리고 이러한 증언 내용이 법원의 사실결정에 있어서 실질적인 역할을 하였다는 것, 네 번째로 피고인이 그와 관련하여 그러그러한 문제에 대하여 증언을 했다는 것(이러한 주장들을 위증의 필수요건이라 부른다), 다섯 번째로 위증으로 지목된 모든 문제들이 사실과 다르다는 것이다. 여기에서 이러한 기소장의 내용을 제시하는 것은 싫증나는 일이므로 다음과 같이 기소장의 내용을 아주 간단하게 간추려 그 뼈대만 소개한다.

여왕을 위한 배심원들이 1880년 7월 20일 York의 순회재판에서(간단히 이를 언급)[1] 어떤 판사 앞에 출석하였다. B는 C를 모살한 혐의로 기소되었고, 그 기소장은 정당하게 선서를 한 배심 참여하에 재판이 이루어졌다. 이 재판에서 A는 그가 제공하는 증언은 진실하며, 전부 진실이며, 진실뿐이라고 하면서 "성경에 손을 얹고 신성한 하느님에게 선서를 하였고", 그 재판에서는 A가 1880년 3월 1일 Westminster 시에 있는 Westminster 홀에서 B를 보았는지가 중요한 문제가 되었다. 그리고 A는 "허위로, 부정하게, 알면서, 고의로 그리고 악의로" 그가 1880년 위 3월 1일 정오에 Westminster 시에 있는 Westminster 홀에서 B를 보았다고 증언했다. 하지만 진실은 그리고 사실은, A는 위 1880년 3월 첫째 날 정오 또는 그 이외 다른 시간에도 위 Westminster 홀에서 B를 보지 않았다. 그래서 위 배심원들은 위와 같은 선서를 하고, A는 위 1880년 7월 20일 "위에서 말한 판사인 Sir E. F. 면전에서 그 자신의 자발적인 행위로, 그 자신의 가장 사악하고 부정한 마음으로, 위에서 말한 방법과 형식으로, 여왕의 평화, 그 왕위와 권위에 위반하여 허위로, 사악하게, 고의로 그리고 부정하게도 고의의 그리고 부정한 위증을 범했다"고 말한다.

이러한 기소장의 형식은 하나의 이야기를 세 번에 걸쳐 말하는 것으로 즉, 중요한 문제라는 것을 주장할 때, 다시 위증이라고 할 때, 위증에 해당하는 증언 내용이 진실이 아니라고 할 때 등 3회에 걸쳐 반복하고 있다. 이는 다음과 같은 진술로부터 알 수 있는 것 그 이상의 아무 것도 포함하지 않고 있다. "여왕을 위한 배심원들이 어떤 날 York의 순회재판에서 어떤 판사 앞에 출석하였다. B는 C를 모살한 혐의로 기소되었고, A는 그 기소장을 근거로 한 재판에서 1880년 3월 1일 정오에 Westminster 시에 있

---

1) 법원의 개정을 위임하는 여러 개의 특정 위임장이 실무상 기재된다.

는 Westminster 홀에서 B를 보았다고 선서증언을 함으로써 위증을 범했다. 그 증언은 그 기소장에 대한 재판에서 중요한 것이었고, 그리고 A가 알고 있는 사실에 반하는 것이었다."

사기죄(false pretence)에 대한 기소장 또한 복잡한 문제이다. 기망의 성격이 적시되어야 하고, 허위라는 것이 그 내용을 두 번 반복하는 형식으로 주장되어야 하기 때문이다. 따라서 "A는 B에게 B로부터 5파운드를 빌리려고 하는 C가 보내서 왔다고 거짓말을 하였다. 이러한 사기의 방법으로 A는 B로부터 5파운드를 취득하였다. 하지만 실제의 진실과 사실은 B로부터 5파운드 또는 다른 액수의 돈을 빌리려고 하는 C가 B에게 A를 보낸 것이 아니었다." 더욱이 주장은 기소장에 기재되어 있는 그대로 입증되어야 한다는 규칙에 따라 기소장에 기재하는 사기죄의 여러 기망 방법 중 최소한 하나가 증거에 부합할 수 있도록 다양한 여러 방식으로 그 기망 방법을 기술하는 것이 필요하다. 이러한 규칙을 적용함에 따라 종종 사기로 재물을 취득하는 범죄에 대한 기소장은 불편할 뿐 아니라 터무니없을 정도의 길이로 부풀려지게 된다.

아마도 기소장과 관련하여 아직도 효력이 있는 특별한 소송규칙으로 인하여 발생하는 나쁜 효과를 설명하는 가장 통상적인 사례가 위증과 사기라 할 수 있다. 하지만 이와 달리 한 번도 법률상 규제의 대상이 되지 않은 또 다른 규칙이 있는데, 이는 훨씬 더 장황함과 모호함 그리고 비용을 초래하는 것이다. 이것이 바로 기소장은 "이중(double)으로" 되지 않아야 한다는 규칙이다. 이는 각 하나의 소인(count)으로는 하나의 범죄만을 고발하여야 하고 그 이상은 허용되지 않는다는 것이다. 경찰관이 주거침입절도범을 체포하려고 하자 그가 경찰관의 얼굴에 권총을 쏘았고, 그로 인해 경찰관의 앞니가 모두 빠지는 입 부분 중대 상해를 가하였다. 이러한 행위는 24 & 25 Vic. c. 100 법률 제18조에 해당하는 범죄로서, 다음과 같은 소인으로, 비록 실무에서 그렇게 하는 것은 아니겠지만, 구성될 수 있다.

(1) 병신(maim)을 만들 의도의 상해.

(2) 미관 손상(disfigure) 의도의 상해.

(3) 불구(disable) 의도의 상해.

(4) 위에서 설시한 이외의 중대한 신체손상을 가할 의도의 상해.

(5) 적법한 체포행위에 저항할 의도의 상해.

(6) 적법한 체포행위를 피하기 위한 의도의 상해.

(7) 적법한 구금에 저항할 의도의 상해.

(8) 적법한 구금을 피하기 위한 의도의 상해.

(9-16) 위에서 언급한 8개 의도에 의하여 초래된 중대한 신체 훼손.

(17-24) 위에서 언급한 8개 의도를 가지고 경찰관에게 총격을 가함.

제14조에 의하여 모살 의도의 총격행위라는 다른 소인이 추가될 수 있고, 제15조에 의하여 제14조에서 특정하고 있는 5개 이외의 방식으로 모살을 기도하였다는 소인이 추가될 수 있다. 이러한 하나의 행위에 대하여 모두 26개의 서로 다른 소인이 만들어질 수 있다.

이는 기소장을 너무나 길고 복잡하게 만든 주된 요인을 설명하는 것이다. 경죄에 해당하는 사기(fraudulent)에 대한 기소장의 경우, 의미와 표현에 있어서 세세한 부분까지 그 차이를 감지할 수 없을 정도로 서로 다르게 기술함에 따라 때로는 100개 이상의 소인으로 구성될 수 있다. 기소장 안(bill)을 큰 글자로 정서한 사본과 대조하는 법원 서기를 제외하고, 그 누구도 이러한 소인들을 읽어보지 않는다. 기소장을 작성하는 자는 한 부류의 견본으로 하나의 소인을 작성한 뒤 짧은 메모를 통하여 내가 위에서 나눈 바와 같이 소인을 나눠 설시하도록 지시한다. 판사는 특정한 쟁점에 주의를 기울여야 할 때가 아닌 한, 기소장을 보는 일이 절대 없다. 변호사도 기소장의 의미를 보여 주고 있는, 방금 적시한 것과 같은, 요약만을[1] 본다. 변호인의 도움을 받지 않는 피고인은 그러한 기소장으로부터 어떠한 정보도 제공받을 수 없을 것이고, 이러한 문서는 절대적으로 짧고 간단한 문서만큼 유용한 업무처리의 기록이 되지 못할 것이다.

---

1) 나는 매우 유명한 특별 변호사의 이야기를 들었는데, 그가 특별히 긴 기소장을 작성하자, 이를 통상 그의 "소인을 질질 끌고 있다(shuffle)"고 한다, 그의 상대방 변호사가, 인간적으로 말해서, 기소장에 무엇이 포함되어 있고 무엇이 포함되어 있지 않은지 이해할 수 없다고 말하였다는 것이다. 내가 제공한 짧은 설명을 통하여 이것이 얼마나 혼란스러운 것인지 보여줄 수 있을 것이다. 예컨대, 상해를 여러 가지 의도를 가지고 가한 것으로 고발하는 소인의 경우, 위에서 적시한 바와 같이, 중대한 신체손상을 가한 것으로 고발하는 소인과 총을 쏜 것을 고발하는 소인이 뒤섞여지게 되고, 그로 말미암아 대부분의 사람들은 기소장이 어떤 내용을 고발하고 있는지 정확하게 확인하기도 전에 그 인내심이 소진되고 말 것이다.

소인의 병합

기소장의 개선을 위하여 위에서 본 것과 같은 많은 노력이 경주되었음에도 불구하고 기소장이 어떤 이유로 아직까지도 복잡하고 기술적인 문서로 남아있는지에 대하여 그 원인을 열거함에 있어서는 마지막으로 소인의 병합(joinder of counts) 즉, 하나의 기소장에 하나 이상의 고발 내용을 포함시키는 것에 관한 규칙을[1] 언급하여야 할 것이다.

규칙의 내용은 이론적으로는 동일한 기소장에 여러 개 소인(count)의 중죄(felony)를, 그리고 여러 개 소인의 경죄(misdemeanour)를 병합할 수 있다는 것이다. 하지만 어떠한 경우에도 중죄에 대한 소인에는 경죄에 대한 소인을 병합할 수 없다. 이러한 규칙을 정한 이유 중 하나는, 대부분의 중죄는 거의 모두 사형에 처해질 수 있는 범죄이므로, 유죄로 인정되는 경우 사형에 처해질 수 있는 고발 내용에 기껏해야 벌금형이나 징역형에 처해질 수 있는 고발 내용을 병합한다는 것은 어리석은 일이기 때문이다. 또 다른 이유는 중죄와 경죄에 대한 재판의 부수조건(incident)이 다르기 때문이다. 두 개의 범죄 중 하나의 범죄에 대해서는 피고인이 20명의 배심원까지 무조건 이의신청을 할 수 있고, 다른 하나의 범죄에 대해서는 이의할 수 있는 권리가 없는 경우에 피고인을 하나의 기소장을 통하여 이들 두 범죄로 기소하는 것은 불가능한 일은 아니겠지만 편리한 것이 아니라는 것은 분명하다. 하지만 그 이외에도 다른 차이가 있다.

여러 개의 중죄를 동일한 기소장으로 고발할 수 있는 권리는, 단순한 법원의 실무관행으로 인정되고 있는, 선택의 이론(doctrine of election)에[2] 따라야 한다. 이 이론에 의하면 기소장의 기재를 통하여 또는 증거를 제시함에 있어서, 하나의 기소장에 기재되어 있는 중죄에 대한 여러 개의 다른 소인이 하나 이상의 행위(transaction)와 관련되어 있는 것이고 또한 동일한 행위를 설명함에 있어 다른 방식으로는 설명할 수 없는 것으로 드러나는 경우, 법원은 소추인에게 그의 증거를 여러 거래 중 하나의 행위에 한정하도록 강제할 수 있다. 이러한 규칙은 경죄에는 적용되지 않는다. 그 결과 여러 개의 경죄를 여러 개의 다른 방식으로 고발하는 소인들은 하나의 기소장(single indictment)에 기재될 수 있고, 이로 말미암아 상거래와

---

1) Digest of the Law of Criminal Procedure. 제236-241항.
2) Digest of the Law of Criminal Procedure. 제240항.

법률의 개정을 통한 제안

관련한 사기사건(mercantile fraud)의 기소장 그리고 그러한 기소장에 뒤따르는 재판이 어마어마하게 장황하게 되는 이유가 되었다. 내가 알고 있는 사건 중에는 Fraudulent Debtor's Act 위반에 대한 기소장이 10개 또는 12개의 행위를 10개 내지 12개의 방식으로 고발하는 경우가 있었다. 여기에서 이러한 제도의 결점들을 언급하기보다는 이러한 결점들을 제거하는 방식과 관련하여 형사법전위원회(Criminal Code Commissioners)에 의하여 1878-9년 마련된 법률안(Draft Code)을 언급하는 것으로 충분할 것이다. 그 내용과 형사절차의 단순화를 위한 그들의 다른 몇 개 제안들에 관해서는 이 책 후반에서 소개하겠다.[1]

소송(pleading)의 규칙과 관련하여 고발장(information)이 기소장(indictment)과 다른 것은, 대배심(grand jury)이 선서를 통하여 고발된 사람이 중죄 또는 경죄로 유죄라고 말하는 공적인 진술(formal statement)이 기소장인데 비해, 법무장관(Attorney-General)이 피고인은 경죄로 유죄라고 말하는 공적인 진술이 고발장이라는 그러한 사정뿐이다.

구금되어 있지 않은 사람이 기소되는 경우, 소추인은 기소확인서를 기소를 한 법원 직원으로부터 받을 수 있고, 이 확인서를 치안판사에게 제출하면 고발된 사람에 대한 체포영장이 발부되고, 신원확인을 거친 피고인은 재판을 위하여 구금된다.[2] 만일 체포가 되지 않으면 그는 (이론상) 법익박탈자가 되고,[3] 반란죄나 중죄의 경우 이는 유죄와 같은 효과를 갖는다. 하지만 법익박탈(outlawry)은 오늘날 완전히 사용되지 않는 것이다. 법익박탈에 있어서 가장 중요한 것은, 과거에는 물론 현재에도,[4] 재산몰수인데, 오늘날 실무에서 재산몰수가 집행된 일은, (아주 예외적인 경우를 제외하면), 거의 없고 그 이외 다른 목적을 위한 법익박탈은 쓸모없는 것이 되었다. 범인인도조약에 따라 중대한 범죄의 경우 거의 세계 어디에서나 범인은 체포될 수 있지만, 피고인이 그의 조국에서 다른 나라로 도망을 가고 다른 나라에서 발견될 수 없다면 그에 대하여 공적인 유죄판결을 받아봐야 아무런 실익도 없는 것이다.

---

1) 이 책 P. 559-562(저자의 책 제1권 p. 511-513).
2) Digest of the Law of Criminal Procedure. 제193-194장.
3) Digest of the Law of Criminal Procedure, 제233항.
4) 33 & 34 Vic. c. 23 법률 제1조.

과거 기소장의 장점

기소장에 관한 법률의 모습을 일그러지게 한 모든 현학적인 태도와 기술적인 사항들에도 불구하고 그들은 적어도 하나의 귀중한 모습을 가지고 있다는 것을 말해야 할 것이다. 기소장에는 고발된 범죄에 대한 모든 요소를 적시하여야 한다는 규칙은 범죄의 자의적 증식과, 법률 또는 일반적으로 받아들여지고 있는 판례에 의하여 확립된 범죄에 대한 정의(definition)가 없던 시대에, 사법작용에 의한 입법행위(judicial legislation)를 통한 형법의 부당한 확장을 방지하기 위한 일종의 안전판이었다. 예를 들어, 만일 피고인을 일반적인 용어(general terms)로 기소하는 것이 적법한 것이고, 대역죄(high treason)의 경우 판사가 대역죄를 구성하는 것이 무엇인가를 말해야 한다면, 대역죄에 관한 법률은 거의 무한정으로 그 내용이 확장될 수 있을 것이다. 피고인이 국왕의 죽음을 생각하였고, 그러그러한 명백히 드러난 행위를 통하여 그러한 생각을 자백하였다는 것을 기술하는 것이 필요하다는 것은, 비록 대역죄의 역사를 통하여 대역죄의 개념이 완성된 것은 아니지만, 법률의 그러한 확장해석에 대한 상당한 안전판이었다. 지난 세기 후반에 있었던 명예훼손(libel)에 대한 기소장의 경우에도 동일한 원칙으로 설명할 수 있고, 심지어 우리 자신의 시대에도 공모에 대한 기소장에 있어서 그 주장의 느슨함이 피고인에게 중대한 결과를 가져올 수 있었던 일들이 있었다. 범죄에 대한 법률적 정의가 느슨한 경우, 이는 기소장의 엄격성과 기술성으로만 보완될 수 있으며, 기소장이 안전성을 유지하면서도 더할 나위 없이 간단하게 될 수 있는 경우는 법률이 성문화되거나 또는 권위 있는 서술에 의하여 즉, 실질적인 법전화의 장을 통하여 확실성을 갖게 되었을 때에만 가능하다는 것은 명백한 사실이다.

기소장과 고발장에 관한 주제에 결론을 내면서 나는 이들을 제출할 권한(right to prefer)에 관하여 말하고자 한다. 기소장은 적절하게 말한다면, 내가 이미 보여준 바와 같이, 대배심에 의한 고발이고, 이들 배심원들은 그들이 살고 있는 지역에서 발생한 범죄에 관하여 그 내용을 그들이 불려온 법원에 알려주기 위하여 함께 소환된 사람들이다. 하지만 어떤 사람도 기소장 안(bill)이나 초안(draft)을 가지고 그리고 이를 입증할 증인들과 함께 배심원들 면전에 출석할 수 있다. 이론적으로는 또는 적어도 이 주제와 관련한 가장 최초의 이론에 의하면 법원은 대배심 이외의 것을 생각하지 않는다. 그 결과 이 나라의 어떤 사람도 그리고 모든 사람은 거의(almost) 대부분의 범죄와 관련하여 다른 사람을, 그의 등 뒤에서 그리고 그에게 고발을 하겠다는 의도를 알리지 않은 채, 고발할 수 있다는 것이다. 아주 최근에 이르기까지 "거의(almost)"란 단어는 삭제되어야 하였음에도 그렇게 되지 않았고, 1859년에 이르러서야 조그만 개혁의 하나가 이루어졌고, 이는 영국에 있어서의 입법의 특징이라 할 수 있다. 그 해에 22 & 23 Vic. c. 17 법률이[1] 제정되었고, 이 법률은 판사나 법무장관 또는 법무차관의 허가를 받지 않는 한 또는 치안판사에 의해 소추의 의무를 지게 되지 않는 한 위증, 위증교사, 공모행위, 사기에 의한 금전취득, 도박장소 제공, 불결한 집안 유지 또는 강제추행으로 다른 사람을 고발하지 못하도록 규정하고 있다. 이 규정은 44 & 45 Vic. c. 60 법률 제6조에 의하여 명예훼손까지 확대되어 적용되었다. 위험한 권리에 대한 제한이 어떠한 이유로 더 이상 진전되지 못했는지 그 이유를 밝히는 것은 불가능한 일이기는 하지만, 이러한 제한은 모든 고발에 적용되었어야 함은 명백하다. 위증의 경우에는 인정하지 않으면서 허위의 선서를 하거나 위조죄를 저질렀다고 하는 경우에는 통고 없이 비밀리에 고발할 수 있다는 것, 사기에 의한 금전취득에는 인정하지 않으면서 다른 종류 사기에는 이러한 고발을 인정하는 것, 위에서 설시한 경우 즉, 도박장소 제공, 불결한 집안 유지 또는 강제추행의 경우에는 인정하지 않으면서 그 이외의 추행이나 비도덕적 행위를 포함하는 범죄에 대하여 고발을 인정하는 것은 괴상하며 어처구니없는 일이다. 돈을 뜯을 목적으로 남용된 기소장이라는 말을 들을 가능성이 상당히 큰 그러한 범죄(예컨대, 강간과 납치)들이 많이 있다. 1878-9년의 형사법전위원회는 이 법률이 모든 범죄에 대한 고발에 적용되어야 하며, 우연히 효력을 갖게 된 비밀 고발의 권한은 완전히 폐지되어야 한다고 제안했다.

형사고발(criminal information)[2] - 형사고발을 할 수 있는 권한은, 범죄의 종류와 관련하여 그리고 고발을 할 수 있는 사람과 관련하여, 제한되어 있다. 이러한 고발은 경죄의 경우에만 할 수 있고, 고발을 할 수 있는 자는 법무장관과 차관, 공개법정에서의 신청에 따라 여왕좌부의 명령을

---

1) 또한 30 & 31 vic. c. 35 법률 제1, 2조 참조.
2) 현재의 법률에 관해서는 Digest, Criminal Procedure. 제23장 제195-206항 참조.

이행하는 기소담당공무원(Master of the Crown Office)만이 할 수 있다. 형사고발의 기원에 대해서는 두 개의 서로 다른 견해가 있다.

그 하나의 견해는 R. v. Berchet and others 사건(1689년)의 판례에 나와 있는데,[1] 이 사건에서 Sir B. Shower는 개인을 상대로 폭동으로 형사고발을 할 수 있는지의 여부와 관련한 문제에 대하여 답변을 하면서 정교하게 그의 주장을 하고 있다. 그는 Edward 1세 치세로부터 명예혁명에 이르기까지의 고발(information)에 관한 많은 기록을 언급하면서, 위 기간 전체를 통하여 국왕의 관리는 모든 종류의 경죄와 관련하여 대배심에 의한 기소를 거치지 않고 피고인을 왕좌 법원(Court of King's Bench)의 재판에 회부할 수 있는 권리를 행사하였다고 주장한다. 그러한 절차는, 내가 이미 설명한 바와 같이, 평의회(Council Board)나 성실법원에서 이루어진 것이 명백하고, 이로 미루어보아 국왕은 아주 초기부터 대배심의 개입 없이 그의 직속 법률상 대리인을 통하여 사형에 처해질 수 있는 범죄가 아닌 범죄를 저지른 피고인을 그의 법원에 고발할 수 있었던 것으로 보인다.

이와 다른 견해는 Earbery 사건에[2] 나와 있는데, 이 사건에서는 드러내 놓고 그러한 주장을 하는 것은 아니다. 이 견해에 의하면, Henry 7세가 그의 치세를 시작하면서 형사사법의 집행을 엄격하게 하기 위하여 만든 규정의 잔재라는 것이다. 1494년에 법률(11 Hen. 7, c. 3) 하나가 제정되었는데 이 법률은, 순회법원과 사계법원으로 하여금, "고발(information)에 따라, 제정된 법률 그리고 폐지되지 않은 법률에 위반하여 범죄를 범한 모든 피고인과 관련하여 모든 범죄와 모욕죄에 대한, (반란과 모살 그리고 중죄는 제외하고), 심리와 판결을" 하도록 하는 권한을 이들 법원에 부여하고 있다. 이 법률로 인하여 Empson과 Dudley가 애매한 오명을 덮어쓰게 되었다. 이 법률은 1509년 폐지되었다(1 Hen 8, c. 6). 1494년과 1509년 사이에 고발은 통상적인 것이었지만, 그 후 Charles 1세 시대에 부활되기까지 성실법원 이외에서는 통용되지 않았다. Charles 1세 시대에 Elliot, Hollis 그리고 다른 사람들에 대하여 의회에서의 발언을 이유로 고발이 제기되었는데, 이러한 방식으로 고발을 한 목적은 성실법원에서의 소추와 관련한 나쁜 평판을 피하기 위한 것이었다. 성실법원의 폐지 이후 Charles 2세 치

---

1) 1 Showers, 106-121.　　　　　　　　　2) 20 St. Tr. 856.

형사고발의 최근 역사

세에 이르기까지 고발(information)은 매우 통상적인 것이 아니었고, 이 기간 중에는 고발의 이용을 가로막는 다른 방해물이 있었다고 말해진다. 명예혁명 이후 그들은 통상적인 것이 되었고, 법률의 규제를 받게 되었다.

기록을 전부 살펴보기 전에는 이들 견해 중 어떤 것이 사실인지 정하는 것이 불가능하지만, 오늘날 형사고발의 적법성에 대하여 그 누구도 의문을 제기하고 있지 않기 때문에, 이를 더 이상 탐구하는 것은 실질적인 목적을 위하여 별로 중요한 일이 아니다. 지난 200년 이상을 통하여 형사고발은 통용되어 왔으며, 의회제정의 법률에 의하여 인정을 받아 그에 의하여 규율되어 왔다. 그 기원이 무엇이든지간에 왕좌 법원에 형사고발을 제기할 수 있는 권한은, 사회적으로 중요한 사안의 경우 법무장관이나 법무차관에 의해서는 물론 그의 이름을 사용하기를 원하는 그 누구에게도 그 이름을 빌려주는 기소담당공무원에 의해서도 통용되었다. 그에 따라 모든 사인은, 대배심의 허가를 받지 않고서도, 그에게 경죄로 처리되는 범죄를 범한 사람을 상대로 형사소추를 할 수 있게 되었다. 그 결과 이는 경솔하고 악의적인 소추로 인한 남용으로 이어졌고, 이러한 경우 피고인은 아무런 피해배상도 받지 못하였다. 이러한 남용은 4 Will. & Mary, c. 18 법률(1692년)에 의하여 효과적으로 방지되었는데, 이 법률은 "공개법정에서 이루어지는 위에서 말한 법원에 의한 명시적인 명령에 의하지 않고는" 그리고 비용에 관한 일정한 조건이 정해지지 않고는 기소담당공무원이 형사고발을 할 수 없도록 규정하고 있다. 이 법률의 실질적인 효과는 형사고발을 신청하는 일은 피고인을 형사재판에 회부하기 위한 치안판사 면전에서의 절차와 사실상 동일한 것으로 만드는 것이었다. 그것은 보통 중대한 공적 성격을 갖는 사건의 경우 예컨대, 공적 지위를 갖고 있는 사람이 명예훼손을 당하였을 때 그에게 가해진 위법행위에 대한 신속한 치유뿐 아니라 선서진술에 의하여 그의 행위와 성격을 정당화시키려는 기회를 갖고자 할 때 의지할 수 있는 것이다.

형사고발을 제기할 수 있는 기소담당공무원의 권한은 통상 공안이나 확립된 사회질서를 침해하는 것과 같은 범죄에 행사되었다. 하지만 오늘날 이러한 범죄는 기소(indictment)를 통해 더욱 빈번하게 소추된다. 지난 세기 후반과 금세기 시작까지 피고인이 형사고발에 노출됨으로 인하여 또는

피고인의 답변

노출되었다고 말하여지는 것으로 인하여 초래되는 어려움이 자주 발생하는 불평의 주제가 되었고, 이러한 주제와 관련한 몇 개의 법률이[1] 제정되었지만, 그에 대해서 자세히 언급할 필요는 없을 것이다.

피고인의 답변(plea) - 기소의 다음 단계는 기소인부(arraignment) 또는 피고인을 상대로 하여 제출된 고발에 대하여 답변을 하도록 법정에 소환하는 것이다. 오늘날 피고인이 법정에서 답변할 수 있는 것은 단지 4개밖에 없으며, 이들은 무죄, 유죄, 이미 무죄판결을 받았다는 답변 그리고 이미 유죄판결을 받았다는 답변이다. 특별한 답변을 할 수 있는 유일한 예외가 명예훼손에 대한 재판의 경우이고, 여기에서는 그 범죄와 관련한 약간의 언급을 할 수 있다. 무죄답변을 하게 되면 소추인이 피고인의 유죄입증을 위하여 필요한 모든 것을 증명하여야 한다. 유죄답변은 모든 것을 인정하는 것이고 이후의 모든 절차는 소용없는 것이 된다. 이미 무죄나 유죄의 판결을 받았다는 답변은 기소장에 고발된 내용과 동일한 범죄로 이미 무죄나 유죄판결을 받았다고 단순하게 주장하는 것이다. 사면을 받았다는 답변도 또한 가능하고, 의회 의원(peer)이 귀족원이나 귀족원임시의장법원 이외의 법정에서 기소인부답변을 하게 되었을 때 또는 어떤 사람이 사계법원에서는 재판을 할 수 없는 모살(murder)로 사계법원에서 기소인부 답변을 하게 되었을 때에는 관할에 관한 답변을 할 수 있지만, 실무상 이러한 답변을 했다는 것은 들어보지 못했다.

이러한 답변들의 효과에 관해서는 여기에서 더 이상 설명할 필요는 없지만, 역사적으로 상당히 흥미 있는 문제들이 형사사건에서의 답변에 대한 주제와 관련되어 있다. 어떠한 이유에서인지 지금 분명하게 밝히는 것은 어려운 일이지만, 초기 시대에는, 중죄로 고발을 당한 사람은 답변을 하면서 "그들 자신들을 나라에 바친다(putting themselves on the country)"고 말함으로써 그 재판에 대한 동의를 하지 않고는 적절한 재판이 이루어질 수 없다고 생각한 것으로 보인다. 피고인은 우선 그의 손을 들어야 했고, 손을 들거나 그 이외의 방법으로 그 자신이 기소된 사람임을 인정하게 되면 기소장의 내용을 그에게 말한 뒤 그에게 "어떻게 말할 것인가, 당신은

---

[1] 60 Geo. 3, 1, Geo. 4, c.4 법률, "경죄의 경우 형사사법의 지체를(delay in the administration of justice) 방지하기 위한 법률" 참조.

유죄인가 아니면 무죄인가"라고 질문을 하면서 그의 답변을 요구했다. 만일 피고인이 "무죄"라고 말을 하면, 그에 대하여 "피고인(Culprit),[1] 당신은 어떻게 재판을 받을 것인가"라고 질문을 하며, 여기에 대하여 피고인은 "신과 나의 나라에 의해(By God and my country)"라고 답변을 해야 했다. 수 세기 동안 이들 단어에는 중요한 종교적 신성함이 부가되어 있었다. 피고인이 이러한 말을 하지 않는 경우, 심지어 고의적으로 이들 말 중 "By God" 또는 "by my country"라는 말의 하나만이라도 하지 않는 경우 이는 답변을 하지 않은 것으로 간주되고, 배심원이 선서를 하고 그의 침묵이 "고의에 의한 침묵(mute of malice)"인지 아니면 "천형(visitation of God)에 의한 침묵"인지를 증언하였다. 만일 그가 다른 사람의 말을 들을 수 없는 천형에 의하여 침묵한 것으로 인정되면, 재판이 진행되었다. 그러나 그가 고의로 침묵한 것으로 드러나고, 그가 반란죄나 경죄로 고발된 경우 그는 유죄답변을 한 것으로 간주되고, 그에 상응하여 처리되었다. 그가 중죄로 고발된 경우, 그는 peine forte et dure에[2] 처하게 되는데, 이는 윗

---

1) Blackstone은 "culprit"라는 말과 관련, 호기심이 가는 설명을 하고 있다. 그에 의하면 이 말은 필요한 경우 기록을 만들기 위해 기소장에 기재하는 메모를 할 때 사용되는 두 개의 약어로 만들어졌다는 것이다. 피고인이 답변을 하면서 "무죄(not guilty)"라고 하면 순회법원의 서기가 기소장에 non cul이라는 두 단어를 기재하게 되는데 이는 "non" 또는 "nient culpable" "not guilty"라는 뜻이다. 이어 법원 직원은 국왕을 위해 피고인은 유죄이고 그가(직원이) 그 유죄를 입증하겠다고 말하면서 논쟁에 가담하였다. 이러한 내용을 적어놓은 메모가 유죄라는 뜻인 "culpable"의 약자인 "cul"이고, 그리고 "prit"는 "paratus vericare(입증할 준비가 된)"라는 말의 약자로서 이 두 약자를 합하여 "cul.prit"가 되었다. 오늘날 그 이유는 알지 못하지만 피고인이 "무죄"라고 답변을 하는 순간 순회법원의 서기는 기소장에 "puts"라는 말을 기재한다. 이 말이 "puts himself on the country"를 뜻하는 것인지 또는 오래된 "prit"라는 말과 어떠한 방식으로든 연관을 지을 수 있을까? 법정에서 사용하는 형식은 모두 매우 오래되었고 대부분 극히 호기심이 가는 것이다. 그들 형식은, 이를 사용하는 사람들이 통상 그 중요성을 이해하지 못하면서도, 단순한 형식이기 때문에 더욱 소중하게 보존되어 왔다. 사전에서 "culprit"의 기원은 "culpatus"이다. (Latham의 Johnson's Dictionary, Skeat의 Etymological Dictionary와 Imperial Dictionary 참조).

2) [역주] peine forte et dure는 "hard and forceful punishment"라는 뜻의 불어이다. 저자가 기술하고 있는 바와 같이, 보통법상 유·무죄답변을 거부하는 피고인에게 그가 답변을 하거나 아니면 죽을 때까지 그의 가슴 위에 점점 더 무거운 돌을 올려놓는 고문의 한 방식이다.

Peine Forte et Dure

옷을 벗기고 엎드리게 한 뒤 그 위에 "그가 감당할 수 있을 정도 그리고 그 이상의 무게가 나가는 쇠를 올려놓는" 방식이고, 그리고 계속하여 그가 답변을 할 때까지 아니면 죽을 때까지 매일 교대로 하루는 상한 빵을 먹게 하고 하루는 오염된 물을 마시게 하는 등의 여러 과정을 거친 뒤 그는 유죄판결을 받았다. 이러한 이상한 규칙은 1772년 12 Geo. 3, c. 20 법률에 의하여 폐지될 때까지 효력이 있었다. 이 법률은 중죄의 경우 답변을 하지 않고 침묵하는 것은 유죄와 동일하게 보았다. 1827년에는 7 & 8 Geo. 4, c. 28 법률 제2조가 제정되었으며, 이 법률은 그러한 경우 고발된 사람을 위하여 무죄의 답변이 있었던 것으로 규정하고 있다. 압력을 실제로 가했던 사례가 1726년 일어났다.[1] Burnwater라는 사람이 모살로 Kingstone 순회 법원에 고발되었고, 그가 답변을 거부하자 거의 400파운드 무게의 쇠를 1시간 45분 동안 올려놓고 압력을 가하였으며, 그 후 그가 무죄답변을 하였고, 그럼에도 불구하고 그는 유죄판결을 받아 교수형에 처해졌다. 1658년에는 Major Strangeways가 압력을 받아 약 10분 만에 죽었다. 나무로 만든 무게가 나가는 구조물이 그의 가슴 위에 각을 지어 올려놓아졌고, 그 구조물 위에 몇 사람이[2] 올라가자 그는 금방 죽게 되었다. 답변을 거부하는 목적은 이러한 경우 유죄인정(conviction)이 없는 것이므로 재산몰수가 이루어질 수 없고, 따라서 피고인은 몰수를 당하지 않고 그의 상속인을 위하여 재산을 보존할 수 있었기 때문이다.

이러한 "peine forte et dure"라고 부르는 관행은 전체 형법분야에 있어서 가장 특이한 상황 중의 하나라고 할 수 있다. 그 기원은 아마 신판(ordeal)이 폐지되고 소배심이 도입된 시기에서 찾을 수 있을 것이다.[3] 내가 이미 살펴본 바와 같이, 신판에 의하여 재판을 받지 않고 배심(inquest)에 의한 재판을 받는다는 것은, 처음에는 이를 위하여 국왕에게 돈을 지급할 만큼의 예외적인 특권이었다. 신판이 폐지되면서 단순히 고발을 당하였다는 이유만으로 아무런 재판도 거치지 않고 그를 사형에 처하는 것은 생각하기 어려운 일로 여겨지게 되었으며, 피고인이 원하지 않음에도 피고인의 재판을 위하여 배심원을 선정하는 것은 배심재판(inquest)의 성질에 반하

---

1) Pike's History of Crime, 2. 195, 283.
2) 그들은 모살(murder)로 유죄일까?
3) 이는, 내 생각으로는, Pike의 History of Crime, 1. 210 이하에서 처음 지적된 것이다.

는 것으로 생각되었다. 그에 따라 피고인이 아무런 말도 하지 않는 경우 법원은 당황할 수밖에 없었다. 그들은 단순한 고발(accusation)로 보아야 하는 것이 점점 더 명백해지는 것을 근거로 피고인을 사형에 처할 수 없 었다. 그들은 피고인의 동의가 없는 한 피고인을 상대로 배심에 의한 재판 (inquest)을 할 수 없었다. 그에 따라 그들은 피고인의 동의를 강요하기로 결심하였던 것이다.

Mr. Pike는 Edward 1세 치세 초기에 그들 스스로 재판회부를 거부하는 사람들이 처형되었다는 것을 보여주는 약간의 증거를 제시하고 있는데, 이 러한 관습은 3 Edw. 1, c. 12 법률(1275년)에 반하는 것이다. 이 법률은 "악명 높은 중죄인들" (felouns escriez) "그리고 공공연히 악마의 이름을 갖고 있는 사람들이 스스로를 중죄재판의 심리에 의탁하지 않는 경우에는 국왕의 소송을 담당하는 판사에게 고발하여 강하고 엄한 징역형을 부과하 여야 한다. 그들이 그러한 의탁을 거부하는 것은 이 땅의 보통법에 반하기 때문이다. 하지만 그러한 사람들이 가벼운 혐의로 잡혀온 사람들이라고 이 해하여서는 안 된다"고 규정하고 있다. Barrington에 의하면[1] 이러한 방식 은 답변을 거부하는 피고인에게 그가 답변을 할 때까지 굶기는 것이었지, 그에게 고문을 가하는 게 아니라는 의미라는 것이다. 그리고 이러한 사실 을 증명하기 위해 그는 Edward 3세 치세에서 있었던 한 여자에 대한 사 면을 인용하고 있는데, 그 여자는 "pro eo quod se tenuit mutam(그에 대 하여 침묵을 견지하다)"함으로써 "in arcta prisona(천장이 있는 감옥으로)" 들어가게 되었고, 그곳에서 40일간 먹지도 마시지도 않았는데, 이는 기적 으로 받아들여졌다. 내가 이미 언급한 1303년 Hugo에 대한 강간죄 재판의 경우도[2] 이와 같은 견해를 뒷받침한다. Hugo가 답변을 거부하자 판사가 그에게 말했다. "보통법에서 명하는 것에 따르지 않는 경우 당신은 벌을 받게 된다. 즉, 하루는 먹을 것을 주고 다른 하루는 마실 것을 준다. 마 실 것을 주는 날은 먹을 것을 주지 않고, 그리고 다른 날은 그 반대이다. 먹을 것으로 빵을 줄 때에는 소금과 물을 주지 않는다." 압력을 가해서 죽 게 하였다는 것은 전혀 거론되지 않고 있다.

---

1) Observations on the Statutes, p. 83.
2) Year-Book, 30 & 31 Edw. 1, p. 531. 이 책 p. 285(저자의 책 제1권 p. 260).

Peine Forte et Dure

Britton의 책에도 같은 내용의 글이 나온다.[1] 매일 번갈아 가면서 먹이고 마시게 했다는 규칙에서 보면, 압력을 가하는 것은 새로운 방식을 의미하는 것이었다. 피고인은 여러 날 동안 그러한 절차를 따르지 않을 수도 있었다. Barrington에 의하면[2] 압력을 가하여 죽게 하는 관습은 Henry 4세 치하에서 처음 시작되었다. 그 목적은, 완고한 피고인이 매일 교대로 제공되는 빵과 물에 지칠 때까지 순회법원이 재판을 할 수 없으므로, 재판을 빨리 진척시키기 위한 것이었다. 이 관습은 후일 엄지손가락을 채찍 끈에 묶는 방법으로 보완되었고, 이는 압력을 가하는 방식을 불필요하게 하는 완화된 고문의 형태라 할 수 있다.

영국 법률의 전체적인 특색은 다음과 같이 보는 것이 가장 합당할 것이다. 영국의 법률은 그 창시자들이 갖고 있는 극도의 근실함, 고통을 가하는 데 대한 그들의 일시적이고 다소 변덕스러운 무관심, 전통의 힘, 심지어 법률의 평범한 의미와도 다른 관습 그리고 법적 형식에 대한 놀라울 정도의 집착을 체현하고 있다고 말할 수 있다. 신판(ordeal)은 1215년에 폐지되었지만, 법원 직원의 질문 즉, "피고인, 어떻게 재판을 받을 것인가?", 그리고 피고인의 답변 즉, "신과 그리고 나의 나라에 의해(by God and my country)"라고 하는 것은 신판에 대한 기억을 1827년까지 남아있게 하였다. "신에 의해"라는 말은 한 때 "신판에 의해"라는 의미였고, "나의 나라"는 항상 inquest 또는 배심을 의미하는 것이었으며, "그리고"라는 말은 사라진 제도에 대한 기억을 보존하는 의미에서, 비록 다른 의미로 사용되기는 하였지만, "신에 의해"가 단순한 의례적인 문구로 되어 버린 시기를 표시하는 것이다. 돈을 주고 배심재판의 권한을 살 수 없는 경우의 피고인이 "by God"이라고 답변함으로써 신판에 의한 재판을 받아야 하고, 그러한 권한을 살 수 있었던 피고인은 "by my country"라고 답변을 하여 신판에 의한 재판을 피할 수 있었던 때가 있었음은 명백한 일이다.

---

1) 1 Britton, 26 (by Nicholls). "그가 무혀을 원한다면 참혀의 기도를 해야 한다. 참혀라고 하는 것은 교도소 대신 새로운 땅에 있는 바위 위에서 성스러운 옷을 입고 성스러운 두건을 쓴 채 정성을 다하여 기도하는 것이다. 이때 그는 마찬가지로 철창에 갇혀있으면서 하루는 마실 것을 마시고 다른 하루는 빵조각을 먹는다. 마실 것을 주는 날은 빵조각을 주지 않고 빵조각을 주는 날은 마실 것을 주지 않는다."
2) P. 84. 1734년 어떤 사람이 엄지손가락을 묶인 채 Old Bailey에서 답변을 강요받았다.

배심원에 대한 기피신청

배심의 구성(impanneling the jury)[1] - 피고인이 답변을 하면 다음 단계는 재판을 담당할 배심을 구성하는 것이다. 배심재판의 기원에 관하여 내가 이미 언급한 바와 같이 아주 오랜 과거에 배심의 구성은 사실에 관한 문제를 결정하는 증인의 선정과 같은 것이었다. 증거에 관한 과거의 법률은 좌우간 주로 특정 부류 증인들의 증인적격을 부정하는 규칙들로 구성되어 있고, 그리고 배심원들에 대한 기피신청과 관련한 규칙들은, 그들이 무엇이든 간에, 당사자가 그들의 증언을 배척할 수 있는 사실상의 규칙이었음이 명백하다. 물론 오늘날 우리가 선서를 하고 그러한 증거를 제공할 수 있는 사람으로 하여금 배심으로 나서서 증거를 제공하지 못하게 하려는 그 사람의 의도가 어느 정도 성공했는지 말하기는 어렵다.

Bracton도 기피신청의 권리를 여기저기에서 그리고 매우 일반적인 방식으로 언급하고 있다. 이미 언급한 글에서 그는 다음과 같이 말하고 있다.[2] "위험과 의심을 배제하고 더 안전하게 재판절차를 진행하기 위해서 판사는 피고인에게 12명의 배심원 중 의심스러운 사람을 제외할 합리적 근거를 제시하라고 말한다. 그리고 읍구의 경찰에 대해서도 같은 말을 할 수 있다. 피고인이 증오나 탐욕에 의해 고발된 경우, 위에서 말한 바와 같이, 모든 의심을 제거한 가운데 조사를 진행하기 위해서는 의심할 만한 정당한 사유가 있는 모든 사람은 제외된다."

이미 인용한 Britton의 글에도 배심원에 대한 기피신청의 언급이 있다. 이 주제를 세세하게 살펴보는 것보다는 다음과 같이 넓은 의미의 결론을 낼 수 있을 것이다. 피고인은 무조건의 즉, 이유를 대지 않고 35명 이내의 배심 또는 3회에 걸쳐 전체 배심에 대한 기피신청을 하는 것이 허용되었다. 언제 어떠한 이유로 피고인이 이러한 권리를 취득하였는지 말하기는 어렵다. Bracton은 물론 Britton도 이를 언급하지 않고 있으며, 이는 배심원이 증인이었다는 사실과도 부합하는 것이 아니다. 35명의 증인에 대하여 무조건 기피신청을 할 수 있다면 그는 항상 무죄를 보장받는 것이나 다름 없다. 이는 아마도 배심원과 증인의 의무가 서로 분리되게 되었을 때 생겼을 것이다. 이러한 주제에 관한 최초의 법률이 33 Edw. 1, st. 4(1305년)로

---

1) Digest of the Law of Criminal Procedure. 제274-282항.
2) 2. 454.

배심원기피에 관한 국왕의 권리

이 법률은 "이제부터는, 국왕을 위해 소송을 하는 자들이 배심원이나 배심원 중 일부가 국왕에 대하여 공평하지 못하다고 주장하더라도 이들 배심원들을 그러한 소송에서 제외해서는 안 된다. 만일 국왕을 위해 소송을 하는 자가 배심원에 대하여 기피신청을 하려면 특정한 기피신청의 이유를 제시하여야 한다"고 규정하고 있다. 이 법률은 당사자의 무조건 기피신청에 대해서는 전혀 말하지 않고 있으며 그러한 취지를 암시하고 있지도 않기는 하지만, 이로 미루어보아 그 이전에 국왕은 제한을 받지 않는 무조건의 기피신청의 권리를 갖고 있었고, 비록 귀에 거슬리기는 하지만, 배심원은 원래 증인이었다는 것을 상기해 볼 때 이것이 사실이라는 것을 감지할 수 있다. 소추인이 배심원을 선택하지 않는 경우 배심원들은 사건에 관하여 아무것도 모를 수 있고, 그에 따라 소추인이 증인을 선택할 수 있어야 한다는 것은 너무나 정당한 사리일 것이다.

사정이 여하튼간에 35명의 배심원에 대한 무조건 기피신청의 권리는 중죄(felony)로 고발된 피고인에게 인정되는 권리로서 확립되었다. Fortescue가 이를 서술하면서 자랑하고 있는 것으로 보아 이는 그가 그 글을 쓰기 이전에 권리로서 확립되었으며, 그 권리는 25 Hen. 8, c. 3 법률(1533년)에 의하여 반란죄 이외의 모든 사건에서 그 수가 20명으로 제한될 때가지 변경되지 않고 그대로 남아 있었다. Edward 1세와 Henry 8세의 법률들은 폐지되고, 6 Geo. 4, c. 50 법률 제20조로 다시 제정되었으며, 이 법률은 아직도 효력을 발하고 있다.

과거 한때 상당한 의심의 대상이 되었고, 우리 시대에 이르기까지 아직 최종 결론이 나지 않고 있는 것이 국왕과 피고인의 배심원기피에 관한 권리를 어떻게 규율할 것인가이다. 이 주제에 관한 다양한 결정의 내용은 다음과 같다. 자주 일어나는 일은 아니지만, 무조건의 기피신청이 엄격한 방식으로 행사되는 경우 다음과 같은 절차를 따르게 된다. 법원 직원이 전체 배심원의 이름을 호명하여 양 당사자로 하여금 어떤 배심원이 그들의 이름에 대답하였는지 알게 한다. 그러고 나면 대답을 한 배심원을 부르고, "각 배심원이 선서를 하기 위해 성경책에 다가서면" 피고인은 무조건의 또는 이유를 제시하고 기피신청을 하여야 한다. 피고인이 배심원에 대한 기피신청을 하지 아니하면 국왕 측에서 아무런 이유를 대지 않은 채 대기하라고 그에게 지시할 수 있다. 전체 배심원에 대한 절차가 종료되었지만 12명의 배심이 선서를 하지 못한 경우 대기를 지시받은 자가 다시 불려 들어오고, 이때 피고인이 무조건의 또는 이유를 대고 하는 기피신청을 하지 아니하면 국왕 측에서 기피의 이유를 제시하여야 한다. 다시 말해 피고인은 20명에 대하여 무조건의 기피신청을 할 수 있고 국왕 측은 한 명도 기피를 할 수 없지만, 피고인은 국왕 측에서 기피의 이유를 대기 이전에 20명에 대한 기피신청을 모두 사용해 버릴 수가 있다. 매우 많은 수의 배심원이 출석하는 경우[1] 이는 국왕 측에게 무조건의 기피신청의 권리를 주는 것과 거의 마찬가지가 된다. 실질적으로 말한다면 이는 평온한 시대의 영국에서 거의 중요한 문제가 되지 않았다. 내 경험에 비추어 상당한 수에 이르는 배심원기피가 있었던 것은 2회 이상으로 기억되지 않는다.

배심원에 대한 기피신청이 있으면 집행관(sheriff)에 의해 지명된 2명 또는 선서를 마친 배심원이 있는 경우 마지막으로 선서를 한 배심원 2명이 그 진위 여부를 가린다. 배심원 전원에 대한 기피신청도 가능하지만 매우 이례적인 일이다. 집행관이 배심원단을 불공정하게 구성하였다는 주장이 제기될 때 일어나는 일이다.

심리(hearing)[2] - 배심원이 선서를 하면 재판절차가 시작된다. 이는 다음의 단계로 구성된다. 피고인은 법원의 직원에 의해 배심에게 의탁된다. 국왕을 위한 변호사는 그의 주장 요지를 진술하고 이를 입증하기 위한 증인을 부른다. 이에 대하여 피고인이 증인을 부르지 않거나 그의 성품에 관한 증인만을 부르는 경우 국왕 측은, (피고인을 위한 변호사가 없는 경우), 증거조사 말미에 피고인이 증인을 부르지 않은 의미를 배심원에게 요약해

---

1) 예를 들어, 150명의 배심원이 배심단으로 소환된 경우를 가정해보자. 피고인은 20명에 대하여 무조건의 기피신청을 할 수 있다. 국왕 측은 130명에게 대기를 하게 할 수 있다. 그 후 130명이 들어오면 피고인은 이유를 대고 기피신청을 하게 된다. 피고인이 여러 명의 사람에게 확실한 기피신청의 이유를 제시하는 것은 불가능한 일일 것이다. 피고인이 20명 이상에 대하여 이유를 대고 기피신청을 하였다 하더라도 여전히 국왕 측에는 이유를 대고 기피신청을 할 수 있는 110명이 남아 있다. 국왕 측이 기피의 이유를 대지 아니하면 12명이 순차로 선서를 하게 된다. 결국 98명이 남게 되고 이들은 국왕 측이 실질적으로 이유를 대지 않고 기피신청을 한 것이 된다.
2) Digest of the Law of Criminal Procedure. 제283-300항.

준다. 이어 피고인이나 또는 그를 위한 변호사가 그의 주장을 하고 이를 입증하기 위한 증인을 부른다. 피고인이 증인을 부르는 경우 국왕을 위한 변호사는 그에 대하여 항변을 할 수 있는 권리가 있고, 법무장관이나 차관이 직접 소추를 하는 경우 그는 피고인이 증인들을 부를 수 있는지 여부에 관하여 항변할 권리가 있다. 그러한 절차를 거친 후 판사가 증거를 요약한다. 배심은 평결을 내어놓는다. 배심이 유죄평결을 하는 경우 그리고 사안이 중죄(felony)에 해당하는 때에는 판사가 피고인에게 판결을 선고하지 말아야 할 이유가 있는지 물어보고, 피고인이 판결 선고를 저지할 수 있는 사유를 말하지 않게 되면, 피고인에게 판결이 선고된다.

우리가 알고 있는 바와 같이, 형사재판은 우리가 그 내용을 자세히 알고 있는 최초의 재판이 열렸던 Queen Mary 치세로부터 우리 자신의 시대에 이르기까지 오랜 기간 사이에 연속적으로 이루어져 온 변화의 결과이다. 이러한 변화를 이해하기 위해서는 재판 자체에 대한 연구는 물론 현존하는 형사법원의 재판절차에 대한 경험이 뒷받침되어야 한다. 나는 이 문제와 관련하여 재판절차에 부수되는 법적절차와 별도로 이를 다루는 것이 최상의 방안이라 생각한다. 그리고 이와 관련된 문제들에 대해서는 이 책 제11장과 제12장에서 다루려고 한다. 그 첫 번째 장에서는 지난 200년 동안의 형사재판의 발전과정을 추적하고, 그 다음 장에서는 현재의 형사재판을 서술하고자 한다. 이 장(chapter)과 관련하여 위에서 언급한 문제들을 여기에서 계속 살펴본다.

평결(verdict) - 배심의 평결과 관련해서는 두 가지 점을 언급할 필요가 있다. 즉, 배심은 전원일치여야 한다는 규칙, 그리고 배심은 법원의 의지에 의한 어떠한 처벌도 받음이 없이 그들이 옳다고 생각하는 바의 평결을 내릴 수 있는 권리가 있다는 것이다.

전원일치를 요구하는 규칙은 역사적으로 쉽게 설명될 수 있고 편의성을 근거로 쉽게 정당화될 수 있다고 생각한다. 역사적인 설명은 이미 언급한 Bracton, Britton 그리고 다른 초기 대가들의 글에 나온다. 배심원은 그들이 증인이었기 때문에 전원일치가 요구되었고, 12명의 증인 또는 증인으로 채택된 12명의 사람들이 피고인의 유죄를 선서 후 증언한 다음에야 피고인에 대한 유죄가 인정되는 것이 규칙이었다.

배심원 전원일치에 관한 고찰

배심원의 성격이 증인에서 사실에 대한 판단자로 바뀐 이후에도 이 규칙이 정당화되는 것은 어떠한 사람도 그의 유죄가 모든 합리적인 의심을 배척할 정도로 입증되지 아니하면 유죄판결을 받지 아니한다는 원칙의 직접적인 결과로 보인다. 사실에 대한 문제를 결정하는 자(judge)가 사실상 의심을 하고 있는 경우에 어떻게 이러한 요건이 성취되었다고 주장할 수 있을까? 일정한 시간 이후에는 전원일치가 아닌 평결도 받아들여져야 한다는 주장이 종종 제기되어 왔다. 예컨대, 1시간의 평의를 거친 이후에는 11명의 찬성으로, 3시간의 평의를 거친 이후에는 9명의 찬성으로 그 평결을 받아들여야 한다는 것이다. 하지만 이러한 제안은 배심에 의한 재판을 통하여 제공되는 안전판을, 전원일치를 요구하는 사정에 직접적으로 비례하여, 훼손한다는 비난을 피하기 어렵다고 보인다. 만일 쉬운 사건이라면 전원일치를 요구하고, 어려운 사건이라면 전원일치가 아닌 다수결을 요구하고, 매우 어려운 사건의 경우 더 적은 수로 이루어지는 전원일치가 아닌 다수결을 요구하는 결과가 된다. 내 자신의 생각으로는 배심재판은 장점과 단점을 모두 갖고 있는 것이지만 배심원에게 요구되는 전원일치는 배심재판에 필수적인 것이다. 이것을 포기한다면 배심재판제도 자체를 폐지하여야 할 것이다. 형사재판은 일반인 평균의 지적 능력과 사회적 경험을 갖고 있는 사람들로 구성된 일정 수의 대표들이 만족할 만한 정도로 한 방향이나 또는 다른 방향으로 증거에 의하여 입증된 경우에 그 결론이 결정되어야 한다는 명백한 규칙이 있다. 그런데 그러한 사람들 중 일부는 이렇게 생각하고 나머지 일부는 저렇게 생각하는 경우 그에 따른 결론은, 절차는 실패한 것으로 드러났고 따라서 다시 절차를 진행하여야 하는 것으로 보인다. 전원일치에 관한 규칙을 조금이라도 완화하려고 한다면, 일정 시간 평의 후의 무죄평결에 대하여서만 많은 다수로(a large majority) 전원일치를 조금 완화할 수 있을 것이다.[1]

---

1) [역주] 저자 등에 의한 이러한 논의 이후 약 90년이 지난 1967년의 Criminal Justice Act 그리고 1974년의 Juries Act에 의하여 다수결에 의한 평결이 예외적으로 인정되었다. 다수결 평결이라고 하지만, 배심원 12명 중 11명이나 10명이 찬성한 경우에 다수결 평결로 인정된다. 다만 배심원이 11명인 경우에는 10명, 배심원이 10명인 경우에는 9명이 찬성하여야 다수결 평결이 인정되고, 배심원이 9명인 경우에는 다수결 평결은 인정되지 않고 전원일치여야 한다.

Bushell 사건 - Sir T. Smith

일반적으로 생각하여 아직 결정이 되지 않고 그대로 남아 있다고 볼 수 없는 쟁점과 관련하여, 아주 최근에 이르기까지 배심이 의견의 일치를 보지 못하는 경우에 관한 법률의 내용이 어떠한 것인지 말할 수 없었다는 것 그리고 배심이 의견의 일치를 볼 때까지 음식 또는 난방기를 제공하지 아니하면서 배심원을 한 곳에 모아 두는 것이 재판을 주제하는 판사의 의무라고 주장하는 것이 가능하였다는 것은 형법의 모호성을 매우 잘 보여주는 것이라 할 수 있다. 하지만 1866년 Winsor v. R. 사건에서[1] 판사가 그 필요성을 인정하는 경우 배심을 해산하고 피고인을 다시 재판에 회부하여 재판을 할 수 있으며, 배심이 상당한 시간의 경과에도 불구하고 의견의 일치를 보지 못하는 때에는 판사의 그 필요성 인정이 정당화된다고 엄숙히 결정되었다. 이러한 결정에 힘입어 배심원의 전원일치를 요구하는 규정과 관련하여, 법률은 배심의 평결을 얻기 위하여 배심원들을 굶겨죽이려고 한다는 일반 관념을 중심으로 통상 제기되고 있는 반론을 피할 수 있었다. 이 주제를 다루고 있는 모든 권위 있는 저서들도 이러한 논쟁을 언급하고 있다. 1870년의 배심원법(Jurors Act)에[2] 의하여 배심원들은 법정밖에 있을 때에 한하여 난방기가 허용되었고, 자신들의 비용으로 음식물을 구입하는 것이 허용되었다.

배심원들이 평결과 관련하여 형사상의 처벌대상이 되지 않고 그들 자신의 양심(consciences)에 따라 평결할 수 있는 권리는 1670년의 Bushell 사건에서[3] 최종적으로 확립되었다. 그 이전의 몇 사건에서 그리고 특히, 1554년의 유명한 Sir Nicholas Throckmorton 사건에서 배심원들이 피고인에 대하여 무죄평결을 하였다는 이유로 감금되고, 무거운 벌금형을 선고받았다. 하지만 이는 그 시대에 있어서도 권한의 무리한 행사로 받아들여졌다. Sir Thomas Smith는 다음과 같이 말한다.[4] "만일 그들(배심)이 명백한 증인이 있음에도 불구하고 피고인에게 무죄평결을 하여 피고인을 도망

---

1) L. R 1 Q. B. 289, 그리고 Cam. Sc. 390.
2) 33 & 34 Vic. c. 77 법률 제23조.
3) 6 St. Tr. 999. Bushell 사건 몇 년 전에 있었던 그와 매우 비슷한 사건에서 수석판사 Kelyng은 배심에 벌금을 선고했다. 이 문제에 대한 그의 설명은 길고 매우 호기심이 가는 것이다. 1873년판 p. 69-75 참조. 구판에는 이 문제가 나와 있지 않다.
4) Commonwealth of England, p. 211.

사권박탈(Attaint)

하게 한다면, 그들 12명은 판사로부터 질책을 받을 뿐 아니라 처벌의 위협을 받게 되며, 그 문제와 관련하여 성실법원이나 추밀원에 출석하라는 명령을 아주 여러 차례 받게 된다. 그러나 처벌의 위협이 실제 처벌보다 더 자주 일어나는 일이고, 12명은 아주 부드러운 말투로 그들은 그들의 양심에 따라 하였으며, 그들이 옳다고 하는 바를 전원일치의 의견으로 한 것이라고 하면서 판사에게 선처를 간청하고, 그러한 과정을 거쳐 대부분 종결되고 만다." 그리고 나서 그는 배심원이 벌금형을 받은 사례를 언급하고 있는데, 의심의 여지없이 Throckmorton 사건을 염두에 두고 있었을 것이며, "이러한 일은 심지어 그 당시에도 많은 사람들이 매우 폭력적이고, 독재적이며 영국 왕국의 자유와 관습에 반하는 것이라고 생각했다"고 덧붙이고 있다.

고대에는, 비록 그 반대의 경우도 가능하였던 일로 보이기는 하지만, 형사사건에서 부정한 평결을 내린 배심원들은, 당사자 사이의 민사소송이 아닌, 국왕의 민사소송에 있어서 사권박탈(attaint)이라고 불리는 것과 같은 제재를 받았다. 사권박탈은 민사소송에 있어서 부정한 평결에 대한 처방이며, 24명의 배심원이 재판을 했고, 그들은 적절하다고 판단되는 바에 따라 첫 번째 배심에게 잘못된 평결을 하였다는 이유로 유죄평결을 할 수 있었다. 그에 따라 첫 번째 배심은 "비천한 판단(villain judgement)"을[1] 하였다고 불리게 되고, 감금과 불명예 그리고 다양한 몰수의 대상이 되었다. 15세기 중기에 Fortescue는[2] 이에 대한 찬사를 보내면서 이를 언급하고 있다. 16세기 후반 Smith는[3] 그의 시대에는 사권박탈이 잘 알려지지 않은 것이라고 말한다. Hale은 17세기 후반 형사사건에 있어서 잘못된 무죄판결에 대하여 말하면서 다음과 같이 약간 소심하게 말한다. "내가 생각하기로는 그러한 경우 국왕이 사권박탈을 할 수 있다고 본다."[4] 그리고 Lord Mansfield는[5] 1757년에 "사권박탈의 영장은 오늘날 모든 사건에 있어서 단순한 공염불에 지나지 않는다"고 말했다. 1825년에 사권박탈은 6 Geo. 4, c 법률 제60조에 의해 폐지되었다.

---

1) 3rd Institute, 222.　　　　　　　　2) 제26장.
3) Bk. 3. 제2장. "사권박탈은 거의 사용되지 않았다."
4) Hale, P. C. 310.
5) Bright v. Eynon, 1 Burr. 393. 또한 Barrington on the Statutes, 100, 459 참조.

사권박탈(Attaint)

사권박탈은, (그것이 형사사건에 실제 적용된 일이 있는지 여부와 관계 없이), 배심원이 원래 증인이었다는 사실을 입증하는 많은 증거 중의 하나 로 주목받을 자격이 있다. Elizabeth 여왕 치세에 이르기까지 증인에 의한 위증은 영국의 법률이 알고 있는 범죄가 아니었다. 우리 법률의 역사 초기 에 있어서 처벌되는 유일한 형태의 범죄는 배심원에 의한 위증이었고, 이 는 배심원들에게 사권박탈의 처벌을 부과하는 것이었다.

판결 - 배심의 평결에 이어 피고인에게 고발에 대한 책임을 면해주거 나 아니면 형벌을 부과하는 법원의 판결이 내려졌다. 여기에서 이 문제를 자세하게 설명하지는 않겠다. 법적 처벌과 그 역사에 관한 주제는 중요한 것으로서 별도의 설명을 필요로 하기 때문이다.

제 10 장 형사재판절차에 관한 법률의 역사
- 상소에 의한 재판절차[1] -

지난 장(chapter)에서는 형사재판과 관련한 절차를 혐의자의 체포로부터 판결에 이르기까지 설명하였으므로 계속하여 법원의 판결에 문제가 있다고 주장되는 경우의 절차에 관해서 설명하기로 한다.

사실의 문제는 물론 법률의 문제와 관련하여 상소라고 제대로 말할 수 있는 것을 인정하지 않는 것이 영국 형사절차의 특징이라 할 수 있지만, 이러한 원칙에 대한 예외로 보이는 그리고 실제 어느 정도 예외가 되고 있는 분명한 몇 개의 절차가 있다. 이러한 예외 중에서 그 첫 번째가 오심영장(writ of error)이다. 이는 소송기록상 분명하게 드러나는 오류가 소송절차에서 발생한 경우에 한하여 적용될 수 있는 구제책이다.

이를 설명하기 위해서는 기록(record)이라는 것이 무엇을 의미하는지 알아볼 필요가 있다. 내가 이미 살펴본 바와 같이 재판과 관련하여 반드시 서면으로 작성되어야 하는 유일한 문서는 기소장이다. 순회법원의 서기나 기타 법원의 직원은 이 기소장 위에 피고인의 답변과 배심의 평결을 알려주는 일정한 메모를 한다. 그는 또한 법정에서 메모장(minute book)을 가지고 그 메모장에 서로 다른 재판에 참여하는 배심원들의 성명, 기소장들의 요약, 피고인들 답변의 내용, 평결들 그리고 양형들을 기재한다. 이는 아무런 법적 권위도 인정받지 못하는 단순한 사적인 메모장에 불과하고, 이를 갖고 있는 직원 그 자신의 목적을 위해서만 보존된다.

---

[1] Digest of the Law of Criminal Procedure, 제301-315항.

재판에 대한 기록

그는 이를 보존할 아무런 의무가 없다. 그 보존과 관련한 아무런 형식도 규정되어 있지 않고 어떠한 경우에도 공적 기록이 될 수 없다. 하지만 극도로 적은 수를 제외한 모든 사건에서 이는 형사재판에 관한 유일한 기록이지만, 이보다 더 빈약하고, 불완전하고 그리고 비공식적인 것은 생각할 수 없다. 하지만 "기록을 작성하는 것이" 필요하게 되면서 (기술적인 표현을 사용하여) 이는 현학적이면서도 불필요한 정확함과 자세함으로 재판절차의 이력(history of the proceedings)을 알려주는 기초가 되었다. Chitty는[1] 중죄(felony)의 경우 기록은 "순회형사법원의 개정 기간, 판사의 임명, 대배심원 명단과 이들 대배심원의 선서에 의한 대배심의 고발, 기소장, 체포영장의 교부 또는 피고인을 법정에 인치한 방법, 기소장의 법원 제출, 기소인부절차, 피고인의 답변 내용, 사건의 쟁점, 배심원선정 절차, 배심의 평결, 피고인이 주장하는 형벌이 부과되어서는 안 되는 이유 그리고 판결을 기재한다"고[2] 말한다. 이러한 모든 것은 극도로 정교하고 자세하게 기재되며, 그리고 실제 중요하면서도 오류가 문제될 수 있는 특별한 사항은 실질적으로 아무런 필요도 없는 많은 분량의 기록들 속에 묻혀있게 된다. 기록에는 증거나 또는 배심에 대한 판사의 지시가 언급되어 있지 않으므로 사실문제나 법률문제에 관한 가장 큰 오류는 기록에 아무런 흔적을 남기지 않고 일어나며, 그리고 오심영장은 기록에 오류가 있다는 것을 확인하는 것이기 때문에 기록에 오류가 나타나지 않는 경우 이를 통하여 아무런 오류도 없었다는 결과가 된다.

형사사건에서 오심영장의 역사는 Wilkes 사건에서 Lord Mansfield가[3] 제공하고 있다. 이를 간단히 소개하면 다음과 같다. Ann 여왕 3년에 이르기까지 모든 경우의 오심영장은 호의를 베풀기 위하여 발부되었고, 그에

---

1) 1 Criminal Law 719. [역주] Joseph Chitty(1775-1841)는 제4장 역주)에서 밝힌 바와 같이 영국의 법률가이면서 법률에 관한 저술가이다. 그는 평생 칙선변호사(K. C)가 되지는 못했지만 1 Pump Court에서 수많은 법률가를 양성하였고, 많은 법서를 출판했다. 저자가 인용하고 있는 그의 책 Criminal Law는 1827년 출판되었다.
2) Orton 사건에서 주된 문제는 하나의 기소장에 두 개의 소인으로 기소된 두 개의 범죄에 대하여 중첩적인 처벌이 가능한지 여부였다. 기록은 양피지로 된 엄청난 양이었고, 다음 재판의 기일을 정하는 모든 휴정에 관한 명령과 같이 아무런 중요성도 없는 많은 다른 내용들과 함께 기록되어 있다.
3) 4 Burr. 2550.

따라 국왕이 원하는 경우 유죄판결을 번복하는 수단이었다. 오심영장은 피고인이 신청하였고, 법무장관이 오류가 있었다는 것을 인정하였다. 법원이 법무장관의 인정을 받아들이면 유죄판결은 파기되었다. 하지만 Ann 여왕 치세 3년에 법원은 한편으로는 경죄의 경우 소송절차에 실제 오류가 있다는 생각에 상당한 근거가 있는 경우에만 정의(justice)의 문제로서 오심영장을 발부하여야 하고, 이러한 경우 법무장관이 오심영장의 발부를 명하는 명령을 발하지 않으면 법원이 법무장관에게 이를 명할 수 있다고 하였다. 다른 한편 법원은 오심영장이 발부된 경우 오류가 있었다는 법무장관의 인정에 대하여 다투지 않으며, 이 문제는 실제 오류가 있었는지 여부를 사법적으로 결정한다고 하였다. 그러나 중죄(felony)와 반란죄의 경우 오심영장은 과거에는 물론 계속하여 이는 전적으로 호의(favour)의 문제였다. 그 후 이러한 구별은 실질적으로 망각의 대상이 되었다. 아직도 오심영장은 법무장관의 명령에 따라 발부되기는 하지만, 중죄와 경죄의 구별 없이, 다툼의 여지가 있는 문제가 발생하면 거부되는 일이 없이 오심영장이 발부되고, 이러한 경우 실제 오류가 있었는지의 여부는 항상 사법적 절차를 통하여 결정되는 것이 그에 따르는 당연한 절차이다.

위에서 본 바와 같은 이유로 오심영장의 활용은 매우 제한적이고, 그에 따라 아주 희귀하게 이용되고 있다.

오심영장 이외에도 경죄 사건 예컨대, 그 본래의 관할권을 행사하는 고등법원 여왕좌부에서 재판이 이루어진 경죄 또는 여왕좌부에 의해 순회배심재판(Assize on the Nisi Prius)에서 재판하도록 송부된 경죄의 경우 새로운 재판을 해달라는 신청이 허용된다.[1] 순회법원이나 사계법원이 경죄에 대한 재판을 한 경우, 평결 이후에는 여왕좌부가 새로운 재판을 허용할 생각으로 사건이송명령(certiorari)을 통하여 그 사건을 위 법원에서 제거할 수 없다. 당사자가 새로운 재판을 신청할 수 있는 가능성을 갖고 있기를 원하는 경우 또는 특별한 배심을 원하는 경우 그는 그 법원에서 재판이 시작되기 이전에 사건이송명령을 신청할 수 있다. 법원이 해결하기 어려운 내용의 쟁점이 발생할 가능성이 있다고 인정하게 되면 사건이송명령을 발하게 되고, 그에 따라 이러한 사건은 Westminster에 있는 여왕좌부에서

---

1) Chitty, Criminal Law, 653-660.

특별 평결

재판을 하거나 또는 순회배심재판이나 런던 시 배심재판에서 재판하도록 사건을 송부한다. 이러한 방식으로 재판이 된 경우에는 판사의 배심에 대한 증거설명이 잘못되어 평결이 증거에 반한다든지 또는 민사소송에서 새로운 재판이 신청되었다고 하는 다른 근거를 통하여 새로운 재판을 신청할 수 있다. Chitty에 의하면 그러한 방식의 새로운 재판은 1655년에 최초로 행해졌다. 중죄(felony)에 대한 새로운 재판이 인정된 사례가[1] 단 한 번 있었지만, 이 재판은 후에 승인을 받지 못하였고 R. v. Bertrand 사건(L. R. 1 P. C. 520)에서 추밀원사법위원회가 이를 따르지도 않았다. R. v. Scaife 사건 쟁점에서 절차에 대한 새로운 방식이 주의를 끌지 못했다는 것은 매우 주목할 만한 일이다.

모든 형사사건에서 배심이 불완전한 특별 평결(special verdict)을 내는 경우 새로운 배심이 소환되어 (venire de novo라는 절차를 통하여) 사건을 다시 심리할 수 있다.[2] 특별 평결이라는 것은 배심이 법률에 관한 결정을 내리지 않을 심산으로 특별하게 사실관계를 인정하는 평결인데, 이 경우 배심은 그러한 점을 언급하면서 인정된 사실에 의하면 피고인이 기소된 범죄에 대하여 유죄인지 또는 무죄인지 모르겠다고 말한다.

오늘날 특별 평결은 거의 사용되지 않는 것이고, 이는 형사유보문제처리법원(Court for Crown Cases Reserved)의 설립으로 대체되었다. 이 법원의 역사는 다음과 같다. 아주 이른 초기부터 순회법원이나 기타의 법원에서 형사사건의 재판을 하는 판사에게 어려운 문제가 발생하면 판결의 집행을 유예하거나 판결의 선고를 연기하고 이를 다른 판사들에게 보고하는 관행이 유행했다. 유보된 문제는 판사들 면전에서 변호사들에 의해 논의가 되었고, 이는 법정에서가 아니라 모든 판사들이 회원으로 있는 고등변호사협회(Serjeant's Inn)에서 이루어졌다. 그들의 논의 결과 피고인이 부적절하게 유죄판결을 받은 경우 그는 특별사면을 받았다. 그렇지 않은 경우 판결은 집행되거나 판결이 선고되었다. 이러한 경우 어떠한 결정이 내려지거나 이유가 제시되는 것이 아니었고, 모든 절차가 비공식적으로 이루어졌다. 재판이 사계법원에서 행해진 경우에는 그 결과에 대하여 의문을 제기하는 방법이 없었다. 1848년에 이러한 비공식 회의체가 형사유보문제처리법원으

---

1) R. v. Scaife, 17 Q. B. 238(1851).   2) Chitty, Criminal Law, 654.

로 불리는 법원이 되었다.[1] 이 법원은 모든 판사로 구성되지만, 수석재판관을 반드시 포함하는[2] 5명의 합의체를 구성한다. 5명의 의견이 다른 경우에도 소수의 의견이 다수의 의견에 구속을 받지 않지만, 그들 중 누구나 이 문제를 15명의 전원합의체로 회부할 수 있다. 이는 유명한 R. v. Keyn 사건에서 행해진 절차였다. 이러한 절차는 너무나 불편한 것이 명백하였고, 법률을 제정한 사람들의 의도가 이러한 것인지 의문이었다. 모든 판사나 재판을 주재하는 자(chairman) 또는 사계법원의 판사는 재판을 하는 동안 피고인을 구금하여 놓거나 보석으로 석방한 상태에서 "재판과정에서 발생하는 모든 법률상의 문제에" 대하여 위 법원의 의견을 구하기 위해 그의 입장을 제시할(state a case) 수 있다. 위 법원은 그 문제를 토론하게 한 뒤 판단을 하고 만일, (결정된 것이 있으면), 그 판단을 번복하거나 승인하며 또는 의견을 구하고 있는 법원으로 하여금 그에 대한 판단을 해 주도록 지시한다. 이 법원은 재판에 있어서 발생하는 법률적인 문제에 대하여 결정할 수 있지만, 사실에 관한 문제에 대해서는 심사를 하지 않으며, 이러한 결정을 받아보기 위해 쟁점에 대한 결정을 미룰 것인지의 여부는 전적으로 재판을 주재하는 판사의 재량에 달려 있다.

이러한 전체 결과를 통하여 법원 재판과정에서 발생하는 문제에 대한 해답을 주는 결정을 상소심과 같은 성격으로 할 수 있도록 하는 데 충분한, 비록 복잡하고 기술적이긴 하지만, 규정이 만들어졌다. 하지만 오늘날 형법은 대부분의 경우 잘 정비되어 있고 그리고 제대로 해석되고 있기 때문에 이는 실질적으로 그리 중요한 것이 아니라는 점을 첨언해 둔다. 오심영장은 거의 발부되는 일이 없고,[3] 형사유보문제처리법원은 1년에 3-4회에 걸쳐 하루 또는 한나절만 개정되는 것이 통상적이므로 아마 1년에 20건 정도도 결정하지 못할 것이다.

---

1) 11 & 12 Vic. c. 78.
2) 그들 직위의 폐지에 이르기까지 민사법원 수석재판관, 재정법원 수석재판관 그리고 여왕좌부 수석재판관이 그들 판사들 중 하나였다.
3) 1881년 3월에 결정된 Orton 사건의 오심영장과 1878년의 Bradlaugh v. R, 사건의 오심영장이 형사사건에서 상당한 기간에 걸쳐 결정된 단 두 개의 오심영장이다. 나는 Orton 사건에서 어떠한 근거로 오심영장의 발부가 필요하다고 생각되었는지 도저히 이해할 수 없다. 이 문제를 다룬 세 개의 법원 중 어느 법원도 제기된 문제에 대하여 아무런 의문도 갖지 않고 있었다.

내무장관의 권한

　더욱 중요한 상황은 배심이 사실문제를 결정함에 있어 그 결정에 의문을 제기하기 위하여 만들어진 규정은 전혀 없다는 것이다. 배심의 평결이 아무리 만족스럽지 못하다 하더라도, 재판과정에서 알게 되었다면 그 결과가 바뀔 수 있는 사실이 재판 이후 발견된 경우에는 그 사실이 무엇이든 현재의 법률로는 평결을 번복할 수 있는 방안이 없다. 그러한 경우 취할 수 있는 유일한 방안은 내무장관을 통하여 여왕에게 피고인이 잘못된 것으로 보이는 유죄평결을 받았다고 하면서 사면을 청구하는 것이다.

　이러한 사정이 우리의 전체 형사재판절차에서 인정되고 있는 가장 큰 결점 중의 하나이다. 피고인의 무고함을 근거로 그에 대한 사면을 하는 것은 그 자체로서, 아무리 잘 말한다고 하더라도, 너무나 세련되지 못한 절차라 할 것이다. 이러한 점을 논외로 한다 하더라도, 이 제도는 관련 있는 모든 사람들 특히, 내무장관과 그 사건을 재판한 판사(그는 실무상 항상 상의를 하게 된다)를 동시에 고통스럽고 극도로 불편한 처지에 놓이게 한다. 왜냐하면, 그들은 최고의 사법기능을 적정하게 처리함에 있어서 필수 불가결한 요건이 충족되지 않은 가운데 진정 그러한 최고의 사법기능을 수행해야 하기 때문이다. 그들은 증거를 볼 수 없고, 논쟁을 들을 수도 없으며, 어둠속에서 행동하고 그리고 그들이 도달한 결정의 이유를 설명할 수도 없다. 그 해악은 악명이 높지만 만족할 만한 구제책을 찾기도 어렵다. 이 문제는 자주 토의되는 주제가 되었고, 1878-9년 형사법전위원회에 의하여 신중하게 고려되기도 하였다. 형사사건에 있어서 항소와 관련된 모든 문제들에 대하여 요구되는 개혁과 관련하여 내가 여기에서 더 첨언하고자 하는 것은 위 위원회의 보고서 이외 달리 더 없다.

　내가 위에서 설명한 바와 같이, 비록 다른 말로 설명하기는 하지만, 오늘날 이용되고 있는 서로 다른 항소의 형식을 설명한 뒤 보고서는[1] 다음과 같이 이어진다.

　"완성된 제도를 만들기 위해서는 이러한 다양한 절차를 결합해야 하는 것으로 보인다. 이러한 목적을 위해 첫 번째로 우리는 형사유보문제처리법원과 매우 유사하지만 두 개의 중요한 차이를 갖고 있는 단일한 형사항소법원의 설립을 제안한다. 우리는 다른 법원에서와 마찬가지로 소수 의견이

---

[1] 보고서 p. 33-40.

다수 의견에 기속되기를 제안한다. 15명의 판사로 구성되는 법원은 불편하
게 큰 것이다. 중요한 문제에 관하여 5명으로 구성되는 법원의 의견이 서
로 상이하다면 더 이상의 상소가 가능하다는 것이 바람직하다. 그에 따라
우리는 이 법원이 귀족원(House of Lords)에 상고할 수 있도록 허용하는
권한을 가져야 한다고 제안한다."

　"우리는 여왕좌부의 재판에 관한 현재의 관행에 간섭하지 않으며, 여왕
좌부의 재판이 항소법원의 성격을 갖는 경우 여왕좌부는 귀족원에 상고하
는 데 대한 허가를 부여하는 권한을 가져야 한다고 제안한다."

　"상소에 관한 권한 그리고 상소를 하여야 하는 사건과 관련하여 형법
초안(Draft Code)은 법률과 사실 모두에 관하여 현재의 법률에 상당한 변
화를 주어야 한다고 제안한다. 법률의 문제와 관련하여, 판사는 현재 재판
에서 일어나기는 하지만 기록에는 나타나지 않는 문제와 관련하여 이를
유보할 것인가에 관하여 절대적인 재량권을 가지고 있다. 우리는 이러한
것이 개정되어야 한다고 생각한다. 따라서 우리는 문제를 보류해 달라는
신청을 받은 판사는 그 신청이 하찮은 것이 아닌 한 그 문제에 대한 메모
를 해두어야 한다고 제안한다. 만일 판사가 항소법원의 의견을 구하는 신
청을 거부하면 법무장관이 그의 재량에 따라 그 신청인으로 하여금 항소
법원에 신청하여 항소허가를 받을 수 있도록 허가해주며, 그에 따라 항소
법원은 신청인의 입장을 설명하도록 지시할 수 있다. 항소법원은 논란이
되고 있는 주장을 심리한 뒤 논란의 대상이 되고 있는 결정을 그대로 승
인하거나 아니면 새로운 재판을 허용할 수 있으며 또는 피고인에 대한 고
발을 기각하도록 명할 수 있다. 한 마디로 말해, 문제가 법률에 관한 것이
고 당사자 일방이 신청하는 경우 항소법원은 민사소송에서와 동일하게 모
든 방면으로 행동할 수 있다. 이는 어떤 점에서는 피고인에게 유리할 수
있고 어떤 점에서는 불리할 수도 있다. 일반적으로 말해 현재의 법률에 의
하면 법률문제와 관련한 피고인의 항소권은 판사의 절대적인 재량권에 의
존하게 되어 있다. 판사가 피고인의 항소를 허용하고, 항소법원이 피고인
에게 유리한 결정을 하게 되면, 민사소송에서 피고는 새로운 재판에 대한
권리 이외 얻는 것이 아무 것도 없지만, 피고인의 유죄판결은 파기된다.
제542조에 따라 피고인은, 판사의 의사에 반하여, 법무장관의 허락을 받아

항소를 할 수 있기는 하지만, 비록 그가 성공한다 하더라도 많은 사건에 있어서 그가 얻을 수 있는 것은 새로운 재판뿐이다. 항소의 대상이 된 문제가 단순한 규칙위반이거나 사건의 시비곡직에 별로 중요한 것이 아닌 때에는 항소법원이 그를 바로 잡을 권한을 갖게 될 것이다. 이러한 모든 것이 비록 피고인의 항소권 내용을 충실하게 해주기는 하겠지만 피고인의 항소 권리에 대한 가치를 감소시킬 것이다. 또한 법률문제에 대한 항소의 권리는 양 당사자에게 공평하게 제공되어야 한다는 것이다. 위원들은 위원회의 명의로 이러한 항소의 편의성에 대하여 의견을 표명하지는 않는다. 항소의 권리를 피고인에게만 인정하는 것이 적절하다고 생각된다면 조문의 몇 자만 바꾸면 그 목적을 달성할 수 있을 것이다. 법률문제에 관한 항소와 관련해서는 현재의 법률을 개선하는 이상의 변화를 원하지 않는다."

"사실문제에 관한 항소에 관하여 만족할 만한 해결책을 제시하는 것은 더욱 어려운 일이다. 사실문제에 대하여 항소를 하도록 하는 유일한 실질적인 방안은, 평결이 증거에 반한다든지 또는 재판 이후에 발견된 사실에 의하면 평결은 잘못된 것으로 드러났다는 사정을 근거로, 일정한 상황의 경우 피고인으로 하여금 새로운 재판을 신청하도록 하는 것이다. 새로운 재판을 신청하는 근거가 평결이 증거에 반한다는 것인 때에는 사건이 비교적 단순하다. 그러한 경우 사건의 재판을 담당한 판사는 유죄를 선고받은 피고인이 항소법원에 항소하여 새로운 재판을 받을 수 있도록 그 허가를 해 줄 권한을 가져야 한다. 만일 유죄를 선고받은 피고인이 절대적인 항소권을 갖게 된다면 그는 가능하다면 언제나 항소를 하게 될 것이다. 재판을 담당한 판사의 허가를 받게 함으로써 그러한 신청에 조건을 달게 되고, 그에 따라 항소신청은 배심이 피고인을 거칠게 다루었다고 판사가 생각하는 경우에만 가능하게 되어 피고인의 항소권은 실질적으로 제한된다. 하지만 항소신청이 있는 경우 항소법원은 이를 민사소송에서와 같은 방식으로 처리할 수 있을 것이다."

"종종 일어나는 일로서, 유죄평결이 있고 난 뒤 유죄평결의 정당성에 의문을 제기할 수 있는 사정이 발견되는 경우에 더욱 어려운 문제가 발생한다. 이러한 경우에 대비하여 법안이[1] 제출되었는데, 그에 따르면 내무장관

---

[1] 이 법안은 내가 마련한 것이고, 1878년에 Sir John Holker가 의회에 제출하였다.

형사법전위원회의 제안

이 유죄를 선고받은 피고인이 항소법원에 새로운 재판을 할 수 있도록 해 달라는 신청을 함에 있어 그 허가를 부여하는 권한을 가져야 한다는 것이다. 이 주제에 대하여 가장 심도 있게 검토한 결과, 그러한 법률의 제정만으로 만족할 수 있는 것이 아니라고 생각한다. 그러한 경우 항소법원은 새로운 증거 그 자체에 대한 심리를 하든지 아니면 선서진술서를 통하여 증거를 제출받아야 한다. 전자의 경우 이는 새로운 재판의 신청을 통하여 실질적으로 재판을 하는 것이고 이는 배심재판의 원칙에 반하는 것이다. 후자의 경우 항소법원은 만족할 만한 결정을 하는 데 필요한 물증을 갖지 않게 되는 것이다. 선서진술서에 의해 그리고 당사자 일방에 의해 제공되는 증거는, 그것이 독립된 조사를 통하여 확인되고 걸러지기 전까지, 그 가치에 대하여 의견을 내놓는다는 것이 불가능한 일이다. 그러한 의무가 항소법원에 의해 수행될 수는 없을 것이다. 법원에 제출된 선서진술서에 의한 증거를 근거로 내무장관이 유죄를 인정받은 자로 하여금 항소법원에 새로운 재판을 위한 신청을 하도록 허가해 준 경우 법원이 제대로 확인할 수 있는 유일한 사실은 내무장관이 그러한 신청에 대한 근거가 있다고 생각하고 있다는 것뿐이다. 이로 인하여 그러한 신청을 거부하는 것이 어렵게 될 것이다. 내무장관은 새로운 재판을 위한 신청을 하도록 허가해주는 책임만 지고 있을 뿐이다. 새로운 재판을 허용함에 있어 법원은 항상 내무장관의 행위에 의하여 제시되는 의견을 고려하게 된다. 그러한 신청에 대한 결정을 함에 있어 법원은 그로 인한 커다란 남용을 회피하기 위해, 민사소송에서 새로 발견된 증거를 근거로 하는 경우에만 새로운 재판을 허용하는 것과 유사하게, 그 자신 엄격한 규칙에 기속되어야 한다는 것을 또한 기억해야 할 것이다. 그러한 신청은 매우 짧은 시간이 경과된 후에는 전혀 할 수 없으며, 신청인이 태만의 책임을 져야 하는 경우에는 신청이 받아들여지지 않는다. 이러한 엄격함은 적정한 사법행정의 집행과 분쟁의 종결을 위해 필수적인 것이다. 그러한 규칙을 형사사건에서 새로운 재판을 신청하는 데 적용하는 것은 만족할 만한 일이 아닐 것이다. 아무리 많은 시간이 경과한 후라 하더라도 유죄인정을 받은 무고한 피고인이 나타나는 것은 있을 수 있는 일이고, 어떤 사람이 아무리 엄청나게 그의 사건에 제대로 대응하지 않았다 하더라도 (사형판결을 상상해보라) 그러한 시간 경과 또는 일처리의 실수를 이유로 새로운 수사를 거부하는 것은 불가능한 일일 것이다. 특수한 사실관계로 인해 오심이 발생하는 사건들은 흔한 일은 아니지만 종종 일어나는 일이다. 그러나 그러한 오심이 발생하면 절차에 관한 현재의 고착된 규칙으로는 이를 해결할 수 없는 상황이 된다."

"경험에 의하면 이러한 상황에서는 국무장관이 법원의 판사보다 더 나은 판단자가 된다는 것이다. 그는 특별한 상황을 조사할 수 있는 모든 수단을 갖고 있다. 그는 필요한 경우 그 사건을 재판한 판사와 정부 소속 변호사들의 도움을 받을 수 있고 실제 도움을 받기도 한다. 그가 차지하고 있는 지위는 그가 적절한 의견을 내어놓는 것을 보장한다. 그는 어떤 규칙에도 속박되지 않으며, 그의 결정은 그 이후의 사건에 대한 선례가 되는 것도 아니다. 우리는 문제의 예외적인 사례에 관한 상황을 조사함에 있어서 더 나은 방법을 보지 못했다. 그러나 그에게 부여되는 사안을 처리함에 있어 내무장관의 권한은 그러한 상황을 조사할 수 있는 그의 권한과 비교하여 그만큼 만족할 만한 수준이 아니다. 그는 형벌의 면제나 감형을 여왕에게 조언할 수 있다. 하지만 피고인이 범죄를 저지르지 않았다는 것을 근거로 사면을 조언하는 모순된 말을 할 수 없고, 이는 만족스럽지 못한 방식이다. 내무장관의 조사 결과는 유죄를 선고받은 자가 무고한 것이 아니라 그에 대한 유죄판결의 정당성이 의심된다는 것을 보여 주는 것일 수 있다.[1] 그러한 문제가 반드시 고려되었어야 함에도 조사결과의 내용에서 빠져 있다. 또는 사건에 대한 견해가 재판에서 제대로 이해되지 않아 그에 대한 중요성이 거의 부여되지 않았다. 간단히 말해 조사결과에 따르면 두 번째 배심도 동일한 의견을 채택할 것이라는 것을 보여준다. 만일 이것이 내무장관의 견해라면 그는 그 자신의 완전한 책임 하에 새로운 재판을 지시하는 권리를 가져야 한다고 우리는 생각한다. 그에 따라 우리는 제545조에 의하여 그러한 권한을 내무장관에게 부여하자고 제안한다."

"항소법원에 제출되는 자료와 관련하여 우리는 현재의 기록을 폐지하자고 제안한다. 그것은 너무나 기술적이고, 실제 정보는 제대로 주지 못하고 있다. 그 대신에 우리는 Crown Book이라 불리는 서책을 법원 직원이 보관하면서 그 책에 평범한 말로 법원의 재판절차(proceedings of the court)

---

1) 이러한 언급에 대한 설명으로, 이 책 3권 말미에 있는 Somethurst 사건 참조.

를 기록하도록 하는 것을 제안한다. 실무에 있어서 기록은 실제 만들어진 일이 거의 없고, 기록을 만드는 것이 필요한 경우 법원 직원의 메모장이 기록작성에 유일한 자료로 제공되고 있다. 우리가 제안하는 것은 본래의 서책을 이를 근거로 실제로 작성되는 기록으로 대체하자는 것이고, 이는 최초의 것에 대한 단순한 기술적 확장에 불과한 것이다."

"우리는 또한 항소법원이 판사의 노트를 요구할 수 있는 권한을 가져야 하며, 그 노트가 불완전한 것으로 생각되면 다른 가용한 증거 예컨대, 속기사의 속기록과 같은 것으로 보완되어야 한다고 제안한다. 우리는 판사가 메모를 하는 것이 매우 중요한 문제로서, 법으로 판사의 이러한 의무를 규정하는 것이 필요하다고 생각한다. 항소와 관련하여서는 형법 초안(Draft Code)과 의회의 법안(Bill) 사이에는 별다른 차이가 없다. 전자의 규정이 더 간단하다."

제 11 장 영국 형사재판의 역사

- 1554년부터 1760년까지 -

이전 장(chapter)에서는 범인 소추에 대한 각 단계의 역사를 범인이 혐의를 받는 최초의 순간부터 재판절차의 마지막 결론까지 살펴보았다. 하지만 나는 혐의를 받았던 사람이 유죄 또는 무고한 것으로 결정된 실제 재판과 관련한 성급한 소개를 의도적으로 생략하였다. 그 역사를 설명함에 있어서 나는 내가 지금까지 따랐던 것과는 약간 다른 방식을 취하고자 한다. 국왕을 위한 소추변호사의 모두진술, 피고인의 변론, 증인신문 그리고 판사의 쟁점정리에 관한 역사를 서로 분리하여 따로 설명하는 대신, 우리가 자세한 기록을 갖고 있는 최초의 재판이 있었던 Marry 여왕 치세로부터 현재 통용되고 있는 제도가 그 주된 모습을 완전히 갖추게 된 George 3세 치세에 이르기까지의 재판들 중 그 시대의 특징을 잘 말해주는 재판이나 그러한 부류의 재판 내용을 통하여 그 역사를 설명하고자 한다.

내가 지금 언급하고자 하는 문제는 법률의 문제라기보다는 역사에 관한 문제라고 하는 것이 더 적절하다고 말할 수도 있다. 그러나 영국 형법에 대하여 커다란 흥미를 느끼게 되는 이유는 그것이 여러 번에 걸친 영국 헌법 역사의 고비마다 그와 밀접하게 관련을 맺고 있다는 것이고, 그 재판절차가 국가소송기록(State Trials)에 너무나 완벽하고 분명하게 기록되어 있는 까닭에 이러한 위대한 기록이 영국 사법역사의 특징을 잘 말해주고 있다는 것이다. 그 내용이 보전되고 있는 주된 부류의 재판들은 현존하는 제도의 점진적인 발전을 설명해주고 있다. 이들은 오늘날 제도의 모든 면에 밝은 빛을 던져주고 있다.[1] 하나의 커다란 부류의 사건들 즉, 이단(heresy)에 대한 재판 그리고 다른 종교적 범죄(ecclesiastical offence)와 같은 부류의 사건들은 여기에서 설명하지 않고, 다른 장에서 별도의 설명을 하고자 한다. 하지만 그들에 대한 보고서 중 일부는 우리가 갖고 있는 형사절차에 관한 최초의 자세한 기록이라는 것을 나는 알고 있다.

Baga de secretis[2]

우리가 자세한 기록을 갖고 있는 첫 번째 부류의 재판을 소개하는 방법으로 1477년부터 1544년까지 77년이 흐르는 동안 있었던 재판의 흔적으로서 아직도 남아있는 것에 대하여 몇 마디 하고자 한다. 이 기간 동안에는 형사재판의 기록이라고 제대로 말할 수 있는 것이 없었고 다만, 비록 어떤 점에서는 실망스럽긴 하지만, 주목할 만한 서류가 있었는데, 내가 여기에서 언급하는 것은 호기심의 대상으로서의 서류가 아니라 그 서류에 담겨있는 형사재판절차에 관한 적극적인 정보의 내용이다. 이는 Edward 4세, Henry 7세 그리고 Henry 8세 치세 당시 Baga de Secretis의 내용을 번역한 부분이다.

---

1) State Trials는 33권으로 되어 있고, 각 권은 로열 판(24×19인치), 더블 칼럼에 작은 글자체로 평균 600 - 700 페이지로 되어 있다고 짐작된다. 기록이 이루어진 것은 아주 이른 시기부터 1822년까지로, 마지막으로 보고된 재판은 Cato Strret Conspiracy 사건에 있어서 Thistlewood와 그의 공범들에 대한 것이다. 우리 자신의 시대 역사를 위해서 이 기록을 오늘날까지 계속하는 것 이외에 달리 더 나은 중요한 자료를 첨가할 필요는 없다고 생각한다. 지난 60년 동안 있었던 위대한 재판은 그 이전 시대에 있었던 재판보다 월등하게 우수한 것이었고, 그렇지 않다 하더라도 최소한 흥미를 끄는 면에 있어서 그 전의 어떤 것과도 대등한 것이었다. Bristol 폭도들에 대한 재판, 1844년에 있었던 O'Connel에 대한 재판, 1848년 영국과 아일랜드에서 있었던 반란-중죄사건에 대한 재판, 공모(conspiracy)에 대한 많은 재판, Orsini 음모에 관한 Bernard에 대한 재판, Governor Eyre에 대한 다양한 소송, 1865년 이후의 Fenian에 대한 재판 그리고 아주 많은 재판기록들은 이 나라 법률의 한 부분일 뿐 아니라, 아주 소중하게 보존해야 할 영국의 정치 그리고 일반 역사의 한 부분이다.

2) [역주] 영국 중세 정부에서 Baga de Secretis는 비밀서류를 보관하는 창고를 말한다. 이 명칭은 "bag of secrets"를 뜻하는 라틴어 "saccus Secretorum"에서 유래한 것으로, 본래 가죽으로 된 마대자루(leather sack)를 말하는 것이었다.

Henry 7세와 Henry 8세 시대의 기소장

그 가방에 들어있는 내용은 위 기간 동안 왕좌부 법원에서 재판이 행해진 매우 다양한 범죄에 대한 기소장으로, 그 첫 번째의 것은 1477년 5월 19일의 것이고, 마지막은 1547년 1월 13일에 있었던 것이다. 우리 시대에는 증인의 이름이 항상 기소장안의 뒷면에 나오지만 당시에는 이러한 관행이 채택되지 않았고, 위에서 언급한 이 서류에는 기소장과 관련된 것 이외의 증거의 성격 또는 재판의 운용과 관련된 것은 나와 있지 않다. 하지만 이 기록이 오늘날의 기록과 같이 그렇게 빈약한 것은 아니다. 이들 중 일부는 그 내용이 너무 자세하고 상황 설명을 잘 하고 있어, 기소장이 대배심에 송부되기 이전에 신중하게 증거를 채택하였음을 보여주고 있고, 그 내용은 매우 호기심이 가는 것이다. 예컨대, 런던탑에서 Henry 7세에 대항하여 Perkin Warbeck과 공모하는 방법으로 대역죄를 범하였다는 Lord Warwick에 대한 기소장의[1] 일부는 다음과 같이 되어 있다. "백작과 Cleymound가 Henry 7세 14년 8월 2일 런던탑에 있는 백작의 방에 갇혀 있으면서 아래 방에 갇혀 있는 Peter를 위로하기 위해, 백작과 Cleymound의 말을 Peter가 들을 수 있도록, 백작의 동의를 받은 Cleymound가 아랫방 둥근 천장을 위에서 두들겼다. Claymound는 Peter에게 'Perkin, 좋은 기분으로 편안하게 있으라'고 말을 하고 그에게 전달될 편지를 자기가 갖고 있다고 말했다. 이 편지는 그가 Flanders의 서기인 James라는 사람으로부터 받은 것으로 그는 이 편지를, 그가 약속한대로 다음 날 위 Peter에게 전달했다." 그리고 그 이외 더 자세한 내용이 기재되어 있다.

1521년 5월 13일 Buckingham 공작에 대한 기소장은[2] 심지어 더욱 자세하고 상세한 상황 설명으로 되어 있다. 그 일부 내용은 다음과 같다. "공작은 그의 의도를" (국왕을 폐위하려고 하는) "실행하기 위해 Henry 8세 4년 4월 24일에 Somerset county에 있는 late of Thornbury의 John Delacourt라는 사람을, Carthusian Priory of Henton의 수사(monk)로서 자신이 가지고 있다고 가장하고 있는 특정한 계시를 통하여 미래에 대한 지식을 갖고 있는 것으로 행세하고 있는 Nicholas Hopkins라는 사람에게 데리고 갔는데, 그 이유는 공작이 그 목적을 달성하기 위해 그를 통하여 미래에 대한 더 많은 지식을 얻기 위해서였다."

---

1) Baga de Secretis, p. 216.   2) Baga de Secretis, p. 230.

More에 대한 기소장과 증거

그러고 나서 기소장은 공작과 위 Nicholas 수사(Father) 사이에 있었던 다양한 협상의 상세한 내용을 적시하고 있다.

기소장을 재판에서 제시된 증거와 비교하는 것이 아직도 가능한 한 사건이 있다. 이는 Sir Thomas More에 대한 사건으로서, 그는 1535년 7월 1일 국왕의 주권(supremacy)을 부인한 죄로 재판을 받았다. 재판 자체에 대한 기록은 State Trials에 나온다. 이는 주로 그의 증손자가 저술한 Life of Sir Thomas More에서 발췌한 것이지만, 이 책은 물론 Hall의 Chronicle이나, 역시 이들 책을 언급하고 있는, Lord Herbert의 Life of Henry 8세에도 나오지 않는 약간의 문제들이 이 기록에 포함되어 있다. 구체적으로 State Trials에 나오는 내용은 다음과 같다. (나는 누가 말하고 있는지 알지 못하지만, 증손자인 More가 말하고 있는 것으로 추측된다.) "기소장은 매우 길었다. 나는 어디에서 그 사본을 구할 수 있는지 도저히 알지 못했다. 흉악한 범인을 고발함에 있어서는 가능한 모든 범죄사실을 기소장에 포함시켜야 한다고 일반적으로 말해지고 있다. 그리고 Sir Thomas는 기소장이 너무 길어 그에 대한 범죄사실 중 세 번째 부분이 무엇을 말하고 있었는지 거의 기억하지 못한다고 말했다." 2절지로 되어 있는 기소장의 요약을 기준으로 판단한다면 기소장은 전혀 긴 문장이 아니다. 기소장은 26 Hen. 8, c. 1 법률의 내용을 서술하면서 시작하고 있는데, 위 법률은 Henry 8세와 이 왕국의 국왕인 그의 계승자들은 "영국 교회의 유일한 수장으로서 (only Supreme head on earth of the Church of England)인정되고, 받아들여지며 그리고 그러한 평판을 갖고 있다"고 규정하고 있다. 기소장은 이어 같은 법률 제13조의 내용을 기술하고 있는데, 그 내용은 "누구든지 국왕의 권위나 직함 또는 국왕 신분의 명칭을 박탈하기 위해 악의적으로 말이나 글로써 이를 희망하거나 원한 경우" 이는 대역죄에 해당한다고 되어 있다. 이어 기소장은 다음과 같이 주장한다. More는, Cromwell과 그 이외의 사람들 앞에서 심문을 받으면서 그가 영국 교회 최고 수장으로서의 국왕을 받아들이는지의 여부에 관하여 질문을 받게 되자, 국왕으로부터 교회 최고 수장으로서 갖고 있는 그의 직함을 박탈할 것을 상상하고 의도하는 마음에서 불충스럽게도 그에 대한 직접적인 대답을 거부하고 다음과 같이 말하였다. 즉, "나는 신을 섬기는 것과 그의 고난과 이 세상으로부터 떠나

가는 나의 죽음을 생각함에 모든 것을 다 바치기로 결심하였으므로, 그러한 문제에 참견하고 싶지 않다." 나아가 기소장에는 More가 Fisher에게 보낸 편지와 More가 런던탑에서 심문을 받으며 진술한 것이 기술되어 있는데, 그 편지와 진술에서 More는 법률은 두 개의 날을 가진 칼과 같아서 그가 한 쪽으로 말한다면 그의 양심을 거스르는 것이 되고, 다른 쪽으로 말한다면 그의 생명을 잃게 되는 것이라고 말했다.

마지막으로 기소장은 More와 국왕의 법무차관인 Rich의 대화를 기술하고 있는데, 약간의 서두에 이어 More는 만일 법률이 국왕을 교회의 수장으로 만든 것이라면, 그가 의회에서 그러한 동의를 해 줄 수 없는 것이기 때문에, 그에 대한 복종은 불가능하다고 말했다. State Trials 기록에는 Rich가 기소장에 나와 있는 바와 같은 대화가 있었다는 내용의 선서증언을 하였다고 되어 있다. 여기에 대하여 Sir Thomas는 다음과 같이 대답한 것으로 되어 있다. "판사님, 내가 만일 나의 선서를 존중하지 않는 그러한 사람이라면 내가 모든 사람에게 잘 알려진 범죄자로서 이 시간 이 자리에서는 일은 없었을 것입니다. 그리고 판사님들이 지금 막 들은 Mr. Rich의 증언이 사실이라면, 나는 하느님의 얼굴을 다시는 보지 않을 것이라고 기도할 것입니다. 만일 그렇지 않다면 이는 이 세상 모두를 가지고서도 유죄가 아니라고 하는 방자함에 해당할 것입니다." 기록의 내용은 계속된다. "More는 법정에서 그와 Rich가 런던탑에서 가졌던 모든 대화의 내용을 열거하면서, 그 대화는 진실한 것이며 충심으로 한 것이라고 한 뒤" Rich에 대한 신랄한 비난을 덧붙였다. 그 비난 중 특기할 만한 것은 "당신은 거짓말을 매우 잘하는 혀를 가졌고, 대단한 노름꾼이며 좋은 명성과 성격을 가지고 있지 않다는 악평을, 여기에서는"(재판을 받고 있는 Westminster) "물론 Temple 법학원에서도 항상 받아왔다"고 말한 것이었다. More는 유죄판결을 받고 처형되었다.

Lord Campbell은[1] 이 재판에 관해 거의 격정적인 분노를 표출하는 방

---

1) Campbell의 Chancellors, 2권 p. 59-63. 이 유쾌한 작가, 가장 영향력 있고 감동적인 판사는 그의 전기에서, 편견에 사로잡혀, 일반 배심원과 같은 감명을 받은 것으로 보인다. More의 천재성과 그 성격의 아름다움으로 인하여, Campbell이 More의 재판에서 볼 수 있었던 것은 위증과 억압뿐이었다. 그러나 그렇다면, 왜 그는 그가 그렇게 강력하게 지지하던 의견 즉, 판결의 저지(arrest of judgment)에 개입할 수 있는 조

식으로 말했다. 그는 아무런 증거도 가지고 있지 않으면서 Rich가 위증을 하였다는 More의 진술을 절대적으로 채용한다. 350년 전에 있었던 대화의 내용에 관해 결정적인 의견을 제시한다는 것은 불가능한 일이다. 그러나 남아있는 그 재판에 대한 보고서의 내용이 전부가 아니라 그 일부만 정확하고 그리고 비법률가적인 보고서라 가정한다 하더라도, Rich의 증언이 실질적으로 진실이라고 생각할 수 있는 근거들이 있다. 첫째, 기록을 한 사람은 그 대화에 관하여 More 자신이 제공하는 내용을 밝히지 않고 있다. 이로 미루어 보아 그가 주장하는 내용은 Rich의 주장과 사소한 부분에서만 다른 것으로 보인다. 둘째, More의 증언 그리고 Rich에 대한 강한 적대감은 어찌되었건 Rich가 어느 정도 진실을 말한 것이기 때문으로 보인다. 셋째, 판결 선고의 저지를 위해 More가 기소장은 "신의 법률과 그의 성스러운 교회 법률에 직접적으로 반하는 의회제정의 법률에 기초한 것"이라고 말한 것으로 보아, 그가 Act of Supremacy가[1] 잘못된 것이고, 의회의 관할 밖에 있는 것이라고 생각하였던 것은 의심의 여지가 없다. 넷째, More는 비록 Rich가 진실을 말하였다 하더라도, "그들이 법률상 악의적으로 (maliciously) 말하였다고 할 수 없다"는 주장을 크게 강조하고 있다. 그러나 법률에 관한 한, 법률에서 악의로(malicious)라고 하는 말은 입법자들이 그 자체로 나쁜 것이라고 간주하는 것 – 말하고 있는 것의 의미 – 이상으로 진지하게 다른 어떤 의미를 뜻하는 것이 아니다. 시대 상황을 모두 고

건들은 법률에 따라 대역죄를 구성하는 행위라는 의견을 무의식적으로 표명하였어야 할 것인데, 그렇게 하지 않은 이유가 무엇일까?

[역주] John Campbell(1779-1861)은 스코틀랜드에서 태어난 영국의 정치가, 법률가로 1845년 10권으로 된 Lives of the Lord Chancellors and Keepers of the Great Seal of England를 출간하고, 이어 4권으로 된 Lives of the Chief Justice of England를 출간하는 등 많은 저술활동을 했다.

1) [역주] 첫 번째 Act of Supremacy는 1534년 제정된 법으로, Henry 8세에게 Royal Supremacy를 인정하는 것이다. 이에 따라 Henry 8세는 영국 교회의 수장이 되었고, 현재에 이르기까지도 국왕은 법적으로 영국의 군주(Sovereign)로 인정받고 있다. 이 법률은 1554년 가톨릭 성향이 강한 Henry 8세의 딸 Queen Mary 1세에 의하여 폐지되었고, 1559년 청교도인 Elizabeth 1세에 의하여 다시 법률로 제정되었다. 이 두 번째 법률을 통하여 Elizabeth 1세는 공식적으로 영국 국교회(Anglican Church in England)를 창설하였다.

려하여, 국왕의 주권을 부인하는 것을 대역죄(high treason)로 보는 것이 마땅한 것인지 여부에 대하여는 연구부족으로 내 의견을 낼 수 없는 문제이지만, 나는 More에 대한 재판 그 자체가 불공정하였다고 보지는 않는다. 물론 Lord Campbell이 말한 바와 같이 주된 증인인 Rich가 국왕을 위한 소추변호사로서 일을 하였다는 것은 대단히 불미스러운 일이라는 것은 의심의 여지가 없다. 다만 이러한 사실은 그가 언급하고 있는 보고서에는 기술되어 있지 않다.

Ann Boleyn에 대한 기소장은 더욱 간결하고,[1] 비록 자세한 내용까지는 나아가고 있지 않지만, 기소장에 기재되어 있는 고발 내용은 특정되어 있고 요점이 명백하다.[2] 고발 내용은 그녀가 다섯 명의 특정한 사람과 별도로 다섯 번의 간통을 하였다고 주장하면서 각 간통의 시간과 장소를 적시하고 있다. 재판 자체에 대한 절차와 관련해서는 공식적인 평결 기록 이외 나오는 것이 없다. Katharine Howard와 그녀의 다양한 간부(adulterer)들에 대한 기소장은 더욱 자세하게 되어 있다. Yorkshire, Middlesex, Lincolnshire, Lincoln 시, Surrey 그리고 Kent에서 범한 범죄와 관련, 6개의 기소장이 있다. 그 중 하나만이(Yorkshire 기소장) 완전한 요약본이다. 그것도 어느 정도 자세하게 되어 있는데 특히, 그들 사이에서 "공동의 뚜쟁이《common procuress)"로 활동한 Lady Rochford에 관한 것이 자세하다.

1. 1554년 – 1637년

내가 설명하고자 하는 첫 번째 부류의 재판들은 1554년부터 1637년까지 행해진 재판으로, 그 첫 번째 재판이 Sir Nicholas Throckmorton에 대한 재판이고, 마지막의 것이 성실법원(Star Chamber)의 폐지로 이어진 이 법원에서의 재판들이다.

---

1) Baga de Secretis, p. 244.
2) 나는 기소장 원문을 참조하지 않았지만, 요약본은 그곳에서 생략하고 있는 외설적인 내용이 원문에 포함되어 있을 가능성을 암시하고 있다. 요약본에 의하면 여왕은 "부정하게도 그리고 불충스럽게도 외설적인 언사와 선물 그리고 그곳에 기재되어 있는 다른 행위들을 통하여 국왕의 의사들 그리고 가까운 하인들 몇 사람을 그녀의 간부가 되도록 하였다"고 되어 있다.

1554년부터 1637년까지의 재판들

Throckmorton에 대한 재판기록은[1] 당시 지배적이었던 절차에 대하여 많은 생생하고 밝은 빛을 비쳐주는 내용으로 충만한 그 최초의 것이다. 이 시기에 행해진 모든 재판은 대부분 동일한 절차를 따랐던 것으로 보이고, 같은 방식으로 행해진 것으로 보인다.

기록이 남아있는 사건들은 대부분 대단한 정치적 중요성을 갖고 있었고, 그에 따라 절차의 초기 단계에서는 치안판사가 아니라 추밀원과 추밀원 구성원인 판사들 그리고 국왕 법무관들의 책임 하에 처리되었다. 혐의자는 체포가 되면 상황에 따라 다소간 폐쇄된 장소에 감금되고, 일부 사건의 경우에는 추밀원에서 그리고 일부 사건의 경우에는 판사에 의해 심문을 받았으며, 일부 사안에서는 고문을 통한 심문도 받았다. 다른 사람으로부터 받는 증거 특히, 공모자로 의심되는 모든 사람으로부터 받는 증거는 동일한 방식으로 취득했다. 재판을 할 수 있을 만큼 준비가 완료되면 피고인은 기소인부답변을 하게 되고, 배심이 선서를 하고 이어 국왕을 위한 변호사의 모두진술로 재판이 시작된다. 사안이 복잡한 경우 여러 명의 소추담당 변호사가 업무를 나누어 각자 자기가 맡은 부분을 담당하는 것이 일반적이었다. 피고인은 거의 대부분의 사건에서 그를 비난하는 소추변호사의 멋진 웅변에 압도당하지 아니하고, 또한 피고인 기억의 불확실성을 고려하여 그를 상대로 주장되는 서로 다른 문제들에 대하여 각 별도로 답변할 수 있는 호의를 베풀어 달라고 요청했다. 이러한 요청은 통상 받아들여졌고, 그 결과 재판은 피고인과 그에 대항하는 여러 명의 소추변호사 사이에서 벌어지는 일련의 열띤 논쟁(altercation)의 과정이 되었다. 소추 변호사의 모든 진술은 피고인에 대한 신문(question)으로 작용하였고, 실제 그들은 계속하여 신문의 형식에 매달렸으며, 그에 대하여 피고인은 그 주장을 받아들이거나 부인 또는 설명을 하여야 했다. 그에 따라 이 문제의 시기 재판에 있어서는 피고인에 대한 신문이, 오늘날에는 신중하게, 내 생각으로는 심지어 현학적인 입장에서, 피하고 있는 일이지만, 매우 긴요한 것이었고, 그의 답변이 증거의 제출을 규율했다. 사실상 전체 재판과정은 피고인과 국왕을 위한 소추변호사 사이의 기나긴 논쟁이었고, 이 논쟁에서 그들은 서로에게 질문을 하면서 최상의 열성과 합리적 추론을 통하여 상대방

---

1) State Trials p. 395.

주장을 제압하려고 했다. 판사도 때로는 논쟁에 개입하기도 하였지만 논쟁은 주로 당사자 사이에서 이루어졌다. 논쟁이 진행되면서 소추변호사는 피고인이 부인하는 문제를 자주 거론하며 이를 입증하려고 했다. 입증은 주로 서면진술서(deposition), 공모자의 자백진술서, 편지 그리고 그와 유사한 것들을 읽어주는 방법으로 했다. 이러한 경우 피고인이 자신에 대한 "고발인들(accusers)" 즉, 증인들을 소환하여 얼굴을 맞대고 신문해보자고 요구하는 일이 빈번하기는 하였지만, 많은 사건에서 피고인은 서면진술서에 만족하였던 것으로 보인다. 이러한 논쟁을 통하여 문제에 대한 심리가 충분히 이루어지면 재판을 주재하는 판사가 배심에게 피고인에 대하여 주장된 문제와 그에 대한 피고인의 답변 내용을 "반복하거나" 요약해 주었다. 그리고 배심이 평결을 한다. 이러한 재판의 견본으로서 가장 주목할 만한 사건 몇 개를 소개한다.

Sir N. Throckmorton은 대역죄로 1554년 재판을 받았고, 그에 대한 고발 내용은[1] 그가 여왕의 죽음을 궁리하고 그리고 예상하였으며 여왕에 대항하여 전쟁을 일으켰고, 여왕의 적진에 가담하였다는 것이다. 고발의 기초가 된 사실은 Wyat가 봉기를 하기 전 그와 공모하였다는 것이다.

재판은 1554년 4월 17일 열렸다. 재판은 아마 오전 8시에 시작하여[2] 오후 2시까지, 또는 재판 도중 휴정을 하면서 3시까지 휴정을 하겠다고 한 것으로 보아 적어도 3시 조금 전까지, 계속되었고 배심이 5시에 평결을 했다. 따라서 이 재판은 모두 합쳐서 6시간 가량 진행되었던 것으로 보인다. 재판은 거의 대부분 Throckmorton과 소추변호사로서 'Standford's Pleas of the Crown'의 저자로 보이는 고등변호사 Standford 그리고 법무장관인 Griffin 사이의 말싸움으로 진행되었다. Standford가[3] 이 재판절차에서 가장 뛰어난 활약을 했다. 그는 Throckmorton에게 런던탑 탈취와 Wyat의 봉기를 상의하기 위해 Kent에 있는 Wyat에게 Winter를 보내지 않았느냐고 질문을 하면서 포문을 열었다. Throckmorton은 Winter에게 Wyat가 그

---

1) 기소장의 사본은 매우 불완전하다. 1 St. Tr. p. 869.
2) Fortescue 시대 판사들은 보통 8시부터 11시까지 재판을 했다.
3) 그는 아마 수석 고등변호사(Prime Serjeant)였을 것이다. 오늘날 이러한 인물이 있다면 그는 법무관(law officer)보다 상위 서열이었을 것이다. Prime Serjeant를 언급하고 있는 대부분의 사건에서 그는 소추를 담당하는 수석 변호사이다.

에게 무슨 말을 하려고 한다는 말만 하였고, 고발장에 기재되어 있는 것과 같은 말은 전혀 한 사실이 없다고 하면서 Standford에게 그가 주장하는 것을 입증하라고 요구했다. Standford는 Winter의 "자백진술서"를 읽었고, 그를 소환하여 그에 대한 증언을 듣자고 제안했다. Throckmorton은 논의의 진행을 위하여 "자백진술서"를 진실한 것으로 받아들인다고 하면서, 그 자백진술서의 특정 부분은 그에게 매우 유리한 것이며 그리고 그 진술서의 어느 부분도 그가 범죄를 저질렀다는 것을 보여주지 못하고 있다고 지적했다. 판사들과 법무장관(Attorney-General)의 질문에 답변을 하면서 그는 몇 가지 문제를 설명했다.

Standford는 이어 Cuthbert Vaughan의 자백진술서를 읽었고, 만일 이 자백진술서가 사실이라면 Throckmorton이 Vaughan에게 Wyat 일당의 음모에 관한 많은 정보를 제공하였다는 것이 입증되는 것이었다. 법무장관은 Vaughan을 소환하여 그의 자백에 관한 증언을 듣자고 하였다. 이에 대해 Throckmorton은 다음과 같이 답변했다. "그렇게 말하면서 거짓말을 한 그는, 이 사건에서" (즉, 사형판결 하에서) "자신의 이전 증언에 얽매어 다시 거짓말을 할 것이다." 그럼에도 Vaughan은 소환되어 선서를 하고 그의 자백진술이 진실이라고 증언하였고, Throckmorton의 질문에 대하여는 Throckmorton은 잘 알지도 못하는 사람에 불과하며 Wyat가 그를 Throckmorton에게 소개하는 소개장을 주었다고 말했다. 그에 대해 Throckmorton은 "판사님, Vaughan의 말을 들었다면 나에게 대답할 기회를 주길 바란다"고 했다. 수석판사는 "말하시오, 간단히"라고 대답했다. Throckmorton은 통상 알고 있는 사람에게 그렇게 큰 신뢰를 주는 것은 불가능한 일이라고 주장하였으며, 그리고 Sir R. Southwell(그의 재판을 담당하고 있는 판사 중의 하나이고, 추밀원 위원이었던 그의 면전에서 Vaughan이 심문을 받았었다)에게 Vaughan의 증언은 앞뒤가 서로 맞지 아니하며 특히, 그는 심문을 받지 않고도 증인이 되었고, 제출된 바가 없는 서류를 증거로 삼았다는 것을 확인해 달라고 간청했다. 그는 또한 Vaughan은 그 자신에 대한 사형판결로부터 벗어나기 위한 유일한 희망으로 다른 누군가를 고발하고 있기 때문에 그의 말을 믿어서는 안 된다고 주장했다. 이에 대해 판사는 그렇다면 Vaughan의 진술서는 모두 허위라고 말하는 것이냐고 물었다. 그에 대해 Throckmorton은 그 내용의 많은 부분이 사실이라고 인정했다. 하지만 그는 자신에게 특별히 불리한 부분을 부인했고, 구체적으로 그의 행위로 지적된 다양한 문제에 대하여 설명했다. 이어 Standford가 Throckmorton 그 자신의 "자백진술서"를 읽었다. 그 진술서에 의하면 그가 Mary 여왕과 Philip 2세의 결혼에 관하여 여러 사람들과 상의하였다는 것을 사실상 인정하고 있지만, 그와 그 여러 사람들은 이를 강력하게 부인하고 있었고, 그 이상의 내용은 나와 있지 않았다. 그 다음 Suffolk 공작에 대한 서면진술서가 낭독되었고, 그에 관하여 Throckmorton은 진술서에 나와 있는 것은 공작이 그의 동생인 Lord Thomas Grey로부터 들었다는 것뿐이고, "Thomas Grey는 나의 이익에 반하는 아무런 말도 하지 않았고, 말할 수 없고, 그리고 말하지 않을 것"이라고 진술했다. 이어서 Arnold가 그 사건의 쟁점들과는 별로 관련성이 없는 몇 개의 진술을 했다. 그들은 FitzWilliams라는 이름을 가진 사람을 언급했다. 법정에서 FitzWilliams를 본 Throckmorton은 그가 증인으로 증언해주기를 희망했다. FitzWilliams도 증인으로 증언하겠다고 하였지만 법무장관의 이의신청에 따라 법원이 그의 증언을 거부하였고, 법정 밖으로 나가라고 명령했는데, 판사 중 하나가 "당신은 아마도 좋은 동기로 증언을 하려는 게 아닐 것이다"고 말했다. 마지막으로 Wyat가 피고인을 "슬퍼하면서도 고발하였다"는 말이 있었고, 이에 대하여 Throckmorton은 "Wyat가 살아남기 위한 희망으로 나에 관하여 무슨 말을 하였다 하더라도 그는 죽으면서 그의 말을 취소했다"고 대답했다. 판사 중 한 명이 이를 인정하면서, 그러나 Wyat는 그가 추밀원에 제출한 서면진술이나 자백진술서는 모두 진실한 것이라고 말했다고 첨언했다. Throckmorton은 "판사님, Master Wyat는 그렇게 말하지 않았고, 그것은 Master Doctor의 첨언입니다"라고 대답했다. 이를 보고 다른 판사는 Throckmorton이 훌륭한 지적 능력을 갖고 있는 것으로 파악했다. 그는 대답했다. "나에 대한 그러한 폭로를 내가 여기에 와서 처음 제공받았다. 왜냐하면 나는 지난 58일 동안 교도소에 갇혀 있었고, 그곳에서 나는 내 머리 위로 날아다니는 새들이 나에게 말하는 것 이외 아무것도 듣지 못하였기 때문이다." 하지만 그의 이러한 주장은 아마 거짓말일 것이다. 이어 Throckmorton은 이의를 제기했는데, 여왕의 죽음에 대한 음모를 꾸몄다는 것을 입증할 만한 아무런 외부 행위가 없었고, 기껏해야 단순히 전쟁을 해야 한다는 말뿐이었음에도, 그의 사건은 25 Edw. 3 기간 내에 법정에 제출되지 않았다는 것이다. 판사들은 법률의 규정을 읽어주는 것을 거부하거나 그리고 최소한 하나의 사안에서 Throckmorton이 인용하고 있는 것을 엄청나게 곡해하는 등1) 그의 변론행위에 다양한 어려움을 부담시켰다. 하지만 판사들은 반란죄에는 종범이 없고 모두 주범이라는 그 후의 모든 판례와 확실히 부합하는 의견을 가지고 있었다. 그 재판의 모든 과정을 통하여 특히, 법적 논쟁과 관련하여 Throckmorton이 보여준 것 그리고 보여주었다고 기록된 것은 더할 나위 없는 그의 정력, 현명함, 침착함 그리고 왕성한 기억력이다. 법무장관이 법원의 후원(protection)을 법원에 간청하였다고 기록되어 있다. "여왕의 위임을 받아 일하는 판사님, 판사님께서 피고인이 여왕의 학식 있는 변호사를 이렇게 이용하도록 내버려 두어서는 안된다고 간청합니다. 나는 내 인생에서 이렇게 방해를 받아 본 일이 없으며, 이 피고인처럼 이렇게 말하는 것을 그냥 내버려 두는 일이 있었다는 것을 알지 못합니다. 우리가 이와 같은 취급을 받는다면 우리 중 일부는 다시는 법정에 오지 않을 것입니다."

수석판사가 사건의 개요를 요약하였는데, 기록을 한 사람(그는 의심의 여지없이 Throckmorton에게 매우 우호적인 사람이었다)은 "그리고, 좋은 기억 또는 좋은 의지의 부족으로 피고인의 답변 중 일부는 낭독되지 않았으며, 이에 피고인은 공정함을 요구하면서 그 자신이 그의 답변 내용을 낭송함으로써 판사의 오래된 기억을 도와주었다"고 기록하고 있다. 사건 요약 이후 Throckmorton은 배심에게 전체 문장을 간단하고, 진지하며 감동적이게 연설했다. 그는 법원에 그 누구도 특히, 국왕의 학식 있는 변호사는 "그들에게 의지하려고 하는 사람들을 모르는 체할 수 없다"는 명령을 내려달라고 애원했다. 그에 따라 두 명의 고등변호사가 그러한 목적으로 선서를 하고 증언을 했다. 2시간의 심의 이후 배심은 그에게 무죄를 평결했다. 배심은 그들의 평결을 이유로 교도소에 구금되었으며, 그들 중 8명(4

---

1) "같은 조건의 사람들이 공개적으로 행한 것에 대하여 아마도 사권박탈이 있었다." 수석판사 Bromley에 의하면 여기에서 같은 조건의 사람들이란 "반란죄에 당신과 같이 공모한 자들 즉, 당신 자신과 같은 반역자들을 의미한다"는 것이다. 이에 대하여 Throckmorton은 자연스럽게 이를 "매우 이상하고 독특한 해석"이라고 불렀다.

명은 잘못을 인정하고 사과했다)은 10월에(재판으로부터 6개월 이상 뒤에)
성실법원에 회부되어 각 220파운드의 벌금을 무는 것을 전제로 책임의 면
제를 받았고, 그렇게 많은 벌금을 내지 않아도 되는 3명은 각 60파운드의
벌금을 물었다. "배심원에 대한 이러한 엄격한 법집행은 Throckmorton의
동생 Sir John Throckmorton에게는 치명적인 것이었고, 그는 그의 형이
무죄를 받은 사건에서와 동일한 증거에 의해 유죄판결을 받았다."

내가 언급하고자 하는 다음 재판은 1571년에 있었던 Norfolk 공작에 대
한 것이다.[1] 그는 Elizabeth 여왕의 죽음과 폐위를 기도하였다는 대역죄로
재판을 받았다. 그러한 음모를 위하여 드러난 행위는 그가 스코틀랜드의
여왕인 Mary가 Elizabeth 여왕에 대항하여 영국 여왕의 직위를 주장하고
있는 것을 알면서도 그녀와 결혼하려고 진력하였다는 것이다. 그는 또한
다른 다양한 반역적인 계획에 관여하였다고 고발되었는데, 그 내용은 기소
장에 아주 자세하게 기재되어 있다. 이 사건은 26명의 귀족 재판관으로 구
성되어 있는 귀족원임시의장법원(Court of Lord High Steward)에서 재판
이 이루어졌다. 소송절차는 Throckmorten 사건의 경우와 같이 활발하게
진행된 것은 아니었지만, 거의 동일한 절차를 따랐다. 고등변호사 Barham
이 소추행위의 중요한 부분을 수행했다. 모두진술 이후 그는 공작에게
Mary가 영국 여왕을 주장하고 있다는 사실을 알고 있었다는 것을 자백하
라고 촉구했다. 그는 그러한 사실을 알고 있었다고 인정하면서 다만, 설명
을 해야 할 "사정이 있었다"고 했다. Barham은 설명할 가치가 있는지에
관하여 다투었고, 그리고 많은 서면진술서가 낭독되었는데, 그 내용과 관
련하여 한편으로는 공작이, 반대편으로는 Barham이 나서서 논쟁을 하고
서로 질문을 하였으며, 그리고 아주 자세한 설명들을 주고받았다. 여기에
간단한 견본이 있다.

"고등변호사: 이제 런던탑 탈취 문제와 관련하여. 공작: 나는 이를 부인
합니다. 고등변호사: 당신이 Titchfield로부터 오는 도중에 어떤 사람이 당
신에게 접근하여 당신과 또 다른 사람 사이에서 런던탑을 탈취하는 계획
을 제안하지 않았느냐? 공작: 나는 그러한 제안을 받았다는 것을 자백하였
지만 나는 절대 그에 동의하지 않았습니다. 고등변호사: 당신은 그것을 숨

---

1) State Trials, p. 957-1042.

기고 있다. 런던탑을 탈취하지 않았다 하더라도, 그렇다면 무슨 목적으로 여왕에 대항하여 런던탑을 무력으로 점거하고 있었느냐?" 등.

Barham이 그가 말은 부분에 대하여 신문을 마치자, 법무장관에 의하여 다른 고발사실이 같은 방법으로 제기되었고, 그리고 다시 다른 것들이 법무차관에 의해 제기되었다. 이러한 것들이 끝나자 "성채(the Wards)의 변호사인 Mr. Wilbraham"이 이러한 상황에서 어떻게 영국 사람이 특정 왈론 사람들(wallons)을 이길 수 있겠느냐는 애국적인 말로 대미를 장식하면서 연설을 했다. 이에 대해 기록을 한 사람은 "이 점에 관하여 논고를 함에 있어서 변호사(Mr. Attorney)는 진정한 영국인, 훌륭한 기독교인, 훌륭한 국민, 그의 종교와 군주 그리고 국가에 대하여 충직한 사람인 것처럼 그러한 품위, 그러한 명랑함 그리고 그러한 목소리를 가지고 말했다"고 적고 있다. 이후 Wilbraham은, 그에 앞서 나온 소추변호사들과 마찬가지로, 피고인과 심도 있게 논쟁을 하였으며, 그 결과 피고인은 4명 이상의 저명한 변호사와 연속하여 상대하게 되었다.

공작이 그의 관찰에 기초하여 주장한 발언 중 일부는 그 당시 피고인의 지위에 관하여 밝은 빛을 비쳐주고 있다. 그가 말한 것 중 하나는 다음과 같다. "책을 보지 않고 내가 대답해야 할 것이 너무 많다. 모든 것을 요약하기에는 내 기억력이 그렇게 좋은 것이 아니다. 하지만 그들은 책과 노트를 그들 앞에 두고 일을 한다. 그래서 나는 내가 어떤 것에 대하여 대답하는 것을 잊어버리는 경우에 이를 나에게 환기시켜달라고 간청한다." 공작은 Throckmorton과 마찬가지로, 많은 이유를 근거로, 여왕의 죽음에 대한 그의 음모와 관련하여 아무런 외부적 행위도 입증된 것이 없다고 주장하면서 몇 개의 판례 특히, Bracton을 인용하고 있다. 법무장관은 그의 뻔뻔스러움에 분개했다. "당신은 답변을 위하여 필요한 책을 제공받을 수 없을 정도로 격리되어 있다고 불평하고 있다. 하지만 당신은 책과 변호사를 가지고 있는 것으로 보인다. 당신은 책과 법률의 내용 그리고 Bracton의 말을 근거로 주장하고 있다. 나는 그러한 책을 공부하는 것이 당신의 직업이 아니라고 확신한다." 공작은 겸손하게 답변했다. "나는 지난 2년 동안 곤경에 처해 있었다. 이 기간 동안 내내 나는 내 자신을 돌볼 사정에 있지 않았다는 것을 생각해 보았나?" 공작은 유죄판결을 받고 처형되었다.

Elizabeth 여왕 시대 재판들

　　Elizabeth 여왕 시대의 많은 다른 재판들도 동일한 방식으로 행해졌다. 내가 거론할 수 있는 재판들은 1581년의 Campion과 그 이외 다른 제수이트 수사들에 대한 재판들,[1] 1586년의 Abington 등에 대한 재판들,[2] 1589년의 Lord Arundel에 대한 재판,[3] 1590년의 Martin Marprelate라고 불렸던 서면 명예훼손의 중죄로 재판을 받은 Udale에[4] 대한 매우 주목할 만한 재판이다. Udale 사건에 있어서는 그가 추밀원에서 심문을 받으면서 그 책을 썼다는 것을 부인하지 않았다는 사실 이외에 실제 아무런 증거도 없거나 관례상 증거로 불릴 수 있는 것이 거의 없었다. 그리고 그 사건을 재판한 판사가 그에게 그것을 작성하지 않았다고 말하기만 하면 무죄의 선고를 하도록 하겠다는 제안을 하였지만, 그는 이를 거부했다.

　　James 1세 치하에서도 1603년의 Raleigh 사건,[5] 1606년의 Gunpowder Plot에 대한 재판,[6] 1615년의 Overbury 살인범들에 대한 재판들에[7] 관한 언급에서 보는 바와 같이 절차의 성격은 변하지 않고 그대로 남아 있었다. Lord Somerset와[8] Sir Jervase Elwes에[9] 대한 재판이 아마도 과거 절차를 가장 잘 설명하고 있는 것들이다. 이들 재판은 당시 피고인신문에 부여되고 있던 놀랄 만한 중요성의 예를 잘 보여주고 있다. Lord Somerset와 여러 명의 변호사 그리고 법원 구성원들 사이의 논쟁은[10] 신기하고 정확한 것이지만 그 효과를 간단히 소개하는 것은 불가능한 일이다. 런던탑 간수장(Lieutenant of the Tower)이던 Elwes는 Somerset 백작 부인(countess)의 독약을 Overbury에게 전달하였는데, 그는 한때 자신의 부하 직원 중 한 명이 그러한 범죄를 저지르겠다는 생각을 갖고 있다는 것을 알고 있었다고 인정했지만, 그것이 무엇인지 알지 못하고 전달하였다고 주장하면서 자신을 변론하였다. 그는 너무나 정열적으로 그리고 능숙하게 자신을 변론하였기 때문에,[11] 재판을 주재하였던 Coke가 그의 편지에 나타나 있는 몇 개 표현에 관하여 그에게 반대신문을 하고 이에 대해 그가 설명을 제대로 할 수 없는 사정이 없었다면, 그리고 피고인에 대한 변론이 종결되고 난

---

1) State Trials, p. 1049-1088.
2) State Trials, p. 1141-1162.
3) State Trials, p. 1253.
4) State Trials, p. 1271-1315.
5) 2 State Trials, p. 1-60.
6) 2 State Trials, p. 159-359.
7) 2 State Trials, p. 911-1022.
8) 2 State Trials, p. 965-1022.
9) 2 State Trials, p. 936.
10) 2 State Trials, p. 992-994.
11) 2 State Trials, p. 939-940.

뒤, 그날 재판이 시작되기 이전인 오전 5시에 Franklin이라는 사람이 Coke 면전에서 선서도 거치지 아니하고 사적으로 자백한, "자백 진술서"를 Coke 가 법정에 제출하지 않았다면,[1] (이는 우리의 현대적인 견해와 더욱 다른 것이다), 그는 아마 형벌을 받지 않고 빠져나갔을 것이다. 그 "자백 진술 서"가 사실이라면 모든 의심을 넘어 Elwes의 유죄가 입증된다는 것은 의심의 여지가 없는 것이지만, 피고인이 그 진위에 대하여 조사를 할 수 있는 기회가 전혀 없는 또는 그러한 조사 없이 Franklin에 대한 반대신문도 할 수 없는 그러한 마지막 순간에 제출된 것이고, 따라서 그가 "무슨 대답을 하여야 할지 전혀 몰랐다는 것은" 놀랄 만한 일이 아니다. 만일 Elwes 가 죽으면서 한 말이 제대로 기록된 것이 사실이라면, 그는 교수대에서 그의 유죄를 자백하였고, 그 주제와 관련한 아무런 불평도 하지 않았으며, 진실의 발견을 Coke의 공으로 돌렸다. "나는 나의 pen에 대한 자존심에 도취되어 하느님을 노하게 했다. 나에 대한 기소인부절차에서 수석판사님의 연설을 통하여 비굴한 나의 깃촉 펜이 나의 멸망을 초래했다. 내 멸망의 이유가 된 것은 내 자신의 손으로 작성한 편지 마지막에 나와 있는 두 서너 구절로서 나는 그것이 나의 죄가 된다는 생각을 해보지 않았기 때문에 완전히 잊고 있었던 것이다."[2]

하지만 내가 언급한 모든 재판 가운데 무엇보다도 가장 주목할 만한 사건은 Raleigh에 대한 재판이다. 그는 Archduke of Austria의 대리인과 그의 대사(ambassador)를 통하여 Arabella Stuart를[3] 영국 여왕으로 만들기로 Lord Cobham과 공모하였다는 혐의로 고발을 당하였다. Raleigh에 대한 증거라고는 추밀원에서 행해진 Cobham의 "자백진술서" 또는 심문 내용 그리고 그가 후에 작성하였다는 편지가 전부였다. 이들 자백진술서와 편지에서 Cobham은 자세한 내용을 밝히지 않고 애매한 변죽울림과 암시를 통하여 Raleigh를 고발했다. 몇 개의 사소한 소문들이 입증되기는 하였지만,

---

[1] 2 State Trials, p. 941.   [2] 2 State Trials, p. 946.
[3] [역주] Arabella Stuart(1575-1615)는 Queen Elizabeth 1세의 후계자로 고려되었던 귀족이다. 그녀를 영국 여왕으로 만들려는 음모에 관련되었다는 소문이 있었지만 그녀는 이를 거부하고 음모에 관여하지는 않았으며 다만, 국왕의 허가를 받지 않고 결혼을 하였다는 이유로 구금되어 있던 중 남편과 같이 프랑스로 도망가려다 붙잡혀 돌아와 런던탑에서 사망하였다.

보강증거의 방식이었을 것으로 보인다. 예를 들어, 도선사인 Dyer는[1] 그가 우연히 리스본에서 어떤 사람을 만났는데, 그 사람이 말하기를 Cobham과 Raleigh가 James 왕이 즉위하기 이전에 그의 목을 베기로 하였다고 증언했다. 극도로 빈약한 증거는 Coke의 악의에 불타는 잔인성에 의하여 보충되었다. 그는 Raleigh에게 욕설을 하고 모욕을 가하였는데, 내가 알기로 이는 Jefferies가 주재한 재판 이외의 영국 재판에 있어서는 전무후무한 일이었다.[2] 재판은 너무나 호기심을 끄는 것이지만, 법률적인 면에서 가장 흥미로운 것은 재판의 대부분을 차지하고 있는 Raleigh의 권리 즉, Cobham을 증인으로 부를 수 있는 권리를 Raleigh가 갖고 있는지에 관한 토론이다. 그는 Cobham이 그의 자백을 철회하였다는 것을 알고 있었고, 그는 실제 그로부터 편지를 받았는데, 그 내용은 "내가 구제를 받으면서, 당신의 주선으로 스페인어 공부를 한 일이 전혀 없다는 것을 항의했다. 나의 이러한 재난에도 불구하고 내가 알고 있는 한 당신이 훌륭한 신하라는 데 만족한다"고 되어 있었다. 이러한 이유, 그리고 Raleigh는 Cobham이 공개적으로 선서를 하고 그가 추밀원에서 하였던 자백을 감히 다시 하지 않을 것이라고 생각하고 있었기 때문에 열심히 그의 법정출석을 압박하였다. 그는 그의 요구를 부분적으로 두 개의 법률(1 Edw. 6, c. 12, 제22조, 그리고 5 & 6 Edw. 6, c. 11, 제11조)에 근거를 두고 하였다. 첫 번째 법률은 두 명의 자격 있는 그리고 적법한 증인에 의하지 않고는 누구도 반란죄로 기

---

1) 2 State Trials, p. 25.
2) 2 State Trials, p. 26. - "Attorney: 당신은 지금까지 살아온 사람들 중 가장 야비하고 저주할 만한 반역자이다. Raleigh: 당신은 분별없게, 야만스럽게 그리고 무례하게 말하고 있다. Att: 나는 당신의 속이 검은 반역행위를 표현하는 데 충분한 말을 필요로 한다. Raleigh: 나는 당신이 같은 말을 여섯 번씩이나 하는 것을 보고 정말 어떤 말을 원하고 있다고 생각한다. Att: 당신은 가증스러운 놈이다. 당신의 이름은 영국의 모든 사람들의 자존심에 그슬려 그들이 증오하고 있는 것이다. Raleigh: 변호사(Mr. Attorney), 당신과 나 사이에 던져진 문제를 입증하는 것은 어려운 일일 것이다. Att: 그렇다면 지금 나는 지구상에 당신보다 더 악랄한 독사가 없었다는 것을 보여주겠다." Lord Bacon에 대하여 명예훼손을 하였다는 혐의로 성실법원(Star Chamber)에서 재판을 받은 Wraynham 사건에서 Coke는 "이것을 나에게서 가져가라, 얼마나 큰 슬픔을 사람이 갖게 되겠는가. 나쁜 말은 아무런 효과도 없다. 유식한 변호사는 그러한 말을 절대 사용하지 않는다"고 말했다. 역사적으로 관찰한 Raleigh 재판에 대해서는, Gardiner의 History of England. 1. 93-109 참조.

소되거나 재판 또는 유죄판결을 받을 수 없다고 규정하고 있다. 두 번째 법률도 같은 내용으로 되어 있지만 다만, "적법한 고발인(lawful accuser)" 이라는 말을 사용하고 있고, 이에 대해 Coke 자신은 후에 "우리는 보통법 에서 다른 고발인을 인정하지 않고 있기 때문에" 이는 증인을 의미하는 것 이라고 해석했다. 이 법률은 또한 고발인은 재판을 할 때 피고인 면전에 직접 소환되어야 한다고 규정하고 있다. 이들 법률과 관련하여 Coke는[1] 이는 보통법에 근거하고 있는 것이고, 보통법은 "구약성서와 신약성서에 서술되어 있는 '(증인 2명 또는 3명의 입으로)'라는 하느님의 법률에 근거 하고 있는 것"이라는 입장을 밝혔다. Raleigh 재판에서 Coke는 이 법률들 이 더 이상 효력을 갖고 있는 것이 아니라고 암시하였고,[2] 수석판사 Pop-ham은 "비밀히 취득한 증거 또는 증인의 증언 또는 선서진술서에 의한 증 거만 있으면 이제 충분하다"고 첨언하면서, 이들 법률들이 폐지되었다고 명시적으로 말했다.[3] Cobham을 법정에 소환하는 문제와 관련하여 Lord Salisbury(Robert Cecil)는, 위원(commissioner)들로서는 Raleigh가 그의 법 정출석을 요구할 수 있는 권리를 갖고 있는지 아니면 이는 단순한 호의의 문제인지를 판사들로부터 들어 알고 있어야 한다고 말했다. 여기에 대하여 다음과 같은 주목할 만한 진술들이 행해졌다.

"수석재판관[4]: 이는 허용될 수 없는 것이다. 이를 허용하게 된다면 반란 죄의 수가 엄청 늘어나게 될 것이다. 그의 답변은 실무상 그가 직접 한 것 으로 보인다. Gawdy 판사: 반란죄에 있어서는 2명의 증인이 있어야 한다 고 하는 것과 관련하여 당신이 말하고 있는 법률은 불편한 내용의 것이고 따라서 다른 법률에 의해 효력이 상실되었다. Raleigh: 영국에 있어서 통상 적인 재판은 배심과 증인에 의해 하는 것이다. 수석재판관: 아니다. 심문에 의하여 한다. 3명이 반란을 공모하고, 그들 3명이 모두 자백하는 경우 증 인은 한명도 없지만, 그러나 그들은 유죄판결을 받는다. Warburton 판사: 나는 Sir Walter에 감탄한다. 그러한 경험과 위트를 가지고 있는 사람이 이러한 점을 고집하고 있다니 정말 감탄스럽다. 증인이 없다는 이유로 말 을 도둑질하는 사람들이 유죄판결을 받지 않는다면 수많은 말 도둑들이

---

1) 3rd Inst. 25-26.
3) 2 State Trials p. 15.
2) 2 State Trials p. 14.
4) 2 State Trials p. 18.

처벌을 받지 않고 빠져나갈 것이다. 국왕의 침실에 그가 혼자 있는 가운데 어떤 사람이 침입하여 국왕을 죽이고, (이는 신이 금지한 것이다), 그의 칼이 온통 피에 젖어 있는 가운데 나오다 다른 사람과 만났다면, 그는 유죄판결을 받고 사형에 처해져야 하지 않을까? Lord Cobham은 자신의 법정 출석과 관련하여 많은 번민을 하였을 것이다. 그리고 그의 오래된 친구인 당신을 살리기 위해 그가 그전에 말한 모든 것들을 부인할지도 모른다."

결론은 Cobham을 법정에 소환하지 않는 것이었고, 그에 따라 Raleigh는 유죄판결을 받고, 그에 대한 재판으로부터 15년이 막 지난 1618년 10월 29일 처형되었다. Cobham을 법정에 소환하지 않은 형식적인 이유는 그가 법정에 나오는 경우 그가 이전에 말한 것을 철회할지도 모른다는 것이었다. 하지만 그가 쓴 편지에서 Cobham은 Raleigh에 대하여 하나의 고발을 하고 있는데, 이는 아마도 사실로 보는 것이 상당할 것이다. 그는 "Raleigh는 스페인과 베네룩스 3국 또는 인도 제국(the Indies)에 대항하여 어떠한 행위도 하지 않을 것을 약속하는 대가로 매년 1,500파운드의 연금을 받기로 되어 있었는데, 그가 이를 사전에 알려버렸다"고 말했다. 수석재판관은 Raleig에게 여기에 대하여 답변을 하라고 요구했다. Raleigh는 "Cobham은 비열하고 수치스러우며 가련한 사람"이라고 대답한 뒤, 자신의 모든 주장을 철회하고 있는, 위에서 이미 인용한, Cobham의 편지를 제출했다. 하지만 그는 연금과 관련한 고발을 부인하지는 않았다.

이 문제와 관련하여 Coke의 경우 이는 수치스러운 일이라는 것 이외 다른 말을 할 필요는 없을 것이다. 그러나 증인을 피고인 면전에 소환하도록 할 권리를 피고인이 갖고 있는지의 여부와 관련하여 판사들이 취하고 있는 태도 그리고 Edward 6세의 법률은 폐지되었으며 보통법에 있어서의 재판은 배심과 증인에 의하여 하는 것이 아니라 심문(examination)에 의하여 한다는 주장은 대단히 신기한 것이다. 당시의 판사들이 국왕의 말을 잘 들어주었다는 것을 부인할 수는 없다. 그리고 판사들은 법률의 외관을 갖고 있는 것이라고는 도저히 볼 수 없는 것을 의심할 바 없는 법률 그리고 통상의 관습이라고 과감하게 인정하기도 하였다. 위에서 인용한 판사들의 의견에 대한 나의 설명은 다음과 같다. Edward 6세의 법률들이 폐지되었다는 주장의 의미는, Philip and Mary 법률(1 & 2 Phil. & Mary, c. 10)에

의하여 장래 모든 반란죄의 재판은 "보통법의 정당한 체계와 형식에 의해
서만 행해지도록" 입법이 되었다는 것이다. 반란죄의 경우 두 명의 증인을
요구하는 법률은 보통법에 대한 혁신(innovation)으로 받아들여졌고, 따라
서 Philip and Mary 법률에 의하여 묵시적으로 폐지된 것으로 생각되었다.
두 명의 증인에 관한 규칙은 민사소송에서 통용되고 있는 바와 같이 증인
에 의한 재판을 말하는 것으로 해석되었고, 이는 영국에서 범죄 그 자체를
구성하는 사실은 두 눈 또는 귀로 듣고 하는 증인(ear-Witness)에 의한 입
증을 요구하는 재판으로 간주되어 온 것으로 보인다. 그러나 이러한 조건
은 매우 달성하기 어려운 것이고, 그에 따라 실무에서는 고문을 통하여 이
를 보충하였으며, 그러한 방법으로 취득한 자백은 유죄판결에 충분한 증거
로 인정되었다. 배심에 의한 재판은 이러한 증인에 의한 재판과 자주(예컨
대, Fortescue의 De Laudibus Legum Angliœ에서와 같이) 대조되었다.[1]
그리고 다음과 같은 의견 즉, 민사재판에서와 같이 엄격하게 증인에 의한
재판을 고집할 수 없다면, 그에 대한 유일한 대안은 배심이 그들 자신의
지식 또는 그들에게 제공되는 자료를 근거로 그들의 의견을 내어놓아야
하고, 이때 배심에게 제공되는 이들 자료 중에서 피고인에 대한 심문 내용
이 아마도 가장 일반적이고 또한 가장 자연스러운 것이라는 의견이 풍미
하게 되었다. 판사들의 언급 특히, 판사 Warburton의 살인사건에 관한 설
명 즉, 살인사건은 범죄 직후 범죄가 일어난 방에서 나오고 있는 범인의
손에 피가 묻은 칼이 들려 있음이 다른 사람에 의해 목격되어야 입증되는
것이라는 설명에 따르면 당시의 판사들은 범죄현장을 목격한 증인에 의한
증거와 그 이외 다른 모든 증거를 구별하는 것 이외 서로 다른 증거들 사
이의 구별을 인정하지 않고 있었다는 것을 보여 준다. 그들 판사들은 두
명의 목격 증인들에 의한 증거가 필요 없게 되면, 다른 증거들을 서로 구
별할 필요가 없다고 생각하였던 것으로 보인다. 그들로서는 아무리 관련성
이 부족하고 중요하지 않은 전문증거라 하더라도, 심지어 그것이 서면으로
된 서류의 내용이라 하더라도, 이를 받아들이지 않을 이유가 없었으며, 피

---

1) De Laudibus Legum Angliœ(Praise of English Law) 제21장 - 27장 p. 37 - 60. 그리
   고 28 Hen. 8, c. 15 법률, 표절자(pirate)에 대한 재판에 관해서는 이 책 2권 p. 18
   각 참조.

성실법원에서의 절차

고인이 승인한 심문 내용에 따라 배심이 결정한 인상(impression)에 전적으로 의지하여 피고인에게 유죄판결을 하는 것이 불가능할 이유가 없었다. 사실인정의 문제와 관련하여 16세기에 인정된 유일한 증거에 대한 규칙은 성경에 기초를 둔 것으로 추측되는 중세 시대 민법에 적용되던 세련되지 못한 규칙이었던 것으로 보인다. 이들 규칙을 제외한다면, 배심이 실질적으로 절대적인 것이 되며, 그들은 그들이 증거로 적당한 것이라고 생각하는 어떤 것이라 하더라도 이를 기초로 결정을 할 수 있었다. 반면에 피고인은 변호를 하는 변호사도 없고 책은 물론 증거를 획득할 방법이 없으며 설사 증거를 취득하였다 하더라도 이를 제출할 권리가 없었기 때문에 배심은 실질적으로 법원의 수중에 놓여있게 되었으며 특히, 그들이 환영받지 못하는 평결을 하는 경우 벌금형에 처해질 (Throckmorton 사건의 경우에서 보는 바와 같이) 가능성이 있는 경우에는 더욱 그러했다.

이러한 재판에 관한 설명을 마치기 전에 이들 재판을 담당한 판사들에 대하여 알아보기로 한다. 내가 언급한 대부분의 재판은 순회형사판사의 위원들(Commissioners of Oyer and Terminer) 앞에서 행해졌다. 이들 위원들에 대한 임명장은 아직도 순회법원의 판사와 종종 순회법원에서 재판을 하는 칙선 변호사(Queen's Counsel)에게 발부되는 것은 물론, 자신이 그러한 판사 임명에 포함될 것이라고 아마도 모르고 있는 여러 명의 저명한 사람들에게도 발부된다. 이는 한때 중요한 문제였던 것의 단순한 잔재이다. 16세기에는 일반인 출신의 위원들이 재판에서 아주 중요한 부분을 차지했다.[1] 예를 들어, Raleigh 사건의 경우에도 11명의 위원들이 있었고, 그 중 4명이 법관 출신의 판사였고, 나머지 7명은 일반인이었다. 일반인 출신인 Lord Salisbury(Robert Cecil)와 Lord Henry Howard 특히, 전자가 그 재판에서 아주 중요한 부분을 담당했다. 특히, Cecil은 Coke와 논쟁에 빠져들기도 하였는데,[2] Coke는 "약이 올라 앉아 있으면서, 다른 위원들이 재촉하거나 부탁하는 경우에만 말하곤 하였다."

이제 보통법 법원에서의 재판에 대한 설명을 모두 마치고 성실법원(Star Chamber)에서의 절차를 설명하기로 한다. 이 법원의 역사와 관할에 대해서는 내가 이미 그 약간의 내용을 설명하였다.

---

1) Commonwealth of England, 212.

2) 2 State Trials, p. 26.

성실법원재판에 대한 인상

여기에서는 그 법원의 폐지에 이르게 된 원인이 된 몇 개의 사건들을 알아본다. 형사법원으로서 이 법원의 기능은 보통법에 의해서는 범죄로 인정되지 않거나 제대로 처벌되지 않는 또는 그렇게 예상되는 경죄 사건들을 재판하는 것이었다. 이 법원의 재판절차는 고발(information)을 근거로 이루어졌고, 통상 고발을 하는 자는 법무장관으로, 그는 피고인에 대한 고발장을 고등법원 대법관부에서의 기소장(Bill in Chancery)과 같은 방식으로 작성했다. 피고인은 그의 답변을 역시 대법관부에서의 답변과 같은 방식으로 작성하여 제출했다. 피고인은 문답식의 신문을 받을 수 있었고, 직권상의 선서(ex officio oath)라고 불리는 것을 하여야 했다. 이러한 선서는 종교 재판소(Ecclesiastical Court)에서 행해지던 것으로서, 이러한 선서를 한 사람은 그가 받게 되는 모든 질문에 대하여 사실대로 답변하겠다는 서약을 한 것이 되었다. 증인의 증거는 선서진술서(affidavit)로 제공되었다. 심리를 시작할 정도로 사건이 무르익게 되면 고등법원 대법관부(Chancery Division of the High Court)에서 논박을 하는 것과 아주 비슷한 방식으로 논쟁이 이루어졌다. 당사자들을 대리하는 변호사(counsel)가 출석하였다. 고발장, 답변서 그리고 진술서를 읽어주고, 그에 대한 논평이 이루어졌다. 그리고 마지막으로 법원의 각 구성원이 그의 의견을 제시하고 각자의 결정을 따로 제시했다. 이는 어떤 의미에서는 성실법원을 대표한다고 생각되고 있는 현대의 추밀원사법위원회의 관행과 아주 현저하게 대조되는 것으로서, 주목할 만한 점이다.

State Trials에 기록되어 있는 성실법원의 재판절차들은 나에게 특이한 인상을 남기고 있다. 법정에서 여러 다른 사건들을 처리하는 것에 관한 한, 비록 그 시대의 이상한 취향과 폭력적인 열정에 따라 기괴한 모습을 종종 보이기는 하였지만, 재판절차의 대부분은 조용했고 위엄이 있었다는 것을 부인할 수 없다. 하지만 이 시대의 "징벌(censure)" 또는 판결은 놀랄 만큼 엄격했다. 몇 개의 사건들을 그 예로 들 수 있다. 1615년에 Sir John Hollis와 Sir John Wentworth가 "사법기관을 조롱하였다는 이유로" 소추되었다.[1] Weston은 Sir Thomas Overbury에게 독약을 투약하여 모살하였다는 죄로 교수형을 당했었다. Wentworth와 Hollis가 Weston의 처형장에

---

1) 2 State Trials, p. 1022.

갔고, 그곳에서 Wentworth가 Weston에게 그가 정말로 Overbury에게 독약을 주었느냐고 물었고, 그리고 "그를 위하여 기도할 수 있도록 그것을 알고 싶다"고 말하면서 답변하기를 강요했다. Hollis는 "그렇게 많은 질문을 하는 사람이 아니었다." 하지만 "일종의 참회자와 마찬가지로, 그에게 그의 양심을 해방시키고 세상을 만족시켜주기를 원한다고 했다." 더욱이 Hollis는 배심이 평결을 할 때 "자신이 배심원이었다면 어떻게 하는 것이 맞는지 의문을 가졌을 것"이라고 말했다. 어떤 의미에서 이러한 행위가 범죄행위로 간주될 수 있는지 이해하기 어려운 일이다. 그러나 Wentworth의 질문과 Hollis의 언급은, Weston의 유죄평결에도 불구하고, 그의 유죄가 아마도 절대적으로 확실하지 않다는 것을 은근히 암시하는 것으로 생각되었던 것으로 보인다. Lord Bacon(당시의 법무장관)은 그에 관한 이러한 견해를 심도 있게 그리고 뚜렷한 품위와 침착함 그리고 힘을 가지고 전개했다. 피고인들은 그들의 행위를 매우 공손한 방식으로 변명했다. Sir John Hollis는 그에 대하여 "법무장관이 그에 대한 고발 내용을 너무 잘 설명하였기 때문에, 비록 그가 떳떳한 마음을 가지고 있음에도 불구하고, 마치 그가 죄를 지은 것으로 믿을 뻔했다"고 말했다. Weston에게 한 말과 관련하여 그는 "일반적인 희망을 전달하기 위해 처형장에 갔었고, 그곳에서 이와 비슷한 많은 사례에서 그가 이전에 한 것과 같은 행동을 했을 뿐"이라고 말했다. 그러한 경우에 처형을 당하는 사람에게 그와 같은 질문을 하는 것은 통상적인 것이었고, 그는 그러한 통상의 관행을 따랐다고 말했다. Coke가 판결을 선고했다. 그는 연감(Year-book)에 나오는 독살에 관한 사건들 중 Abimelech 사건을 언급하면서, "Edward 3세로부터 Henry 7세 22년에 이르기까지(이는 매우 긴 시간에 해당한다) 어떤 사람을 독살하는 것에 관한 언급은 없다"고 말했다. 처형과 관련하여 그는 "학자가 된 이래 그리고 Ovid의 시 Trist. 3. 5에 나오는 'Ut lupus et vulpes instant morientibus et quaecumque minor nobilitate fera est(죽음에 있어서 고귀하지 덕한 것은 야생 동물인 이리와 여우뿐이다)'와[1] 같은 시들을 읽은 이래 그

---

1) Tristia, 3. 5. 35, 36. 이 첫 번째 행은 정확하지 않을 뿐 아니라 불완전하다. 이는 "Ut lupus et turpes instant morientibus ursi(이리에게도 죽는 것은 치욕스러운 일이다)"가 옳다.

것을 매우 싫어하며, Sir John이 Virgil의 시구에 약간의 변경을 가하여 말하고 있는 'et quæ tanta fuit Tyburn tibi causa videndi(그리고 당신이 Tyburn을[1] 바라볼 수 있는 것은 얼마나 대단한 일이냐)'에 감탄하고 있다"고 말했다. 결국 "징벌(censure)"의 방식으로 Sir John Hollis는 1,000파운드의 벌금에, Sir John Wentworth는 1,000마르크의 벌금에 각 처해지고, 런던탑에 각 1년간 감금되었다.

1632년에 Mr. Sherfield가 Salisbury에 있는 St. Edmond 교회 유리창을 손괴한 죄로 성실법원에 소추되었다.[2] 그는 유리창을 깬 것은 인정하였지만, 유리창에는 "천지창조에 관한 내용이 사실과 다르게 그려져 있기 때문에" 손괴한 것이라고 하면서 그 행위를 정당화했다. 유리창에는 "하느님 아버지의 그림을 그린다고 하면서 푸르고 붉은 외투를 입고, 머리와 발 그리고 손에는 아무것도 걸치지 않은 형태의 작은 노인들을 몇 명 그려놓았고, 그리고 7일째 날에는 하느님이 휴식을 취하면서 앉아 있는 그림을 그려놓았는데, 피고인은 이것이 잘못되었다는 것이다." 유리창에는 다른 많은 부정확한 내용이 그려져 있었다. 예컨대, Eve는 Adam의 옆구리 전체를 통해 창조된 것으로 되어 있지만, 실제에 있어 Eve는 Adam의 갈비뼈 하나로 만들어졌다. 그 이외에도 "날짜와 관련하여 4일째 날을 3일째 날과 바꾸어놓았고, 6일째 날에 있었던 일을 5일째 날에 있었던 것으로 그려 놓았다." 이러한 이유로 피고인은 그의 석장 끝으로 유리창에 11개의 구멍을 내었고, 증인 한 사람의 말에 의하면 그는 "석장이 부러지면서 걸상으로 떨어져 15분 가량 신음을 하며 누워 있었다는 것이다." 이 일로 Sherfield는 길고 엄숙한 토론 끝에 500파운드의 벌금에 처해졌다.

세관의 하급 직원과 언쟁을 벌였던 런던 상인 Mr. Richard Chambers는 Hampton Court에 있는 추밀원에 소환되었다.[3] 언쟁을 하면서 그는 "상인들은 이 세상 어느 곳에서도 영국에서처럼 꼼짝 못하게 제한을 당하고 고통을 당하지는 않는다. 그리고 터키에서는 상인들이 오히려 격려를 받는다"고 말했다. 다른 공무원도 아닌 하급 공무원들에게 이러한 불평을 하였다는 이유로 그는 2,000파운드의 벌금에 처해지면서 서면으로 된 잘못의

---

1) [역주] Tyburn은 Middlesex에 있던(런던의 Marble Arch에 가까운) 마을이었다.
2) 3 State Trials p. 519.　　　　　　　　3) 3 State Trials p. 373.

인정 및 사죄문을 제출하라는 명령을 받았지만, 그는 이를 거부했다. 그가 이를 거부한다는 이유로 그는 징역 6년의 형에 처해졌다.

이들 절차 또한 충분히 가혹한 것이지만, 성실법원을 도저히 참을 수 없는 법원으로 만들어 그 폐지에 이르게 한 것은 명예훼손죄에 대한 형벌 및 그와 관련된 절차들이었다. 이들과 관련하여 가장 잘 알려진 사건들을 간단히 살펴본다.

1632년에 William Prynne는 Histrio Mastix라고 불리는 그의 책으로 인하여 고발되었다.[1] Prynne의 답변은, 다른 무엇보다도, 그의 책은 허가를 받은 것이고, 그리고 그의 변호사 중 한 사람인 Mr. Holbourn이, 정당한 이유가 없지 않음에도, 그 책의 스타일에 관하여 사과를 하였다는 것이었다. "그의 서술 방식과 관련하여 그는 그 문체가 너무 신랄하고 그의 비방이 너무나 무제한적이었으며 일반적이었다고 하면서 진심으로 사과하였다."[2] 그 책은 실제 신랄하고 터무니없는 방식으로 되어 있었고, 저자에 대한 가벼운 형벌이, 당시로서는, 인정될 법한 사건이었다. 그에 대한 재판은 다른 성실법원에서의 재판과 마찬가지로 품위 있고 조용하게 이루어졌지만, 그 형벌은 오로지 괴물로 표현될 수밖에 없는 것이었다. 그는 법조자격과 대학졸업자격을 박탈당하는 판결을 선고받았고, 두 번에 걸쳐 목과 양손에 칼을 차고 여러 사람 앞에서 조리질을 당하는 한편 그때마다 그의 한쪽 귀를 절단당하는 형을 선고받았으며, 5,000파운드의 벌금형과 함께 책과 펜, 잉크 그리고 종이 없이 수형하는 종신형을 선고받았다. 그 법원의 판사들 중 한 사람인 Lord Dorset는 Prynne가 그의 책을 저술하면서 한 것과 마찬가지의 잔인함을 그의 판결에서 보여주었다. "나는 그가 그의 귀를 가지고 도망가는 것을 아주 싫어한다. 그는 그가 그렇게 비난하는 가발을 쓸 수 있고, 그렇게 귀를 감출 수 있으며, 양쪽에 예쁘지 않은 애교머리를 할 수 있다. 따라서 나는 그의 앞머리에 낙인을 찍고, 그의 코를 세로로 찢으며, 또한 그의 귀를 절단하도록 한다." 이 사건 이후 5년이 지난 1637년에 Prynne, Bastwick 그리고 Burton이 명예훼손으로 재판을 받았고, 세 사람 모두 1632년에 Prynne이 받은 것과 동일한 형벌을 받았다. 다만 Prynne은 그의 귀를 잃는 대신에 그의 양 볼에 낙인을 받았다.

---

1) 3 State Trials p. 561. 2) 3 State Trials p. 572.

Prynne, Bastwick 그리고 Burton

이 사건의 재판절차는, 비록 많은 주목을 받지는 않았다고 생각되지만, 그 형벌이 가혹한 것만큼 절차 또한 모진 것이었다. 16세기와 17세기에는 반란죄와 중죄의 경우 피고인에게 변호인이 허용되지 않았으며, 그리고 실제 중죄 사건의 경우 1837년에 이르기까지 피고인을 위하여 배심에게 변론을 하는 것이 허용되지 않았다. 경죄의 경우 규칙은 이와 달랐고, 성실법원의 재판실무에 있어서 피고인은 변호사가 허용되었음은 물론 피고인이 답변을 하는 경우 변호사의 서명을 받도록 되어 있었다. 이러한 규칙에 따라 피고인의 답변에 서명을 함으로써 발생하는 책임을 지지 않으려고 하는 변호사는, 그 당시 서명을 통하여 책임을 진다는 것은 매우 중대한 것이었다, 성실법원의 법정에 출석할 수 없었으며, 아마도 이것이 또한 규칙의 목적이었을 것이다. 만일 변호사가 피고인의 답변에 서명을 하지 않으면 피고인은 그에 대한 고발 내용을 자백한 것으로 간주되었다. Prynne의 답변은 그러한 성격을 갖는 것이었고, 그 사건을 맡은 변호사 중 한 명은 아예 서명을 하는 것을 거부하였고, 다른 한 명은 적정한 시간이 경과될 때까지 서명을 하지 않았다. Bastwick은 서명을 해 줄 변호사를 구하지 못하였다. Burton의 답변은 변호사로부터 사인을 받았지만, 적절한 서명이 아니라는 이유로 무효가 되었다. 전체적으로 세 사람은 모두 고발을 받아들인 것으로 간주되었고, 그에 따라 그들에게 판결이 선고되었다. 실무의 규칙들을 특히, 이러한 규칙의 본래 목적이 피고인의 변호를 위한 것임에도, 피고인으로 하여금 그 자신을 방어하지 못하게 하는 이러한 방식으로 사용하는 것은 정의의 실현과 모순되는 특별한 무엇이 있다고 할 것이다. 그러나 공정성에서 본다면 이러한 방식으로 규칙을 사용한다고 하여 피고인에게 실질적으로 별 차이가 없었다는 것을 인정할 수밖에 없다. 왜냐하면, 그들은 그들이 쓴 책이라고 비난을 받고 있는 그 책의 저자들이 아니라고 부인할 수도 없었고, 부인하지도 않았으며, 그 책이 자명하게 모든 것을 말하고 있기 때문이다. 법원은 피고인들이 고발 내용을 받아들이고 있다고 간주하고 있음에도 불구하고, 심리의 마지막에 이르러 피고인들에게 유죄를 인정하는지 아니면 부인하는지에 관하여 물어보았다. 내 추측으로는 피고인들이 책의 출판을 부인하려고 하는 경우, 그러한 부인의 기회를 준 것으로 보이지만, 이는 단순한 추측에 불과하다.

직권상의 선서

내가 언급하고자 하는 마지막 성실법원의 사건은 주목할 만한 것이다. 다른 무엇보다도 이 사건은 성실법원과 종교재판 모두에 공통적으로 나타나고 있는, 아마 성실법원이 종교재판으로부터 원용한 것일 것이다, 절차의 주된 내용들 중 하나에 대한 극도의 혐오감을 잘 설명해주는 것이기 때문이다. 이는 내가 이미 언급한 바 있는 직권상의 선서(ex officio oath)라고 알려진 것이다. 보통법 법원에서는 이러한 선서가 별다른 반대 없이, 중간 절차로서, 계속적으로 사용되고 있다.[1] 그러나 과거 종교재판이나 성실법원에서는 피고인의 주장에 반대되는 사실에 관하여 진실을 말하는 선서로, 간단히 말해 피고인 자신을 고발하는 선서로 이해되었고, 실제 그렇게 사용되었다. 이러한 선서에 압박을 받은 자들은 이것이 하느님의 법률과 자연의 법칙에 반하는 것이고, 그리고 "nemo tenetur prodere seipsum (누구도 그 자신을 고발하도록 요구받지 않는다)"라는[2] 격언은 하느님의 법 그리고 자연의 법 일부와 일치하는 것이라고 주장하면서 격렬하게 다투었다. 이와 같은 종류의 다른 모든 논쟁에서와 마찬가지로, 이러한 선서를 싫어하는 사람들은 통상 그들이 고발당한 일을 실제 행하였다는 것, 그리고 그들을 재판하는 판사들은 범죄로 생각하고 있는 행동임에도 불구하고, 그들은 이를 기특한 일로 생각하고 있다는 것이 실제의 진실이라고 나는 생각한다. 사람들은 항상 그들이 나쁜 법이라고 생각하는 법률과 관련하여 그로 인해 기술적인 면에서 방어권을 박탈당하였다고 열정적으로 항의를 하며, 그리고 그러한 불평은 법률의 잔혹함이 일반적으로 받아들여지고 있는 때, 그리고 그러한 항의가 잔혹한 법률로부터의 보호를 제공하는 때에는, 종종 그럴듯한 가치를 제공한다.

사정이 이렇다 하더라도, 직권상의 선서에 대한 극도의 혐오감은 John Lilburn의 사건에 분명하게 나타나 있다. Lilburn은 그 절차 내용에 관하여 서술하고 있는데, 이는 아마 실질적으로 정확한 것으로 보이고, 지극히 생

---

1) Under the name of the "voir" (vrai) "dire"("voir dire"라는 이름으로). "You shall true answer make to all such questions as shall be demanded of you(당신은 당신에게 요구되는 그러한 모든 질문들에 대하여 사실대로 답변하여야 한다)."

2) [역주] "No one should be required to betray himself." 이는 보통법상의 권리에 기원을 둔 것으로 자기 자신에게 불리한 진술을 강요당하지 아니한다는 오늘날의 자기부죄금지의 원칙으로 발전하였다.

생한 내용으로 주변 상황을 잘 보여주고 있다. 그는 "당파적이고 선동적인 명예훼손을 내용으로 하는 책을 네덜란드로부터 영국으로 보냈다는 이유로" Gatehouse에 감금되었다.[1] 그 후 그는 추밀원으로부터 법무장관인 Sir John Banks로부터 신문을 받으라는 명령을 받았다. 그에 따라 그는 법무장관실로 이송되어 수석 서기인 Mr. Cockshey의 신문을 받게 되었다.[2] "우리의 첫 만남에서 그는 나에게 친절하게 대해 주었다. 나를 그의 옆자리에 모자를 쓴 채 앉게 하고 다음과 같은 태도로 나를 신문하기 시작했다. Lilburn 씨, 당신의 세례명은 무엇인가요?" 여러 개의 질문이 뒤따랐고 점차 고발 내용에 대한 질문으로 나아갔다. Lilburn은 많은 질문에 대하여 대답을 잘 하였지만 마지막으로 다음과 같이 말하면서 답변을 거부했다. "나는 하느님의 법률 그리고 내 생각으로는 이 땅의 법률에 의하여, 내 자신에 의지하여 정당한 변론을 할 수 있고, 당신의 신문에 답변하지 아니하며, 나를 고발한 사람들이 주장하는 것이 정당한지 여부를 확인할 수 있도록 그들을 나의 면전에 소환하는 것이 보장되고 있다는 것을 알고 있다." 이어 그는 법무장관으로부터 그가 신문받은 내용에 대해 서명하라는 요구를 받았지만, 이를 거부하면서 그 대신 그의 혐의로 주장되는 내용에 대하여 그 자신의 답변을 서면으로 제출하겠다고 제의했다.

며칠 후 그는 성실법원 사무실로 끌려나오는 방식으로 법정에 출석하게 되었다.[3] 그는 소환장을 받지 못하였으며 그에 대한 기소장안(bill)이 작성된 일도 없다고 답변했다. "서기 중 한 사람이 나는 먼저 신문을 받아야 하고, 그러고 나면 Sir John(법무장관)이 기소장안을 작성할 것이라고 말했다." Lilburn은 신문의 목적이 기소장안을 위한 자료를 수집하는 것이라고 생각했고, 그래서 그 사무실의 책임자가 그에게 "당신에게 주어지는 모든 질문에 대하여 당신은 진실한 답변을 하여야 한다"는 취지의 선서를 요청하자, 첫째로 "나는 젊은 사람에 지나지 않아 선서의 성질에 무엇이 포함되는지 알지 못한다"고 말하면서 이를 거부했다. 그 후 그는 그러한 선서의 합법성을 인정하지 못한다고 말하였고, 아주 많은 논란을 거친 뒤 절대 선서를 하지 못하겠다고 하면서 이를 거부했다.

---

1) 3 State Trials p. 1315-1368.   2) 3 State Trials p. 1317.
3) 3 State Trials p. 1320.

John Lilburn 사건

 약 2주 후에 그는 다시 성실법원으로 끌려나왔고, 다시 그에게 선서의 요청이 있었지만, 그러한 선서는 그 적법성이 보장되지 않는 조사(inquiry)를 위한 선서라고 주장하면서 이를 다시 거부했다. Lilburn에게는 "old Mr. Wharton"이라는 교도소 감방 동료가 한 명 있었는데, 그는 사건기록 일부에 그의 나이가 85세라고 나온다.1) 선서요청을 받게 되자 Wharton은 이를 거부했고, 그들에게 주교들이 그에게 가한 잔인함을 말하기 시작했다. 주교들은 "그가 선서를 거부한다는 이유로 지난 2년 동안 다섯 번이나 그를 교도소에 구금하였다는 것이다." 다음 날 그들은 다시 끌려나왔다. Lilburn은 그에 대한 고발은 완전히 허위이고, 문제의 그 책은 다른 사람에 의하여 수입된 것으로 그와는 아무런 관련도 없다고 맹세한다고 하면서 장황하게 입장을 밝혔다. "그러자" Lord Keeper가 "당신은 미친 사람이다. 그러한 사실을 알면서도 선서와 사실대로 답변을 하려고 하지 않는다"고2) 말했다. Lilburn은 그러한 선서는 조사를 위한 것이고, 조사를 위한 선서는 하느님의 말씀에 따라 그 적법성을 보장할 수 없는 것이라고 되풀이 말했다. "내가 하느님의 말씀을 거론하자 판사들은 그들이 마치 하느님의 말씀과 아무런 관련도 없는 것처럼 웃기 시작했다." Lilburn으로부터 선서를 받는 데 실패하자 법원은 Wharton에게 선서를 할 것인지의 여부를 물었고, 이에 말할 수 있는 허가를 받았다. "그는 주교들에 대하여 소리쳐 말하기 시작했고, 판사들에게 말하기를 주교들은 국왕의 신하로부터 3개의 선서 즉, 교구위원의 선서, 교회법질서에 복종하는 선서 그리고 직권상의 선서를 요구하고 있는데, 이들은 모두 이 땅의 법률에 반하는 것으로 이로 인하여 지난 1년 동안 수천 명의 국왕 신하를 속이고 거짓 선서를 하게 했다고 말했다." "그러나 판사들은 늙은이의 말을 이런 식으로 들은 다음 그에게 진정하라고 한 뒤 선서를 할 것인지 여부를 그들에게 대답하라고 하였다." "그에 대하여 그는 조금 더 이야기하게 해 달라고 하면서 그렇게 해 주면 차분히 말하겠다고 대답했다. 그에 대해 모든 판사들이 웃기 시작했다. 하지만 그들은 그로 하여금 계속 말하지 못하게 하였고, 조용히 하라고 명령했다(더 이야기를 하게 하였다면 그는 주교들을 조롱하였을 것이고, 판사들은 공개 법정에서 이런 일을 생전 처음 당해보았을 것이다)."

---

1) 3 State Trials p. 1322.　　　　　　2) 3 State Trials p. 1325.

통상의 사건들

두 사람이 모두 선서를 절대로 하지 않겠다고 거부하자, 두 사람 모두 목과 양손에 칼을 차고 여러 사람 앞에서 조리질(pillory)을 당하는 외에 각 500파운드의 벌금형을 선고받았으며, 여기에다 Lilburn은 Westminster Hall Gate와 성실법원 사이에 있는 Fleet에서 조리질을 당하는 동안 채찍질을 당해야 했다. Lilburn은 그에 따라 500대 이상의 채찍질을 당하였으며, 그 후 2시간 동안 조리질을 당했다. 1641년 5월 하원은 "John Lilburn에 대한 판결은 위법한 것이고 국민의 자유권에 반하는 것이며, 또한 살벌하고 잔인하며 야만적이고 전제적인 것"이라고 결의했다.

State Trials에 기록되어 있는 사건들이 어느 정도 통상적인 형사사법 집행과정에 대한 훌륭한 견본으로 간주될 수 있는지 말하기는 어렵다. 왜냐하면 정부가 직접적인 관심을 가지고 있는 사건의 경우에는 통상의 사건에서 보다 더 피고인을 가혹하게 다루었다고 보는 것이 부자연스럽지 않기 때문이다. 1640년 이전 사건으로서 State Trials에 기록되어 있는 통상적인 범죄에 대한 유일한 재판은 Charles 1세 4년(1628년)에 왕좌부에서 재판을 한 모살(murder) 사건에 대한 항소 사건이다. 사건에 대한 기록은 고등변호사 Maynard의 서류를 근거로 하여 14 State Trials 1342 페이지로 출간되었다. 증거로 제출된 것은 오늘날의 모살 사건에 대한 재판에서 제출되는 증거와 유사하지만, 이상한 예외가 하나 있었다. 입증된 내용은 다음과 같다. Jane Norkott라는 여자가 그녀의 침대에서 반듯하게 누워서 죽어 있는 것이 발견되었는데, 침대보는 흐트러지지 않은 상태였고 아이는 침대에 그대로 있었다. 그녀의 식도가 잘렸고 목이 부러졌다. 침대에는 혈흔이 없었지만, 거리가 조금 있는 마루 두 군데에는 분명한 혈흔 자국이 많이 있었고, 피 묻은 칼이 마루에 꽂혀 있었는데, 뾰족한 끝부분이 침대를 향해 있었고 손잡이는 침대 반대방향으로 되어 있었다. 이러한 사실로 미루어 보아 이는 자살(처음 생각했던 바와 같이)이 아니라 모살 사건이라는 것이 분명했다. 죽은 여자의 어머니인 Mary Norkott, 여동생인 Agnes Okeman, 매부인 Okeman은 조사를 받으면서 한 선서진술에서 그들은 죽은 여자의 방으로 들어갈 수 있는 바깥방에서 잠을 잤고, 그날 밤 다른 낯선 사람은 오지 않았다고 진술했다. 이런 하나의 미약한 증거를 근거로 그들은 모살의 혐의를 받았지만, 검시관 배심은 처음 자살(felo de se)이라고 평결했다. 30일 후 사체를 발굴하고 두 번째 조사가 실시되었다. 아마, (이는 기록에 나오는 것은 아니지만), 검시관 배심이 피고인들에 의한 모살이라고 평결을 한 것으로 보이고, 피고인들은 Hertford 순회법원에서 재판을 받았지만 무죄판결을 선고받았다. 무죄평결에 불만을 품은 판사가 어린 아이(infant child)를 원고로 하여 그의 아버지, 할머니, 숙모 그리고 삼촌을 상대로 항소하기를 권고하였고, 그에 따라 항소심 재판이 열렸다. 항소에 따른 재판에서 사체가 발굴되면 "피고인 각자가 사체를 만져보도록 하겠다"는 선서가 이루어졌다. "Okeman의 부인은 무릎을 꿇고 앉아 그녀의 무고함을 증명하여 달라고 하느님에게 기도했다. 항소인(appellant)이" (원문에는 항소인(appellant)으로 되어 있지만 항소인은 어린아이이기 때문에 이는 이상하다. 아마 "피항소인들(appellees)"로 되어야 할 것이다) "사체를 만졌고, 그러자 이전에는 검푸르고 썩은 고기 색깔이었던 사체의 이마에 이슬 또는 작은 땀방울이 맺히기 시작하였고, 그것이 점점 커지더니 방울이 되어 얼굴에 떨어졌으며, 이마는 생기가 넘치고 윤기가 흐르는 색깔로 변하였고, 죽은 자가 두 눈을 뜨다가 다시 감았다. 그리고 이러한 눈을 뜨다가 감는 것을 세 번에 걸쳐 여러 번 하였고, 같은 방법으로 반지 또는 결혼반지를 끼웠던 손가락을 세 번 내밀었다 다시 거두어들였으며, 손가락에서 나온 피가 유리잔에 떨어졌다." 이러한 현상은 사체의 부패현상에 따른 것으로, (약간의 과장과 불확실한 관찰을 고려한다면), 부자연스러운 것이 아니지만, 이는 판사들에게 엄청난 놀라움을 가져다 준 것으로 보인다. 그러나 고등변호사 Maynard는 그가 고발한 사람들을 판사가 어떻게 처리하였는지 그리고 소송의 결과가 어떠하였는지에 관하여는 말하지 않고 있다. 그러한 현상들이 기적이었다면 그 의미가 무엇인지 전혀 알 수 없는 결점이 있다. 왜냐하면, 그러한 현상들이 Elizabeth Okeman의 무고함을 입증하는 것인지 아니면 유죄를 인정하는 것인지, 만약 그러한 의미라면 다른 어떤 관련된 사람의 무고함이나 유죄를 입증하는 것인지 여부를 말하는 것이 불가능하기 때문이다.

특정한 재판기록이 존재하지 않는 상황에서 나는 Sir Thomas Smith가 일반적으로 아주 인상 깊게 묘사하고 있는 재판들을 언급하고자 한다. 그는 Elizabeth 여왕의 내무장관이었고, 그가 프랑스 주재 대사로 재임하고 있는 동안 서술한 Commonwealth of England에 그 내용이 나오는데, 이 책은 프랑스와 영국 제도의 차이 그리고 보통법과 대륙법의 차이를 특별히 다루고 있다.[1]

다음은 그가 묘사하고 있는 순회법원(Assizes)에서의 재판이다. 예비심문절차와 순회재판의 일시 및 장소의 결정을 서술한 뒤 그는 법원 그 자체를 설명하고 있다. "읍사무소 또는 어느 정도 공개된 공공장소 높은 곳에 법원(tribunal) 또는 판결 장소(place of judgement)가 설치되어 있다. 가장 높은 벤치에는 판사들이 앉고, 양 옆으로 내려가면서 임명을 받은 판사들이 가운데 앉았다. 그들 양 옆으로는 치안판사들이 그 직급에 따라, 그리고 그들 앞 낮은 벤치에는 나머지 치안판사들과 다른 몇 명의 신사들 그리고 그들의 서기들이 앉았다. 이들 판사와 치안판사 앞 그 밑에는 탁상이 놓여 있고, 그곳에는 custos rotulorum 또는 영장 보관자, 몰수지관리관, 하급 치안관 그리고 기록을 하는 서기가 앉았다. 탁상 끝에는 심문을 위한 공간이 마련되어 있는 법정(bar)이 있고, 12명이 불려 오는 경우 그곳으로 오며, 그 뒤에는 또 다른 법정이 마련되어 있는데, 교도관들이 그곳으로 피고인들을 쇠사슬로 모두 묶어 데려와 서있게 한다." 그 다음으로 다양한 선언과 답변의 청취 그리고 이의신청과 배심의 선서를 포함하는 예비적인 절차들이 자세하게 묘사되고 있다. 이들은 오늘날 취하고 있는 절차와 완전히 동일하며, 선언(proclamation)이라는 바로 그 말은 아직도 거의 변하지 않고 남아 있다. 피고인이 무죄답변을 하면 배심원들이 선서를 하고, 정리(crier)가 "큰 소리로 증거를 제출할 사람 또는 피고인의 유죄를 입증할 수 있는 무엇인가를 말할 사람은 그의 의견을 말할 수 있도록 앞으로 나오라고 말한다. 이때 아무도 나오지 않는 경우 판사가 피고인을 교도소로 보낸 사람을 나오라고 하고, 통상 그러한 때에는 치안판사 중 한 명이 나온다. 그가 나오게 되면 그는 피고인을 상대로 신문한 신문 내용을 제출한다."(Philip and Mary 법률에 의하여) "그리고 그 신문 내용 아래에는 증인이 되어 주겠다고 한 사람들의 이름이 적혀 있다. 비록 피고인이 치안판사에게 그의 범행을 자백하고, 그의 신문 내용에 직접 서명을 하여 이를 확인하였다 하더라도 12명은 피고인에게 무죄 평결을 할 수 있

---

1) Smith의 Commonwealth, 제25장. p. 183-201.

지만, 그들은 그 증거로서 그에 대한 보증을 하여야 한다. 그러나 이러한 일은 사소한 문제이거나 피고인을 교도소로 보낸 치안판사가 출석하지 아니하고 없는 경우에만 예외적으로 있을 수 있는 일이다." 이러한 신기한 서술 내용은 State Trials에 나오는 사건들에 대한 기록에서와는 다른 인상을 제공한다. 내가 언급한 사건들에 있어서 배심은 자백을 한 피고인 또는 다른 사람의 자백에 의하여 고발된 피고인에 대해 무죄로 평결할 가능성을 거의 보여주지 않았다. 그러나 Sir Thomas Smith의 서술 내용에 의하면 증인이 출석하지 않는 경우 피고인에 대한 신문 내용을 읽어 주고, 그에 대하여, (비록 이러한 내용이 적시되어 있는 것은 아니지만), 추가로 신문을 하였을 것이라는 점을 분명하게 암시하고 있다. Smith가 언급한 그러한 사건의 경우 오늘날에는 판사가 무죄평결을 지시하게 될 것이다.

Smith의 서술 내용을 다시 보기로 한다. "증언을 하기로 한 사람이 출석하면, 먼저 치안판사가 제출한 그들에 대한 신문 내용을 읽어 주고", (그에 따라 피고인에게 질문을 하였을 것으로 보이지만, 이는 언급되어 있지 않다), "그 다음 강도를 당한 피해자(만일 그가 출석하였다면)로 하여금 진실을 말하겠다는 선서를 하게 한 뒤 그가 말할 수 있는 것을 듣는다. 그 다음에는 치안관(constable) 그리고 범인의 검거 현장에 있었던 많은 사람들로부터 한 명씩 진실을 말하겠다는 선서를 하게 한 뒤 그들이 말할 수 있는 것에 대한 진술을 듣는다. 이러한 진술은 그들이 판사, 치안판사, 배심원 그리고 피고인을 볼 수 있고 그들의 말을 들을 수 있는 장소, 그리고 그들의 진술을 이들 모두가 들을 수 있는 곳에서 행해진다. 그들이 진술을 마치면 판사가 강도를 당한 사람에게 먼저 피고인을 아느냐고 물어보고, 고개를 들어 그를 보라고 한다. 그는 예(Yea)라고 말하고, 피고인은 종종 아닙니다(Nay)라고 말한다. 소추 당사자는 훌륭한 역할을 담당한다. 예컨대, 나는 당신을 너무 잘 안다. 당신은 어떤 장소에서 나에게 강도를 하였다. 당신은 나를 때렸다. 내 말과 그리고 내 지갑을 빼앗아 갔다. 그때 당신은 어떤 외투를 입었다. 그리고 어떤 사람이 당신과 같이 있었다. 도둑은 아니라고 말 할 것이고 그들은 잠시 서로 언쟁을 한다. 그러고 나면, 그는", (내 생각으로는 소추인을 말하는 것 같다), "그가 말할 수 있는 모든 것을 말한다. 그에 이어 마찬가지로, 피고인의 체포 현장에 있었던 모

Smith의 묘사로부터 관찰할 수 있는 것

든 사람들이 또는 오늘날 우리가 범인의 범죄를 입증하는 증거라고 말할 수 있는 징조(indices)나 징후(tokens)를 제공할 수 있는 사람들이 진술을 한다. 판사가 그들이 진술하는 것을 충분히 들은 후 그들에게 더 이상 말할 것이 있느냐고 물어본다. 그들이 아니라고 대답을 하면, 판사가 배심원들을 향하여 말했다. 훌륭한 배심원 여러분(판사가 말했다) 당신들은 이 사람들이 피고인에 대하여 말하는 것을 들었습니다. 또한 피고인이 그 자신을 위하여 말하는 것도 들었습니다. 당신들의 선서와 임무를 직시하여, 그리고 양심적으로 임무를 수행할 수 있도록 하느님이 당신들 가슴에 부여한 것을 행하시고, 무엇을 말할 것인가를 잘 정하시오. 이러한 방식으로 종종 하나의 배심으로부터 2-3명의 피고인에 대한 평결이 이루어졌다. 만일 더 많은 피고인이 고발된 경우라면 배심은 '판사님, 우리에게 더 이상 많은 임무를 부여하지 말아 주십시오, 우리의 기억으로는 지금의 임무만으로도 충분합니다'라고 말할 것이다. 많은 경우 배심은 하나 또는 두 개의 임무만을 부여받는다." 그러고 나면 배심은 평결을 하기 위해 물러났고, "빵이나 마실 것, 고기나 난방의 제공 없이" 격려되었다. "그들이 법정에서 행해진 진술에 대하여 의문을 갖는 경우 또는 법정에서 진술한 증인의 진술을 다시 듣고 싶어 하는 경우, 법정에서 진술한 사람들에 대하여 더 완전하게 신문하기를 원하는 경우 또는 증거가 늦게 도착한 경우에는 그들의 양심을 전달하기 위해 선서를 한 뒤 진실을 말하고, 그에 대하여 문답을 하는 것이 허용되었다." 마지막으로 평결이 제출된다. 피고인이 유죄로 인정되고, 그의 범죄가 성직재판권의 대상이면(clergyable) 그는 성직재판권을 청구(pray)한다. 그가 글을 읽을 줄 아는 사람이면 성직재판권을 갖게 된다. 그가 글을 읽을 줄 모르는 사람이거나 또는 범죄가 성직재판권의 대상이 아니라면 판사가 판결을 선고한다. "법률은 당신이 온 장소로 다시 돌아가라고 한다. 그에 따라 당신은 처형 장소로 가야 한다. 그곳에서 당신은 죽을 때까지 목이 매달려 있어야 한다. 그러고 나서 판사가 집행관(sheriff)에게 말하고 집행관이 집행을 한다."

이러한 인상적인 글로부터 몇 가지 중요한 사항을 관찰할 수 있다. 우선 Smith는 변호인을 언급하지 않고 있다. 그가 피고인의 변호에 관하여 명시적으로 말하는 것은 아무것도 없으며, 그리고 그는 판사의 사건요지설명에 대하여 중요성을 거의 부여하지 않고 있다. 반면에, 증인이 피고인의 면전에 소환되는 것이 통상적이었다는 내용이 글 전체에 잘 드러나 있다. 물론 진술서가 대신 사용되었다는 암시적인 표현이,[1] 어떤 조건에서인지는 나타나 있지 않지만, 없는 것은 아니다. 첫 단계로 피고인에 대한 신문 내용을 읽어 주었다는 것 그리고 피고인과 소추인 사이에 "논쟁"이 있었다는 내용으로부터 나는, 오늘날과 같이 한 세트의 진술로 피고인을 변호하는 것이 아니라, 소추인 그리고 다른 증인들과의 단편적인 말다툼 또는 "논쟁"을 통하여 변론이 이루어졌다고 추론한다. 이러한 내용은 이미 언급한 State Trials의 기록과 일치하며, 그 내용을 설명하는 것이기도 하다. 이와 같은 견지에서 완전하게 기록으로 남아있는 재판과 Smith가 기술하고 있는 통상의 재판 사이의 차이점은, 중요한 사건의 경우 피고인에 대한 신문은 변호사에 의하여 행해졌고, 반면 그렇게 중요하지 않은 사건의 경우에는 통상 피고인과 소추인 그리고 다른 증인들 사이의 논쟁으로 재판이 이루어지고, 판사가 적당하다고 생각되는 경우 그에 관여했다는 것이다.

전체적으로 보아 내전(the civil war)[2] 이전 세기의 형사재판은 다음과 같은 중요한 특징에서 우리 시대의 형사재판과 다르다고 할 수 있다.

(1) 피고인은 그의 재판 이전에는 다소간 눈에 보이지 않는 곳에 감금되었고, 그의 재판을 준비할 수 없었다. 피고인은 신문을 받았고 신문의 내용은 서면으로 작성되었다.

(2) 피고인은 그에 대한 증거를 사전에 통보받지 못했고, 재판에서 그에 대한 증거가 제출되는 경우, 서면 증거이든 구두 증언이든, 그 자신이 가능한 한 방어를 해야 했다. 재판 이전은 물론 재판 중에도 변호인의 조력을 받을 수 없었다.

---

1) "생과 사를 결정하는 재판에서 서면으로 작성된 것이라고는 기소장이 유일하다는 것은 로마 황제의 로마법을 사용하는 모든 나라에서는 매우 이상하게 보일 것이다. 나머지 모든 것은 판사, 배심과 피고인 그리고 그들 진술을 들으려고 오는 그리고 올 수 있는 많은 사람들의 면전에서 공개적으로 행해진다. 그리고 모든 진술서와 증언은 모든 사람들이 진술조서를 읽는 사람 그리고 증인의 입으로부터 직접 들을 수 있도록 크게 읽고 말하여야 한다." p. 196.

2) [역주] 1642년부터 1646년까지 그리고 1648년부터 1652년까지 진행된 Charles 1세와 의회 사이의 분쟁.

(3) 재판에는 우리가 이해하고 있는 의미의 증거에 관한 규칙은 없었다. 증인은 반드시, (아무리 줄잡아 말한다 하더라도), 피고인과 대면하는 것이 아니었고, 서류의 원본이 제출될 필요도 없었다.

(4) 공모자의 자백은 서로 간의 증거로 인정될 뿐 아니라, 특별히 설득력 있는 증거로 간주되었다.

(5) 피고인은 그 자신을 위하여 증인을 부르는 것이 허용되었던 것으로 보이지 않는다. 그러나 그가 증인을 부를 수 있었는지 없었는지는 중요한 문제가 아니었다. 피고인은 어떠한 증거를 제출할 수 있을지 확인할 수 있는 방법 또는 증인의 출석을 강제할 수 있는 방법이 없었기 때문이다. 이후 피고인을 위한 증인이 소환되는 경우에도 그들에 대하여는 선서(oath)를 받고 신문을 하지 않았다.

이들 규칙 중 마지막의 것은 우리들에게 너무나 이상하게 보이는 것이므로, 그렇게 된 이유를 설명할 필요가 있다.

Barrington은 그의 Observations on the Statutes에서 다음과 같이 말하고 있다.[1] "최근의 법률에 이르기까지 중죄 피고인에게 그의 변호인에 의한 변론을 부인하고, 그리고 피고인을 위한 증인에 대해서는 선서를 통한 신문을 허용하지 않는 것은 로마법으로부터 차용한 것으로 보이는데, 로마법은 피고인에게 그의 이익을 위한 어떤 증인도 허용하지 않음으로써 실제 범인에게 더욱 가혹했다. 그리고 Montesquieu는 왜 영국에서는 그러하지 않음에도 프랑스에서는 위증이 사형에 처해질 수 있는 범죄가 되었는지에 대하여 이를 그 이유로 제시하고 있다." Barrington은 1607년 6월 4일 목요일자 하원 일지(journal)에 나오는 한 논문을 인용하고 있는데,[2] 그 내용은 "하원 의장에게 보내지고 그가 낭독한 것으로서 형사사건 재판에 있어서 증언의 점과 관련하여, 약간의 의문을 해소하기 위해, 스코틀랜드에서의 절차방식을 설명하고 있는" 것이다.

---

1) Observations on the Statutes, p. 89, 90. [역주] Daines Barrington(1727-1800)은 영국의 법률가 겸 골동품연구가로 여러 법원에서 판사로 재직하면서 법률과 과학에 관한 많은 저술을 남겼다. Observations on the Statutes는 1766년 출간된 책이다.
2) 논문의 내용은 일지에 실려 있지는 않지만, 하원은 그 전에 경계범죄로 고발된 영국 사람에 대하여, 스코틀랜드 법원에 관할권을 부여할 수 있는지에 대한 의문을 갖고 있었다. Gardiner, History of England. 제1권, p. 320-321 참조.

이 주제와 관련한 과거 스코틀랜드의 법률

"대륙법(civil law)에 의한 형사소송에 있어서는 생사를 결정하는 배심을 부르지 않고, 그에 따라 판사가 소추인(pursuer)을 위한 증인을 인정하지만 피고인을 위한 증인은 절대 인정하지 않는다. 왜냐하면, 자기가 요령 있게 주장하는 내용을 입증하는 것은 그 자신의 몫이기 때문에 모든 소송에서 (민사 또는 형사 모두에서) 그 누구도 자신이 고발하고 있는 내용과 반대되는 것을 입증하는 것이 허용되지 않기 때문이다. 예컨대, B가 저녁 어떤 시간에 A의 마구간을 부수고 그의 말을 훔쳐 갔다는 이유로 A가 B를 고발한 경우, 소추인은 자신이 주장하는 내용을 입증하는 것이 당연하지만, 피고인은 그의 알리바이를 입증하는 것이 절대 허용되지 않는다. 그것은 고발 내용에 배치되는 것이고, 따라서 가장 형식에 부합하지 않는 것이기 때문이다. 스코틀랜드에서 우리는 대륙법(civil law)이 아니라 ordanes(아마도 ordinaries, 보통법)의 적용을 받고, 배심이 여기에서와 거의 동일하게 생사에 관한 결정을 한다. 이들 배심원들은 범죄가 발생한 곳의 이웃으로부터 온 사람들이기 때문에 그들 자신이 많은 것을 알고 있는 것으로 추정되고, 그에 따라 소추인을 위하여 증언을 하도록 그들이 선택하는 사람 이외 별도의 증인을 신문할 이유가 없다. 그러나 피고인의 이익을 위하여 이러한 증언을 하는 것은 적법한 것이 아니다. 판사가 사적으로 소추인이 그에게 제공하는 그러한 증인을 사전에 직권으로 신문하고, 그 후 배심이 공식적으로 소환되면 그들에게 이 진술서를 읽어주게 하며, 마찬가지로 소추인이 다시 원하는 증인은 누구든지 신문하지만, 피고인의 이익을 위해서는 절대로 증인을 신문하지 않는다는 것은 사실이다."

동일한 주제가 Hume의 Commentaries에서[1) 자세하게 논의되고 있다. 그는 다음과 같이 말한다. "옛날에는 원고의 주장에 배치되는 피고인의 변소는 인정하지 않는다는 확립된 법언에 따라 피고인(panel)은 매우 좁고 불편한 장소에 감금되었다. 이러한 법언은, 우리에게는 이상하게 들리지만, 많은 외국 법률가들의 글을 통하여 교육되고 있는 것이고, 우리는 물론 다른 나라들에서도 관행으로서 공식적으로 인정되고 있다. 그 의미는 다음과

---

1) Hume, Commentaries, 2. 70(1800년 판). [역주] David Hume(1757-1838)은 스코틀랜드의 변호사, 판사 그리고 법학자로서 그의 스코틀랜드 형법과 민법은 지금까지도 큰 영향을 미치고 있다. 그가 1819년에 출판한 Commentaries on the Law of Scotland Respecting Crimes는 21세기에도 법정에서 자주 인용되는 책이다.

피고인을 위한 증인과 관련한 과거 스코틀랜드의 법률

같다. 예컨대, 모살(murder)의 경우, 피고인이 피해자에게 치명상을 가하였고 그로 인하여 피해자가 며칠 동안 앓다가 죽었다고 원고가 고발을 하였을 때, 그 사람이 실제 죽은 것은 다른 병 때문이었다고 피고인이 입증하는 것은 허용되지 않기 때문에, 이러한 주장을 피고인이 하여도 이는 헛된 일이다. 동일한 규칙에 따라, 비록 원고가 숨어서 기다리고 있다가 또는 일대일의 결투에 도전하였다가 살해당하였다고 주장하고 있다 하더라도, 피고인은 우연한 조우나 정당방위 또는 중대하고 급작스러운 도발에 의한 것이라고 주장하기는 어렵다."

"내가 알고 있기로는, 우리의 법률가들이 피고인의 입증에 부과하고 있는 이와 같은 너무나 이상한 제한을 정당화하고 있는 논거는 다음과 같았다. 고발인은 특정한 행위와 그 성격(qualities)을 고발장(libel)에 기재하여야 했고, 그는 이를 그의 소추과정에서 증거를 통하여 입증하여야 했다. 만일 그가 이를 입증하는데 실패하면 그 이유만으로, 비록 피고인을 위한 증거가 없다 하더라도, 피고인은 무죄가 되어야 했다. 한편 소추인이 그의 고발 내용을 입증한 경우에 이와 배치되는 피고인을 위한 증거를 받아들인다는 것은 위증을 야기하는 이외 다른 아무런 실익이 없었다. 피고인을 위한 증인의 증언이 소추인을 위한 증거에 의하여 이미 입증된 것과 상반되는 것이라면 이는 위증을 한 것이 되고, 그러한 행위를 하지 못하도록 이를 부인하는 것은 법원의 직무였다. (해설자인 Baldus는 말한다) 'Quando delictum est plene probatum per testes affirmantes, non est admittenda contraria probatio per testes negantes(범죄가 이를 확인하는 증인에 의하여 완전하게 입증된 경우, 이를 부인하는 증인을 통한 반대증거는 받아들여지지 않는다).' 같은 방식으로 Sir George M'Kenzie는 '입증된 것에 배치되는 것을 받아들인다는 것은 위증에 문을 열어주는 것'이라고 말한다. 실제 재판이 진행 중인 사건의 변론에서도 마찬가지의 이치이다. '고발인의 주장에 직접적으로 배치되는 이 주장은 받아들일 수 없다. 이외에도 고발장에 기재되어 있는 대로 증명하여야 하는 소추인의 입증은 우선권이 있기 때문에 그에 배치되는 증거에 의하여 재론할 수 없다. 이러한 점에 비추어 증인 두 사람의 신용이 그들의 일치된 증언을 통하여 의심의 여지없이 진실한 것으로 입증된 경우에는 그들 공동의 증언으로 입증된

피고인을 위한 증인과 관련한 과거 프랑스의 법률

것과 성질상 배치되는 사실을 받아들이는 증거는 있을 수 없다는 하느님과 인간 양 쪽 모두의 법률이 확립되었다. 고발된 사람의 범죄를 입증하는 사람의 편파성이 피고인 측이 제시할 수 있는 것 보다 그 혐의가 더 적다는 것을 특별히 고려하면 (특히 공적인 사안에서) 더욱 그러하다.' 간단히 말하면 순회법원에서 고발인과 피고인 양 쪽 모두의 증언을 허용한다는 생각은 이를 받아들이기에 너무 위험한 것이었다. 입증의 우선권 그리고 증인의 선정은 한 쪽 당사자에게만 주어지는 것이었다. 쟁점에 대한 결정은 그 당사자가 제출한 증거에 전적으로 의존하였다. 이러한 악명 높은 실무관행의 한 예를 보자. 그의 어머니를 살해하였다는 혐의로 기소된 William Sommerville 사건(1669년)에서 논쟁의 대부분은 누구에게 입증의 우선권을 주어야 하느냐에 있었다. 즉, 소추인이 그녀의 죽음은 고발장에 나와 있는 상해로 죽었다는 것을 입증하는 것이 허용되어야 하는가 아니면 피고인이 그녀가 다른 원인으로 죽었는가를 입증하여야 하는가 하는 점이었다. 법원의 의견은 소추인에게 우선권을 주는 것이었다. 그에 따라 피고인의 변론은 거절되었고, 고발인의 증거만이 순회법원에 제출되었다."

비록 Sir George M'Kenzie는 이를 전혀 좋아하지 않았지만, 시간이 지나면서 알리바이와 관련하여 예외가 나타나기 시작했다. 그는 알리바이에 관해서는 판사가 예심을 열어야 하고, 만일 알리바이가 입증되면 고발인의 고발을 기각하여야 한다고 생각했다. 그렇게 함으로써 "상반된 입증"을 피할 수 있고, 하나의 재판을 두 개로 나누는 방식이 "우리의 법으로 보이며, 그리고 공동의 입증보다 더 정당하고 기독교적인 것으로 보인다." 이러한 이상한 규칙은 스코틀랜드에서 1735년에 이르기까지 완전히 포기되지 않았다. 프랑스에서는 동일한 관행이 훨씬 후에까지 유지되었다.

Montesquieu는 법의 정신(L'Esprit des Lois, Book 29. ch. 11)에서 위증에 관한 프랑스 법률과 영국의 법률을 비교하면서 다음과 같이 말한다. "En France l'accuse ne produit point ses temoins, et il est tres rare qu'on y admette ce qu'on appelle les faits justificatifs. En Angleterre l'on recoit les temoignages de part et d'autre(프랑스에서는 피고인이 그의 증인을 부를 수 없다. 소위 말하는 정당행위라는 것은 거의 인정되지 않는다. 영국에서는 양 당사자의 증언을 듣는다."

피고인을 위한 증인과 관련한 과거 프랑스의 법률

영국에서는 그러하지 않았지만 프랑스에서는 위증이 사형에 처해질 수 있는 범죄였고, 고문이 한 나라에서는 실시되었지만 다른 나라에서는 실시되지 않았다는 것을 통해 그는 세 가지가 함께 가는 것이라고 보았다. "La loi Francaise ne craint pas tant d'intimider les temoins ; au contraire en cas on demande qu'on les intimide ; elle n'ecoute que les temoins d'une part, ce sont ceux que produit la partie publique, et le destin de l'accuse depend de leur seul temoignage(프랑스 법률은 증인을 위협하는 것에 대한 두려움을 갖고 있지 않다. 오히려 그 반대로 협박을 요청하고 있다. 증인의 진술을 듣는 것은 공적인 당사자가 제공하는 증인들의 경우이다. 그에 따라 피고인의 운명은 그들의 증언에만 의존하게 된다)."

내가 이러한 글을 자세하게 인용한 이유는 그들 내용이 진기해서일 뿐만 아니라 그러한 글의 내용이 과거 형사재판의 정신과 관련하여 나에게 많은 시사점을 주고 있기 때문이다. 피고인의 변론을 제한하는 규칙을 두고 있는 진정한 이유는 자명하다. 그로 인하여 소추인의 권한은 강화되고, 소추행위를 하는 자의 어려움을 풀어주었다. 이는 16세기의 재판이 우리 자신들 세기의 재판과 차이를 보이고 있는 다른 점들과 완전한 조화를 이루고 있다. 오늘날에는 어떤 사람도 유죄로 입증되기까지는 무죄로 추정된다는 법원칙이 재판의 모든 단계에서 적용된다. 무죄의 답변을 하는 경우 모든 것이 쟁점이 되고, 소추인은 그가 주장하는 모든 것을 처음부터 입증하여야 한다. 피고인이 어떤 이유로 무죄로 추정되느냐고 묻는 경우, 나는 그에 대한 진정한 대답은 그러한 추정이 아마도 사실이기 때문이라고는 생각하지 않는다. 그보다는 오늘날 사회가 개인보다 훨씬 더 강하고, 그에 따라 일반적으로 개인이 사회에 해를 끼치는 경우보다 사회가 개인에게 해를 끼칠 수 있는 가능성이 훨씬 더 강하기 때문에 사회가 자비를 베풀 수 있다는 것이 그 대답이라 할 수 있다. 물론 어느 정도 이러한 자비를 베풀 수 있는가 하는 것은 시간과 장소에 따라 달라지는 정도의 문제이기는 하다. 무죄추정 대신에 유죄추정이 인정되는 특별한 사안도 생각할 수 있다. 심지어 오늘날에도 폭동이나 반란의 무리 중에 있었다는 단순한 사실만으로 그가 무죄임을 입증하지 않는 한 그의 생명을 빼앗는 것이 때로는 충분할 수 있다.

과거 제도에 대한 고찰

문제의 시기에 행해졌던 재판들을 제대로 평가함에 있어서는 당시 상설의 군대(standing army)가 없었던 것은 물론 정부가 의존할 수 있는 조직된 경찰(police)도 없었다는 것을 기억해야 할 것이다. 공공의 안녕은 주로 그 당시 주권자의 삶에 의존하였고, 한 사람의 지배자와 다른 지배자 사이의 문제는 가장 중요한 종교적, 정치적 그리고 사회적 논란들이 걸려있는 문제였다. 그러한 상황에서 유죄와 무죄 추정을 함에 있어서는 우리 자신의 재판절차를 지배하는 원리와 다른 관점에서 행동하는 것이 부자연스럽지는 않았다.

혐의를 받고 있는 사람들은 여하튼 간에 어느 정도 유죄임이 일반적임에도, 비록 위에서 언급한 이유로 반대로 추정하는 것이 관대한 것이기는 하지만, 관대할 수 있을 만큼 충분히 강력한 정부가 아님에도 불구하고 어떠한 이유로 가설(fiction)을 위하여 진정한 가능성에 눈을 감아야 하는지 나로서는 알 수 없다. 이러한 원칙이 받아들여져야 할 것이고, 문제의 시기 형사절차는, 정당하게 이를 비판하기 이전에, 이러한 관점에서 판단되어야 한다. 나는 그러한 비판이 그 시기 형사절차에 대하여 완전히 비우호적이라고 생각하지는 않는다. 재판은 간단하고 빈틈이 없었다. 재판은 쟁점이 되고 있는 바로 그 문제를 향하고 있었고, 피고인이 어떠한 불이익을 받고 있는 경우에도 그는 그가 하고자 하는 어떠한 말도 할 수 있었다. 피고인은 그에게 불리한 어떠한 점에 대하여도 예리하게 관심을 돌릴 수 있었고, 실질적인 답변사항이 있으면 이를 효과적으로 자세히 답변할 수 있는 기회를 갖고 있었다. 재판과정에서 피고인이 횡포나 모욕을 당하는 일은 거의 없었다.

그 당시의 재판기록을 읽은 다음 내 마음에 남는 일반적인 인상은, 그 재판이 많은 방면에서 가혹하게 보이기는 하지만, 문제가 되고 있는 실질적인 쟁점은 통상 배심에게 공정하지 못하게 제시되지는 않았다는 것이다. 예컨대, Raleigh 사건에 있어서 실질적인 쟁점은 Cobham이 후에 그가 말한 것을 철회하였음을 인정하는 경우에도 그가 한때 Raleigh의 유죄를 말하였다는 이유로 배심이 이를 믿어야 하느냐 하는 것이었다. 우리 시대에는 그러한 증거를 배심에게 제출하는 것이 허용되지 않을 것이고, 설사 배심에게 제출된다 하더라도 배심은 이를 토대로 평결하지는 않을 것이다.

과거 제도에 대한 고찰

그러나 Cobham이 Raleigh에 대하여 불리하게 말한 것이 실제로 진실을 내뱉은 것인지는 완전히 별개의 문제이다.[1] Throckmorton이 Wyat의 봉기에 있어서 이해관계인이 아닌지 여부에 대하여 나는 매우 큰 의문을 갖고 있으며, Norfolk 공작의 행위가 기술적으로 대역죄에 해당하는지 여부와는 관계없이 그가 Elizabeth에게 해가 되는 방식으로 Queen Mary와 공모하였다는 것에는 합리적인 의심이 있을 수 없다. 한 마디로 말해, 형법은 매우 확고하게 기반을 구축하지 못한 정부가 그 존립을 방어하기 위하여 사용하는 무기로 간주되었다는 것을 인정하여야 한다. 또한 일반적으로 모반의 마음을 갖고 있는 것으로 의심되는 사람은 아마도 그러한 마음을 갖고 있으며, 그가 고발장에 나오는 특정한 일을 하지 않았다 하더라도 그는 아마 같은 종류의 다른 어떤 일을 하였을 것이라는 점을 인정하여야 한다.

　마지막으로 16세기와 17세기에 있어서 정치적 싸움은 사람들 사이에 존재하고 있는 가장 신랄하고 가장 내면 깊숙한 차이점을 알려 주었고, 그들은 가장 강력한 인간의 열정에 호소하였으며, 내가 언급한 재판들은 지적인 원칙에 입각하여 수행되었다는 추론이 가능하고, 그리고 비록 부과된 형벌은 의심의 여지없이 극도로 가혹한 것이었지만, 인정된 원칙의 적용에 있어서 불공평하지는 않았다는 것을 기억해야 한다. 이들 재판은 그 후 영국에서 행해지고 있는 재판과 비교할 것이 아니라 아직도 대륙법계제도에서 시행되고 있는 재판과 비교해야 할 것이다. 피고인의 이익 그리고 피고인에 대한 무죄추정이 실무에서 어느 정도 인정되고 있는지와 관련하여 현대 프랑스의 형사재판절차는 Tudor 시대의 재판 그리고 초기 Stuart 시대의 재판과 비교하여 평판이 더 좋은 제도라고 말하기 어렵다. 현대 영국의 형사재판절차가 우리 조상들의 절차보다 훨씬 더 우수한 것은 물론이지만 과거의 절차를 이해하려고 노력하기보다는 이를 평가절하하려는 것이 일반적인 경향이다. 우리의 현대 형사법원이 피고인을 배려하고 자비심을 보이는 것은 사회의 전반적인 구조 그리고 특히 입법, 행정 그리고 사법적인 모든 측면에서 다양한 면을 갖고 있는 정부가 과거의 정부보다 현재 엄청나게 더 강하다는 사실, 그리고 그에 따라 사회와 개인의 이익을

---

1) 이 문제는 Mr. gardiner의 History of England, 1. p. 96-108에서 자세하게 검토되고 있다. 특히, p. 106-7 참조.

제2차 기간, 1640년-1660년

과거에는 불가능했던 세심한 주의를 기울여 가면서 이를 조정할 수 있다는 사실에 힘입은 바가 매우 크다.

초기 형사재판절차에서 피고인이 가장 어려움을 겪었다고 보여지는 것은 예심수사의 밀행성과 피고인은 사실상 그의 변론을 준비할 수 없으며 그리고 증인을 소환할 수 없었다는 사실이다. 피고인이 무고한 경우라면 피고인을 그의 재판에서 예리하게 그리고 철저하게 신문하는 실무관행이 결코 피고인에게 불리한 것이라고 나는 단정하지 않는다. 그리고 나는 증거에 관한 아무런 규칙이 없다는 것, 그리고 증인을 법정에 부르는 대신에 증인의 서면진술서를 읽어주는 것이 오늘날 우리가 믿고 있는 바와 같이 그렇게 큰 개념상의 차이가 있다는 데 대해서는 의문을 표시하지 않을 수 없다. 공정한 재판을 위한 하나의 중요한 필수 요소는 피고인은 그에 대하여 불리하게 주장되고 있는 내용이 무엇인지 알아야 하고, 그 자신의 설명이나 증인을 소환하는 방법으로 그에 대하여 답변할 충분한 기회를 보장받아야 하며, 이를 위하여 재판과 그리고 소추를 위한 증거자료의 준비 사이에 피고인이 적정한 시간을 가져야 한다는 것이다. 재판 그 자체의 운영 문제는 실제 그렇게 중요한 것이 아니다. 우리의 제도가 그렇게 발전해 온 것과 같이 재판절차의 개선이 이루어지면, 그에 따라 예심절차도 개선되는 것으로 보이지만 예심절차가 변화하지 않는 한 재판절차의 개선은 거의 이루어지지 않았던 것으로 보인다.

2. 1640년 - 1660년

장기의회(Long Parliament) 시기와 왕정복고(Restoration)[1] 사이에 있었던 재판들은 우리 역사의 한 부분에서 분명한 이유를 가지고 나타났던 가장 강력한 당파성을 설명해 준다. 내가 여기에서 설명하고자 하는 유일한 부분은 그러한 당파성이 형사사법의 운용에 미친 효과이다. 몇 개의 명백한 조건이 따르기는 하지만 이는 거의 전적으로 좋은 것이었다. 여기서 조건이라는 것은 혁명기의 사법행정과 떼어 놓을 수 없는 것들이다.

---

1) [역주] 1640년부터 1660년까지의 의회를 장기의회라 하고, 1660년 Charles 2세의 즉위를 왕정복고 그리고 그때부터 1688년까지를 왕정복고시대라 한다. 장기의회는 의원들의 동의가 없으면 해산이 불가능했고, 그에 따라 20년간 계속되었다.

공화정(Commonwealth)에서의 재판

이러한 시기의 사법절차는, 사안의 성질에 따라, 정상적인 것일 수 없다. 왜냐하면, 어떠한 정부조직도 전력을 다하여 그 자신의 변경을 위한 규정을 만들 수 없기 때문이다. 무력에 의한 혁명은 새로운 출발과 성공한 당파의 의지에 기초한 새 제도를 의미하며, 그리고 어느 정도 적법성이 결여된 법률들을 필요로 하게 된다. 이러한 사정은 영국의 내전(Civil War)에도 의심의 여지없이 상당 부분 들어맞는 것이다. 국왕과 의회 사이의 투쟁에서 전환점이 되었던 몇 개의 탄핵사건에서 특히, Strafford의 사권박탈과 Laud의 처형에 있어서 법률은, 아무리 좋게 말한다 하더라도, 몹시 뒤틀린 모습이었다. Charles 1세에 대한 재판과 처형은 엄격하게 법률적인 면에서만 본다면 전혀 비판할 수 있는 재판절차가 아니다. Charles 1세 뿐 아니라 그의 많은 지지자들을 배심 없이 재판하고 사형을 선고했던 고등법원(High Court of Justice)의 창설은 그 자체가 성실법원(Star Chamber)보다 훨씬 더한 영국 형사사법의 통상적인 실무관행으로부터의 일탈이었다. 영국 역사상 (내가 알고 있기로는) 배심 없는 판사에게 (군법회의의 구성원을 제외하면) 생사를 결정하는 권한을 부여한 것은 이것이 유일한 경우이다. 그럼에도 불구하고, 이러한 점을 모두 인정한다 하더라도, 1640년 이후 형사법원의 정신과 성향은, 심지어 당시의 비정상적이고 혁명적인 재판절차에 있어서도, 그 전 세기의 절차로부터 우리 자신들 세기의 절차로 급격하게 변화하고 있었다는 것을 기억해야만 한다. 내가 알고 있는 한 모든 사건에 있어서 피고인은, 증인의 서면진술서를 읽어주는 것이 정당화될 수 있는 특별한 사정(예컨대, 질병)이 없는 경우, 그에 대한 증인을 법정에서 대면할 수 있었다. 일부 사건에서 피고인이 신문을 받기는 하였지만, 피고인이 변호인 없이 스스로 자신을 방어하여야 하는 경우에 그가 실질적으로 회피할 수 있는 정도 이상으로 신문을 받지는 않았다. 그러한 질문을 받는 경우 피고인은 통상 답변을 거부했다. 피고인은 또한 자신에 대한 증인을 상대로, 그것이 적절하다면, 반대신문을 할 수 있을 뿐 아니라 자신을 위한 증인을 소환할 수도 있었다. 피고인이 부른 증인이 선서를 하고 증언을 하였는지에 대하여 나로서는 알 수 없다.

이러한 형사재판절차에 있어서의 위대한 변화는 자연발생적으로 일어났고, 입법에 의한 것도 아니었다. 이는, 의심의 여지없이, 이전 세기에 있었던 정치적 재판들이 실제 위법한 것이거나 또는 위법한 것으로 간주되어야 한다는 견해를 지지하는 것이다. 만일 그러한 것이 사실이라면, 여기에서 위법하다는 말은 정당하지 못하다거나 도덕적이지 못하다는 것과 매우 유사한 의미로 새겨야 할 것이다. 피고인에 대한 증인은 피고인의 면전에서 신문하도록 이를 보장하여야 한다든가 또는 왕정복고 이후 한참 뒤에 이르기까지 피고인은 증인을 소환할 수 있고, 이들 증인들은 선서 후 신문을 받도록 하는 것이 보장되어야 한다는 명제에 대한 정확하고 분명한 근거를 나는 알지 못한다. 이러한 내용이 본래의 배심재판제도에는 포함되어 있지 않다고 생각할 수 있는 이유를 내가 제시한 바 있다. 물론 정부가 직접적으로 이해관계를 갖고 있지 않은 사건에 있어서는 관행이 득세할 것이라는 점은 그럴법한 일이다. 순수한 법률적인 관점에서 본다면 하나의 관행이 다른 관행보다 더 적법한 것이라고 말하기는 어렵다. 그러나 후일의 관행이 그 이전의 것보다 더 인간적이고 진실의 발견에 더 이바지한다는 것 그리고 이는 17세기에 있어서 그의 적법성을 부여하는 데는 물론, 그 적법성에 필수적이라는 것을 생각하면, 그것이 "훌륭하고 오래된 영국법률"의 일부를 구성하고 있다는 사실은 의문의 여지가 없다.

분명치 않은 과거 시절에 법률의 황금시대가 있었다는 신념이 태고의 옛날부터 이 나라에서는 일반적인 통념이었다. 노르만 정복 이후 Edward Confessor 또는 King Alfred 치하에서 그것이 존재하였다고 생각되고 있으며, 그리고 그들의 이름을 둘러싸고 있는 후광이 후일에 "영국의 보통법"으로 이전되었고, 이는 종종 더 매력적인 제목인 "common right"로 불리기도 하였다. 엄격한 의미에서 적법한 것과 도덕적으로 정당한 것 사이의 경계선이 오늘날의 경우보다 훨씬 더 확실하지 않았다는 것을 염두에 두지 않고서는 17세기의 재판절차를 연구하는 것이 불가능하다. 그 경계선이 명확해야 한다는 것은 당시로서는 불가능한 일이었다. 재판절차에 관련된 법률의 전부가, 또는 대부분이, 불문법으로 되어 있었다. Coke의 책 Third Institute가 형법에 관한 주된 전거였고, 그가 이 주제에 관하여 말하고 있는 것은 적은 분량에 불과함에도 그조차 단편적이고 완전하지 못한 것이다. 그 이외에도 의회를 장악하고 있는 의회당의 정책은 그들이 취하는 절차가 법률에 의해 정당화되는 절차라고 주장하는 것이었고, 반대당의 정책은 이를 위법하며 억압적이라고 주장하는 것이었다. 법률 그 자체가 억압적일 수 있다는 것은 그들이 절대 인정하려고 하는 것이 아니었다. 법률이 무엇인가와 관련하여 내가 생각하기로는 우선 법률의 몇 개 주된 원칙 특히, 잘 알려진 대헌장의 두 구절을 말해야 할 것이다. 다른 많은 점들과 관련하여 법률은, 그렇게 부르는 것이 적절하다면, 절대적으로 침묵을 지키고 있거나 아니면 애매모호하고 불확실한 것이다. 어떤 경우 법률은 그 원칙에 반하기도 하였다. 그에 따라 그들의 주장은, 그들이 정당하다고 생각하는 모든 명시적인 법률은 초월적인 의미에서 법률이라는 것이다. 그리고 그들이 정당하다고 생각하는 모든 것은 비록 명시적으로 입법이 되지 않았다 하더라도 역시 법률이라는 것이다. 그리고 그들이 정당하지 않은 것으로 생각하는 명시적인 법률은 그들의 정의에 대한 견해에 따라 법률이 아니라고 설명되었다. 법률에 대한 이러한 관점은 Love에 대한 고등법원의 재판에서 의장으로 재판을 담당했던 Keble에 의해 너무나 분명하게 표현되고 있다. "영국에는 법률이 없다. 다만 성서의 모든 구절에 나와 있는 바와 같이 하느님의 법률만이 실제 그리고 진실로 존재한다. 이는 성서로부터 바로 나오는 결론이다. 성서로부터 합리적으로 도출되어 나오는 아주 많은 결론들이 있기 때문이다. 또한 영국의 법률은 모세의 십계명 바로 그것의 결과물이기도 하다. 영국의 법률 중에서 성서와 일치하지 않는 어떠한 것도 영국의 법률이나 법전이 아니고 법을 배우는 것도 아니다. 성서에 있는 하느님의 법률과 일치하지 않는 것 또는 성서에서 주장하고 있는 올바른 이론에 부합하지 않는 것은 그것이 무엇이든지 간에, 의회 제정의 법률이나 관습 또는 법원의 판결에 관계없이, 영국에서 그것은 영국의 법률이 아니라 그것을 만든 사람의 실수에 지나지 않는다. 그리고 당신 또는 어떤 사람도 법정에서 그렇게 주장할 수 있다."[1]

지금까지 언급한 것에 대한 요점을 간단히 정리해본다. Lord Strafford에 대한 탄핵절차는 탄핵절차에 관한 하나의 사례로 볼 수 있는 것이고,[2]

---

[1] 5 State Trials, p. 172. 이 구절의 문법은 쉬운 것이 아니다. 그러나 그 일반적인 의미는 명백하다. 설명을 늘렸으면 쉬웠을 것이다.
[2] 3 St. Tr. 1381-1536에는 절차들에 대한 간결한 내용이 실려 있는데, 내 의도를 충분히 이해할 수 있도록 이를 완벽하게 언급했다. 재판 그 자체는 Rushworth의 2절지 분량을 채우고 있다. Mr. Gardiner의 Fall of the Monarchy, 2. p. 100-180 참조.

Strafford에 대한 탄핵

탄핵절차는 의회당(parliamentary party)이 그들의 투쟁과정에서 갖고 있었던 법률상의 위대한 무기였다. 그 재판과 관련한 가장 흥미 있는 문제들에 대해서는 이를 생략하고 다만, 재판절차와 관련한 좀 더 기술적인 면에 대해서만 살펴보기로 한다.

Strafford는 1640년 11월 11일 고발이 되었다. 그는 바로 구금이 되었고, 그리고 11월 25일 그에 대한 28개의 탄핵사항이 그에게 송부되었다. 그는 각 고발사항에 대하여 자세하게 답변을 하였고, 각 고발사항은 따로따로 분리되어 그리고 연속적으로 심리되었다. 재판은 3월 22일부터 4월 19일까지 계속되었고, 탄핵절차가 중지되자 사권박탈법안(bill of attainder)으로 대체되었다. 법안은 5월 10일 Charles의 재가를 받았고, Strafford는 12일에 처형되었다. 서로 다른 고발사항은 서로 다른 담당자에 의하여 재판이 개정되었으며, 각 고발사항에 따라 증인이 소환되고 피고인이 자신을 위한 변론을 했다. 그 결과 피고인은 탄핵에 나와 있는 항목 수에 따라 그 수만큼 많은 재판을 받아야 했다. 피고인은 직접적인 신문이나 한 묶음으로 신문을 받았던 것으로 보이지는 않는다. 그러나 그러한 방식의 절차는 실질적으로 신문을 하는 것과 같았고, 각 항목 그리고 그에 대한 개별적인 서면 답변에 의한 절차는 같은 효과를 가져왔다.

내가 관찰하기로는 Starfford 사건에서 추구되었던 실무 방식 즉, 자세한 각 탄핵사항에 대하여 자세한 답변을 하는 방식은 그 이후 1724년 Lord Macclesfield에 대한 탄핵을 포함한 대부분의 의회 탄핵사건이 따랐던 방식으로 보인다. Warren Hastings에 대한 탄핵사건에 있어서도 각 고발사항에 대하여 각 답변이 이루어졌고, 그에 따라 고발사항과 그 답변을 읽어주는 데만 2일이 걸렸다.[1] 그러나 Hastings의 변호사는 각 고발사항에 대하여 따로 증거를 채택하고 그리고 그에 대하여 서로 분리하여 변론하는 것을 격렬하게 반대했고, 그 주장을 관철했다.[2] Lord Melville에 대한 사건에 있어서 그 답변은 단순히 일반적인 무죄답변에 해당하는 것이었고, 그의 유죄를 입증하기 위한 모든 증거는 그가 자신을 변론하도록 요청을 받기 전에 제공되었다.[3]

---

1) Annual Register 1788년 참조.   2) Mill의 History of British India, 5. 57.
3) 29 State Trials p. 622.

Strafford에 대한 탄핵

비록 Strafford는 그에게 매우 호의적이지 못한 위원회(귀족원)에서 재판을 받았고, 귀족원의원들은 당시 하원의원들에 의한 그들의 특권에 대한 침해에 극도의 질투심을 갖고 있었다는 것을 잊어서는 안 될 것이지만, 단순한 절차에 관한 한 그에 대한 탄핵사건의 절차운영은 아주 공정한 것으로 보인다. 피고인에 대하여 주장되는 모든 사실은 법정에 출석한 증인에 의한 입증의 주제가 되었고, 그들 중 일부에 대해서 그는 성공적으로 반대신문을 했다.[1] 또한 일부 사례에 있어서는 증거에 관한 규칙이 인정되고 강제되기도 했다. 예컨대, 그에 대한 고발 내용 중 하나는 특정한 사람들로부터 돈을 빼앗기 위해 그들의 땅과 집에 군인들을 주둔시키라는 영장을 Savile에게 발부한 것이었다.[2] 이를 입증하기 위해 영장의 사본을 제출하려는 시도가 있었다. Strafford는 원본이 제출되어야 한다고 주장하면서 반대했다. 귀족원의원들은 이 반대를 받아들였지만, 오늘날에 있어서는 정상적인 것으로 생각될 수 없는 방식으로 원본에 대한 2차 증거(secondary evidence)를 받아들였다.

증거와 관련하여 가장 호기심을 끄는 것은 평의회(Council Board)에서 주고받았다는 말을 기록한 비망록(아버지 Sir Henry Vane이 기록하였다는)에 관한 것이다. Sir Henry Vane은 Strafford가 영국을 굴복시키기 위해 아일랜드 군대를 불러오도록 국왕에게 조언하였다고 선서증언을 했다. 그 자리에서 그러한 말을 들은 다른 사람은 아무도 없었고, Sir Henry Vane 그 자신도 약간 머뭇거리면서 이러한 말을 했다. 비망록(note) 원본은 Charles 1세에게 전달되었고, 그가 이를 폐기했었다. Strafford는 우선 Vane은 잘못 알아들었고 다음으로, 그가 진실을 말하는 것이라 하더라도, 그는 유일한 증인에 불과하다고 주장했다. 이러한 주장에 대해 Pynn이 다음과 같이 선언했다. 즉, 그는 Sir Henry Vane이 평의회에서 작성한 비망록을 그의 아들이 사적으로 사본한 것을 가지고 있는데, 아들 Vane은 그의 아버지가 다른 목적을 위해 서류 뭉치와 그 검색표를 그에게 맡기자 이 비망록을 사본하였다는 것이다. 이러한 비망록 사본은, 만일 아들 Vane에 의해 그러한 사실이 입증되면, 두 번째 증인에 해당할 수 있다고 Pynn

---

1) 예컨대, 3 State Trials p. 1422 참조.
2) 3 State Trials p. 1393 그리고 p. 1434.

은 주장했다. 우리의 현대적인 관점에 의하면 비망록 원본이 제출된다 하더라도 그 최상의 용도는 그 비망록을 작성한 사람의 기억을 새롭게 해주는 것에 불과하다 할 것이다. 하지만 Pynn이 제시하고 있는 견해는 법정에서 주장되지 않았다. 사실상 이는 이 사건의 재판에서 전환점이 되었다. 내 생각으로는 그가 그러한 말을 하였다 하더라도, 이는 영원히 의문으로 남아 있겠지만, 법률적으로 그것이 반란죄에 해당한다는 것은 어떠한 이론에 의하더라도 받아들이기 어려운 것으로 보인다.

　Strafford에 대한 의회의 행위양식이 갖고 있는 실질적인 장점에 대해서 의견을 표명하는 것은 내 의도가 아니다. 사권박탈법안은 한편으로는 소추인들이 Strafford가 반란죄로 유죄라는 사실을 입증하는 데 실패하였다는 자각을 분명하게 보여주는 것일 뿐 아니라, 다른 한편으로 그는 그 범죄에 있어서 유죄라는 주장에 대한 그들의 의지(determination)를 또는 가능한 한 그러한 주장에 가까운 의지를 보여주는 것이다. 내가 보기에 진정한 문제는, Strafford의 행위가 그렇게 범죄적이고 그리고 그의 삶이 국가에 그렇게 위험한 것이어서 의회가 아무런 자세한 설명도 없이 그를 죽음에 이르게 하는 단순한 법률안을 통과시키는 것이 정당화될 수 있는가에 있다고 보인다. 만약에 그러한 것이 사실이라면 의심스러운 성격의(나로서는 이것이 절대적으로 그리고 의문의 여지없이 잘못된 것으로 부를 수 없기 때문에) 이러한 법안의 도입은 단순히 절차의 가혹함을 숨기려는 의도로 받아들여야 할 것이다. 만일 그러한 것이 아니라면 그 절차 자체는 정당화될 수 없다. Hallam은 탄핵 사항 중 열다섯 번째의 것이 다른 어떤 것보다도 반란죄의 고발에 가까운 것이라고 생각한다. 이 고발사항의 내용은 Strafford가 아일랜드의 한 마을에서 독단적으로 세금을 매기고, 주민들이 세금을 납부할 때가지 주둔하고 있는 군대로 하여금 이를 징수하도록 했다는 것이다. 이는 전쟁을 시작하는 방식의 반란죄 그리고 또한 두 개의 아일랜드 법률에 따라 반란죄로 지적되었다. 그 하나는 Edward 3세 치하의 법률이고 다른 하나는 Henry 6세 치하의 법률이다. 이들 법률 중 하나는(7 Hen. 6) "국왕의 영토 내에서 군대를 이용하여 세금을 징수하는 것은 국왕에 대하여 전쟁을 하는 것으로 간주되고" 반역자로 처벌된다고 규정하고 있다. Edward 3세의 법률도 비슷한 내용이다. Henry 6세 법률의 규정이 Strafford의 행위에 적용되었음은 의심의 여지가 없다. 하지만 이들 법률의 규정은 일반 개인의 세금강제징수와 직권남용에 대한 것이지, 공적 권한을 갖고 있는 당국이 억압적인 방법으로 법에 따른 절차를 집행하는 것을 규제하기 위한 것이 아니다. 그리고 Lord Strafford는 그가 했던 방식으로 세금을 부과하고 그 세금을 강제로 징수하는 것은 그의 선임자들이 그렇게 해왔던 통상의 관례였다고 밝혔다. 그 이외에도 문제의 위 법률들이 그 이전에 폐지되지 않았는가 하는 의문의 여지가 있었다.

Hallam은 아일랜드 법률에 대해서는 강조를 거의 하지 않고, 다만 다음과 같이 주장한다.[1] 만일 군장교가 군대를 이용하여 주민으로부터 세금을 일반적이고 조직적으로 징수한다면, "법률의 정당한 해석에 따라, 그는 국왕에게 전쟁을 개시하는 반란죄를 범한 것이 된다"고 "주장하는 것이 터무니없다고 할 수 없다." 하지만 그는 Strafford가 일반적이고 조직적인 방식으로 그렇게 하였다고 볼 증거가 없다고 생각하고 있으며, 이는 의심의 여지없이 사실이다. 그러한 해석이 터무니없는 것이라고 할 수 있는지에 대해서는 말하기 어렵고, 그리고 25 Edw 3에 따라 결정된 몇 개의 사안과 관련하여 그것이 정당할 수 있다는 것을 받아들여야 한다. 그러나 사정이 여하튼 간에, 나는 또한 그것이 최소한 정당하지 않다는 것도 명백하다고 생각한다. 군사력을 국민을 억압하는 데 사용하는 것과 같은 그 남용이 무력의 방법으로 기존의 정부를 전복하려고 하는 것과 다르다는 것은, 판사를 오도하는 위증이 판사를 부패하게 하는 뇌물과 다르다는 것과 같다.

국왕 Charles 1세에 대한 재판절차는 장기의회와 내전 전과 후에 존재하던 형사사법절차를 비교하는 데 있어서 주목할 만한 실례(illustration)가 되고 있다. 그는, 모든 사람들에게 알려진 바와 같이, 고등법원이 그에게 제기한 고발과 관련하여 유·무죄에 대한 답변을 거부하였다는 이유로 주로 비난을 받았다. 그러나 그의 답변 거부는 그가 그의 전 생애를 걸고 할 수 있는 거의 유일한 수단이었으며, 그는 조언을 잘 받고 그렇게 하였을 뿐 아니라 그렇게 함으로써 그의 강인함과 위엄을 보여 주었다. 만일 그가 유·무죄에 대한 답변을 하였다면 그는 물론 유죄판결을 받았을 것이다. 그러나 법원은 그들의 판결을 오로지 그러한 이유에 근거를 두고 있지는

---

1) Constitutional History, 2권 p. 107.

않았다. 법원은 그들의 양심을 만족시키기 위해 증거를 채택했고, 그 증거 중에는 그가 답변을 하였다면 그의 죄를 입증하기 위해 소환하였을 증인들 그리고 법원이 증언을 들을 필요가 있다고 생각하는 증인들의 선서진술서보다 더 이상한 몇 개의 서류들이 나와 있다.[1] 그들은, 오늘날 통상의 절도나 강도사건에서 증인들이 범죄사실을 입증하는 것과 마찬가지로, 그가 여러 다른 전투에 참전하였음을 입증하고 그리고 그곳에서 사람들이 죽었다는 것을 입증했다. 예를 들면 다음과 같다. "Salop 군에 있는 Wellington 출신의 모전제조업자인 Samuel Morgan은 선서를 하고 증언함에 있어서, 증언자는 어느 월요일 아침 Keyton 들판에서 군대의 대장으로서 Edge Hill의 꼭대기에 있는 국왕을 보았다. 그리고 같은 시간과 장소에서 양 쪽의 많은 사람들이 죽는 것을 보았다." "Gyles Gryce는 Naseby Field 에서 군대 맨 앞에 서서 대담하게 맞서 싸우는 국왕을 보았다." 그는 또한 "Leicester에서 아주 많은 사람들이 죽어나가는 것과, 많은 집들이 약탈당하는 것을 보았다." 그러한 사실을 입증하기 위해 아주 세심하고 현학적인 방법으로 증인들을 제공하는 것이 매우 특징적이고, 이는 또한 형사사건에 있어서는 적절하고 정상적인 증거에 기초하여 절차를 진행하는 것이 중요하다는 데 얼마나 사람들이 깊게 감동을 받고 있는지를 잘 보여 준다.

공화정(Commonwealth)[2] 치하에서 John Lilburn에 대한 두 번에 걸친 소추보다 더 주목할 만한 재판은 없다. 그는 성실법원에서 재판을 받으며 매우 심하게 고통을 받았다.[3]

---

1) 4 State Trials, p. 1101-1113.
2) [역주] Charles 1세의 처형과 더불어 왕정이 폐지되었던 1649년부터 Charles 2세의 즉위로 왕정이 회복된 1660년까지를 말한다.
3) 이미 살펴본 성실법원에서의 소추 이외에도 Lilburn은 그의 목숨이 걸려 있는 재판을 4번이나 받았다. 즉, (그가 말한 바와 같이) 첫 번째는 1641년 "귀족원에서", 다음은 Brentford(그는 그곳에서 포로로 붙잡혔었다)에서 국왕에 대항하여 전쟁을 개시하였다는 죄로 Oxford에서 재판을 받았는데, 그가 처우를 받는 것과 동일하게 Cavalier 포로들을 처우하겠다는 의회의 위협에 따라 그는 생명을 건졌다. 다시 1649년 대역죄로 그리고 1653년에는 추방에서 돌아왔다는 중죄로 재판을 받았다. 첫 번째 그리고 두 번째 재판에서 주된 고발 내용은 기록에 나와 있지 않다. 세 번째 재판의 내용은 4 State Trials p. 1269에, 그리고 네 번째 재판 내용은 5 State Trials p. 407에 나와 있다. Lilburn 자신에 의해 작성된 마지막의 것은 미완성으로 남아 있다.

Cromwell 치하에서 Liburn에 대한 재판

1649년의 재판은 의회와 Cromwell을 비난하는 소책자를 출간하였다는 것인데, 이는 "악의적으로 그리고 고의로 위 정부를 전제적이고, 권력을 찬탈하며 또는 위법하다"고 글을 쓰거나 인쇄하여 간행하는 경우 또는 공공연히 이를 선언하는 것은 반역죄에 해당한다는 1649년 5월과 6월의 법률에[1] 위반하는 것이다. Lilburn이 소책자를 출간한 사실 그리고 소책자가 명시적으로 정부가 전제적이라고 주장한 사실은 모든 의심의 가능성을 넘어 입증되었다. 그럼에도 불구하고 그는 무죄판결을 받았다. "이러한 무죄판결은 Cromwell을 무한정 화나게 하고 당황하게 만들었으며, 그는 전투에서 진 것보다 더 큰 패배로 이를 바라보았다"고 Clarendon은 말한다. 이러한 방식으로 종결된 이 재판에 관하여 어떤 의견을, 순화된 범위 내라 하더라도, 피력하는 것은 어려운 일이지만, 이 재판은 많은 점에서 주목할 만했다. 자유롭게 태어난 영국인들, 마그나 카르타 그리고 훌륭한 영국의 오래된 법률을 계속 자랑하고 다닌다는 이유로 "Freeborn John"이라는 별명을 가진 Lilburn은 그에 대한 재판을 받을 때마다 법원과의 정규적인 전투에 돌입했고, 그리고 배심에게 그의 보호를 간청했다. 그는 유·무죄에 대한 답변을 거부하는 것으로 재판을 시작했고, 심지어는 모든 종류의 주제에 관하여 장시간의 연설을[2] 하기 전에는 손을 드는 것도 거부했으며, 법원은 그의 이러한 연설을 제지 없이 끝까지 들을 만큼 취약했다. 그리고 그는 무죄답변을 하는 것에 대하여 거의 끝이 없는 토론에 들어갔다. 그는 답변을 하게 되면 기소장에 나와 있는 하자에 대한 이의신청을 포기하는 것이 되기 때문에 답변을 하지 않겠다는 의도였고, 기소장에 하자가 있는지 여부를 알아보기 위해 기소장의 사본과 그를 위한 변호사를 원한다고 했다. 그는 이러한 주장들을 완고하게 고집하였고, 수많은 부차적인 문제들을 토론에 끌어들여 하루 종일 이 문제로 시간을 보냈다.

하지만 법원은, 내가 보기로는, 이들 주제를 토론하고 피고인과 논쟁을 하는 방식에 있어서 단호함이나 위엄을 거의 보여주지 못했다. 법원은 피고인에게 피고인이 요구하는 것을 받아들일 수 없다고 여러 차례에 걸쳐 재삼재사 말하기는 하였지만, 의심의 여지없이 했어야 할 말 즉, 고발 내

---

1) 4 State Trials, p. 1347-1351에 나와 있다.
2) 4 State Trials, p. 1270-1283.

용이 반역죄이기 때문에 피고인이 직접 유죄인지 또는 무죄인지의 답변을
거부하는 경우 법원은 피고인에게 바로 판결을 선고할 것이라는 말을 제
대로 하지 못한 것은 명백하다. 토의되었던 쟁점들 중 하나는 너무나 진기
한 것이기 때문에 특별히 이를 살펴볼 필요가 있다. 답변을 하라고 압력을
받게 되자 Lilburn은 어느 한 장면에서 "영국의 법률에 의하면 나는 내 자
신에 반대되는 또는 내 자신에 관한 질문에는 답변을 하지 않아도 된다"고
말했다. 여기에 대하여 첫 번째 재판을 담당했던 Keble는 "우리가 당신에
게 답변을 하도록 강요하는 것이 아니다"라고 응답했다. 그리고 그는 덧붙
여 "법률은 명백하다. 당신은 적극적으로 유죄 또는 무죄답변을 해야 한
다"고 말했다. 이에 대해 Lilburn은 "권리청원(Petition of Right)에[1] 따라
나는 내 자신에 관한 어떤 질문에도 답변할 의무가 없다"고 말했다. 이와
관련하여 나는 Lilburn이 무슨 생각을 하고 있었는지 이해할 수 없다. 왜
냐하면, 이 주제와 관련한 권리청원에는 그러한 말이 한 마디도 나와 있지
않기 때문이다. 다만, 이러한 주장은 피고인에 대한 신문과 관련한 당시
일반인의 감정이 얼마나 강렬했는지를 보여 준다. 한없이 긴 논쟁 끝에
Lilburn은 결국 무죄답변을 하게 되었고, 이후 재판은 매 순간마다 중단되
거나 논쟁을 하면서 이어지게 되었다. 책이 출판된 것은 입증이 되었으며,
피고인은 여러 번에 걸쳐 피고인이 그 책들을 소유하고 있는 것인지 여부
에 관하여 질문을 받았다. 그는 일관하여 권리청원은 자신에 관한 질문에
는 답변을 하지 않아도 되는 것으로 가르쳤고, "나는 하느님과 그의 사도
들이 행한 법률을 읽어보았다"고[2] 답변을 하였다. Lilburn이 그렇게 표현
하는 바와 같이 끝없는 "투쟁(struggling)"에 이어 마침내 그의 변론을 하

---

1) [역주] 1628년 의회가 Charles 1세에게 승인시킨 것으로, 국왕이 침해할 수 없는 국
   민의 자유권을 규정하고 있다. 특히, 국왕이 의회의 승인 없는 조세의 징수, 강제 징
   집, 정당한 사유가 없는 구금 그리고 계엄법적용을 금하고 있다.
2) 어떤 질문에 대하여 그는 다음과 같이 말했다. "나는 하느님의 방식으로 한다. Pilate
   가 그에게 그는 하느님의 아들인가 여부를 물어보고, 그 대답을 하라고 엄명할 때,
   그는 '당신이 그렇게 말했다'고 답변했다. 나는 그래서 말한다. 당신 Mr. Prideaux가"
   (법무장관) "그렇게 말하는데, 이들은 내 책들이다. 그러나 입증을 하라." Lilburn은
   그가 얼마나 놀랄 만한 말을 하느님의 입안에다 노닥거리고 있는지 인식하지 못하였
   으며, 그의 생각에 따르면, 그는 하느님의 아들이라는 것을 부인하면서 Pilate로 하여
   금 그 입증을 요구했다. (4 St. Tr. p. 1342)

는 단계에 이르게 되었다. 변론의 요지는, 수많은 쓸데없는 비판과 그가 제기하고 있는 불평을 제외하면, 그에 대한 기소의 근거가 된 법률은 나쁘고 전제적인 것이며, 그는 그를 소추하는 사람들보다 더 애국적이고, 그는 인기 있는 대의를 위해 행동했고, 그리고 그로 인하여 크게 고통을 받았다는 것이다. 그리고 "법률에 의한 배심은 사실에 대한 판단자일 뿐 아니라 또한 법률에 대한 판단자이다. 그리고 당신들은 자신들을 법률에 대하여 판단을 하는 판사들이라고 부르고 있지만, 노르만 침입자들에 불과하다. 당신들은 배심이 하는 바에 따라 배심의 평결을 낭독하는 데 불과한 하찮은 사람들에 불과하며, 이는 실제 그러하고 그리고 진실이다"라는[1] 것이다. 이러한 점이 그의 무죄를 이끌어냈음은 의문의 여지가 없다.

Lilburn은 그 후 의회 제정의 법률에 따라 추방이 되었고, 그가 추방에서 돌아오는 경우 중죄(felony)로 처벌을 받도록 되어 있었다. 그는 돌아왔고, 이로 인한 재판은 그 이전의 재판보다 훨씬 더 소란스러운 것이었다.[2] 그 자신이 이를 "무서운 큰 소동(furious hurley burleys)"이라고 한 것은 그 자체로 매우 흥미로운 것이다. 그는 변호사에게 기소장을 보여주고 기소장에 이의신청을 할 만한 하자가 있는지 여부를 확인하기 위해 법원으로부터 기소장의 사본을 억지로 받아내는, 다른 누구도 해 본 일이 없는, 위업(feat)을 달성했다.

이 사건의 경우에도 그의 실질적인 변론 요지는 그에게 적용된 법률이 전제적이고, 배심은 그러한 관점에서 법률에 대한 판단자임이 분명하며, 따라서 그들이 승인하지 않는 법률은 효력을 발하게 해서는 안 된다는 것이다. 그는 다시 무죄평결을 받았고, 배심은 그들이 한 평결의 이유와 관련하여 평의회(Council of State)에서[3] 심문을 받았다.[4] 많은 배심원들은 답변을 거부했고, 그 중 몇 명은 판사들이 그들의 생각과 달리 뭐라고 하는 것과 관계없이 그들은 자신들을 사실에 대하여서뿐 아니라 법률에 대한 판단자(judge of the law)로 간주했다고 말했다.

---

1) 4 State Trials, p. 1379.   2) 5 State Trials, p. 407.
3) [역주] English Council of State는 1649년부터 1660년까지 설치되었던 것으로 추밀원으로 불리기도 하지만 추밀원과는 다른 것이다. 임무는 국왕이나 추밀원을 대신하여 내정과 외교 그리고 국방 등에 관한 정부의 기능을 수행하는 것이었다.
4) 5 State Trials, p. 445-450.

Faulconer 사건

Lilburn에 대한 무죄평결과 같은 일은 혁명정부가 취하고 있는 조치가 사회의 상당한 계층으로부터 지지와 동의를 받지 못하는 경우에 당할 수 있는 패배이다. Louis Philippe 치하에서 행해진 많은 정치적 소추행위에서 Lilburn과 유사한 사례들이 있었다.[1] 오래되고 제대로 정비된 정부조직이 무력에 의해 전복된 경우 그 자리에 새로 성립된 정부가 제정한 법률이 그것이 단순히 법률이라는 이유만으로 지지를 받고 집행되기를 기대하는 것은 어려운 일이고, 그리고 배심원들이 나름대로 정의라고 생각하는 개인적인 의견과 동떨어진 것도 지지를 받거나 집행되기가 어렵다. 심지어는 가장 안정되고 훌륭하게 성립된 정부의 경우에도 배심이 특정한 사안에 적용하는 것이 어렵다고 생각하는 법률의 집행을 거부하는 것은 자주 일어나지 않는 일이 아니다. 이러한 일은 우리 자신들의 시대에도 일어나고 있는 일들이다.

공화정(Commonwealth) 치하에서 재판의 특성과 관련하여 이미 언급한 것에 더하여, 1650년 York 순회법원에서 반란죄로 재판을 받은 Colonel Morris 사건과[2] 고등법원에서 반란죄로 재판을 받은 Love 사건에[3] 관하여 살펴보기로 한다. 이들 재판은 아주 기술적인 이유로 제기된 Morris의 이의신청을 허가하지 아니하는 불공정한 일이 있었다고 말해지지만, 그 이외의 모든 재판과정은 공정하고 건실하며 그리고 우리의 현대 재판절차와 아주 유사한 방식으로 진행되었다.

공화정 치하에서 행해진 재판과 관련하여 정치적 사건과 관련되지 않은 범죄들에 대한 재판은 State Trials에 별로 기록되어 있지 않지만, 17세기에는 증거에 관한 규칙이 제대로 정립되어 있지 않다는 내용을 설명하는 재판기록 하나를 언급하기로 한다. 1653년 Benjamin Faulconer는 왕당원(Royalist)들의[4] 재산을 몰수하여 채무변제로 사용하였다는 것과 관련하여 위증죄로 소추되어 위원들(Commissioners) 면전에서 재판을 받았다.[5] 그는 Lord Craven의 재산이 몰수되었다는 취지의 진술을 했었다.

---

1) [역주] Louis Philippe는 1830년부터 1848년 사이 프랑스 국왕이었다. 그의 치세에서 정치적 이유로 언론인을 상대로 하는 많은 소추행위가 있었다.
2) 4 State Trials, p. 1250.　　　　　3) 5 State Trials, p. 43.
4) [역주] 처형된 Charles 1세를 지지한 사람들을 말한다.
5) 4 State Trials, p. 323.

제3차 기간, 1660년-1678년

이 진술을 가지고 Craven 가족은 그를 상좌부(Upper Bench) 즉, 당시의 왕좌부 법원에 고발했다.[1] 증언이 허위라는 것을 입증하기 위해 많은 증인들이 소환되었고, 그들의 증언 이후 Faulconer가 나쁜 성품의 소유자라는 것을 보여주기 위한 증인들이 소환되었다.[2] 그들은 그가 Petersfield 거리에서 고주망태가 되도록 술을 마셨고, 나쁜 언사를 사용하는 데다 아주 나쁜 품행으로 비난을 받았으며, 그리고 마지막으로 중죄(felony)를 범한 것으로 의심을 받아왔고, "노상강도라는 별명"을 갖고 있다는 식으로 증언을 했다. Faulconer의 성품에 대한 증언은 받아들여졌고, 그리고 그에 따라 의회가 결정을 내린 것이기 때문에, 그가 그의 재판에서 특별히 가혹하게 다뤄졌다고 보기는 어렵다. 따라서 이 시기에는 유죄추정을 위한 방편으로 피고인의 나쁜 성품을 입증하기 위해 증인을 소환하는 것이 비정상적으로 간주되지 않았던 것으로 보인다.

3. 1660년 - 1678년

Charles 2세와 James 2세의 치세는 영국 역사에 있어서 아마도 가장 결정적인 부분을 차지한다고 할 수 있다. 왜냐하면, 그 이후 우리의 모든 역사의 발전과정이 당시 일어났던 투쟁의 결과로 결정되었기 때문이다. 이들 투쟁의 모든 결정적인 순간에 주된 역할을 담당했던 것은 형사재판을 담당했던 법원이었고, 투쟁을 하던 당사자들은 상대방으로부터 위증에 의한 얼룩진 증거에 따라 통상 반란죄로 고발을 당하여 교대로 법정에 서게 되었으며, 그에 따라 가끔은 겁을 먹고 그리고 가끔은 부패한 당파주의자인 판사들 앞에서 재판을 받았다. 이들 가장 중요한 재판절차의 역사는 서로 연관이 되어 있기 때문에, 비록 이를 설명할 빈자리가 이 책에 남아 있기는 하지만, 그들 상황을 자세하게 설명하고 싶지는 않다. 하지만 단순한 법률적인 관점에서는 몇 가지 살펴볼 여지가 있다. 나는 가장 악명 높은 재판들 예컨대, 가톨릭음모사건에[3] 대한 재판이나 Jeffreys 면전에서 실시된 재판과 관련한 불공정성과 잔인성이 과장된 것이라고는 전혀 생각하지

---

1) 기소장에서 증언의 실질적인 내용을 주장하고 있지 않다는 것이 주목할 만한 일이다.
2) 4 State Trials, p. 354-356.
3) [역주] Titus, Oates 등이 Charles 2세를 암살하고 가톨릭부활을 꾀하였던 음모 사건.

않는다.1) 그들 재판에서 주된 역할을 한 사람들은 엄청난 오명을 뒤집어쓰게 되었고, 그들에 대한 이러한 오명을 경감해 주고 싶지는 않지만, 그들의 특수한 상황이 충분이 인지되고 있지 않다는 것을 말하고 싶다.

Charles 2세와 James 2세 치하에서 일어났던 불의(injustice)의 대부분은 위증을 하는 증인과 예비심문절차제도의 엄격한 시행으로 인한 것이었다고 간단히 특징을 지울 수 있다. 예비절차제도의 엄격한 시행은 위증의 탐지와 노출을 사실상 불가능하게 할 정도로 어렵게 만들었다. 당시 어느 정도 고압적인 불공정이 있었던 것은 의심의 여지가 없고, Jeffreys의 역겨울 정도의 잔인성은 후대에 지울 수 없는 인상을 남겼다. 그러나 이러한 모든 것을 충분히 인정한다 하더라도, 공정성에서 본다면, 17세기 후반에 있었던 재판들은 오늘날 우리들에게 시행되고 있는 것과 거의 차이가 없는 절차를 따랐다고 생각한다. 그리고 특별히 정치적 범죄에 대한 것이 아닌 당시의 많은 재판들은 완벽하게 공정했다고 할 수 있다. 그리고 심지어 정치적인 사건에 대한 재판의 경우에도 그에 따른 불공정은 정치적 흥분, 개인의 사악함 그리고, 비록 거칠고 부당하게 시행될 가능성이 있다는 확실한 단점에도 불구하고, 많은 관점에서 건실한 것이었다고 할 수 있는 제도의 거친 집행에 기인하는 것이라고 할 수 있다. 이들 치세 기간 중에 보고된 재판의 수는 너무 많아(이들 기록은 State Trials 일곱 권을 채우고 있다) 이들을 유형별로 나누어 볼 필요가 있고, 인지하지 못하고 있는 많은 신기한 내용들은 이를 생략하고자 한다.

왕정복고(Restoration)2) 이후 첫 번째 부류의 재판은 1660년의 Charles 국왕 시해자(regicide)들에3) 대한 재판이고,4) 이에 더하여 1662년의 Sir H. Vane the younger에5) 대한 재판을 들 수 있다. 국왕 시해자들에 대한 재

---

1) [역주] George Jeffreys(1645-1689), 1st Baron Jeffreys of Wem은 웨일즈 출신 판사로, 왕좌부 법원 수석재판관까지 역임한 사람이다. 그의 판사로서의 주된 임무는 국왕의 정책을 강제하는 것이었고, 그에 따라 가혹하고 편견에 사로잡힌 판결을 하였다는 역사적 평판을 받고 있으며, "the Hanging Judge"라는 별명도 가지고 있다.
2) [역주] 1649년에 폐위되어 처형된 Charles 1세의 아들인 Charles 2세가 1660년 국왕으로 즉위한 것을 왕정복고라 한다.
3) [역주] 1649년 국왕 Charles 1세를 사형에 처한 판사들을 말한다.
4) 5 State Trials, p. 947-1364.
5) [역주] Sir Henry Vane(1613-1662)은 Henry Vane the Elder의 아들로서, 그의 아버

판과 관련하여 법률적인 관점에서 말할 것은 거의 없거나 아무것도 없다. 그들이 국왕의 시해를 모의하고 계획하였으며 그리고 (기소장에서 주장하는 바와 같이) 국왕의 목을 참수함으로써 그러한 모의와 계획을 외부에 나타냈다는 것은 의심의 여지없이 인정되는 사실이고, 이는 25 Edw 3 법률에서 규정하고 있는 반란죄에 해당하는 것 또한 명백하다. 그들의 실질적인 변론 내용은 Charles는 당시 사실상 통치를 그만 둔 상태였고, 그들은 당시 사실상 나라를 통치하는 권한을 가지고 있는 당국의 지시에 따라 행동을 하였다는 것이었다. 그러나 왕정복고파와 소추인의 주장 요지는 내전은 성공한 반란이었고, 1649년 당시에 의회의 권한을 행사한 하원(House of Commons)의 절차는, 말하자면, 반란에 기초한 반란으로 따라서, Charles를 처형한 것은 반란과 모살 양자 모두에 해당한다고 하면서 위와 같은 변론은 충분하지 않다는 것이었다. 이러한 사실을 실질적으로 입증하기 위해 Charles 1세에 의하여 체포되었던 6명 중 2명이었던 Denzil Hollis와 Manchester 백작, 그리고 Pride에 의해 추방되었던 사람인 Annesley가 Charles의 재판을 담당하였던 판사들을 재판할 순회형사법원의 판사들이 되었다. 이 재판절차에 있어서는 Hollis와 Annesley가 적극적인 역할을 담당했다. 특히, Hollis는 Harrison이 그의 행위와 관련하여 의회의 권한을 주장하자 입에 거품을 물고 이를 반박했다.[1]

사실은 그렇게 단순했고, 그러한 사실에 대한 법원과 피고인들의 견해는 정반대로 서로 달랐기 때문에 재판에 대한 법률적인 면에서의 흥미는 크지 않다. 피고인들은 사실에 관하여는 다투지 않았다. 그들 중 다수는 그들이 한 행위를 명시하고 이를 정당화하였으며 특히, Harrison, Scroop 그리고 Carew가 그러했다.

지와 구별하기 위해 Harry Vane이라 부르기도 한다. 정치가로서 식민지 미국 매사추세츠 총독을 지내기도 하였다. 내전 당시 Oliver Cromwell과 긴밀히 협조한 의원이기는 하였지만 Charles 1세 처형에는 관여하지 않았다. 또한 Charles 2세에 의하여 공식적으로 사면을 받았음에도 불구하고, 의회로부터 반란죄로 고발을 받아 런던탑에서 처형되었다.

1) 5 State Trials, p. 1078. "당신은 당신이 저지른 무섭고 혐오스러운 일을 알고 있을 것이다. 이는 당신이 의회를 부술 때까지 절대로 개선될 수 있는 것이 아니다. 의회를 당신의 음울한 범죄의 창시자로 만들지 마시오." Annesley 역시 같은 취지의 말을 Carew에게 하였지만, 점잖은 말투로 하였다. p. 1056, 1057.

국왕 시해자들에 대한 재판

국왕에 대한 재판 당시에 법무차관이었던 Cook는 그 자신을 정교하면서도 비열하게 변론하였는데,[1] 그 근거는, 비록 그의 이름이 사면법(Act of Oblivion)에서[2] 제외되기는 하였지만, 그의 행위가 Charles의 생명을 빼앗는 데 있어서 진정한 의미의 "보조자의(instrumental) 지위"에 있지 않았다는 것이었다. 법률의 규정은 "판결을 선고하거나 서명을 하는 또는 그 보조자의 지위"로 되어 있고, 그는 여기에서 보조자의 지위에 있다는 것은 판결을 선고하거나 서명을 하는 사람과 같은 방식으로 보조를 하는 것을 의미하는 것이라고 주장했다. 그는 다음과 같이 말했다. "법률에 다른 방식의 보조자가 되는 것을 규정하고 있지 않다는 것을 보아라. 자신이 받은 급료만큼만 말을 하는 변호사처럼, 그것을 고안한 당사자가 아닌 사람들과 관련하여 의회는 이들을 소추하려고 하지 않았다는 것을 나는 듣고 있다. 다른 사람이 나에게 작성하라고 지시한 것만을 내가 작성하고, 내가 받은 돈만큼만 말을 한 경우에, 내가 국왕의 죽음에 도움을 주었다고 말할 수 있는지 여부는 당신들의" (배심원들의) "양심에 맡기겠다." 그는 이러한 비천한 변론방식에도 불구하고 그의 생명을 구할 수 있는 기회를, (그는 그러한 기회가 있을 것이라고 생각했겠지만), 갖지 못하였고, 오히려 이로 인하여 Sir Heneage Finch(그의 법무차관 후임자)로부터 통렬하고 반박할 수 없는 반격을 당하게 되었다. "런던탑으로부터 도끼를 가지고 온 사람도 피고인보다 더 보조자의 지위에 있지 않았다."[3]

국왕 시해자들에 대한 재판 중 본질적으로 가장 중요하지 않은 Hulet에 대한 재판은[4] 법률적인 관점에서는 흥미로운 것이다. 왜냐하면, 이는 당시에 적용된 증거에 대한 규칙이 얼마나 느슨하였는지를 보여주고 있기 때문이다. Hulet는 Charles의 처형을 실제로 집행하였다는 이유로 고발되었다. 그는 상당히 공정하게 재판을 받았다고 생각된다. 하지만 그는 그에 대한 사형집행의 유예를 전제로 판사들이 취득한 불확실한 증거에 의해 유죄판결을 받았다. 그에 대한 증거는 거의 대부분이 전문증거이거나 그

---

1) 5 State Trials, p. 1077-1115(특히, 1097, 1098 참조).
2) [역주] Indemnity and Oblivion Act 1660년은 의회가 Charles 2세에게 Charles 1세 처형에 가담한 자들에게 사면을 요청하는 법률이다. 이 법률은 Charles 1세의 처형에 공적으로 가담한 자들에 대해서는 그 적용을 배제하고 있다.
3) 5 State Trials, p. 1100.   4) 5 State Trials, p. 1185-1195.

자신이 인정하는 진술뿐이었다. 한편, 피고인도 몇 명의 증인을 부르는 것
이 허용되었지만, 증언 내용은 사형집행자인 Brandon이 Charles의 처형을
그 자신이 집행하였다고 말하는 것을 Hulet가 들었다는 것이었다. 오늘날
증거에 대한 규칙에 의하면 이러한 증거는 배척되었을 것이다.[1]

국왕 시해자들에 대한 재판에 있어서는, 그 이후의 몇 개 사례에서와 마
찬가지로, 판사들이 협의를 거쳐 재판과 관련하여 발생하는 법률적인 문제
에 관하여 여러 개의 결의를 하였으며, 그 자리에는 국왕의 법무관들도[2]
출석하고 있었다. 이러한 결의 중 하나가 약간의 일반적인 흥미를 갖게 해
준다. "국왕의 칙선변호사는 누구나 기소장안을 작성하기 위해 사적으로
대배심에 제출된 증거를 다룰 수 있다고 결의되었고, 이는 사적으로 행해
져야 한다고 합의되었다. 통상 모든 사건에 있어서 기소장과 관련하여 소
추인은 기소장안을 작성하기 위해 증거를 다루는 것이 인정되었고, 국왕이
당사자인 사건에 있어서 국왕의 칙선변호사는 유일한 소추인이다. 왜냐하
면, 국왕은 개인적으로 소추를 할 수 없기 때문이다." 결의 중 하나는 너무
나 특이한 현학적인 그 내용 때문에 다시 인쇄가 되어야 할 상황이다. "국
왕에 대한 죽음을 모의한 것으로 기소장에 기재된 날짜는 Charles 1세 24
년 1월 29일로 되어 있고 그를 살해한 것은 같은 1월 30일이기 때문에, 1
월 30일을 기소장에 기재하면서 이를 어느 왕의 치세로 기재해야 할지 즉,
Charles 1세의 치세로 해야 할지 아니면 Charles 2세의 치세로 기재해야
할지의 문제가 제기되었다. 하루를 두 개의 단편으로 분리할 수 없는 것이
기 때문에 문제가 어려워졌다. Charles 1세 국왕의 머리가 그의 몸으로부
터 실질적으로 분리되기 이전에 이루어진 모든 행위는 그 자신의 치세에
서 행해진 것이고, 그의 죽음 이후에는 Charles 2세 치하에서 이루어진 것
이다. 비록 Mallett를 제외한 모든 판사들이 같은 날에 속하는 하루는 여러
관점에서 그리고 여러 행위의 측면에서 이를 통틀어 두 국왕의 치세로 볼

---

[1] Stobart v. Dryden, 1 M. & W. 615 참조.
[2] 예컨대, 법무장관과 차관 그리고 칙선변호사들을 말한다. "그 자리에 국왕의 고등변
호사(King's serjeant)는 없었고, 죽은 왕의 고등변호사인 Serjeant Glanvil만이 있었
는데 그는 당시 늙고 허약했다" - 5 State Trials 971-983에서 인용한 Kelyng의 보
고서. 내 생각으로는 내전 이후 적어도 영국(England)에서는 국왕의 고등변호사가 법
무장관과 법무차관으로 완전히 대체된 것으로 보인다.

수 있다고 합의를 하였지만, Mallett 판사만은 그날 전부가 Charles 2세 치하라고 진지하게 주장하였고, 그에 따라 그 자리에는 어떤 국왕의 치세라고 특별히 이름을 기재하지 않기로 합의하였다. 그 결과 기소장에는 국왕의 죽음을 모의한 날짜를 Charles 1세 24년 1월 29로 기재하고, 국왕을 살해하는 다른 행위 및 살해 그 자체는 특정 국왕의 이름을 기재하지 않은 채 'tricesimo mensis ejusdem Januarii(1월 30일)'로 기재하였으며, 이것으로 충분히 특정되었다고 합의를 보았다."

1662년의 Sir Henry Vane에 대한 재판은[1] 잔인하고 보복적인 절차로 보인다. 왜냐하면, 그에 대하여 주장되고 입증된 반란행위는 전적으로 그가 정부의 일원으로서 통상적으로 행한 행위만으로 특히, Charles 처형 이후 평의회(Council of State)의 구성원으로서 그가 행한 행위 그 중에서도 Charles 2세로 하여금 그의 왕국을 소유·지배하지 못하도록 한 행위로만 구성되어 있기 때문이다.[2] 이러한 행위들은 유명한 11 Hen. 7, c. 1 법률의 정신에 명백히 부합하는 것이었고, 이러한 행위를 25 Edw. 3 법률의 규정에 따른 반란행위로 보기는 어렵다. 이 사건에서 주목할 만한 것은 형사재판에서는 항고서(bill of exception)가[3] 제출될 수 없다고 이 법원이 결정하였다는 것이다. 이는 기억할 만한 결정으로, 이로 인하여 형사재판절차 중에 일어날 수 있고 소송기록에 기록될 수 있는 희귀한 오류에 대한 항고의 성격을 갖는 행위를 모두 제한할 수 있게 되었다.

국왕 시해자들(regicides)에 대한 재판과 가톨릭음모사건(Popish Plot)에 대한 재판 사이에는(1660-1678년) 헌법상 커다란 중요성을 갖고 있는 재판들이 몇 개 더 있었다. 그들 중 하나로 Messenger와 그 이외 사람들에 대한 사건이 있었고, 그들은 국왕에 대하여 전쟁을 개시하였다는 대역죄(high treason)로 Old Bailey에서 재판을 받았다. 이 재판과 관련해서는 반란죄에 대한 법률의 역사를 설명할 때 언급하겠다.

---

1) 6 State Trials, p. 119-202. Vane의 실제 범죄행위는 Strafford에 대한 재판에서 그가 한 행위라는 것은 의심의 여지가 없다.   2) 6 State Trials. p. 148, 149.
3) [역주] 항고서(bill of exception)는 당사자가 법원의 판결 등에 대하여 신청한 이의를 그 원인인 사실 또는 사정과 함께 기재하여 판사의 서명을 받은 서면을 말한다. 후에 상소심 등에서 심리를 받기 위하여 다툼이 있는 판결 등을 기록에 남길 목적으로 한다. 이는 1852년 Common Law Procedure Act에 의하여 폐지되었다.

Penn 사건

그보다 훨씬 더 중요한 것이 소란스러운 집회로 재판을 받은 Penn과 Meade에 대한 재판이었고,[1] 그 재판과 관련한 Edward Bushell에 대한 재판절차였다. 소란스러운 집회는 Penn이 Gracechurch-street에서 설교를 하였다는 것이다. 재판의 내용은 피고인들에 의해서 기록되었고, 그에 따라 모든 쟁점사안에 관하여 최상의 논쟁 내용을 보여주고 있다. 만일 그 내용이 정확하다면 그들 두 사람은 모두 주목할 만한 침착함과 활기찬 말솜씨를 보여주었다고 할 수 있다. 하지만 나는 그들이 논박하고 있는 많은 부분은 실제 그들이 말한 것이라기보다는 그들이 말했어야 할 사항들에 대한 회상이라고 생각하지 않을 수 없다. 그들이 실제 그러한 말을 하였는지 여부와 관계없이 Penn과 Meade의 주장은 몇 개의 법적 주제와 관련하여 그들의 시대 그리고 그들의 사회계층에 관한 추세에 시사점을 던져주고 있다. 재판이 시작되어 선서가 끝나자 지방법원 판사(Recoder)가 Meade에게 그가 그 자리에 있었는지 여부를 질문하였고, 이에 대해 Meade는 "당신 자신의 법률에 의하면, 'Nemo tenetur accusare seipsum'이라고 하는 법언(maxim)이 있는데, 이는 실제 라틴어가 아니고, 어떠한 사람도 자기 자신을 고발할 의무는 없다는 뜻의 진정한 영어라고 나는 확신한다. 그럼에도 불구하고 당신은 왜 나에게 그러한 질문을 하고 있는가? 이는 당신이 나에게 악의(malice)를 가지고 있다는 것을 보여주는 게 아닌가? 이것이 법정에서는 피고인을 위한 변호사의 역할도 수행해야 하는 판사라고 할 수 있겠는가?"라고 대답했다.[2] 이어 Penn은 지방법원 판사에게 "나에 대한 기소장(indictment)은 어떠한 법에 근거하고 있는지 알려 달라"고 질문을 하였다. "지방법원 판사: 보통법(common law)에 기초하고 있다. Penn: 그 보통법은 어디에 있는가? 지방법원 판사: 내가 오랫동안 그리고 보통법에 관련된 그렇게 많은 사건들을 처리할 수 있었던 것이 당신의 호기심에 대답을 하기 위한 것이었다고 당신은 생각해서는 안 된다. Penn: 그러한 대답은 내 질문을 충족시키기에는 너무 부족하다고 나는 확신한다. 만약 당신이 그렇게 다룬 것이 보통법이라면 그것을 제시하는 일이 그렇게 어렵지 않을 것이기 때문이다."

---

1) 6 State Trials, p. 951. 이 재판은 1670년에 있었다. 배심원들이 벌금형을 받고 수석 판사 Kelyng의 심문을 받은 것은 Kelyng의 1873년 초판 p. 69에 보고되어 있다.
2) 6 State Trials, p. 987.

Penn 사건

 법원과 피고인은 점차 더 격렬한 논쟁에 빠지게 되었고, Lord Mayor 판사는 Meade에게 그는 "그의 혀를 잘라 내어야 할 사람"이라고 말했다고 하며,[1] Meade와 Penn 두 사람 모두 "Bale Dock"으로[2] 보내졌다. 그들은 이곳을 법정 밖에 있는 "지독한 냄새가 나는 누추한 감옥"이라 묘사했다. 배심은 Meade에게는 무죄 그리고 Penn에게는 "Gracechurch-street에서 말한 데 대하여 유죄"라고 평결할 수밖에 없는 상황이었다. Penn에 의하면, 배심원들은 창피스러운 욕설을 듣고 "통상 일요일이라고 일컬어지는 다음 날 아침 7시까지 감금되었다(이러한 일은 네 차례 있었다)." 그럼에도 배심은 두 사람 모두에게 무죄평결을 하였고, 이는 판사가 이와 관련한 스페인의 제도를 존경한다고 말하고, Lord Mayer가 Bushell(배심장)의 목을 가능한 빨리 잘라버리겠다고 말한 뒤 이루어졌다. 배심원들은 무죄평결을 이유로 각 40마르크의 벌금과 벌금을 납부할 때까지 구금 판결을 받았다. Bushell과 그의 동료 배심원들은 인신보호영장(writ of habeas corpus)을[3] 발부받았다. 영장집행보고서(return)에 의하면 그들은 "영국 왕국의 법률에 위반하여, 충분하고 명백한 증거에 반하여 그리고 법률문제에 대한 법원의 지시에 위반하여" Penn과 Meade에 대하여 무죄평결을 함으로써 법정을 모욕하였다는 것이었다. 그러나 이러한 논란을 들은 판사들은(12명 중 10명이) 증거를 믿거나 믿지 않을 배심원의 재량은 논란의 대상이 될 수 없다고 결정했고, 그에 따라 배심원들은 벌금을 내지 않고 구금에서 풀려났다. 이는 배심원들이 그들이 옳다고 생각하는 그러한 평결을 할 수 있는 절대적인 권한에 대하여 의문을 제기한 마지막 사건이었다. 하지만 나는 증거 없이 또는 유죄를 인정하기에는 명백히 부족한 증거에 기초하여 유죄를 끈질기게 고집하는 배심의 경우가, 만일 그러한 경우가 있다면, 형사재판에서 상당한 어려움을 제기하지 않는다고 확신하지 못한다.

---

1) 이 재판은 시장, 지방법원 판사 그리고 5명의 시의원 앞에서 행해졌다.
2) [역주] London의 Old Bailey 법원 모퉁이에 설치되어 있는 좁은 공간으로 천장이 뚫려 있고, 재판 중인 범인들을 가두어 두던 곳이다.
3) [역주] 다른 사람을 구금하고 있는 자에 대하여 그 구금의 정당성을 확인하기 위해 구금되어 있는 자를 법원이나 판사 면전으로 데려올 것을 명하는 영장을 말한다. 이러한 영장을 받은 집행관은 구금 기간 및 구금의 이유 등을 명시한 영장집행보고서를 작성하여 법원에 제출한다. 이 영장은 보통법상 인정되어 오던 것으로서 1679년, 1816년, 1862년의 인신보호법(Habeas Corpus Act)에 의하여 수정, 확대되었다.

Keach에 대한 재판

거의 주목을 받지는 못하였지만, 만일 선례로 인정되는 경우, 아주 획기적인 중요성을 갖고 있는 재판이 1665년 Aylesbury 순회법원에서 수석재판관(Lord Chief Justice) Hyde 앞에서 행해졌다. Buckinghamshire에 있는 Winslow 출신의 Keach라는 사람이 소책자를 썼는데, 그 소책자에는 재침례론의 교리(Anabaptist doctrine)라고 알려진 내용이 포함되어 있었다.[1] 이 교리에 의하면 유아는 세례를 받아서는 안 되고, 그리스도는 천 년 간 지구를 영원히 다스릴 것이라는 등 여러 문제들을 주장하고 있었다. 이로 인하여 그는 "영국 국교 기도서의 지침(Book of Common Prayer)에 위반해 가증스러운 내용을 포함하고 있는 선동적이고 해로운 책을 악의로 작성하여 출판하였다"는 죄로 기소가 되었다. Keach는 유죄판결을 받아 2주일간의 구금과 2회에 걸친 조리질을 받았다. 판사석에 앉아 있던 판사의 행위는 모든 면에서, 보고서에 나와 있는 바와 같이, 수치스러운 것이었다. 기소장의 내용은 보고서에 나와 있지 않다. 이 기소장은 기독교 신앙에 반하거나 또는 영국 교회의 교리나 계율에 반하는 교리나 의견을 천명하거나 주장하는 이단적인 내용의 책이나 소책자의 출판을 금하는 Licensing Act(13 & 14 Chas. 2, c. 33 법률 제2조)를 근거로 하였을 것이다. 이 법은 그러한 출판행위를 경죄(misdemeanour)로 규정하고 있다. 물론 이 기소장이 보통법에 근거한 것인지 아니면 위 법률에 근거한 것인지 분명하지는 않다. 만일 이 책의 출판행위가, 기껏해야 교회법상의 범죄에 불과함에도, 교회법상의 범죄가 아닌 보통법상의 명예훼손으로 처리되었다면, 이 사건은 형법의 범위를 전례 없이 넓힌 것이라 할 수 있다. 이러한 나쁜 선례가 그 이후에도 있었는지, 나는 알지 못한다.

이 기간 동안 정치와 관련이 없는 통상적인 범죄에 대한 상당히 많은 수의 재판들이 State Trials에 보고되어 있다. 여기에서는 특별히 1664년의 Colonel Turner 그리고 그의 아들들과 그의 아내에 대한 주거침입절도와 강도사건 재판,[2] 1669년의 Hawkins에 대한 절도사건 재판[3] 그리고 1666년 Lord Morley와[4] 1678년 Lord Pembroke에[5] 대한 각 살인사건 재판과 1665년 Suffolk에서의 마녀사건[6] 재판을 살펴본다.

---

1) 6 State Trials, p. 701.
2) 6 State Trials, p. 566.
3) 6 State Trials, p. 922.
4) 6 State Trials, p. 770.
5) 6 State Trials, p. 1310.
6) 6 State Trials, p. 647.

Turner에 대한 재판

Turner 가족에 대한 재판은 그 당시의 관습을 설명하는 데 있어서 너무나 호기심이 가는 것이다. 그러나 법률적인 관점에서 보면 그의 주된 흥미는 당시 통상적인 범죄에 대하여 행하여졌던 복잡한 재판방식을 완전하게 설명해주는 데 있다. 이 재판은, 내가 알기로는, 그러한 재판을 완전하게 보고하고 있는 최초의 것이다.[1]

소추인이나 피고인 모두 변호사를 고용한 것으로 보이지는 않는다. 적어도 변호사의 이름은 한 명도 나와 있지 않다. 첫 번째 증인은 사건을 수사하고 피고인을 구금한 치안판사였다(부시장인 Sir Thomas Aleyn). 통상 사용하는 말로 "배심에게 그가 알고 있는 바를 말하라"는 요청을 받자 그는 그의 모든 절차과정과 조사내용 그리고 그가 다양한 여러 사람을 조사하면서 얻은 정보를 설명했다. 그가 말한 대부분의 것은 오늘날의 증거법에 의하면 증거로서 허용될 수 없는 것이다. 그 요지는 다음과 같다. 강도를 당한 다음날 그는 Turner를 의심하고 그를 심문하였고, 그 다음날 더 많은 정보를 받아 그를 더 자세히 심문하였으며(이러한 모든 것을 그는 매우 자세하게 언급하고 있다) 그의 집을 수색하였고, 그에게 호의를 베풀어 주겠다는 약속에 일부 기인하여 Turner는 도난당한 금품(현금 1,000파운드 그리고 2,000파운드 이상의 보석)의 상당부분을 돌려주었다. 이어 소추인과 사실에 관한 많은 증인들이 소환되었고, 특히 이 사건을 수사하는 데 관심을 보였던 다른 부시장인 Sir Thomas Chamberlain도 소환되었다. 모든 증거가 제출되자 수석재판관 Hyde는 Turner에게 이 모든 문제를 짧게 그리고 매우 분명하게 요약해주면서[2] 그에게 다음과 같이 말했다. "나는 당신에게 당신에 대한 고발 내용에 관하여 변론을 제안한다." 이어 "이러한 모든 것을 종합할 때, 당신이 그에 대한 변론을 하지 않는 한, 모든 세상 사

---

1) Turner는 나이 많은 기사당원(Cavalier)이었다. 처형대에서 그의 연설은 두 시간이나 계속되었다. 그것은 이상한 행위로서 끝없는 장광설이었고, 이러한 방법으로 그는 사면장이 도착하기를 바라는 희망에서 시간끌기를 하였던 것이다. 그는, 예를 들면, 다음과 같이 말했다. "나는 영원한 기독교인이다. 내가 교회에서 모자를 쓰고 있는 사람을 그대로 봐주지 않았다는 것은 교구 사람들에게 잘 알려진 일이다. 그것이 나를 매우 곤란스럽게 하였다." 6 State Trials, p. 626.
2) 6 State Trials, p. 593-594. 이러한 요약은 그 사건의 내력을 밝히고 있고 그리고 그 내용은 매우 짧은 말로 되어 있지만, 매우 복잡하다.

람들은 당신이 그 강도행위를 한 사람이라고 결론지을 것이 틀림없다"고 하면서 말을 마쳤다. Turner는 그에 대한 답변으로 긴 연설을 하고, 그리고 증인을 불렀다.[1] 그는 그의 진술과 관련하여 이따금씩 질문을 받았는데, 한 번은 상당히 자세하게 질문을 받았다.[2] 질문의 방식은 그의 말이 빤한 거짓말이 아니냐는 식이었지만, 내 생각으로는, 거칠고 불공정한 것으로는 보이지 않는다. 피고인에 대한 신문은, 간단히 말해서, 더 이상 신문이 재판의 요체였던 과거 즉, Elizabeth 그리고 James 1세 시대의 그것이 아니었다. 그것은 진실을 밝히기 위한 자연스러운 방식이었고, 어떠한 경우에 있어서도 결코 피고인에게 불리한 것이 아니었다. 오히려 피고인의 혐의를 입증할 수 있는 문제들에 대하여 피고인의 관심을 끌게 함으로써, 피고인이 그에 대한 변명을 할 수 있는 경우 이를 가능하게 하였다.

피고인의 변론이 종결되자 판사가 쟁점을 요약(summing-up)했다. 수석재판관 Hyde는 배심에게 특별히 다음과 같이 말했다. "당신들은 제출된 증거에 대해 메모를 했을 것이다." (이로 미루어보아 그는 메모를 하지 않은 것으로 보인다.)[3] "나는 당신들의 기억을 되살리는 사람이 아니다, 당신들은 젊다." 판사의 쟁점에 대한 요약이 완전히 보고되었다 하더라도, 이는 결코 주목할 만한 것은 아니었다.

State Trials에 나와 있는 것으로 Hale이 재판한 사건으로는 Hawkins에 대한 절도사건 재판과 Suffolk 마녀사건 재판뿐이다. 이들 재판 중 그 어떤 것도 그에 대한 기이한 평판을 정당화시켜준다고 말하기는 어렵다. 두 개의 반지와 앞치마 그리고 1파운드 19실링의 돈을 절취하였다는 혐의로 재침례교도인 교구민으로부터 고발을 당한 Hawkins는 Buckinghamshire의 목사였다. 보고서는 피고인 자신이 작성한 것이다. 만일 그 내용이 사실이

---

1) 그의 부인이 도중에 매우 괴상한 방식으로 그를 제지했다. 그는 하나의 사례로 "부인과의 사이에 27명의 아이들을 - 15명의 아들과 12명의 딸- 낳았다"고 말하면서 부인에게 사과했다.
2) 6 State Trials, p. 605-610. 특히 p. 610.
3) 6 State Trials, p. 612. 오늘날 판사들이 보편적으로 하고 있는 메모의 관습은 서서히 생성된 것이다. Colledge 사건, 8 St. Tr. 712, Cornish 사건, 11 St. Tr. 437 그리고 Annesley 사건, 17 St. Tr. 1419, note 각 참조. 이미 언급한 Throckmorton 사건의 경우에도 마찬가지이다.

라면 그에 대한 고발은 엄청난 위증의 결과이고 야비한 개인적 악의에 근거한 음모의 산물이라는 것을 보여준다. 사건 그 자체에는 특별히 주목할 만한 것이 없고, 다만 소추인이, (국왕을 위한 변호사가 없었기 때문에 그가 소추변호사의 직분을 행한 것으로 보인다), Hawkins가 재판을 받고 있는 사건과 아무런 관련이 없는 것으로, 그 전에 다른 장소에서 두 건의 절도행위를 하였다는 것을 보여주는 증거를 제출하도록 허용되었다는 것이다. 이에 대해 Hale은 "만일 그것이 사실이라면, 이는 피고인을 어떤 배심에게도 역겨운 사람으로 보이게 할 것이다"고 말했다.[1] Hale은 사안이 매우 분명하고 그리고 소추인은 "아주 대단한 악당 아니, 나는 악마라고 생각한다"고 하면서 그의 의견을 표명한 뒤 그리고 배심이 그들은 Hawkins가 무고한 사람이라는 것을 완벽하게 인정한다고 선언한 뒤, 그 책임을 전부 배심에게 떠넘긴 것으로 보인다.

1665년 Suffolk 마녀들에 대한 재판은[2] 타기할 만한 미신과 관련하여 영국에서 그 마지막 재판의 표본으로서뿐 아니라, 누구나 생각하기로는, 가장 명백한 상식에 기초한 증거규칙이라는 것이 그 당시에는 가장 유명한 판사들에게도 잘 알려지지 않았거나 인정받지 못하고 있었다는 사정을 보여주는 것으로서 호기심이 가는 재판이다.

Rose Cullender 그리고 Amy Duny라는 두 명의 여자가 여러 명의 어린아이들에게 마법을 걸었다는 혐의로 기소되었고, 그 어린아이들은 너무 어려서 증인으로 소환할 수 없었다. 그에 대한 실질적인 증거로서 다음과 같은 것들이 제출되었다. 두 명의 여자는 모두 마법을 당하였다는 어린이들의 일부 부모와 싸움을 했었다. 그 이후 어린아이들이 발작을 일으켰고, 발작 중에 어린아이들은 구부러진 바늘을 토했으며, 그리고 두 피고인이 그들을 괴롭혔고 그들은 피고인들의 유령을 보았다는 것이다. 너무나 유치한 이야기여서 언급하기도 어려운 다른 주장들도 제기되었다. 예를 들면, 한 아이의 얼굴에 "벌과 같은 조그만 것이 날라 왔으며" 그러자 그 아이는 "넓은 못대가리를" 가진 조그만 못을 토해내고 "벌이 이 못을 가져와 자기 입에 강제로 넣었다"고 말했다는 것이다. 이는 어린아이에 의하여 입증된 것이 아니라 어린아이 숙모의 진술을 통하여 입증된 것인데, 하지만 숙모

---

1) 6 State Trials, p. 950.   2) 6 State Trials, p. 687.

는 가장 명백한 질문 예컨대, 못을 가지고 다니는 벌을 언제 그녀가 보았는지, 보았다면 어떻게 그리고 어린아이가 어떻게 못을 받아 입에 넣었는지와 같은 그 상황에 대한 질문도 받지 않았다. 이와 같은 말도 되지 않는 많은 내용들이 입증이 된 후 다음과 같은 만족스러운 결정이 따랐다. 즉, "Mr. Serjeant Keeling은" (아마도 법정의 고문으로[1] 보인다) "그에 대하여 상당히 만족스러워하지 못하는 것으로 보이고, 피고인을 유죄로 하기에는 부족하다고 생각한다." "왜냐하면 어린아이들이 마법에 걸렸다는 것을 사실로 받아들인다 하더라도 피해를 본 당사자의 상상만으로 이를 피고인에게 절대 적용할 수 없다. 만일 그것을 허용한다면 어떠한 사람도 도대체 안전할 수 없다"(라고 그는 말했다).[2] 그러나 이 문제에 대한 이러한 견해는 Religio Medici의 저자로 유명한 Dr. Brown에[3] 의해 반격을 받았다. "그는 법정에서 세 사람의 견해에 기초하여 그가 그들에 대하여 어떻게 생각하고 있는지 그 의견을 제시하고자 했다. 그는 사람이 마법에 걸릴 수 있다는 분명한 의견을 갖고 있었고, 그리고 덴마크에서는 최근 많은 마녀들이 발견되었는데, 그 마녀들은 사람들에게 바늘과 못 그리고 이들 못바늘처럼 꼬부라진 바늘을 몸에다 집어넣는, 이 사건에서와 아주 동일한 방식으로 피해자들에게 피해를 가했다는 것이다. 그리고 그의 의견은, 그러한 경우에 악마는 남자와 여자들의 몸속에서 사람들의 몸속에 익살스럽게 넘쳐흐르는 것을 (다시 말해) 아주 크게 휘젓고 흥분시키기 위하여 자연적인 토대 위에서 활동하며, 그러한 경우 악마는 사람들의 몸에서 가장 취약한 부분을 찾아, 특히 이 사건 어린이들에게 나타난 바와 같이, 이상한 방식으로 그러한 병을 감염시킨다는 것이다. 그는, 이와 같이 어린아이를 기절시키는 발작은 자연스러운 것이고 그들이 어머니라고 부르는 것 이외 아무것도 아니라고 생각하기 때문에, 그것은 우리가 마녀라고 부르는 악의

---

1) [역주] amicus curiœ(법정의 친구) 또는 법정의 고문은 해당 사건의 변호사가 아니고 사건의 처리에 있어서 판사에게 조언을 하는 자를 말한다. 반드시 변호사의 자격을 갖고 있는 것은 아니다.
2) 6 State Trials, p. 697.
3) [역주] Religio Medici(Religion of a Doctor)는 의사로서 과학, 의학, 종교 그리고 비법(esoteric) 등에 박학다식했던 Sir Thomas Browne(1605-1682)이 1643년에 저술한 종교적 의미의 유언장(spiritual testament)으로, 초기의 심리적 자화상(psychological self-portrait)으로 평가되고 있다.

와 협력하는 악마에 대한 인식의 어려움을 아주 과도하게 강화시켰을 뿐이고, 그로 인해 이와 같이 악랄한 짓을 하였던 것이라고 했다."

Dr. Brown을 위해서는 다행스럽게도 당시에는 전문가의 법정진술에 대하여 반대신문을 하는 기술이 아직 인정되지 않았다. 의식을 잃기는 하였지만 마녀 중 하나가 언제 자신의 몸을 건드렸는지 알고 있다고 주장하는 어린아이들에 대한 약간의 실험이 시도되었다. 그들은 이러한 일을 법정에서 성공적으로 수행했다. 그러나 일부 사람들이 여기에 의문을 품고 있었기 때문에 그 실험은 다른 장소에서 다시 실시되었고, 이 자리에는 판사가 선정한 몇 명의 유명한 사람들이 참석하였으며 고등변호사 Keeling도 그 중의 한 명이었다. 이 실험을 하면서 어린이 중 한 명에게 눈을 가리게 하고, 마녀를 그 아이에게 데려왔다. 하지만 마녀가 아닌 다른 사람이 그 아이를 건드리게 하였고 그러자 "법정에서 마녀가 건드린 경우와 똑 같은 결과가 나타났다. 그러자 참석한 사람들이 돌아서면서 이러한 모든 일은 단순한 협잡에 불과한 것이라고 믿는다고 하면서 공공연히 항의를 했다." 그에 따라 Hale은 배심에게 이러한 범죄와 피고인을 연결시키는 아무런 증거도 없다고 말할 수 있었고 그리고, 내 생각으로는, 그렇게 말했어야 함에도 불구하고 그렇게 하는 대신, 이 문제를 진지하게 다루었을 뿐 아니라, 물론 이는 그의 의무이기도 하지만, 타고난 지혜보다는 근엄함과 존엄성 그리고 학식으로 더 잘 무장된 판사가 빠질 수 있는 유혹 중 하나라고 할 수 있는 자리를 잘못 잡고 오해에 기인한 불편부당성을 가지고 이를 처리했다. 그의 분명한 의무 중 첫 번째의 것은 그 사건에 있어서 무지한 사람들의 미신에 따라 불쌍한 두 늙은 여자의 생명이 위험에 처해지게 되었다는 것을 인지하는 것이었다. 다음으로 그가 할 일은 Keeling이 제시하고 있는 바와 같은 요령 있는 주장, 그리고 법정에서 시도된 실험 방법에 의한 사기적인 증거를 역설함으로써 그들을 생명의 위험에서 구해주는 것이었다. 그는 이들 중 그 어느 것도 하지 않았다. 대신 그는 배심에게 다음과 같이 말했다.[1] "그는 증거를 다시 설명함으로써 한 쪽 당사자나 또는 다른 당사자의 증거를 부당하게 취급하는 것을 방지하기 위해 배심에게 증거를 다시 반복하여 설명하지 않을 것이다. 다만 그는 배심에게 다음의

---

[1] 6 State Trials, p. 700, 701.

두 가지 사항만을 문의해보아야 할 것이라고 숙지시켰다. 첫째, 이들 어린 아이들이 마법에 걸렸었는지 여부 둘째, 법정에 있는 피고인들이 그 죄로 유죄인지의 여부를 물어보아야 한다고 하면서, 그로서는 마녀(witch)와 같은 동물(creature)이 있다는 것을 전혀 의심하지 않는다고 말했다. 왜냐하면 첫째로, 성경이 이를 아주 많이 확인시켜주고 있으며 둘째로, 모든 나라에서 그러한 사람들을 금하는 법률을 제정하고 있는 것은 그러한 범죄가 존재한다는 신뢰를 나타내는 것이기 때문이다. 이러한 내용이 그동안 이 나라에서도 일반적인 판단이었고, 그에 따라 의회가 제정한 법률도 이 범죄의 죄질에 따라 균형을 잡아 이를 처벌하도록 하고 있다. 그리고 배심에게 그들의 증거를 엄격하게 관찰하도록 희망했으며, 하늘에 계신 위대한 하느님에게 배심이 그들의 손에 들려 있는 무거운 것을 충심으로 처리할 수 있도록 해달라고 희망했다. 왜냐하면 무고한 자를 처벌하고, 죄가 있는 자를 무죄로 방면하는 것은 하느님이 모두 혐오하는 것이기 때문이다." 불쌍한 두 노파는 모두 유죄판결을 받고 교수형에 처해졌다.

마법에 관한 재판이 17년 후 (1682년에) Raymond 판사 앞에서 행해졌는데, 이 재판에서[1] 불쌍한 세 명의 인생(creature)이 그들의 유죄를 인정하고, 교수형에 처해졌다.

Roger North가[2] 이 재판에 대하여 약간의 언급을 하고 있는데, 이는 그의 훌륭한 감수성과 감정을 영예롭게 하는 것이다. "이들 늙은 불쌍한 인생들은, 사람들의 일반적인 지각과 이해력에 의한다면, 겨우 살아남을 수 있었겠지만, 슬픈 백일몽과 그들이 말하는 것의 의미와 그 결과를 그들이 알지 못하고 있었다는 것을 그 누구도 상상할 수 없었던 그러한 어리석음에 압도되어 버렸다. 그들의 자백 이외 나머지 증거는 시시한 것뿐이었다. 나는 다음날 법정에 앉아서 치안판사가 제출하였던 고발장철을 보았는데, 그것은 책상 위에 놓여 있었고, 노파 중 한 사람에 대한 내용은 다음과 같았다. 고발인은 '별이 빛나는 밤에 고양이 한 마리가 그녀(노파)의 창문으로' 뛰어 들어가는 것을 그가 보았다고 말했다. 그리고 이 '고발인은 진실로 그 고양이가 악마라고 믿는다고 말하고 더 이상은 말하지 않았다.' 판

---

1) 8 State Trials, p. 1017.
2) Lives of Norths, 1. 266, 267. [역주] Roger North(1651-1734)은 영국의 법률가이자 전기 작가, 아마추어 음악가로 그의 사후에 출판된 Lives of Norths가 유명하다.

사는 일종의 우울증에 걸려있는 늙은 여자들이 통증에 따라 또는 정신이 없어서 사실이 아닌 것을 사실이라고 그들 자신이 생각할 수 있다는 것을 인지하지 못했다." - - - "그 대신 판사는 증거에 관한 쟁점을 공정하게 (그들이 그렇게 부르는 바와 같이) 배심의 판단에 맡겼고 배심은 그들 모두에게 유죄를 선고했다." 그는 이어 국새상서(Lord Keeper) Guildford가[1] 그러한 내용의 사건을 재판하면서 불쌍한 노인에게 무죄를 선고하도록 한 그 능란함과 조용하고 훌륭한 감수성에 대한 내용을 소개하고 있다. 그 내용 중 하나는 여기에서 생략할 수 없다. "불쌍한 늙은 마녀가 그 죄로 재판을 받는 일은 드문 일이다. 그러나 그녀를 죽이라는 적지 않은 요구를 동반한 대중의 분노가 그녀의 뒤를 따라 다닌다. 만일 판사가 그러한 불경하고 야비한 의견에 대항하여 악마(devil) 그 자신이 무고한 어린이를 괴롭히고 죽이는 힘을 가지고 있다거나 또는 악마 그 자신이 훌륭한 사람들의 치즈, 버터, 돼지, 거위 그리고 무식하고 바보스러운 대중과 같은 것을 즐긴다고 분명하게 그리고 공개적으로 선언하게 되면, 지방 사람들(재판을 하는 사람들)은 그들의 판사가 마녀를 믿지 않는 것으로 보아 아무런 종교도 가지고 있지 않다고 말한다. 그래서 그 사람들은 자신들이 종교를 가지고 있다는 것을 보여주기 위해 불쌍하고 가엾은 사람들을 교수형에 처하도록 한다. 이러한 잘못된 추세에 대해서는 늙은 여자들에게 주어진 그러한 마력을 권력으로 부인하기보다는 사기적인 방법을 찾아내는 방식으로 사람들을 설득시키는 신중하고 원만한 판단이 요구된다."

이러한 재판을 통하여 내가 갖게 된 인상은 다음과 같다. 정치적인 또는 종교적인 열정이나 편견이 작용하지 않을 때, 쟁점이 되는 문제가 매우 분명하고 단순할 때, 모든 사실관계가 피고인이 알고 있는 범위 내에 있을 때, 피고인이 재판 전에 아주 엄격하게 격리되어 있지 않을 때, 변호사와 상의할 수 있을 때 그리고 피고인을 위한 증인이 있는 경우 그를 부를 수 있을 때 그 재판들은, 비록 위증에 의하여 영향 받는 것을 제대로 방지할 수 없기는 하였지만, 단순하고, 공정하고 그리고 실질적으로 정당했지만

---

1) [역주] Francis Guildford(1637-1685)는 법무차관과 법무장관 그리고 민사법원 수석재판관을 역임한 자로, 1683년 국새상서(Lord Keeper of the Great Seal)가 되었다. 국새(Great Seal of England)는 참회왕 Edward가 만든 뒤 대법관(Chancellor)이 보관하고 있었으나, 나중에 국새를 보관하는 국새상서의 직위가 따로 생겼다.

이러한 요건 중 하나라도 충족되지 않은 경우 피고인은 매우 큰 불이익을 받았다는 것이다. 실질적으로 증거에 관한 규칙이 없었다. 증인들은 연설을 하는 것이 허용되었고, 그에 따라 증인들은 배심이 피고인에 대하여 선입견을 가질 수 있는 것으로서 사건과 아무런 관련이 없는 제반 문제들을 거론했다. 피고인에게는 변호사가 없었다. 실제 피고인에게 반대신문이 인정되었지만 피고인으로서는 반대신문의 의미를 제대로 이해하지 못하였고, 반대신문의 경험이 있는 자라면 누구나 단순한 추측에 기한 반대신문 그리고 증인이 어떻게 말할 것인지 사전에 알지 못하고 하는 반대신문은 심지어 유리한 사건에 있어서도 득보다는 해가 많다는 것을 알고 있다. 만일 법원이 편견에 사로잡히고, 피고인이 재판에 이르기까지 아주 엄격하게 격리되며, 위증을 하는 증인이 피고인에 대항하여 소환되는 경우 그 결과는 피고인이 실질적으로 자기 방어를 하지 못한다는 것이었다. 이러한 절차의 특징은 사실의 확정에 관한 문제와 관련하여 피고인으로부터 변호인의 조력을 박탈하고 있는 규칙을 정당화하기 위해 판사들이 늘 하고 있는 주장에[1] 의해 잘 설명되고 있다. 그 주장이라는 것은, 피고인에게 유죄판결을 하기 위해서는 증거가 너무나 명백하여 어떠한 변호사도 여기에 이의를 달 수 없어야 한다는 것이다. 가장 통상적이고 간단한 사건의 경우, 증인이 진실을 말한다는 것이 추정되면, 이러한 주장에 진실이 담겨있다고 할 수 있다. 그러나 조금이라도 복잡한 사안이라면, 사실관계가 다수인 경우라면, 증인이 거짓말을 하거나 진실을 숨기려고 하는 경우라면, 법에 매우 무식하고 그리고 재판 결과에 아주 결정적인 이해관계를 가지고 있어서 그 재판에 크게 고무되어 있는 통상의 사람으로서는 그를 위하여 조언을 해 줄 사람이 없는 경우 실질적으로 절망적인 상황에 빠지게 될 것이다.

State Trials를 읽어보고 연구한 사람은 어떠한 판사도 피고인을 공공연히 잔혹하고 부당하게 대하는 것이 필요하다고 생각하고 있었다고는 보지 않을 것이다. 다만, 판사의 지위가 아무런 비정상적인 조치를 취하지 않고 그리고 아무런 거친 말을 하지 않고서도 일반적으로 그가 원하는 평결을 얻어낼 수 있도록 하였던 것이다. 만일 "영국의 훌륭한 옛날 법"이 제대로 준수되기만 한다면 배심재판에 따라 안전판(safeguard)이 제공되고 있다는

---

1) 예컨대, Coleman의 사건, 7 State Trials, p. 14 참조.

일반적인 관념은, 그러한 일반적인 상상의 훌륭한 옛날 법만큼, 믿을 수 없는 거짓이었다. 지금까지 창안된 어떠한 재판절차에 관한 제도도 최상으로 조직된 경찰이 암살로부터 피해자를 보호하는 것보다 더 잘 피고인을 부패한 판사 그리고 허위의 증인들로부터 보호해주지 못할 것이다. 수 세기의 경험을 통해 우리 자신의 시대에 제공되고 있는 안전판은 센스 있고 용기 있는 사람 특히, 무엇보다도 돈이 많은 사람들을 위해서는 상당한 보호를 제공하는 데 충분하지만, 이러한 조건들이 충족되지 않은 경우에도 많은 불의(injustice)를 방지해 줄 수 있다고 나는 생각하지 않는다. 17세기에는 부유하고 강한 권력을 가진 사람들도 우리 자신들의 시대에 있어서 가장 무식한 근로자나 노동자와 비슷하게 나쁜 처우를 받았다. 실제 그들은 이미 언급한 이유들로 인해 훨씬 더 나쁜 처우를 당했다.

이렇게 언급하고 있는 것의 그 중요성은 내가 언급할 다음 시기의 재판들을 통하여 설명할 수 있을 것이다.

4. 1678년 - 1688년

명예혁명 직전 10년은 아마도 영국 사법역사(judicial history)에 있어서 가장 중요한 시기라 할 것이다. 이 기간에 가톨릭음모사건(Popish Plot)에 대한 재판, Meal Tub Plot 사건에 대한 재판, Rye House Plot 사건에 대한 재판, Monmouth 공작 반란사건과 관련된 재판들이 있었고, 그리고 명예혁명 그 자체의 도화선이 된 재판들이 있었는데, 그 재판들 중 7명의 주교에 대한 재판이 무엇보다도 가장 중요했다. 형사재판의 절차가 그 이전 또는 그때까지는 일반적으로 그렇게 중요한 것으로 생각되지 않았지만, 이제 중요한 것으로 되었고, 이제 우리는 역사상 처음으로 우수한 속기사에 의해[1] 완벽하게 잘 작성된 사건에 대한 보고서를 가지게 되었다. 그 결과 오늘날에 있어서도 그 당시 재판절차에 관해서는 재판정에서 있었던 그 말 한마디까지도 정확하게 알아볼 수 있다.

---

1) 속기사가 증인으로 처음 등장한 것은 1683년 Sir Patience Ward에 대한 위증사건 재판으로 보인다. 속기사인 Blaney는 증인의 증언 내용을 입증하도록 소환되었다. 그는 Jeffreys와 기타 사람들에 의해 심하게 반대신문을 당했다. 9 St. Tr. 317-320. 그는 그 후에도 여러 재판 예컨대, Oater에 대한 위증사건 재판에 증인으로 소환되었다.

가톨릭음모사건 일지

가톨릭음모사건에 대한 재판과 관련된 대부분의 주제들은 너무나 상세하게 논의되어 왔기 때문에 여기에서는 그 주제들을 소개하는 아주 적은 몇 마디의 말을 하는 그 이상의 설명은 불필요한 일이다. Oates가 공중의 열정과 고지식함에 대한 경험을 얻게 되면서 조금씩 흘러나온 그의 이야기는 다음과 같았다.

가톨릭을 믿는 사람들은 오랫동안에 걸쳐 천주교를 이 나라에 소개하고 개신교를 박멸하려는 계획을 갖고 있었다. 이러한 계획의 주된 당사자는 스페인과 프랑스의 제수이트 수사들이었다. 그들은 영국 내의 제수이트 수사들 그리고 기타 사람들과 연락을 취하고 있었고, 그들의 우두머리 중 하나가 Coleman이었다. 그들은 또한 그 목적을 협의하기 위해 다양한 여러 장소에서 "협의(consult)"를 했다. 이러한 협의들 중 하나가 1678년 4월 24일 "White Horse" 여인숙에서 있었다. 그곳에서 Charles 2세를 Pickering과 Groves가 살해하고, 그것이 실패하는 경우, 그리고 "Dr. Fogarty가 구한 4명의 악당"이 역시 실패하는 경우, 여왕(Queen)의 의사인 Sir George Wakeman이 그를 독살하기로 결의하였다. 또한 개신교도들을 살육하기 위해 몇 개의 방법으로 대단한 병력을 양성하고 이들을 영국으로 데려오기로 결의했다. 그리고 "교황의 지시에 따라 권한을 행사할 수 있는 예수회 총장인 Joannes Paulus d'Oliva가 교황의 지시에 따라 서명을 한 다수의 위임장(commission)이" 영국으로 전달되었고, Temple 법학원의 법정변호사인 Mr. Langhorn에 의해 저명한 사람들에게 배달되었으며, 이를 받은 사람들은 계획이 성공하는 경우, 영국의 모든 고위 관직을 받기로 되어 있었다. 상당수의 영향력 있는 가톨릭신자들이 이러한 계획을 알고 있었고, 이들은 영국의 여러 다른 지역에서 이와 관련한 "협의"를 했다.

다음 날짜들이 사건의 중요한 개요이다.

1678년 9월 29일 Oates가 평의회(Council)에 처음으로 출두했다.[1] 그날 저녁 Coleman의 서류를 압수하기 위한 영장이 발부되었다.[2] 그에 따라 그 서류는 평의회 직원인 Bradley에 의해 압수되었다.

1678년 10월 12일 Sir Edmundbury Godfrey가 살해되었다.[3]

---

1) 6 State Trials, p. 1408에 인쇄되어 있는 Burnet로부터 발췌.
2) 7 State Trials, p. 33에 있는 Bradley의 증거.
3) 그를 살해한 Green, Berry 그리고 Hill에 대한 재판은 7 State Trials, p. 189.

1678년 11월 28일 Coleman이 대역죄로 유죄판결의 재판을 받았다.[1]

1678년 12월 17일 Ireland, Pickering과 Grove가 반란죄(treason)로 재판을 받았다.

1679년 2월 5일 Green, Berry 그리고 Hill이 Sir F. Godfrey 살해혐의로 재판을 받았다.

1679년 6월 13일 Whitehead와 4명의 다른 제수이트 수사들이 반란죄로 재판을 받았다.

다음 날 Langhorn이 반란죄로 재판을 받았다.

1679년 7월 18일 Sir G. Wakeman이 반란죄로 재판을 받았다.

1680년 6월 23일 Lord Castlemaine가 반란죄로 재판을 받았다.

마지막으로 1680년 11월 30일 그리고 그날 이후 며칠간 Lord Stafford 가 반란죄로 재판을 받았다.

홍미가 별로 가지 않는 다른 재판들도 이 주제와 관련이 있지만, 그 중에서도 이들 사건이 가장 중요하다. 그들에 대한 재판은 앞으로 보는 바와 같이 약 2년 조금 넘게 행해졌다.

Oates가 한 진술의 가치를 상세하게 논의하는 것은 불필요한 것일 수 있다. 증거의 가치를 재는 데 익숙한 사람들은 아무도 그와 그의 보조 증인들 즉, Bedloe, Dugdale, Turberville 그리고 Dangerfield가 그들이 생각하고 있는 바와 같이 그렇게 나쁜 사람들이었고, 그렇게 거짓말을 하는 사람들이었다는 것을 의심할 수 없다. 그들의 증언은 모든 것이 위증이다. 그들은 그들이 피할 수만 있다면, 어떠한 것에도 절대 속박당하지 않으려고 했다. 증인들이 그들의 진술과 상반되는 진술을 하여 그들의 거짓말이 도전을 받게 되는 순간 그들은 항상 교묘하게 핑계를 대거나 했던 말을 철회하고 그리고 이를 잊어버리고 다시 시작했다. 그들이 한 말의 대부분은 그 자체가 터무니없고 신뢰할 수 없으며, 살인행위를 하나씩 성공하게 되면서 그들은 독선적인 교만함에 빠지게 되었고, 이는 심지어 2세기의 시간 간격이 있음에도 아직 그들에 대한 분노를 불러일으키게 한다. Oates가 법정에서 증언하고 있는 말이 사실이라 하더라도 그 자신 역시 반역자, 거짓말쟁이 그리고 위선자가 되는 것이므로, 그러한 사람으로서는 정직한 사

---

1) 7 State Trials, p. 1.

람의 얼굴을 제대로 쳐다볼 수 없을 것이라는 점을 Oates에게 환기시키지 않고 오히려 왕좌부 법원의 위엄 있는 분위기를 그에게 맛보도록 허락해 주었던 Scroggs 판사의 비겁함은, Oates의 그러한 뻔뻔스러움이 빛을 보도록 한 것과 거의 마찬가지로, 가증스러운 것이다. 간단히 말해 전반적인 문제에 대한 통상적인 판단은 옳았던 것으로 보인다. 하지만 이러한 사건 처리가 그때는 물론 지금의 시점에도 형사사법의 운용에 던져주고 있는 시사점에 관한 언급은 아직 남아 있다.

가톨릭음모사건에 대한 재판이 엄청난 형사사법의 실패로 귀결되고 말았다는 것은 받아들여야 할 것이다. 중요한 문제는 누가 또는 무엇이 비난을 받아야 할 것인가? 그러한 형사사법의 실패가 재발하는 것을 방지하는 것이 어느 정도까지 가능한 것인가? 그리고 우리는 그러한 실패의 재발을 어느 정도 방지할 수 있도록 조치를 취하고 있는가이다. 이러한 문제에 대한 대답을 주기 위해 나는 이들 재판과 관련한 증거 그리고 그 절차로 조금 더 자세하게 들어가 보려고 한다. 당시의 일반적인 사정은 Mr. Green 의[1] 다음 구절로 간단히 묘사될 수 있다.

"Nimeguem 조약은[2] 프랑스를 유럽의 조정자(arbiter of Europe)로 만든 것은 물론 Charles에게 그가 개시하기(declare)를 거부한 전쟁을 위하여 징집된 2만 명의 군대를 장악할 수 있는 수장이 되도록 하였으며, 그리고 그의 주머니에 프랑스 돈 거의 100만 프랑을 남기게 하였다. Charles의 새로운 삶에는 그의 배반행위에 따르는 오래된 의심과 그리고 영국의 종교와 자유를 파괴하기 위해 Lewis와[3] 비밀 음모를 꾸몄다는 오래된 의심이 스며들게 되었다. 우리가 알고 있는 그와 같은 음모가 있었고, 개신교도들의 공포감이 빠르게 확산되는 것과 같은 속도로 가톨릭 종파의 희망은 고양되었다."

---

1) Short History of the English People, p. 635.
2) [역주] 통상 Treaties of Nijmegan으로 부르는 조약으로, 프랑스와 네덜란드 사이의 전쟁을 종식시키기 위하여 1678년 8월부터 1679년 12월 사이에 체결된 일련의 조약들을 말한다. 이 전쟁에는 유럽의 다른 여러 나라들이 개입하였고, 영국의 Charles 2세는 프랑스 편에 가담하였었다.
3) [역주] 프랑스 국왕 Louis 14세(1638-1715)를 말하는 것으로 보인다. Louis 14세는 1643년부터 그가 죽을 때까지 72년 110일 동안 프랑스를 통치하여 유럽에서 가장 오랜 기간 국가를 통치한 국왕이다.

Coleman 사건

Oates가 그의 이야기를 할 때 사회적 감정은 그러한 것이었다. 그의 이야기가 흘러 나온 그 직후 Coleman(York 공작부인의 비서)의 서류들이 발견되었다. Coleman 자필의 그들 서류는 1675년 Pere la Chaise(Louis 14세의 신앙고백자)에게 보낸 편지들의 초안들이었다.[1] 그는 다른 서류들을 파기할 때 이들 서류를 보존하기 위하여 또는 간과하고 남겨둠으로써 믿을 수 없는 실책을 범한 것이다. 이들만을 남겨 둠으로써 이들은 그가 연락책으로 활동하면서 갖고 있었던 서류 중에서 가장 중요하지 않은 것이라는 인상을 모든 사람들에게 주었기 때문이다. 그 편지에는 다음과 같은 구절이 포함되어 있다. "우리는 여기에서 우리가 손수 해야 할 대단한 일을 갖고 있다. 이 왕국을 개종시키는 일에 못지않은 것이다. 그리고 그것은 오랫동안 이 지구의 위대한 북쪽 지방을 지배하여 온 유해한 이단을 철저하게 굴복시키는 것이다. 우리의 Queen Mary 사후 우리 시대에 이르기까지 성공할 수 있다는 그러한 희망이 전혀 없었다. 하느님이 우리에게 왕자를 보내주어 그가 그렇게 영광스러운 일의 주재자 그리고 도구가 되는 열정이 되었을 때 (이를 기적이라 할 수 있지 않을까?)" - - - "전지전능한 하느님 다음으로 우리가 의지할 수 있는 것은 그리고 나의 주인 공작의 호의는 기독교적 위엄을 표시하는 위대한 정신이다." 이러한 일이 있고 며칠 후 Sir Edmundbury Godfrey가 아마도 (Lord Macaulay가 생각하는 바와 같이) 가톨릭교도에 의해 살해되었다. Coleman이 대역죄로 재판을 받은 것은 이러한 분위기에서이다.[2] 그에 대한 유죄는 주로 위에서 인용한 편지 그리고 그와 유사한 성격의 다른 편지들에 의한 것이라는 데에는 의문의 여지가 없다. 하지만 유죄의 일부 이유로, Coleman의 체포로부터 2주 후 그리고 재판이 있기 6주 전에 발생한, Godfrey 살해사건으로 인한 공포심을 들 수 있다. 반란죄 사건의 경우에 이 당시 일반적으로 받아들여지고 있던 두 명의 증인은, (Raleigh 사건에서 지배적이었던 이 견해는 이 사건 재판절차의 모든 과정을 통해 볼 때 반드시 일관되는 것은 아니었다), Oates와 Bedloe였다.[3]

---

1) 그들에 대한 압수에 대해서는 Bradley, Boatman 그리고 Lloyd의 증언 참조. 7 St. Tr. 33-35. 그 편지들은 35-58에 전부 인쇄되어 있다. 인용한 구절은 p. 56에 있다.
2) 7 State Trials, p. 1-78.
3) Oates의 증언은 p. 18, Bedloe의 증언은 p. 30에 있다. 그들은 수시로 소환되었다.

Coleman의 변론

Oates는 (다른 무엇보다도) Coleman이 국왕을 죽이라는 제수이트 수사들의 결의를, 그가 듣기로는, 전달받았으며, 그(Oates)는 Charles를 독살하기 위해 Wakeman에게 뇌물을 주는 문제를 Coleman과 상의했다고[1] 진술했다. 그리고 Coleman은 Ashby(제수이트 수사)로부터 국왕을 살해하라는 특정한 지시 사본을 받았으며, 이들 사본을 나라 전체에 퍼뜨리기 위해 폭동을 일으키라는 지시의 사본도 받았다고 진술했다. 그는 또한 비난을 받지 않고 이러한 말을 하도록 허락받았다고 하면서, "나는 다른 증거들도 제시할 수 있지만 그들 다른 증거는 아직 알려지는 것이 적절하지 않기 때문에 말하지 않겠다"고[2] 진술했다. 반대신문이라는 것은 그 당시 아주 불완전하게 이해되고 있었다. 그럼에도 Oates는 그가 평의회에서(before the Council) Coleman을 처음 보았을 때 그를 알아보지 못하였다고 인정할 수밖에 없었으며,[3] 그가 재판에서 증언한 진술과 같은 문제를 가지고 평의회에서 실제로 Coleman을 고발한 일이 있었는지 여부가 심히 의심스러워 보인다. Bedloe는 Coleman이 하였다는 다양한 종류의 반역적인 연설에 관해 증언하였고, Coleman이 Pere la Chaise에게 보내는 반역적인 내용의 편지를 그 자신이 전달했다고 진술했다.[4] Coleman의 변소 내용은 대부분의 피고인의 경우와 마찬가지로 극도로 미약한 것이었다. 그는 Oates와 Bedloe가 대단한 거짓말쟁이들이라고 말했다. 그는 또한 Oates가 날짜를 특정하지 않음으로써 그가 알리바이를 입증하여 그 모순점을 밝히지 못하도록 하고 있다고 말했다. 그는 그의 편지들에 대해서는 사과를 했다. 그는 나약한 방식으로 그의 고발 내용이 사실일 수 없다는 점에 관하여 약간 언급했다. 그에 대해 Scroggs 판사가 무례하게 참견하고 나섰다.[5] "무슨 말을 이런 방식으로 하느냐? 당신은 말들을 교묘하게 녹여 빠져나가는 그런 방식을 사용하고 있어서 당신의 말뜻을 알아듣는 데 어려움이 있다"는 등으로 말했다. 결국 그는 유죄판결을 받고 처형되었다.

Ireland, Pickering 그리고 Grove에 대한 재판은 12월 17일 열렸다.[6] 그들은 Charles 2세를 살해하는 일을 수행하기로 하였다는 사람들이다. 그들에 대한 증거는 Oates와 Bedloe의 증언이었지만, 그 증언은 다른 어떤 증

---

1) 7 State Trials, p. 21.   2) 7 State Trials, p. 21.
3) 7 State Trials, p. 25.   4) 7 State Trials, p. 31-33.
5) 7 State Trials, p. 60.   6) 7 State Trials, p. 79-143.

인들에 의해서도 전혀 보강이 되지 않았다. 그들은 피고인들이 Charles 살해 계획과 연관이 있다고 확인하면서 그들이 전에 진술한 것을 그대로 되풀이하였다. Bedloe는 "8월말 또는 9월초에" 암살에 관해 협의하기 위한 모임을 가졌으며 그 자리에 Ireland가 참석하였다고 증언하였다가, 그의 말에 모순점이 있다고 생각이 되자, 그것이 "8월"이라고 진술한 이외 그 날짜에 대해서는 증언을 거부하였다.[1] Ireland는 아마 이러한 취지의 어떤 것이 Coleman의 재판에서 진술되었다는 것을 들었을 것이고, 그에 따라 그가 8월 한 달 내내 Staffordshire에 있었음을 보여주기 위한 증인을 소환하기 위해 필요한 모든 것을 하였다. 그는 그러한 증인 한두 명을 부르기는 하였지만, 그가 교도소에 있었던 기간이 너무 짧아 다른 사람들을 더 부를 수 없다고 했다.[2] 그리고 첫 번째로 나온 증인은 다음과 같이 목격한 바를 진술했다. "그가 여기에 있었다는 것은 거의(a hundred to one) 사실과 다른 내용이다. 왜냐하면, 이곳으로 나는 종이 한 장 보내는 것도 허용되지 않았기 때문이다." 피고인들 모두가 유죄판결을 받고 처형되었다.

그 다음의 것은 Green, Berry 그리고 Hill에 대한 Godfrey 살해사건 재판이었다.[3] 이는 매우 기묘한 재판이었다. 주된 증인은 Prance였고, 그는 피고인들이 어떻게 Godfrey를 Somerset House(당시 Queen Catharine의 궁전)에 인접한 장소로 유인하였는지, 그곳에서 그는 어떻게 살해되었는지 그리고 그의 사체는 어떠한 방법으로 은닉되었는지 즉, 처음에는 이웃집에 그리고 그 후 사체가 발견된 들판으로 옮기기 전까지는 Somerset House 바로 그곳에다 은닉하였다는 것을 아주 상세하게 묘사했다. Prance 그 자신의 설명에 의하면, 그는 살인 사건 이전에 협의를 하였고 비록 살해행위 전체에 가담한 것은 아니지만, 살해행위가 종료될 때 그 자리에 있었으며 사체를 은닉하는 것을 도왔다는 것이다.[4]

---

1) 7 State Trials, p. 109.
2) 7 State Trials, p. 121, 이하. 1685년 Oates에 대한 두 번째 위증 재판에서 Ireland가 8월과 9월 일부에 런던에 있지 않았다는 것은 수많은 증인들에 의해 입증되었다. 그들은 Ireland의 모든 행적을 매일 매일 단위로 추적하였고, 이러한 방식으로 1678년 여름 휴가(Long Vacation) 동안 시골 신사의 비범하게 활기차고 진정한 생활의 단면을 보여주고 있다.
3) 7 State Trials, p. 159.
4) 7 State Trials, p. 169. 그의 진술 철회에 관해서는 p. 176, 177, 209 참조.

제수이트 수사 5명에 대한 재판

Prance는 증언을 하기 전 그의 진술을 철회하였다가 다시 주장하기를 한 번 이상 하였다. 그의 이야기 중 어떤 것은 다른 별도의 증인에 의하여 확인되기도 하였다. 사체의 임시 보관과 관련한 매우 중요한 점에 있어서 그의 진술은 모순되었다. 피고인 중 한 명이 그의 알리바이에 관한 다소 혼란스러운 증거를 제시했다. Bedloe는 Godfrey를 살해하기로 하는 제수이트 수사들의 음모에 가담한 한 당사자였고, 살해사건 후 Somerset House 에서 그 사체를 보았다고 증언했다.[1] 두 개의 다소 중요한 부차적인 점에 관해서는 Prance가 이를 보강해주었다. 그는 피고인 중 한 사람인 Green 이 Godfrey의 집에서 그가 어디에 있는지 물어보았다고 말하였고, 이는 Godfrey의 하인에 의해서[2] 사실인 것으로 확인되었다. 그는 또한 Bow 거리에서 어떤 목사들 그리고 피고인 두 명과 만났다고 진술하였고,[3] 이는 증인들에 의해서 그리고 피고인들에 대한 신문에서 피고인들의 인정으로 어느 정도 보강이 되었다.[4] 그들은 모두 유죄판결을 받고 처형되었다.

1679년 6월 13일에 있었던 제수이트 수사 5명(제수이트 영국 교구장인 Whitehead, Harcourt, Fenwick, Gavan 그리고 Turner)에 대한 재판과 그 다음 날 있었던 법정변호사 Langhorn에 대한 재판은 많은 사실들이 동일한 증인들에 의해 입증되었음으로 이를 함께 살펴보기로 한다. 이들 사건의 증인은 Oates, Dugdale 그리고 Bedloe였다. 그들 증언의 실질적인 내용은 제수이트 수사들은 그전의 재판들에서 반역적인 음모로 유죄판결을 받아왔으며, Langhorn 또한 그들과 같은 일당으로서 그들의 결의를 기록하는 기록원으로서의 역할을 담당하였고 특히, 제수이트 사무총장에 의해 발행된 상당수의 위임장을 받아 이를 영국의 다양한 저명인사들에게 전달하였다는 것이었다.

이들 각 사건에서 증인들의 진술 내용은 특정한 여러 개의 사실에서 서로 상반되는 것이었다. 그 주된 모순점은 Oates가 그는 1678년 4월 24일 "White Horse"에서 제수이트 수사들과 "협의(consult)"를 하였다고 진술하고 있지만, 실제 그는 그 날은 물론 그 이전의 오랜 기간 그리고 그 이후의 오랜 기간 동안 St. Omers에 있었다는 것이었다. 이와 관련하여 16명

---

1) 7 State Trials, p. 179.
2) Elizabeth Curtis, 7 State Trials, p. 186.
3) 7 State Trials, p. 174, 175.
4) 7 State Trials, p. 187-191.

의 증인들이 소환되었다.[1] 이들의 증언은 정황적인 점에 있어서 서로 조금씩 상반되기도 하였고, 이 또한 상당히 중요한 것이었다. 증인들은 Oates를 당시 런던에서 보았다고 말하는[2] 증인들과 약간 상반되기도 하였지만, 그들의 증언은 대부분 전문증거였고 불확실한 것이었다. 두 사건 모두에서 피고인들은 유죄판결을 받고 처형되었다. Oates는 그 후 (1685년에) 그러한 증언을 하였다는 이유로 위증의 유죄판결을 받았다.[3] 서로 다른 사건에 있어서 Jeffreys가 증거와 관련하여 말한 방식을 비교하는 것은 호기심이 가는 일이다. 런던의 지방법원 판사(Recorder)로서 그는 1679년에 5명의 제수이트 수사들에 대한 판결을 했다. 그는 당시 다음과 같이 말했다.[4] "당신들이 저지른 몇 개의 범죄는 그에 대한 입증이 너무나 충분하다. 따라서 이를 본 사람들은 그 누구도 유죄에 대한 의심을 하지 않을 것이라고 나는 생각한다. 그리고 아무리 빈틈이 없고 꼼꼼한 사람이라 하더라도 증인들이 당신들에 대하여 한 증언의 신뢰성을 의심할 여지가 전혀 없다. 그리고 나는 이러한 것을 당신들이 전부 들었고, 기소된 범죄에 대하여 당신들이 공정하게 유죄평결을 받을 것이라 확신한다."

1685년 Oates에 대한 위증사건에서 그는 수석재판관(Lord Chief Justice)으로서 배심에게 쟁점을 요약해 주면서 다음과 같이 말을 마쳤다.[5] "Oates의 위증을 증언하고 있는 이들 증인들의 증언이 사실이라고 당신이 생각한다면, 물론 내가 볼 때 조금도 잘못된 것이 없는 증언으로 보이지만, Oates는 이 지구상에 등장한 사람 중에서 가장 사악하고 위증을 잘하는 악당이라는 점에 한 점 의문의 여지도 없다는 것을 나는 확신한다."

여왕의 의사인 Sir George Wakeman과 Marshall, Rumney, Corker 등 다른 세 사람에 대한 재판이 1679년 7월 18일 열렸다.[6] 그들은 그 음모에 참여하였다는 이유로 반역죄로 고발되었다. Wakeman은 국왕을 독살하려고 했었고, Marshall과 Rumney는 음모를 실행하기 위해 6,000파운드를 지급하기로 했으며 그리고 Corker는 이를 지원하려 했다는 것이었다. 이 사건에서 Oates는[7] Wakeman이 제수이트 수사인 Ashby에게 보내는 편지를

---

1) 7 State Trials, p. 359-379.
2) 7 State Trials, p. 396 이하.
3) 10 state Trials, p. 1079.
4) 7 State Trials, p. 488.
5) 10 State Trials, p. 1226.
6) 7 State Trials, p. 591.
7) 7 State Trials, p. 619-621.

보았고, 그 대부분의 내용은 "그가 Bath에 가기 전에 그리고 그곳에서 어떻게 하라고 자기 자신에게 명령할 것인가"로 되어 있었으며, 그 이외에도 "Sir George Wakeman은 그의 편지에서 그가 국왕을 독살함에 있어서 여왕이 그를 도와줄 것이라고 하였다"고 증언했다. Oates는 그 하루 또는 이틀 후 Wakeman이 다른 편지를 썼는데, 그가 생각하기로는, 이것이 반역적 성격의 편지와 같은 필적이었다고 말했다. 그는 또한 Somerset House에서 제수이트 수사들과 반역행위를 꾀하고 있을 때, 바깥방에 머물다 여왕을 만나기 위해 안방으로 들어가다가 여자의 목소리를 들었는데 "그 여자의 말은 가톨릭 종교를 전파하는 데 있어서 그녀의 재산으로 그들을 도울 것이고, 그리고 그녀의 침실을 침해하는 이러한 일은 더 이상 참지 못하겠으며, 그리고 Sir George Wakeman이 국왕을 독살하는 것을 돕겠다"는 말이었다고 증언했다. 다행스럽게도 Sir George Wakeman은 Ashby에게 보내는 편지를 그가 직접 작성하지 않고 그의 하인인 Hunt에게[1] 받아쓰도록 하였다. Ashby는 그 편지를 Bath의 약제사인 Chapman에게 보냈고, (분명 Thimbleby라는 이름으로), 그는 이것을 읽어 보고 찢어버렸으며, 다만 첨부된 처방전만 갖고 있었다. Hunt는 처방전(prescription)의 글씨가 그가 작성한 것이라고 증언했다. 그리고 Chapman은[2] 편지의 본문이 처방전의 글씨와 동일한 필적이었으며, Oates가 편지에 적혀 있었다는 내용인 국왕을 살해하는 것 그리고 우유 다이어트에 관한 글은 전혀 없었고 다만, 다른 처방이 적혀 있었다고 입증했다. 그리고 우유 다이어트는 Bath의 물에는 어울리지 않는다고 덧붙였다. 또한 Oates가 추밀원에서 전문증거를 근거로 Wakeman이 국왕을 독살하는 것과 관련하여 뇌물을 받았다고 진술하였다는 것도 입증이 되었다.[3] Wakeman은 이를 부인했고, Oates는 Sir G. Wakeman에 대해서 그가 더 알고 있는 것이 있느냐는 질문을 받았다. 그는 이에 대해 "하느님은 나에게 Sir G. Wakeman에 대하여 어떤 것도 말하는 것을 금하였다. 왜냐하면, 나는 그에 대해 더 아는 것이 없기 때문이다"라고 대답했다. 내가 여기에서 언급할 필요가 없는 다른 증거들도 있었다. 피고인들은 모두 무죄판결을 받았다.

---

1) 7 State Trials, p. 648. 2) 7 State Trials, p. 645-647.
3) 7 State Trials, p. 651.

Lord Castlemaine에 대한 재판 - Lord Stafford

Lord Castlemaine(아일랜드 귀족인 그는 영국의 왕좌부 법원에서 평민의 자격으로 재판을 받았다)은 1680년 6월 23일 재판을 받았다.[1] Oates가 그의 혐의를 입증하는 주된 증인이었고, 그는 피고인이 "그 계획"에 관하여 피고인의 손으로 작성한 편지를 보았는데, 그 의미는 그가 다른 사건에서 진술한 바와 같은 반역적인 계획이었다고 증언했다. Oates의 증언은 그보다 더 파렴치한 Dangerfield에 의해 보강되었다. 중죄로 유죄판결을 받아 손에 낙인이 찍힌 일이 있는 Dangerfield에 대한 증인 적격성의 문제가 제기되었지만 이미 그는 사면을 받았기 때문에 적법한 증인으로 인정되었다. 하지만 그에 대한 전과기록은 그의 신빙성을 탄핵하기 위한 것으로 받아들여졌고, 그에 따르면 그는 중죄로 손에 낙인을 찍히고, 사기죄로 조리질을 당했으며, 화폐위조 관련 범죄로 3회에 걸쳐 기소되고 유죄판결을 받았다.[2] 또한 Oates가 Dover에서 어떤 사람을 밉살스러운 범죄로 고발했지만 그 피고인은 무죄판결을 받았다는 기록도 제출되었다. 그는 그 이외의 점에 있어서도 모순되는 말을 했다. 이러한 것들이 증인들의 신빙성을 뒤흔들었고, 그에 따라 Lord Castlemaine은 무죄판결을 받았다.[3]

내가 언급하고자 하는 가톨릭음모사건에 대한 재판들 중 가장 마지막의 것은 귀족원(House of Lords)에서 열렸던 Lord Stafford에 대한 것이다.[4] 그것은 가장 긴 재판이었고(5일 동안 계속되었다), 또한 가장 내용이 많은 것이었다. 비밀계획(plot)과 관련한 모든 이야기가 엄청나게 길게 나왔다. Stafford가 그에 참여하였다는 것은 주로 Tuberville의 증언에 의지하고 있었다. 그와 다른 증인들의 진술은 서로 상반되는 것이었다. 그들 증인들과 다른 증인들의 증언이 또 상반되었으며, 그러한 모순은 한 단계 더 심화되었다. 이러한 상황에서 Dugdale이 Lord Stafford에 불리한 증언을 하였다. Lord Stafford는 Dugdale이 믿을 만한 사람이 아니라는 것을 입증하기 위해 많은 증인들을 불렀다. 소추인 측에서도 그의 성품을 짜 맞추기 위해 증인들을 불렀고 특히, 그의 증언을 처음 청취한 검시관 겸 치안판사인 Southhall이 소환하였다. 마지막으로 Southhall이 정부에 매우 해로운 사람이라는 것을 입증하기 위해 Lord Ferrers가 Lord Stafford에 의해 소환되

---

1) 7 State Trials, p. 1067.   2) 7 State Trials, p. 1102.
3) 그는 James 2세 치세에서 로마 대사로 가면서 1689년 반역죄로 고발을 당했다. 12 State Trials, p. 897.   4) 7 State Trials, p. 1294.

었다. 피고인은 결국 찬성 55명, 반대 31명으로 유죄판결을 받았다. 그 후 그는 처형되었다.

이러한 결과로 2년 동안에 한 사건과 관련하여 6개의 기억할만한 오심 판결이 있었고, 14명 이상의 무고한 사람이 희생되었다. 이러한 재판은 또한 아직도 우리 사이에서 효력을 발하고 있는 사법제도와 아주 유사한 형식의 절차를 통하여 최고의 사법기관에서 일어난 일이었다. 이와 관련하여, 개인에게 어느 정도 그 책임을 돌릴 수 있는지, 이러한 사건을 초래한 제도에는 어느 정도의 결함이 내재되어 있는지, 그러한 제도의 결함은 어느 정도 치유되었는지에 관하여 고찰해 보는 것은 매우 중요한 일이다.

첫 번째로 언급해야 할 점은 형사사법의 운용에 관한 일반 대중의 법 감정(popular passion)으로부터 받는 영향이다. 비록 그 정도는 서로 다르다고 말하는 것이 공정하겠지만, 이러한 감정의 영향은 가톨릭음모사건에 대한 재판 모두에 어느 정도 나타나 있다. 실제 로마 가톨릭신앙을 가져오기 위하여 국왕을 주된 요소(member)로 하는 음모라는 의미에서 가톨릭음모가 있었다는 것은 의심의 여지없이 사실이다. 그리고 우리가 알고 있는 바와 같이 Louis 14세와 Charles 2세 사이의 실제 관계를 그들이 알고 있었다면 정말 그러한 일은 있을 법한 것이고, 아마 명예혁명은 10년 앞당겨 일어났을 것이다. 나는 몇몇 무례한 성격의 악당들이 그들을 가톨릭교파와 연관을 시키고, 그리고 그들 종교의 재건과 관련해 야수와 같은 음모와 말들을 하는 습관에 빠졌을 가능성이 매우 높다고 생각한다. Oates, Bedloe, Dugdale, Dangerfield 그리고 Turberville보다 더 나쁜 사람은 이 세상에 없었다. 그러나 그들 모두는 어느 정도 가톨릭에 정통한 자들이고, 그리고 Oates는 스페인과 프랑스의 제수이트 수사들 사이에서 상당한 시간을 보냈다. 어떤 이유로 Godfrey가 이러한 부류의 사람들에 의해 살해되었다고 Lord Macaulay가 믿게 되었는지 나로서는 그 이유를 알 수 없다. 더욱이, 1679년 4월 가톨릭에 반대하는 열정으로 저명인사가 된 Monmouthshire의 치안판사(justice)인 Arnold에 대한 필사적인 살해 기도가 런던에서 Giles 라는 사람에 의해 실제로 일어났고, 거의 성공할 뻔했다는 것도 기억해야 할 것이다.[1]

---

[1] Trial of Giles 참조. 7 State Trials, p. 1129.

Lord Stafford 재판에 대한 평가

Green, Berry 그리고 Hill에 대한 재판을 보고 내가 갖게 된 인상은, 비록 Prance가 수치스러운 거짓말쟁이고(그는 후에 이들 재판에서 위증을 하였다고 유죄인정을 하였다), 그의 죄를 무고한 사람들에게 덮어씌우고 있기는 하지만, 그가 그 살인사건의 한 당사자로 보인다는 것이다. 나는 또한 Oates 그 자신이 살인자 또는 살인의 공모자가 아니라고 보기는 어렵다고 생각한다. Prance의 진술 철회 그리고 그 사건에 관한 그의 극도로 정밀하고 조리 있는 설명이 이를 말해준다고 할 것이다. 그가 사건의 상황을 잘 알고 있다는 것은, 이러한 사실은 보강증거를 통해 확인되었다, 그가 목사들과 그리고 그 이외 다른 사람들의 움직임과 연관을 맺고 있어 이를 알고 있었으며, 당시의 일반 대중의 감정 상태를 감안하여 그들을 그럴듯한 말로 고발할 수 있었다는 것을 보여주고 있다. 이러한 상황에서 공포심에 젖어 있는 배심이 미리 마음을 정하고 공모자로 자처하는 사람들의 어떤 폭로도 이를 믿어버린다는 것은 놀랄 만한 일이 아니다.

이러한 사정을 고려하면, Coleman과 그리고 Godfrey 살해로 기소된 사람들에 대하여 유죄평결을 한 배심의 행위는 충분히 설명이 되는 것은 물론 상당한 정도 이해가 되는 일이다. Grove, Ireland 그리고 Pickering을 재판한 배심의 경우에도, 물론 이들에 대한 유죄는 공모자들의 진술에 전적으로 의지한 것이어서 더욱 의심스럽기는 하지만, 아마도 같은 말을 할 수 있을 것이다. 그러나 5명의 제수이트 수사와 Langhorn에 대하여 유죄평결을 한 배심의 경우에는 Oates가 증언하는 내용과 그 주된 부분에서 서로 상반되는 증언을 하고 있는 증인들이 있음에도 그렇게 하였다는 것은 어떠한 이유로도 이를 받아들이거나 변명하기 어렵다. 그들의 평결은 배심으로 하여금 모든 로마 가톨릭에 유리한 증거를 배척하도록 하는 그 당시의 성난 편협심을 보여주는 것이라고 말할 수 있지만, 그들은 비난을 면키 어렵다. Wakeman과 Lord Castlemaine에 대한 무죄판결은 그 사건에 관한 한 신뢰할 만한 것이다. 하지만, 내 생각으로는, 배심에 의한 그 어떤 최악의 평결이라 하더라도 Lord Stafford의 유죄를 찬성한 51명의 귀족원 의원들에 비교하면 이는 용서할 수 있는 가벼운 실수라 할 것이다. 그 재판 당시에는 첫 번째 공포심이 이미 상당히 사라지고 없었다. Wakeman과 Lord Castlemaine에 대한 재판에서의 증언 이후 Oates의 증언은 다시는 믿어서는 안 될 것이었다. 그들 자신들의 증거(이는 여러 면에서 서로 모순되는 것이었다)에 의하더라도, Lord Stafford를 반란죄로 묶으려고 한 증거들은 공범자들이 말로 하는 증거뿐이었다. 그 한 예를 든다면, Dugdale은[1] 1678년 9월 20일 또는 21일에 Lord Stafford가 그에게 국왕을 죽이라고 하면서 500파운드를 제공했다고 증언했다. Lord Stafford는 문제의 그 날 Dugdale을 그에게 데려온 사람을 증인으로 불렀다. 그 사람은 그 인터뷰와 관련된 모든 상황을 설명하였으며, 그 전체 과정에 그가 참석하고 있었지만 그러한 문제의 말은 전혀 없었다고 증언했다. 이러한 증인의 진술 일부는 다른 사람에 의해 실질적으로 보강되기도 했다. 이 증언의 일반적인 정확성은 다투어지지 않았지만, Lord Stafford와 Dugdale이 잠시 동안 단 둘이 있었을 가능성 그리고 그 때 그러한 제안이 있었을 수도 있다는 가능성이 제기되기도 했었다. 영국의 귀족들이, 그 스스로 반역자이고 살인자가 되기를 의도하였다는 사람이 피고인을 고발하는 내용 즉, "내가 국왕을 죽이도록 당신에게 500파운드를 주겠다"는 말을 하기 위해 두 사람만이 함께 있는 순간을 피고인이 이용하였다는 그의 말에 따라 그들 귀족 중의 한 명에게 반란죄로 유죄판결을 하였다고 생각하는 것은 참으로 창피스러운 일이다.

　배심원에 이어 판사와 변호사의 문제를 살펴보기 위해서는 첫 번째로 이들 모든 재판을 주재했던 Scroggs 판사가 Jeffreys의 잔인함과 비교해도 더 나쁘게 행세하였다는 비난을 인정해야 할 것이다. Ireland, Pickering 그리고 Groves 사건에 있어서 그의 쟁점 요약 그리고 5명의 제수이트 수사들 재판에 있어서 그의 쟁점에 관한 요약은 수치스러운 것이라고 할 수밖에 없다.[2] 첫 번째로는 사형에 처해질 수 있는 범죄에 대한 재판에서 판사의 입으로 그렇게 말한다는 것은 역겨운 일이라 할 수 있을 정도로 로마 가톨릭을 심하게 공격하였고, 두 번째로는 오늘날 어떤 소추변호사도 그렇게 할 수 없을 정도로 소추인 측을 대변해 말했다. 그 이외에도 그는 피고

---

1) 7 State Trials, p. 1343- 1346. 그리고 p. 1386-1391, 1500 참조.
2) 7 State Trials, p. 131- 134. 그리고 p. 411-415. 여기에는 Scroggs 판사가 로마 가톨릭을 공격하는 견본들이 있다. "이것은 모든 신앙심, 모든 도덕과 생활방식을 어지럽히는 그러한 종교이고, 모든 사람들이 혐오해야 할 것이다. 그들은 그들의 신을 잡아먹고, 그들의 국왕을 살해하며 살인자들을 성스럽게 모신다."

인들에 대한 재판과정을 통하여 계속 그들을 견제하고 조롱했다. 그럼에도 불구하고 Scroggs를 공평하게 평가한다면, 비록 그의 행위방식은 역겨운 것이지만, 그가 당시의 법률을 왜곡하였다고 말하기는 어렵다. 그의 행위 중 현대의 법률가들이 가장 의문스럽게 생각하는 것은 Ireland, Pickering 그리고 Grove의 재판에서 일어났다. 두 명의 주도자급 제수이트 수사들인 Whitehead와 Fenwick이 그들과 함께 기소되어 배심재판을 받게 되었다. 재판의 마지막 단계에 이르자 그들의 죄를 입증할 수 있는 증인은 한 명 뿐인 것으로 드러났다.[1] 이렇게 되자 Scroggs는 배심을 해산하고 피고인 들을 다시 구금하였다. 그 후 그들은 다시 재판을 받고, 동일한 반란죄로 처형되었다. Whitehead는 그는 이미 그 전에 한 번 고발을 당하였고, 따라 서 다시 재판을 받아서는 안 된다고 주장했다. 그러나 판사 전원은 아무런 주저함도 없이 그러한 이의는 받아들일 수 없다고 결정했다. 이 문제와 관 련해서는, 많은 판례들에 있어서 입장의 변동이 있었다는 이유로, 몇 년 전의 R. v. Winsor 사건에서 정교하게 검토가 되었다.[2]

그의 동기가 무엇이든 상관없이 Scroggs가 Oates와 Bedloe에게 등을 돌리고, 그리고 그가 Sir George Wakeman과 Lord Castlemaine에 대한 무 죄판결을 이끌어내는 데 적극적으로 기여한 결과로 인해 Oates와 Bedloe 의 정체를 폭로하고 그들에게 마지막 패배를 안기도록 하는 데 강력한 도 움을 주었다는 것 또한 유념해 보아야 한다. 이는 통상 Charles 2세에게

---

1) 7 State Trials, p. 119. 그리고 p. 315에 있는 이어지는 절차 참조.
2) L. R. 1 Q. B. 289. 2 Hale, P. C. p. 295에는 다음과 같은 구절이 있다. 배심의 해산 에 관한 몇 개의 오래된 판례들을 검토한 뒤 그는 말한다. "그러나 Newgate에서는 그 반대의 방식이 오랫동안 지배적이었다. 배심이 선서를 하고 피고인에 대한 재판을 함에 있어서 증거가 제출되기는 하였지만, 법원의 판단으로는 증거의 일부가 아직 제 출되지 않았거나 없어지고 또는 더 많은 증거가 발견될 수 있으며 그리고 범죄가 살 인이나 주거침입절도와 같이 죄질이 나쁜 경우 그리고 제출된 증거에 의하면 피고인 을 유죄로 하기에는 부족하지만 그의 유죄에 대한 강한 의심이 간다고 인정되는 경 우, 법원은 피고인에 대한 배심을 해산하고 증거를 더 확보하기 위해 피고인을 교도 소로 보낼 수 있다. 그에 따라 이는 영국 대부분의 순회법원에서 관습으로 이루어지 고 있으며, 만일 그렇지 아니하다고 한다면 많은 악명 높은 살인자들과 주거침입절도 범들이 완벽한 증거들을 찾지 못하거나 제출하지 않았다는 이유로 아마 유죄임에도 무죄판결을 받아 처벌을 받지 않고 지나가게 된다."

도움이 되는 일이기는 하였지만, 그 행위 자체는 훌륭한 것이었고, 용기가 필요한 것이었다. 실제 그는 이 문제로 인하여 추밀원과 의회에 고발되었고, 탄핵의 위험에 깊이 빠지기도 하였다.[1]

이들 사건과 관련한 판사들의 행위는 몇 가지 점에 있어서 그들이 지금까지 받아왔던 것보다, 내가 아는 범위에서, 더 많은 주목이 필요하다. 가톨릭음모사건 중 두 재판은 정말로 공정하고 멋지게 행해졌다. 그 중 하나가 Monmouthshire 치안판사 Arnold에 대한 살인 미수와 관련한 Giles에 대한 재판이었다. 이는 살인에 성공하지 못하였다는 점만 제외한다면 Sir E. Godfrey에 대한 살인과 아주 유사한 사건이다. 이 재판을 주재한 판사는 런던의 지방법원 판사(Recorder)인 Jeffreys였다. 다른 또 하나의 재판은 Lord Stafford에 대한 재판이었다. 심지어 오늘날에 있어서도 피고인이 그와 같이 부드러운 대우와 커다란 배려 속에 정중하게 다루어지는 일은 없을 것이라고 생각된다. 이 재판을 주재한 판사는, 그 사건에서 귀족원임시의장(Lord High Steward)으로 있었던, Lord Nottingham이었다.[2] 하지만 이러한 가장 예의바르고 인간적인 재판절차는 모든 가톨릭음모사건 재판 중에서 가장 용서할 수 없는 것으로 종결되었다.

나는 이들 재판과 관련하여 국왕을 위한 소추변호사를 비난할 수 있다고는 생각하지 않는다. 그들은 의심의 여지없이 열정적이었고, 인기 있는 주제인 로마가톨릭, 제수이트 수사, 양의이론(doctrine of equivocation) 등을 거론하는 데 주저하지 않았지만, 그들 중 그 누구도 Raleigh 재판 당시의 Coke와 비교될 수 있는 그러한 행위를 하지 않았다.

이러한 재판 결과를 초래한 가장 큰 원인은 당시 효력을 발하고 있던 그리고 오늘날까지도 이론적으로는, 실무적으로 그러한 것은 아니지만, 일반적으로 생각하는 것 보다 더 큰 효력을 발하고 있는 형사사법제도의 결점에서 찾을 수 있다고 나는 생각한다. 사람들은 피고인을 처음부터 끝까지 오늘날 우리가 생각하는 피고인과는 완전히 다른 관점에서 바라보았다. 오늘날 어떤 사람이 재판을 받는 경우 배심은 그에 대한 유죄가 입증될 때까지 그를 무고한 사람으로 생각하는 것이 그들의 첫째 의무라는 말을

---

1) 8 State Trials, p. 163.
2) 그는 당시 대법관(Lord Chancellor)이었고, 그의 직함은 Lord Finch였다.

듣게 되고, 그에 대한 유죄입증은 아무런 합리적인 의심이 남아있지 않을 때까지 단계적으로 소추인에 의해 입증되어야 한다. 이러한 생각은 현대적인 것이기는 하지만 이 나라의 원래 법과는 어울리지 않는 것이라고 나는 생각한다. 모든 기소장(indictment)의 형식이 보여주듯이 대배심에서 유죄를 선언하지 않는 한 어느 누구도 재판에 회부되지 않는다. "여왕을 위한 배심원들은 선서를 하고 A가 고의로, 중죄를 범할 생각으로 그리고 사전 예모를 통하여 B를 죽임으로써 그를 모살하였다고 고발한다." 적어도 12명의 사람들이 그의 유죄를 선서하고 있음에도 어떤 이유로 그를 무고한 사람이라고 추정할 수 있는가? 과거에는, 내가 이미 설명한 바와 같이, 대배심의 고발은 유죄평결에 이르기까지 긴 과정을 거쳤고, 이러한 선입견을 받고 있는 상태에서 소배심의 재판을 받는 피고인은 아직까지 무고한 사람이 아니라는 증거가 전혀 나타나 있지 않은 그러한 사람과 결코 같은 입장에 서 있을 수 없었다. 거의 대부분 가톨릭음모사건 재판의 피고인들은 물론 실제 그 당시 모든 재판에 있어서 피고인들은 이러한 생각이 지배하고 있는 가운데 재판을 받았기 때문에 그들은 이미 절반 또는 절반 이상 국왕의 적으로 입증된 상태였고, 피고인과 같은 그러한 문제 있는 사람의 생명보다는 국왕의 안전이 공중들에게는 훨씬 더 중요한 것이므로, 국왕과 혐의를 받고 있는 사람의 법정투쟁에서는 모든 것이 국왕에게 유리하게 진행되었다. 당시의 형사재판은 국왕과 피고인이 경주를 함에 있어서 국왕은 유리한 위치에서 출발을 하고 피고인은 무거운 짐을 지고 달리는 것과 다르지 않았다.

당시 형사절차에 대하여 이러한 견해를 가지도록 한 가장 중요한 요소는 다음과 같은 것들이다. 첫째로, 피고인은 재판에 회부되는 순간 바로 재판날짜에 이르기까지 엄격하게 격리될 수 있었고 또한 격리되는 것이 일반적이었다. 그는 그에 대한 증거로 어떤 것이 제출되어 있는지 알 수 있는 방법이 없었다. 그는 그의 권리가 아니라 예외적인 호의를 통하여 어쩌다 그의 변론을 도와 줄 변호사나 대리인을 가질 수 있었고, 그를 위한 증인을 만나거나 그 증인의 진술을 제출할 수 있었다. 그가 재판을 받으러 법정에 들어설 때 그는 그에 대한 증거로 어떤 것이 제출되어 있는지 전혀 알지 못한 채 목숨을 건 싸움을 시작해야 했다. 피고인의 변론을 위해

일한 경험이 있는 변호사라면 그 자리에서 바로 하는 변론이 어떠한 것인지를 잘 알고 있다. 그러한 상황에서 현대의 법정변호사는 적어도 진술서의 사본 정도는 갖고 있는 것이 일반적이다. 피고인을 효율적으로 변론한다는 것은 철저한 준비성과 침착성 그리고 이러한 성품을 익혀 사용하도록 훈련받은 사람의 이해력을 요구하는 일이다. 교육을 받지 않은 사람, 그의 생명이 위험에 처해있는 사람이 그의 범죄를 입증하기 위한 진술의 내용이 어떤 것인지도 모르고 있는 그러한 상황에서 자신의 기량을 제대로 발휘한다는 것은 실질적으로 불가능한 일이다. 그러나 이러한 것이 17세기에 반란죄로 재판을 받았던 모든 피고인들에게 요구된 것이었다.

가톨릭음모사건과 관련하여 재판을 받은 피고인들은 Lord Stafford와 Sir George Wakeman을 제외하고 그 누구도 자신을 제대로 방어하지 못했다. 법정변호사인 Langhorn은 몹시 흥분하여 자제력을 완전히 잃고 그의 사무실 방 구조와 관련하여 Oates에게 반대신문을 하지 못했다. 그의 사무실 방 구조에 따르면 Langhorn이 말하고, 듣고, 보는 것을 Oates가 듣고 보는 게 불가능했다는 것이다. 이러한 상황은 그 후 Scroggs가 Oates의 진술을 불신하는 것을 정당화시키는 근거가 되기도 했다. 경험이 많은 법률가가 자신을 그렇게 제대로 방어하지 못하는 경우라면 경험 없는 일반인이 완전히 무력한 상태에 있었다는 것은 놀랄 일이 아니다.

피고인을 위한 증인이 선서하는 것을 허용하지 않는 것은 심지어 그 당시에도 하나의 장애로 생각되었고, 따라서 모든 또는 대부분의 재판에서 판사들은 배심에게 그러한 증언에 많은 의미를 부여하는 데 주의하라고 말했다. 위증에 대한 위험을 감수하지 않으려고 짜 맞춘 허위의 증언에 대하여 법률이 대응하고 있는 장점은 어리석게도 간과되어 왔다. 또한 피고인이 자신에 대한 기소장의 사본을 가지고 있지 못하다는 것 또는 배심원명부를 갖고 있지 못하다는 것이 일반적인 불평사항이었다. 하지만 나는 이러한 문제의 중요성은 과대평가되었다고 생각한다. 기소장의 사본을 갖고 있다 하더라도 피고인은 그에 대한 흠을 거의 찾아내지 못하고, 설사 찾아낸다 하더라도 그러한 흠에 대한 이의신청은 판사에 의해 기각될 것이고, 또한 기각되는 것이 마땅할 것이다. 그리고 배심원명단은 피고인에게 실제 아무런 쓸모도 없는 것이다. 집행관(sheriff)이 배심을 자기편으로만 채우려는 경우 그가 35명의 무조건적인 기피신청을 허용하기 위해 법적인 문제가 없는 충분한 숫자의 편파적인 배심원을 제공하지 않는다면 그는 우둔한 사람에 틀림없을 것이다. 반면에 그가 공정하다면, 모든 배심원은 실질적으로 다른 배심원과 마찬가지로 훌륭하다 할 것이다. 오히려 현실적인 불만은 피고인으로 하여금 그에 대한 증거를 전혀 모르게 하는 것이다. 비록 실무에 있어서 이러한 불만은 오래 전에 사라졌지만, 이론적으로는 아직도 그대로 존재하고 있다. 아직도 법률에 의하면 기소장안은 고발을 당한 자에게 통보되지 않은 채 대배심에 송부되며, 고발을 당한 사람은 단순한 신원확인만으로 체포될 수 있다. 그는 치안판사에게 인치되지 않으며, 그에 대한 재판이 시작되어 피고인석에 앉을 때까지 그에 대한 증인들이 누구인지 또는 그들은 어떤 말을 했는지 알아보거나 그리고 심지어 기소장의 사본을 받아 볼 법률상의 권리도 없다.

그러나 17세기 이러한 재판제도상의 결점은, 그들 재판을 통하여 알 수 있는 바와 같이, 당시의 판사나 변호사 그리고 피고인들에게 있어서 사법적 증거의 진정한 성질에 관한 개념이 전혀 없었다는 것만큼 그렇게 중요한 것은 아니었다는 생각이 든다. 이러한 문제는 현재에 있어서도 제대로 이해되고 있지 않지만, 당시에는 그에 대한 연구도 시작되지 않고 있었다. 나는 17세기의 어떤 저술가도 그에 대한 중요성을 언급하지 않았다고 생각한다. Hale은 별로 의미가 없는 일화 또는 두 개의 잘못된 유죄판결을 언급하고 있는데, 그에 의하면 살인사건의 재판에 있어서는 살해당한 자의 사체를 그의 사후 보았다는 것이 입증되어야 한다는 것이다. 하지만 그는 그러한 문제에 대한 이론을 전혀 모르고 있었음이 명백하다. 전문증거에 따라 사람들이 유죄판결을 받아서는 안 된다는 내용이 State Trials 여러 곳에 기술되어 있고, 반란죄의 경우에는 두 명의 증인이 있어야 한다는 것이 확립된 규칙으로서 매우 중요하게 간주되었다. 그러나 이러한 간단한 규칙을 제외하고 나면, 그 당시에는 어떤 사람이 법정에 출석하여 선서를 하고 증언을 하면, 그의 진술이 확실하게 모순되는 것이 아닌 한, 그의 진술을 모두 믿어야 한다는 생각이 있었던 것으로 보인다. 가톨릭음모사건 재판에 있어서 제출된 대부분의 증거는 Oates, Bedloe 그리고 그 이외 사람들이 이 사람 또는 저 사람이 국왕을 죽이겠다고 말하는 것을 들었다는 것 또는 그들 마음속으로 비교한 바에 따라 피고인이 쓴 편지와 같은 필체라고 생각되는 편지에 그러한 내용이 적혀 있는 것을 보았다는 것이다.

이러한 증거에 관해서 오늘날 우리가 말할 수 있는 것 그리고 우리가 너무나 명백하다고 생각하고 있는 것은 심지어 이러한 증거가 피고인과 공모관계에 있는 자로부터 나온 것이 아니라 하더라도 이를 근거로 어떤 결정을 한다는 것은 전적으로 안전하지 못하다는 것이다. 어떤 사람이 별개의 다른 장소에서 두 사람의 증인에게 반역적인 의미의 행위를 하였다고 그들 두 명이 각 증언을 하고 그들 진술이 사실인 것으로 전혀 보강이 되지 않았음에도, 이들 두 사람의 증언만으로 그에게 유죄를 선고한다는 것은 선량한 사람의 생명을 한 쌍으로 구성된 이 나라 모든 악당의 자비에 맡기는 결과가 될 것이다. 만일 증언이 공모자에 의한 것이라면 그것이 다른 독립된 증거에 의하여 보강이 되지 않는 한 배심은 그에 관심을 두지 않아야 한다고 주의를 받아야 할 것이다. 그러나 이러한 일은 17세기의 판사와 배심에는 해당되는 일이 아니었던 것으로 보인다. 판사들은 공모자 역시 나쁜 사람인 것은 틀림없지만 그들의 증언을 받아들이지 않는다면 범인을 찾아내지 못할 것이라고 계속하여 말했다. 그리고 배심은 증인적격이 없는 것이 명백한 자라 할지라도 그들이 보고 들었다는 내용의 증언은, 말하자면, 기계적 움직임과 같은 가치를 갖고 있어 그것이 명백히 모순되는 것이 아니면 믿어야 한다고, (오늘날에도 종종 그러한 바와 같이), 생각하고 있었던 것으로 보인다. 이러한 내용은 당시 피고인이 증거에 대한 이의신청을 함에 있어서 언제나 항상 증인적격의 형식으로만 하였지 그들이 배심에게 한 증언의 신빙성에 대한 이의신청을 하지 않았다는 사정으로도 충분히 설명되고 있다. 만일 법원이 증인을 "훌륭한", (즉, 증인적격이 있는), "증인"이라 인정하면 배심은 그의 증언이 모순되는 것이 아니라면, 비록 몇 개의 예외가 있기는 하지만, 그를 당연히 믿었던 것으로 보인다. 예를 들어, Castlemaine 사건에 있어서 Dangerfield가 그 전에 "6개의 어마어마한 범죄"로 유죄판결을 받았음에도 불구하고 그의 증언은 그대로 배심에게 제공되었다.[1] 다만, 배심은 판사로부터 그를 믿을 필요는 없다는 말을 들었고, 그를 믿지 않았다.

---

1) 7 State Trials, p. 1110.

보강증거의 필요성에 관한 무지

이들 사정을 가장 잘 설명해주고 있는 것이 5명의 제수이트 수사들에[1] 대한 재판이다. Fenwick은 자신에 대한 증거라는 것이 법정에 제출되지 않은 편지의 내용들로만 되어 있다고 하면서 이의신청을 하였다. "제출된 모든 증거가 오로지 이것뿐이다. 여기에는 진술과 선서만이 있다. 어떻게 이러한 일이 있을 수 있는지를 설명할 수 있는 상당한 이유를 제시해 달라고 나는 그들에게 이의를 제기한다." 이에 대해 Scroggs 판사는 다음과 같이 그의 의견을 말했다. "Mr. Fenwick은 이들 증거 모두에 관하여, 여기에는 우리 죄를 입증할 만한 증거는 없고 오로지 말과 선서만 있다고 한다. 그러나 그가 들어온 바와 같이 (만일 그가 이를 배우는 것이 가능하였다면) 모든 증언이라는 것은 다른 것이 아니라 말과 선서에 지나지 않는다. 왜냐하면, 모든 것, 모든 사람의 생명과 행운은 선서에 의해 결정되고, 선서라는 것은 말로 하는 것 그리고 성경에 키스를 하는 것이며 말하는 것이 진실하다는 것을 담보하기 위해 하느님을 부르는 것이다."

나는 법이 어떠해야 하는지 또는 배심원들의 실무관행이 어떠해야 하는지에 관해서는 Fenwick이 옳았고, 법이 실제로 어떠한지에 관해서 그리고 오늘날에도 어느 정도 그러하다는 점에 관해서는 Scroggs 판사도 옳았다고 생각한다. 배심원들이 별로 의미가 없는 증언의 경우에도 예외적인 중요성을 부여하고 있다는 것은 사실이다. 또한 서로의 진술이 어느 정도 상호 보강이 될 수 있는지 그리고 증언이 사실일 수 있다는 실질적인 가능성이 어느 정도인지 생각해 본다는 것은 증언을 그대로 믿는 것보다 훨씬 더 진실의 발견에 도움이 된다는 것은, 적어도 내 생각으로는, 사실이다. 나는 단 한 명의 증인의 보강되지 않은 증언이나 사후에 아무런 흔적도 남기지 않는 독립된 사실을 근거로 피고인을 유죄로 판결하는 데 극히 주저해 왔다.

적극적인 법원칙이라고 말할 수는 없지만, 오늘날 확립된 원칙 즉, 공범자(accomplice)의 보강되지 않은 증거를 근거로 어떤 결정을 해서는 안 된다는 원칙은 17세기에는 알려지지 않은 원칙이었고, 따라서 모든 사안에서 완전히 무시되었고 심지어 부인되기까지 했다. 만일 이러한 원칙이 준수되었다면 이미 언급한 모든 부당한 유죄판결들은 방지될 수 있었을 것이다.

---

[1] Whitbread, Harcourt, Fenwick, Gavan 그리고 Turner. 7 St. Tr, p. 311, 358, 411.

위 증

가톨릭음모사건에 대한 재판을 연구하면서 추론한 결과 17세기의 판사들이 부패하거나 겁이 많았다고 보기는 어렵고, 배심원 또한 정치적 사건에 있어서 당파적 정신에 경도되어 있었다고 보기는 어려운 것 같다. 오히려 증거에 관한 원칙이 제대로 이해되지 못하고 재판절차의 전체 방식이 너무나 불완전하고 피상적이어서 생각하기도 무서운 불의(injustice)가 이름도 알려지지 않은 그리고 알 수 없는 많은 사람들을 상대로 순회법원과 의회에서 자행되어오지 않았나 하는 염려가 된다. 당시 위증을 하는 사람들은 치명적인 독약으로 무장한 지위에 있었고, 적발될 가능성이 거의 없이 이를 사용할 수 있었다. 17세기의 정치적 재판이 실제 초래한 결과는 고위직이나 저명한 직위에 있는 사람들에게 재난을 가져오게 한 것이지만, 수천 명의 이름 없는 범죄자들에게 있어서 이러한 재난은 일고의 관심도 가질 수 없는 것이었다. Jeffreys 판사의 사나움이나 Scroggs 판사의 기회주의적인 비겁함 그리고 배심원 몇 명의 극단적 편견은, 적어도 우리가 희망하기로는, 예외적인 것이었다. 오히려 이러한 정치적인 사건에 대한 재판에 비추어 볼 때 통상적인 사건과 관련하여 형사사법절차에서 틀림없이 일어났다고 보아야 할 일들이 훨씬 더 심각한 문제라고 할 것이다.

일반 공중이 전문가보다 더 많은 중요성을 부여하고 있는 일부 문제와 관련해서는 17세기의 증거법이 오늘날의 실무관행보다 피고인에게 더 많은 호의를 보이는 방식으로 형사사법이 운용되기도 하였다. 증거는 오늘날의 경우처럼 엄격하게 제한되지 않았다. 예컨대, 피고인은 적대적인 증인의 신빙성을 무너뜨리기 위해 어떠한 방법으로도 이를 입증할 수 있었다. 반면에 증인의 신빙성과 관련한 반대신문은 사실상 모르고 있었고, 다만 이 문제와 관련하여 판사들이 각자의 성향에 따라 다르기는 하지만 때때로 실무상 이를 행하였다. Oates가 위증으로 재판을 받을 때 그가 "증인을 함정에 빠뜨릴 수 있는" 질문을 하자마자 바로 그는 제지를 당했다. 우리 시대에 이르러 이러한 실무관행은 뒤집히게 되었다. 증인의 신빙성과 관련해서는 어떠한 내용의 반대신문도 가능하고, 증인의 답변은 증거로 채택되어야 하는 것이 규칙이며, 그러한 증인이 허위의 증언을 하는 경우 그에 대한 대책은 그를 위증으로 기소하는 것이다. 그러나 이러한 증거법은 비교적 최근에 이르기까지도 확립되지 않았다.

위증의 위험성

나는 위증의 위력이나 위험이 Oates 시대 이래로 어떠한 방식으로라도 제거되었다고는 생각하지 않는다. 나는 우리가 익숙하게 믿고 있는 것만큼 그것이 감소되어 왔다고도 확신하지 못하고 있다. 일부 사건의 경우 반대신문은 의문의 여지없이 위증을 깨뜨릴 수 있을 것이다. 만일 Oates와 그이외의 사람들이 오늘날의 반대신문기술 중에서 아주 온화한 방법으로라도 반대신문을 받았다면, 그들의 진술은 믿기가 어려웠을 것이고 그들 자신의 진술이 서로 모순되는 것이 폭로되거나, 그들이 그러한 모순되는 진술을 모두 잊어버림으로써, 그들 진술의 모든 신빙성이 상실되었을 것이다. 그러나 효율적으로 반대신문을 하기 위해서는 연습과 시간이 매우 긴요하다. 반대신문에 대한 적절한 훈련 없이 반대신문을 하는 것은 피고인의 이익에 극도로 위험한 일이다. 17세기에는 판사들이 대부분의 반대신문을 한 것으로 보인다. 피고인은 아무런 훈련도 받을 수 없었고, 그에 따라 재판은 1회의 개정으로 끝나는 것이 원칙이었다.[1]

그러나 특정한 상황(circumstances)에서는 위증을 실질적으로 유효하게 방지한다는 것은 있을 수 없는 일이었고, 현실적으로 그러한 방안도 없다는 것을 인정해야 할 것이다. 단 하나를 제외한 모든 상황이 유죄 또는 무죄로 일치하는 경우 그리고 하나의 상황이 아무런 추적할 수 있는 흔적을 남기지 않는 행동이나 말을 보거나 들었다고 주장하는 증언에 의지하는 것인 경우에는 위증을 방지하거나 이를 밝히는 것이 불가능한 일이다. 예컨대, 폭력을 동반한 폭동(violent riot)이 있고, 그리고 많은 사람들이 무고한 구경꾼(bystander)으로 현장에 있는 경우에 어떤 사람이 그 구경꾼을 지칭하여 그가 주먹을 휘두르는 것을 또는 돌을 집어 던지는 것을 보았다거나 혹은 그가 다른 사람들을 선동하는 것을 들었다고 허위로 증언하게

---

1) Lord Stafford에 대한 재판은 상원에서 5일간 계속되었다. 그러나 귀족원임시의장이었던 Jeffreys가 주재한 Lord Delamere에 대한 재판에 있어서는 Jeffreys가 그에게 그러한 권한이 있는지 여부가 크게 의심이 된다고 하면서 하룻밤 휴정을 거부하였다. 반란죄나 중죄의 경우 법원이 휴정할 수 있는 권한이 있는지 여부에 대한 규칙이 1794년 반란죄 재판에 이르기까지 완전하게 확립되지 않았다. 스코틀랜드에서는 1765년 Nairne 그리고 Ogilvie 사건의 경우 법원이 중간에 휴정을 하지 않고 43시간 동안 재판을 계속 하였다(19 St. Tr. 1326). 배심이 30분 동안 휴식을 취하기 위해 휴정하였다는 이유로 유죄판결에 대한 이의신청이 받아들여진 예도 있다. 하지만 이는 파기되었다.

되면, 그러한 구경꾼은 어떻게 그러한 위증으로부터 자신을 방어할 수 있을까?[1]

가톨릭음모사건의 재판에서 관찰한 것은 1680년부터 1688년 사이에 있었던 재판에 그대로 적용될 수 있다. 모든 또는 대부분의 재판은 동일한 방식으로 그리고 동일한 절차에 관한 원칙으로 행해졌다. 그러나 이들 재판은 그 자체로서 기억할 만한 것이기 때문에 이들 중 가장 중요한 몇 사건에 관하여 살펴보기로 한다.

그 첫 번째로 살펴볼 재판은 1681년에 있었던 Fitzharris에 대한 반란사건재판이다.[2] 그는 Charles 2세와 그의 동생이 "가톨릭을 영국에 도입하고 독단적인 정부를 구성하기 위해 교황과 프랑스 국왕과 연합하기로 하였다"고[3] 그들을 비난하고, 그리고 "나라의 모든 사람이 하나 같이 일어나 더 늦기 전에 당신들을 방어하는데 관심을 가져라"고 선동하면서 그 이외에도 그와 같은 취지의 많은 다른 폭력적인 언사를 담은 소책자를 발간한 혐의로 재판을 받았다. 그는 처음에 그로 인하여 탄핵소추를 받았고, 그 사건은 아직 계류 중이라고 답변했다. 이러한 답변은 논쟁 끝에 기각을 당했지만, 법원은 그 이유를 밝히지 않았다.[4] 이러한 절차는 혹독하게 비난을 받았고, 내 생각으로는, 그러한 비난은 정당하다고 본다. 그는 이어 재판을 받고 유죄판결을 받아 처형되었다. 이 사건과 관련한 사실에 관해서는 아무런 의문도 없었다. Fitzharris는 Everard라는 사람에게 소책자를 써달라고 제의했다. Everard는 책자의 내용에 관한 지시를 그에게 달라고 하면서 그리고 다른 사람들이 진행되는 일을 알지 못하도록 Gray 법학원에 있는

---

1) 해적행위와 살인으로 1863년 Old Bailey에서 재판을 받은 R. v. Lyons와 다른 8명에 대한 사건에 있어서는, Flowery Land 호의 선원인 피고인들이 선상반란을 일으켜 선장과 동료를 살해하고 배로부터 허둥지둥 내려서 보트를 타고 도망쳤다는 것이 증거에 의해 입증되었다. 선장이 살해될 때 배의 목공인 노르웨이 사람 Andersen은 조준간에 맞아 쓰러져 있었다. 그는 증언을 하면서 피고인 중 한 명인 Marceline가 후에 자신에게 "내가(me) 당신을 때렸다"고 말했다고 증언했다. 이는 그 범죄와 관련하여 Marceline에 대한 유일한 증거였다. 그럼에도 불구하고 그는 유죄판결을 받았다. 그러나 그 후 그는 사면을 받았는데, 그 이유는 스페인 사람이 서툰 영어로 말한 것에 대한 노르웨이 사람의 인상을 가지고 사형에 처해지는 범죄에 대한 유죄판결을 정당화시키는 충분한 증거라고 보기는 어렵다는 것이었다. 59 C. C. C, 275, 286.

2) 8 St. Tr. p. 243.   3) 8 St. Tr. p. 333, 357 참조.   4) 8 St. Tr. p. 326.

그의 변호사 사무실(chamber)로 Fitzharris를 초청했다. Fitzharris는 그를 처음 만나 책자에 대한 지시를 하였고 두 번째 만나서는 그가 작성한 책자의 초안을 교정해주었다. Everard에 의하면 그 책자의 목적은 영국에서 내란을 일으키고, 이를 기화로 Louis 14세가 먼저 Flanders 지방을 차지하고 난 후 그가 "계속하여 영국을 차지하더라도 우리가 아무런 구애도 받지 않는 데 있다"고[1] 하였다. Fitzharris의 변소 요지는 그 소책자는 Charles 2세의 명령으로 작성되었다는 것이었다. 이를 작성하여 배타주의자 정당의 지도자들에게 이를 보내고, 필요한 경우 그들에 대한 증거로 사용하기 위해 그들의 수중에서 이 책자가 발견되도록 하려고 하였다는 것이다. 전체적으로 이러한 사정을 설명하기 위해 그는 증인들을 소환한 것으로 보이지만,[2] 그는 이와 약간 다른 방식으로 그를 변론했다. 즉, 그는 Everard를 소책자 작성에 끌어들이게 된 것은 자신에 대한 나쁜 정보를 주기 위해서였다고 주장했다. Fitzharris는 처형되었다. Hawles가 관찰한 바에 의하면, Whig당이나 Tory당 모두 "그를 교수형에 처하는 것이 당연하다고 합의했다는 것이다. 전자는 그가 자백을 하는 경우 그의 생명을 구해주는 것이 그들에게 유리하다고 생각했고, 후자는 그가 자백을 하는 것이 두려워 그를 교수형에 처하는 것이 적당하다고 생각했다"는 것이다. 그의 자백을 희망했거나 그의 자백을 두려워했다는 점에서 보면 국왕과 그 이외 저명한 사람들이 실제 그 정도가 문제이지 어느 정도 공모관계에 있었던 것만은 틀림없는 일이다. Fitzharris가 그의 변론에 있어서 변죽만을 울리고 그리고 확실히 미약하고 소심하게 변론하였기 때문에 재판은 혼란에 빠졌다. 여기에서 주의 깊게 보아야 할 점은 그가 변론을 방해받은 방식에 관한 것이다. 법무장관(Sir R. Sawer)은 끈질기게 그의 사무변호사(solicitor)가[3] 어떤 방식이로든 그를 돕는 것을 반대했고 더욱이, 그의 부인이 그의 옆에

---

1) 8 State Trials, p. 345.
2) Sir J. Hawles의 언급 참조, p. 439-440. Fitzharris의 변소 내용은 p. 378 참조.
3) 사무변호사(solicitor)는 그 당시 낮은 지위를 갖고 있었다. "서류를 가지고 오는 것은 대리인의 의무가 아니다. 그는 심부름을 하기 위해 법원에 의해 임명된 자에 불과하다. 그는 피고인의 변론을 도와주는 또는 그러한 일을 하는 사람이 아니다"라고 법무차관이 말했다(p. 353). 사무변호사는 그의 이름이 의미하는 바와 같이 고객을 대표하는 변호사(attorney)보다는 열등한 지위에 있었다. 최근에 이르러 "solicitor"라는 지위가 어떤 연유로 더 영예로운 직함으로 간주되게 되었는지 이상한 일이다.

있는 것도 반대했다. 사무변호사는 배심원명단을 가지고 있었는데, 명단에는 기피신청을 할 배심원들을 알려주는 십자표가 표시되어 있었고, 이는 특히 화가 나게 하는 것이었다. 여기에 대해 Jeffreys는 "이 사건에서와 같이 하느님은 모든 것을 금지하고 다만 사실에 관한 그의 기억만을 도와주라는 것이다. 따라서 여기에서는 어떤 지침도 피고인에게 주어서는 안 된다"고[1] 말했다. 또한 Mr. Fitzharris가 "완전한 형식의 변호사 작성 사건요약보고서를 가지고" 있는 것도 논란이 되었으며, 많은 논의 끝에 일종의 타협으로 이를, 결국 피고인의 옆에 서 있게 된, 그의 부인에게 넘겨주어야 했다.

그 다음으로 주목해야 할 것은 Stephen Colledge에 대한 재판이다.[2] 이 사건을 올바르게 평가하려면 내가 여기에서 제공할 수 있는 공간 이상이 필요할 것이다. 그는 "신교도에 가담한 자(Protestant joiner)"로 알려진 사람으로, 가톨릭음모사건에 대응하는 방식으로 반란죄를 범하였다는 혐의로 Dugdale과 다른 사람들에 의해 고발되었다. 그가 Dugdale에게 국왕을 살해하라고 제안하였다는 주장이었지만, 런던의 대배심은 그에 대한 기소장안을 기각하였다. 일이 그렇게 되자 증인들은 Oxford Parliament[3] 기간 중에 그가 Oxford에서 그의 계획을 달성하기 위해 반역적인 말을 했다고 증언했다.

---

1) 8 St. Tr. p. 332. "Jeffreys: 내가 보기로 그것은 완전한 형식의 변호사 작성 사건요약보고서인 것 같다. Fitzharris 부인: 그는 그 자신을 도와 줄 아무것도 가져서는 안 됩니까? Fitzharris: 간단히 말해서 국왕의 변호사는 내가 나의 변론도 하지 못하게 하는 가운데 내 생명을 빼앗아가려 합니다. 법무장관: 법률이 허용하는 것이라면 나는 그로부터 서류를 뺏으려고 하지 않겠습니다. 법무차관: 재판장님, 그의 무고함이 그를 변론해야 하는 것이지 다른 어떤 것으로 변론해서는 안 됩니다. Jeffreys: 수석판사님, 이 서류를 허용할 것인지의 여부는 판사님의 판단에 달렸습니다. 수석판사: 서류를 한번 봅시다. Fitzharris: 판사님, 나는 이 서류를 다시 제 처에게 돌려주겠습니다. 수석판사: 그렇게 하시오."
2) 8 State Trials, p. 549.
3) [역주] Charles 2세 치하인 1681년 3월 21일부터 3월 28일까지 일주일 동안 Oxford에서 개최된 의회를 말하며, Third Exclusion Parliament라고 부르기도 한다. 이는 그 전의 Exclusion Bill Parliament를 승계하여 열린 다섯 번째 의회로 Charles 2세 치세에서는 마지막으로 열린 것이다. 귀족원과 하원이 같이 회의를 가졌고, 첫날 국왕 Charles 2세가 연설을 했다.

Stephen Colledge에 대한 재판

기소장안(bill)은 Oxfordshire 대배심에서 진정한 것으로 인정을 받았고, 그에 대한 길고도 기억할 만한 재판 끝에 Colledge는 수석판사로서 후에 국새상서(Lord Keeper)가[1] 된 North가 주재하는 재판에서 유죄판결을 받았다. 그가 재판을 받으러 가는 도중에 어떤 집으로 인치되었고, 그곳에서 그는 그의 변론을 위해 준비한 모든 서류를 빼앗겼다. 다만, 추밀원에 자문하는 국왕(King in Council)의 명시적인 명령에 의하여 펜, 잉크 그리고 종이를 사용할 수 있었으며, 변호사나 사무변호사의 도움을 받거나 친구를 만나는 것은 허용되었다. 빼앗긴 서류들은 국왕의 변호사들에 의해 검토된 것으로 보이고, 그들은 Colledge에 의해 진술의 모순점이 드러날 수 있는 증인이나 반대신문을 당할 수 있는 증인들을 소환하지 않는 등 그에 따라 그들의 재판전략을 세워 실행할 수 있었다. 이 재판은 영국의 법정에서 한 번도 일어나지 않았던 그러한 용서할 수 없는 사건처리이고, 훌륭한 점이 많은 국새상서의 인품에 씻을 수 없는 오점을 남겼다. 하지만 피고인에게 변호사가 반드시 허용되지 않는 것은 아니라는 원칙이 지켜진 것은 틀림없는 사실이다. Colledge는 많은 서류들을 돌려받았다. 하지만, "나라의 얼굴인 정부(Government)에 독설을 내뱉는 가장 선동적이고 명예훼손적인 말을" 내용으로 하고 있다고 판사가 생각하는 것 그리고 증인신문에 관한 지시서(instruction)는 그에게 돌려주지 않았다.[2] 수석판사는 피고인에게 이를 가지게 하는 것은 "당신에게 간접적으로 변호사(counsel)를 붙여주는 것과 같다"고 말했다.

이러한 어려움 속에서도 Colledge가 12시간 내지 13시간 동안 버티고 앉아 활기차게 그의 권리를 주장하고 자신을 방어하였다는 것은 존경할 만한 일이다. 증거들은 가톨릭음모사건의 경우와 거의 동일했다. Dugdale과 그 이외 다른 사람들은 그가 그들에게 반역적인 내용의 제안을 하였다고 증언하였고, 그 이외 또 다른 사람들은 그가 Charles 2세에 대하여 좋지 않게 말했으며, 1640년의 Long Parliament를 정당한 것으로 말했다고 증언하였지만,[3] 이러한 말들을 반역적이라고 한다는 것은 터무니없는 일이었다. 소추인 측의 증인들에 대항하여 이들의 증언과 모순되거나 이들 증

---

1) Keeper of the Great Seal(국새보관자)을 말하며, 현재의 Lord Chancellor(대법관)에 해당하는 직위이다.
2) 8 State Trials, p. 585. 3) 8 State Trials, p. 616.

인의 신빙성을 훼손시키려는 다수의 증거들이 제출되었고 특히, Oates는 창피한 언쟁을 그와 벌이면서 그의 진술과 배치되는 증언을 하였다.[1] 결국 그 재판에서 Dugdale이 위증을 범하였다는 것이 나중에 발견되었고, 그로 인하여 그는 더 이상 법정에 증인으로 나올 수 없게 되었다. 재판은 모든 사람이 지쳐 떨어질 때까지 모순과 모순으로 얼룩진 치열한 논쟁의 계속이었다. 하지만 국왕을 위한 변호사 그 중에서도 특히, 법무차관(Finch)과 그리고 Jeffreys가 상대방의 입을 봉해버리는 마지막 연설을 정교하게 하였다. 수석판사는 "내가 기억을 말하는 것보다 당신들이 자신들의 기억과 메모한 것을 상기하는 것이 더 나을 것"이라고 말하면서 아주 간단하게 배심에게 요약을 해주었고,[2] 이로 미루어보아 그는 메모를 하지 않은 것이 분명하다. 실제로 Colledge는 그에게 그가 메모한 것을 언급하여 달라고 압박을 가하였지만, 그는 이를 거부했다. Colledge는 유죄판결을 받고 처형되었다.

Colledge에 대한 재판은 사악한(iniquity) 결과라는 측면에서 보면 Lord Stafford에 대한 재판과 같은 반열에 올려놓을 수 있을 것이다. 판사들의 행위는 잔인하였다고는 말하기 어렵지만, 피고인에게는 이상하게도 불공평하고 국왕을 위한 변호사들에 대해서는 연약하였다.

이 시기에 있었던 수많은 정치적 소추행위들은 사적인 범죄에 대한 기억할 만한 재판 예컨대, Mr. Thynne 살해와 관련한 Coningsmark 백작에 대한 재판과는 달랐다.[3] Thynne는 매우 부유한 시골 신사였고, 그 당시 Lady Ogle와 막 결혼한 뒤였다. 그는 Pall Mall에서[4] 그의 마차를 타고 가다 폴란드 사람인 Boroski의 총에 맞아 죽었고, Boroski는 두 명의 독일 장교 Lieutenant Stein과 Captain Vratz의 휘하에 있으면서 그들의 지시에 따라 행동하는 사람이었다. 이들 세 명은 말하자면 모두 Coningsmark 백

---

1) P. 641. 이 재판에서 Oates의 증언은 많은 면에서 기이하다. 그가 한 증언 중 하나로 그는 Colledge와 같이 Crown Tavern에 갔었다고 진술했다. "우리가 저녁 식사가 나올 때까지 기분을 풀기 위해 Mr. Savage라는 사람과 철학에 관한 이야기를 하고 있을" 때 "신의 존재와 관련하여 이를 자연현상으로부터 입증할 수 있는지 여부 그리고 정신은 영원한 것인지 아닌지를 이야기했다." 그는 그 자리에서 반역에 관한 이야기를 한 바 없다고 하였지만 Smith라는 사람은 그 반대로 증언했다. p. 646-647.
2) 8 State Trials, p. 712-714.   3) 9 State Trials, p. 1.
4) [역주] 런던에 있는 클럽 중심지이다.

작의 가신(retainer)이었다.[1] 이 사건에서 실질적인 의문점은 백작이 이들 세 명의 살인행위를 방조했는지의 문제였다. 이들 세 명의 유죄에는 아무런 문제가 없었기 때문이다. Charles 국왕은 백작에 대하여 호의를 가지고 있는 것으로 알려졌었고, 그에 따라 그는 현저하게 인간적으로 그리고 우호적인 상태에서 재판을 받았다. 아마도 이 사건에서 가장 주목할 만한 상황은 피고인에게 호의를 갖고 있었던 것이 명백한 수석판사(Pemberton)가 통역인을 통하여 그에게 일련의 긴 질문을 하였는데[2] 특히, 그 사건과 관련하여 그가 받고 있는 의심스러운 사정에 그의 주의를 환기시키면서 그에 대하여 어떻게 설명할 것인가라고 물어보았다는 것이다. 국왕을 위한 소추변호사는 통역인이 마치 후원자처럼 행동했다고 불평했다. 법원은 피고인들 중 누구도 영어를 할 수 없기 때문에 그 사건은 예외적인 것이라고 말했다. 백작은 무죄판결을 선고받았고, 이는 보통 공정하지 못한 것으로 이야기되어 왔다. 나는 그가 유죄라는 데 거의 의심을 하지 않는다. 그러나 그의 친구들이나 그들의 하인이 그의 지시를 넘어 행동한 것이 아니라는 사실이 적극적으로 입증되었는지에 대해서는 확신하기 어렵다.

1682년 런던 집행관(sheriff) 선거와 관련하여 우리를 성나게 하고 명백히 당파적인 재판이라고 볼 만한 다양한 사건에 대해서는 그 제목들만을 살펴보고,[3] Lord William Russel 그리고 Algernon Sidney에 대한 기념비적인 반란사건에 관한 재판을 살펴보기로 한다. 이들 저명한 두 사람이 폭동을 위한 음모에 관여하였다는 사실은 의심의 여지가 거의 없는 것으로

---

1) [역주] Coningsmark 백작의 정식 이름은 Philip Christoph von Konigsmarck(1665-1694)로서, Brandenburg 혈통의 스웨덴 백작이다. 그는 자신이 흠모하였던 Somerset 공작부인의 상속녀인 Elizabeth Seymour의 남편 Thomas Thynne를 살해하기 위해 세 명의 암살자를 고용하였다고 알려져 있다. 그가 고용한 자들은 1682년 3월 10일 교수형에 처해졌지만 자신은 무죄판결을 받았다. 그는 또한 Princess of Celle 인 Sophia Dorothea의 연인으로도 알려져 있다. 그녀의 남편은 나중에 Elector of Hanover(George I Louis, 1708) 그리고 영국의 국왕(George I, 1714)이 된 Duke George Louis of Brunswick and Lunenburg이다. 그는 그녀와의 연인 관계가 이유가 되어 살해되고, 그 사체는 라인 강에 버려졌다고 알려져 있다.

2) 9 State Trials, p. 60-64.

3) Pilkington과 그 이외 사람들에 대한 폭동사건, 9 St. Tr. 187. Sir Patience Ward에 대한 위증사건, 9 St. Tr. 299. 이들 중 마지막의 것은 수치스러운 사례이다.

보인다.[1] 그러나 그들이 Charles와 James가 Newmarket로부터 돌아오는 길에 그들을 살해하기로 한 Rumbold의 Rye House 음모에 내밀히 관여하였다는 데 대한 증거는 없다. 하지만 그들은 Charles 2세에 대항하여 전쟁을 개시하기로 하는 음모에 관여했다는 점에 대해서는 부인을 거의 하지 않았다. 그들의 유죄 입증에 대한 증인은 공범자들로 Lord Howard, 그리고 Lord William Russell 사건의 경우에는 Ramsey이었는데, Hallam이 언급한 바에 의하면 Howard는 증언하기를 내켜하지 않은 증인이었다. Lord Howard는 자신의 생명을 구하기 위해 증언한 것이 확실하고, 그는, 그 재판 이후 오랫동안 인정되었던 방식에 따라, 그의 이야기를 그 자신의 방식으로 하는 것이 허용되었으며, 그 결과로 그는 길고도 정교한 연설을 할 수 있었다. Lord Howard가 다른 사안에서 부인하였던 사실 즉, Lord W. Russel이 그러한 음모에 관여하였다는 것을 부인한 것은 여러 증인들에 의하여 사실인 것으로 입증되었다.[2] Howard의 설명에 의하면 그가 그 사안에서 말하였다고 주장되는 것은 Bedford 공작에 관한 것이라고 했다.[3] 그가 증언을 하였다고 하는 다른 사건과 관련하여 그는, 그가 증언한 내용은 단지 Lord Russel이 국왕을 살해하려는 계획을 갖고 있다는 것을 그로서는 믿을 수 없다는 것이었다고 진술했다. 여기에서 그는 그가 "손톱 깎는 작은 칼과 사과 깎는 칼의 중간 정도 되는 칼을 가지고" 다녔다고 말하였다. 피고인의 변소 내용은 너무나 미약하고 주저하는 것이었기 때문에 그에 대한 고발 내용이 실제 사실이 아니라고 의문을 갖기는 어려웠다.[4]

---

1) 그들에 대한 Lord Macaulay의 생각은 다음과 같은 아주 적은 몇 마디 말로 이루어져 있다. "Russel, 그는 반란죄의 범주에 속하는 그 어떤 범죄도 저지르지 않은 것으로 보이지만, 그리고 Sidney, 그의 유죄를 입증할 만한 법률상의 증거는 아무것도 제출되지 않았지만, 그들은 법과 정의에 도전하였다가 참수를 당했다." Mr. Hallam은 더 자세히 언급하고 있고, 내 생각으로는, 더 공정하게 다루고 있다. Constitutional History, 2. 457 참조. Lord W. Russell에 대한 재판은 9 St. Tr. p. 577에 있다.
2) 9 State Trials, p. 619.   3) 9 State Trials, p. 623.
4) "그는 한 때 모든 사실을 사실 그대로 설명하려고 하였다. 하지만 그의 변호사가 그렇게 하지 말라고 조언했다." – "그는 너무나 정직한 사람이어서 사실에 관해서는 거의 말을 하지 않았다. 그는 진실된 사실 전부에 관해서 말하지 말라는 조언을 받고 있었기 때문에 그가 진실로 알고 있는 것과 다르게 말할 수 없었다. 물론 특정한 몇 개에 관해서는 진실과 달리 말하기는 하였다." Burnet, Own Times, 2. 172, 173.

피고인이 전문증거와 관련하여, 이는 그에 대한 선입견을 줄 가능성이 있다고 하면서, 이의신청을 한 것은 주목할 만한 일이다. 당시 이러한 이의신청은 법원에 의하여 받아들여지는 일이 거의 없었고, 이는 실제 법원의 실무관행과도 배치되는 것이었다. 배심은, 항상 그러한 바와 같이, 그러한 증거들을 근거로 피고인이 유죄로 되어서는 안 된다는 말을 들었다. 이 재판에서 판사들의 언행은 전체적으로 온화하고 공정했다고 나는 생각한다. 수석판사의 배심에 대한 지휘는 아직도 효력이 있는 선례(precedent)에 따라 인정되는 것보다 피고인에게 더 호의적이었다. 그는 배심원들에게 국왕에 대하여 전쟁을 개시하려고 하는 음모는, 그러한 전쟁의 개시가 국왕을 개인적으로 위험에 노출시키는 것이 아닌 한, 국왕의 살해를 음모하는 외부적 행위가 아니라는 취지로 사실상 말했다.[1]

Sidney에 대한 재판은 Russell의 재판과 많이 닮았다.[2] 그는 국왕의 죽음을 계획하고 꾀하였다는 혐의로 기소되었다. 그러한 의도를 표시하는 3개의 외부적 행위가 문제가 되었다. 즉, (1) 전쟁을 개시하려는 음모에 버금가는 협의를 하였다는 것, (2) 특정한 스코틀랜드 사람을 초청하여 음모에 가담시키기 위하여 Aaron Smith를 스코틀랜드에 보낸 것, (3) 반역적인 내용의 중상모략의 글을 작성한 것, 그 중에서도 특히, 국왕은 의회의 신하이고, "따라서 우리는 국왕을 바꾸거나 그러한 국왕들을 쫓아내야 한다"고 하였다는 것이다.

Lord Howard가, 만일 그의 진술을 믿는다면, 첫 번째 외부적 행위를 입증하였고, 두 번째 외부적 행위도 명확하지는 않지만 어느 정도 입증했다. 그는 Russell 사건에서와 같은 증언을 하였고, 마찬가지로 동일한 또는 유사한 모순에 시달렸다. 세 번째의 것과 관련하여 서류들이 피고인의 서재

---

1) "당신들이 해결해야 할 과제는, 이러한 모든 문제와 관련하여, 나의 Lord Russell이 국왕을 살해하려는, 국왕을 파멸시키려는 그리고 국왕의 인생을 빼앗아 가려는 계획을 갖고 있었는지의 여부를 당신들이 믿느냐는 것이다. 왜냐하면, 그것이 여기에 있어서 실질적인 부분이기 때문이다. 이에 대한 증거로는 그가 반란을 일으키기 위해 음모를 했다는 것, 그리고 국왕의 경비병을 놀라게 했는데 이는, 그들 말에 의하면, 국왕을 사로잡아 파멸시키려는 이외의 목적일 수 없다는 것이 (국왕의 칙선변호사에 의해) 당신들에게 제시되었다." 9 St. Tr. 636. Foster의 Discourse on Treason, p. 197 비교. 여기에는 더 해박한 이론이 제시되어 있다.
2) 9 State Trials, p. 981-1002.

에서 의심의 여지없이 발견되었다. 그리고 세 명의 증인이,[1] - Sheppard, 그는 그가 계산서를 확인하는 것을 보았다고 했다. Gray, 그는 그의 확인 서명을 안다고 하였다. 그리고 Cook, 그는 그가 확인한 계산서에 따라 돈을 주었다고 진술했다, - 모두 그의 자필이라고 입증했다. 오늘날 이러한 증거들은 증거로서 허용될 뿐 아니라 사실상 결정적인 증거라 할 것이다. 그럼에도 불구하고, 보고서에 의하면,[2] 이것이 분명한 것으로 보이지 않았기 때문에 "그의 특정한 업무에 관한 일부 서류들이" 비교를 위하여 제출되었다. 그 후에는 그리고 1854년까지, (17 & 18 Vic. c. 125 법률 제27조 그리고 28 Vict. c. 18 법률 제8조 참조), 이러한 증거방법은 적당하지 않은 것으로 간주되었다. 하지만 당시에는 증거법이 거의 존재하지 않았고, 이 문제를 다루는 방법은 다른 그 어떤 경우보다도 애매하고 느슨하였다.

이와 관련하여 가장 중요한 점들은 다음과 같다.

(1) 전쟁을 개시하려는 음모는 국왕의 죽음을 계획하는 방식에 의한 반란을 획책하는 외부적 행위가 아니라고 하였다. 이러한 견해에는 대부분 의문을 품지 않았다고 하였다. 그러나 법률은 Sidney 시대 이전은 물론 그 후에도 특히, 수석판사 Holt에 의하여 재판이 이루어진 Lord Preston과 Ashton 사건에서 이와 달리 해석되었다.

(2) 증인이 두 명 있어야 함에도 한 명뿐이었다고 했다. 이에 대한 이의신청이 실제 받아들여졌다고 나는 생각하지 않는다. 소책자(pamphlet)를 소지하고 있는 것 그리고 작성한 것이 반란죄의 외부적 행위라면 그것은 적어도 네 명의 증인에 의해 입증되었다. 즉, 피고인의 책상 위에서 그것을 발견한 사람이 한 명 그리고 그것이 피고인의 필적이라고 증언한 사람이 세 명이었다.

(3) 글로 작성된 서류를 가지고 있다고 하여 이를 반란의 외부적 행위(overt act)라고 보기는 어렵다는 것이다. 왜냐하면, 그 서류가 피고인의 서재에 있었을 뿐이고, 피고인이 그 전에 그것을 발간하였다거나 그의 계획을 촉진시키기 위해 이를 발간하려고 한 것으로는 보이지 않기 때문이다. 나는 이러한 주장은 사실이라고 생각한다. 하지만 나는 그 당시의 법률을 생각한다면, 배심이, 오늘날의 법률에서와 같이, 소책자의 소지를 반란의

---

1) 9 State Trials, p. 854.　　　　2) 9 State Trials, p. 354.

외부적 행위로 다루도록 허용하는 것이 명백히 위법하다고 생각하지는 않는다. 1663년에 Twyn이라는 인쇄업자는 Sidney의 소책자와 거의 동일한 책자를 발간하였다고 하여 반란죄로 처형되었다.[1] Twyn 사건에 있어서는 Sidney의 경우보다 훨씬 더 출판(publication)에 근접해 있었다는 데 의문의 여지가 없다. 그러나 Jeffreys의 쟁점요약(이는 보고서에 명백하게 나와 있지는 않다)은 국왕에 대항하여 전쟁을 하려는 음모와 관련하여 그 의도로 그 책이 출판되었다고 생각하고 있었던 것으로 보인다.[2] 만일 그것이 사실이라면, 이러한 책자의 출판이 그 자체로 국왕의 죽음을 꾀하는 외부적 행위라고 할 수 있는 전쟁개시음모에 관한 외부적 행위에 해당하지 않는다고 하기는 어렵다. 당시 효력을 가지고 있었던 13 Chas. 2. c. 1 법률에 의하면 국왕의 살해, 교도소 구금 또는 감금 또는 국왕의 폐위를 꾀할 목적으로 글을 쓰거나, 인쇄하거나 또는 말하는 등으로 이를 표현한 경우 이는 실질적으로 반란죄(treason)에 해당한다고 규정하고 있다. 다만 그에 대한 소추의 개시는 범죄일로부터 6월 이내에 해야 하는 것으로 제한되어 있었다. Sidney가 가지고 있었던 소책자가 언제 작성되었는지, 그 일시에 대해서는 아무런 증거도 없었다.

(4) 기소장에 대한 이의신청이 있었지만, 내 생각으로는 적절하게 기각된 것으로 보인다.

(5) Jeffreys는 피고인을 잔인하게 다루었고, 법률에 관하여 그를 오도하였으며, 고의로 그의 변론을 방해하였고 판사라기보다는 마치 소추변호사(advocate)처럼 배심에게 쟁점을 요약해 주었다고 한다. 그가 그 자신을 망신시켰다는 것은 의문의 여지가 없다. 하지만 나는 그가 여러 가지 많은 점에서 옳은 말을 하였고, Sidney가 법률을 이해하지 못하였으며, 그가 의지하고 있던 여러 기술적인 문제의 중요성을 과신하고 있었다고 생각한다. 한 편으로는, 많은 사람들이 범죄가 아니라 선행(act of virtue)으로 생각하고 있었던, 지금도 그렇게 생각하고 있는, 범죄로 유죄인 피고인이 있고, 다른 한 편으로는 악평에 시달리고 있는 판사가 있는 경우 그리고 그러한 판사가 허구와 불확실성 그리고 어떤 점에서는 애매하고 다른 어떤 측면

---

1) 6 State Trials, p. 514, 그리고 Kelyng의 보고서 p. 57 참조.
2) 9 State Trials, p. 893.

에서는 합리적이지 못한 법률에 따라 그 피고인에 대한 재판을 하려고 한다면, 그들 사이에서 엄격하게 정의를 실현한다는 것은 거의 절망적인 일이 될 것이고, 실제 그러한 노력은 아무런 애쓴 보람도 없게 되고 말 것이다. 왜냐하면, 그러한 목적을 위해 결정되어야 할 문제들은 오래전에 이미 그 흥미나 중요성을 상실하였기 때문이다.

그럼에도 불구하고 나는 Russell과 Sidney에 대한 사권박탈(attainder)을 취소할 수 있도록 한 근거들에 대해서는[1] 이를 의문스럽게 생각한다고 말할 수 있을 것 같다. 두 사건에 있어서 그 근거는 모두 자유선택권의 결여를 원인으로 하는 배심원들의 이의신청을 거부하였다는 것과 (특정되지는 않은) "편파적이고 부당한 법률의 해석"이었다. 배심원들의 문제 제기에 관한 논쟁을 읽은 사람들은 모두 그에 관한 그 당시의 법률은 지극히 불확실하였다는 내 말에 동의할 것이다. 그에 관한 직접적인 유권해석은 권리청원(1 Will. & Marry, st. 2, c. 2 법률)에 의하여 이 문제가 해결될 때까지 나오지 않았다. 이 법은 많은 의문스러운 명제들을 "아주 오래된 옛날부터 인정되어 온 권리와 자유"라고 하면서 이를 법률로 바꾸었다. 이로 인하여 과거에는 가설에 기하여 올바른 행동을 하였다고 할 수 있었던 것을 미래에는 법률에 의한 것이라고 진정 말할 수 있게 되었다.

"편파적이고 부당한 법률의 해석"과 관련해서는 내기 이미 언급한 바 있다. Sidney 사건에 있어서는 또한 "Algernon이라는 사람의 필체로 추측되는 서류가 그의 벽장에서 발견되어 증거로 제출되었는데, 어느 한 사람의 증인에 의해서도 이것이 그가 작성한 서류라는 것이 입증되지 않았음에도 배심은 Algernon 이라는 사람이 작성한 다른 서류와 비교하는 방식으로 이를 믿어야 한다는 지시를 받았다"고 한다. 이러한 내용은 재판결과 보고서와 바로 상충되는 것이다. 그가 그 책자를 출판하려고 했다는 점에 대해서는 아무런 증거도 없었다는 것, 또는 그것은 그가 고발을 당한 음모와 아무런 관계도 없었다는 것과 관련한 더 강한 근거에 대해서 아무런 언급도 없었다는 것은 주목할 만한 일이다. 아마도 그 재판 당시 효력을 가지고 있었던 13 Chas. 2, c. 1 법률에 대한 추억이 이러한 생략을 설명하고 있을지도 모른다.

---

1) 9 State Trials, p. 695-696과 p. 996-997.

Lady Lisle에 대한 재판

Russell과 Sidney에 대한 재판 이후 여러 재판들이 이어졌지만, 이들 재판에 대해서는 간단히 몇 마디만 말하고 생략하기로 한다. Oates에 대한 위증사건 재판은 부당한 것이었다고 나는 생각하지 않는다. Jeffreys는 그에 대한 심리과정에서 그를 잔인하게 다루었지만, Oates가 그가 이전의 사건에서 하였던 것과 마찬가지의 방법으로 법원을 위협하려고 했다는 것은 의심의 여지가 없다. 그에 대한 형이 너무 가혹하다고는 말하기 어렵다. 죽을 때까지 매질을 하는 것이 그의 종말을 위해서 적절한 것일 수도 있다. 그러나 고문을 가하여 죽게 하는 형벌이 정당화될 수 있는 범죄가 없는 것은 아니지만, 거짓말을 하였다는 이유로 그러한 형벌을 과하는 것은 잘못된 일이다. 위증은 사형에 처해질 수 있는 범죄가 아니었다. 따라서 그러한 방식으로 처리되어서는 안 될 일이었다.

Monmouth 반란[1] 이후 서부 순회지구 재판들에 관해서는 별로 할 말이 없다. 그들 재판은 통상의 형사사법운용에 아무런 시사점도 던져주지 않기 때문이다. 그러나 Lady Lisle 사건에 관해서는 한두 마디 하고자 한다. 두 명의 반란자를 하루저녁 숨겨주었다는 이유로 산 채로 여자를 화형에 처한 것은 잔인한 것이었지만 합법적이었다. 하지만 그녀에 대한 유죄판결은 아마도 위법한 것이라고도 할 수 있다. 왜냐하면, 그녀가 숨겨주었다고 하는 Hicks는 그녀의 재판 이전에 아직 유죄판결을 받지 않았기 때문이다. 이러한 이유로 의회에서 그녀에 대한 사권박탈(attainder)이 취소되었고, Foster는,[2] Hale의[3] 권위 있는 말을 인용하며, 이를 훌륭한 법이라고 다루고 있다. 이는 의심의 여지없이 강력한 지지를 받을 수 있기는 하지만 그와 상반된 견해도 추측할 수 있다. 하지만 그에 대한 법률의 태도는 애매하다. Hale은 그렇게 언급하고 있는 전거에 대해서는 말하지 않고, 실제 인용된 둘째 구절에서 단지 그의 의견에 지나지 않는다고 즉, "나에게는 그렇게 보인다"고 하고 있다. 나는 이 또한 실제로 명백한 법률의 규정이

---

1) [역주] Monmouth는 Charles 2세의 서자이다. Charles 2세가 죽자 가톨릭신자인 동생 James 2세가 국왕이 되었지만, 일부 개신교 신자들이 그에 반대했다. Monmouth는 자신이 적법한 왕위계승자라고 하면서 1685. 6. 11. 영국 남서부를 거점으로 반란을 일으켰지만 패하여 1685. 7. 15. 처형되고, 그의 추종자들은 Jeffreys 판사가 주재하는 Bloody Assizes에서 재판을 받아 사형에 처해지거나 추방형을 받았다.
2) p. 346.　　　　　　　　　　3) 1 Hale, P. C. 238, 그리고 2 Hale, P. C. 223.

Lady Lisle에 대한 재판

없었던 수많은 사례의 하나라고 생각하며,[1] 특정한 절차가 잔인한 사람에 의하여 나쁜 목적으로 행해졌다는 것은 그러한 절차가 위법한 것으로 간주되어왔다는 것을 보여주는 증거라 할 것이다.

이 재판에서 Jeffreys 판사의 행위가 그에 대한 기억을 치욕스럽게 하고 있다는 것은 정당한 결론이다. 그러나 이러한 점에는 한 가지 언급할 것이 있다. 이 재판에서 일어난 일 중에서 가장 치욕적인 것 또는 가장 악명 높고 잔인함으로 빛나는 것은 그가 주된 증인 Dunne를 다루는 방식이었다. 그는 재판 내내 그에게 욕설을 하고 악담을 퍼부었다.[2] 그러나 Dunne가 거짓말쟁이고, 그에게 잔인하고 사납게 말한 것을 제외하면 Jeffreys 판사의 반대신문은 너무나 솜씨 있는 것이어서 Dunne는 거짓말에 거짓말을 더하게 된 것은 물론 결국에는 진실을 고백하지 않을 수 없게 되었다는 것은 말해두어야 할 것이다. 그는 그의 애인의 생명을 구하기 위해서 그렇게 하였고, 그가 어쩔 수 없이 말하게 될 때까지 그 이야기의 필수적인 부분을 숨기려고 하였다는 것은 의심의 여지가 없다.

이 시기의 다른 많은 재판들에 관해서는, 대단한 흥미가 있는 것은 사실이지만, 이를 생략하기로 한다. 다만, 귀족원임시의장으로서, 동료 귀족들을 배심원으로 하여, 재판을 주재한 Jaffreys 판사 앞에서 대역죄로 재판을 받은 Lord Delamere 사건은 언급할 만하다. 피고인은 명백히 무고한 사람이었고, 그의 무고함을 입증하였으며 따라서 무죄판결을 받았다. 이 사건에 있어서 주목할 점은 Jeffreys 판사가 적절하게 그리고 위엄을 갖고 재판을 주재하였다고 보인다는 것이다. 이 재판에서 문제가 된 것은 법원이 다음 날까지 휴정을 할 수 있느냐에 관한 것이었다.[3] 귀족 배심원들은 그렇게 하기를 분명하게 원했다. 판사들은 휴정의 적법성에 관한 논의를 한 후 그에 대한 답변을 거부했다. Jeffreys는 그에게 휴정을 할 수 있는 권한이 있는지 의심된다고 하면서 온화하고 차분하게 휴정을 거부했다.

---

1) 이 책 제2권, p. 234- 5 참조.
2) "왜 당신은 뻔뻔한 악당이냐." "그러나, 너는 얼간이다." "어째서 너는 야비한 놈이냐." "오 하느님, 이런 종류의 사람들과 이야기하고 같이 살아가는 인간사회는 없습니다." "성인들은 거짓말을 할 수 있는 면허장을 가진 것으로 보입니다." 등. 11 St. Tr. 325-360. 허위진술에 대한 Dunne의 실토는 355-360 참조. 전체 문장을 주의 깊게 연구하는 것은 여러모로 필요하다.   3) 11 State Trials, p. 560-564.

7명의 주교들에 대한 재판

　　명예혁명 이전의 재판으로 살펴보아야 할 것은 7명의 주교들에 대한 기억할 만한 사건이다.1) 이 재판에 대한 Lord Macaulay의 설명은2) 이 시기 재판들에 대한 그의 대부분 언급보다 더 내용이 풍부하고 법률가다운 것이다. 나는 이 재판과 관련하여 역사적이고 그림같이 우아한 요소들에 대해서만 언급하기로 한다. 법률적인 관점에서 보면, 이 재판은 오로지 혼란스러웠다는 것으로만 묘사될 수 있다. 4명의 판사들은 서로 의견이 달랐지만 모두 겁을 먹고 있었고, Middlesex에서는 어떠한 출판행위도 입증된 일이 없다는 기술적인 이유로 이 사건을 재판 대상에서 제외할 수 있었다면 좋아했을 것이다. 증거와 그의 효력에 관한 논쟁, 변호사들 사이의 다툼 그리고 판사들 사이에서 종종 있었던 의견의 차이가 재판의 많은 부분을 차지했고, 형사사법의 운용을 경멸스럽게 보이게 했다. 재판절차의 모든 과정을 통하여 질서와 규율 그리고 위엄은 완전히 결여되었다. 이 재판에서 가장 기묘한 부분은, 주장하고 있는 내용(죄를 감면할 수 있는 권한의 부존재)이 허위라는 것 그리고 피고인들의 범의는 배심이 판단할 수 있도록 배심에게 그 결정을 맡겨야 한다고 모든 당사자가 동의한 것으로 보이는 데 있다. 수석판사 Wright는 "나는 그것을 명예훼손(libel)이라 본다"고 말했다. Holloway 판사는 만일 배심이 주교들에게 폭동의 나쁜 의도나 그와 비슷한 것이 있었다고 인정한다면, 주교들은 유죄가 되어야 한다고 나는 생각한다고 말했다. Powell 판사는 "내 생각으로는, 이들 신부들에게 해당되는 폭동이나 그 이외 다른 범죄들에 관한 아무것도 인정할 수 없다"고 말했다. 그리고 Allybone 판사는 다음과 같이 말했다. "정부가 정부와 관련된 문제에 대해서 우리가 이 사건에서 읽어 본 것과 같은 그러한 주장이 담긴 글을 출판하였다고 하자. 그렇다면 누구라도 정부의 그러한 행위

---

1) [역주] 캔터베리 대주교인 William Sancroft 등 7명의 영국 국교도 주교들이 1688년 James 2세가 발한 두 번째 신교자유선언(Declaration of Indulgence)에 반대하여, 국왕에게는 신교도들을 사면해줄 수 있는 법률상의 권한이 없다고 비난하는 내용의 청원서를 국왕에게 제출하였다. 이로 인하여 이들은 폭동을 선동하는 내용의 국왕에 대한 명예훼손을 하였다는 혐의로 구속되어 재판을 받았다.

2) 12 St. Tr. 183. 내 생각으로는 Finch가 이 사건을 방해한 내용을 약간 과도하게 다루었고 그리고 Somers의 연설을 상당히 과도하게 다루었다고 본다. 그는 그의 지도자들이 말하였던 것을 요약하여 계속 되풀이하고 있을 뿐이고, 그 이외에도 그 보고서는 실제로 말하였던 것을 요약한 것에 지나지 않는다고 생각한다.

가 불법이라고 하면서 탄핵소추를 할 수 있을까? 진정한 내 의견으로는, 어느 누구도 그렇게 할 수 없다고 나는 생각한다." 그는 다음과 같이 덧붙였다. "나는 이들 덕망 있는 주교들이 그들의 직무에 속하지 않는 문제들에 참견하였다고 생각한다. 그들은 청원서에 정부의 실제 활동에 반하는 내용을 기재하였고, 이는 특정한 개인이나 불법단체가 할 수 있는 일이 아니라고 나는 생각한다." 결과는 너무나 잘 알려져 있기 때문에 그 언급은 생략한다.[1] 법률가의 입장에서 단순하게 말한다면, 그 당시의 명예훼손에 관한 법률은 명확하지 않았다는 것이고, 따라서 국왕이 잘못을 저질렀다는 의견을 아주 공손하게 그리고 예의를 지켜 표현한 것이 명예훼손이 되는지 여부를 말하기는 어렵다는 것이다. 그럼에도 불구하고 나는 이 문제를 이후 충분히 검토해 볼 기회를 갖기로 한다.

나는 이로써 왕정복고 이후 스튜어트왕조에서 있었던 형사사법운용에 관해서 내가 해야 할 설명을 모두 마쳤다. 이들 저명한 인사들에 대한 재판을 통하여 가장 일반적으로 알 수 있는 것은 법률 그 자체는 물론 절차 운용방식에 있어서도 결점들이 있었고, 이로 인하여 드러나지 않은 다수의 부정과 불행이 야기되었다는 것이다. 영국의 순회법원과 사계법원에는 이름도 들어보지 못한 다수의 Oates와 Bedloe 같은 사람들이 있었음이 확실하고, 그리고 수십 명 또는 수백 명의 이름 모를 사람들이, Stafford가 무고함에도 불구하고 대역죄로 유죄판결을 받은 것과 마찬가지로, 아무런 죄가 없음에도 통상의 주거침입절도나 강도로 고통을 받았음이 명백하다. 그렇기는 하지만 17세기에는 재판방식에 있어서 상당한 진전이 있었다. 피고인들은, (유럽의 다른 모든 지역에서 고문을 받았지만), 고문을 받지 않았다. 증인들은 법정의 피고인 면전으로 소환되었고, 피고인은 그들을 상대로 반대신문을 할 수 있었다. 증거법이 어느 정도, 비록 적은 부분이기는 하지만, 인정되고 이해되기 시작했다.

그리고 세기 말에 이르러서는 사법에 있어서의 부패와 비굴함이라는 악마, 그리고 정쟁 중인 각 당파의 수장들이 서로 상대방을 상대로 보복적으로 반란죄 소추를 교대로 하였던 방식의 당파전쟁으로 인한 공포가 일반인들에게 너무나 깊이 각인되어 있었기 때문에, 17세기에 일어났던 불미스

---

1) [역주] 배심은 밤새 평의를 한 끝에 다음 날 아침 피고인 전원에게 무죄평결을 했다.

러운 일들이 그때부터 다시는 반복되어서는 안 된다는 그러한 일반적인 정서(sentiment)의 변화가 일어났다. 내가 17세기 후반의 일을 특히 깊이 있게 언급한 이유는 오늘날 우리에게 적용되고 있는 그러한 사법제도의 진전이 이루어진 것은 그 때의 문제점들과 불미스러운 일들로부터 출발되었기 때문이다.

5. 1688년 - 1760년

명예혁명 이후 형사사법의 운용은 상당히 새로운 단계로 접어들었다. 나는 최근에 이르기까지 일반 법원들에서 행해지고 있는 통상의 재판절차에 많은 변화가 있었다고 생각하지는 않는다. 그러나 명예혁명 이후 우리 시대에 이르기까지 정치적 파벌들은 정치단체의 일부로 인정되게 되었고, 정치적 입장의 차이는, 너무도 극단적인 반란죄 소추를 통하여 분쟁을 해결하는 것이 아니라, 대립하는 정당 사이의 견해 차이로 다루어져 오고 있다. 명예혁명 이후에도 수많은 정치적 재판이 있기는 하였지만, 다양한 이유로 그들 재판은 대부분 공정하게 이루어졌고, 일부 재판의 경우 다소 공정하지 못하였던 것은 사실일지 몰라도, 절대 불미스러운 것은 아니었다.

17세기 형사재판과 관련한 추문의 결과로 제정된 법률은 많지 않다. 그 중 가장 중요한 입법은 판사가 국왕을 위해서 일하는 것이 아니라 훌륭한 행위를 하는 것이 직분이라는 것이다. 이러한 점이 형사사법 전반에 크게 영향을 끼쳤다. 형사절차에 있어서 변화는 그렇게 중요한 것이 아니었고, 그러한 변화는 오로지 대역죄(high treason)에 대한 재판에만 전적으로 적용되었다. 이와 관련하여 1695년 제정된 법률은[1] 대역죄 또는 반란은닉죄를 저지른 피고인은 재판 5일(나중에 10일로 연장되었다) 전까지 기소장 사본을 받아볼 수 있고, 변호사를 선임하며 선서증인을 부를 수 있다고 규정하고 있다. 그리고 반란죄의 경우에는 두 명의 증인에 의하여 입증되어야 하는데, 두 사람이 하나의 외부적 행위를 동시에 입증하거나 또는 두 사람이 같은 종류의 반란죄에 대하여 두 개의 다른 외부적 행위 중 각 하나를 입증해야 한다는 것이었다. 1708년에는 피고인이 재판 10일 전까지

---

1) 7 & 8 Will. 3, c. 3 법률.

증인과 배심원의 명단을 받아볼 수 있게 되었다.[1] 1702년에는 반란죄나 중죄의 경우에는 피고인을 위한 증인도, 국왕을 위한 증인과 마찬가지로, 선서증언을 할 수 있도록 하는 법률이 제정되었다.[2] 이러한 것들이 스튜어트 왕조 후기에 있었던 재판들과 관련한 추문들로 인하여 생긴 입법상의 변화이다. 그리고 그때는 물론 그 이후 한참 뒤에 이르기까지 형법의 결함에 대한 일반인의 관심은 크게 두드러지지 않았다.

William 3세, Anne, George 1세 그리고 George 2세 치하에서의 많은 재판들은 여러 가지 점에서 흥미가 있으며 특히, 이들 재판이 역사적으로 시사하고 있는 강력한 빛은 물론 그 당시 생활양식도 매우 잘 알려주고 있다는 점에서 아주 흥미로운 일이다. 하지만 법률적인 관점에서는 별로 언급할 것이 없다. 시간이 흐르면서 우리 세대와 17세기의 차이점은 점차 사라졌다. 처음부터 격렬함이나 잔인함이 완전히 사라졌다. 첫째로 피고인이 신문을 받은 사례가 몇 개 있다.[3] 상당히 오랫동안 증인들은 그들의 방식대로 그들의 이야기를 길게 말하는 게 허용되었고, 피고인을 위한 증인에 대한 선서의 제한은 위에서 언급한 법률이 제정될 때까지 계속 유지되었다. 18세기 전반부에 있었던 현저히 정치적인 사건에 대한 재판의 경우, 반란죄로 기소된 피고인에게 기소장의 사본과 배심원 그리고 증인의 명단을 교부하고, 변호인의 변론을 받을 권리를 보장하는 개혁이 실무에서는 실제 아무런 변화도 가져오지 못하였다는 것은 그럴듯한 사실로 보인다. 그러나 진실은 다음과 같다. 명예혁명 이후 반란죄라고 할 수 있는 범죄를 실제 범한 것이 명백히 입증된 사람들 이외의 피고인이 반란죄로 기소된 일은 없었거나 설사 있었다 하더라도 극히 소수였다. 그리고 변호인들이 피고인을 열정적으로 그리고 감동적으로 변론하는 기술을 배웠다고 생각하지도 않는다. 예를 들어, 유명한 Dammaree와 그 이외 사람들에 대한 사건에 있어서 그들은 공회당을 파괴하려는 폭동에 가담하였다는 이유로 전쟁개시에 의한 대역죄로 유죄판결을 받았고, 이 사건의 경우 사실과 법률의 점에서 상당한 노력이 경주되어야 하는 성질의 것이었지만, 변호인은 그렇게 하지 않았다.[4]

---

1) 7 Anne, c. 27 법률 제14조.   2) 1 Anne, st. 2, c. 9 법률.
3) 예컨대, Dr. Clench 살인사건 재판에서 피고인 Harrison은 Holt에 의해 상당히 심도있게 신문을 받았다. 12 St. Tr. 859.   4) 15 Sate Trials, p. 522-614.

당시 생활상을 말해주는 재판들

이 시기의 사적 재판은 특히 흥미로운 것으로서, 지금까지의 그 어떤 소설보다도 더 신기하고 재미있는 생활의 진수를 독자들에게 알려줌으로써 그 당시의 생활양식을 말해주고 있다. 그들 중 몇 개의 사례만 언급하기로 한다. George 2세 치세에 이르기까지 해적행위에 대한 재판들은[1] 망각의 세계로 사라져 가는 역사의 장에 밝은 빛을 던져주고 있다. 협잡꾼 그리고 사기꾼이라는 Hathaway에 대한 재판은[2] 요술이 진정한 그 모습을 드러내는 것을 보여주고 있다. Beau Fielding의 중혼에 대한 재판은[3] 그 시대의 사람들인 Swift, Addison 그리고 Steele가 쓴 어떤 작품에 나오는 것보다도 더 기괴한 생활양식의 단면을 보여준다. 살인죄에 해당하는 결투를 하였다는 Lord Mohun에 대한 두 개의 재판은,[4] 비록 첫 번째의 것은 예모에 의한 살인이라고 보기 어렵지만, 그 당시 생활상의 다른 한 면을 보여주고 있다. 죄수들을 야만적으로 학대하여 살해했다는 죄목으로 재판을 받은 Fleet Prison 관원들에 대한 일련의 소추행위는[5] 18세기 형사사법의 운용에 수반되었던 다른 어두운 측면을 드러내고 있다. 한번 다시 보더라도 몇몇 재판들은, 적어도 나에게 있어서는, 시나 소설에서보다 훨씬 더 인상적이다. 예컨대, 그녀의 아버지를 독살하였다는 혐의로 1752년 Oxford에서 재판을 받은 Mary Blandy에 대한 사건과[6] 어떤 세관공무원을 살해하였다는 혐의로 1749년 Chichester에서 재판을[7] 받은 밀수단에 대한 사건이 그러한 것들이다.

법률적인 관점에서는 이들 재판과 관련하여 할 말은 거의 없다. 이들 재판은 모두 공정하게 진행되었고, 오늘날에 그 재판이 이루어졌다 하더라도 중요한 차이가 나지 않는 방식으로 행해졌다. 하지만 이 주제와 관련하여 일어나는 하나 또는 두 개의 문제를 살펴본다.

---

1) Major Stede, 15 St. Tr. 1231. Dawson, 13 St. Tr. 451. Green, 14 St. Tr. 1199. Captain Kidd와 그 이외 사람들, 14 State Trials, 147. Captain Quelch와 그 이외 사람들, 14 St. Tr. 1067.
2) 14 State Trials, p. 639.   3) 14 State Trials, p. 1327.
4) 1694년(12 St. Tr. 949) 그리고 1699년(13 St. Tr. 1033). 이 불량배는 1712년 Duke of Hamilton과의 결투에서 피살되었다. Swift의 Journal과 Mr. Thackeray의 Esmond를 읽은 독자들은 이를 기억할 것이다.
5) Huggins, Bainbridge 그리고 Aston에 대한 재판은 St. Tr. 298-626 참조.
6) 18 State Trials, p. 1118.   7) Jackson과 그 이외 사람들, 18 St. Tr. 1070.

일반 사인들에 의해 운용된 재판

명예혁명 이전의 중요한 사건은 정부에서 직접 또는 간접적으로 관심을 갖지 않는 경우 거의 보고가 되지 않고 있다. 심지어 Coningsmark 백작 사건에 있어서는 그것이 그 자체로는 아무런 정치적 중요성이 없는 사건임에도 Charles 2세가 기소여부를 결정하는 치안판사인 Reresby로 하여금 그가 피고인에게 호의적이라는 것을 알게 하였고, 이로 인해 재판을 담당한 판사들의 행위에 결정적인 영향을 끼쳤다는 것은 의문의 여지가 없다. 그러나 1688년부터 1760년에 이르기까지 이 시기 전체를 통하여, 오늘날 내가 믿고 있는 바와 같이, 이 나라 그리고 이 나라로부터 번져 나간 나라들의 형사재판이 완전히 특이한 모습을 가지고 있으며, 그리고 그러한 형사재판이 우리의 모든 절차방식에 특별한 색깔과 성격을 부여하고 있다는 것이다. 다른 모든 나라들에 있어서 범죄의 발견과 처벌은 당연히 국가의 업무로 처리되어 왔고, 형사절차의 모든 단계는 국가를 대표하는 사람들의 관리 하에 있어 왔다. 영국에서는 그러한 문제가 그들 스스로 피해를 당한 것으로 생각하는 개인들에게 주로 맡겨져 왔고, 판사의 직무는 피고인과 소추인 사이에서, 소추인이 심지어 국왕이라 하더라도, 그들이 공정한 경기를 하고 있는지를 감독하는 것이다. 내가 형사재판절차의 발전을 설명하면서 이러한 사정이 생기게 된 몇 가지 이유를 제시했지만, 나는 또한 명예혁명 이전에 있었던 국가 주도의 재판으로 인한 불상사 그리고 그러한 결과로 인한 판사의 지위 변화가 이러한 제도의 성립을 초래한 주된 역사적 이유라 믿어 의심치 않는다. 내가 이미 언급한 많은 재판들의 상당 부분이 이러한 사정을 설명해 주고 있는 것으로 볼 수 있다. 이런 사정을 설명하기 위해 다른 이유로도 매우 주목할 만한 두 사건을 보기로 한다.

첫 번째로 언급할 사건은 Sarah Stout를 살해하였다는 Spencer Cowper에 대한 재판이다.[1] Cowper는 귀족이고 저명인사였다. 그의 형인 첫 번째 Cowper 백작은 Ann 여왕 치세에서 대법관(Chancellor)을 지냈고, 재판 당시에는 Hertford를 대표하는 의원이었으며, 그의 가족은 그때는 물론 지금에도 Hertford 주에서 제일가는 가문이다. Spence Cowper 그 자신은 1727년 판사가 되었고, 그에 대한 재판 당시에는 고향 순회재판구에서 법정변호사로 있었다. Sarah Stout는 26세의 미혼 퀘이커교도로 부유한 아버지의

---

1) 13 St. Tr. 1105, 그리고 Lord Campbell의 Life of Lord Cowper 참조.

딸이었으며, 아버지는 죽으면서 미망인을 남겼지만, 딸은 그녀에게 의지하지 않았다. 그녀는 Spencer Cowper와 그의 형 그리고 그들의 부인들과 친밀한 사이였고, 그들은 선거운동의 목적으로 Stout 가족들과 교제를 하였던 것으로 보인다. Cowper 형제는 순회재판에 참여하고 있었고, Spencer Cowper가 Stout 집에서 하루 저녁을 묵기도 하였다. 그는 1699년 봄 순회재판 시기에 그의 형이 정해놓은 숙소를 빌려 그 요금을 지불하려 했지만, Stout 집에서 정찬을 하고 난 뒤 Miss Stout로부터 그곳에서 자고 가라는 권유를 받게 되자, 이에 동의했다. 그는 그 후 그곳에서 저녁을 먹고, 11시가 다 될 때까지 그곳에서 그녀와 단 둘이 있었다. Miss Stout는 하녀를 불러, 그리고 Cowper의 면전에서, 그의 침대를 따뜻하게 하라고 지시했고, 하녀는 그렇게 하였다. 그러는 동안 하녀는 집 문이 닫히는 소리를 들었고, 내려와 보니 Cowper와 Stout 모두 그 자리에 없었으며, 밤새 잠을 자지 않고 있었지만 그들 중 누구도 보지 못했다. Cowper는 직후 즉, 11시경에, 몇 명의 증인들에 의하면, Stout의 집으로부터 약 4분의1 마일 떨어져 있는 여인숙을 방문했고, 그리고 곧 이어 그 자신의 숙소로 돌아왔다. Miss Stout가 살아있는 모습은 아무도 다시 보지 못하였고, 다음 날 이른 아침 그녀의 사체가 물방아용 도랑에서 몇 개의 막대기들과 뒤엉켜 발견되었다. 발견된 사체의 정확한 모습에 대해서는 많은 증거들이 있었다. 모든 증거는, 최소한으로 말한다 하더라도, 그녀가 도랑의 물결을 따라 어느 정도 거리를 떠내려 왔으며, 막대기의 경사면에 눌린 물결의 저항에 따라 위쪽으로 약간 압력을 받았다는 것과 상당히 일치하는 것이었다. 검시관 재판(inquest)이 실시되었고, 배심은 그녀가 정신이 나간 상태에서 그녀 스스로 물에 빠져 죽었다고 평결했다. 그녀가 우울증에 빠져 있었다는 것이 입증되었다.

그녀의 성격과 관련하여 다양한 나쁜 소문들이 퍼지게 되고, 퀘이커교도들이 그들 신자 중 한 사람이 그러한 상황에서 자살하였다는 생각과 관련하여 엄청난 치욕감을 느끼게 되면서, Cowper는 살인으로 기소되고, 그리고 다음 번 Hertford 순회법원에서 재판을 받게 되었다. 이 사건은 재판이 전문가(expert)의 증언에 크게 의존하게 되는 거의 최초의 사례일 뿐 아니라 영국의 형사재판은 사적인 소송(private litigation)이라는 것을 보여주는 초기 사례라는 점에서 대단히 흥미로운 것이다. 이웃들은 두 진영으로 나뉘었다. Stout 집안에서는 국왕을 위한 변호사에 의해 제출된 주장을 확인하기 위해 많은 의사들을 불렀다. - "스스로 물에 빠져 죽은 사람이 물 위로 떠오른 것은 자연의 이치에 반한다. 우리는 절대 그러한 일이 없었다는 것에 대한 충분한 증거를 가지고 있다. 만일 사람이 살아 있는 채 물속에 들어간다면 가라앉게 되지만, 죽은 상태로 물속으로 들어간다면 물 위로 뜨게 된다." 또한 사람이 물에 빠져 죽으면 위(stomach)에서 물이 발견되고 따라서 위에서 물이 발견되지 않는 경우 익사로 볼 수 없다는 진술로 위 주장을 입증하려는 증인들도 있었다. Miss Stout는 물위에 떠올라 있었고, 그녀의 위에는 물이 들어있지 않았다는 것이다. 이러한 근거를 가지고, 그리고 오로지 이러한 근거만을 가지고, 그녀는 살해되었고, 그리고 그녀와 함께 있는 것이 마지막으로 목격된 사람은 Cowper이므로 그가 그녀를 살해하였음이 명백하다고 추론된다는 주장이었다. 오늘날의 경우라면 그러한 사건은 아예 배심재판에 회부되지도 않았을 것이다. 그러나 1699년에는 Cowper에 반대하는 것은 물론 다른 세 명에 반대하는 열정과 외고집이 배심재판으로 나아가게 했다. 함께 기소된 다른 세 명에 대해서는 다른 아무런 증거도 없었고, 그들이 그날 저녁 Hartford의 어느 여인숙에 있었으며, 그때 Miss Stout에 대하여 이야기를 주고받았는데, 그것이 의심스러워 보인다는 것이 증거의 전부였다.

Cowper는 대단한 요령과 활력을 가지고 그 자신을 방어했다. 그는 전문가 증언의 모순점을 물고 늘어졌는데, 오늘날 이 사건을 읽어 보는 사람이라면 누구나 그가 완전히 헛되고 무지한 미신과 싸웠다는 것을 알 수 있다. 그는 또한 사체가 발견될 당시의 자세에 관해서도 이것이 모순되는 것이라 주장했다. 그는, 별로 강력한 것은 아니지만, 그의 알리바이에 대한 주장도 하였고, 다른 무엇보다도 Miss Stout가 열정적으로 그에 대한 사랑에 빠져 있는 것을 보여주는 취지의, 그녀가 그 자신에게 보낸, 편지들을 증거로 제출했다. 그리고 그녀가 그에게 다가오는 것을 거절하자, 그녀는 밖으로 뛰쳐나갔으며, 그가 추측하기로는, 물에 뛰어들어 익사한 것으로 보인다고 주장했다. 그는 그 당시 그녀의 마음 상태를 보여줄 수 있는 많은 증인들을 소환했다.

Spencer Cowper 사건

판사 Baron Hatsell은 심지어 오늘날 보아도 경멸의 감정을 불러일으키 게 할 만한 그러한 늘쩍지근한 무관심으로 재판을 주재했다. 그는 재판이 길어지는데 대해 계속 불평을 했다. "너무 과장하여 말하지 마시오, Mr. Cowper." "Mr. Cowper, 모든 증인에 대하여 그렇게 많은 시간을 허비하려 고 하나요?"[1] 그는 솔직하게 의학적 증거에 대해서는 아무것도 모르겠다 고, (그가 그에 관심만 가진다면 상당히 쉬운 것이었다), 실토했다.[2] 그리 고 그는 다음과 같이 배심에게 마지막으로 사건을 적당하게 요약해 주었 다. "내가 많은 것을 생략한 것은 나도 알고 있지만, 나는 조금 피곤하다. 따라서 증거에 관하여 더 이상 반복할 수 없다."

피고인들은 모두 무죄판결을 받았지만, 문제는 거기에서 끝나지 않았다. 항소가 제기되었다. 하지만 그것은 너무나 기술적인 문제에 관한 것으로 여기에서 언급할 가치는 없다. 사건은 매우 크고 광범위한 흥미를 불러일 으켰고, 관련 내용이 수많은 책자로 발간되었다. 재판이, 그 당시는 물론 현재에 있어서도, 사인 사이의 싸움(battle between private persons) 즉, 한 사람이 열정적이고 진지하게 다른 사람의 목숨을 뺏으려고 하고 이에 대항하여 상대방은 필사적으로 이를 방어하려는 싸움이라는 것을 보여주 는 데 있어서는 이 사건보다 더 주목할 만한 사례는 없을 것이다. 여기에 서 공중의 대표자는 위엄을 갖춘 공정한 자세를 취하는 것이지만, 이 특정 한 사건에 있어서 판사는 여기에다 약간의 조바심과 피곤함을 더하고 있 었다. 이러한 마지막 문제와 관련하여 나는 당시는 물론 그 후 오랫동안 유지되었던, 모든 형사재판은 하루에 종결되어야 한다는, 원칙이 종종 잔 인한 불의(injustice)로 이어졌다고 본다. 내가 언급한 많은 재판들이 피상 적이고 형식적인 방식으로 행해졌으며, 많은 판사들이 Baron Hatsell 판사 보다 더 훌륭하게 그들의 역할을 수행했다고 보기 어렵다. 복잡한 사건에

---

1) 13 State Trials, p. 1151.
2) "당신들 역시 의사들과 외과 의사들이, 물에서 사체가 뜨고 가라앉는 것과 관련하여, 이러쿵저러쿵 하는 말을 들었을 것이다. 나는 무엇이 확실한지 알 수 없고, 따라서 이를 당신들의 판단에 맡기겠다. 의사와 외과 의사들은 이와 관련하여 물이 위나 가 슴에 들어가는 것에 대하여 많은 이야기를 하였다. 하지만 당신들이 나보다 더 해부 학에 관한 지식을 갖고 있지 않는 한 당신들은 이로부터 많은 도움을 받지 못할 것 이다." 13 St. Tr. p. 1188-1189.

있어서 8시간 이상 법정에 앉아 재판을 주재한 뒤 제대로 업무를 처리할 수 있는 판사는 많지 않을 것이고, 배심이(그러한 일을 해보지 않은 사람들이 생각하는 이상으로 훨씬 더 육체적 노력을 필요로 하는 주의력 집중에 상당히 익숙하지 않은 배심이) 당사자들이 말하는 것을 경청하고, 그리고 10시간 이후에 그에 대한 평의를 제대로 할 수 있다는 것은 오늘날에도 흔한 일이 아니다.

내가 언급하고 있는 영국 형법의 특이성과 관련하여 다른 많은 사례를 들 수 있겠지만, 여기에서는 그들 중 1754년 Elizabeth Canning에 대한 위증 사건[1] 하나만 보기로 한다. 이 사건이 주목할 만한 것은, 다른 무엇보다도, 유명한 Orton 사건과[2] 어느 정도 유사점이 있기 때문이다.

1753년에 Canning은 Mary Squires와 Susannah Wells가 그녀의 코르셋을 강탈하였고, Enfield Wash에 있는 한 집에 자신을 한 달 동안 감금하였다는 이유로 두 여자를 고발했다. 그녀의 진술에 의하면, Mary의 아들인 John Squires와 다른 모르는 사람이 그녀를 그 집으로 데려갔으며, 그렇게 한 목적은 그녀를 매춘부로 만들기 위해서였다는 것이다. 그녀는 1월 29일 탈출하였고, 31일에는 영장을 가지고 Enfield로 찾아가 그곳에서 피고인을 발견하고 그녀를 붙잡았다고 말했다. 이러한 이야기는 Virtue Hall에 의해 사실로 확인되었는데, 그녀는 강도사건 당시 현장에 있었고, John Squires가 그의 어머니 집으로 Elizabeth Canning을 데려오는 것을 보았다고 하였다. Squires를 위해 그녀와 그녀의 아들이 문제의 사건 당시 Doorsetshire에 있는 Abbotsbury에 있었다는 것을 입증하는 증인들이 소환되었다. 피고인들은 모두 유죄평결에 따른 사형판결을 선고받았다. 그러나 Virtue

---

1) 19 St. Tr. p. 252. Fielding은 Squires와 Wells 사건에서 기소여부를 결정하는 치안판사로 업무를 보았다. 그는 또한 그 사건에 대하여 변호사(counsel)로서 조언을 했다. 오늘날의 입장에서 보면 이상한 역할의 중복이다.

2) [역주] Tichborne Case라고도 불리는 사건으로, 빅토리아 시대인 1860-1870년대 영국에서 유명했던 사건이다. 유명한 집안의 상속예정자인 Roger Tichborne가 1854년 난파사건으로 사망한 것으로 추정됨에도, 그의 어머니가, 그가 살아있다는 믿음을 가지고, 아들을 찾는 광고를 냈다. 런던 푸주간의 아들로 태어나 소년 시절에 오스트레일리아로 가 그곳에서 자란 Arthur Orton이 Roger Tichborne를 자처하고 나타났으나 재판 결과 아들로 인정받지 못하게 되었고, 그에 따라 위증죄로 재판을 받아 징역 14년형을 선고받았다. Orton을 보통 "원고(the Claimant)"라 부르기도 한다.

Hall이 그의 증언을 철회했고, 이러한 이유로 배심평결의 적정성에 대한 의문이 제기되었으며, Canning은 위증으로 소추되었다. 그녀에 대한 재판은 Orton에 대한 재판과 같은 종류의 흥미를 불러일으켰다. Canning을 지지하는 부류와 그녀에 반대하는 부류가 형성되었다. 재판은 7일 동안 진행되었고, 이는 당시로서는 유례가 없는 것이었다. Squires와 그녀가 속해있던 집시무리가 문제의 전체 기간 동안 이 장소 저 장소로 돌아다닌 행적을 추적하는 여러 증인들이 소환되었고, 이를 통해 그들이 돌아다니면서 들렀던 모든 장소의 시골풍경을 생생하게 알려주고 있다. 그에 따르면 그들은 1753년 1월부터 Dorsetshire에 있는 South Parrot를 출발하여 Ab-botsbury, Dorchester, Basingstoke, Bagshot, Brentfore 그리고 Enfield까지 돌아다닌 것으로 드러났고, 1월 24일까지는 아직 Enfield에 도착하지 않았다. Enfield에서 그들은 Wells 부인의 집에서 묵었고, 증언에 따르면 Wells의 집과 가구는, 비록 감금 장소의 모습과 관련하여 장소를 특정할 필요가 있게 되자 그 집과 가구를 알아보는 것처럼 시늉을 하기는 하였지만, Canning이 그가 감금되어 있던 곳이라고 주장하면서 처음 진술한 것과 상당히 달랐다.

간단히 말해서 이러한 것들이 소추인 측에서 주장하는 내용이었다. 재판을 시작하며 고등변호사인 Davy 그리고 그를 이어 Mr. Morton이 이를 아주 존경할 만한 솜씨로 그리고 명백하게 진술했다. 변론 내용이 더욱 흥미롭다. 증거의 문제에 관하여 관심이 있는 모든 사람들이 읽어보고 연구할 만한 가치가 있는 것이다. 그러나 여기에서 설명하기에는 너무 세세한 것까지 밝히지 않고서는 이를 자세히 설명할 수 없으므로 그 설명은 생략한다. Canning은 유죄평결을 받고, 7년의 유배형에 처해졌다. 이 사건과 관련한 많은 책자들이 발간되었고, 이 사건은 내가 이미 언급한 이유들만이 아니라, 어느 당사자에게도 시간과 경제적 부담을 주지 않고 정교하게 진행된 형사재판이었고 그리고 영국 형법의 모든 성격이 가장 잘 나타나 있는 그러한 첫 사례로서도 주목할 만한 것이다.

18세기 중엽부터 우리 자신들의 시대에 이르기까지 형사재판의 성격에 관해서는 거의 변화가 없었고, 따라서 그에 관하여 더 설명할 필요는 없을 것이다. 법원의 실무관행에 있어서 가장 주목할 만한 변화는 중죄사건 재

변호사에 의한 반대신문

판에 있어서 변호인의 조력을 받을 권리를 피고인으로부터 박탈하고 있었던 규칙이 점차 완화되었던 것이다. 언제부터인지 그 기원은 알 수 없지만 중죄로 고발된 피고인을 변론하는 변호인이, 배심에게 변론요지를 설명하는 것을 제외하고는, 어떤 것을 하더라도 이것이 허용되는 관행이 나타났다. Marlborough 공작에게 협박편지를 보냈다는 이유로 1758년 재판을 받은 William Barnard에 대한 주목할 만한 재판에서[1] 그의 변호사는 때로는 마치 피고인에게 말하는 것과 거의 같은 정도로 완벽하게 모든 증인들에 대한 반대신문을 하였던 것으로 보인다. 예를 들면 다음과 같다. "질문. 그는 웃으면서 갔다고 말해지고 있다. 존경하는 공작님, 웃음은 그의 무고한 양심을 표시하는 것이지 그 이외 다른 것을 표시한다고 하겠습니까? 답변. 나는 그 문제를 배심(Great Judge)에게 맡기겠습니다."

반면에 2년 뒤 있었던 Lord Ferrers에 대한 재판에서는[2] 피고인이 변호사의 도움 없이 반대신문을 해야 했고, 더욱 난처하였던 것으로 보이는 일은 그가 주장하였던 정신이상(insanity)을 입증하기 위한 증인들을 혼자 힘으로 신문하여야 했다는 것이다.

18세기 중엽 이래 아주 중요한 그리고 형사실체법(substantive criminal law)상 중요한 변화가 내포되어 있는 재판들의 절차는 부분적으로 입법을 통하여 그러한 결과가 초래되었고, 그리고 부분적으로는, 비록 그보다 훨씬 적은 부분이기는 하지만, 사법적 결정을 통해 이루어진 것이다. 이들 중 실체법에 관해서는 나의 책 다른 장에서 설명할 것이다. 그러나 형사사법의 실제 운용이나 재판진행절차는 George 3세 치세로부터 별로 변한 것이 없다. 그의 일반적 성격이 의심의 여지없이 법률 그 자체에서 이루어진 변화, 그리고 법률과 정치, 종교 그리고 도덕문제에 대한 생각의 변화 그리고 많은 다른 요인들에 의하여 상당할 정도로 영향을 받은 것은 사실이지만, 그것이 그 자신의 역사를 가지고 있다고 하거나 그 시대 일어난 일과의 연관성을 떠나서 말하기는 어렵다. 우리 자신의 시대 재판과 120년 전의 재판 사이에 큰 차이를 가져온 유일한 변화는 입법(Act)에 의하여 이루어졌는데, 이 법률에[3] 따라 중죄로 고발된 피고인도 변호사를 통해 완벽

---

1) 19 State Trials, p. 815. 2) 19 State Trials, p. 839.
3) 6 & 7 Will. 4, c. 114 법률 제1조.

한 변론을 하는 것이 허용되었다. 이렇게 함으로써 결국 강도나 주거침입 절도와 같은 중죄에 대한 재판도 위증, 사기 그리고 다른 경죄에 대한 재판과 마찬가지의 토대위에서 행해지게 되었다. 하지만 18세기를 지나면서 변호사에게 부여된 반대신문의 권한을 고려한다면, 그러한 변화는 애당초 생각했던 것만큼 그렇게 중요한 것은 아니다.

내가 지금까지 서술해 온 영국 형사재판운용의 역사는, 비록 사소한 부분에서 정확하지 않은 내용도 있기는 하겠지만, 다음과 같이 간단히 요약할 수 있을 것이다.

형사사법(criminal justice)은 본래 혐의를 받고 있는 사람이 자신의 무죄를 입증할 수 있는 자(compurgator)를 제공하거나 또는 신판(ordeal)에 그의 행운을 맡기는 권한을 통해서 유죄 또는 무고함의 문제를 해결하는, 그것이 받아들여지는 한, 사적 전쟁(private war)에 대한 투박한 대체물 또는 그것을 제한하기 위한 것이었다. 결투재판은, 비록 비합리적인 면이 적기는 해도, 원칙적으로 사적 전쟁의 퇴보라 할 것이고, 따라서 이는 점차 제한되었으며 공식적으로 폐지되기 수 세기 전에 사실상 폐기되었다.

배심재판은 11세기와 12세기에 일반적으로 통용되고 있던 형사사법절차의 운용 즉, 당시 사실문제에 대한 정보의 수집은 그러한 내용을 잘 알고 있는 것으로 추정되는 배심(inquest) 또는 일단의 사람들(body of persons)을 모아 그들로 하여금 선서 후 그 내용을 진술하게 하였는데, 이러한 절차운용에 적응하면서 생겨나게 된 것이다. inquest의 구성원은 본래 증인들이었고, 심지어 그들이 알고 있는 것이 다른 증인들로부터 전해들은 것이라 하더라도 평결과 관련한 사실문제에 대하여 책임을 지는 것은, 그들에게 정보를 제공한 사람이 아니라, 바로 그들이었다. 느린 속도로 그들은 증인을 통하여 알게 된 사실문제에 대한 심판자(judge)의 지위를 취득하게 되었다. 이러한 과정은 12세기 또는 13세기 첫 배심의 기원으로부터 우리가 처음으로 실제 재판에 대하여 상당히 믿을 만한 기록을 갖게 된 16세기까지 계속되었다.

이 시기 배심재판과 어깨를 나란히 하여 성실법원(Star Chamber)에서의 제도가 발전하였고, 그리고 유사한 법원들, 서면 소장(written pleading)에 의한 재판, 기소장안, 답변, 심문, 선서진술서 그리고 민사사건과 관련하여 후일 대법관 법원에서 사용되었던 그러한 것들이 등장하게 되었다. 그것은 배심재판에 강력한 영향력을 끼치게 되었고, 그 영향은 튜더 시대, James 1세 그리고 Charles 1세 시대에 있었던 모든 형사재판절차에서 찾아볼 수 있다. 또한 이 시기 형사사법의 운용은 증인에 의한 재판인 대륙법계 재판으로부터 상당한 영향을 받았다. 다만, 한편으로는 사실상 대륙법계제도의 필수적인 요소라고 할 수 있는 고문을 철저하게 배제하였고, 다른 한편으로는, 반역죄의 경우 하나를 제외하고는, 고문이 인정되는 나라들에 있어서 고문을 인정하는 근거가 되고 있는 증인 두 명의 필요성을 받아들이지 않았다.

내란(Civil War)이 일어나 이러한 제도가 붕괴되자 배심재판에 논란의 여지가 없는 우월성을 부여하게 되었으며, 형사사법의 운용에 있어서 배심재판은 2세기 이상 그대로 계속되고 있다. 그러나 Charles 2세와 James 2세 치하에서의 경험은 우선 배심이 성실법원과 마찬가지로 공정하지 못하고 전제적이라는 것을 보여 주었다. 다음으로 배심은 정치적인 문제에 있어서는 경우에 따라 양 쪽 당사자에게 모두 불공정하였다. 그리고 마지막으로, 그 당시에는 사법적 증거에 대한 진정한 이론이 제대로 이해되지 못하였고, 설사 제대로 이해되고 있었다 하더라도 평결에는 거의 영향을 미치지 못했다.

마지막으로, 명예혁명 이후 나라의 위대한 정당들 중 하나의 당이 결정적인 승리를 하게 됨에 따라 형사사법의 운용은 견고하고 위엄을 갖추게 되었으며, 그 결과 점잖고 자비로운 것이 되었다. 그리고 형사사법의 운용은 원칙적으로 사인들의 손에 맡겨져 있고, 그리고 그들 사이에서 판사는 정말 실질적으로 공정하였기 때문에 드러난 문제는 완벽하게 그리고 공정하게 가려졌으며, 각 당사자는 그가 관심을 가지고 있는 문제에 대하여 그 자신의 주장을 제시하면서 최선을 다하여 싸울 수 있었다. 지난 2세기 동안의 커다란 특징이라 할 수 있는 자연과학의 발전은 물론 실제 모든 학문분야의 급격한 발전은 다른 것과 마찬가지로 자연스럽게 형사사법에 영향을 끼치게 되었고, 그에 따라 내가 설명하려고 한 긴 과정의 마지막 결론은 다음과 같다. 형사재판에서 사실의 문제는 절차들의 성격에 고유하게 내재되어 있는 차이가 허용하는 경우 다른 사실의 문제와 거의 마찬가지

의 정신으로 조사된다. 이러한 결론으로 발전하게 된 단계를 추적하는 것
은 흥미로운 일일 것이다. 하지만 이러한 사정을 알아보는 것은 증거법에
관한 역사라고 보아야지, 이를 형사사법의 역사라고 보기는 어려울 것이
다. 마지막으로 언급한 역사 바로 그 시기까지 현재의 재판 형식이 완전히
확립되었고, 그 재판 형식은 그 시기부터 시대의 일반적인 지적 동향과 보
조를 같이 하며 스스로 발전하기 시작했다.

제 12 장 현대 형사재판의 모습[1]

　지금부터 현대 형사재판에 관해 살펴보기로 한다. 여기서 현대 형사재판이라고 함은 오늘날의 그것은 물론 지난 120년 동안 이어져 온 재판을 의미한다. 지난 120년 동안 법원의 실무관행에 약간의 변화가 있었던 것은 사실이지만, 우리 시대의 재판과 1760년대의 그것은 너무나 유사하기 때문에 Wilkes, Lord George Gordon, Tooke, Hardy 또는 Thelwell에 대한 재판기록을 읽는 법률가는 오늘날의 재판 관련 보도를 그날그날의 신문을 통해 읽는 것과 같은 편안함을 느끼게 된다. 나는 오늘날 우리들 사이에서 행해지고 있는 형사재판과 관련하여 이를 가장 중요한 단계별로 나눠 설명하고자 한다. 이렇게 함에 있어서 나는 지난 30년 동안에 걸쳐 법정변호사(barrister)와 판사(judge)로 일한 경험을 통하여 얻은 지식에 주로 의지하려고 한다. 30년 기간 중 거의 그 4분의 1은 George 3세 치세 시작과 함께 경과하였지만, 그동안 절차상 주목할 만한 중요한 변화는 전혀 없었다. 다만 소추인 측 변호사가 제2차 논고를 할 수 있게 되었지만, 그것이 별로 유익한 것이라고는 생각하지 않는다.

　재판의 첫 단계는 소위 말하는 국왕을 위한 변호사의 모두진술(opening speech)이다. 그는, 아주 특별하거나 예외적인 상황이 아니라면, 증명할 여러 사실들과 그들 사이의 연관성 그리고 피고인의 유죄만을 조용하게 설명하는 데 그쳐야 한다. 이러한 모두진술은 종종 결정적으로 중요한 것이

---

[1] Digest of the Law of Criminal Process, 제283-300장.

된다. 왜냐하면, 영국의 기소장은 유럽 대륙의 기소장(acte d'accusation)과 완전히 다른 중립적이고 형식적인 문서이므로 판사나 배심의 마음에 첫 인상을 심어주는 것은 모두진술이기 때문이다. 아주 예외적인 경우가 있기는 하지만, 일반적으로 형사재판을 개시함에 있어서 극도로 조용하고 불편부당하다는 것이 영국 법원의 특징이라고 말할 수 있는 것은 즐거운 일이다. 특별히 흥분한 감정이나 말로 피고인을 압박하는 주장을 펼치는 것은 아주 드문 일이다. 그렇게 하는 변호사는 자신의 목적 달성에 실패할 수 있다는 것이 그 이유 중 하나임에는 의심의 여지가 없다. 하지만 이러한 것을 떠나서도 웅변술은 소추를 하는 데 있어서 또는 피고인을 변호하는 데 있어서 법정에 알려진 바가 거의 없고 시도된 일도 거의 없다. 그렇게 할 만한 경우가 거의 없을 뿐 아니라, 오늘날 영국 법정의 전체적인 분위기는 감정에 호소하는 그러한 것에 호감을 갖지 않고 있다. 물론 특별한 사건의 경우에는 감정에 호소하는 그러한 주장이 제기되기도 한다. 이러한 영국 법원의 특성은 상당히 오랜 기간 지속되어 오고 있다.

영국 형사사법의 운용을 조사하기 위해 1822년 프랑스 정부로부터 파견되어 그에 관한 흥미 있는 보고서를 작성한 M. Cottu는 소추변호사의 모두진술을 다음과 같이 묘사하고 있다. "원고 변호사는 배심원 앞에서 사건을 요약하여 설명하는데, 그것은 기소장을 조금 더 자세하게 그리고 주변 상황에 대한 반복 설명에 지나지 않는 것이지만, 피고인에 대한 모든 종류의 독설은 스스로 삼가며, 그리고 피고인의 악행에 대한 비난도 전혀 하지 않는다. 사실관계만 말하여야 한다. 변호사는 특정한 사실과 관계없이 감정만을 불러일으키는 것을 할 수 없다."[1] 이러한 설명은 60년 전과 마찬가지로 지금도 맞는 말이다. 소추인의 모두진술에 이어 증인에 대한 신문이 뒤따르는데, 먼저 국왕을 위한 변호사가 주신문(examination in chief)을 하고 이어 피고인을 위한 변호사가 있는 경우 그 변호사가, 변호인이 없는 경우 피고인 스스로, 반대신문을 하며 그리고 나서 국왕을 위한 변호사가 다시 신문을 한다. 판사와 배심도 그들이 필요하다고 생각하는 질문들을 할 수 있다. 주신문의 목적은 증인으로 하여금 그가 쟁점과 관련한 사항에

---

1) On the Administration of Criminal Justice in England, by M. Cottu(1822년 영어로 번역). 번역은 제대로 된 것이 아니다. 나는 원문을 보지 못했다.

대하여 알고 있는 것을 쟁점에서 벗어나지 않은 채 일관성 있게 말하도록 하는 것이다. 반대신문의 목적은 두 가지로, 그 하나는 증인이 주신문에서 진술하지 않은 것으로서 피고인에게 유리한 사실을 입증하는 것이고, 다른 하나는 증인의 성격에 손상을 가한다든지 또는 그가 이전의 신문에서 진술한 것과 일관되지 않게 진술하고 있다는 것을 보여 준다든지 또는 과거 있었던 일에 대한 증인의 목격 기회나 증인의 기억에 결함이 있다는 등의 주장으로 증인 진술의 신빙성을 흔들기 위한 것이다. 재주신문의 목적은 반대신문에서 드러난 것으로서 그에 대한 설명을 요하는 경우 이를 명백하게 하기 위한 것이다.

증인에 대한 신문에 있어서 반드시 따라야 하는 방식과 관련한 주된 규칙으로 증인을 소환한 측 그리고 증인이 호감을 가지고 있는 것으로 추정되는 측은 희망하는 답변을 암시하는 유도신문을 절대 할 수 없다는 것이다. 그러나 증인의 입증대상자인 당사자 그리고 증인이 반감을 가지고 있는 것으로 추정되는 당사자는 유도신문을 할 수 있다. 달리 말하면, 주신문이나 재주신문의 경우 유도신문을 할 수 없지만, 반대신문의 경우에는 할 수 있다는 것이다. 그러나 이러한 규칙은 증인이 그를 소환한 당사자에 대하여 실제로는 반감을 가지고 있는 것으로 보이는 경우 그리고 그가 잘 알고 있는 사실을 말하려고 하지 않는 경우에는 판사의 재량에 따라 변경될 수 있다. 증인이 치안판사 면전에서 진술한 사항을 재판에서 진술하기를 거부하거나 망설이는 경우가 통상 여기에 해당하는 것이라 할 수 있다. 증인에 대한 신문은 상당한 주의가 요구된다는 것 그리고 이러한 규칙의 중요성이 영국 재판의 특색이라 할 수 있다. 이러한 내용이 때로는 명백히 현학적인 입장에서 깊이 있게 논의되고 있기도 하지만, 이들의 실질적인 가치에 대해서는 의심의 여지가 있을 수 없다.

그들 규칙을 적절히 적용함에 있어서는 경험과 기술이 요구된다. 증인이 주어진 주제와 관련하여 알고 있는 사항을 시간 순서에 따라 순차적으로 자연스럽게 진술하도록 하기 위해서는 증인이 대답해야 할 것을 미리 암시하였다는 항변을 받지 않도록 하는 가운데, 증인의 주의력을 유지하면서 기억력을 되살리는 질문을 하여야 하는데, 이는 쉬운 일이 아니다. 그렇게 할 수 있는 능력은 순발력 있는 관찰과 교감능력을 통한 경험에 의해서만

반대신문

획득할 수 있다. 이는 말의 고삐를 제대로 다루는 것과 비교하더라도 부적절하지는 않을 것이다. State Trials에 비추어 볼 때 오늘날 주신문의 방식은 적어도 George 3세 치세 초기로부터 이어져 온 것이 분명하다. 내가 이미 설명한 바와 같이, 아주 초기에 있어서 증인은 그 자신의 이야기를 하는 것이 허용되었고, 그에 따라 오늘날의 실무관행은 증인의 진술을 요점에 대한 것으로 제한하기 위하여 도입된 것이다. 다른 증거법의 경우와 마찬가지로 모든 증거는 쟁점에 관한 것으로 제한되어야 한다는 규칙은 민사법원으로부터 형사법원에 흘러들어 온 것으로서, 그러한 규칙이 인정된 시기는 18세기 초라고 생각된다.

주신문에 이어 반대신문(cross examination)이 행해진다. 반대신문은 민사와 형사를 불문하고 영국 재판의 대단한 특징이며, 영국과 대륙제도를 비교함에 있어서 대륙제도에는 그것이 없다는 점이 다른 어떤 것보다도 영국 법률가들에게 강렬한 감명을 준다. 그 역사에 대해서는 이미 설명한 형사재판의 역사 마지막 장(chapter)에 나와 있는 개별 사건들로부터 얻을 수 있을 것이다. 과거 사안이 중한 사건에서 피고인들이 실제로 변호사의 도움을 받을 수 없었을 때 피고인의 유죄입증을 위한 증인에 대한 그들의 반대신문은, 비록 그들이 어느 정도 반대신문을 하였다고 하더라도, 쓸데없는 것이거나 거의 또는 아무런 중요한 의미도 없는 것이었다. 그들이 반대신문을 할 변호사를 가지는 것이 허용되었던 경우에도 변호사가 그들을 위하여 말을 할 수 없었기 때문에 반대신문은 질문의 형식이 되어버린 연설이 되어 버렸고, 지금까지 그러한 성격은 어느 정도 그대로 유지되어 왔다. 반대신문은 진실발견에 절대적으로 없어서는 안 되는 수단임이 명백하다. 그러나 그것은 남용의 가능성이 가장 많은 전체 제도의 한 부분이고 따라서 판사에 의해 조심스럽고 엄중하게 통제되어야 하는 것이라고 나는 생각한다. 종종 행해지고 있는 반대신문에 대한 비전문가들의 비판은 정당한 근거를 가지고 있다고 보기는 어렵다.

증거 그리고 기타의 것과 관련하여 형사재판과 그 절차를 논의함에 있어서 사람들은 종종 그들의 실제 특성을 잊어버리는 경향이 있다. 냉정하고 차분한 국외자들은 종종 형사재판이 과학적 탐구와 마찬가지로 조용하게 진행되어야 한다고 요구하며, 재판절차가 제3자의 이익이나 평판과 타협하는 방식으로 행해지거나 꼴사나운 토론의 방식으로 나아가는 데 대하여 역겨워한다. 모든 종류의 소송 특히, 형사재판의 형식을 취하는 소송은 사적 전쟁의 대체물이고, 따라서 때로는 뜨겁고 심지어 격렬하기까지 한 적대감을 가지고 행해지고 있으며 그리고 그렇게 행해져야 하는 것이 진실이다. 그 누구도 그의 힘을 동원하여 끈질기게 저항하지 않는 상태에서 또는 그의 상대방이나 상대방을 지지하는 사람들에게, 많은 경우, 복수를 구하지 않는 상태에서 자신의 평판이나 자유 또는 어떤 경우는 목숨까지 빼앗기는 일을 당하려고 하지는 않을 것이다. 조금이라도 중요한 재판은 항상 어느 정도 전투(battle)이고, 증거법이나 절차의 목적은 그러한 전투를 합리적인 범위 내에서 하도록 하며, 전투를 하면서 서로 사이에 또는 제3자에게, 전투 목적에 절대적으로 긴요한 것이 아닌, 그러한 상처를 가하는 것을 방지하기 위한 것이다. 하지만 전투 목적에 필수적으로 수반되는 그러한 상처는 허용되어야 한다. 그러한 적절한 범위 내에서의 전투는 실제 칼(sword)로 하는 것이지 연습용 펜싱 검으로 하는 것이 아니다. 이러한 사정을 명백하게 이해하지 않는 한 반대신문에 가해지는 제한을 제대로 판단하기는 사실상 어려운 일이다.

이러한 제한을 정확하게 정의하기도 어려울 뿐 아니라, 이를 변호사의 명예감정 그리고 판사의 재량에 맡기는 대신 그에 관한 규칙을 정하고, 그에 따라 제한을 가하는 것도 실현가능한 일이라고 생각되지 않는다. 하지만 몇몇 제한들은 실질적인 목적에 부응하기에 충분할 정도로 분명하게 이를 설명할 수 있을 것이다.

첫째로, 반대신문과 주신문의 차이는, 입증을 요하는 사실과 관련된 사실을 입증하기 위해 어떤 증거를 제시하여야 하는가라는 질문보다, 어떤 사실이 관련 사실인가라는 질문과 더 관계가 있다. 반대신문의 중요한 목적은 증인의 기억력, 관찰력 그리고 성실성을 시험하는 것이다. 일어난 사실 그 자체와는 관련이 없지만 증인이 사실을 올바르게 관찰하고 그리고 이를 정확하게 전달할 수 있는 가능성과 관련된 것들은 많이 있다. 따라서 반대신문에 있어서는 증인이 증언하고자 하는 주된 사실과는 거의 관련성이 없는 것이라 하더라도, 증인이 그가 설명하려고 하는 상황과 관련하여 편견을 갖게 될 수도 있는 어떤 것을 특정한 시점에 들은 일은 없는지 또는 어떤 일을 특정한 시점에 한 사실은 없는지 여부를 증인에게 물어보는 것이 종종 적절할 경우도 있다. 예컨대, 하인 한 명이 절도로 고발되고, 동료 하인 한 명이 첫 눈에 보아 의심스러운 피고인의 행위에 관하여 증언을 한다고 가정하면, 이들 하인의 주인이 그 동료 하인에게 고발된 하인을 감시하도록 하면서 그에게 그가 생각하고 있는 고발된 하인의 의심스러운 점을 전달해주었는지 여부를 알아보는 것이 매우 중요할 수 있다. 이러한 것은 주신문에서는 허용되지 않을 것이다. 왜냐하면 주인의 의심은 고발된 피고인의 유죄와 관련이 있는 것으로 볼 수 없기 때문이다. 그러나 이는 증인의 관찰이 정확한 것인지 여부와 관련이 있는 것이므로 반대신문에서는 당연히 허용될 것이다.

입증되어야 할 사실과 관련이 있는지 여부가 문제되지 않는 경우에도 그러한 사실의 존재는 주신문의 경우와 마찬가지로 반대신문의 경우에도 정확하게 입증되어야 한다. 예컨대, 서류 내용에 대한 입증이 필요한 경우에는 그에 대한 입증이 주신문에서 이루어지는지 또는 반대신문에서 이루어지는지 여부에 관계없이 그 서류 자체 또는 사안의 성격이 허용하거나 요구하는 범위 내에서 그에 대한 2차적 증거가 반드시 제출되어야 한다. 반대신문에서 가장 어려운 점은, 증인이 증언한 내용이 믿을 수 없는 것이라는 사정을 보여 주는 것을 제외하고, 어느 정도까지 증인 진술의 신빙성을 확인하기 위해 쟁점이 되고 있는 사실과 관련이 없는 사실에 대한 반대신문을 허용할 수 있는가의 문제이다.

그러한 질문이 억압적이고 가증스럽다는 것은 의문의 여지가 없다. 그러한 질문은 가장 야비한 형태의 개인적 원한을 만족시키는 수단이 될 수도 있고, 증인들이 공적 의무를 수행하기 위해 출석하는 것을 방해하는 수단이 될 수도 있다. 동시에 이러한 질문의 범위를 축소하는 규칙을 만들게 되면 잔인한 불의(injustice)가 발생할 수도 있다. 나는 종종 결정적으로 중요한 증거를 명백히 존경할 만한 사람들에게, 처음 보아서는, 최고로 비열하고 모욕적인 것으로 보이는 질문을 함으로써 획득하는 것을 보아 왔다. 나는 사무변호사의 서기가 횡령으로 기소된 사건을 기억한다. 그의 변론 요지는 그의 고용주가 자신이 저지른 문서위조죄를 은폐하기 위해(내 생각으로) 그를 허위로 고발하였다는 것이었다. 고용주는 너무나 존경스럽게

반대신문

보이는 사람이었고, 피고인은 너무나 믿을 수 없는 사람으로 보였기 때문에 피고인의 변호사는[1] 그의 고객이 제안하는 질문을 하지 않고 변호인사임계를 제출했다. 그에 따라 피고인은 그 스스로 질문을 하게 되었고, 몇 분이 지나지 않아 법정에 있는 모든 사람들은 그가 주장하는 것이 사실이라는 것을 인정하게 되었다. 나는 같은 방식으로 한 여자의 이야기를 들었는데, 그 여자는 정말로 존경스럽게 보였지만, 그녀가 절도죄로 고발한 하인의 박스에 그가 절취하였다는 물건을 그녀가 감추어 둔 것이라고 실토하지 않을 수 없었고, 그리고 경찰관의 이야기를 들은 일도 있는데, 그는 고인이 된 고등변호사 Ludlow에 의하여 위조화폐를 소지하고 있다는 혐의로 재판을 받고 있는 피고인의 주머니에 위조화폐를 넣은 것은 그 자신이라고 자백할 수밖에 없었다. 또한 증인의 신빙성과 관련한 반대신문은 매우 다른 방식으로 행해질 수 있다는 것도 기억해야 할 것이다. 증인의 면전에서 야비하고 거칠게 모욕적인 질문을 던지는 것과 상황에 따라 정당화될 수 있는 질문을 통하여 논점을 철저히 규명한다는 것은 서로 별개의 문제이다. 나는 가장 얌전하고 존경스럽게 보이는 여자가 피고인을 위하여 알리바이를 증언한 사례를 기억한다. 그녀는 (사건에 대한 설명 없이) 다음과 같이 반대신문을 받았다. 문: 같은 사람이라고 확신합니까? 답: 아, 예. 문: 그를 전에 알고 있었는가요? 답: 예, 전에도 알고 있었습니다(이 답변을 하는 그녀의 눈빛에는 어떤 표정이 있었고, 이로 인하여 질문이 계속되게 되었다). 문: 당신은 그를 잘 알고 있는가요? 답: 예, 잘 알고 있습니다. 문: 정말로 매우 잘 알고 있습니까? 답: 예. 문: 같은 집에서 살고 있습니까? 답: 예. 문: 당신은 그의 부인인가요? 답: 아닙니다. 문: 당신은 그의 부인으로서 그와 같이 살고 있습니까? 답: 예.

　모든 사건 중에서 가장 어려운 사례는 비난 자체는 충분히 근거를 가지고 있는 것이지만, 그것이 쟁점이 되고 있는 문제와의 연관성이 너무 빈약하기 때문에, 그 사실로 인하여 증인이 증언하고 있는 문제와 관련하여 증인의 신빙성에 영향을 미치지 않아야 하는 경우이다. 어떤 여자가 18살에 사생아를 낳았다는 사실이 그녀가 나이 40에 하는 증언 가령, 그녀가 밤에 그녀의 집 문을 잠그고 잠자리에 들었고, 그리고 아침에 일어나 부엌 창문

---

[1] 작고한 Mr. Adams로, 말년에 홍콩 법무장관을 역임했다.

이 부서져 열려 있는 것과 그녀 남편의 장화가 없어진 것을 발견하였다는 증언을 믿지 않을 이유가 되기는 어렵다. 그러나 어떤 사람의 방탕한 행위와 그와는 직접 관련성이 없는 문제에 대한 그의 신빙성 사이에 어떤 연관성이 있는 경우도 생각할 수 있다. 부녀자 유괴와 간통은 위증의 경우와 마찬가지로 커다란 신뢰관계의 침해를 내포하고 있고, 따라서 중요한 문제에 관하여 어떤 사람의 신뢰성이 문제가 되는 경우 그가 위증으로 처벌받은 일이 있었다는 사실은 그의 신뢰성을 믿기 어렵게 할 수 있다. 이러한 종류의 문제와 관련하여 일반적인 규칙을 정할 수는 없다. 다만 이와 관련하여 할 수 있는 말은, 증인의 신뢰성에 관한 반대신문은 형사사법의 운용에 있어서 긴요한 것이기[1] 때문에 판사와 변호사 모두가 그로 인한 남용의 문제를 가슴 깊이 새기고, 인격에 관한 비난을 내용으로 하는 질문은, 그것이 합리적으로 필요하다고 생각되지 않는 한, 그들의 최선을 다하여 그러한 질문을 하지 아니하거나 그러한 질문을 하도록 내버려두지 않는게 가장 중요하다는 것이다.

반대신문과 관련해서는 또 다른 문제가 있는데, 그것은 변호사의 의무 그리고 그러한 의무를 엄격하게 집행하는 판사의 의무에 의문의 여지가 전혀 없다는 것이다. 반대신문의 적법한 목적은 반대신문을 하지 아니하면 간과하고 넘어갈 수 있는 문제들을 밝히기 위한 것이다. 반대신문은 종종 재치를 보여주는 기회 그리고 완곡하게 증인을 모욕하는 기회로 변질되곤 했다. 질문 그 자체가 모욕적인 형식을 취하는 경우 또는 질문을 하거나 답변을 듣는 것을 모욕적인 자세로 하는 경우가 자주 있었다. 이는 자연스럽게 앙갚음을 불러왔으며, 반대신문이 이렇게 행해지면 그 적법한 목적을 달성하지 못하게 되어 관객을 즐겁게 하는 재치와 위급상황에서의 침착함을 시합하는 재판이 되어 버리고, 그 결과 법원의 권위에 부합하지 않는 것은 물론 진실을 확인하려는 목적에도 방해가 된다. 이러한 상황이 벌어지면 그 주된 책임은 판사에게 돌아간다. 판사는 모든 경우에 전혀 질문이라고 할 수 없는 주장에 대하여는 이를 타이르고, 부적절한 방식으로 제기

---

1) 이러한 신문에 대한 설명에 관해서는 1781년 Dunning의 Lutterloh에 대한 반대신문(21 St. Tr. 746-754), 그리고 1817년 Sir C. Wetherell의 간첩인 Castles에 대한 반대신문(32 St. Tr. 284) 참조.

되는 질문을 가로막으며 그리고 적법한 목적을 위해 필요하다고 볼 수 없
는 질문을 중단시키는 권한을 행사할 권리가 있다.

　반대신문의 일반적인 역사에 관해서는 내가 이미 설명하였다. 그러나 증
인의 신뢰성에 관한 반대신문의 역사는 별개의 문제이다. 재판에 관한 장
에서 설명한 바와 같이 17세기 법원의 재판실무에 있어서는 국왕을 위한
증인의 신뢰성을 다투기 위해 그 증인과 관련된 거의 모든 종류의 나쁜
행실(disgraceful conduct)을 말해 줄 수 있는 증인의 소환이 폭넓게 허용
되었지만, 반대신문을 통해 증인을 불신하도록 하는 것은 인정되지 않았
다. 점차 이러한 관행은 뒤집히게 되었고, 현대적 규칙이 이를 대신하였다.
이와 관련된 규칙은 나의 책 증거법 요해(Digest of the Law of Evidence,
제129-133장)에 나와 있다. 이들 규칙의 역사는 호기심이 가는 것이다. 내
가 이미 설명한 바와 같이, 17세기에 있어서도 증인을 비방하는 증거는 허
용되었지만, 그러나 그의 성품에 관한 반대신문은 인정되지 않았다. 점차
성품에 관한 반대신문이 행해지긴 하였지만, 증인의 성품에 대한 비방도
동시에 인정되었다. 이와 관련하여 내가 인용할 수 있는 가장 현대적이고
가장 주목할 만한 사건이 1798년 아일랜드 반란사건 재판에서 일어났다.
Sheares에[1] 대한 재판에서 주된 증인이었던 Captain Armstrong은 무신론
을 가지고 있고 반란군을 잔인하게 진압하였다는 불충(disloyalty)의 죄로
고발되었는데, 반대신문에서 이러한 점이 부인되자 이를 입증하기 위해 여
러 명의 증인이 소환되었다.[2] Byrne, M'Cann 그리고 OliverBond에 대한
재판에[3] 있어서는 Reynolds가 주된 증인이었다.[4] 증인에 대한 반대신문에
서 그가 그의 장모를 독살하고 그 이외 중대한 범죄를 저지른 것이 아니

---

1) [역주] 아일랜드 법률가로 Society of United Irishmen 회원이었던 Henry Sheares와
　 John Sheares 형제를 말한다. 1798년 아일랜드 반란에서 주도적 역할을 했던 그들은
　 정부의 정보원인 Armstrong의 밀고로 체포되어 반란죄로 재판을 받고, 처형되었다.
2) 27 St. Tr. Armstrong에 대한 반대신문, 314-319. 모순되는 증언, 347-358.
3) [역주] Sheares 형제에 대한 재판 직후 아일랜드 반란에 가담한 이들 3명 또한 반란
　 죄로 재판을 받고 교수형에 처해졌다.
4) Byrne 사건에서 Reynolds에 대한 주신문과 반대신문은 27 St. Tr. 469-479 참조. 그
　 리고 Eleanor Dwyer의 진술은 p. 499 참조. Reynolds에 대한 대부분의 증인들은 그
　 의 증언은 믿을 수 없다는 일반적인 주장에 그치고 있다. 그들은 그 이유를 반대신문
　 에서 제시하고 있고, 이는 현대적 관행이다.

냐는 취지의 질문이 행해졌다. 그는 그에 대한 비방을 부인하였고, 그에 따라 이들 비방 중 일부를 입증할 증인이 소환되었다. 그러나 이러한 일은 너무나 불편하고 부당한 일이기 때문에 더 이상 인정되지 않고 있다. 만일 이러한 식으로 재판이 진행된다면 재판이 통제할 수 없는 방향으로 부풀러지는 불편함이 따르게 된다. 또한 이렇게 함으로써 증인이 기억하지도 못하는 그의 인생 전부가 재판에 회부되는 것과 같은 부당한 결과가 된다. 그에 따라 오늘날의 규칙에 의하면 증인은 그를 비방하는 질문에 대하여는, 비록 허위 답변으로 기소될 수 있다 하더라도, 그에 대하여 단순 부인이 아닌 구체적인 답변을 하여야 한다. 하지만 이러한 경우에도 다른 증인들을 통하여 일반적인 방식으로 증인의 증언을 믿을 수 없는 것이라고 탄핵할 수 있고, 그러한 경우 그 증인에게 어떤 이유로 그렇게 말하느냐는 질문이 있게 되면, 그 증인은 애초 증인이 부인하고 있는 그에 대한 비방이 실제로는 사실이라는 것을 알고 있다고 답변할 수 있다. 물론 오늘날 이러한 방식의 증언은 매우 희귀한 일이다. 나는 이러한 방식으로 쟁점을 해결한 경우로는 단 하나의 사건만을 알고 있다. 그러한 일은 내가 재판한 최근의 강간사건에서 일어났다. 그 사건에서 여자 소추인은 방금 기술한 바와 같은 방식으로 신뢰할 수 없는 사람이라는 것이 드러났고, 배심은 사건을 기각해버렸다.

일반적으로 말해서, 사실에 대한 관련성에 관한 규칙 그리고 관련 사실의 입증에 관한 원칙은[1] 민사소송에서와 마찬가지로 형사재판에서도 동일하다. 왜냐하면 사실입증의 방식은 그것이 입증되었을 때 사용될 수 있는 용도와 반드시 관계를 갖는 것은 아니기 때문이다. 만일 사람이 죽었다는 것이 입증되어야 하는 경우 그것이 살인사건에 관한 형사재판에서 입증되어야 하는 것인지 아니면 부동산회복의 민사사건 재판에서 입증되어야 하는 것인지 여부에 관계없이 그 사실은 동일한 방식으로 입증되어야 한다. 더욱이 주어진 사실이 쟁점인지 여부 또는 쟁점에 관련된 사실인지 여부를 결정하는 원칙은 그 쟁점의 성질이 무엇인지 여부에 관계없이 동일하다. 그러나 증거에 관한 더욱 세밀한 규칙이 형사사건에만 배타적으로 적

---

1) 일반적인 증거에 관한 원칙은 나의 책 Digest of the Law of Evidence(Macmillan 4 판) 참조.

무죄추정의 원칙 - 합리적인 의심

용되기도 하고, 또한 어떤 것은 대부분 형사사건에만 빈번하게 적용되며, 이러한 것이 영국 형사재판의 특별한 성격이라 할 수 있기 때문에 이들 중 가장 중요한 것들에 관하여 살펴보도록 한다.

첫 번째로, 일반적인 무죄추정의 원칙을 들 수 있다. 물론 이러한 원칙이 형법에만 국한되는 것이 아니기는 하지만, 형사사법 전반에 걸쳐 크게 위세를 떨치고 있는 것이 사실이다. 이 원칙은 나의 Digest of the Law of Evidence에[1] 다음과 같이 설명되어 있다. "민사와 형사 관계없이 어느 재판에서든 범죄를 저지른 것이 직접적으로 쟁점이 되고 있는 경우 그것은 모든 합리적 의심을 배척할 정도로 입증되어야 한다. 어떤 사람이 범죄나 불법행위를 저질렀다는 것을 입증하여야 할 책임은, 그러한 행위를 저지른 것이 재판에서 직접적으로 쟁점이 되고 있는지 여부와 관계없이, 그것을 주장하는 사람에게 있다." 이를 다른 말로 표현하면 피고인은 모든 경우에 합리적인 의심이라고 하는 이익을 받을 자격이 있다는 것이 된다. "합리적인(reasonable)"이라는 말이 명확한 것이 아니지만, 그것이 명료하지 않다고 하여 그 원칙이 가치가 없는 것은 아니다. 그것의 진정한 의미, 그리고 그것의 실질적인 기능이라고 생각되는 것은 피고인에게 불리한 결론을 성급하게 내지 말라는 단호한 경고이다. 이를 달리 말하면, 물론 더 정확한 표현이라고 할 수는 없지만, 피고인에게 유죄판결을 선고하기 위해서는 그 자체로서 있을 법하지 않은(improbable) 경우라고 보기 어려운, 피고인의 무고함과 관련이 있는, 모든 가설이 부정되어야 한다는 것이다. 물론 나는 "있을 법하지 않은" 이라는 말이 "합리적인"이라는 말보다 더 정확한 것인지는 모른다. 이는 또한 열 명의 범인을 놓치는 것이 무고한 한 사람을 처벌하는 것보다 낫다는 말과도 밀접히 관련되어 있다.

그러나 이 말은 두 개의 결정적인 반대의견에 노출되어 있는 것으로 보인다. 첫 번째로 위와 같은 말은 죄를 지은 사람에게 유죄판결을 선고하는 절차방식은 동시에 무고한 자에게도 유죄판결을 선고하게 되는 것으로 보고 있지만, 이는 사실과 다른 것이고, 이를 비유적으로 표현하자면 열 명의 적군을 놓치는 것이 한 명의 동료를 쏘는 것보다 더 나은 것이기 때문에 군인은 나쁜 총을 가지고 있다고 말하는 것과 같다. 죄를 지은 사람에

---

1) Digest of the Law of Evidence, 제94장.

영국 재판절차에 관한 Cottu의 보고서

게 무죄판결을 하도록 하는 원칙이 무고한 자에게 유죄판결을 하기도 하는 것이 현실이다. 목표물을 정하고 조준한 총이 그 목표물을 맞추지 못하고 목표물로 정하지 않은 것을 맞추게 되는 것과 똑같은 이치이다. 두 번째로 열 명의 범인을 놓치는 것이 무고한 한 명을 처벌하는 것보다 낫다는 말이 결코 모든 경우에 진리라고 볼 수 없다는 것이다. 모든 것은 죄를 지은 사람이 어떤 짓을 해 왔는지 그리고 무고한 사람이 의심을 받게 된 이유는 무엇인지에 달려 있다. 나는 우리의 형사재판에서 이러한 법 감정이 형성되게 된 것은 아마도 극도로 엄격하였던 과거의 형법, 그리고 그보다도 더 그 엄격함의 변덕스러움 그리고, 내가 이미 설명한 바와 같이, 형사사법의 운용에 도입되어 있는 우연(chance)이라는 요소에 상당한 정도 기인하는 것으로 생각한다.

이미 언급한 보고서에서 M. Cottu는 다음과 같이 말하고 있다.[1] 영국 사람들은 "죄를 지은 모든 사람들을 처벌하는 것이 공중의 이익에 부합한다는 생각을 하지 않고, 빈번한 처형으로 인한 시범의 효과가 약해지지 않도록 하기 위해 엄중한 형벌의 부과는 상습범에게만 인정하면서 가장 확실한 증거를 통하여 유죄로 인정되지 않은 사람들은 처벌을 하지 않고 이들을 깨끗이 잊어버린다. 그들은 실제로 죄를 지은 사람들이 유죄판결을 받는지 또는 무죄판결을 받는지에 대하여 무관심하다.[2] 증거가 명백한 피고인들에게 있어서는 훨씬 더 나쁜 것이고, 약간의 희미한 의심이라는 이익을 보고 있는 다른 사람들에게 있어서는 더욱 좋은 것이다. 그들은 전자를 사람들에게 시범을 보여 주기 위하여 봉사하는 숙명에 따라 뽑힌 것으로 바라보며, 그리고 법률의 보복에 따른 유익한 공포라며 그들을 동정한다. 반면에 후자의 사람에 대해서는 하늘이 다른 세상에서" (세상에서가 아니라 세상을 위해서로 번역했어야 하지 않을까?) "그의 처벌을 유보하는 불쌍한 사람(wretch)이라고 본다." M. Cottu는 그가 만나 본 어떤 영국 사람도 "이러한 법 감정을 적극적으로 표시하지는 않았지만, 그들은 그렇게 생각하는 것처럼 행동하였다"고 덧붙이고 있다. Cottu의 이러한 말에는 약간의 과장이 있을 수 있기는 하지만, 여기에서 그가 서술하고 있는 법 감

1) Cottu의 보고서, p. 91 이하.
2) 이러한 엉터리 문장은 명백한 번역자의 실수이다. [역주] 저자는 이를 번역의 실수로 보고 있지만 프랑스 사람 Cottu는 충분히 그렇게 보았을 수도 있다고 생각된다.

피고인과 그의 처에 대한 증인적격의 부인

정은 "Timor in Omnes, poena in paucos(다수에게 위협을, 소수에게 형벌을)"이라는 법언으로부터 기대되는 실질적인 결과와 전혀 다르다고 할 수 없고, 법률의 관행과 이론이 60년 전의 그것보다 아주 많이 달라진 현 시점에서 이를 부자연스러운 법 감정이라고 보기도 어렵다. 따라서 모든 법률이 확실하지 않은 것에 따라 결론을 내는 것을 허용하지 않는 공중의 법 감정이 지배하는 상태에서는 유죄판결을 받은 피고인을 다소간 우연의 결과에 따라 선택된 피해자라고 보는 것이 자연스러운 것이었다.

형사재판에만 특유한 증거법칙이라고 말할 수 있는 것으로 내가 알고 있는 것은 단지 다음의 네 개 원칙뿐이다.

1. 첫 번째로 그리고 가장 중요한 것은 피고인과 그의 처는 증인적격이 없다는 원칙이다. 이 원칙의 역사는 다음과 같다. - 피고인의 남편이나 부인은, 내가 알고 있는 한, 그의 부인이나 남편에 대한 증인으로 강제될 수 없었다. 그러나, 내가 이미 설명한 바와 같이, 내전(Civil Wars)에 이르기까지 기소인부절차에서 피고인에 대한 조사가 형사재판의 가장 중요한 부분을 차지했다. 비록 직권상의 선서(ex officio oath)와[1] 성실법원의 절차에 관한 극도의 불만이 피고인에 대한 신문으로부터 나오는 것이기는 하였지만, 피고인에 대한 신문은 여전히 스튜어트 왕조에서도 인정되었고, 이로 인하여 "Nemo tenetur accusare seipsum(누구도 그 자신을 고발할 수 없다)"는 법언이 신의 법 그리고 자연의 법(그 당시의 말을 사용해서)의 일부라는 주장이 제기되었으며, 이러한 주장이 더욱 인기를 끌게 된 것은 당시 유럽과 스코틀랜드에서 전면적으로 인정되고 있었던 증거를 얻기 위한 고문의 관행을 그것이 비난하고 있었기 때문이다.

---

1) [역주] star chamber oath라고도 불린 ex officio oath는 17세기 초에 관행으로 발전된 재판상 그리고 교회법상의 무기(weapon)이다. 당시 주로 종교재판을 하면서 피고인에 대한 강요, 박해 그리고 자기부죄(self-incrimination)의 수단으로 사용되었다. 피고인이 성실법원에서 심문을 받기 전에 심문에 대하여 진실 되게 답변을 하겠다는 종교적인 선서의 형식을 취했다. 이렇게 함으로써 피고인은 당시 엄중하게 다루었던 종교상의 선서위반 내지 위증, 법정모욕(신문에 대하여 답변을 하지 않는 경우) 또는 자기부죄 사이에서 "잔인한 3자 택일의 궁지(trilemma)"에 빠지게 되었다. 이러한 관행에 대한 거센 비판으로(특히, 1630-1660년 사이의 John Liburne(Free john) 사건) 보통법상 자기부죄금지의 원칙이 채택되었다. 그 명칭은 피고인으로 하여금 선서를 하게 하는 심문관이 그의 직권으로 이를 행한다는 의미에서 유래되었다.

피고인신문의 불인정

1688년 명예혁명 직후부터 피고인에 대한 신문의 관행은 사라지기 시작했고, 증거에 관한 법칙이 민사에서 형사법원으로 전파되면서 1853년까지 (형평법상의 증거개시소장에 대한 회피의 경우를 제외하고) 민사소송에서 인정되었던,1) 당사자는 증인이 될 수 없다는, 원칙이 형사사건에도 적용되게 되었다. 하지만 이 원칙에는 두 개의 중요한 요건이 구비되어야 했다. 첫째로, 중죄사건의 피고인은 변호사에 의한 변론을 받을 수 없었고, 따라서 그 스스로 말을 해야 했다. 그에 따라 피고인은 오늘날 변호사들이 종종 그를 위해 하는 말 즉, 피고인의 입은 닫혀 있다는 말을 당시에는 할 수 없었다. 반대로 피고인의 입은 열려 있었을 뿐 아니라, 피고인에 대하여 제기되는 증거들은 그에 대한 간접적인 신문과 거의 동일하게 작용하였으며, 그러한 방식으로 암시되고 있는 질문에 피고인이 답변하지 못하면 피고인은 유죄판결을 받을 가능성이 매우 높았다. 이러한 사정은 중죄로 고발된 피고인의 경우에도 변호사의 조력을 허용하는 법률이 제정된 이후 상당히 변했다. 변호사는 항상 "내 고객의 입이 닫혀 있다, 그가 말할 수 있으면 이런저런 말을 할 수 있을 텐데"라고 말할 수 있었다. 그러나 지난 몇 년 동안에 변호사는 그의 고객으로부터 들은 어떤 말도 할 수 있게 되었고, 어떤 경우에는 피고인 스스로 그러한 말을 할 수 있게 되었다.2) 물론 이러한 경우 소추인에게 반박할 기회를 주게 된다. 변호사들은 여전히 그들 고객의 입이 막혀 있다는 것을 불평삼아 종종 말하고 있지만, 법을 제대로 아는 사람이라면 그 누구도 이를 믿을 수 없고, 판사들 또한 그에 대한 반박의 기회를 주지 않고 넘어가지는 않을 것이다.

둘째로, 이미 언급한 바와 같이 폐지되었다가 1826년 7 Geo. 4, c. 64 법률로 다시 제정된 Philip and Mary의 법률들은 예심을 담당하는 치안판사들에게 혐의를 받고 있는 사람에 대하여 "신문할 수 있는" 권한을 부여하고 있다. 이러한 신문의 내용은 (그것이 도덕적 의무로 간주되고 있는 선서에 의한 신문이 아니라면)3) 피고인에 대한 증거로 제출될 수 있다. 이러한 상황은 1848년 11 & 12 Vic. c. 42 법률에 의하여 현재의 제도가 확립될 때까지 계속되었다. 오늘날의 제도에 의하면 피고인은 그가 말하고자 하는

---

1) 이는 16 & 17 Vic. c. 83 법률에 의하여 폐지되었다.
2) 특히, Cave, J.가 1882년 겨울 재판기에 이를 허용했고, 나도 같은 방식으로 해왔다.
3) 나의 Digest of the Law of Evidence, 제23장, note 16, 참조.

피고인신문의 불인정

것은 무엇이든지 말하라고 요구되며, 피고인이 그렇게 하기를 선택하는 경우, 그가 말하는 것은 모두 서면으로 작성되어 그에 대한 재판에 증거로 제출될 수 있다는 경고를 받게 된다. 이러한 전체 과정을 통하여 피고인은 재판 이전에는 물론 재판에 있어서도 모든 사법적 질문으로부터 절대적으로 보호되며, 다른 한편으로 피고인과 그의 부인은 그 자신을 위하여 증인으로 진술하는 것도 금지된 것이다. 그러나 재판의 아주 맨 마지막 단계에 이르러 어느 누구도 법정에서 이루어진 진술의 정확성을 판단하기 어려운 경우에는 피고인으로 하여금 그가 하고자 하는 말을 하도록 하는 것이 허용된다.

이러한 것이 영국 형사재판절차의 가장 큰 특징 중의 하나이고, 모든 대륙 국가들에 공통된 특징과 현저하게 비교된다고 나는 믿는다. 이 제도는 죄를 지은 자에게 아주 유리한 제도로 생각된다. 이는 형사재판의 권위와 확실한 인본주의에 크게 기여했다. 이로 인하여 영국의 관객들이 프랑스 형사재판을 보고 종종 충격을 받게 되는 잔인성은 물론 형사재판의 거친 면까지도 효과적으로 회피할 수 있고,[1] 피고인이 신문을 받지 않게 됨으로써 객관적인 증거의 확보가 촉진되었다고 나는 생각한다.[2]

---

[1] 이와 대조되는 것이 M. Cottu의 기묘한 문맥에 (p. 103-104) 묘사되어 있다. "영국의 법원은 불편부당한 공정성과 인간적인 면을 보여주고 있지만, 우리의 것은 외국인의 눈에 그러한 것을 전혀 보여주지 못하고 있다는 것을 인정해야 할 것이다. 영국에서는 모든 것이 자비와 온화한 공기로 숨을 쉬고, 영국의 판사는 그의 아들 중 하나를 재판하는 가족 가운데 있는 아버지와 같아 보이며,"(확실히 자리에 들어와 있는 사람으로서는 예외적인 지위이다) "그의 안색은 전혀 위협적인 것이 아니다. 고대 관습에 의하면 꽃들이 판사의 책상과 서기의 책상을 뒤덮고 있다고 한다. 집행관과 법원의 직원들은 모두 꽃다발을 하나씩 들고 있다." - - - "그와 반대로 우리들의 경우 모든 것은 피고인에게 적대적으로 나타난다. 피고인은 종종 공무원들에 의하여 잔인하지는 않다 하더라도 거칠게 다루어지며, 이를 영국 사람들이 보면 몸서리를 칠 것이다. 심지어 재판을 주재하는 판사도, 심문을 지휘하고 기소 내용을 확정하는 의무를 지고 있는 판사로서, 그의 권능을 행사함에 있어서 갖고 있어야 할 직무상의 성격인 피고인에 대한 공평무사의 정신을 보여 주는 대신 너무 자주 피고인에 대항하는 일방 당사자가 되어버리고, 때로는 피고인에 대하여 유죄를 이끌어내는 것이 그의 의무라기보다는 영광스러운 일이라고 생각하곤 한다."

[2] 1872년 인도 형사소송법전에 관한 토론 당시 토착 경찰관들이 종종 고문을 하게 되는 이유에 대하여 논의가 있었다. 경험 많은 공무원이 "고문을 하게 되는 것은 대단

무고한 자에 대한 피고인신문의 유리함

영국 형사재판의 증거들은 내가 공부한 프랑스 형사재판의 증거들보다 훨씬 더 풍부하고 더 만족스러운 것들이다.[1] 반면에 나는 많은 경험을 통해 신문을 하는 것 또는 증거를 제출하는 권한이 무고한 피고인에게 적극적으로 도움이 되고, 그리고 매우 중요한 것이라는 확신을 가지고 있으며, 그와 관련하여 유죄사건의 경우 어떠한 어려움이 있는지 도대체 알 수가 없다. 범죄로 고발된 대부분의 사람들은 가난하고 무식하며 도움을 받을 수 없는 사람들이라는 사실을 명심하여야 한다. 그들은 종종 사무변호사(solicitor)의 도움을 받아 자신을 방어하기는 하지만, 사무변호사들이 하는 일이라고는 진술서의 사본을 교부받고 그리고 그 사본에 그들이 매우 적은 수수료를 지급하는 변호사(counsel)의 서명을 받는 것이 전부이기 때문에, 피고인이 변호사에 의한 변론을 받는 경우라 하더라도, 그 변론은 종종 극도로 불완전하며 그리고 피고인 자신이 어떻게 말하는 게 좋을 것이라는 점을 알고 있다면 그렇게 말을 할 그러한 내용으로 변론이 이루어지는 것이 아니라, 그 순간에 사무변호사(solicitor)나 변호사(counsel)에게 일어난 일로 이루어진다. 피고인이 조력을 받을 수 없는 경우에는 비록 그에게 좋은 변론거리가 있다 하더라도 피고인의 지위는 종종 가련하게 된다. 무식하고 배우지 못한 사람은 그의 생각을 정리하고 주장할 사실을 찾아내는 데 매우 큰 어려움을 겪을 가능성이 있다. 그는 주의력을 집중시키거나 조직적인 사고를 하는 데 전혀 숙달되어 있지 않고, 따라서 경험 많은 사람들에게는 쉽고 단순해 보이는 재판도 이러한 피고인들의 눈과 마음속에서는 재판절차가 마치 그가 붙잡을 수 없는 꿈처럼 지나가는 것으로 종종 보이기도 한다. 내가 오래 전 깊은 감명을 받은 것으로서 이러한 의미를 잘 설명해주는 사례를 하나 소개한다.

Lincoln에서 6-7명의 사람들이, 내 생각으로는, 동일한 사실관계로부터 일어난 3개의 범죄로 기소되었다. 기소장은 중대한 신체상해를 할 의도로 A에게 상해를 가한 범죄, 같은 의도로 B에게 상해를 가한 범죄 그리고 야간에 밀렵을 할 목적으로 무장을 하고 3인 이상이 회합한 범죄로 되어 있

한 나태함의 결과이다. 땡볕에 나가 증거를 찾아다니는 것보다 그늘에 편히 앉아 고춧가루를 불쌍한 악마의 눈에 비벼 넣는 것이 훨씬 즐거운 일이다"고 주장했다. 이는 나에게 있어서 새로운 견해였지만, 나는 그 말의 진실성을 의심하지 않는다.

1) 나의 이 저술 끝부분에 있는 이에 관한 재판들 참조.

Lincoln 사건

었다. 사실관계는 밀렵꾼들이 사냥터지기들 그리고 그들의 보조원들과 우연히 마주치게 되었고, 사냥터지기 일행 중 A와 B가 심하게 맞고 심지어 살해될 뻔하였던 일이다. 첫 번째와 두 번째 기소장과 관련하여 일행 중 일부가 A와 B에게 위법한 상해를 각 가하였다는 이유로 유죄판결을 받았다.[1] 세 번째 기소장과 관련하여 야간밀렵으로 모두 유죄판결을 받았다. 첫 번째 재판에서, 일행 중 한 사람이 소추인 측을 위한 주된 증인들에 대하여 약간의 반대신문을 하긴 하였지만, 그들은 자신들을 제대로 방어하지 못했다. 증인 한 명은 밀렵꾼들과 같이 있는 것으로 그가 본 개 한 마리는 흰색이었다고 말했고, 다른 증인은 빨간색이라고 말했다. 피고인들은 이 조그만 차이가 매우 중요하다는 것을 밝히지 못한 채 이를 별 도움이 되지 않는 나약한 방식으로 지적하기만 했고, 그에 따라 그들은 위법한 상해라는 가벼운 범죄로 즉시 유죄판결을 받았다. 이러한 평결이 충분하지 않다는 내 생각에 따라 나머지 2개 기소장에 대한 재판이 열렸다. 두 번째 재판에서 피고인들은 무슨 일이 일어나고 있는지 훨씬 더 잘 이해하게 된 것으로 보이고, 그에 따라 그들 중 일부는 아주 정력적으로 자신들을 변론했다고 나는 보고를 받았다. 세 번째 재판에서 그들은 모든 사정을 완전히 이해하게 되었고, 그들의 진짜 변론 사항을 내어놓았다. 변론의 요지는 문제의 그날 저녁 서로 다른 두 무리가 밀렵을 갔는데 한 무리는 흰색 개를, 다른 무리는 빨간색 개를 데리고 갔으며 그들은 함께 출발하였다가 함께 돌아왔지만 사냥터지기들과 싸움이 있었던 것은 그 중 한 무리였고, 그래서 증인들은 흰색 개를 동반한 무리와 빨간색 개를 동반한 무리를 혼동하였다는 것이었다. 재판을 담당한 판사는 이러한 변론에 크게 감명을 받았지만, 배심은 이를 믿지 않았고, 그에 따라 판사는 별도의 조사를 하고 또 별도의 조사가 이루어지도록 하여 결국, 피고인 중 몇 명이 사면을 받게 되었다. 그 이외 다른 사람들은 분명한 유죄였고 그들 또한 그들의 유죄를 인정했다. 만일 이들 피고인들에 대하여 애초 신문이 이루어졌더라면 일행 중 무고한 사람들은 당초에 무죄판결을 받았을 것이라고 나는 생각한다.

---

[1] 나는 소추변호사였지만, 첫 번째 재판에만 참석하고 두 번째 그리고 세 번째 재판에는 참석하지 않았다. 하지만 참석하지 않은 두 재판 이후 그들 재판에서 일어난 모든 것에 대한 내용을 자세하게 들었다.

다른 사례

다음 사건은 내가 많은 것을 깨닫게 된 또 다른 사례이다. 내가 직접 그 사건에 관여한 것은 아니지만 의문을 제기할 수 없는 권한을 가진 사람으로부터 이야기를 들었다. - 어떤 사람이 삽 한 자루를 절취한 죄로 사계법원에 기소되었다. 그에 관한 증거로는 밤새 삽이 안전하게 있었는데 다음 날 피고가 가지고 있는 것이 발견되었다는 것이고, 피고는 그에 대해 아무런 설명을 하지 않았다는 것이다. 그는 아무런 변론도 하지 않았고, 즉시 유죄판결을 받았다. 그에 대한 형이 선고되어서는 안 될 이유를 듣기 위해 소환되었을 때 그는 "나에게 삽을 판 사람이 법정 저쪽에 서 있음에도, 내가 이 삽으로 인해서 교도소에 가게 된다면 그것은 나에게 힘든 일이다"고 바보스러운 투로 말했다. 재판장은 그가 언급한 사람을 불러 증언을 하게 했고, 그의 진술을 들은 배심은 그들이 하였던 평결을 취소하였으며, 그 사람은 즉시 무죄판결을 받았다.

이러한 사례들이, 영국 형사법정에서 잘못된 유죄판결이 선고되는 것은 통상 가난하고 무식한 피고인을 마치 그가 부자이고 충분한 조언을 받으며 적절하게 변호를 받고 있는 것으로 취급하기 때문에 발생하는 것이라는 생각을 내가 가지게 된, 많은 사건들의 견본이다. 만일 충분한 돈을 가지고 있어 실력 있는 법정변호사나 사무변호사의 도움을 받고 그리고 구할 수 있는 모든 증거를 구하여 제출할 수 있다면, 채택될 수 있는 모든 쟁점이 채택되고 그리고 생략되는 것이 적절한 조언을 받아 생략되고 있다는 가정이 아마 사실일 것이고, 이렇게 행해지는 재판은 그 어떤 위대한 형사재판보다도 더 공정하고 완전히 만족스러운 것이라고 나는 생각한다. 반면에 가난하고 제대로 조력을 받지 못하는 사람은 항상 자신을 변론한다는 것에 대한 진정한 의미를 제대로 이해하지 못하고 있지만, 만일 그가 증인의 자격으로 신문을 받게 되면 그 자신의 무지와 불행의 결과로부터 구제를 받을 수 있을 것이다. 나는 부자와 제대로 조력을 받는 사람에게는 이와 동일한 처지에 처해지는 불행이 따른다고 생각하지 않는다.

이와 같은 실무관행이 확립되면 오늘날 법정에서 종종 일어나고 있고, 또한 그로 인하여 대단한 혼란을 야기하고 있는 피고인의 계략(trick)을 방지할 수도 있다. 예를 들어, 피고인이 의심스럽고 위험하게 생각되는 변론사항을 갖고 있다고 상상해보자. 그러한 경우 그는 그러한 사항을 외부에

피고인신문을 위한 제안

알리지 않고, 소추인 측 증거의 빈약함을 근거로 무죄의 기회를 엿보게 될 것이다. 유죄평결과 판결이 선고되면 그때 비로소 그의 진짜 변론 사항을 제시한다. 이러한 경우 특히, 사형에 처해지는 사건의 경우라면 엄청나게 곤혹스러워진다. 피고인이나 그의 조언자가 정직하지 아니하였다는 이유로 그를 교수형에 처하는 것은 어려운 일이고, 피고인의 진정한 변론 사항이 배심의 면전에 제시되지 않은 상태에서 그를 교수형에 처하는 것 역시 어려운 일이다. 그에 따라 이러한 경우 비공식적인 조사가 이루어지기도 하지만 좀처럼 만족스러운 결론을 내지 못하고 종종 오심으로 종결된다. 만일 피고인에 대한 신문이 이루어진다면 이러한 결과는 일반적으로 회피할 수 있을 것이다.[1]

민사소송에서는 당사자를 적법한 증인으로 하는 것이 타당하다는 데 대하여 더 이상 논란이 없다. 형사사건에서는 왜 동일한 원칙이 적용될 수 없는지 그 이유를 말하기는 어렵다. 그러한 증거를 허용하지 않는 이유 중 하나는 증인은 진실을 말하기로 선서한 사람이기 때문에 그의 말을 믿어야 한다는 그릇된 가설에 근거하고 있다. 증인의 진술을 받아들이는 적절한 이유는 사람들이 거짓말을 주저하는 데 있는 것이 아니라 거짓말이라는 것이 드러나지 않게 세세한 부분까지 상황에 맞게 거짓말을 하는 것이 극히 어렵다는 데 있다. 피고인이 적법한 증인적격을 갖게 된다면 치안판사 면전에서뿐 아니라 판사 면전에서도 선서할 수 있어야 한다고 나는 생각한다. 피고인이 고발을 당하자마자 그리고 아직 피고인의 진술 내용을 조사하거나 그 진위를 알아볼 수 있는 그러한 때에 피고인이 앞으로의 조사를 무사히 통과할 수 있는 그러한 상황 설명을 제대로 하는 것보다 더 그의 무고함을 밝힐 수 있는 방법은 있을 수 없다.

그러한 증거를 허용함에 있어서는 사전에 몇 가지 주의할 점을 적절히 고려해 보아야 할 것이다. 만일 피고인이 증언을 하지 않으려고 하는 경우에는 소추인 측으로 하여금 그를 증인으로 부르도록 허용하기는 어려울 것이다. 증언을 거부한다는 사실은 언제나 배심에게는 중요한 일이다. 피고인 자신의 변호사로 하여금 피고인에 대한 주신문을 하도록 하고, 소추인 측 변호사로 하여금 반대신문을 하게 하면 판사가 피고인에게 적대적

---

1) 그 사례로 최근에 처남을 독살한 죄로 교수형에 처해진 Lamson 사건을 들 수 있다.

인 지위에 서게 될 위험성은 피할 수 있을 것이다. 나는 이를 너무나 중요한 목적이라 생각하기 때문에 그러한 조치가 확보되지 않는 경우라면 나는 차라리 현재의 법률을 그대로 유지하고 싶다. 이와 관련한 다음의 규정들이 1879년 형법 초안에 도입되었지만, 위원들 사이에서는 그 적용에 관하여 의견이 갈렸다.

"피고인의 증언.[1] - 기소 가능한(indictable) 범죄로 고발된 자는 그 범죄에 대한 그 자신의 재판에서 적법한 증인이 될 수 있으며, 그렇게 고발된 자의 부인이나 남편도 그 재판에서 적법한 증인이 될 수 있다. 이 경우 소추인 측은 그러한 자를 증인으로 부를 수 없지만, 그러한 사람이 증인으로 소환되어 피고인을 위하여 증언한 경우, 다른 증인의 경우와 마찬가지로, 주신문에서 제기되지 않은 사항을 포함하여, 모든 문제와 관련하여 반대신문에 응해야 한다. 이 경우 반대신문이 피고인의 신뢰성과 관련이 있는 때에는, 비록 그러한 반대신문이 다른 증인들의 경우에는 허용되는 것이라 하더라도, 법원은 적절하다고 생각되는 범위 내로 반대신문을 제한할 수 있다."

2. 형사재판에만 특이한 것으로 들 수 있는 또 하나의 원칙은 자백증거에 관한 것이다.[2]

---

1) 보고서 p. 37. 제523조 참조.
2) 자백에 관한 규칙은 나의 증거법 요해에 다음과 같이 설시되어 있다. "제21조 - 자백의 정의 - 자백은 범죄로 고발된 자가 언제든지 할 수 있는 것으로서 그가 범죄를 범하였다는 사실을 말하거나 그러한 유추가 가능하도록 암시하는 것이다. 임의로 한 자백은 그러한 자백을 한 사람에게만 의미 있는 사실로 간주된다."
"제22조 - 유도, 위협 또는 약속에 의한 자백, 형사절차와 관련 없는 자백 - 판사의 판단에 따라, 유도, 위협, 약속, 권한이 있는 사람의 행위 그리고 고발된 사람에 대하여 직접 또는 간접적으로 고발을 언급하여 알리는 방식으로 이루어진 것으로 보이는 자백의 경우에는 임의성 있는 자백으로 간주하지 않는다. 그리고 만일 (판사의 의견에 의하면) 그러한 유도, 위협 또는 약속이 고발된 사람으로 하여금 자백을 하면 그에 대한 재판절차에서 약간의 이익을 얻거나 재난을 피할 수 있다고 생각하도록 하였다고 볼만한 합리적인 이유가 있는 경우 그러한 자백은 임의성 있는 자백으로 간주되지 않는다. 권한 있는 사람이 종교적 의무로서 또는 형사절차와 관련 없는 부차적인 유도로서 또는 권한 있는 사람이 아닌 다른 사람의 유도에 따라 자백한 경우에 이 사실만으로는 임의성 있는 자백이 아니라고 할 수 없다. 소추인(prosecutor), 피고인의 구금을 담당하는 직원, 치안판사 그리고 이와 유사한 지위에 있는 자는 권한

자백의 유도에 관한 증거규칙의 역사

극도로 자세하고 정교한 이 원칙들은 지난 세기 동안(이와 관련한 최초의 판례는 1783년에 나온 Warickshall 사건이다, 1 Leach 263) 일련의 법원 판결들을 통해 발전되었고, 그 일반적인 전제조건은 "자백은 임의성이 있는 것이어야 하고 강제가 없어야 한다"는 것이었다. 그 원칙은 대부분이 1801년 출간된 Gilbert의 증거법(Law of Evidence) 제6판 제123페이지에 이러한 말들로 서술되어 있다. 그 이래 대단히 많은 수의 사건들이[1] 아래 주)에서 보는 바와 같이 확립된 그 규칙들의 세부항목에 의해 결정되어 왔다. 영국의 법률이 사법적 결정에 의하여 점차 발전되어온 방식을 설명함에 있어서 이러한 규칙의 성장에 따라 이루어진 것보다 더 설득력 있는 설명을 하는 것은 어려운 일이다.

여기에서 이러한 주제를 더 자세하게 설명할 수는 없지만 일반적으로 그러한 결정의 성격이 상당히 서로 다르다는 것은 알 수 있다. 한 때는 법원이 거의 대부분의 것을 자백의 유도로 취급하여 자백증거를 대부분 배척하는 경향이 있었다. 그러나 1852년 R. v. Baldry 사건의[2] 판례에 따라 법률이 상당히 많이 수정되었고, 그 후 법원의 경향은 약간 다른 방향으로 나아가고 있다. 자백은 임의성이 있어야 한다는 일반적인 법언은, 자백을 얻기 위한 목적의 고문이 역사적으로 현재는 물론 오래전부터 영국에서는

있는 사람이다. 피고인의 고용주는 자백을 하는 자에 대한 고발 범죄가 그에 대하여 저질러진 것이 아닌 한 권한 있는 그러한 사람이 아니다. 자백의 임의성을 부인할 수 있는 유도, 위협 또는 약속으로 인하여 받게 된 영향이 완전히 사라진 뒤에 이루어진 자백의 경우에는 (판사의 의견에 따라) 임의성이 있는 자백으로 간주한다. 부적절하게 받은 자백에 따라 밝혀진 사실, 그리고 그 자백이 그러한 사실과 명백히 연관되어 있는 경우 이는 입증된 것으로 볼 수 있다."

"제24조 - 비밀엄수의 약속에 따른 자백 - 자백이 의미 있는 경우, 그 자백이 비밀엄수의 약속에 따른 것이라는 이유만으로 또는 자백을 얻기 위하여 고발된 자를 속이고 얻은 것이라는 이유만으로 또는 그가 술에 취해 있었다는 이유만으로 또는 질문의 형식과 관계없이 대답할 필요가 없는 질문에 답변하는 가운데 한 자백이라는 이유만으로 또는 자백을 하여야 할 의무가 없다는 것을 미리 고지 받지 않았다는 이유만으로 의미 없는 자백이 되지 않고, 이러한 자백은 그의 범죄를 입증하는 증거가 될 수 있다."

1) 그 사건들은 Taylor의 On Evidence, p. 769-809 등에 수록되어 있다.
2) 2 Den. 430. 최근의 사례는 R. v. Jarvis, L. R. 1 C. C. R. 96 그리고 R. v. Reeve, L. R. 1 C. C. R. 364.

불법이었다는 오래된 원칙을 말하는 것이다. 비록 고문이 한 때는 합법적인 때도 있었던 것처럼 보이기도 하지만, 실제 고문이 합법적이었던 경우는 전혀 없었다.

3. 형사사건에 특유한 또 다른 원칙은 전문증거(hearsay evidence)에 대한 예외를 인정하는 것으로서, 모살이나 고살 사건의 재판에 있어서는 죽어가는 사람이 그 사인에 관하여 진술한 것은 증거능력이 있다는 것이다.[1] 나는 이 원칙이 지금까지 약 100년 정도 오래된 것으로 믿고 있다. 통상 인용되고 있는 그에 관한 최초의 명확한 진술은 1789년 Lord Chief Baron Eyre에 의해 결정된 Woodcock 사건에 나온다.[2] 이 사건은 1720년 수석재판관 King에 의한 결정과 1722년 결정된 R. v. Reason and Tranter[3] 사건을 언급하고 있다. 그러나 그 사건은 이 원칙의 제한에 대해서는 아무런 언급도 하지 않고 있다. 1678년부터 1765년까지 일련의 사건들은 그 기간 동안 사망한 사람들의 죽음의 원인에 대한 그들의 진술은 비록 사망한 사람들이 그 진술을 할 때 죽지 않고 살아날 것이라는 희망을 갖고 있었다고 하더라도 증거로 인정되었다는 것을 보여주고 있다. 1678년 Mr. Cony를 살해하였다는 혐의로 재판을 받은 Lord Pembroke 사건에서는[4] 사망 원인과 관련하여 죽은 자가 죽기 직전에 한 많은 진술이 증거로 제시되었다. 그런데 당시 그 진술은 그가 살아날 희망이 있다고 믿고 있는 가운데 행해진 것이 명백하다. 왜냐하면 그는 가해자에 의한 손해를 배상받아야 한다고 말했기 때문이다.

---

1) 이 원칙은 나의 증거법 요해(Digest of the Law of Evidence)에 다음과 같이 명시되어 있다: "제26조 - 사망의 원인에 대한 사망 당시의 진술 - 그 자신의 사망 원인 또는 그의 사망을 초래한 행위와 관련한 상황에 대한 진술자의 진술은 그 진술자의 사망과 관련한 모살 또는 고살의 재판에서는 의미 있는 것으로 간주된다. 다만, 그러한 진술자가 실제 죽음의 위험에 있었고, 그러한 진술을 할 때 모든 생존의 희망을 포기하였던 것으로 판사가 인정한 때에만 그러하다. 그러한 진술이 치안판사 면전에서의 선서진술을 목적으로 행하여졌다는 이유만으로, 그것이 비정상적인 것이기는 하지만, 의미 없는 것이라고 할 수 없다."

2) Leach, 502. 자백에 관한 최초의 현대적인 법률 내용을 포함하고 있는 Warickshall 사건이 몇 년 전 동일한 판사에 의해 결정되었어야 했음에도 그렇지 못한 것은 기묘한 일이다. 각 사안에서 사용되고 있는 말은 약간은 수사적이고 과장되어 있다.

3) 6 State Trials, p. 449.　　　　　　4) 6 State Trials, p. 1325.

성품에 관한 증거

1760년 재판을 받은 Lord Ferrers 사건에서는[1] 집사인 Johnson이 한 진술 즉, Lord Ferrers가 그에게 총격을 가하였다는 말이 증거로 제시되었는데, 그 진술을 할 때 Johnson은 살아날 희망을 가지고 있는지 여부에 관하여 질문을 받지 않았다. 다시 1765년 Mr. Chaworth를 살해하였다는 Lord Byron에 대한 재판에서는[2] 외과의사인 Mr. Caesar Hawkins가 Mr. Chaworth로부터 사건에 관하여 들었다는 진술이 증거로 제출되었는데, 오늘날의 경우라면 그가 살아날 기대를 하고 있는지 여부를 물어보았겠지만, 당시에는 그러한 사전 조사를 하지 않았다. 당시의 증거에 의하면 그가 생명이 위험하다는 것을 알고 있기는 하였지만, 살아날 희망이 전혀 없는 것으로 생각하고 있지는 않았던 것이 확실해 보인다.

이 원칙은 많은 측면에서 주목할 만하다. 내가 듣기로는 영국의 다른 많은 증거법과 함께 이 원칙이 전해진 인도에서 이것이 제대로 작동하지 않고 있다고 한다. Punjab 지방에서는, 이 원칙을 적용한 결과, 종종 치명적인 부상을 입은 사람이 그러한 부상을 입을 당시 그의 조상대대로의 원수들이 모두 그 자리에 있었다고 진술하고, 그로 인하여 그들에게 손해를 가할 수 있는 마지막 기회로 이를 사용한다는 말을 들었다. 인도 Madras 주 토착민이 이 원칙의 적용과 관련하여 한 말을 통하여 이러한 사안들이 지구 다른 지역에서는 얼마나 달리 취급되고 있는가를 알 수 있다. 그에 의하면 "그러한 증거는 어떤 사건의 경우에도 절대 허용해서는 안 된다. 죽음에 직면해서 그러한 진술을 하는 사람이 어떤 동기로 그렇게 말하는지 어떤 사람이 알 수 있는가?"라는 것이다.

4. 마지막으로, 통상 피고인의 성품(character)은 의미 없는 것으로 취급되지만, 피고인의 성품에 관한 증거도 형사사건에서는 일종의 시혜로서 허용된다는 것이다. (내가 이미 설명한 바와 같이) 노르만 정복 이전에는 피고인에게 면책선서인들(compurgators)을 통한 무죄증명(purgation)을 하도록 허용할 것인지 아니면 신판(ordeal)에 의할 것인지의 문제를 피고인의 성품에 따라 결정했다. 그 후에는 피고인의 성품이 증인으로서의 역할을 담당하였던 배심에게 중요하였던 것이 틀림없다. Stuart 왕조에서는 (내가 설명한 바와 같이) 문제의 사안과 관련이 없는 것이라 하더라도 피고인이

---

1) 6 State Trials, p. 918.　　　　　2) 6 State Trials, p. 1205-6.

성품에 관한 증거

저지른 특정한 범죄나 비행에 관한 증거가 자유롭게 제시되었다. 또한 그의 훌륭한 성품에 관한 증거도 인정되었다. 초기, 아마도 최초의, 이러한 사례가 주거침입절도 사건인 1664년 Colonel Turner에 대한 재판에[1] 나온다. 보고서에는 피고인을 위한 증인들의 증언이 나와 있지 않지만, 수석재판관 Hyde가 쟁점을 요약해주면서 한 말을 보면 피고인이 그러한 증인들을 불렀음이 명백하다. 그는 요약을 하면서 "피고인의 평판과 관련하여 그가 부른 증인들에 관해서는 당신들 배심에게 맡기겠다. 나는 여기에서 많은 시간 일해 왔다. 심문을 받으러 온 사람들이 별로 없지만 일부 사람들이 출석하여 '그는 정직한 사람입니다. 나는 그가 다른 사람에게 해를 끼친 일이 있다는 것을 들어본 일이 없습니다'라고 말한다. 그러나 이러한 내용이 범죄사실을 입증하고 있는 증거와 상반되는 어떤 것인가?"라고 그는 말했다.

18세기 전체를 통하여 성품에 관한 증거는 오늘날의 경우와 같이 피고인의 이익을 위하여 제시되었다. 아마도 이와 관련하여 기록된 가장 주목할 만한 사례는 1798년 대역죄로 재판을 받은 Mr. Arthur O'Connor 사건에서[2] 일어났다. 당시 Lord Moira, Mr. Erskine, Mr. Fox, Lord Suffolk, Mr. Sheridan, Mr. Michael Angelo Taylor, Mr. Grattan 그리고 Mr. Whitbread가 증인으로 소환되었고, 그리고 그가 충성스러운 성품의 사람이라는 증거를 제시하기 위해 "마찬가지로 존경할 만한 다른 많은 신사들이" 소환되었다. 피고인이 Erskine을 증인으로 소환하기 위해 그로부터 변론을 받는 이익을 포기하였기 때문에, 이러한 증거들에 대해서는 대단한 중요성이 부여되었어야 했다.

피고인의 성품에 대한 증인과 관련한 법률의 전체 내용은 1863년 판결이 난 R. v. Rowton 사건에서[3] 크게 논의되었다. 이 사건에서 판사들은 전원일치의 의견으로 만일 피고인을 위하여 훌륭한 성품에 관한 증거들이 제출된다면 마찬가지로 피고인에 대한 나쁜 성품에 관한 증거도 제출되어야 할 것이라고 결정하였으며, 그리고 11대 2(재판장 Erle, 판사 Willes)의 의견으로 여기에서 말하는 성품에 관한 증거는 평판(reputation)에 관한 증거이지 성벽(disposition)에 관한 증거가 아니라고 결정했다. 이 결정으로

---

1) 6 State Trials, p. 613.　　2) 27 State Trials, p. 31-53.　　3) L. C. 520.

R. v. Rowton

법률문제는 정리가 되었지만, 실무에서 그에 따라 사건을 처리하는 것은 불가능한 일이었고 또한 그러한 방식으로 재판을 하는 것이 바람직한 것인지에 대해서도 의문이 들 수 있다. R. v. Rowton 사건에서의 사실관계가 이를 분명하게 드러내고 있기 때문에, 그에 관하여 내가 여기에서 논평하는 것은 불필요한 일로 보인다. 피고인은 미성년 제자들을 데리고 있었는데, 그들 중 1명에게 추행을 하였다는 혐의로 유죄평결을 받았다. 그는 증인들을 불렀고 증인들은 그가 "도덕적인 사람으로 품행이 훌륭한 탁월한 성격의 소유자"라고 증언했다. 이어서 한 증인이 이들 증거를 반박하기 위해 소환되었고, 그는 "예의범절과 행실에 관한 피고인의 일반적인 성품이 어떠한가?"라는 질문을 받았다. 그는 답변이 허락되자 "내가 학교에서 그를 처음 만났을 때 나는 아직 어린 소년에 불과하였으므로 이웃 사람들이 그에 대하여 어떤 의견을 갖고 있는지 전혀 모릅니다. 그러나 내 의견 그리고 역시 그의 제자인 내 형의 의견을 말한다면, 그는 너무나 외설적이고 도덕적으로 극악무도한 성격의 사람입니다"고 답변했다. 그럼에도 불구하고 이들 증언들로 인하여 그에 대한 유죄평결은 파기되었다. 이 사건에서 분명하게 드러난 것은 어떤 사람이 엄청난 위선으로 정직하고 도덕적이라는 평판을 얻었다면, 그는 이 증거를 제출할 수 있는 자격이 있고, 이는 그 사람에 대한 진실을 알고 있는 사람들의 증언과 모순되는 게 아니라는 것이다.

피고인이 변호인의 조력을 받고 있는 경우 증인에 대한 신문이 종결되고 피고인을 위한 더 이상의 증인이(성품에 관한 증인을 제외하고) 소환되지 않게 되면 국왕을 위한 소추변호사(counsel for the Crown)가 증거를 요약하게 된다. 그의 이러한 권리는 1865년에 제정된 28 Vic. c. 18 법률 제2조에 근거한 것이다. 그에 대한 이론적 근거는 피고인 측 변론을 듣기 전에 국왕을 위한 소추변호사가 사실관계를 증거에 입각하여 설명하고 논평하는 것이 필요하다는 것이다. 나는 이러한 변경에 실익이 있는 것인지 의문을 갖고 있다. 이는 이미 충분히 이야기 한 내용에 다시 설명을 더하는 것에 불과하다.

이후에 피고인 측의 변론이 이어진다. 이는 영국 형사재판에 있어서 대단히 특징적인 부분이다.

피고인 측의 변론

M. Cottu는 영국에서 피고인을 부드럽게 소추하는 것과 관련하여 다음과 같이 이를 관찰하고 있다.[1] "프랑스에 있어서 변론의 권리(liberty of defence)는 영국과 매우 달리 이해되고 있기 때문에 프랑스에서의 소추는 영국에서 보다 훨씬 더 격렬하게 행해지고 있다는 것은 사실이다. 만일 소추인의 권한이 영국에서 정하고 있는 범위 내로 제한된다면 즉, 피고인과 그 공범에 대한 신문이 금지된다면, 우리 법률이 변론에 부여하고 있는 권한의 범위를 고려할 때 피고인을 유죄로 하는 것은 거의 불가능한 일로 여겨진다."

사정을 잘 알고 있는 그 누구도 영국의 법정변호사들이 용기나 독립성 또는 임기응변의 기지라는 측면에서 이 세상 그 어떤 전문직 종사자들과 비교하더라도 열등하다고 인정하는 일은 전혀 없을 것이지만, 형사사건에 있어서 역사적으로 영국 변호사들의 변론은 최근 프랑스에 있어서의 그 역사와 비교할 때 더 조용하게 행하여져 왔다는 것은 의심의 여지가 없는 사실이다. 영국에 있어서 판사와 변호사의 다툼은 극히 이례적인 일이고, 그러한 일이 발생한다 하더라도 이는 원칙의 문제에 관한 어떤 논쟁에서 또는 판사들이 정한 법을 개별 사안에 적용하려는 것을 저지하려는 변호사들의 의도로 인한 것이 아니라 일방 또는 상대방의 개인적 성격상의 결함으로 발생한다.

이와 관련한 역사 그리고 이러한 상황을 초래한 이유에 관해서는 여러 관측들이 있다. 경죄 사건의 경우를 제외하면 아주 오랜 기간 변호사는 그의 고객을 변론할 기회를 전혀 갖지 못했다. 공적인 이유로 중요한 경죄 사건은 통상 성실법원(Star Chamber)에서 재판이 이루어졌으며, 이 법원의 재량권이 너무나 광범위하였고 그리고 이 법원의 결정에 대해서는 의회(Parliament)를 제외하고 이를 견제할 기관이 거의 없었기 때문에 변호사들이 그에 관하여 중요한 어떤 말을 할 기회를 사실상 갖지 못하였다. 내전(Civil War)으로부터 1688년 명예혁명에 이르기까지 반역죄와 중죄의 경우 피고인은 변호사를 갖지 못하였다. 경죄 사건의 경우에도 그들의 변론은 매우 감동적이지 못하였다. 단 하나 이와 상반되는 것으로 생각되는 사례가 7명의 주교에 관한 사건이다. 이 사건은 모든 면에서 너무나 예외

---

1) p. 104.

적인 것이기 때문에, 이로부터 통상의 형사재판절차를 유추하는 것은 불가능하다.

명예혁명 이후 변호사회(bar) 그리고 피고인에 대한 변론과 관련하여 다음과 같은 통념들이 어느 정도 확립되었다. 우선 과거에 항상 그랬던 것은 물론 현재에도 판사와 변호사 사이에는 어느 정도의 동정심 그리고 동료의식이 존재한다는 것이다. 나는 이를 이 나라에 특유한 것으로 믿고 있지만, 이는 과거에는 물론 현재에 있어서도 가장 중요한 것으로서 형사사법의 운용에 있어서 가장 유익한 효과를 내고 있는 것이라고 나는 (자연스럽게) 생각한다. 판사들은 법정변호사(barrister)의 직분에서 출세한 사람에 지나지 않는 것은 물론 여전히 법정변호사의 일원이다.[1] 판사들은 그들이 일생 동안 변호사를 하면서 체득한 직업상의 습성과 사고방식을 그대로 판사실로 가져가며 그 이외에도 선임 변호사들과 자연스럽게 친밀한 관계를 유지한다. 이러한 점은 이를 느끼거나 경험해보지 못한 사람들이 이해하기 어려운 영향을 형사사법의 운용에 끼치게 된다. 판사들은 변호사들의 의무를 결정하는 불문율(unwritten rule)과 감정(sentiment)을 이해하는 데 모자람이 없고, 그들이 이들 불문율과 감정을 이해하고 이를 적절히 적용할 때 그들 입장에서의 직업감정(sentiment of profession)을 갖게 된다. 이들 감정이 놀라울 정도로 현행 법률에 녹아 들어 있다. 이러한 법률을 적용함에 있어서 이를 회피하거나 상소를 통하여 이를 파기하려고 노력하는 변호사들의 수는 많지 않다. 변호사가 배심원들을 위협하려고 하거나 또는 편견을 가지고 배심원들로 하여금 법률을 위반하도록 유도하려고 하는 경우 또는 증거에 의해 뒷받침되지 않는 사실을 제시하는 등으로 그에게 허용된 한계를 넘어 가려고 할 때 이를 경고하는 판사의 행동은, 내 경험에 의하면, 판사가 좋은 관계를 유지하려고 하는 사람들 즉, 그 자신과 같은 직업에 종사하는 사람들 사이에서 결코 인기가 없는 것이 아니다.

---

[1] 과거에는 판사가 직에서 퇴직하는 경우 변호사업무로 돌아갔다. 판사가 그 직을 사임한 뒤 변호사업무를 재개하지 못하게 하는 법률상의 근거를 나는 알지 못한다. 현재 판사들은 그들이 속해 있는 각 법학원의 평의원들이다. 고등변호사회(Serjeant Inn)의 회원으로서 그들은 법학원(Inns of Court)과 관련하여 항소법원으로서의 권한을 행사하는 내부위원회(domestic tribunal)를 구성했다. 여왕좌 법원에 근무하는 현재의 판사들은 판사로 임명되기 전 거의 평균 28년간 변호사로서 일했다.

판사와 변호사 사이 관계에 대한 역사

법정변호사의 직무영역은 아주 특이하게 잘 정의되어 있다. 그것은 법률에 의하여 허용된 것이고 그리고 이익이 되는 것으로 생각되는 것은 무엇이든지 그의 고객을 위하여 증거에 기초하여 이를 말할 수 있다는 것이다. 판사의 직무영역도 마찬가지로 잘 정의되어 있다. 그것은 법률과 사실에 관한 잘못된 진술을 제지하고 배심을 위협하거나 오도하는 일을 방지하는 것이다. 마찬가지로 법률의 형식은 엉성하게 되어 있지만 그 내용은 거의 모든 경우에 상세하고 완벽하게 되어 있어서 변호사가 그에 관한 잘못된 진술을 하거나 배심에게 법률을 위반하도록 요청하는 것과 관련한 그 한계선에는 전혀 의문이 있을 수 없다. 마지막으로 모든 법률과 관련된 업무는 절대적으로 남자들만이 담당하고 있다. 이는 나약하거나 소심한 사람들이 절대 성공할 수 없는 직업이고, 판사나 변호사 등 모든 사람들이 그의 능력과 판단력을 최대로 활용하여 두려움이나 사심 없이 그 직무를 수행하도록 기대되고 있는 직업이다.

내가 이 제도를 운영하는 데 관여하면서 내 생애의 상당 부분을 보냈고 따라서 내가 이 제도를 좋게 생각하는 편견을 가지게 된 것은 의심의 여지가 없는 것이지만, 과거에는 물론 현재에 있어서도 이러한 상황에 따른 결과는 대단히 만족스러운 것으로 보인다. 심지어 격렬한 정치적 격정이 지배하던 시기에 있어서도, 비록 어느 쪽도 그의 특별한 의무를 이행함에 있어서 원칙적으로 실패를 하지 아니하였고, 그리고 비록 특정 사안의 경우 판사나 변호사에 의해 수행된 형사재판의 결과가 가장 중요한 정치적 의미를 갖고 있었지만 판사와 변호사는 거의 충돌을 하지 않았다. 다음과 같은 것이 이러한 몇 개의 사례들이다.

18세게 전체를 통하여 변호사는 반역죄와 경죄의 경우에만 변론이 허용되었다. 1780년 Lord George Gordon에 대한 폭동(riots)사건 재판 이전에는 헌법상의 쟁점이 문제가 된 반역죄 사건이 없었다. 1715년과 1745년의 반란죄 재판에 있어서는 법률이나 사실문제에 관하여 의문의 여지가 없었다. 나는 이 책 제2권에서 Lord George Gordon에 대한 재판과 관련한 쟁점을 아주 자세하게 다루겠지만,[1] 여기에서 다루고 있는 주제와 관련해서 보면 피고인을 위한 Erskine의 유명한 변론은 내가 변호사의 의무와 관련

---

1) 저자의 책 제2권, p. 273, 274.

하여 그 한계로 보려고 노력하고 있는 선을 어느 한 점에서도 넘어가지 않았다는 것이다. 그의 모든 변론은 나중에 Lord Mansfield에 의하여 규정된 법적 관점과 주로 그 스타일 면에서 다른 법적 관점에 근거하고 있다. 변호사와 판사에 의한 법률의 해석은 실질적으로 동일한 것이다. 1794년의 대역죄(high treason) 재판에 대해서도 거의 같은 말을 할 수 있고, 그와 다르지 않은 것이 Fox의 Libel Act를 이끌어 낸 유명한 명예훼손 재판에서도 관찰될 것이다. Erskine은 영국 법조계에 등장하였던 변호사 중에서 단연코 가장 인기 있고 유능한 변호사였지만, 그의 연설을 연구하면 할수록 그가 본질적으로 법률의 편에 서 있었다는 것 그리고 그가 비록 두려움 없이 독립적으로 변론을 하면서도 판사들과 거의 다투지 않았다는 사실이[1] 더욱 분명하게 드러난다.

만일 시간과 공간이 허락한다면 우리 시대에 이르기까지의 이러한 사정을 추적하는 것이 어렵지 않을 것이다. 그에 대한 강력한 설명이 1841년, 1842년 그리고 1843년에 있었던 Chartist 운동 참가자들에 대한 재판, 담합거래에 대한 그 후의 몇 재판들 그리고 1798년 반란으로부터 시작하여 1848년 실패한 반란에 이르기까지 오랜 기간 연속적으로 이루어진 아일랜드 관련 재판들로부터 도출될 수 있을 것이다. 이들 모든 사건에 있어서 변호사들은 일반적으로 그들이 알고 있는 법률에 따랐고, 배심으로 하여금 이러한 법을 위반하도록 유도하는 그러한 시도를 하지 않았다.

연설을 함에 있어서 영국 사람들의 취향이라 할 수 있는 단순함과 관련하여 피고인을 변론함에 있어서도 지나치게 산문적(prosaic)이라는 것보다 더 강력한 증거를 찾기가 어렵다. 심지어 범죄의 정황이 극도로 애처롭거나 또는 무시무시한 경우에도 통상 양 쪽의 변호사는 환어음에 관한 소송사건인 것처럼 조용하게 말한다. 이러한 방식으로 업무를 처리하는 것이 크게 권장되고 있다. 웅변을 통하여 감정에 호소함에 있어서는 다소간에 어느 정도의 허위사실을 포함하지 않는다는 것은 불가능한 일이며, 그리고 열정적으로 웅변을 하였음에도 성공하지 못한 시도는 통상 야비한 것일 뿐 아니라, 그 이외에도 모든 일 중에서 가장 경멸할 만하고 바보 같은 짓

---

1) Dean of St. Asaph 재판에 나오는 그와 나이 많은 지도교수 Buller 사이의 유명한 장면은 아주 예외적인 것이라는 데 의문의 여지가 없다. 저자의 책 2권 p. 331 참조.

이다. 나이든 사람들의 비판적인 성격이 법정에서 연설을 하는 데 있어서 아주 훌륭한 영향을 끼쳤다. 대부분의 법정변호사들이 비웃음을 사거나 자신은 고상하게 보이려고 함에도 어리석게 보이는 것을 당연히 두려워하며 따라서 조용히 함으로써 이를 회피하고자 한다.

피고인을 위한 변호사에 의한 변론(defence)에 이어 피고인 측 증인이 있는 경우 그 증인에 대한 신문, 변호인에 의한 사건의 요약 그리고 답변을 하도록 허락받은 경우 국왕을 위한 소추 변호사에 의한 답변이 행해진다. 하지만 이러한 점들에 관해서는 이미 설명한 것 이외에 더 보탤 것이 전혀 없다.

재판은 판사의 요약(summing-up)으로 종결된다. 이 또한 재판절차에 있어서 매우 특징적인 부분이지만, 내가 그에 관하여 서술하는 것이 어렵다고 느껴지는 부분이다. 하지만 나는 판사가 배심에게 단순히 법률의 특정 요건(certain propositions of law)만을 말하고 나서 그가 메모한 것을 읽어 주는 것만으로는 그의 직무를 제대로 수행하는 것이 아니라고 생각한다. 이는 오늘날보다는 과거에 통상적으로 행해진 절차방식이다.[1] 나는 또한 판사가 사안의 전체 내용을 듣기도 전에 자신의 의견을 정하는 경우 그리고 절차를 규율함에 있어서 어느 정도 변호사의 감정에 따라 움직이는 것도 모두 판사의 직무를 제대로 수행하는 것이 아니라고 생각하지만, 나아가 판사는 배심에게 그의 의견을 숨겨서는 안 된다고 생각하며 그의 생각이 떠오르는 순서에 따라 증거를 정리하는 경우라면 자신의 생각을 숨기는 것이 가능하지도 않다고 생각한다. 사안의 내용에서 무엇이 긴요한 것인가를 알게 하도록 하는 단순한 노력 즉, 어떠한 순서로 중요한 일들이 일어났고 그리고 그들 사이에는 어떠한 관련성이 있는지를 결론으로 지적해주는 것이 필수적이다. 배심에게 그들이 답해야 할 질문들을 말해 주고, 이러한 질문들과 관련하여 그 증거를 말해 주고, 그리고 어떠한 점에서 그 증거가 중요한 것인가를 말해 주는 행위는 일반적으로 배심에게 그들이 할 답변을 상당한 정도로 암시하는 것이 되고, 만일 판사가 적어도 이 정도로 하지 않는다면 판사는 거의 아무것도 아닌 존재가 되고 만다.

---

1) 수많은 사례 중 하나를 든다면 Lord George Gordon 사건에서 Lord Mansfield가 이러한 방식을 따랐다.

판사의 Summing-Up

따라서 판사의 지위는 대단히 미묘한 것이고, 판사가 이러한 직무를 수행함에 있어서는 그 직무를 수행할 능력을 보유하고 있어야 함은 물론 지적이나 도덕적인 면에서 비상한 재능을 끈질기게 발휘할 것이 요구된다는 것은 심한 말이 아니라고 나는 생각한다. 한편으로는 자신이 정한 의견에 위축되지 않으면서도 다른 한편 그와 다른 의견을 고려함에 있어 마음의 문을 닫지 않은 상태에서 모든 증거에 기초하여 의견을 정하고 이를 다른 사람에게 제시한다는 것은 쉬운 일이 아니다. 달갑지 않은 방식으로 또는 숙련되지 않은 방식으로 주장된 의견을 공정하게 다룬다는 것은 쉬운 일이 아니다. 사람이 자신의 최선을 다한다는 것도 쉬운 일이 아니며, 주제와 관련하여 그의 특별한 재능을 보여줄 수 있는 그러한 견해를 선택하고자 하는 유혹을 뿌리치는 것도 쉬운 일이 아니다. 간단히 말해서 진실되고 정당하게 하는 것이 쉬운 일이 아니라는 것이다. 문제는 현저하게 만족할 만한 해결책을 제시할 수 있는 능력이라는 것에는 의문의 여지가 없다고 나는 생각한다. 단지 오래 전에 죽은 그러한 사람들을 인용하여 말한다면, 우리가 Lord Campbell, Lord Chief Justice Erle 또는 Baron Parke와 같은 판사들이 요약을 하는 그들의 가장 행복한 순간을 듣고 있노라면, 이는 마치 (Hobbes의 유명한 표현을 사용하면) "살아있고 무장한 법(law living and armed)"을 듣는 것일 뿐 아니라 정의 그 자신의 목소리를 듣는 것이 사실이라고 진실로 말할 수 있을 것이다.

형 벌

제 13 장 형벌의 역사

　지난 장(chapter)에서는 재판(trial)의 마지막 단계에 이르기까지의 모든 절차를 살펴보았고, 이 장에서는 법률에 따라 상이한 범죄에 대하여 가해졌던 다양한 형벌의 역사에 관하여 설명하고자 한다.

　배심의 평결에 이어 법원의 판결이 있게 되는데 판결은 무죄판결 또는 유죄판결이다. 무죄판결이 선고되면 피고인은 바로 석방되는 것이 통상의 일이지만, 무죄판결이 선고되었다 하여 피고인이 즉시 석방될 수 있는 법률상의 자격을 취득하는 것은 아니다. 엄격히 말해,[1] 피고인이 재판을 받기 위해 교도소에 수감되면 그는 미결수석방법원이나 순회법원의 다음 재판 기일이 종료될 때까지 구금되어 있어야 하고 다만, 국왕을 위한 소추인 측 증인이 출석할 수 없다는 것이 선서에 의해 입증되지 않는 한 또는 보석이 되지 않은 상태에서 재판을 받고 무죄판결을 받은 것이 아닌 한 또는 구금 이후 두 번째 재판기일까지 기소되어 재판을 받지 않은 상태가 계속되지 않는 한, 기소 이전 상태에서 보석으로 석방될 수 있을 뿐이다.

　통상적으로 피고인이 유죄판결을 받게 되면 즉시 형이 선고된다. 선고되는 형벌은 다음과 같은 것들이다. 즉, 사형, 금고형, 강제노역을 동반한 또는 동반하지 않는 징역형, 교정학교 수용, 경찰에 의한 감독, 채찍질, 벌금, 선행보증 등이다. 이러한 형벌의 역사는 아마도 형법의 역사에 있어서 가장 호기심이 가는 분야일 것이다.

---

1) 31 Chas. 2, c. 2 법률 제7조(Habeas Corpus Act, 1679).

노르만 정복 이전의 형벌

나는 첫 번째로 사형과 성직재판권(benefit of clergy)의 역사 그리고 점차 사형을 대체하게 된 형벌들의 역사를 살펴보기로 한다. 그 다음으로 나는 다른 형벌의 역사 특히, 경죄(misdemeanour)에 대한 보통법상의 형벌을 살펴본다.

내가 앞에서 이미 밝힌 바와 같이 우리가 오늘날 반역죄(treason)와 중죄(felony)로 부르는 범죄에 대한 형벌은 노르만 정복 이전과 그 이후 일정 기간에 있어서 서로 달랐다. 어떤 때는 사형이었고 어떤 때에는 신체절단형이었으며, 또한 여기에서 주목해야 할 것은 정복왕 William 치하에서는 사형이 거의 대부분 신체절단형으로 대체되었다는 것이다. Hoveden은[1] Henry 1세가 "영구불역의 법률은 절도와 강도로 체포된 사람들에 대해서는 교수형에 처한다고 규정하고 있다"고 말한 것으로 인용하면서도 그 전거는 들지 않고 있고, Henry 시대 이후 50년 간 이를 적시하지 않았다. Henry 1세의 법률(Leges Henrici Primi)은[2] 일정한 종류의 절도에 대하여 사형으로 처벌할 수 있다고 규정하고 있으며, 그리고 다른 범죄들도 사형에 처해질 수 있다고 암시하고 있다. 하지만 신체절단형은 Henry 2세 시대의 Clarendon 법과 Northampton 법에 언급되어 있는 형벌이다.

사형(capital punishment)은 Richard 1세 시대에도 인정되었음이 확실하다.[3] Henry 3세와 Edward 1세 치세에 있어서는 중죄에 대한 통상의 형벌이 사형이었다는 많은 증거들이 있다. 이러한 사정은 반역죄와 경미한 절도죄와 상해죄를 제외한 모든 중죄에 대하여 1826년까지[4] 이 나라의 법으로 계속 이어졌고 다만, 성직재판권과 관련한 법률에 의하여 인정되는 독특하고 복잡한 예외가 인정되었다.

---

1) [역주] Roger of Hoveden은 Henry 2세 시대인 12세기 영국의 역사가로서, 서기 732년부터 1154년까지의 영국과 다른 유럽 국가들에 관한 역사서인 연대기(Annals)의 저자이다. 그는 또한 법률가로서 Oxford 대학교의 교수이기도 했다.

2) "Furtum probatum et morte dignum(사형에 처할 만한 입증된 절도범)"은 "mittunt hominem in misericordiâ regis(자비로운 국왕에게 사람을 보내는)"인 범죄들의 하나로 언급되어 있다. (Thrope, 1. 518). 그래서 "De furto autem, et de hiis quae sunt mortis, faciat(절도범은 목숨을 건지게 된다)," &c, p. 561.

3) Sir F. Palgrave가 인용하고 있는 기록에 의하면 Richard 1세 10년에 한 여자가 살인죄로 불에 태워 죽이는 형벌을 받았다. Proofs and Illustrations, 185 (11).

4) 7 & 8 Geo. 4, c. 26, s. 6, 7 참조.

성직재판권

이들 형벌을 규율하는 법률과 관련하여 Blackstone은 영국의 입법기관이 "아주 오랫동안의 고통스러운 과정을 통하여 연금술의 방법으로 독약성분이 포함되어 있는 내용물에서 풍성한 의약품을 추출해냈다"고[1] 그 다운 방식으로 독특하게 그 특징을 설명했다. 현대적인 관점에서 보면 성직재판권에 관한 원칙과 예외는 양자 모두 원래 동일하게 거칠고 원시적인 것이었지만, 오랜 기간의 서툴고 복잡한 변화를 거쳐 마침내 그것이 인정되게 된 것과 동일한 서툰 방식에 따라 그 폐지를 초래한 제도 속으로 빨려 들어가게 되었다고 말하는 것이 더 정확할 것이다.

성직재판권에 관한 역사는 자연스럽게 이를 세 개의 제목으로 나눌 수 있는데,[2] 첫째로 특권 그 자체의 역사, 다음으로 점차 모든 사람에게 그 특권이 확장된 역사 그리고 마지막으로 많은 수의 범죄에서 그 특권을 제외하는 역사가 그것이다. 나중에 언급한 두 개의 절차는 어느 정도 서로 겹치는 것이지만, 특권이 비교적 소수 부류의 사람들에게만 인정되지 않고 넓게 인정되면서 이 특권을 비교적 소수의 범죄에만 제한하여 인정할 필요가 있었던 것이라고 할 수 있다.

성직의 특권은 본래 성직자가 일반 세속 법원의 관할에 속하지 않고 교회 법원의 관할에만 복종하게 되어 있는 권리로부터 시작된 것이며, 이는 영국 사람들이 인도에서 비슷한 범죄를 범한 인도 사람들이 재판을 받는 법원과 다른 법원에서 재판을 받을 수 있는 특권과 비교할 수 있다. 또한 영국 사람들 그리고 다른 외국 사람들이 터키, 이집트 그리고 중국에서 그들 자신의 법원에서 재판받아야 한다고 주장하는 특권과도 비교된다.

---

1) Blackstone, Commentaries on the Laws of England, p. 364(2판).

2) 이 주제는 Hale에 의해 아주 자세하게 그리고 대단한 기술적 정교함을 유지한 채 상세히 기술되어 있다(2 P. C. 323-390). Blackstone(4 Com. p. 358)은 이 주제와 관련하여 그 시대 인정되고 있는 내용을 (기본적으로 Hale의 기술을 근거로) 기술하고 있다. 이 특권이 폐지되기 직전인 1826년 당시 사정은 1 Chitty's Criminal Law, p. 666-690에 기술되어 있다. 이와 관련한 Hale의 설명은 장황하고 복잡한데, 그는 그 당시 적용되었던 공범과 주범에 관한 법률과 관련하여 사소하고 변덕스러운 여러 개의 구별을 언급하면서 그리고 특정 범죄와 관련한 다양한 법률의 규정과 유죄평결, 기소, 항소, 답변 거부, 유죄인정 또는 20명 이상의 배심원에 대한 기피신청으로 종결되는 사안을 언급하면서 이를 설명하고 있다. Blackstone도 같은 어려움을 겪었지만, 그 정도는 아니었다.

교회법상 혐의를 벗는 절차

다음은 Bracton의 설명이다. "어떤 계급 또는 지위에 있는지와 상관없이 사람의 죽음 또는 기타의 범죄로 성직자가 붙잡혀 구금되면 그를 위하여 기독교 법정(Court Christian)에서 교구의 목사(ordinary)에 의한 신청이 제기된다. - - - 그에 따라 피고인은 어떤 심문도 받지 않고 바로 인도된다. 그러나 그는 자유롭게 석방되는 것이 아니고 나라를 돌아다닐 수 있도록 허락되는 것도 아니다. 그는 그에게 제기된 고발로부터 정당하게 그 혐의를 벗을 때까지 주교의 감옥이나, 교구 목사가 원하는 경우, 국왕의 감옥에 감금되어 있어야 하고, 만일 자신의 혐의를 벗어나는 데 실패하는 경우 성직을 박탈당하게 된다."[1]

교회법상 혐의를 벗는 절차(purgation)는 다음과 같이 묘사되고 있다. "재판은[2] 주교나 그 대리인이 직접 참여하는 그 면전에서 그리고 12명의 성직자로 구성된 배심이 참가한 가운데 실시되었고, 먼저 당사자 자신이 그의 무고함을 선서하여야 했다. 그 다음 12명의 면책선서자(compurgator)들이 그가 진실을 말하는 것으로 믿고 있다고 선서했다. 이어 증인들이 선서를 하고 신문을 받는데, 이때 증인들은 피고인을 위해서만 증언을 할 수 있으며, 마지막으로 배심이 들어와 선서를 하고 평결을 했다. 평결은 통상 피고인에 대한 무죄평결이긴 하였지만, 그렇지 않은 경우 성직자인 피고인은 성직을 박탈당하거나 또는 속죄(penance)의 절차에 처해졌다." 이러한 이상한 절차는 아마 당시 증거와 관련하여[3] 민사법에서 지배적인 의견으로 이해되고 있던 독특한 개념에 의해 정당화될 수 있을 것이다. 입증책임은 그의 혐의를 벗어야 하는 성직자에게 있었고, 따라서 국왕이 유죄의 입증책임을 지고 있는 경우 그에 반대되는 증거를 제출할 수 없는 것과 마찬가지로, 국왕이 성직자의 유죄를 입증하는 증거를 제출하는 것은 적절하지 못하다고 생각되었을 것이다. 하지만 그러한 사정은 별론으로 하고, Bracton 시대의 성직자가 범죄의 종류와 상관없이 어떤 범죄를 범하였다

---

1) Bracton, De Corona, 제9장 p. 298.
2) R. v. Burridge (1735), 3 Peere Williams, 447. 또한 Seare v. Williams, Hobart, 288, p. 291 (1620), Staundforde, purgacion, 138 참조. Horbart는 purgation을 "선서에 의한 진실을 통하여 행해지는 엄숙한 재판을 격식과 형식에 입각한 거짓으로 바꾸는 것"이라고 말했다.
3) 이 책, p. 336 그리고 p. 383(저자의 책, 제1권, p. 335 그리고 P. 349) 등 참조.

는 혐의로 구금되면 교구 목사는 바로 그의 인도를 요청할 수 있고, 그에 따라 그는 바로 교구 목사에게 인도되어야 했다.

Bracton 이후 3세기를 거치면서, 이러한 인도요청은 입법에 의하여 상당히 제한되었다. Westminster 제1차 법률(3 Edw. 1, 1275)은[1] 그러한 요청이 있기 전에 피고인은 기소되어야 한다는 취지로 규정하고 있으며, 그 후 Henry 6세 치하에서 법원의 관행으로 성직자는 그러한 요청 이전에 유죄평결을 받아야 한다고 정리가 되었다. 이는 무죄평결을 받을 수 있는 기회를 갖게 된 피고인에게 유리한 것이기도 하지만 동시에 성직자를 일반 법원의 관할에 따르도록 함으로써 국가 내의 별개의 법질서라 할 수 있는 성직자의 특권을 제한하는 것이기도 하였다.

그 다음으로 법원은 성직자를 교구 목사에게 인도함에 있어서 재량권을 행사하였다. 피고인은 그의 무죄증명의 절차(purgation)를 갖도록 인도되기도 하였지만 "absque purgatione(무죄증명의 절차가 없는)" 방식으로도 인도되었으며 후자의 경우 평생 주교의 교도소에 감금되어 있어야 했다.

이러한 특권은 본래 "habitum et tonsuram clericalem(성직자의 복장을 하거나 머리를 삭발한)" 사람들에게만 제한적으로 인정되었지만, 1350년 25 Edw. 3, st. 3 법률(pro clero라 불리는 법률)에 의하여 "종교적 의미는 물론 세속적 의미에서의 모든 성직자는 이제부터 속세의 법원에서 유죄판결을 받을 수 있으며 ... 이제부터 신성한 교회의 특권을 자유롭게 향유할 수 있다"는 법률이 제정되었다. 여기에서 말하는 "세속적 의미의 성직자"라고 하는 것은 "엄격한 의미에서 성직에 종사하지는 않지만 문지기, 성서 낭독자, 기도사(exorcist) 그리고 차부제(sub-deacon)와 같이 성직자들이 그 성스러운 업무를 행하는 데 보조를 하는 사람들"을 말하며,[2] 이 법률이 제정된 이유는 "소위 고위 성직자들이 심하게 불평을 하면서, 그에 대한 해결책을 기원하였기 때문"이라고 한다. 그러나 법원은 이 법률에 따라 또는 다른 이유로 이 특권을 성직자의 복장을 하거나 머리를 삭발하는 것과 관계없이 글을 읽을 줄 아는 모든 사람들에게 적용되도록 확장했다. 이러한 특권의 분명한 확대적용은 명백한 특권계급으로서의 성직자의 가

---

1) 2 Hale, 377.
2) Armstrong v. Lisle 사건에서 Lord Holt. Kelyng, p. 143(1873년 판), 구판 p. 99.

치를 크게 감소시켰지만, 성직재판권과 관련한 오래된 관념의 많은 흔적은 여러 세기 동안 그대로 남아 있었다. 그 중에서도 가장 중요하지만 아주 나쁜 평을 받고 있는 것이, 여자들에게는 성직을 줄 수 없다는 이유로, 수 세기 동안 모든 여자들을, (종교개혁 이전까지 서약을 하고 수도원에 들어간 수녀들을 제외하고), 성직재판권의 특권에서 제외한 것이었다. 다른 예외의 하나로서 괴상하다고 볼 만한 것이 "bigamus(중혼자)"를 성직에서 제외하였다는 것이다. 이는 두 개의 법률 즉, 4 Edw. 1, c. 5 법률(1276년)과 18 Edw. 3, c. 2 법률(1344년)에 의하여 인정된 것이다. "bigamus"라는 것은 우리 시대의 bigamist(중혼자)라는 개념과는 다른 것으로 "두 명의 부인 또는 한 명의 미망인과 결혼하였던" 사람을 말한다. 마지막에 언급한 법률에 의하면 중혼자는 교회 법원에서 재판을 받도록 되어 있었다. 이러한 이상한 법은 1547년 1 Edw. 6, c. 12 법률 제16조에 의하여 폐지되었으며, 이 법에 따라 "bigami(중혼)"의 경우에도, "비록 그들 또는 그들 중 한 명이 여러 차례에 걸쳐 한 사람의 여자 또는 결혼한 바 없는 여자들과 또는 한 명의 미망인 또는 미망인들 또는 두 명의 부인과(동시에?) 또는 더 많은 수의 부인과 결혼하였다 하더라도" 성직이 허용되었다.

1487년(4 Hen. 7, c. 13 법률)에 성직재판권이 허용되는 중죄(clergyable felony)로 유죄판결을 받은 사람에게는 그 범죄가 살인인 경우에는 M이라는 낙인을, 절도인 경우에는 T라는 낙인을 그의 엄지 근육에 새겨 넣고, 만일 어떤 사람이 두 번째로, (그 사실은 낙인이 증명할 것이다), 성직을 청구하는 경우 그가 실제 성직에 종사하고 있지 않는 때에는 성직이 거부되고, 그가 실제 성직에 종사하고 있는 경우에는 성직을 잃고 판사가 지정한 날에 교구 목사로부터 받은 그의 성직 임명장 또는 그의 성직 증명서를 제출하여야 한다는 법률이 제정되었다. 이러한 구별은 1536년 28 Hen. 8, c. 1 법률 제7조에[1] 의하여 폐지되었지만, 1 Edw. 6, c. 12 법률(1547년) 제14조에 의하여 부활된 것으로 간주되고 있고, 또한 이 법률은 왕국의 모든 귀족(peer)에게 (비록 글을 읽지 못하는 사람이라도) 성직재판권과 동일한 것은 아니지만, 그에 필적하는 특권을 부여하고 있다. 귀족은 그의 행위와 관련한 "모든 의도, 행위의 해석 그리고 목적에 한해서는 처음으로

---

1) 32 Hen. 8, c. 3 법률 제8조에 의하여 영속적인 효력을 갖게 되었다.

성직을 가진 죄수와 동일하게 결정되고, 간주되고, 처리되고 그리고 이용된다." 그리고 "성직을 가진 죄수가 혐의를 벗는(purgation) 경우와 같이 손에 불을 붙이지 않고, 유산을 박탈당하지 않으며 또는 그의 피를 더럽히지 않게 된다." 1827년 7 & 8 Geo. 4, c. 28 법률에 의해 성직재판권이 폐지될 때 이 법률은 간과되었고, 그에 따라 1841년 Lord Cardigan에 대한 재판에서는 그가 유죄판결을 받는 경우 1827년의 법률에 관계없이 그에게 성직재판권의 특권을 부여할 수 있는지의 여부가 문제되었다. 이 문제는 결국 4 & 5 Vic. c. 22 법률에 의하여 종국적으로 해결되었는데, 그에 의하면 중죄로 고발된 귀족은 다른 사람과 동일한 처벌을 받게 된다고 규정하고 있고, 따라서 Edward 6세의 법률은 폐지되었다.

18 Eliz. c. 7 법률(1576년) 제2, 3조에 의하여 무죄증명(purgation)은 폐지되었고, 성직재판권을 갖는 사람은 구금에서 풀려날 수 있기는 하지만 이 경우 판사에게 1년을 초과하지 않는 기간 동안 그를 감금할 수 있는 권한을 부여하는 법률이 제정되었다. 1622년 21 Jas. 1, c. 6 법률에 의하여 여자들도 1실링 이상 10실링 이하의 물건을 훔친 경우 성직재판권에 유사한 특권을 부여받았고, 1692년 4 Will. & Mary, c. 9 법률에 따라 여자들도 남자들과 동일한 취급을 받게 되었다. 1705년 5 Anne, c. 6 법률에 따라 글을 읽을 줄 알아야 한다는 요건이 폐지되었다. 1717년 4 Geo. 1, c. 11 법률에 의하여 성직재판권에 해당하는 절도죄를 범한 사람은 낙인을 찍히거나 채찍질을 당하는 대신 7년 동안 추방을 당하게 되었다.[1] 1779년 19 Geo. 3, c. 74 법률 제3조에 의하여, 법률의 문언이 명백한 것은 아니지만, 낙인을 찍는 것은 사실상 폐지되었다.

18세기 초기에 이르러 외관상 나타난 성직재판권과 관련된 법률의 형식을 간단히 정리하면 다음과 같다. 모든 중죄는 성직재판권의 대상이 되는 것과 되지 않는 것으로 나눌 수 있다. 성직재판권에 해당하는 범죄로 고발된 사람은 초범인 경우에만 성직재판권을 부여받지만, 성직을 수행 중인 성직자의 경우에는 범행의 회수에 관계없이 그러한 특권을 부여받았다.

성직재판권은 사형의 면제를 그 내용으로 하고 있지만, 1779년에 이르기까지 성직재판권을 청구하는 사람은, (그가 귀족이나 성직에 종사 중인 성

---

1) 그리고 6 Geo. 1, c. 23 법률 참조.

18세기 성직재판권에 대한 요약

직자가 아닌 경우에는), 손에 낙인을 찍히게 되고, 1년을 초과하지 않는 기간 동안 감금될 수 있었다. 만일 그의 범죄가 절도죄인 경우 7년간 추방될 수 있었다. 이러한 결과는 위에서 언급한 바와 같이 오랫동안에 걸쳐 이루어진 연속적인 변화의 결과이다.

형법의 역사에 있어서 성직재판권이 대단히 중요한 이유는 특권의 존재가 통상 일어날 수 있는 중대한 범죄에 대한 형벌을 부과하는 모든 주제와 관련한 우리의 입법에 있어서 그 형식을 결정한다는 사실에 있다. 보통법상 중죄의 수는 적은 수에 불과하다. Coke의 Third Institute에는 단지 일곱 개만 언급되어 있다. 즉, 살인(모살과 고살이라는 두 가지 형태), 강간, 주거침입절도, 방화, 강도, 절도 그리고 상해이다. 가벼운 절도죄(12펜스 이하에 해당하는 물건을 절취하는 경우)와 상해를 제외한 이들 모든 죄는 사형으로 처벌되었고, 따라서 처음부터 성직재판권의 대상이 되었다.

그러한 결과로 아주 오랜 기간 동안 형사사법이 일종의 소극(farce)으로 전락되어 버린 상태가 되고 말았다. 1487년까지 글을 읽을 줄 아는 사람은 누구나 그가 하고 싶은 대로 언제든지 살인을 저지를 수 있었고, 그에 대한 처벌이라고는 무죄증명을 위해 교구 목사에게 인계되는 것 이외 다른 아무것도 없었으며, 교구 목사에게 인계되는 경우라 하더라도 "absque purgatione(무죄증명을 전제로 하지 않는)"것도 인정되었다. 이러한 사정이 수 세기에 걸쳐 법률이었다는 것은 매우 믿기 어려운 것으로 보이지만, 실제로 그러하였다는 것은 의심의 여지가 없다. 심지어 1487년 이후에도 글을 읽을 줄 아는 사람은 그의 왼쪽 엄지 근육에 M이라는 낙인을 찍히는 이외 다른 아무런 처벌도 받음이 없이 살인을 할 수 있었고, 성직에 종사 중인 성직자는 1547년에 이르기까지 한번 이상 낙인을 찍히지 않고 회수에 관계없는 살인을 할 수 있었다. 그러나 성직자가 속세의 재판관할로부터 면제된다는 주장이 보통법상 전면적으로 받아들여진 일은 전혀 없다. 국왕에 대한 대역죄는 성직재판권의 대상이 절대 될 수 없다는 것이고,[1] 이는 de clero 법률(25 Edw. 3, st. 3, 1350년)의 문언에 의하여 확인되었는데, 이 법률은 성직재판권의 대상을 "국왕 자신이나 국왕의 가족을 제외한 어떠한 사람을 해하는 반역죄나 중죄"까지로 확장하고 있다.

---

1) 2 Hale, p. 350.

성직재판권의 대상이 아닌 범죄들

또한 보통법상 성직재판권의 대상에서 제외되는 두 가지 형식의 중죄가 있었다.[1] 즉, "Insidiatio viarum, et depopulatio agrorum" 다시 말해 공도 상의 강도(highway robbery) 그리고 고의의(wilful) 주택방화이다.

그러나 Hale에 의하면 "고의로 주인이나 고용주 또는 직속 상급자를 살해하는" 소역죄(petty treason)를 범한 일반인들로부터 성직재판권을 박탈하는 내용의 12 Hen. 7, c. 7 법률(1496년)이 제정된 Henry 7세 치세에 이르기까지 성직재판권에 대한 예외는 이들 두 개뿐인 것으로 보인다. 이 법률은 아주 독특한 방식으로 제정되었다. 이 법률의 서문은 "혐오스럽고 고의의 악의적 살인행위는 신의 법률과 자연의 이치에 따라 금지되어 있고 삼가야 하는" 것임에도 불구하고 "그들의 성직재판권을 이용하여 위험과 법의 집행을 피할 것이라 믿고"---"많은 사람들이, 그리고 자비심이 부족한 여러 비합리적이고 혐오스러운 사람들이 고의적으로 살인을 범하고 있다." 그리고 이 법률은 계속하여 Grame이라는 사람을 특정하여 지칭하면서, 그는 최근 그의 주인 Tracy를 살해하였는데, 그에 따라 그는 마치 성직자가 아닌 것처럼 끌려가[2] 교수형에 처해져야 하며, 앞으로 이와 비슷한 범인들은 같은 방식으로 다루어져야 한다고 규정하고 있다.

1512년 교회나 큰 길 등의 장소에서 모살(murder)을 범한 사람으로부터 성직재판권을 박탈하는 다른 법률(4 Hen. 8, c. 2)이 제정되었다. 1531년에는 (23 Hen. 8, c. 1 법률 제3, 4조) 소역죄 또는 "악의적이고 고의적인 살인" 또는 교회나 예배당 또는 다른 성스러운 장소에서의 강도 또는 특정한 종류의 강도 또는 특정한 종류의 방화죄로 유죄평결을 받은 사람들 중 성직에 종사 중인 성직자를 제외한 모든 사람들은 성직재판권의 대상에서 제외되었고, 성직에 종사 중인 성직자의 경우에도 그가 그의 선행을 보증하기 위하여 각 20파운드의 보증금을 부담하는 2명의 보증인을 세우지 않는 한, (이는 사실상 무기력한 결론이다), 평생 구금을 당하게 되었다.

---

1) 2 Hale, p. 333.
2) [역주] 교수형을 집행함에 있어서는 사형판결을 선고받은 법원에서 피고인을 마차에 태우고 처형장까지 끌고 가는데, 이때 피고인은 눈을 가린 채 목에 올가미를 하고 많은 사람들이 지켜보는 가운데 끌려간다. 처형장에서도 역시 많은 사람들이 지켜보는 가운데 교수형을 집행하고, 이때 피고인은 마지막으로 말할 기회를 부여받으며 통상 자신의 죄를 인정하고 이를 뉘우치는 말을 하였다고 한다.

1536년에는 (28 Hen. 8, c. 15 법률) 해적에 관한 범죄가 성직재판권에서 제외되었다. 이러한 사안과 관련한 성직재판권이 1 Edw. 6, c. 12 법률에 의하여 부활되지 않았는가 하는 의문이 제기되었고, 그에 대하여 Hale은 의문이 있기는 하지만 해적행위라고 말할 수 있는 몇 개의 사안에서 그것이 부활되었다는 의견을 갖고 있기는 하나, 우리가 오늘날 여러 나라 법률에 비추어 해적행위라고 부를 수 있는 범죄에 대하여는, 비록 과거 그에 대한 성직재판권이 인정된 일이 있다고 하더라도, (그는 이를 부인하고 있다), 그에 대한 성직재판권은 부활되지 않았다는 것이다.[1]

1547년(1 Edw. 6, c. 12 법률 제10조)에는[2] 모든 종류의 모살(murder), 주거침입절도, 범행 당시 사람이 집에 있어서 위협을 받을 수 있는 주거침입, 공도상의 강도, 말을 절취하는 행위 그리고 교회에서 강도를 하는 행위는 성직재판권에서 제외되었다. 기소장에 "murdravit(모살)"라는 말을 사용해야 할 필요성은, (이는 너무나 필수적인 것이기 때문에 murderavit는 치명적인 결점이 되었다), 이 법률에 근거를 두고 있었다. 만일 기소장에 "felonice et ex malitiâ suâ præcogitatâ interfecit(중죄와 악의로 살해했다)" 또는 "felonice murdravit(중죄의 의도로 살해했다)"로 되어 있으면 이는 성직재판권의 대상이 되는 고살(manslaughter)에 대한 기소장에 불과하다. "murderavit"에 대한 기소장이 무엇에 해당하는지 나는 알지 못한다.

1565년(8 Eliz. c. 4 법률)에는 "다른 사람의 돈, 물건 그리고 가재도구를 그 사람 몰래 중죄의 방식으로 취득하는" 행위가 성직재판권에서 제외되었다. 그러나 이는 1실링 이상을 의미하는 것으로 해석되었다.

1576년(18 Eliz. c. 7 법률)에는 강간과 주거침입절도가 성직재판권에서 제외되었지만, 주거침입절도와 관련한 법률의 규정은 Edward 6세 그리고 Philip and Mary 법률들에 매우 서툰 방식으로 채택되어 있다.[3] 1597년(39 Eliz. c. 9 법률)에는 3 Hen. 7, c. 2 법률에 의하여 성직재판권 대상인 중죄였던 결혼할 목적의 약취가 성직재판권을 박탈당하였다. 마지막으로 22 Chas. 2, c. 5 법률(1671년)에 의하여 옷걸이에서 옷을 절취하는 행위 그리고 국왕의 창고에서 절도를 하는 행위가 성직재판권을 박탈당했다.

---

1) 2 H. P. C. p. 369~371.
2) 4 & 5 Phil. & Mary, c. 4 법률이 이들 사안에 있어서의 종범들에게 적용되었다.
3) 2 Hale, p. 360~364 참조.

성직재판권에 대한 Hale의 설명

이들 모든 내용은 Hale이 그의 시대에 이르기까지 성직재판권이 보통법 상의 범죄에서 제외된 것을 열거한 것이고 또한 수많은 제정법상의 중죄 (statutory felony)가 생겨났지만, 나는 간단히 설명하기 위해 이를 언급하 지 않았다. 내가 이미 언급한 법률들은 물론 이들 제정법은 모든 방식을 전부 동원하여 그 내용을 규정하고 있다. 재판은 피고인이 침묵을 지키고 있는 가운데 사형의 압박을 받으며 또는 너무 많은 배심에 대하여 기피신 청을 하다가 교수형에 처해지며 또는 유죄답변을 함으로써 또는 유죄평결 을 받고 사면을 받아 또는 유죄판결과 사권박탈을 통하여 종결될 수 있다 는 것을 알아야 한다. 성직재판권을 박탈하는 법률이 이러한 모든 가능한 경우를 명시적으로 언급하지 않으면서, 주범은 물론 사전 종범과 사후 종 범을 포함한 이들 모두에서 성직재판권을 박탈하는 경우라 하더라도, 성직 재판권은 모든 생략된 부분에서 그대로 남아있게 되었다. 따라서 배심에 의해 유죄평결을 받은 때는 물론 피고인이 유죄답변을 한 경우, 피고인이 침묵을 지키고 있는 경우 등에도 성직재판권의 박탈이 인정되는지 그리고 비슷한 방식으로 종범의 경우에도 성직재판권의 박탈이 인정되는지 여부 와 관련하여 모든 법률의 개별 문언 내용에 의문이 일어났다. 법률의 어떤 분야도 이 정도로 기술적이고 사소한 문제들을 다루지 않고 있다. 그에 대 한 상세한 내용이 Hale의 많은 부분을 차지하고 있고, 이들은 거의 읽을 가치가 없다. 이들은 두 개의 연속적인 법률에 의하여 폐지되었다. 3 Will. & Mary, c. 9 법률(1691년) 제2조는 중죄로 유죄평결을 받은 사람은 "이전 의 모든 법률에 따라" 성직재판권을 박탈당하며, 유죄평결이나 사권박탈의 경우 이러한 성직재판권의 제외는 피고인이 침묵을 지키고 있었던 경우, 너무 많은 배심원에 대하여 기피신청을 한 경우 또는 법익박탈자로 인정 된 경우에도 적용된다. 이러한 내용은 1 Anne, st. 2, c. 9 법률 그리고 7 Geo. 4, c. 64 법률 제7조에 의하여 William and Mary 법률 이후 또는 새 로 창설되는 모든 제정법상의 중죄에도 적용되게 되었다.

이들 모든 법률은 초기 형법이 극도로 가혹했다는 것 그리고 그러한 가 혹함은 Tudor 시대에 그 정도가 훨씬 더 증가하였으며 이는 Elizabeth 시 대로부터 17세기 말까지 거의 변하지 않고 있었다는 것을 보여준다. 이 주 제와 관련한 18세기의 입법을 언급하기 전에 지금까지 설명한 것을 정리하는 것이 바람직할 것이다. 그 결과는 다음과 같다. 17세기 말경에 이르러 다음의 범죄들 즉, 대역죄(이는 언제나 그러했다), 소역죄, 해적, 모살, 방화, 주거침입절도, 사람에게 위협을 가하는 주거침입, 공도상의 강도, 말(horse)을 절취하는 죄, 다른 사람으로부터 1실링 이상의 물건을 절취하는 죄, 강간 그리고 결혼목적의 약취가 성직재판권에서 제외되었고, 따라서 범인이 글을 읽을 줄 아느냐의 여부에 관계없이 사형에 처해졌다. 글을 읽을 줄 모르는 사람의 경우, 고살(manslaughter)을 포함한 모든 중죄, 1실링 이상의 모든 절도 그리고 모든 강도행위는 사형에 처해지는 범죄였다. 이러한 제도가 실제 어떻게 운용되었는지 말하는 것은 불가능한 것은 아니라 하더라도 어려운 일이다. 유죄평결과 처형에 관한 통계가 그 당시 또는 그 후 오랫동안 보존되어 있지 않다. 여기저기에 흩어져있는 증거들을 가지고 일반론으로 어렴풋이 말할 수 있는 것이 내가 최대한 언급할 수 있는 전부이다.

이들에 대하여 하나씩의 예를 들고자 한다. Exeter Castle에는 아직도 Elizabeth 치세 마지막 시기 이후에 있었던 사계법원의 재판과 관련한 많은 진술서(deposition)와 그 이외 다른 재판기록들이 보존되어 있다. 그들은 1592년부터 시작된다. 이들 자료들을 가지고 Mr. Hamilton은 Elizabeth 로부터 Anne까지의 사계법원 역사를 편찬했다. 다음의 것이 그가 낸 하나의 결론이다.[1] "1598년 사순절[2] 재판기일에는 134명의 죄수가 있었는데, 그들 중 17명은 치명적인 S. P에 의하여, sus. per coll로[3] 쓰기에는 분명히 어려움이 있었을 것이다, 처리가 되었고, 20명은 채찍질을 당했다. 한 명은 특별사면에 의하여 15명은 일반사면에 의하여 석방되었다. 11명은 성직재판권을 주장하여 결국 'legunt uruntur et deliberantur(낙인을 찍히고 석방되었다)'. 공현 축일(Epiphany) 재판기일에는 65명의 죄수가 있었는데, 그들 중 18명이 교수형에 처해졌다. 부활절에는 41명의 죄수가 있었고 그들 중 12명이 처형되었다. 한여름 재판기일에는 35명의 죄수가 있었고 8명

---

1) Hamilton의 History of Quarter Sessions, p. 30-31.
2) [역주] Ash Wednesday로부터 Easter Eve까지의 40일을 말한다. 단식과 참회를 하는 기간으로 이때 개최되는 사계법원의 재판을 Lent Assize라고 한다.
3) [역주] S. P. 또는 sur. per call은 라틴어 suspendatur per collum(let him or her be hanged by the neck)의 준말로 교수형 또는 그 선고서를 말한다.

이 교수형에 처해졌다. 가을 순회재판에는 87명이 재판을 받도록 예정되어 있었고 그들 중 18명이 교수형에 처해졌다. 10월 재판기일에는 25명이 있었고 그들 중 한 명만이 교수형을 당했다. 한 주(county)에서 1년 동안 모두 74명이 교수형에 처해지는 판결을 선고받았다. 이들 중 절반 이상이 사계법원에서 유죄판결을 받았다." Mr. Hamilton은 한여름 재판기일 재판예정자명단의 사본을 제시하고 있다.[1] 여기에는 다섯 명의 사람이 양을 절취한 죄로 유죄평결을 받은 것으로 보인다. John Capron은 사형판결을 선고받았다. Stephen Juell, Andrew Penrose와 Anthony Shilston은 성직재판권을 주장했다. Gregory Tulman은 채찍질을 당했다. Tulman의 경우 양의 가치가 아마도 1실링 이하의 것이거나 기소장에서 1실링 이하로 인정되어 기소가 되었을 것이다. 만일 영국의 각 주(county)에서 처형된 사람의 수가 평균 20명에 불과하거나 또는 1598년 Devonshire에서 사형판결을 받은 사람들의 4분의 1을 조금 넘는다면, 1년 동안 영국 40개 주에서 800명 정도의 처형이 있었던 것이 된다. 처형의 숫자가 너무 많은 것으로 악명이 높다. 이러한 점에 대한 주목할 만한 설명이 Coke가 결론을 내고 있는 그의 Third Institute에 나온다. "한 사람이 넓은 들판에서 영국 전체를 통하여 1년 동안 모든 기독교인들이 때에 맞지 않게 수치스러운 죽음에 이르는 것을 목격하는 것과 마찬가지로, 기독교를 믿는 그렇게 많은 남자와 여자가 저주받은 교수대에 매달려 목이 졸려 죽어가는 모습을 보는 것은 얼마나 통탄스러운 일인가. 만일 그에게 우아함과 자비의 불꽃이 남아 있다면 그것은 그의 심장에 애석함과 동정의 피가 흐르게 할 것이다." 그러고 나서 그는 세 개의 처방책을 지적하고 있다. 교육, 게으른 사람들을 일하게 하는 법률 그리고 "많은 사람들이 사면을 기대하고 범죄를 저지르고 있으므로 사면은 매우 드물게 허락되어야 한다." 이러한 주장은 이전의 인용구에서 그가 말하고 있는 박애정신과는 이상하게도 대조된다.

18세기 초에 이르러 성직재판권에 관한 모든 제한이 사라지게 되자 여자들에게도 남자들과 같이 성직재판권이 주어졌고, 글을 읽지 못하는 사람도 글을 읽을 줄 아는 사람과 마찬가지로 되면서 모든 통상의 범죄에 대한 처벌은 가벼워지게 되었다. 만일 피고인이 교수형에 처해지지 않게 되

---

1) History of Quarter Sessions, p. 33.

면 처벌을 면제받았고, 물론 구금이 되면 그의 건강과 사기가 침해될 가능성이 있기는 하지만, 기껏해야 강제노역에 처해지는 일 없이 1년간 구금되면 그만이었다. 동시에 나라의 무역규모와 국부가 급속도로 증가하면서 그 당시 시행되고 있던 형법의 커다란 결함이 조명을 받게 되었고 특히, 형법 규정의 조잡함과 빈약함이 더욱 그러하였는데, 그에 대해서는 형사 실체법의 역사와 관련하여 자세히 설명할 것이다.

그러나 나는 이러한 결점이 그와 같은 방식으로 인정되었다고는 생각하지 않는다. 17세기의 혁명은 법률에 대한 거의 광신적인 신뢰를 바탕으로 이루어졌다는 사실, 국왕의 부당한 권력 확장에 (그들이 말하는 바대로) 반대하는 당파가 항상 그들 주장의 근거로 들고 있는 것이 오래된 영국의 훌륭한 법이었다는 사실, 법률은 표면상 진실과 선에 관한 최고의 기준으로 간주되는 것에 기초하고 있다는 사실이 어느 정도 경외감을 가지고 법률을 둘러싸고 있었으며, 오늘날 이를 이해하기는 쉬운 일이 아니지만, 이러한 내용은 약간의 과장이 있기는 해도 Blackstone에 의하여 품위 있게 그리고 경건하게 표현되고 있다. 그는 비록 "종종 개정과 수정이 필요한 것으로 보이는 몇 개의 특정한 부분을 언급하는 여지를 보이고 있기는 하지만,"[1] 그가 기술하고 있는 제도에 대한 극찬을 아끼지 않고 있다. 따라서 18세기 입법에 의하여 이루어진 형법의 개정은 그 형식을 그대로 보존하고 있고 그 실체에 대한 커다란 변화가 없다. 세기 초에 이르러 성직재판권이 모든 사람에게 인정되었기 때문에 세기가 지나가면서 성직재판권은 아주 다양한 종류의 범죄에서 사라지게 되었다. 이는 일부 사안의 경우 여자와 글을 읽지 못하는 사람에 관한 과거의 법을 단순히 모든 사람에게 확장하여 적용하는 것이었다. 예를 들어, 양(sheep)을 절취하는 행위는, 비록 성직재판권의 대상이긴 하지만, 절취한 양의 가치가 1실링 이상인 경우에는 초기부터 사형에 처해질 수 있는 중죄였다. 그리고 Mr. Hamilton은 1598년 Exeter 한여름 재판기일에 한 사람은 그로 인해 교수형에 처해졌고, 두 사람은 성직재판권을 부여받았다고 말하고 있다.[2]

---

1) 4 Blackstone, Commentaries. 3.　　2) Hamilton의 Quarter Sessions, p. 33. Hamilton은 James 1세 시대 양의 가격을 다음과 같이 관찰했다. 국왕은 1마리당 6실링 8펜스에 가질 수 있었다. 아마도 Shallow 판사가 말하고 있는 "좋은 암양 20마리는 10파운드의 가치가 있을 것이다"는 내용이 당시 양의 평균 가격에 가까울 것이다.

18세기 성직재판권이 인정되지 않은 중죄들

14 Geo. 2, c. 6 법률(1741년) 그리고 15 Geo. 2, c. 34 법률(1742년)에 따라 양(sheep)을 절취하는 모든 사람들은 성직재판권을 박탈당했다.[1] 그러나 그 절차는 과거 성직재판권의 대상이었던 범죄를 그 대상에서 제외하는 방식을 넘어 실행되었다. 18세기를 거치면서 형법의 가혹함은 성직재판권을 인정하지 않는 새로운 중죄(felony)의 창설을 통하여 크게 증가되었다. 1769년 발간된 Commentaries 제2판에서[2] Blackstone은 "사람들이 매일 하고 있는 다양한 행위들 중에서 160개 이상이 의회의 법률(Act of Parliament)에 의하여 성직재판권의 대상이 되지 않는 중죄로 선언되었다"고 말하고 있다. 이 구절이 종종 인용되고 있기는 하지만 법령집(statute-book)에 규정된 사형에 처할 수 있는 범죄의 수가 형법의 가혹함을 판단하는 기준이 될 수 없다는 것을 명심할 필요가 있다. 몇 개의 일반적인 내용의 입법(general enactment)이 수많은 특별법(special enactment)보다 훨씬 더 가혹할 수 있다. 예컨대, 중한 절도죄(grand larceny)는 성직재판권에서 제외되어야 한다는 일반적인 의미의 입법은 50개의 서로 다른 종류의 물건을 절취하는 행위를 성직재판권의 대상에서 제외한다는 50개의 법률보다 무한정 더 가혹한 것일 수 있다. 수많은 법률의 제정을 통하여 서로 다른 특정의 문서를 위조하는 행위가 성직재판권의 대상이 되지 않는 중죄로 만들어졌다. 예를 들어, 서로 다른 법률을 통하여 재무성 증권의 위조, South Sea bond 위조, 변호사의 특정한 권한(powers) 위조 등이 성직재판권의 대상이 되지 않는 중죄가 되었다. 위조에 관한 일반적인 법률의 가혹함은 여러 법률에 분산되어 있는 이러한 수많은 규정들보다 실제로는 훨씬 더 가혹할 것이고, 이들 수많은 규정들은 사형에 처해질 수 있는 범죄의 수를 늘리기만 하였을 뿐이었다.

더욱이 Blackstone이 언급하고 있는 160개의 범죄는 이를 신중히 분류할 경우 아마도 비교적 적은 수의 범죄로 줄어들 것이다. 예컨대, 160개의

---

1) 이들 법률 중 첫 번째의 것은 "양과 다른 가축들"에 적용된다. 두 번째 법률에서 "가축"이라고 함은 "황소, 암소, 수소, 수송아지, 4살 이하의 수소, 어린 암소, 송아지 그리고 양과 새끼 양을 말하고 다른 가축은 해당되지 않는다"고 정의하고 있다. 돼지는 법으로부터 아무런 특별한 인정이나 보호도 받지 못하고 있었고, 당나귀와 노새도 마찬가지였다는 것은 매우 이상하게 생각된다.

2) 4 Commentaries, 18.

George 3세 시대 제도의 운용

범죄 중 얼마나 많은 수의 범죄가 Black Act로[1] 알려진 법률(9 Geo. 1, c. 27, 1723년)에 포함되어 있는지 나는 모른다. 이 법률은, 다른 무엇보다도, 무장을 하거나 또는 얼굴에 복면을 하거나 또는 다른 방식으로 변장한 사람이 산림 등의 장소 또는 통상 산토끼나 집토끼가 사육되고 있는 양토장과 같은 장소에 또는 공도나 황야, 공유지, 구릉지에 나타나는 경우 또는 불법적으로 그리고 고의로 붉은 또는 담황갈색의 사슴 등을 사냥하거나, 부상을 입게 하거나, 죽이거나, 도살하거나 또는 절취하는 경우 이는 성직재판권의 대상이 되지 않는 중죄로 처벌받는다고 규정하고 있다. 내가 인용하고 있는 이 규정에 따라 사형에 처해질 수 있는 54개의 범죄가 창설되고 있다. 왜냐하면 이 법률은 세 부류의 사람들에게 18개의 각 행위를 금지하고 있기 때문이다.[2]

그러나 이러한 것을 근거로 그 숫자를 최대한 줄인다 하더라도, 18세기 범죄에 대처하기 위한 입법은 의심의 여지없이 최고로 가혹한 반면 그 원칙이나 체계는 결여되어 있었다. 실무에 있어서 이들 범죄로 사형을 선고받은 사람들 중 단지 소수의 사람들만이 사형으로 처벌을 받았다. 사형을 선고받은 사람들은 통상 평생 또는 오랜 기간 동안 미국 또는 나중에는 오스트레일리아 식민지로 유배 가는 것을 조건으로 사면을 받았다. 이들 조건부의 사면은 인신보호법(31 Chas. 2, c. 2, 제13, 14조)에 의해서 인정되었고, 순회법원 판사의 추천에 따라 국무장관을 통하여 국왕이 이를 허가하곤 했다. 이러한 절차는 우회적인 것이고 더디게 진행되는 것이어서

---

1) [역주] 1723년에 "Blacks"라고 알려진 두 그룹의 밀렵꾼들이 연속적으로 밀렵을 하는 것에 대응하여 만들어진 법률을 말한다. South Sea Bubble(18세기 초 영국의 투기 거품을 말하며 South Sea Company는 영국의 무역회사로 스페인 식민지인 남아메리카의 무역을 독점하였다)이 붕괴하자 영국 경제가 어려워지고, 그에 따라 복면을 한 밀렵꾼들이 나타나게 된 것이다.

2) 사람들은 (1) 무장한 사람, (2) 복면한 사람, (3) 다른 방식으로 변장한 사람의 세 부류로 나누어진다. 18개의 행위는, (1) 산림에 나타나는 행위, (2) 양토장에 나타나는 행위, (3) 산토끼가 있는 장소에 나타나는 행위, (4) 집토끼가 있는 장소에 나타나는 행위, (5) 공도에 나타나는 행위, (6) 황야에 나타나는 행위, (7) 공유지에 나타나는 행위, (8) 구릉지에 나타나는 행위, (9) 불법적인 붉은 사슴 사냥, (10) 불법적인 붉은 사슴 부상, (11) 불법적인 붉은 사슴 죽임, (12) 불법적인 붉은 사슴 도살, (13) 불법적인 붉은 사슴 절취, (14) - (18) 담황갈색의 사슴에 대한 동일한 행위이다.

George 4세 시대 사형에 대한 제한

1768년에 그에 대한 법률(8 Geo. 3, c. 15)이 제정되었는데, 그 실질적인 내용에 의하면 순회법원의 판사가 성직재판권의 대상이 되지 않는 범죄로 유죄판결을 선고받은 사람을 적절하다고 생각되는 기간을 정하여 또는 기간을 특별히 정하지 않은 경우에는 14년 동안 추방을 명할 수 있는 권한을 가지게 되었다.

George 4세 치하에서 사형에 대한 처벌과 관련한 이러한 모든 입법의 결과는 다음과 같다.

가벼운 절도죄나 상해죄를 제외한 모든 중죄는 이론적으로 사형에 처해질 수 있었지만 성직재판권의 대상이 되는 범죄의 경우에는 절대 사형으로 처벌되지 않았고, 그러한 중죄로 유죄평결을 받은 사람들도 사형판결을 선고받지는 않았다. 그들에게 판결이 선고되어서는 안 될 이유에 관하여 무슨 말을 할 수 있느냐고 질문을 받게 되면 그들은 "무릎을 꿇고 그들의 성직재판권을 간원했고", 그에 따라 그들은 1년을 초과하지 않는 기간 동안 감금되거나 일부 사건의 경우에는 채찍질을 당하고 그 이외 가벼운 절도죄나 성직재판권의 대상에서 제외되지 않는 중한 절도죄 그리고 다른 일부 사건의 경우에는 7년간 추방을 당하였다.

18세기를 지나가는 과정에서 아주 많은 수의 중죄가 성직재판권의 대상에서 제외되었고, 피고인이 그러한 범죄로 유죄평결을 받은 경우 사형판결에 처해져야 했지만 판사는 그 대신 그에게 추방을 명할 수 있었고, 그에 따라 그러한 명령은 조건부 사면과 같은 효과를 가지고 있었다.

실제 집행되지 않을 사형판결을 선고하는 것에 대해서는 이를 반대할 수 있다는 생각이 들게 되었고, 그에 따라 1823년 법률(4 Geo. 4, c. 48)이 하나 제정되었는데, 그 법률에 의거하여 법원은 모살을 제외한 중죄로 사형에 해당하는 유죄평결을 받은 자에 대하여 실제 사형판결을 선고하는 대신 이를 기록해 두라는 명령을 발할 수 있게 되었고, 이는 사형에 대한 집행유예의 효과를 가지게 되었다. 그 법률은 지금도 효력을 가지고 있어 모살의 경우에는 사형판결을 선고해야 하지만,[1] 그 이외의 경우에는 실질

---

1) 폐지된 법률인 6 & 7 Will. 4, c. 30 법률 제2조는 모살의 경우에도 적용되는 것으로 보이지만(4 Geo. 4, c. 48 법률), 법률(24 & 25 Vic. c. 100 법률 제2조)은 이 책에 기술된 바와 같은 효력이 있었다. 나는 Justice Wightman이 모살로 유죄평결을 받은 피고인에 대하여 사형판결을 선고하지 않고, 이를 기록하라고 명령한 사안을 기억한

적으로 사형에 처하게 되어 있는 중죄가 별로 없기 때문에 그것이 실제
영향을 미치는 일은 거의 없다. 이러한 법률의 상태가 커다란 인간적 분노
를 불러 일으켰고 그 결과 형법을 개혁하기 위하여 제정된 일련의 법률
중 그 첫 번째 법률에 의하여 완전히 바뀌었다. 이들 법률은 우리의 초기
입법과는 완전히 다른 이념에서 입안되었다. 다음의 것들이 그 법률 중에
서 가장 중요한 규정들이다.

1827년의 법률(7 & 8 Geo. 4, c. 28) 제6조에 따라 성직재판권이 폐지되
었다. 이 규정으로만 본다면 1실링 이상의 가치가 있는 물건을 절취하는
행위는 사형에 처할 수 있는 것처럼 보인다. 그에 따라 중죄로 유죄평결을
받은 자는 그 범죄가 성직재판권에서 제외된 범죄가 아닌 한 또는 그 이
후에 제정된 법률에 의하여 사형에 처해질 수 있도록 되어 있지 않는 한
사형에 처해지지 않는다는 내용의 제7조가 만들어졌다. 개괄적인 표현으로
중죄를 규정하고 있는 사례에 대처하기 위해 이러한 경우에 그 처벌은 7
년 동안의 추방 또는 2년의 징역형에 처하게 하면서, 남자의 경우에는 채
찍질을 할 수도 또는 아니할 수도 있게 했다. 제9조는 중죄로 두 번째 유
죄평결을 받은 범인에 대해서는 평생 유배형이나 7년 이하의 징역형에 더
하여 한 번이나 두 번 또는 세 번에 걸친 채찍질을 공중 앞에서 또는 사
적으로 할 수 있도록 규정하고 있다. 이들 모든 경우에 법원은 징역형을
선고하면서 강제노역의 명령을 할 수 있었다. 이 규정은 성직재판의 특권
은 1회에 걸쳐 행사할 수 있다는 과거의 원칙을 대체했다. 이 규정은 현재
까지도 효력이 있기는 하지만 실제로 적용되는 일은 거의 없다. 절도에 관
한 법률(Larceny Act)이 그것을 실질적으로 대신하고 있기 때문이다.

1827년의 법률에 이어 다른 몇 개의 법률이 제정되었다. 이들 법률은 형
법전의 기초를 다지고, 그리고 18세기의 단편적이며 무차별적인 법률을 폐
지하는 대신에 형벌을 범죄에 상응하여 더욱 주의 깊게 조정하는 법률로
대체하기 위한 목적으로 제정되었다. 이들 법률은 상당한 수의 범죄에 대
하여 사형으로 처벌하는 것을 그대로 유지했다. 이들 법률 중 첫 번째가

다. 피고인은 무죄판결을 할 정도로 정신이상은 아니었지만 교수형에 처해질 정도로
제 정신인 것도 분명 아니었다. 나는 그와 비슷한 권한을 갖고 싶어 했던 사안들을
직접 경험하기도 했다.

"절도와 관련한 법률들을 정리하고 개정하기 위한" 7 & 8 Geo. 4, c. 29 법률이다. 이 법은 다음과 같은 경우에 다시 사형으로 처벌할 수 있도록 하였다. 즉, 폭력을 통한 강도 또는 수치스러운 범죄로 고발하겠다는 협박으로 하는 강도(제6-9조), 신성모독(제10조), 주거침입절도(제11조), 주거침입 그리고 절도 또는 집에 있는 사람이 위협을 느끼게 하는 것, 사람이 주거하는 집에서 5파운드 이상의 절취(제12조) 그리고 말, 양 그리고 다른 가축을 절취하는 것이(제25조) 그에 해당한다.

불법 침해(malicious injuries)와 관련한 법률들을 통합하기 위한 7 & 8 Geo. 4, c. 30 법률에 의하여[1] 방화, 폭동의 방법에 의한 주택 등의 파괴, 특정한 경우의 선박 파괴 그리고 허위 신호를 보내 선박을 파괴하는 경우에 사형으로 처벌하는 것이 그대로 유지되었다. 다음 해에(1828년) 대인범죄(offences against the person)와 관련한 법률을 통합하기 위한 법률(9 Geo. 4, c. 31)이 제정되었다. 이 법률에 따라[2] 모살, 독극물, 자상, 총상 등에 의한 모살미수, 낙태를 위한 약물 공급, 수간, 강간, 10세 미만의 소녀와의 관계 등에 대하여 사형이 그대로 유지되었다.

1830년에 위조와 관련한 법률을 통합하기 위하여 11 Geo. 4 법률 그리고 1 Will. 4, c. 66 법률이 제정되었다. 이 법률에 따라[3] 국새(국새 위조는 대역죄로 처리되었다), 공채, 유언장, 환어음 그리고 약속어음을 위조하는 행위 그리고 공적 회계장부에 허위사실을 기재하는 행위와 주식양도증서의 위조행위는 사형으로 처벌하는 것이 그대로 유지되었다.

이들 법률은 다양한 시기에 제정된 법률을 폐지하고 다시 제정하였는데 주로 18세기에 제정된 법률들이 그 대상이었고, 그 내용은 특정한 범죄를 성직재판권의 대상에서 제외하면서 대신 그러한 법률에 의하여 창설된 이들 범죄를 처벌함에 있어서는 7년에서 종신에 이르기까지 범위를 최대한 넓혀 그 기간 동안의 추방으로 처벌하였으며, 또한 법원은 추방 대신 범인에게 징역형을 선고하는 권한도 갖고 있었고, 징역형을 선고함에 있어서는 강제노역을 부과하거나 부과하지 아니할 수 있었으며 그리고 일정한 경우에는 채찍형을 부과하거나 부과하지 않을 수도 있었다.

---

1) 제2조, 8조, 9조, 10조, 11조.　　2) 제3조, 11조, 12조, 13조, 15조, 16조.
3) 제2조에서 제6조까지 포함되어 있다.

현재 치세의 입법

George 4세의 법률에 의하여 사형으로 처벌하는 것이 그대로 유지된 경우의 수가 너무 과도하다고 생각되었고, 그에 따라 비록 그 속도는 느렸지만 그 후로 그 수가 크게 감소하게 되었다. 이러한 입법의 역사는 흥미로운 것이다. 이를 통하여 우리 세대를 매우 잘 특징지어주는 법 감정의 성장을 추적할 수 있기 때문이다. 그 내용은 다음과 같다.

1832년에 2 & 3 Will. 4, c. 62 법률에 따라 말과 양 그리고 기타 가축에 대한 절도의 경우 사형이 폐지되었다. 1835년에 편지 절도에 대한 사형이 폐지되었으며(이는 52 Geo. 3, c. 143 법률에 따라 사형에 처하는 범죄가 되었고, 1827년 통합 법률에 포함되지 않았었다), 그 법률에 따라 다시 사형에 처할 수 있는 범죄가 된 신성모독에 대한 사형이 폐지되었다. 이를 규정하고 있는 것이 5 & 6 Will. 4, c. 81[1] 법률이다.

1837년에는 다른 사안의 경우 사형을 폐지하는 몇 개의 법률이 제정되었다. 7 Will. 4 법률 그리고 1 Vic. c. 84 법률에 따라 위조에 관한 모든 사안에서 사형이 폐지되었다.

위 법률 제85장에 따라 독약을 공급하거나 또는 모살을 할 의도로 생명에 위험을 초래할 수 있는 상해를 가하는 경우에 한정하여 모살미수에 대한 사형이 수정되었다. 모살, 강간, 10세 미만의 소녀에 대한 능욕 그리고 수간의 경우를 제외하고 9 Geo. 4, c. 31 법률에 따라 사형에 처할 수 있는 범죄가 된 모든 범죄에 대하여 사형이 폐지되었다. 다만, 그 법률의 규정은 변경하지 않은 채 그대로 두었다. 제86장에 따라 주거침입절도의 경우에 대한 사형은 집에 있는 사람에게 실제 폭력을 행사한 때로 제한되었다. 제87장에 따라 강도의 경우 사형은 "자상, 절단상 또는 부상"을 동반한 때로 제한되었다. 제88장에 따라 해적의 경우 사형은 살인 의도의 공격 또는 자상이나 절단상 또는 부상 또는 배에 타고 있는 사람의 생명을 위험에 빠뜨린 행위를 동반한 때로 제한되었다. 제89장에 따라 가옥이나 배에 손해를 가하는 모든 경우의 사형은 폐지되었다. 다만, 사람이 거주하는 집이나 사람이 실제 그 안에 있는 집이나 배에 불을 놓는 경우만은 예외이다.

---

1) 법률 규정에 있어서의 오기로("acts"를 "act"로 오기) 인하여 편지 절도와 신성 모독의 경우 어떤 처벌이 가능한지가 의문스럽게 되었다. 이는 6 & 7 Will. 4, c. 4 법률에 의하여 바로잡혔다.

범인에 대한 처형 방식

제91장에 따라 폭동에 관한 법률 위반, 처형장으로 가는 사람을 탈주시킨 행위, 군인의 충성심을 속이게 하는 행위, 선동적인 선서를 하는 행위, 노예무역행위 그리고 폭력을 동반한 일정한 형식의 밀수행위에 대하여 사형이 폐지되었다. 1841년 4 & 5 Vic. c. 38 법률에 따라 강간과 10세 미만의 어린이에 대한 능욕의 경우 사형이 폐지되었다. 1861년의 통합 법률에[1] 따라 폭력을 동반한 강도, 모살미수, 사람이 주거하는 집에 대한 방화 그리고 수간의 경우에 대한 사형이 폐지되었다.

현재 사형으로 처벌할 수 있는 범죄는 반역죄, 모살, 폭력을 동반한 해적행위 그리고 조선소와 조병창에 대한 방화뿐이다.

수 세기에 걸쳐 사형을 집행하는 방식은 교수형이었고 현재도 교수형이다. 물론 초기에는 지위가 높은 사람의 이익을 위하여서뿐 아니라 통상의 처형수단으로서 참수가 일반적이기도 했다.[2]

---

1) 24 & 25 Vic. 제96, 97, 98, 99, 100조.
2) 이에 대한 진귀한 증거가 1314년(8 Edward 2세) 의회보고서에 나온다. 참수형을 당한 사람의 토지가 국왕에 의해 몰수되었다. 그런데 몰수영장에는 그가 교수형을 당하였다고 기재되어 있었다. 몰수영장에는 "교수형을 당한 경우에도 집행영장을 변경하지 않는 것이 통상의 예라고 평의회는 동의했다. &c. 자신이 저지른 중죄로 사형을 당한 모든 사람에게 적용된다. 중죄로 인하여 참수를 당하였는지 또는 다른 방법으로 사형집행을 당하였는지 관계없이 그는 죽은 것이고, 따라서 교수형이라는 말에도 그대로 적용된다"(1 Rot. Par. 293a-296b)고 되어 있다. 그래서 Henry 3세 31년에는 모살에 대한 항소와 관련하여 "12명의 배심원들은 위에서 말한 Albany와 Richard가 항소와 앉소를 강처한 강도들이고, 그들이 붙잡혔을 때 강도한 것들을 갖고 있었다고 말한다. 그에 따라 그들은 참수형에 처해졌다"(Palgrave, Proofs and Illustrations, 187). 연보(Year-Book)에는 도주에 대한 처벌로 참수가 언급된 것이 몇 군데 있다. 3 Edw 3 연보 참조. North. FitzHerbert, Corone, 346. "기소된 도둑이 읍구 출신의 4명에 의해 교도소로 호송되고 있었고, 그들이 교회를 지나가게 되었을 때 2명은 미사를 보기 위해 안으로 들어갔고 2명은 죄수를 감시하기 위해 밖에 머물러 있었다고 했다. 죄수가 도주를 했다. 두 사람은 죄수를 쫓아가면서 hue and cry를 발령했고, 그에 따라 읍구 사람들이 같이 그 중죄인을 쫓아가 그의 목을 베어버렸다. 그렇게 하지 않고서는 그를 붙잡을 수 없었기 때문이다. 치안판사가 도망간 죄수를 붙잡아야만 했던 읍구 사람들을 고발했고(les justiez ag. le pur eschape ss le vill' q luy duit au amesn) 그리고 그들 열두 명은 그 죄수가 절대 그들의 시야를 벗어나지 않았다고 말했다. 치안판사들은 그가 도망간 것은 감시자들 잘못으로 도망간 것이고, 이는 도주의 한 사례라고 말했다. Louth는 말하기를, 강도를 쫓는 과정에서

범인에 대한 처형 방식

　　이러한 일반원칙에 대한 유일한 예외가 반역죄의 처벌로서, 남자의 경우에는 교수형에 처한 뒤 끌고 가서(고대에는 범인을 말꼬리에 묶어 땅바닥 위로 끌고 가는 것이었다) 사지를 절단하는 방식을 취하였고, 여자의 경우에는 화형에 처했으며, 이단(heresy)의 경우에도 역시 불에 태워 죽였다. Henry 8세 시대에는 독살이 반역죄로 선언되어[1] 물에 넣고 삶아 죽이는 방식으로 처벌할 수 있었다. 그에 따라 세 명 또는 네 명의 사람이 그렇게 삶겨 죽은 것으로 보이는데, 이 법은 Edward 6세 1년에 폐지되었다. 영국에서 반역죄와 이단의 경우를 제외하고 범죄에 대한 처벌로서 고문의 방법으로 죽이는 것이 인정되었던 유일한 예외가 독살이라는 것은 주목할 만하다. 반역죄의 처벌로서 1283년 Shrewsbury에서 개최된 일종의 의회에서 마지막 토착인 Wales 공 David가 교수형을 선고받고 끌려가 사지가 절단되고 내장은 불태워졌다.[2] Edward 2세 시대에 Thomas of Lancaster는 교수형과 끌려가 참수를 당하는 판결을 선고받았지만, 그의 고귀한 출신성분으로 인하여 참수 이외의 처벌은 사면을 받았다.[3]

도둑의 목을 베었다면 이 행위는 정당화될 수 있지만, 이는 기소되어 감시를 받고 있는 사람이 도주하는 경우 그 목을 베는 것보다 더 합리적이다. 왜냐하면 정직한 사람도 종종 기소될 수 있기 때문이다. 따라서 법률은 다른 사람들보다" (즉, hue and cry에 의해 쫓기는 강도들보다) "그들에게 더 호의적이어야 한다." 그 구절의 뜻은 이러한 내용으로 보이지만, 문장 자체는 다소 난삽하게 되어 있다. 이와 동일한 사례를 언급하고 있는 것으로 보이는 FitzHerbert, Corone, p. 290과 p. 328 참조.

1) 3rd Institute, p. 48.
2) 이 책 p. 160(저자의 책, 제1권, p. 146). Lingard, 3. 196 그리고 Stubbs, C. H. 2. 216 참조. Lingard(3. 196)가 기록자로부터 인용한 판결문은 다음과 같다. "그에게 기사 작위를 수여한 국왕에 대한 반역자로서 교수대로 끌고 가 Hawarden 성에서 붙잡은 신사를 살해한 죄로 교수형에 처하라. 그가 살인을 함으로써 기독교 정신의 엄숙함을 모욕한 것이므로 그의 내장을 불태워라. 그가 여러 다른 장소에서 국왕의 죽음을 모의하였으므로 그의 절단된 사지를 나라 전체에 흩어지게 하라." Lord Cobham과 그리고 후일 Friar Forrest에게는 중첩적 처벌이 가해지기도 했는데, 그들은 절반은 중죄인으로서 교수형에 처해지고 절반은 이단자로서 불태워졌다.
3) 2 Rot. Par. 3, 4 참조. 이 사건에 있어서 형벌의 형식은, "위에서 말한 Thomas 백작에 대해서는 그가 저지른 반역과 살인, 강도, 방화 그리고 절도행위를 참작하여 교수형에 처하며, 도망간 데 대해서는 참수를 한다"고 되어 있다. 참수를 당한 것으로 위에서 언급된 이들 각 사안에서, 그 사람들은 도주하는 중에 붙잡혔고 그리고 아마도 그 자리에서 바로 처형된 것으로 보인다.

대역죄 및 소역죄(나중에는 부인이 남편을 죽이거나 여자 하인이 남자나 여자 주인을 살해하는 것은 물론 화폐위조와 관련한 몇 개의 범죄도 여기에 포함되었다)와 같은 반역죄를 저지른 여자에 대한 처벌로서 화형은 1790년까지 계속되었다. 그러한 경우의 화형은 30 Geo. 3, c. 48 법률에 의하여 폐지되었다. 처형의 실무에서는 여자들을 화형에 처하기 전에 목을 졸라 먼저 죽였다. 그러나 이는 처형을 집행하는 자에 달렸었다. 악명 높은 한 사례에 있어서는 남편을 살해한 여자가 실제 살아있는 상태로 화형을 당하였는데, 집행자에게 불이 옮겨 붙자 두려움을 느낀 집행자가 미처 그 여자의 목을 조르지 못하였기 때문이다.

George 2세 치세에 모살의 경우에는 다른 사형에 처할 수 있는 범죄에 대한 처벌보다 더 잔혹하게 처벌할 수 있는 법률이 제정되었다. 이것이 25 Geo. 2, c. 37 법률인데, 이 법률에 따라 모살로 유죄평결을 받은 사람은 그의 판결 바로 다음 날, (금요일에 재판이 있었던 경우를 제외하고, 금요일에 재판이 있었던 경우에는 월요일에 교수형을 실시했다), 처형되도록 되었다. 그 사이에 그에게 빵과 물을 주고, 그의 사후에는 그의 사지를 해부하거나 쇠사슬에 매달았다. 하지만 판사는 이러한 특별히 가혹한 처벌을 유예하거나 면하게 할 수 있는 권한을 가지고 있었다. 이 법률에 따라 살인범들은 통상 해부가 되었지만, 때로는 효시대(gibbet)에 매달리기도 하였다. 2 & 3 Will. 4, c. 7 (해부 학교에 대한 규제를 위한) 법률 제16조에 의하여 살인범의 사체에 대한 해부가 더 이상 인정되지 않았고, 판결로 사체를 쇠사슬에 묶거나 또는 교도소에 매장할 것을 정하여 이를 지시하도록 하였다. 이 법률에 의하여 여러 명이 효시되었지만, 3 & 4 Will. 4, c. 26 법률 제2조에 따라 더 이상 살인범의 사체를 쇠사슬에 묶어 효시하는 것이 금지되었고, 판결로 그들의 처형 이전에 마지막으로 수감되어 있던 교도소 인근에 매장할 것을 명하도록 되었으며, 이러한 명령은 오늘날에도 효력이 있는 24 & 25 Vic. c. 100 법률 제2조에서 그대로 반복되고 있다. 이러한 규정들이 지난 세기에 이르기까지 영국의 법률을 대륙법계 법률과 뚜렷하게 구별되게 하는 것이다. 유럽대륙의 대부분 지역에서는 더 단순한 사형 집행의 방식 이외에도 거열형, 화형 일정한 경우 산 채로 사지절단 그리고 빨갛게 달군 펜치로 찢어 죽이는 것 등이 통용되었다. 영국 사람들은 원칙

사형제도에 대한 의견

적으로 (아주 최근에 이르기까지) 사람의 목숨을 뺏는 데 있어서는 특이하게도 무모하였지만, 일반적으로 그들은 고문의 방법으로 사형을 집행하는 것은 싫어하였다.

이들 내용이 영국의 법률에 따라 사형으로 처벌한 역사이다. 이 주제는 너무나 진부한 것이기 때문에 그에 관하여 논의하는 것이 주저되는 것이기는 하지만, 그에 대한 내 개인 의견을 간단하게 밝히지 않고 그냥 넘어가는 것도 주저되긴 마찬가지이다. 나는 우리가 사형을 배척함에 있어서 너무 많이 나간 것으로 생각되며 현재 사형에 처할 수 없는 많은 범죄에 대하여도 사형으로 처벌하는 것이 바람직하다고 생각한다. 예를 들어, 정치범의 경우 몇몇 사례에 있어서는 사형으로 처벌하여야 한다고 생각한다. 현재의 사회질서를 공격하는 행위는 사회구성원 자신의 생명을 위험에 처하게 하는 것과 마찬가지라는 것을 사람들은 이해하여야 할 것이다.

사회구성원의 도덕 감정을 격분시키는 사례에 있어서는 분노의 감정과 품위 있는 사람들의 마음에서 일어나고 있는 복수의 열망이 합법적 만족을 향유할 자격이 있다고 나는 생각한다. 사람이 잔인한 살인행위를 저지르거나 또는 그러한 살인을 하려고 최선을 다했지만 우연히 실패한 경우 또는 그 자신의 딸을 강간하거나(나는 이러한 사건을 여럿 알고 있다) 또는 여러 명이 합동으로 그들의 목적을 위해 잔인한 폭력을 행사하여 한 여자를 강간한 경우 이들은 파멸되어야 한다고 나는 생각한다. 그렇게 함으로써 부분적으로는 그들 범죄가 불러일으킨 분노를 해결할 수 있고, 다른 한편으로는 늑대나 호랑이가 사람이 많이 사는 나라에서 제거되는 것과 같이 문명사회에 잘못 발을 들여 놓은 이들을 제거함으로써 그들을 그대로 놔둘 때보다 더 건전한 세상을 만들 수 있기 때문이다. 그러한 사람들에게 그 이외 어떤 처벌을 할 수 있을까? 1856년 William Palmer가[1] 교수형을 당하지 않았다면 그는 아마도 지금까지 살아 있을 것이고 앞으로도 더 오랫동안 살아가게 될 것이다. 그렇게 비열한 사람을 공적비용으로, 가령 반세기 이상 살아가도록 하는 것이 무슨 소용이 있을까?

---

1) 그가 저지른 범죄사건에 관해서는 저자의 책 제3권 마지막 부분 참조. [역주] 의사인 William Palmer는 금전문제로 친구 John Parsons Cook을 살해하였다는 죄로 1856. 5. 14. Old Baily에서 재판을 받았다. 재판은 12일 동안 계속되어 5. 27. 종결되었다. 그는 유죄평결에 이어 사형 판결을 선고받았고, 후일 Stafford에서 처형되었다.

사형제도와 관련한 제안

오랫동안에 걸친 교묘한 사기행각을 통해 다른 사람들을 속여 가난에 빠지게 하면서 살아가려는 의도가 확실히 드러난 사람, 또는 상습적으로 장물을 취득함으로써 사악하고 부정직한 무리들을 보호해 주는 사람은 죽어야 한다고 나는 생각한다.

이러한 생각은 인간의 생명이 고귀하다는 원칙에 반하는 것이라고 말해진다. 나는 지금까지 이 원칙이 무엇을 의미하는지 또는 어떻게 그러한 원칙이 진실하다고 증명될 수 있는지 분명하게 이해하지 못하고 있다. 만일 그 의미가 인간의 생명은 귀중한 목표를 가지고 있어야 하며 그리고 의무감으로 채워져 있어야 한다는 것이라면 나는 그 원칙이 진실한 것이라고 생각하지만, 그 전제로 어떠한 사람도 절대 사형에 처해서는 안 된다는 것과 관계가 있다고는 생각하지 않는다. 오히려 그렇게 행동하기를 거부하는 자에게는 그와 반대되는 결론을 제시한다고 할 수 있다. 만일 그 의미가 어떤 사람도 사형에 처해서는 안 되는 것이라면 그를 뒷받침할 수 있는 근거가 무엇인지 나는 알지 못한다. 인간의 생명이 고귀한 것인지 아닌지를 떠나서 주저함이 없이 범인을 사형에 처해야 할, 또는 필요하다면 사형에 처해야 할, 사안들이 많이 있다고 생각한다.

그러나 이러한 견해는 오늘날 인기도 없는 괴상한 것인데다 이와 관련한 일반인의 감정에 비추어볼 때 이를 더 이상 깊이 논의하는 것은 의미가 없을 뿐 아니라 아무도 좋아하지 않는 특별한 제안을 하는 것도 별 소용이 없는 일이다. 그렇기는 하지만 재산에만 관련된 범죄라 하더라도 유죄평결 이후 실시된 그 범죄 자체와 관련한 공적인 조사를 통하여 범인이 실제 상습범이고, 범행이 점점 더 강력해졌으며, 사실상 교정이 불가능한 자로 드러난다면. 나는 심사숙고를 거쳐 사형으로 처벌해야 한다고 생각한다. 나는 사형을 통한 교훈을 주기 위한 방편으로 자주 사형판결을 하는데 반대하지만, 나는 왜 사형판결을 하여야 하는지 그 이유에 대한 의문을 남기지도 않을 것이다. 나는 전문적인 장물취득자, 상습사기범 그리고 교묘한 위조사범에 대해서는 그들의 경력과 범죄의 정도 그리고 그 결과가 전부 드러난 이후 그들 소수를 처형하는 것이 그러한 사람들에게 20배의 많은 징역형을 선고하는 것보다 범죄방지에 더 효과가 있다고 생각한다. 만일 사회가 정말로 나쁜 범인들을 절멸시키려고 결심한다면 몇 년 안에 그들을 늑대처럼 희귀한 존재로 만들 수 있고, 또한 이는 자주 일어나고 있는 배의 난파나 광산의 갱도붕괴 사고 중 아마도 단 1회의 그 사고로 발생하는 생명의 희생보다 더 적은 희생으로도 가능할 것이다. 그러나 이를 위해서는 일반인의 감정변화가 필요할 것이지만, 현재 그러한 변화의 징조는 전혀 없다.

사형에 관한 역사를 언급하면서 나는 추방(transportation)의 역사에 대해서도 그 상당 부분을 미리 언급하였다. 보통법상 범죄에 대한 처벌로서 망명(exile)이 인정된 사례가 하나 있기는 하지만,[1] 추방이라는 형벌은 보통법에는 알려져 있는 것이 아니었다. 망명이 인정되었던 사례는 범인이 성역(sanctuary)에 들어가 자신의 범죄를 자백하는 경우였다. 그러한 경우 범인은 국적포기(abjuration)라고 알려진 선서를 한 뒤 왕국을 떠나는 것이 허용되었으며, 절대로 다시 돌아올 수 없었다. 그러나 성역과 망명은 1 Jas. 1, c. 25 법률 그리고 20 Jas. 1, c. 18 법률에 의해 폐지되었다. 추방이 형벌로 처음 인정된 사례는, 사형판결을 받은 피고인에게 일정한 기간 동안 - 통상 7년 - 추방을 조건으로 사면을 해주었던, Charles 2세 치하에서 있었던 것으로 보인다.[2] 이러한 관행은, 내가 이미 언급한 바와 같이, 인신보호법에 의하여 인정되었고, 그 이후의 법률 특히, 1768년의 법률에 의해 크게 확대되었다. 이는 이미 내가 언급한 바와 같이 4 Geo. 1, c. 11 법률에 의하여 명문화된 형벌로서 법제화되었다. 18세기와 금세기 초를 지나면서 다양한 추방의 기간을 규정하고 있는 수많은 법률이 제정되었는데, 이들 법률은 추방 대신에 일정 기간의 징역형을 규정하기도 하고, 또한 일정한 범죄의 경우에는 다소 빈번하게 추방의 대안으로 또는 추방에 더하여 채찍질을 명할 수 있는 권한을 규정하고 있다. 이들 법률의 제정은 어떤 원칙에 따라 이루어진 것이 아니어서 일관성을 아주 결여하고 있다. 그

---

1) Chitty, Criminal Law, 789. 2 Hale, P. C. 68.
2) Kelyng의 (1664년에 발간된) 보고서 모두(prefix)에 나와 있는 "치안판사를 위한 지시"의 12번 째 지시에 의하면 "추방을 목적으로 집행이 유예된 피고인은 종신 노예로 보내지는 것이 아니고, 그와 특정 주인의 약정에 따라 영국령 농장에서 7년 동안 일하도록 보내진다. 그리고 그는 마지막 3년 동안의 임금을 받으며 기간이 종료될 때 축적된 돈을 받을 수 있다. 그를 보낸 사람이 그에게 거래계좌를 제공하고 그가 돌아오면 이를 그에게 교부한다." Kelyng의 보고서, p. 3-4.

형벌의 변화

결과물은 형법위원회(Criminal Law Commissioners) 제4차 보고서 부록 5 그리고 부록 6에 실려 있다.[1] 그 부록에는 그 당시 사형으로 처벌할 수 없는 모든 중죄와 모든 제정법상의 경죄를 그들에 대한 처벌에 따라 분류한 목록이 기재되어 있다. 그에 따르면 38개 부류의 중죄(felony)가 있고, 96개 부류의 경죄(misdemeanour)가 있다. 이 분류가 얼마나 복잡한 것인지 알 수 있다. 추방으로 처벌할 수 있는 범죄의 경우와 관련하여 그 처벌을 규정하고 있는 법률은 다음과 같은 문제들을 다룰 수 있었고, 그리고 실제로 이를 다루고 있다.

(1) 최장 추방기간.

(2) 중간 추방기간.

(3) 최단 추방기간.

(4) 강제노역을 동반한 또는 동반하지 않는 최장의 대체 징역형.

(5) 최단기간의 대체 징역형.

(6) 공개 또는 비공개 그리고 1회 또는 1회 이상 채찍형의 부과 권한.

(7) 징역형 중 일정 기간 독방에 수용할 수 있는 권한.

형벌과 관련한 이들 7개의 요소는 생각할 수 있는 모든 방식으로 서로 결합하기도 하고, 또는 형태를 달리하여 결합하기도 했다. 형법위원회 제7차 보고서에는[2] 이들 제멋대로의 변종 사례가 많이 언급되어 있다. 예를 들어, 보고서는 다음과 같이 지적하고 있다.

"17개의 서로 다른 부류의 경우에서 종신 추방형을 선고할 수 있고, 2개의 부류에 있어서는 다른 대체 형벌이 없이 처벌이 절대적 추방형으로만 되어 있다. 다른 경우에는 추방의 최소 기간을 정하지 않고 또는 대체 징역형의 기간을 정하지 않고 일정 기간 추방의 권한을 부여하고 있다. 다른 14개의 부류 중 단지 하나의 경우에만 추방의 최단기간을 5년으로 정하고 있다." - - - "단 하나의 사례에 있어서는 추방의 최단기간이 10년으로 되어 있다. 우리는 가장 중한 형벌이 14년 또는 15년 동안의 추방인 15개의 다양한 경우를 찾아냈다. 7년의 추방으로 처벌할 수 있는 경우가 현재 23가지로 나타나고 있다."

---

1) 1839년 3월 8일자 보고서. 부록 4, p. 10-64, 부록 5, p. 64-101 참조.
2) 1843. 3. 11. p. 100-103.

현행 법률의 내용

이러한 법률의 상태와 관련하여 유일하게 주목할 만한 가치가 있는 것은, 비록 변덕스럽게 제한되기도 하지만, 판사에게 부여된 넓은 재량권이다. 판사는 거의 대부분의 범죄와 관련하여 그가 원하는 바에 따라 아주 가벼운 처벌을 부과할 수 있었다. 약간의 경우에만 처벌이 특정되어 있었다. 많은 사건에 있어서 거의 최소한에 가까운 형벌이 불가피한 일로 부과되었다. 이러한 문제는 대부분 1846년 제정된 법률(9 & 10 Vic. c. 24, 제1조)에 의하여 해결되었는데, 이 법률에 의하면 그 당시로 7년 이상의 추방형을 선고할 수 있는 경우에 법원은 그 대신 7년 이하의 추방형을 선고하거나 또는 강제노역을 부과하거나 또는 부과함이 없이 2년 이하의 징역형에 처하여야 한다고 되어 있다.

내가 위에서 언급한 보고서들 이래로 중죄에 관한 형법의 대부분이 개정되거나 다시 법제화되었고, 비록 지금도 형벌의 다양성이 상당한데다 실제 활용되는 것이 아니기는 하지만 그들의 수는 크게 줄어들었다. 최소한의 형벌이 아직도 유지되고 있는 보통법상의 사례는 단 하나뿐이다.[1] 최고의 형벌은 무기, 14년, 10년(매우 적은 사례에서), 7년 그리고 5년의 금고형(penal servitude)이다. 모든 경우에 적용되는 대체 형벌은 강제노역을 동반한 또는 동반하지 않는 2년 이하의 징역형(imprisonment)이다. 채찍형의 경우 성인에게는 매우 적은 수의 범죄에 있어서만 인정되나, 16세 미만의 소년에 대하여는 훨씬 더 많은 범죄의 경우에 인정된다.

추방형은 유죄판결을 선고받은 사람들을 받아들이는 것에 대한 식민지 사람들의 반대를 주된 이유로 하여 1853년과 1864년 사이에 서서히 폐지되었고, 금고형 또는 징역형과 공공사업장에서의 강제노역(hard labour)이 그것을 대신하게 되었다.[2] 금고형과 관련된 법률들은 여왕 폐하의 영토 어디에서나 금고형을 집행할 수 있도록 규정하고 있기 때문에 이 법률들에 근거하여 죄수들은 아주 최근에 이르기까지 지브롤터나 버뮤다의 교도소에 수감되었다. 두 형벌의 차이는 실질적으로 서로 다른 것이 아니라 그 명칭에 불과하고, 실제 추방을 규율하고 있는 법률(5 Geo. 4, c. 84)은 금고형을 선고받은 죄수들과 관련하여 아직도 효력이 있다. 추방에서 금고형으

---

1) 잔혹한 범죄의 경우가 여기에 해당하고, 그 최단기간의 형은 금고 10년이다.
2) 16 & 17 Vic. c. 99 법률(1853년), 20 & 21 Vic. c. 3 법률(1857년), 27 & 28 Vic. c. 47 법률(1864년). 추방에 관한 법률은 5 Geo. 4, c. 54이다.

로 바뀐 변화에 따라 이루어진 형기와 관련한 특이한 변형이 있다. 보통법
상 추방의 최하 기간은 7년이었고 보통법상의 범죄에 대하여 징역형을 부
과하는 경우 그 기간은 많은 경우에 3년, 5년 그리고 심지어 7년이기도[1]
하였기 때문에 징역형과 추방형 사이의 간극이 항상 큰 것은 아니었다. 금
고형(penal servitude)이 추방형을 대체하면서 징역형은 더욱 엄격해지고[2]
동시에 종전의 경우보다는 그 기간이 짧아졌으며 그에 따라 허용되는 최
장기간의 처벌은 거의 예외 없이 2년의 강제노역이었다. 처음에는 금고형
의 하한이 3년이었고, 따라서 최장기간의 징역형과 최단기간의 금고형 사
이의 간극은 종전 형벌의 엄청난 가혹함에 비교해 볼 때 그렇게 큰 것이
아니었다. 하지만 1864년 금고형의 하한이 5년으로 올라갔고, 오늘날에도
그대로 유지되고 있기 때문에, 오늘날 그 가혹함에 있어서 2년의 징역형과
강제노역(하지만 이 또한 너무 가혹한 것으로 간주되어 아주 특이한 경우
를 제외하면 통상 18개월로 제한된다) 그리고 5년의 금고형 사이의 중간
판결은 있을 수 없다.

　　징역형(imprisonment)의 역사는 약간의 흥미를 제공해준다. 징역형은 영
국의 법률만큼이나 오래된 것이고 아주 초기의 법률로부터 교도소에 관한
규정이 나온다. 그 최초 법률 중 하나가 Clarendon 법(1166년) 제7장에 나
온다. 그 내용은 다음과 같다.[3] ―"그리고 감옥이 없는 여러 서로 다른 주
에서는, 국왕의 돈 그리고 가까운 곳에 있는 국왕의 산림 또는 다른 산림
을 가지고, 국왕의 신하에 의한 감독을 통하여, 마을이나 국왕의 성안에
감옥을 건설한다. 이러한 목적을 위해 집행관은 그 자신이 또는 그의 부
하 관리을 통하여 이러한 일에 숙달된 일꾼들을 보유할 수 있다." 이는 의
심의 여지없이 고대의 성들이 교도소로 사용된 연원이라 할 것이고, 그들
중 일부는 예컨대, Norwich, Cambridge 그리고 York 성처럼 아직도 그러
한 목적으로 사용되고 있다. 이들이 고대에 통상적으로 사용되던 교도소이
지만 이 나라에 이들 교도소만이 있었던 것은 아니다. 거의 대부분의 법원
은 그 자신의 구치소를 갖고 있었다. 그에 따라 Marshalsea는 왕좌부 법원

---

1) 위증의 경우에는 아직도 7년의 징역형이 합법적이다.
2) 징역형을 더욱 엄하게 하는 방법은 모든 경우에 분리수용을 하는 것이었다. 이에 관
한 현재의 법률은 28 & 29 Vic. c. 126 법률 제17조이다.
3) Stubbs, Charters, p. 144.

의 서기가 간수하던 구치소였다. Fleet는 성실법원과 대법관 법원을 위한 구치소였고, 그 이외에도 많은 지역에 특권으로 인정되는 교도소들이 있었다. 특정한 지역에서 그 지역을 위한 교도소를 관리하는 권한은 국왕이 영장을 집행할 수 있는 권한(retorna brevium)과 같은 형사사법 운용의 권한을 특정한 사람에게 허가할 때 부여하는 권한이었다.

다른 많은 경우와 마찬가지로 구금되어 있는 피고인을 관리하는 법적 의무를 수행함에 있어서는 봉급이 아닌 비용으로 그 대가를 받았고, 그 비용은 피고인들로부터 징수하는 것이었다. 범죄로 고발된 사람들은 원칙적으로 가난하고 극도로 비천한 사람들이었기 때문에 그들로부터 비용을 징수함에 있어서는 온갖 억압적인 방법과 잔인함이 동원되었다. 특정한 죄수들이 등장하는 방식 그리고 제도의 책임으로 돌려져야 할 무자비한 권한 남용에 대한 재판의 사례가 State Trials 제17권에 기록되어 있다.[1] 그에 의하면 Huggins, Bambridge, Corbett 그리고 Acton이 잔인한 처우의 방법으로 일련의 살인행위를 한 죄로 재판을 받았는데, 그들이 그러한 범죄를 저지른 장소는 Fleet와 Marshalsea 구치소였다고 말해졌다.

이 문제와 관련하여 출간된 첫 번째 것은 교도소 특히, Fleet 구치소에 관하여 하원이 설치한 위원회(Committee of the House of Commons)의 보고서이다.[2] 위원회는 다음과 같이 보고를 했다. Fleet는 고대로부터[3] 인정되어온 구치소이고, 성실법원으로부터 이송되는 죄수들을 수용하는 데 사용되곤 했다. 그 후 Fleet는 채무자를 수용하기 위한 구치소 그리고 대법관 법원, 재정법원 그리고 민사법원에서의 법정모욕 행위자들을 수용하기 위한 구치소만으로 사용되었다. Elizabeth 여왕 3년에(1561년) 그 구치소 간수의 직은 Sir Jeremy Whichcot와 그의 상속자에게 영구히 세습되는 것으로 허가되었다. 특허권이 그 직무를 수행할 수 없는 사람에게 상속되었기 때문에 결국 특허권은 철회되었고, Baldwin Leighton이 이러한 이전의 특허권을 무효화시키는 데 투입한 비용을 고려하여 그에게 종신으로 허가되었다. 그 후 Huggins가 "작고한 Lord Clarendon에게 5,000파운드를 지급하는 방식으로" 그 자신과 그의 아들이 평생 보유할 수 있도록 특허권

---

1) 17 State Trials, p. 297-618.　　　　　2) 17 State Trials, p. 297-310.
3) 만일 그에 대한 명칭에 Edward 1세 시대에 사용되었던 Fleta라는 이름을 실제로 부여할 수 있다면, 이는 매우 오래된 것임이 틀림없다.

을 허가받았다. "세월이 지나고 직무에서 은퇴하기를 바라는" Huggins는 그와 그 아들의 권리를 Bambridge와 Corbett에게 5,000파운드에 팔았다. 보고서의 나머지 부분은 Huggins와 Bambridge가 그들의 투자를 성공시키기 위해 다양한 죄수들에게 자행한 끔찍하고 잔인한 행위로 되어 있다. 이러한 잔인함은 State Trials에 기록되어 있는 7개의 살인죄 재판과 1개의 절도죄 재판에서 더 상세하게 설명되어 있고, 그러한 제도에 따라 당연히 나타날 수밖에 없는 무시무시한 결과를 잘 보여주고 있다.

위에서 언급한 위원회의 보고서는 1729년 작성된 것이고, 그 재판은 그 해와 1730년에 있었다. 1729년에는 이와 같이 폭로된 폐해를 바로잡기 위한 법률(2 Geo. 2, c. 22)이 제정되었다. 그러나 그 법률은 가장 불완전한 조치에 지나지 않았고, 이후 상당한 기간 동안 영국의 교도소는 아주 나쁜 조건하에 그대로 방치되었다. 이러한 문제를 개선하기 위한 위대한 첫 발걸음은 Howard에 의한 노력의 결과로 이루어졌는데, 그는 Bedfordshire의 집행관(sheriff)으로 근무할 당시인 1773년 이를 시작하였다. 교도관들이 피고인들의 비용으로 보수를 받고 있는 것이 원인이 되어 그의 교도소가 수치스러운 조건하에 있다는 것을 깨달은 Howard는 교도관이 봉급으로 보수를 받아야 한다고 제안했지만, 그의 형제 치안판사들은 그러한 방식으로 보수를 받는 선례가 있지 않는 한 이를 받아들일 수 없다고 하면서 그 제안을 거절했다. Howard는 그러한 선례를 찾기 위해 영국 전역을 샅샅이 돌아다녔고, 그 결과 그러한 선례가 없다는 것을 알았다. 그에 따라 그는 수치스러운 교도소 상황에 대해 관심을 돌렸다. 그는 이 문제에 대한 자료를 여러 해에 걸쳐 수집하였고, 그 과정에서 그 목적을 달성하기 위해 유럽 전역과 아시아 일부 지역을 여행하기도 하였다.

이러한 노력의 결과로 일련의 법률이 제정되었고, 그 중에서도 가장 중요한 것이 1782년 의회를 통과한 22 Geo. 3. c. 64 법률 그리고 1784년 의회를 통과한 24 Geo. 3, c. 54 법률이다. 첫 번째 법률은 교정시설의 규율(discipline)에 관하여 적용되는 것이고, 두 번째 법률은 교도소 건물, 그 수리 그리고 주(county) 교도소의 운용에 적용되는 것이다. 이들 법률은 대단히 중요한 것이고 수많은 훌륭한 원칙들을 인정하고 있지만, 현실적으로는 많은 악마들을 그대로 남겨 두고 있다. 하지만 이러한 주제는 형법과 그렇게 밀접한 관계를 가지고 있는 것이 아니기 때문에 이를 더 자세하게 살펴볼 필요는 없을 것이다. 다만 Howard의 시대로부터 현재에 이르기까지 입법(legislature)에 있어서의 관심은 교도소의 운영과 규율에 관한 전반적인 문제에 특히 집중되어 왔었다는 것을 언급하는 것으로 충분할 것이다. 그와 관련하여 제정된 3개의 주된 법률이 있다. 즉, 1823년에 제정된 4 Geo. 4, c. 64 법률, 1865년에 제정된 28 & 29 Vic. c. 126 법률(이 법률은 4 Geo. 4 법률을 폐지하고 있다), 그리고 오늘날 이와 관련된 주된 법률인 40 & 41 Vic. c. 21 법률 즉, 1877년의 Prison Act이다. 이들 법률은, (이들 이외에도 특정의 교도소나 또는 교도소 운용에 관한 문제와 관련된 많은 법률들이 있다), 우선 일반적인 교도소(common gaol, 이는 각 주에 하나씩 설치되며, 여기에는 범인은 물론 모든 종류의 죄수 그리고 채무자들이 수용된다)와 주로 유죄판결을 받은 범인들을 수용하여 처벌하는 교정기관 (house of correction)으로 구분하고 있다. 그러나 그러한 구별은 그대로 유지되지 않았다. 제정법상의 범죄의 경우 일반적으로 법률은 징역형을 일반 교도소 또는 교정기관 중 어디에서나 집행할 수 있다고 규정하고 있기 때문이다. 1861년 제정된 통합 법률도 모두 그러한 규정을 두고 있다. 1865년의 법률은 이러한 상태에 있는 법률을 아주 단순화시켰다. 그 하나로 일반 교도소와 교정기관의 구분을 폐지하면서 징역형은 모든 경우에 있어서 "분리되어야(separate)" 한다고 규정하고 있는데, 이는 사실상 독방 (solitary) 수용을 의미하는 것과 거의 같다. 그리고 한편으로는 징역형의 집행에 관한 규칙을 정하면서 교도소의 규율에 관하여 종전보다 더 통일된 규정을 두고 있다.

1877년의 Prison Act는 교도소의 수를 줄이고, 그 운용에 관하여 내무장관 그리고 내무장관의 추천에 의하여 임명된 특정의 교도소 감독관에게 강력한 권한을 부여하였다. 이들 문제와 관련하여 더 깊이 들어가는 것은 이 책을 저술하는 내 목적에 부합하는 것이 아닐 것이다. 다만 1865년의 법률에 따라 이 법률 제정 이전에는 전체 징역형 중 아주 적은 일부에 대해서만 인정되던 독방 수용이 오늘날에는 분리 수용이라는 이름으로 모든 사안의 경우에 통상적으로 지시되는 처벌의 방식이라는 것을 언급하는 것으로 족할 것이다.

혈통 오손

사형(death)의 역사와 그를 대체하는 형벌의 역사를 간단히 종합하면 다음과 같다.

사형은 보통법상의 가벼운 절도죄와 상해죄의 경우를 제외한 모든 중죄(felony)에 대한 형벌이었다. 그러나 많은 부류의 사람들이 성직재판권benefit of clergy)에 관한 법률에 따라 사형을 면제받았고, 처음에는 성직재판권이 성직자에게만 적용되었지만 나중에는 두 번째 부인의 남편이나 미망인의 남편을 제외한 글을 읽을 줄 아는 모든 사람에게 적용되었으며, 그리고 결국에는 아무런 구별 없이 모든 사람에게 적용되었다.

반면에 성직재판권의 적용이 모든 사람으로 확대되자, 많은 범죄에서 성직재판권이 배제되었다. Tudor 시대에 이러한 방식으로 상당 부분 형벌이 과해졌고, 18세기에는 그보다 훨씬 더 광범위하게 인정되었지만, 18세기에는 또한 사형판결을 받은 대다수의 사람들이 추방(transportation)을 조건으로 사면(pardon)을 허락받았다.

George 4세 치세에서 성직재판권이 폐지되고, 성직재판권에서 제외된 대부분의 범죄와 관련하여 사형이 폐지되었지만, 그럼에도 불구하고 사형에 처해질 수 있는 범죄의 수는 여전히 많이 남아 있었다.

연속적인 조치에 따라 그리고 1861년에 있었던 그 마지막 조치에 따라 법률이 오늘날의 상태로 귀결되었다.

성직재판권에서 제외된 범죄의 경우에 있어서 사면의 조건으로 도입되었던 추방이 18세기와 19세기 초반에 제정된 수많은 법률(statute)에 따라 실질적인 형벌의 수단이 되었지만, 1853년과 1864년 사이에 금고형(penal servitude)이 그 대안으로 등장하였다.

강제노역에 처하는 징역형(imprisonment)은 추방과 금고형에 대한 대안으로서 도입되었다.

반역죄와 중죄에 대한 처벌로서 인정되었던 다른 하나의 형벌을 주목할 필요가 있다. 그것은 혈통 오손(corruption of blood)과 재산의 몰수이다. 혈통 오손의 결과로 혈통이 오손된 사람은 그의 혈통을 추적할 수 없게 되었다. 그리고 그의 부동산은 봉토의 영주나 국왕에게 몰수되었다. 반역자나 중죄인의 사적 재산은 그에 대한 사권박탈(attainder)에 의해서가 아니라 그에 대한 유죄판결(conviction)에 따라 몰수되었다.

몰수 - 연금의 몰수와 지위의 박탈

반역죄와 중죄에 대한 이러한 부수조건(incident)은 재산 특히, 토지는 그에 따르는 의무를 이행하는 것을 조건으로 윗사람으로부터 위임을 받아 점유하는 것이며, 이러한 조건을 위반하는 경우 이를 몰수한다는 중세의 이론에 기초를 두고 있다. 그에 관해서는 특별한 역사가 있는 것이 아니고, 아주 이른 초기부터 33 & 34 Vic. c. 23 법률 제1조에 의하여 "법익박탈(outlawry)로 인하여 몰수되는" 경우를 제외하고 그것이 폐지된 1870년까지 통상 그렇게 시행되어 왔다. 그를 대체해 버린 위 법률 몇 개의 규정에 대해서 나는 이를 도저히 찬성할 수 없다. 위 법률 제2조는 중죄로 유죄평결을 받아 12개월의 징역형 또는 그 이상 또는 형기와 관계없이 강제노역에 처하는 징역형을 선고받은 자는 "육군이나 해군에서의 지위 또는 공무원으로서의 지위 또는 다른 공적 고용관계에서의 지위 또는 성직자의 지위 또는 그가 보유하고 있는 대학교나 대학 또는 회사에서의 지위, 직위 또는 보수를," 그리고 또한 그가 받을 자격을 갖고 있는 "연금이나 퇴직금 또는 수당을" 박탈당한다고 규정하고 있다. 유죄판결에 따라 징역형과 강제노역의 형을 받은 사람들에 대하여 그들의 공적 지위나 성직자로서의 지위를 박탈하여야 할 것인지의 문제는 그 해당 기관이나 고위 성직자들에게 맡겨져야 한다고 나는 생각한다. 육군에 근무하는 장교가 한 순간의 노여움을 참지 못하고 자신의 주먹을 휘둘러 사람을 사망에 이르게 한 폭행치사(manslaughter)의 죄로 유죄평결을 받고, 그에 따라 판사로부터 강제노역을 동반하는 징역형을 선고받았다고 하여, 왜 그가 그 지위를 박탈당해야 하는지 나는 그 이유를 알 수 없다. 또한 나는 판사가 형을 정함에 있어 강제노역이 필연적으로 피고인의 지위를 박탈하게 된다는 사실을 의무적으로 고려하여야 한다고는 생각하지 않는다. 그러한 문제는, 유죄판결을 받은 법정변호사(barrister)의 자격을 박탈하여야 할 것인지의 문제가 그가 속한 법학원의 평의원들(Benchers)에 의하여 결정되는 것과 마찬가지로, 군 당국이 결정할 문제로 보인다.

실제로는 일을 한 대가로 지급하여야 할 것을 유예하고 있는 것에 불과한 연금이나 퇴직금을 박탈한다는 것은, 대부분의 다른 범죄의 경우 그렇게 하는 것을 포기하였음에도 불구하고, 특별한 부류의 범죄에 있어서는 그 처벌로서 재산의 몰수라는 원칙을 그대로 고수하고 있다는 것이 된다.

경죄에 대한 형벌

두 명의 은행원이 위조죄로 유죄평결을 받아 1년의 강제노역에 처해진다. 한 사람은 은퇴한 인도 근무 영국 문관으로서 1,000파운드의 연금(pension)을 받고 있고, 다른 사람은 그가 일하면서 모은 돈으로 같은 금액의 종신 연금(life annuity)에 가입했었다. 어떤 이유로 한 사람은 그의 연금을 박탈당하고 다른 사람은 그의 종신 연금을 그대로 유지하는 것일까? 연금도 종신 연금과 전혀 다를 바가 없는 재산이다. 그것은 오랜 기간의 노동을 고려한 것이다. 이러한 것을 젖혀두더라도, 드러난 불만을 제거함에 있어서, 어떤 이유로 중죄를 저지른 자와 경죄를 저지른 자에 대한 처벌에 있어서 드러난 너무나도 불합리한 구별을 그대로 유지하고 있는 것일까? 같은 은행의 지배인 두 사람이 단지 경죄에 해당하는 방법으로 두 명의 위조꾼과 협력하여 은행의 돈을 횡령하였다고 가정해 보자. 그들이 연금이나 수수료를 받을 자격을 갖고 있다 하더라도 그들은 그 어떤 것도 몰수당하지 않으며, 심지어 그들이 금고형(penal servitude)에 처해진다 하더라도 마찬가지이다. 확실히 이는 너무나 불공평한 일이다. 몰수(forfeiture)를 폐지하고 있는 조문을 제외한 법률의 전부가 폐지되어야 하는 것으로 보인다. 법률의 규정 취지가 경죄의 경우에 그러한 것을 원하지 않고 있다면 다른 경우에도 그렇게 하여야 할 것이다. 그들은 중죄의 경우 사실상 사문화된 것이다.

이제 경죄(misdemeanour)에 관한 법률이 규정하고 있는 형벌로 넘어가기로 한다. 내가 이미 말한 바와 같이 경죄에 대한 처벌은 중죄의 경우보다도 현저하게 더 다양하다. 1839년에는 96개 이상의 부류가 있었다. 여기에서는 그들 중에서 가장 중요한 것만 살펴보기로 한다.

많은 수의 경죄가 서로 다른 시기에, 법률에 의해 창설되었지만 그 중에서도 특히 18세기와 19세기에 창설되었으며 그들은 중죄로 분류되고 있는 보통법상의 범죄와 실질적인 측면에서 서로 다른 것이 아니었다. 예컨대, 사기로 물건을 편취하는 행위, 대리인이나 사무변호사, 은행원으로서 위탁받은 증권을 횡령하는 행위 그리고 기망의 방식이나 해를 끼치는 방식으로 범하는 다른 수많은 행위는 도덕적인 관점에서 보는 한 절도죄와 같은 수준이다. 그들은 중죄의 경우와 정확하게 같은 방식으로 즉, 추방과 강제노역을 동반한 또는 동반하지 않는 징역형으로 처벌되었고, 내가 앞에서 이미 말한 이들 처벌과 관련된 것들은 동일하게 두 부류의 범죄에 모두 적용된다.

그러나 그러한 법률상의 처벌과는 별도로 보통법에 의해 정해진 처벌이 있다. 즉, 보통법상의 경죄에 대한 처벌 그리고 법률상 형벌이 따로 규정되어 있지 아니한 제정법상의 범죄에 대한 처벌이 그것이다. 이들은 벌금형, 징역형 그리고 채찍형이다. 현대에 이르러 몇 개의 법률 규정에 의한 예외를 제외하고 채찍형이 부과되는 일은 전혀 없는 것으로 알고 있지만 보통법상의 경죄에 대하여 채찍형이 공식적으로 폐지된 일은 없다.

벌금액에 관한 법령상의 원칙 그리고 법원이 부과할 수 있는 징역형의 형기에 관해서는 그 규정이 극도로 모호하다. 이와 관련하여 내가 알고 있는 것은 두 개다. 첫 번째 규정은 대헌장(Magna Charta) 제20조로,[1] "자유인이 경죄를 범한 경우 그 범죄의 가벼움에 상응하여 그리고 중죄를 범한 경우 그 범죄의 엄중함에 상응하여 벌금을 부과하지만, 생계유지에 필요한 재산은 벌금의 대상에서 제외한다. 상인의 경우에도 마찬가지로 벌금을 부과하지만, 상품은 벌금의 대상에서 제외한다. 그리고 이러한 벌금은 선서 없이는 부과할 수 없다"로 되어 있다. 두 번째의 것은 권리장전(Bill of Rights)의 규정(1 Will. & Mary, sess. 2, c. 2)으로, "과도한 보석금은 요구할 수 없고, 과도한 벌금을 부과할 수 없으며, 잔인하거나 이상한 형벌도 부과할 수 없다"는 것이다. Oates와 그 이외 몇 명에게 선고된 태형은 의회가 언급하고 있는 "잔인한 형벌"이고, 1684년 John Hampden (유명한 Hampden의 손자)에게 선고된 4만 파운드의 벌금은 "과도한 벌금"의 하나임에 의심의 여지가 없다. 명예혁명 이래 보통법상 내가 알고 있는 경죄에 대한 가장 엄한 형벌은 약속어음 위조로 1729년 Hales라는 사람에게 선고된 것이다. 그는 두 차례에 걸쳐 조리질을 당했고, 50마르크의 벌금에 5년의 징역을 살았으며, 7년 간 그의 선행에 대한 보증을 해야 했다.

조리질(pillory)은 1816년, (56 Geo. 3, c. 138 법률에 따라), 위증을 제외한 모든 범죄의 경우에 폐지되었고, 1837년에는 7 Will. 4 법률과 1 Vic. c. 23 법률에 의해 일반규정의 방식에 의거하여 절대적으로 그리고 예외 없이 폐지되었다.

---

1) Stubbs, Charters, p. 299.

교황존신죄

　과거에는 그리고 어떤 의미에서는 지금도 특정한 예외적인 경죄의 경우, 대부분 정치적인 또는 종교-정치적 성격의 부류에서, 이론적으로 범인에게 부과할 수 있는 형벌이 너무 엄중하여 이를 실제 부과하지 못하는 때가 있다. 반역죄를 저지른 사람을 은닉한 자는 종신징역형에 처해지고 그의 재산을 몰수당한다고 말해진다. 기도서(Book of Common Prayer)에 "욕설을 하는" 것 그리고 목사가 전술한 기도서의 사용을 완고하게 거부하는 것과 같은 종교적 성격을 갖는 다양한 범죄들이 있으며,[1] 이들 범죄와 관련하여 범인이 세 번째 범행을 하게 되면 종신징역형에 처해진다. 또한 교황존신죄(praemunire)의[2] 벌칙이 부과되는 몇 개의 범죄들이 있다. 그에 대한 처벌로는 종신징역형 또는 무기징역형, 여왕의 보호로부터의 배제 그리고 재산의 몰수가 있다.[3] 그러나 이러한 내용들은 과거시대의 기록에 불과하여 골동품을 수집하는 호기심 이외 다른 흥미가 거의 없는 것들이다.

　이번 장의 결론을 맺으면서 오랫동안 사문화되어온 법률의 한 분야를 간단히 언급하고자 한다. 그러나 그것이 존재하고 있을 때에도 성직재판권과 관련된 것이다. 그것은 성역(sanctuary)에 관한 법이다. 아주 이른 초기에 처벌을 피해 교회로 도망간 범인은 교회에서 붙잡아 데려나올 수 없었고, 대신에 검시관(coroner) 면전에서 국적포기선서(oath of abjuration)를 하도록 했다. 다시 말해, 그는 그의 유죄를 인정하고 조국을 떠나 정해진 장소에 거주하면서 평생 조국에 돌아오지 않겠다는 서약을 하게 하는 것이다. 시간이 지나면서 국적포기는 쓸모없는 것이 되었고, 대신 여러 다양한 장소가 특권을 부여받게 되었으며, "성역의 사람들(sanctuary men)"은 일정한 규제를 받으며 그곳에 살 수 있게 되었고, 그 규제 중 일부는 법률에 의해 부과되기도 하였다. 27 Hen. 8, c. 19 법률(1537년) 그리고 32 Hen. 8, c. 12 법률(1540년)은 이들 제도가 어떻게 운영되었는지에 대한 그 실상을 보여주고 있다.

---

1) 그 법률들은 나의 Digest p. 100 - 101에 요약되어 있다.
2) [역주] 교황존신죄는 교황이 국왕보다 우월하다고 보는 것을 내용으로 하는 범죄를 말한다.
3) Coke, 1st Inst. 130a. offence in Secenth Rep. C. C. and Com. p. 37 참조. 내가 생각하기로는 the Royal Marriage Act, 12 Geo. 3, c. 11 법률이 이러한 벌칙을 규정하고 있는 마지막 법률이다.

성 역

첫 번째 법률은, 성역의 사람들은 몸에 표시(badge)를 달고, 무기를 휴대하지 못하며 그리고 성역을 담당하는 관리의 통제를 어느 정도 받아야 한다고 규정하고 있다. 나중에 제정된 법률의 요지는, 법령집의 표준판 인쇄에 의하면, 다음과 같다. 그것은 왕국의 법률(Statutes of the Realm)에 인쇄되어 있는 법률에 대한 교정의 효과가 있다.

"성역으로 사용되어 온 모든 성역과 그러한 권리를 부여받은 장소는, 교구 교회, 그들 교회의 경내, 주교가 관리하는 교회 그리고 수석 사제가 관리하는 교회, 그리고 교구 교회로 사용되는 봉헌된 모든 교회 그리고 그에 속하는 성역, 그리고 Somerset, Westminster, Manchester, Northampton, Norwich, York, Derby와 Lancaster 주(county)에 있는 광천지(Wells)를 제외하고는, 모두 완전히 무효로 한다. 전술한 장소에서는 누구도 살인, 강간, 주거침입절도, 공도나 주거에서 또는 교회나 성당에서 강도를 범한 자에게 그리고 주택이나 옥수수 창고에 방화를 한 자에게 면책권을 줄 수 없다. 교회나 교회 경내 등지에서 성역을 구한 사람은 검시관이 국적포기선서를 받으러 오지 않는 한 지금까지와 같이 40일 동안 그곳에 머물 수 있다. 검시관이 찾아와 선서를 받으면 그는 전술한 특권을 부여받은 장소로 가게 되고, 그곳에 할당된 인원 즉, 20명 이상이 다 채워지지 않는 한 그는 그곳에 평생 머물 수 있다. 이러한 권리를 취득한 사람이 고을 수령으로부터 정당하게 출두요구를 받은 때에는 3일 간 집행이 유예되고, 또는 만일 그가 중죄를 범하는 경우에는 성역의 이익을 상실한다. 이러한 권리를 인정받아 전술한 성역으로 가게 된 사람을 이송하는 경우 그 성역의 수령에게 인도될 때까지 치안관으로부터 직접 다른 치안관에게의 방식으로 이송한다. 그리고 그 장소에 할당된 사람의 수가 가득 차게 되면 이웃에 있는 특권을 받은 장소로, 그리고 그 다음 장소로 계속 이송한다."

성역은 1623년 21 Jas. 1, c. 28 법률 제7조에 의하여 절대적으로 폐지되었지만, 적어도 나라의 집행영장(civil process)을 집행하는 것과 관련해서는 수정된 형식으로 또 다른 한 세기 동안 법률에 대한 분명한 도전으로 남아 있었다. 이는 Whitefriars와 Savoy 같이 특정의 "특권을 받았다고 행세하는 장소"에서 집행영장을 집행하지 않는 집행관의 행위를 범죄로 규정하고 있는 8 & 9 Will. 3, c. 27 법률 제15조에 드러나 있다.

성 역

그리고 Mint와 Stepney에 있는 "특정의 특권을 받았다고 행세하는 장소"에서 집행영장에 저항하는 행위를 처벌하는 규정을 두고 있는 9 Geo. 1, c. 28 법률(1722년) 그리고 11 Geo. 1, c. 23 법률에도 드러나 있다.[1]

---

1) 성역(sanctuary)에 관해서는 Pike의 History of Crime, 2. 252-255 등 참조.

제 14 장 형사소추행위의 운용

형사재판의 절차와 관련하여 설명해야 할 내용 중에서 남아 있는 마지막 주제는 소추행위(criminal prosecution)를 하는 방식이다. 비록 소추행위는 내가 논해야 했던 다른 몇 개 주제들만큼 그렇게 큰 흥미를 불러일으키는 것은 아니지만 실제적으로는 가장 중요한 문제이다.

대부분의 나라에서 범죄와 관련한 제반 상황(circumstances)에 대한 기초 수사를 하고 재판을 위하여 증거를 수집하며 법정에서 소추행위를 수행하는 것은 공무원의 손에 달려 있다. 대륙 전역을 통하여 공무원들은 프랑스의 검찰총장(Procureur General), 검사(Procureur de la Republique) 그리고 수사판사(Juge d'Instruction)와 같은 지위를 가진 자의 지시에 어느 정도 따라야 한다. 심지어 스코트랜드에서도 검사(Procurator)와 그의 직원들은 어느 정도 유사한 의무를 지고 있으며, 영국의 법률이 지배적이고 약간의 변화만이 있을 뿐인 아일랜드에서도 소추행위는 국왕을 대리하는 사무변호사(solicitor)나 법정변호사(counsel)에 의해 주로 수행되는 제도를 가지고 있다. 영국에서는, 그리고 내가 알고 있는 한 영국과 영국의 식민지에 한해서, 범죄에 대한 소추는 전적으로 사인(private person)에 맡겨져 있거나 또는 사인의 자격으로 행위를 하는 공무원 그리고 사인이 갖고 있는 법률상의 권한 이상을 거의 갖고 있지 않는 공무원에게 맡겨져 있다. 이러한 내용은 이 책을 서술하는 과정에 단편적으로 나와 있기는 하지만, 여기에서는 이미 설명한 것을 종합하여 다시 살펴보고자 한다.

동일한 기초위에 있는 공소추와 사인소추

서로 다른 단계로 구성되어 있는 경찰(police)은 의심의 여지없이 범인 검거를 목적으로 법률에 의하여 임명된 공무원이다. 그러나 그들은 이 목적을 위하여 사인이 보유하고 있지 않는 권한을 별도로 보유하는 것이 아니다. 경찰관의 경우 합리적인 의심을 가지고 무고한 사람을 체포한 경우 실제 중죄(felony)가 발생하였는지의 여부와 관계없이 보호되는 데 비해, 그러한 상황에서 사인의 경우에는 중죄가 실제 발생하였을 때에만 보호를 받게 되고, 따라서 경찰관은 사건이 발생하였을 경우 범인 체포의 의무가 있는 데 비해 사인은 그러한 의무를 갖고 있는 것은 아니지만, 그 이외의 경우에는 경찰관 또한 일반 사인과 완전히 동일한 토대 위에 서게 된다. 그들 모두에게 영장이 요구되지만, 동일한 상황에서 영장 없이 체포를 할 수 있다. 그들이 체포를 하였을 경우에도 완전히 동일한 의무를 지게 된다. 경찰관은 질문을 하고 증인의 출석을 강제하는 데 있어서 사인이 갖고 있는 권한과 다른 권한을 전혀 갖고 있지 않다. 한 마디로 말해, 약간의 예외를 제외하면, 그는 설사 그가 그렇게 하려고 마음을 먹었다 하더라도 자발적으로 하였을 일에 불과한 것을 보수를 받고 의무로서 일을 하는 사인으로 규정될 수 있다.

범인이 체포되고 그리고 치안판사 면전에 인치되면 오늘날 치안판사의 의무는 완전히 사법적이다. 치안판사는 거의 예외 없이 원칙적으로 공개 법정에서 증거를 심리한다. 그는 심문을 할 수 있는 수단을 전혀 제공받지 못하고 다만, 다른 사람이 갖고 있는 정보를 제공받아 증인의 출석을 명하는 소환장을 발부할 수 있지만, 그 사건을 조사하는 것은 법적으로 그 누구의 공적인 의무도 아니다. 그러나 현실적으로 그 의무를 수행하는 것은 경찰관이고, 사안이 중한 경우에는 통상 권한을 갖고 있는 상급자의 승인을 받아 사무변호사에게 위임하며, 사무변호사는 일부 사건의 경우 법정변호사에게 위임하여 치안판사 면전에서 소추행위를 하도록 한다. 종종 그러한 바와 같이 사적 소추인(private prosecutor)이 있는 경우에는 그가 법적으로 다른 소송을 하는 경우와 마찬가지로 모든 소추행위를 할 수 있고, 그리고 그렇게 한다. 그는 사무변호사를 고용하며 그에 따라 사무변호사는 법정변호사에게 사건을 위임할 수 있고 위임하지 않을 수도 있으며, 목격자의 진술을 받아 예심담당 치안판사나 대배심에 제출하고, 재판과정에서 법정변호사에게 지시도 한다. 한 마디로 말해 민사소송에서 하는 것과 마찬가지로 모든 절차를 조종한다.

추구되는 과정은 모든 사안에서 정확하게 동일하며 그 어떤 사람도 소추인(prosecutor)이 될 수 있다. 법무장관(Attorney-General)에 의해 수행되는 대역죄에 대한 소추행위가 2분의1 crown을[1] 횡령하였다고 주인이 하인을 소추하는 것과 원칙적으로 하나도 특별히 다르지 않았다.

그 누구도 증거를 수집할 법률상의 권한을 갖고 있지 않고, 치안판사 면전에 증거를 제출할 권한도 갖고 있지 않으며, 사안에 대한 종국적인 결정이 나오는 법정에 출석함에 있어서도, 어떤 사정에 따라 한 사건에 출석할 권한이 있다고 해서 다른 사건에서도 같은 권한을 갖는 것이 아니다. 법무장관이 여왕좌부에서 국가적으로 가장 중요한 소추행위를 수행하는 경우에도 그는, (하나 또는 두 개의 별로 중요하지 않은 예외는 인정되지만), Middlesex 사계법원에서 좀도둑을 소추하는 법조경력이 가장 낮은 젊은 법정변호사와 정확하게 동일한 권한과 의무를 가지고 있다.

공소국장(Director of Public Prosecutions)이 가장 심각한 범죄에 대한 소추행위를 개시하고, 나라 전체가 그에 깊은 관심을 가지고 있는 경우에도, 그 자신 이외의 누구에게도 영향을 미치지 않는 사기 사건을 소추하는 일반 사인보다 더 큰 권한을 갖고 있지 않다.

그 반대의 경우도 사실이라는 것이 아마 더욱 특이하다고 할 것이다. 모든 사인은 형사소추를 개시함에 있어서 법무장관 또는 다른 어떤 사람과도 정확하게 동일한 권리를 가지고 있다. 일반 사인은 그 어느 누구를 상대로 해서도 대역죄나 치안방해음모죄로 소추를 할 수 있을 뿐 아니라, A는 그가 아무런 이해관계를 가지고 있지 않고 그리고 C, D 그리고 E가 모두 소추행위를 반대하고 있는 경우에도 B가 C에 대하여 범한 명예훼손을, D에 대하여 범한 폭행을 또는 E에 대하여 범한 사기를 소추할 수 있다.

프랑스의 법은, 내가 알고 있기로는 대부분의 대륙 국가들에서도 마찬가지이지만, 소추는 형벌이 그 목적이기 때문에 공적 권한이 있는 당국에 의해서만 제기될 수 있고, 범죄로 피해를 본 사람은 일정한 규칙에 따라 시민 당사자(parti civile)로서 참여할 수 있을 뿐이다.

---

1) [역주] crown은 영국의 화폐 단위로, 1 crown은 보통 25펜스짜리 동전을 말한다.

소추행위의 수행방식

영국의 제도는 결점을 갖고 있음에 의심의 여지가 없고, 그 원칙을 극단적으로 고집하는 때에 나타날 수 있는 형편없는(방금 제시한 바와 같은) 결과가 넘쳐날 수도 있다. 그러나 그러한 극단으로 치달은 일은 전혀 없다. 우선 내가 제시한 그러한 소추행위의 성격이 드러나게 되는 순간, 그러한 소추를 인정할 예외적인 이유가 존재하지 않는 한, 배심이 바로 무죄평결을 할 것이기 때문이다. 그리고 두 번째로는 그러한 무죄평결에 따라 악의적 소추에 대한 소송이 있게 되면 징벌적인(exemplary) 손해배상의 평결이 나올 수 있기 때문이다. 이들 이외에도, 형사소추를 수행한다는 것은 너무나 비용이 많이 들고 즐겁지 않은 일이며, 그리고 불안한 일이기 때문에 특별한 이유가 없는 한 그 누구도 이를 하려고 하지 않는다.

반면에 모든 사람들이 모든 상황에서 이 나라의 법률을 준수하게 함에 있어서는, 모든 사람이 공적 또는 사적 근거를 가지고 형사소추를 하는 방법으로 자신이 수용할 수 없는 행위에 대한 법적 판단을 받아 보도록 하고 있는 영국의 제도보다 더 강력하고 효과적인 보장책이 있을 수 없다. 오늘날은 물론이고 과거에 있어서 이러한 많은 소추행위는 존경할 만한 가치가 있는 법적 감정을 분출하는 통로가 되었고, 평화적으로 그리고 신뢰할 수 있는 방식으로 헌법상의 중요성이 큰 많은 문제들을 해결하였다.

소추를 개시함에 있어서 무제한의 권한을 가지고 있다고 하여 소추가 개시된 경우 그에 대한 아무런 통제도 없다는 것이 아니다. 고발이 있게 되면 고발을 한 자가 통상 소추의 책임을 지게 되지만, 기소장안(bill)이 대배심(grand jury)에 제출되고 나면 재판을 담당할 법원이 고발의 철회를 허가하거나 명목상의 소추인인 국왕의 대표자인 법무장관이 고발의 취하(nolle prosequi)를 하지 않는 한, 사건은 원래 소추인의 손을 떠나 정해진 절차를 따라가게 된다. 법무장관의 고발 취하로 무죄로 되는 것은 아니지만 특정한 경우 그 대상이 된 사건은 절차진행이 유예된다.

나는 이러한 법률의 상태가 어떤 계획의 결과로 적절히 초래된 것은 아니라고 생각한다. 이는 이미 언급한 역사적인 것을 원인으로 하여 그 결과로 나타난 것처럼 보인다. 그 원인 중 하나는 청원(appeal) 또는 사적 고발의 제도에서 찾아 볼 수 있다. 그들은 거의 모든 측면에서 민사소송의 성격을 갖고 있었고, 따라서 다른 사적 소송과 같은 방식으로 수행되었다.

치안판사

그러나 다른 하나의 원인은 배심재판의 역사에서 찾아 볼 수 있다. 배심이 그들 자신이 알고 있는 사실을 공적으로 증언하는 단체에 의한 보고라는 본래의 성격을 갖고 있는 한, 형사재판은 고발된 범죄의 진상에 대한 공적 조사(public inquiry)였거나 또는 공적 조사에 입각한 보고였지만, 배심이 오늘날의 성격을 갖게 된 때로부터는 재판을 위하여 증거를 수집하는 것은 더 이상 배심원 자신들에 대한 조사가 아니라 그들에게 제출되는 증거를 모으는 것이다. 치안판사의 임명이 이러한 취지에서 이루어지고 있다는 것을 제외하면 이러한 사정을 명시적으로 밝히고 있는 직접적인 규정은 없다. 치안판사는 의심의 여지없이 범인의 색출과 검거 그리고 일반적으로 생각되는 것보다 더 넓은 범위에서 그리고 더 최근에 이르기까지 범인에 대한 증거의 수집에 관심이 있는 자들이고, 그리고 그러한 점에 있어서 다른 나라에서는 검사에게 부과되고 있는 의무를 수 세기 동안 어느 정도 효과적으로 그리고 완벽하게 수행해왔다고 간주되고 있다.

하지만 점차 그들의 지위는 예심판사(preliminary judge)로 변하였고, 그들이 당초 수행하던 의무는 이러한 의무를 수행하는 것과 관련하여 아무런 특별한 권한도 부여받지 못한 경찰로 이양되었다. 형사사법의 운용을 위한 새로운 직위의 창설에 필요한 일련의 입법과정을 거치지 않은 상태에서 과거의 절차방식은 점차 그 성격이 바뀌게 되었으며, 그에 따라 영국의 형사재판은 점차 공적 조사(public inquiry)라는 본래의 성격을 잃어버리고, 사인 사이의 민사소송과 정확하게 같은 방식으로 행해지게 되었다. 아마도 이러한 절차가 이루어진 과정을 가장 강력하게 자세히 설명하고 있는 것이 검시관(coroner)에 의한 업무처리방식일 것이다. 검시관은 치안판사의 전신으로 그들의 의무는 한편으로는 청원(appeal)과 사적 고발을 수리하는 것이고, 다른 한편으로 공중의 관심이 있기 마련인 살인사건을 조사하는 것이었다. 살인사건에 대한 조사는 본래 특정한 수의 읍구(township)에서는 읍장(reeve)과 4인(four men)에 의해 행해졌다. 오늘날에는, 증인이 출석하고 그리고 소환되는, 배심의 면전에서 이루어지지만, 조사를 하면서 형사고발로 결론이 날 것으로 보이면 심문(inquest)은 실질적으로 소송의 형식을 취하게 된다. 죽은 자의 친구와 혐의를 받고 있는 사람은 변호사의 조력을 받을 수 있고, 고발 대상으로 혐의를 받고 있는 사람이

소추비용

마치 그의 재판에서 할 수 있는 것과 아주 똑 같이 신문과 반대심문을 할 수 있으며, 검시관과 배심은 재판에서의 판사와 배심에 아주 유사한 지위를 갖고 있는 것이지 진실의 발견을 위하여 사실을 조사하고 그들 자신의 독자적인 수사를 하는 지위를 갖고 있는 것이 아니다.

소추를 개시하고 수행하는 일을 실질적으로 개인의 손에 남겨 놓고 그로 인하여 재판절차 전체에 사인사이의 소송이라는 성격을 부여하도록 한 사정은 1세기 전까지만 하더라도 사인이 소추의 비용을 모두 부담하였다는 사실에서 잘 알 수 있다. Lord Hale은 이 점을 불평하고 있다. 그는 "증인들의 커다란 불편과 손실에 대해 범인으로 하여금 그 비용을 물어주라고 할 수 있는 권한을 법원에 주지 않고 있는 것은 법률의 집행에 있어서 아주 큰 결점이다"라고[1] 말한다. Fielding은[2] 강도사건의 증가에 관한 그의 시론에서 이러한 불평을 반복하여 강조하고 있다. 그는 소추인이 너무 가난하여 범인들이 처벌을 면하는 한 원인이 되고 있다고 말한다. "이것이 바로 내가 알고 있는 그 사건인데, 소추행위를 하게 되어 있는 가난하고 불쌍한 그 사람은 피고인 그 자신보다 더 큰 관심의 대상이었다. 이러한 소추를 하는 데 필요한 비용이 극히 소액이라는 것은 사실이다. 의회 제정의 법률에 의하여 기소장을 작성하는 데 필요한 2실링이 그 비용이고, 내가 생각하기로는, 법률이 요구하는 것은 그것이 전부이다. 그러나 법원에 출석하는 데 드는 비용, 일반적으로 여러 명의 증인과 함께, 때로는 여러 날에 걸쳐서, 그리고 종종 소추인의 집으로부터 먼 거리에 법원이 있는 경우 등으로 인한 비용을 모두 합하면, 그에다 시간 손실의 비용을 더하게 되면 이미 도둑으로부터 약탈을 당한 상태인 매우 가난한 사람에게 있어서 그 총비용은 겁에 질릴만한 금액이기 때문에," 그가 소추행위를 한다면, "그는 애국심(public spirit)을 기적적으로 체화하고 있는 사람임에 틀림없다." 이러한 해악에 대한 대책으로 나온 첫 번째의 것이 성공한 소추행위의 경우 법률에 의한 보상이었다.[3] 그러나 이 제도는 중죄의 경우 법원이

---

1) 아래에서 보는 Fielding에 의한 인용.　　　　2) Works, 제10권 p. 371-372.
3) 그 명세는 Chitty의 Criminal Law p. 821-824에 나와 있다. 보상 내용 중의 하나는 괴상한 것이었다. 어떤 사람이 중죄자를 상대로 소추를 하여 유죄의 평결을 받아내면 그에게 일정한 자격증이 주어지는데(본래 이는 한 번만 양도할 수 있는 것이었다), 이 자격증을 갖고 있는 자는 교구의 특정한 지위를 맡아 책임져야 할 의무로부

비용지급의 명령을 할 수 있도록 하는 더 합리적인 것으로 대체되었다. 여러 개의 법률이 이 문제를 계속 다루었다. 그 첫 번째 법률로서 중요한 것이 18 Geo. 3, c. 19 법률(1778년)이고, 그 뒤를 이어서 나온 것이 58 Geo. 3, c. 52 법률(1818년)이다. 오늘날 이 문제와 관련하여 효력이 있는 것은 7 Geo. 4, c. 64 법률, 14 & 15 Vic. c. 55 법률 그리고 1861년 제정된 다섯 개의 통합 법률이다.[1] 이러한 법률에 따라 법원은 모든 경우의 중죄사건 그리고 보통법상의 모든 경죄사건에서 소추인에게 비용을 허용해 주고 있다. 이 문제와 관련한 법률의 규정은 여기저기에 산재해 있고, 성가시게 되어 있으며 어떤 점에 있어서는 변덕스럽기까지 하다. 왜냐하면, 비용지급의 대상이 되는 경죄의 선택이 원칙에 대한 많은 고려 없이 행해졌기 때문이다. 그러나 이 문제에 대하여 자세하게 깊이 언급하는 것은 내 책의 주제와는 별 관계가 없다고 할 것이다.

이번 장의 주제에 대한 마무리를 함에 있어서 나는 법정에서 소추를 담당한 여러 다른 사람들과 관련한 특정한 사항에 대하여 그리고 소추와 관련한 그들의 역할에 대하여 아주 간단하게 언급하고자 한다.

그들 중 가장 높은 지위에 있는 사람들은 국왕의 법무관들 그리고 법무장관(Attorney General)과 법무차관(Solicitor General)이다.

내 생각으로 이들 관직의 기원은 알려져 있지 않지만, 변호사가 모든 형사법원에서 직무를 수행하게 된 당시인 아주 이른 초기부터 국왕은 그의 법원에서 변호사를 그의 대리인으로 내세웠음이 확실하다. 또한 변호사가 이른 초기부터 법정에서 업무를 수행한 것이 분명한 것은 청원사건에서 강제되었던 극도로 자세하고 엄격한 기술적인(technical) 절차에 잘 드러나 있다. 국왕은 옛날 Court of Wards와[2] 같은 특정의 법원에 특별 변호사(attorney)나 대표자를 두고 있었기 때문에, Attorney General이라는 직함

터 해방되었다. 이것이 "Tyburn ticket"이라는 것인데, 특정한 시기 일부 교구에서는 비싼 값에 매매가 되었다.

1) 24 & 25 Vic. c. 96, 97, 98, 99, 100 법률.
2) [역주] Court of Wards는 Henry 8세 때인 1540년 영지에 대한 세금제도를 조정하기 위해 설치된 법원이다. 그 이외에도 세금징수와 후견권 그리고 소유권양도에 관한 재판도 하였다. 이 법원은 내전 당시인 1646년 그의 주요 기능을 상실하였고, 1660년 왕정복고 이후 공식적으로 폐지되었다.

은 모든 법원에서 국왕을 대표하는 사람을 의미하는 것이라고 추측되어 왔다. 그러나 나는 여기에 의문을 갖고 있다. "general attorney"라는 표현은 일반적인 대리인이나 대표자를 뜻하는 것에 불과하고, 국왕뿐 아니라 그 이외에 다른 사람들도 attorneys-general을 갖고 있었기 때문이다. 그에 따라 Westminster 제2차 법률(1283년)과 13 Edw. 1, c, 10 법률은 "판사들이 순회재판을 하는 몇몇 주(shire)에서 토지를 소유하고 있는 사람들, 판사들이 순회재판을 하지 않는 주에서 토지를 소유하고 있는 사람들, 판사들이 순회재판을 하지 않는 주에서 토지로 인하여 고소를 당하는 것을 두려워하는 사람들과 고소를 당하는 사람들은, Westminster 또는 왕좌부의 판사 면전에서, 또는 순회재판을 하는 판사의 면전에서, 또는 주지사(sheriff)가 행하는 모든 주(county)의 재판에서, 또는 모든 영주 법원(court baron)에서와 마찬가지로 이동하는 또는 그들을 위하여 또는 그들에 대항하여 이동하는 판사들이 주재하는 모든 순회재판(circuit)의 소송에서 그들을 위하여 일반 변호사(general attorney)를 선임할 수 있고, 이들 변호사는 그 사건에 대한 결론이 날 때까지 또는 주인으로부터 해고될 때까지 순회재판의 모든 소송에서 모든 권한을 행사할 수 있다"고 규정하고 있다.

이 규정은 피고의 등 뒤에서 기습적으로 제기되는 소송을 방지하기 위하여 도입된 법률의 일부를 구성한다. 이를 통해서 아주 이른 초기부터 자신의 이익을 보호하기 위해서는 자신이 직접 법정에 참석하는 것이 필요했고, 그리고 많은 것을 잃을 염려가 있는 사람은 그의 이익을 방어하기 위해 변호사(attorney-general)를 필요로 했다는 것을 알 수 있다. 이와 관련한 흥미 있는 사례가 Shakespeare에 나온다. Richard 2세 제2장 제1막에서 York는 Richard 2세로 하여금 Bolingbroke의 재산에 대한 몰수를 단념하도록 설득하기 위해 다음과 같이 말한다.

"만일 당신께서 Hereford의 권리를 불법적으로 취득하려고 하면,
  그가 갖고 있는 특허장을 회수하면 되지만,
  그는 그의 변호사(attorney-general)로 인도소송을 제기할 것이고,
  그가 바쳐온 신하로서의 충성(homage)을 부인하게 될 것입니다.
  당신께서는 머리 위로 천개의 위험을 끌어당기고 있습니다."

Private Attorney-General

그 사정이 여하튼 간에 Mr. Foss는 1277년부터 1304년까지 "Attornati regis(국왕의 변호사들)"라는 직위를 갖고 있던 사람들 16명의 명단을 밝히고 있다.[1] 그들이 본래 최상급의 법무관은 아니었다. 내란(Civil Wars)에 이르기까지 통상 국왕의 고등변호사(King's Serjeant)가 국가의 소추행위 그리고 일단의 사람들이 중죄로 법정에 회부되는 경우에 법정에서 하는 주장을 맡아 하였고,[2] "누구든지 여왕의 고등변호사나 여왕의 법무장관 등에게 고발을 할 수 있었다."

초기 시대 형사재판에 있어서 배심의 면전에서 증거를 심리하는 경우 국왕을 위한 변호사가 할 일이 거의 없었고, 비록 16세기에 있었던 다양한 형사재판에서 국왕을 위한 변호사가 오늘날의 경우보다 심지어 더 적극적이고 두드러진 역할을 소송절차에서 수행한 것은 사실이지만, Fortescue는 물론 Smith[3] 또한 그들이 통상적으로 소추를 행하고 있는 형사재판에서 국왕을 위한 변호사들로부터 그들이 재판에 간섭하겠다는 통보를 받지 않았다.

형사재판이 점차 오늘날의 형태를 갖추게 되면서 사건의 양 당사자를 위한 모든 변호사(counsel)는 실질적으로 동등한 지위를 가지게 되었다. 법무장관은 법정에서 다음과 같은 예외를 제외하면 그의 능력과 고귀함이 줄 수 있는 이상의 어떤 권한도 갖고 있지 않다. 그 예외는 다음과 같다. 즉, 형사고발(criminal information)을 제기하는 방식으로, 대배심(grand jury)에 기소장안(bill of indictment)을 제출함이 없이 범죄혐의를 받고 있는 사람을 재판에 회부할 수 있고, 고발의 취하(nolle prosequi)를 통하여 소추행위를 중지시킬 수 있으며, 피고인이 증인을 소환할 것인지 여부에 대하여 답변할 권리를 갖고 있다.

---

1) Judges of England, 3. 45.
2) Blackstone(iii. 28)은 법조(bar)에서의 서열을 제시하고 있는데 이렇게 시작한다. – (1) King's Premier Sergeant, (2) King's Ancient Sergeant, (3) King's Advocate-General, (4) King's Attorney-General (5) King's Solicitor-General.
3) [역주] 저자가 여기에서 말하고 있는 Fortescue는 왕좌부 법원 수석재판관을 지내고 De Laudibus Legum Angliæ(Commendation of the Laws of England)의 저자인 Sir John Fortescue(1394-1480)을 말하는 것으로 보이지만, Smith는 누구를 말하는지 알 수가 없다. 아마도 판사로서 Master of Request를 역임한 Sir Thomas Smith(1556-1609)를 말하는 것처럼 보인다.

담합으로 소추를 무마하는 범죄

1879년까지 영국에서 public prosecutor라는 표현에 조금이라도 부합하는 유일한 사람은 법무장관이었지만, 그 해에 "공소국장(Director of Public Prosecutions)"이라 불리는 직위를 인정하는 법률(42 & 43 Vic. c. 22)이 제정되었다. 권한의 부여에는 입법상의 조치가 따라야 함에도 법률은 공소국장에게 매우 기술적인 권한(제5조와 제6조 참조)을 제외하고는 어떤 특별한 권한도 부여하고 있지 않다. 따라서 그의 의무는 정부가 당사자가 되는 사건에서 소추를 위임받은 재무부의 사무변호사가 통상 하는 일, 그리고 일반 사인을 위한 사무변호사가 고객을 위하여 수행하는 일과 별로 다르지 않았다. 그는 "법무장관의 감독 하에 형사재판절차를 개시하여 수행하거나 실현하며" 그리고 "경찰의 책임자들, 치안판사의 서기들 그리고 형사재판과 관련이 있는 다른 사람들"에게 조언을 하고 지원을 해준다.

영국의 법률이 형사소추에 대한 거의 무제한의 통제권을 일반 사인에게 사실상 부여하고 있지만, 그럼에도 불구하고 법률 전체의 의도가 형사소추를 사적 소송과 동일하게 보려고 하는 것은 아니다. 어떤 사람이 다른 사람에 대하여 민사소송을 제기한 경우, 그는 그가 적절하다고 판단하는 바에 따라 문제를 해결할 수 있지만, 그러나 형사재판과 관련해서는 그렇게 할 수 없다. 이에 대한 법률의 규정이 결코 명백한 것은 아니지만, 일반적으로 말해 그 내용은 다음과 같다.

1. 범죄로 인해 피해를 입은 사람이 소추를 하지 않겠다고 동의하였다는 사실은 범인을 위한 변명이 될 수 없다. 민사소송에서는 합의를 하였다는 주장이 훌륭한 방어수단이 될 수 있지만, 형사재판에서는 그러한 답변이 허용되지 않을 것이다.

2. 범인을 소추하지 않겠다는 합의가 그 자체로 범죄가 되는지 여부는 명백하지 않다. 중죄로 사람을 소추하지 않겠다는 합의는 경죄에 해당한다고 보통 말해지고 있지만,[1] 이를 뒷받침할 만한 판례 등 근거는 거의 없다. 고대에는 도둑에 대하여 소추를 하지 않겠다고 합의한 뒤 도난당한 재산을 돌려받는 경우 이를 "theft bote"라고 하는 범죄로 보았다.

---

1) 나의 Digest 158장, p. 94. 그곳에서 인용하고 있는 2 Hale, 619는 1 Hale 619로 바꾸어야 한다. 158장의 내용은 Hale이 들고 있는 근거로부터 조금 더 나아가 Chitty가 제시하고 있는 기소의 선례에 기초하고 있다. 또한 Archbold, 896 참조.

담합으로 소추를 무마하는 범죄

3. 경죄를 범한 자에 대하여 소추를 하지 않겠다고 합의하는 것은 경죄에 해당하지 않는 것으로 보이지만, 그러한 합의는 무효이고 공중질서와 미풍양속에 반하는 것이다.[1] 여기에는, 예를 들어 폭행이나 개인에 대한 명예훼손 사건과 같이, 일반 공중이 아무런 이해관계를 갖지 않는 경죄의 사례와 같은 예외가 인정될 수도 있다. 일부 사건의 경우 법원은 경죄사건에 대한 판결을 선고하기 전에 가벼운 형이나 명목상의 형을 선고하기 위해 피고인과 그 범죄로 인해 피해를 입은 사람이 합의하는 것을 허용할 수 있다.[2]

4. 법원의 허가 없이 형사소추행위를 취하하는 것 그리고 도난당한 물건이나 다른 범죄의 방법으로 취득한 물건을 다시 찾아오는 데 도움을 준 대가로 부정하게 보수를 받는 것은 범죄에 해당한다.[3]

대륙의 국가들에서는 범죄로 피해를 입은 사람은 통상 프랑스 법률의 "시민 당사자"라고 불리는 바와 같은 방식에 따라 형사소송에 관여한다. 영국에는 이러한 제도가 알려져 있지 않고, 그리고 최근에 이르기까지도 중죄로 피해를 입은 사안의 경우에는 중죄 범인에 대한 유죄평결이 있을 때까지 민사적 구제방법은 정지한다고 하였다. 한편 중죄로 유죄평결을 받는 경우 범인은 그의 재산을 몰수당하기 때문에 민사적 구제방법은 그 실효성을 상실했었다. 중죄인에 대한 재산몰수가 폐지되었기 때문에 마지막에 언급한 위 내용은 더 이상 적용될 수 없고, 그리고 Wells v. Abraham 사건은[4] 위와 같은 일반원칙에 대한 의문점을 잘 보여 주고 있다. 위 판례는 공중의 이익을 위하여 필요하다고 인정되는 특별한 사정이 있지 않는 한 유죄평결을 할 때까지 민사적 구제방법을 정지시키는 것이 사실상 불가능하다는 것이다.

---

1) 이에 대한 자세한 근거는 Keir v. Leeman, 6 Q.B. 308 그리고 Cam. Scacc. 371의 같은 사건 참조.　　　　　　　　　　　　2) Russ, Cr. 293.
3) 나의 Digest 159장과 354(a)장, 그리고 18Eliz. c. 5 법률 제4 & 5조와 제24 & 25조, Vic. c. 96 법률 제101조 참조.
4) L.R. 7 Q.B. 334, 그리고 Osborne v. Gillett, L.R. 8 Ex. 89 참조.

제 15 장 영국과 프랑스 형사재판의
개관 및 비교

지금까지 형사법원의 역사 그리고 범인으로 하여금 법의 심판을 받도록 하기 위해 마련된 모든 절차단계에 대한 역사를 상세히 언급하였으므로, 이 장에서는 앞에서 설명하지 못한 제도와 그 제도에 대하여 필요하다고 생각되는 개혁방안을 제시하고자 한다. 이를 위해 나는 1879년의 형사법전 제정안(Draft Criminal Code)에[1] 나와 있는 절차와 관련된 규정들을 살펴보고, 모든 제도의 특별한 성격을 가능한 한 명백하게 밝히기 위해 프랑스 형사소송법 Code d'Instruction Criminelle과[2] 비교 또는 대조해 본다.

먼저 영국의 형사법원들에 관해서 본다. 그들과 관련하여 주목해야 할 단 하나의 중요한 점은 비록 그들의 역사가 복잡하고 그들의 현재 상태가 그들의 기원(origin)과 관련한 독특한 흔적을 보여주고 있기는 하지만, 그들이 극도로 통일되고 단조로운 형태를 지니고 있다는 것이다. 상급 형사법원(superior criminal court)은 실질적으로 하나밖에 없고, 그 법원의 판사들은 영국 전역에 있는 모든 주(county)에서 매년 4회 그리고 런던과 그 주변지역에서는 1년에 12회의 재판을 한다.

---

1) [역주] 영국에서도 형사법전(형법과 형사소송법)을 제정하자는 움직임이 있었고, 이 제정안도 그러한 움직임의 하나이지만, 지금까지도 영국에서는 형법이나 형사소송법 이라는 통일법전이 제정되지 않고 있다.

2) [역주] 프랑스 형사소송법(Code d'Instruction Criminelle)은 1808년에 나폴레옹이 제정한 근대 형사소송법의 모델로서, 영국을 제외한 유럽 대부분의 국가는 물론 독일을 통하여 일본과 우리나라에도 많은 영향을 미친 법률이다.

영국의 법원들

사계법원(Court of Quarter Session)이라는 수많은 각 지역의 법원들이 있고, 이들 법원은 영국의 모든 주와 마을에서 비교적 중하지 않은 사건들을 대상으로 1년에 4회 그리고 일부의 경우에는 6회, 그리고 여기저기에서 더욱 빈번하게 재판을 한다.

이들 법원에 대한 변화를 제의할 필요는 거의 없을 것이다. 예컨대, 영국 전역에 단일 형사법원을 설치하고, 그 결과 순회형사법원과 미결수석방법원을 위한 임명장을 발부할 필요를 대체하는 것이 쉬운 일이기는 하겠지만, 그러나 이렇게 함으로써 법원의 조직이나 절차에 대한 실질적인 변화는 이루어지지 않을 것이다. 나는 또한 지금의 봄과 가을 순회재판기일에 그렇게 하는 관행이 있는 것처럼 영국 모든 주의 순회재판을 순회재판의 목적으로 집단화하는 것이 가능하고 또한 바람직한 일이라고 생각하지만, 이는 매우 작은 일에 불과하다. 상급 법원의 조직에 대한 변화는, 내가 이미 의견을 밝힌 바 있는 항소법원(Court of Appeal)의 설치와[1] 관련된 것을 제외하고는, 언급할 만한 가치 있는 제안이 나와 있지 않다.[2]

국왕에 의하여 임명된 지방법원 판사(Recorder)가 판사(judge)로 있는 도시의 사계법원(Borough Court of Quarter Session)에 대하여도 같은 주장을 할 수 있다. 주 사계법원(County Court of Quarter Session)에 있어서는 판사 역할을 하는 치안판사가 국왕에 의하여 임명되지만, 그 의장은 그들 자신의 다수결로 선출한다. 종종 보수를 받는 법정변호사인 치안판사 의장이 있어야 하지 않겠느냐고 하는 의문이 제기되어 왔다. Middlesex에는 그러한 관리가 있다.[3] 이 문제와 관련하여 일반적인 변화가 있게 된다면 나는 유감스럽게 생각할 것이다. 왜냐하면, 내가 알고 있는 사계법원

---

1) [역주] 영국의 항소법원(Court of Appeal)은 1875년에야 비로소 설치되었다. 항소법원은 영국에서 대법원 다음과는 서열의 법원이다.

2) 런던 시의원들(aldermen)이 중앙형사법원 원장(Recorder of London)을 선출하는 것 그리고 런던 시위원회(Common Council)가 중앙형사법원 부원장(Common Serjeant)을 선출하는 것이, 지금까지 판사는 선출되어서는 안 된다는 일반원칙에 대한 유일한 예외인데, 이것이 훌륭한 조정(arrangement)이 될 수 있는지 여부가 문제일 수 있다. 지방자치개혁법(Municipal Reform Act)에 언급되어 있는 모든 지방자치단체는 그 법률에 의하여 그들의 지방법원 판사(Recorder)를 임명할 권한을 박탈당했다.

3) 판사보(assistant-judge)와 부판사(deputy-judge)의 임명권을 국왕에게 부여하고 있는 7 & 8 Vic. c. 71 법률 제8-10조 참조.

쟁송주의적인 영국의 절차

의장들의 대부분은 그들의 직무를 수행하는 데 있어서 상당히 훌륭한 판사들이기 때문이다. 그러나 나는 재판을 받을 피고인의 수 그리고 재판 대상인 사건의 중요성에 비추어 필요한 경우 주의 치안판사들에게 일정한 법조경력의 법정변호사 중에서 보수를 받는 의장을 임명할 수 있는 권한을 주어야 한다고 생각한다. 그 지위는 즐겁고 전문적인 기품을 부여하지만 일이 그렇게 힘든 것이 아니기 때문에, 그러한 목적을 위해 전문적인 지식을 갖고 있는 상당히 고명한 사람의 노고를 이용하더라도 적은 보수로 충분할 것이다. 또한 사계법원의 관할도 유리하게 확장할 수 있을 것이다. 오늘날 일반 절도(theft)사건보다 약간 더 죄질이 중한 것에 불과하다고 일반적으로 말해지고 있는 주거침입절도(burglary)를 사계법원에서 재판하지 못할 이유가 없다. 그러나 그렇게 하기 위해서는 선고할 형기와 관련하여 일정한 제한이 필요할 것이다. 예컨대, 7년이나 10년의 금고형(penal servitude)을 선고할 필요가 있는 경우, 그리고 더 중한 형벌을 부과할 필요가 있는 경우(예를 들어, 폭력을 사용한 사안과 같은 경우)에는 순회형사법원으로 사건을 이송할 권한이 부여되어야 할 것이다. 이러한 내용은 법전 초안 제434조에 들어 있다.

형사법원으로부터 절차의 문제로 넘어가면서 볼 때, 나는 그것이 처음부터 마지막에 이르기까지, 오늘날 그러한 바와 같이, 하나의 특징을 가지고 있다는 것을 첫 번째로 관찰할 수 있다. 그것은 이미 설명한 것과 같은 단계를 거쳐 철저하게 쟁송주의적인(litigious) 것이 되었고, 전혀 직권주의적인(inquisitorial) 방식이 아니라는 것이다. 영국의 형사재판은 첫 단계인 소추의 개시로부터 재판의 모든 단계가 민사소송의 절차와 아주 밀접하게 동화되어 버렸다. 이러한 동화는 절차의 예비단계 즉, 범인의 검거, 예심을 담당하는 치안판사 면전에서의 심문 그리고 재판을 할 때까지 구금하는 경우에는 적용되지 않는 것으로 보일지 모른다. 그러나 심지어 이러한 경우까지 첫 눈에 드러나 보이는 것보다 훨씬 더 강한 유사점이 있다. 범죄 혐의를 받고 있는 자를 체포하여 구금하는 것은 중간영장(mesne process)에 의한 체포에 관한 법률과 정확하게 유사하다. 중간영장에 의해 피고는, 최근에 이르기까지, 체포될 수 있었고, 그를 피고로 하는 소송에 대한 재판이 끝날 때까지 또는 보석으로 석방될 때까지 구금될 수 있었다.

형사재판과 민사소송

치안판사 면전에서의 절차는 혐의를 받고 있는 사람에게 대단히 유리하다. 어떤 경우에도 그는 자신의 혐의사실에 대한 내용을 통보받을 수 있고, 방어를 위한 그의 주장을 제시할 수 있으며, 그렇게 함으로써 실질적으로(비록 이론상 그러한 것은 아니지만) 그에 대한 소취하나 실질적인 무죄를 이끌어낼 수 있기 때문이다. 피고인은 민사소송에서의 피고보다 무한정 더 유리한 지위에 놓이게 된다. 민사소송에서의 피고는 청구원인에서 주장되는 모든 사실관계에 대하여 이를 받아들이거나 부인하는 또는 이를 설명하는 답변을 하여야 한다. 그는 또한 소송과 관련되는 것으로 그가 가지고 있는 모든 자료에 대한 선서진술서(affidavit)를 작성하여야 하고, 그의 상대방에게 그들 자료에 대한 증거개시를 하여야 하며, 질문서에 답변을 하여야 한다. 간단히 말해서 그는 재판을 시작하기 전에 자신의 방어수단을 완전히 밝혀야 하고, 상당한 정도로 그가 방어수단으로 사용하려고 하는 증거를 개시하여야 한다. 범죄로 고발된 피고인은 그렇게 할 필요가 없다. 그는 재판에 회부될 때까지 그가 하고 싶은 말은 무엇이든지 할 수 있지만, 절차의 어떤 단계에서도 "당신은 유죄입니까, 아니면 무죄입니까"라는 공식적인 질문 이외에 어떤 질문도 받을 이유가 없으며, 단 하나의 이러한 질문에 답변을 하지 않는 경우라 하더라도 그러한 답변 거부는 재판에 아무런 영향을 주지 않고 다만, 피고인이 무죄답변을 한 것으로 간주될 뿐이다. 그 이외에도 소추인이 피고인으로부터 그의 유죄를 입증할 자료를 준비할 수 있도록 무한정 그를 구금할 수도 없다. 피고인은 인신보호법(Habeas Corpus Act)에 따라 소추의 확실한 근거를 알아볼 수 있도록 적어도 한 기일 후에 재판을 받겠다고 주장할 수 있다. 마지막으로 피고인의 유죄 또는 무죄를 결정하는 방식은 정확하게 민사소송의 경우와 동일하게 수행되며, 다만 민사소송에서 당사자에게 증인적격이 없는 증인을 인정하는 규칙과 관련하여 형사소송에서는 이를 그렇게까지 완화하지 않음으로써 피고인으로 하여금 적절한 또는 강제력 있는 반증을 하도록 하고 있다. 민사소송과 형사소송에 있어서 이와 같은 단 하나의 차이는 피고인의 가상적 이익을 위해서 마련된 또는 유지되는 것이다.

이 책의 이전 장(chapter)들에서 나는 형사재판절차의 서로 다른 단계에서 일어나는 일들을 설명했다. 여기에서는 모든 주제에 관한 일반적인 관

형사법 제정안 - 절차에 대한 개정

점을 제시하기 위해 1879년 형사법 제정안에1) 나와 있는 해당 부분을 다시 검토하면서 절차와 관련하여 과거 그리고 현재의 법률에 대하여 제정안이 제시하고 있는 개정안(change)을 살펴본다. 이 부분은 법률안 제7편에 125개 조문으로 나와 있고, 10개의 부분 또는 장으로 되어 있다. 그 순서는 이 책에서와 매우 비슷하게 되어 있으며 다만, 그것은 현존하고 있는 통상의 또는 예외적인 법원조직 또는 경찰조직에 대한 개편에 관하여 어떤 제안도 하지 않고 있어, 그러한 문제에 관한 언급도 하고 있지 않다.

현재의 절차와 관련하여 제시하고 있는 첫 번째 중요한 개정안은 중죄(felony)와 경죄(misdemeanor)의 구별을 폐지하는 것이었다.2) 이는 절차의 문제로 다루어졌다. 왜냐하면 오늘날의 법률에 의하면 많은 경죄들이(예컨대, 살인모의, 수탁재산횡령, 위증 그리고 허위 구실로 재산 취득) 금고형으로 처벌받을 수 있는 등 중죄와 경죄의 처벌에 있어서 실질적인 차이가 없기 때문이다. 따라서 이를 구별하는 실질적인 중요성은 전적으로 절차에 관한 것이고, 절차의 모든 부분이 어느 정도 그 구별에 영향을 받고 있다. 중죄를 범한 자는 모든 경우에 영장 없이 체포될 수 있고, 그리고 절대적으로 보석이 인정되는 경우는 없다. 반면에 경죄를 저지른 자는 법률에 특별한 규정이 있는 경우를 제외하고 영장 없이 체포되지 아니하며, 법률의 규정에 의하여 특별히 그의 권리가 제한되지 않는 한 모든 사안에서 보석의 권리가 있다. 경죄를 저지른 자는 기소장의 사본을 받아볼 수 있는 권리가 있지만, 중죄를 저지른 자는 그러하지 않다. 중죄의 경우에는 사실상 하나의 범죄만이 기소될 수 있다. 경죄의 기소장에는 죄수에 관계없이 여러 개의 범죄를 별개의 소인으로 기소할 수 있다. 중죄와 경죄의 재판 사이에는 그 이외에도 많은 차이가 있다. 그 중에서도 실질적으로 중요한 차이는 중죄로 기소된 자는 배심원에 대한 무조건의 기피신청권을 갖고 있는데 비해 경죄의 경우에는 그러하지 않다는 것이다.

형사법 제정안을 만든 위원들(Commissioners)은 이러한 모든 구별과 그로 인한 차이를 폐지하자는 것이었다. 각 특정 범죄의 정의(definition)에 있어서도 피고인이 약식체포의 대상이 되는지 되지 않는지, 그리고 재량행

---

1) 제정안이 만들어지게 된 사정은 이 책 서문에 나와 있다.
2) 제431조.

위에 의해서만 보석이 가능한지 그렇지 아니한지에 관한 특별규정이 포함되어 있었다. 모든 재판은 동일한 방식으로 행해져야 하고, 기소장에 관한 모든 규정은 모든 범죄에 동일하게 적용되어야 했다. 그리고 배심원에 대한 기피신청과 관련해서는 반역죄로 기소된 사람은 35명에 대한 무조건의 기피신청을, 사형이나 종신 금고형에 처해질 수 있는 범죄로 기소된 사람은 20명을, 그리고 다른 모든 사람은 6명에 대하여 무조건의 기피신청을 할 수 있도록 했다. 오늘날 배심원에 대한 기피신청권은 거의 행사되지 않고 있지만, 그것이 행사되는 경우 절도로 기소된 사람은 기피신청권을 갖고 있어야 하고, 위증, 명예훼손 그리고 허위 구실로 재산을 취득한 사람은 갖고 있지 않아야 한다는 것은 수긍하기 어려운 일로 보인다.

법원의 토지관할에 관한 현행 법률도 제정안에 있어서는 상당한 변화를 보이고 있었다. 장소에 관한 모든 법률은 제504조에 의하여 모두 폐지되고, 그에 따라 모든 형사법원은, 영국에서 발생한 범죄는 영국에서 그리고 아일랜드에서 발생한 범죄는 아일랜드에서 재판을 하도록 한다는 원칙만 지켜진다면, 범죄가 어디에서 발생하였는지에 관계없이 관할권을 갖고 있는 모든 범죄에 대하여 재판을 할 수 있도록 하였다. 같은 생각에서 돌려보내는 영장(backing warrant)[1] 제도도 폐지되었고, 아일랜드에서 시행되고 있던 관행을 영국에도 적용하여, 치안판사의 영장이 영국 전역에서 또는 아일랜드 전역에서 효력을 발하도록 했다.

범죄혐의자를 강제로 출석시키는 절차와 관련하여 제정안은 현재의 법률에 약간의 변화를 제안하고 있다.

제437조에 의하여 치안판사들은 그 누구도, 아직 고발을 당하지 않은 경우에도, 의심되는 범죄를 조사할 수 있는 권한을 부여받고 있는데, 그에 의하면 범죄에 대한 구체적인 증거를 제공할 수 있는 증인들을 그들 면전으로 소환할 수 있고 그들에게 선서를 하게 한 후 신문을 할 수 있게 되어 있다. 이러한 권한은 본래 1870년의 치안유지법(33 Vic. c. 9 법률 제13조)에 따라 아일랜드의 치안판사들에게 부여한 것이었다. 그와 비슷한

---

1) [역주] Backing warrant라고 함은, 관할권이 있는 법원에서 발부한 영장을 관할권이 없는 지역의 집행관에게 송부하면 이를 받은 집행관이 그곳에 있는 범인을 검거하여 영장을 발부한 법원으로 범인을 이송할 수 있는 영장을 말한다.

Malicious Indictment Act의 확대 적용

조항이 1882년의 범죄방지법(45 & 46 Vic. c. 25 법률 제16조)에도 들어 있다. 이러한 권한은 모든 사건에 분명히 주어져야 할 것이다. 왜냐하면 그것은 무고한 사람에게 어떠한 고통도 가하지 않으면서 심심찮게 범죄의 적발에 기여할 것이기 때문이다. 범죄가 발생하게 되면, 그리고 아직 그로 인해 어떤 사람이 체포되기 이전에, 금방 기억에서 사라질 많은 사연들이 발생하고 기억될 것이지만, 이는 나중에 대단히 중요하다는 것이 드러나게 된다. 이러한 조사는 현재 경찰에 의해서만 가능하지만, 경찰은 그 누구에게도 정보를 달라고 요구할 수 있는 권한이 없고, 그들로 하여금 선서를 하고 진술하게 할 권한도 가지고 있지 않다. 그러한 조사를 실시할 수 있는 권한은 범죄의 적발을 위한 일상적인 장치의 일부가 되어야 한다. 결국 이것은 살인사건에 있어서 검시관이 하는 것보다 더 신속하고 더 간편한 방식이라 할 수 있다. 30 & 31 Vic. c. 35 법률 제6조에 의하여 그러한 제도를 도입하고자 하는 시도가 있었지만, 의회에서 그 조항에 대한 법률개정으로 그 시도는 좌절되었다.

치안판사 면전에서의 절차와 관련하여 특별히 중요한 변화는 없었지만, 전체 제도에 있어서 치안판사의 지위와 관련해서는 아주 중요한 제안을 하고 있었다. 내가 이미 설명한 바와 같이, 다른 사람을 범죄혐의로 고발하려고 하는 자는, Malicious Indictment Act(22 & 23 Vic. c. 17 법률)에 의하여 일반 법률로 제외된(1859년에) 약간의 사건들을 제외하고, 치안판사를 찾아갈 필요가 없다. 따라서 법률적으로는 어떤 사람도, 재판 이전에는 자신의 범죄혐의를 입증할 증인의 이름이 누구인지 알 수 있는 방안이 없는 상황에서, 그 증인의 증언을 기초로 자신의 등 뒤에서 인정된 기소장을 통하여 재판에 회부될 수 있다는 것이다. 이러한 점에 대한 처방으로 형사법 제정안은 Malicious Indictment Act의 원칙을 모든 범죄에 적용하도록 제안하였고, 그리고 나아가 검시관 배심의 평결이 기소장의 효력을 갖는 것을 인정하지 않고 대신 사건을 예심을 담당하는 치안판사에게 보내도록 하게 하자고 제안하였다. 이렇게 함으로써 한편으로는 형사법원의 재판에 회부되는 자는 누구나 그에 대한 증거가 무엇인지 알게 될 것이고, 다른 한편으로는 치안판사가 소추인이 제출한 증거를 심리한 후 피고인에 대한 소를 기각하였다는 단순한 사실만으로는 소추절차를 중지시킬 수 없다는 것이다. 왜냐하면, 소추인은 치안판사에게 소추를 계속하여 허용하도록 청구할 수 있는 권리를 갖게 될 것이기 때문이다. 그러한 경우 소추인은 그 자신의 책임으로 자신이 직접 기소장을 제출할 수 있게 될 것이다. 치안판사를 통하지 않고 바로 기소를 할 수 있는 법무관(law officer)의 권한은 그대로 유지되었고, 법원이나 판사는 그렇게 하도록 허가할 수 있도록 하였다. 이렇게 하여 대배심(grand jury)은 그를 설계한 사람들이 만들수도 있었던 압제의 도구로 더 이상 존재할 수 없게 되었고, 한편으로는 무고한 사람이(내 생각으로는, 전혀 불필요한 말이 아니다) 공개적으로 고발을 당하는 불명예로부터, 그리고 그가 저지르지 않은 범죄로 인하여 재판에 회부되는 것으로부터 보호받는 장치로서 계속 존속하게 될 것이다. 대배심은 또한 지금과 마찬가지로 준비가 제대로 되지 않고 미숙한 재판을 방지하는 기능을 계속 수행할 것이다. 판사가 보기로는, 비록 예심을 담당하는 치안판사는 그렇게 보지 않겠지만, 증거의 연관성이 빈약하거나 증거 그 자체의 성질로 보아 소배심이 당연히 무죄평결을 할 그러한 사건임에도 피고인이 재판에 회부되는 경우가 결코 드문 일이 아니다. 그러한 경우에는 대배심에게 기소장안(bill of indictment)을 던져 버리라고 조언하는 것이 통상적이고, 이렇게 함으로써 공개적인 오판이 종종 방지되기도 한다. 이러한 일은 흉악한 범죄이지만 입증이 제대로 되지 아니한 경우 특히 흔하게 나타나고 있고, 이러한 사안에 대한 공개재판은 그 자체로 죄악이며, 그리고 이는 결코 작은 일이 아니다.

형사법 제정안은 기소장에 관한 모든 기술적인 것을 완전히 삭제할 것을 제안하고 있고, 그들 중 절반 가량은 이미 없어져버렸다. 이는 연속적인 조문들의 결과인데, 조문들은 기소장에 필요한 것이 무엇인지에 관하여 간단하지만 적극적인 방식으로 규정하고 나서 과거의 이의제기는 그 어느 것도 그들에게 제기되어서는 안 된다고 소극적인 방식으로 선언하고 있다. 다음의 조문들이 그들이 스스로 말하는 것들이고, 제안하고 있는 개정안의 요지들을 포함하고 있다.

"제482조 - 소인의 형식과 내용 - 기소장의 모든 소인(count)은 피고인이 기소장에서 특정하고 있는 범죄를 저질렀다는 내용을 구체적으로 포함하고 있어야 하고 그리고 그것으로 충분하다. 그러한 범죄사실은 기술적인

기소장에 관해 제안된 변경

주장이나 반드시 입증하여야 할 필요성이 없는 문제에 대한 주장을 생략하고 통상 사용하는 말로 적시되어야 하고, 이 법률 별표 I(2)의 방식으로 또는 그와 같은 효력을 갖고 있는 방식으로 작성되어야 한다."

"그러한 범죄사실은 그 범죄를 규정하고 있는 또는 고발된 행위가 기소 가능한 범죄라고 명시하고 있는 법률에 나와 있는 용어로 작성되거나 또는 피고인에게 고발된 범죄의 내용을 알려주는 데 충분한 용어로 작성되어야 한다."

"모든 소인은 입증되어야 할 피고인의 행위나 부작위에 관하여 또는 언급하고 있는 행위를 구별함에 있어서 합리적인 정보를 피고인에게 줄 수 있을 정도로 충분하게 범죄에 대한 아주 자세한 상황을 담고 있어야 한다. 그렇게 자세한 내용이 기재되어 있지 않거나 불충분하게 기재되어 있는 경우만으로 소인(count)이 무효로 되는 것은 아니지만, 법원은 그에 대한 보완을 명하거나 또는 다음에서 언급하고 있는 바와 같이 사실의 특정을 명할 수 있다."

"소인에서는 고발하고 있는 범죄를 규정하고 있는 법률의 조문과 항을 언급할 수 있으며, 소인이 제대로 기재되어 있는지 여부와 관련하여 법원이 충분하다고 결정함에 있어서 그러한 언급을 참작할 수 있다."

"모든 소인은 일반적으로 하나의 범죄행위(transaction)에만 적용된다."

"제483조 – 범죄는 예비적(alternative)으로 고발될 수도 있다. 소인이, 고발된 행위나 부작위를 기소 가능한 범죄로 규정하거나 선언하고 있는 법률에서 그 대안으로 규정하고 있는 여러 개의 서로 다른 행위나 부작위를, 예비적으로 고발하고 있다는 이유로 또는 이중으로 혹은 잡다하게 고발하고 있다는 이유로 이를 이의를 제기할 수 있는 것으로 간주할 수 없다. 다만, 피고인은 재판의 어느 단계에 있어서도 소인이 그렇게 되어 있어 그의 방어에 어려움이 있다는 이유로 그 변경이나 분리를 법원에 청구할 수 있다."

"법원은 공정한 재판을 위하여 필요한 경우에는 소인에 대한 변경이나 2개 또는 그 이상의 소인으로 분리할 것을 명할 수 있고, 그러한 명령이 있는 경우 소인은 그렇게 변경되거나 분리되며, 그에 따라 형식적인 시작의 문구(commencement)가 분리된 각 소인에 삽입된다."

기소장에 관해 제안된 변경

이러한 제도에서 작성될 기소장의 형식에 대해서는 별표에 그 설명이 나와 있다. 그 내용은 다음과 같다.

I(1) 표제(Heading)

"(기소장을 발부하는 법원의 이름)에서 여왕을 위한 배심원들은 다음 같은 기소장을 발부한다. [하나 이상 소인의 경우 각 소인의 앞에 다음과 같이 기재한다]. 위 배심원들은 나아가 다음과 같은 기소장도 발부한다."

I(2) 범죄사실(Charge)

범죄사실을 기재하는 사례

"(a) A는 B를 언제, 어디에서 살해했다."

"(b) A는 언제, 어디에 정박해 있는 어떤 선박에서 밀가루 한 부대를 절취했다."

"(c) A는 언제, 어디에서 거짓 구실로 B로부터 말 한 마리, 수레 한 대 그리고 마구를 취득했다."

"(d) A는 B로 하여금 징역형에 처할 수 있는 범죄 즉, 강도로 유죄판결을 받도록 할 목적으로, 1879년 모월 모일 Leeds에 있는 York 주 West Riding 사계법원에서 개최된, C에 대하여 강도를 범하였다는, B에 대한 강도사건에서 선서를 하고 다음과 같이 위증을 하였다. 첫째, A는 언제 Leeds에서 B를 보았다. 둘째, B는 C의 소유인 시계를 담보로 A에게 제공하겠다고 하면서 A에게 돈을 빌려달라고 하였다. 셋째, 등." 또는,

"(e) 위 A는 위 B가 언제 Kilkenny에서 C에게 범하였다는 폭행으로 Kilkenny에서 개최된 사계법원에서 선서를 하고, 범행이 있었다고 하는 날 그 시간에 Waterford에서 A가 B를 보았으므로 그 시간에 B는 Kilkenny에 있을 수 없었다고 위증을 하였다."

"(f) A는 B에게 신체적 상해를 가하여 불구를 만들려고 또는 B에게 중대한 신체상해를 가하려는 의도로 또는 A[또는 C]에 대한 적법한 체포나 구금에 저항할 목적으로 B[또는 D]에게 실제로 신체상해를 가했다."

"(g) A는 North-Western Railway에 있는 사람들에게 상해를 가하거나 그들의 안전을 위험에 빠뜨릴 의도로 언제, 어디에서, 어떤 방법으로(피고인의 행위나 부작위에 관하여 합리적인 정보를 피고인에게 줄 수 있을 정도로 그리고 피고인의 행위를 특정할 수 있도록 충분히 자세하게 서술하여야 한다) 위 철로를 운행하는 탄수차와 특정 화차의 운행을 방해하기 위하여 엔진을 마음대로 조작하는 계산된 행위를 했다."

"(g)[1] A는 서기 몇 년 어느 날 어떤 신문에 어떤 제목으로 또는 어떤 내용으로 시작하는 기사로[피고인이 게재한 내용 중 어떠한 부분이 문제가 되는지에 관하여 알 수 있는 합리적인 정보를 피고인에게 줄 수 있을 정도로 충분히 자세하게 서술하여야 한다] B의 명예를 훼손하는 글을 게재하였고, 그 명예훼손의 기사는 위 B가 어떠하다고[사안에 따라서 해당하는 내용] 비난하려는 감정에서 작성된 것이다."

"(h) 그 A는 여왕의 허가 없이 [birkenhead]에서, 당시에는 여왕과 전쟁을 하지 않고 있던 미합중국이라 불리는 외세에 대항하고 있던 남부 연방[법률 제484조 참조]이라는 특정 외세에 봉사하기 위한 목적으로 'alexandra'라고 불리는 배를 의장하고, 치장하고, 장비를 갖추고 또는 무장하거나 또는 이러한 의장, 치장, 장비 갖춤 또는 무장을 기도하거나 시도하였다[이는 법 제 483조에 의해 충분하다; 제 71조는 그들이 무장을 함에 있어서 '획득하고, 돕고 또는 지원했다'고까지 설시할 필요는 없다고 하고 있다]."

이들 형식을 내가 이 책 제9장에서 언급하고 있는 형식과 비교하면 그들이 법률의 내용을 단순화시키고 있는 것이 금방 명백해질 것이다. (h)항에서 설명하고 있는 것은 법률 규정의 서로 다른 모든 해당 단어를 조합하여 분리, 고발함으로써 95개의 소인으로 되어 있는 R. v. Sillem 사건의[2] 기소장에 해당하는 것이다.

---

1) 원문에는 (g)로 되어 있지만, 잘못된 순번이다.
2) 2 Hurl 그리고 Colt. p. 421.

장소와 법익박탈에 대한 변경

추상적으로 작성된 기소장으로 인한 피고인의 당황을 방지하기 위해, 기소장과 선서진술서를 검토한 법원이 실제 그 내용이 피고인을 당황하게 하도록 작성되어 있다고 보이는 경우 서면의 상세한 내용을 피고인이 받아 볼 수 있도록 형사법 제정안은 규정하고 있다. 서로 다른 범죄를 내용으로 하는 소인(count)은 경죄에 관한 현재의 관행에 의하면 어떠한 경우에도 이들을 병합하여 재판하는 것이 허용된다.[1] 여기에는 모살(murder)을 고발하는 경우의 예외가 인정되고 있는데, 그에 의하면 모살의 경우에는 모살의 소인만 병합이 가능하였다. 따라서 어떤 사람이 집에 불을 놓아 집 안에 있는 재산을 절취하고 여러 사람을 불타 죽게 한 경우 그는 하나의 기소장에서, 여러 개의 소인으로, 여러 사람을 모살한 것으로 고발될 수 있고, 종종 그렇게 되기도 한다. 이 경우 방화와 절도는 다른 기소장으로 고발되며, 방화가 하나의 소인 그리고 절도가 다른 소인이 된다. 일반원칙에 대한 예외를 인정하는 이유는 사형에 처해질 수 있는 범죄의 경우 배심의 주의를 다른 사건의 심리로 분산시키지 않기 위해서다. 특히, 다른 고발 내용을 포함시킴으로써, 상황에 따라서는, 적당한 타협으로 나갈 수 있기 때문이다. 피고인은 모든 경우에 기소장사본을 받아 볼 수 있다.[2]

재판의 장소와 방식에 관한 형사법 제정안의 실질적인 내용에 의하면 피고인은 범죄가 발생한 지역을 관할하는 치안법원의 치안판사에게 인치되어야 하며, 그 치안판사는 피고인을 그 지역을 관할하는 법원의 재판에 회부하여야 하고 다만, 여왕좌부는 다른 관할이 있는 법원에서 재판하도록 지시할 수 있는 권한을 가지고 있다는 것이다. 법원은 또한 모든 사건에서 특별 배심(special jury)에 의한 재판을 명할 권리를 갖고 있다.

기소장이 발부된 후 피고인을 법정에 강제로 출석시키는 절차에 관한 현재의 법률은 실질적으로 하나의 변화 즉, 법익박탈(outlawry)을 폐지하고 있는 것을[3] 제외하면, 그대로 유지되었다. 나는 1878년의 형사법 제정안에서, 법익박탈은 재산의 몰수를 포함하는 도망자에 대한 치안판사의 파산명령으로 대체되어야 한다고 제안했다. 1879년의 위원회는 이러한 필요성을 검토하지 않았지만, 나는 그러한 태도가 현명한 것인지 의심이 간다. 범인인도조약에 따라 많은 사건의 범인들이 해외에서 체포되어 영국으로

---

1) 제493조.　　　　2) 제507조.　　　　3) 제501조.

돌아오지만, 돈 많은 사람이 반역죄나 반역죄에 해당하는 중죄를 저지르고도, 영국에 돌아올 수 없는 것을 제외하면, 아무런 불편함 없이 프랑스에 거주할 수 있게 하는지 나는 그 이유를 모르겠다. 나는 조국의 법률에 응하지 않는 사람의 경우에는 그 법률의 보호를 받고 있는 그의 재산을 몰수하여야 한다고 생각한다. 33 & 34 Vic. c. 23 법률 제1조에 의하여 법익박탈의 경우에는 재산의 몰수가 명시적으로 유지되고 있었다. 법익박탈의 절차는 사실상 쓸모없는 것이 되어 버렸지만, 파산제도는 제대로 활용되고 있다. 만일 법망을 피해 도주하는 경우에 파산명령이 가능하다면 법망을 피하려는 부자들에 대한 엄격한 견제장치로 작동할 수 있을 것이다.

실제 재판과 관련한 법률의 변경은 거의 제시되지 않았고, 일부 제시된 것도 모두 여전히 사법작용을 방해하고 있는 몇 개의 기술적인 부분을 제거하기 위한 방향이었다. 제안된 개정안의 내용은 다음과 같다.

첫째로, 항소절차를 간편하게 하기 위해 너무나 성가시고 기술적인 현재의 기록을 폐지하는 것이 제시되었다. 현재의 기록은 과거의 간단한 메모를 대체한 것으로 Crown Book이라 불리는 서책으로 되어 있는데, 항소가 제기되는 경우 항소법원에서 알 수 있도록 모든 사건에서 절차의 모든 필수적인 부분을 정해진 형식으로 기록하여 법원 직원이 보관하도록 되어 있다. 법원은 증인의 출석을 위하여 배심을 해산하고 재판을 연기할 수 있는데 다만, 이는 예기치 않은 증인의 출석으로 피고인이 기습을 당한 것으로 보이는 경우 또는 소추인 측에서 마땅히 불러야 할 증인을 부르지 않은 경우에만 가능하도록 했다.[1] 임신의 경우 수태심사배심(jury of matrons)은 폐지되고, 의사가 검사하도록 대체되었으며, 그리고 여기에서 자세하게 언급할 필요가 없는 사소한 문제에 대한 제안이 있었다.

피고인의 신문에 관한 제안에 관해서는 내가 이미 설명을 하였으며, 그리고 형사사건의 항소에 관한 제안에 대해서도 그 내용을 설명하였는데, 이들 제안은 현재의 법률상황과 그 역사에 비추어 볼 때 가장 자연스럽고 쉽게 이해가 되는 것들이다. 하나의 작은 변화이지만 필요하다고 생각되는 것이 제시되지 않았다. 나는 음란행위와 관련한 사건을 재판하는 경우에는 판사가 비공개로 재판할 재량을 갖고 있어야 한다고 생각한다. 현재에도

---

1) 제525조.

소년과 여자에게 퇴정을 명하는 것이 통상적이긴 하지만, 내 판단으로는 이것만으로는 충분하지 않다고 보인다. 모든 연령대에 걸친 많은 남자들의 열망 특히, 젊은 남자들과 나이 든 남자들이 건전한 사람의 경우 메스꺼움과 반감을 느낄 만한 사건을 보려고 열망하는 것은 건전한 도덕 감정에 대한 모욕이고, 극도의 해악을 가져오는 것이라고 나는 확신한다. 모든 필요한 공개는 보장되어야 하고, 법원에서 일거리를 갖고 있는 사람들 특히, 신문기자들을 배척하지 않는 방법으로, 공중의 의견을 배제함으로써 발생할 수 있는 정의의 왜곡과 관련한 모든 가능성을 방지해야 할 것이다. 이렇게 함으로써 건전한 여론의 영향력은 그대로 유지하면서도 최악의 범죄와 악을 바라보며 히죽히죽 웃는 야비한 인간들이 덕행의 도장이 되어야 할 장소를 가장 저급한 형태의 악이라 할 수 있는 욕구충족의 장으로 만드는 것을 방지할 수 있을 것이다.

만일 이러한 제안이 채택되었더라면, 또는 앞으로 채택된다면 우리의 형사재판제도는 마치 그것이 단일 정신(single mind)을 갖고 있는 사람의 작품인 것처럼 전체적으로 완벽하고, 치밀하고 그리고 조직적인 형태를 취할 것으로 나는 생각한다. 그것은 또한 먼 옛날 고대로부터 연속적으로 이어져 온 판사들과 입법자들의 계승을 통하여 형사재판을 구성하는 모든 당사자들이 승인하고, 종합하고 그리고 시험을 거친 유익한 제도일 것이다. 그리고 그것은 많은 세기를 통하여 서서히 축적된 경험을 대표하고 있을 것이며, 그리고 최종적으로는 단일 법률에 의한 명확하고 명시적인 제도로 귀착될 것이다. 그러한 제도에 대한 단순한 설명만으로는 그 전체적인 성격에 대한 완전한 인상을 말할 수는 없을 것이다. 만족할 만한 수준으로 이를 설명하기 위해서는 형사재판에 있어서 대단한 호적수라고 불리는 제도와 비교해 보는 것이 좋을 것이다. 영국의 제도는 영국과 아일랜드에서만이 아니라 약간의 변종을 전제로 북미 대륙 전체에서도 적용된다. 그리고 영국의 모든 식민지 그리고 특히, 호주와 희망봉 그리고 뉴질랜드에서 적용되며, 그리고 이 책의 다른 부분에서 충분히 설명하고 있는 인도 제국 전역을 통하여 확립된 제도의 기초를 이루고 있다.

프랑스의 형사소송법(Code d'Instruction Criminelle)은 유럽 대륙 많은 나라들에서 입법의 표준이 되었다. 그것은 우리 자신들의 것과는 다른 사상체계의 결과물이다. 그것은 우리와는 폭넓게 다른 기관들에 의해 강제되고 있다. 그리고 프랑스 제도는 어느 정도 우리의 주요한 기관 즉, 배심에 의한 재판을 채택하기는 하였지만, 프랑스 배심은 영국의 배심과는 많은 부분에서 상이한 지위를 가지고 있다. 나는 이번 장(chapter)의 설명을 마치기 위해 이제부터 우리 자신의 제도와 비교 또는 대조하면서 프랑스 형사소송의 내용을 설명하고자 한다.

다음에서 보는 것이 프랑스 형사법원(criminal court of justice)의 조직이다. 프랑스에는 26개의 항소법원(Court of Appeal)이[1] 있고, 정해지지 않은 수의 제1심 법원(Court of First Instance)이 있다.[2] commune이라는 모든 지방자치체에는 적어도 1명의 치안판사(juge de paix)가 있다.[3] 다른 곳은 2명 또는 그 이상의 치안판사가 있는 곳으로 나누어진다. 이들이 프랑스의 형사법원이고, 다음과 같이 이들을 다시 나누어 볼 수 있다.

각 항소법원의 산하에는 중죄법원(Cour d'Assises)이 있다. 중죄법원은 3명의 판사들로 구성되며, 그들 중 1명이 재판장(president)이다. 항소법원이 설치되어 있는 도(department)에서는 중죄법원의 모든 판사들이 항소법원의 구성원이다. 그 이외의 도에서는 재판장이 반드시 항소법원의 구성원이어야 한다. 다른 두 명은 항소법원의 구성원이거나 또는 중죄법원이 설치되어 있는 지역의 제1심 법원의 재판장이나 판사로 구성한다. 중죄법원은[4] 각 도에서 통상 3개월 간격으로 개정되지만 필요한 경우 더 자주 개

---

1) 1. Agen ; 2. Aix ; 3. Ajaccio ; 4. Amiens ; 5. Angers ; 6. Besancon ; 7. Bordeaux ; 8. Bourges ; 9. Caen ; 10. Dijon ; 11. Douai ; 12. Grenoble ; 13. Limoges ; 14. Lyons 15. Montpellier ; 16. Nancy ; 17. Nimes ; 18. Orleans ; 19. Paris ; 20. Pau ; 21. Poitiers ; 22. Rennes ; 23. Riom ; 24. Rouen ; 25. Toulouse ; 26. Chambèry. Brussels과 Liegè도 애초에는 27 Ventôse, An. VIII 법률에 의해 항소법원이 창설되었었다. Colmar와 Metz도 마찬가지이다. 이들은 프랑스 일부에서 떨어져 나갔다. Chambèry 는 1860년 Nice에 병합되었다(Cours d'Appel, Lois Usuelles, p. 457). 이들 법원은 또한 Cours Impèriales 그리고 Cours Royales라고도 불려 왔다. 이들 대부분은 그들 관할 내에 3개의 도(department)가 있다. 6곳 즉, Montpellier, Nancy, Nimes, Poitiers, Riom 그리고 Toulouse에는 각 4개의 도가 있고, Rennes 한 곳은 5개, 그리고 Paris는 7개의 도가 있다.

2) Law of April 20, 1810, 제5장.

3) Code d'Instruction Criminelle, p. 141-142. 나는 이 법률을 C. I. C로 약칭한다.

4) C. I. C. p. 251-265 참조.

정될 수 있다. 중죄법원은 배심재판을 하며 통상 그 법원의 재판대상은 경죄(délits)와 구별되는 중죄(crime)이다.[1] 그들은 또한 특정한 사건에 대한 특별한 관할권을 갖고 있으며, 재판 결과 경죄로 판명되거나 심지어 위경죄(police offence)에 해당하는 경우에도 재판을 할 수 있다.

경죄법원(Tribunal Correctionnel)은[2] 형사법원으로서 제1심을 담당하는 법원이다. 이 법원은 제1심 법원(Court of First Instance) 소속 3명의 판사로 구성된다. 그들은 배심 없이 경죄에 대한 재판을 한다. 즉, 5일 이상의 징역형 그리고 15프랑 이상의 벌금형에 처해질 수 있는 범죄에 대한 재판을 하며 사형이나 강제노역형(travaux forcés) 또는 속세를 떠나게 하는 형(reclusion)에 처해질 수 있는 범죄에 대하여는 재판을 하지 않는다. 그들이 부과할 수 있는 최고의 형벌은 징역 5년 또는 재범의 경우에 인정되는 징역 10년이다. 그들은 또한 20년 이하의 강제노역형이나 속세를 떠나게 하는 형으로 처벌이 가능한 중죄(crime)로 16세 미만의 소년에 대한 재판을 할 수 있고, 실제 많이 하고 있다.

마지막으로 치안판사(juge de paix)는 15프랑 이하의 벌금 또는 5일 이하의 징역형에 처할 수 있는 경찰 범죄(police offence)를 재판하기 위한 판사들이다. 치안판사가 징역형의 판결을 하거나 5프랑 이상의 벌금에 처하는 판결을 하는 경우 경죄법원에 항소할 수 있다.[3] 그러나 이러한 경우 법률에는 피고인만 항소할 수 있는지 아니면 소추인도 항소할 수 있는지 여부가 분명하지 않다. 항소가 제기되면 판결의 집행은 정지되고, 당사자나 검사의 청구에 따라 다시 심리할 수 있다.

경죄법원의 모든 최종 판결과 최종 판결에 직접적인 관계가 있는 중간 판결에 대해서는 항소법원에 항소할 수 있다.[4] 피고인이나 시민 당사자는 물론 검사나 검찰총장도 항소할 수 있다.[5] 항소법원의 심리는 마치 사건을 처음 재판하는 것과 같은 방식으로 한다.[6] 법원은 입증된 범죄사실이 위경죄(contravention)나 경죄 또는 중죄에 해당하지 않는 것으로 인정되면, 피

---

1) C. I. C. p. 133. 그리고 M. Hélie, Prat. Crim. 1. p. 434, 824 참조.
2) C. I. C. p. 179-181. 그리고 M. Hélie, Prat. Crim. 2. p. 187, 188 참조.
3) C. I. C. 172-178.
4) C. I .C. 199 이하. Helie, Prat. Crim. 1. p. 248 이하.
5) C. I. C. 202.   6) C. I. C. 210, 190.

고인에 대한 소를 기각할 수 있다.[1] 그 범죄행위가 경죄(délit)에는 해당하지 않지만 위경죄에는 해당하는 경우 그에 절절한 형을 부과할 수 있다.[2] 만일 그 행위가 중죄에 해당하는 경우로 인정되면 중죄법원에서 재판을 받도록 조치를 취할 수 있다.[3] 항소법원이 법률에서 무효로 규정하고 있는 형식의 위반이나 그 생략을 이유로 판결을 파기하는 경우에는, 스스로 시비곡직을 가려 재판할 수 있다.[4]

중죄법원의 판결에 대해서는 항소가 인정되지 않는다고 보통 말해진다.

중죄법원은 물론 나머지 법원 등 모든 법원의 판결은 법률문제에 한하여 파기법원(Court of Cassation)에 항소할 수 있는 대상이 된다. 이 법원은 파리에서 개정하며,[5] 3개의 실(chamber)로[6] 구성되어 있고, 각 실에는 16명의 판사가 있다. 그 직무와 관련한 기본 원칙은 M. Hélie가 다음과 같이 언급하고 있다.[7] – "파기법원은 어떠한 경우에도 사건의 사실관계에 대해서는 판단할 수 없고, 원심의 절차와 판결에 대해서만 파기하여 환송함으로써 원심으로 하여금 사실관계를 다시 판단하도록 하는 것이 원칙이다. 그러한 이유로 상소심판결은 파기의 범위를 특정한 후 환송을 명하여야 한다." 영국의 법률을 빌려 말한다면, 파기법원은 항소된 판결을 그대로 인정하거나 아니면 새로운 재판을 명하여야 한다.

이러한 내용이 프랑스의 법원들이다. 일반적인 관할의 구조 그리고 그들 상호간의 관계는 우리 자신의 것과 상당히 유사하다. 치안판사는 경찰 치안판사에, 경죄법원은 사계법원에, 중죄법원은 우리의 순회형사법원에, 파기법원 형사부는 우리의 형사유보문제처리법원(Court for Crown Cases Reserved)과 비교할 수 있지만, 이러한 일반적인 유사성은 그렇게 오래 가는 것이 아니다. 문제의 이들 각 법원은 영국의 각 대응 법원과의 비교에 있어서 그들 사이의 다른 어떤 비교보다도 훨씬 더 잘 드러나는 비교의

---

1) C. I. C. 212.
2) C. I. C. 213.
3) C. I. C. 214.
4) C. I. C. 216.
5) Roger et Sorel, Lois Usuelles, p. 414. Law 27 Ventôse, An. VIII.
6) "상소부(La chambre des requêtes), 민사부(la chambre civile) 그리고 형사부(la chambre criminelle)." – Roger et Sorel, p. 417. Law 15 Jan. 1826, art. 1.
7) M. Hélie, Prat. Crim. 1. p. 551. [역주] Faustin Du Hèlie(1799~1884)는 프랑스의 법률가로 판사를 역임하였으며, Theorie Du Code Pènal과 이 책에서 인용하고 있는 Traitè de L'instruction Criminelle의 저자이다.

대상이 될 수 있다. 첫째로, 전체 조직이 우리의 것보다 훨씬 더 체계적이고, 그 조직의 모든 부분은 하나의 전체적인 구도 하에 형성된 것과 같은 흔적을 보이고 있다. 제1심 법원과 항소심 법원 상호간에 그리고 그들로부터 파생되어 나온 형사법원과 우리 제도에는 존재하지 않는 파기법원 사이의 상호 연계는 매우 깔끔하다. 그러나 나는 이러한 제도에 어떤 특별한 장점이 있다고는 단정하지 않는다. 영국의 법원을 프랑스 법원의 개념으로 (예를 들어) 규정하자면, 영국에는 하나의 항소법원 즉, 고등법원(High Court of Justice)이 있고, 별개의 사계법원을 갖고 있는 각 주나 마을에는 사계법원(Court of Quarter Session)이라 불리는 경죄법원이, 그리고 각 주나 마을에는 일부 유급이기도 하지만 대부분 무급인 치안판사(juge de paix 또는 justice of peace)가 있는 것이 된다. 그리고 경죄법원은 주나 마을에 있는 모든 치안판사로 구성되며, 그들이 사계법원에 참여할 치안판사를 선출하고, 선출된 치안판사는 단독으로 또는 다른 치안판사와 함께 모든 경찰사건에 대하여 재판할 수 있는 관할권을 갖는다.

영국과 프랑스 판사의 지위와 관련하여 그 차이는 여러 가지 점에서 찾아볼 수 있을 것이다. 그들 중 하나가 그 성격을 특히 잘 드러내고 있으며 또한 중요하다. 즉, 그들의 인원수이다. 영국의 최고법원(supreme Court of Judicature)은 항소법원(Court of Appeal)으로 구성되어 있고, 이 법원에는 5명의 일반 판사와 당연직 판사 4명 즉, 대법관, 영국의 수석재판관, 기록장관 그리고 유언검인부(Probate Division) 부장이 있다(이들 중 기록장관을 제외하면 그 누구도 항소법원의 재판에 늘 관여하는 것은 아니다). 고등법원(High Court of Justice)은 3개의 부로 구성되어 있다. 즉, 5명의 판사가 있는 대법관부, 15명의 판사가 있는, 그 중 1명은 영국의 수석재판관, 여왕좌부 그리고 2명의 판사가 있는, 그 중의 1명은 부장, 유언검인과 이혼 그리고 해사(Admiralty)를 담당하는 부이다. 따라서 판사의 전체 숫자는 29명이고 그들 중 9명이 항소법원의 구성원이다. 이들 판사들 이외에 귀족원에 있는 3명의 유급 판사 그리고 추밀원에 있는 2명의 유급 판사를 더하더라도 전체 판사의 수는 34명이고, 이는 프랑스 파기법원 판사의 3분의 2에 2명이 모자라는 인원이다. 5명의 영국 판사는 상소사건만을 담당하는 판사들이다. 29명의 나머지 판사들은 프랑스 파기법원의 업무에 해당하는 직무를 모두 수행할 뿐 아니라 26개 프랑스 항소법원의 업무에 해당하는 직무 대부분은 물론 특히, 프랑스 중죄법원의 모든 업무와 제1심 법원의 많은 직무도 수행하고 있다. 1810. 4. 20. 제정된 법률에 의하여[1] 항소법원의 판사정원은 다음과 같이 정해졌다. 파리는 40명에서 60명, 다른 법원은 20명에서 40명. 항소법원 판사의 정원을 평균 30명으로 계산하더라도 이는 전체적으로 모두 810명이 되는 것이고, 이들이 영국 판사 29명이 수행하고 있는 직무를 수행하는 것이 된다.

1875. 7. 21. 제정된 법률은[2] Seine에 제1심 법원을 설치하면서 다음과 같이 즉, 1명의 원장, 11명의 부원장, 62명의 판사 그리고 15명의 판사보 등 모두 89명의 판사로 그 인원을 규정하고 있다. 영국의 경우에는 특별도시 자치구(Metropolitan District)에 전부 11개의 주(county) 법원들이 있고, (Lord Mayor의 법원을 하나로 계산하더라도), 이들 법원에는 각 1명씩의 판사가 있다. Seine 도(department)의 제1심 법원에는 영국과 웨일즈 전역에 있는 주 법원 판사들보다도 더 많은 판사들이 있다. 이와 같이 프랑스 판사가 다수로 구성되어 있다는 것은 영국의 판사와 비교할 때 그들 개개인의 중요성을 매우 크게 저감시킬 수밖에 없다. 실제, 앞으로 보는 바와 같이, 형사재판의 실질적인 운용에서 그들 대부분이 수행하고 있는 기능은 별로 중요한 것이 없다. 이와 유사한 것이 우리의 미결수석방을 위한 순회재판에 관여하는 사람의 수에서도 공교롭게 나타나고 있다.

법원의 구성에 대한 것을 마치고 법원의 관할에 관하여 본다면, 그 첫번째로 우리의 약식재판을 관할하는 법원은 프랑스의 치안판사보다 훨씬 더 강력한 권한을 갖고 있다는 것이다. 우리의 유급치안판사나 약식사건의 치안판사는 그 권한에 관하여 명백한 제한을 받지 않고 있다. 그들의 권한은 범죄를 규정하면서 그 형벌을 정하고 있는 각 법률에 따라 결정된다. 그들 법률에 의하면 피고인을 6개월의 징역형이나 중노동형에 처할 수 있는 경우가 많으며, 그들 중 일부의 경우에는 징역 9월도 가능하고, 나아가 징역 12개월이 가능한 경우도 있다.[3] 그들은 또한 많은 사건의 경우 예컨대, 폭발물과 관련한 법률위반의 경우 100파운드와 50파운드의 벌금을 선

---

1) Roger et Sorel, Lois Usuelles, p. 469. 2) Roger et Sorel, Lois Usuelles, p. 493.
3) 예컨대, 34 & 35 Vic. c. 112 법률 제7조(1871년의 범죄방지법)에 따라 특정 사건에 대하여 유죄평결이 있는 경우.

프랑스 법원과 영국 법원의 비교

고할 수 있는 바와 같이, 무거운 벌금과 몰수형을 선고할 수 있다. 10파운드, 20파운드 또는 30파운드의 벌금을 부과하는 것은 거의 대부분의 사건에서 인정된다. 이는 프랑스 치안판사의 경우 5일 이하의 징역형 그리고 15프랑 이하의 벌금형만 가능하도록 하고 있는 프랑스 법률과 뚜렷이 대조가 된다. 프랑스에서 치안판사(juge de paix)의 판결에 대해 제1심 법원(Tribunal of First Instance)에 항소하는 것과 같이, 영국에서도 많은 경우 약식법원(Court of Summary Jurisdiction)의 유죄평결에 대하여는 법률에 따라 사계법원에 항소하고 있는 것을 알 수 있다.

지금부터는 사계법원을 프랑스의 경죄법원(Correctional Tribunal)과 비교해보기로 한다. 법원의 구성에 관한 한 자치 도시(Borough)의 사계법원은, 프랑스의 경죄법원과 마찬가지로, 전업 판사 즉, 자치도시 지방법원 판사(Recorder) 또는 부판사(Deputy-Recorder)로부터 재판을 받는다는 점에서 매우 유사하다. 그러나 영국의 사계법원에는 한 사람의 판사만이 있는데 비해 프랑스 경죄법원에는 최소한 3명의 판사가 있다. 주의 사계법원에는 자발적으로 참여하는 판사들과 그들의 의장(chairman)이 있다는 점에서 프랑스의 어떤 법원과도 완전히 상이하다. 영국 법원에는 배심이 있다. 프랑스 법원에는 배심이 없다. 법원 관할의 범위와 관련하여 영국의 사계법원은, (특정된 일부 예외를 제외하면), 사형이나 첫 번째 유죄평결로 무기금고형에 처할 수 있는 범죄가 아니라면 어떤 범죄에 대하여도 재판할 수 있고, 두 번째 유죄평결의 경우에는 (이론적으로는) 무기징역형을 선고할 수도 있다. 물론 실무에 있어서 그러한 판결은 거의 찾아볼 수 없다. 그러나 프랑스의 경죄법원은 경죄에 대해서만 재판을 하며 첫 번째 유죄평결의 경우에는 5년 그리고 두 번째 유죄평결의 경우에는 10년 이상의 징역형을 선고할 수 없다. 따라서 프랑스의 경죄법원은 우리의 사계법원 관할의 대부분 그리고 약식법원 관할의 상당부분을 관할한다고 할 수 있다. 프랑스의 경죄법원으로부터 항소법원에 항소할 수 있는 권리는 우리의 사계법원의 그것과는 완전히 다르다. 사계법원의 판결에 대해서는 항소가 인정되지 않고, 이는 배심재판의 결과임에 의심의 여지가 없다. 배심에 의한 재판은, 비록 다른 배심에 의한 새로운 재판을 명하는 경우는 그러하지 않지만, 사건을 다시 심리하는 방식에 의한 항소와는 어울리지 않는다.

영국의 사계법원, 중앙형사법원 그리고 여왕좌부는 그 본래의 관할에 있어서 프랑스의 중죄법원과 많은 공통점을 갖고 있다. 그러나 이들 영국의 법원들은 그들의 주된 기능이 좀 더 중한 사건에 대한 재판이기는 하지만, 그렇게 중하지 않은 사건들을 재판할 수 있고 실제로 자주 그렇게 하고 있다는 점에서 프랑스 중죄법원과 상이하다.

지금부터는 이들 다양한 법원들이 특정한 피고인을 처벌하는 절차에 관해서 살펴보기로 한다. 이 주제와 관련하여 첫 번째로 주목해야 할 것은 영국과는 달리 프랑스에만 있는 기관(body)의 존재와 그 조직에 관하여서이다. 나는 이미 영국에 있어서 형사사법의 운용은 일반 개인의 손에 맡겨져 있었고, 현재의 세기를 보내며 범죄를 진압하기 위한 상설의 부대가 영국에 설치되기는 하였지만, 이를 구성하는 경찰은 범죄를 진압하고 범인을 검거하거나 찾아내는 데 있어서 일반 사인의 경우 필요한 것이 아니고 그리고 일반 사인이 통상 할 수 있는 것이 아니면 실제 그 어떤 행위도 할 수 없다는 사정을 자세하고 깊이 있게 설명하였다.

이러한 사정은 프랑스의 기본원칙 그리고 실무관행과 완전히 반대되는 것이다. Code d'Instruction Criminelle 첫 장은 다음과 같이 되어 있다. "형벌을 부과하기 위한 행위는 법률로 정한 공무원만이 행할 수 있다. 중죄, 경죄 또는 위경죄 등 범죄로 인한 피해의 회복을 위한 행위는 범죄로 피해를 입은 모든 사람들이 행할 수 있다." 따라서 프랑스에서 범죄의 적발과 처벌은 실무적으로는 물론 이론적으로도 그러한 목적을 위해 임명된 공무원들이 담당하는 공적인 관심의 문제로 당연히 받아들여지고 있다. 반면에 프랑스의 형사소송에 있어서는, 가장 사소한 사건에서부터 중한 사건에 이르기까지, 범죄로 피해를 입은 사람은 누구나 스스로 나서서 시민 당사자(partie civile)가 될 수 있다. 그렇게 함으로써 그는 특정한 경우 피고인에게 손해에 대한 책임을 물을 수 있다. 그에 따라 프랑스 형사소송은 범죄로 피해를 입은 사람이 참여하는 손해배상을 위한 민사소송의 성격도 갖게 되며, 동시에 우리가 악의의 소추(malicious prosecution)라고 부르는 것에 해당하는 피고인에 의한 민사소송의 성격도 갖고 있다.

따라서 프랑스 경찰은 우리와는 완전히 다른 방식으로 조직되고, 그리고 매우 다른 의무를 갖고 있다. Code d'Instruction Criminelle 제8조는 다음과 같이 규정하고 있다. "사법경찰은 증거를 수집하고 범인을 각 관할 법원에 송치하는 등 중죄, 경죄 또는 위경죄를 수사한다." 이러한 목적을 위해 완전한 인적 기관(body of persons)이 조직된다. 항소법원에는 공적 소추인(public prosecutor)으로서의 직무를 행하는 직원들이 있고, 이들 전체를 칭하여 Ministére Public이라고 부른다. 중죄법원의 Ministére Public은 검찰총장(Procureur Général)과 그를 대리하는 차장검사(Avocats Généraux)로 구성되어 있다.[1] Code d'Instruction Criminelle 제279조는 다음과 같이 규정하고 있다. "수사판사를 비롯한 모든 사법경찰은 검찰총장의 지휘를 받아야 한다. 이 법 제9조에 따라 사법경찰권의 일부를 행할 수 있는 권한을 부여받은 자들 역시 검찰총장의 지휘를 받아야 한다."

사법경찰공무원은 다음과 같다. 프랑스 모든 군과 구에는 수사판사(juge d'instruction)를 두고, 이들은 공화국 대통령에 의하여 3년 임기로 임명되며, 재임명이 가능하다.[2] 수사판사는 군이나 구의 민사법원 판사나 판사보가 되며, 필요한 경우 1명 이상을 임명할 수 있다. 파리에는 6명이 있다. 모든 제1심 법원에는 1명의 공화국 검사(Procureur de la République)와 그 대리인들을 두고 이들이 그 법원의 Ministére Public이 된다. 치안법원에서는 경찰 총경(commissary)이 Ministére Public이다. 치안판사, 시장과 부시장, 경찰 총경, 헌병, 지방경찰 그리고 산림감시원도 사법경찰이다. 그들의 기능과 취하는 절차는 대상 범죄의 성격에 따라 다르다. 만일 범죄가 위경죄에 해당하고, 범인이 "en flagrant délit" 또는 우리말로 "범죄를 범하는 현장에서 붙잡힌 경우" 또는 만일 그가 "공소가 제기된 사람"인 경우 지방경찰이나 산림감시원은 즉시 그를 체포하고, 만일 그가 구금의 대상이 되는 때에는 치안판사나 시장에게 인치한다.[3]

다른 사건에 있어서는 지방경찰이나 산림감시원이 범죄의 상황, 짐작되는 범행 시각 그리고 그들이 발견할 수 있는 범죄에 관한 증거물이나 증거를 기록할 목적으로 조서(procés-verbal)를 작성한다.[4]

조서는 우리가 영국의 형사소송에서 작성하는 것과는 전혀 다른 서류이다. 조서는 M. Hélie에 의하여 다음과 같이 정의되고 있다. "조서(procés

---

1) C. I. C. 252.
3) C. I. C. 16.

2) C. I. C. 55. 그리고 M. Hélie, p. 63 참조.
4) C. I. C. 16.

verbaux)는 공무원이 중허, 경허 또는 위경허 등 법허의 사실관계 내지 구성요건, 법행 당시의 상황, 법인과 관련된 모든 증거와 단서 등을 기재한 서류이다."[1] 조서는 짧은 시간 안에 작성되어야 하고, 형식이 정밀하게 정해져 있는 것이 아니라 기록한 내용을 후에 파악할 수 있도록 서로 다른 사건에 서로 다르게 작성되어야 한다.[2] 조서는 서면으로 작성되어야 하고 그것을 작성한 사람이 작성일자를 기재하고 서명을 하여야 한다. 조서에는 작성의 대상이 된 경죄나 위경죄를 구성하는 사실과 범인의 성명을, 가능한 경우, 기재하고 압수한 물건의 목록과 그 명세를 포함하여야 한다. 일부 조서의 경우에는 치안판사 또는 시장 면전에서 선서를 통하여 입증하여야 하기도 하고, 일부 그렇게 하지 아니하기도 한다. 조서는 단순한 정보(renseignement)에 불과하지만[3] 조서에 기재되어 있는 것은 일단 증거로 인정되고, 그리고 시장, 경찰 총경, 헌병, 지방경찰, 산림감시원 그리고 다른 많은 사람들의 조서가 바로 이러한 것이다. 이들 조서는 "jusqu'à l'inscription de faux" 즉, 그것이 잘못된 것이어서 배척되어야 한다는 법적 판단이 날 때까지 증거가 될 수 있다. 이러한 사정이 세관공무원들의 조서에도 일부 그대로 인정되고, 다른 중요한 행정공무원들의 조서에도 사정은 마찬가지다.

조서가 작성되면 조서에서 언급하고 있는 당사자의 진술은 치안판사 면전에서 인용되거나 구두로 통보되며 또는 그 이외 어떠한 방식으로든지 간에 그에 대한 심리가 이루어진다.[4] 법정에서 이를 인용하는 경우 하루 전에 통보가 되어야 한다. 경찰 총경이 공적 소추인(public prosecutor)으로서의 소추행위를 하고 치안판사가 판사의 역할을 한다.[5] 심리는 공개되어야 하고 다음과 같은 순서로 한다.[6]

먼저 법원서기(greffier)[7]가 조서를 읽어준다. Ministére Public이나 시민 당사자에 의해 소환된 증인의 진술을 듣는다. 시민 당사자와 피고인의 진술을 듣고 나서 피고인이 그의 증인을 소환한다. Ministére Public이 사안

---

1) M. Hélie, Prat. Crim. 1. p. 146. 2) M. Hélie, Prat. Crim. 1. p. 147-148.
3) M. Hélie, Prat. Crim. 1. p. 151. 4) C. I. C. 21 그리고 137-151.
5) C. I. C. 144. 6) C. I. C. 153.
7) 프랑스의 모든 법원에는 영국 순회법원의 서기, 치안법원의 서기 그리고 치안판사의 서기에 해당하는 법원서기가 있다.

을 정리하여 그의 결론을 진술하고 이어 피고인이 "그의 의견을 제시할 수 있는데", 이와 같이 피고인이 마지막으로 진술을 하는 것이 모든 프랑스 재판의 규칙이다. 마지막으로 법원이 심리한 당일 또는 가장 빠른 다음 기일에 판결을 선고한다.

경죄법원(correctional court)에서의 절차는 치안판사 앞에서의 절차와 매우 유사하다.[1) 피고인은 원하는 경우 그에 대한 사건을 심리한다는 단순한 언급만을 듣고도 출석할 수 있다. 피고인이 출석하지 않는 경우에는 시민 당사자나 이들 법원에서 공적 소추인(public prosecutor)으로서 직무를 수행하는 검사(Procureur de la République)가 발부하는 소환장에 의하여 출석을 요구받게 된다. 피고인이 "범행현장에서 현행범으로" 체포된 경우에는 바로 검사에게 인치되고, 그가 피고인을 조사한 뒤 "필요한 경우" 즉, 피고인이 부랑자 또는 전과자인 경우에는 법원(tribunal)으로 데려간다.[2) 그러나 심지어 이러한 경우에도 법원은 피고인이 요청하는 경우 그에게 3일간의 변론을 위한 준비기간을 준다. 피고인이 좋은 성품의 사람이고 주거가 일정한 경우에는 소환장을 받고 출석하게 된다.

법원에서의 절차는, 피고인은 신문을 받아야 한다는 점에서, 치안판사 면전에서의 절차와 기본적으로 상이하다. 이 절차는 우리의 약식사건관할 법원의 재판절차와 다르며, 현행범에 대한 절차를 제외하면 우리의 약식절차와 비교하여 기본적으로 더 간단한 절차이다. 피고인이 약식의 방법으로 징역형에 처해질 수 있는 범죄를 저지르다 붙잡힌 경우 프랑스에서 그를 처리하는 방식은 영국에 있어서와 상당히 비슷하다. 그러나 다음과 같은 차이도 있다. 영국의 약식사건관할법원에서는 원칙적으로 소환장이 발부되며, 소환장을 받고도 출석하지 않는 경우 그의 체포를 위한 영장이 발부될 수 있다. 그러나 프랑스의 경찰 법원(police court)이나 경죄법원에서는 소환을 당한 피고인이 출석하지 않는 경우 그의 불출석을 이유로 궐석상태에서 재판을 할 수 있고, 다만 피고인은 일정 기간 내에 "이의를 제기"하는 방법으로 판결을 파기할 수 있는 권리가 있으며, 이러한 경우 피고인은 다음 재판기일에 심리를 받을 권리가 있다.[3)

---

1) C. I. C. p. 179-200.
2) M. Hélie, Prat. Crim. 1. p. 196, 1863. 5. 26의 법률을 인용하며.
3) C. I. C. 149 이하, 그리고 185 이하.

이제 중죄에 대한 절차를 더욱 조심스럽고 그리고 상세하게 살펴보기로 한다. 물론 그 절차는 경죄나 위경죄에도 적용되기는 한다. 다만, 위에서 설명한 약식의 절차방식은 경죄나 위경죄의 경우에만 인정되는 것이다.

사안이 중한 범죄에 대한 형사소송절차의 첫 단계는 다양한 방식으로 취해진다. Code d'Instruction Criminelle에 뚜렷하게 구별되어 규정되어 있는 것은 아니지만, 그 방식은 4가지가 있는 것으로 보인다. 모든 방식은 현행범의 정의에 의하여 다소간 영향을 받고 있는데, 그 정의는 다음과 같다.[1] "경죄 중 현재 실행 중이거나 이제 막 실행이 완료된 것을 현행범인이라고 한다. 또한 공무원에 의하여 추적당하는 사람, 주범 또는 공범으로 추정할 수 있거나 경죄의 실행이 임박하였다고 볼 수 있는 의복, 무기, 도구, 문서등 소지하고 있는 것이 발견된 사람 등의 경우가 경죄의 현행범인에 해당할 것이다." "자유형과 명예형"으로 처벌할 수 있는 범죄의 경우에는 누구나 그 현행범을 즉시 체포할 수 있고, 또한 체포가 요구된다. "모든 공권력 집행자와 모든 사람은 현행범인을 체포할 수 있고, 자유형과 명예형으로 처벌될 수 있는 중죄와 경죄의 경우에는 구인영장 없이 체포한 현행범을 검사에게 인도할 수 있다."[2] 이는 우리 법률상 중죄의 경우 영장 없는 체포와 그 이외 법률의 규정에 따른 체포의 경우와, 사안의 성격이 허용하는 범위 내에서, 아주 유사하다. 현행범으로 체포된 자가 검사(Procureur de la République)에게 인치되면 그는 마치 다른 방식으로 검사에게 인치된 사람인 것처럼 취급을 받게 된다.

두 번째로 소송절차는 "고발(denonciation)"에 의하여 개시될 수 있는데, M. Hélie는 이를 "Ministére Public에 중죄나 경죄에 관한 사실을 알려주는 통보"라고 정의하고 있다.[3] Code d'Instruction Criminelle는[4] 중죄나 경죄를 지득하게 된 모든 법령상의 기관, 관리 그리고 공무원과 공공의 안전이나 개인의 생명 또는 재산을 폭력으로 침해하는(attentat) 것을 목격한 모든 사람들은 이를 검사에게[5] 통보하거나, 시장이나 경찰 총경 또는 치안판사[6] 그리고 이러한 고발을 받아 검사에게 이를 전달할 수 있는[7] 헌병대 관리에게 통보하여야 한다고 규정하고 있다.

1) C. I. C. 41.　　　2) C. I. C. 106.　　　3) M. Hélie, Prat. Crim. 1. p. 49.
4) C. I. C. 29-31.　　5) C. I. C. 50.　　　6) C. I. C. 48.
7) C. I. C. 54.

검사(Procureur de la Rèpublique)

세 번째로 중죄나 경죄로 피해를 입은 사람은 고소(plainte)를 할 수 있고, 수사판사 앞에서 스스로 시민 당사자가 된다.[1]

네 번째로, 사법경찰관이 범죄가 발생하였다는 것을 지득하게 된 때에는 즉시 범인의 색출과 검거를 위한 절차를 개시할 권한을 갖고 이를 집행하여야 한다.

이러한 임무들을 책임지고 수행하는 주된 관리는 검사(Procureur de la Rèpublique)와 수사판사(Juge d'Instruction)이다. 그들의 임무는 비슷하지만, Code d'Instruction Criminelle은 검사가 첫 번째로 현장에 등장하여 임무를 수행한 뒤 이를 수사판사와 검찰총장(Procureur Général)에게 보고할 의무를 지도록 하고, 이어 수사판사가 등장하게 되면[2] 검사는 어느 정도 사건에서 손을 떼는 방식을 예상하고 있는 것으로 보인다. 검사의 임무를 먼저 보게 되면 사형, 중노동형, 추방형, 징역형, 은둔형, 유배형 또는 지위 강등에 처할 수 있는[3] 모든 범죄에 대한 현행범의 경우 그는 즉시 현장에 임하여 범죄가 발생하였다는 것(범쳐의 실체를 확인한다), 그 성격, 범죄가 발생한 장소의 사정에 관한 사실을 확인하고 기록하는 조서를 작성할 의무가 있고, 그리고 그 현장에 있는 사람 또는 정보를 줄 수 있는 사람으로부터 진술을 받는다. 그는 정보를 줄 수 있는 모든 사람들을 소환하여 그들로부터 서면으로 진술서를 받아야 한다. 그는 10일간의 징역형 또는 100 프랑의 벌금을 담보로 어느 누구도 조사가 진행되고 있는 집이나 장소로부터 나가는 것을 금하는 권리를 갖고 있다. 그는 범죄에 사용된 무기와 범죄로 취득한 물건 그리고 "간단히 말해서 진실을 밝히는 데 도움이 되는 모든 물건을" 압수할 수 있다. 그는 이들 모든 문제에 관하여 혐의를 받고 있는 사람을 상대로 신문할 수 있고, 그에 대한 조서를 작성한다. 그는 또한 서류를 수색할 수 있고, 그가 발견한 모든 것을 봉인할 수 있다. 그의 조서는 경찰 총경, 시장 또는 2명의 시민이 보는 앞에서 작성되어야 하고 그들의 서명을 받아야 한다. 강한 의심이 있는 경우(indices graves) 그는 혐의를 받고 있는 그 누구도 체포할 수 있으며, 혐의자가 출석하지 않는 경우 구인장(mandat d'amener)을 발부할 수 있다. 그는 또한 전문가 특히,

---

1) C. I. C. 63 이하.　　　　　　　　2) C. I. C. 22, 32.
3) C. I. C. 32-47. "수치스러운 사실이 형벌로 이어질 수 있는 경우". 그들 형벌은 프랑스 형법(Code Penal) 7과 8에 이러한 방식으로 규정되어 있다.

수사판사(juge d'instruction)

의료전문가를 소환할 수 있다. 이러한 모든 수사 결과와 모든 조서, 서류 그리고 다른 물건들은 검사에 의해 수사판사에게 제출된다.

집 주인이 그의 집에서 중죄나 경죄가, 현행범인지의 여부를 불문하고, 발생하였다고 하면서 검사에게 이를 수사해 달라고 요청한 때에는 검사가 현행범의 경우에 갖고 있는 것과 동일한 권한을 갖는다.[1]

검사가 현행범이 아닌 중죄나 경죄가 발생하였다는 것을, 또는 중죄나 경죄를 저지른 것으로 보이는 혐의자가 그의 관할 구역 내에 있다는 것을, 어떠한 방법으로든 지득하게 된 경우에는 그 수사를 위하여 수사판사를 불러야 하고, 그 스스로는 위에서 설명한 바와 같은 방식으로 절차를 취할 수 없다.[2]

이제 수사판사(juge d'instruction)의 역할을 보기로 한다. 첫째로 그는 모든 경죄를 저지른 현행범의 경우 또는 집 주인의 분명한 요청이 있는 경우에, 이미 설명한 바와 같은, 검사가 취할 수 있는 모든 행위를 그 스스로 취할 수 있고, 그리고 검사로 하여금 현장에 임해 달라고 요청할 수 있지만, 그로 인하여 일이 지체되는 것을 방지하기 위해 요청을 하지 않을 수도 있다. 그는 검사로부터 넘겨받은 모든 서류를 검토하여야 하고, 그것이 불완전하다고 생각되는 경우 그 이상의 수사도 할 수 있다.[3]

수사판사가 방법을 불문하고 중죄에 관한 정보를 지득하게 되면, 그 상황을 알고 있다고 언급된 모든 사람을 불러야 하고, 그들로부터 선서를 받은 뒤 신문을 하여야 하는데, 신문은 개별적으로 분리하여 비밀리에[4] 그리고 피고인이 없는 곳에서 한다.[5] 그들의 진술서에는 판사와 진술서를 작성한 법원서기 그리고 증인들 자신이 서명한다. 진술서를 작성하는 방식에 관하여 M. Hélie는 다음과 같이 관찰한 바를 기술하고 있다.[6] "일반적으로 수사판사는 참고인을 신문할 수 없고, 단지 참고인의 진술을 청취하고 이를 기재할 수 있을 뿐이며, 그의 진술을 조서에 기재할 때도 그가 사용한 원래의 표현, 문장 그리고 단어를 그대로 기재하여야 한다. 그리고 수사판사는 많든 적든 각 진술이 행해질 때의 상황을 기록하여야 한다."

---

1) C. I. C. 46.　　　　　2) C. I. C. 47.　　　　　3) C. I. C. 59-60.
4) 이는 법전에 문언으로 나와 있는 것은 아니지만 실무관행이 그러하고, 따라서 법전은 이를 명시적으로 규정하지 않고 있다.
5) C. I. C. 71-79.　　　　　6) M. Hélie, Prat. Crim. 1. 84.

수사판사의 피의자신문

수사판사는 혐의를 받고 있는 사람의 집을 수색할 수 있고, 검사와 같은 방식으로 서류나 다른 물건들을 수색 그리고 압수할 수 있다.

검사에 의해 체포되지 않은 혐의자의 출석을 확보하기 위해 수사판사는 우리의 소환장에 해당하는 mandat de comparution을 발부하거나 또는 우리의 구인장에 해당하는 mandat d'amener를 발부할 수 있다.[1] 피고인이 위에서 언급한 바와 같은 방식으로 검사에 의해 체포된 경우에는 그가 수사판사에게 인치될 때까지 "구인장에 의한 구금상태"에 있는 것이 된다.[2] 혐의를 받고 있는 자가 소환장이나 구인장에 의해 수사판사에게 나타나게 되면 소환장에 의한 경우에는 즉시 그를 조사하여야 하고, 구인장에 의한 경우에는 24시간 이내에 조사하여야 한다.[3] 그의 답변이 만족스러운 경우 풀려나지만 그렇지 못한 경우에는 유치영장(mandat de dépôt)에 의해 구금된다. 이러한 유치영장은 예심기간 동안 기간의 제한 없이 구금이 가능한 체포영장(mandat d'arrét)으로 바뀔 수 있다(하지만 체포영장은 검사의 청구가 있는 경우에만 발부될 수 있다). 체포영장은 종국적인 것이고 유치영장은 임시적인 것이라는 점이 주된 차이다.

수사판사가 피의자를 신문(interrogatory)하는 것이 프랑스 형사소송의 가장 큰 특징 중의 하나이고, 우리 영국 사람들의 생각으로는 가장 반대할 부분의 하나임이 명백하다. Code d'Instruction Criminelle은 가능한 한 가장 가벼운 방식으로 이를 언급하고 있고, 또한 전혀 중요한 것이 아닌 것처럼 되어 있다.[4]

M. Hélie는 다음과 같이 더 상세하게 그 내용을 밝히고 있다.[5] "수사절차가 개시된 모든 피의자는 수사판사가 신문하여야 한다. 형사소송법 제40조와 1863년 5월 20일 법률 제1조에 따라 경미 현행범인에 대해서는 검사와 사법경찰관이 신문할 수 있고, 그 중 위급한 사안인 경우에는 검사만이 신문할 수 있다. 그러나 그러한 경우에도 수사판사는 절차를 갱신하여 피의자를 새로이 신문할 수 있다."

---

1) M. Hélie, Prat. Crim. 1. 99-102.　　2) C. I. C. 45.　　3) C. I. C. 93.
4) 소환장에 의한 경우에는 즉시 신문을 하여야 하고, 구인장의 경우에는 24시간 이내에 신문을 한다. - C. I. C. 93. 이것이 심문(interrogatory)에 관하여 언급하고 있는 유일한 내용이다.
5) M. Hélie, Prat. Crim. 1. 97 이하.

독방에 구금한 상태에서의 피의자신문 권한

"신문은 변호의 수단이기도 하고 수사의 수단이기도 하다. 신문은 피의자의 변명과 그 근거를 듣고, 피의자와 그 변호인의 부인 진술을 기록하며, 그 진술들 속에서 실체진실을 발견할 목적으로 행해진다. 신문은 변호의 도구이면서도 수사의 핵심적 형식으로 여겨지므로 피의자가 신문을 받지 않거나 정식으로 소환되지 않으면 수사절차 자체가 무효화될 수 있다. 신문은 수사의 도구이므로 수사판사는 그가 필요하다고 판단하는 경우 언제나 신문절차를 반복할 수 있다."

비록 M. Hélie는 언급하고 있지 않지만, 여기에다 교도소와 관련된 조문의 일부를 구성하고 있는 다음과 같은 내용의 제613조를 덧붙이는 것이 중요하다. "수사판사가 피의자의 접견을 제한할 필요가 있다고 판단하는 경우, 교도소에 명하여 장부에 접견 내용을 기록하게 할 수 있다. 이러한 제한조치는 10일 이상 취해질 수 없으나 언제든지 그 기간을 갱신할 수 있다. 이러한 조치는 검찰총장에게 보고하여야 한다."

이 조문에 따라 수사판사는 그의 재량으로 기간의 제한 없이 무한정 혐의자를 독방에 감금할 수 있고, 그 기간 동안 그가 원하는 때에는 언제든지 감금되어 있는 혐의자를 조사할 수 있다. "instruction(수사)"이 언제까지 계속될 수 있는지, 그 기간에 관한 제한규정은 없다.

M. Hélie는 그가 신뢰하고 있는 조사의 원칙과 관련하여 관찰한 바를 약간 설명하고 있지만. 내가 목격한 프랑스 형사재판을 근거로 판단할 때 그렇게 주목할 만한 가치가 있는 원칙들이라고 보이지 않는다.[1] "오늘날 수사판사는 신문을 하는 경우에 사실관계에 대한 충실한 조사가 이루어질 수 있도록 모든 질문을 공정하고 명확하게 하도록 절제하여야 함이 원칙이고 종래 판례에서 언급된 바와 같이 피의자를 놀라게 하거나 피의자의 변명을 유도하기 위한 궤변이나 선정적인 요구를 자제하여야 하며 정보를 얻어내기 위해 행하는 어떠한 우회적인 책략도 금지하여야 한다. 수사판사는 물론 피의자에게 무엇이든 신중한 태도로 온건한 권고를 할 수 있고 피의자의 대답에 대해 부족한 점을 합리적으로 간단히 지적할 수 있으나 결코 조사를 싸움의 장으로 만들어서는 안 된다. 신문할 수 있는 권리에

---

1) M. Hélie, Prat. Crim. 97. 이 책 제3권 p. 475-477에 있는 Léotade 사건 수사판사의 행위를 비교해 볼 것.

는 답변에 대해 토론하거나 교묘한 질문으로 함정을 만들 권리가 포함되지 않는다. 수사판사는 유죄을 추구하는 것이 아니라 진실을 찾아내는 것이다." 그는 덧붙인다. "증거을 제시하기 전에 신문이 이루어지고, 신문 직후 증거 제시가 이루어지며, 이어서 새로운 신문이 진행되고, 그에 대해 답변하도록 함이 공정하다." 조사는 비밀리에 하고 피의자의 변호사가 입회하는 것은 허용되지 않는다. 피의자가 진술하는 것은 1인칭 형식의 구술식으로 작성된다. 피의자는 수사판사에게 의견서를 제출하거나 또는 서면으로 자신의 주장을 할 수 있지만, 증인의 진술서나 그에 대한 다른 증거를 볼 수 있는 법률상의 권리가 없다.[1] 그러나 마지막 조사에서는 피의자가 증거에 대하여 논의를 하고 그의 변론을 준비할 수 있도록 수사기간 동안 수집한 모든 증거를 피의자에게 알려 주는 것이 일반적이다.

수사판사는 검사가 수사판사의 모든 절차진행에 조언을 할 수 있도록 하여야 하며 검사는 작성된 모든 서류의 열람을 요구할 수 있지만, 그 서류를 24시간 이상 가지고 있을 수 없다.[2] 수사판사가 신문을 목적으로 가는 장소에는 반드시 검사가 동행하여야 한다.

수사판사가 수사를 종결하면 그 사실을 검사에게 통보하여야 하고, 검사는 3일 이내에 수사판사의 적절한 의견이 무엇인지 문서로 청구하여 물어보아야 한다. 수사판사는 이러한 요청에 대해 ordonnance(중간 결정)를 해 주어야 한다.[3] 수사판사의 판단으로 입증된 사실이 법률위반의 범죄에 해당하는 것이 아니거나 또는 피의자의 유죄가능성이 그를 재판에 회부할 만큼 충분하지 않다고 보이면 그 결정은 "il n'y a pas lieu de poursuivre (소추할 경우가 아니다)"가 되고 그에 따라 피의자는 석방된다.

만일 범죄가 위경죄(contravention)에 해당한다고 보이면 피의자는, 만일 구금되어 있었다면, 구금상태에서 석방되지만, 사건은 경찰 법원(tribunal of police)으로 송치된다.

만일 범죄가 경죄(délit)에 해당하면 피의자는 경죄법원으로 송치되어야 하고, 그 범죄가 징역형에 처할 수 있는 것이고 피의자가 구금되어 있다면 그 상태에서 그대로 송치되어야 한다.

---

1) M. Hélie, Prat. Crim. 112. 2) C. I. C. 61-62.
3) C. I. C. 127-135. M. Hélie, Prat. Crim. 111-117.

중죄기소부

검사는 피의자가 송치된 법원으로 서류들을 송부하고, 피의자를 송치 받은 법원은 앞에서 설명한 방식대로 사건을 처리한다.

수사판사는, 피의자를 중죄(crime)로 재판에 회부할 수 있을 만큼 증거가 충분하다고 생각하면, 사건에 관한 기록과 증거의 목록(유치를 위한 자료)을 검찰총장이나 항소법원에 송부하라고 명령하여야 한다. 그에 따라 항소법원이 그에 대한 결정을 할 때까지 체포영장이나 유치영장은 그 효력을 계속 갖게 된다.

검사 또는 시민 당사자는 중죄기소부(chambre d'accusation)에서의 중간 결정에 반대할 수 있지만, 피의자는 그에 대한 보석에 관한 것이거나 그 이외 다른 희귀한 사례의 경우를 제외하면 반대가 허용되지 않는다.[1]

피의자와 검사가 동시에 청구하는 경우, 모든 피의자는 필요한 경우 출석하는 것을 조건으로 임시로 석방될 수 있다.[2] 징역형의 최고가 2년인 경우에는, 피의자가 주거가 일정하고, 그리고 이전에 유죄판결을 받은 전과가 없거나 징역 1년의 판결을 선고받은 전과가 없는 때에는 보석으로 석방될 권리가 있다. 임시로 석방되는 것이 피의자의 권리가 아닌 경우에도 피의자는 보석으로 석방될 수 있다.

이러한 프랑스 형사소송법의 내용이 우리 자신의 것과 가장 광범위하게 그리고 가장 특징적으로 다른 부분이고, 검사와 수사판사 그리고 그들의 권한 즉, 신문, 조서작성, 혐의자에 대하여 비밀리에 실시하는 신문에 관한 권한 그리고 피의자에게 그에 대한 고발이나 유죄증거에 대한 것을 알리지 않고 이러한 권한을 행사하는 것, 피의자의 등 뒤에서 서면진술서를 받는 것 그리고 피의자로부터 자백을 받아내기 위하여 모든 가능한 수단을 다할 때까지(그에 관해서 아무리 부드럽게 말한다고 하더라도) 피의자를 독방에 감금하는 것이 우리가 익숙해 있는, 그리고 내가 이전 장들에서 자세하게 설명한, 모든 것들과 강력한 대조를 이루고 있다. 피의자를 독방에 감금하고 그가 자백을 할 때까지 몰아가는 것은 그 절차가 짧지 않고 오래 끄는 것이기 때문에 이는 고문과 다르지 않다고 할 수 있다.

수사가 종결되면 그 다음 단계로 기소(mise en accusation)를 하게 된다. 이는 그 조직이나 기능의 양면에서 크게 다르기는 하지만, 우리의 대

---

1) C. I. C. 135.   2) C. I. C. 113.

배심에 어느 정도 해당하는 것으로 볼 수 있는 중죄기소부의 업무이다. 중죄기소부의 조직은 Code d'Instruction Criminelle에 의하여 정해지는 것이 아니고, 항소법원을 규율하는 법률에 의해 정해진다.[1] 이 법률에 따라 항소법원(당시에는 Cours Impériales로 불렸다)은 민사부, 중죄기소부 그리고 경죄항소부의 3개부로 나누어진다. 중죄기소부는 최소 5명의 판사로 구성되고 통상적인 업무수행으로 1주일에 1회 개정하지만,[2] 검찰총장은 필요하다고 생각되는 경우 그들을 소집할 수 있다. 검찰총장과 그의 대리인인 차장검사(Abocats Généraux)는 중죄법원은 물론 항소법원에서의 Ministére Public이 된다.

검찰총장이 수사판사로부터 중죄고발사건에 관한 기록을 접수하게 되면 구두나 서면으로 (통상 5일 이내에) 중죄기소부에 보고하여야 한다.[3] 이 기간 동안 시민 당사자나 혐의를 받고 있는 자는 중죄기소부에서 검토할 수 있도록 의견서(memoirs)를 작성하여 제출 할 수 있다. 검찰총장의 보고서는 중죄기소부에 대한 신청서의 형식으로 결론을 맺고 있어야 한다. 서면으로 되어 있는 증거는 또한 그들에게 읽어 주어야 한다.

중죄기소부는 모든 문제에 대하여 검토를 하고 더 조사할 필요가 있다고 인정되는 부분이 있으면 그에 대한 재조사를 지시할 수 있는 권한이 있다. 하지만 그들은 증인을 신문할 수 없고, 검찰총장을 제외한 그 어떤 당사자도 심리에 출석하지 않는다. 그들은 Ministére Public으로부터 나온 주장에 대한 증거가 있는지 여부에 관한 문제뿐 아니라 정신병, 시효 또는 우리의 유죄나 무죄의 판결이 이미 있었다는 항변과 동일한 기판력(chose jugée)과 같이 피고인이 예외로 주장하고 있는 것(로마법에 따른 의미로서)에 대한 문제도 검토하여야 한다. 중죄기소부는 수사판사의 의견에 절대 기속되는 것이 아니다. 그들은 심리에서 제기된 모든 사항에 관하여 그들 자신의 의견을 제시하며, 동시에 여러 사람에 의해서 저질러진 범죄 또는 이전 모의의 결과로 다른 시간과 장소에서 저질러진 범죄 또는 다른 범죄를 저지르기 위하여, 완성시키기 위하여 또는 다른 범죄의 발견을 방지하기 위하여 저질러진 범죄와 관련된 모든 범죄를 심리할 수 있다.[4]

---

1) 20 Ap. 1810, 6 July 1810. Roger and Sorel, Lois Usuelles, p. 468, 473.
2) C. I. C. 218.　　　　3) C. I. C. 217-222.　　　　4) C. I. C. 226-227.

이송결정(arrêt de renvoi) - 기소장(acte d'accusation)

중죄기소부가 심리를 종결하게 되면 혐의자에 대하여 불기소처분을 하거나 또는 당사자를 중죄법원 또는 그 범죄가 중죄, 경죄 또는 위경죄 중 어디에 해당하는지를 고려하여 관할권이 있는 다른 법원에서 재판을 받도록 명령할 수 있다. 그 명령 중 하나를 면소결정(arrêt de non-lieu) 그리고 다른 하나를 이송결정(arrêt de renvoi)이라 부른다. 이들 명령에는 모두 그 이유를 붙여 주어야 하며, 면소결정의 경우 고발된 사실은 범죄를 구성하지 않는다든가 아니면 증거가 불충분하다는 것을 명시해 주어야 하고, 이송결정의 경우에는 유죄의 증거가 충분하며 고발된 사실은 특정 형법 규정에 위반하는 범죄라는 것을 명시해 주어야 한다. 면소결정의 경우 피고인은 석방되고, 결정이 증거의 불충분을 근거로 하였는데 새로운 증거가 발견된 경우가 아니라면, 동일한 사실로 다시 소추되지 않는다.

이송결정이 있으면 검찰총장은 기소장(acte d'accusation)을 작성하여야 한다. 기소장은 통상 차장검사가 작성하고 검찰총장의 서명을 받는다. 기소장은 이송결정을 근거로 작성하며, 그 이상 더 나아가서는 안 된다.

"기소행위는 기소의 취지를 알게 하기 위한 것이 목적으로 기소는 근본적으로 사건을 송부하는 결정이다. 그 결정에는 사건의 본질과 기소의 한계가 특정되어야 한다. 기소는 출발점이고 상위절차로 가기 위한 유일한 원천이며 판사에게 던져진 질문이다."[1] Code d'Instruction Criminelle은[2] 기소장에는 (1) 고발의 기초를 구성하는 범죄의 성격 (2) 사실 및 형벌의 가중 또는 감경사유가 되는 모든 상황, 피고인의 성명이 기재되고 분명하게 특정되어야 한다고 규정하고 있다. 기소장은 다음과 같이 요약하면서 끝을 맺는다.

"결과적으로 N은 그러그러한 상황에서 그러한 살인, 그러한 절도 또는 그러한 다른 중죄를 범한 것으로 고발된다." M. Hélie는 이러한 기소장이 "plaidoyer(구두 변론)"는 아니라고 말한다.[3] 기소장은 완전히 중립적인 입장에서 작성되어야 한다. 그것은 간단하고, 명백하고 그리고 정확해야 한다. 그것은 문학작품이 아니라 절차를 위한 행위이기 때문이다. 그러나 내가 이러한 기소장을 읽어본 바에 의하면 실제로는 가장 정교한 "구두 변

---

1) M. Hélie, Prat. Crim. 1. 297.   2) C. I. C. 241.
3) M. Hélie, Prat. Crim. 1. 297.

은"으로 보인다. 기소장은 국왕을 위한 변호사가 하는 영국의 모두진술과 같고 사실관계를 적시하는 것으로만 구성되어 있지만, 사실관계는 피고인에게 불리하게 모든 것이 분명하게 드러날 수 있도록, 가장 강력한 방식으로 사태가 발전해 가는 모습으로 구성되어 있다.[1] 기소장은 종종 대단한 필력으로 작성되고, 프랑스 소설의 신랄하고 예리한 요약인 것처럼 읽힌다. 더욱이 기소장은 종종 피고인의 성품과 그의 이전 생활에서 있었던 불신을 받을 만한 사건의 내용을 적시한다. 기소장은, 내가 말한 바와 같이, 국왕을 위한 소추변호사의 모두진술과 약간 비슷하기는 하지만, 영국 법원의 경우 기소장과 유사한 것으로는 그 어떤 서면절차도 존재하지 않는다.

기소장과 이송결정은 피고인에게 통지되어야 하고, 그 사본이 피고인에게 각 교부되어야 한다.[2] 그리고 이러한 통보 이후 24시간 이내에 피고인 자신은 그가 지금까지 구금되어 있던 교도소에서 재판을 받게 되는 법원에 붙어있는 maison de justice(구치소)로 이감되며, 사건과 관련된 기록과 증거물은, 이미 기록과 증거물을 갖고 있는 항소법원이 자리한 장소에서 재판을 받지 않는 한, 재판을 받게 될 법원의 직원에게 제출된다.[3]

중죄법원의 조직에 대해서는 이미 설명하였으므로, 여기에서는 그 구성원의 권한에 관하여 약간 언급한다. 중죄법원의 재판장은 영국의 수석재판관이나 고등법원의 다른 부장들처럼 primus inter pares(동등한 사람들 중 첫 번째)가 아니라 그 자신에게 특유한 지위와 권한을 가지고 있다. 그는 재판이 있을 때마다 항소법원 원장(Premier Président)이나 법무장관에 의하여 임명되지만, 통상 실무에 있어서는 법무장관(Minister of Justice)에 의하여 임명되고, 항소법원 원장은 그가 적절하다고 생각하는 경우 스스로 재판을 할 수 있다.[4] 그의 특별한 직무는 Code d'Instruction Criminelle에 규정되어 있다.[5] 그에게는 "la police de l'audience(법정 경찰권)" 즉, 질서를 유지할 의무, 그리고 "la direction des débats(법정심리의 지휘)" 즉, 법률의 명시적인 규정에 따르게 하는 일반적인 감독의무가 위임되어 있다. 이러한 권한의 성격을 설명함에 있어서 M. Hélie는,[6] 그는 서로 다른 피고인을 분리하여 신문할 수 있고, 증인들 중 한 사람의 신빙성과 관련하여

---

1) 그 하나의 예로 이 책 3권 p. 509 참조. 2) C. I. C. 249.
3) C. I. C. 291. 4) M. Hélie, Prat. Crim. 1 309-310.
5) C. I. C. 267-270. 6) M. Hélie, Prat. Crim. 324.

재판장의 피고인신문

그 증인에 대한 신문을 거부할 수 있으며, 또는 증인의 진술이 쓸모없는 것이라고 보이면 그에 대하여 의문을 제기할 수 있고, 또는 피고인의 변호인이 그 사건과 유사한 사건에 대한 다른 배심의 결정을 배심에게 읽어주는 것을 금할 수 있다고 말한다. 이러한 권한은 재판과정에서 발생하는 절차에 관한 문제를 포함하여 모든 법률적인 문제에 대하여 결정을 하는 영국 판사가 갖고 있는 권한과 비슷하지만, 재판장에게는 우리 판사들에게 위임된 재량권보다 더 큰 재량권이 위임되어 있는 것으로 보인다.

이러한 권한 이외에도 재판장은, "자유재량으로 할 수 있도록 이를 부여받았다. 이러한 관점에서 재판장은 진실발견을 위해 그가 필요하다고 판단되는 모든 행위를 할 수 있고 법률은 그의 명예와 양심으로 하여금 모든 노력을 하도록 임무를 맡기고 있다."[1] 다음 구절은 이러한 권한이 행사된 가장 중요한 사례를 특정하여 보여주고 있다. 재판장은 "심리를 위해 구인장으로 모든 사람을 법정에 소환하여 진술을 들을 수 있고, 피고인 또는 증인에 관계없이 쟁점이 되고 있는 사실관계와 관련하여 재판에 유용한 새로운 증거물을 그가 갖고 있는 경우 이를 가져오게 할 수 있다. 소환된 증인은 또한 전혀 선서를 하지 않을 수 있고, 그러한 경우 그들의 진술은 참고자료로만 고려될 수 있다."

이러한 재량권은 매우 일반적인 규칙에 의한 기속만을 받는다. 재량권은 진행되고 있는 재판의 주제를 염두에 두고 행사되어야 하고 일반적인 법률에 모순되게 행사되어서는 안 된다. 재판장은 "모든 사람들"의 말을 듣게 되어 있으므로, 법률에 의하여 증언이 금지된, 또는 다른 이유로 당사자로부터 소환을 받을 수 없는 모든 증인들의 말을 들을 수 있다.

이제 재판 그 자체에 관한 절차를 재판의 직전 상황으로부터 살펴본다.

재판장은 기록과 증거물이 접수된 후 24시간 이내에 피고인을 비공개로 신문하여야 한다.[2] 이에 대해서는 "신문조서에는 피고인의 종전 진술과 변경한 진술을 우선적으로 기재하여야 한다"라고 말해진다.[3]

이러한 중요한 행위는 또한 "피고인으로 하여금 그의 변호권을 행사하게 하고 심리를 구두로 진행하여 피고인의 최종 진술을 기재한다"라고 말해진다. 이는 사실일지 모르지만, 그러나 다른 면에서 살펴볼 필요도 있다.

---

1) C. I. C. 268.　　　2) C. I. C. 266-293.　　　3) M. Hélie, Prat. Crim. 1. 344.

즉, 그 자신과 피고인이 공개 심리과정에서 구두로 논쟁을 하는 경우 재판 장에게 주어지는 유리함도 생각해볼 수 있다. 이때 판사는 피고인에게 변호인을 선임했는지 여부를 물어보아야 한다. 만일 피고인에게 변호인이 선임되어 있지 않으면 "d'office(직권으로)" 변호인을 선임해주어야 한다. 판사는 또한 피고인에게 5일 이내에 절차의 진행을 파기할 수 있도록 하는 (former une demande en nullite) 신청(우리가 말하는 식으로)을 할 수 있다고 알려주어야 한다.[1] 피고인에 대한 심문이 끝난 이후 피고인의 변호인은 피고인과 접견할 수 있고, 모든 기록과 증거물을 살펴볼 수 있으며, 적절하다고 생각되는 기록과 증거물의 사본을 받을 수 있다.[2] 피고인은 범죄사실에 대한 조서의 사본을 받아 볼 수 있는 권리가 있지만, 증인들의 진술서는 권리가 아닌 호의적 측면에서 받아 볼 수 있다.[3]

우리가 배심원단이라고 말할 수 있는 36명의 배심원과 4명의 보충 배심원이 배심원자격을 갖춘 사람들의 명단(general list)에서[4] 추첨으로 선발되고, 그들 중 적어도 30명은 12명의 배심원을 구성하는 자리에 출석해야 한다.[5] 배심원의 명단은 재판 전일 피고인에게 통보된다.[6] 재판기일이 되면 모든 배심원의 명패를 상자 안에 넣고 무작위로 명패를 꺼낸다. 이름이 나오면 먼저 피고인과 변호인이 그 다음으로 검찰총장이 기피신청을 하거나 하지 않을 수 있는데, 기피신청은 12명 이상이 남아있지 않을 때까지 또는 12명이 기피를 받지 않을 때까지 한다.[7] 홀수의 배심원이 출석한 경우 피고인이 소추인보다 하나 더 많은 기피신청을 할 수 있다. 짝수인 경우 그들은 동등한 수의 기피신청을 할 수 있고, 다시 말해서, 배심원 수의 차이가 없어지며, 출석한 12명은 둘로 나누어지게 된다.[8]

재판이 길어질 것으로 예상되는 경우 2명의 보충 배심원을 선발한다. 그들은 배심원으로 앉아 있지만, 12명의 배심원 중 질병이나 다른 사유로 궐석이 되는 배심원이 있지 않는 한 평의나 평결에 참여하지 못한다.

---

1) C. I. C. 296.   2) C. I. C. 302.   3) C. I. C. 305.
4) 배심원자격에 관한 규칙과 명단구성에 관해서는 C. I. C. 381 이하에 규정되어 있다.
5) C. I. C. 388.   6) C. I. C. 395.   7) C. I. C. 399.
8) C. I. C. 401. 예를 들어 31명의 배심원이 출석했다고 가정해보자. 양 측은 19명에 대해서 기피신청을 할 수 있게 되고, 피고인은 10명 소추인은 9명을 할 수 있다. 그러나 30명이 출석한 경우 각 9명을 기피할 수 있다.

재판에서의 피고인심문

중죄법원에서의 재판은 다음과 같다. 피고인은 수갑을 차지는 않지만, 계호를 받는다.[1] 재판장은 그의 성명과 직업, 주소 그리고 출생지를 물어본다. 이어서 재판장은 피고인의 변호인에게 그의 양심에 반하는 것을 말하지 않도록 또는 법을 존중하고, 위엄과 온화함을 가지고 자신을 표현하도록 경고를 하는 것이 보통이지만 법률상으로는 경고를 하여야 한다.[2] 이와 같이 약간 우스운 절차는 그것을 생략하더라도 절차 자체를 무효로 하는 것이 아니기 때문에 통상 생략된다. 이는 참으로 쓸모없는 것이고 그러한 말을 듣는 사람에게 모욕감을 주는 것이다. 그러고 나서 재판장은 배심원들에게 선서를 시키고,[3] 피고인에게 신중하게, 피고인은 어떤 경우에도

---

1) "피고인은 도주를 방지하기 위한 계호인만 동반한 채 자유로운(libre) 상태로 출정할 것이다." 나는 "libre"라는 말의 진정한 의미를 설명하지 못하겠다. 피고인이 수갑을 차지 않고 있다고 하여, 그래서 그가 수갑으로부터 자유롭다는 이유로 실제 교도소에 구금되어 있으며, 양쪽에 헌병의 계호를 받으며 그 가운데 앉아 그의 생명을 걸고 재판을 받고 있음에도, 그가 자유로운 상태라고 하는 것은 이해하기 어렵다.

2) C. I. C. 311.

3) C. I. C. 312. 선서의 형식은 다음과 같다. "당신은 신과 사람들 앞에서 다음과 같이 선서하고 약속한다. 피고인 N에 대한 처벌 유무를 판단함에 있어서 가장 세심한 주의를 기울여 조사하고, 피고인의 이익을 외면하지 않으며 피고인을 기소한 사회의 공익도 외면하지 않고, 당신이 결론을 낼 때까지 다른 사람들과 사건에 대해 말하지 않으며, 증오나 악의, 경외심이나 애정을 갖지 않고, 당신의 양심, 자유신중, 공정성 그리고 올바르고 자유로운 사람에 부합하는 그 단호함에 따르는 책임감을 갖고 결정한다." 이와 같이 수다스럽고 장황하며 지루한 형식을 다음과 같은 우리 배심원의 선서 문구와 비교해 보면 우리의 것은 더 이상 개선할 여지가 없고 더 쉽게 하기도 어려워 보인다. "당신은 우리의 군주인 여왕과 당신이 맡고 있는 법정의 피고인 사이에서 판단하고 진실로 재판하며 그리고 진실로 평의를 하고 그리고 증거에 따라 진실한 평결을 한다. 신의 가호가 있기를 빈다."

"신과 사람들 앞에서 선서하고 약속한다"는 "신의 가호가 있기를 빈다"는 말보다 박력이 있어 보이지 않는다. "가장 세심한 주의를 기울여 조사한다"는 "판단하고 진실로 재판하며"보다 더 조악한 것으로 보이며, "피고인을 기소한 사회"와 같은 추상적인 말은 "우리의 군주인 여왕"보다 덜 인상적이다. "공정성, 그리고 올바르고 자유로운 사람에 부합하는 그 단호함"이라는 말은 당연한 것으로 하는 것이 더 나을 것이다. 더욱이, 배심원이 "자유롭다"는 것은 무슨 뜻인지? 한편으로 배심원은 노예(serf)가 아니라는 것은 두말할 필요가 없고, 다른 한편으로 배심원이 출석하지 않는 경우 그들은 2,000프랑의 벌금형에 처해진다. 따라서 이 말은 모욕적인 것이거나 부정확한 것이다.

당연히 그렇게 할 것임에도, 경청하라고 훈계한다.[1] 이어서 기소장을 읽어 주고, 피고인에게 말을 하게 한다. "당신이 기소된 범죄사실은 이것이고, 당신에게 불리한 증거들이 제시될 것이다." 피고인이 여기에 대하여 하는 진술은, 만일 하게 된다면(이러한 진술이 필요한 것은 아니다), 금방 허위임이 드러나게 된다. 왜냐하면 피고인에 대한 증거를 심리하는 대신 실무상 피고인 자신이 신문을 받게 되기 때문이다.

　　Code d'Instruction Criminelle 전체를 통하여 이러한 절차에 관한 규정이 없다는 사실은 특이한 일이다. 제319조는 증인의 증언에 관한 몇 개의 규정 뒤에 다음과 같이 규정하고 있다. "각 진술 후에 재판장은 증인에게 그가 들었다는 말이 현재 피고인이 하는 말과 같은지 확인하는 데 이어, 피고인에게 방금 들은 그에게 불리한 진술에 대해 답변하기를 원하는지 물을 것이다." 이를 영국의 법률가들이 번역한다면 적어도 피고인은 달리 신문을 받지 않는다는 것으로 해석될 것이지만, 프랑스에서는 전혀 다른 뜻으로 보고 있다. 이 문제에 대하여 M. Hélie는 다음과 같이 보고 있다.[2] "법률의 어떤 규정도 피고인신문의 구체적인 시기와 방식에 대해 정하지 않고 있다. 따라서 그러한 시스템에서는 피고인이 규문주의의 형식에 그대로 따를 필요가 없고, 피고인이 증인의 증언에 관여하거나 그에 반론을 제기할 권리를 갖고 있음을 추론할 수 있다(다만, 피고인은 증인의 증언이 종료된 후에만 그에 대해 설명하거나 변론할 수 있다). 탄핵주의에 해당하는 이러한 시스템은 일반적으로 우리 실무에는 전혀 받아들여지지 않았다. 법 제319조가 정한 신문은, 재판장이든, 판사이든, 배심원이든, 심지어 당사자이든 간에 쟁점에 관한 각 진술에 대하여 진실발견을 위해 필요하다고 인정되는 명확한 해명을 피고인에게 요구할 수 있다는 권리로부터 유래되었다. 이는 보호의 수단이기도 하고 수사의 수단이기도 한 신문이 구술조사에서 실시될 뿐 아니라 서면조사에서도 실시된다는 점에서 명백하다. 따라서 피고인에게 질문이나 명확한 해명을 요구하는 사법관은 피고인의 변명이나 자백진술을 유도하기 위해 신문할 권리를 갖고 있다. 피고인을 압박하거나 고통을 주어서는 안 되나, 피고인의 변화되는 진술

---

[1] C. I. C. 313. "재판장은 피고인에게 신중하게 경청하라고 알린다."
[2] Prat. Crim. 1. 373.

에 대해 논쟁할 수 있다. 그리고 최대한 공정성과 진실만을 추구하는 태도로 신문하여야 한다. 신문은 언쟁이나 투쟁이 아니고, 결코 싸움이 아니며, 신문의 기본적인 목적은 피고인을 위한 절차를 부여하고 그 결과 피고인에게 변명의 기회를 제공하며 그 과정에서 확인되는 쟁점들을 제시하는 것이다." 그는 피고인신문이 필수적인 것은 아니지만, 재판장은 증인신문 전 또는 그 후에 피고인신문을 할 수 있고, 통상 증인신문 이전에 신문을 한다고 덧붙이고 있다. 피고인신문의 적법성에 의문이 있을 수 있기는 하지만, 나는 그것이 재판장의 재량권에 속한다고 본다.

그 문제에 관한 법률이 어떠하든 피고인에 대한 재판장의 신문은 첫 번째일 뿐 아니라 전체 재판에 있어서 가장 두드러지고, 눈에 띄고 그리고 중요한 부분이라는 사실은 의심의 여지가 없다. 더욱이 내가 접하고 그리고 많이 읽어 본 모든 프랑스 재판에 대한 보고서에 의하면 피고인신문에 관한 적절한 목적과 신문을 하는 적절한 방식에 대한 M. Hélie의 견해는 중죄법원 대다수 재판장들의 견해와 일치하지 않는다는 것이다. 피고인은 아주 엄중하게 그리고 계속되는 반박, 빈정거림 그리고 훈계 속에 반대신문을 받고 있는데,[1] 영국의 경우라면 증인에게 어떻게 해야 하는지를 알고 그 의무를 수행하는 그 어떤 판사도 이러한 변호사의 행위를 허용하지 않을 것이다. 이러한 것이, 배심의 기능에 관한 부분을 제외하면, 전체 프랑스 형사재판제도에서 가장 취약하고 그리고 가장 부당하게 보이는 부분이다. 이는 판사를 당사자로, 그것도 피고인에 반대되는 당사자로 만드는 것에 지나지 않으며, 이러한 것을 떠나서도 그의 품격을 본질적으로 훼손하고 그의 다른 기능과 어울리지 않게 한다. 범죄로 고발을 당한 사람은 모든 사람들에게 연민의 대상으로서 동정심을 갖고 접근해야 할 사람이지만 그에게 형벌을 부과하는 특별한 의무를 갖고 있는 사람들은 그러하지 않은 법이다. 이는 그를 고발하는 사람의 특별한 의무이고, 그들은 늘 그 의무를 수행하는 데 매우 민감하다. 판사의 직책과 성격에 가장 잘 어울리는 의무는, 수사관의 말에 귀를 기울이는 것이 아니라, 양 당사자가 말하는 모든 것에 귀를 기울이고 경청하는 것이다. 판사가 이러한 의무를 참을성을 갖고 충실히 수행하고 나면 주제에 관한 그의 생각을 배심에게 알려주

---

1) 예를 들어, 이 책 3권 p. 476 참조.

는 아주 유익한 위치에 있게 되지만, 그가 분쟁에서 주도적이고 주된 위치에 있게 되면 그는 그 자신의 특별한 의무를 적절하게 수행하는 것이 불가능하게 된다. 그리고 모든 형사재판이라는 것은, 고대의 결투재판으로부터, 기본적으로 생명과 감금으로부터의 해방을 걸고 싸우는 분쟁이고 투쟁이었다. 판사는 피고인에 대하여 강력한 편견을 갖고 있고 또한 그러할 필요성이 있다고도 한다. 프랑스 판사는 이러하다는 것이 일반적인 프랑스 사람들의 생각이라는 것은, 아주 최근의 입법에 의하여 판사가 지금까지 갖고 있던, 어떤 의미에서 우리의 사건 요약(summing-up)과 유사한, 사건에 대한 résumé(요약)의 권리를 폐지한 사실로부터도 드러나고 있다.

검찰총장은 사건의 내용을 배심에게 진술하고, 증언을 듣게 될 증인들의 명단을 제출하는데, 재판 24시간 전에 피고인에게 증인 명단의 사본을 제공하여야 한다.[1] M. Hélie는 "그는 토론을 거치지 않고 사실을 진술하는 데 스스로 만족한다"라고 말하면서[2] 다음과 같이 덧붙인다. "모든 토론은 시기상조일 것이고, 피고인에게 즉각적으로 답변할 권리를 부여하여야 할 것이다." 이 부분 절차는 그렇게 중요한 것으로는 보이지 않는다. 중죄법원에서 검찰총장의 지위는, 비록 어떤 의미에서 영국의 국왕을 위한 소추변호사와 유사하지만, 다른 면에서 그와 대조된다. 검찰총장과 그의 대리인인 차장검사로 구성되는 Ministére Public은 법원의 일부이다. "중죄법원은 Ministére Public의 구성원이 출석하여야 개정된다. 모든 구두 절차의 진행이나 모든 법원 기능의 작동에는 그의 출석이 필수적이다. 전문가나 증인에 대한 신문절차에 그가 참석하지 않았다는 사실만으로 심리절차가 무효로 될 수 있다."[3] 프랑스 사람들이 "부대 쟁점(incident)"이라고 부르는 것이 발생할 때마다, 다시 말해 법원이나 재판장의 입장에서 어떤 결정이나 행위가 필요한 문제가 생길 때마다 검찰총장은 서면으로 자신의 의견을 심리하도록 청구할 수 있고, 법원으로부터 그에 대한 결정을 받아 필요한 경우 파기법원에 항소할 수 있다.[4]

검찰총장이 그의 진술을 하고 나면, 증인들이 선서를 하고 검찰총장이 정한 순서에 따라 증언을 한다.[5] 프랑스에서 증인은 우리의 경우와 같이

---

1) C. I. C. 315.
2) M. Hélie, Prat. Crim. 1. 369.
3) M. Hélie, Prat. Crim. 318.
4) C. I. C. 276-278.
5) C. I. C. 317.

증인에 대한 신문

신문을 받지 아니하며, 따라서 그들은 반대신문의 대상이 되는 경우는 좀처럼 없다고 말해진다. "증언은 중단될 수 없다. 피고인이나 그 변호인은 증언 후에 재판장을 통해서만 질문할 수 있고, 그러한 질문은 피고인의 변호를 위해 유용한 경우에는 증인 자신에 대해서뿐만 아니라 증언 자체에 대해서도 할 수 있다. 재판장은 증인과 피고인에게 진실발견에 필요하다고 판단되는 경우 어떠한 해명도 요구할 수 있다. 판사들," (즉, 2명의 배석판사들) "검찰총장 그리고 배심원들도 마찬가지의 권리를 갖고 있는데, 재판장에게 구두로 요구하여 이를 할 수 있다. 시민 당사자는 재판장을 통하지 않고는 증인 또는 피고인에게 직접 질문을 할 수 없다."[1]

여기에 대해 M. Hélie는 다음과 같이 말한다.[2] "증언은 증인이 진술하는 대로 청취될 뿐이고 증인은 신문을 받지 않는다. 이러한 규칙은 모든 법률 규정에서 유래한다. 증인신문에서는 증인이 하고 싶은 대로 진술하게 놓아 둔다. 증인신문에서는 증인이 사용하거나 그가 원하는 용어 그대로 그의 증언을 취하고, 증인이 임의로 자유롭게 증언하도록 보장하여야 한다. 피고인들의 대질에만 적용되는 신문형 방식은 지나치게 자주 증인으로 하여금 사려 깊지 못한 답변이나 당황한 상태에서의 답변을 하게 만든다. 재판장은 물론 증언 후에 증인에게 필요한 해명이나 완벽한 설명을 요구할 수 있지만, 증인을 돕는다는 관점을 갖고 있어야 하는바, 증인이 잊고 있는 사실을 알려주거나, 증언의 취지를 다시 묻거나, 과장된 증언은 삭제하도록 한다. 그리고 증인이 원하지 않는 증언을 기재하거나, 증언의 의미와 취지를 강요하거나, 증인이 주저하고 있는데도 신문을 계속하여서는 안 된다." M. Hélie는 그의 경험상 그렇게 하여야 할 필요가 없다고 생각하고 있어서 그런지는 모르지만, 그가 이러한 주의를 주고 있는 경우는 거의 없다.

재판장은 증인의 재판에서의 증언과 재판 전에 작성된 진술조서 사이에 어떤 차이가 있는 경우 법원서기에게 이를 적어놓으라고 요구하여야 하고, 그리고 검찰총장과 피고인은 재판장에게 그러한 요구를 법원서기에게 하라고 청구할 수 있다.[3]

---

1) C. I. C. 319.   2) M. Hélie, Prat. Crim. 396-397.
3) C. I. C. 318.

영국과 프랑스에 있어서 증인에 대한 신문

배심, 검찰총장 그리고 판사들은, (재판장은 명시적으로 언급되어 있지 않다), 증인이 진술하는 것으로 그들이 중요하다고 생각하는 모든 것을, "그로 인하여 토론이 방해되어서는 안 되는 것을 전제로", 받아서 메모할 명시적인 권한을 가지고 있다.[1] 이들 규정들을 종합해 보면 영국의 실무관행과 원칙과는 뚜렷한 대조를 이룬다. 영국의 전체 재판절차는, 구두증언이 완벽하고 적절하게 행해지는 유일한 방식은 증인을 부른 당사자의 질문을 통하여 답변하게 하는 것이라는 이론 그리고 그러한 증언을 어느 정도 신빙할 수 있는 것으로 하는 유일한 방식은 그 진술의 모든 내용을 가장 심한 반대시각의 비판에 노출시키는 것이라는 이론과 같이, 그야말로 진정한 이론이라고 말할 수밖에 없는 것에 바탕을 두고 진행된다. 우리에게 있어서 이러한 효과를 내게 하는 것은 반대신문이다. 상대방은 반대신문을 하면서 증인이 말하는 것에 관하여 그 신빙성을 흔들 수 있다고 생각되면 이를 모두 비판하고, 그렇게 하는 것이 옳다고 생각되는 경우 증인 자신의 성품에 대한 비판도 한다. 더욱이 우리의 절차는 모든 사실관계는 가능한 한 그들에 대한 토론이 있기 전에 먼저 확인되어야 한다는 이론에 기초하고 있다. 프랑스 제도에 있어서는 각 증인의 진술 취지가 진술을 하는 즉시 바로 토의되고 그리고 그와 관련하여, 가장 중요한 것은 아니라 하더라도, 매우 중요한 토론은 피고인에 대한 반대신문이 차지한다. 증인에 대한 직접적인 반대신문은 재판장에게만 제한되어 인정되고, 증인의 신빙성에 의문을 제기하는 강한 동기만이 반대신문을 효과적으로 하도록 하는 것임에도, 그는 그러한 강한 동기를 가지고 있지 않다. 당사자들 특히, 피고인은 재판장을 통해서만 반대신문을 해야 하고, 그리고 제3자를 통해서만 증인에 대한 반대신문을 해야 하는데다, 그들은 반대신문을 하는 피고인에 대하여 적대적이거나 적어도 무관심한 자들이기 때문에 이는 마치 대리인에게 상대방의 어디를 때리라고 말하는 방법으로 상대방과 결투를 하는 것과 같이 비효율적이다. 재판은 결투라는 사실이 이해되어야 하고, 싸움이 공정하려면 이러한 사실이 그 모든 과정에서 실현되어야 한다. 상대방에 대항하여 소환된 증인은 당분간 상대방의 적이 되는 것이고, 그 대표는 상대방과 맞붙어 싸우는 것이 허용되어야 한다.

---

1) C. I. C. 328.

프랑스의 증거규칙

메모를 하는 것과 관련한 규정도 주목할 만하다. 우리의 관행에 의하면 증인이 진술하는 모든 것을 조심스럽게 받아 적는 것은[1] 판사에게 있어서 필수불가결한, (비록 법률이 이를 요구하는 것은 아니지만), 의무이다. 이를 위해서는 증인에게 조심스럽게 그리고 사려 깊게 물어보는 것이 필수적이고, 증인이 그가 말하고 싶은 대로 말하도록 허용해서도 안 된다. 이렇게 하지 않으면 증인이 실제 어떤 말을 했는지 여부와 관련하여 끝없는 논쟁이 있게 되고, 이는 좀처럼 결론을 낼 수 없게 될 것이다. 프랑스 법전의 전체 규정 취지에 의하면 증인이 재판에서 진술할 내용을 실무상 예심에서 확정하라는 것으로 보인다. 나는 프랑스 재판에서 실무상 배심 결정의 기초자료가 되는 것은 수사결과와 실제 재판에 있어서의 피고인에 대한 피고인신문이라는 생각을 하게 되었는데, 이 또한 그렇게 생각하게 된 많은 사정 중의 하나이다.

증인의 증인적격과 관련한 증거규칙들이 Code d'Instruction Criminelle에 규정되어 있다. 제322조는 모든 직계존속과 직계비속 그리고 형제자매, 피고인의 남편과 부인 그리고 법률에 의하여 고발의 대가로 보상을 받게 되는 그러한 고발인의 증언을 배제하고 있다. 하지만 그들은 양 당사자의 누구도 반대하지 않는 한 그리고 심지어 당사자들이 반대하는 경우에도, 재판장이 그의 재량권행사의 일환으로 그들로부터 선서를 받지 않고 참고자료수집이라는 명분으로 진술을 들을 수 있다. 그 이외 일부 다른 사람들 (예컨대, 전과자들)도 같은 범위에서 증인으로부터 배제된다.[2]

이러한 규칙들은 영국 법원의 재판을 규율하는 규칙과 거의 다른 내용이다. 우리의 증거규칙을 자세히 검토하면 다음과 같이 요약할 수 있다.

(1) 쟁점이 되고 있는 사실 또는 쟁점과 관련이 있는 것으로 인정되는 사실에 관해서만 증거를 제출할 수 있고, 아주 희귀한 예외를 제외하면, 그 이외의 증거는 제출할 수 없다. 관련성이 인정되는지 그리고 인정되지 않는지에 대한 세심하고 정교한 규칙이 있다. 그들 대부분은 주어진 사건에 대한 원인과 결과는 그 존재에 대한 관련성이 인정된다는 원칙에 어느

---

[1] 비록 가장 신경이 쓰이는 것은 아니라 하더라도 이는 판사의 의무 중에서 가장 힘이 드는 부분이다. 8시간 또는 심지어 10시간 동안 계속 받아 적는다는 것은 그것이 얼마나 힘든 일인지 모르는 사람들은 도저히 이해할 수 없는 힘든 작업이다.

[2] M. Hêlie, Prat. Crim. 1. p. 372-380.

정도 의식적으로 근거를 두고 있다. (2) 어떤 사실을 완전히 입증하기 위해서는 직접적인 증거(direct evidence)에 의하여 입증해야 한다. 즉, 그 사실이 사건이거나 발생한 일이었다면 그것은 그 자신의 감각기관을 통하여 인지한 사람의 증언을 통하여 입증되어야 한다. 그것이 서류의 존재라면, 그 서류 자체의 제출을 통하여, 또는 상황에 따라, 그 사본 또는 그 내용에 대한 진술을 통하여 입증되어야 한다.

이러한 기본원칙들은, 비록 중요한 예외가 있기는 하지만, 실무상 엄격하게 준수되고 있으며, 이러한 규칙의 준수가 영국 재판의 별난 특징이라 할 수 있는 견고한 성격을 그에 부여하고 있다. 이러한 것은 프랑스 형사소송에 거의 알려져 있지 않다. 증인들은 그가 말하고 싶은 대로 진술하며, 이러한 것이 제지를 받아서도 안 되고, 다수의 아무런 관련도 없는 것들이[1] 그리고 때로는 악의적이고, 영국의 법정에서는 절대로 허용되지 않는 전문증거가 프랑스 배심의 면전에 제공되어 그들 감정에 선입견을 주고 있다. 프랑스 혁명 이전에 시행되었던, 그리고 중세 시대의 로마법으로부터 유래되었던 과거의 증거규칙들은 너무나 기교적이었고 기본적으로 불합리한 것이었다. 그에 따라 그들은 완전히 폐지되었지만, 그들의 자리에 다른 것이 그 대체로 채워지지 않았다. 겉으로 보기엔 기교적인 것으로 보이기는 하지만 영국 재판의 전체 색깔을 말해주는 기본적으로 과학적인 이러한 증거규칙들, 그리고 우리의 재판을 통하여 말없이 그리고 매우 서서히 확립된 이러한 규칙들은 프랑스 재판을 만족할 만한 수준으로 끌어올리는 데 반드시 필요한 것으로 보여진다. 그러나 과거 제도의 악마가 Code d'Instruction Criminelle 제정자들에게 너무나 강력한 영향력을 미치고 있어서 그들의 마음을 사로잡고 있었던 것은 과거에 대한 파괴라는 유일한 정책뿐이었다.[2]

---

1) 예컨대, 이 책 3권 p. 485 참조.

2) 이를 가장 강력하게 설명해주는 것이 Code d'Instruction Criminelle 제342조인데, 이는 배심이 평의를 위하여 퇴정할 때 특별히 제공되는 것이다. "수석 배심원은 평의실 내 가장 잘 보이는 벽에 굵은 글씨로 씌어져 부착되어 있는 다음과 같은 문구를 배심원들에게 낭독한다. '법은 배심원들에게 법하를 인정한 방법의 당부에 대하여 설명을 요구하는 것이 아니며, 증거가 완전하고 충분한지 여부의 판단에 대하여 특별한 법칙에 의할 것을 명하는 것도 아니다. 법은 다만 피고인을 상대로 제출된 증

프랑스 재판에 있어서 피고인을 위한 변론

증인신문이 종결되면, 배심은 시민 당사자, Ministére Public 그리고 피고인의 순으로 진술을 듣는다. 시민 당사자와 Ministére Public은 답변을 하고 피고인 또는 그의 변호인은 또는 두 사람이 모두 순서에 따라 다시 답변을 할 수 있다. 따라서 6회 또는 Ministére Public의 모두진술을 포함하면 7회 또는 변호인뿐 아니라 피고인까지 말하는 경우, 각 증인들 증언 뒤에 행해진 모든 토론을 제외하더라도, 한 사건에서 8회 진술을 하게 된다. 영국의 경우에는, 피고인이 증인을 소환하는 경우를 가정하더라도, 소추인의 증거개시와 그 요약 그리고 그에 대한 피고인의 답변을 포함하여 최대한 4회의 진술이 있게 된다.

형사재판에 있어서 프랑스의 변호사는 영국의 변호사보다 훨씬 더 많은 활동영역이 있고, 법정연설의 취향에 있어서도 프랑스 사람들의 입맛은 영국 사람들과 상당히 다르다. 여기에는 여러 가지 이유가 있을 것이고, 그 중 일부는 두 나라의 성격 차이에서 나오는 것이지만, 다른 일부는 그들 나라에서 시행 중인 법률의 차이로부터 나오는 것이다.

내가 이미 말한 바와 같이, 검찰총장은 변호사와 판사의 중간쯤에 해당하는 지위이기 때문에 그는 하고자 하는 거의 모든 말을 하도록 허용된다. "Ministére Public의 의견 진술과 관련한 발언의 독립성은 명문화된 원칙은 아니다. 그는 정의에 부합하고 정의를 위해 필요하다고 생각되는 모든 의견을 진술할 권리를 갖고 있고, 재판장은 이를 제지할 수 없다. 그는 절차진행 중 다른 사실로부터 알게 된 정보를 강조할 수 있고, 배신원들에게 그들의 결정에 따라 어떤 결과가 있을지에 대해 알릴 수 있다. 그는

거 멎 그 방어 방법이 배신원들의 이성에 어떠한 인상을 주는지 심사숙고하여 스스로 묻고 또 진실한 양신에 따라 탐구할 것을 명할 뿐이다. 법률은 배신원들에게 결코 당신은 진실을 위해 여러 증인들에 의하여 확인된 모든 사실을 기억하는가라고 말하지 않는다. 법률은 더 이상 배신원들에게 당신은 조서, 증거물, 증언 그리고 단서 등으로 구체화되지 않은 증거를 충분한 것으로 여기고 있지 않은가라고 말하지 않는다. 법률은 배신원들에게 여러분은 내면의 확신을 얻었는가라는 하나의 질문만을 할 뿐이며, 이것이 배신원들이 부담하는 의무의 전부이다.'" 그에 대해서는 더 많은 것이 있다. 그러나 이러한 형식이 그대로 실행되는지 여부는 별로 중요하지 않다. 이는 단지 법전 제정자의 견해를 드러내는데 있어서만 그 중요성이 있다고 보여진다. 영국의 배심장이 동료 배심원들에게 이러한 종류의 설교를 읽어준다는 것은 우스운 일로 받아들여질 것이다.

기소에 필요한 모든 문서를 작성할 수 있고, 다른 사건에서 수집된 진술 또는 보충 예심수사과정에서 나온 진술로서 피고인이 알지 못하는 진술을 사용할 수 있다. 그럼에도 불구하고 당해 심리절차에서 생산된 증거를 사용함이 바람직하다. 의견진술의 과정에서 수사를 진행하거나 그로부터 대신(contradiction)의 기회를 박탈하여서는 안 된다."[1]

이렇게 함으로써 검찰총장은 피고인에게 유죄를 선고하도록 배심을 설득하기 위해 우리가 생각하기로는 완전히 부적절한 방식의 주장을 할 수 있다. 예컨대, 아일랜드에서 일어난 농지개혁 관련 살인사건을 소추함에 있어서 국왕을 위한 소추변호사는, 만일 그가 프랑스 검찰총장의 지위에 있다고 가정하면, 모든 종류의 정치적, 사회적 주제를 확대해석하여 주장하고, 배심의 분노를 자극할 가능성이 있다고 생각되는 신문기사를 읽어주며, 시범적으로 처벌하는 것이 얼마나 중요한 것인지 그리고 유죄를 선고하였어야 함에도 무죄를 선고한 이전 배심의 방종과 이 재판과 유사하다고 주장되는 사건에서 유죄를 선고함으로써 초래된 좋은 효과를 길게 논할 수 있을 것이다. 그는 또한 다른 사건에서 사적으로 입수하였다고 주장하는 증거를 통하여 유죄를 호소하거나 피고인의 구금 이후 가로챈 편지에 나와 있는 피고인이 비밀조직의 일원이라는 내용을 읽어 줄 수 있다. 마지막의 것은 아주 멀리 사라진 것으로 보일 수 있지만, 아직도 합법적임에는 변함이 없다.

검찰총장 정도는 아니지만 피고인의 변호인도 상당히 넓은 범위의 활동영역을 갖고 있다. 다음과 같은 내용은[2] 영국 독자들에게는 이상하게 들릴 것이다. "피고인의 방어권과 관련하여 재판장은 변론을 위한 기간을 사전에 정하지 않은 채 즉시 변호인을 소환할 수 있고"(값어치가 있는 특권이다),[3] "피고인이 자신을 변론함에 있어서 엄격한 사법적 절차 형식에 따르도록 그의 변론을 제한 할 수 있으며 다른 사건에서의 배심원 결정을 알려는 것을 금지할 수 있고 형벌을 부과하는 것과 관련된 질문의 사실관계

---

1) M. Hêlie, Prat. Crim. 1. p. 449.   2) M. Hêlie, Prat. Crim. 1. p. 421.
3) 영국의 판사들도 동일한 권리를 갖고 있지만, 그들이 항상 그 뜻대로 성공하는 것은 아니다. "Mr. 아무개, 오늘은 기일의 마지막 날이지만, 우리는 아직도 서류상 처리해야 할 많은 사건들을 가지고 있습니다." "판사님, 제 고객은 그에 대하여 아무런 관심도 없습니다."

프랑스 재판에 있어서 피고인을 위한 변론

을 변론에서 논하는 것을 금지할 수 있다. 그러나 변호인은 기소되기는 하였으나 처벌받지 않은 사실관계는 범죄를 구성하지 않는다고 주장할 수 있다. 예를 들어, 격투과정에서 일어난 살인은 살인죄에 해당하지 않고, 발견된 물건의 소유는 절도가 아니라고 말하는 것과 같다. 변호인은 배심원들에게 자신의 주장에 따른 법적 견해에 대하여 무엇이든 알릴 수 있고 심리에 영향을 미칠 수 있는 법적 면제 사유와 감경 사유를 주장할 수 있으며 감경 가능한 정황사실의 적용을 주장할 수 있다."

영국의 피고인이 자신을 방어하면서 그 내용을 시로 지을 수 있는지의 문제는 아직 일어나지 않은 일이고, 만일 그러한 일이 일어나면 그에 따라 처리되겠지만, 위에서 언급하고 있는 다른 점들은 매우 흥미롭다.

피고인이 다른 사건을 언급할 수 있는 또는 평결의 결과를 언급할 수 있는 권리와 관련한 법률의 내용이 어떠하든 상관없이, 검찰총장으로 하여금 피고인이 답변을 하지 않을 수 없는 어려운 주제를 꺼내어 말하도록 하는 것은 허용되어서는 안 될 것이다. 이러한 주제가 일단 논의의 대상이 되면 그에 대한 충분한 토의가 불가피할 것이고, 그렇게 되면 그 주제와 관련된 또는 그로 인하여 제기될 일반적인 문제의 토론으로 인하여 피고인에 대한 유죄 또는 무죄의 문제는 관심의 대상에서 쉽게 사라질 것이기 때문이다. 예를 들어, 결투에서 상대방을 죽인 것이 살인죄에 해당하는 것인지 등과 같은 법률문제를 배심에게 설명할 수 있는 피고인을 위한 변호사의 권리는 프랑스의 형사사법이 영국의 그것과 본질적으로 다른 모습들 중 하나이다. 영국에서 판사의 의무는 배심에게 모든 법률문제에 관하여 설명하는 것이고, 그와 관련한 변호사들의 논쟁은 배심이 아닌 판사를 향하여 이루어져야 한다. 이는 법률상 당연한 것으로 완벽하게 확립되었을 뿐 아니라 모든 관련 당사자들이 당연한 사실로 받아들이고 있는 것이다. 법률의 문제는 법원이 결정하고 배심은 사실문제에 한하여 결정한다는 원칙이 영국 보다는 프랑스에서 더 적극적으로, 만일 가능하다면, 주장되어야 하며, 그 이유는 금방 드러날 것이다. 그러나 실무에 있어서 프랑스 배심은 습관적으로 법률의 문제를 자기들 스스로 결정하며, 그리고 판사의 설명에 따라 유죄나 무죄를 결정하는 것이 아니라, 앞으로 보는 바와 같이 판사는 배심에게 그러한 설명을 하지 않기 때문에, 검찰총장과 변호인의 진술을 들은 뒤 그들 자신의 견해에 따라 유죄나 무죄를 결정한다. 그에 따라 프랑스 배심은 특히 격한 감정에 따라 저지른 폭력범죄의 경우 형법 (Code Pénal)의 정의에 따라 결정을 하기보다는 순간적인 동정심을 참작하여 사실상 결정한다. 무엇이 심신미약이나 정당방위 또는 그와 비슷한 것을 구성하는 요소인지와 같은 문제는 법률의 원칙에 의해서 결정되는 것이 아니라 구체적인 사건에 있어서 배심의 평결에 따라 결정된다.

정상참작을 붙여 유죄평결을 할 수 있는 배심의 권한, 그리고 그렇게 함으로써 법원으로 하여금 법에서 규정하고 있는 최고형을 선고하지 못하게 하는 것 그리고 그러한 정상의 존재를 주장할 수 있는, (이는 배심의 권한에 뒤따르는 것이다), 변호인의 권리에 따라 영국의 변호인들에게는 거의 알려져 있지 않는 요소들이 프랑스 변호인의 진술 속에 나오고 있다는 것은 자연스러운 일이다.

실무에 있어서 이러한 모든 문제를 종합하면, 프랑스의 변호인은 모든 문제와 관련하여 영국의 법정변호사들보다 훨씬 더 광범위하게 언급할 분야를 가지고 있다. 그는 배심에게 법률의 적용을 감경시킬 수 있는 일반적인 그리고 특별한 모든 종류의 근거를 주장할 수 있고, 또는 일반적인 또는 특별한 사정을 근거로 해당 법률의 적용을 인정할 수 없다고 하면서 그 적용을 완전히 부인하는 주장을 할 수 있으며, 이러한 주장은 계속 성공을 거두고 있다. 예컨대, 사형에 처할 수 있는 범죄에 있어서 정상참작을 주장하는 통상의, 그리고 아마도 가장 보편적이고 효과적인 방법은, 사형제를 반대하는 열변이다.

내 자신의 생각으로는, 이 문제와 관련한 영국의 실무관행이 프랑스의 관행보다 어떤 경우에도 더 우수하다는 것이다. 법률의 자리에 감정을 집어넣는 것 또는 감정에 호소함으로써 형사사법이 붕괴되고 방해를 받는다는 것은 형법으로부터 그 최고의 특색과 최고의 효율 그리고 가장 건전한 특성을 빼앗는 것이 된다. 형법이 엄격하게 효력을 발휘하지 않는 한 그리고 심지어 정상참작을 할 만한 사유가 많이 논의되는 사안인 경우라 하더라도 형법의 규정을 인정하고 그에 따르지 않는 한, 악을 행하는 자에게 진정한 공포가 될 수 없고, 범인에 대한 정직한 사람들의 건전한 분노를 제대로 진정시킬 수 없게 된다. 비록 특정한 경우 살인을 저지른 사람이라

재판장의 요약(résumé)

도 사형에 처해서는 안 될 경우가 있기는 하지만, 살인은 살인으로 지칭되어야 한다. 유죄평결을 받은 사람이라 하더라도 자비롭게 처리되어야 한다는 배심의 소망은 자비를 베풀 수 있는 권한을 가지고 있는 사람들이 항상 고려하여야 할 사항이기는 하지만, 그를 사형에 처할 것인가 아니면 사형에 처하지 말아야 할 것인가의 문제에 관하여 배심이 결정적으로 말할 것은 아무 것도 없다고 나는 생각한다.

당사자들의 진술이 끝나면, 1882년까지 재판장이 요약(résumé)을 했다. 법률의 규정은 다음과 같다.[1] "재판장은 사건을 요약하고 배심원들에게 피고인에게 유익한 또는 불리한 증거법칙에 대해 설명하며 배심원들의 역할에 대해 상기시킨다." 요약에 관하여 M. Hélie는 "법률은 오로지 요약하는 것을 원하기 때문에" 그것은 짧아야 하고 그리고 그것은 절대적으로 공정해야 한다고 말한다.[2] 그것은 영국의 사건요약(summing up) 만큼 그렇게 중요한 것이 절대 아니다. 영국의 사건요약은, 중요한 사건의 경우, 증거에 관련된 모든 중요한 쟁점을 다시 배심에게 설명한다. 재판을 시작하면서 모든 문제에 관하여 피고인신문을 하였을 뿐 아니라 증인들 증언의 모든 내용과 관련하여 피고인신문을 한 재판장이 공정하게 사건을 요약한다는 것은 실질적으로 거의 불가능한 일이다.

재판장은 사건을 요약하여 설명하는 이외 법률의 규정에 따라 배심이 답변해야 할 사항을 그들에게 서면으로 작성해 주어야 한다.[3] 기술적인 면에서 본다면 이는, 전체 절차 중에서 가장 중요한 부분은 아니라 하더라도, 가장 중요한 부분의 하나이다. 왜냐하면, 항소가 있는 경우 파기법원은 이러한 질문과 그 답변을 주된 자료로 하여 결정을 해야 하기 때문이다.

이러한 주제는 법률에 4개의 짧은 조문으로 되어 있는데,[4] 그와 관련된 질문의 수나 그 복잡함에 대해서는 특별히 규정하고 있지 않다. 이들 문제에 대한 M. Hélie의 설명은 30페이지 이상으로 되어 있고,[5] 여기에서는 그 중 중요한 점에 관하여 살펴보기로 한다. 배심이 피고인의 유죄를 종합적으로 구성하는 모든 사실을, 내심의 의사가 있었다는 것을 포함한, 인정한다는 것 그리고 배심이 인정한 사실에 대한 법적 효과가 무엇이고 그리고

---

1) C. I. C. 336.　　2) M. Hélie, Prat. Crim. 1 p. 425.　　3) C. I. C. 337-340.
4) C. I. C. 337-340.　　5) M. Hélie, Prat. Crim. 1. 426-460.

배심에 부여된 질문

그것이 유죄라면 어떠한 형벌을 과해야 할 것인지를 말하는 것이 중죄법원이라는, (재판장이 아닌), 것은 일반적인 원칙이다. 배심이 예(yes) 또는 아니요(no)라고 답변을 해야 할 질문의 목적은 법원이 그러한 답변들을 종합함으로써 그들의 의무를 수행하는 데 필요한 사실관계를 확정하기 위한 것이다. 따라서 프랑스 배심재판의 결과는 유죄나 무죄의 평결을 받기 위한 것이 아니고, 우리의 특별 평결 또는 민사문제에 관한 특별 사례와 유사한 방식으로 제시된 문제에 대한 사실관계를 확정하는 데 있다.

이러한 일반 이론으로부터 4개의 일반규칙이 나온다. 첫째, 질문들은 중죄기소부에서 이루어진 이송결정에 나오는 중요한 문언(본문)들을 그대로 반영하여야 한다. 둘째, 질문들은 비록 이송결정에서 명시적으로 인정하는 대신 암시만 하고 있는 사실, 그리고 예심의 결과를 제대로 검토하였더라면 이송결정에 포함되었을 그러한 사실 전부를 다루어야 한다. 그러나 비록 "주된 고발 사실에 대한 부수사실이거나 수정사실이어서" 이송결정에서 특별히 설시하지 않은 사실의 경우에는 그러하지 아니하지만, 고발사실은 이송결정 이상 나아갈 수 없다.

세 번째 원칙은, 비록 중죄법원은 일반적으로 중죄(crime)만을 처리하고 있지만, 고발 사실과 관련이 있는 경죄(délit) 범행에 관해서도 질문을 할 수 있다는 것이다. 예컨대, 떠돌이 또는 부랑자인 자가 절도죄로 고발된 경우 부랑이나 걸식에 대한 질문도 할 수 있다. 밀렵을 하다가 살인으로 고발된 자의 경우에는 밀렵에 관한 질문을 할 수 있다. 사기(cheating)와 관련된 고의 파산의 경우 사기에 관한 질문도 할 수 있다.

네 번째 원칙은, 사실을 입증하는 증거가 얼마나 확실하고 결정적인 것인지 여부와 관계없이, 사실의 인정은 배심이 하여야 한다는 것이다.

이러한 원칙들은 이송결정과 관련이 있지만, 이를 떠나서 재판과정에서 입증된 고발 사실과 관련된 모든 사실에 대하여 배심에게 질문을 하는 것은 재판장의 의무이기도 하다. 예컨대, 재판장은 배심에게 형의 가중사유에 해당하는 것(범행이 야간에 발생하였는지 여부 등)이 입증되었는지 질문할 수 있고, 재판장은 형의 가중사유를 입증할 증거가 있는 것인지 여부를 배심에게 물어보기로 잠정적으로 결정할 수도 있다. 그러한 재판장의 결정이 다투어진다면 법원이 이 문제를 결정한다.

배심에 부여된 질문

법률에 의하여 형의 감면사유로 인정되는 문제들은, 피고인이 이를 주장할 경우, 배심이 결정하여야 한다. 예컨대, 폭력에 의한 도발의 경우 살인에 대한 형의 감면사유가 되지만, 음주는 감면사유가 되지 않고, 말이나 협박에 의한 도발도 감면사유가 되지 않는다. 따라서 배심에게 질문을 하는 경우 살인으로 고발된 피고인에 대하여 폭력에 의한 도발이 있었는지 여부에 관해서는 질문할 수 있지만, 말을 통하여 도발이 있었는지 여부는 질문대상이 아니다.

사실로 드러날 경우 범죄의 가벌성을 고발된 사실보다 낮은 등급으로 경감시키는 고발 사실의 변경이 따르게 되는 문제는 배심이 결정해야 한다. 그 원칙은 다음과 같이 되어 있다. "배심은 재판에서(les debats) 드러난 그대로 고발 사실을 재판해야 하고, 서면절차에 나와 있는 그대로 재판을 하는 것이 아니다." 따라서 이송결정서(arrét de renvoi)에 나와 있지는 않지만, 나와 있어야 할 사실이 입증된 경우 그에 대한 질문을 할 수 있다. 예를 들어, 프랑스에서 유통되고 있는 화폐에 색칠을 한 죄로[1] 고발된 사람이 그 화폐를 금속으로 보이도록 속이기 위해 그렇게 한 것으로 드러난 경우, 비록 이송결정서에는 그러한 내용이 들어 있지 않다 하더라도 그가 금속으로 속이기 위해 그렇게 하였는지 여부에 대한 질문을 할 수 있다. 둘째, 재판에서 드러난 사실이 수사판사의 면전에서 드러난 사실과 다를 수 있다. 재판장은 새로 드러난 이러한 사실에 대하여 질문할 수 있다. 따라서 범죄의 기수로 고발된 사람의 경우, 배심에게 범죄의 미수가 아닌지 여부를 물어볼 수 있다. 살인으로 고발된 사람의 경우 그가 폭력이나 상해로 유죄가 아닌지 물어볼 수 있다. 셋째, 재판에서 입증된 사실이 별개의 사실이라 하더라도 주된 고발 사실에 부수되는 사실인 경우 그에 관하여 배심에게 질문할 수 있다. 예컨대, 강도사건에서 장물취득에 관하여, 유아살해사건에서 민사상의(état civile) 아동학대에 관한 질문을 할 수 있다. 그러나 고발 사실과 별개의 사실인 경우에는 그러한 질문을 할 수 없다. 예를 들어, 강도로 재판을 하는 과정에서 피고인이 다른 사건의 재판에서 증언을 하면서 강도가 발생했을 때 그는 다른 장소에 있었다고 위증을 하였다는 것이 확실하다는 사실이 우연히 드러났다고 가정하면, 이러한

---

1) 프랑스 형법(code pénal) 제133조.

배심에 대한 질문의 형식

경우 위증에 관한 질문을 할 수 없다. 부수적인 사실인지 아니면 별개의 사실인지를 구별하는 기준을 설정하는 것은 어려운 일이라고 종종 말해지고, 이는 당연한 일로 보인다.

배심에게 질문을 하여야 할 주제(subject-matter)에 관한 규칙 이외에도 어떠한 방식으로 질문을 할 것인지에 관해서도 다양한 규칙들이 있다. 모든 질문은 "L'accusé est-il coupable(피고인은 유죄인가)"로 시작되어야 한다.[1] 이 말에는 범죄의 의도(criminal intention)가 포함되어 있는 것으로 해석되고 있으며, 따라서 형법에서 규정하고 있는 범죄의 정의가 범죄의 정신적 요소를 특정하고 있는 경우에도 분명하게 이 말을 적시하여야 한다. 절도로 고발된 사람에게 "다른 사람의 물건을 부정한 방법으로 가져갔는가"라고 질문을 하여서는 충분하지 않다. 질문은 "다른 사람의 물건을 부정한 방법으로 취득한 것에 대하여 유죄인가"라고 되어야 한다. 반면에 부정한 돈을 전달한 것에 대하여, "coupable(유죄)"이라는 말에는 유죄를 인식하고 있다는 의미가 포함되어 있기 때문에, 그 돈이 부정한 돈이라는 것을 알았는지 여부를 질문하지 않고 단지, "est coupable(유죄인가)"로 질문을 하더라도 충분하다.

이러한 문제를 더 자세히 설명하려고 하는 것은 이 책의 주제에 어울리지 않는 일이다. 여기에서는 배심에게 질문을 함에 있어서 어느 정도 정확하게 하여야 하는지에 관한 프랑스의 규칙과 기소장의 명확성에 관한 영국의 법률 사이에는 상당한 정도의 유사성이 있다는 점을 언급하는 것으로 충분하다. 다음과 같은 M. Hêlie의 관찰이[2] 이러한 원칙을 분명하게 적시하면서 그리고 이를 훌륭하게 설명하고 있다. "배심과 중죄법원의 두 가지 권한은 사실관계와 권리가 구별되는 데 기초한다. 법은 배심에게 사실관계의 확정에 대한 권한을 부여하고 판사에게는 법률의 적용에 관한 권한을 부여하였다. 배심에게는 어떠한 법적인 쟁점도 주어져서는 안 되며, 죄명 자체에 대해서가 아니라 구성요건을 구성하는 개개의 사실들이 쟁점이 되어야 한다." 또한 다음과 같이 설명하고 있다. "위조사건이 기소된 경우, 배심에게는 위조된 물건이나 복제된 저작물이 사적인 것인가, 상업적인 것인가, 공적인 것인지가 문제되어서는 안 되고, 피고인이 다른 사람

---

1) M. Hélie, Prat. Crim. p. 440.   2) M. Hélie, Prat. Crim. p. 450.

에게 피해를 줄 수 있는 그러한 행위를 하였는지, 그 저작물이 공무소에서 유출된 것인지, 그 저작물이 공무원의 문서인지, 그 저작물이 상인에게 유출된 것인지, 그 저작물이 상업적으로 작성된 것인지 등이 논의되어야 한다." 그러나 사실의 문제를 법률의 문제로부터 분명하게 구별하는 것이 어렵다는 것은 영국에서는 물론 프랑스에서도 경험해 온 바이다. 범죄에 관한 다수의 통상적인 명칭과 범죄의 성립요건을 설명하는 많은 단어들이 법률적 요건을 구성한다. "사실관계와 법률문제의 구별이 매우 곤란한 경우가 있다. 통화위조사건의 경우, 배심은 위조통화가 유통되었는지, 권리행사가 가능한지를 판단하여야 한다. 또한 강요사건의 경우 배심은 강요에 의해 작성된 문서가 의무의 포기 그리고 면제의 효력을 발생하였는지를 판단하여야 하고, 피고인이 강간행위를 하였는지, 증인을 매수하였는지, 국가의 안전을 해하는 행위를 모의하였는지 등을 판단하여야 한다."[1] 여기에서 언급할 필요는 없지만, 어떤 경우에는 금지되고 다른 어떤 경우에는 허용되는 "복잡한 질문(complex question)"에 관한 규칙이 있다. 이는 기소장 소인의 중복기재를 금지하는 영국의 형사소송규칙과 유사한 것이다. 이들 규칙의 목적은 사건에 관한 모든 질문에 대하여 배심으로부터 확실한 긍정(yes)이나 부정(no)의 답변을 얻기 위한 것이다. 이를 엄격하게 적용하게 되면, 그 결과는 배심에게 지나치게 길고 복잡한 의견발표의 장이 되고 만다. 그에 따라 살인범이 살인을 함에 있어서 사전에 고의를 가지고 있었는지 그리고 길에서 매복해 있다 살인을 한 것인지 여부를 동시에 질문하는 것은 잘못된 일이다. 사전에 고의를 가지고 있었다는 것과 길에서 매복하고 있었다는 것은 분리되어야 한다. 암살사건 재판의 경우 그 질문은 다음과 같이 행해져야 할 것으로 보인다. A가 고의로 B를 살해하였다는 것은 유죄인가? A가 B의 신체에 공격을 가하기 전에 그러한 계획을 갖고 있었다는 것은 유죄인가? A가 B를 살해하기 위해 어떤 장소에서 기다리고 있었다는 것은 유죄인가? A가 B에게 다른 폭력행위를 저지르기 위해 어떤 장소에서 그를 기다리고 있었다는 것은 유죄인가?

이러한 모든 것을 종합해 볼 때 우리 자신의 형사소송절차는 극히 기교적이기는 하지만 매우 훌륭한 개혁을 거쳤기 때문에 프랑스의 절차보다는

---

1) M. Hélie, Prat. Crim. 1. p. 452.

프랑스보다 더 단순한 영국의 절차

훨씬 더 단순하다. 이러한 특정 문제와 관련한 두 나라의 주된 차이는 주목할 만한 것이다. 두 나라 제도 모두 법률의 문제는 사실의 문제와 구별되어야 하고, 그리고 전자는 판사에 의해, 후자는 배심에 의해 결정되어야 한다는 원칙을 매우 강력하게 인정하고 있다. 영국의 제도는, 판사와 배심이 각자의 직분을 공정하게 그리고 성심성의껏 수행하고 있으며, 판사는 배심에게 전체 사건에 적용될 법률이 무엇인지 말해주고, 배심은 유죄인지 또는 무죄인지에 관한 그들의 일반적 평결을 함에 있어서 판사의 설명을 잘 따를 것이라는 가정을 근거로 하고 있다. 역사적 경험과 그리고 현재의 경험 양자 모두를 통해서 볼 때 이 제도는 실제 훌륭하게 작동되어 왔고, 현재에도 사정은 마찬가지이다. 판사의 설명(direction)은, 심지어 그것이 마음에 들지 않는 것이라 하더라도, 그 사건에 대한 법률문제에 있어서는 배심에게 결론을 맺는 것으로 통상 받아들여지고 있다. 나는 배심이 매우 강한 편견을 갖고 있는 살인사건 그리고 다른 사건에서 배심이 피고인에게 유죄평결을 하였는데, 그 이유가 판사로부터 법률이 유죄인정을 요구한다는 설명을 듣고 그에 따라 유죄평결을 한 많은 사례를 직접 경험하였다고 말할 수 있다.

법률문제에 관하여 배심이 판사의 설명에 따르지 않는 경우 일어날 수 있는 최악의 상황은, 법률의 효력발생이 큰 잘못이 아님에도 불구하고, 그 특정 사건에서 그에 관한 법률이 그 효력을 발휘하지 못한다는 것이다. 영국의 법률에서 배심의 평결은 선례가 되지 못한다는 것이 확립된 원칙이고 따라서 그러한 선례는 다른 재판에서, 심지어 논쟁을 하는 경우에도, 언급할 수 없다.

프랑스 제도에서도 사실은 배심에 맡기고 법률은 법원에 맡기는 방식으로 사실과 법률을 분리하기 위해 정교하고 복잡한 대책이 마련되어 있지만, 이러한 대책에도 불구하고 배심은 공공연히 법률문제를 계속 결정하고 있으며, 그리고 판사는 실무상 법률과 사실문제 모두를 결정한다. 법원은 배심에게 법률문제에 대한 설명을 전혀 하지 않으며, 과거에도 그렇게 한 일이 없다. 법원은 법원이 결정할 수 있는 법률적인 쟁점을 해결할 목적으로 배심에게 일종의 문답집(catechism)을 제시하지만, 질문에 대한 답변은 배심원들이 가지고 있는 그 사건에 대한 일반적인 법적 견해에 따라 그리

배심에게 제공되는 서류

고 그들이 원하는 결론에 따라 이루어지는 것이 분명하고, 법률문제에 관하여 법원으로부터 아무런 설명이 없는 상황에서 그들 배심원들은 극도로 애매할 수밖에 없는, 앞으로도 그러할, 그들 자신들의 생각에 주로 의지할 수밖에 없을 것이다. 위에서 언급한 바와 같이 배심원들에게 어떤 질문을 할 것인가에 관한 것을 제외하면, 나는 사건과 관련된 법률문제에 대하여 배심에게 어떤 정보를 줄 것인지에 관하여 Code d'Instruction Criminelle 이 규정하고 있는 다른 아무런 규정의 흔적도 찾아보지 못했다. 이러한 상황에서 배심이, 많은 사건에서 악명을 떨친 바와 같이, 법률에 의하지 않고 제멋대로 평결을 한다는 것은 놀라운 일이 아니다. 이러한 것이 그렇게 많은 프랑스 평결이, 특히 감정문제로 발생한 폭력사건에서, 그토록 불만족스럽고 빈약하게 되어버린 주된 이유이다.

질문서가 작성되면 기소장, 범죄를 기록한 진술조서 그리고 증인의 진술을 제외한 모든 다른 서류들과 함께 서면으로 배심에게 제공된다.[1] 이렇게 함으로써 배심은 범죄사실을 이야기형식으로 분명하고 쉽게 서술하고 있는 기소장의 내용이 사실일 것이라고 믿게 될 것이고, 특히, 영국의 배심원들은 특정 증인이 법정에서 어떻게 진술하였는지 알아보기 위해 판사에게 그가 메모한 것을 보여 달라고 할 수 있고, 실제 그렇게 하기도 하지만, 프랑스 배심원들은 그렇게 할 수 없기 때문에, 구두 증언을 기억하여 이를 시정하는 것은 어렵다. 배심은 그들 다수가 정상을 참작할 사유가 있다고 생각하는 경우에는 이를 명시적으로 말해야 하고 각 질문에 대한 표결은 비밀로 해야 한다는 말을 듣게 된다. 배심장은 평의를 시작하기 전에, 그 중 일부를 내가 앞에서 인용한 바 있는, 그러한 긴 형식의 글을 배심원들에게 읽어주어야 하고, 또한 큰 글씨로 써서 방 안에다 붙여놓아야 한다. 이러한 의식의 거행은 실제로는 선택사항이기 때문에 이를 생략하더라도 다른 결과가 발생하는 것은 아니다.

배심은 평의를 하고 그들에게 제시된 각 질문에 대하여 표결을 한다.[2] 각 배심원은 각 질문에 대하여 yes와 no로 표시된 2장의 표를 갖는다.[3] 각 표결을 한 뒤 득표수를 계산한 다음 표를 태워버리고 yes와 no의 득표

---

1) C. I. C. 341-349.　　　　　　　2) C. I. C. 345.
3) M. Hélie, Prat. Crim. 1. p. 466. Law 1836. 5. 13. Roger et Sorel, 825.

수는 질문서의 여백에 기재한다. 표결은 단순 과반수에 의해 결정하고, 배심원들은 표결의 결과를 발설하는 것이 명시적으로 금지된다.

어떤 연유로 이러한 방식이 적절한 것으로 프랑스에 적용된 것인지 내가 말하기는 어렵다. 만약 이러한 방식이 영국의 재판에 적용된다면 이는 가장 유해한 것이 된다고 나는 믿고 있다. 우리의 경험에 의하면 배심은 유용하기는 하지만 어떤 면에서는 투박한 기관이고, 형사재판에서 그 기능은 피고인이 합리적인 의심을 넘어 유죄로 인정되었는지 여부를 말하는 것이다. 배심이 선발된 계층의 사람 12명이 그렇다고 말하는 경우 그는 유죄이고, 아마도 그는 유죄일 것이다. 그들 중 누군가가 의심을 한다면, 비록 그 수가 소수일 경우라도, 배심을 해산하고 새로 재판을 하는 것이 적절하다. 그러한 경우 다수가 옳아야 한다는 이유가 없다. 배심원들 중 다수는 지적능력이 높은 사람들이 아니고, 앞에 나서는 사람을 따라가기 쉽다. 따라서 오히려 소수의 사람들이 다수의 사람들보다 더욱 지적이고 독립적일 수 있다. 배심이 7대 5로 갈리는 경우 심지어 9대 3으로 갈리는 경우에도 그 사건에는 합리적 의심이 있다고 나는 말할 수 있다. 나는 또한 배심이 비밀투표를 하여야 한다는 규칙이 직접적으로 더 이상 이를 참을 수 없게 만드는 것이고, 실질적인 토론에 치명적이라고 생각한다.

영국과 프랑스의 제도가 강력하게 대조되는 것으로 다른 하나의 중요한 점이 있다. 프랑스의 정상참작(circonstances atténuantes)제도 그리고 영국의 감형건의(recommendation to mercy)제도가 그것이다. 프랑스 배심에 의한 정상참작의 결정은 법원의 손을 묶어 놓고, 그렇지 않은 경우 선고하여야 할 형보다 더 가벼운 형을 선고하도록 법원을 강제하는 것이다. 이는 프랑스 판사를 피고인과 사적인 분쟁상태에 몰아넣는 것만큼 프랑스 제도에 묻은 커다란 얼룩으로 보인다. 그것은, 형사사법의 운용과 관련된 아주 예민한 문제 즉, 대상 범죄의 도덕적 극악함 그리고 또한 그의 정치적 사회적 위험을 고려하여 결정되어야 할 양형과 관련하여, 아무런 책임도 지지 않는 12명의 사람들 중 7명의 첫 인상에 영구적인 법적 효과를 부여하는 것이다. 이 문제는 직위와 이전의 훈련을 통하여 최고로 자격을 갖춘 사람들이 성숙하고 사려 깊게 결정할 사항이라고 나는 생각한다. 우리의 법률에 의하면 사형에 해당하는 사건이 아닌 모든 경우 그 재량권은 판사

정상참작 - 감형건의

에게 위임되어 있다. 사형의 경우 그 재량권은 판사의 건의를 받는 내무부장관에게 실질적으로 위임되어 있고, 그러한 문제는 또한 항상 공중의 커다란 흥미와 관심을 끌게 되어 있는 데다 언론에 의하여 광범위하게 토의되는 관계로 정의가 제대로 실현되지 않을 것이라는 근심의 여지가 거의 없다. 그러한 권한을 7명의 배심원이, 돌이킬 수 없는 그들의 첫 인상에 따라, 행사할 수 있도록 그들의 손에 맡긴다는 것은 가장 중요한 권한을 가장 부적절한 사람들의 손에 맡기는 것일 뿐 아니라 공중이 깊이 관심을 가지고 있는 사건에서 공중이 그 결정에 영향력을 행사할 기회를 박탈하는 것이기도 하다. 배심원들은 그들의 결정을 한 뒤 공중의 관심으로부터 사라지며, 그들의 이름조차도 알려지지 않는다. 내무부장관이나 판사는 누구에게나 알려진 사람이고 가장 엄격한 비난의 표적이 될 수 있으며 특히, 장관의 경우 그의 직무수행과정에서 일어난 실수와 관련하여 정치적 책임을 지는 것은 더 말할 필요도 없다.

반면에 우리 영국의 제도는 배심으로 하여금 그들이 유죄로 평결한 사람에게 부과할 형벌에 있어서 적어도 그들이 행사해야 할 만큼의 영향력을 행사하도록 허용하고 있다. 영국 배심의 감형건의는 아무런 법적 효력도 갖고 있지 않고 평결의 일부도 아니라는 것은 사실이지만, 그러나 그것은 언제나 관심을 갖고 고려되는 대상이고 따라서 통상 효력을 갖게 된다. 판사가 양형에 관하여 재량권을 갖고 있는 경우 피고인의 형을 감경해달라는 배심의 건의가 있으면 판사는 항상 더 가벼운 형을 선고한다. 판사가 재량권을 갖고 있지 않는 사형의 경우 언제나 판사는 장관에게 감형건의를 즉시 알리고, 그리고 종종, 아마도 일반적으로, 감형이 뒤따른다. 이러한 것이 프랑스의 정상참작보다 훨씬 더 나은 제도로 보인다. 배심의 인상은 항상 존중되어야 하지만 이는 종종 잘못된 근거에 기한 것일 수 있고 때로는 타협의 산물일 수도 있다. 배심에게 통상 감형건의의 이유를 물어보게 되는데 처음에는 침묵을 지키다가 이어 감형건의를 철회하는 것을 경험한 일이 있다. 나는 또한 판사가 "신사 여러분, 내가 알고 있는 바와 같이 이 사람이 반복하여 비슷한 범죄로 유죄판결을 받은 사실을 여러분이 알고 있다면 그에게 감형건의를 하지 않을 것입니다"라고 말한 사례를 알고 있다. 또한 피고인의 유죄에 대하여 의심을 가지고 감형건의를 한 것이

무죄방면결정(Absolution)

분명한 사례가 있는데, 그러한 경우 판사가 배심에게, 유죄에 대한 의심이 합리적인 것으로 배심에게 보이는 경우 피고인은 무죄평결을 받아야 하기 때문에, 배심은 사안을 다시 검토하여 단순하게 무죄나 유죄로 결정하라고 말한 사실이 있다는 것을 나는 알고 있다. 이러한 경우에는 종종 무죄가 날 것이다.

프랑스 배심은 평의가 끝나면 평결을 가지고 법정으로 들어와 처음에는 피고인이 없는 자리에서 이를 읽어주고, 이어 피고인이 법정에 들어오면 재판장이 이를 다시 읽어준다. 피고인이 무죄평결을 받은 경우 그는 즉시 석방되며, 고발인이 사인인 경우 고발인을 상대로 허위 고발에 대한 손해배상을 구할 수 있다.[1] 피고인이 누가 고발인인지 알고 있는 경우 그 사건이 종결되기 전에 고발인을 상대로 중죄법원에 손해배상청구를 해야 한다.

피고인이 유죄평결을 받은 경우 검찰총장이 법률의 적용을 요구한다.[2] 피고인은 여기에 대하여 의견을 진술할 수 있다. 배심이 진실하다고 종국적으로 결정한 평결에 대하여 이는 법률에서 규정하고 있는 범죄에 해당하지 않는다는 것을 피고인이 밝힐 수 있으면 "피고인은 무죄로 방면된다."[3] 그렇지 아니한 경우 피고인에게 형이 선고된다.

무죄방면결정(arrêt d'absolution)이라고 말해지는 것은 통상 "중죄법원의 평의는 평가를 해볼 필요가 있기 때문에 무죄선고가 순수하고 간단한 것이 아니다"고 인정될 때 선고된다.[4] 배심이 기소장에서 주장되는 사실을 인정하기는 하지만, 피고인이 부정한 의사나 범죄의 의도를 가지고 그러한 행위를 한 것이 아니라고 선언한 사례와 같은 경우가 그에 해당한다. 피고인이 부적절하게 "무죄로 방면된(absous)" 경우 검찰총장의 항소에 따라 파기법원이 무죄방면의 결정을 번복할 수 있다. 현재 효력을 갖고 있는 형법의 효력을 부인하였다는 이유로 항소가 성공한 경우 파기법원의 결정은 절대적인 효력을 갖는다. 그러나 그 이외의 다른 사유로 1심 결정의 번복이 있는 경우 그것은 "법률적인 면에서만(in the interest of the law)" 즉, 나쁜 선례의 인정을 회피하는 것에서만 효력이 있고, 무죄방면을 받은 당사자의 이해관계에는 영향이 없다. 적어도 M. Hèlie는 제410조를 그렇게

---

1) C. I. C. 358.
3) C. I. C. 364.
2) C. I. C. 362.
4) M. Hélie, Prat. Crim. 1. p. 481.

무죄방면결정(Absolution)

설명하고 있다.[1] 피고인이 "무죄로 방면"되었어야 함에도 무죄방면의 거부가 명시적으로 언급되지 않은 경우 어떻게 해야 할 것인가. 이러한 경우에는 일반원칙으로 돌아가 새로운 재판도 가능할 것이라고 나는 추측한다.

중죄법원에서의 재판은 다음과 같이 이루어진다.

1. 재판이 일단 시작되면, 증인이 출석하지 않는 경우를 제외하면, 그러한 경우에는 다음 기일로 재판이 연기된다, 휴식을 위해 필요한 휴정을 하는 이외 재판은 끝날 때까지 계속된다.[2]

2. 배심으로부터 피고인이 유죄평결을 받았지만, 배심이 시비곡직을 가리는 데 있어서 실수를 한 것으로 법원이 확신하는 경우, 법원은 판결의 선고를 유보하고 새로운 배심에 의한 재판을 위해 다른 기일로 사건을 연기할 수 있지만, 배심의 결정은 종국적이다.[3]

3. 피고인은 절차와 관련된 모든 법률문제에 대하여 파기법원에 항소할 수 있지만, 이러한 항소로 얻을 수 있는 최상의 결과는 재판의 무효선언 그리고 새로운 재판을 하라는 명령일 뿐이다.[4]

4. 피고인이 무죄판결을 받은 경우 검사는 항소를 하여 무죄판결을 번복할 수 있지만, "법률적인 면에서만" 즉, 나쁜 선례의 인정을 회피하는 것에서만 효력이 있고, 그 판결을 받은 자에게는 영향이 없다.[5]

5. 다음과 같은 3개의 경우 파기법원에 재심사를 청구할 수 있다.[6]

   (1) 살인에 대한 유죄평결 이후 살해되었다는 사람이 살아있는 것으로 나타난 경우.

   (2) 전후 모순되는 유죄평결이 발생한 경우.[7]

   (3) 증인의 증언에 따라 피고인이 유죄판결을 받은 이후 증인이 그 재판에서 한 증언이 허위의 증언이라는 이유로 그 자신이 유죄평결을 받은 경우.

위 3개의 경우 새로운 재판은 다른 법원에서 이루어져야 한다.

이러한 내용들이 충분한 일반적 관심을 가지고 여기에서 주목해야 할 Code d'Instruction Criminelle의 주요한 규정들이다.

---

1) M. Hélie, Prat. Crim. 1. p. 532. 2) C. I. C. 353, 354.
3) C. I. C. 352. 4) C. I. C. 373, 408 이하.
5) C. I. C. 409. 6) C. I. C. 443.
7) 이 책 3권 p. 509 l'affaire Lesmer 참조.

프랑스와 영국 제도의 비교

이러한 설명에 더하여 한 가지만 더 첨가할 것이 있다. 전체 제도에는 처음부터 끝까지 두 개의 서로 다른 제도 사이에서의 조화를 모색하려는 흔적이 분명히 드러나 있다. 만일 배심을 제외한다면, 전체 제도는 균형이 잡히고 조화로울 수 있다. 범죄가 일단 발생하면, 변호사가 아닌 판사라는 다른 공적 인물을 만족시켜야 하는 일종의 판사-변호사(judge-advocate)의 일반적인 감독 아래, 보조 공무원들에 의하여 신중한 예심이 이루어진다. 첫째로 피고인은 재판을 받아야 하고, 그리고 그의 유죄가 드러난다. 피고인은 절차의 모든 단계에서 아주 세밀하게 신문을 받게 되고, 증거는 법정에 제출되기 전에 아주 조심스럽게 걸러지고 정리된다. 만일 법원 스스로 단순히 만족해야 하고 그에 따라 그러한 만족을 선언하거나 또는 그 반대의 경우 모든 일 처리는 조화로울 수 있을 것이지만, 그러한 경우 판사나 배심 중 하나는 불필요한 존재가 될 것이다. 배심의 존재는 판사를 부차적인 주창자(advocate)로 만들고 말았다. 법률에 관한 문제를 해결함에 있어서 판사의 존재는 필요하기는 하지만 성가신 기관으로 되어 버렸고, 그에 따라 배심이 법률문제에 관하여, 그들이 어떠한 범위에서 행동을 하든, 결국 판사의 위치에 서게 되었다.

매우 느린 속도로 그리고 절대로 목표를 향한 수단의 의도적인 변경이 없었던 상태에서 확립된 영국의 제도는 프랑스 제도보다 태생적으로 더 논리일관하고 체계적이다. 내가 자세히 추적한 단계들에서 보는 바와 같이 배심에 의한 재판은 소추인이 원고이고 혐의자가 피고인 실질적인 소송으로 정착되었다. 둘 사이의 싸움은 판사와 배심으로 구성된 법원(tribunal)에서 싸우는 것이다. 양 당사자가 말하는 모든 것을 심리한 뒤 판사는 양 당사자가 제출한 증거를 배심에게 반복하여 말해 주고, 그가 생각하는 범위 내에서 적절하다고 생각하는 사실에 관한 그의 견해를 적시하며, 배심을 인도하기 위해 법률문제를 권위 있게 설시한다. 배심이 모든 문제를 궁극적으로 결정한다. 법률문제에 관하여 판사의 진술을 통한 안내를 받기는 하지만 완전히 독립된 입장에서 사실과 법률 양자 모두에 관하여 결정한다. 우리의 형사재판제도는 많은 결점을 갖고 있고, 제도에 대한 설명이 제대로 되어 있지는 않지만, Code d'Instruction Criminelle에 의하여 확립된 제도에는 결여되어 있는 것으로 보이는 유기적인 내부 통일성을 갖고

어떤 것이 최상의 것인가?

있다. 물론, 일반적으로 말해서, 프랑스의 경우 기록은 존경스러울 정도로 잘 정리되어 있고 체계적으로 시종일관하고 있지만, 그에 비해 우리의 것은 법률과 판례 그리고 우리 법률의 효력을 정지시키고 있는 보통법이 혼합된 불리한 상황에 있는 것은 사실이다.

이러한 프랑스와 영국의 형사소송절차를 비교하는 경우 자연스럽게 다음과 같은 질문이 나온다. 둘 중 어떤 것이 최상의 것인가? 영국의 제도 그리고 영국식 사고방식과 감정에 익숙한 사람들에게는 두 제도를 비교하는 것 자체가 받아들이기 어려운 일이다. 여하튼 프랑스 제도가 아무리 프랑스에서 적절하다 하더라도 프랑스 제도는 영국에서 도저히 감내하기 어려운 것이다. 예심을 담당하는 치안판사 면전에서 공개적으로 수사를 하는 우리 제도를 프랑스의 비공개 "instruction(수사)"으로 대체한다는 것은 정의의 원천에다 독약을 푸는 일로 보이게 될 것이다. 영국의 판사가 피고인과 사적인 분쟁 상태에 들어가고, 피고인에 대한 정교한 반대신문으로 피고인으로부터 자백을 받아 내는 것이 그에게 요구되거나 기대된다면 그는 자신을 타락하였다고 생각할 것이다. 품위, 질서 그리고 정숙에 관한 우리의 모든 개념은 모든 증인이 증언을 할 때마다 그에 새롭게 따르게 되는 법원과 피고인 사이의 늘어진 논쟁으로 인하여 무너지고 말 것이다. 증인에 대한 반대신문의 실질적인 폐지는 증언의 진실성과 정확성에 관한 가장 강력한 안전장치를 제거하는 것으로 보이고, 양 당사자의 변호사가 배심에게 의견진술을 함에 있어서 편견과 감정에 무제한 호소하도록 허용하는 것은 연약한 감정을 통하여 비공개로 개시되어 억압적으로 진행되는 재판절차에 왕관을 씌우는 것으로 보인다. 프랑스 사람과 영국 사람의 전체적인 성격과 정신이 너무나 다르기 때문에, 영국 사람이 실제 프랑스에서 행해지는 재판을 단정적으로 언급한다는 것은 성급한 일이라 할 것이다. 우리는 다만 그 제도를 영국에 도입할 경우 제대로 작동될 것인지 여부만 생각할 수 있다. 우리가 이 제도를 도입하더라도, 이는 프랑스에서와는 달리 보일 것이고, 실제로도 매우 다른 제도가 될 것이다.

우리 자신의 제도와 비교하여 프랑스 제도가 내세울 수 있는 유일한 장점은 우월한 효율성이라 할 것이고, 그것이 사실이라 하더라도, 그것은 유죄인 자를 무고한 자와 차별하며 따라서 우리의 제도보다 더 효율적으로

두 제도에 있어서 효율성의 비교

죄 있는 자에게 형벌을 과한다는 점에 의심의 여지가 없고, 결국 어떠한 대가를 치르더라도 그 주된 목적을 달성하고 있다는 점을 인정해야 할 것이다. 그러나 이것이 옳은 일인가? 프랑스에 있어서 생명과 재산이 영국의 경우보다 더 안전하게 보장되고 있다고 주장하기는 어려울 것이지만 이러한 문제를 여기에서 자세히 알아보는 것은 이 책이 다루어야 할 주제에 속하는 것이 아니다. 두 제도의 기능을 제대로 비교해보는 최상의 방책은 그들 제도에서 행해진 실제의 재판을 비교해 보는 것이다. 그 목적을 위해 나는 이 책 제3권에서 영국의 재판 4개와 프랑스 재판 3개 등 7개의 재판 내용을 자세히 제시하는데, 이를 통해 두 제도의 결과를 확실하게 설명한다. 이들 재판을 비교해 본 결과 나는 영국 제도의 우월성이 이 주제와 관련하여 행해진 어떤 일반적인 관찰의 경우보다도 훨씬 더 확실하게 드러났다고 생각한다. 영국의 사례 모든 경우에서 드러난 증거들은, 영국의 재판이 프랑스의 재판보다 훨씬 짧은 시간을 소비하였고, 그리고 당사자를 대리하는 자가 잔인하고 품위 없는 말을 단 한 마디도 하지 않았거나 또는 그러한 행위를 단 한번 취한 바가 없음에도, 프랑스 어떤 사례의 경우보다 더 완벽하고 더 명료하며 그리고 무한정 더 설득력이 있다.

프랑스와 영국의 형사재판을 비교하여 드러나는 상대적인 장점과 관계 없이 여기에서는 영국에서 실시되고 그리고 이해되고 있는 배심재판의 긍정적인 가치에 대하여 살펴볼 필요가 있을 것이다. 배심재판은 아마 우리의 모든 기관 중에서도 가장 인기 있는 것이고, 그 어떤 기관도 그 종류나 정도에서 감히 받아보지 못한 칭송의 대상이 되어왔음이 확실하다. 배심이 대단하다는 과장과는 별도로 무엇이 배심재판의 진정한 가치인가?

그에 대해서는 몇 가지 다른 관점에서 생각해 볼 수 있다.

첫 번째 질문은, 배심원들은 정당한가이다. 두 번째는 배심원들은 그들이 수행해야 할 의무에 충분할 정도로 지적인가이다. 세 번째는 배심제도에 따르는 부수적인 장점은 무엇인가이다. 이러한 각 쟁점과 관련하여 배심원 없이 재판을 하는 판사와 배심원들을 비교해 볼 필요가 있다. 선택은 이들 두 재판부(tribunal) 사이에 놓여있기 때문이다. 지난 두 세대 동안 민사사건은 물론 형사사건에서 배심의 관여 없이 하는 판사재판의 경험이 매우 많이 쌓였다. 우선 고등법원 대법관부의 판사들은 계속 사실(fact)에

영국에 있어서의 배심재판

관한 결정을 하고 있고, 이는 많은 사안의 경우 형사사건에서 결정하는 방식과 정확하게 동일하다. 예컨대, 상거래를 무효로 하기 위해 사기(fraud)가 주장되는 것과 같다. 주(county) 법원의 판사 그리고 벌금과 징역형에 관한 강력한 권한을 갖고 있는 약식사건관할법원의 경우에도 사정은 동일하다. 여왕좌부 판사들에게 신청하는 경우에도 종종 비슷한 문제에 대한 결정이 포함된다. 예를 들어, 어린이에 대한 부의 친권을 박탈하여야 하는지 여부가 그가 범죄를 저질렀는지 여부에 달려 있었고, 결국 그 문제는 배심의 관여 없이 판사에 의한 재판을 받아 결정된 사례를 나는 알고 있다. 민사사건에서도 배심 없이 판사가 재판을 하는 것은 매일 일어나는 일이다. 마지막으로 영국령 인도에서는 형사사건의 경우 판사 단독의 재판이 원칙이고, 배심에 의한 재판은 아주 희귀한 예외이다.

판사 단독으로 앉아 재판을 하는 방식은 상당한 차이가 있다. 고등법원의 판사가 배심 없이 단독으로 재판을 하는 경우 판사는 배심재판의 경우와 마찬가지로 메모를 한다. 그리고 항소가 있는 경우 항소법원이 참조하도록 이를 항소법원에 제출한다. 만일 중대한 형사사건에 대하여 배심 없이 판사 단독으로 재판이 이루어지면 이러한 메모는 판사뿐 아니라, 사형에 처할 수 있는 사건의 경우, 속기사에 의한 기록도 동시에 이루어져야 한다고 나는 생각한다. 그리고 판사가 결정을 함에 있어서는 그 이유를 제시하여야 하고, 판사가 서면으로 그 이유를 제시하지 않는 경우 속기사가 그 이유를 받아 적은 다음 이를 읽어주고, 판사가 그 내용을 정정해주어야 한다고 생각한다. 그러한 경우 법률과 사실문제 모두에 관하여 형사유보문제처리법원(Court for Crown Cases Reserved)이나 기타 그 법원을 대체할 수 있는 적절한 법원에 항소를 할 수 있어야 한다고 나는 생각한다. 배심에 의한 재판을 배심 없이 판사 단독으로 하는 재판과 비교함에 있어서 나는 다음과 같은 그러한 재판형식의 확립이 필요하다고 생각한다.

첫째로, 배심에 의한 재판과 판사가 배심 없이 판사 단독으로 하는 재판 중에서 어떤 것이 상대적으로 더 정의로운 것으로 기대되고 있는가 하는 점에 관한 것이다. 실질적으로 말해서, 거의 대부분의 사건에서 배심 없이 판사가 단독으로 하는 재판이 완벽하게 더 정의롭다고 나는 생각한다. 모든 사안에 있어서 정의실현을 위한 안전장치는 판사와 배심에 의한 재판

배심 없이 하는 판사에 의한 재판

의 경우보다 배심 없이 판사 단독으로 하는 재판의 경우가 무한정 더 확실하다.

1. 판사는 공중의 눈에 잘 띄는 현저한 직위를 가지고 있는 잘 알려진 사람이고, 비난의 대상이 되며, 극단적으로 말해, 그가 잘못을 저지르는 경우 처벌의 대상이 된다. 그러나 배심은 12명의 알려지지 않은 사람들이다. 재판이 진행되는 동안 그들은 개인의 책임이 대두되는 것을 무력화시키기에 충분할 정도로 큰 집단을 이루게 된다. 재판이 끝나게 되면 그들은 그들이 출발해서 나온 무리 속으로 되돌아가고, 그들로부터 구별될 수 없다. 아무리 부당한 평결을 하였다 하더라도 그에 참여한 그 누구도 불신을 받지 않는다. 평결을 하자마자 그들은 바로 어둠 속으로 사라지기 때문이다.

2. 배심은 아무런 이유도 밝히지 않지만, 판사는 일부 사건에서 이유를 밝히며, 나아가 배심 없이 하는 경우에는 모든 사건에서 공식적으로 그렇게 해야 한다. 이 자체가 결정의 정당성을 최고로 보증하는 것이다. 숙련되지 않은 사람은 건전한 결정을 하고서도 나쁜 이유를 제시할 수 있는 것이 분명하지만, 아무리 숙련된 사람이라 하더라도 나쁜 결론에 대하여 훌륭한 이유를 제시하는 것은 거의 불가능하고, 또한 그러한 시도를 하는 것은 부정한 짓을 하려는 의도를 드러내는 것으로, 거의 찾아볼 수 없는 일이다.

3. 배심재판의 경우에는, 비록 새로운 재판이 있을 수는 있지만, 사안의 성질상 항소가 있을 수 없다. 그러나 재판이 판사 단독에 의한 경우에는 항소를 할 수 있다. 얼핏 보아 이는 명백한 것으로 보이지 않지만, 배심이 이유를 제시할 수 없는 상황에서 이는 당연한 결론이다. 항소라고 하는 것은 항소를 받는 법원의 판단을 전제로 법원이 그 판단을 잘못하였다는 점을 다투는 것으로 판단에 대한 이유가 알려지지 않는 한 불가능하다. 만일 배심의 결정에 대한 항소가 가능하고, 그것이 판사로 구성된 법원에서 다시 심리하는 형식을 취하게 된다면, 배심에 의한 재판은 차라리 폐지하는 것이 상당할 것이다.

4. 경험에 의하면 판사 단독에 의한 결정은 통상 정당하다고 입증되고 있다. 치안판사나 주 법원 판사의 결정에 대하여 그것이 부당하다는

이유로 불평을 하는 일은 거의 없다. 나는 배심 없이 하는 고등법원 판사의 재판에 있어서 그것이 부당하다는 불평을 들어 본 일이 없다. 중재재판 즉, 중재인이 그 중재결정에 아무런 이유도 제시하지 않고 또한 항소의 대상도 되지 않는 중재재판이 요즈음 일반적일 뿐 아니라 점차 그 수가 증가하고 있다. 중재인이 정당하게 업무를 처리한다는 신뢰가 느껴지지 않는다면 이는 불가능한 일이다.

배심원과 관련하여 그들의 평결도 거의 대다수의 사건에서 정당하다는 것이 경험에 의해 지금까지 알려진 사실이고, 또한 계속 그러할 것이지만, 그러나 예외적인 경우가 배심 없이 판사 단독으로 하는 재판의 경우보다 더 많다고 생각한다는 말을 하지 않을 수 없다. 강한 편견을 가지고 있는 경우 부당한 배심이 되어 부당한 유죄평결이나 무죄평결을 하는 잘못을 자주 저지른다. 또한 그들은 아일랜드의 경험에서 자주 나타나고 있는 바와 같이 협박을 당하기도 한다. 현대에 이르러 영국에서 협박이 조직적으로 행해진 일은 전혀 없지만, 나는 아일랜드에서와 마찬가지로 여기에서도 그러한 협박이 쉬운 일이고 그리고 효과적일 것이라 믿고 있다.

플랜태저넷 왕가[1] 이래 성실법원 설립에 이르기까지 영국의 배심재판은 너무나 취약한 것이어서 형사사법운용과 관련하여 일반적인 무기력상태를 초래한 그러한 것이었다. 그리고 Charles 2세 치하에서는 맹목적이고 잔인한 제도였다. George 3세 치하 일부의 경우에도, 아무리 좋게 말한다 하더라도, 배심재판은 그 가혹함의 정도가 최소한 배심 없이 재판을 하는 가장 엄한 판사만큼 가혹하였다. 공포시대(Reign of Terror)의[2] 혁명위원회도 배심에 의한 재판을 했다.

이에 대해서 어떤 대책이 있어야 한다는 것은 의심의 여지가 없다. 때로는 어느 정도의 불의(injustice)는 좋은 것이라고 애매하게 말하는 경우도 있다. 이러한 감정을 담고 있는 말이 내포하고 있는 그 의미는, 엄격한 법

---

1) [역주] Geoffroy V de Plantagenét가 Henry 1세의 딸과 결혼하여 Henry 2세를 낳고, Henry 2세가 즉위한 1154년부터 Richard 3세가 전사한 1485년까지 Plantagenet 왕가의 국왕 14명이 통치한 시대를 Plantagenet 시대라 한다.
2) [역주] 프랑스 혁명 이후 Girondin 당과 Jacobin 당 사이의 분쟁으로 야기된 것으로 "혁명의 적"을 처벌하기 위해 공포정치를 동원했다. 프랑스 전역에서 16,594명이 기요틴에 의해 처형되고 다른 25,000명이 약식으로 처형되었다.

률의 집행은 때로는 배심이 대표하고 있는 것으로 보이는 일반인의 감정에 의해 감경되는 것이 바람직하다는 것이다. 나쁜 법률이 엄격하게 또는 변덕스럽게 집행되는 것이 더 큰 악인지 여부는 다투어질 수 있겠지만, 엄격하게 집행하는 것이 적절하지 못한 법률은 폐지되거나 개정되어야 한다는 것은 의심의 여지가 없는 일이다. 과거 형법의 일부는 잔인하였고 그렇지 않다 하더라도 부당하였다는 것은 의심의 여지가 없다. 내가 동의하는 것은 아니지만, 사형판결을 회피하기 위해 5파운드 지폐가 40실링보다 가치가 더 적다고[1] 단언하기도 하고, 명예훼손에 관한 오래된 법률의 효력을 부인하기도 한 그러한 배심을 숭배하는 감정을 이해는 한다. 그러나 이러한 일들은 모두 과거의 것이다. 현재 효력을 갖고 있는 우리 법률 중에 변덕스럽게 적용되어야 할 필요가 있는 부분은 없어 보인다. 예컨대, 뇌물죄에 관하여, 또는 위험한 상황에서 배를 바다로 출항시킨 것에 관하여, 또는 종종 평판이 나쁘고 인기 없는 사람에 대하여 명예훼손을 한 것에 관하여, 또는 돈을 빌려준 사람에게 범한 사기에 관하여, 인물이 영향을 주는 상황에서 예쁜 여자들에 의해 저질러진 범죄에 관하여, 명백한 증거가 있음에도 무죄평결을 하는 것에 어떤 유익한 점이 있다고 보이지 않는다.

배심에게 가장 큰 영광을 돌릴 수 있는 것으로 일반적으로 언급되는 사건은 1688년에 있었던 7명의 주교에 대한 재판, 지난 세기의 명예훼손재판, 그리고 1794년의 반역죄 재판이다. 7명의 주교에 대한 재판과 관련하여 그들에 대한 무죄는 의심의 여지없이 옳은 것이다. 그러나 그들에게 유죄판결을 하였다 하더라도 큰 해악은 없었을 것이다. 이는 단순히 혁명을 재촉하였을 뿐이고, 그들을 순교자로 만들었을 뿐일 것이다. 그 이외에도 그들이 재판을 주재하였던 판사에 의해 배심 없이 재판을 받았다 하더라도 유죄판결을 받지는 않았을 것이다. 판사들도 배심원들과 별로 다르지 않았기 때문이다. 명예훼손사건의 경우 배심이 나쁜 법률의 적용을 꺼려하게 되면서, 비록 (다음 장에서 보는 바와 같이) 배심은 그들의 평결에 있어서 심히 변덕스러웠고, 그리고 법률의 변경은 배심에 의해서가 아니라 결국 의회에서 이루어진 것이기는 하지만, 그 법률에 대한 변경이 어느 정도 초래되었다는 것은 의심의 여지가 없다. 1794년 반역사건 재판의 경우

---

1) [역주] 1파운드는 20실링이다.

판사와 배심원의 지적능력 비교

문제가 되었던 것은 법률이 아니라 증거에 관한 것이었다. 피고인들이 만약 배심이 없는 판사에 의해 재판을 받았더라면 유죄판결을 받았을 것이라고 나는 생각하지 않는다. 수석재판관 Eyre의 사건 요약은 빈틈없이 공정한 것이었고,[1] 유죄평결을 끌어내기 위하여 계산된 것이라고는 말할 수 없다. 재판 후 얼마 지나지 않아 Lord Eldon조차도[2] "그의 견해에 의하면 증거가 너무나 균형을 맞추고 있어서, 그가 배심원이라면 어떤 평결을 하였을지 모르겠다"고 말했다. 만일 사정이 그러하였다면 그는 의심의 경우에 인정되는 이익을 피고인에게 부여하였을 것이다. 이 문제에 대해서는 다른 곳에서 더 자세하게 언급하고자 한다. 여기에서는 역사적으로 볼 때 배심재판은, 통상 우리들 다수는 이를 압제에 대한 보루를 의미하는 것으로 생각하고 있지만, 그러한 보루가 되기에는 조금 부족하였다는 점을 언급하는 것으로 충분할 것이다.

다음으로 생각해야 할 점은 판사와 배심원의 상대적 지혜 또는 지적능력이다. 판사는 그가 담당하여야 할 배심원 그 누구보다도 훨씬 더 지적이어야 하고, 더 훌륭한 교육을 받고, 그리고 정신력이 더 강해야 하며 실제로도 통상 그러하다고 생각하지만, 판사와 배심 사이에는 커다란 차이가 있다는 점을 기억해야 한다. 증거의 증명력과 효과는 서로 다른 관점에서 사물을 바라볼 수 있고 그리고 서로 다른 성격을 갖고 있는 충분한 수의 사람들로 구성된 집단의 인상을 통해서 살펴볼 때 가장 잘 드러난다. 그러나 이러한 장점은 모든 배심원들이 증거의 전부에 대하여 주의를 기울일 때에만 나온다. 그러나 배심원 중 여러 명이 반은 조는 상태에서 그리고 또는 건성으로 듣거나 또는 다른 생각을 하고, 그리고 평결을 고려함에 있어서는 배심원 중에서 앞에 나서기를 좋아하는 사람이 하고자 하는 대로 따라가는 일이 계속 일어나고 있다. 또한 경험에 관해서도, 형사재판에 필요한 경험과 관련하여 어떠한 판사도 배심원석에 있는 12명의 경험을 모두 합친 것보다, 그들이 비정상적으로 우둔한 사람들이 아니라면, 더 대단한 경험을 하였을 것이라고 보기는 어렵다. 정말로 훌륭한 특별 배심은 통

---

[1] 24 State Trials, p. 1293 이하.

[2] Campbell의 Lives of the Chancellors, 4. p. 197. [역주] John Scott, 1st Earl of Elden(1751-1838)은 영국의 법정변호사 그리고 정치인이었다. 1801년부터 1806년까지 그리고 1807년부터 1827년까지 대법관(Lord Chancellor)을 역임하였다.

배심의 자격

상 증거의 효력을 판단함에 있어서 모든 면에서 판사만큼 능력이 있는 사람으로 구성되거나 또는 일반적으로 그러한 사람들을 포함하고 있으며, 그리고 그들 배심원이나 그들 중 일부가 판사로서는 가질 수 없는 그 사건과 관련된 그러한 경험을 갖고 있을 가능성이 상당하다. 기술과 지적능력에 관한 한, 교육을 제대로 받은 신사들로 구성된 배심으로서 능력 있는 판사에 의해 지휘를 받는 배심보다 더 강력한 위원회(tribunal)를 갖는 것은 불가능하다고 나는 생각한다. 그러나 나로서는 조그만 가게를 하는 사람과 작은 규모의 농사를 짓는 사람들의 지적 능력이 상당하다고 말할 수는 없고, 그리고 시대의 흐름이 그 반대로 말하고 있는지는 모르지만, 근로 계급의 사람들 대다수가 사법적 의무를 수행하기에는 대단히 부적절하다고 생각하며, 아주 극단적인 예외를 제외하면, 하루 종일 기계를 조작하는 직업에서 열심히 일하는 자가 예컨대, 20명의 증인이 수많은 미세한 사실과 관련하여 아마도 이틀 간에 걸쳐 증언하는 증거를, 그의 마음속에 새기고, 분석하고 그리고 정리하는 데 필요한 기억력 또는 정신력 또는 사고력을 가지고 있다고 믿기는 어렵다. 배심원은 거의 절대적으로 메모를 하지 않으며, 그들 대부분은 그렇게 시도하는 것 자체에 혼란을 느끼게 될 것이다. 만일 재판이 끝날 즈음 배심원을 상대로 그들이 재판과정에서 들은 서로 다른 문제에 관하여 공개적으로 질문하게 된다면, 그들 대다수는 절망적인 상태에서 혼란에 빠지고 당황하게 될 것이라는 의심이 강하게 든다. 내가 이러한 말을 하는 것은 훌륭한 특별 배심에 관한 것이 절대 아니다. 그러나 가난한 사람들에게 아첨을 하고 그들을 격려하려는 버릇, 그리고 가난한 사람들도 유아 때부터 여가와 교육 그리고 부를 향유한 사람들과 마찬가지로 사법적, 정치적 기능을 수행할 수 있는 감수성과 능력이 있다고 하는 주장이 배심의 자격과 관련한 견해를 도출해 냈다고 생각되지만, 이는 매우 잘못된 것이다. 사안이 상당히 어렵고 중요한 모든 형사사건에서는 적어도 특별 배심을 소집할 수 있는 권한이 있어야 한다고 생각한다. 간단히 말해서, 훌륭한 판사와 훌륭한 배심이 함께 하는 경우 우리가 가질 수 있는 재판부(tribunal) 중에서 가장 강력한 재판부를 구성하지만, 배심 없이 판사 단독으로 구성되는 재판부가 오히려 판사와 통상의 평균 수준의 배심으로 구성되는 재판부보다 더 강력할 것이라고 생각한다.

배심재판의 부차적인 장점

배심에 의한 재판과 관련해서 고찰해야 할 세 번째 관점 즉, 배심의 부차적인 장점이 있다. 비록 내가 그 결점을 알고 있기는 하지만, 이 장점은 그 자체가 논쟁의 대상이 될 수 없는 것일 뿐 아니라 너무나 중요한 것이기 때문에 이와 관련한 상당한 제도의 변화가 있는 경우 이는 유감스러운 일이 될 것이다. 그 장점들은 다음과 같다.

첫 번째로, 비록 나는 배심에 의한 재판이 배심 없이 판사 단독으로 하는 재판보다 실제로 더 정당하다고는 생각하지 않지만, 일반적으로 그렇게 받아들여지고 있으며, 이는 또한 부자연스러운 것은 아니다. 비록 판사들은 행정부로부터 독립되고, 그리고 그렇게 알려져 있지만, 그들의 동정심이 당국 편에 서 있을 것이라고 자연스럽게 느껴진다. 일반 공중의 대부분은 판사들 보다는 배심원에 대해 더 동정심을 느끼고, 판사들이 아무리 솜씨 있게 작성하고 표현하더라도 그들보다는 배심의 평결을 더 주저함과 불신 없이 받아들인다.

다음으로, 배심에 의한 재판이 형사사법의 운용에 있어서 더 많은 사람들의 관심을 끌게 되고 그들로 하여금 책임감을 느끼게 한다. 이러한 것의 중요성을 과대평가로 보기는 어려울 것이다. 이렇게 함으로써 다른 어떤 것으로부터도 얻기 어려운 형사사법의 운용에 있어서의 정당성과 인기를 얻을 수 있다.

마지막으로, 모든 판사들이 그러한 바와 같이, 나 또한 비록 이 주제와 관련하여 편견을 갖고 있는 증인이기는 하지만, 배심재판으로 인하여 판사의 지위가 공중에 봉사하기 위하여 그가 갖고 있는 권한을 가장 효과적으로 사용하는 자리에 위치하게 된다고 생각한다. 일반적으로 판사에게 있어서 배심에 의한 재판을 제대로 처리한다는 것은 사회의 다른 어떤 구성원에 대하여 하는 것보다 더 중요하다는 점은 더 이상 말할 필요가 없다. 배심재판은, 피고인에 대하여 유죄 또는 무죄라는 단순한 그 자신의 의견을 결정하는 책임과 같이, 많은 사람들에게 참을 수 없는 중압감과 고통을 주는, 그러한 책임감으로부터 판사를 구해 준다. 만일 판사가 유죄라는 취지로 사건을 요약하고, 배심이 그에 따라 유죄평결을 하는 경우 배심은 판사와 책임을 공유하며, 그들의 평결을 통해 판사의 생각을 확인한다. 배심이 판사의 무죄취지 사건요약에 따른 경우에도 같은 말을 할 수 있다. 판사가

판사들에게 호감을 주는 배심재판

유죄취지였음에도 배심이 무죄평결을 하였다면, 판사는 선고할 형을 정하는 것과 같이 언제나 고통스러운 것으로부터 해방된다. 판사가 무죄취지였음에도 배심이 유죄평결을 한 경우, 그리고 판사 생각에 피고인이 무고하다는 것이 명백하다면, 판사는 실제 모든 사건에서 사면을 구한다. 내 생각으로는 이러한 경우 판사가 새로운 재판을 지시할 수 있는 법적 권한을 갖고 있어야 한다고 본다. 반면에, 판사가 생각하기로는 사건에 관한 증거에 어떤 법률적 흠결이나 취약함이 있다고 보았음에도 배심이 이를 간과함으로써 실질적으로 정의를 실현하였다고 판사가 느끼는 경우가 적지는 않을 것이고, 이러한 경우, 비록 피고인에 대한 유죄증거가 제대로 법적 판단을 받지 않았다고 볼 수는 있겠지만, 판사는 그의 입장에서 아무런 잘못을 저지름이 없음에도, 범인으로 하여금 응분의 벌을 받게 하는 결과를 가져오게 된다. 나는 여러 해 전에 한 외과의사가 출산과정에서 과실로 산모를 죽게 한 죄로 유죄평결을 받은 사건을 기억한다. 피고인이 당시 술을 마셨다는 증거가 미약하다고 하면서 판사(고인이 된 Baron Alderson)는 강력하게 무죄취지로 사건을 요약하였다. 그러나 배심은 그가 평소 악명이 높았고, 술을 마시는 습성이 있다는 것을 잘 알고 유죄평결을 하였다.

　이러한 이유로 배심재판이라는 제도는 판사들에게 매우 즐거운 것이고, 그로 인하여 판사들은 배심재판을 좋아하는 편견을 가지고 있을 수 있다. 하지만 나는 배심제도가 공중의 이익과 관련하여 판사를 있어야 할 자리 즉, 최종적으로 결정할 사람들을 인도하고 조언하는 자리 그리고 그들이 내어놓아야 할 결정을 위해 분투하는 과정에서 이를 중재하는 자리에 갖다 놓은 것으로 생각한다. 모든 사람에게 공정하게 정의를 실현하여야 할 의무가 있는 사람을 실제 전투를 하는 사람들과 그 전투의 결과를 실질적으로 판단할 사람들 사이에 중재자로 개입시키는 것은 모든 재판절차에 진중함과 위엄 그리고 인정의 기풍을 부여하는 것이며, 이는 영국 법원의 특성이 되어야 하고, 또한 통상 그러하며, 그리고 모든 그러한 법원을 진리, 정의 그리고 덕성의 도장으로 만들게 된다. 간단히 말해서, 배심재판을 정치적 그리고 도덕적 관점에서 바라본다면 모든 것이 좋게 말해지고, 그리고 그에 반하는 것은 아무것도 말할 게 없다. 배심재판에 어떠한 결점이 있다 하더라도 이는 더 자격이 있는 배심원들을 통하여 효과적으로 제거될 것이다. 배심원명단에 들어가는 것은 명예와 기품 있는 것으로 간주되어야 한다고 나는 생각한다. 그것은 적어도, 말하자면, 가난한 자에 대한 보호자로서의 중요성이 있는 지위이고, 만일 배심원이 만족할 수 있도록 불편한 점에 대한 조정이 이루어지고, 그들이 의무를 수행하는 경우 그 비용을 지급하게 되면, 명성이 있고 사려가 깊은 사람들은 기꺼이 그 지위를 맡으려 할 것이고, 심지어 이를 원할지도 모른다.

배심재판과 관련해서는 몇 마디 더 언급할 필요가 있는 다른 문제가 하나 더 있다. 이는 전문지식을 갖고 있는 증인을 양 당사자가 그들의 재량에 따라 소환하여 다른 증인들과 마찬가지로 신문과 반대신문을 하는 현재의 제도와 이러한 증인은 법원이 임명하여야 하고 그들의 지위는 어느 정도 평가자(assessor)와 유사하여야 한다는 취지로 제안되고 있는 제도 사이에서 어떤 것이 옳은가 하는 문제이다. 지금까지 종종, 특히 의료인들에 의해, 이 문제가 논의되어 왔다. 나는 다음과 같은 이유로 현재의 제도를 가장 강력하게 지지하는 의견을 갖고 있다.

우리의 현재 제도는 당사자들, 판사, 배심 그리고 증인과 관련하여 명확한 지위(place)와 권리 그리고 의무를 정하고 있다. 형사소송에 그 이외의 다른 사람을 위해 어떤 다른 자리가 마련되어 있는지, 나는 알지 못한다. 전문가를 다른 증인들과 같은 의미의 증인이 아니라고 본다면, 그를 무엇이라고 보아야 할 것인지 말하기는 불가능하다. 만일 전문가가 사건과 관련이 있는 의학상의 문제 또는 다른 과학적인 문제에 있어서 판사나 배심이 따라야 하는 결정을 하게 된다면, 그 결과로 책임의 분산이 불가피하게 나타날 것이고, 이는 재판의 전체적인 가치를 파괴할 것이다. 만일 전문가가, 가령 정신병과 관련하여, 배심에게 법이 무언인지 말하게 된다면 그는 판사를 대체하게 된다. 만일 그가 피고인이 정신병자인지 여부에 관한 것을 사실상 결정한다면 그는 배심을 대체한다. 만일 그가 법원에 조언을 하는 자에 불과하다면, 그는 공개적으로 해야 할 것인가, 아니면 비공개로 하여야 할 것인가, 그리고 반대신문을 받아야 할 것인가? 여기에 대해 만일 그러하다고 답하게 된다면 그는 다른 사람과 같은 증인이다. 만일 그렇지 않다고 답한다면, 그는 모든 원칙에 반하는 위치에 서게 될 것이다. 판사와 배심은 모두 공개법정에서 선서를 하고 공개적으로 증언을 한 증인을 통해서만 설명을 듣게 되고 또한 그렇게 하여야 한다. 판사가 반대신문으로부터 보호를 받는 무책임한 조언자를 갖게 된다는 것은 한 순간도 참을 수 없는 일이고, 참아서도 안 되는 일이다. 또한 전문가를 증인으로 볼 수는 없지만 그와 유사한 지위로 보는 약간의 조정과 같은 것을 하였다고 가정해 보자. 그렇다면 그들 증인에 관해서는 어떤 규칙을 적용할 것인가? 피고인과 소추인은 현재와 같이 그러한 증인들을 소환하는 것이 허용되는 것인가, 아니면 금지되는 것인가? 피해자의 사망이 독약에 의한 것이 아니라는 의견을 갖고 있는 피고인으로 하여금 그러한 증인의 소환을 금지하는 것은 참을 수 없는 정의의 부정이 될 것이다. 만일 그러한 증인을 부르는 것이 허용된다면, 전문가는 어떤 지위를 갖게 되는가? 당사자를 위해 소환되어 선서를 한 증인의 증언과 반대신문을 배심이 청취한 경우, 배심은 법원에 의하여 선임된 전문가의 의견을 어떻게 처리하며, 어떻게 처리하는 것이 옳은 일인가? 변호사들은 반대신문을 통하여 진실이 담보된 선서한 증인의 증언을 청취하고, 그에 따라 확실한 진실만을 말해야 할 것이다. 진실을 말하는지의 여부를 확인하는 것이 허용되지 않는 사람들이 제출하는 증거를 가지고, 이를 증거라 부른다 하더라도, 당신은 어떻게 할 것인가?

전문가에 대하여 다른 취급을 요구하는 것은 반대신문을 피하기 위하여 의료인들이 하고 있는 단순한 시위에 불과하다는 것이 진실이다. 그들은 반대신문에 익숙하지 않고, 이를 좋아하지도 않지만, 그들만큼 신중하게 관찰하고 엄격하게 반대심문이 행해져야 하는 부류의 증인들은 없다. 의료인들이 그들이 불평하고 있는 불편함을 전적으로 회피할 수 있는 유일한 방안은 그들의 업무를 이해하고, 그리고 절대적으로 정직하고 솔직하게 증언을 하는 방법밖에 없다. 지금까지는 물론 오늘날에도 신뢰하기 어려운 증언을 하는 의료문제에 관한 증인과 그들에 대하여 반대신문을 하는 변호사 사이에서 일어나는 믿기 어려운 장면들이 종종 있다. 그 이유는 그러한 경우의 증인은 실제 증인이 아니라 그를 소환한 당사자를 편들기 위하여 나타난 가장된 변호사이기 때문이다. 다행히도 이러한 일은 과거에 그랬던 것보다 많이 희귀해졌다. 그렇기는 하지만 이러한 일이 발생하는 경우 이는 가장 철저하고 그리고 의심의 여지없이 불쾌한 질문을 통해서만 그 사정이 드러날 것이다. 적절한 수단을 통하여 그러한 일은 완전히 피할 수 있을 것이다.

　만일 의료인들 스스로 그들이 증언을 하기 전에 상대방 당사자를 만나 충분히 의견을 교환하지 않는 경우에는 증언을 하지 않을 것이라는 적극적인 규칙을 제정하게 되면, 한편으로는 의료인 증인은 법정에서 어떤 말을 하게 될 것인지 알게 되고, 다른 한편으로는 사건에 대한 완전하고 공정한 내용을 진술할 수 있어 반대신문을 초래하지 않게 될 것이다. 아주 다년간 Leeds에 있는 아주 저명한 내과 의사들과 외과 의사들은 이러한 방식을 변함없이 꾸준히 추구해왔고, 그 결과 Leeds의 재판에서는 (그곳은 철로사고에 따른 상해사건소송 그리고 그와 유사한 소송이 매우 빈번하다) 의료에 관한 증인들이 반대신문을 당하는 일이 거의 없고, 그리고 그들이 일방 당사자에 의해 소환되는 경우는 거의 없는 일이다. 그러한 실무관행은 증언을 하는 증인의 입장에서 볼 때 아주 영예로운 일이고 직업상의 지식을 고양하는 것을 의미하지만, 이는 의료인들이 결정할 문제이다. 만일 그들이 일방 당사자를 위한 변호사이기를 꾸준히 거부하고, 그들이 법정에서 증언을 하기 전에 양 당사자가 말할 것을 미리 알아야 한다고 주장한다면, 그들은 반대신문을 두려워할 이유가 없을 것이다.

찾아보기

찾아보기

찾아보기

찾아보기

찾아보기

찾아보기

찾아보기

찾아보기

찾아보기

찾아보기

찾아보기

찾아보기

찾아보기

찾아보기

찾아보기

찾아보기

찾아보기

찾아보기

찾아보기

찾아보기

저자 약력

James Fitzjames Stephen(1829-1894)
Eaten College
King's College London
Trinity College Cambridge
1854. 법정변호사
1859. Recorder of Newark
1869. 인도 총독부 법률담당관
1879. 고등법원 판사

저서 및 논문

Essays by a Barrister(1862)
A General View of the Criminal Law(1863)
the Indian evidence act(1872)
Liberty, Equality, Fraternity(1873)
A Digest of the Criminal Law(1877)
A Digest of the Law of Criminal Procedure(1877)
A Digest of the Law of Evidence(1878)
A History of the Criminal Law of England(1883)

역자 약력

고려대학교 법과대학 졸업
런던 대학교 King's College 대학원 수학
제19회 사법시험 합격, 사법연수원 제9기 수료
대검찰청 감찰과장, 서울중앙지검 부장검사, 춘천지검 검사장
사법연수원 교수, 건국대학교 법학전문대학원 강사 역임
현 법무법인(유한) 우송 변호사

저서 및 논문
영국의 형사재판(청림출판, 1995)
형사소송의 법률지식(청림출판, 1996)
영미법해설(형사소송) (박영사, 2009)
검찰제도론(공저) (법문사, 2011)
영국과 미국의 검찰제도(대검찰청, 검찰, 통권 111호, 2000)
로마시대 범죄와 형사소추(대검찰청, 검찰, 통권 112호, 2001)

(영미법) 형사재판의 역사

발행일   2015년 4월 10일 초판인쇄
         2015년 4월 20일 초판발행
저 자   J. F. Stephen
역 자   김용진
발행인   황인욱
발행처   圖書出版 오래

주 소   서울특별시 용산구 한강로 2가 156-13
전 화   02-797-8786, 8787, 070-4109-9966
팩 스   02-797-9911
이메일   orebook@naver.com
홈페이지 www.orebook.com
출판신고번호   제302-2010-000029호.(2010. 3. 17)

ISBN   979-11-5829-002-3   93360

가 격   42,000원